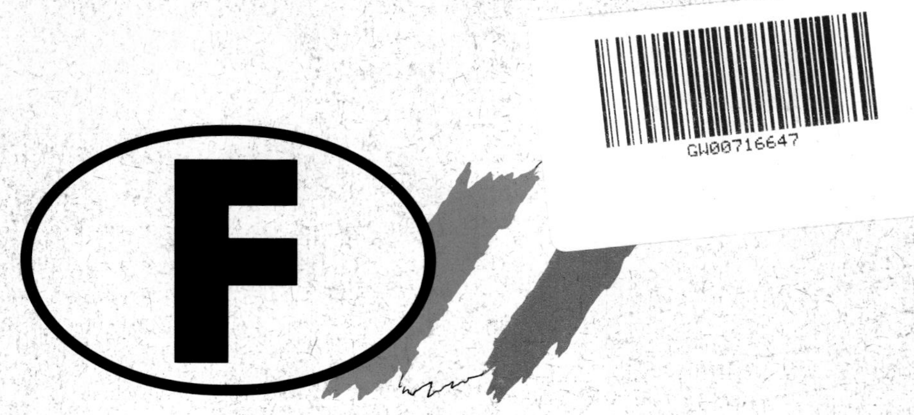

France
Frankrijk
Francia
Frankreich
Frankrike
Francja

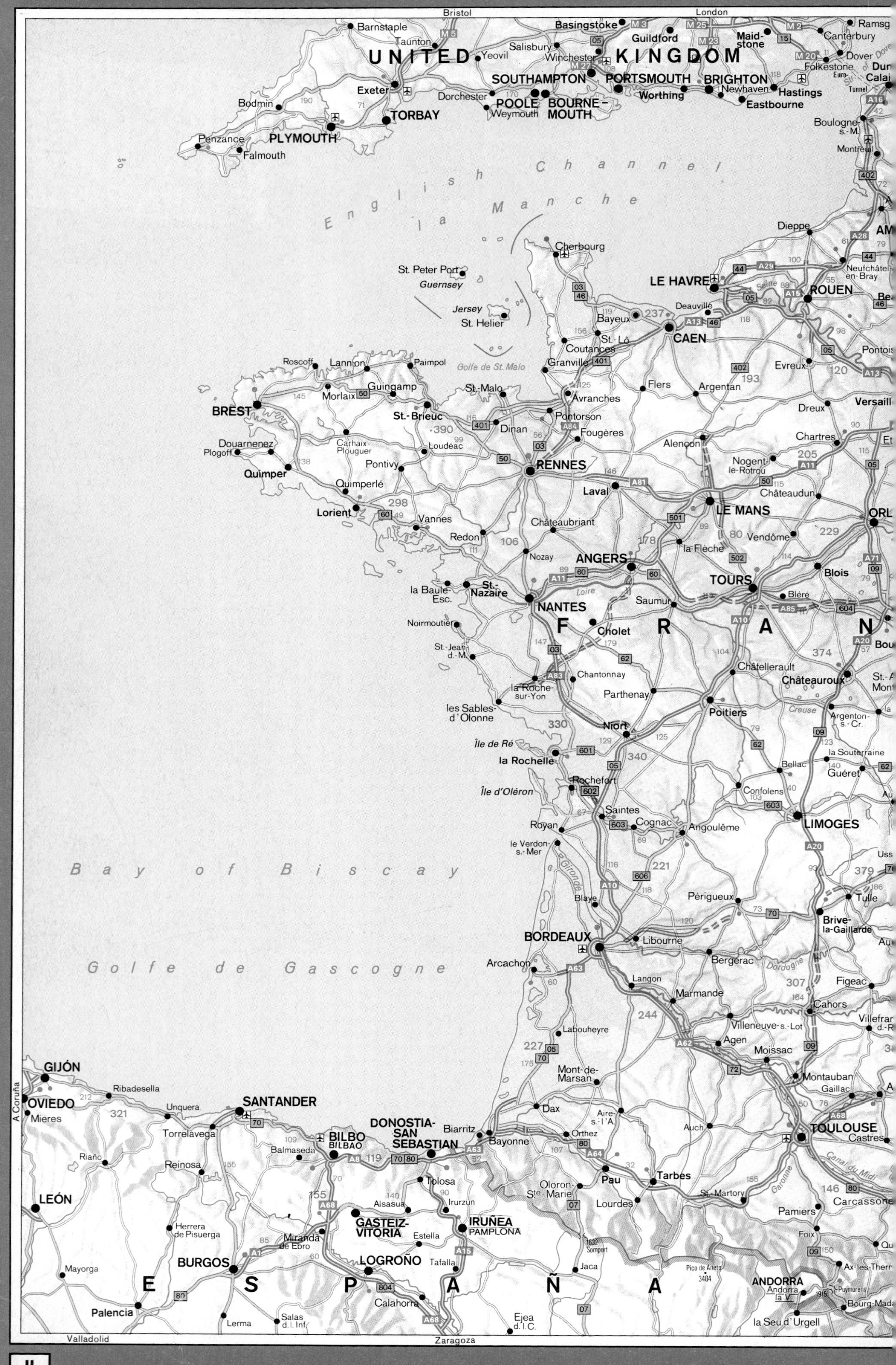

Bristol
London
UNITED KINGDOM
Barnstaple
Taunton
Exeter
TORBAY
PLYMOUTH
Bodmin
Penzance
Falmouth
Yeovil
Salisbury
Winchester
Basingstoke
Guildford
Maidstone
Canterbury
Ramsgate
Dover
Folkestone
SOUTHAMPTON
PORTSMOUTH
BRIGHTON
Worthing
Newhaven
Hastings
Eastbourne
Dorchester
POOLE
BOURNEMOUTH
Weymouth
English Channel
la Manche
St. Peter Port
Guernsey
Jersey
St. Helier
Cherbourg
Golfe de St. Malo
Dieppe
LE HAVRE
ROUEN
Deauville
Bayeux
CAEN
St.-Lô
Coutances
Granville
Boulogne-s.-M.
Montreuil
Neufchâtel-en-Bray
Evreux
Pontoise
Dreux
Versailles
Roscoff
Lannion
Paimpol
Guingamp
Morlaix
BREST
St.-Brieuc
St.-Malo
Dinan
Avranches
Pontorson
Fougères
Flers
Argentan
Alençon
Chartres
Nogent-le-Rotrou
Douarnenez
Plogoff
Quimper
Carhaix-Plouguer
Loudéac
Pontivy
Quimperlé
Lorient
Vannes
Redon
RENNES
Laval
Châteaubriant
LE MANS
Châteaudun
Vendôme
ORLÉANS
Nozay
ANGERS
la Flèche
TOURS
Blois
Blére
la Baule-Esc.
St.-Nazaire
NANTES
Loire
Saumur
Noirmoutier
Cholet
St.-Jean-d.-M.
la Roche-sur-Yon
Chantonnay
Parthenay
Châtellerault
Châteauroux
les Sables-d'Olonne
Poitiers
Niort
Île de Ré
la Rochelle
Rochefort
Île d'Oléron
Argenton-s.-Cr.
Creuse
la Souterraine
Bellac
Guéret
Confolens
LIMOGES
Saintes
Cognac
Angoulême
Royan
le Verdon-s.-Mer
Gironde
Blaye
Périgueux
Tulle
Brive-la-Gaillarde
Bay of Biscay
Golfe de Gascogne
BORDEAUX
Libourne
Arcachon
Bergerac
Dordogne
Figeac
Langon
Marmande
Cahors
Villefranche-d.-R.
Labouheyre
Villeneuve-s.-Lot
Agen
Moissac
Montauban
Gaillac
Mont-de-Marsan
Dax
Aire-s.-l'A.
Auch
TOULOUSE
Castres
Biarritz
Bayonne
Orthez
Pau
Tarbes
Oloron-Ste-Marie
Lourdes
St.-Martory
Garonne
Carcassonne
Pamiers
Foix
Ax-les-Thermes
Canal du Midi
GIJÓN
OVIEDO
Mieres
A Coruña
Ribadesella
Unquera
SANTANDER
Torrelavega
Reinosa
Riaño
LEÓN
BILBO BILBAO
Balmaseda
DONOSTIA-SAN SEBASTIAN
Tolosa
Irurzun
Alsasua
GASTEIZ-VITORIA
IRUÑEA PAMPLONA
Estella
Miranda de Ebro
Herrera de Pisuerga
BURGOS
LOGROÑO
Tafalla
Calahorra
Mayorga
Palencia
Lerma
Salas d.I. Inf.
Ejea d.I.C.
Jaca
1632 Somport
Pico de Aneto 3404
ANDORRA
Andorra la V.
la Seu d'Urgell
Bourg-Madame
Valladolid
Zaragoza
FRANCE
ESPAÑA

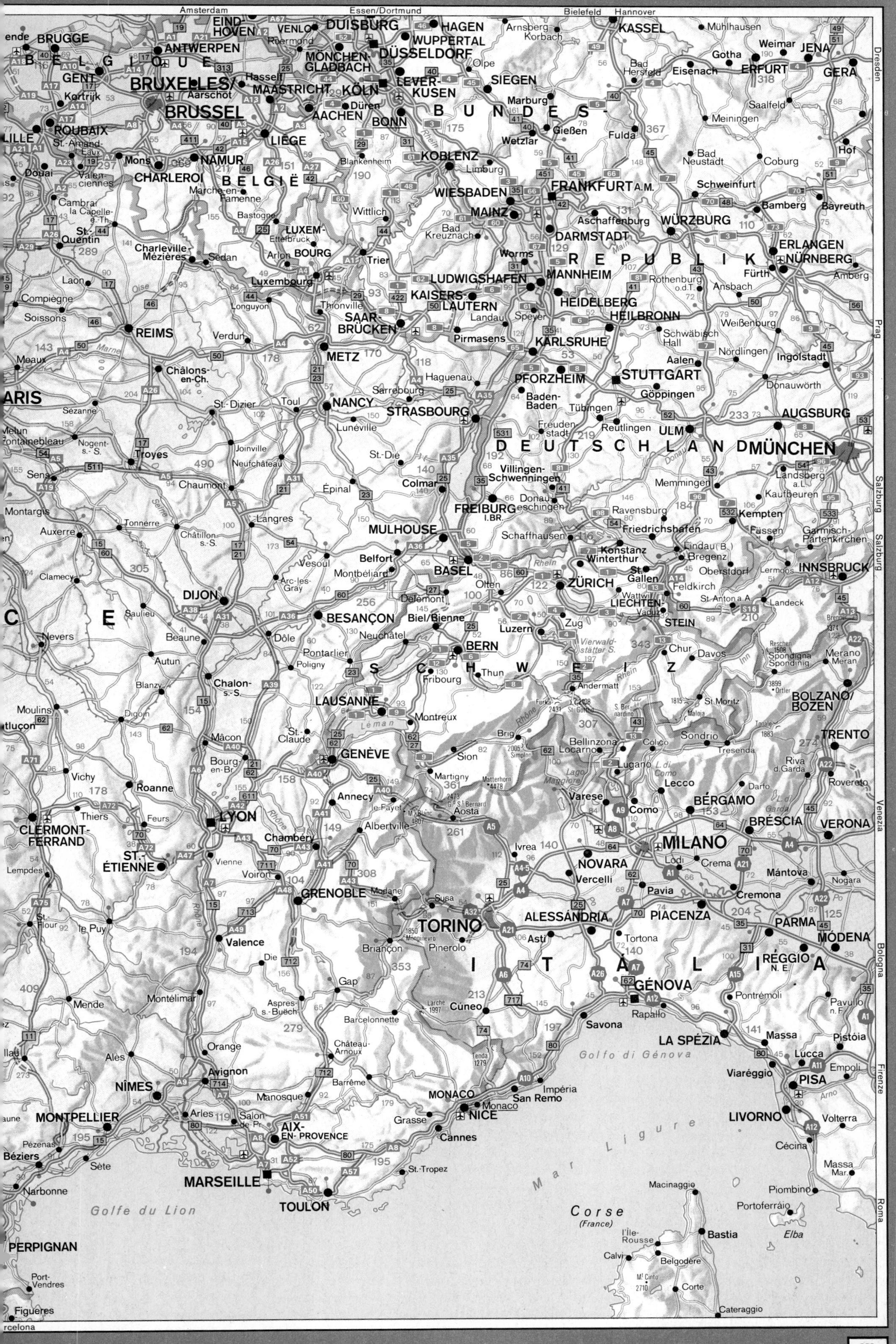
Amsterdam
Essen/Dortmund
Bielefeld
Hannover
Dresden
Prag
Salzburg
Venezia
Bologna
Firenze
Roma
Barcelona
BRUGGE
ANTWERPEN
EINDHOVEN
VENLO
DUISBURG
HAGEN
KASSEL
Mühlhausen
JENA
Weimar
Gotha
ERFURT
GERA
GENT
BRUXELLES/BRUSSEL
MAASTRICHT
MÖNCHEN-GLADBACH
DÜSSELDORF
WUPPERTAL
LEVERKUSEN
KÖLN
SIEGEN
AACHEN
BONN
Eisenach
B U N D E S -
LILLE
ROUBAIX
LIÈGE
NAMUR
Mons
CHARLEROI
BELGIË
BELGIQUE
KOBLENZ
Gießen
Wetzlar
Fulda
Marburg
Meiningen
Saalfeld
Hof
Coburg
Bayreuth
Bamberg
Schweinfurt
WIESBADEN
FRANKFURT A.M.
MAINZ
Aschaffenburg
WÜRZBURG
DARMSTADT
St.-Quentin
Charleville-Mézières
Sedan
LUXEMBOURG
Luxembourg
Trier
Worms
R E P U B L I K
ERLANGEN
NÜRNBERG
Fürth
Amberg
LUDWIGSHAFEN
MANNHEIM
KAISERSLAUTERN
HEIDELBERG
HEILBRONN
Rothenburg o.d.T.
Ansbach
REIMS
Verdun
SAARBRÜCKEN
Pirmasens
KARLSRUHE
Schwäbisch Hall
Nördlingen
Ingolstadt
METZ
PFORZHEIM
STUTTGART
Aalen
Göppingen
Donauwörth
PARIS
NANCY
STRASBOURG
Baden-Baden
Tübingen
Reutlingen
ULM
AUGSBURG
D E U T S C H L A N D
MÜNCHEN
Troyes
Colmar
Villingen-Schwenningen
Memmingen
Landsberg a.L.
Kaufbeuren
Kempten
FREIBURG I.BR.
Ravensburg
Friedrichshafen
Langres
MULHOUSE
Schaffhausen
Konstanz
Winterthur
Füssen
Garmisch-Partenkirchen
Belfort
BASEL
ZÜRICH
St. Gallen
Bregenz
INNSBRUCK
DIJON
BESANÇON
LIECHTENSTEIN
Vaduz
Luzern
Chur
Davos
BERN
S C H W E I Z
Lausanne
LAUSANNE
Montreux
Andermatt
St. Moritz
Merano/Meran
BOLZANO/BOZEN
Mâcon
GENÈVE
Sion
Bellinzona
Lugano
Sondrio
TRENTO
Vichy
Roanne
LYON
Annecy
Aosta
Varese
Como
Lecco
BÉRGAMO
BRÉSCIA
VERONA
CLERMONT-FERRAND
ST.-ÉTIENNE
Chambéry
MILANO
NOVARA
Vercelli
Lodi
Cremona
Mántova
GRENOBLE
Pavia
PIACENZA
TORINO
ALESSÁNDRIA
PARMA
MÓDENA
Valence
Briançon
Asti
I T A L I A
RÉGGIO N. E.
GÉNOVA
Cúneo
Savona
Rapallo
Montélimar
Orange
Avignon
NÎMES
MONTPELLIER
Arles
AIX-EN-PROVENCE
MARSEILLE
TOULON
Cannes
NICE
MONACO
San Remo
LA SPÉZIA
Massa
Lucca
Pistóia
PISA
LIVORNO
Golfo di Génova
Mar Ligure
Golfe du Lion
Corse (France)
Bastia
Calvi
Corte
Elba
Béziers
Narbonne
PERPIGNAN
Figueres

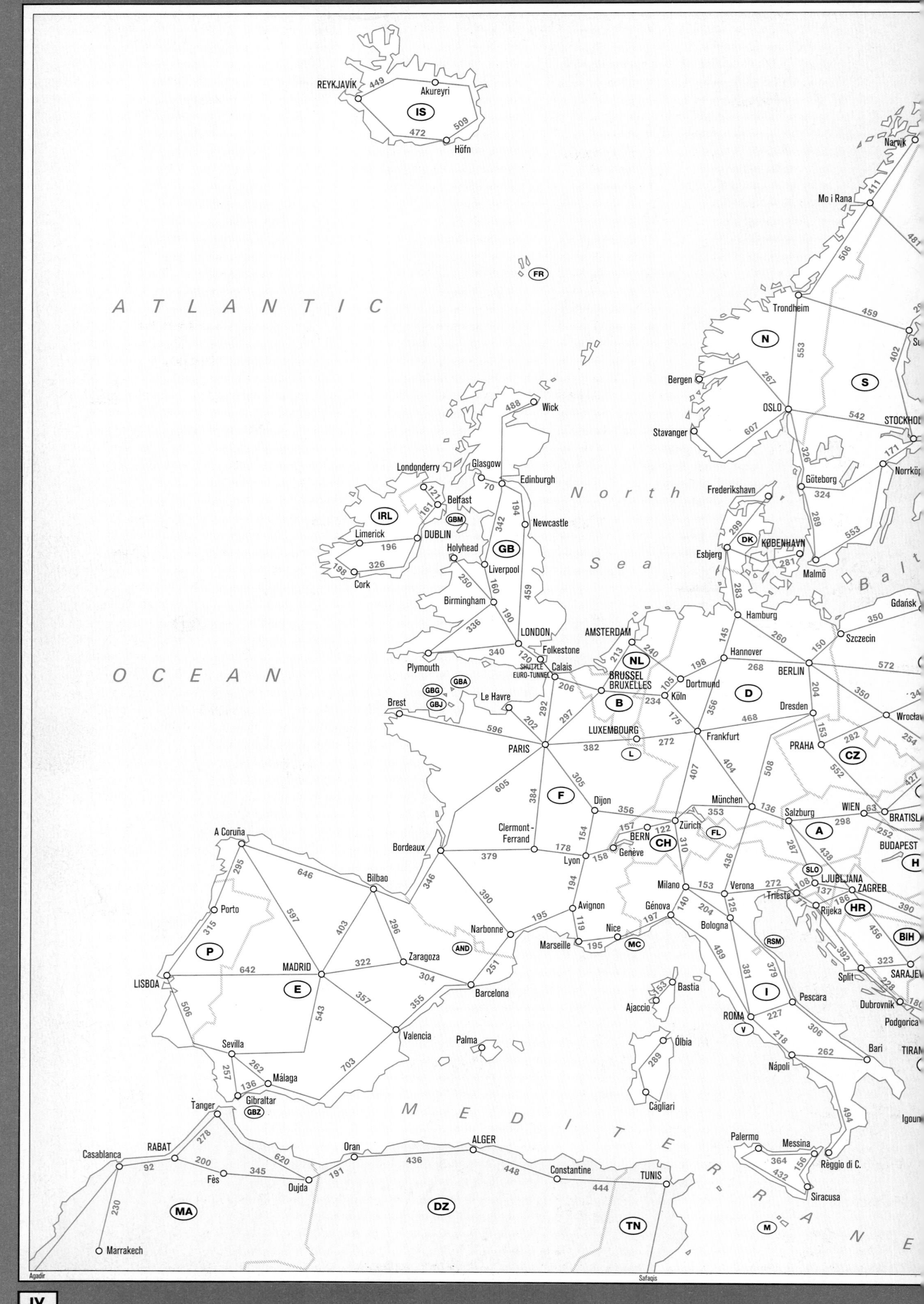

REYKJAVÍK
Akureyri
IS
Höfn
FR
ATLANTIC
OCEAN
North Sea
MEDITERRANE
Baltic
Narvik
Mo i Rana
Trondheim
N
S
Bergen
OSLO
Stavanger
STOCKHOLM
Norrköping
Göteborg
Frederikshavn
DK
KØBENHAVN
Esbjerg
Malmö
Wick
Glasgow
Edinburgh
Londonderry
Belfast
GBM
IRL
Limerick
DUBLIN
Cork
Newcastle
Holyhead
GB
Liverpool
Birmingham
LONDON
Folkestone
SHUTTLE EURO-TUNNEL
Calais
Plymouth
GBG
GBJ
GBA
AMSTERDAM
NL
BRUSSEL BRUXELLES
B
Dortmund
Köln
Hamburg
Hannover
BERLIN
Szczecin
Gdańsk
Wrocław
D
Dresden
PRAHA
CZ
Frankfurt
LUXEMBOURG
L
Brest
Le Havre
PARIS
F
Dijon
Clermont-Ferrand
Bordeaux
Lyon
Genève
BERN
CH
Zürich
FL
München
Salzburg
WIEN
BRATISLAVA
A
BUDAPEST
H
SLO
LJUBLJANA
ZAGREB
HR
Trieste
Rijeka
BIH
Split
SARAJEVO
Dubrovnik
Podgorica
TIRANA
Milano
Verona
Génova
Bologna
RSM
Avignon
Marseille
Nice
MC
Narbonne
AND
Bastia
Ajaccio
I
Pescara
ROMA
V
Bari
Nápoli
Ólbia
Cágliari
Palermo
Messina
Réggio di C.
Siracusa
M
Igoumenitsa
A Coruña
Porto
P
LISBOA
MADRID
E
Bilbao
Zaragoza
Barcelona
Valencia
Palma
Sevilla
Málaga
Gibraltar
GBZ
Tanger
RABAT
Casablanca
Fès
Oujda
Marrakech
MA
Oran
ALGER
DZ
Constantine
TUNIS
TN
Agadir
Safaqis
449 472 509 411 481 506 459 553 267 402 607 542 326 171 324 289 553 299 281 283 488 121 161 70 194 342 196 326 198 160 250 459 190 336 340 120 213 240 145 260 350 198 268 150 572 206 105 234 175 356 468 204 350 153 282 254 202 292 297 596 382 272 407 404 508 552 427 305 384 605 356 353 136 298 63 252 157 122 310 178 154 158 379 287 438 436 153 272 108 137 186 390 456 392 323 228 186 194 140 204 125 119 197 195 489 381 379 390 346 646 295 597 403 296 315 642 322 304 251 506 543 357 355 227 218 306 262 153 289 494 364 156 432 257 262 136 703 278 620 436 448 444 92 200 345 191 230

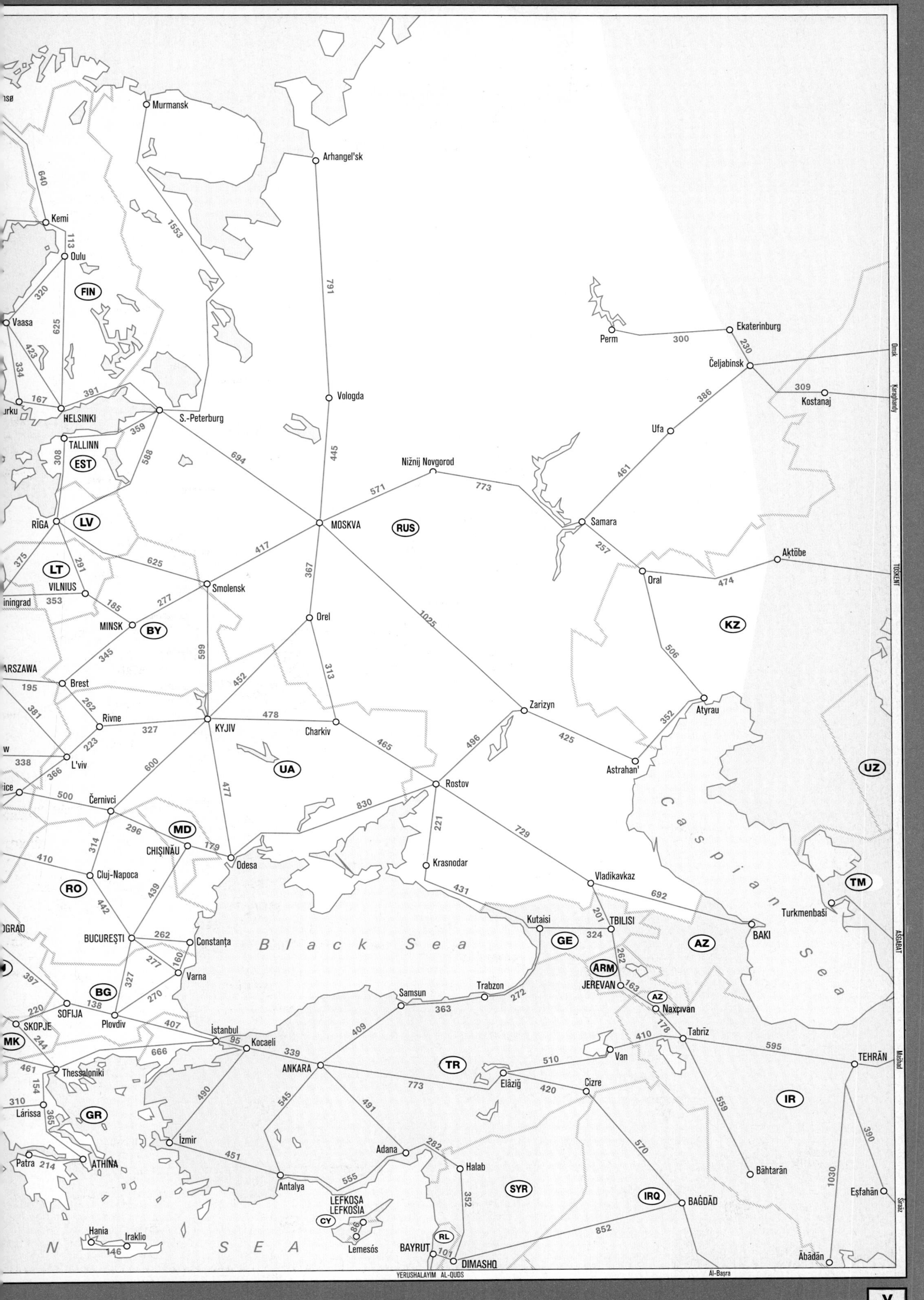

Tromsø
Murmansk
Arhangel'sk
Kemi
113
640
Oulu
320
FIN
Vaasa
529
423
334
167
391
Perm
300
Ekaterinburg
Čeljabinsk
230
Vologda
791
1553
309
Kostanaj
386
Ufa
HELSINKI
359
694
S.-Peterburg
TALLINN
308
588
571
Nižnij Novgorod
773
461
445
EST
Samara
Turku
RĪGA
LV
417
MOSKVA
RUS
257
375
291
625
367
Oral
474
Ațtöbe
LT
VILNIUS
353
185
277
Smolensk
KZ
iningrad
MINSK
BY
Orel
506
345
599
313
1025
WARSZAWA
452
Atyrau
195
Brest
262
Zarizyn
352
381
Rivne
327
478
Charkiv
465
496
425
w
223
KYJIV
L'viv
338
600
477
UA
Astrahan'
366
500
Černivci
830
Rostov
729
rice
296
221
MD
314
179
Krasnodar
Vladikavkaz
692
CHIŞINĂU
439
Odesa
431
Turkmenbaşi
410
Cluj-Napoca
442
201
Kutaisi
TBILISI
RO
262
Black   Sea
GE
324
BAKI
OGRAD
BUCUREŞTI
Constanța
AZ
277
1060
ARM
M
397
327
Varna
262
JEREVAN
163
BG
138
270
Samsun
Trabzon
272
AZ
220
SOFIJA
Naxçıvan
SKOPJE
Plovdiv
407
409
363
178
Tabrīz
MK
244
İstanbul
95
Kocaeli
339
510
Van
410
595
TEHRĀN
461
154
Thessaloniki
666
ANKARA
TR
773
Elâziğ
Cizre
559
310
365
545
491
420
IR
Lárissa
GR
İzmir
451
Bāhtarān
390
Patra
214
ATHÍNA
282
Adana
Halab
Esfahān
Antalya
555
SYR
1030
LEFKOŞA
352
IRQ
BAĞDĀD
LEFKOSIA
CY
570
Hania
Iraklio
BAYRUT
RL
852
Lemesós
101
146
N   S E A
DIMASHQ
Ābādān
YERUSHALAYIM AL-QUDS
Al-Başra

Omsk
Karaghandy
TOŞKENT
AȘGABAT
Mashhad
Şiraz

UZ

TM

Casp i a n   S e a

Sommaire · Inhoud · Indice · Índice
Inhaltsverzeichnis · Contents · Innehållsförteckning · Spis treści

Légende · Legenda
Segni convenzionali · Signos convencionales
1:300.000

CIRCULATION - VERKEER | COMUNICAZIONI - TRAFICO

(F) (NL) | **(I) (E)**

CIRCULATION - VERKEER	COMUNICAZIONI - TRAFICO
Autoroute avec échangeur - Demi-échangeur - Poste d´essence - Restaurant - avec motel / Autosnelweg met op- en afritten - met of oprit of afrit - Benzinestation - Restaurant - met motel	Autostrada con raccordi - Semi-raccordo - Stazione di servizio - Restaurante - con motel / Autopista con enlace Medio enlace - Estación de servicio - Ristorante - con motel
Seulement une chaussée - en construction - en projet / Slechts een rijbaan - in aanleg - gepland	Solo una carreggiate - in costruzione - progettata / Soló una calzada - en construcción - en proyecto
Route à quatre ou plusieurs voies, à une ou deux chaussées - en construction / Weg met vier of meer rijstroken, een of twee rijbanen - in aanleg	Strada a quattro o più corsie, a una o due carreggiate - in costruzione / Carretera de cuatro o más carriles, de una o dos calzadas - en construcción
Route nationale - Route principale importante - en construction / Rijksweg - Belangrijke hoofdweg - in aanleg	Strada statale - Strada principale di particolare importanza - in costruzione / Carretera nacional - Carretera principal importante - en construction
Route principale - Route secondaire / Hoofdweg - Overige verharde wegen	Strada principale - Strada secondaria / Carretera principal - Carretera secundaria
Chemin carrossable (pratibilité non assurée) - Sentièr / Weg (beperkt berijdbaar) - Voetpad	Strada carrozzabile (non sempre percorribile) - Sentiero / Camino vecinal (sólo transitable con restricciones) - Sendéro
Etat des routes: route sans revêtement - route en très mauvais état / Toestand van het wegdek: onverhard - zeer slecht	Stato delle strade: senza rivestimento antipolvere - in cattive condizioni / Estado de las carreteras: polvoriento - muy malo
Numération des routes - Numéro des routes européennes / Wegnummering - Europawegnummer	Numerazione delle strade - Numero di strada europea / Numeración de carreteras - Número de carretera europea
Côte - Col fermé en hiver (de - à) / Helling - Pas 's-winters gesloten (van - tot)	Pendenza - Valico con chiusura invernale (da - a) / Pendiente - Carretera de puerto de montaña cerrado en invierno (de - a)
Non recommandé aux caravans - interdit / Voor caravans niet aanbevolen - verboden	Non raccomandabile alle roulottes - divieto di transito alle roulottes / No aconsejable para caravanas - prohibido
Distances sur autoroutes en km / Afstand in km op autosnelwegen	Distanze chilometrica autostradale / Distancias en kilómetros en autopistas
Distances sur autres routes en km / Afstand op overige wegen in km	Distanze chilometrica su altre strade / Distancias en kilómetros en las demás carreteras
Chemin de fer principal - Chemin de fer secondaire (avec gare ou haltes) / Belangrijke Spoorweg - Spoorweg (met station)	Ferrovia principale - secondaria (con stazione o fermata) / Ferrocarril principal - secondario (con estación o apeadero)
Chemin de fer (trafic de marchandises) - Chemin de fer à crèmaillère ou funiculaire / Spoorweg (alleen goederenverkeer) - Tandradbaan of kabelspoorweg	Ferrovia (solo per trasporto merci) - Funicolare o ferroviaa cremagliera / Ferrocarril (sólo para transporte de mercansias) - Funicular o cremallera
Téléphérique - Télésiège - Téléski / Kabelbaan - Stoeltjeslift - Skilift	Funivia - Seggiovia - Sciovia / Teleférico - Telesilla - Telesqui
Navette par voie ferrée pour autos - Ligne maritime / Autoverlading - Scheepvaartlijn	Transporto automobili per ferrovia - Linea di navigazione / Ferrocarril con transporte de automóviles - Línea marítima
Ligne maritime avec transport de voitures - Bac autos (rivière) / Scheepvaartlijn met autovervoer - Autoveer over rivier	Linea di navigazione con trasporto auto - Trasporto auto fluviale / Linea marítima con transporte de automóviles - Transportador fluvial de automóviles
Route touristique - Itinéraire pittoresque / Toeristische route - Landschappelijk mooie route	Strada d´interesse turistico - Percorso panoramico / Carretera turística - Recorrido pintoresco
Péage - Route à péage - Route interdite / Tol - Tolweg - Verboden voor auto's	Stazione a barriera - Strada a pedaggio - Strada chiusa al traffico automobilistico / Peaje - Carretera de peaje - Carretera cerrada al tráfico
Aéroport - Aérodrome - Terrain pour vol à voile - Héliport / Luchthaven - Vliegveld - Zweefvliegveld - Heliport	Aeroporto - Campo di atterraggio - Campo di atterraggio per alianti - Eliporto / Aeropuerto - Aeródromo - Aeródromo de planeadores - Helipuerto

CURIOSITES - BEZIENSWAARDIGHEDEN | INTERESSE TURISTICO - CURIOSIDADES

CURIOSITES - BEZIENSWAARDIGHEDEN		INTERESSE TURISTICO - CURIOSIDADES
Localité pittoresque / Zeer bezienswaardige plaats	**BORDEAUX**	Località di grande interesse / Población de especial interés
Localité remarquable / Bezienswaardige plaats	**BIARRITZ**	Località di notevole interesse / Población de interés
Bâtiment très intéressant / Zeer bezienswaardig gebouw	*Cathédral*	Costruzione di grande interesse / Monumento artístico de especial interés
Bâtiment remarquable / Bezienswaardig gebouw	*Gibeau* **les Maurices**	Costruzione di notevole interesse / Monumento artístico de interés
Curiosité naturelle intéressant / Zeer bezienswaardig natuurschoon	*Grotte de Lascaux*	Curiosità naturale particolarmente interessante / Curiosidad natural de notable interés
Autres curiosités / Overige bezienswaardigheden	* *Obélisque*	Curiosità di altro tipo / Otras curiosidades
Jardin botanique - Jardin zoologique - Parc à gibier / Botanische tuin - Dierentuin - Wildpark		Giardino botanico - Giardino zoologico - Zona faunistica protetta / Jardín botánico - Jardín zoológico - Reserva de animales
Parc national, parc naturel - Point de vue / Nationaal park, natuurpark - Uitzichtpunt		Parco nazionale, parco naturale - Punto panoramico / Parque nacional, parque natural - Vista panorámica
Château- fort, Château - Monastère - Église, chapelle - Ruines / Burcht, slot - Klooster - Kerk, kapel - Ruïnes		Castello - Monastero - Chiesa, cappella - Rovine / Castillo, palacio - Monasterio - Iglesia, capilla - Ruinas
Tour - Tour radio ou télévision - Monument - Grotte / Toren - Radio- of televisietoren - Monument - Grot		Torre - Pilone radio o TV - Monumento - Grotta / Torre - Torre de radio o de TV - Monumento - Cueva
Phare - Bâteau- phare - Moulin à vent / Vuurtoren - Lichtschip - Windmolen		Faro - Nave faro - Molino a vento / Faro - Buque faro - Molino de viento

AUTRES INDICATIONS - OVERIGE INFORMATIE | ALTRI SEGNI - OTROS DATOS

AUTRES INDICATIONS - OVERIGE INFORMATIE	ALTRI SEGNI - OTROS DATOS
Auberge de jeunesse - Motel - Hôtel ou auberge isolé - Refuge de montagne / Jeugdherberg - Motel - Afgelegen hotel of restaurant - Berghut	Ostella della gioventù - Motel - Albergo o locanda isolati - Rifugio montagna / Albergue de juventud - Motel - Hotel o fonda aislados - Refugio de montaña
Terrain de camping, permanent - saisonnier / Camping, het gehele jaar - 's-zomers - Caravanplaats (niet voor tenten)	Campeggio aperto tutto l´anno - stagionale / Camping todo el año - sólo en verano
Plage recommandée - Baignade - Piscine - Station thermale / Strand met zwemgelegenheid - Strandbad - Openlucht- zwembad - Geneeskrachtige badplaats	Spiaggia - Balneare - Piscina (all´aperto) - Terme / Playa - Banos (playa) - Piscina descubierta - Balneario medicinal
Terrain de golf - Port de plaisance - Pêche sous-marine interdite / Golfterrein - Jachthaven - Jagen onder water verboden	Campo da golf - Attracco natanti - Caccia subacquea divieto / Campo de golf - Puerto deportivo - Pesca submarina prohibida
Ferme - Village de vacances / Vrijstaande boerderij - Vakantiedorp	Fattoria isolata - Località di soggiorno / Granja aislada - Centro de vacaciones
Frontière d´Etat - Passage frontalier - Limite des régions / Rijksgrens - Grensovergang - Regionale grens	Confine di stato - Passaggio di frontiera - Frontera regional / Frontera de estado - Paso fronterizo - Frontera regional
Mer recouvrant les hauts-fonds - Sable et dunes / Bij eb droogvallende gronden - Zand en duinen	Basso fondale - Sabbia e dune / Costa de aguas bajas - Arena y dunas
Bois - Lande / Bos - Heide	Bosco - Brughiera / Bosque - Brezal
Glacier - Zone interdite / Gletsjer - Verboden gebied	Ghiacciaio - Zona vietata / Glaciar - Zona prohibida

Zeichenerklärung · Legend
Teckenförklaring · Objaśnienia znaków
1:300.000

VERKEHR – TRAFFIC | TRAFIK – KOMUNIKACJA

(D) (GB)

Autobahn mit Anschlußstelle - Halbanschlußstelle - Tankstelle Rasthaus - mit Motel
Motorway with junction - Half junction - Filling station - Restaurant - with motel

(S) (PL)

Motorväg med trafikplats - Endast av- eller påfart - Bensinstation - Värdshus - med motell
Autostrady z rozjazdami - z częściowymi rozjazdami - Stacje paliw - Restauracje - z motelami

Nur einbahnig - in Bau - geplant
Only single carriageway - under construction - projected

Endast en vägbana - under byggnad - planerad
Autostrady jednojezdniowe - w budowie - projektowane

Vier- oder mehrspurige Autostraße, ein- oder zweibahnig - in Bau
Road with four or more lanes, single or dual carriageway - under construction

Väg med fyra eller flera körfält, en eller två vägbanor - under byggnad
Drogi szybkiego ruchu, cztery pasma i więcej - w budowie

Bundes- bzw. Staats- oder Nationalstraße - Wichtige Hauptstraße - in Bau
National or federal road - Major main road - under construction

Genomfartsled - Viktig huvudled - under byggnad
Przelotowe drogi główne, drogi krajowe - Ważniejsze drogi główne - w budowie

Hauptstraße - Nebenstraße
Main road - Secondary road

Huvudled - Sidogata
Drogi główne - Drogi drugorzędne

Fahrweg (nur bedingt befahrbar) - Fußweg
Practicable road (restricted passage) - Footpath

Väg (delvis användbar för biltrafik) - Vandringsled
Drogi inne (o ograniczonej przejezdności) - Ścieżki

Straßenzustand: nicht staubfrei - sehr schlecht
Road condition: unsealed - very bad

Vägbeskaffenhet: ej dammfritt - mycket daligt
Stan dróg: drogi pylące - drogi w bardzo złym stanie

Straßennummerierung - Europastraßennummer
Road numbering - European route number

A 5   4   127   E 80

Vägnumrering - Europavägnummer
Numeracja dróg - Europejska numeracja dróg

Steigung - Paßstraße mit Wintersperre (von - bis)
Gradient - Mountain pass closed in winter (from - to)

10%   X - IV

Stigning - Väg över pass med vinterspärrtid (fran - till)
Strome podjazdy - Przełęcze nieprzejezdne zimą (od - do)

Für Caravans nicht empfehlenswert - verboten
Not suitable - closed for caravans

Väg ej lämplig för husvagn - spärrad för husvagn
Drogi nie zalecane dla przyczep - zamknięte

Kilometrierung an Autobahnen
Distances on motorways in km

75   30   45

Afstånd i km vid motorvägar
Odległości w kilometrach na autostradach

Kilometrierung an übrigen Straßen
Distances on other roads in km

35   25   10

Afstånd i km vid övriga vägar
Odległości w kilometrach na innych drogach

Hauptbahn - Nebenbahn (mit Bahnhof bzw Haltepunkt)
Main railway - Other railway (with station or stop)

Huvudjärnweg - Mindre viktig järnweg (med station resp. hållplats)
Koleje główne - Koleje drugorzędne (z dworcami lub przystankami)

Eisenbahn (nur Güterverkehr) - Zahnrad- oder Standseilbahn
Railway (freight haulage only) - Rackrailway or cabin lift

Järnväg (endast godstransport) - Linbana eller bergbana
Koleje towarowe - Koleje zębate lub Koleje linowo-terenowe

Seilschwebebahn - Sessellift - Skilift
Cable lift - Chair lift - T-bar

Kabinbana - Stollift - Släplift
Koleje linowe (kabinowe)- Wyciągi krzesełkowe - Wyciągi narciarskie

Autoverladung - Schiffahrtslinie
Railway ferry for cars - Shipping route

Järnväg med biltransport - Batförbindelse
Przeładunek samochodów - Linie żeglugi pasażerskiej

Schiffahrtslinie mit Autotransport - Autofähre an Flüssen
Car ferry route - Car ferry on river

F

Båtförbindelse med biltransport - Flodfärja
Linie żeglugi promowej - Promy rzeczne

Touristenstraße - Landschaftlich schöne Strecke
Tourist road - Scenic road

Turistled - Naturskön vägstrecka
Drogi turystyczne - Drogi krajobrazowe

Mautstelle - Gebührenpflichtige Straße - für Kfz gesperrt
Toll - Toll road - Road closed for motor traffic

x x x x x x

Vägavgift - Avgiftsbelagd väg - Väg sperrad för biltrafik
Pobieranie - Drogi płatne - Zamknięte dla pojazdów silnikowych

Flughafen - Flugplatz - Segelflugplatz - Hubschrauberlandeplatz
Airport - Airfield - Gliding field - Heliport

Större trafikflygplats - Flygplats - Segelflygfält - Landningsplats för helikopter
Lotniska - Lądowiska - Pola szybowcowe - Lądowiska helikopterów

SEHENSWÜRDIGKEITEN – PLACES OF INTEREST | SEVÄRDHETER – INTERESUJĄCE OBIEKTY

Besonders sehenswerter Ort
Place of particular interest

BORDEAUX

Mycket sevärd ort
Miejscowości szczególnie interesujące

Sehenswerter Ort
Place of interest

BIARRITZ

Sevärd ort
Miejscowości interesujące

Besonders sehenswertes Bauwerk
Building of particular interest

Cathédral

Mycket sevärd byggnad
Budowle szczególnie interesujące

Sehenswertes Bauwerk
Interesting building

Gibeau   *les Maurices*

Sevärd byggnad
Budowle interesujące

Besondere Natursehenswürdigkeit
Natural object of particular interest

Grotte de Lascaux

Särskilt intressant natursevärdhet
Szczególnie interesujące obiekty naturalne

Sonstige Sehenswürdigkeit
Other object of interest

* *Obélisque*

Annan sevärdhet
Inne interesujące obiekty

Botanischer Garten - Zoologischer Garten - Wildgehege
Botanical gardens - Zoological gardens - Game park

Botanisk trädgård - Zoologisk trädgård - Djurpark
Ogrody botaniczne - Ogrody zoologiczne - Zwierzyńce

Nationalpark, Naturpark - Aussichtspunkt
Nature park - Viewpoint

Nationalpark, naturpark - Utsiktsplats
Parki narodowe, parki krajobrazowe - Punkty widokowe

Burg, Schloß - Kloster - Kirche, Kapelle - Ruinen
Castle - Monastery - Church, chapel - Ruins

Borg, slott - Kloster - Kyrka, kapell - Ruiner
Zamki, pałace - Klasztory - Kościoły, Kaplice - Ruiny

Turm - Funk- oder Fernsehturm - Denkmal - Höhle
Tower - Radio- or TV tower - Monument - Cave

Torn - Radio- eller TV- torn - Monument - Grotta
Wieże - Wieże RTV - Pomniki - Jaskinie

Leuchtturm - Feuerschiff - Windmühle
Lighthouse - Lightship - Windmill

Fyr - Fyrskepp - Väderkvarn
Latarnie morskie - Latarniowce - Młyny wietrzne

SONSTIGES – OTHER INFORMATION | ÖVRIGT – INNE INFORMACJE

Jugendherberge - Motel - Alleinstehendes Hotel oder Gasthaus - Berghütte
Youth hostel - Motel - Isolated hotel or inn - Mountain hut

Vandrarhem - Motel - Enslig hotell eller gästgiveri - Raststuga
Schroniska młodzieżowe - Motele - Samotnie stojące hotele lub gościńce - Schroniska górskie

Campingplatz, ganzjährig - nur im Sommer
Camping site, permanent - seasonal

Campingplats hela året - endast under sommaren
Campingi całoroczne - czynne tylko latem

Guter Badestrand - Strandbad - Schwimmbad - Heilbad
Recommended beach - Bathing place - Swimming pool - Spa

Badstrand - Strandbad - Friluftsbad - Badort
Plaże - Kąpieliska - Baseny - Uzdrowiska

Golfplatz - Boots- und Yachthafen - Unterwasserjagd verboten
Golf course - Harbour for boats and yachts - Underwater fishing prohibited

Golfbana - Småbåtshamn - Undervattensjakt förbjuden
Pola golfowe - Porty dla łodzi i żaglówek - Rybołówstwo zabronione

Einzelhof - Feriendorf
Isolated building - Holiday bungalows

Gard - Stugby
Pojedyncze zagrody - Wsie letniskowe

Staatsgrenze - Grenzübergang - Verwaltungsgrenze
International boundary - Border crossing point - Administrative boundary

Statsgräns - Gränsövergäng - Regionsgräns
Granice państw - Przejścia graniczne - Granice administracyjne

Wattenmeer - Sand und Dünen
Tidal flat - Sand and dunes

Omrade som torrlägges vid ebb - Sand och dyner
Watty - Piaski i wydmy

Wald - Heide
Forest - Heath

Skog - Hed
Lasy - Wrzosowiska

Gletscher - Sperrgebiet
Glacier - Restricted area

Glaciär - Militärt skyddsomrade
Lodowce - Obszary zamknięte

Carte d'assemblage · Overzichtskaart · Quadro d'unione · Mapa índice
Kartenübersicht · Key map · Kartöversikt · Skorowidz arkuszy mapy
1:300.000

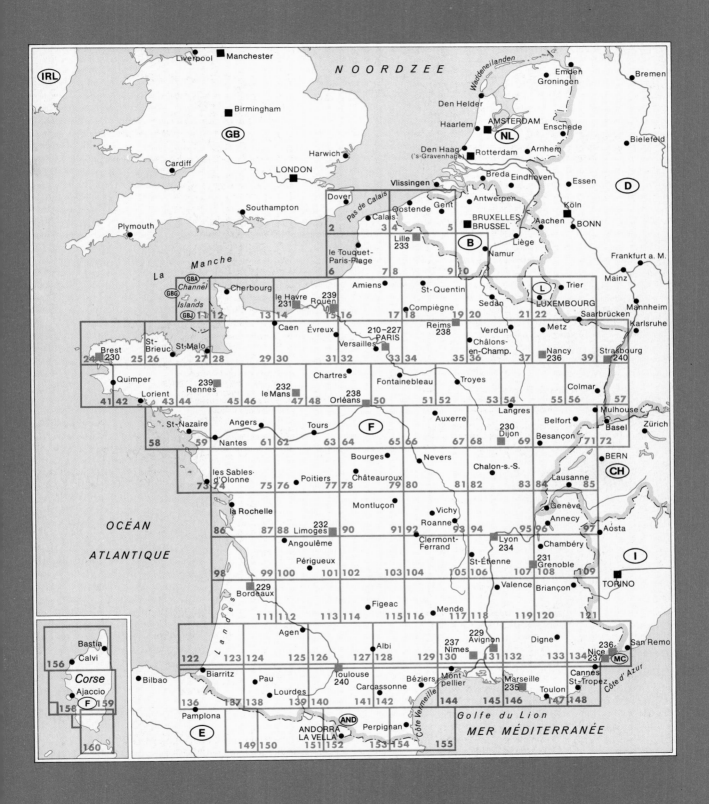

1:300.000

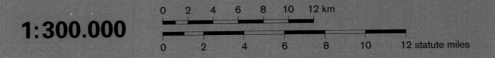

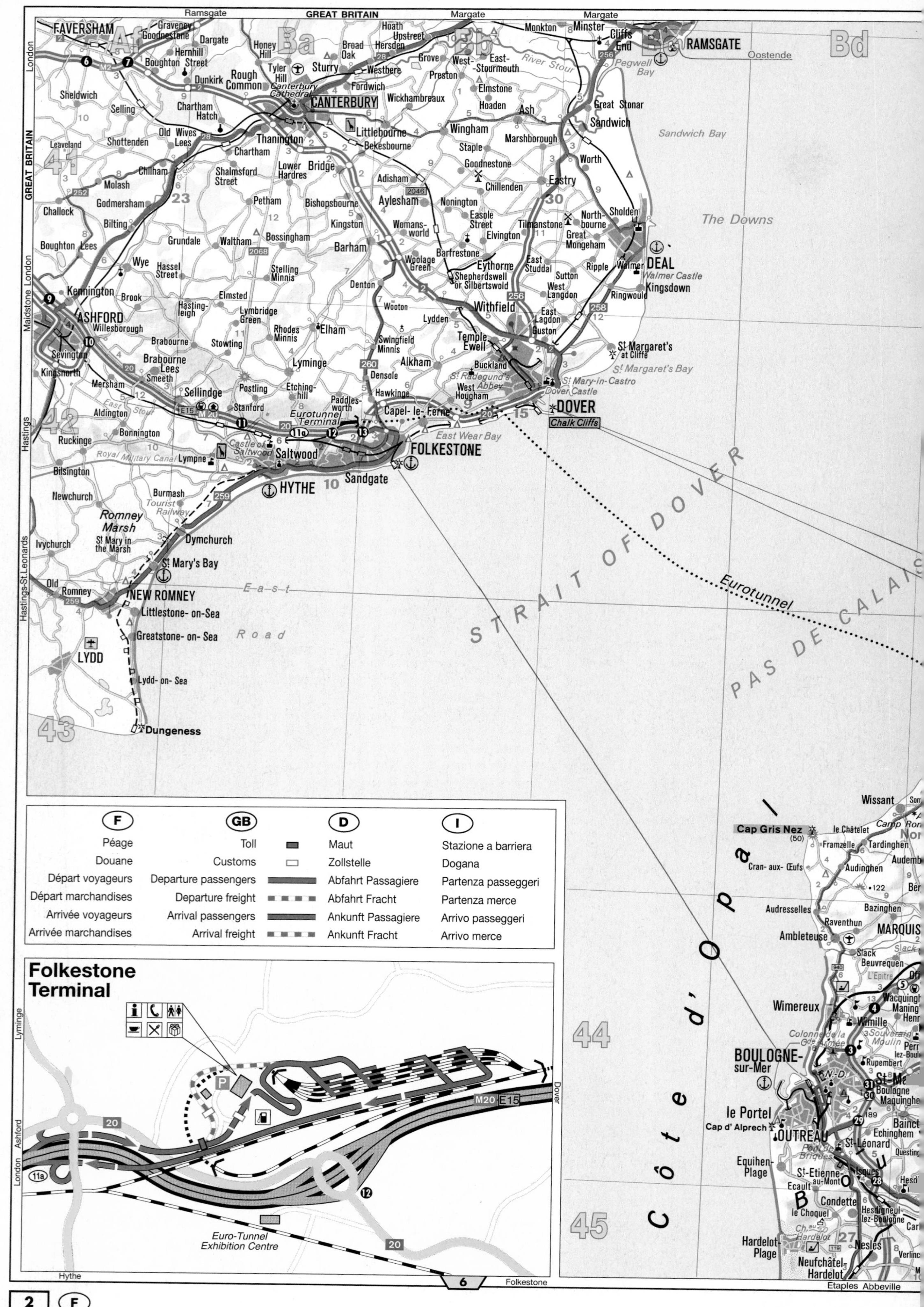

FAVERSHAM
Graveney
Goodnestone
Hernhill
Dargate
Boughton Street
Dunkirk
Honey Hill
Tyler Hill
Sturry
Broad Oak
Westbere
Grove
West-Stourmouth
Monkton
Minster
Cliffs End
Pegwell Bay
RAMSGATE
Oostende

Sheldwich
London
Selling
Chartham Hatch
Old Wives Lees
Rough Common
Canterbury Cathedral
CANTERBURY
Littlebourne
Wickhambreaux
Hoath
Upstreet
Hersden
Fordwich
Preston
Elmstone
Hoaden
Ash
River Stour
Great Stonar
Sandwich

Shottenden
Chartham
Thanington
Bekesbourne
Staple
Marshborough
Worth
Sandwich Bay

Leaveland
Molash
Godmersham
Bilting
Shalmsford Street
Lower Hardres
Petham
Bishopsbourne
Adisham
Aylesham
Nonington
Womansworld
Easole Street
Elvington
Goodnestone
Chillenden
Eastry
Northbourne
Great Mongeham
Sholden
The Downs

Challock
Boughton Lees
Wye
Hassel Street
Grundale
Waltham
Bossingham
Barham
Barfrestone
Eythorne
Shepherdswell or Silbertswold
East Studdal
Sutton
West Langdon
Ripple
Walmer
DEAL
Walmer Castle
Kingsdown

Kennington
Brook
Hastingleigh
Lymbridge Green
Rhodes Minnis
Elham
Denton
Wootton
Lydden
Withfield
Temple Ewell
East Lagdon
Guston
St Margaret's at Cliffe
St Margaret's Bay

ASHFORD
Willesborough
Brabourne
Stowting
Lyminge
Swingfield Minnis
Alkham
Buckland
West Hougham
St Radegund's Abbey
St Mary-in-Castro
Dover Castle
DOVER
Chalk Cliffs

Sevington
Kingsnorth
Mersham
Aldington
Brabourne Lees
Smeeth
Sellindge
Postling
Stanford
Etchinghill
Densole
Hawkinge
Capel- le- Ferne
East Wear Bay
FOLKESTONE

Ruckinge
Bonnington
Castle of Saltwood
Saltwood
Sandgate

Bilsington
Lympne
HYTHE 10

Newchurch
Burmash
Romney Marsh
Dymchurch

Ivychurch
St Mary in the Marsh
St Mary's Bay

Old Romney
NEW ROMNEY
Littlestone- on-Sea
Greatstone- on- Sea
E-a-s-t Road

LYDD
Lydd- on- Sea
Dungeness

Eurotunnel Terminal
STRAIT OF DOVER
Eurotunnel
PAS DE CALAIS

Legend

F	**GB**	**D**	**I**
Péage	Toll	Maut	Stazione a barriera
Douane	Customs	Zollstelle	Dogana
Départ voyageurs	Departure passengers	Abfahrt Passagiere	Partenza passeggeri
Départ marchandises	Departure freight	Abfahrt Fracht	Partenza merce
Arrivée voyageurs	Arrival passengers	Ankunft Passagiere	Arrivo passeggeri
Arrivée marchandises	Arrival freight	Ankunft Fracht	Arrivo merce

Folkestone Terminal

Lyminge
London
Ashford
Euro-Tunnel Exhibition Centre
Dover
Hythe
Folkestone

Wissant
Cap Gris Nez
le Châtelet
Camp Ron
Framzelle
Tardinghen
Cran- aux- Œufs
Audinghen
Audresselles
Bazinghen
Raventhun
Ambleteuse
MARQUIS
Beuvrequen
Wimereux
Wimille
Colonne de la Gde Armée
BOULOGNE- sur-Mer
le Portel
Cap d' Alprech
OUTREAU
St Léonard
Equihen- Plage
St-Etienne au-Mont
Ecault
le Choquel
Condette
Hardelot Plage
Neufchâtel- Hardelot
Côte d'Opal

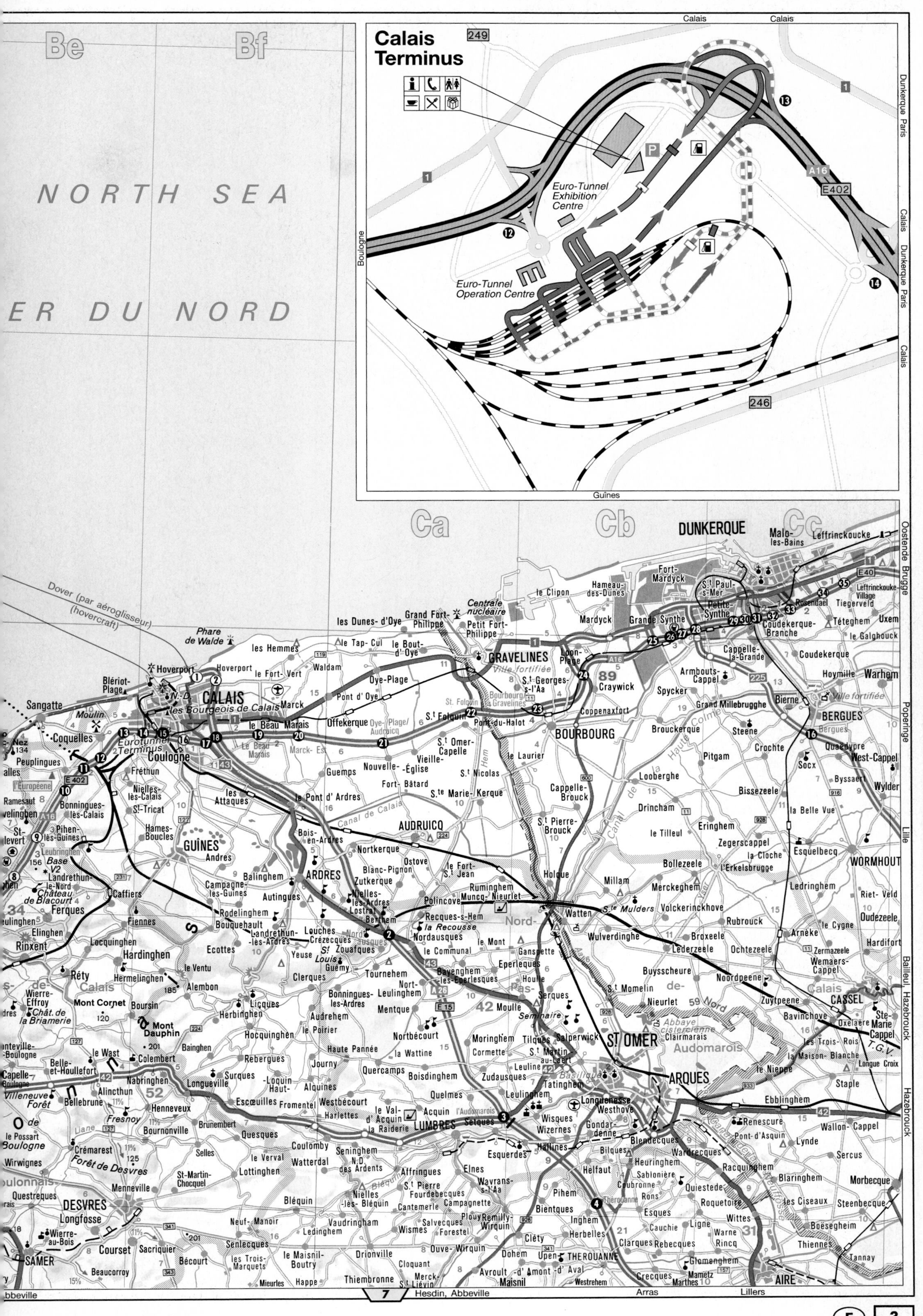

Calais Terminus

249

Euro-Tunnel
Exhibition
Centre

Euro-Tunnel
Operation
Centre

Calais
Boulogne

Dunkerque Paris
A16
E402
Calais
Dunkerque Paris
Calais

12
13
14
P
246

NORTH SEA

ER DU NORD

Dover (par aéroglisseur)
(hovercraft)

Oostende Brugge

Ca
Cb
Cc

DUNKERQUE
Malo-
les-Bains
Leffrinckoucke
E40
Leffrinckoucke
Village
Tiegerveld
Uxem

Fort-
Mardyck
S.t Paul-
s-Mer
Petite-
Synthe
Rosendael
le Galghouck

le Clipon
Hameau-
des-Dunes
Coudekerque-
Branche

Phare
de Walde
les Hemmes
les Dunes- d'Oye
Grand Fort-
Philippe
Petit Fort-
Philippe
Centrale
nucléaire
Mardyck
Grande Synthe
29 30 31 32 33 34 35
25 26 27 28
Coudekerque
Hoymille
Warhem

Hoverport
Hoverport
le Fort-Vert
Waldam
le Tap- Cul
le Bout-
d'Oye
GRAVELINES
Ville fortifiée
Loon-
Plage
Cappelle-
la-Grande
Ville fortifiée

Blériot-
Plage
N.D.
CALAIS
Marck
Oye-Plage
St Georges-
s-l'Aa
Bourbourg
S.t Folquin
24
89
Craywick
Armbouts-
Cappel
Grand Millebrugghe
Bierne
BERGUES
Bergues

Sangatte
Moulin
les Bourgeois de Calais
Pont d'Oye
St Folquin
Offekerque
Oye- Plage/
Audruicq
23
Spycker
Broeckerque
Steene
Quaëdypre
West-Cappel

Coquelles
13 14 15
le Beau Marais
le Pont d'Ardres
Nouvelle-
Église
22
Pont-du-Halot
BOURBOURG
Coppenaxfort
Looberghe
Crochte
Socx
Bissezeele
WORMHOUT
Wylder

Nez
134
Eurotunnel
Terminus
Coulogne
16 17 18
19 20
21
le Beau
Marais
Marck- Est
Guemps
S.t Omer-
Capelle
Vieille-
Église
S.t Nicolas
S.te Marie-Kerque
le Laurier
Cappelle-
Brouck
Drincham
le Tilleul
Eringhem
Zegerscappel
la Cloche
l'Erkelsbrugge
Esquelbecq
Byssaert
la Belle Vue

Peuplingues
Fréthun
Nielles-
lès-Calais
St-Tricat
les
Attaques
Fort- Bâtard
S.t Pierre-
Brouck
Merckeghem
Ledringhem
Riet- Veld
le Cygne
Hardifort

l'Europeene
E402
Bonningues-
lès-Calais
Hames-
Boucles
Bois-
en-Ardres
Nortkerque
AUDRUICQ
Holque
Millam
Volckerinckhove
Rubrouck
Arnèke
Oudezeele
Zermazeele
Wemaers-
Cappel

Ramesaut-
velinghen
Pihen-
lès-Guines
GUÎNES
Andres
Ostove
le Fort-
St-Jean
Ruminghem
Muncq- Nieurlet
Watten
S.te Mulders
Wulverdinghe
Broxeele
Ochtezeele

Base
V2
Landrethun-
le-Nord
Château
de Blacourt
Ferques
Caffiers
ARDRES
Balinghem
Campagne-
les-Guines
Autingues
Nielles-
lès-Ardres
Louches
Zutkerque
Blanc-Pignon
Berthem
Recques-s-Hem
la Recousse
Nord-
Ganspette
Ledezeele
Buysscheure
Noordpeene

34
Elinghem
Rinxent
Fiennes
Bouquehault
Rodelinghem
Crézecques
St Zouafques
Nordausques
le Communal
Eperleques
Davenghem
les-Eperlesques
Houle
Serques
St Momelin
de-
Nieurlet
Nord
Zuytpeene
CASSEL
Ste Marie
Cappel
T.G.V.

Réty
Hardinghen
Hermelinghen
Locquinghen
Ecottes
Landrethun-
-lès-Ardres
Louis
Guémy
le Ventu
Yeuse
Tournehem
Bonningues-
les-Ardres
Nort-
Leulinghem
42
Moulle
Séminaire
Wavinchove
Bavinchove
les Trois-Rois
la Maison- Blanche
Longue Croix

Mont Cornet
Chât. de
la Briamerie
Boursin
Mont
Dauphin
Herbinghen
Audrehem
le Poirier
Clerques
Mentque
Nortbécourt
Moringhem
Tilques
Cormette
Leulinghem
E15
St Martin
au-Gert
 St OMER
Audomarois
Abbaye
cistercienne
Clairmarais
le Nieppe
Staple
Ebblinghem

le Wast
Colembert
Bainghen
Rebergues
Journy
Quercamps
Boisdinghem
Zudausques
Tatinghem
Leulinghem
Longuenesse
Westhove
Renescure
Wallon- Cappel

Belle-
et-Houllefort
Nabringhen
Alincthun
Longueville
Surques
Escœuilles
Fromentel
Westbécourt
Quelmes
Wisques
Wizernes
Gondar-
denne
Blendecques
Pont-d'Asquin
Lynde
Sercus

Villeneuve-
Forêt
Bellebrune
Fresnoy
Henneveux
Bournonville
Quesques
Selles
Harlettes
le Val-
d'Acquin
la Raiderie
Acquin
l'Audomarois
LUMBRES
Setques
3
Hallines
Helfaut
Heuringhem
Bilques
Wardrecques
Blaringhem
Morbecque

Capelle-
Boulogne
42
Le Possart
Crémarest
Brunembert
Coulomby
Seninghem
N.D.
des Ardents
Esquerdes
Crubronne
Quiestede
Racquinghem

Forêt de Desvres
Menneville
St-Martin-
Chocquel
le Verval
Watterdal
Lottinghen
Affringues
Elnes
Wavrans-
l'Aa
Pihem
Inghem
Ligne
Cauchie
Warne
Rincq
31

DESVRES
Longfosse
Wierre-
au-Bois
Courset
Bécourt
Senlecques
les Trois-
Marquets
le Maisnil-
Boutry
Drionville
Cloquant
Ledinghem
Vaudringhem
Neuf- Manoir
Nielles-
lès-Bléquin
Campagnette
Salvecques
Wisques
Forestel
Remilly-
Wirquin
THÉROUANNE
Herbelles
Esques
Dohem
Upen
Clarques
Crecques
Rebecques
Mametz
Roquetoire
les Ciseaux
Steenbecque
Tannay
AIRE

SAMER
Beaucorroy
Mieurles
Happe
St-Liévin
Merck-
Avroult
Maisnil
d'Amont
Westrehem
Marthes
Glomanghen

Abbeville
Hesdin, Abbeville
Arras
Lillers

F
3

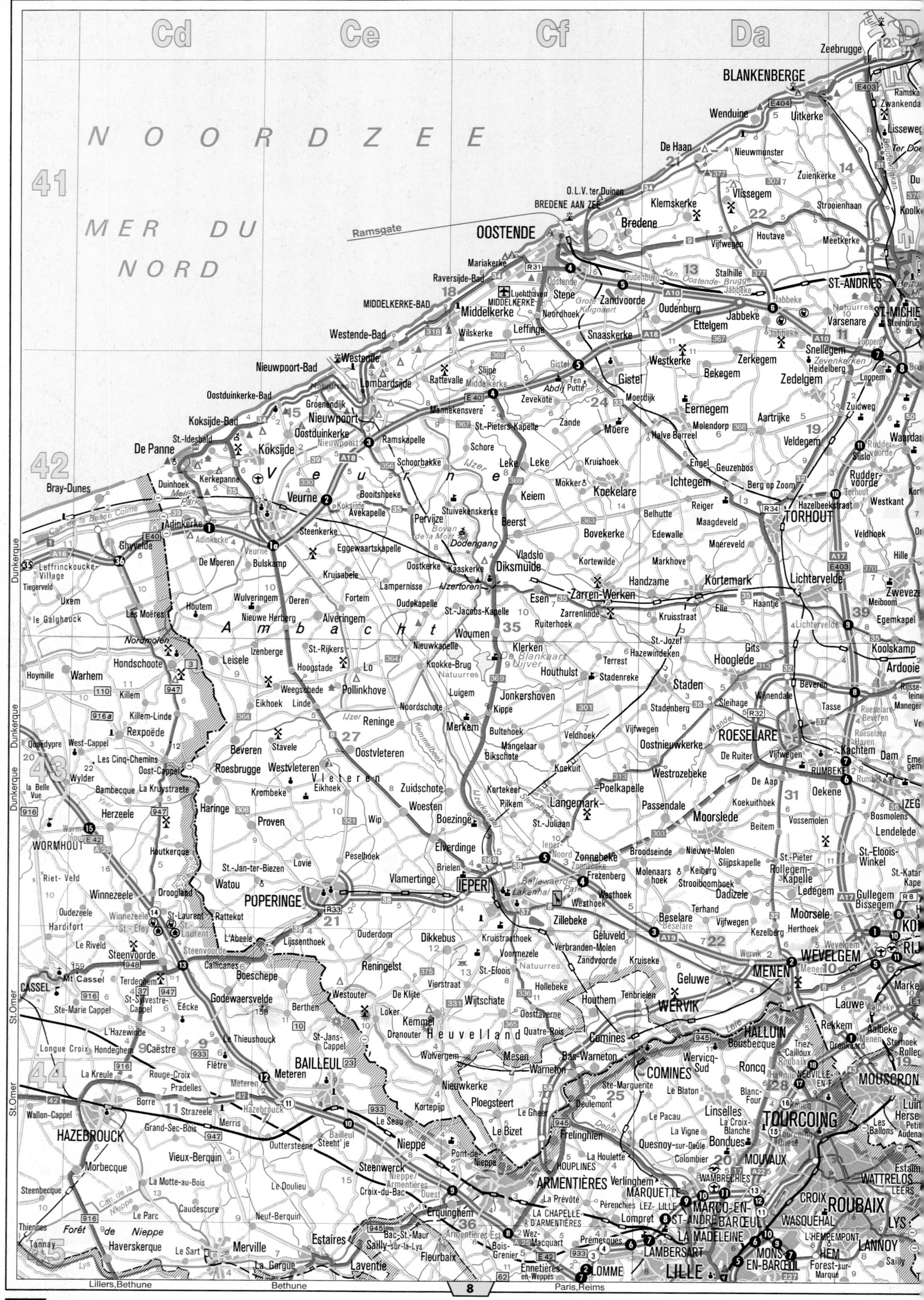

Cd
Ce
Cf
Da
NOORDZEE
MER DU NORD
41
42
43
44
45
Ramsgate
Zeebrugge
BLANKENBERGE
Wenduine
Uitkerke
De Haan
Nieuwmunster
Zuienkerke
Lissewege
Vlissegem
Klemskerke
O.L.V. ter Duinen
BREDENE AAN ZEE
Bredene
OOSTENDE
Houtave
Meetkerke
Stroobenhaan
Vijfwegen
Mariakerke
Raversijde-Bad
Stene
Zandvoorde
Oudenburg
Stalhille
Jabbeke
ST.-ANDRIES
MIDDELKERKE-BAD
Middelkerke
Noordhoek
Ettelgem
Varsenare
Westende-Bad
Wilskerke
Leffinge
Snaaskerke
Westkerke
Snellegem
Zerkegem
Bekegem
Zedelgem
Nieuwpoort-Bad
Westende
Lombardsijde
Rattevalle
Slijpe
Gistel
Oostduinkerke-Bad
Groenendijk
Nieuwpoort
Mannekensvere
Zevekote
Moerdijk
Eernegem
Aartrijke
Koksijde-Bad
Oostduinkerke
Ramskapelle
St.-Pieters-Kapelle
Zande
Moere
Molendorp
Halve Barreel
Veldegem
De Panne
St.-Idesbald
Koksijde
Schore
Schoorbakke
Leke
Kruishoek
Engel
Geuzenbos
Bray-Dunes
Duinhoek
Kerkepanne
Veurne
Booitshoeke
Avekapelle
Mokker
Keiem
Koekelare
Ichtegem
Berg op Zoom
Pervijze
Stuivekenskerke
Beerst
Belhutte
Reiger
TORHOUT
Adinkerke
Steenkerke
Dodengang
Bovekerke
Edewalle
Maagdeveld
Ghyvelde
Eggewaartskapelle
Vladslo
Moereveld
Lichtervelde
De Moeren
Bulskamp
Oostkerke
Kaaskerke
Diksmuide
Kortewilde
Markhove
Leffrinckoucke-Village
Kruisabele
Lampernisse
IJzertoren
Handzame
Kortemark
Uxem
Houtem
Wulveringem
Oeren
Fortem
Oudekapelle
Esen
Zarren-Werken
Zarrenlinde
Haantje
Elle
Les Moëres
Nieuwe Herberg
Alveringem
St.-Jacobs-Kapelle
Kruisstraat
Ambacht
Woumen
Ruiterhoek
Nordmolen
Izenberge
St.-Rijkers
Nieuwkapelle
Klerken
St.-Jozef
Hazewindeken
Gits
Koolskamp
Ardooie
Hondschoote
Leisele
Hoogstade
Lo
Knokke-Brug
Terrest
Hooglede
Hoymille
Warhem
Houthulst
Stadenreke
Staden
Killem
Weegsebede
Pollinkhove
Eikhoek
Linde
Luigem
Jonkershoven
Wijnendale
Tasse
Killem-Linde
Noordschote
Kippe
Stadenberg
Sleihage
Reninge
Rexpoëde
Merkem
Bultehoek
Vijfwegen
ROESELARE
West-Cappel
Stavele
Beveren
Mangelaar
Bikschote
Oostnieuwkerke
De Ruiter
Kachtem
Les Cinq-Chemins
Oost-Cappel
Oostvleteren
Roesbrugge
Westvleteren
Vleteren
Koekuit
RUMBEKE
Wylder
Bambecque
La Kruystraete
Krombeke
Eikhoek
Zuidschote
Kortekeer
Pilkem
Langemark
Poelkapelle
Westrozebeke
De Aap
Oekene
Herzeele
Haringe
Proven
Woesten
Passendale
Koekuithoek
Wip
Boezinge
St.-Juliaan
Moorslede
Vossemolen
WORMHOUT
Beitem
Lendelede
Houtkerque
Elverdinge
Zonnebeke
Broodseinde
Nieuwe-Molen
St.-Pieter
Riet-Veld
Peselhoek
St.-Jan-ter-Biezen
Lovie
Brielen
Molenaars hoek
Keiberg
Slijpskapelle
Rollegem-Kapelle
Winnezeele
Watou
POPERINGE
Vlamertinge
IEPER
Frezenberg
Strooiboomhoek
Dadizele
Ledegem
Droogland
Westhoek
Terhand
Oudezeele
Rattekot
Zillebeke
Beselare
Vijfwegen
Moorsele
Hardifort
St.-Laurent
L'Abeele
Lijssenthoek
Ouderdom
Dikkebus
Kruistraathoek
Geluveld
Kezelberg
Herthoek
Le Riveld
Steenvoorde
Voormezele
Verbranden-Molen
Zandvoorde
Kruiseke
Wervik
WEVELGEM
Callicanes
Reningelst
St.-Elooi
Natuurres.
Geluwe
MENEN
CASSEL
Mt Cassel
Terdeghem
Boeschepe
Vierstraat
Hollebeke
Tenbrielen
St-Sylvestre-Cappel
Godewaersvelde
Westouter
De Klijte
Wijtschate
Houthem
WERVIK
Lauwe
Ste-Marie Cappel
Eecke
Berthen
Loker
Kemmel
Oosttaverne
Rekkem
Aalbeke
L'Hazewinde
Dranouter
Heuvelland
Quatre-Rois
Comines
HALLUIN
Bousbecque
Longue Croix
Hondeghem
Caëstre
La Thieushouck
St-Jans-Cappel
Wulvergem
Mesen
Bas-Warneton
Triez-Cailloux
Dronckaert
Warneton
Wervicq-Sud
Flêtre
BAILLEUL
COMINES
Roncq
NEUVILLE-EN-F.
MOUSCRON
La Kreule
Rouge-Croix
Meteren
Pradelles
Nieuwkerke
Ste-Marguerite
Le Blaton
Borre
Strazeele
Merris
Hazebrouck
Kortepijp
Ploegsteert
Deulemont
Blanc-Four
Wallon-Cappel
Le Seau
Le Gheer
Le Pacau
Linselles
La Croix-Blanche
TOURCOING
HAZEBROUCK
Grand-Sec-Bois
Bailleul
Steent' je
Le Bizet
Frelinghien
La Vigne
Bondues
Outtersteene
Nieppe
Pont-de-Nieppe
Quesnoy-sur-Deûle
MOUVAUX
Vieux-Berquin
Morbecque
La Houlette
Colombier
Steenwerck
HOUPLINES
WAMBRECHIES
Estaimpuis
Steenbecque
La Motte-au-Bois
Le Doulieu
ARMENTIÈRES
Verlinghem
MARQUETTE
WATTRELOS
Croix-du-Bac
Nieppe/Armentières Ouest
La Prévôté
Pérenchies
LEZ-LILLE
MARCQ-EN-BARŒUL
CROIX
ROUBAIX
Caudescure
Erquinghem
LA CHAPELLE-D'ARMENTIÈRES
Lompret
ST-ANDRÉ
WASQUEHAL
Thiennes
Le Parc
Neuf-Berquin
Armentières Est
LA MADELEINE
L'HEMPEMPONT
Tannay
Forêt de Nieppe
Haverskerque
Bac-St.-Maur
Sailly-sur-la-Lys
Wez-Macquart
Prémesques
LAMBERSART
MONS-EN-BARŒUL
HEM
LANNOY
Le Sart
Merville
Estaires
Fleurbaix
Bois-Grenier
La Gorgue
Laventie
Ennetières-en-Weppes
LOMME
LILLE
Forest-sur-Marque
Lillers,Bethune
Bethune
8
Paris,Reims
Dunkerque
St.Omer

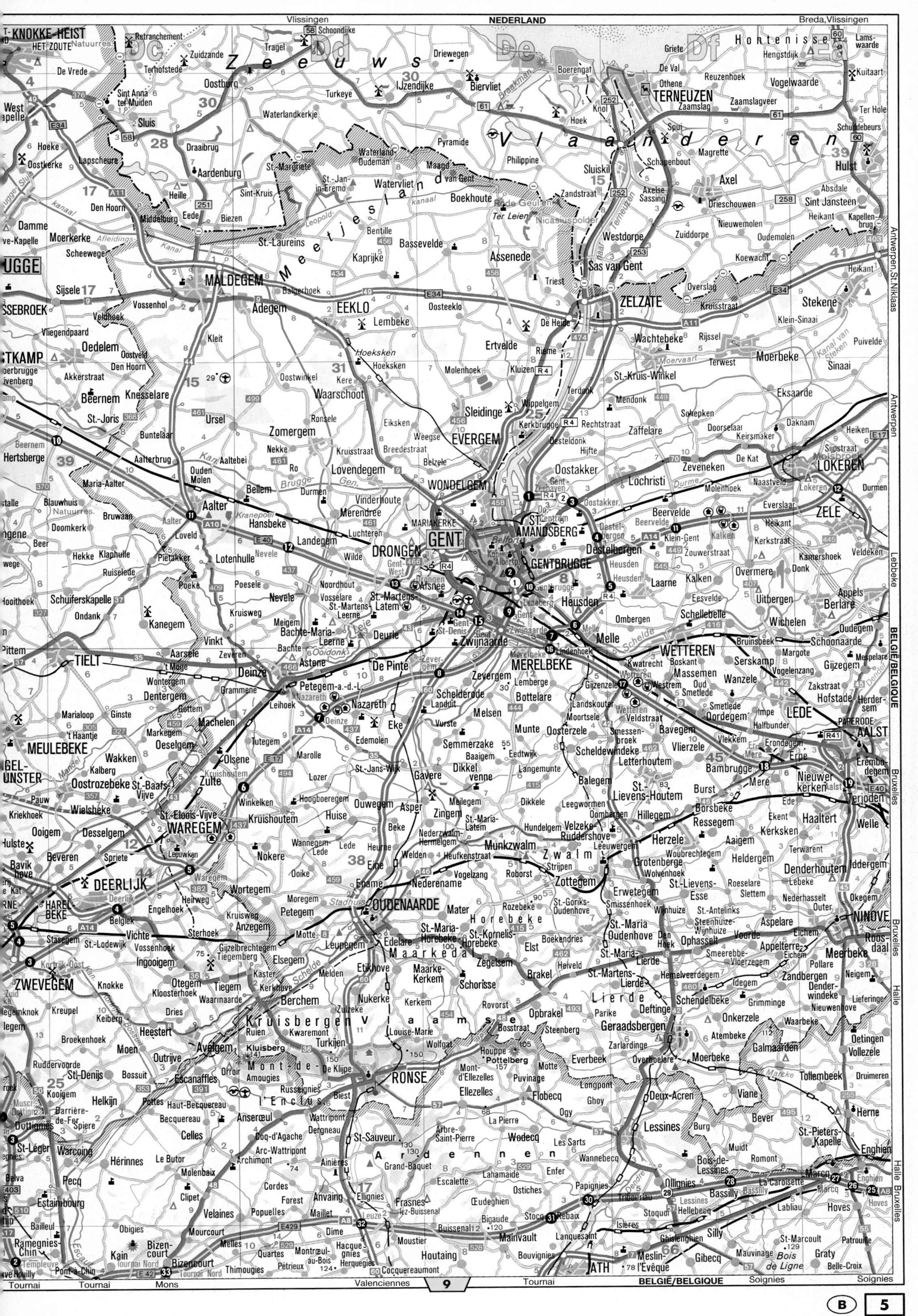
Vlissingen
NEDERLAND
Breda,Vlissingen
Antwerpen,St.Niklaas
Antwerpen
Lebbeke
BELGIË/BELGIQUE
Bruxelles
Halle
Halle Bruxelles
Tournai
Mons
Valenciennes
9
Soignies
Zeeuws
Vlaanderen
Meetjesland
Vlaamse Ardennen
KNOKKE-HEIST
Sluis
Oostburg
Aardenburg
IJzendijke
Biervliet
TERNEUZEN
Hulst
Axel
Sas van Gent
ZELZATE
MALDEGEM
EEKLO
Adegem
Assenede
Stekene
Lembeke
Oedelem
Beernem
Knesselare
Ursel
Waarschoot
Zomergem
Sleidinge
EVERGEM
Lovendegem
WONDELGEM
Oostakker
Lochristi
Zeveneken
LOKEREN
Aalter
Hansbeke
Landegem
DRONGEN
GENT
ST.-AMANDSBERG
GENTBRUGGE
Destelbergen
Heusden
Laarne
Kalken
ZELE
Berlare
Uitbergen
Wichelen
Nevele
Deurle
Zwijnaarde
MERELBEKE
Melle
WETTEREN
Serskamp
Gijzegem
TIELT
Deinze
De Pinte
Nazareth
Eke
Zevergem
Oosterzele
LEDE
AALST
MEULEBEKE
Oostrozebeke
Zulte
WAREGEM
Kruishoutem
Gavere
Dikkelvenne
Herzele
Haaltert
Denderhoutem
NINOVE
DEERLIJK
HARELBEKE
Anzegem
OUDENAARDE
Zottegem
Zwalm
Horebeke
Maarkedal
Brakel
Lierde
Geraardsbergen
ZWEVEGEM
Berchem
Kruisbergen
Avelgem
Kluisberg
Mont-de-l'Enclus
RONSE
Ellezelles
Flobecq
Deux-Acren
Lessines
Enghien
St-Léger
Estaimbourg
Pecq
Celles
Frasnes-lez-Buissenal
Ath
Silly
Bassilly
Marcq
Hoves
Ardennen
Tournai Nord
Leuze
Mainvault

Af   Ba   Bb   Bc   Bd

45

46

47

48

49

Boulogne
Nesles
Verli
Hardelot-Plage
119
27
Mont St Frieux
152
Dunes
Neufchât
Hardelot
27
Dannes
Hal
Widehem
940
Plage-Ste-Cécile
178
12
A16
E402
108
Camiers
Fr
Embouchure de la Canche
Lefaux
7
le Touquet-Paris-Plage
ÉTAPLES
le Touquet
39
8
33
Trépied
Canche
Villiers Val
Stella-Plage
Cucq
le Moulinel
St Jos
la Bruyè
Merlimont-Plage
St-Aubin
143
Merlimont
Airon-
Airo
St-Vaas
Parc de Bagatelle
Berck-s.-Mer
940
Rang-du-Fliers
6
Berck-Plage
Verton
2
33
34
Ebruy
Groffliers
Waben
le Tem
Baie de l'Authie
Conchil
le-Temp
Tigny
Colline-
Beaumont
le Vieux Fort-Mahon
30
Canal de
Fort-Mahon-Plage
Quend-Plage-les-Pins
Parc nautique
Quend
Villers-sur-Authie
Moncheaux
940
Vercour
Dunes
Froise
Flar
36
St-Quentin-en-Tourmont
RUE
Parc Ornithologique du Marquenterre
St-Firmin
Chàte
du Bro
Baie de Somn
Favières
940
13
Pointe de Hourdel
le Hamelet
le Hourdel
1
7
Morlay
la Molière
le Crotoy
Mollières
Brighton
ST-VALERY-sur-Somme
Maison de l'Oiseau
Cayeux-sur-Mer
44
Wathiehurt
Chemin de fer touristique
Sallenelle
Pinchefali
Lanchères
2
Estrébœuf
162
Pendé
Boismont
Hâble d'Ault
48
Brutelles
Tilloy
Mons-
Saig
Hautebut
Arrest
29
Vaudricourt
St-Blimont
Boubert
Woignarue
Quesnoy-le-Montant
Campag
AULT
940
Bourseville
Ochancourt
33
le Bois-de-Cise
86
Allenay
Tully
Friville-Escarbotin
Nibas
Franleu
Frireulle
Friaucourt
Béthencourt-sur-Mer
Valines
Mers-les-Bains
St-Quentin-la-Motte-Croix-au-Bailly
Fressenneville
925
Tœu
5
Martaigneville
Méneslies
Woincourt
Chépy
Ache
en-Vi
le Tréport
8
Yzengremer
Feuquières-en-Vimeu
Mesnil-Val
NrD-St-Laurent
Dargnies
Oust-Marest
Hocquélus
Aigneville
Criel Plage
6
Flocques
EU
Ponts-et-Marais
1015
Bouvaincourt-sur-Bresle
Embreville
Corroy
Tour
en-Vi
Criel-sur-Mer
Etalondes
925
St-Pierre-en-Val
Beauchamps
Buigny-lès-Gamaches
Maisnières
Mesnil-en-Caux
Boscrocourt
Monchelet
Vismes
Heudelimont
le Fresne
Incheville
12
Frettemeule
48
22
Tocqueville-sur-Eu
St-Rémy-Boscrocourt
Wiammeville
Martainnevi
Neuvilette
16
GAMACHES
Tilloy-
Floriville
Morival
Biville-sur-Mer
Touffreville-sur-Eu
Monchy-sur-Eu
Longroy
10
14
St-Martin-Plage
Penly
Litteville
la Tuilerie
Infray
Busménard
Brunville
Assigny
Canehan
St-Martin-le-Gaillard
le Mesnil-Réaume
936
E402
Belleville-sur-Mer
Berneval-le-Grand
24
Guimécourt
Baromesnil
Millebosc
49
122
7
Bouillancourt-en-Séry
St-Martin-en-Campagne
Greny
Cuverville-sur-Yères
Bazinval
8
Ansennes
Translay
Ramb
Bracquemont
Tourville-la-Chapelle
Auquemesnil
Melleville
Guerville
Monchaux-
Soreng
Nesletle
Fransly
Phare d'Ailly
DIEPPE
Puys
Glicourt
Intraville
Sept-Meules
Villy-le-Bas
Grande Vallée
Monthières
Watteblery
Ram
Vastérival
Pourville-sur-Mer
Musée
St-Jacques
Graincourt
St-Quentin-au-Bosc
Rieux
Blangy-sur-Bresle
Foucau
Hors
St-Marguerite
Parc de Moustiers
Petit-Rouxmesnil
Neuville-lès-Dieppe
Derchigny
St-Aignan
Fumechon
Haute
3
Manoir d'Ango
Varengeville-sur-Mer
Abbeville
Boutilles
Martin-Eglise
920
la Vauvage
Sauchay-le-Haut
Sauchay-le-Bas
Gouchaupré
Bailly-en-Rivière
Villy-le-Haut
159
Avesnes-en-Val
Grancourt
Forêt
206
d'Eu
Newhaven
Bellengreville
Ancourt
Yères
Le Havre Rouen   Neufchâtel
16   Neufchâtel

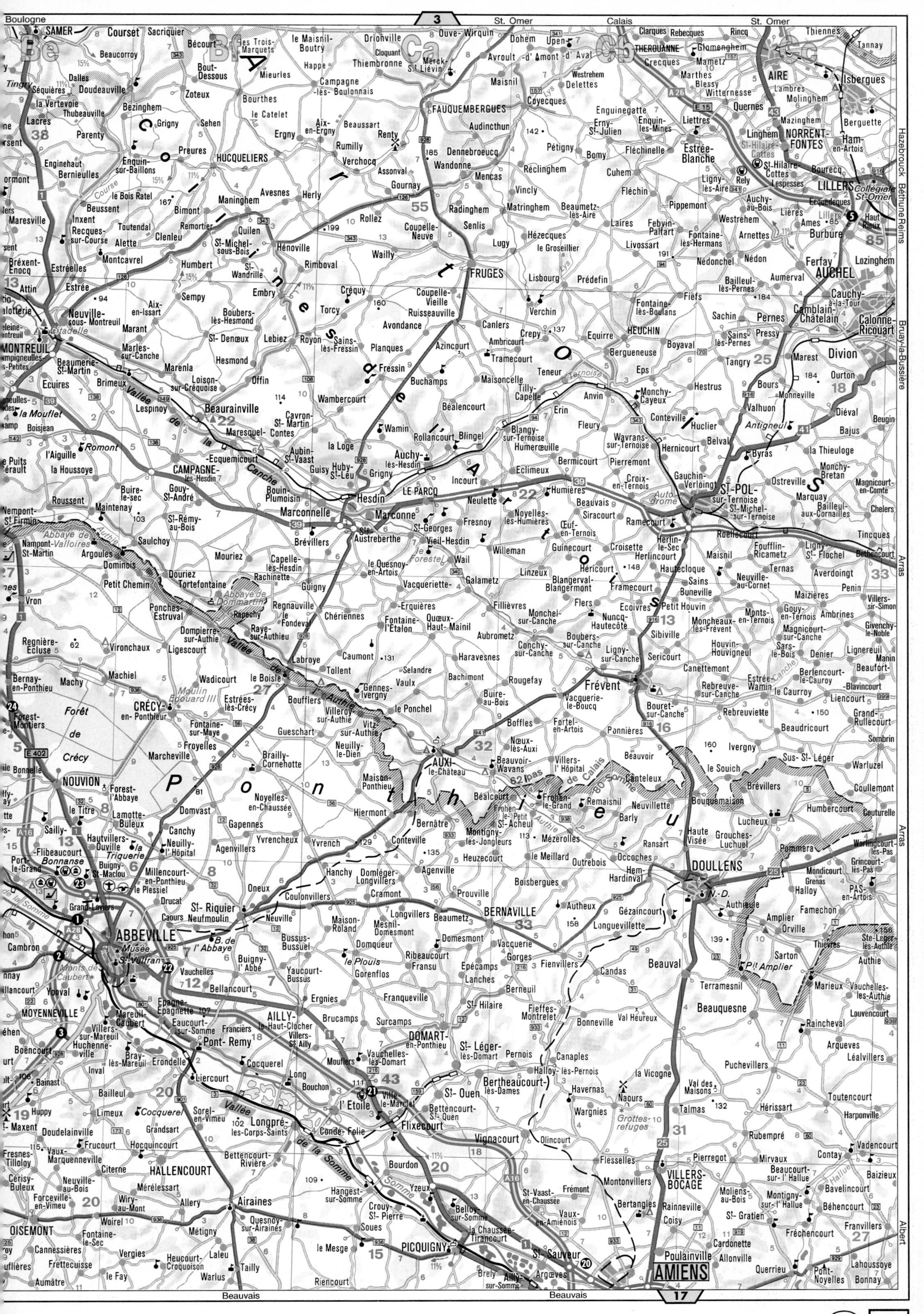

3
Boulogne
St. Omer
Calais
St. Omer
Hazebrouck
Béthune
Reims
Bruay-la-Bussière
Arras
Arras
Albert
Beauvais
Beauvais
17
MONTREUIL
HUCQUELIERS
FAUQUEMBERGUES
FRUGES
HEUCHIN
AIRE
LILLERS
AUCHEL
ST-POL-sur-Ternoise
Hesdin
CAMPAGNE-lès-Hesdin
Beaurainville
Frévent
DOULLENS
AUXI-le-Château
CRÉCY-en-Ponthieu
NOUVION
ABBEVILLE
St-Riquier
BERNAVILLE
AILLY-le-Haut-Clocher
DOMART-en-Ponthieu
Pont-Remy
HALLENCOURT
OISEMONT
Airaines
PICQUIGNY
VILLERS-BOCAGE
AMIENS
Beauval
Forêt de Crécy
Vallée de la Canche
Vallée de l'Authie
Vallée de la Somme
Collines de l'Artois
Ponthieu
Ternois

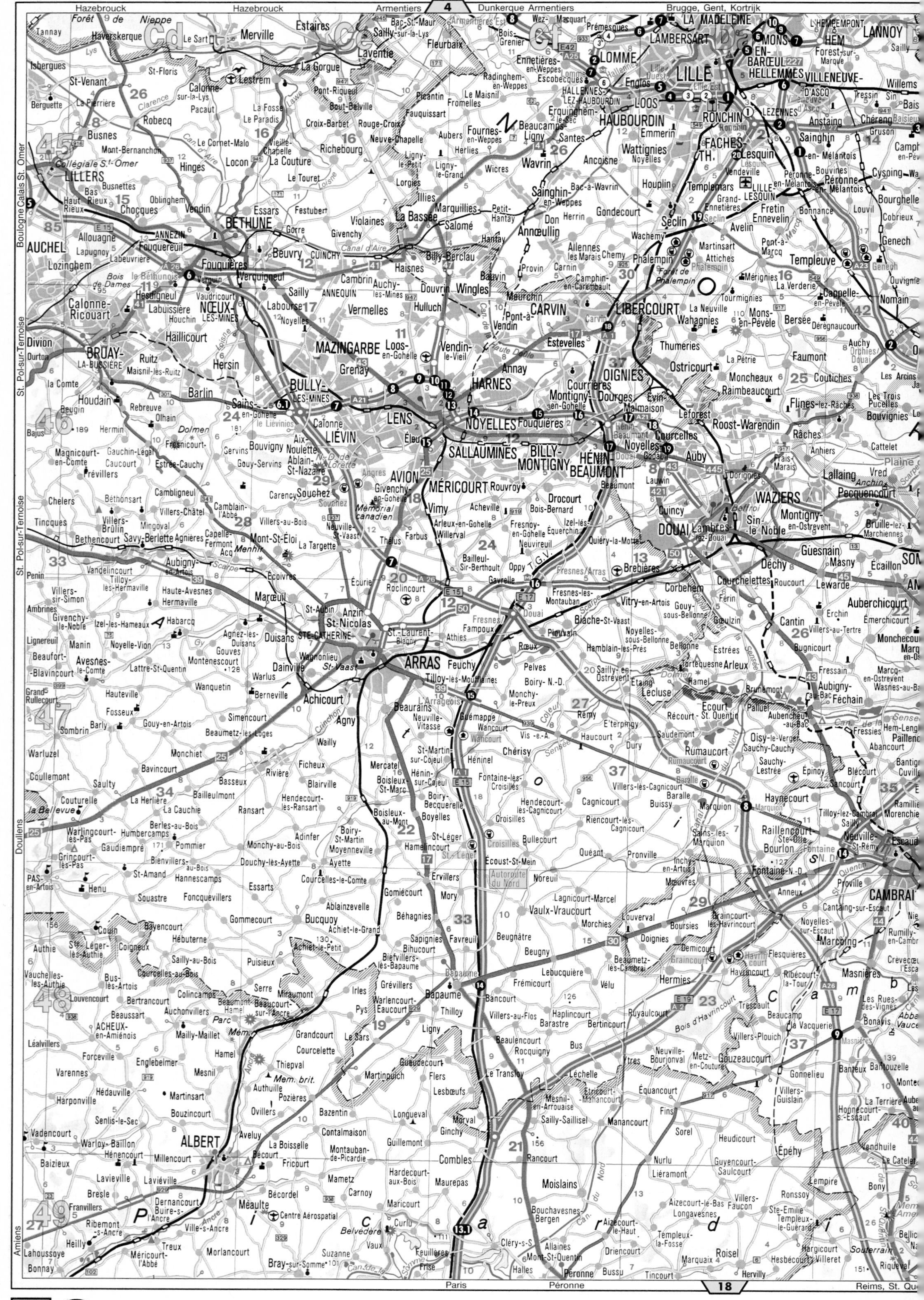
Hazebrouck
Hazebrouck
Armentiers
4
Dunkerque Armentiers
Brugge, Gent, Kortrijk
Boulogne Calais St. Omer
St. Pol-sur-Ternoise
St. Pol-sur-Ternoise
Doullens
Amiens
Paris
Péronne
18
Reims, St. Qu
LILLE
ARRAS
DOUAI
LENS
BETHUNE
CAMBRAI
ALBERT
BAPAUME

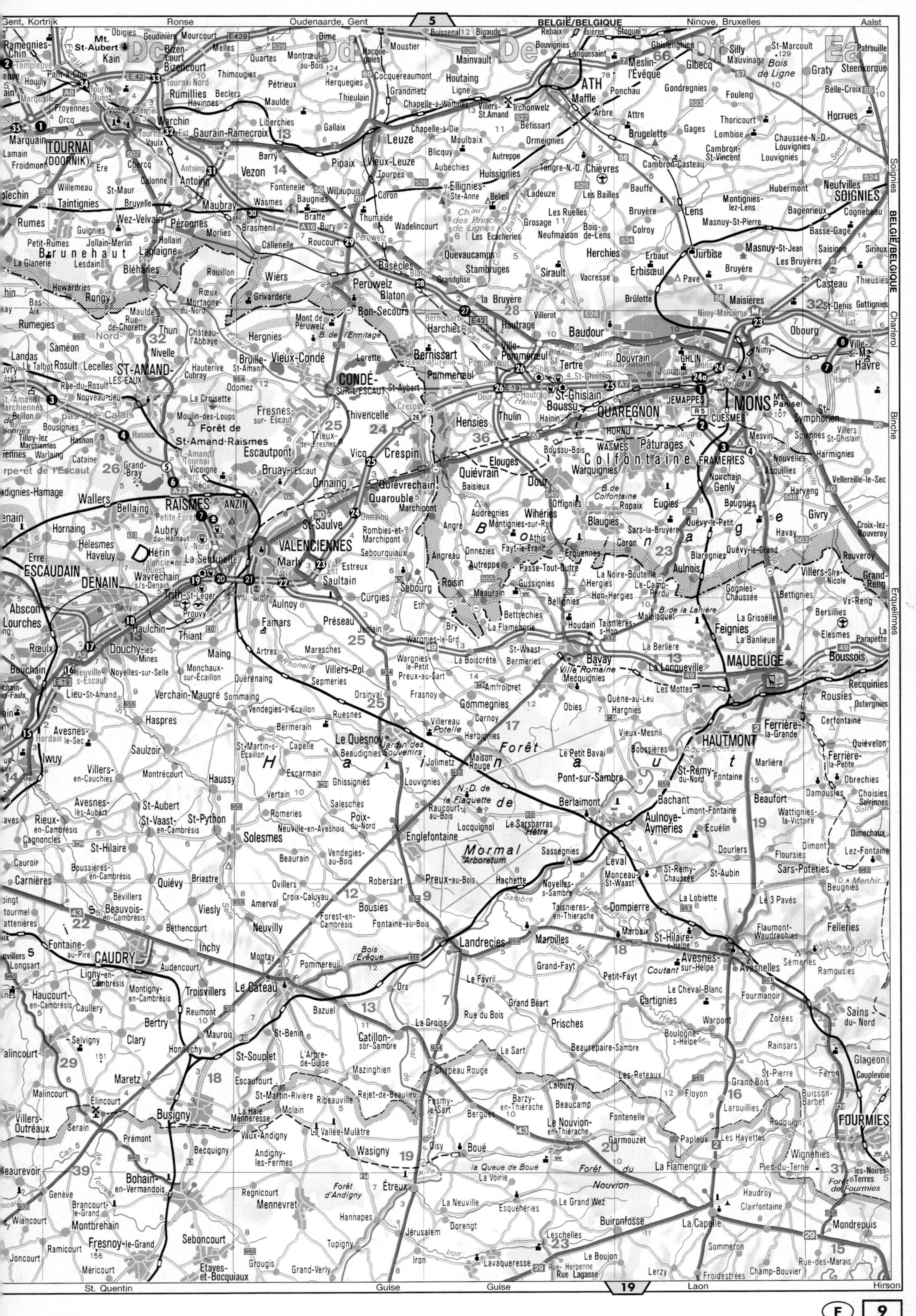

Gent, Kortrijk
Ronse
Oudenaarde, Gent
5
BELGIË/BELGIQUE
Ninove, Bruxelles
Aalst
Soignies
BELGIË/BELGIQUE
Charleroi
Binche
Erquelinnes
St. Quentin
Guise
Guise
19
Laon
Hirson
TOURNAI (DOORNIK)
ATH
Leuze
Lessines
SOIGNIES
MONS
Quaregnon
St-Ghislain
Péruwelz
Condé-sur-l'Escaut
St-Amand-les-Eaux
Valenciennes
Raismes
Anzin
Denain
Escaudain
Maubeuge
Hautmont
Bavay
Le Quesnoy
Forêt de Mormal
Landrecies
Le Cateau
Caudry
Bohain-en-Vermandois
Avesnes-sur-Helpe
Fourmies
La Capelle
Le Nouvion-en-Thiérache
Solesmes
Busigny
Wasigny
Étreux
Forêt du Nouvion
Forêt de St-Amand-Raismes
Brunehaut
Colfontaine

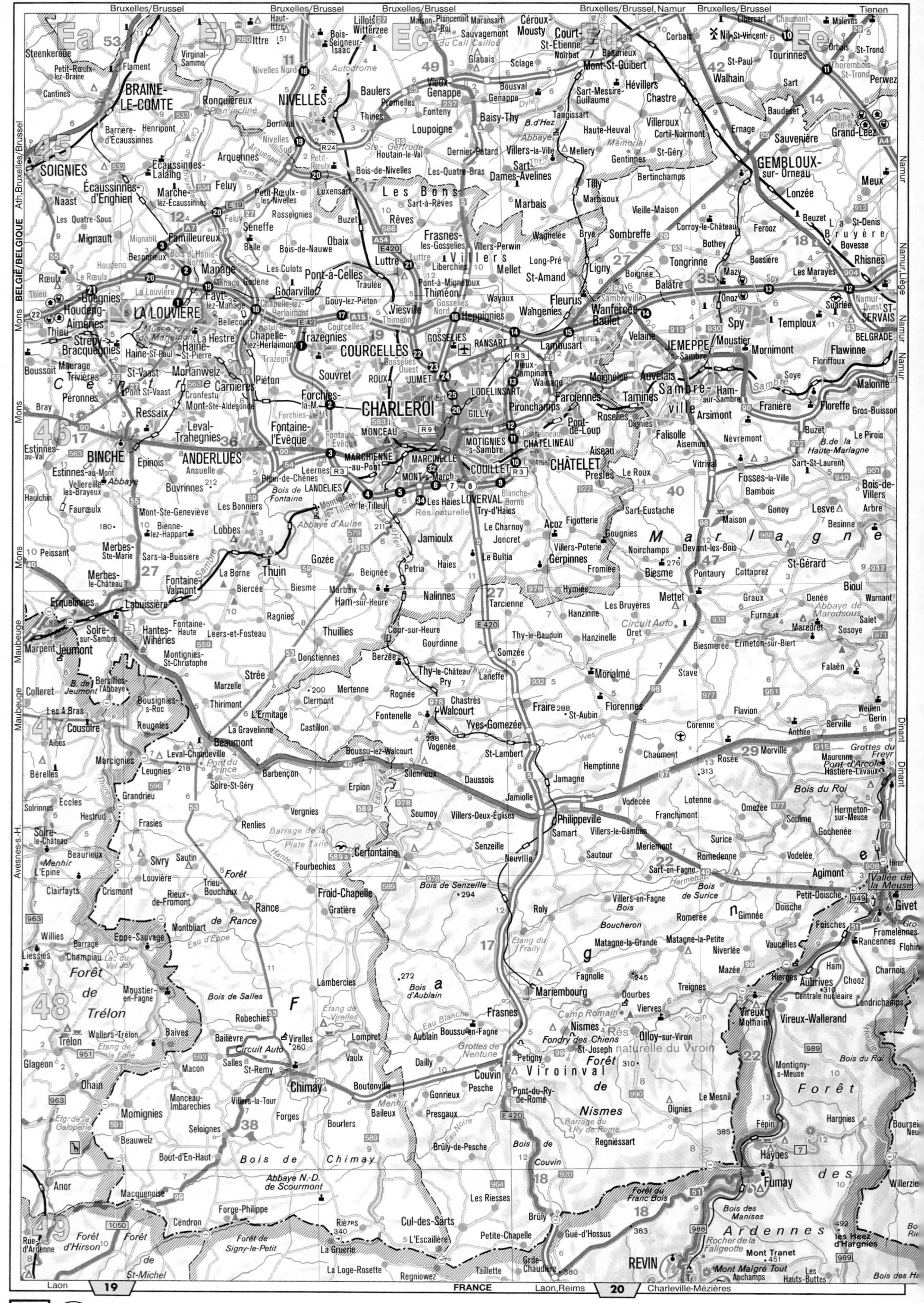

Bruxelles/Brussel
Bruxelles/Brussel, Namur
Tienen
Ea
Eb
Ec
Ed
Ee
BRAINE-LE-COMTE
NIVELLES
SOIGNIES
Écaussinnes-d'Enghien
LA LOUVIÈRE
Manage
Seneffe
Genappe
Villers-la-Ville
GEMBLOUX-sur-Orneau
Sombreffe
Fleurus
JEMEPPE-s-Sambre
Sambreville
Tamines
Floreffe
Namur
BINCHE
ANDERLUES
CHARLEROI
COURCELLES
GOSSELIES
Fontaine-l'Évêque
MARCHIENNE-au-Pont
MARCINELLE
COUILLET
CHÂTELET
CHÂTELINEAU
GILLY
JUMET
Thuin
Lobbes
Erquelinnes
Jeumont
Beaumont
Walcourt
Philippeville
Florennes
Mettet
Marlagne
Cerfontaine
Froid-Chapelle
Barrage de la Plate Taille
Chimay
Couvin
Viroinval
Mariembourg
Nismes
Forêt de Nismes
Givet
Vallée de la Meuse
Fumay
Haybes
Revin
Ardennes
Forêt de Trélon
Trélon
Forêt d'Hirson
Bois de Chimay
Abbaye N.-D. de Scourmont
Cul-des-Sarts
FRANCE
Laon
Laon, Reims
Charleville-Mézières
BELGIË/BELGIQUE
Mons
Maubeuge
Avesnes-s.-H.
Dinant
Namur, Liège
E420
E42
E19
19
20

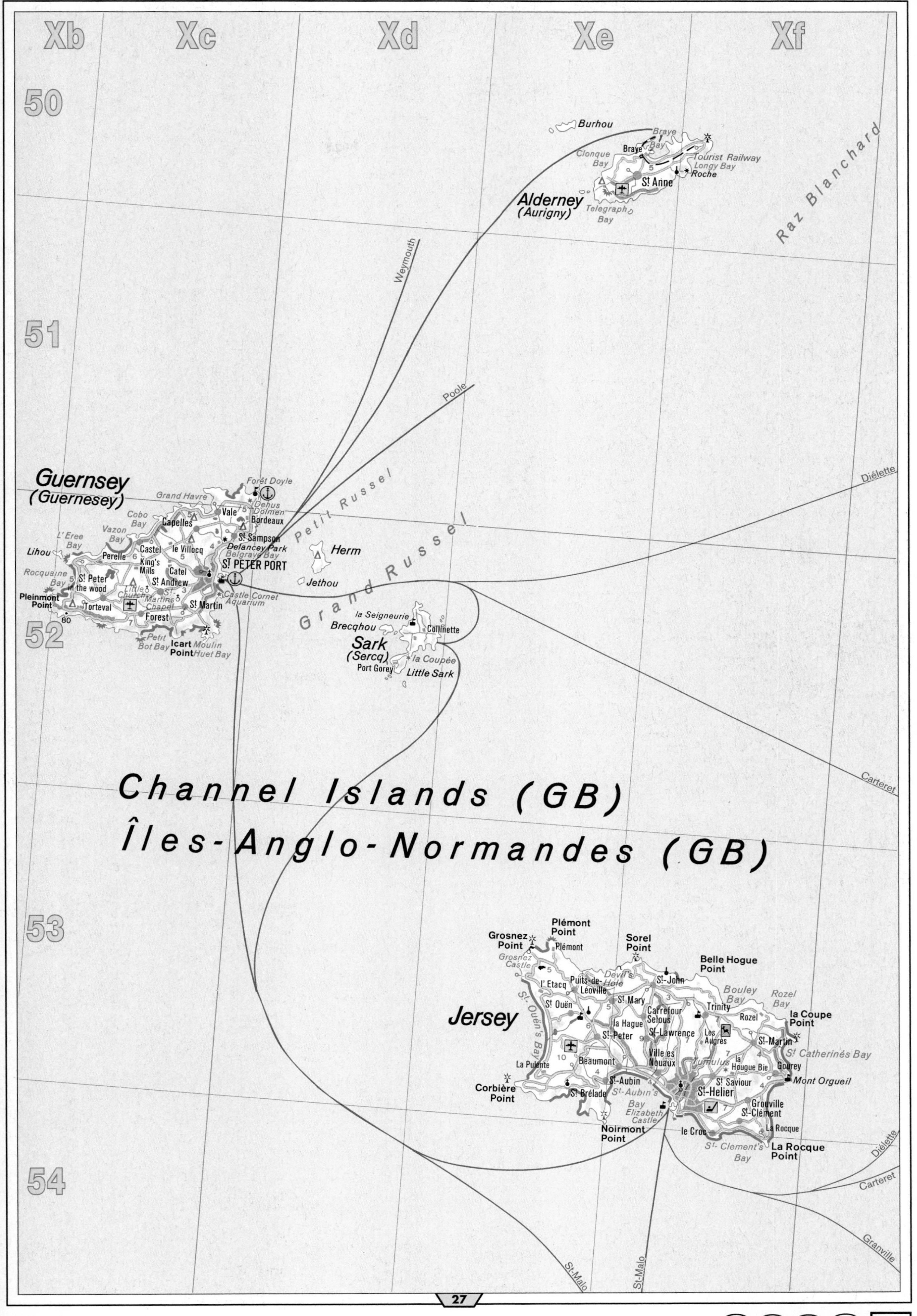

Channel Islands (GB)
Îles-Anglo-Normandes (GB)

Guernsey
(Guernesey)

Alderney
(Aurigny)

Sark
(Sercq)

Jersey

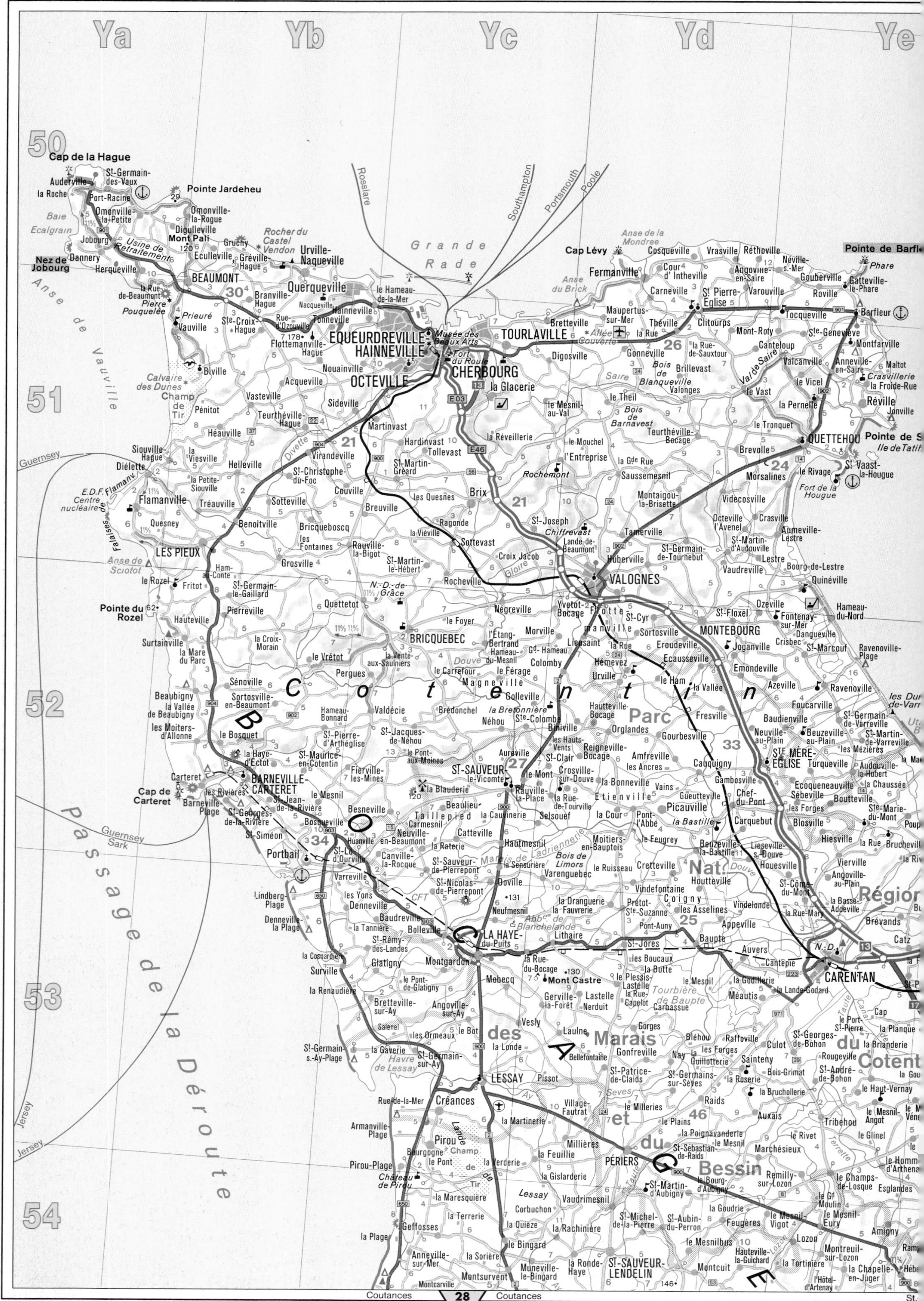

50
Cap de la Hague
St-Germain-
des-Vaux
Auderville
la Roche   Pointe Jardeheu
Port-Racine   29
Baie   Omonville-   Omonville-
Ecalgrain   la-Petite   la-Rogue
Jobourg   Digulleville   Rocher du
Usine de   Mont Pali   Castel
Nez de   Retraitement   120   Vendon   Gréville-   Urville-
Jobourg   Dannery   Gruchy   Hague   Naqueville
Herqueville   BEAUMONT   Ecuteville   le Hameau-
la Rue-   10   de-la-Mer
de-Beaumont   30   Querqueville
Pierre   Rue-d'Ozouville   Branville-   Nacqueville
Pouquelée   Prieuré   Hague   Tonneville   Hainneville
Vauville   Ste-Croix-   Rue-   EQUEURDREVILLE   Musée des
Hague   Flottemanville-   HAINNEVILLE   Beaux Arts
Calvaire   178   Hague   Nouainville   OCTEVILLE   Fort du Roule   CHERBOURG
des Dunes   10   la Glacerie
Champ   Biville   Acqueville   E 03
de Tir   Pénitot   Vasteville   13
Sideville   la Réveillerie
Siouville-   Teurthéville-   Heauville   22 4   Martinvast
Hague   Hague   37   Hardinvast   10   E46
Dielette   la Viesville   904   Virandeville   Tollevast   56
E.D.F.   la Petite-   Helleville   21   St-Martin-
Centre   Siouville   Couville   Gréard
nucléaire de   Flamanville   Sotteville   900   les Quesnés   Brix
Falaises de Flamanv.   Quesnay   Tréauville   Bricqueboscq   Breuville   21
11%   Benoitville   les   Ragonde
LES PIEUX   Fontaines   la Viéville   Sottevast
Anse de   Grosville   Rauville-   St-Martin-
Sciotot   Ham-   la-Bigot   le-Hébert   Rocheville
le Rozel   Conte   St-Germain-   N.-D.-de-
Fritot   le-Gaillard   Quettetot   Grâce   Négreville
Pointe du   62   Pierreville   le Foyer
Rozel   Hauteville   11% 11%   l'Étang-
la Croix-   BRICQUEBEC   Bertrand   Morville
Morain   le Vrétot   la Vente-   Hameau-
Surtainville   la Mare   aux-Saulniers   du-Mesnil
du Parc   Pergues   Douve   le Férage
Sénoville   Hameau-   le Carrefour   Magneville
Beaubigny   Sortosville-   Bonnard   Valdécie   Brédonchel   Solleville
la Vallée   en-Beaumont   902   Néhou   la Bretonnière
de Beaubigny   St-Pierre-   St-Jacques-   Ste-Colombe
les Moitiers   le Bosquet   d'Arthéglise   de-Néhou   le Pont-
d'Allonne   la Haye-   St-Maurice-   aux-Moines   Biniville
d'Ectot   en-Cotentin   Fierville-   ST-SAUVEUR
BARNEVILLE-   les-Mines   27
CARTERET   Neuville-   la Blauderie   le Mont   Rauville-
Cap de   les Rivières   en-Beaumont   120   Beaulieu   la-Place
Carteret   St-Jean-   Taillepied   la Caufinerie
Barneville   de-la-Rivière   le Mesnil   Carmesnil   Catteville
Plage   St-Georges-   Besneville   la Raterie   Hautmesnil
de-la-Rivière   34   Bosqueville   Huanville   St-Sauveur-
St-Siméon   St-Lô   Canville-   de-Pierrepont
Portbail   d'Ourville   la-Rocque   St-Nicolas-
Varreville   les Yons   de-Pierrepont
Lindberg-   650   Denneville   Doville   131
Plage   Baudreville   Neufmesnil
Denneville-   Bolleville   la Tannière   LA HAYE-
la Plage   St-Rémy-   2   du-Puits   la Rue-
la Cosnardière   des-Landes   Montgardon   du-Bocage   130
Surville   Glatigny   Mobecq   Mont Castre   7   Gerville-
la Renaudière   le Pont-   la-Forêt   Lastelle
de-Glatigny   Bretteville-   Angoville-   Vesly
sur-Ay   sur-Ay   le Bot   Laulne
St-Germain-   Salenel   les Ormeaux   900   Gonfreville
s.-Ay-Plage   la Gaverie   St-Germain-   la Londe   Bellefontaine
Havre   sur-Ay   LESSAY   Pissot
de Lessay   Ruedla-Mer   Créances   St-Patrice-
Armanville-   Ay   de-Claids
Plage   Pirou   la Martinerie   Village-
Bourgogne   Champ   Fautrat   les Milleries
Pirou-Plage   le Pont   de   la Verderie   les Plains
Château   Tir   Millières   la Feuillie
de Pirou   la Maresquière   St-Sébastien-
Lessay   la Gislarderie   PÉRIERS   de-Raids
la Terrerie   Corbuchon   St-Martin-
Geffosses   la Quièze   St-Michel-   d'Aubigny   la Bourg-
la Plage   le Bingard   la Rachinière   de-la-Pierre   d'Aubigny
Anneville-   la Sorière   Muneville-   la Ronde-   ST-SAUVEUR-
sur-Mer   le-Bingard   Haye   LENDELIN   146
Montsurvent   Montcarville

51

52

53

54

Grande
Rade
Rosslare
Southampton
Portsmouth
Poole

Cap Lévy   Anse de la
Mondree   Cosqueville   Vrasville   Réthoville   Néville-
Fermanville   Cour   Angoville-   s.-Mer   Pointe de Barfle
Anse   d'Intheville   en-Saire   12   Gouberville   Phare
du Brick   Carneville   St Pierre-   Varouville   Gatteville-
Maupertus-   Eglise   5   Roville   le-Phare
sur-Mer   Théville   Clitourps   Tocqueville   Barfleur
TOURLAVILLE   la Rue   Mont-Roty   901   Ste-Geneviève
7   Allée   Gonneville   la Rue-   Montfarville
Couverte   26   de-Sauxtour   Canteloup   Anneville-
Digosville   Bois   Brillevast   Valcanville   en-Saire   Maltot
de   Valognes   le Vicel   Crasvillerie
Blanqueville   le Vast   la Pernelle   la Froide-Rue
le Theil   24   Teurthéville-   le Tronquet   Réville
le Mesnil-   Bois   Bocage   Jonville
au-Val   de   Brevolle   QUETTEHOU   Pointe de S
Barnavest   l'Entreprise   24   14   Ile de Tatif
le Mouchel   la Gde Rue   Morsalines   le Rivage   St-Vaast-
Rochemont   Saussemesnil   Videcosville   Fort de la   la-Hougue
Montaigou-   Houque
St-Joseph   la-Brisette   Octeville-   Crasville
Chiffrevast   Tamerville   l'Avenel   Aumeville-
Lande-de-   902   St-Martin-   Lestre
Beaumont   Hubervile   St-Germain-   d'Audouville
Croix Jacob   de-Tournebut   Vaudreville   Lestre
Croix   VALOGNES   Bourg-de-Lestre
Gloire   Yvetot-   Flotte   St-Floxel   Quinéville
Bocage   manville   Ozeville   Hameau-
St-Cyr   Fontenay-   du-Nord
Gd-Hameau   la Rue   Sortosville   sur-Mer   Danguéville
Colomby   Liensaint   Eroudeville   MONTEBOURG   Crisbec   St-Marcouf   Ravenoville-
Hémevez   24   Ecausseville   Joganville   Plage
Urville   le Ham   Emondeville   les Dur-
la Vallée   Azeville   de-Varr
Reigneville-   Fresville   Baudienville   Foucarville   St-Germain-
Hautteville-   Bocage   Neuville-   Ravenoville   de-Varreville
Bocage   Orglandes   au-Plain   les Forges   St-Martin-
Parc   les Hauts-   Gourbesville   33   Ste-Mère-   de-Varreville
Vents   Amfreville   EGLISE   les Mézières
St-Clair   les Ancres   Vains   Cauquigny   Turqueville   Audouville-
Crosville-   la Bonneville   Gambosville   Ecoqueneauville   la-Hubert   la Ma
Aureville   sur-Douve   Etienville   Chef-   Sébeville   la Chaussée
Rauville-   la Rue-   du-Pont   Picauville   les Forges   Ste-Marie-
la-Place   de-Tourville   la Cour   Carquebut   du-Mont
le Mont   Selsouëf   Pont-   la Bastille   Blosville   Hiesville
Crétteville   l'Abbé   le Feugrey   Beuzeville-   Lieseville-   la Rue   Brucheville
Moitiers-   au-Plain   la-Bastille   11   s-Douve   Houesville   Vierville
en-Bauptois   Nat?   Houtteville   Angoville-
Marais de l'Adrienne   Bois de   Cretteville   Coigny   au-Plain   Région
Limors   le Ruisseau   Vindefontaine   Basse-
la Sensurière   Varenguebec   Prétot-   les Asselines   Addeville   Brévands
Ste-Suzanne   Vindelonde   N.-D.   Catz
la Drangerie   25   la Rue-Mary   13
la Fauvrerie   Pont-Auny   Appeville   CARENTAN
St-Jores   Auvers   Cantepie   17
les Boucaux   Baupte   la Lande-Godard
le Plessis-   Méautis   le Port   Cap
Lastelle   la Butte   le Mesnil   Culot   St-Pierre   la Planque
Capelot   Carbassue   la Godillerie   Gorges   la Briandérie
Tourbière   Méautis   Rougeville   le Haut-Vernay
de Baupte   Blehou   Raffoville   St-Georges-   la Gou
Nay   les Forges   de-Bohon   Culot   le Mesnil-
Guillotterie   Sainteny   André-   Angot
Gonfreville   la Roserie   Bois-Grimat   de-Bohon   le Mesnil-
Marais   Nerduit   St-Germains-   29   la Brucholerie   le Homm
sur-Sèves   Raids   d'Arthena
et du   Seves   Auxais   le Rivet   le Glinel
les Milleries   Tribehou   le Mesnil-
les Plains   la Poignanderie   Marchésieux   Vente
Bessin   la Lande-   Remilly-   le Gd   les Champs-
d'Aubigny   sur-Lozon   Moulin   de-Losque
Vaudrimesnil   8   le Mesnil-   Esglandes
le Mesnilbus   10   Feugères   Vigot   Eury   Amigny
Montreuil-
Montcuit   55   146   sur-Lozon   la Tortinière
Hauteville-   Lozon   l'Hôtel-   la Chapelle-
la-Guichard   St-   d'Artenay   en-Juger

B   O   Cotentin   Parc

Anse de Vauville   Passage de la Déroute   Guernsey   Sark   Jersey   Guernsey

C   o   t   e   n   t   i   n

Marais   des   Marais   et du   Bessin

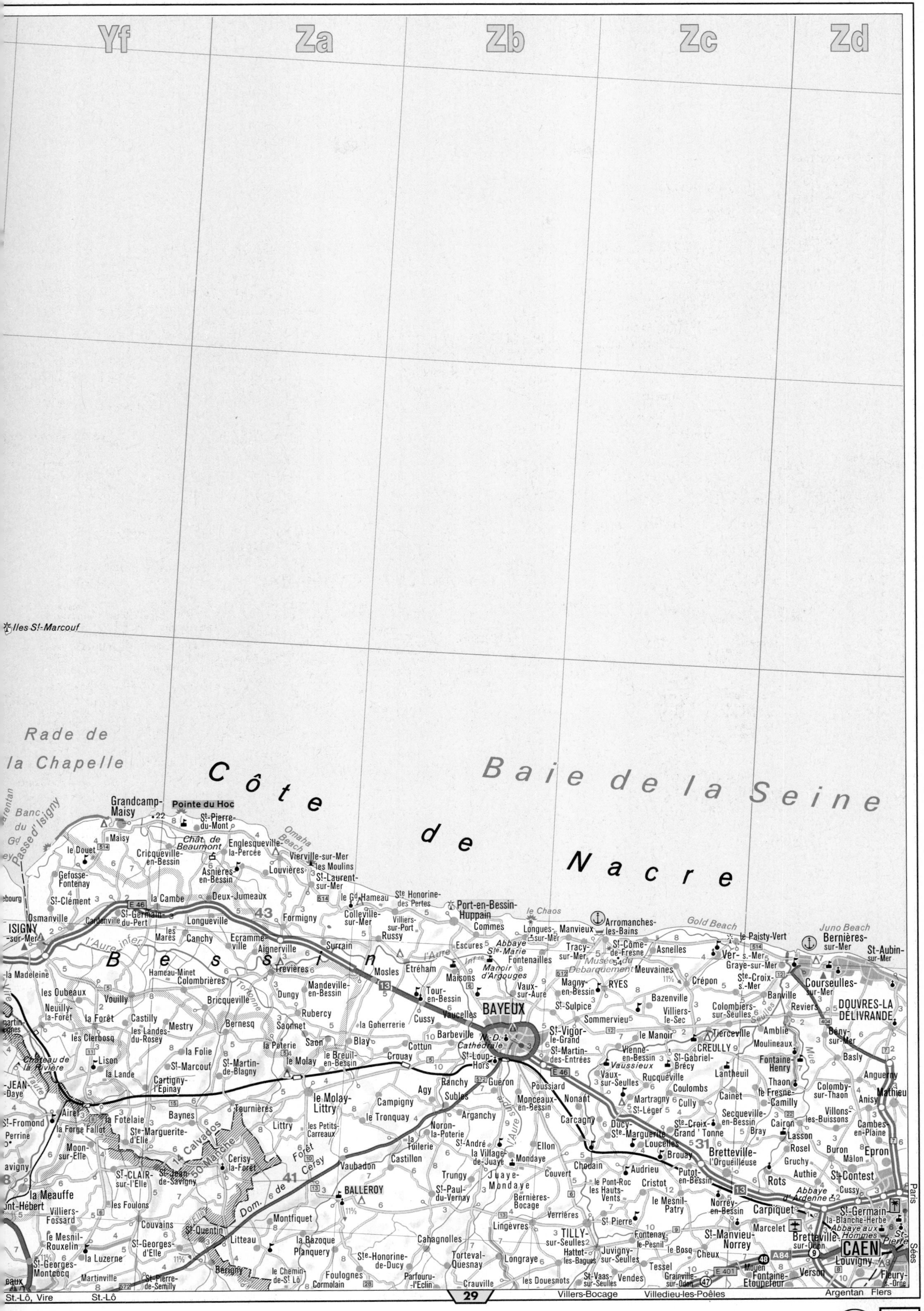

Iles St-Marcouf

Rade de
la Chapelle

Côte de Nacre

Baie de la Seine

Grandcamp-Maisy

Pointe du Hoc

St-Pierre-du-Mont

Omaha Beach

Banc du Gd Vey

Maisy

le Douet

Chât. de Beaumont

Englesqueville-la-Percée

Vierville-sur-Mer

Cricqueville-en-Bessin

Asnières-en-Bessin

Louvières

St-Laurent-sur-Mer

Ste Honorine-des-Pertes

Gefosse-Fontenay

St-Clément

la Cambe

Deux-Jumeaux

le Gd Hameau

Colleville-sur-Mer

Port-en-Bessin-Huppain

le Chaos

Arromanches-les-Bains

Gold Beach

le Paisty-Vert

Juno Beach

Osmanville

Cardonville

St-Germain-du-Pert

Longueville

Formigny

Villiers-sur-Port

Russy

Commes

Longues-sur-Mer

Manvieux

Tracy-sur-Mer

St-Côme-de-Fresne

Asnelles

Ver-s.-Mer

Graye-sur-Mer

Bernières-sur-Mer

St-Aubin-sur-Mer

ISIGNY-sur-Mer

l'Aure inter.

les Mares

Canchy

Ecrammeville

Aignerville

Surrain

Escures

Abbaye Ste-Marie

Fontenailles

l'Aure

Musée du Débarquement

Meuvaines

Crépon

Ste-Croix-s.-Mer

Courseulles-sur-Mer

Bessin

la Madeleine

Hameau-Minet

Colombières

Trévières

Mosles

Etréham

Maisons

Manoir d'Argouges

Magny-en-Bessin

RYES

Bazenville

Banville

Reviers

DOUVRES-LA-DÉLIVRANDE

les Oubeaux

Neuilly-la-Forêt

Vouilly

Mandeville-en-Bessin

Dungy

Tour-en-Bessin

Vaux-sur-Aure

St-Sulpice

Colombiers-sur-Seulles

Villiers-le-Sec

Amblie

Bény-sur-Mer

martin-

la Forêt

Castilly

Bricqueville

Ruberey

la Goherrerie

Cussy

Vaucelles

BAYEUX

Sommervieu

Moulineaux

Fontaine-Henry

Basly

Anguerny

les Clerbosq

Mestry

Bernesq

Saonnet

Saon

Blay

Barbeville

N.-D. Cathédrale

St-Vigor-le-Grand

le Manoir

Vienne-en-Bessin

Tierceville

Lantheuil

Thaon

le Fresne-Camilly

Colomby-sur-Thaon

Anisy

Mathieu

Château de la Rivière

Lison

la Folie

St-Marcouf

le Molay

le Breuil-en-Bessin

Crouay

Cottun

St-Loup-Hors

St-Martin-des-Entrées

St-Gabriel-Brécy

Rucqueville

CREULLY

Coulombs

Cainet

Villons-les-Buissons

JEAN-Daye

la Lande

Cartigny-l'Epinay

Ranchy

Guéron

Poussiard

Vaux-sur-Seulles

Martragny

Cully

Secqueville-en-Bessin

Cairon

Cambes-en-Plaine

Airel

Aire

la Fotelaie

Tournières

Agy

Subles

Campigny

le Tronquay

Arganchy

Monceaux-en-Bessin

Nonant

Carcagny

Ducy-Ste-Marguerite

St-Léger

Loucelles

Bray

Lasson

Rosel

Buron

Mâlon

Epron

St-Fromond

Perrine

la Forge Fallot

Baynes

les Petits-Carreaux

Noron-la-Poterie

St-André

la Tuilerie

Ellon

Mondaye

Chodain

Audrieu

Brouay

Putot-en-Bessin

Bretteville-l'Orgueilleuse

Gruchy

Authie

Cussy

14 Calvados

Littry

Cerisy-la-Forêt

Vaubadon

Castillon

la Village-de-Juaye

Couvert

Juaye-Mondaye

le Pont-Roc les Hauts-Vents

Cristot

le Mesnil-Patry

Norrey-en-Bessin

Rots

St-Contest

St-Germain

l'Abbaye d'Ardenne

50 Manche

St-CLAIR-sur-l'Elle

St-Jean-de-Savigny

Forêt de Cerisy

BALLEROY

St-Paul-du-Vernay

Trungy

Bernières-Bocage

Verrières

St-Pierre

Fontenay-le-Pesnel

le Bosq

Cheux

Marcelet

Carpiquet

la Blanche-Herbe

Abbaye aux Hommes

Bretteville-sur-Odon

CAEN

St-Hébert

le Mesnil-Rouxelin

St-Georges-d'Elle

Couvains

les Foulons

St-Quentin

Montfiquet

Cahagnolles

Lingèvres

TILLY-sur-Seulles

Hottet-les-Bagues

Juvigny-sur-Seulles

St-Manvieu-Norrey

St-Germain

Louvigny

la Luzerne

Martinville

St-Georges-Montcocq

St-Pierre-de-Semilly

Litteau

la Bazoque

Planquery

Ste-Honorine-de-Ducy

Torteval-Quesnay

Longraye

St-Vaas-sur-Seulles

Vendes

Tessel

Grainville-sur-Odon

Moyen Fontaine-Etoupefour

Verson

Fleury-sur-Orne

Bérigny

le Chemin-de-St-Lô

Foulognes

Parfouru-l'Eclin

Cormolain

Crauville

les Douesnots

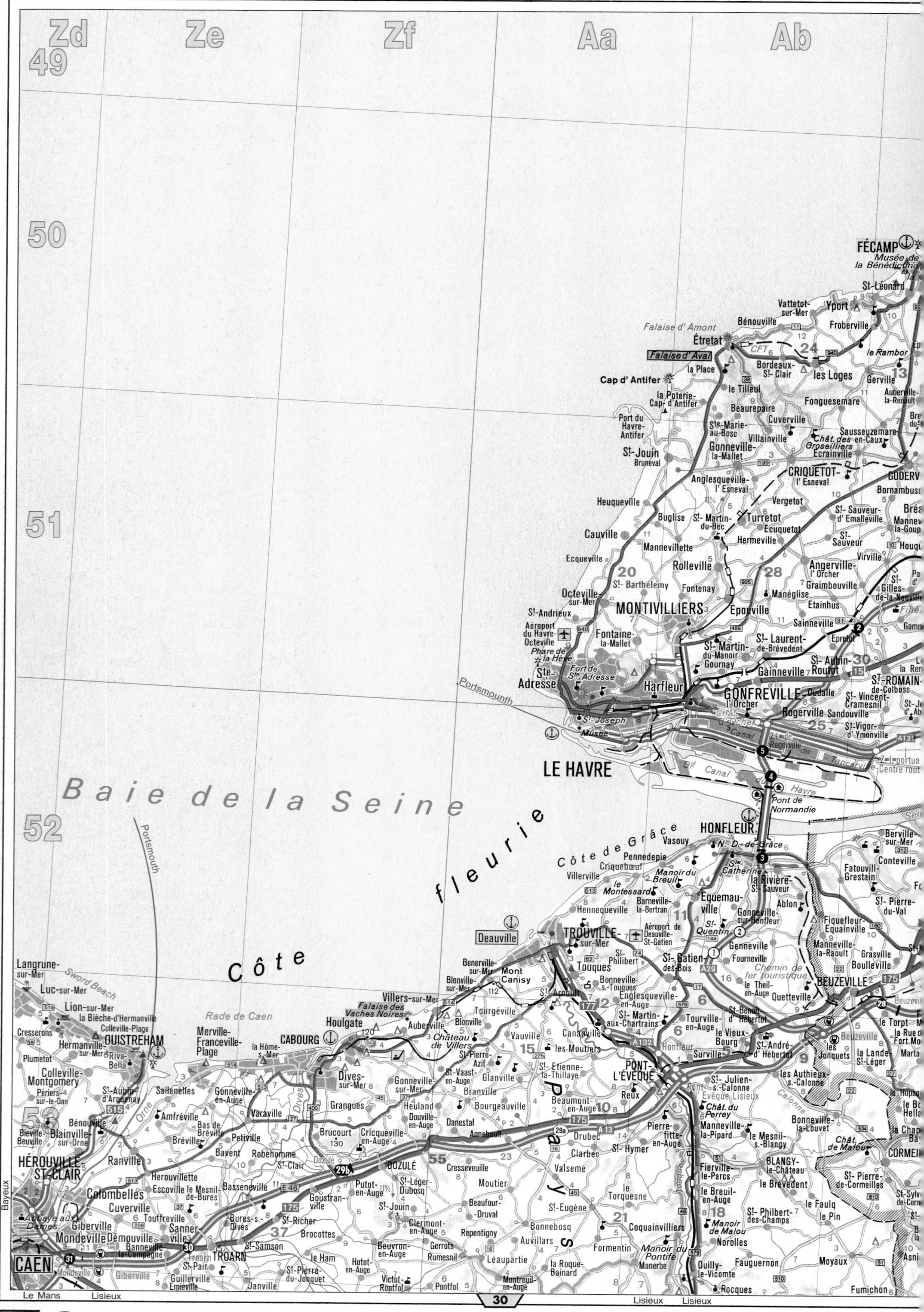

FÉCAMP
Musée de
la Bénédictine
St-Léonard

Vattetot-
sur-Mer   Yport
Bénouville   Froberville
Falaise d'Amont   11   le Rambor
Étretat   CFT   12   24   940
Falaise d'Aval   Bordeaux-   les Loges   Gerville
la Place   St-Clair
Cap d' Antifer   le Tilleul
la Poterie-   Fonguesemare   Auberville-
Cap- d'Antifer   Beaurepaire   la-Renault
Port du   Ste-Marie-   Cuverville   Châ. des en-Caux
Havre-   au-Bosc   Villainville   Groseilliers   Écrainville
Antifer   Gonneville-   Sausseuzemare-
St-Jouin   la-Mallet   139   GODERV
Bruneval   Bornambusc
Anglesqueville-   CRIQUETOT-
l' Esneval   l' Esneval
Heuqueville   Vergetot   St-Sauveur-   Bréa
Buglise   St-Martin-   Turretot   d'Emalleville   Manney
Cauville   du-Bec   Écuquetot   la-Goup
Mannevillette   Hermeville   St-   10   Hougi
Ecqueville   Rolleville   925   28   Sauveur
20   Angerville-   Virville
Octeville-   St-Barthélemy Fontenay   l'Orcher   Pa
sur-Mer   Graimbouville   St-
St-Andrieux   Epouville   Étainhus   Gilles-
Aéroport   Manéglise   de-la-Neuville
du Havre-   Fontaine-   Fité
Octeville   la-Mallet   MONTIVILLIERS   Sainneville   31
Phare de   St-Martin-   Gainneville   St-Aubin- 30
la Hève   Fort de   du-Manoir-   Routot   15
Ste-   Ste-Adresse   Gournay   St-Laurent-   St-ROMAIN
Adresse   de-Brévedent   St-Aubin- de-Colbosc
Harfleur   Routot   St-Vincent-
Portsmouth   Dudalle   Cramesnil
GONFREVILLE   St-Je
St-Joseph   Châ. l'Orcher   Rogerville Sandouville d'
Musée   l'Orcher   25   St-Vigor-
d'Ymonville
5   A131
LE HAVRE   4   Havre
Pont de
Honfleur   Centre rout
Normandie

Portsmouth   HONFLEUR   Berville-
Vasouy   N-D-de-Grâce   sur-Mer
Côte de Grâce   Ste-   3   Conteville
fleurie   Pennedepie   Criquebœuf   Catherine   la Rivière-
Villerville   Manoir du   St-Sauveur   Fatouvill-
le Montessard Breuil   Grestain
Barneville-   Equemau-   St-Pierre-
Hennequeville la-Bertran   ville   du-Val
11   Gonneville-
Aéroport de   St-Bonfleur
Deauville   Deauville-   St-   Manneville-
St-Gatien   Quentin 144   la-Raoult
TROUVILLE-   Genneville   Grasville
Beneville-   sur-Mer   St-   Fourneville   Boulleville
sur-Mer   Touques Philibert   Chemin de
Côte   Blonville-   74   St-Gatien-   fer touristique BEUZEVILLE 175
Langrune-   sur-Mer   Mont   St-Arnoult Bonneville- des-Bois A29 16   le Theil-
sur-Mer   Canisy   112   -sur-Touques   en-Auge   Quetteville Beuzevi
Luc-sur-Mer Sword Beach   Villers-sur-Mer 514 177 2 Englesqueville-   579 6
Lion-sur-Mer   Falaise des   en-Auge   le Torpt
la Bièche-d'Hermanville   Vaches Noires   Tourgéville Vauville St-Martin- A132 la Rue
Cresserons 62   Houlgate Auberville   Blonville   aux-Chartrains 6 Tourville- d'Hébertot Fort-Mo
Hermanville-   CABOURG 120 Château   St-Pierre-   Canapville   en-Auge St-André- les Jonquets
OUISTREHAM sur-Mer Rade de Caen   de Villers Vauville les-Moutiers Honfleur Surville d'Hébertot la Lande-
Plumetot   Riva-   Merville-   la Hôme- 3 15 275   St-Léger Marta
Bella   Franceville- s-Mer   St-Vaast- Glanville PONT-   les Authieux- 22
Colleville-   Plage   Dives-   en-Auge Branville L'ÉVÊQUE s-Calonne le Hopso
Montgomery Salenelles   sur-Mer 45 St-Étienne-   Beaumont- St-Julien-   le B
Périers-   Gonneville- Dives Heuland la-Thillaye en-Auge 10 s-Calonne Hella
St-Aubin- en-Auge   Grangues   Bourgeauville   Reux Évêque Lisieux Bonneville-
d'Arquenay 515   Vacaville   Danestal   Drubec 13 Châ. du la-Louvet le
Bénouville Amfréville Bas de Petiville Brucourt Cricqueville- Annebault Pierre- Perrey Manneville- Châ.
Bléville- Bréville 130 en-Auge   fitte-   la-Pipard de Malou CORMEI
Blainville- Bréville Bavent   Robehomme Dozulé en-Auge   le Mesnil-
sur-Orne   Ranville Herouvillette St-Clair 29b DOZULÉ 55 Cresseveuille 23 Valsemé s-Blangy BLANGY- St-Pierre-
HÉROUVILLE Escoville le Mesnil- E46 Putot- St-Léger- Moutier St-Hymer Fierville- le-Château de-Cormeilles
ST-CLAIR de-Bures 175 en-Auge Dubosq Beaufour- les-Parcs le Brévedent le Faulq
Colombelles   Touffreville Goustran- St-Jouin Druval St-Eugène en-Auge le Pin
Cuverville   ville Bures-s- St-Richer Clermont- Bonnebosq   21 St-Philbert-
Giberville 6   37 Dives Brocottes en-Auge Auvillars Coquainvilliers 18 des-Champs
Mondeville Démouville 30 Banneville- St-Samson Beuvron- Gerrots Formentin Manoir Manoir du Nórolles Moyaux
CAEN la-Campagne TROARN le Ham en-Auge Rumesnil Léaupartie de Malou Pontife Ouilly- Fauguernon Asni
31 Guillerville St-Pair Hotot- la Roque- Manerbe le-Vicomte St-Syl
Giberville Ermeville Janville Victot- en-Auge Bainard Rocques de-Cor
Pontfol Montreuil- Fumichon

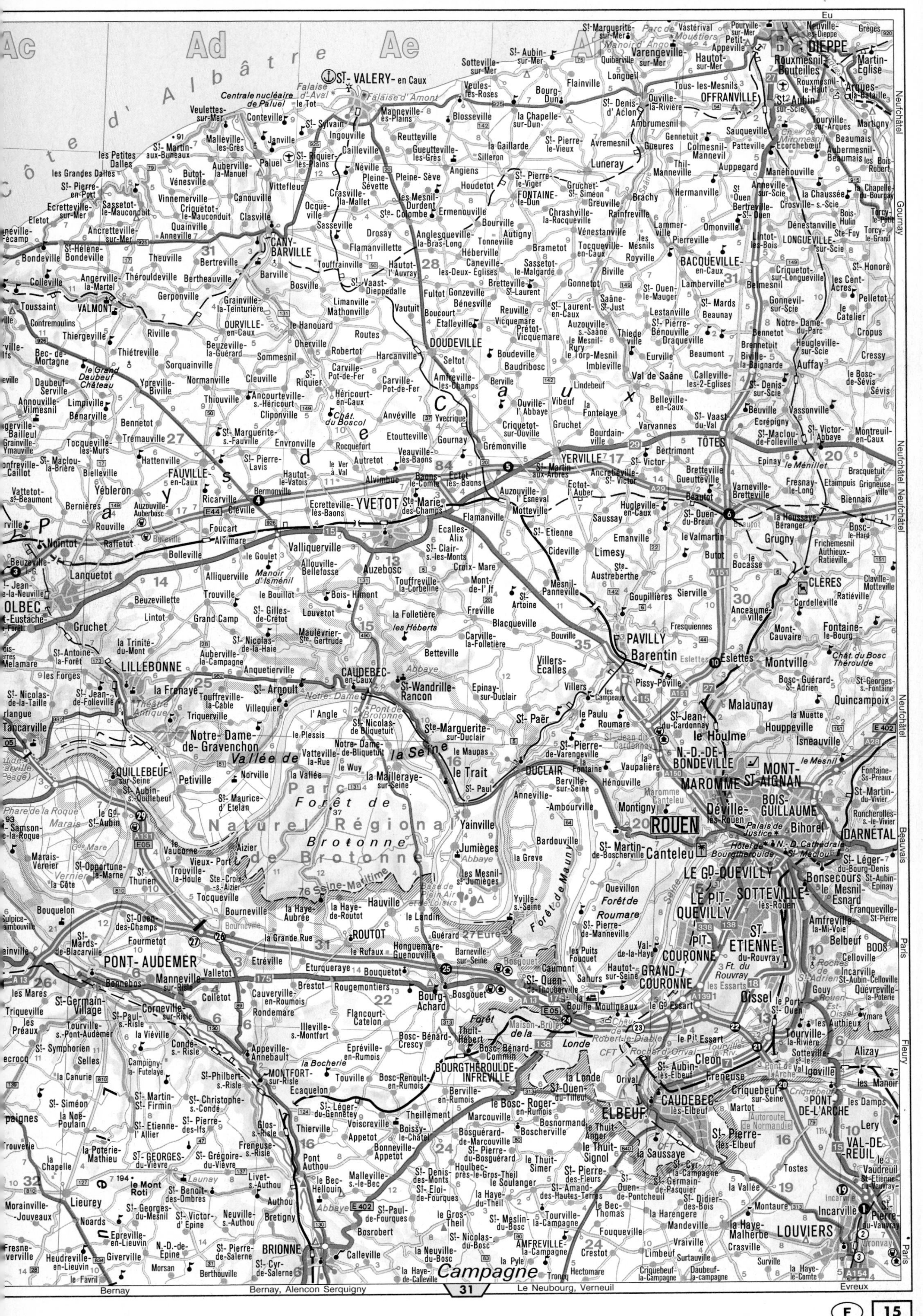

Ac
Ad
Ae
Côte d'Albâtre
Eu
DIEPPE
Neufchâtel
Gournay
Beauvais
Paris
Fleury
ST-VALERY-en Caux
Centrale nucléaire de Paluel
Falaise d'Aval
Falaise d'Amont
Veulettes-sur-Mer
Veules-les-Roses
Varengeville-sur-Mer
Hautot-sur-Mer
OFFRANVILLE
Rouxmesnil-Bouteilles
Martin-Eglise
Arques-la-Bataille
St-Aubin-sur-Scie
Luneray
Bacqueville-en-Caux
LONGUEVILLE-sur-Scie
Auffay
CANY-BARVILLE
FONTAINE-le-Dun
DOUDEVILLE
VALMONT
OURVILLE-en-Caux
FAUVILLE-en-Caux
YVETOT
Ste-Marie-des-Champs
YERVILLE
TÔTES
Motteville
CLÈRES
BOLBEC
Lillebonne
Lanquetot
CAUDEBEC-en-Caux
St-Wandrille-Rancon
Notre-Dame-de-Gravenchon
QUILLEBEUF-sur-Seine
Vallée de la Seine
Parc Naturel Régional de Brotonne
Forêt de Brotonne
Jumièges
Le Trait
DUCLAIR
PAVILLY
Barentin
Montville
Malaunay
le Houlme
Maromme
MONT-ST-AIGNAN
BOIS-GUILLAUME
DARNÉTAL
Déville-lès-Rouen
ROUEN
Canteleu
LE GD-QUEVILLY
LE PIT-QUEVILLY
SOTTEVILLE-lès-Rouen
ST-ETIENNE-du-Rouvray
GRAND-COURONNE
Oissel
Forêt de Roumare
PONT-AUDEMER
Bourg-Achard
Routot
Forêt de la Londe
BOURGTHEROULDE-INFREVILLE
ELBEUF
CAUDEBEC-lès-Elbeuf
St-Pierre-lès-Elbeuf
Cleon
PONT-DE-L'ARCHE
VAL-DE-REUIL
LOUVIERS
Incarville
MONTFORT-sur-Risle
BRIONNE
Campagne
Bernay
Bernay, Alencon Serquigny
Le Neubourg, Verneuil
Evreux
31

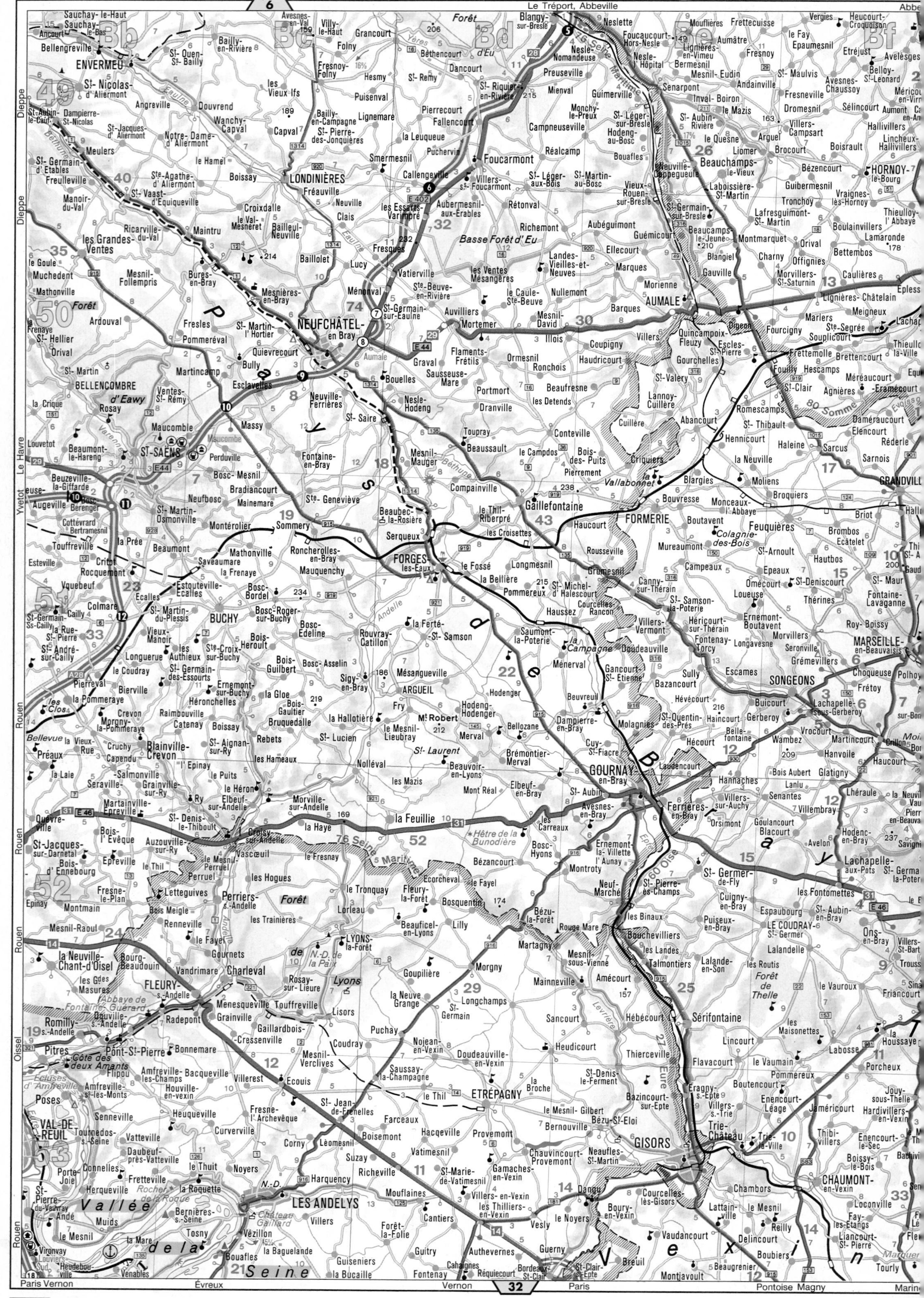

6
Le Tréport, Abbeville
Bb
Bc
Bd
Be
Bf
49
50
51
52
53
ENVERMEU
St- Nicolas-d' Aliermont
Bellengreville
Sauchay-le-Haut
Sauchay-le-Bas
Ancourt
Bailly-en-Rivière
St- Quen-St- Bailly
Douvrend
Wanchy-Capval
Notre-Dame-d' Aliermont
St-Jacques-d' Aliermont
Dampierre-St-Nicolas
St-Aubin-le-Cauf
Angreville
Meulers
St- Germain-d' Etables
Freulleville
Manoir-du-Val
Ste-Agathe-d' Aliermont
St- Vaast-d' Equiqueville
le Hamel
Boissay
LONDINIÈRES
Fréauville
Croixdalle
le Val-Mesneret
Bailleul-Neuville
Ricarville-du-Val
Maintru
les Grandes-Ventes
le Goule
Muchedent
Mathonville
Mesnil-Follempris
Bures-en-Bray
Mesnières-en-Bray
Baillolet
Lucy
Ménonval
Fresnoy-Folny
Folny
Grancourt
Villy-le-Haut
Hesmy
St- Remy
Bailly-en-Campagne
St- Pierre-des-Jonquières
Lignemare
Capval
Puisenval
Dancourt
Béthencourt
Forêt d'Eu
Blangy-sur-Bresle
Neslette
Nesle-Normandeuse
Preuseville
Mienval
St- Riquier-en-Rivière
Pierrecourt
Fallencourt
la Leuqueue
Puchervin
Foucarmont
Smermesnil
Callengeville
Villers-s- Foucarmont
Aubermesnil-aux-Érables
les Essarts-Varimpré
Fresques
Vatierville
Ste- Beuve-en-Rivière
St- Germain-sur-Eaulne
NEUFCHÂTEL-en Bray
Réalcamp
Rétonval
Richemont
Basse Forêt d' Eu
Campneuseville
Monchy-le-Preux
Guimerville
St- Léger-sur-Bresle
Hodeng-au-Bosc
Boufaies
St- Léger-aux-Bois
St-Martin-au-Bosc
Vieux-Rouen-sur-Bresle
Aubéguimont
Guémicourt
Ellecourt
Landes-Vieilles-et-Neuves
Marques
les Ventes Mésangères
le Caule-Ste-Beuve
Nullemont
Morienne
AUMALE
Barques
Mesnil-David
Illois
Auvilliers
Mortemer
Foucaucourt-Hors-Nesle
Nesle-Hôpital
Lignières-en-Vimeu
Bermesnil
Mesnil- Eudin
Senarpont
Inval- Boiron
le Mazis
St- Aubin-Rivière
le Quesne
Beauchamps-le-Vieux
Neuville-Coppegueule
Laboissière-St-Martin
St-Germain-sur-Bresle
Beaucamps-le-Jeune
Montmarquet
Blangiel
Gauville
Mouflières
Frettecuisse
Aumâtre
Fresnoy
Andainville
St- Maulvis
Fresneville
Dromesnil
Villers-Campsart
Arguel
Brocourt
Liomer
Le Fay
Epaumesnil
Vergies
Heucourt-Croquoison
Etréjust
Avelesges
Belloy-St-Léonard
Avesnes-Chaussoy
Sélincourt
Hallivillers
Bézencourt
Guibermesnil
Tronchoy
Lafresguimont-St- Martin
Charny
Orival
Offignies
Morvillers-St-Saturnin
Bettembos
Caulières
HORNOY-le-Bourg
Vraignes-lès-Hornoy
Thieulloy-l' Abbaye
Boulainvillers
Lamaronde
Lignières- Châtelain
Meigneux
Marlers
Ste-Ségrée
Fourcigny
Souplicourt
Frettemolle
Brettencourt
Quincampoix-Fleuzy
Escles-St-Pierre
Gourchelles
Villers
Coupigny
Haudricourt
Ormesnil
Ronchois
Flaments-Frétils
Graval
Saussevse-Mare
Beaufresne
les Detends
Portmort
Dranville
Conteville
Bois-des- Puits
Pierrement
le Campdos
Touprav
Beaussault
Mesnil-Mauger
Compainville
Gaillefontaine
Criquiers
Vallabonnet
Lannoy-Cuillère
Cuillère
Abancourt
St-Valery
Romescamps
St- Thibault
Hennicourt
Haleine
Sarcus
la Neuville
Moliens
Blargies
Monceaux-l' Abbaye
Broquiers
GRANDVILLIERS
Fouilly
Hescamps
St-Clair
Agnières
Méréaucourt
Éramécourt
Daméraucourt
Elencourt
Réderle
Sarnois
Bouvresse
FORMERIE
Boutavent
Colagnie-des-Bois
Feuquières
Brombos
Briot
Ecâtelet
Mureaumont
Campeaux
St-Arnoult
Hautbos
Epeaux
Omécourt
St-Deniscourt
Thérines
Fontaine-Lavaganne
Roy- Boissy
Loueuse
Ernemont-Boutavent
Morvillers
Seronville
MARSEILLE-en-Beauvaisis
Grémevillers
Choqueuse
Frétoy
Polhoy
SONGEONS
Lachapelle-sous-Gerberoy
Gerberoy
Buicourt
Vrocourt
Wambez
Martincourt
Hanvoile
Haucourt
Glatigny
Bois Aubert
Lanlu
Senantes
Villembray
Lhéraule
Hodenc-en-Bray
Lachapelle-aux-Pots
Savignies
St- Germain-la-Poterie
Frenaye
St- Hellier
Orival
Ardouval
Fresles
Pommeréval
St- Martin-l' Hortier
Quievrecourt
Bully
Esclavelles
Martincamp
St- Martin
BELLENCOMBRE
Forêt d' Eawy
Ventes-St- Rémy
Rosay
la Crique
Louvetot
Beaumont-le-Hareng
Maucomble
ST-SAËNS
Perduville
Bosc- Mesnil
Bradiancourt
Mainemare
Neufbosc
St- Martin-Osmonville
Montérolier
Beuzeville-la-Giffarde
Augeville
Bosc-Bérenger
Cottévrard
Bertramesnil
Touffreville
la Prée
Beaumont
Esteville
Critot
Rocquemont
Vquebeuf
Colmare
Cailly
St-Germain-sous-Cailly
la Rue-St- Pierre
St- André-sur-Cailly
Massy
Neuville-Ferrières
Bouelles
Nesle-Hodeng
St- Saire
Fontaine-en-Bray
Ste- Geneviève
Beaubec-la-Rosière
Serqueux
FORGES-les-Eaux
le Thil-Riberpré
les Croisettes
Haucourt
Rousseville
Grumesnil
Canny-sur-Thérain
Longmesnil
le Fossé
la Bellière
Pommereux
St- Michel-d' Halescourt
Courcelles-Rancon
Haussez
St- Samson-la-Poterie
Héricourt-sur-Thérain
Fontenay-Torcy
Longavesne
Villers-Vermont
Saumont-la-Poterie
la Campagne
Doudeauville
Ménerval
Gancourt-St- Etienne
Sully
Escames
Bazancourt
Hévécourt
Haincourt
Molagnies
St-Quentin-des-Prés
Bellefontaine
Hécourt
Beuvreuil
Dampierre-en-Bray
Cuy-St-Fiacre
GOURNAY-en-Bray
Laudencourt
Ferrières-en-Bray
Villers-sur-Auchy
Orsimont
Goulancourt
Blacourt
Avelon
Hannaches
Sommery
Mathonville
Saveaumare
la Frenaye
Roncherolles-en-Bray
Mauquenchy
Estouteville-Ecalles
Ecalles
St- Martin-du-Plessis
BUCHY
Bosc-Bordel
Bosc-Roger-sur-Buchy
Bosc-Edeline
Bois-Heroult
Vieux-Manoir
les Authieux
Ste-Croix-sur-Buchy
Longuerue
le Coudray
St- Germain-des-Essourts
Ernemont-sur-Buchy
Bois-Guilbert
Bosc- Asselin
Pierreval
Bierville
Héronchelles
la Pommeraye
les Clos
Crevon
Morgny-la-Pommeraye
Raimbouville
Catenay
Boissay
la Gloe
Bois-Gaultier
Bruquedalle
Rebets
Blainville-Crevon
Cruchy
Capendu
St- Aignan-sur-Ry
Bellevue
le Vieux-Rue
Préaux
la Laie
Salmonville
Seraville
Grainville-sur-Ry
l' Epinay
les Hameaux
le Puits
le Héron
Elbeuf-sur-Andelle
Ry
Martainville-Epreville
Quèvreville
St- Denis-le-Thiboult
Bois-l' Evêque
Auzouville-sur-Ry
Epreville
St-Jacques-sur-Darnetal
Bois-d' Ennebourg
le Thil
le Mesnil-Perruel
Perruel
Vascœuil
Croisy-sur-Andelle
Fresne-le-Plan
Epinay
Montmain
Letteguives
Perriers-s-Andelle
Bois Meigle
Renneville
le Fayel
Gournets
Mesnil-Raoul
la Neuville-Chant-d'Oisel
Bourg-Beaudouin
Vandrimare
Charleval
les Gdes Masures
FLEURY-s-Andelle
Abbaye de Fontaine-Guérard
Douville-s-Andelle
Romilly-s-Andelle
Radepont
Menesqueville
Touffreville
Grainville
Pitres
Pont-St-Pierre
Bonnemare
Côte des deux Amants
Flipou
Écluses d' Amfreville
Amfreville-les-Champs
Bacqueville
Amfreville-s-les-Monts
Houville-en-vexin
Villerest
Poses
Heuqueville
VAL-DE-REUIL
Senneville
Tournedos-s-Seine
Vatteville
Curverville
Daubeuf-près-Vatteville
Porte-Joie
Connelles
Fretteville
le Thuit
Noyers
Herqueville
Rocher de la Roque
la Roquette
St-Pierre-du-Vauvray
Andé
Vallée de la Seine
Muids
Bernières-s-Seine
Tosny
le Mesnil
la Mare
Vironvay
Louviers Sud
Heudebouville
Venables
Bouafles
Mouflaines
Sigy-en-Bray
Mésangueville
ARGUEIL
Fry
Hodenger
Hodeng-Hodenger
la Hallotière
le Mesnil-Lieubray
Mt Robert
St- Lucien
Merval
Bellozane
Brémontier-Merval
St- Laurent
Nolléval
Beauvoir-en-Lyons
les Mazis
Mont Réal
Elbeuf-en-Bray
St- Aubin
Avesnes-en-Bray
Morville-sur-Andelle
la Haye
la Feuillie
les Carreaux
Hêtre de la Bunodière
le Fresnay
Seine Maritime
Bézancourt
Bosc-Hyons
Ernemont-la- Villette
l' Aunay
Montroty
les Hogues
le Tronquay
Ecorcheval
Fleury-la-Forêt
le Fayel
Bosquentin
Forêt de Lyons
les Trainières
Lorleau
Beauficel-en-Lyons
Lilly
LYONS-la-Forêt
N.-D. de la Paix
Rosay-sur- Lieure
Lisors
Goupilière
Morgny
la Neuve Grange
Longchamps
St-Germain
Béxu-la-Forêt
Rouge Mare
Martagny
Mesnil-sous-Vienne
Mainneville
Amécourt
Sancourt
Hébécourt
Neuf-Marché
St- Pierre-ès-Champs
les Binaux
Bouchevilliers
les Landes
Talmontiers
St- Germer-de-Fly
Cuigny-en-Bray
Puiseux-en-Bray
Lalande-en-Son
Espaubourg
les Fontomettes
St- Aubin-en-Bray
LE COUDRAY-St- Germer
Lalandelle
Ons-en-Bray
les Routis
Forêt de Thelle
le Vauroux
Sérifontaine
Flavacourt
Lincourt
les Maisonettes
le Vaumain
Labosse
Pommereux
Boutencourt
Enencourt-Léage
Jamércourt
Gaillardbois-Cressenville
Coudray
Mesnil-Verclives
Puchay
Nojean-en-Vexin
Doudeauville-en-Vexin
Heudicourt
Thierceville
Saussay-la-Champagne
Ecouis
la Broche
St-Denis-le-Ferment
le Thil
ETRÉPAGNY
Fresne-l' Archevêque
St- Jean-de-Frenelles
Farceaux
Hacqeville
Provemont
le Mesnil- Gilbert
Bernouville
Bézu-St-Eloi
Bazincourt-sur-Epte
Eragny-s-Epte
Villers-s-Trie
Trie-Château
Trie-la-Ville
Boisemont
Corny
Lèomesnil
Suzay
Vatimesnil
Chauvincourt-Provemont
Neaufles-St-Martin
GISORS
Thibivillers
Richeville
Harquency
St-Marie-de-Vatimesnil
Gamaches-en-Vexin
Dangu
Courcelles-lès-Gisors
Chambors
LES ANDELYS
Villers-en-Vexin
les Thilliers-en-Vexin
Château Gaillard
Villers
Cantiers
Vesly
le Noyers
Boury-en-Vexin
Lattainville
le Mesnil
Reilly
Delincourt
CHAUMONT-en-Vexin
Loconville
Fay-les-Étangs
Liancourt-St- Pierre
Vézillon
la Baguelande
Forêt-la-Folie
Guitry
Authevernes
Guerny
Vaudancourt
Boubiers
Guiseniers
la Bucaille
Fontenay
Cahaignes
Réquiecourt
Bordeaux-St-Clair
St-Clair-sur-Epte
Breuil
Montjavoult
Beaugrenier
Tourly
Vexin
Pays de Bray
Paris Vernon
Évreux
Vernon
32
Paris
Pontoise Magny
Dieppe
Le Havre
Yvetot
Rouen
Oissel

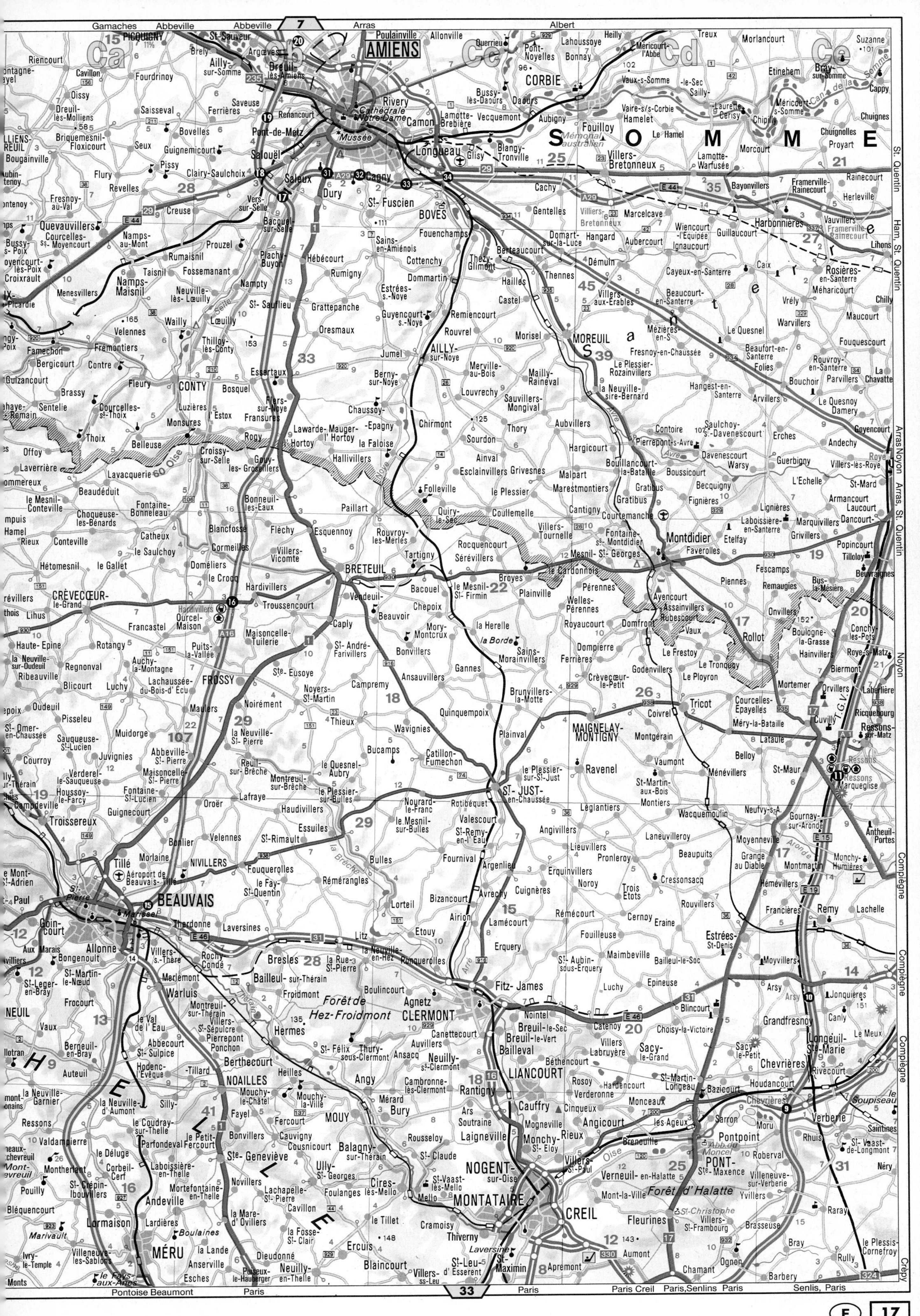

Gamaches
Abbeville
Abbeville
7
Arras
Albert
AMIENS
SOMME
CORBIE
Longueau
BOVES
Dury
Saleux
Cagny
St- Fuscien
Villers-Bretonneux
MOREUIL
AILLY-sur-Noye
CONTY
BRETEUIL
Montdidier
ST- JUST-en-Chaussée
MAIGNELAY-MONTIGNY
CRÈVECŒUR-le-Grand
FROISSY
NIVILLERS
BEAUVAIS
CLERMONT
LIANCOURT
NOGENT-sur-Oise
MONTATAIRE
CREIL
PONT-Ste-Maxence
NOAILLES
MOUY
MÉRU
Forêt de Hez-Froidmont
Forêt d'Halatte
St. Quentin
Ham, St. Quentin
Arras Noyon
Arras, St. Quentin
Noyon
Compiègne
Crépy
Pontoise Beaumont
Paris
33
Paris
Paris Creil
Paris,Senlis
Paris
Senlis, Paris

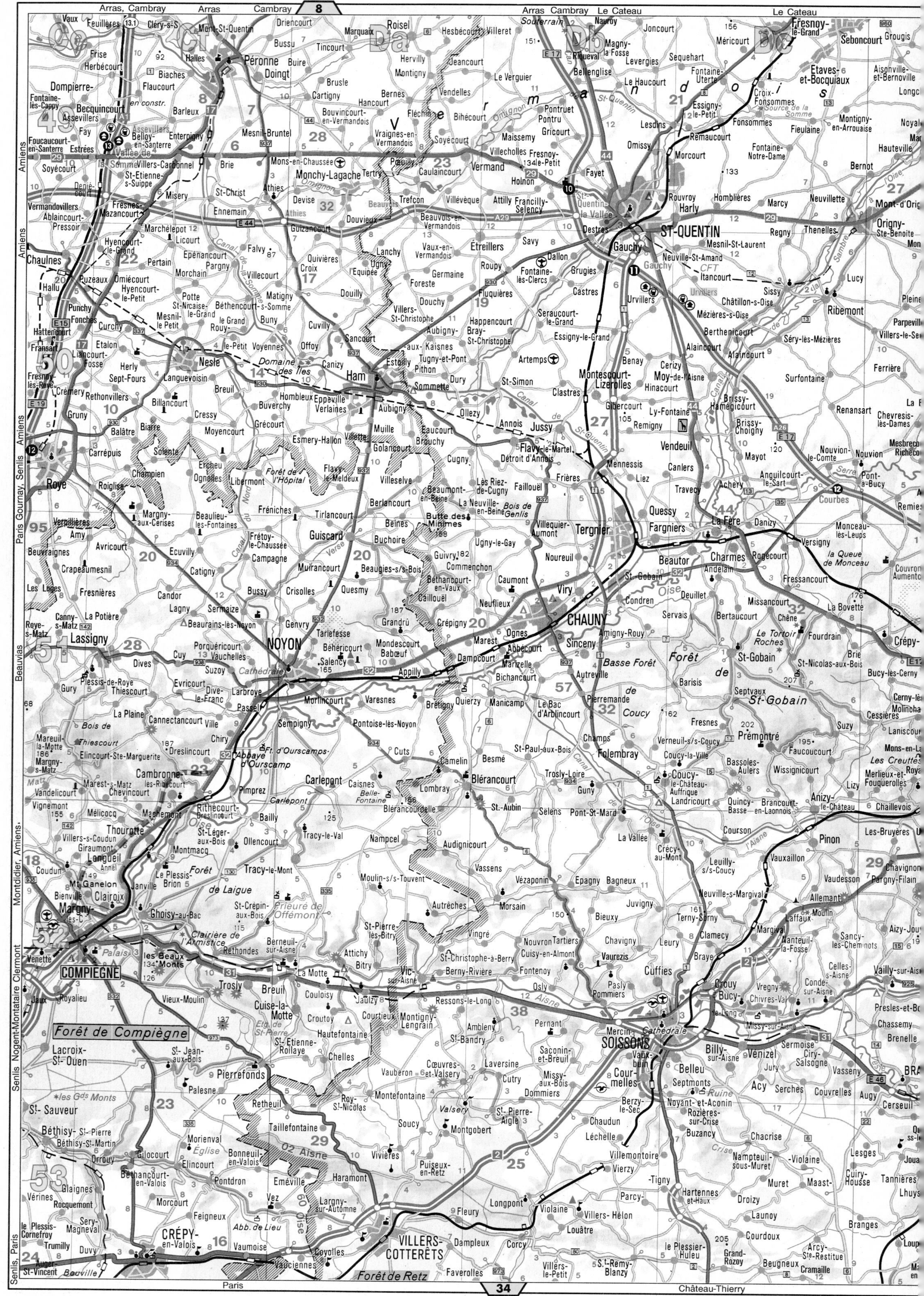
Arras, Cambray
Arras
Cambray
8
Arras Cambray
Le Cateau
Le Cateau
Amiens
Amiens
Paris Gournay, Senlis, Amiens
Beauvais
Montdidier, Amiens
Senlis Nogent-Montataire Clermont
Senlis, Paris
Paris
34
Château-Thierry
Péronne
Doingt
Roisel
Vermand
Vermandois
ST-QUENTIN
Gauchy
Fresnoy-le-Grand
Ribemont
Ham
Nesle
Chaulnes
Roye
Guiscard
Lassigny
NOYON
Tergnier
Fargniers
La Fère
CHAUNY
St-Gobain
Forêt de St-Gobain
Coucy-le-Château-Auffrique
Anizy-le-Château
Blérancourt
Thourotte
Longueil-Annel
Margny-lès-C.
COMPIÈGNE
Forêt de Compiègne
Pierrefonds
Vic-sur-Aisne
SOISSONS
Belleu
Crouy
Béthisy-St-Pierre
CRÉPY-en-Valois
VILLERS-COTTERÊTS
Forêt de Retz
Longpont
Oulchy-le-Château
Villers-Hélon

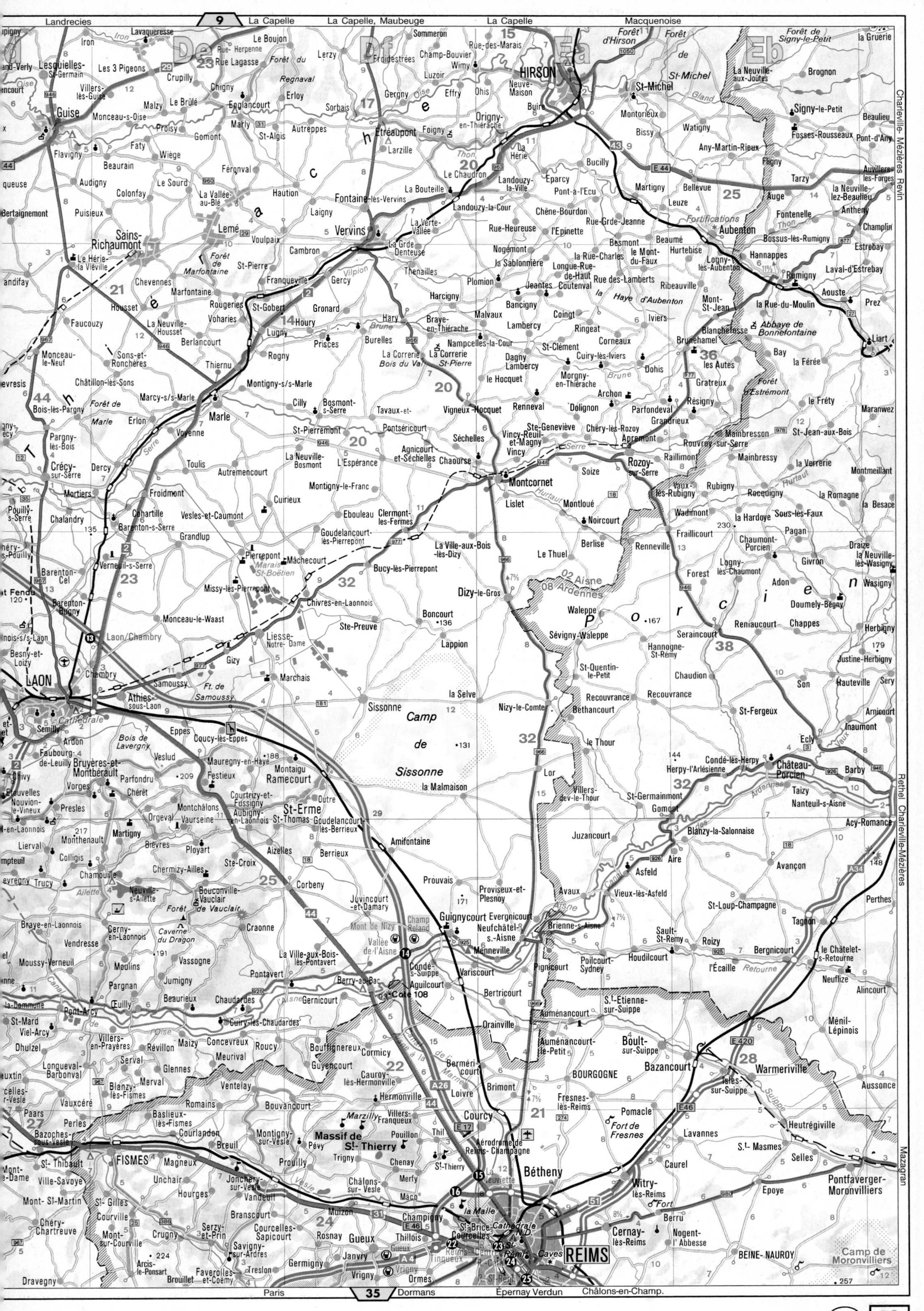

9
Landrecies
La Capelle
La Capelle, Maubeuge
La Capelle
Macquenoise
Charleville-Mézières Revin
Rethel Charleville-Mézières
Mazagran
Paris
35
Dormans
Épernay Verdun
Châlons-en-Champ.
De
Df
Ea
Eb
HIRSON
Guise
Vervins
Marle
LAON
Sissonne
Camp de Sissonne
Montcornet
Rozoy-sur-Serre
Aubenton
Château-Porcien
Neufchâtel-s.-Aisne
St-Erme
Craonne
FISMES
Bétheny
REIMS
Gueux
Warmeriville
Bazancourt
Pontfaverger-Moronvilliers
Camp de Moronvilliers
Thiérache
Porcien
Massif de St-Thierry

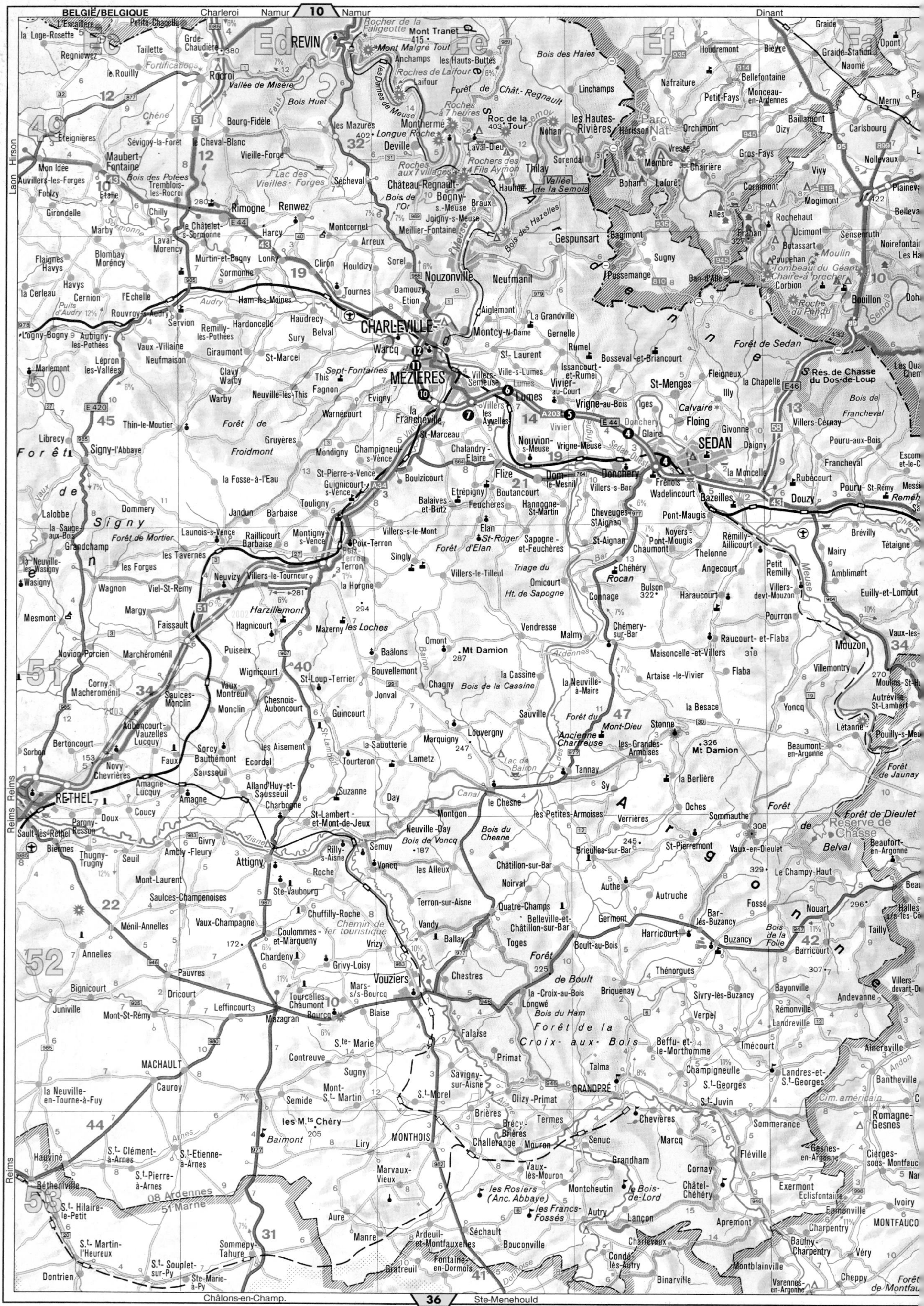

BELGIË/BELGIQUE
Charleroi
Namur
10
Namur
Dinant
REVIN
Rocroi
Vallée de Misère
Mont Tranet
Mont Malgré Tout
Anchamps
Roches de Laifour
Laifour
Les Dames de Meuse
Monthermé
Longue Roche
Deville
Roches à 7 heures
Roc de la Tour
Forêt de Chât.-Regnault
Bois des Haies
Linchamps
les Hautes-Rivières
Nohan
Thilay
Sorendal
Vallée de la Semois
Haulmé
Château-Regnault-Bogny-s.-Meuse
Joigny-s-Meuse
Braux
Rochers des 4 Fils Aymon
Bois des Hazelles
Houdremont
Bièvre
Graide
Graide-Station
Naomé
Opont
Bellefontaine
Nafraiture
Petit-Fays
Monceau-en-Ardennes
Merny
Baillamont
Carlsbourg
Oizy
Orchimont
Vresse
Membre
Chairière
Bohan
Laforêt
Gros-Fays
Vivy
Corniment
Mogimont
Nollevaux
Rochehaut
Alles
Frahan
Ucimont
Botassart
Poupehan
Sensenruth
Noirefontaine
Corbion
Bouillon
Roche du Pendu
Tombeau du Géant
Chaire-à-prêcher
Moulin
Bagimont
Sugny
Pussemange
Gespunsart
Nouzonville
Neufmanil
Aiglemont
Montcy-N-Dame
La Grandville
Gernelle
Rumel
Bosseval-et-Briancourt
Forêt de Sedan
Rés. de Chasse du Dos-de-Loup
CHARLEVILLE
MÉZIÈRES
Warcq
Villers-Semeuse
Ville-s-Lumes
Issancourt-et-Rumel
Vivier-au-Court
Lumes
Vrigne-au-Bois
Iges
St-Menges
Fleigneux
Illy
la Chapelle
Floing
Calvaire
Givonne
Villers-Cernay
Francheval
SEDAN
Glaire
Donchery
Daigny
Pouru-aux-Bois
Bazeilles
Douzy
Pouru-St-Remy
la Moncelle
Rubécourt
Wadelincourt
Frénois
Pont-Maugis
Noyers-Pont-Maugis
Chaumont
Thelonne
Remilly-Aillicourt
Brévilly
Mairy
Tétaigne
Angecourt
Petit Remilly
Amblimont
Villers-devt-Mouzon
Eilly-et-Lombut
Haraucourt
Bulson
Chéhéry
Rocan
Connage
Chémery-sur-Bar
Raucourt-et-Flaba
Mouzon
Maisoncelle-et-Villers
Flaba
Artaise-le-Vivier
la Besace
Yoncq
Villemontry
Autréville-St-Lambert
Létanne
Pouilly-s-Meuse
Stonne
Mt Damion
Beaumont-en-Argonne
Forêt de Jaunay
Tannay
la Berlière
Sy
Oches
Sommauthe
Forêt de Dieulet
Réserve de Chasse de Belval
Beaufort-en-Argonne
Vaux-en-Dieulet
Verrières
Brieulles-sur-Bar
St-Pierremont
Le Champy-Haut
Authe
Autruche
Fossé
Nouart
Halles-sous-les-Côtes
Bar-lès-Buzancy
Buzancy
Tailly
Harricourt
Germont
Barricourt
Bois de la Folie
Thénorgues
Sivry-lès-Buzancy
Bayonville
Andevanne
Villers-devant-Dun
Rémonville
Landreville
Verpel
Briquenay
Imécourt
Beffu-et-le-Morthomme
Champigneulle
Landres-et-St-Georges
St-Georges
Aincreville
Bantheville
St-Juvin
GRANDPRÉ
Talma
Cim. américain
Romagne-Gesnes
Sommerance
Chevières
Marcq
Fléville
Gesnes-en-Argonne
Cierges-sous-Montfaucon
Cornay
Châtel-Chéhéry
Exermont
Eclisfontaine
Ivoiry
Epinonville
MONTFAUCON
Charpentry
Baulny-Charpentry
Véry
Cheppy
Forêt de Montfaucon
Varennes-en-Argonne
Apremont
Montblainville
Binarville
Lançon
Autry
Le Bois-de-Lord
Montcheutin
Senuc
Grandham
Termes
Olizy-Primat
Brécy-Brières
Brières
Mouron
Challerange
Vaux-lès-Mouron
les Rosiers (Anc. Abbaye)
les Francs-Fossés
Condé-lès-Autry
Charlevaux
Séchault
Bouconville
Ardeuil-et-Montfauxelles
Fontaine-en-Dormois
Gratreuil
MONTHOIS
Marvaux-Vieux
Liry
Aure
Manre
Sommepy-Tahure
Ste-Marie-à-Py
St-Souplet-sur-Py
St-Martin-l'Heureux
St-Hilaire-le-Petit
Dontrien
Béthenivilie
Hauviné
St-Clément-à-Arnes
St-Etienne-à-Arnes
St-Pierre-à-Arnes
08 Ardennes
51 Marne
les M.ts Chéry
Baimont
Semide
Mont-St-Martin
St-Morel
Savigny-sur-Aisne
Primat
Sugny
Contreuve
Ste-Marie
Falaise
Vouziers
Blaise
Bourcq
Mars-s/s-Bourcq
Chaumont
Tourcelles
Mazagran
Leffincourt
MACHAULT
Cauroy
la Neuville-en-Tourne-à-Fuy
Mont-St-Rémy
Dricourt
Pauvres
Juniville
Bignicourt
Annelles
Ménil-Annelles
Vaux-Champagne
Saulces-Champenoises
Mont-Laurent
Seuil
Thugny-Trugny
Biermes
Sault-lès-Rethel
RETHEL
Doux
Pargny-Resson
Coucy
Amagne
Amagne-Lucquy
Givry
Ambly-Fleury
Attigny
Rilly-s-Aisne
Semuy
Voncq
Roche
Ste-Vaubourg
Chuffilly-Roche
Coulommes-et-Marqueny
Chardeny
Grivy-Loisy
Vrizy
Chemin de fer touristique
Terron-sur-Aisne
Vandy
Ballay
Chestres
Toges
Forêt de Boult
Boult-au-Bois
Quatre-Champs
Belleville-et-Châtillon-sur-Bar
Châtillon-sur-Bar
Noirval
Longwé
la-Croix-au-Bois
Bois du Ham
Forêt de la Croix-aux-Bois
les Alleux
Bois de Voncq
Neuville-Day
Montgon
le Chesne
Bois du Chesne
les Petites-Armoises
les Grandes-Armoises
Ancienne Chartreuse
Mont-Dieu
Forêt du Mont-Dieu
Lac de Bairon
Canal
Louvergny
Marquigny
Day
Lametz
Tourteron
la Sabotterie
Suzanne
St-Lambert-et-Mont-de-Jeux
Charbogne
Alland'Huy-et-Sausseuil
Ecordal
les Aisements
Guincourt
Jonval
Bouvellemont
Chagny
Bois de la Cassine
la Cassine
Sauvinille
la Neuville-à-Maire
Vendresse
Malmy
Omont
Mt Damion
Baâlons
St-Loup-Terrier
Chesnois-Auboncourt
Wignicourt
Vaux-Montreuil
Monclin
Saulces-Monclin
Auboncourt-Vauzelles
Lucquy
Sorcy-Bauthémont
Faux
Sausseuil
Novy-Chevrières
Bertoncourt
Sorbon
Corny-Macheroménil
Marchéroménil
Novion-Porcien
Faissault
Hagnicourt
Harzillemont
Puiseux
Mazerny
les Loches
la Horgne
Villers-le-Tilleul
Triage du Omicourt
Ht. de Sapogne
Sapogne-et-Feuchères
Forêt d'Elan
Elan
St-Roger
Singly
Villers-s-le-Mont
Poix-Terron
Montigny-s-Vence
Raillicourt
Barbaise
Launois-s-Vence
les Taverne
les Forges
Wagnon
Viel-St-Remy
Margy
Neuvizy
Villers-le-Tourneur
Terron
Mesmont
Wasigny
la Neuville-lès-Wasigny
Grandchamp
la Sauge-aux-Bois
Forêt de Mortier
Lalobbe
Dommery
Forêt de Signy
Signy-l'Abbaye
Librecy
Thin-le-Moutier
Forêt de Froidmont
Gruyères
la Fosse-à-l'Eau
Jandun
Touligny
Guignicourt-s-Vence
St-Pierre-s-Vence
Champigneul-s-Vence
Mondigny
Boulzicourt
Etrépigny
Balaives-et-Butz
Feuchères
Flize
Boutancourt
Hannogne-St-Martin
Dom-le-Mesnil
Villers-s-Bar
Cheveuges-St-Aignan
St-Aignan
Nouvion-s-Meuse
Vrigne-Meuse
Chalandry-Elaire
St-Marceau
la Francheville
Villers-les-Ayvelles
Warnécourt
Evigny
Neuville-lès-This
This
Sept-Fontaines
Fagnon
Warby
Clavy-Warby
St-Marcel
Giraumont
Sury
Haudrecy
Belval
Hardoncelle
Remilly-lès-Pothées
Neufmaison
Vaux-Villaine
Lépron-les-Vallées
Marlemont
Aubigny-les-Pothées
Logny-Bogny
Servion
Rouvroy-s-Audry
Ham-les-Moines
Tournes
Cliron
Houldizy
Sorel
Damouzy
Etion
Arreux
Montcornet
Harcy
Lonny
Sormonne
Murtin-et-Bogny
Laval-Morency
le Châtelet-s-Sormonne
Renwez
Rimogne
Chilly
Marby
Blombay
Morency
Flaignes-Havys
Havys
Cernion
l'Echelle
la Cerleux
Puits d'Audry
Girondelle
Foulzy
Etalle
Auvillers-les-Forges
Mon Idée
Maubert-Fontaine
Bois des Potées
Tremblois-lès-Rocroi
Eteignières
Sévigny-la-Forêt
le Cheval-Blanc
Bourg-Fidèle
Vieille-Forge
Lac des Vieilles-Forges
les Mazures
Sécheval
Bois Huet
Taillette
Grde-Chaudière
Regniowez
le Rouilly
la Loge-Rosette
l'Escaillère
Petite-Chapelle
Fortifications
Meillier-Fontaine
Bois de l'Or
Hirson
Laon
Reims
Châlons-en-Champ.
36
Ste-Menehould
Ardennes
Argonne

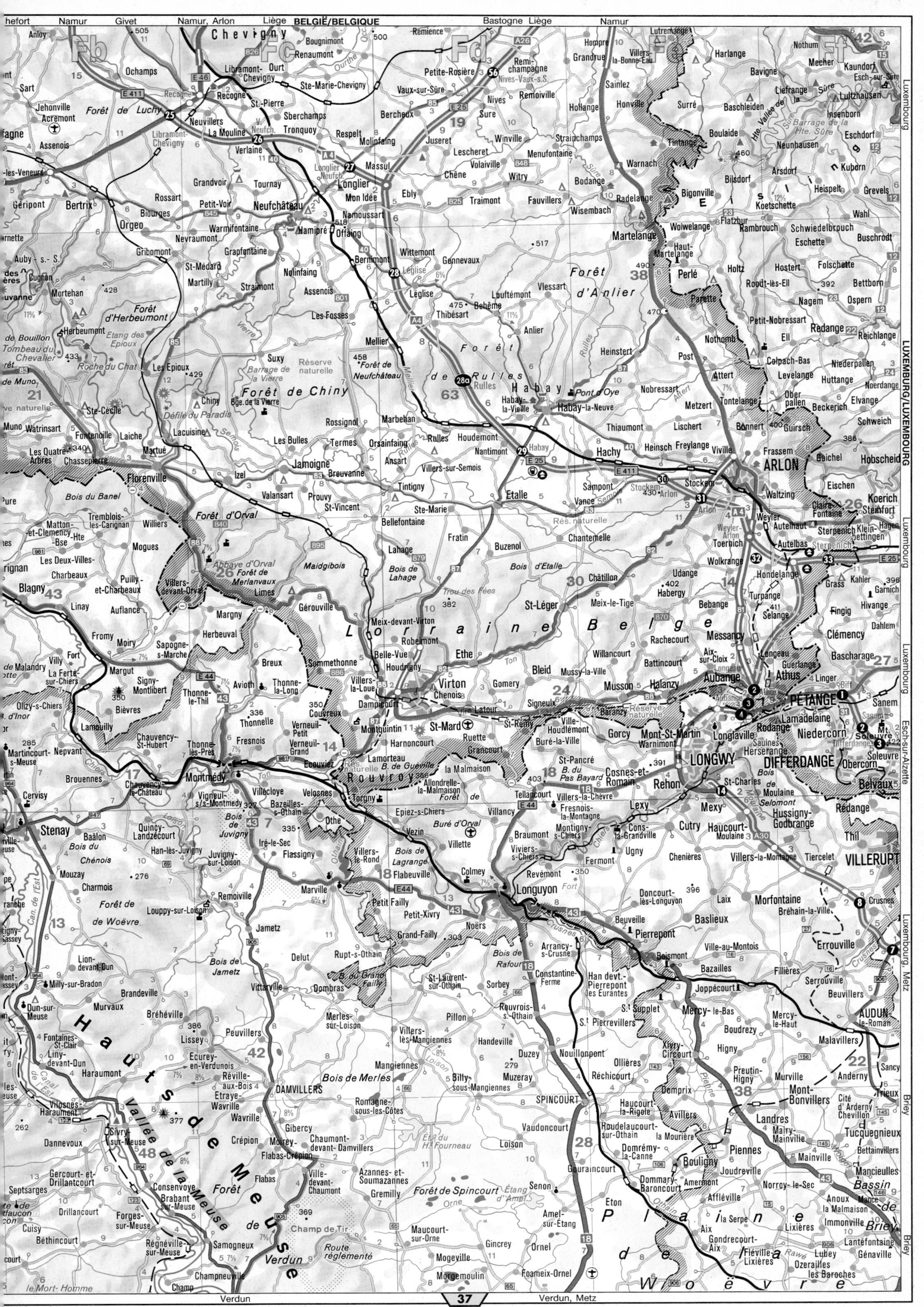

Namur
Givet
Namur, Arlon
Liège
BELGIË/BELGIQUE
Bastogne
Liège
Namur
Luxembourg
LUXEMBURG/LUXEMBOURG
Luxembourg
Luxembourg
Esch-sur-Alzette
Luxembourg, Metz
Briey
Briey
Verdun
Verdun, Metz
37
Chevigny
Bouillon
Libramont-Chevigny
Recogne
Neufchâteau
Bertrix
Forêt de Luchy
Forêt d'Herbeumont
Herbeumont
Forêt de Chiny
Chiny
Florenville
Forêt d'Anlier
Forêt de Rulles
Habay
Habay-la-Neuve
Martelange
Vaux-sur-Sûre
Léglise
Étalle
Tintigny
Jamoigne
Virton
Ethe
St-Léger
Châtillon
Messancy
Aubange
Athus
ARLON
Steinfort
Bascharage
PÉTANGE
Rodange
Niedercorn
DIFFERDANGE
Belvaux
Redange
Lorraine Belge
Rouvroy
Forêt d'Orval
Abbaye d'Orval
Villers-devant-Orval
Montmédy
Stenay
Longuyon
LONGWY
Longlaville
Mont-St-Martin
Rehon
Herserange
Mexy
Cutry
Villers-la-Montagne
VILLERUPT
Thil
AUDUN-le-Roman
Marville
Damvillers
DAMVILLERS
SPINCOURT
Forêt de Spincourt
Piennes
Bouligny
Landres
Tucquegnieux
Bassin de Briey
Plaine de la Woëvre
Hauts de Meuse
Vallée de la Meuse
Forêt de Verdun
Dun-sur-Meuse
Consenvoye
Samogneux
Bois de Merles
Étang d'Amel
Route réglementé
Champ de Tir

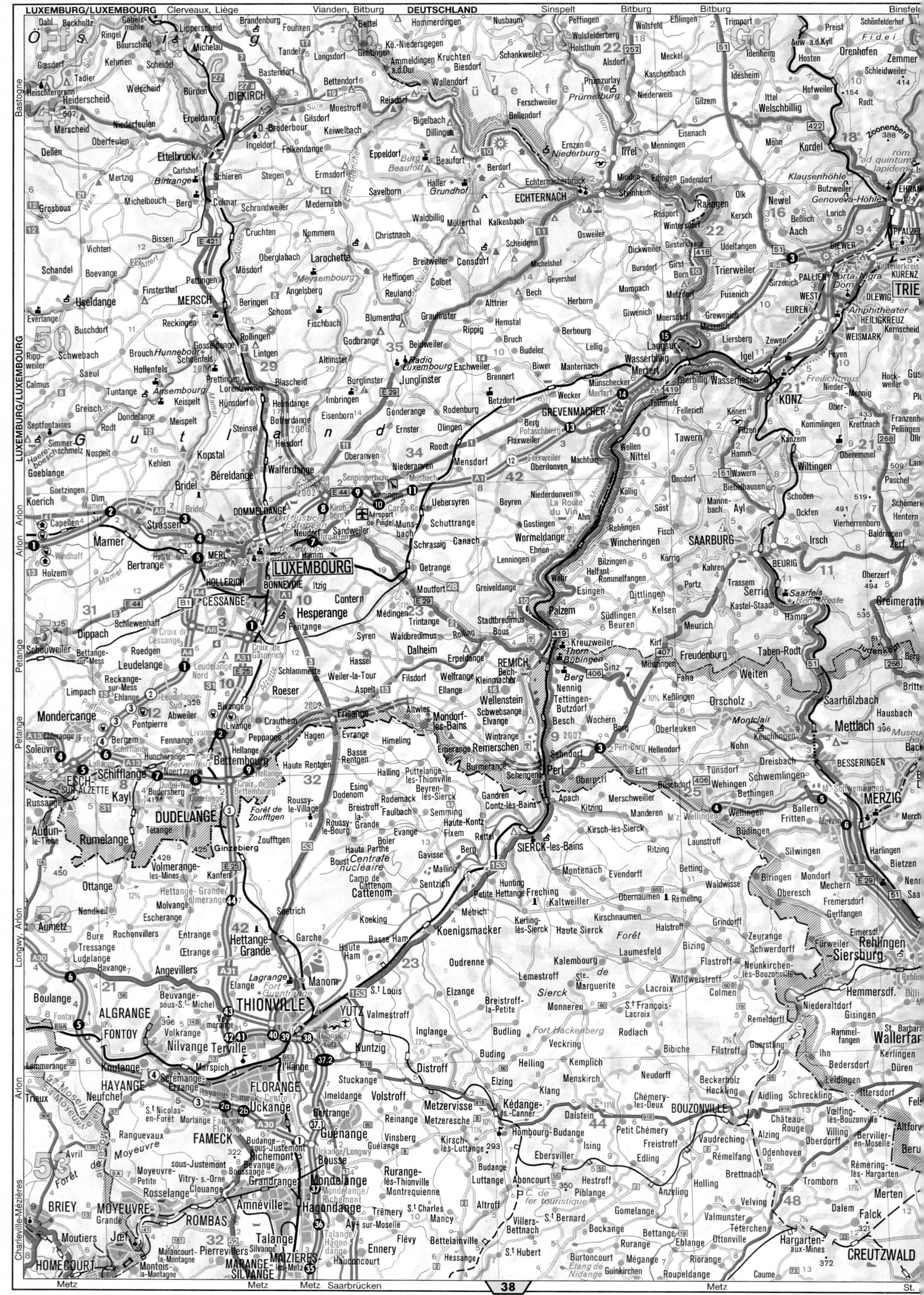
LUXEMBURG/LUXEMBOURG
Clerveaux, Liège
Vianden, Bitburg
DEUTSCHLAND
Sinspelt
Bitburg
Bitburg
Binsfeld
Bastogne
LUXEMBURG/LUXEMBOURG
Arlon
Petange
Longwy, Arlon
Arlon
Charleville-Mézières
Metz
Metz
Metz Saarbrücken
38
Metz
St.
DIEKIRCH
Ettelbruck
MERSCH
ECHTERNACH
GREVENMACHER
LUXEMBOURG
Hesperange
REMICH
Mondorf-les-Bains
Schengen
Perl
SAARBURG
KONZ
TRIER
MERZIG
Mettlach
Wallerfangen
Saarhölzbach
ESCH-SUR-ALZETTE
DUDELANGE
Bettembourg
THIONVILLE
YUTZ
HAYANGE
FLORANGE
FAMECK
MOYEUVRE-Grande
ROMBAS
Amnéville
Hagondange
Talange
MAIZIÈRES-lès-Metz
HOMECOURT
BRIEY
SIERCK-les-Bains
Cattenom
Koenigsmacker
BOUZONVILLE
CREUTZWALD
Rehlingen
Siersburg
Gutland
Südeifel
Ösling

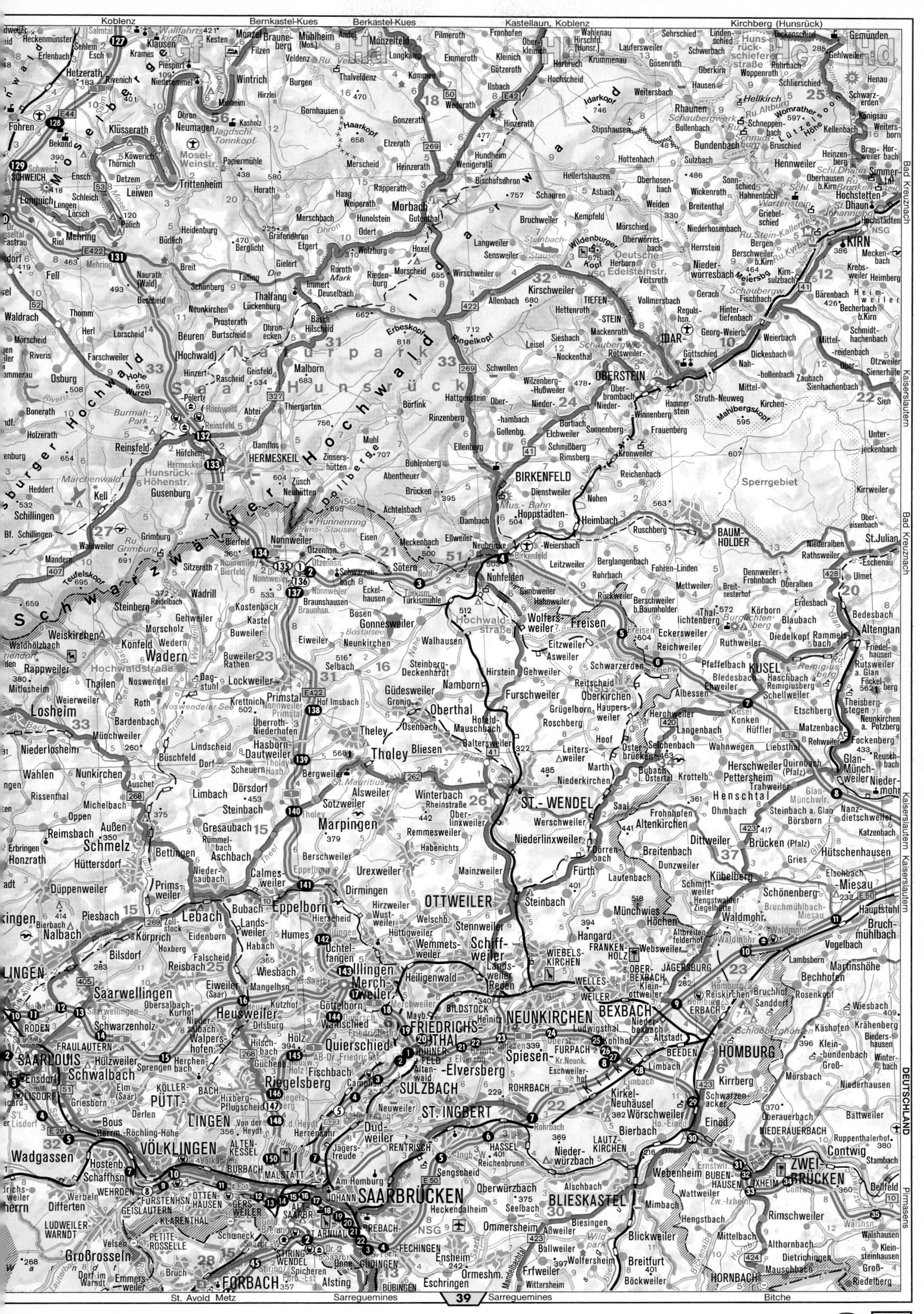

Koblenz
Bernkastel-Kues
Berkastel-Kues
Kastellaun, Koblenz
Kirchberg (Hunsrück)
Bad Kreuznach
Kaiserslautern
Bad Kreuznach
Kaiserslautern
Kaiserslautern
DEUTSCHLAND
Pirmasens
St. Avold Metz
Sarreguemines
39
Sarreguemines
Bitche
SCHWEICH
Morbach
KIRN
IDAR-OBERSTEIN
HERMESKEIL
BIRKENFELD
Nohfelden
BAUMHOLDER
Wadern
Losheim
Schmelz
KUSEL
ST.-WENDEL
Tholey
Marpingen
OTTWEILER
Lebach
Saarwellingen
SAARLOUIS
Schwalbach
PÜTTLINGEN
VÖLKLINGEN
Heusweiler
Riegelsberg
Quierschied
SULZBACH
FRIEDRICHSTHAL
NEUNKIRCHEN
Spiesen-Elversberg
ST. INGBERT
SAARBRÜCKEN
BLIESKASTEL
BEXBACH
HOMBURG
ZWEIBRÜCKEN
FORBACH
Großrosseln
Wadgassen
Naturpark Saar-Hunsrück
Schwarzwälder Hochwald
Idarwald
Sperrgebiet

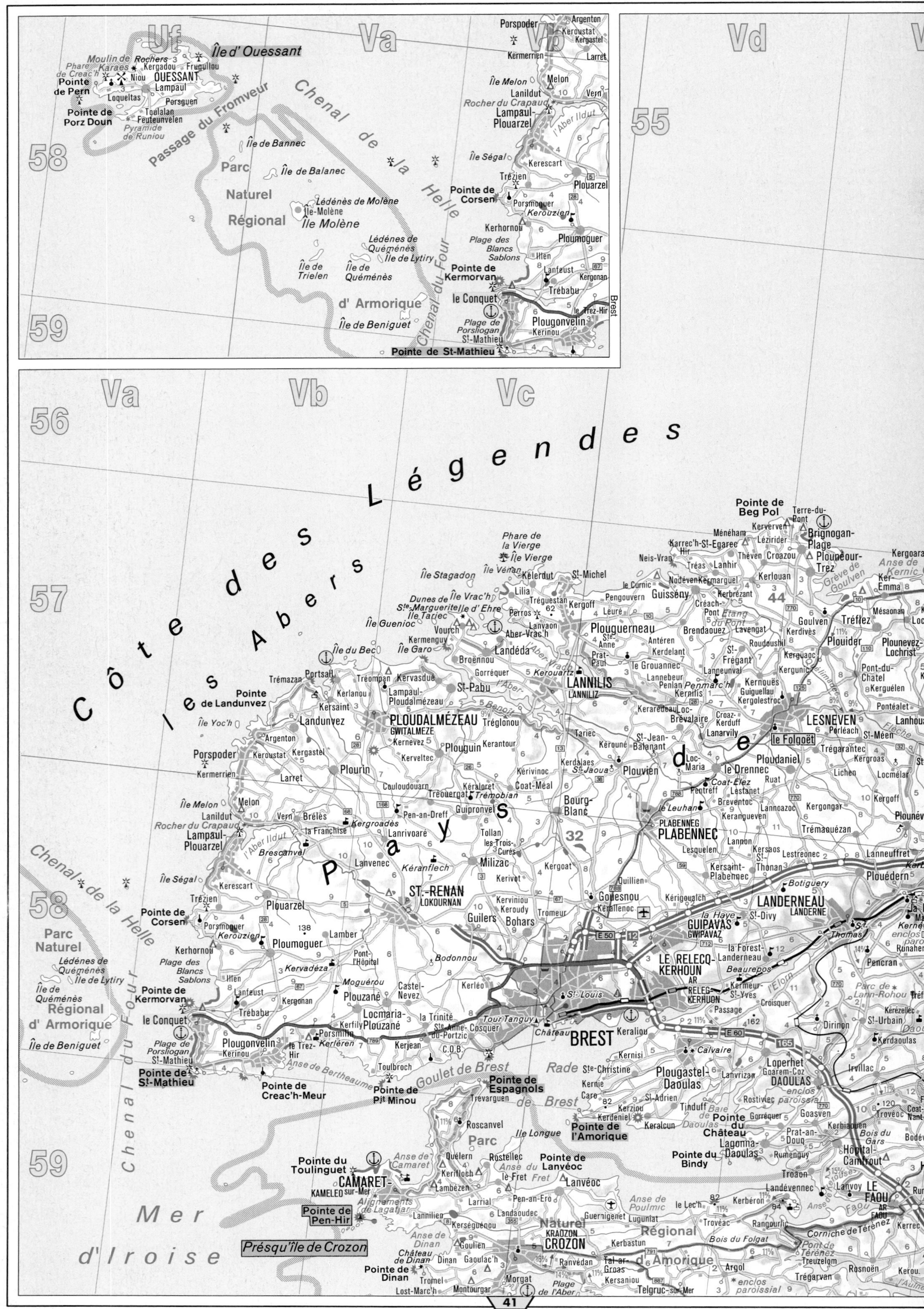

Inset map (top)

Porspoder
Argenten
Kercoustat
Kergastel
Kermerrien
Larret
Île d' Ouessant
Moulin de Rochers
Phare de Creac'h
Karaes   Kergadou   Frugullou
Niou   OUESSANT
Pointe de Pern   Lampaul
Loqueltas
Porsguen
Pointe de Porz Doun
Toulalan
Feuteunvelen
Pyramide de Runiou

Île Melon
Lanildut   Melon
Vern
Île Melon
Rocher du Crapaud
Lampaul-Plouarzel
l'Aber Ildut
Kermerrien

Île Ségal
Kerescart
Trézien
Plouarzel
26

Passage du Fromveur
Chenal de la Helle

Île de Bannec

Parc
Naturel
Régional

Île de Balanec

Lédénès de Molène
Île-Molène
Île Molène

Lédénès de Quéménès
Île de Lytiry

Île de Trielen
Île de Quéménès

d' Armorique

Île de Beniguet

Pointe de Corsen
Porsmoguer
Kerouzien
Ploumoguer

Kerhornou
Plage des Blancs Sablons
Iften
Lanfeust
Kergonan
Trébabu
87

Pointe de Kermorvan
le Conquet
le Trez-Hir
Plougonvelin
Kerinou
St-Mathieu

Plage de Porsliogan
St-Mathieu

Pointe de St-Mathieu

Brest

Main map

Côte des Légendes
les Abers
Pays de

Pointe de Beg Pol
Terre-du-Pont
Brignogan-Plage
Plounéour-Trez
Kerverven
Kerdivès
Kergoara
Anse de Kernic
Greve de Goulven
Ker-Emma
Mésanon

Phare de la Vierge
Île Vierge
Île Véran
St-Michel
Kélerdut
Neis-Vran
Hir
Ménéham
Karrec'h-St-Egarec
Lézirider
Théven   Croazou
Kerlouan
Kerbrézant
44
Goulven
Guissény
Kerdreveret
Goulven
Tréflez
Plouider
Plounevez-Lochrist

Île Stagadon
Dunes de Île Vrac'h
Ste-Marguerite
Île d'Ehre
le Tariec
Lilia
Tréguestan
Kergoff   le Cornic
Pengouvern
Créac'h-Pont
Etang du Pont
Roudoushil
Kerguac   Guiguellau
Kerguénic   Kergoara
Pont-du-Châtel
Kerguélen
Pontéalet
Loch

Île Gueniou
Île Garo
Vourch
Kermenguy
Keroudy
Ste-Anne
Perros
62
Lanvaon
Loc-Maria-Kerguel
Plouguerneau
Brendaouez
Lavengat
Kerdivès
11%
Lanhouar
Lanneuffret
Kerb

Île du Bec
Gorréquer
Trémazan
Portsall
Tréompan
Kervasdué
Lampaul-Ploudalmézeau
St-Pabu
Broënnou
l'Aber
Benoît
Keroualt
Antérén
Prat-Paul
le Grouannec
Lannebeur
Penlan   Penmarc'h
Kervaillou   Kernilis
LANNILIS
L'ANNILIZ
Kerguac
28
Brévalaire
Kerboura
St-Frégant
Lanneuveual
Guiguellau
Kergolestroc
St-Méen
Trégarantec
Kerérotec

Pointe de Landunvez
Kersaint
Île Yoc'h
Landunvez
Argenton
Kerveltec
Plouguin
28
Kerantour
Plouvien
Tariec
Keroune
St-Jean-Balanant
Kerdalaes
Ste-Jaoua
Kerorguen
32
Kerarédéau
Loc-Brévalaire
Lanarvily
Ploudaniel
LESNEVEN
Perléach
le Folgoët
Trégarantec
Kergroas
Lichen
Locmélar
Kergoff
Plouné

Porspoder
Kermerrien   Kéroustat   Kergastel
Plourin
7
Couloudouarn
Tréouergat
Trémobian
Kéraloret
Coat-Méal
Kérivinoc
Kerdélaes
Kerdraon-Kerduff
Coat-Elez
le Leuhan
Pentreff   Léstanet
Bourg-Blanc
170
768
Breventoc
Lannoazoc
Kergongar
11
10
Plounéve

Île Melon
Lanildut
Rocher du Crapaud
Lampaul-Plouarzel
l'Aber Ildut
Melon
Vern   Brélès
la Franchise
Kergroadès
Lanrivoaré
168
Pen-an-Dreff
Guipronvel
Tollan
les-Trois-Curés
Milizac
PLABENNEC
AR BLABENNEG
Lesquélen
Lannon
Kersaos   Lesteonec
Kersaint-Plabennec
11
Trémaquézan
Botiguéry
Plouédern

Île Ségal
Brescanvel
Kéranflech
Kergoat
Kerivot
Quillien
59
St-Thonan
LANDERNEAU
LANDERNE

Kerescart
Lanvenec
Kervadéza
Lamber
Pont-l'Hôpital
138
ST-RENAN
LOKOURNAN
Kerviniou
Kéralinenoc
Godesnou
Kérigouarc'h
la Haye
Kerneur-St-Yves
Kernev
enclos paroi
Runaher
Ma

Pointe de Corsen
Trézien
Porsmoguer
Kerouzien
Ploumoguer
Moguérou
28
Plouzané
Guilers   Bohars
Tromeur
GUIPAVAS
GWIPAVAZ
Beaurepos
12
Thomas
Pencran

Plage des Blancs Sablons
Iften
Kerhornou
Castel-Nevez
Kerléo
LE RELECQ-KERHOUN
AR RELEG-KERHUON
Passage
Croiseur
St-Urbain
Daou

Lanfeust
Trébabu
Pointe de Kermorvan
le Conquet
Locmaria-Plouzané
Ste-Anne-du-Portzic
la Trinité
C.O.B.
Bodonnou
Tour Tanguy
Château
St-Louis
BREST
Keraliou
162
E 60
11%
Dirinon
Kérézellec
St-Urbain
Kerdaoulas
Tréfl

Plougonvelin
Kerinou
le Trez-Hir
Kerléren
Kerjean
Toulbroch
Goulet de Brest
Rade de Brest
Ste-Christine
Kernisi
Calvaire
Loperhet
Goarem-Coz
Irvillac
165

Pointe de St-Mathieu
Plage de Porsliogan
Pointe de Creac'h-Meur
Pointe de Pt Minou
Pointe des Espagnols
Kernie   Caro
82
Kerziou
St-Adrien
Tinduff
Plougastel-Daoulas
Rostiellec paroissial
DAOULAS
enclos
120
Coat-Nant

Parc
Naturel
Régional
d' Armorique
le Conquet

Île Beniguet

Chenal du Four
Chenal de la Helle

Parc Naturel
Lédénès de Quéménès
Île de Lytiry
Île de Quéménès
Régional
d' Armorique
Île de Beniguet

Trevarguen
Île Longue
Baie du Daoulas
Kerdeniel   Keralcun
Pointe de l'Amorique
Pointe du Château
Lagonna-Daoulas
Gorréquer
Goasven
Kerbiaouen
Prat-an-Doug
Bodev

Roscanvel
Pointe du Bindy
Rumenguy
Hôpital-Camfrout
Bois du Gars

Pointe du Toulinguet
Anse de Camaret
Quélern
Kerfiloch
Rostellec
le Fret   Fret
Pointe de Lanvéoc
Lanvéoc
Troaon
Landévennec
Lanvoy
LE FAOU
AR FAOU

Mer d'Iroise
CAMARET-sur-Mer
KAMELED
Pointe de Pen-Hir
Alignements de Lagatjar
Lambézen
Larrial
Pen-an-Ero
Landaoudec
Guernigou
Lugunlat
Anse de Poulmic
le Lec'h   Kerbéron
94
Anse
Corniche de Térénez
Pont de Térénez
Treuzelom

Présqu'île de Crozon
Lannilien
Kerségénou
355
Trovéac
Naturel
KRAOZON
CROZON
Tal-ar-Groas
Régional
d' Amorique
Rosnoën
Trégarvan
l'Aulne

Château de Dinan
Dinan   Gaoulac'h
Goulien
Morgat
Ranvédan
Bois du Folgat
Argol
791
Pointe de Dinan
Tromel
Lost-March'h
Montourgar
Plage de l'Aber
Kersaniou
Telgruc-sur-Mer
367
enclos paroissial
9
Kerou

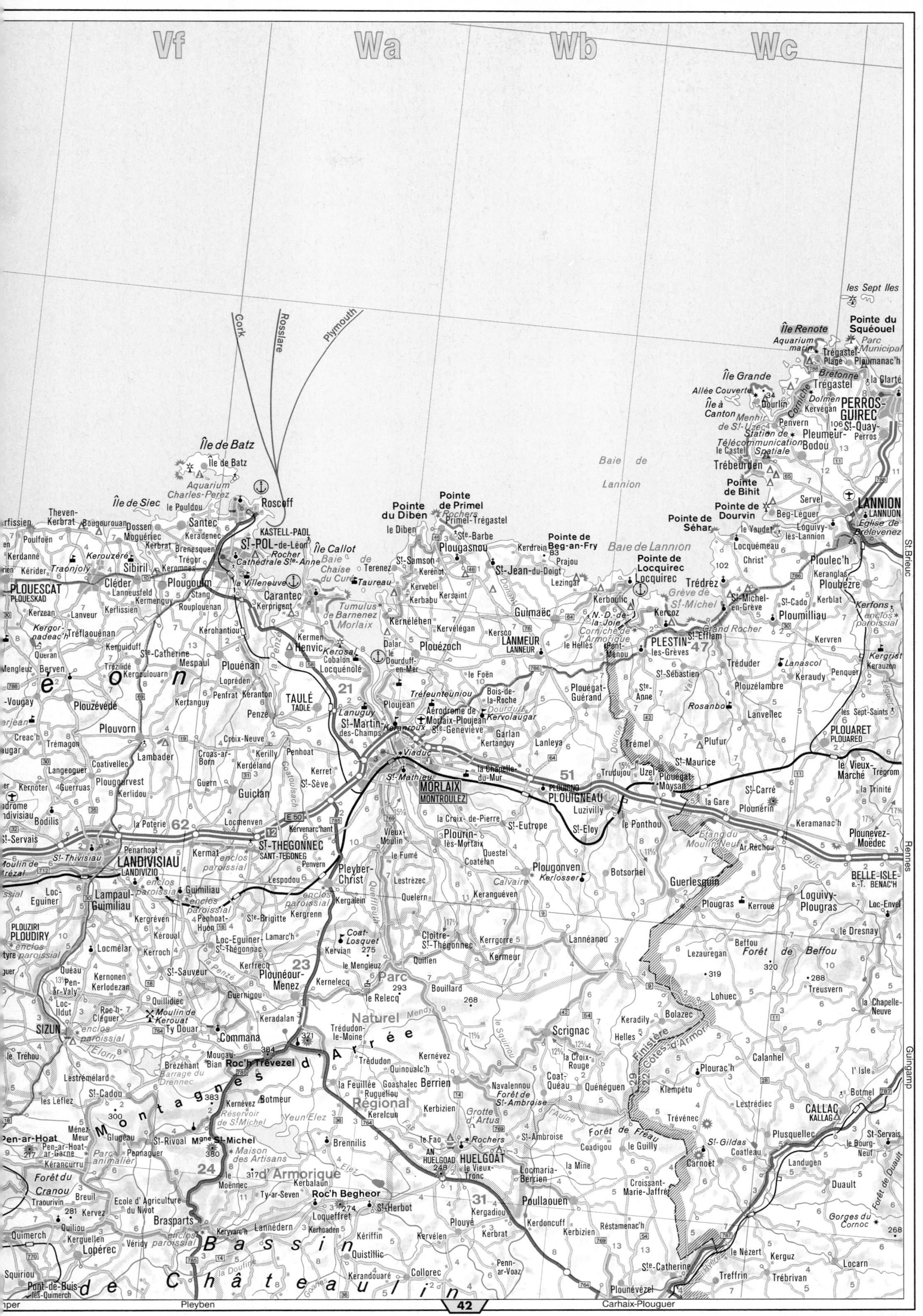

Vf
Wa
Wb
Wc
les Sept Iles
Pointe du Squéouel
Île Renote
Trégastel-Plage
Ploumanac'h
Île Grande
Trégastel
PERROS-GUIREC
St-Quay-Perros
Pleumeur-Bodou
Trébeurden
Pointe de Bihit
Pointe de Dourvin
Pointe de Séhar
LANNION
LANNUON
Baie de Lannion
Cork
Rosslare
Plymouth
Île de Batz
Aquarium Charles-Perez
Île de Siec
Roscoff
Santec
ST-POL-de-Léon
KASTELL-PAOL
Île Callot
Pointe du Diben
Pointe de Primel
Primel-Trégastel
Plougasnou
St-Jean-du-Doigt
Pointe de Beg-an-Fry
Pointe de Locquirec
Locquirec
Trédrez
St-Michel-en-Grève
Ploumilliau
Ploubezre
Ploulec'h
PLOUESCAT
PLOUESKAD
Cléder
Sibiril
Plougoulm
Carantec
Tumulus de Barnenez
Guimaëc
LANMEUR
PLESTIN-les-Grèves
St-Efflam
Henvic
Locquénolé
Plouézoch
Plouénan
Mespaul
Plouzévédé
Plouvorn
TAULÉ
TADLE
Ploujean
St-Martin-des-Champs
MORLAIX
MONTROULEZ
PLOUIGNEAU
PLOUGNEAU
Plouégat-Guérand
Plouégat-Moysan
Lanvellec
PLOUARET
PLOUARED
le Vieux-Marché
Plounérin
Plounevez-Moëdec
BELLE-ISLE-e.-T.
BENAC'H
Guiclan
St-Thégonnec
SAINT-TEGONEG
LANDIVISIAU
LANDIVIZIO
Lampaul-Guimiliau
Guimiliau
Pleyber-Christ
Plourin-lès-Morlaix
Plougonven
Botsorhel
Guerlesquin
Loguivy-Plougras
Plougras
Forêt de Beffou
PLOUDIRY
Locmélar
Commana
Plounéour-Menez
Parc Naturel Régional d'Armorique
Monts d'Arrée
Montagnes d'Arrée
Roc'h Trévezel
SIZUN
Scrignac
Berrien
HUELGOAT
Forêt de Fréau
Carnoët
CALLAC
KALLAG
Plusquellec
Maison des Artisans
Brennilis
Brasparts
Lopérec
Loqueffret
Poullaouen
Plounévézel
Bassin de Châteaulin
Pleyben
Carhaix-Plouguer
St-Brieuc
Rennes
Guingamp
Finistère
Côtes-d'Armor
42

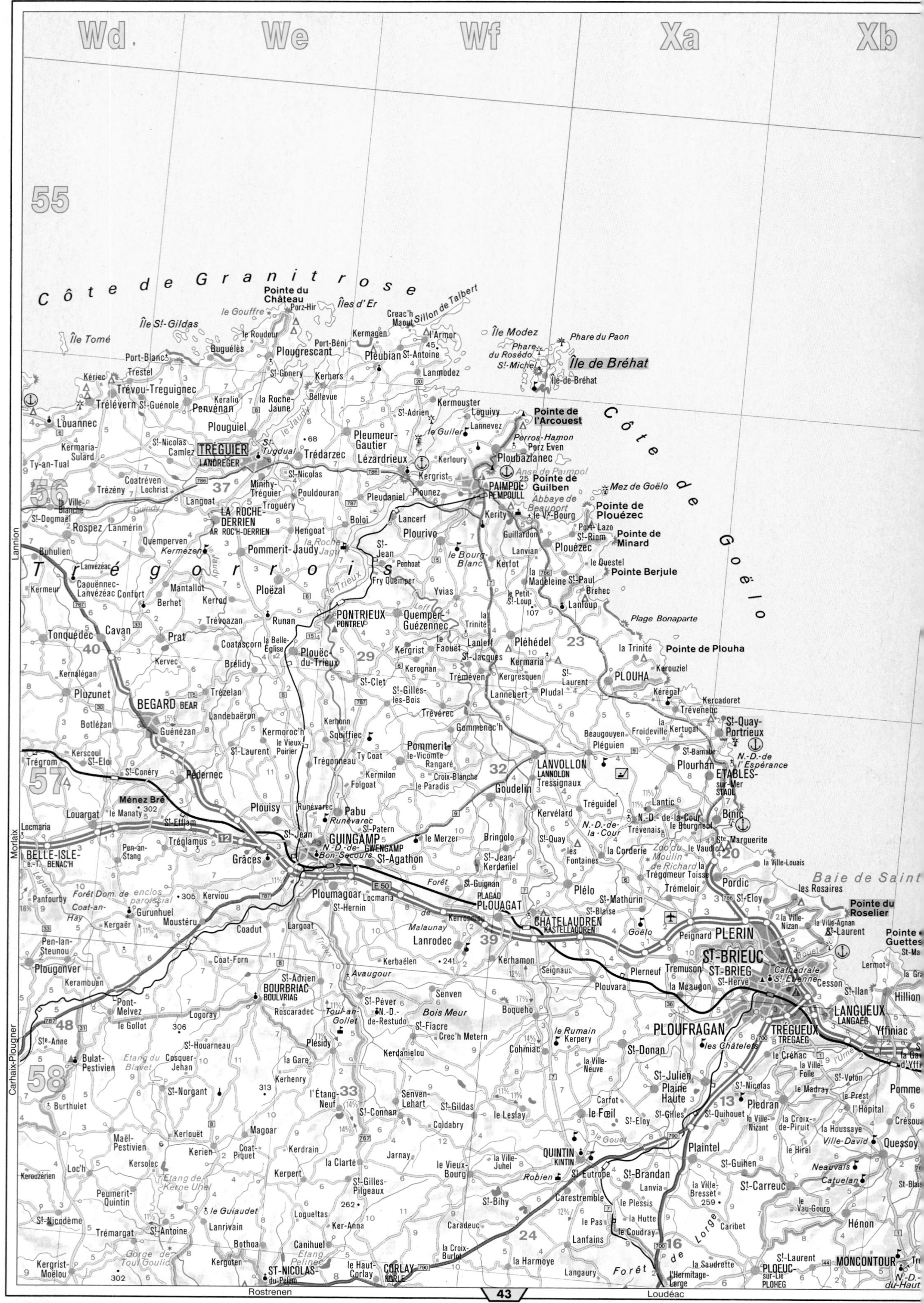
Wd
We
Wf
Xa
Xb
55
56
57
58
Côte de Granit rose
Côte de Goëlo
Trégorrois
Pointe du Château
Île St-Gildas
Île Tomé
Îles d'Er
Sillon de Talbert
Île Modez
Phare du Paon
Île de Bréhat
Pointe de l'Arcouest
Pointe de Guilben
Pointe de Plouézec
Pointe de Minard
Pointe Berjule
Plage Bonaparte
Pointe de Plouha
Baie de Saint
Pointe du Roselier
Port-Blanc
Trévou-Treguignec
Trélévern
Louannec
Penvénan
Plougrescant
Plouguiel
TRÉGUIER
LANDREGER
Tréguier
Pleubian
Lézardrieux
Pleumeur-Gautier
Trédarzec
PAIMPOL
PEMPOULL
Ploubazlanec
Plouézec
LA ROCHE-DERRIEN
AR ROC'H-DERRIEN
Pommerit-Jaudy
Plourivo
Rospez
Lannion
Caouënnec-Lanvézéac
Cavan
Tonquédec
Prat
Ploëzal
Runan
PONTRIEUX
PONTREV
Quemper-Guézennec
Plouëc-du-Trieux
Pléhédel
Lanloup
PLOUHA
BEGARD
BEAR
Pluzunet
Pédernec
Ménez Bré
Louargat
Gurunhuel
Plouisy
Pabu
GUINGAMP
GWENGAMP
Grâces
Ploumagoar
St-Agathon
Pommerit-le-Vicomte
Goudelin
LANVOLLON
LANNOLON
Tressignaux
Étables-sur-Mer
St-Quay-Portrieux
Binic
Plourhan
Pordic
Plélo
PLOUAGAT
PLAGAD
CHATELAUDREN
KASTELLAODREN
Lanrodec
PLERIN
ST-BRIEUC
ST-BRIEG
LANGUEUX
LANGAEG
Yffiniac
TRÉGUEUX
TREGAEG
PLOUFRAGAN
Plédran
Quessoy
Plaintel
QUINTIN
KINTIN
BOURBRIAC
BOULVRIAG
Avaugour
Bois Meur
Plésidy
Kerpert
Saint-Gilles-Pligeaux
Lanfains
Le Fœil
Hénon
MONCONTOUR
PLOEUC-sur-Lié
PLOHEG
CORLAY
KORLE
ST-NICOLAS-du-Pélem
Rostrenen
Loudéac
Morlaix
Carhaix-Plougner
Forêt de Lorge
E 50
12
43

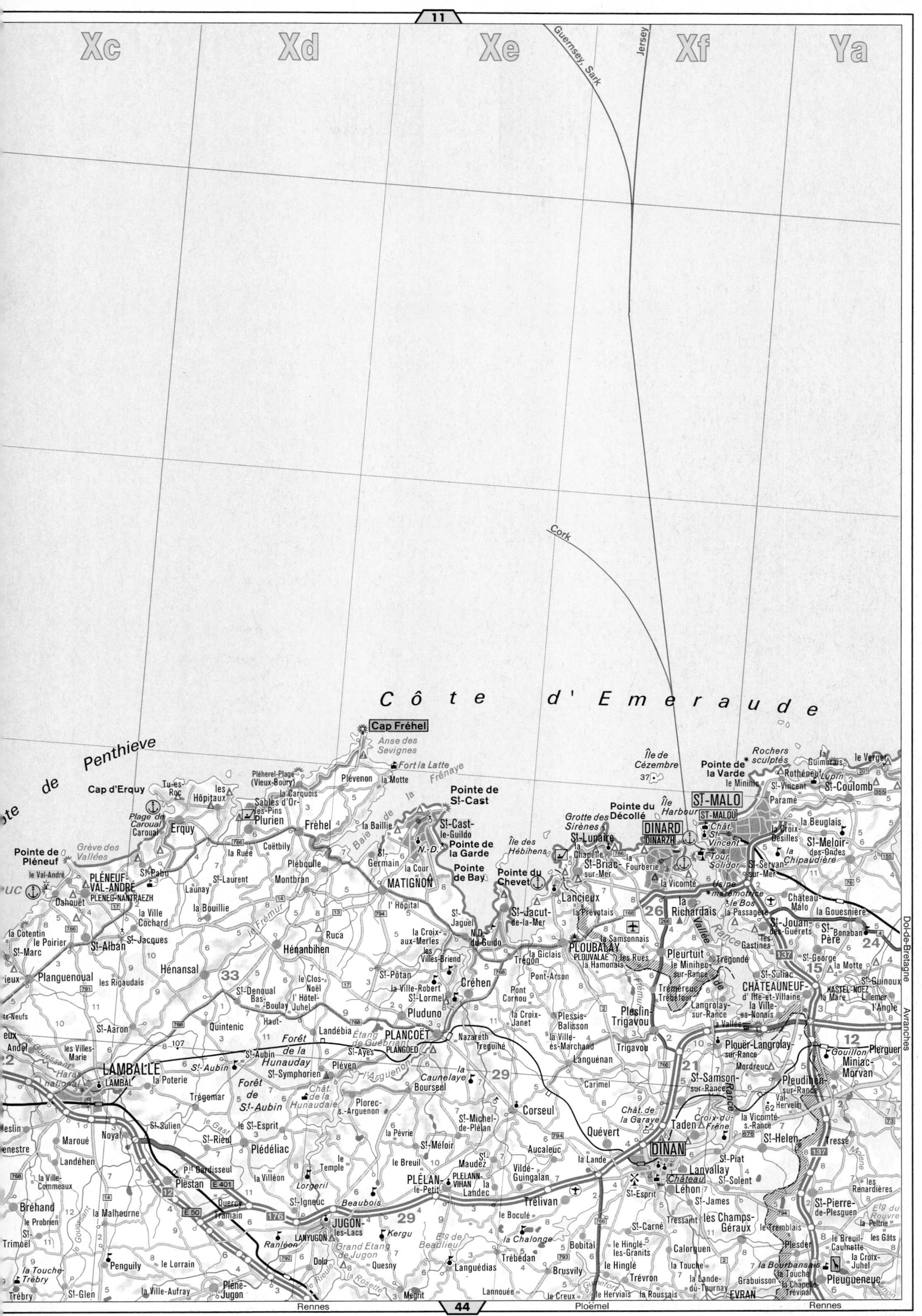

Xc Xd Xe Xf Ya

Guernsey, Sark Jersey

Cork

Côte d' Emeraude

Penthieve

de

de

Cap d'Erquy
Tu-es-Roc
les Hôpitaux
Plage de Caroual
Caroual
Erquy
Pléhérel-Plage (Vieux-Bourg)
la Carquois
Sables d'Or-les-Pins
Plévenon
la Motte
Plurien
Fréhel
Coëtbily
la Ruée
Cap Fréhel
Anse des Sevignes
Fort la Latte
la Baillie
S!-Germain
N.-D.
S!-Cast-le-Guildo
Pointe de la Garde
Pointe de Bay
Pointe de S!-Cast
la Cour
Pointe de Pléneuf
le Val-André
Grève des Vallées
S!-Pabu
Plébeulle
Montbran
l' Hôpital
MATIGNON
S!-Jaguel
Île des Hébihens
Pointe du Chevet
Grotte des Sirènes
S!-Lunaire
la Chapelle
S!-Briac-sur-Mer
Pointe du Décollé
Île Harbour
Île de Cézembre
37
Rochers sculptés
Pointe de la Varde
le Minihec
Guimorais
le Verger
Rothéneuf
Lupin
S!-Vincent
Paramé
S!-Coulomb
la Beuglais
St-MALO
St-MALOU
DINARD
DINARZH
Chât. S!-Vincent
la Croix-Desilles
S!-Meloir-des-Ondes
la Chipaudière
la Fourberie
Tour Solidor
S!-Servan-sur-Mer
la Vicomté
PLÉNEUF-VAL-ANDRÉ
PLENEG-NANTRAEZH
Dahouët
la Ville Cochard
Launay
la Bouillie
S!-Laurent
Hénanbihen
la Croix-aux-Merles
les Villes-Briend
Lancieux
la Prévotais
les Rues
la Samsonnais
Usine marémotrice
le Bos
la Passagère
Château-Malo
la Gouesnière
S!-Jouan-des-Guérets
les Gastines
S!-Père
24
la Cotentin
le Poirier
S!-Marc
S!-Alban
S!-Jacques
Ruca
Hénansal
33
le Clos-Noël
l' Hôtel-Juhel
S!-Pôtan
la Ville-Robert
S!-Lormel
Créhen
la Giclais
Trégon
PLOUBALAY
PLOUVALAE
la Hamonais
les Rues
Trégondé
Tréméreuc
Tréfeurtel
la Vallée
Pleurtuit
le Minihec-sur-Rance
S!-George
la Motte
S!-Suliac
CHÂTEAUNEUF-d' Ille-et-Vilaine
la Ville-es-Nonais
15
S!-Guinoux
KASTEL-NOEZ
la Mare
l'Angle
Lillemer
Planguenoual
les Rigaudais
S!-Denoual
Bas-Boulay
Haut-
Quintenic
Landébia
Étang de Guébriant
PLANCOËT
PLANGOED
Nazareth
Tréguihé
la Croix-Janet
Pont Cornou
Pont-Arson
Plessis-Balisson
la Ville-es-Marchand
Pleslin-Trigavou
Trigavou
Languénan
Plouër-Langrolay-sur-Rance
Mordreuc
26
166
266
Langrolay-sur-Rance
Pleudihen-sur-Rance
Val-Hervelin
137
les Villes-Marie
S!-Aâron
S!-Aubin
Forêt de la Hunauday
Pléven
S!-Symphorien
la Caunelaye
Bourseul
29
Carimel
S!-Samson-sur-Rance
12
Gouillon
Plerguer
Miniac-Morvan
LAMBALLE
LAMBAL
la Poterie
Trégemar
Forêt de S!-Aubin
Plorec-s-Arguenon
la Pévrie
Corseul
Chât. de la Garaye
Quévert
Croix-du-Frêne
S!-Helen
Tressé
Maroué
Noyal
S!-Sulien
le S!-Esprit
Plédéliac
Chât. de la Hunaudaie
S!-Méloir
Aucaleuc
la Lande
Taden
la Vicomté-s.-Rance
Landéhen
S!-Rieul
le Temple
le Breuil
Maudez
Vildé-Guingalan
DINAN
S!-Piat
Lanvallay
Léhon
S!-Solent
S!-James
les Renardières
Bréhand
le Probrien
la Malheurne
P.t Bardisseul
la Villéon
Lorgeril
PLÉLAN-le-Petit
PLELANN-VIHAN
le Landec
Trélivan
S!-Esprit
Château
S!-Carné
Tressaint
les Champs-Géraux
le Tremblais
S!-Pierre-de-Plesguen
la Peltrie
S!-Trimoël
la Ville-Commeaux
Plestan
Querçy
Beaubois
le Boculé
Trévélan
le Hinglé-les-Granits
le Hinglé
la Touche
Calorguen
Plesder
le Breuil-Caulnette
la Croix-Juhel
Bréhand
Penguily
le Lorrain
la Ville-Aufray
JUGON-les-Lacs
29
LANYUGON
Ranléon
Kergu
Dolu
Quesny
la Chalonge
Bobital
Brusvily
Trévron
la Bourbansais
la Touche
la Chapelle-Trévinal
PLEUGUENEUC
Trébry
S!-Glen
Pléne-Jugon
Megrit
le Creux
Languédias
Lannouée
Herviais
la Roussais
EVRAN

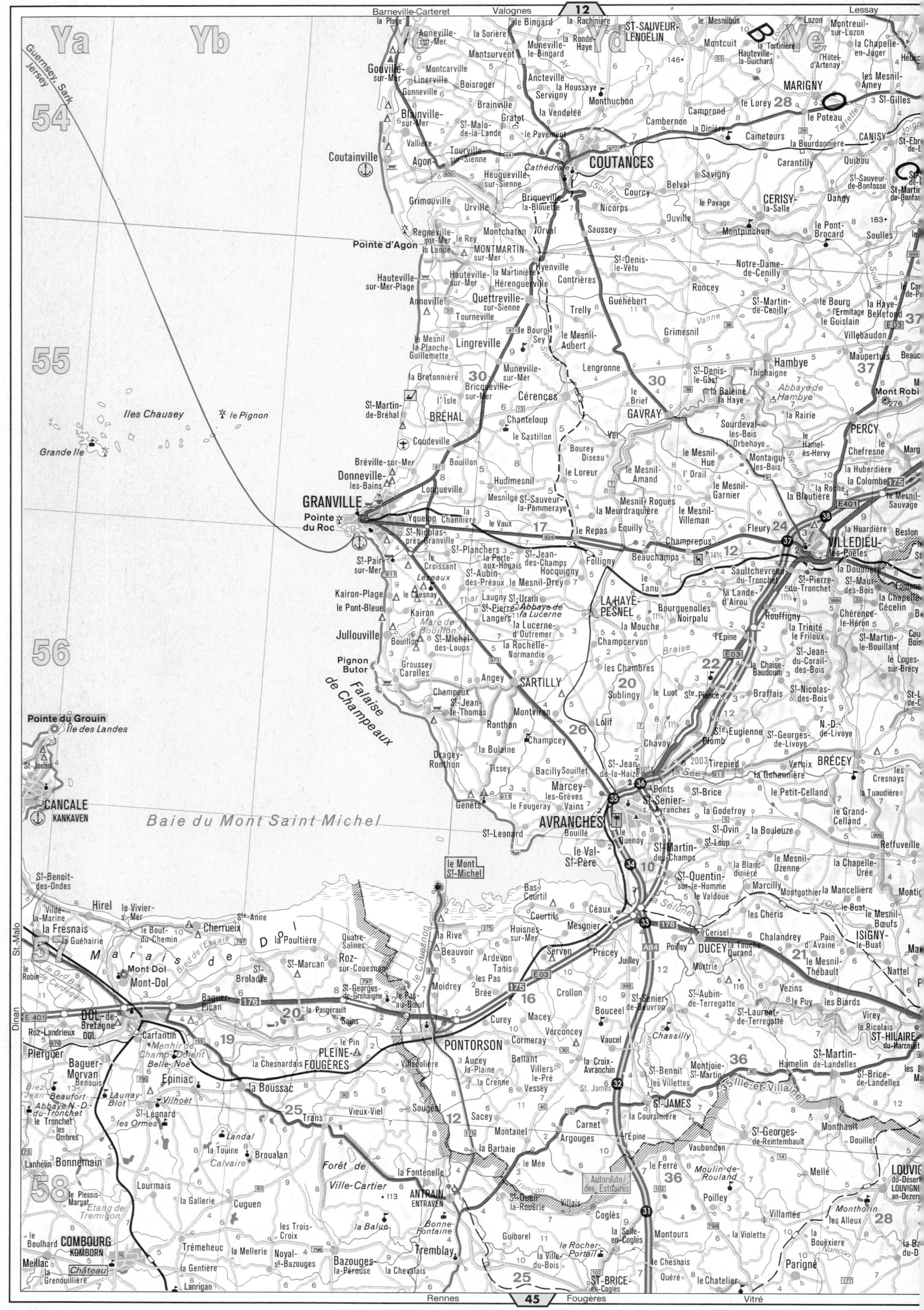

Barneville-Carteret
Valognes
12
Lessay
Ya
Yb
Yc
Yd
Ye
Guernsey, Sark
Jersey
54
55
56
57
58
la Plage
Anneville-sur-Mer
le Bingard
la Rachinière
ST-SAUVEUR-LENDELIN
le Mesnilbus
Lozon
Montreuil-sur-Lozon
la Sorière
Muneville-le-Bingard
la Ronde-Haye
Montcuit
la Tortinière
la Chapelle-en-Juger
Montsurvent
Hauteville-la-Guichard
l'Hôtel-d'Artenay
Hébéc
Gouville-sur-Mer
Montcarville
Ancteville
la Houssaye
les Mesnil-Amey
Linerville
Servigny
MARIGNY
Gonneville
Boisroger
Monthuchon
St-Gilles
Brainville
la Vendelée
Camprond
le Lorey
Blainville-sur-Mer
Gratot
Cambernon
la Dinière
le Poteau
St-Malo-de-la-Lande
le Pavement
Cametours
CANISY
Vallière
Tourville-sur-Sienne
la Bourdonnière
Coutainville
Agon-
Cathédrale
COUTANCES
Carantilly
Quibou
Heugueville-sur-Sienne
Savigny
St-Sauveur-de-Bonfosse
Grimouville
Urville
Briqueville-la-Blouette
Soulles
Coucry
Belval
Dangy
Nicorps
le Pavage
CERISY-la-Salle
Ouville
Regnéville-sur-Mer
le Rey
Montchaton
Orval
Saussey
le Pont-Brocard
Pointe d'Agon
la Lande
MONTMARTIN-sur-Mer
Montpinchon
Soulles
St-Denis-le-Vêtu
Notre-Dame-de-Cenilly
Hauteville-sur-Mer-Plage
Hauteville-sur-Mer
la Martinière
Hérenguerville
Hyenville
Contrières
Roncey
Annoville
Quettreville-sur-Sienne
Guéhébert
St-Martin-de-Cenilly
le Bourg
l'Ermitage
le Guislain
la Haye-Bellefond
Tourneville
Trelly
Vanne
le Mesnil-la-Planche-Guillemette
Lingreville
le Bourg-Sey
le Mesnil-Aubert
Grimesnil
Villebaudon
Sienne
Hambye
Maupertuis
Muneville-sur-Mer
Lengronne
St-Denis-le-Gast
Thiphaigne
la Bretonnière
30
Bricqueville-sur-Mer
37
Abbaye de Hambye
Mont Robin
276
la Baleine
la Haye
le Brief
St-Martin-de-Bréhal
l'Isle
Cérences
GAVRAY
Iles Chausey
le Pignon
BRÉHAL
Chanteloup
la Rairie
Sourdeval-les-Bois
PERCY
le Castillon
Ver
l'Orbehaye
le Hamel-ès-Hervy
Grande Ile
Coudeville
Bourey
Diseau
Chefresne
Bréville-sur-Mer
Bouillon
le Mesnil-Hue
Montaigu-les-Bois
la Huberdière
Donneville-les-Bains
Hudimesnil
le Loreur
le Mesnil-Amand
l'Orail
la Colombe
Longueville
le Mesnil-Garnier
la Roche
la Bloutière
Mesnilgé
St-Sauveur-la-Pommeraye
Mesnil-Rogues
GRANVILLE
la Meurdraquière
le Mesnil-Villeman
Pointe du Roc
Yquelon
la Channière
le Vaux
17
le Repas
Equilly
Fleury
24
la Huardière
Besl
St-Nicolas-près-Granville
Champrepus
VILLEDIEU-les-Poêles
St-Planchers
12
St-Pair-sur-Mer
le Croissant
la Porte-aux-Hogais
St-Jean-des-Champs
Hocquigny
Folligny
Beauchamps
la Doublière
Lézeaux
St-Aubin-des-Préaux
le Mesnil-Drey
le Tanu
Saultchevreuil-du-Tronchet
St-Pierre-du-Tronchet
St-Maur-des-Bois
Kairon-Plage
le Chesnay
la Lande-d'Airou
la Chapelle-Cécelin
le Pont-Bleu
Kairon
Laugny
St-Ursin
Thar
St-Pierre-Langers
Abbaye de la Lucerne
LA HAYE-PESNEL
Bourguenolles
Noirpalu
Chérence-le-Héron
Mare de Bouillon
la Lucerne-d'Outremer
la Mouche
Rouffigny
la Trinité
le Filoux
Jullouville
Bouillon
St-Michel-des-Loups
la Rochelle-Normandie
Champcervon
l'Épine
St-Martin-le-Bouillant
St-Jean-du-Corail-des-Bois
Pignon Butor
Grousey
Carolles
les Chambres
Braise
la Chaise-Baudouin
le Loges-sur-Brécy
Falaise de Champeaux
Angey
SARTILLY
20
Sublingy
le Luot
Ste-Pience
Braffais
St-Nicolas-des-Bois
Champeaux
St-Jean-le-Thomas
Montviron
22
Pointe du Grouin
Ile des Landes
Ronthon
26
Lolif
St-Eugienne
Plomb
St-Georges-de-Livoye
N.-D.-de-Livoye
Champcey
Chavoy
St-Jouan
Dragey-Ronthon
la Bulaine
St-Jean-de-la-Haize
Tirepied
Vernix
BRÉCEY
Tissey
Bacilly
Souillet
la Sée
la Gohannière
les Cresnays
Marcey-les-Grèves
Ponts
St-Brice
le Petit-Celland
la Tuaudière
CANCALE
Genêts
le Fougeray
Vains
St-Senier-s-Avranches
la Godefroy
le Grand-Celland
KANKAVEN
Baie du Mont Saint Michel
AVRANCHES
St-Ovin
la Boulouze
St-Léonard
Bouillé
le Quenoy
St-Loup
Reffuveille
le Val-St-Père
St-Martin-des-Champs
le Mont St-Michel
la Blanc-dinière
le Mesnil-Ozenne
la Chapelle-Urée
St-Benoit-des-Ondes
10
St-Quentin-sur-le-Homme
le Valdoue
Marcilly
Montgothier
la Mancellière
Bas-Courtil
Courtils
Céaux
la Sélune
les Chéris
le Buat
le Mesnil-Bœufs
Vilde-la-Marine
Hirel
le Vivier-s-Mer
Ste-Anne
Cerisel
la Fresnais
le Bout-du-Chemin
Cherrueix
Huisnes-sur-Mer
Mesgnier
Chalandrey
Pain d'Avaine
ISIGNY-le-Buat
la Guéhairie
la Poultière
Quatre-Salines
la Rive
Servon
Précey
Poilley
DUCEY
la Touche Durand
21
St-Malo
Marais de Dol
Bied de l'Essaie
Beauvoir
Ardevon
Juilley
le Mesnil-Thébault
le Robin
le Grd Bief
Mont Dol
St-Marcan
Roz-sur-Couesnon
Tanis
Montrie
Nattel
Mont-Dol
St-Broladre
Couesnon
les Pas
Vezins
Moidrey
St-Georges-de-Gréhaigne
le Pas-au-Bœuf
Brée
Crollon
St-Senier-de-Beuvron
St-Aubin-de-Terregatte
le Puy
les Biards
16
Baguer-Pican
Boucéel
St-Laurent-de-Terregatte
Virey
Dinan
DOL-de-Bretagne
20
la Pasgérault
Curey
Macey
le Ricolais
Roz-Landrieux
DOL
Carfantin
Sains
Verconcey
Chassilly
ST-HILAIRE-du-Harcouët
Menhir de Champ-Dolent
19
le Pin
PONTORSON
Cormeray
Vaucel
Plerguer
Belle-Noë
PLEINE-FOUGÈRES
la Chesnardais
Villecolière
Aucey-la-Plaine
Ballant
Villers-le-Pré
la Croix-Avranchin
St-Benoit
Montjoie-St-Martin
36
Hamelin
St-Martin-de-Landelles
Baguer-Morvan
Benouis
Epiniac
St-Brice-de-Landelles
la Crenne
Beuvron
Biez Jean
Beaufort
Launay-Blot
Vilhoët
la Boussac
Vessey
les Villettes
Abbaye N.-D.-du-Tronchet
St-Léonard
25
Trans
Vieux-Viel
Sougéal
St. James
ST-JAMES
le Tronchet
les Ormes
Sacey
la Coursinière
Monthault
les Ombres
Landal
Montanel
Carnet
St-Georges-de-Reintembault
Douillet
Lanhélin
Bonnemain
la Touine
Calvaire
Broualan
la Barbaie
Argouges
l'Épine
Vaubondon
Forêt de Ville-Cartier
le Mée
le Ferré
36
Moulin-de-Rouland
Mellé
LOUVIGNÉ-du-Désert
le Plessis-Margat
Lourmais
la Fontenelle
Tronçon
Autoroute des Estuaires
Etang de Trémigon
la Gallerie
Cuguen
113
ANTRAIN
ENTRAVEN
St-Ouen-la-Rouërie
Villais
Poilley
Monthorin
les Alleux
Coglès
Villamée
28
le Boulhard
COMBOURG
KOMBORN
les Trois-Croix
la Balue
Bonne-Fontaine
Guiborel
la Selle-en-Coglès
Montours
la Violette
la Bouëxière
Nançon
Meillac
Trémeheuc
la Mellerie
Noyal-s-Bazouges
Tremblay
le Rocher-Portail
le Chesnais
Parigné
Château
la Grenouillière
la Gentière
Bazouges-la-Pérouse
la Chevalais
la Ville-du-Bois
25
ST-BRICE-en-Coglès
Quéré
le Chatelier
Lanrigan
Rennes
45
Fougères
Vitré

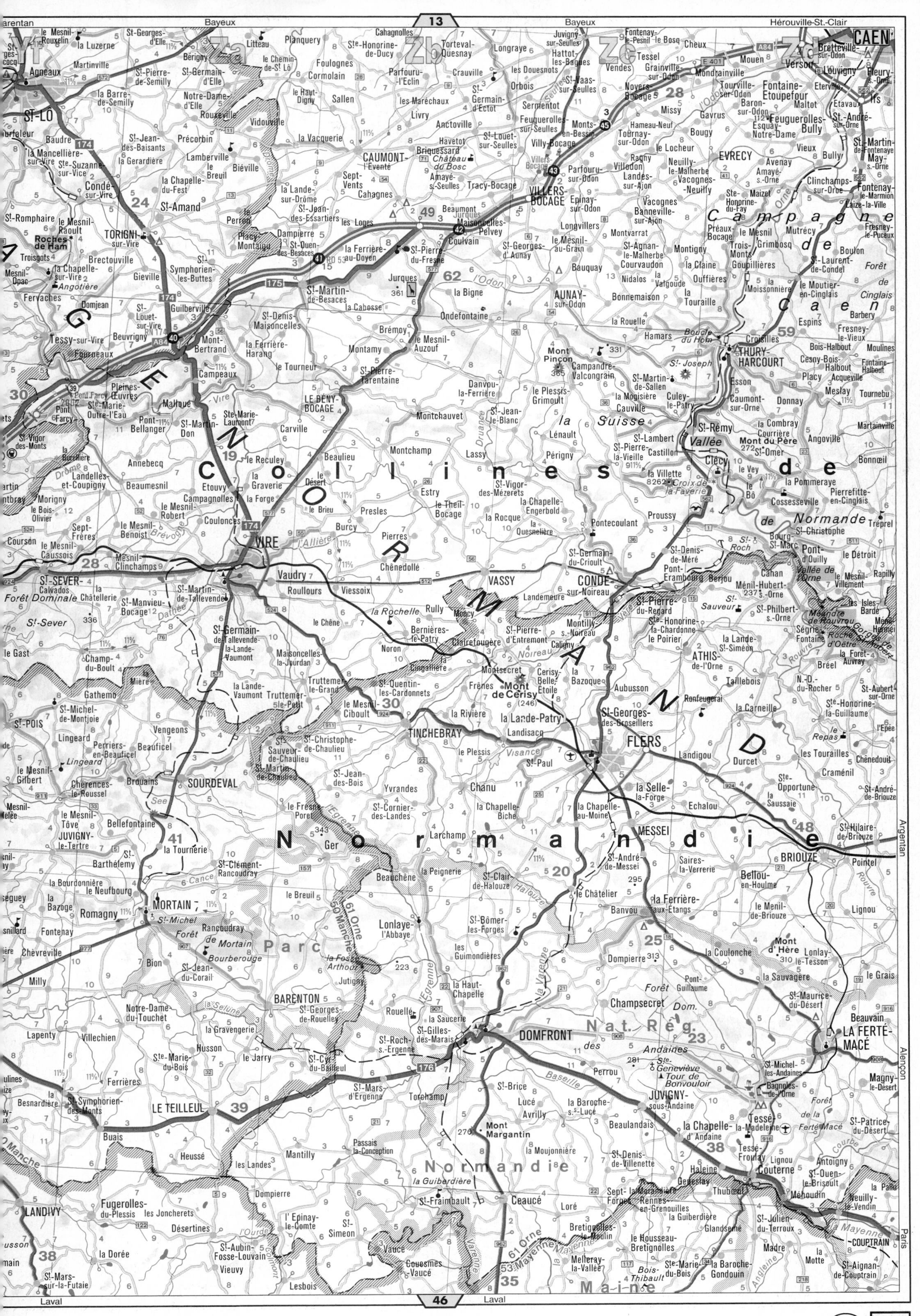

Bayeux
13
Bayeux
Hérouville-St-Clair
CAEN
Zb
Zc
Zd
Za
St-LÔ
Agneaux
Torteval-Quesnay
Longraye
Tessel
Cheux
Fontenay-le-Pesnil
Vendes
Mondrainville
Mouen
Verson
Louvigny
Bretteville-sur-Odon
Fleury-s.-Orne
Eterville
Fontaine-Etoupefour
Tourville-sur-Odon
Baron-sur-Odon
Maltot
Feuguerolles-Bully
St-André-sur-Orne
Noyers-Bocage
Missy
Gavrus
Bougy
Juvigny-sur-Seulles
Hottot-les-Bagues
Orbois
Sermentot
St-Vaast-sur-Seulles
Feuguerolles-sur-Seulles
Monts-en-Bessin
Villy-Bocage
Tournay-sur-Odon
Hameau-Neuf
Cahagnolles
Ste-Honorine-de-Ducy
Planquery
Litteau
Bérigny
St-Georges-d'Elle
le Mesnil-Rouxelin
la Luzerne
Martinville
St-Pierre-de-Semilly
St-Germain-d'Elle
la Barre-de-Semilly
Notre-Dame-d'Elle
Rouxeville
Vidouville
Foulognes
Cormolain
Parfouru-l'Eclin
Crauville
les Douesnots
Sallen
le Haut-Digny
les Maréchaux
Livry
St-Germain-d'Ectot
Anctoville
la Vacquerie
CAUMONT-l'Eventé
Briquessard
Château du Bosc
Havetot
St-Louet-sur-Seulles
Amayé-s-Seulles
Tracy-Bocage
VILLERS-BOCAGE
Sept-Vents
Cahagnes
la Lande-sur-Drôme
St-Jean-des-Essartiers
les Loges
Beaumont
Jurques
Maisoncelles-Pelvey
Coulvain
Dampierre
St-Ouen-des-Besaces
la Ferrière-au-Doyen
St-Pierre-du-Fresne
St-Georges-d'Aunay
le Mesnil-au-Grain
Longvillers
Epinay-sur-Odon
Parfouru-sur-Odon
Villodon
Landes-sur-Ajon
Vacognes
Banneville-sur-Ajon
Montvarrat
St-Agnan-le-Malherbe
Courvaudon
Montigny
la Claine
Nidalos
la Valgoude
Ouffières
Bonnemaison
la Touraille
Ragny
Neuilly-le-Malherbe
Vacognes-Neuilly
EVRECY
Avenay
Amayé-s.-Orne
Vieux
Bully
St-Martin-de-Fontenaye
May-s.-Orne
Clinchamps-sur-Orne
Fontenay-le-Marmion
Laize-la-Ville
Maizet
Ste-Honorine-du-Fay
Campagne de Caen
Préaux-Bocage
le Mesnil
Mutrécy
Trois-Monts
Grimbosq
Goupillières
Boulon
St-Laurent-de-Condel
Forêt de Cinglais
le Moutier-en-Cinglais
la Moissonnière
Barbery
Espins
Fresney-le-Vieux
Fresney-le-Puceux
Bouche du Hom
Croisilles
THURY-HARCOURT
Bois-Halbout
Moulines
Cesny-Bois-Halbout
Fontaine-Halbout
Placy
Acqueville
Meslay
Tournebu
Martainville
St-Joseph
Esson
Caumont-sur-Orne
Donnay
la Combray
Courrière
Angoville
Mont du Père
St-Omer
St-Rémy
Vallée
Clécy
le Vey
le Bô
Bonnœil
la Pommeraye
Pierrefitte-en-Cinglais
Cossesseville
de Normande
Tréprel
St-Christophe
Bourg-St-Marc
Pont-d'Ouilly
Vallée de l'Orne
le Détroit
le Mesnil-Villement
Rapilly
Ménil-Hubert-s.-Orne
Cahan
Berjou
St-Philbert-s.-Orne
St-Sauveur
les Isles-Bardel
Méandre de Rouvrou
Ménil-Hermei
Ségrie-Fontaine
Roche d'Oëtre
la Forêt-Auvray
Bréel
N.-D.-du-Rocher
St-Aubert-sur-Orne
Ste-Honorine-la-Guillaume
le Repas
l'Epée
Chênedouit
les Tourailles
Craménil
St-André-de-Briouze
Ste-Opportune
la Saussaie
St-Hilaire-de-Briouze
BRIOUZE
Pointel
Argentan
AUNAY-sur-Odon
Bauquay
la Rouelle
Hamars
Mont Pinçon
Campandré-Valcongrain
St-Martin-de-Sallen
la Mogisière
Culey-le-Patry
Cauville
la Suisse
le Plessis-Grimoult
Lénault
Périgny
St-Lambert
St-Pierre-la-Vieille
Castillon
la Villette
Croix de la Faverie
Proussy
Pontecoulant
St-Denis-de-Méré
Pont-Erambourg
St-Germain-du-Crioult
CONDÉ-sur-Noireau
St-Pierre-du-Regard
Ste-Honorine-la-Chardonne
le Poirier
la Lande-St-Siméon
ATHIS-de-l'Orne
Taillebois
la Carneille
Ronfeugerai
Aubusson
St-Georges-des-Groseillers
FLERS
Landigou
Durcet
la Selle-la-Forge
Echalou
la Chapelle-au-Moine
MESSEI
St-André-de-Messei
Saires-la-Verrerie
Bellou-en-Houlme
le Ménil-de-Briouze
Lignou
le Châtelier
la Ferrière-aux-Etangs
Banvou
Mont d'Hère
Lonlay-le-Tesson
la Coulonche
Dompierre
Forêt Pont-Guillaume
la Sauvagère
le Grais
Champsecret
St-Maurice-du-Désert
Beauvain
LA FERTÉ-MACÉ
Nat. Rég.
des Andaines
Ste-Geneviève
Tour de Bonvouloir
St-Michel-les-Andaines
Bagnoles-de-l'Orne
Magny-le-Désert
Alençon
JUVIGNY-sous-Andaine
la Chapelle-d'Andaine
Tessé-la-Madeleine
Forêt de la Ferté-Macé
St-Patrice-du-Désert
Tessé-Froulay
Couterne
Antoigny
St-Ouen-le-Brisoult
Méhoudin
la Pallu
Neuilly-le-Vendin
Haleine
Geneslay
Thubœuf
Sept-Forges
la Motte-Fouquet
Rennes-en-Grenouilles
la Guiberdière
Glandsemé
St-Julien-du-Terroux
la Mayenne
COUPTRAIN
Paris
Bretignolles-le-Moulin
le Housseau-Bretignolles
Madré
la Motte
St-Aignan-de-Couptrain
Melleray-la-Vallée
Bois-Thibault
Ste-Marie-du-Bois
la Baroche-Gondouin
Maine
Laval
46
Laval
Lesbois
Couesmes-Vaucé
Vaucé
53 Mayenne
61 Orne
St-Siméon
l'Epinay-le-Comte
Dompierre
la Guiberdière
St-Fraimbault
Ceaucé
Loré
Normandie
Mantilly
Passais la-Conception
les Landes
Heussé
Buais
Fugerolles-du-Plessis
les Joncherets
Désertines
St-Aubin-Fosse-Louvain
Vieuvy
la Dorée
LANDIVY
St-Mars-sur-la-Futaie
Manche
LE TEILLEUL
St-Symphorien-des-Monts
Ferrières
Besnardière
St-Mars-d'Ergenne
Torchamp
Mont Margantin
Lucé
Avrilly
la Baroche-s.-Lucé
Beaulandais
St-Denis-de-Villenette
la Moujonnière
St-Brice
Perrou
DOMFRONT
St-Gilles-des-Marais
St-Roch-s.-Ergenne
Rouellé
la Saucerie
St-Cyr-du-Bailleul
le Jarry
Husson
Ste-Marie-du-Bois
Lapenty
Villechien
Notre-Dame-du-Touchet
la Gravengerie
BARENTON
St-Georges-de-Rouelley
Milly
Jutigny
la Fosse Arthour
la Haut-Chapelle
les Guimondières
St-Bômer-les-Forges
Lonlaye-l'Abbaye
61 Orne
50 Manche
Parc
Bion
St-Jean-du-Corail
Forêt de Mortain
Rancoudray
Bourberouge
St-Michel
MORTAIN
Romagny
Fontenay
Chèvreville
la Bazoge
le Neufbourg
la Bourdonnière
le Breuil
Beauchêne
la Peignerie
St-Clair-de-Halouze
St-Clément-Rancoudray
St-Barthélemy
la Tournerie
Ger
Larchamp
Normandie
JUVIGNY-le-Tertre
le Mesnil-Tôve
Bellefontaine
Chérences-le-Roussel
Brouains
SOURDEVAL
le Fresne-Poret
Yvrandes
St-Cornier-des-Landes
St-Jean-des-Bois
Chanu
la Chapelle-Biche
le Plessis
St-Paul
TINCHEBRAY
Landisacq
la Lande-Patry
la Rivière
le Mesnil-Ciboult
St-Christophe-de-Chaulieu
St-Sauveur-de-Chaulieu
St-Martin-de-Chaulieu
Vengeons
Beauficel
Perriers-en-Beauficel
Lingeard
le Mesnil-Gilbert
St-POIS
St-Michel-de-Montjoie
Gathemo
la Mière
Champ-du-Boult
le Gast
la Lande-Vaumont
Truttemer-le-Grand
Truttemer-le-Petit
St-Quentin-les-Cardonnets
Frênes
Mont de Cerisy
Cerisy-Belle-Etoile
la Bazoque
Montsecret
Cingalière
Noron
Maisoncelles-la-Jourdan
St-Germain-de-Tallevende-la-Lande-Vaumont
St-Manvieu-Bocage
St-Martin-de-Tallevende
la Châtellerie
St-SEVER-Calvados
Forêt Domaniale
St-Sever
Vaudry
Roullours
Viessoix
la Rochelle
Rully
Moncy
Bernières-le-Patry
Clairefougère
St-Pierre-d'Entremont
Caligny
Montilly-s.-Noireau
Landemeure
VASSY
Chênedollé
Pierres
Burcy
Presles
Estry
le Theil-Bocage
la Rocque
la Quesnelière
la Chapelle-Engerbold
St-Vigor-des-Mézerets
Collines de Normandie
VIRE
Mesnil-Clinchamps
le Mesnil-Caussois
Courson
Sept-Frères
le Mesnil-Benoist
le Bois-Olivier
Morigny
Landelles-et-Coupigny
Beaumesnil
Annebecq
Etouvy
Campagnolles
le Mesnil-Robert
Coulonces
la Graverie
la Forge
le Reculey
Carville
Beaulieu
le Désert
le Brieu
Montchamp
Lassy
St-Jean-le-Blanc
Danvou-la-Ferrière
Montchauvet
LE BÉNY-BOCAGE
St-Pierre-Tarentaine
Montamy
le Mesnil-Auzouf
Brémoy
Ondefontaine
la Bigne
le Tourneur
Campeaux
la Ferrière-Harang
St-Denis-Maisoncelles
St-Martin-des-Besaces
la Cabosse
Mont-Bertrand
Guilberville
St-Louet-sur-Vire
Beuvrigny
Tessy-sur-Vire
Fourneaux
Domjean
Fervaches
Pleines-Œuvres
Ste-Marie-Outre-l'Eau
Pont-Farcy
Malloué
Pont-Bellanger
St-Martin-Don
Ste-Marie-Laumont
St-Vigor-des-Monts
la Bureliere
St-Symphorien-les-Buttes
Gieville
Brectouville
Placy-Montaigu
Perron
TORIGNI-sur-Vire
St-Amand
la Chapelle-du-Fest
le Breuil
Biéville
Lamberville
Précorbin
la Gerardière
St-Jean-des-Baisants
Baudre
la Mancellière-sur-Vire
Ste-Suzanne-sur-Vire
Condé-sur-Vire
St-Romphaire
le Mesnil-Raoult
Roches de Ham
Troisgots
la Chapelle-sur-Vire
Angotière
Mesnil-Opac
Saint-Sever

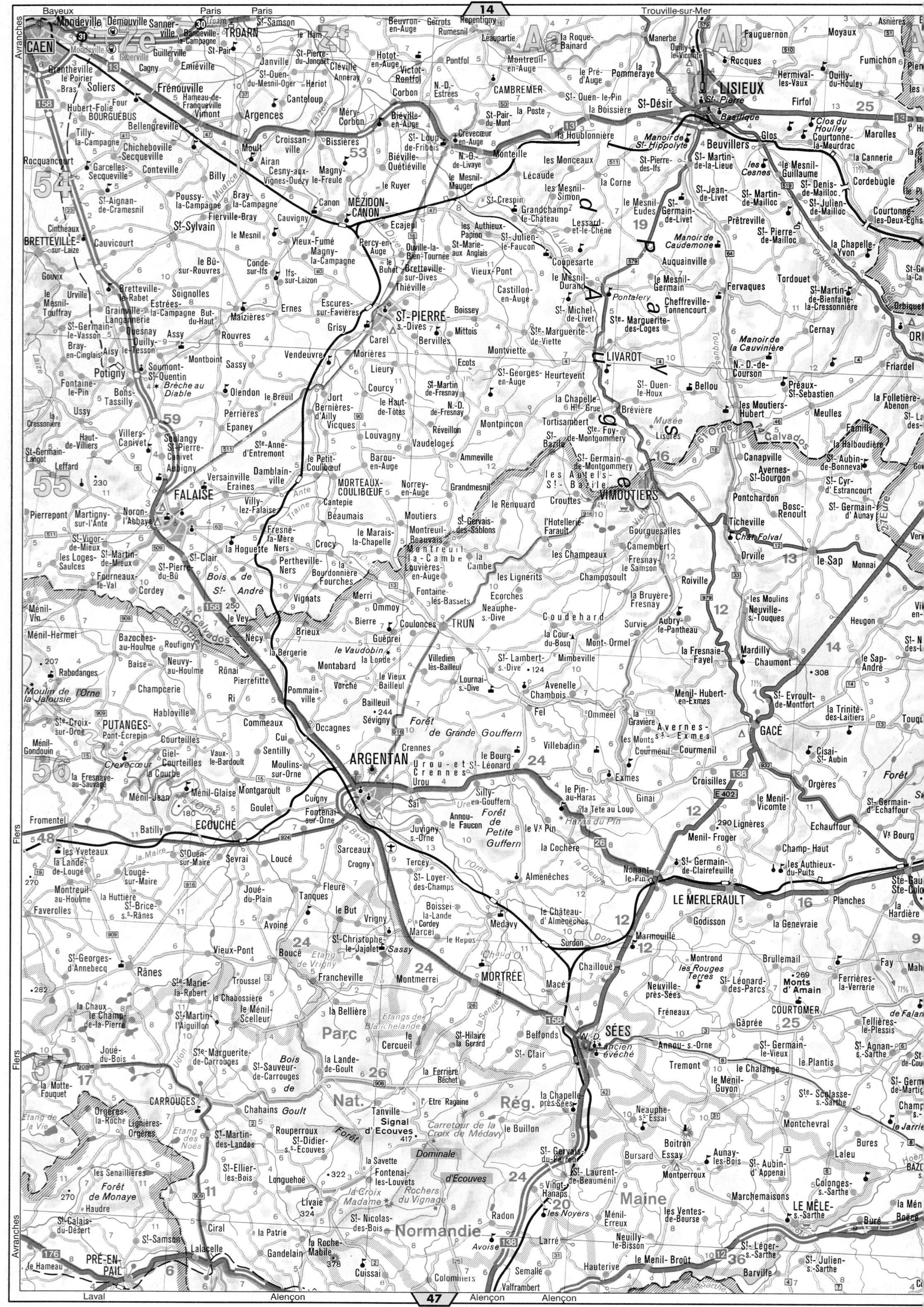

14
Bayeux
Paris
Trouville-sur-Mer
CAEN
Mondeville
Démouville
TROARN
LISIEUX
St-Désir
Beuvillers
Argences
MÉZIDON-CANON
St-Sylvain
BRETTEVILLE-sur-Laize
Potigny
FALAISE
St-PIERRE-s.-Dives
LIVAROT
VIMOUTIERS
Camembert
TRUN
Chambois
ARGENTAN
Ecouché
PUTANGES-Pont-Écrepin
GACÉ
LE MERLERAULT
Nonant-le-Pin
Mortrée
SÉES
CARROUGES
PRÉ-EN-PAIL
Alençon
Laval
COURTOMER
LE MÊLE-s.-Sarthe
Forêt de Grande Gouffern
Forêt d'Ecouves
Parc Nat. Rég. Normandie Maine
Forêt de Monaye
Pays d'Auge
Haras du Pin
Avranches
Flers
47

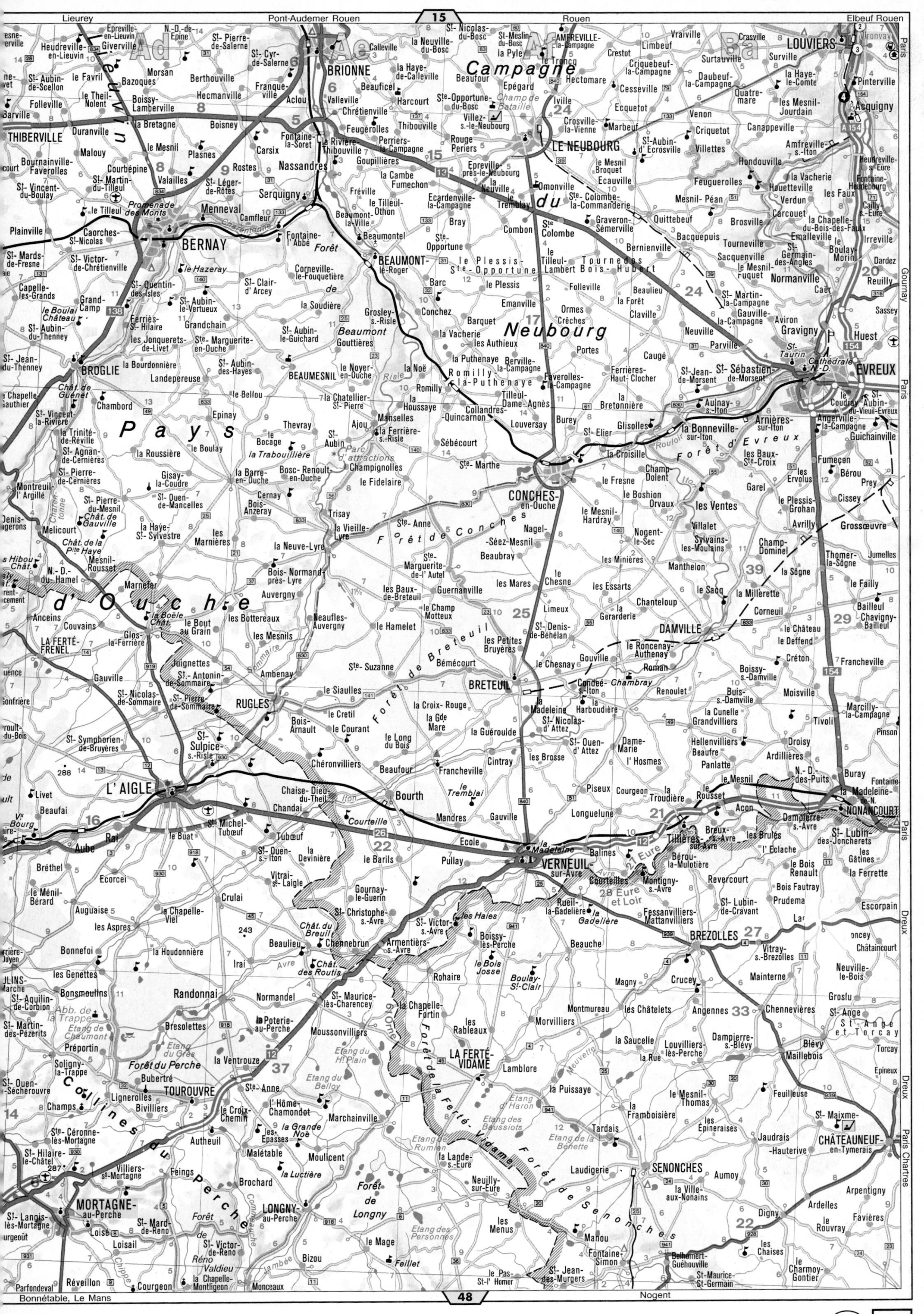
Lieurey
Pont-Audemer Rouen
Rouen
Elbeuf Rouen
Paris
Gournay
Paris
Paris
Dreux
Dreux
Paris Chartres
Bonnétable, Le Mans
Nogent
48
Ad
Ae
Af
Ba
Campagne du Neubourg
Pays d'Ouche
BRIONNE
LOUVIERS
THIBERVILLE
LE NEUBOURG
BERNAY
BEAUMONT-le-Roger
BROGLIE
ÉVREUX
CONCHES-en-Ouche
DAMVILLE
BRETEUIL
RUGLES
L'AIGLE
LA FERTÉ-FRENEL
VERNEUIL-sur-Avre
NONANCOURT
BREZOLLES
LA FERTÉ-VIDAME
TOUROUVRE
SENONCHES
CHÂTEAUNEUF-en-Thymerais
MORTAGNE-au-Perche
LONGNY-au-Perche
Forêt de Conches
Forêt de Breteuil
Forêt d'Evreux
Forêt du Perche
Forêt de la Ferté-Vidame
Forêt de Senonches
Forêt de Longny
Collines du Perche
28 Eure et Loir
21 Eure

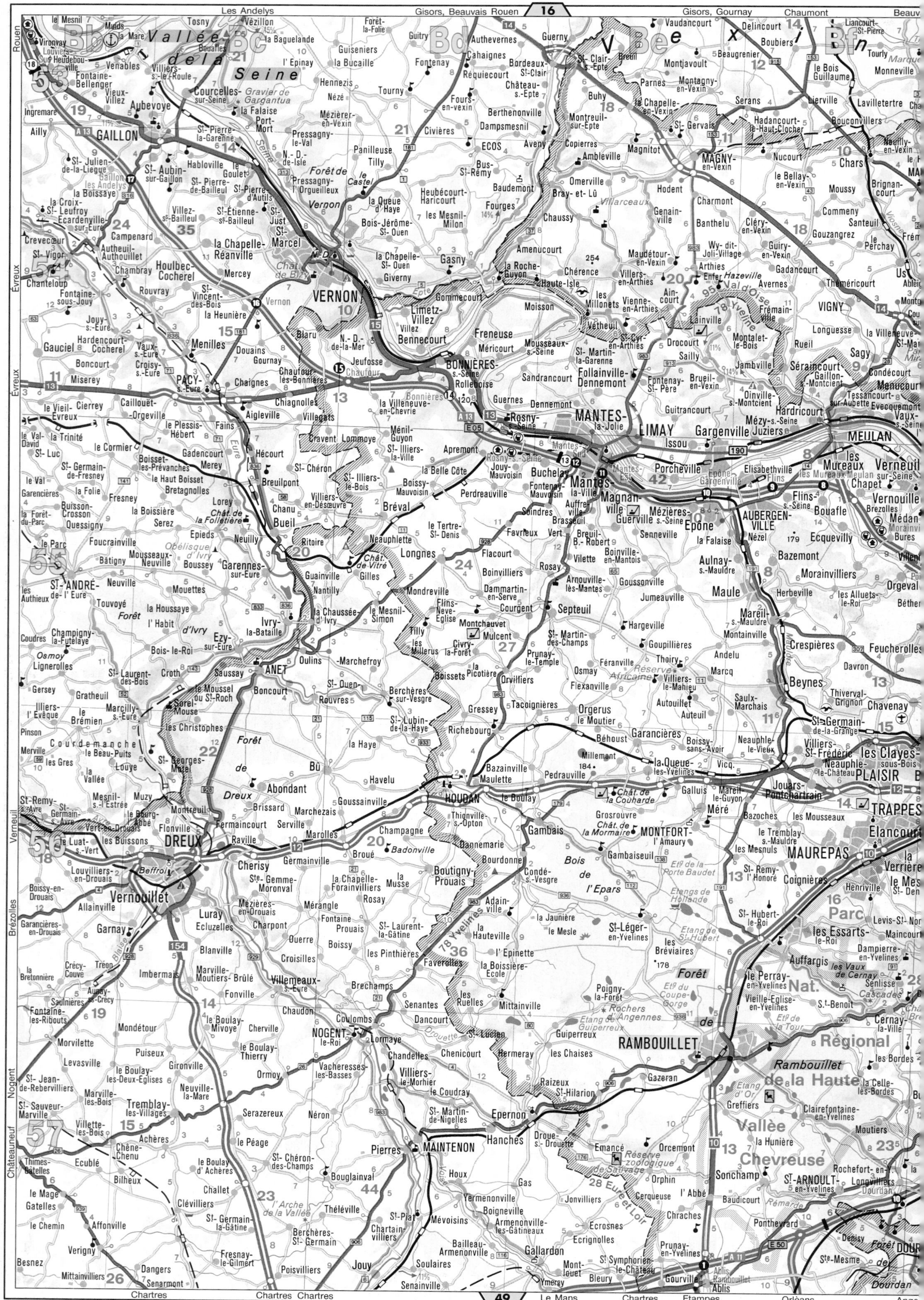

Les Andelys
Gisors, Beauvais Rouen
16
Gisors, Gournay
Chaumont
Vallée de la Seine
GAILLON
VERNON
PACY-s.-Eure
MANTES-la-Jolie
LIMAY
MEULAN
Les Mureaux
AUBERGENVILLE
ANET
DREUX
Vernouillet
HOUDAN
MONTFORT-l'Amaury
RAMBOUILLET
NOGENT-le-Roi
MAINTENON
Épernon
Gallardon
St-ARNOULT-en-Yvelines
TRAPPES
PLAISIR
Élancourt
MAUREPAS
Forêt de Dreux
Forêt de Rambouillet
Parc Nat. Régional de la Haute Vallée de Chevreuse
Chartres
Chartres Chartres
49
Le Mans
Chartres
Etampes
Orléans

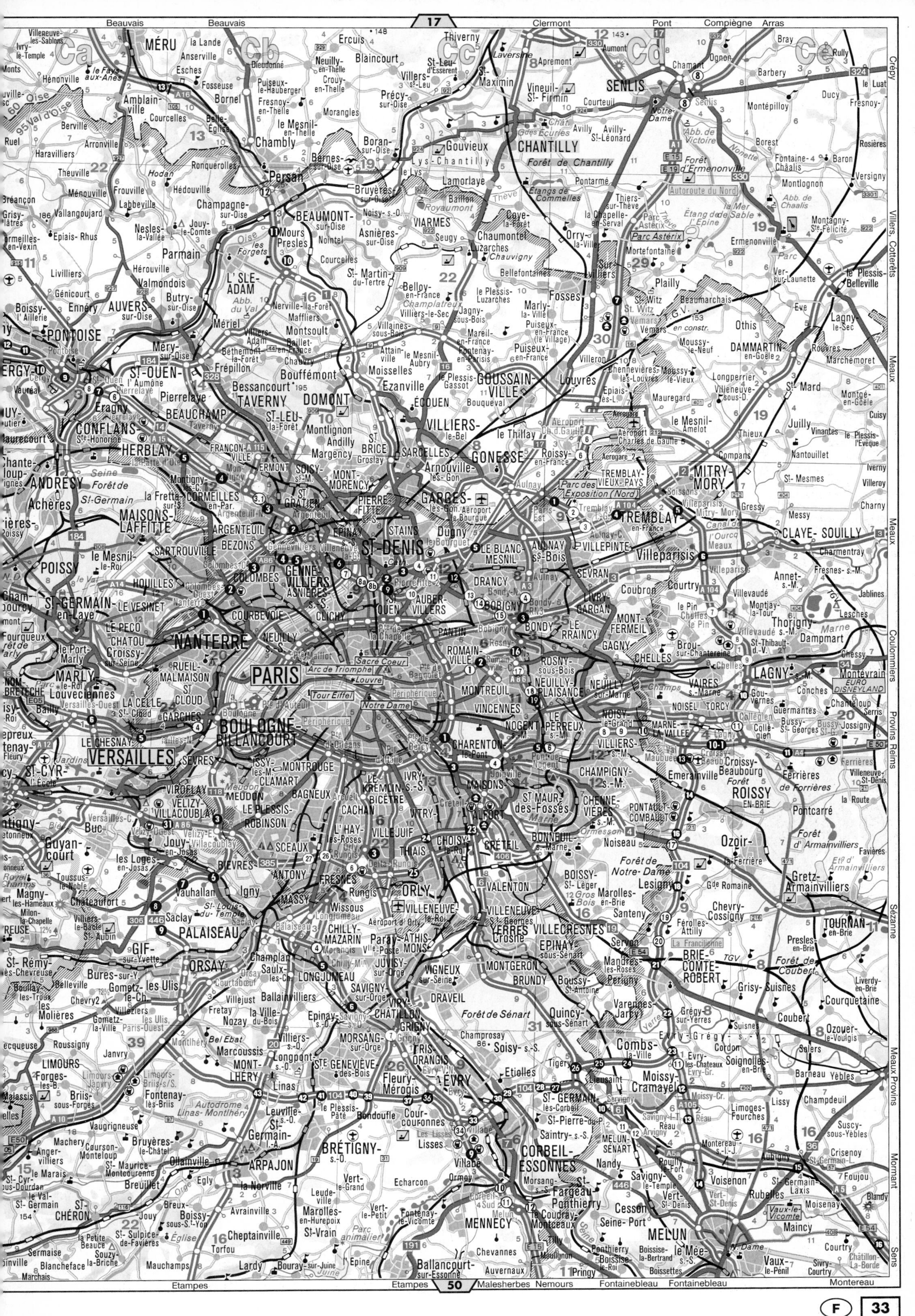

Beauvais
Beauvais
17
Clermont
Pont
Compiègne
Arras
Crépy
Villers-Cotterêts
Meaux
Meaux
Coulommiers
Provins Reims
Sézanne
Meaux Provins
Mormant
Sens
Montereau
Fontainebleau
Fontainebleau
Malesherbes Nemours
50
Etampes
Etampes
Ca
Cb
Cc
Cd
Ce
MÉRU
SENLIS
CHANTILLY
Forêt de Chantilly
Forêt d'Ermenonville
Autoroute du Nord
Parc Astérix
PONTOISE
CONFLANS-Ste-Honorine
HERBLAY
TAVERNY
DOMONT
GOUSSAINVILLE
DAMMARTIN-en-Goële
MITRY-MORY
GONESSE
TREMBLAY
ST-DENIS
ARGENTEUIL
POISSY
ST-GERMAIN-en-Laye
NANTERRE
PARIS
Arc de Triomphe
Louvre
Sacré Coeur
Tour Eiffel
Notre Dame
Périphérique
BOULOGNE-BILLANCOURT
VERSAILLES
ST-CYR-l'École
CHELLES
LAGNY
EURO DISNEYLAND
ROISSY EN-BRIE
TOURNAN-en-Brie
BRIE-COMTE-ROBERT
MELUN
CORBEIL-ESSONNES
ÉVRY
BRÉTIGNY-s.-O.
ARPAJON
ORLY
PALAISEAU
ORSAY
GIF-sur-Yvette
LIMOURS
ST-CHÉRON
MENNECY
Forêt de Sénart
Forêt de Notre-Dame
Autodrome Linas-Montlhéry

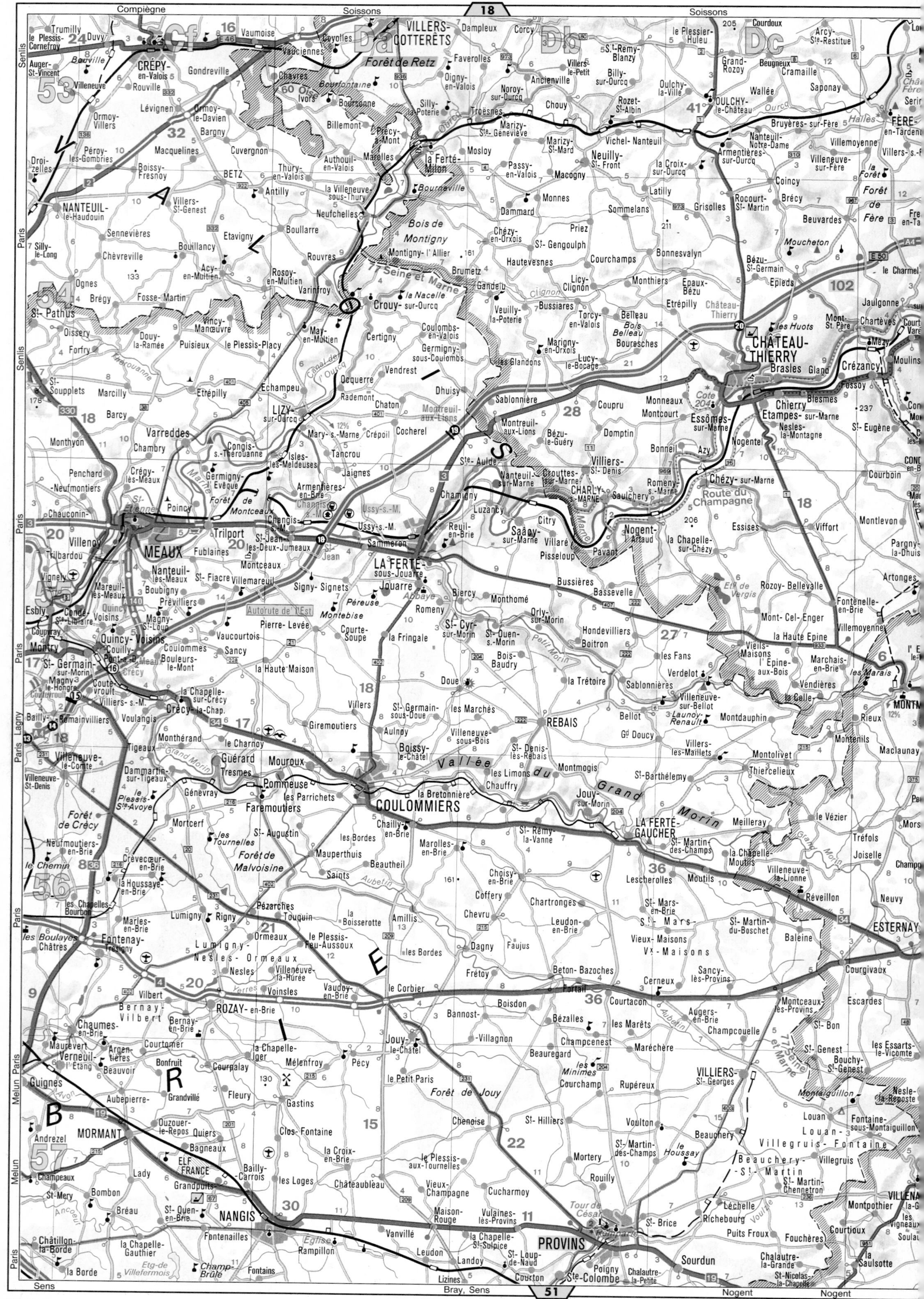

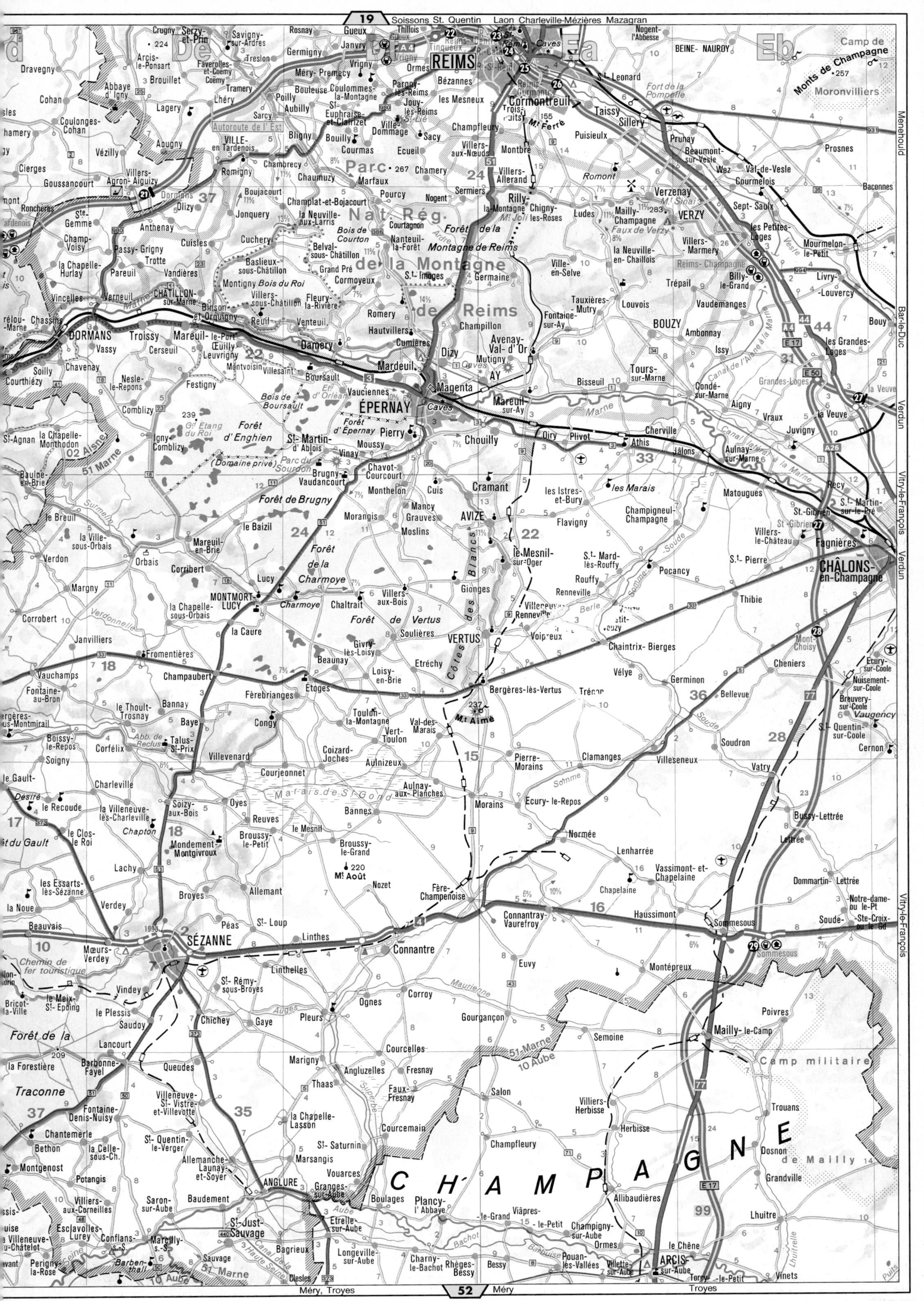

19 Soissons St. Quentin Laon Charleville-Mézières Mazagran
Menehould
Bar-le-Duc
Verdun
Vitry-le-François
Méry, Troyes
52 Méry
Troyes
REIMS
Gueux
Thillois
Tinqueux
Ormes
Bezannes
Cormontreuil
Taissy
Sillery
Puisieux
St-Léonard
Fort de la Pompelle
BEINE- NAUROY
Nogent-l'Abbesse
Camp de Moronvilliers
Monts de Champagne
Moronvilliers
Prunay
Beaumont-sur-Vesle
Wez
Val-de-Vesle
Courmelois
Prosnes
Baconnes
Sept-Saulx
Les Petites-Loges
Mourmelon-le-Petit
Livry-Louvercy
Bouy
Les Grandes-Loges
Parc Nat. Rég. de la Montagne de Reims
Forêt de la Montagne de Reims
Rilly-la-Montagne
Chigny-les-Roses
Ludes
Mailly-Champagne
Verzenay
VERZY
Faux de Verzy
Villers-Marmery
Trépail
Billy-le-Grand
Vaudemanges
Louvois
BOUZY
Ambonnay
Tours-sur-Marne
Condé-sur-Marne
Aigny
Vraux
Juvigny
la Veuve
Isse
Germaine
Ville-en-Selve
Tauxières-Mutry
Fontaine-sur-Ay
Avenay-Val-d'Or
Mutigny
AY
Dizy
Champillon
Hautvillers
Cumières
Damery
Romery
Venteuil
Reuil
Châtillon-sur-Marne
Binson-et-Orquigny
DORMANS
Troissy
Mareuil-le-Port
Œuilly
Leuvrigny
Festigny
Mardeuil
Magenta
ÉPERNAY
Mareuil-sur-Ay
Bisseuil
Oiry
Plivot
Athis
Cherville
Jâlons
Aulnay-sur-Marne
Matougues
Recy
St-Martin-sur-le-Pré
St-Gibrien
Fagnières
CHÂLONS-en-Champagne
Chouilly
Pierry
Moussy
Vinay
St-Martin-d'Ablois
Forêt d'Enghien
Forêt d'Épernay
Brugny-Vaudancourt
Chavot-Courcourt
Monthelon
Cuis
Cramant
Mancy
Grauves
Morangis
Moslins
AVIZE
le Mesnil-sur-Oger
Oger
Flavigny
les Istres-et-Bury
les Marais
Champigneul-Champagne
St-Mard-lès-Rouffy
Pocancy
Rouffy
Renneville
Villers-le-Château
St-Pierre
Forêt de Brugny
le Baizil
Forêt de la Charmoye
Mareuil-en-Brie
Orbais
Corribert
Lucy
MONTMORT-LUCY
la Chapelle-sous-Orbais
Villers-aux-Bois
Chaltrait
Forêt de Vertus
Soulières
Gionges
VERTUS
Voipreux
Côtes des Blancs
Chaintrix-Bierges
Thibie
Givry-lès-Loisy
Loisy-en-Brie
Etréchy
Beaunay
Etoges
Fèrebrianges
Bergères-lès-Vertus
Mt Aimé
Vélye
Germinon
Trécon
Bellevue
Cheniers
Écury-sur-Coole
Nuisement-sur-Coole
Breuvery-sur-Coole
Vaugency
St-Quentin-sur-Coole
Cernon
Soudron
Villeseneux
Vatry
Clamanges
Pierre-Morains
Toulon-la-Montagne
Val-des-Marais
Vert-Toulon
Coizard-Joches
Aulnizeux
Congy
Champaubert
Fromentières
Janvilliers
Vauchamps
Fontaine-au-Bron
le Thoult-Trosnay
Bannay
Baye
Talus-St-Prix
Villevenard
Courjeonnet
Marais de St Gond
Aulnay-aux-Planches
Bannes
Morains
Écury-le-Repos
Normée
Lenharrée
Vassimont-et-Chapelaine
Chapelaine
Bussy-Lettrée
Lettrée
Dommartin-Lettrée
Notre-dame-ou le-Pt
Soudé-Ste-Croix-ou le Gd
Sommesous
Haussimont
Connantray-Vaurefroy
Fère-Champenoise
Broussy-le-Grand
Broussy-le-Petit
Mt Août
Nozet
le Mesnil
Reuves
Oyes
Mondement-Montgivroux
Soizy-aux-Bois
Charleville
Corfélix
Boissy-le-Repos
Soigny
le Gault-Soigny
la Villeneuve-lès-Charleville
Chapton
le Recoude
le Clos-le-Roi
Lachy
Allemant
Broyes
les Essarts-lès-Sézanne
Verdey
la Noue
Péas
St-Loup
Linthes
SÉZANNE
Mœurs-Verdey
Beauvais
Chemin de fer touristique
Connantre
Euvy
Montépreux
Linthelles
St-Rémy-sous-Broyes
Vindey
le Meix-St-Epoing
le Plessis
Saudoy
Chichey
Gaye
Pleurs
Ognes
Corroy
Gourgançon
Semoine
Mailly-le-Camp
Poivres
Camp militaire de Mailly
Forêt de la Traconne
Lancourt
Barbonne-Fayel
Queudes
Villeneuve-St-Vistre-et-Villevotte
Fontaine-Denis-Nuisy
Chantemerle
Bethon
la Celle-sous-Ch.
Montgenost
St-Quentin-le-Verger
Allemanche-Launay-et-Soyer
Potangis
Villiers-aux-Corneilles
Saron-sur-Aube
Baudement
ANGLURE
Marigny
Angluzelles
Thaas
Fresnay
Faux-Fresnay
Courcelles
Salon
la Chapelle-Lasson
Courcemain
St-Saturnin
Marsangis
Vouarces
Granges-sur-Aube
Boulages
Plancy-l'Abbaye
Champfleury
Villiers-Herbisse
Herbisse
Trouans
Dosnon
Grandville
Allibaudières
Viâpres-le-Grand
Viâpres-le-Petit
Champigny-sur-Aube
Ormes
Lhuître
CHAMPAGNE
St-Just-Sauvage
Étrelles-sur-Aube
Esclavolles-Lurey
Conflans-
Marcilly-s.-S.
Bagrieux
Longueville-sur-Aube
Charny-le-Bachot
Rhèges-Bessy
Bessy
Pouan-les-Vallées
Villette-sur-Aube
ARCIS-sur-Aube
le Chêne
Torcy-le-Petit
Vinets
Sauvage
Clesles
Perigny-la-Rose
la Villeneuve-au-Châtelot
Marne
Aube
51 Marne
10 Aube
02 Aisne
Villers-Allerand
Montbré
Mt Ferré
Chamery
Sermiers
Nogent
Pourcy
Marfaux
Courtagnon
Nanteuil-la-Forêt
St-Imoges
Fleury-la-Rivière
Cormoyeux
Villers-aux-Nœuds
Champfleury
Sacy
Ecueil
Villedommage
Bouilly
Courmas
Jouy-lès-Reims
Pargny-lès-Reims
Coulommes-la-Montagne
Méry-Premecy
Vrigny
Janvry
Germigny
Rosnay
Savigny-sur-Ardres
Crugny
Serzy-et-Prin
Faverolles-et-Coëmy
Tramery
Brouillet
Poilly
Sarcy
Lagery
Lhéry
Aubilly
Bligny
Chambrecy
VILLE-en-Tardenois
Romigny
Aougny
Vézilly
Coulonges-Cohan
Cohan
Dravegny
Abbaye d'Igny
Arcis-le-Ponsart
Cierges
Goussancourt
Villers-Agron-Aiguizy
Olizy
Jonquery
Boujacourt
Champlat-et-Bojacourt
Chaumuzy
Cuchery
Cuisles
Anthenay
Passy-Grigny
Trotte
Vandières
Baslieux-sous-Châtillon
Montigny
Villers-sous-Châtillon
Belval-sous-Châtillon
Grand Pré
Bois du Roi
Ste-Gemme
Champvoisy
la Chapelle-Hurlay
Pareuil
Verneuil
Vincelles
Chassins
Vassy
Soilly
Chavenay
Courthiézy
Nesle-le-Repons
Comblizy
Igny-Comblizy
Montvoisin
Villesaint
Boursault
Vauciennes
Bois de Boursault
Étang du Roi
Domaine privé
Parc du Sourdon
la Chapelle-Monthodon
St-Agnan
Baulne-en-Brie
le Breuil
la Ville-sous-Orbais
Verdon
Margny
Corrobert
Sur

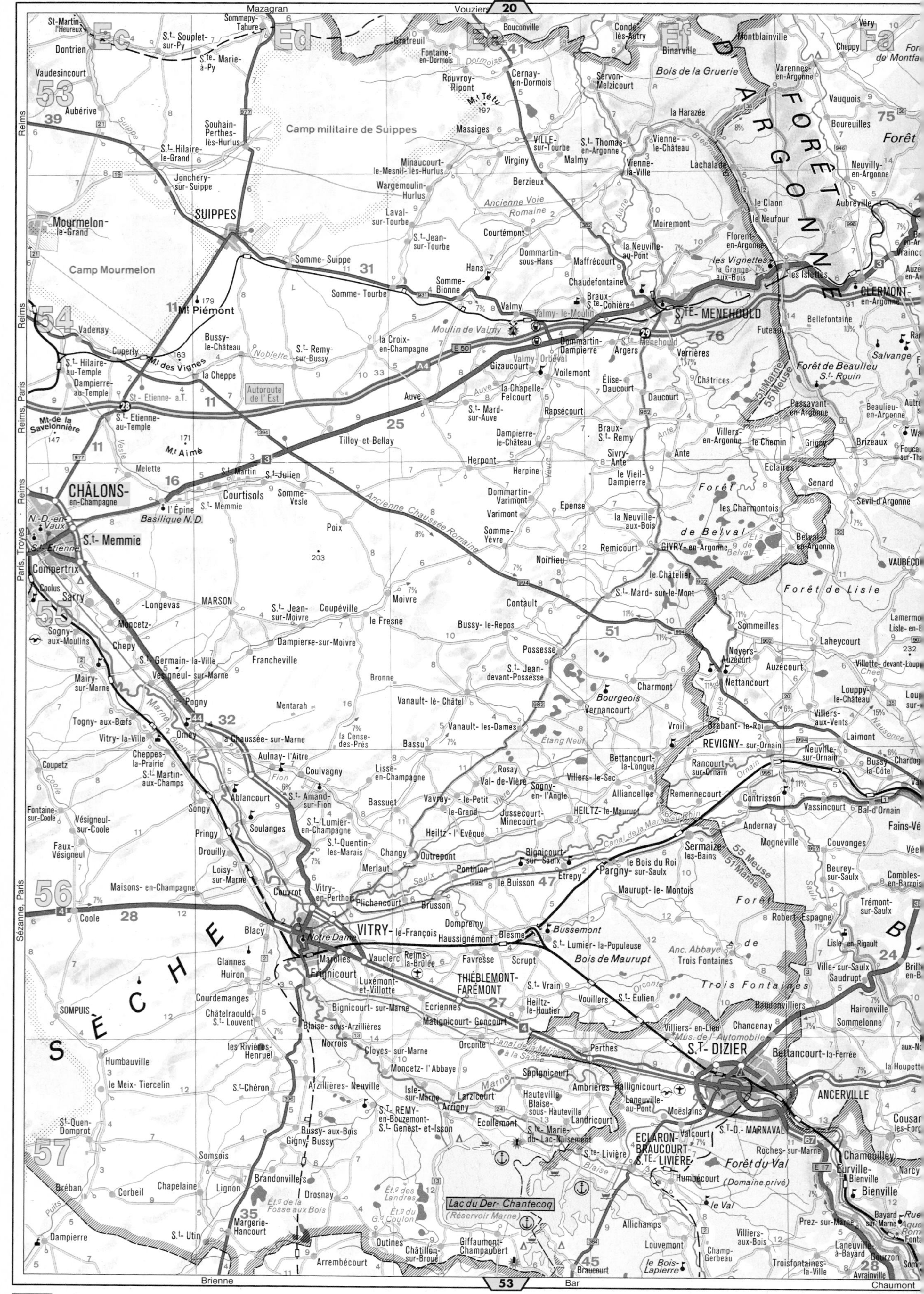

St-Martin-l'Heureux
Dontrien
Vaudesincourt
53
Ec
Aubérive
39
Sommepy-Tahure
St-Souplet-sur-Py
Ste-Marie-à-Py
Ed
Gratreuil
Fontaine-en-Dornois
Rouvroy-Ripont
Cernay-en-Dormois
Servon-Melzicourt
Condé-lès-Autry
Binarville
Montblainville
Ef
Véry   10
Cheppy
Fa
For de Montfa

Bouconville
Bois de la Gruerie
Varennes-en-Argonne
Vauquois   9
Boureuilles   75
Forêt

Mt Tétu   la Harazée
Massiges
VILLE-sur-Tourbe
St-Thomas-en-Argonne
Vienne-le-Château
la Neuville-au-Pont
le Claon
le Neufour   Neuvilly-en-Argonne
Aubréville
Ar
Br
en-Arg
Braincr

Souhain-Perthes-lès-Hurlus
Minaucourt-le-Mesnil-lès-Hurlus
Wargemoulin-Hurlus
Virginy
Berzieux
Malmy
Vienne-la-Ville
Moiremont
Florent-en-Argonne
les Vignettes
la Grange-aux-Bois
les Islettes
CLERMONT-en-Argonne
Auzé
en-Ar

St-Hilaire-le-Grand
Jonchery-sur-Suippe
Laval-sur-Tourbe
St-Jean-sur-Tourbe
Hans
Courtémont
Dommartin-sous-Hans
Maffrécourt
Chaudefontaine
Braux-Ste-Cohière
Ancienne Voie Romaine
la Neuville-au-Pont
Ste-MENEHOULD
Bellefontaine
Ra

54
SUIPPES
Somme-Suippe   31
Somme-Bionne
Valmy
Valmy-le-Moulin
Dommartin-Dampierre
Argers
Verrières
Ste-Menehould   29   76
Futeau
Forêt de Beaulieu
St-Rouin
Salvange

Mourmelon-le-Grand
Camp Mourmelon
Mt Piémont   179
Somme-Tourbe
Moulin de Valmy
Valmy-Orbéval
Voilemont
Élise-Daucourt
Châtrices
Passavant-en-Argonne
Beaulieu-en-Argonne
Autre
sur-Th
Foucau
sur-Tha

Vadenay
Bussy-le-Château
la Croix-en-Champagne
Gizaucourt
la Chapelle-Felcourt
Daucourt
Verrières
Forêt

Cuperly
St-Remy-sur-Bussy
Auve
Auve
Rapsécourt
Braux-St-Remy
Villers-en-Argonne
le Chemin
Grigny
Brizeaux

St-Hilaire-au-Temple
Dampierre-au-Temple
Mt des Vignes
la Cheppe
A4
Autoroute de l'Est
St-Mard-sur-Auve
Dampierre-le-Château
Sivry-Ante
Ante
le Vieil-Dampierre
Eclaires

Mt de la Savelonnière   147
St-Étienne-au-Temple
Mt Aimé   171
Tilloy-et-Bellay
25
Herpont
Herpine
Dommartin-Varimont
Varimont
Epense
la Neuville-aux-Bois
Forêt
Sevil-d'Argonne
Senard

11   Vesle
Melette
St-Martin
St-Julien
Courtisols
Somme-Vesle
Somme-Yèvre
les Charmontois
de Belval
Belval-en-Argonne
20
VAUBÉCO

CHÂLONS-en-Champagne
l'Épine
Basilique N.D.
St-Memmie
16
St-Memmie
Poix
203
Moivre
Noirlieu
Remicourt
GIVRY-en-Argonne
le Châtelier
Forêt de Lisle

N-D-en-Vaux
St-Étienne
Coolus
Sarry
Compertrix
Longevas
MARSON
St-Jean-sur-Moivre
Coupéville
le Fresne
Bussy-le-Repos
Contault
St-Mard-sur-le-Mont
Sommeilles
Laheycourt
Lamerm
Lisle-en-
232

55
Sogny-aux-Moulins
Chepy
Moncetz-Longevas
Dampierre-sur-Moivre
Francheville
Bronne
Possesse
St-Jean-devant-Possesse
51
994
Noyers-Auzécourt
Auzécourt
Villotte-devant-Loup
Chée

Mairy-sur-Marne
St-Germain-la-Ville
Vésigneul-sur-Marne
Pogny
Mentarah
Vanault-lè-Châtel
Charmont
Bourgeois
Vernancourt
Nettancourt
Louppy-le-Château
Lou

Togny-aux-Bœufs
Vitry-la-Ville
Omey
44   32
la Chaussée-sur-Marne
Vanault-les-Dames
la Cense-des-Prés
Bassu
Étang Neuf
Vroil
Brabant-le-Roi
REVIGNY-sur-Ornain
Villers-aux-Vents
Laimont
Lou

Coupetz
Cheppes-la-Prairie
St-Martin-aux-Champs
Aulnay-l'Aitre
Lisse-en-Champagne
Rosay
Val-de-Vière
Sogny-en-l'Angle
Villers-le-Sec
Bettancourt-la-Longue
Rancourt-sur-Ornain
Remennecourt
Contrisson
Neuville-sur-Ornain
Bussy
Chardog
la Côte

Fontaine-sur-Coole
Vésigneul-sur-Coole
Songy
Coulvagny
St-Amand-sur-Fion
Bassuet
Vavray-le-Petit
Vavray-le-Grand
Jussecourt-Minecourt
Alliancelles
HEILTZ-le-Maurupt
Vassincourt
Bal-d'Ornain
Andernay
Fains-Vé

Faux-Vésigneul
Pringy
Fion
St-Lumier-en-Champagne
Heiltz-l'Évêque
Changy
Mognéville
Couvonges
Vée

56
Coole   28
Drouilly
Loisy-sur-Marne
Soulanges
St-Quentin-les-Marais
Outrepont
Ponthion
Bignicourt-sur-Saulx
le Bois du Roi
Etrepy
Pargny-sur-Saulx
Sermaize-les-Bains
Beurey-sur-Saulx
Combles-en-Barrois

Maisons-en-Champagne
Couvrot
Vitry-en-Perthois
Merlaut
Plichancourt
Brusson
Saulx
le Buisson   47
Maurupt-le-Montois
Forêt
de
Trémont-sur-Saulx
Robert-Espagne
Lisle-en-Rigault

Blacy
VITRY-le-François
Dompremy
Haussignémont
Blesme
Bussemont
St-Lumier-la-Populeuse
Anc. Abbaye
Trois Fontaines
Ville-sur-Saulx
Saudrupt
24
Brill
en-B

SÈCHE
Glannes
Huiron
Marolles
Frignicourt
Notre Dame
Vauclerc
Reims-la-Brûlée
Favresse
Scrupt
THIÉBLEMONT-FARÉMONT   27
St-Vrain
Bois de Maurupt
Trois Fontaines
de
ST-DIZIER

SOMPUIS
Courdemanges
Châtelraould-St-Louvent
Bignicourt-sur-Marne
Luxémont-et-Villotte
Ecriennes
Matignicourt-Goncourt
4
Heiltz-le-Hautier
Vouillers
St-Eulien
Baudonvilliers
Haironville
Sommelonne
aux-Ville

Humbauville
le Meix-Tiercelin
les Rivières-Henruel
Blaise-sous-Arzillières
Norrois
Cloyes-sur-Marne
Orconte
Perthes
Villiers-en-Lieu
Mus. de l'Automobile
Chancenay
ST-DIZIER
Bettancourt-la-Ferrée
la Houpet

57
St-Quen-Domprot
St-Chéron
Arzillières-Neuville
Isle-sur-Marne
Larzicourt
Arrigny
Ecollemont
Hauteville
Blaise-sous-Hauteville
Ambrières
Halligicourt
Laneuville-au-Pont
Moëslains
ST-D.-MARNAVAL
ANCERVILLE
Cousar
les-For

Bréban
Corbeil
Chapelaine
Lignon
Somsois
Bussy-aux-Bois
Gigny-Bussy
St-Remy-Bouzemont-St-Genest-et-Isson
Ste-Marie-du-Lac-Nuisement
Valcourt
Roches-sur-Marne
ECLARON-BRAUCOURT-STE-LIVIÈRE
Forêt du Val
(Domaine privé)
Chamouilley
Eurville-Bienville
Narcy

Dampierre
St-Utin
Margerie-Hancourt   35
Brandonvillers
Drosnay
Outines
Chatillon-sur-Broué
Giffaumont-Champaubert
Lac du Der-Chantecoq
(Réservoir Marne)
Ste-Livière
le Val
Allichamps
Louvemont
Champ-Gerbeau
Humbécourt
Prez-sur-Marne
Villiers-aux-Bois   12
Troisfontaines-la-Ville
Bayard-sur-Marne
Avrainville   28

Brienne   Corbeil   45   Bréauncourt   le Bois-Lapierre   53   Bar   Chaumont

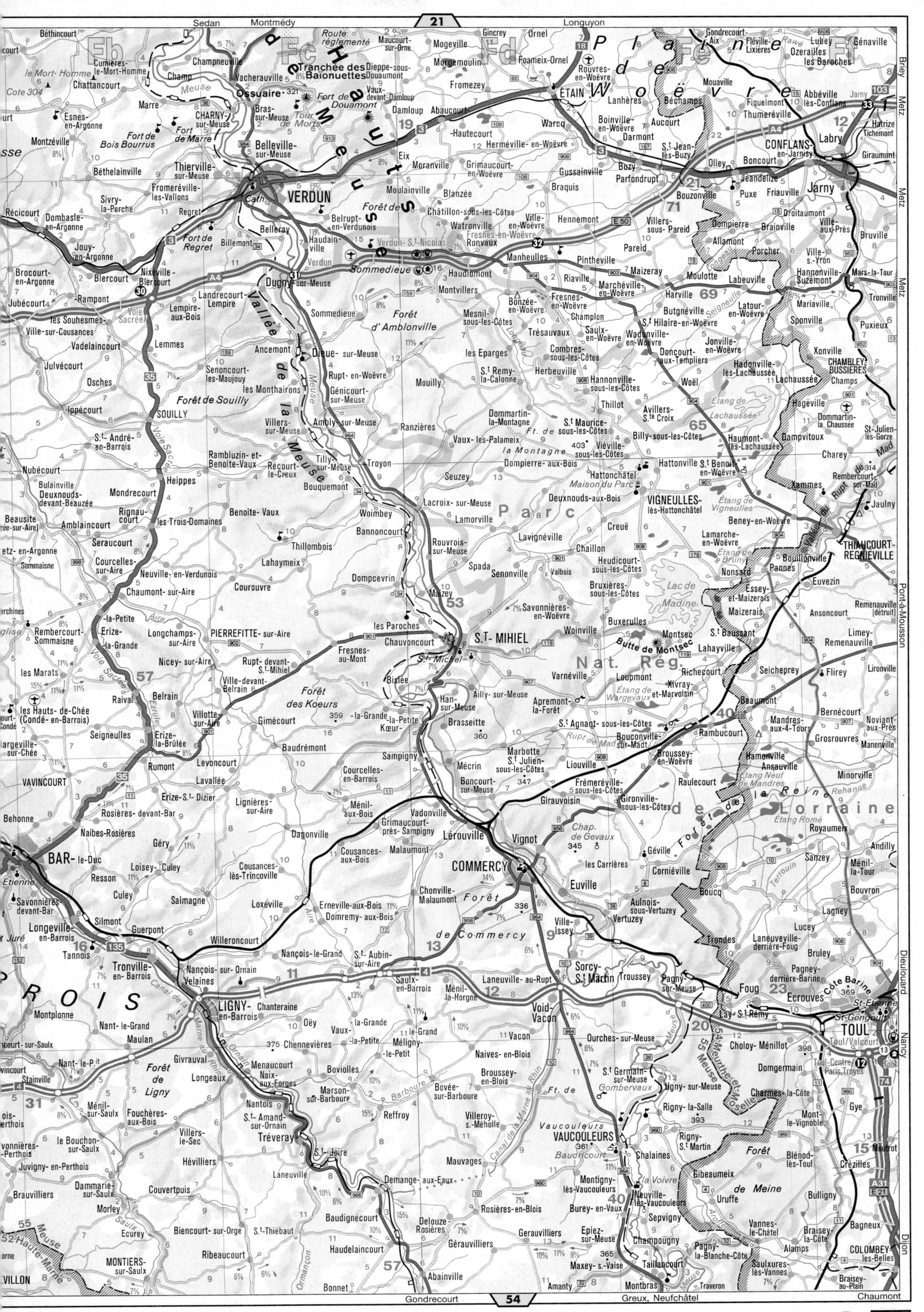
Sedan
Montmédy
21
Longuyon
Briey
Metz
Pont-à-Mousson
Dieulouard
Nancy
Dijon
Gondrecourt
54
Greux, Neufchâtel
Chaumont
VERDUN
ÉTAIN
CONFLANS-en-Jarnisy
Jarny
S.T- MIHIEL
COMMERCY
BAR- le-Duc
LIGNY- en-Barrois
TOUL
VAUCOULEURS
THIAUCOURT-REGNIÉVILLE
VIGNEULLES-lès-Hattonchâtel
SOUILLY
PIERREFITTE- sur-Aire
VAVINCOURT
MONTIERS- sur-Saulx
Ossuaire
Tranchée des Baïonnettes
Fort de Douaumont
Côtes de Meuse
Plaine de la Woëvre
Parc Nat. Rég. de Lorraine
Vallée de la Meuse
Voie Sacrée
Forêt de Souilly
Forêt d'Amblonville
Forêt des Koeurs
Forêt de Commercy
Forêt de Ligny
Forêt de la Reine
Forêt de Meine
Butte de Montsec
Lac de Madine
Côte Barine
Barrois

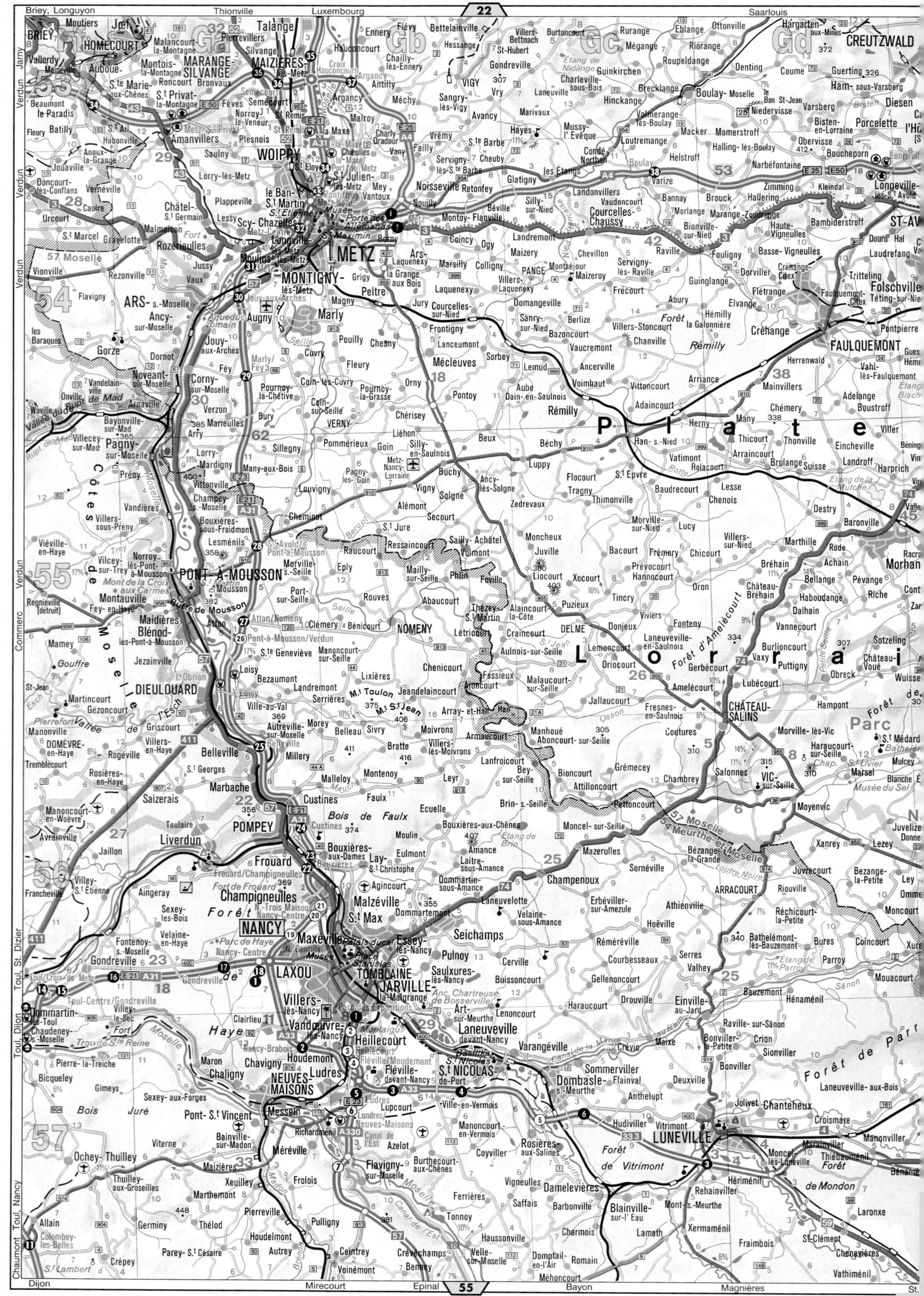
Briey, Longuyon
Thionville
Luxembourg
22
Saarlouis
Ga
Gb
Gc
Gd
BRIEY
HOMECOURT
MARANGE-SILVANGE
Talange
MAIZIÈRES-lès-Metz
CREUTZWALD
Boulay-Moselle
Ham-sous-Varsberg
Porcelette
Longeville-lès-St Avold
WOIPPY
METZ
MONTIGNY-lès-Metz
Marly
ARS-s.-Moselle
Courcelles-Chaussy
Rémilly
FAULQUEMONT
Créhange
Plate
Lorrai
PONT-À-MOUSSON
DIEULOUARD
NOMENY
DELME
CHÂTEAU-SALINS
VIC-sur-Seille
Parc
POMPEY
Frouard
Liverdun
Champigneulles
NANCY
Maxéville
Malzéville
St Max
Essey-lès-Nancy
LAXOU
TOMBLAINE
JARVILLE-la-Malgrange
Villers-lès-Nancy
Vandœuvre-lès-Nancy
Heillecourt
Houdemont
Ludres
Fléville-devant-Nancy
St NICOLAS-de-Port
Laneuveville-devant-Nancy
Seichamps
Pulnoy
Dombasle-s.-Meurthe
NEUVES-MAISONS
LUNÉVILLE
Forêt de Vitrimont
Forêt de Haye
Bois Juré
Verdun
Commerc
Toul, St. Dizier
Toul, Dijon
Chaumont, Toul, Nancy
Dijon
Mirecourt
Epinal
55
Bayon
Magnières

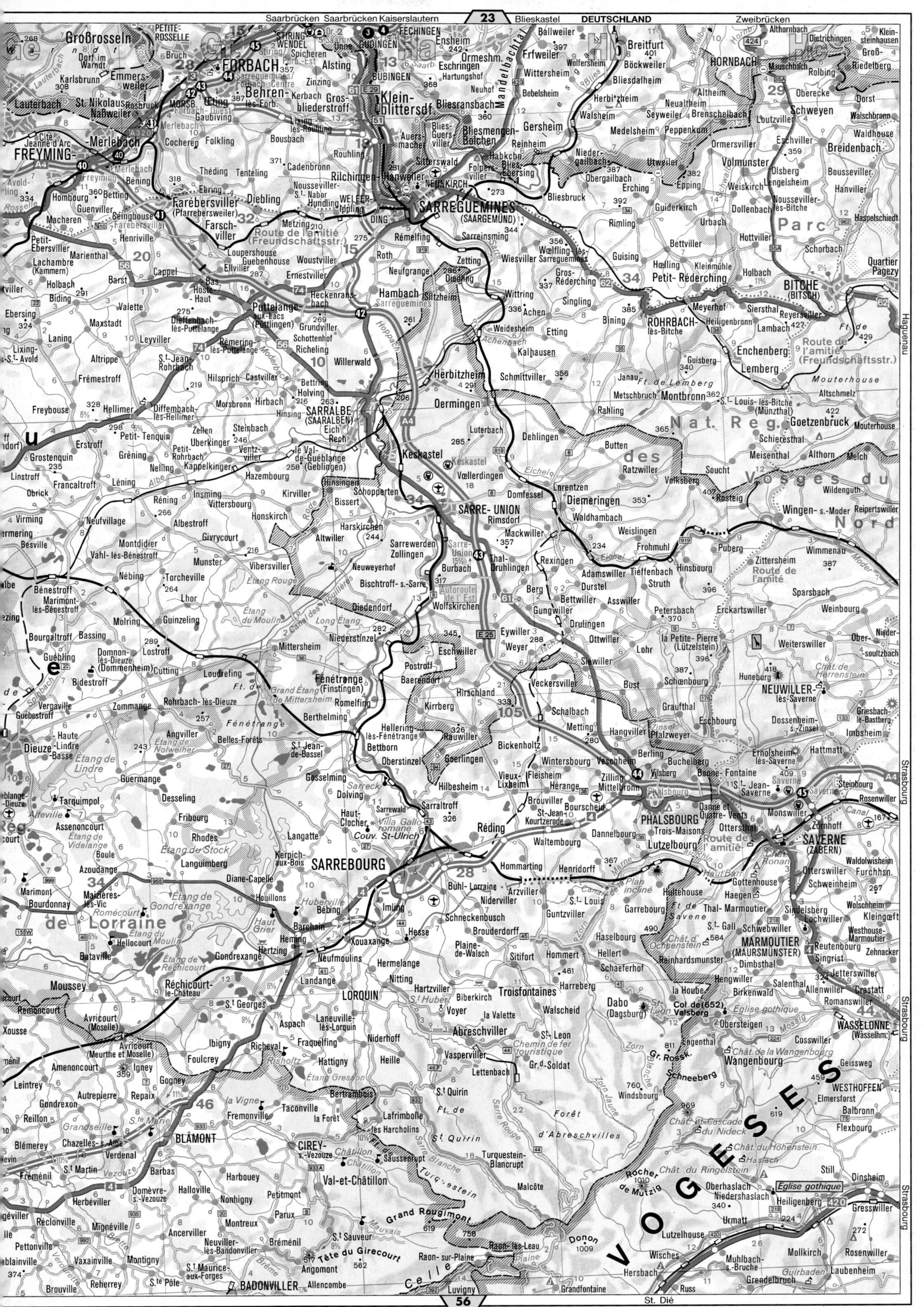
Saarbrücken
Saarbrücken
Kaiserslautern
23
Blieskastel
DEUTSCHLAND
Zweibrücken
Großrosseln
FORBACH
FREYMING-MERLEBACH
Klein-blittersdf.
SARREGUEMINES (SAARGEMÜND)
Breitfurt
HORNBACH
Bliesbruck
Volmunster
BITCHE (BITSCH)
Parc
ROHRBACH-lès-Bitche
Enchenberg
Lemberg
Farébersviller (Pfarrebersweiler)
Puttelange-aux-Lacs (Püttlingen)
Hambach
SARRALBE (SARRALBEN)
Herbitzheim
Oermingen
Keskastel
SARRE-UNION
Diemeringen
Nat. Reg. des Vosges du Nord
Goetzenbruck
Wingen-s.-Moder
Fénétrange (Finstingen)
Dieuze
NEUWILLER-lès-Saverne
PHALSBOURG
SAVERNE (ZABERN)
Lutzelbourg
Réding
SARREBOURG
MARMOUTIER (MAURSMÜNSTER)
de Lorraine
Dabo (Dagsburg)
LORQUIN
Abreschviller
Wangenbourg
WASSELONNE (Wasselnhm.)
WESTHOFFEN
BLÂMONT
CIREY-s.-Vezouze
Val-et-Châtillon
Donon 1009
VOGESES
BADONVILLER
56
St. Dié
Haguenau
Strasbourg
Strasbourg
Strasbourg

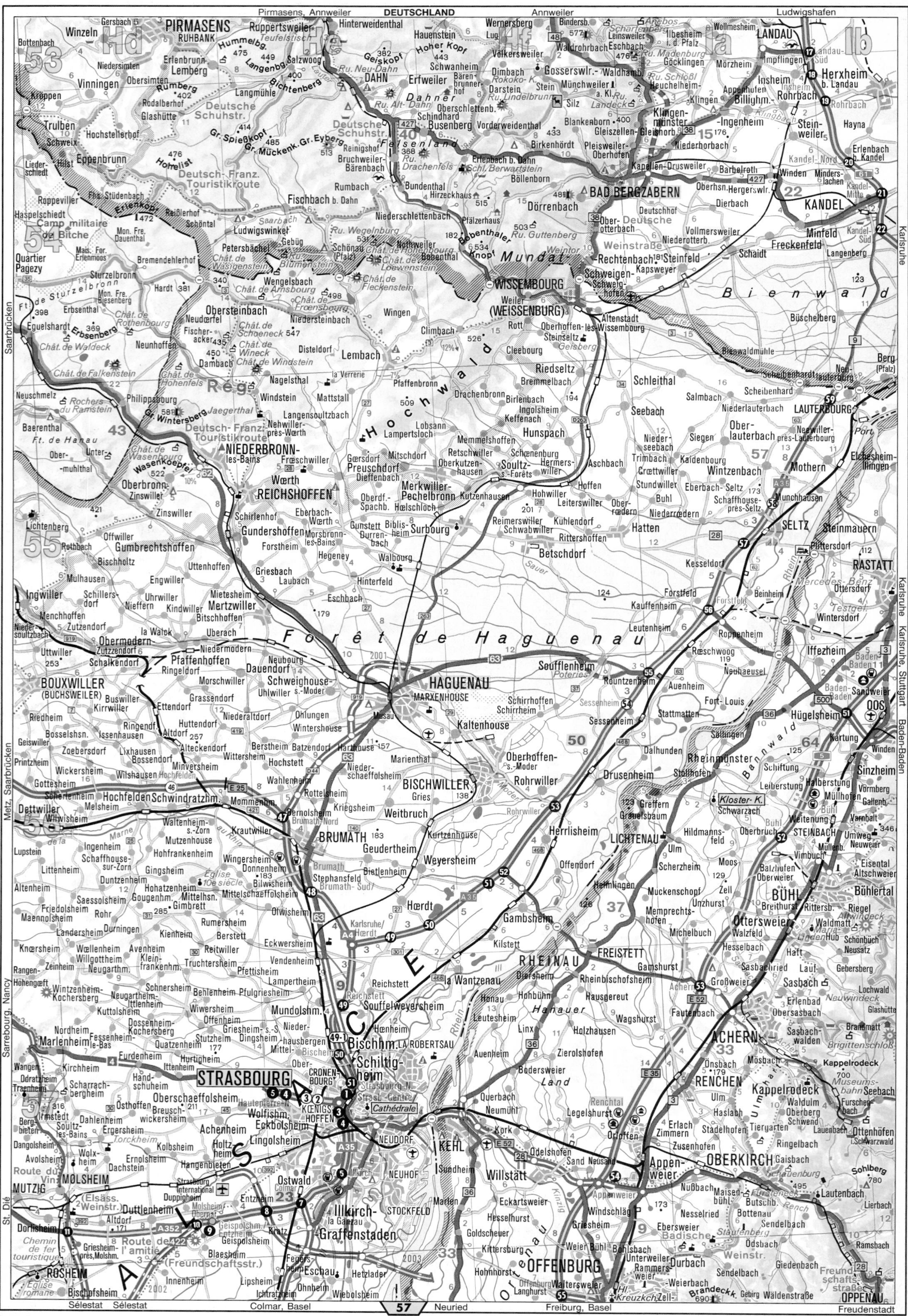

Pirmasens, Annweiler
DEUTSCHLAND
Annweiler
Ludwigshafen
PIRMASENS
RUHBANK
Winzeln
Lemberg
Vinningen
Trulben
Eppenbrunn
Hinterweidenthal
DAHN
Erfweiler
Busenberg
Hauenstein
Schindhard
Vorderweidenthal
Gossersweiler
Silz
Klingenmünster
LANDAU
Herxheim b. Landau
Insheim
Rohrbach
Billigheim-Ingenheim
Steinweiler
Hayna
Erlenbach b. Kandel
KANDEL
Minfeld
Freckenfeld
BAD BERGZABERN
Dörrenbach
Bundenthal
Rumbach
Fischbach b. Dahn
Ludwigswinkel
Schönau (Pfalz)
Nothweiler
Bobenthal
Deutsche Schuhstr.
Deutsch-Franz. Touristikroute
Camp militaire de Bitche
Quartier Pagezy
Sturzelbronn
Hardt
Obersteinbach
Niedersteinbach
Wingen
Climbach
WISSEMBOURG (WEISSENBURG)
Schweigen-Rechtenbach
Steinfeld
Kapsweyer
Schaidt
Bienwald
Altenstadt
Oberhoffen-lès-Wissembourg
Lembach
Mundat
Rott
Cleebourg
Riedseltz
Eguelshardt
Erbsenthal
Château de Fleckenstein
Neunhoffen
Dambach
Philippsbourg
Windstein
Mattstall
Nagelsthal
Langensoultzbach
Lampertsloch
Lobsann
Hochwald
Drachenbronn-Birlenbach
Ingolsheim
Keffenach
Hunspach
Schleithal
Seebach
Salmbach
Scheibenhard
Niederlauterbach
Oberlauterbach
LAUTERBOURG
Neewiller-près-Lauterbourg
Mothern
Wintzenbach
Siegen
Trimbach
Niederseebach
NIEDERBRONN-les-Bains
REICHSHOFFEN
Frœschwiller
Wœrth
Preuschdorf
Dieffenbach
Merkwiller-Pechelbronn
Kutzenhausen
Soultz-s.-Forêts
Hermerswiller
Hoffen
Aschbach
Oberrœdern
Hatten
Niederrœdern
SELTZ
Munchhausen
Steinmauern
RASTATT
Ottersdorf
Wintersdorf
Oberbronn
Zinswiller
Lichtenberg
Offwiller
Gumbrechtshoffen
Gundershoffen
Surbourg
Walbourg
Betschdorf
Rittershoffen
Forstfeld
Kauffenheim
Leutenheim
Roppenheim
Iffezheim
Ingwiller
Mertzwiller
Uhrwiller
Forêt de Haguenau
Soufflenheim
Rountzenheim
Auenheim
Fort-Louis
Hügelsheim
Baden-Baden
Sandweier
OOS
BOUXWILLER (BUCHSWEILER)
Pfaffenhoffen
Schweighouse-s.-Moder
HAGUENAU
MARXENHOUSE
Kaltenhouse
Schirrhoffen
Schirrhein
Sessenheim
Stattmatten
Dalhunden
Drusenheim
Rheinmünster
Sinzheim
Hochfelden
Schwindratzheim
Mommenheim
BISCHWILLER
Oberhoffen-s.-Moder
Rohrwiller
Herrlisheim
LICHTENAU
Kloster-K.
Schwarzach
STEINBACH
BÜHL
Bühlertal
Brumath
BRUMATH
Weitbruch
Geudertheim
Kurtzenhouse
Weyersheim
Gambsheim
Offendorf
RHEINAU
FREISTETT
Ottersweier
Sasbach
ACHERN
Kappelrodeck
Hœrdt
Reichstett
la Wantzenau
Souffelweyersheim
Mundolsheim
Hausgereut
Linx
Holzhausen
RENCHEN
Bischheim
Schiltigheim
LA ROBERTSAU
STRASBOURG
CRONENBOURG
Strasbourg-Centre
Cathédrale
Kœnigshoffen
Eckbolsheim
Wolfisheim
Lingolsheim
Achenheim
NEUDORF
KEHL
Willstätt
Appenweier
OBERKIRCH
NEUHOF
STOCKFELD
Illkirch-Graffenstaden
Ostwald
Entzheim
Strasbourg International
Duttlenheim
MOLSHEIM
MUTZIG
Route du Vin
Dorlisheim
ROSHEIM
Bischofsheim
Route de l'amitié (Freundschaftsstr.)
Geispolsheim
Blaesheim
Eschau
Hohnhorst
OFFENBURG
Durbach
Lautenbach
OPPENAU
Marlenheim
Wasselonne
Sélestat
Colmar, Basel
57
Neuried
Freiburg, Basel
Freudenstadt
Karlsruhe
Saarbrücken
Metz, Saarbrücken
Sarrebourg, Nancy
St. Dié

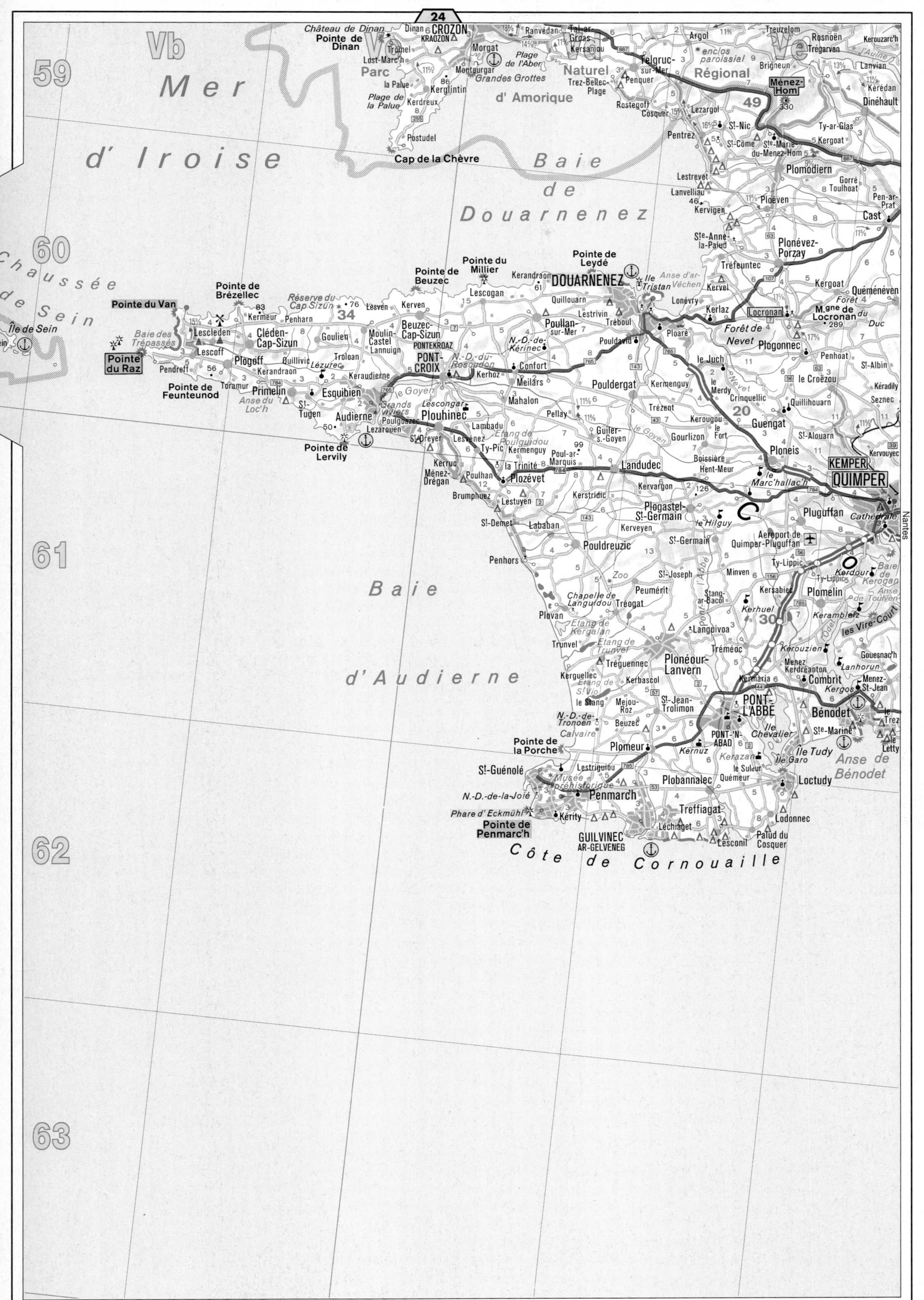

Vb

59

60

61

62

63

Mer

d' Iroise

Chaussée de Sein

Île de Sein
ein

Baie des Trépassés

Pointe du Raz

Pointe du Van

Pointe de Brézellec

Réserve du Cap Sizun

34

Pointe du Millier

Pointe de Beuzec

Pointe de Leydé

DOUARNENEZ

Île Tristan

Anse d'ar-Véchen

Baie de Douarnenez

Château de Dinan
Pointe de Dinan

CROZON
KRAOZON

Morgat

Plage de l'Aber

Parc

Naturel

Régional

Ménez-Hom
330

enclos paroissial

Telgruc-sur-Mer

Argol

Rosnoën

Kerouzarc'h

Dinéhault

Menez-Hom

49

Cap de la Chèvre

d' Amorique

Grandes Grottes

Plage de la Palue

Lestrevet

Plomodiern

Ploéven

Cast

Plonévez-Porzay

Ste-Anne-la-Palud

Tréfeuntec

Locronan

M.gne de Locronan
289

Kemper
QUIMPER

Forêt du Duc

Forêt de Nevet

Plogonnec

le Juch

Pouldavid

Ploaré

Tréboul

Poullan-sur-Mer

N.-D.-de-Kérinec

Beuzec-Cap-Sizun

PONTEKROAZ

PONT-CROIX

Cléden-Cap-Sizun

Goulien

Moulin-Castel Lannuign

Kerven

Lesven

Pointe de Feunteunod

Plogoff

Quillivic

Primelin

Lescoff

Pendreff

Toramur

Esquibien

Audierne

Pointe de Lervily

Plouhinec

Grands viviers

Lescongar

Poulgoazec

Lezarouen

S.t-Dreyer

Kerandraon

Lescogan

Quillouarn

Lestrivin

N.-D.-du-Rosquian

Confort

Meilars

Kerhoz

Mahalon

Pellay

Pouldavid

Pouldergat

Kermenguy

Trézent

Kerougou

le Fort

Gourlizon

Boissière

Hent-Meur

le Marc'hallac'h

Ploneis

Guengat

S.t-Alouarn

20

Crinquellic

Quillihouarn

le Croëzou

Penhoat

S.t-Albin

Kéradily

Seznec

Cathédrale

Nantes

la Trinité

Plozévet

Lababan

Kerstridic

Kervargon

L'andudec

Plogastel-St-Germain

le Hilguy

Pluguffen

Kerdour

Baie de Kerogap

Anse de Toulven

Kermenguy

Poul-ar-Marquis

Brumphuez

Lestuyen

S.t-Demet

Penhors

Pouldreuzic

Kerveyen

S.t-Germain

Aéroport de Quimper-Pluguffan

Ty-Lippic

Minven

Kersabiec

Plomelin

Kerambiez

les Vire-Court

Baie

d'Audierne

Zoo

Peumérit

S.t-Joseph

Stang-ar-Bacol

Kerhuel

30

Langivoa

Tréméoc

Kérouzien

Gouesnac'h

Lanhorun

Chapelle de Languidou

Tréogat

Plovan

Etang de Kergalan

Etang de Trunvel

Trunvel

Tréguennec

Plonéour-Lanvern

Menez-Kerdreanton

Combrit

Menez-St-Jean

Kerguellec

Etang de St-Vio

le Stang

Méjou-Roz

Kerbascol

S.t-Jean-Trolimon

Kermaria

PONT-L'ABBÉ

Bénodet

Trez

N.-D.-de-Tronoen Calvaire

Beuzec

PONT-'N-ABAD

Île Chevalier

S.te-Marine

le Letty

Pointe de la Porche

Plomeur

Kernuz

Kerazan

le Suleur

Quémeur

Île Tudy

le Garo

Anse de Bénodet

S.t-Guénolé

Lestriguiou

Plobannalec

Loctudy

Musée préhistorique

N.-D.-de-la-Joie

Penmarch

Treffiagat

Lodonnec

Phare d'Eckmühl

Kérity

Léchiagat

Palud du Cosquer

Pointe de Penmarc'h

GUILVINEC
AR-GELVENEG

Lesconil

Côte de Cornouaille

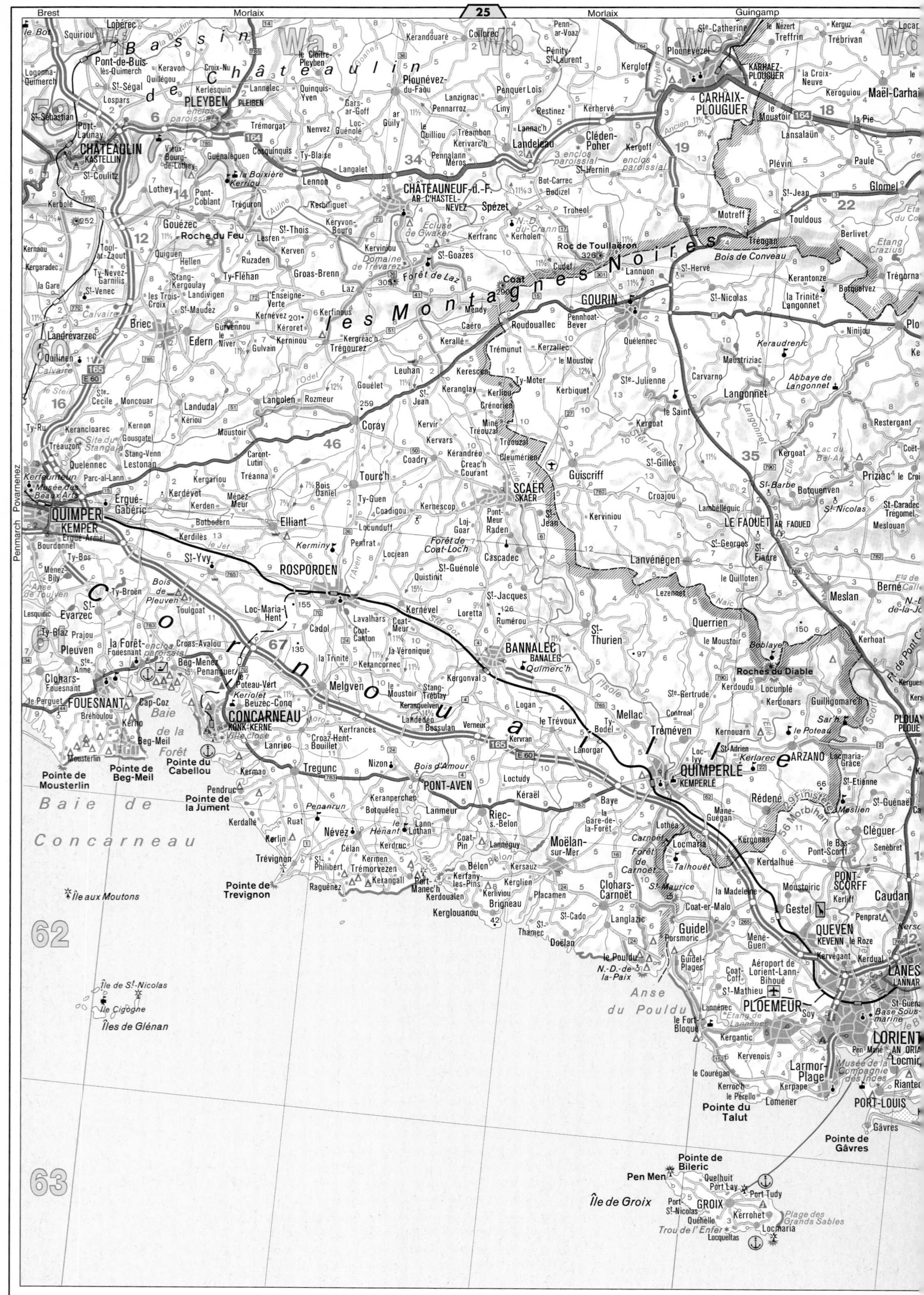
Brest
Morlaix
Morlaix
Guingamp
Wa
Wb
Wc
Wd
59
60
61
62
63
Bassin de Châteaulin
les Montagnes Noires
Cornouaille
Baie de Concarneau
Baie de la Forêt
Anse du Pouldu
Pont-de-Buis-lès-Quimerch
Logonna-Quimerch
St-Ségal
Lospars
St-Sébastian
Port-Launay
CHÂTEAULIN
KASTELLIN
St-Coulitz
PLEYBEN
PLEIBEN
enclos paroissial
Lannélec
Quinquis-Yven
Le Cloître-Pleyben
Plounévez-du-Faou
Kerandouaré
Collorec
Pennarroz
Lanzignac
Penquer Loïs
Liny
Restinez
Kerhervé
Lannac'h
Landeleau
Cléden-Poher
Kergoff
St-Hernin
CARHAIX-PLOUGUER
KARHAEZ-PLOUGUER
Plounévézel
Kergloff
St-Catherine
le Nézert
Treffrin
Trébrivan
Kerguz
la Croix-Neuve
Keroguiou
Maël-Carhaix
le Moustoir
la Pie
Lansalaün
Plévin
Paule
St-Jean
Glomel
Touldous
Motreff
Trégann
Bois de Conveau
Berlivet
Etang Crazius
Trégorna
CHÂTEAUNEUF-d.-F.
AR C'HASTEL-NEVEZ
Spézet
Bot-Carrec
Bodizel
Troheol
N.-D. du-Crann
Kerholen
Roc de Toullaëron
326
Lannuon
St-Hervé
Kerantonze
la Trinité-Langonnet
Botquelvez
Ecluse de Gwaker
Kerfranc
St-Goazes
Domaine de Trévarez
Forêt de Laz
Laz
Coat
290
Cudel
GOURIN
Pennhoat-Bever
Roudouallec
Mendy
Caëro
Trémunut
Kerzallec
le Moustoir
Quélennec
St-Nicolas
Ninijou
Keraudrenic
Moustriziac
Abbaye de Langonnet
Carvarno
Langonnet
Ste-Julienne
Kerbiquet
Ty-Moter
Kerescan
Keranglay
Kerliou
Grénorien
Leuhan
St-Jean
Coray
Langolen
Rozmeur
Gouélet
259
46
Kervir
Kervars
Kérandréo
Creac'h Courant
Coadry
Tréouzal
Cleumérien
Guiscriff
le Saint
Kergoat
St-Gilles
Croajou
35
Kergoat
Lac du Bel-Air
Restergant
Priziac
St-Barbe
Botquenven
St-Nicolas
St-Caradec-Trégomel
Meslouan
Lambélléguic
LE FAOUËT
AR FAOUED
St-Georges
St-Fiacre
Lanvénégen
le Quilloten
Lezennet
Meslan
Berné
Querrien
le Moustoir
150
Kerhoat
Roches du Diable
Locunolé
Kerdoudu
Kerdonars
Guilligomarc'h
Sarh
le Poteau
ARZANO
Locmaria-Grâce
St-Étienne
Meslien
St-Guénaël
Cléguer
Kerlarec
St-Adrien
Kernouarn
Tréméven
Rédéné
QUIMPERLÉ
KEMPERLÉ
Mané-Guégan
Lothéa
Locmaria
Talhouët
Forêt de Carnoët
Carnoët
St-Maurice
la Madeleine
Coat-er-Malo
Kerdalhué
Moustoiric
PONT-SCORFF
Caudan
Gestel
QUEVEN
KEVENN
le Roze
Kervégant
Kerdual
LANESTER
LANNARVOR
Aéroport de Lorient-Lann-Bihoué
Coat-Coff
St-Mathieu
PLOEMEUR
Soy
Lannénec
Etang de Lannénec
le Fort-Bloqué
Kergantic
Kervenois
Larmor-Plage
LORIENT
AN ORIANT
Pen Mané
Musée de la Compagnie des Indes
Locmiquélic
Riantec
PORT-LOUIS
Gâvres
Pointe de Gâvres
le Courégan
Kerroc'h
le Pérello
Lomener
Pointe du Talut
Guidel
Porsmoric
Guidel-Plages
le Pouldu
N.-D.-de-la-Paix
Langlazic
Clohars-Carnoët
Doëlan
St-Cado
St-Thamec
Placamen
Moëlan-sur-Mer
Kersauz
Kerglien
Brigneau
42
Bélon
Kerfany-les-Pins
Kerliviou
Kerdoualen
Kerglouanou
Riec-s.-Belon
Lanmeur
Lannéguy
Coat-Pin
la Gare-de-la-Forêt
Baye
Kéraël
Loctudy
Lanorgar
Mellac
Ty-Bodel
le Trévoux
Logan
Kervran
Verneur
Bossulan
Landédéo
Keranquelven
Stang-Treblay
le Moustoir
Kerfrancès
Kerangonval
Bannalec
BANALEG
Quimerc'h
St-Thurien
97
Ruméron
126
St-Jacques
Loretta
Kernével
Lavalhars
Coat-Meur
Coat-Canton
la Véronique
Kerancornec
la Trinité
Cadol
135
67
Melgven
Stang-Tréblay
ROSPORDEN
Loc-Maria-Hent
155
Kerminy
Pentrat
Locjean
Quistinit
St-Guénolé
Cascadec
Forêt de Coat-Loc'h
Loj-Goar
Pont-Meur
Raden
St-Jean
SCAËR
SKAER
Kerviniou
Kernescop
Coadigou
Locunduff
Ty-Guen
Tourc'h
Bois Daniel
Elliant
Ménez-Meur
Caront-Lutin
Tréanna
Kergariou
Kerdévot
Kerden
Botbodern
Kerdilès
Ergué-Gabéric
Lestonan
Stang-Venn
Gousgatel
Kernon
Moustoir
Landudal
Kériou
Ty-Fléhan
Stang-Kergoulay
Landivigen
les Trois-Croix
St-Maudez
Kerven
Groas-Brenn
Ruzaden
Lesren
St-Thois
Keryvon-Bourg
Kerviniou
l'Enseigne-Verte
Kernévez
201
Kéroret
Kerninou
Kerfinous
Kergréac'h
Trégourez
Gulvain
le Niver
Gurvennou
Edern
Briec
Quiguen
Hellen
Gouézec
Roche du Feu
Tréguron
Pont-Coblant
Lothey
Kerbiliguet
Lennon
Langalet
Ty-Blaise
Coscuinquis
la Boixière
Kerriou
Guénaléguen
Vieux-Bourg-de-Lothey
Trémorgat
Nenvez
Loc-Guénolé
Gars-ar-Goff
ar Guily
le Quilliou
Tréambon
Kerivarc'h
Pennalann
Méros
34
Kerbolé
252
Kernaou
Kergaradec
la Gare
Toul-ar-Zaout
Ty-Nevez-Garnilis
St-Venec
Calvaire
Landrévarzec
Quilinen
Calvaire
le Steir
Ste-Cecile
16
Moncouar
Ty-Ru
Kerancloarec
Tréauzon
Site du Stangala
Quelennec
Parc-al-Lann
Kerfeunteun
Musée des Beaux Arts
QUIMPER
KEMPER
Ergué-Armel
Bourdonnel
Ty-Bos
Ménez-Bily
Anse de Toulven
Ty-Broën
Bois de Pleuven
Toulgoat
Lesquidic
St-Evarzec
Ty-Glaz
Prajou
Pleuven
la Forêt-Fouesnant
Croas-Avalou
Ste-Anne
Clohars-Fouesnant
Beg-Menez
Penanguer
le Poteau-Vert
Keriolet
Beuzec-Conq
FOUESNANT
le Perguet
Bréhoulou
Cap-Coz
Kerho
Beg-Meil
Mousterlin
Pointe de Mousterlin
Pointe de Beg-Meil
Pointe du Cabellou
CONCARNEAU
KONK-KERNE
Ville close
Lanriec
Croaz-Hent-Bouillet
Tregunc
Kermao
Nizon
Bois d'Amour
PONT-AVEN
Pendruc
Pointe de la Jument
Keranperchec
Botquélen
Penanrun
Kerdallé
Ruat
Kerlin
Névez
le Hénant
Lann-Lothan
Kerdruc
Célan
Kermen
St-Philibert
Trémorvezen
Kerangall
Port-Manec'h
Raguénez
Trévignon
Pointe de Trevignon
Île aux Moutons
Île de St-Nicolas
Île Cigogne
Îles de Glénan
Pointe de Bileric
Pen Men
Quelhuit
Port Lay
Port Tudy
Île de Groix
Port St-Nicolas
GROIX
Quéhello
Kerrohet
Trou de l'Enfer
Locqueltas
Locmaria
Plage des Grands Sables
Penmarch
Povarnenez
29 Finistère
56 Morbihan
E 60
164
165
12
14
6
18
19
22

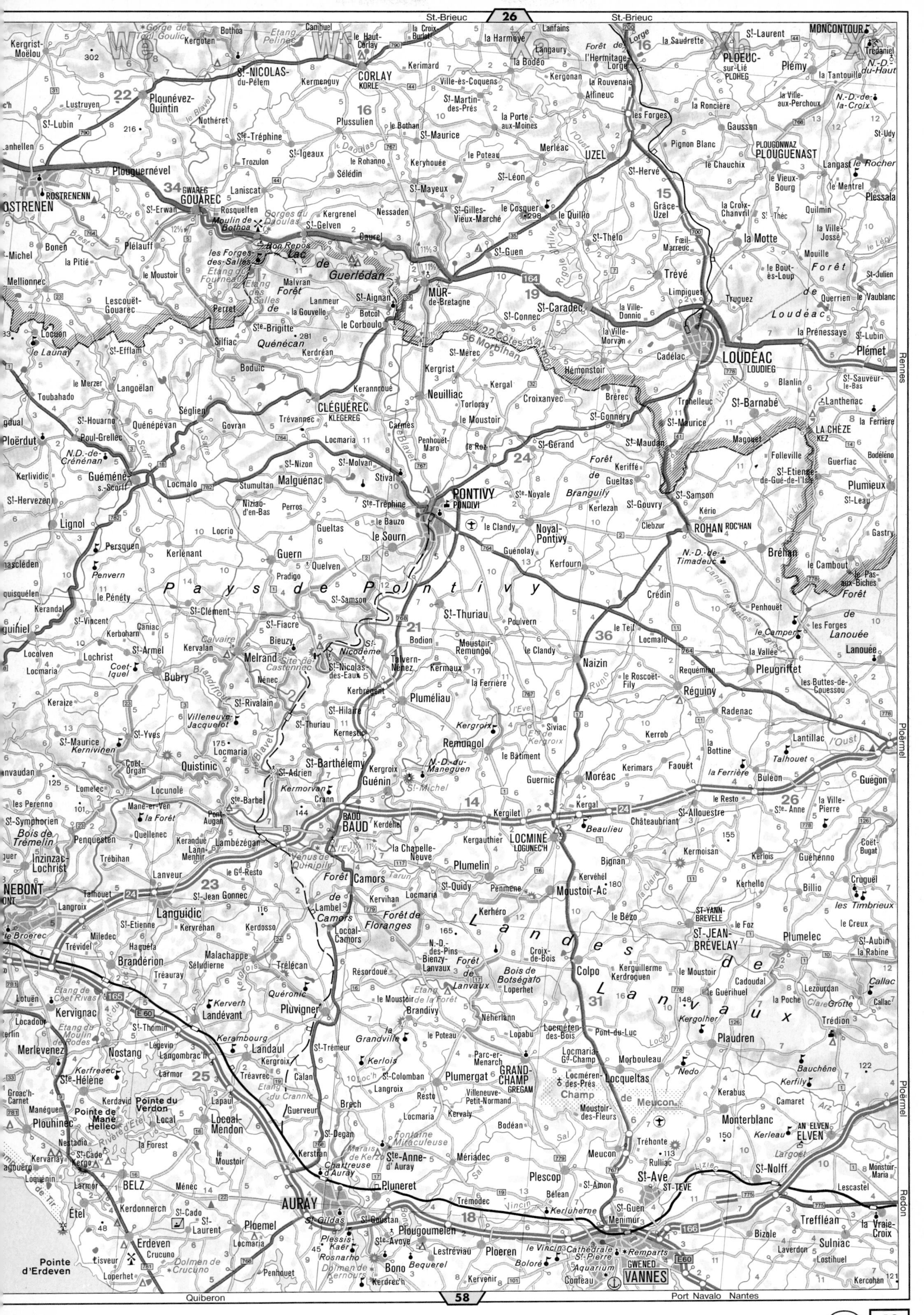

St.-Brieuc
26
St.-Brieuc
We
Wf
Xa
Xb
Xc
CORLAY
St-NICOLAS-du-Pélem
Plounévez-Quintin
ROSTRENEN
GOUAREC
Lac de Guerlédan
MÛR-de-Bretagne
UZEL
PLOEUC-sur-Lié
PLOUGUENAST
MONCONTOUR
LOUDÉAC
Forêt de Loudéac
St-Caradec
Cléguérec
Neuillac
Guémené-s.-Scorff
PONTIVY
Noyal-Pontivy
ROHAN
Pays de Pontivy
Malguénac
Guern
Melrand
Bubry
Pluméliau
Rémungol
Naizin
Réguiny
Pleugriffet
Moréac
Quistinic
St-Barthélemy
Guénin
BAUD
LOCMINÉ
Plumelin
Moustoir-Ac
St-JEAN-BRÉVELAY
Plumelec
Languidic
HENNEBONT
Landes de Lanvaux
Colpo
GRAND-CHAMP
Plaudren
Pluvigner
Landévant
Landaul
Camors
Brandivy
Plumergat
Locoal-Mendon
Plouhinec
BELZ
Étel
Erdeven
AURAY
Pluneret
Ste-Anne-d'Auray
St-Avé
Meucon
Elven
Monterblanc
Theix
Treffléan
Sulniac
Plougoumelen
Ploeren
VANNES
Rennes
Ploërmel
Redon
Quiberon
58
Port Navalo
Nantes

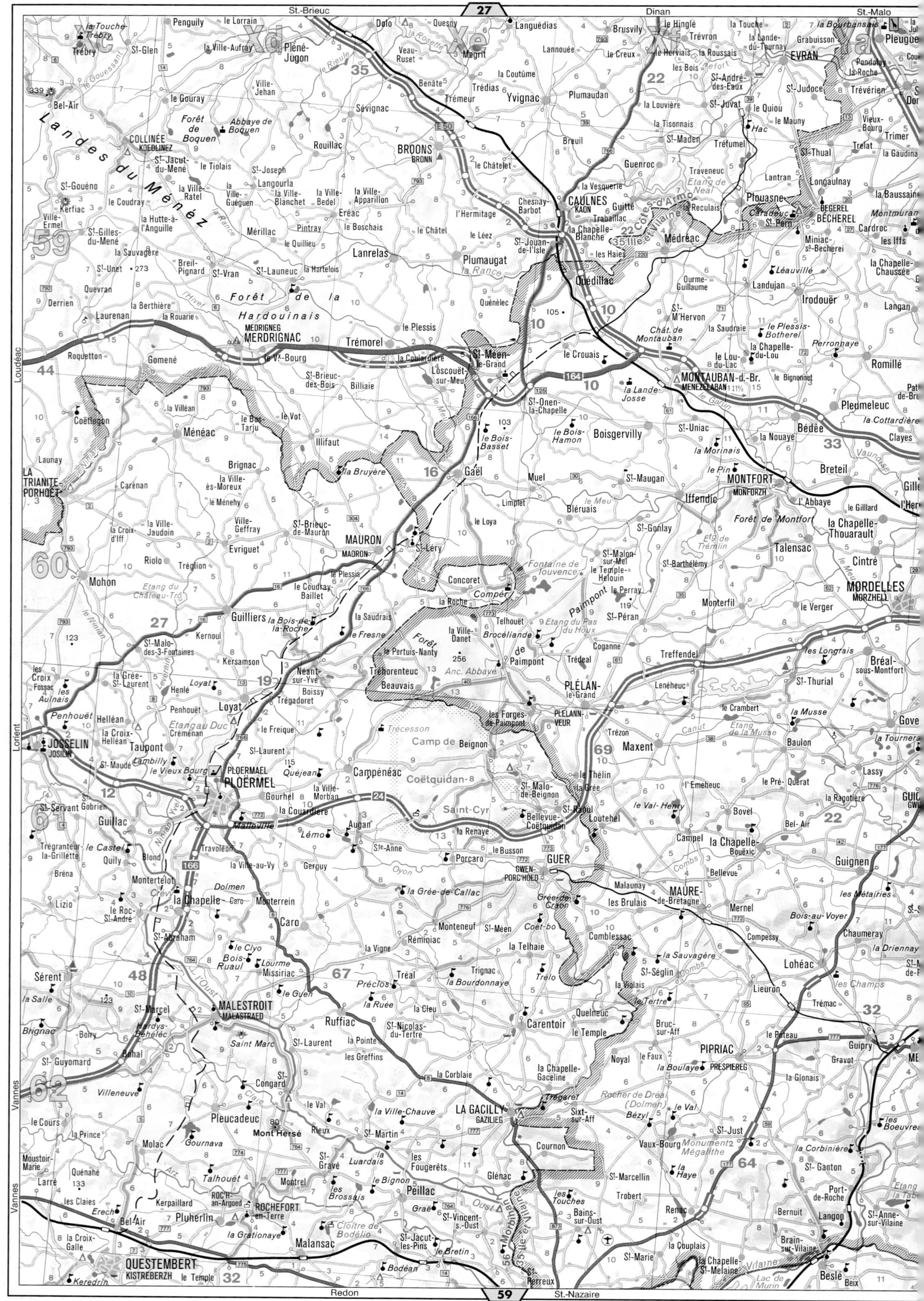

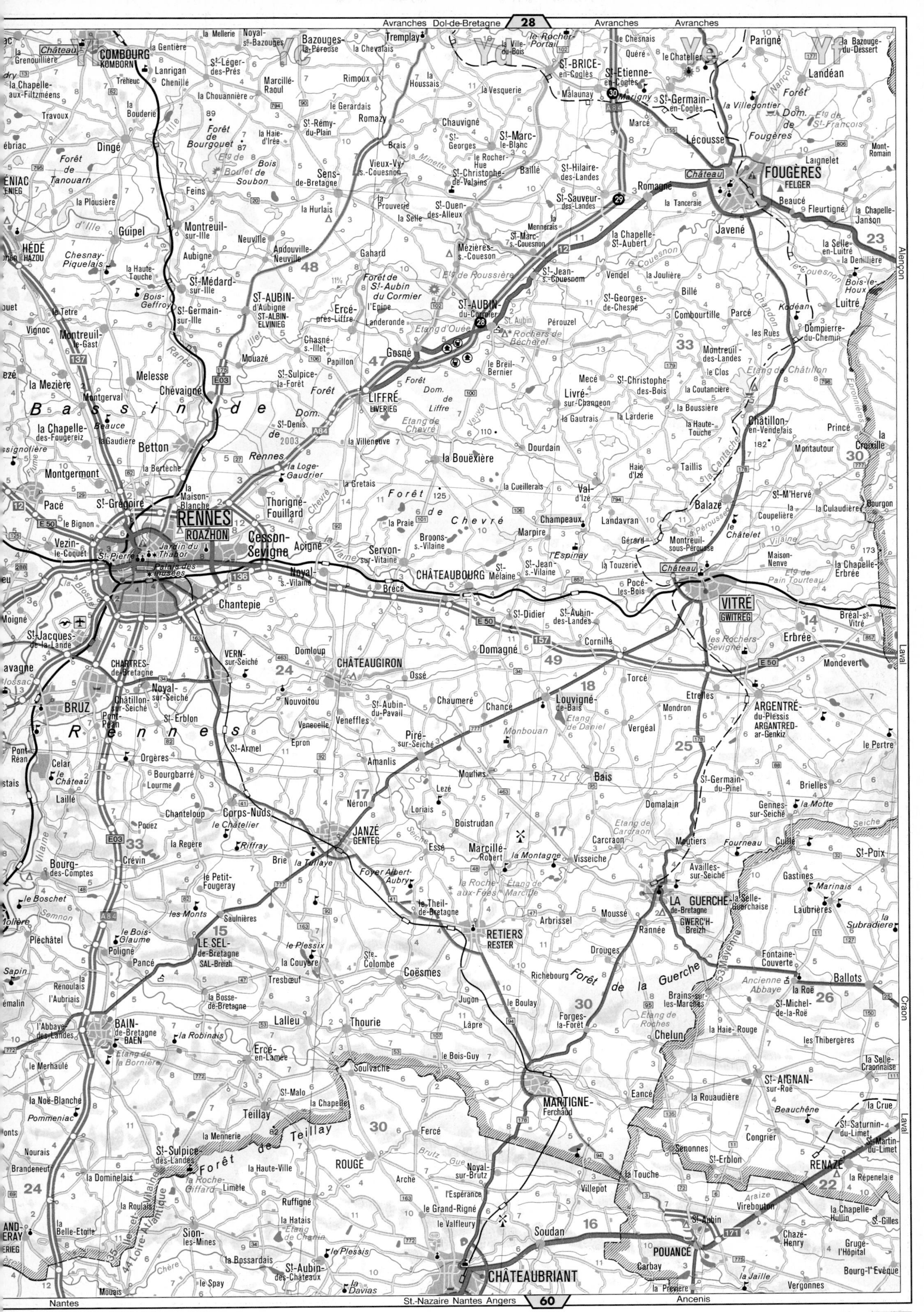

Avranches Dol-de-Bretagne
28
Avranches
Avranches
COMBOURG
FOUGÈRES
RENNES
ROAZHON
VITRÉ
CHÂTEAUBOURG
CHÂTEAUGIRON
JANZÉ
LA GUERCHE-de-Bretagne
RETIERS
MARTIGNÉ-Ferchaud
CHÂTEAUBRIANT
POUANCÉ
BAIN-de-Bretagne
BRUZ
LIFFRÉ
St-AUBIN-du-Cormier
St-AUBIN-d'Aubigné
ARGENTRÉ-du-Plessis
St-AIGNAN-sur-Roë
RENAZÉ
Bassin de Rennes
Forêt de la Guerche
Forêt de Chevré
Alençon
Laval
Craon
Laval
Nantes
St-Nazaire Nantes Angers
60
Ancenis

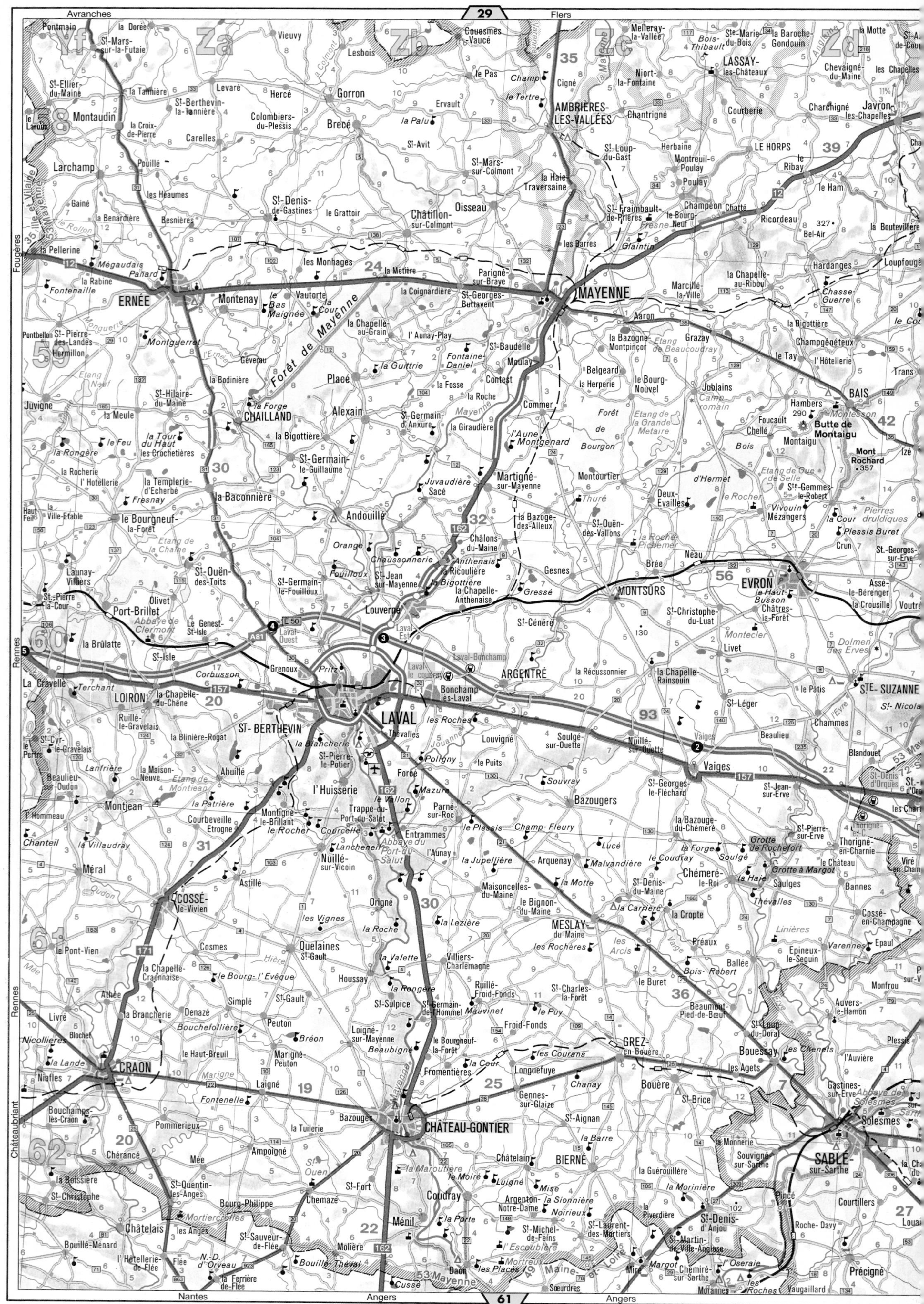

Avranches
29
Flers
Pontmain
la Dorée
St-Mars-sur-la-Futaie
Vieuvy
Couesmes-Vaucé
Melleray-la-Vallée
Bois-Thibault
St-Marie-du-Bois
la Baroche-Gondouin
la Motte
Lesbois
le Pas
Champ
35
Cigné
Niort-la-Fontaine
LASSAY-les-Châteaux
Chevaigné-du-Maine
les Chapelles
St-Ellier-du-Maine
la Tannière
Levaré
Hercé
Gorron
St-Berthevin-la-Tannière
Ervault
le Tertre
AMBRIÈRES-LES-VALLÉES
Chantrigné
Courberie
Charchigné
Javron-les-Chapelles
Montaudin
le Laroux
la Croix-de-Pierre
Colombiers-du-Plessis
Brecé
la Palu
Carelles
St-Avit
St-Loup-du-Gast
Herbaine
Montreuil-Poulay
Poulay
LE HORPS
le Ribay
39
Larchamp
Pouillé
St-Mars-sur-Colmont
la Haie Traversaine
le Ham
les Héaumes
Gainé
la Benardière
Besnières
St-Denis-de-Gastines
le Grattoir
Châtillon-sur-Colmont
Oisseau
St-Fraimbault-de-Prières
Fresne
le Bourg-Neuf
Champéon
Chatté
Ricordeau
327
Bel-Air
la Boutevillière
Fougères
la Pellerine
Mégaudais
Panard
la Rabine
Fontenaille
les Monhages
24
la Metière
Parigné-sur-Braye
les Barres
Glaintin
Hardanges
Loupfougères
la Chapelle-au-Riboul
Marcillé-la-Ville
Chasse-Guerre
ERNÉE
Montenay
le Bas Maignée
Vautorte
la Cour
la Coignardière
St-Georges-Buttavent
MAYENNE
Aaron
la Bigottière
Pontbellon
St-Pierre-des-Landes
Hermillon
Montguerré
Forêt de Mayenne
la Chapelle-au-Grain
l'Aunay-Play
St-Baudelle
la Bazogne-Montpinçon
Etang de Beaucoudray
Grazay
Champgénéteux
le Tay
l'Hôtellerie
Trans
Geveneu
Etang Neuf
la Guittrie
Fontaine-Daniel
Moulay
Contest
Belgeard
la Herperie
le Bourg-Nouvel
Jublains
Camp romain
BAIS
Juvigné
St-Hilaire-du-Maine
la Bodinière
Placé
la Fosse
la Roche
Commer
Hambers
290
Montesson
la Meule
la Forge
CHAILLAND
Alexain
St-Germain-d'Anxure
Mayenne
la Giraudière
l'Aune Montgenard
Forêt de Bourgon
Etang de la Grande Metairie
Foucault
Chellé
Butte de Montaigu
42
le Feu
la Tour du Haut
la Rongère
les Crochetières
la Bigottière
Bois
Montaigu
Mont Rochard
357
Izé
la Rocherie
l'Hotellerie
30
St-Germain-le-Guillaume
Montourtier
d'Hermet
Etang de Gue de Selle
Ste-Gemmes-le-Robert
la Templerie-d'Echerbé
Fresnay
la Baconnière
Juvaudière
Sacé
Martigné-sur-Mayenne
Thuré
Deux-Evailles
le Rocher
Vivoin
Mézangers
Pierres druidiques
Haut Feil
la Ville-Etable
le Bourgneuf-la-Forêt
Andouillé
32
la Bazoge-des-Alleux
St-Ouën-des-Vallons
la Roche Pichemer
la Cour
Plessis Buret
Etang de la Chaîne
Orange
Châlons-du-Maine
Crun
St-Georges-sur-Erve
Launay-Villiers
Chaussonnerie
Anthenais
la Ricoulière
Gesnes
Brée
Neau
St-Ouën-des-Toits
Fouilloux
St-Jean-sur-Mayenne
la Bigottière
56
EVRON
Assé-le-Bérenger
St-Pierre-la-Cour
Olivet
St-Germain-le-Fouilloux
la Chapelle-Anthenaise
Gressé
MONTSÛRS
le Haut-Busson
Châtres-la-Forêt
la Crouille
Voutré
Port-Brillet
Abbaye de Clermont
Louverné
St-Christophe-du-Luat
Le Genest-St-Isle
St-Céneré
Montecler
60
la Brûlatte
Laval Ouest
Laval Est
130
Livet
Dolmen des Erves
Rennes
St-Isle
Grenoux
Pritz
Laval-Bonchamp
la Chapelle-Rainsouin
Corbusson
Laval le coudray
ARGENTRÉ
la Récussonnier
le Pâtis
STE-SUZANNE
La Cravelle
Terchant
LOIRON
la Chapelle-du-Chêne
20
Bonchamp-lès-Laval
20
St-Léger
St-Nicolas
Ruillé-le-Gravelais
St-BERTHEVIN
LAVAL
les Roches
93
Chammes
St-Cyr-le-Gravelais
la Blinière-Rogat
Thévalles
Louvigné
Soulgé-sur-Ouette
Nuillé-sur-Ouette
Vaiges
Beaulieu
le Pertre
la Blancherie
St-Pierre-le-Potier
Poligny
le Puits
Vaiges
Blandouet
Lanfrière
la Maison-Neuve
Ahuillé
Forcé
Souvray
St-Georges-le-Fléchard
St-Jean-sur-Erve
St-Denis-d'Orques
Beaulieu-sur-Oudon
Etang de Montiean
l'Huisserie
Mazure
Bazougers
Montjean
la Patrière
le Vallon
Parné-sur-Roc
les Chartreux
l'Hommeau
Montigné-le-Brillant
Trappe-du-Port-du-Salut
le Rocher
Courcelle
Entrammes
le Plessis
Champ-Fleury
la Bazouge-du-Chémeré
St-Pierre-sur-Erve
Thorigné-en-Charnie
Courbeveille
Etrogne
Chanteil
la Villaudray
31
Lanchenell
Abbaye du Port-du-Salut
l'Aunay
la Jupellière
Arquenay
Luce
Malvandière
la Forge
Grotte de Rochefort
Soulgé
le Coudray
Chémeré-le-Roi
la Haie
Grotte à Margot
le Château
Viré-en-Champagne
Méral
Nuillé-sur-Vicoin
Astillé
Maisoncelles-du-Maine
la Motte
St-Denis-du-Maine
Saulges
Thévalles
Bannes
Oudon
COSSÉ-le-Vivien
Origné
30
le Bignon-du-Maine
la Carrière
la Cropte
Cossé-en-Champagne
61
les Vignes
la Roche
la Lezière
MESLAY-du-Maine
les Rochères
les Arcis
Linières
Préaux
Epineux-le-Seguin
Varennes
Epaul
le Pont-Vien
Cosmes
Quelaines St-Gault
la Valette
Villiers-Charlemagne
Ballée
la Chapelle-Craonnaise
le Bourg-l'Evêque
Houssay
Bois-Robert
la Rongère
Ruillé-Froid-Fonds
St-Charles-la-Forêt
le Buret
36
Monfrou
Athée
Simplé
St-Gault
St-Sulpice
St-Germain-de-l'Hommel
Mauvinet
le Puy
Beaumont-Pied-de-Bœuf
Auvers-le-Hamon
Livré
la Brancherie
Denazé
Froid-Fonds
Rennes
Blochet
Bouchefollière
Peuton
Bréon
Loigné-sur-Mayenne
Beaubigné
le Bourgneuf-la-Forêt
GREZ-en-Bouère
St-Loup-du-Dorat
Plessis
Nicollières
Marigné-Peuton
les Courans
Bouessay
les Chenets
la Lande
le Haut-Breuil
la Cour
l'Auvière
CRAON
Niafles
Marigné
Laigné
19
Fromentières
Longuefuye
les Agets
25
Chanay
Bouère
St-Brice
Gastines-sur-Erve
Abbaye de Solesmes
Fontenelle
Gennes-sur-Glaize
Châteaubriant
Bouchamps-lès-Craon
Pommerieux
la Tuilerie
Bazouges
CHÂTEAU-GONTIER
St-Aignan
Solesmes
Sarthe
62
20
Chérancé
Ampoigné
la Barre
la Monnerie
Souvigné-sur-Sarthe
SABLÉ-sur-Sarthe
Mée
St-Ouen
la Maroutière
Châtelain
BIERNÉ
la Guérouillère
la Boissière
le Moiré
Luigné
Mise
la Morinière
St-Christophe
St-Quentin-les-Anges
St-Fort
Chemazé
Coudray
Argenton-Notre-Dame
la Sionnière
Noirieux
Pincé
Courtillers
Bourg-Philippe
Mortiercrolles
la Porte
la Pivardière
St-Denis-d'Anjou
27
Châtelais
les Anges
Ménil
22
St-Michel-de-Feins
St-Laurent-des-Mortiers
St-Martin-de-Ville-Anglose
Roche-Davy
Louailles
St-Sauveur-de-Flée
Bouillé-Ménard
Molière
l'Escoublère
Margot
l'Oserale
l'Hôtellerie-de-Flée
Flée
N.-D. d'Orveau
Bouillé-Théval
Daon
Mortreux
les Placés
Miré
Chemiré-sur-Sarthe
les Roches
Précigné
la Ferrière-de-Flée
Cussé
53 Mayenne
49 Maine-et-Loire
Morannes
Vaugaillard
Nantes
Angers
61
Sœurdres
Angers

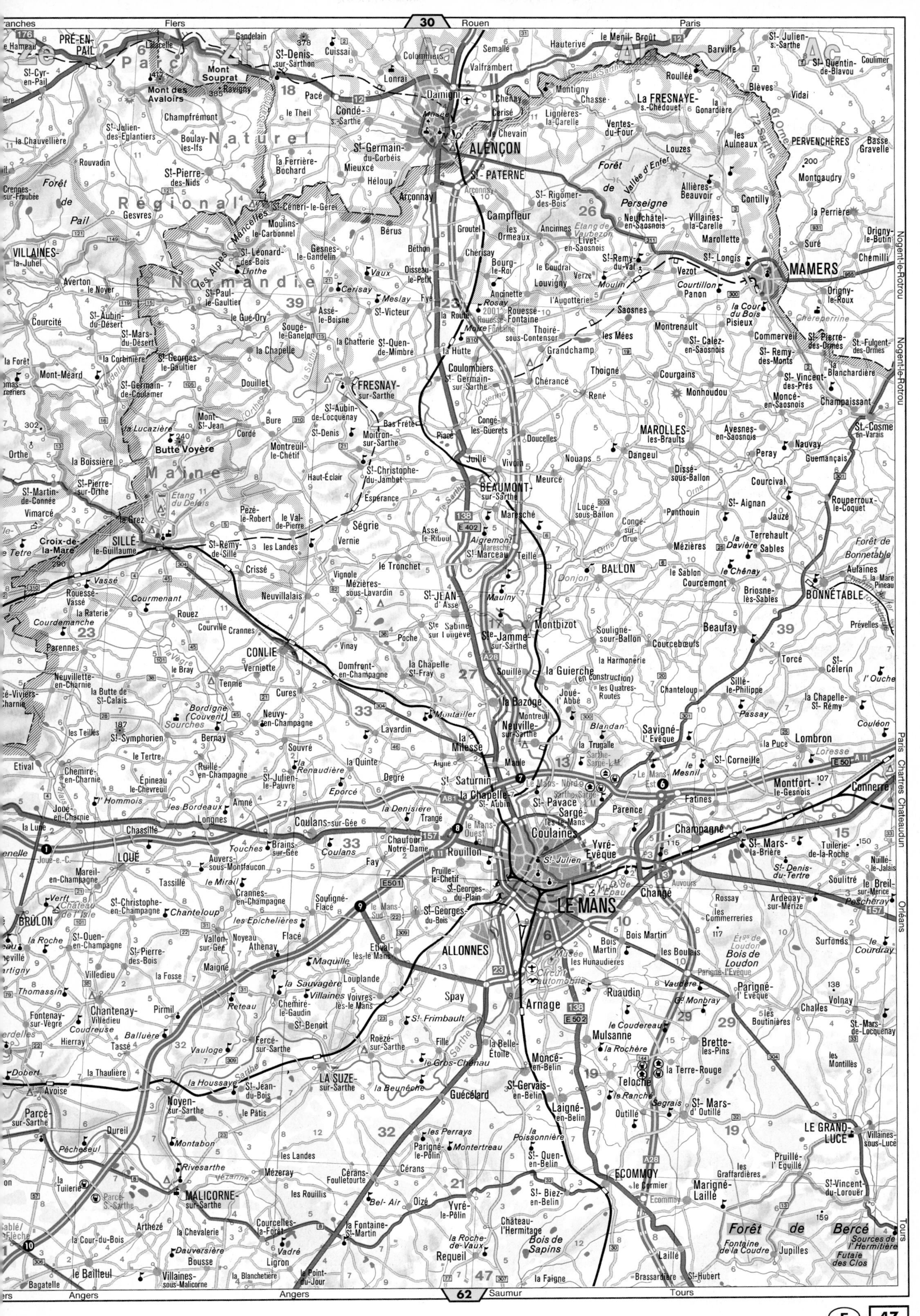

Flers
30
Rouen
Paris
PRÉ-EN-PAIL
St-Cyr-en-Pail
Mont des Avaloirs
Mont Souprat
Ravigny
Gandelain
Lalacelle
St-Denis-sur-Sarthon
Cuissai
Colombiers
Lonrai
Semallé
Valframbert
Hauterive
le Menil-Broût
Barville
St-Julien-s.-Sarthe
St-Quentin-de-Blavou
Coulimer
Pacé
Condé-s.-Sarthe
le Theil
Damigny
Cerisé
Chenay
Montigny
Chassé
Lignières-la-Carelle
La FRESNAYE-s.-Chédouet
la Gonardière
Roullée
Blèves
Vidai
Champfrémont
St-Julien-des-Églantiers
la Chauvellière
Boulay-les-Ifs
Parc Naturel Régional
Normandie Maine
ALENÇON
le Chevain
St-Germain-du-Corbéis
Mieuxcé
la Ferrière-Bochard
Héloup
Arçonnay
St-PATERNE
Ventes-du-Four
Louzes
les Aulneaux
PERVENCHÈRES
Basse Gravelle
Rouvadin
St-Pierre-des-Nids
Forêt de Pail
Crennes-sur-Fraubée
Forêt de Perseigne
Vallée d'Enfer
St-Rigomer-des-Bois
Allières-Beauvoir
Contilly
Montgaudry
la Perrière
Gesvres
St-Céneri-le-Gérei
Moulins-le-Carbonnel
Bérus
Campfleur
Groutel
les Ormeaux
Ancinnes
Neufchâtel-en-Saosnois
Villaines-la-Carelle
Marollette
Origny-le-Butin
Suré
VILLAINES-la-Juhel
St-Léonard-des-Bois
Gesnes-le-Gandelin
Béthon
Chérisay
Bourg-le-Roi
le Coudrai
Livet-en-Saosnois
St-Remy-du-Val
St-Longis
MAMERS
Chemilli
Averton
le Noyer
St-Paul-le-Gaultier
Linthe
Vaux
Oisseau-le-Petit
Cerisay
Meslay
Fyé
Ancinette
Louvigny
Verze
Moulin
Vezot
Courtillon
Panon
la Cour du Bois
Origny-le-Roux
Courcité
St-Aubin-du-Désert
le Gué-Ory
Sougé-le-Ganelon
Assé-le-Boisné
St-Victeur
Rosay
la Route
Rouessé-Fontaine
l'Augotterie
Saosnes
Pisieux
Montrenault
Chèreperrine
St-Mars-du-Désert
St-Georges-le-Gaultier
la Corbinière
la Chapelle
la Chatterie
St-Quen-de-Mimbré
Moire
Thoiré-sous-Contensor
la Hutte
Grandchamp
les Mées
St-Calez-en-Saosnois
Commerveil
St-Pierre-des-Ormes
St-Fulgent-des-Ormes
la Forêt
Mont-Méard
St-Germain-de-Coulamer
Douillet
FRESNAY-sur-Sarthe
Coulombiers
St-Germain-sur-Sarthe
Chérancé
Thoigné
Courgains
St-Remy-des-Monts
St-Vincent-des-Prés
la Blanchardière
Monhoudou
René
Moncé-en-Saosnois
Champaissant
Mont-St-Jean
la Lucazière
Butte Voyère
Bure
Cordé
St-Aubin-de-Locquenay
St-Denis
Bas Frêtes
Moitron-sur-Sarthe
Piacé
Congé-les-Guerets
Doucelles
MAROLLES-les-Braults
Avesnes-en-Saosnois
Nauvay
St-Cosme-en-Varais
Orthe
la Boissière
Montreuil-le-Chétif
Haut-Éclair
St-Christophe-du-Jambet
Juillé
Vivoin
Nouans
Dangeul
Peray
Guemançais
St-Martin-de-Connée
St-Pierre-sur-Orthe
Étang du Defais
BEAUMONT-sur-Sarthe
Meurcé
Dissé-sous-Ballon
Courcival
Rouperroux-le-Coquet
Vimarcé
Pezé-le-Robert
le Val-de-Pierre
Espérance
Ségrie
Maresché
Lucé-sous-Ballon
Ponthouin
St-Aignan
Jauzé
le Grez
Croix-de-la-Mare
SILLÉ-le-Guillaume
St-Rémy-de-Sillé
les Landes
Vernie
Asse-le-Riboul
Aigremont
St-Marceau
Teillé
Congé-sur-Orne
Mézières
la Davière
Sables
Terrehault
Forêt de Bonnetable
Vassé
Rousse-Vassé
Crissé
le Tronchet
BALLON
le Sablon
Courcemont
le Chênay
Aulaines
la Mare Pineau
Courmenant
la Raterie
Neuvillalais
Vignole
Mézières-sous-Lavardin
St-JEAN-d'Assé
Maulny
Briosne-lès-Sables
BONNÉTABLE
Courdemanche
Rouez
Courville
Cranes
Montbizot
Soulligné-sour-Ballon
Beaufay
Prévelles
Parennes
CONLIE
Verniette
Vinay
Poche
Ste Sabine-sur Longève
St-Jamme-sur-Sarthe
Courcebœufs
Torcé
St-Célerin
Neuvillette-en-Charnie
le Bray
Tennie
Domfront-en-Champagne
la Chapelle-St-Fray
Souillé
la Guierche
la Harmonerie
l'Ouche
la Butte de St-Calais
Cures
Joué-l'Abbé
les Quatres-Routes
Chanteloup
Sillé-le-Philippe
la Chapelle-St-Rémy
Bordigné (Couvent)
Sources
Neuvy-en-Champagne
Montailler
la Bazoge
Montreuil
Neuville-sur-Sarthe
Blandan
Passay
les Teillés
St-Symphorien
Bernay
Lavardin
la Milesse
la Trugalle
Savigné-l'Évêque
Lombron
Couléon
Etival
le Tertre
Souvré
la Quinte
Aigné
Maule
Sargé-le-Mans
la Puce
Loresse
Chemiré-en-Charnie
Épineau le-Chevreuil
Ruillé-en-Champagne
St-Julien-le-Pauvre
la Renaudière
Degré
St-Saturnin
le Mans-Nord
le Mans-Est
le Mesnil
St-Corneille
Montfort-le-Gesnois
Connerré
l'Hommois
Amné
Éporcé
la Chapelle-St-Aubin
St-Pavace
Fatines
Joué-en-Charnie
les Bordeaux
Longnes
Coulans-sur-Gée
la Denisière
Trangé
Parence
Champagné
la Lune
Chassillé
le Mans-Ouest
Coulaines
Yvré-l'Évêque
St-Mars-la-Brière
Tuilerie-de-la-Roche
Nuillé-le-Jalais
Joué-e.-C.
LOUÉ
Touches
Brains-sur-Gée
Coulans
Chaufour-Notre-Dame
Rouillon
St-Julien
Fay
Auvours
Changé
St-Denis-du-Tertre
Mareil-en-Champagne
Aubers-sous-Montfaucon
Tassillé
le Mirail
Pruillé-le-Chétif
St-Georges-du-Plain
Rossay
Soulitré
Ardenay-sur-Mérize
le Breil-sur-Mérize
Pescheray
Verft
Château de l'Isle
St-Christophe-en-Champagne
Chanteloup
Crannes-en-Champagne
Souligné-Flacé
le Mans-Sud
St-Georges-du-Bois
LE MANS
l'Épau
les Commerreries
BRÛLON
la Roche
St-Ouen-en-Champagne
les Épichelières
Vallon-sur-Gée
Noyeau
Athenay
Flacé
Bois Martin
Bois de Loudon
Surfonds
le Courdray
St-Pierre-des-Bois
Étival-lès-le-Mans
ALLONNES
Musée
les Hunaudières
les Boulais
Villedieu
la Fosse
Maigné
Maquille
Louplande
Circuit automobile
Parigné-l'Évêque
Thomassin
la Sauvagère
Villaines
Voivres-lès-le Mans
Spay
Arnage
Ruaudin
Vauberie
Gd Monbray
Volnay
Fontenay-sur-Vègre
Chantenay-Villedieu
Pirmil
Reteau
Chemiré-le-Gaudin
St-Benoit
St-Frimbault
Mulsanne
le Coudereau
Challes
Coudreuse
Balluère
Hierray
Tassé
Roëzé-sur-Sarthe
Fillé
la Belle-Étoile
la Rochère
Brette-les-Pins
les Boutinières
St-Mars-de-Locquenay
Vauloge
Fercé-sur-Sarthe
le Gros-Chênau
Moncé-en-Belin
les Montillés
Dobert
la Thaulière
la Houssaye
St-Jean-du-Bois
LA SUZE-sur-Sarthe
la Beunêche
Guécélard
St-Gervais-en-Belin
Teloché
la Terre-Rouge
le Ranché
Segrais
St-Mars-d'Outillé
Avoise
Noyen-sur-Sarthe
le Pâtis
Laigné-en-Belin
Outillé
LE GRAND-LUCÉ
Villaines-sous-Lucé
Parcé-sur-Sarthe
Dureil
Pêcheseul
Montabon
les Landes
les Perrays
Parigné-le-Pôlin
Montertreau
la Poissonnière
St-Quen-en-Belin
Pruillé-l'Éguillé
la Tuilerie
Rivesarthe
Mézeray
Cérans-Foulletourte
Cérans
ECOMMOY
le Cormier
les Graffardières
Marigné-Laillé
St-Vincent-du-Lorouër
MALICORNE-sur-Sarthe
les Rouillis
Bel-Air
Oizé
Yvré-le-Pôlin
St-Biez-en-Belin
Sablé/La Flèche
Arthezé
la Chevalerie
Courcelles-la-Forêt
la Fontaine-St-Martin
Château-l'Hermitage
Forêt de Bercé
Fontaine de la Coudre
Jupilles
Sources de l'Hermitière
Futaie des Clos
la Cour-du-Bois
Dauversière
Vadré
Ligron
la Roche-de-Vaux
Bois de Sapins
Requeil
Laillé
le Bailleul
Bousse
Villaines-sous-Malicorne
la Blanchetière
le Point-du-Jour
la Faigne
Brassardière
St-Hubert
Bagatelle
Angers
Angers
62
Saumur
Tours
Nogent-le-Rotrou
Paris
Chartres
Chateaudun
Orléans
Tours

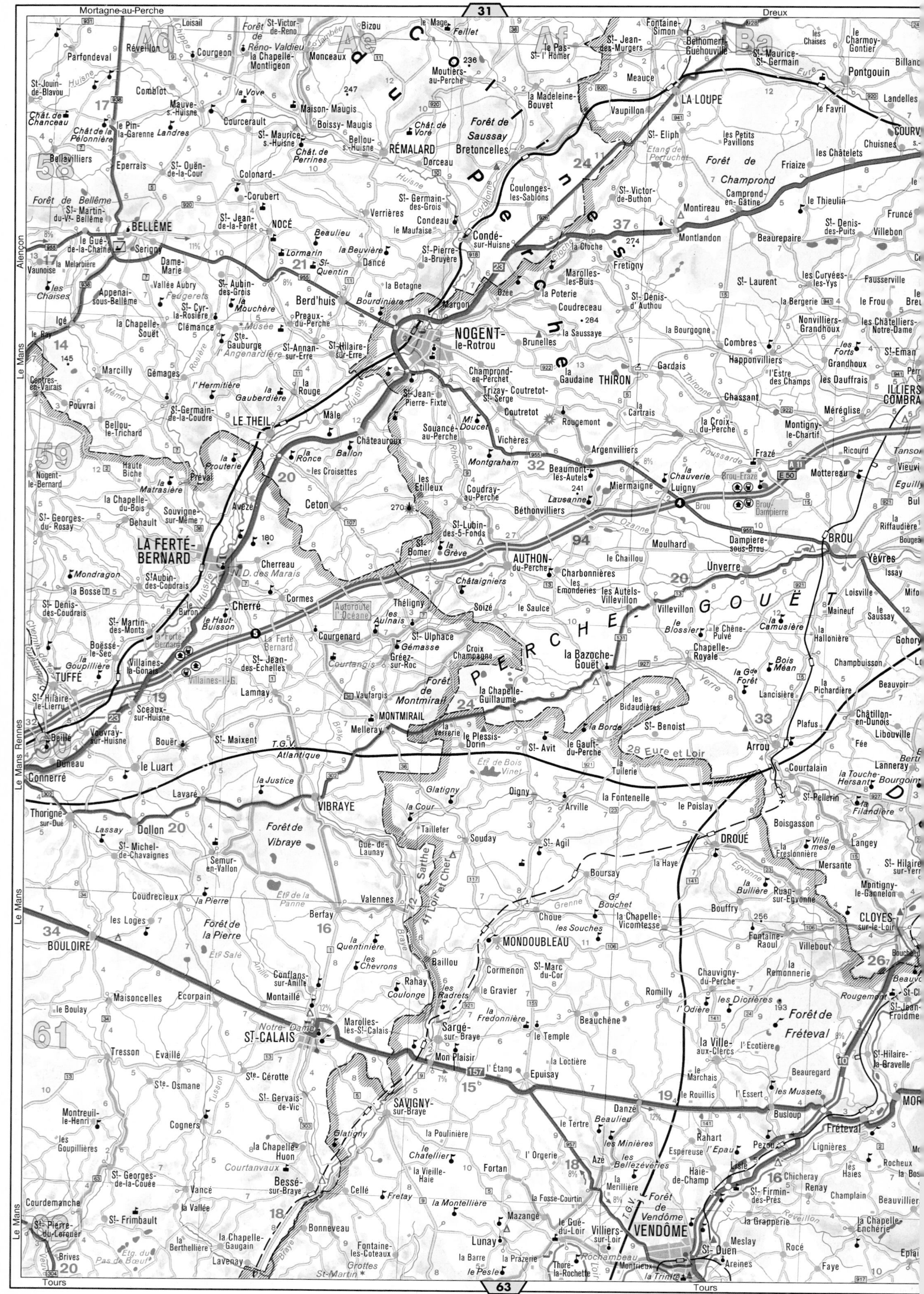
NOGENT-le-Rotrou
LA FERTÉ-BERNARD
BELLÊME
RÉMALARD
LA LOUPE
BROU
VENDÔME
ST-CALAIS
MONDOUBLEAU
VIBRAYE
MONTMIRAIL
THIRON
AUTHON-du-Perche
LE THEIL
CLOYES-sur-le-Loir
DROUÉ
TUFFÉ
BOULOIRE
SAVIGNY-sur-Braye
Forêt de Bellême
Forêt de Saussay
Forêt de Champrond
Forêt de Montmirail
Forêt de Vibraye
Forêt de la Pierre
Forêt de Fréteval
Forêt de Vendôme
PERCHE-GOUËT
Eure et Loir
Loir et Cher
Sarthe
Alençon
Le Mans
Le Mans Rennes
Tours

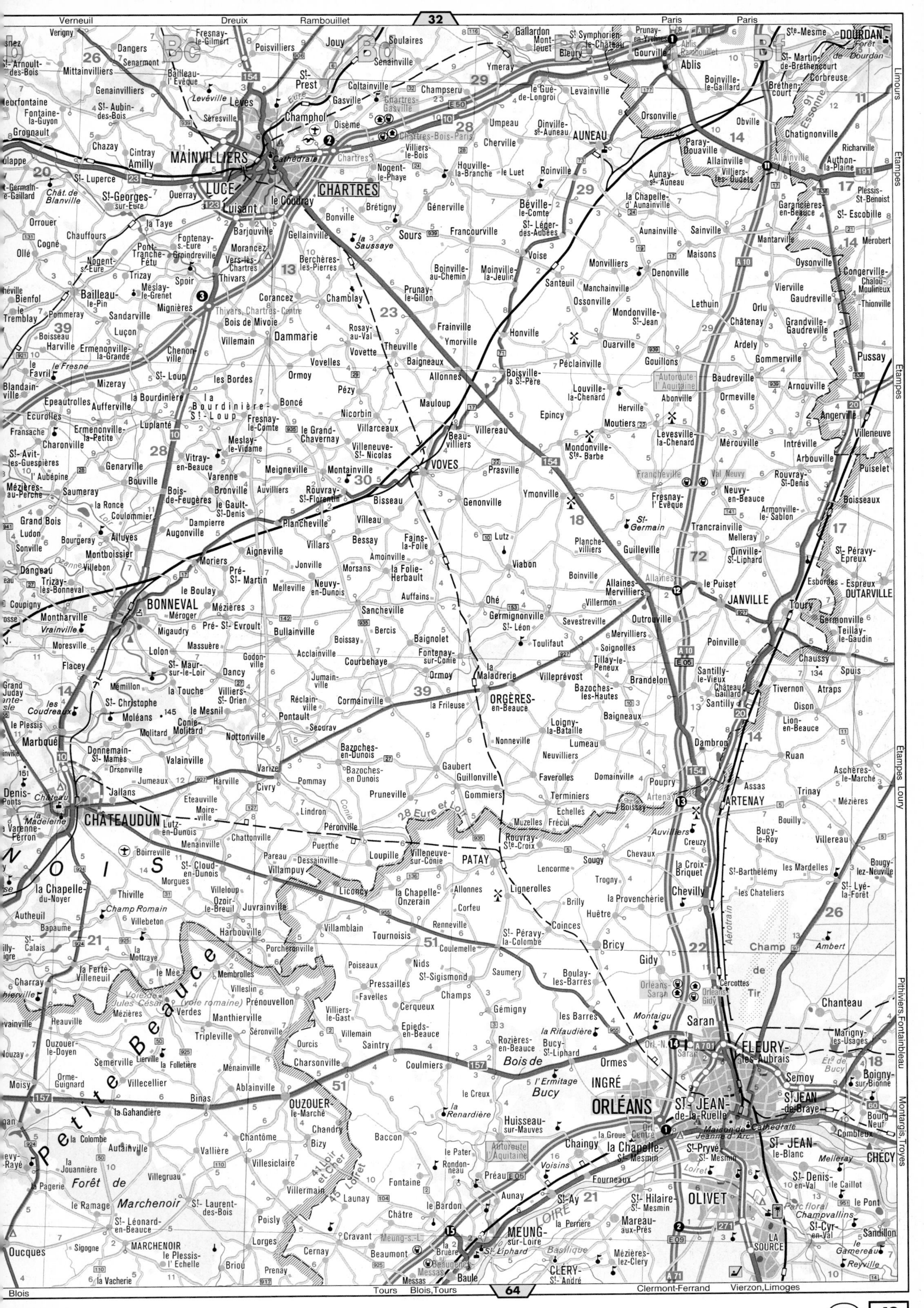

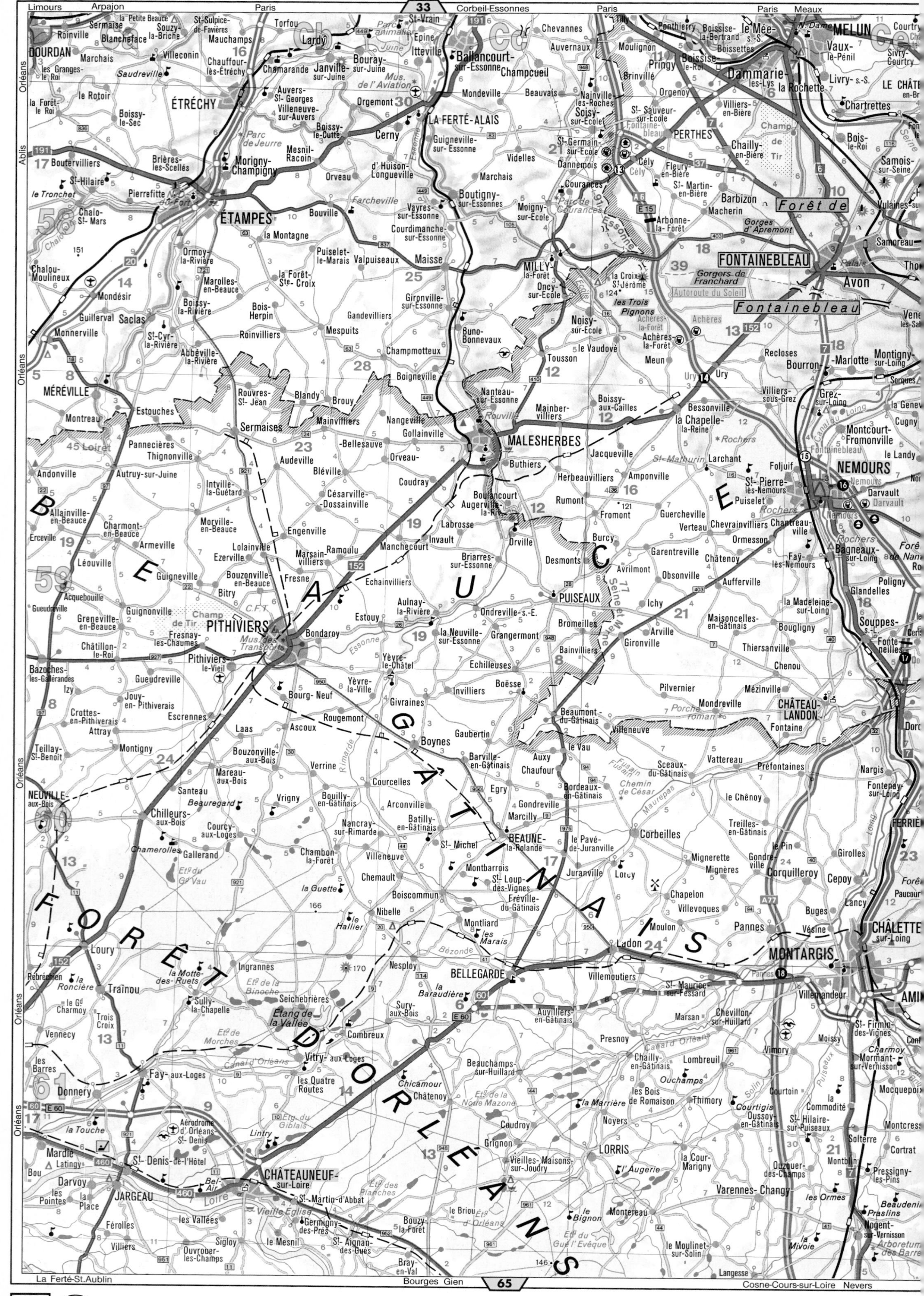

Limours
Arpajon
Paris
33
Corbeil-Essonnes
Paris
Paris
Meaux
DOURDAN
Roinville
Sermaise
Blancheface
Souzy-la-Briche
St-Sulpice-de-Favières
Mauchamps
Torfou
Lardy
St-Vrain
Chevannes
Auvernaux
Mennecy
Tilly
Ponthierry
Boissise-la-Bertrand
Boissettes
Le Mée-s.-S.
MELUN
Vaux-le-Pénil
Courtry
Sivry-Courtry
Marchais
Villeconin
Chauffour-lès-Étréchy
Chamarande
Janville-sur-Juine
Bouray-sur-Juine
Itteville
Ballancourt-sur-Essonne
Champcueil
Mondeville
Moulignon
Pringy
Boissise-le-Roi
Dammarie-les-Lys
La Rochette
Livry-s.-S.
LE CHÂTELET-en-Brie
Les Granges-le-Roi
Saudreville
Mus. de l'Aviation
Brinvillé
Orgenoy
Villiers-en-Bière
Chartrettes
la Forêt-le Roi
le Rotoir
ÉTRÉCHY
Auvers-St-Georges
Villeneuve-sur-Auvers
Orgemont
LA FERTÉ-ALAIS
Beauvais
Nainville-les-Roches
Soisy-sur-École
St-Sauveur-sur-École
Boissy-le-Sec
Parc de Jeurre
Boissy-le-Cutté
Cerny
Guigneville-sur-Essonne
St-Germain-sur-École
Perthes
Chailly-en-Bière
Champ de Tir
Bois-le-Roi
Abl is
Boutervilliers
Brières-les-Scellés
Morigny-Champigny
Mesnil-Racoin
Videlles
Dannemois
Cély
Fleury-en-Bière
Samois-sur-Seine
St-Hilaire
le Tronchet
Pierrefitte
Orveau
d'Huison-Longueville
Marchais
Courances
St-Martin-en-Bière
Barbizon
Forêt de
Chalo-St-Mars
ÉTAMPES
Bouville
Farcheville
Vayres-sur-Essonne
Boutigny-sur-Essonne
Moigny-sur-École
Parc de Courances
Arbonne-la-Forêt
Macherin
Gorges d'Apremont
Vulaines-sur-Seine
la Montagne
Courdimanche-sur-Essonne
Samoreau
Ormoy-la-Rivière
Puiselet-le-Marais
Valpuiseaux
Maisse
MILLY-la-Forêt
Oncy-sur-École
la Croix St Jérôme
FONTAINEBLEAU
Gorges de Franchard
Autoroute du Soleil
Avon
Thomery
Chalou-Moulineux
Marolles-en-Beauce
la Forêt-Ste-Croix
Mondésir
Boissy-la-Rivière
Bois-Herpin
Gironville-sur-Essonne
Les Trois Pignons
Noisy-sur-École
Achères-la-Forêt
Fontainebleau
Guillerval
Saclas
Gandevilliers
Monnerville
St-Cyr-la-Rivière
Roinvilliers
Mespuits
Buno-Bonnevaux
le Vaudoué
Recloses
Bourron-Marlotte
Montigny-sur-Loing
Abbéville-la-Rivière
Champmotteux
Tousson
Meun
Ury
Sorques
Orléans
MÉRÉVILLE
Rouvres-St-Jean
Blandy
Brouy
Boigneville
Nanteau-sur-Essonne
Mainbervilliers
Boissy-aux-Cailles
Bessonville
Villiers-sous-Grez
Grez-sur-Loing
la Genevraye
Montreau
Estouches
Sermaises
Mainvilliers
Nangeville
Rouville
La Chapelle-la-Reine
Cugny
Gollainville
MALESHERBES
Rochers
Montcourt-Fromonville
45 Loiret
Pannecières
Thignonville
Audeville
-Bellesauve
Orveau-
Jacqueville
Larchant
le Landy
Andonville
Autruy-sur-Juine
Intville-la-Guétard
Bléville
Coudray
Buthiers
Herbeauvilliers
Amponville
Foljuif
NEMOURS
Allainville-en-Beauce
Charmont-en-Beauce
Césarville-Dossainville
Boulancourt
Augerville-la-Rivière
Rumont
Fromont
St-Pierre-lès-Nemours
Puiselet
Darvault
Morville-en-Beauce
Labrosse
Guercheville
Erceville
Armeville
Engenville
Invault
Verteau
Chevrainvilliers
Chaintreauville
Lolainville
Ezerville
Ramoulu
Manchecourt
Orville
Burcy
Ormesson
Bagneaux-sur-Loing
Léouville
Marsainvilliers
Briarres-sur-Essonne
Desmonts
Garentreville
Châtenoy
Fay-lès-Nemours
Guigneville
Bouzonville-en-Beauce
Fresne
Echainvilliers
Avrilmont
Obsonville
Poligny
Bitry
C.F.T.
Aulnay-la-Rivière
PUISEAUX
Aufferville
Glandelles
Acquebouille
Gueudreville
Guignonville
Champ de Tir
PITHIVIERS
Estouy
Ondreville-s.-E.
Ichy
La Madeleine-sur-Loing
Greneville-en-Beauce
Fresnay-les-Chaumes
Bondaroy
Mus. des Transports
La Neuville-sur-Essonne
Grangermont
Bromeilles
Arville
Maisoncelles-en-Gâtinais
Souppes-s.-L.
Châtillon-le-Roi
Pithiviers-le-Vieil
Yèvre-le-Châtel
Echilleuses
Bainvilliers
Gironville
Bougligny
Thiersanville
Bazoches-les-Gallerandes
Gueudreville
Yèvre-la-Ville
Boësse
Chenou
Izy
Jouy-en-Pithiverais
Bourg-Neuf
Givraines
Invilliers
Pilvernier
Mézinville
Crottes-en-Pithiverais
Attray
Escrennes
Rougemont
Mondreville
CHÂTEAU-LANDON
Beaumont-du-Gâtinais
Porche roman
Laas
Ascoux
Gaubertin
Villeneuve
Fontaine
Teillay-St-Benoît
Montigny
Boynes
Barville-en-Gâtinais
Auxy
Le Vau
Bouzonville-aux-Bois
Chaufour
Vattereau
Préfontaines
Nargis
Verrine
Sceaux-du-Gâtinais
Mareau-aux-Bois
Courcelles
Egry
Bordeaux-en-Gâtinais
Chemin de César
Fontenay-sur-Loing
NEUVILLE-aux-Bois
Santeau
Vrigny
Bouilly-en-Gâtinais
Arconville
Gondreville
Le Chênoy
Beauregard
Chilleurs-aux-Bois
Courcy-aux-Loges
Batilly-en-Gâtinais
Nancray-sur-Rimarde
Marcilly
Treilles-en-Gâtinais
Chamerolles
Gallerand
St-Michel
BEAUNE-la-Rolande
Le Pavé-de-Juranville
Corbeilles
Le Pin
Girolles
Chambon-la-Forêt
Villeneuve
Montbarrois
Mignerette
Mignères
Gondreville
Corquilleroy
Cepoy
Chemault
St-Loup-des-Vignes
Juranville
Lorcy
Ét. du Gd Vau
la Guette
Boiscommun
Fréville-du-Gâtinais
Chapelon
Villevoques
Lancy
Paucourt
Nibelle
le Hallier
Montliard
les Marais
Moulon
Buges
FORÊT D'ORLÉANS
BEAUCE
GÂTINAIS
Pannes
Vésine
CHÂLETTE-sur-Loing
Loury
Bézonde
Ladon
MONTARGIS
Ingrannes
Nesploy
BELLEGARDE
Villemoutiers
St-Maurice-sur-Fessard
Villemandeur
Rebréchien
la Roncière
la Motte-des-Ruets
Ét. de la Binoche
Seichebrières
la Baraudière
Traînou
le Gd Charmoy
Sully-la-Chapelle
Sury-aux-Bois
Auvilliers-en-Gâtinais
Chevillon-sur-Huillard
Marsan
St-Firmin-des-Vignes
Trois Croix
Étang de la Vallée
Combreux
Vennecy
Ét. de Morches
Presnoy
Canal d'Orléans
Vimory
Moissy
Charmoy
Mormant-sur-Vernisson
Vitry-aux-Loges
Chailly-en-Gâtinais
Lombreuil
les Barres
Fay-aux-Loges
Beauchamps-sur-Huillard
Ouchamps
Donnery
les Quatre Routes
Chicamour
Châtenoy
Ét. de la Noue Mazone
les Bois de Romaison
Thimory
Courtoin
la Commodité
Mocquepoix
la Touche
Ét. du Giblais
la Marrière
Courtigis
Oussoy-en-Gâtinais
St-Hilaire-sur-Puiseaux
Montcresson
Aérodrome d'Orléans-St-Denis
Lintry
Coudroy
Noyers
Solterre
Cortrat
Mardié
Latingy
St-Denis-de-l'Hôtel
Grignon
LORRIS
Montbouy
Pressigny-les-Pins
Bou
CHÂTEAUNEUF-sur-Loire
Vieilles-Maisons-sur-Joudry
la Cour-Marigny
Ouzouer-des-Champs
Darvoy
Bel-Air
l'Augerie
les Pointes
la Place
JARGEAU
St-Martin-d'Abbat
Ét. des Planches
Varennes-Changy
les Ormes
Beaudenier
Loire
Vieille Église
Praslins
Férolles
les Vallées
Germigny-des-Prés
le Briou
Ét. d'Orléans
le Bignon
Montereau
Nogent-sur-Vernisson
Villiers
Sigloy
Bouzy-la-Forêt
le Mesnil
St-Aignan-des-Gués
Ét. du Gué l'Évêque
le Moulinet-sur-Solin
la Mivoie
Arboretum des Barres
Ouvrouer-les-Champs
Bray-en-Val
Langesse
La Ferté-St.Aublin
Bourges
Gien
65
Cosne-Cours-sur-Loire
Nevers

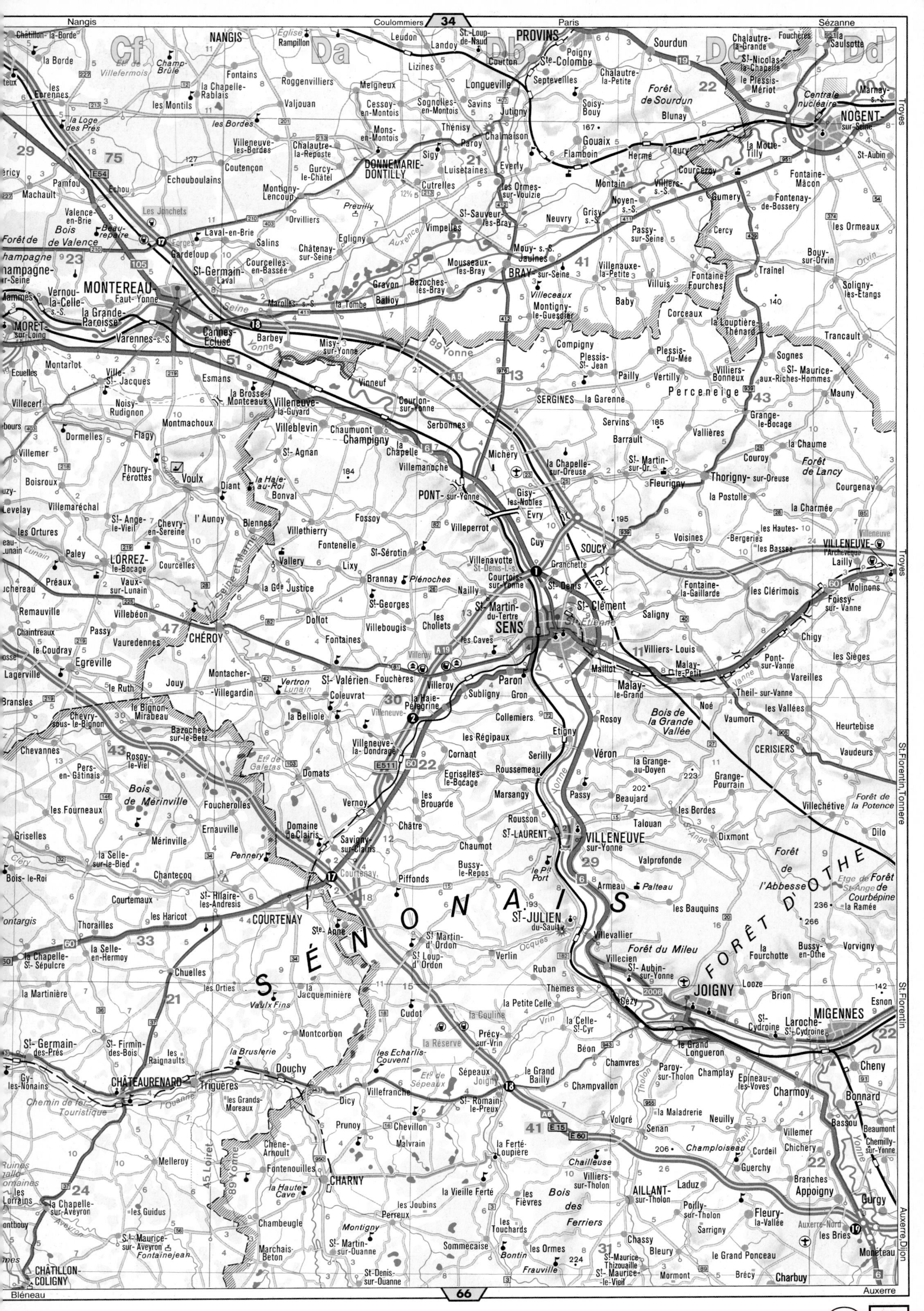

Nangis
Coulommiers
34
Paris
Sézanne
Troyes
St.Florentin,Tonnerre
St.Florentin
Auxerre,Dijon
Auxerre
Bléneau
66
Cf
Da
Db
Dc
Dd
NANGIS
PROVINS
NOGENT-sur-Seine
MONTEREAU-Faut-Yonne
BRAY-sur-Seine
DONNEMARIE-DONTILLY
MORET-sur-Loing
Villeneuve-la-Guyard
Pont-sur-Yonne
SENS
SERGINES
CHÉROY
LORREZ-le-Bocage
VILLENEUVE-l'Archevêque
St-Valérien
COURTENAY
VILLENEUVE-sur-Yonne
St-JULIEN-du-Sault
CERISIERS
JOIGNY
MIGENNES
CHÂTEAURENARD
CHARNY
AILLANT-sur-Tholon
CHÂTILLON-COLIGNY
Forêt de Sourdun
Forêt du Mileu
Forêt de l'Abbesse
FORÊT D'OTHE
Bois de Mérinville
Bois de la Grande Vallée
Bois des Ferriers
SÉNONAIS
Perceneige
Seine
Yonne
Vanne
Centrale nucléaire

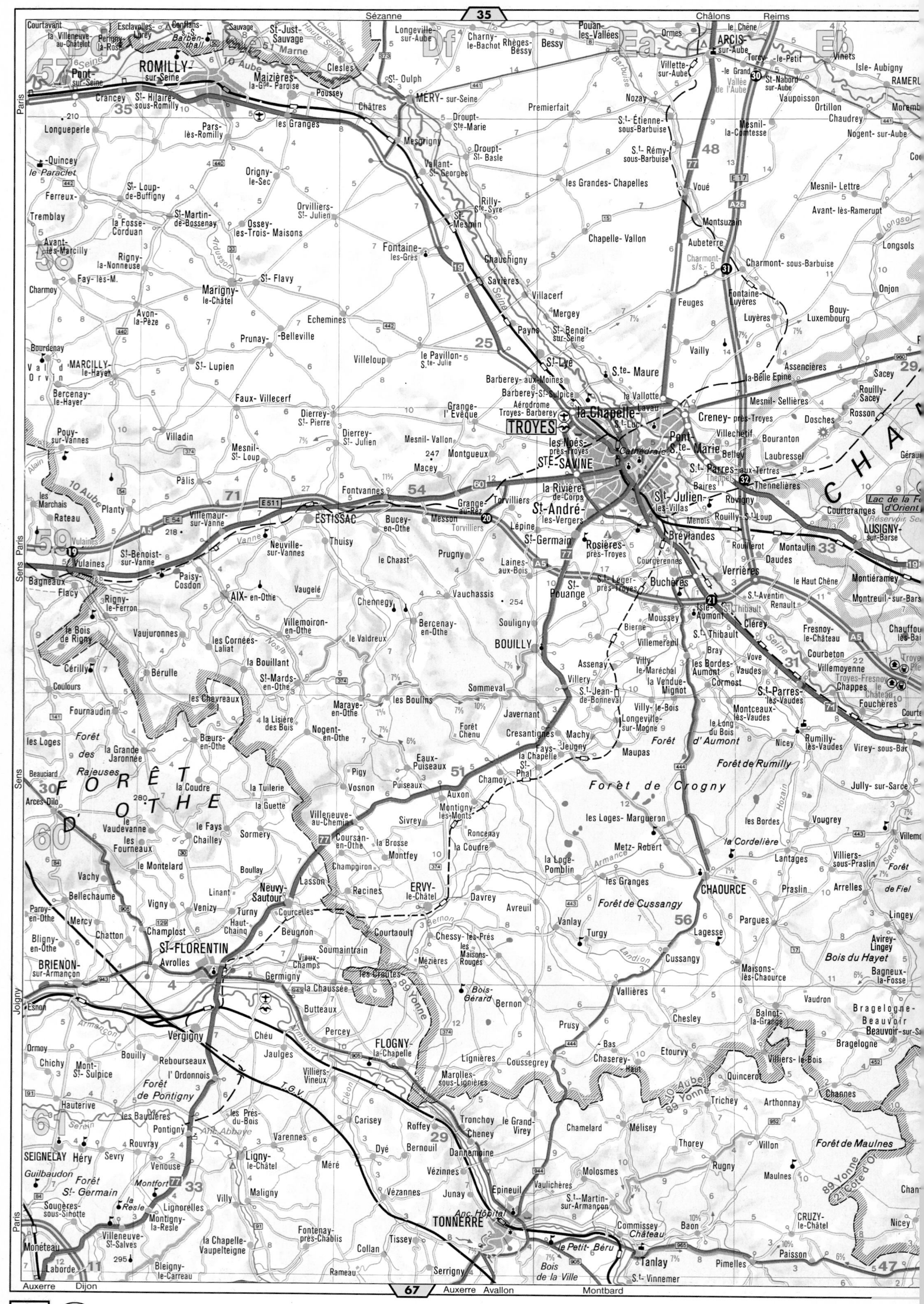
Sézanne
35
Châlons
Reims
Courtavant
Esclavolles-Lurey
Conflans-s-S.
Sauvage
St-Just-Sauvage
Longeville-sur-Aube
Charny-le-Bachot
Rhèges-Bessy
Bessy
Pouan-les-Vallées
Ormes
le Chêne
ARCIS-sur-Aube
Vinets
Isle-Aubigny
RAMERU
Barbenthal
ROMILLY-sur-Seine
Pont-sur-Seine
Marne
Maizières-la-Gde-Paroisse
Clesles
St-Oulph
Torcy-le-Petit
Villette-sur-Aube
St-Nabord-sur-Aube
Crancey
St-Hilaire-sous-Romilly
Poussey
Châtres
MÉRY-sur-Seine
Premierfait
Nozay
Vaupoisson
Ortillon
Chaudrey
Nogent-sur-Aube
Longueperle
Pars-lès-Romilly
les Granges
Droupt-Ste-Marie
Droupt-St-Basle
Mesgrigny
St-Étienne-sous-Barbuise
St-Rémy-sous-Barbuise
Mesnil-la-Comtesse
Quincey
le Paraclet
Origny-le-Sec
Vallant-St-Georges
les Grandes-Chapelles
Voué
Mesnil-Lettre
Ferreux
St-Loup-de-Buffigny
Rilly-Ste-Syre
Avant-lès-Ramerupt
Tremblay
St-Martin-de-Bossenay
la Fosse-Corduan
Ossey-les-Trois-Maisons
Orvilliers-St-Julien
St-Mesmin
Montsuzain
Aubeterre
Chapelle-Vallon
Longsols
Avant-lès-Marcilly
Rigny-la-Nonneuse
Fontaine-les-Grès
Chauchigny
Charmont-sous-Barbuise
Fay-lès-M.
Charmoy
Marigny-le-Châtel
St-Flavy
Savières
Villacerf
Fontaine-Luyères
Onjon
Avon-la-Pèze
Echemines
Mergey
Feuges
Luyères
Bouy-Luxembourg
Bourdenay
Prunay-Belleville
Payns
St-Benoît-sur-Seine
Vailly
Val d'Orvin
MARCILLY-le-Hayer
St-Lupien
Villeloup
le Pavillon-Ste-Julie
St-Lyé
Ste-Maure
Assencières
Sacey
Bercenay-le-Hayer
Barberey-aux-Moines
Barberey-St-Sulpice
la Vallotte
la Belle Epine
Rouilly-Sacey
Faux-Villecerf
Dierrey-St-Pierre
Grange-l'Evêque
Aérodrome Troyes-Barberey
la Chapelle-St-Luc
Lavau
Creney-près-Troyes
Mesnil-Sellières
Pouy-sur-Vannes
Villadin
Dierrey-St-Julien
Mesnil-Vallon
TROYES
les Noës-près-Troyes
Pont-Ste-Marie
Villechétif
Dosches
Rosson
Bouranton
Mesnil-St-Loup
Montgueux
STE-SAVINE
Cathédrale
Belley
Laubressel
Macey
St-Parres-aux-Tertres
Pâlis
Fontvannes
la Rivière-de-Corps
St-Julien-les-Villas
Thennelières
les Marchais
Planty
Grange-au-Rez
Torvilliers
St-André-les-Vergers
Baires
Ruvigny
Courteranges
Lac de la Forêt d'Orient
Réservoir Seine
Rateau
Villemaur-sur-Vanne
ESTISSAC
Bucey-en-Othe
Messon
Lépine
Menois
Rouilly-St-Loup
LUSIGNY-sur-Barse
Vulaines
Neuville-sur-Vannes
Thuisy
St-Germain
Rosières-près-Troyes
Bréviandes
Rouilleroť
Montaulin
Daudes
St-Benoist-sur-Vanne
le Chaast
Prugny
Laines-aux-Bois
Courgerennes
Verrières
Bagneaux
Flacy
Paisy-Cosdon
Vaugelé
Vauchassis
St-Pouange
St-Léger-près-Troyes
Buchères
St-Aventin
le Haut Chêne
Montiéramey
Rigny-le-Ferron
AIX-en-Othe
Chennegy
Isle-Aumont
St-Thibault
Renault
Montreuil-sur-Barse
le Bois de Rigny
Vaujurонnes
Villemoiron-en-Othe
Bercenay-en-Othe
Souligny
Moussey
Bierne
Clérey
Fresnoy-le-Château
Chauffour-lès-Bailly
les Cornées-Laliat
le Valdreux
BOUILLY
Villemereuil
St-Thibault
Bray
Courbeton
Cérilly
la Bouillant
Assenay
Villy-le-Maréchal
les Bordes-Aumont
Vaudes
Vove
Villemoyenne
Bérulle
St-Mards-en-Othe
Villery
la Vendue-Mignot
Cormost
Troyes-Fresnoy
Chappes
Coulours
Sommeval
St-Jean-de-Bonneval
St-Parres-lès-Vaudes
Fouchères
les Chevreaux
les Boulins
Villy-le-Bois
Montceaux-lès-Vaudes
Fournaudin
Maraye-en-Othe
Javernant
Longeville-sur-Mogne
la Lisière des Bois
Forêt Chenu
le Long du Bois
les Loges
Forêt des Rajeuses
Bœurs-en-Othe
Nogent-en-Othe
Cresantignes
Machy
Fays-Jeugny
Forêt d'Aumont
Nicey
Rumilly-lès-Vaudes
Virey-sous-Bar
la Grande Jaronnée
Eaux-Puiseaux
la Chapelle-St-Phal
Maupas
Forêt de Rumilly
Beauciard
Pigy
Chamoy
Forêt de Crogny
Jully-sur-Sarce
Arces-Dilo
FORÊT D'OTHE
la Coudre
la Tuilerie
Vosnon
Puiseaux
Auxon
la Guette
Montigny-les-Monts
les Loges-Margueron
les Bordes
Vougrey
le Vaudevanne
les Fourneaux
le Fays
Chailley
Sormery
Villeneuve-au-Chemin
Sivrey
Roncenay
Coursan-en-Othe
la Brosse
la Coudre
Montfey
Metz-Robert
la Cordelière
Villemoron
Vachy
le Montelard
Boullay
Champgiron
la Loge-Pomblin
Lantages
Villiers-sous-Praslin
Bellechaume
Linant
Neuvy-Sautour
Lasson
Racines
ERVY-le-Châtel
Davrey
Avreuil
les Granges
Forêt de Cussangy
CHAOURCE
Praslin
Arrelles
Forêt de Fiel
Paroy-en-Othe
Mercy
Vigny
Venizy
Turny
Haut-Chainq
Courcelles
Vanlay
Pargues
Lingey
Bligny-en-Othe
Chatton
Champlost
Beugnon
Courtaoult
Chessy-les-Prés
les Maisons-Rouges
Turgy
Lagesse
Avirey-Lingey
Bois du Hayet
BRIENON-sur-Armançon
ST-FLORENTIN
Avrolles
Soumaintrain
Vieux-Champs
les Croûtes
Mézières
Cussangy
Maisons-lès-Chaource
Bagneux-la-Fosse
Germigny
la Chaussée
Bois-Gérard
Bernon
Vallières
Vaudron
Joigny
Esnon
Butteaux
Bragelogne-Beauvoir
Beauvoir-sur-Sarce
Vergigny
Chéu
Percey
FLOGNY-la-Chapelle
Prusy
Chesley
Bragelogne
Ormoy
Bouilly
Rebourseaux
Jaulges
Bas
Chaserey-Haut
Etourvy
Villiers-le-Bois
Chichy
Mont-St-Sulpice
l'Ordonnois
Villiers-Vineux
Lignières
Coussegrey
Quincerot
Forêt de Pontigny
Marolles-sous-Lignières
T.G.V.
Trichey
Arthonnay
Channes
Hauterive
les Baudières
les Prés-du-Bois
Carisey
Tronchoy
le Grand-Virey
Chamelard
Mélisey
Pontigny
Anc. Abbaye
Varennes
Roffey
Cheney
Thorey
Villon
Forêt de Maulnes
SEIGNELAY
Héry
Sevry
Rouvray
Ligny-le-Châtel
Dyé
Bernouil
Dannemoine
Rugny
Guilbaudon
Forêt St-Germain
Venouse
Méré
Vézinnes
Molosmes
Maulnes
Montfort
Maligny
Vézannes
Junay
Epineuil
Vaulichères
St-Martin-sur-Armançon
Sougères-sous-Sinotte
la Resle
Lignorelles
Villy
Anc. Hôpital
Côte-d'Or
Montigny-la-Resle
TONNERRE
Commissey
Château
Baon
CRUZY-le-Châtel
Nicey
Villeneuve-St-Salves
Fontenay-près-Chablis
Tissey
le Petit-Béru
Tanlay
Paisson
Monéteau
la Chapelle-Vaupelteigne
Collan
Bois de la Ville
Pimelles
Laborde
Bleigny-le-Carreau
Rameau
Serrigny
St-Vinnemer
Auxerre
Dijon
67
Auxerre Avallon
Montbard
Paris
Sens
CHAMPAGNE
Aube
Yonne
Seine
Vanne
Armançon
Armance
Serein
Ardusson
Barbuise
Hozain
Sarce
Landion
Bernon
Nosle
Alain
Cléon
Canal de la Haute Seine

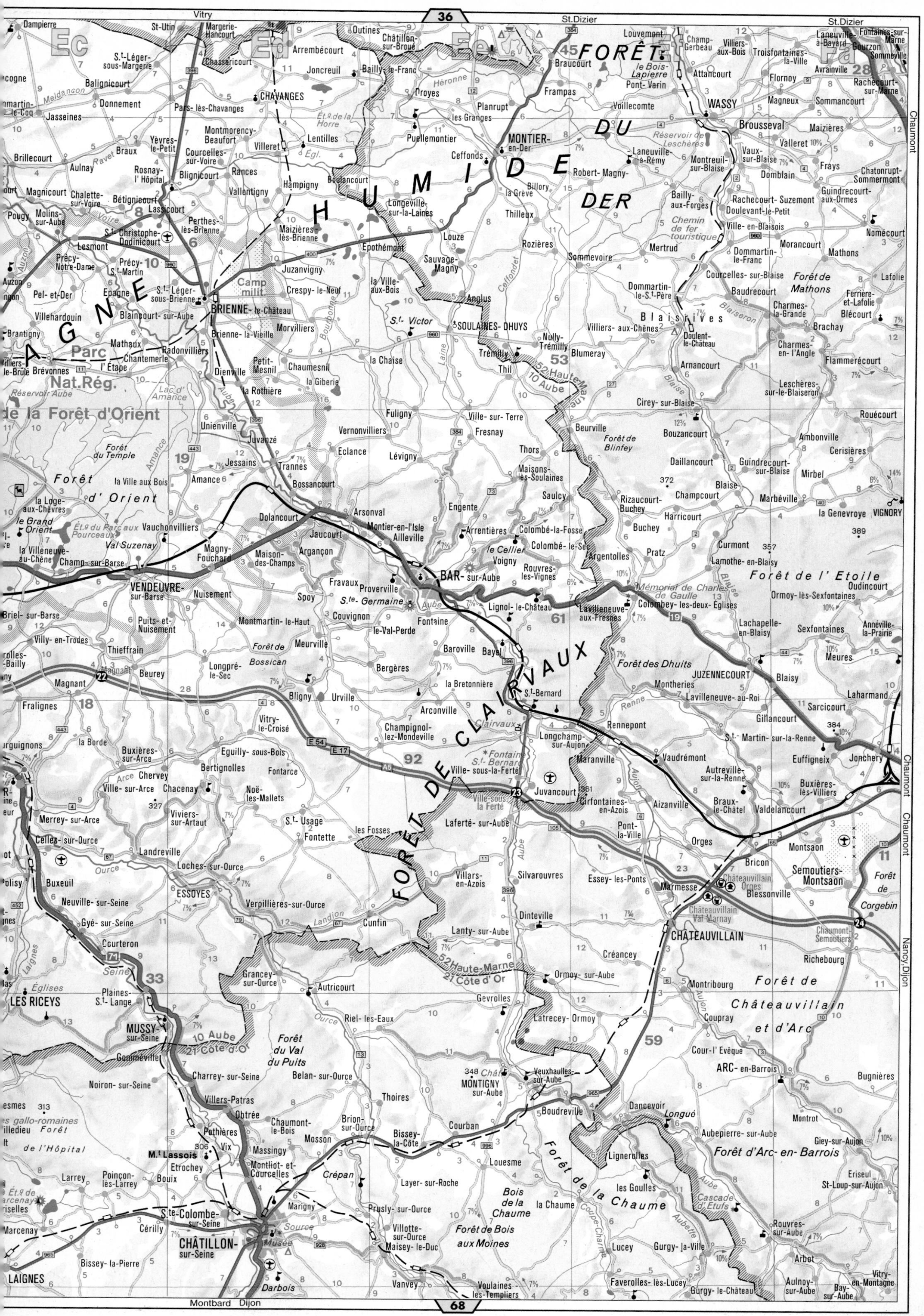

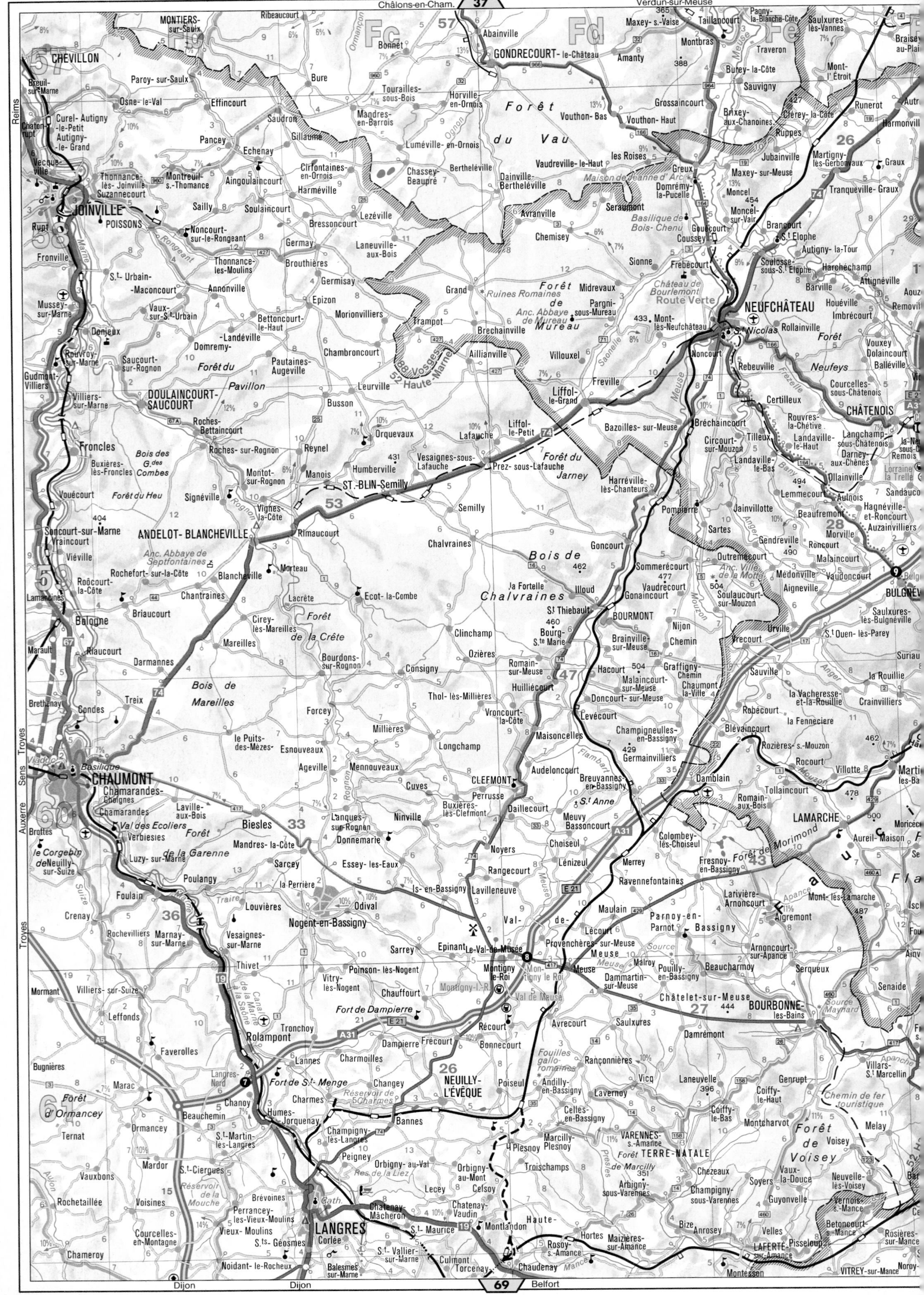

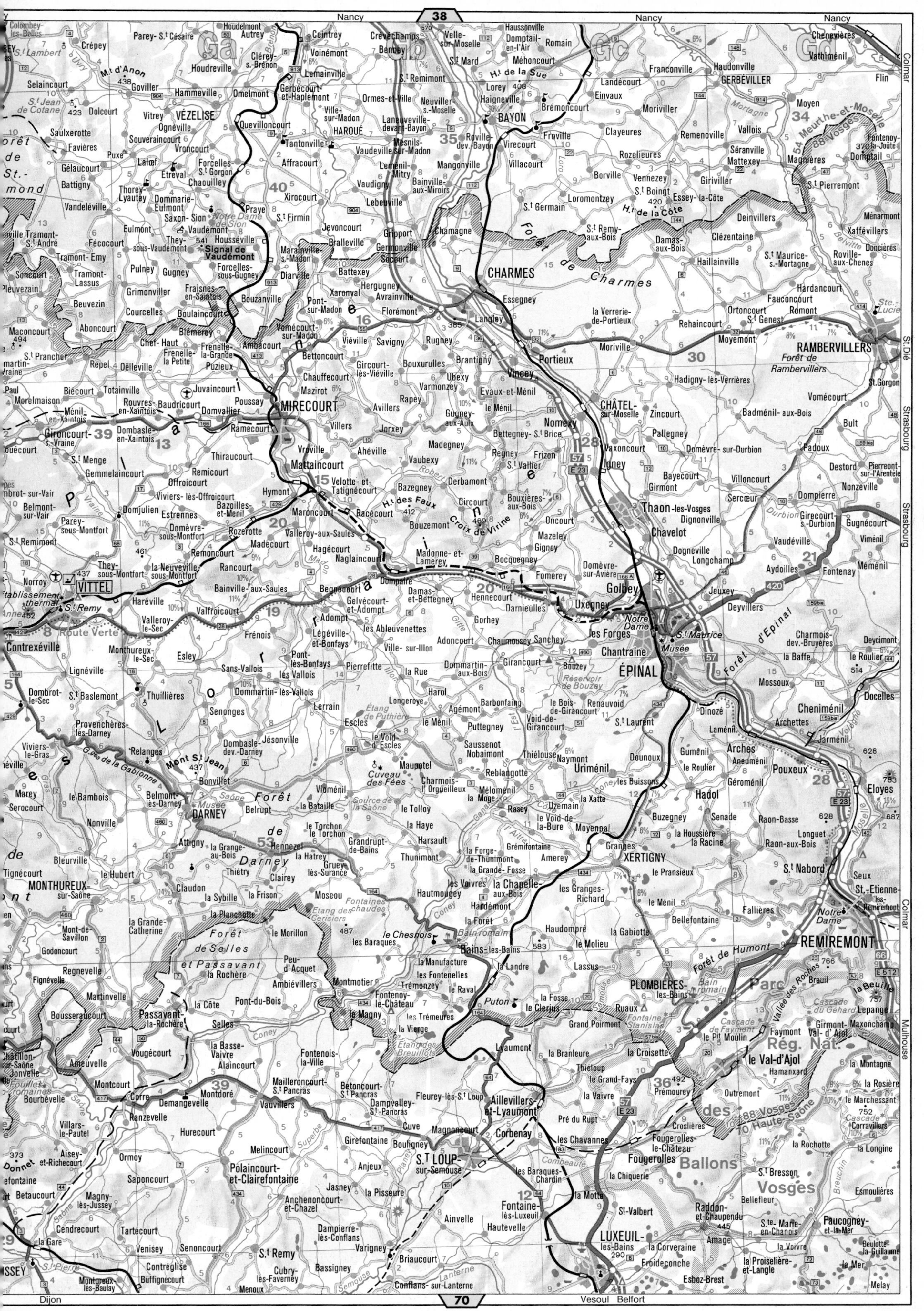

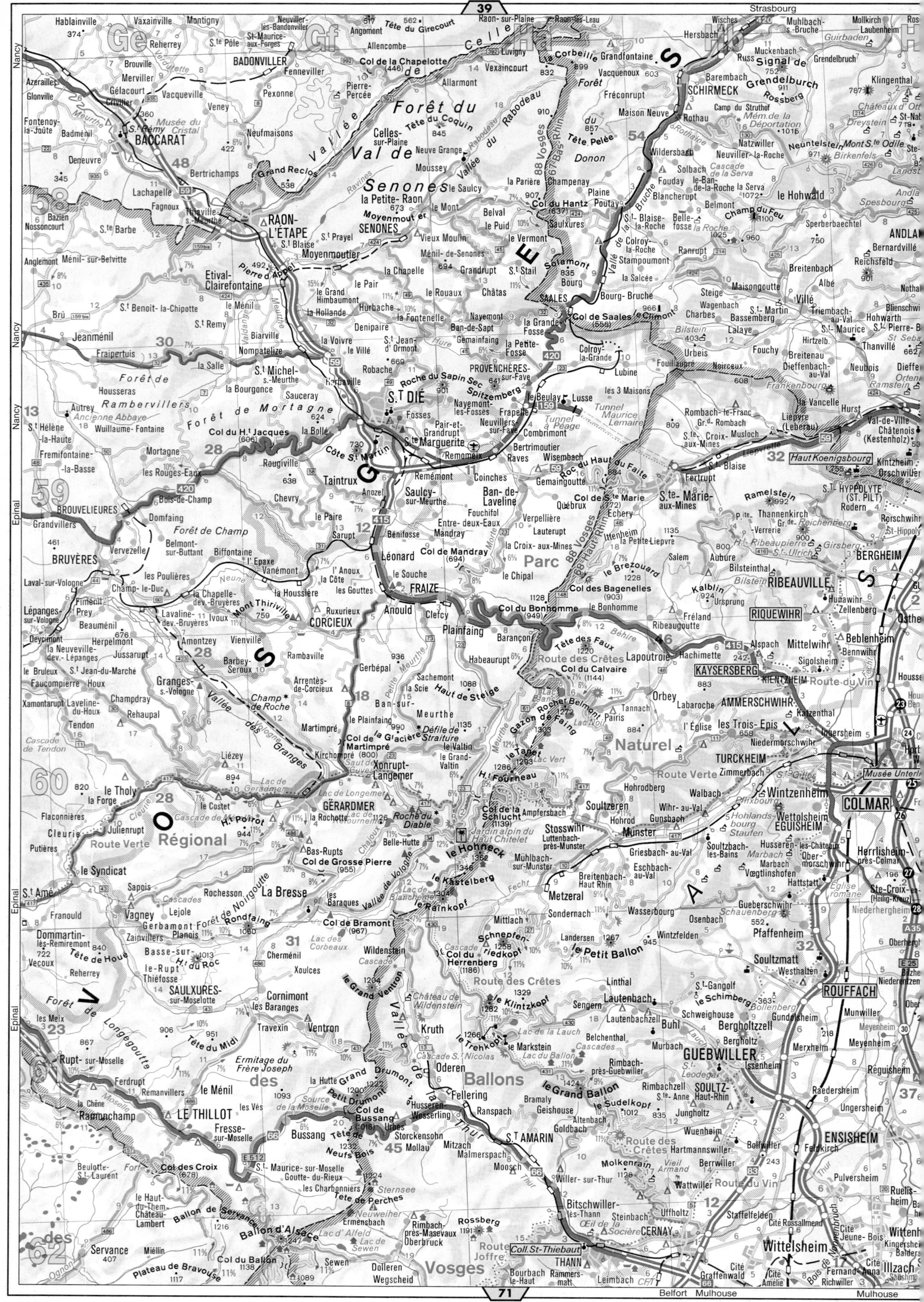
39
Strasbourg
Nancy
Epinal
Hablainville
Vaxainville
Montigny
Reherrey
Brouville
Merviller
Azerailles
Glonville
Gélacourt
Vacqueville
Fontenoy-la-Joûte
Badménil
BACCARAT
Deneuvre
Bertrichamps
Lachapelle
Fagnoux
Thiaville-s.-Meurthe
Bazien
Nossoncourt
S.te Barbe
Anglemont
Ménil-sur-Belvitte
Brû
Jeanménil
Fraipertuis
Housseras
Autrey
S.t Hélène
Fremifontaine
Grandvillers
BROUVELIEURES
BRUYÈRES
Laval-sur-Vologne
Lépanges-sur-Vologne
Deycimont
Herpelmont
Jussarupt
Faucompierre
Xamontarupt
Tendon
Cascade de Tendon
le Tholy
la Forge
Flaconnières
Julienrupt
Cleurie
Putières
le Syndicat
S.t Amé
Vagney
Fresnould
Dommartin-lès-Remiremont
Vecoux
Reherrey
Saulxures-sur-Moselle
les Meix
Rupt-sur-Moselle
Ferdrupt
Remanvillers
Ramonchamp
LE THILLOT
Fresse-sur-Moselle
Bussang
Col de Bussang
Servance
Col des Croix
Ballon de Servance
Ballon d'Alsace
Col du Ballon
Plateau de Bravouse
Sewen
Dolleren
Wegscheid
Vosges
Ballons
Régional
Parc
Naturel
Forêt du Val de Senones
Vallée de Celles
BADONVILLER
Fenneviller
Pexonne
Neufmaisons
Pierre-Percée
Celles-sur-Plaine
RAON-L'ÉTAPE
Etival-Clairefontaine
Moyenmoutier
SENONES
Col de la Chapelotte
Raon-sur-Plaine
Raon-lès-Leau
Luvigny
Vexaincourt
Allarmont
Grandfontaine
Vacquenoux
Fréconrupt
Donon
Champenay
Col du Hantz
Saulxures
Bourg-Bruche
SAALES
Col de Saales
Provenchères-sur-Fave
Lusse
S.T DIÉ
Saint-Michel-s.-Meurthe
Taintrux
Saulcy-sur-Meurthe
Col du H.t Jacques
Mortagne
Corcieux
Anould
FRAIZE
Plainfaing
Col du Bonhomme
le Bonhomme
Col des Bagenelles
Col de S.te Marie
S.te-Marie-aux-Mines
Col du Calvaire
Lapoutroie
Orbey
Col de Mandray
Gérardmer
Xonrupt-Longemer
le Hohneck
Col de la Schlucht
le Kastelberg
Col de Bramont
Col de Grosse Pierre
La Bresse
Cornimont
Ventron
le Grand Ventron
Wildenstein
Kruth
Oderen
Fellering
S.T AMARIN
THANN
CERNAY
Grand Ballon
le Petit Ballon
Munster
Metzeral
Soultzeren
Stosswihr
Wintzenheim
COLMAR
Musée Unterlinden
EGUISHEIM
TURCKHEIM
KAYSERSBERG
AMMERSCHWIHR
RIQUEWIHR
RIBEAUVILLÉ
BERGHEIM
Haut Koenigsbourg
S.T-HIPPOLYTE
Liepvre
Villé
ANDLAU
le Hohwald
Champ du Feu
Rothau
SCHIRMECK
Grendelbruch
Mont S.te Odile
Klingenthal
Mollkirch
Muhlbach-s.-Bruche
Wisches
Hersbach
ROUFFACH
GUEBWILLER
Soultz-Haut-Rhin
ENSISHEIM
Wittelsheim
Illzach
Bollwiller
Soultzmatt
Pfaffenheim
Herrlisheim-près-Colmar
Hattstatt
Lautenbach
Buhl
Murbach
Markstein
Route des Crêtes
Route du Vin
Route Verte
Route Joffre
Coll. St-Thiebaut
71
Belfort
Mulhouse

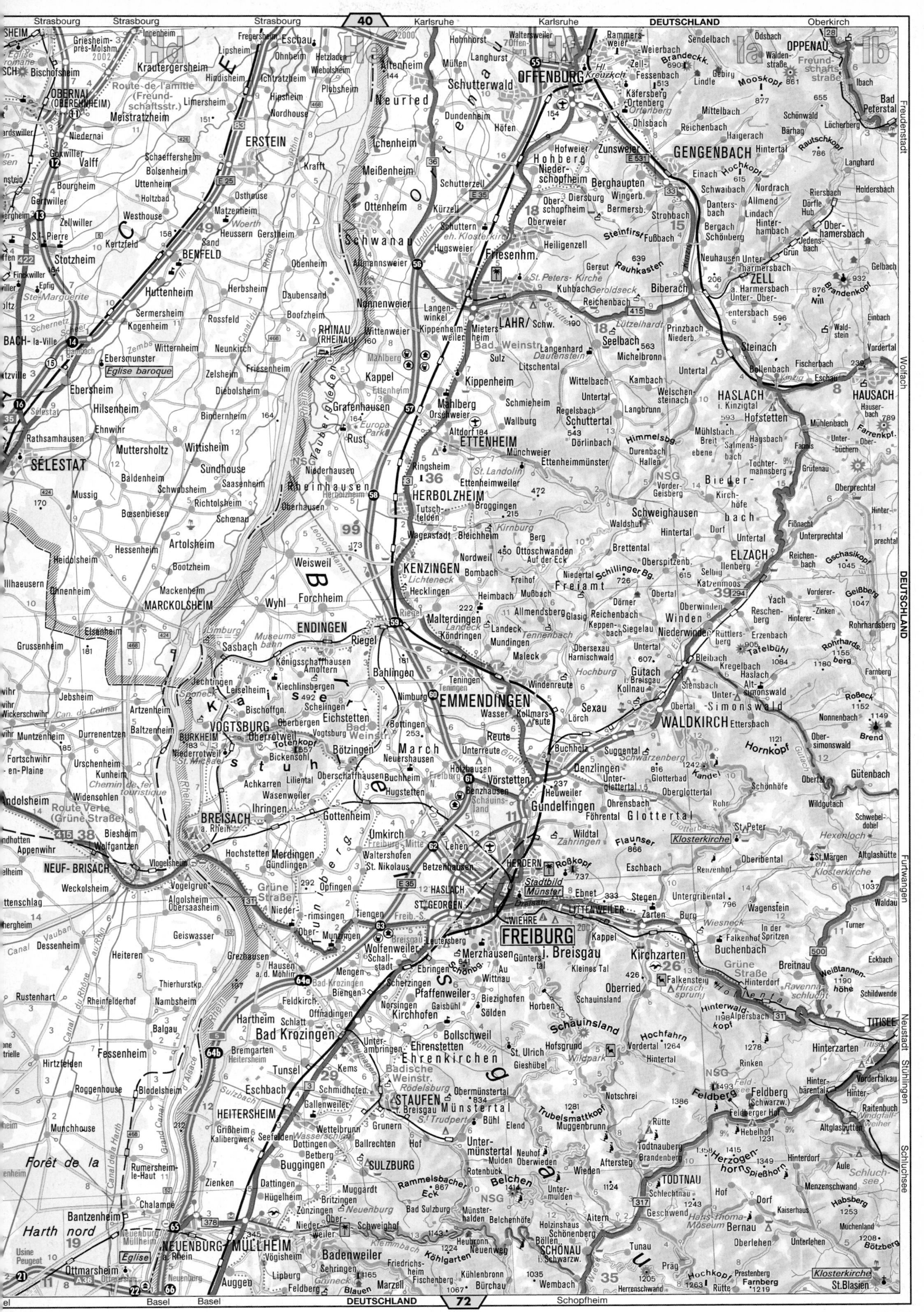

Strasbourg
Strasbourg
Strasbourg
40
Karlsruhe
Karlsruhe
DEUTSCHLAND
Oberkirch
Hd
He
Hf
Ia
Ib
OBERNAI (OBEREHNHEIM)
Krautergersheim
Meistratzheim
ERSTEIN
Neuried
Schutterwald
OFFENBURG
OPPENAU
Bad Peterstal
GENGENBACH
Hohberg
Schwanau
Ottenheim
BENFELD
Friesenheim.
Biberach
ZELL a. Harmersbach
LAHR/Schw.
Seelbach
RHINAU (RHEINAU)
Kappel
Kippenheim
Mahlberg
Rust
Europa-Park
HASLACH i. Kinzigtal
Hofstetten
HAUSACH
Steinach
SÉLESTAT
Ettenheim
Schuttertal
Rheinhausen
HERBOLZHEIM
Biederbach
Kenzingen
ELZACH
MARCKOLSHEIM
Weisweil
Forchheim
Wyhl
ENDINGEN
Riegel
Freiamt
Malterdingen
Winden
Sasbach
Kaiserstuhl
VOGTSBURG
Bahlingen
EMMENDINGEN
WALDKIRCH
Simonswald
Sexau
Eichstetten
Bötzingen
March
Denzlingen
Gundelfingen
Glottertal
BREISACH a. Rhein
Ihringen
Umkirch
NEUF-BRISACH
Merdingen
St. Peter
St. Märgen
Tuniberg
FREIBURG i. Breisgau
Stadtbild Münster
Kirchzarten
Buchenbach
Merzhausen
Oberried
Schauinsland
Hinterzarten
TITISEE
Bad Krozingen
Ehrenkirchen
Fessenheim
HEITERSHEIM
STAUFEN i. Breisgau
Münstertal
Feldberg
Feldberg (Schwarzw.)
SULZBURG
Belchen
TODTNAU
Bernau
NEUENBURG a. Rhein
MÜLLHEIM
Badenweiler
SCHÖNAU i. Schwarzw.
St. Blasien
Klosterkirche
DEUTSCHLAND
72
Basel
Basel
Schopfheim
Freudenstadt
Wolfach
Furtwangen
Neustadt
Stühlingen
Schluchsee

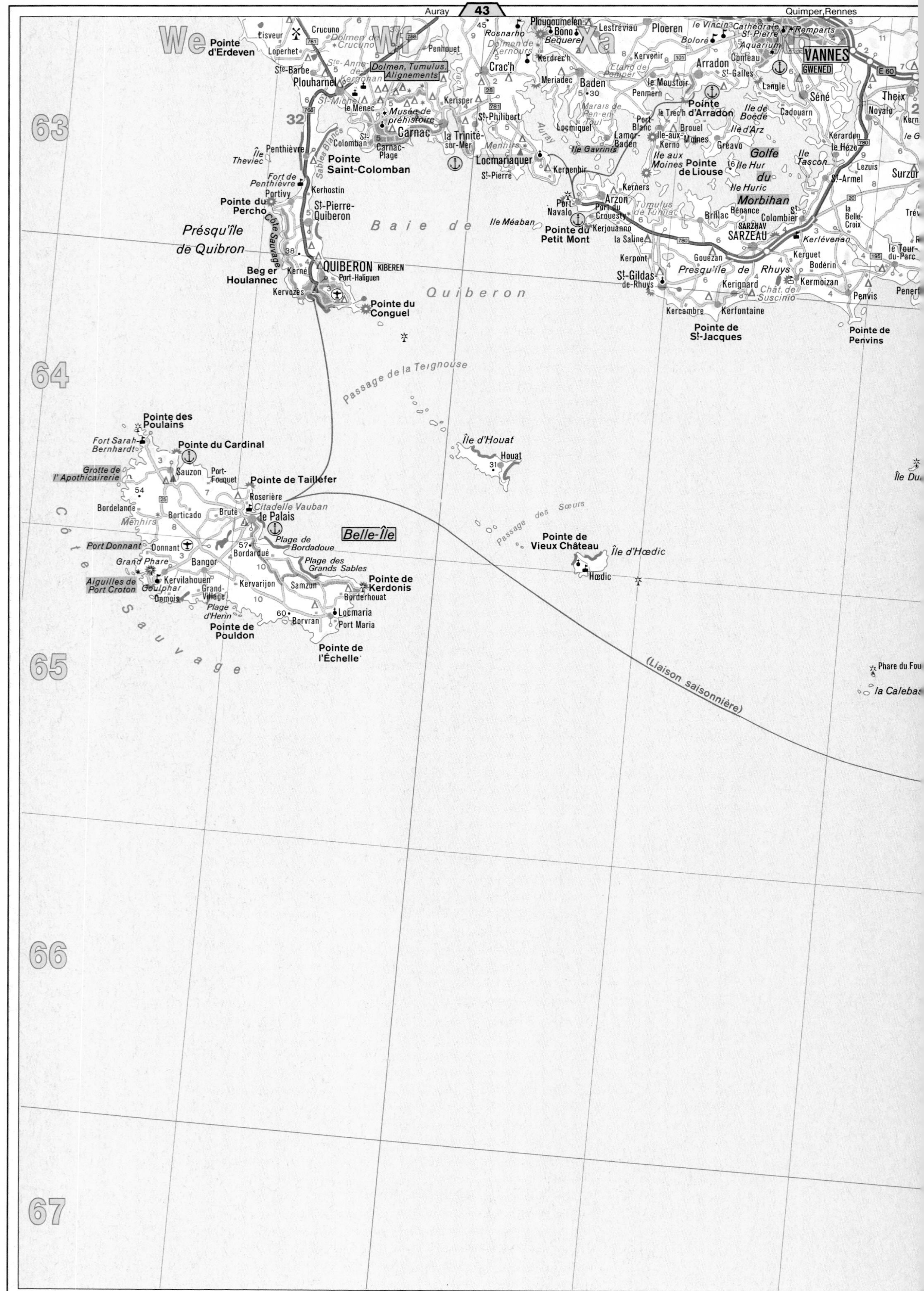

We Wf Xa

Pointe
d'Erdeven

Lisveur · Crucuno
Loperhet · Dolmen de
Crucuno
Penhouet

Ste-Barbe
Plouharnel
Ste-Anne-de
Kerdohan
Dolmen, Tumulus
Alignements

St-Michel
le Menec
Colomban
Musée de
préhistoire
CARNAC
la Trinité-
sur-Mer

Kerisper

St-Philibert

Crac'h

Rosnarho
Bequerec

Plougoumelen
Bono

Lestreviau
Ploeren

le Vincin
Bolore

Cathédrale
St-Pierre
Aquarium

Remparts

VANNES
GWENED

Kerdrec'h

Meriadec
Baden

Penmern

le Moustoir

Arradon

St-Galles

Conleau

Langle

Séné

Theix
Noyalo

63

Île
Theviec

Penthièvre

Fort de
Penthièvre

Portivy

Pointe du
Percho

Kerhostin

St-Pierre-
Quiberon

Pointe
Saint-Colomban

Sables Blancs

Locmariaquer
St-Pierre

Menhirs

Kernenhir

Étang de
Pomper

Locmiquel
Lamor-
Baden

Port-
Blanc
Île-aux-
Moines

Île Gavrinis

Île aux
Moines

Kerners

le Trech
Brouel
Kerno

Pointe
d'Arradon

Île de
Boëde

Île d'Arz

Gréavo

Île
Tascon

Kérarden
le Hézo

Golfe
du
Morbihan

Île
Huric

Pointe
de Liouse

St-Armel

Lezuis

Surzur

Tre

Baie de

Présqu'île
de Quibron

Côte Sauvage

Beg er
Houlannec

Kerné

Kervozes

QUIBERON KIBEREN
Port-Haliguen

38

Île Méaban

Port-
Navalo
Arzon
Port du
Crouesty
Kerjouanno

Pointe du
Petit Mont

la saline

Tumulus
de Tumiac

Kerpont

St-Gildas-
de-Rhuys

Béhance

Briilac

SARZHAU
SARZEAU

Kerignard

Chât. de
Suscinio

Kerlévenan

Presqu'île de

Gouézan

Kerguet
Bodérin

Kermoizan

la Belle-
Croix

Rhuys

le Tour-
du-Parc

Penvis

Penerf

64

Quibron

Pointe du
Conguel

Quiberon

Pointe de
St-Jacques

Pointe de
Penvins

Passage de la Teignouse

Île d'Houat

Houat
31

Pointe des
Poulains

Fort Sarah-
Bernhardt

Grotte de
l'Apothicairerie

Sauzon

Pointe du Cardinal

Port-
Fouquet

Pointe de Tailléfer

54

Bordelanne

Borticado

Menhirs

Bruté

Roserière

Citadelle Vauban
le Palais

Côte

Port Donnant

Donnant

Grand Phare

Aiguilles de
Port Croton

Goulphar
Domois

Kervilahouen

Grand-
Village

Bangor

Bordardué

Plage de
Bordadoue

Belle-Île

Plage des
Grands Sables

Kervarijon

Samzun

Pointe de
Kerdonis

Borderhouat

Pointe de
Vieux Château

Île d'Hœdic

Hœdic

Passage des Sœurs

Sauvage

Plage
d'Herin

Pointe de
Pouldon

60

Borvran

Locmaria

Port Maria

Pointe de
l'Échelle

(Liaison saisonnière)

Phare du Fou

la Calebas

Île Du

65

66

67

44

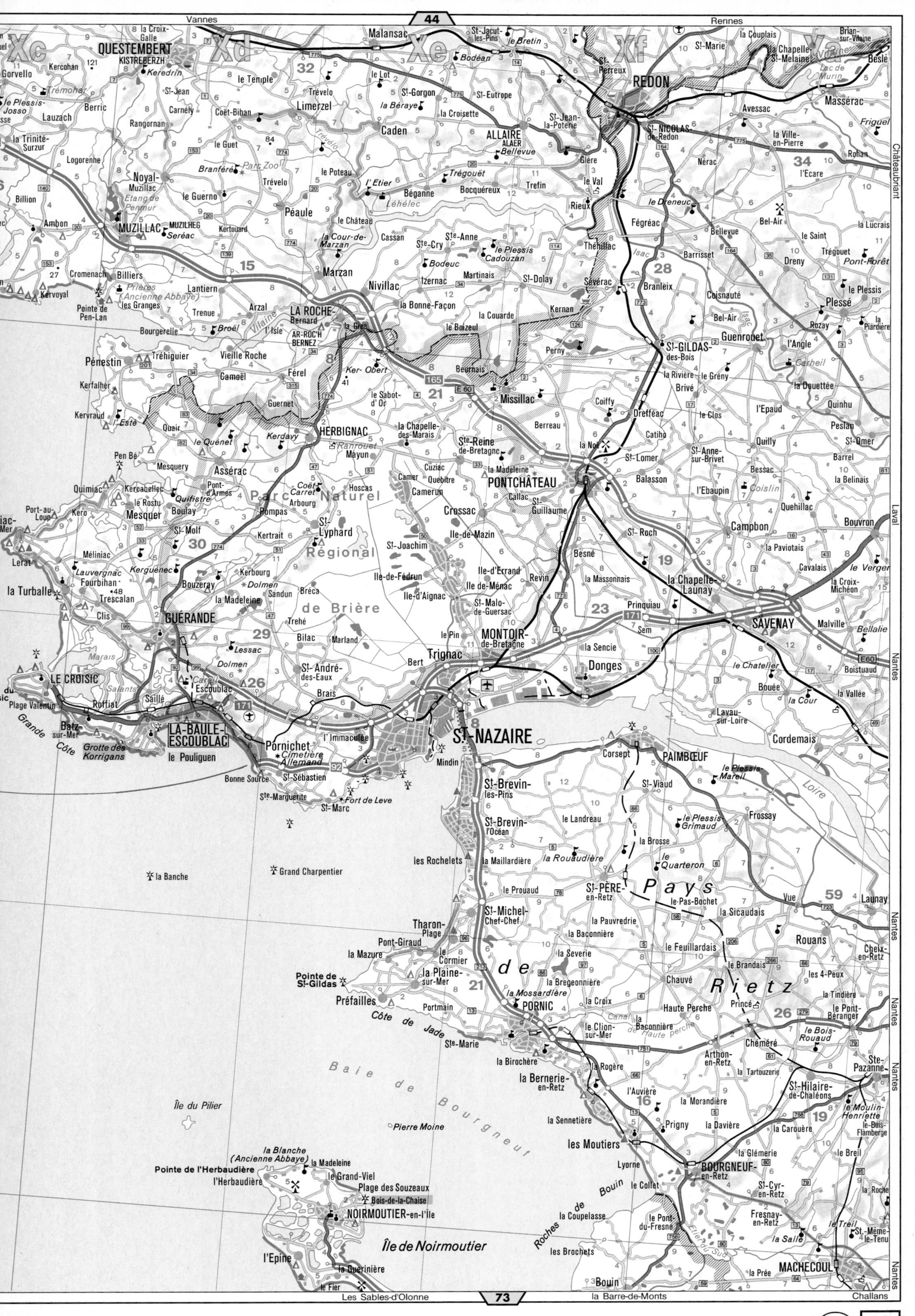
Vannes
Rennes
Xc
Xd
Xe
Xf
Ya
QUESTEMBERT
KISTREBERZH
Malansac
REDON
St-Nicolas-de-Redon
Masserac
Limerzel
Caden
ALLAIRE
ALAER
Noyal-Muzillac
MUZILLAC
MUZILHEG
Péaule
Billiers
Marzan
Nivillac
LA ROCHE-Bernard
AR-ROC'H BERNEZ
Pénestin
Herbignac
Missillac
Pontchâteau
Fégréac
Guenrouet
St-Gildas-des-Bois
Asserac
Mesquer
Parc Naturel Régional de Brière
St-Lyphard
Crossac
Campbon
la Turballe
Guérande
Le Croisic
Batz-sur-Mer
LA-BAULE-ESCOUBLAC
le Pouliguen
Pornichet
St-Nazaire
Trignac
Montoir-de-Bretagne
Donges
Savenay
Bouvron
Cordemais
Paimboeuf
St-Brevin-les-Pins
St-Brevin-l'Océan
Frossay
Pays de Rietz
St-Père-en-Retz
St-Michel-Chef-Chef
Tharon-Plage
Préfailles
Pointe de St-Gildas
la Plaine-sur-Mer
Pornic
Côte de Jade
Chauvé
Rouans
Chéméré
Arthon-en-Retz
Ste-Pazanne
St-Hilaire-de-Chaléons
la Bernerie-en-Retz
Baie de Bourgneuf
Île du Pilier
les Moutiers
Bourgneuf-en-Retz
Pointe de l'Herbaudière
l'Herbaudière
Noirmoutier-en-l'Île
Île de Noirmoutier
l'Epine
la Guérinière
Bouin
Machecoul
Loire
Châteaubriant
Laval
Nantes
Les Sables-d'Olonne
la Barre-de-Monts
Challans

73

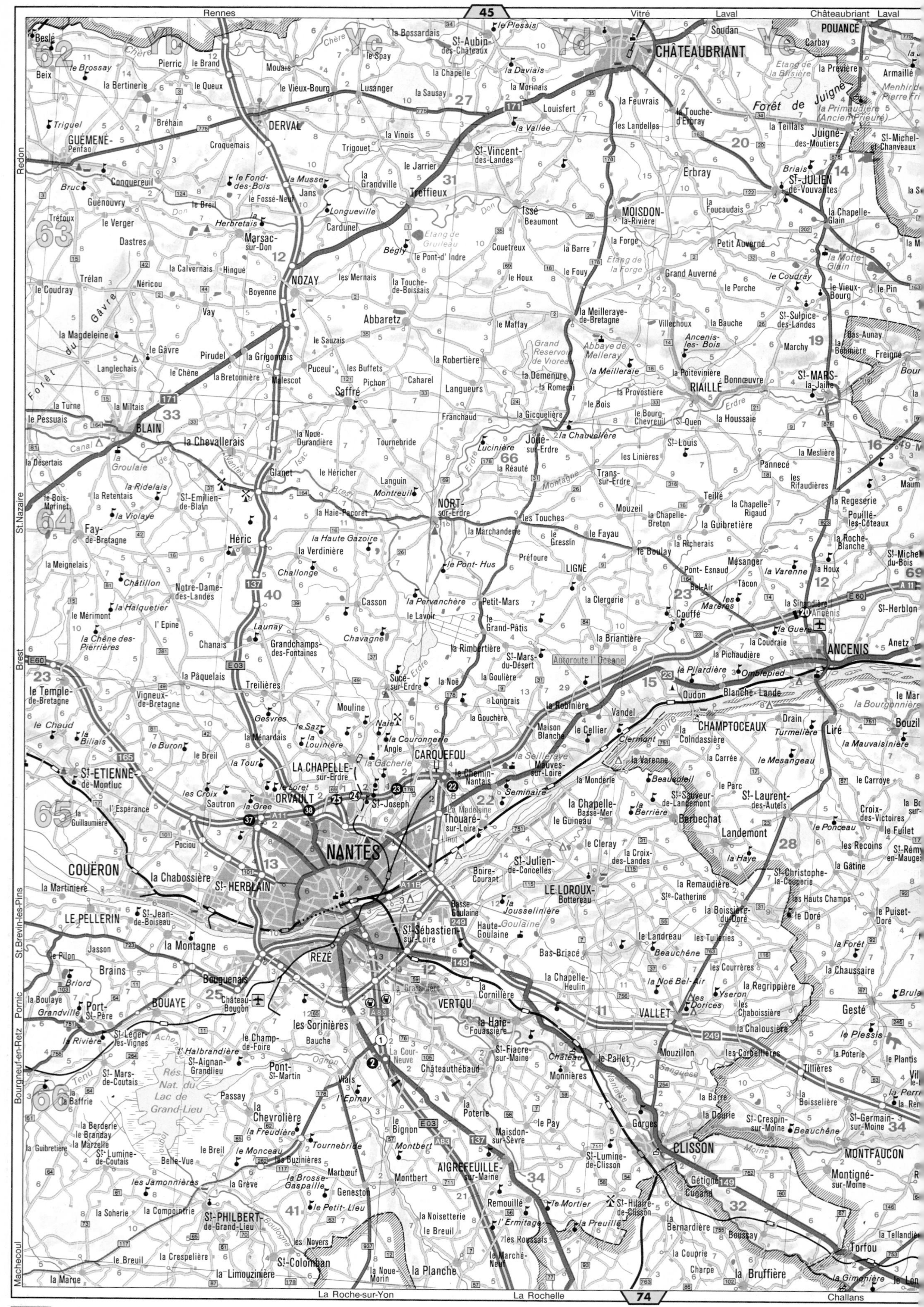

Rennes
45
Vitré
Laval
Châteaubriant Laval
Redon
St.Nazaire
Brest
St.Brevin-les-Pins
Pornic
Bourgneuf-en-Retz
Machecoul
La Roche-sur-Yon
La Rochelle
74
Challans

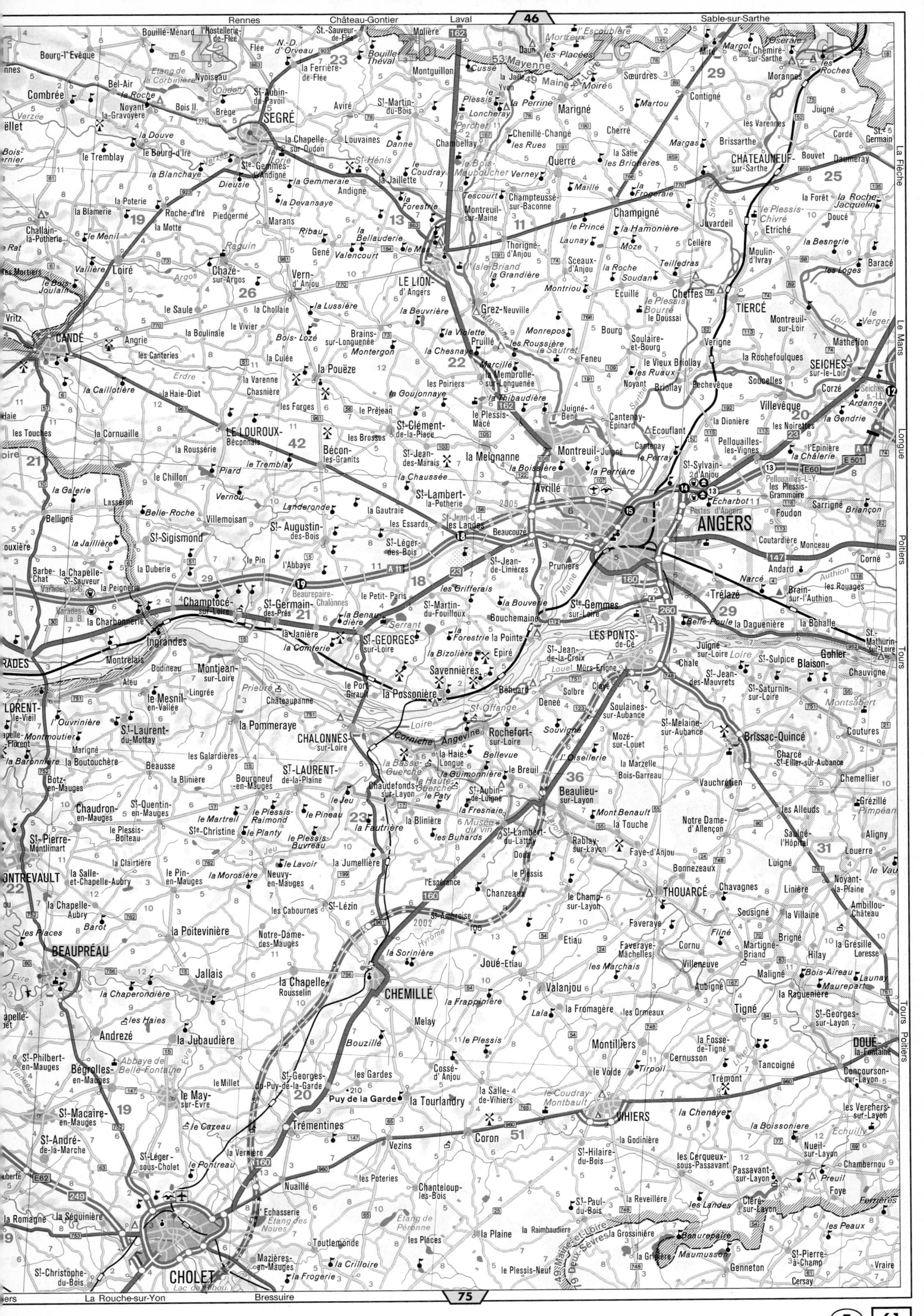

Rennes
Château-Gontier
Laval
46
Sable-sur-Sarthe
La Flèche
Le Mans
Longue
Poitiers
Tours
Tours Poitiers
La Rouche-sur-Yon
Bressuire
75
SEGRÉ
CANDÉ
LE LOUROUX-Béconnais
LE LION-d'Angers
CHÂTEAUNEUF-sur-Sarthe
TIERCÉ
SEICHES-sur-le-Loir
ANGERS
Avrillé
Trélazé
LES PONTS-de-Cé
Champtocé-sur-Loire
Ingrandes
ST-GEORGES-sur-Loire
CHALONNES-sur-Loire
ST-LAURENT-de-la-Plaine
Brissac-Quincé
Beaulieu-sur-Layon
THOUARCÉ
CHEMILLÉ
BEAUPRÉAU
CHOLET
VIHIERS
DOUÉ-la-Fontaine
Loire

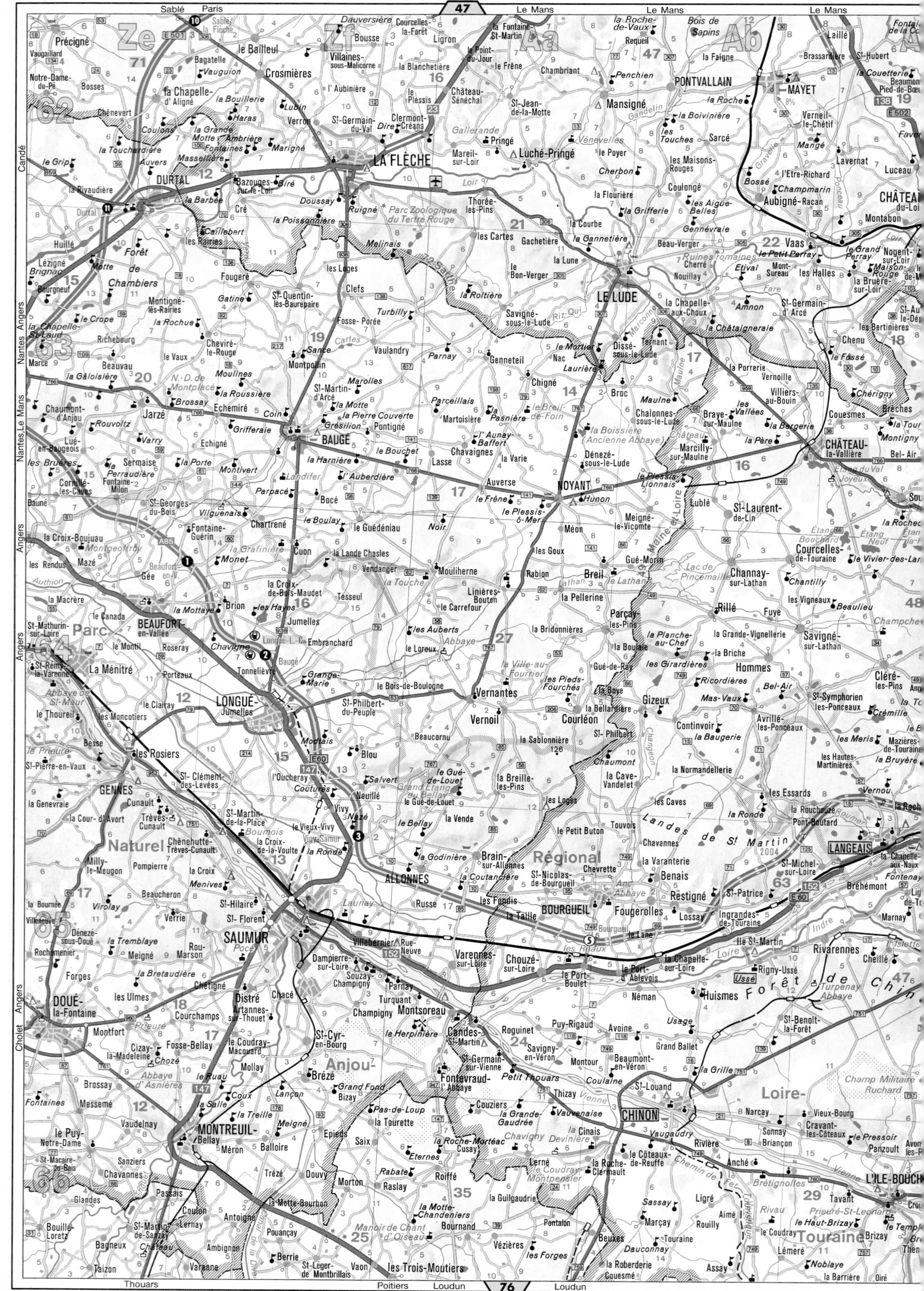

Sablé
Paris
Le Mans
Le Mans
Le Mans
47
Précigné
Crosmières
Bousse
Ligron
Pontvallain
Mayet
La Flèche
Luché-Pringé
Mansigné
Durtal
Aubigné-Racan
Château-du-Loir
Le Lude
Baugé
Jarzé
Noyant
Château-la-Vallière
Beaufort-en-Vallée
La Ménitré
Longué-Jumelles
Vernantes
Vernoil
Courléon
Gizeux
Hommes
Rillé
Savigné-sur-Lathan
Les Rosiers
Gennes
Allonnes
Bourgueil
Restigné
Langeais
Saumur
Montsoreau
Candes-St-Martin
Fontevraud-l'Abbaye
Chinon
Doué-la-Fontaine
Montreuil-Bellay
Les Trois-Moutiers
L'Ile-Bouchard
Parc Naturel Régional Loire-Anjou-Touraine
Thouars
Poitiers
Loudun
76
Loudun
Cholet
Angers
Nantes, Le Mans
Nantes
Candé

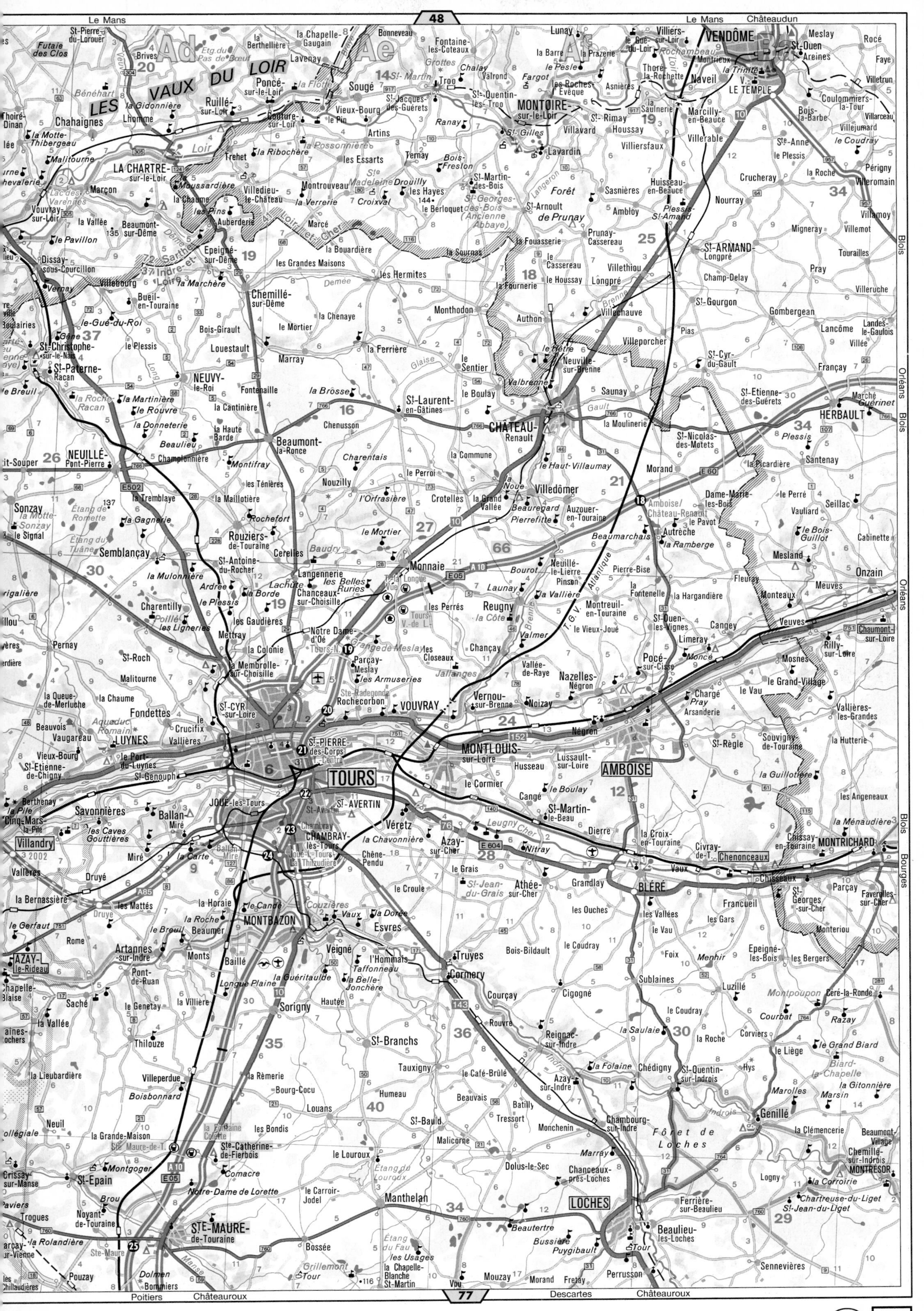

Le Mans
48
Le Mans
Châteaudun
LES VAUX DU LOIR
Ad
Ae
Af
Ba
VENDÔME
LE TEMPLE
MONTOIRE-sur-le-Loir
LA CHARTRE-sur-le-Loir
Lavardin
Trôo
Sougé
Poncé-sur-le-Loir
Ruillé-sur-Loir
Chahaignes
Marçon
Vouvray-sur-Loir
Dissay-sous-Courcillon
St-Christophe-sur-le-Nais
St-Paterne-Racan
Chemillé-sur-Dême
NEUVY-le-Roi
Beaumont-la-Ronce
St-Laurent-en-Gâtines
CHÂTEAU-Renault
St-ARMAND-Longpré
St-Amand
Prunay-Cassereau
Forêt de Prunay
HERBAULT
Villedômer
NEUILLÉ-Pont-Pierre
Sonzay
Semblançay
Rouziers-de-Touraine
Monnaie
Reugny
Chançay
Vernou-sur-Brenne
VOUVRAY
Rochecorbon
Nazelles-Négron
Pocé-sur-Cisse
AMBOISE
Onzain
Chaumont-sur-Loire
Rilly-sur-Loire
Limeray
Cangey
Mettray
La Membrolle-sur-Choisille
Fondettes
LUYNES
St-CYR-sur-Loire
St-PIERRE-des-Corps
TOURS
MONTLOUIS-sur-Loire
JOUÉ-lès-Tours
St-AVERTIN
CHAMBRAY-lès-Tours
Véretz
Azay-sur-Cher
Savonnières
Ballan-Miré
Villandry
MONTBAZON
Artannes-sur-Indre
AZAY-le-Rideau
Esvres
Veigné
Sorigny
Cormery
Truyes
St-Martin-le-Beau
Athée-sur-Cher
BLÉRÉ
Chenonceaux
Chisseaux
Civray-de-T.
MONTRICHARD
Montrésor
Chemillé-sur-Indrois
Genillé
Reignac-sur-Indre
Azay-sur-Indre
Chambourg-sur-Indre
Forêt de Loches
LOCHES
Beaulieu-lès-Loches
Perrusson
Manthelan
Louans
St-Branchs
Ste-Catherine-de-Fierbois
STE-MAURE-de-Touraine
St-Epain
Noyant-de-Touraine
Pouzay
Poitiers
Châteauroux
77
Descartes
Châteauroux
Blois
Orléans
Bourges

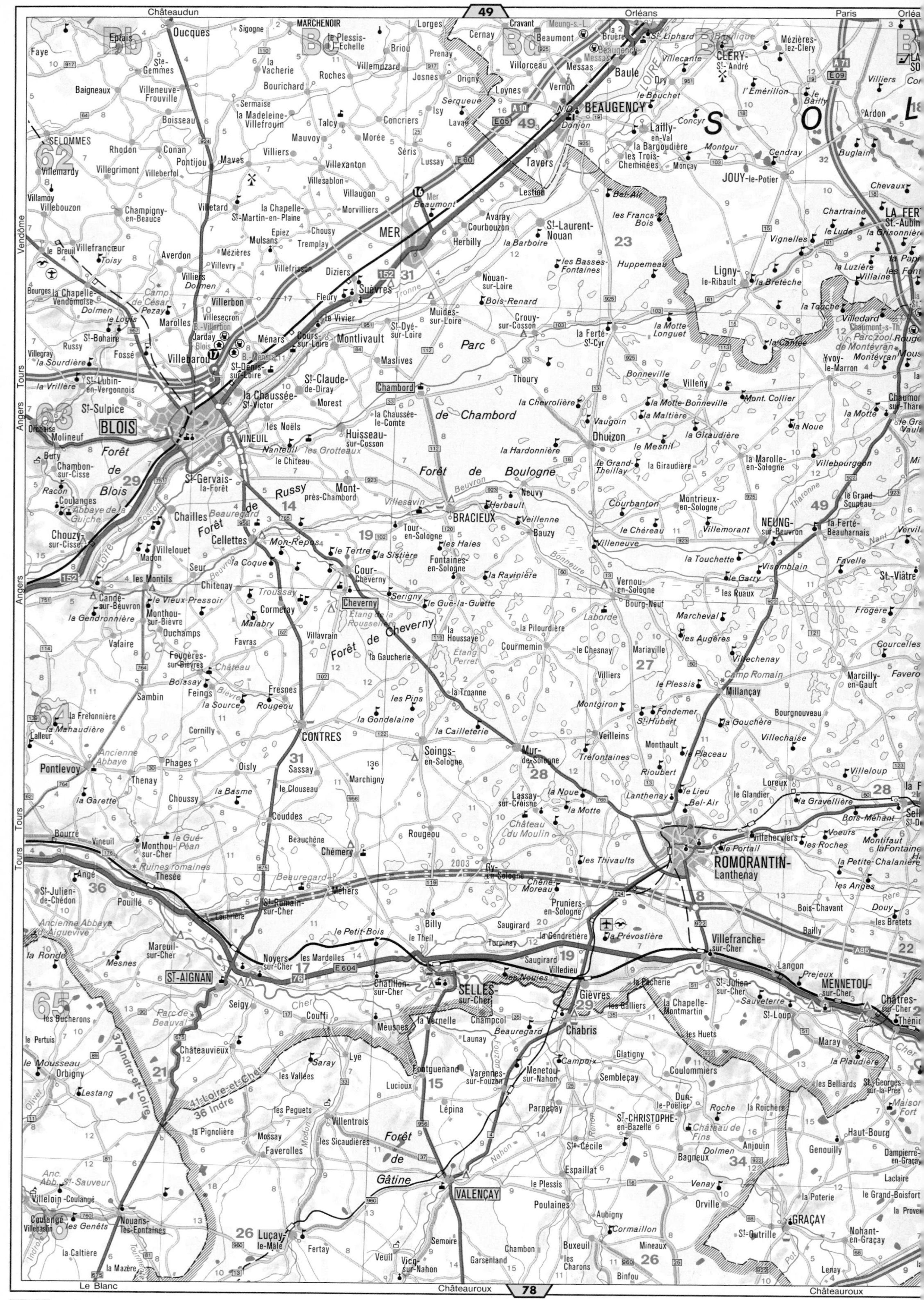
Châteaudun
49
Orléans
Paris
Orléans
Oucques
MARCHENOIR
BEAUGENCY
CLÉRY-St-André
MER
Suèvres
Montlivault
Villebarou
BLOIS
Vineuil
St-Gervais-la-Forêt
Chambord
Parc de Chambord
Forêt de Boulogne
Forêt de Blois
Forêt de Russy
BRACIEUX
Cour-Cheverny
Cheverny
Forêt de Cheverny
Huisseau-sur-Cosson
Mont-près-Chambord
Dhuizon
NEUNG-sur-Beuvron
La Ferté-St-Cyr
Lailly-en-Val
JOUY-le-Potier
Ligny-le-Ribault
CONTRES
Pontlevoy
Montrichard
Mur-de-Sologne
ROMORANTIN-Lanthenay
Millançay
Villefranche-sur-Cher
MENNETOU-sur-Cher
Noyers-sur-Cher
ST-AIGNAN
SELLES-sur-Cher
Gièvres
Chabris
Forêt de Gâtine
VALENÇAY
Luçay-le-Mâle
ST-CHRISTOPHE-en-Bazelle
GRAÇAY
Vendôme
Tours
Angers
Le Blanc
Châteauroux
78
Châteauroux
SOLOGNE

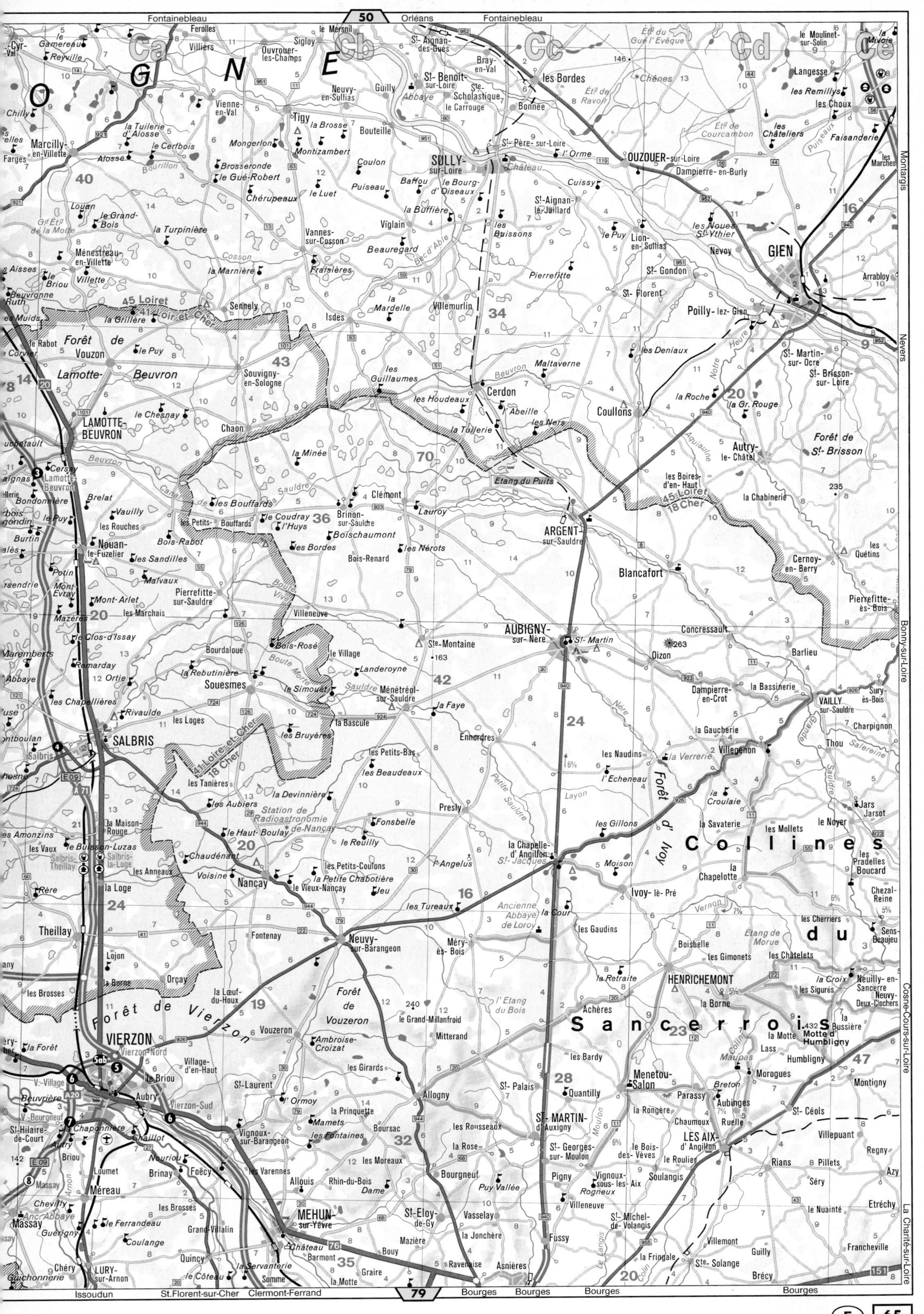

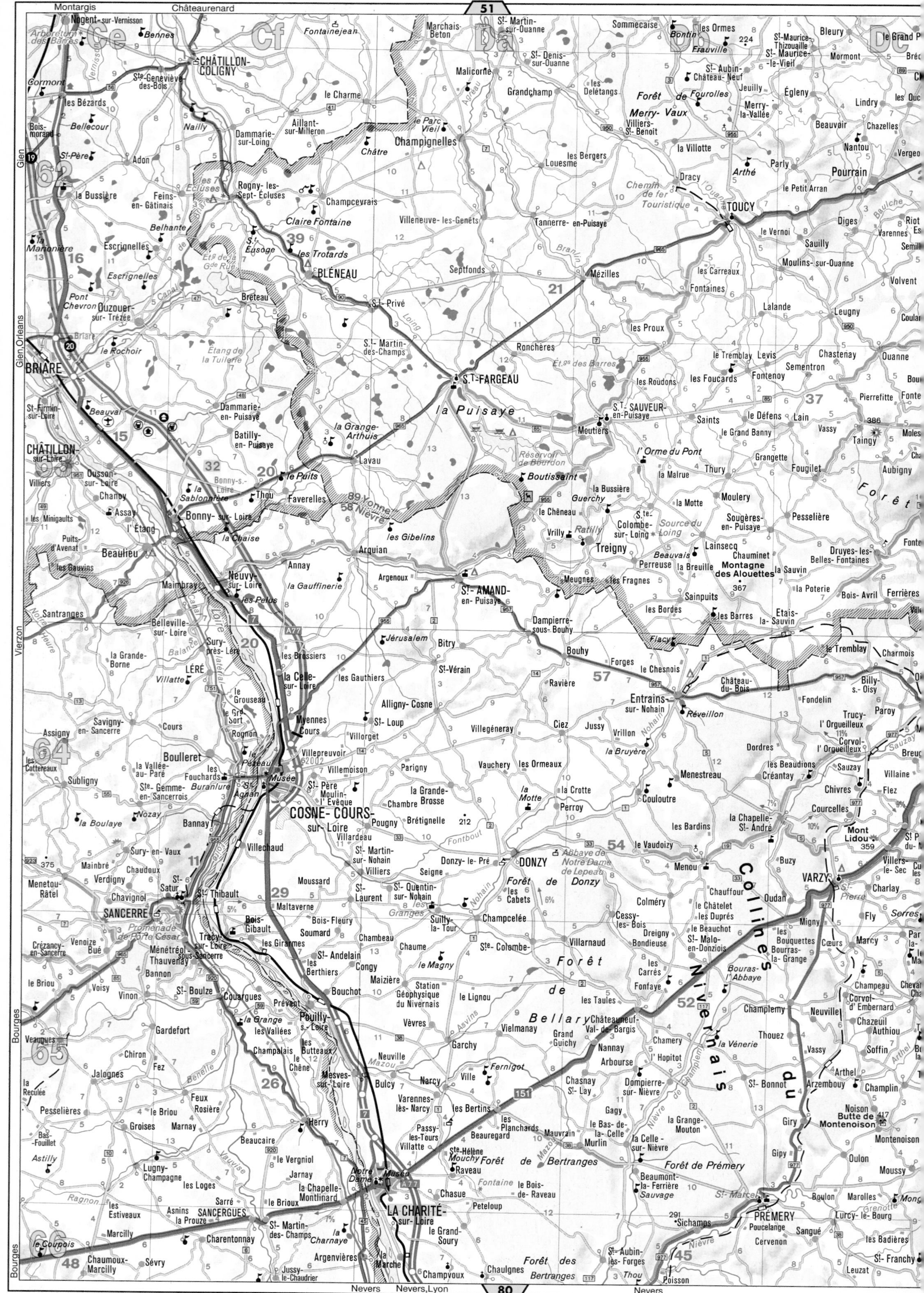

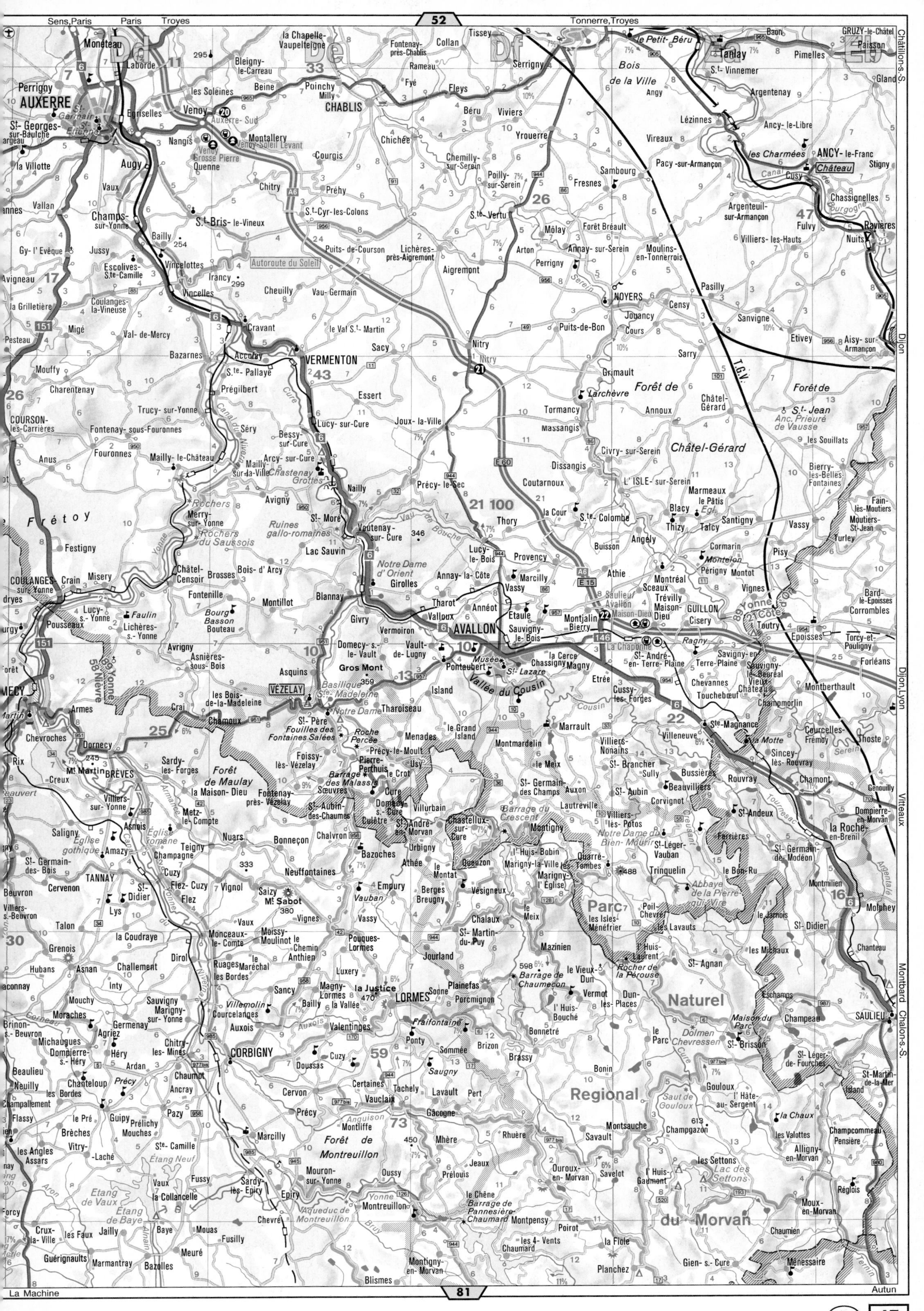

Sens, Paris
Paris
Troyes
52
Tonnerre, Troyes
Dd
De
Df
Ea
Eb
Monéteau
Laborde
Bleigny-le-Carreau
la Chapelle-Vaupelteigne
Fontenay-près-Chablis
Collan
Tissey
Serrigny
le Petit-Béru
Tanlay
Baon
GRUZY-le-Châtel
Paisson
Pimelles
St-Vinnemer
Gland
Perrigny
AUXERRE
St-Georges-sur-Baulche
Venoy
Beine
Poinchy
Milly
CHABLIS
Fyé
Rameau
Fleys
Béru
Viviers
Yrouerre
Bois de la Ville
Angy
Argentenay
Lézinnes
Ancy-le-Libre
Vireaux
ANCY-le-Franc
Château
Stigny
Pacy-sur-Armançon
les Charmées
les Soleines
Egriselles
Nangis
Montallery
Auxerre-Sud
Venoy-Soleil Levant
Venoy Grosse Pierre
Quenne
Chichée
Courgis
Chemilly-sur-Serein
Poilly-sur-Serein
Sambourg
Fresnes
la Villotte
Augy
Vaux
Chitry
Préhy
St-Cyr-les-Colons
St-Vertu
Mölay
Forêt Bréault
Argenteuil-sur-Armançon
Chassignelles
Fulvy
Ravières
Nuits
Villiers-les-Hauts
Vallan
Champs-sur-Yonne
St-Bris-le-Vineux
Bailly
Gy-l'Evêque
Jussy
Escolives-Ste-Camille
Vincelottes
Irancy
Autoroute du Soleil
Puits-de-Courson
Lichères-près-Aigremont
Aigremont
Arton
Perrigny
Annay-sur-Serein
Moulins-en-Tonnerrois
Vaux-Germain
Cheuilly
Vincelles
Coulanges-la-Vineuse
la Grilletière
Migé
Val-de-Mercy
Cravant
le Val St-Martin
NOYERS
Censy
Pasilly
Jouancy
Cours
Sanvigne
Etivey
Aisy-sur-Armançon
Pesteau
Bazarnes
Accolay
VERMENTON
Sacy
Nitry
Puits-de-Bon
Sarry
T.G.V.
Dijon
Mouffy
Charentenay
Ste-Pallaye
Prégilbert
Essert
Grimault
Larchèvre
Forêt de
Annoux
Châtel-Gérard
Forêt de
St-Jean
Anc. Prieuré de Vausse
COURSON-les-Carrières
Trucy-sur-Yonne
Fontenay-sous-Fouronnes
Séry
Lucy-sur-Cure
Joux-la-Ville
Tormancy
Massangis
Les Souillats
Bessy-sur-Cure
Fouronnes
Mailly-le-Château
Anus
Mailly-la-Ville
Arcy-sur-Cure
Chastenay
Grottes
Dissangis
Civry-sur-Serein
Châtel-Gérard
Bierry-les-Belles-Fontaines
Rochers
Merry-sur-Yonne
Rochers du Saussois
Avigny
Nailly
Précy-le-Sec
Coutarnoux
L'ISLE-sur-Serein
Marmeaux
le Pâtis
Fain-lès-Moutiers
Moutiers-St-Jean
Frétoy
Festigny
Ruines gallo-romaines
St-Moré
Voutenay-sur-Cure
Lac Sauvin
Thory
la Cour
Ste-Colombe
Blacy
Thizy
Talcy
Santigny
Vassy
Turley
Buisson
Angely
Cormarin
Montelon
Pisy
Lucy-le-Bois
Provency
Notre Dame d'Orient
Girolles
Annay-la-Côte
Marcilly
Vassy
Athie
Montréal
Sceaux
Trévilly
Périgny
Montot
COULANGES-sur-Yonne
Crain
Misery
Châtel-Censoir
Brosses
Bois-d'Arcy
Fontenille
Montillot
Blannay
Tharot
Annéot
Etaule
Montjalin
Bierry
Sauvigny-le-Bois
Maison-Dieu
GUILLON
Cisery
Vignes
Bard-le-Epoisses
Corrombles
Toutry
Epoisses
Torcy-et-Pouligny
Forléans
Lucy-s.-Yonne
Faulin
Pousseaux
Lichères-s.-Yonne
Bourg Basson
Bouteau
Givry
Vermoiron
Valloux
AVALLON
Domecy-s.-le-Vault
Vault-de-Lugny
Pontaubert
Musée
St-Lazare
Chassigny
Magny
la Cerce
La Chapelle
St-André-en-Terre-Plaine
Ragny
Savigny-en-Terre-Plaine
Sauvigny-le-Beuréal
Vieux Château
Chevannes
Touchebœuf
Montberthault
Avrigny
Asnières-sous-Bois
Asquins
Gros Mont
Vallée du Cousin
Etrée
Cussy-les-Forges
Cousin
Yonne
Nièvre
VÉZELAY
Basilique Ste-Madeleine
les Bois-de-la-Madeleine
Crai
Chamoux
Tharoiseau
Island
St-Père
Fouilles des Fontaines Salées
Roche Percée
Menades
le Grand Island
Montmardelin
Marrault
Villiers-Nonains
Villeneuve
Ste-Magnance
la Motte
Courcelles-Frémoy
Thoste
Sincey-lès-Rouvray
Armes
Chevroches
Dornecy
Rix
Creux
Mt-Martin
BRÈVES
Sardy-les-Forges
Forêt de Maulay
la Maison-Dieu
Foissy-lès-Vézelay
Pierre-Perthuis
Précy-le-Moult
Usy
Barrage des Malassis
le Crot
le Meix
St-Brancher
Sully
Bussières
Rouvray
Chamont
Genouilly
Villiers-sur-Yonne
Asnois
Metz-le-Comte
Fontenay-près-Vézelay
Sœuvres
Cure
Domecy-s.-Cure
St-Aubin-des-Chaumes
Cuitère
Villurbain
St-Germain-des Champs
Auxon
St-Aubin
Corvignot
Beauvilliers
St-Andeux
Dompierre-en-Morvan
La Roche-en-Brenil
Saligny
Eglise romane
Eglise gothique
Amazy
Teigny
Champagne
Nuars
Bonneçon
Chalvron
St-André-en-Morvan
Chastellux-sur-Cure
Barrage du Crescent
Montigny
Lautreville
Villiers-lès-Potos
Notre Dame du Bien-Mourir
St-Léger-Vauban
Ferrières
St-Germain-de-Modéon
St-Germain-des-Bois
TANNAY
St-Didier
Cuzy
Urbigny
Bazoches
Athée
le Montat
Quouzon
l'Huis-Bobin
Marigny-la-Ville
Quarré-les-Tombes
Trinquelin
le Bon-Ru
Montmilien
Beuvron
Cervenon
Lys
Flez-Cuzy
Flez
Vignol
Saizy
Mt-Sabot
Neuffontaines
Empury
Vauban
Berges
Breugny
Vésigneux
Marigny-l'Eglise
Abbaye de la Pierre-qui-Vire
Villiers-s.-Beuvron
Talon
Vaux
Vignes
Vassy
Chalaux
le Meix
Parc
Poil-Chevrée
les Isles-Ménéfrier
les Lavauts
le Jarnois
St-Didier
Molphey
Grenois
la Coudraye
Monceaux-le-Comte
Moissy-Moulinot
le Chemin
Anthien
Pouques-Lormes
St-Martin-du-Puy
Mazinien
l'Huis-Laurent
les Michaux
Chanteau
Hubans
Asnan
Challement
Dirol
Ruages
le Maréchal
les Bordes
Jourland
Rocher de la Pérouse
St-Agnan
Inty
Luxery
Barrage de Chaumeçon
le Vieux-Dun
Vermot
Dun-les-Places
Naturel
Eschamps
Mouchy
Sauvigny
Marigny-sur-Yonne
Villemolin
Courcelanges
Sancy
Magny-Lormes
la Justice
Bailly
la Vallée
LORMES
Sonne
Plainefas
Porcmignon
l'Huis-Bouché
Maison du Parc
Champeau
SAULIEU
Moraches
Agriez
Germenay
Auxois
Valentinges
Fraifontaine
Bonnetré
le Parc
Dolmen Chevresson
St-Brisson
Michaugues
Dompierre-s.-Héry
Héry
Chitry-les-Mines
CORBIGNY
Ardan
Cuzy
Doussas
Ponty
Sommée
Brizon
Brassy
Saugny
Bonin
St-Léger-de-Fourches
Beaulieu
Neuilly
Chanteloup
Précy
Chaumot
Ancray
Cervon
Certaines
Tachely
Lavault
Pert
Regional
Sault de Gouloux
Gouloux
l'Hâte-au-Sergent
St-Martin-de-la-Mer
Island
les Bordes
Champallement
Flassy
le Pré
Guipy
Prélichy
Mouches
Pazy
Précy
Vauclaix
Gâcogne
Anguison
Montliffe
Forêt de Montreuillon
Marcilly
Mhère
Rhuère
Montsauche
Savault
Champgazon
la Chaux
les Valottes
Champcommeau
Pensière
Alligny-en-Morvan
Brèches
Vitry-Laché
Ste-Camille
Étang Neuf
les Angles
Assars
Mouron-sur-Yonne
Oussy
Jeaux
Prélouis
Ouroux-en-Morvan
Savelot
l'Huis-Gaumont
les Settons
Lac des Settons
Réglois
Etang de Vaux
Étang de Baye
Vaux
la Collancelle
Fussy
Sardy-lès-Epiry
Epiry
Aqueduc de Montreuillon
Montreuillon
le Chêne
Barrage de Pannesière-Chaumard
Moux-en-Morvan
Crux-la-Ville
les Faux
Jailly
Baye
Mouas
Chevré
Fusilly
Montpensy
Poirot
Chaumard
les 4-Vents
la Fiole
du Morvan
Chaumien
Guérignaults
Marmantray
Bazolles
Meuré
Montigny-en-Morvan
Planchez
Gien-s.-Cure
Ménessaire
Blismes
La Machine
81
Autun
Châtillon-s.-S.
Dijon, Lyon
Vitteaux
Montbard
Chalon-s.-S.

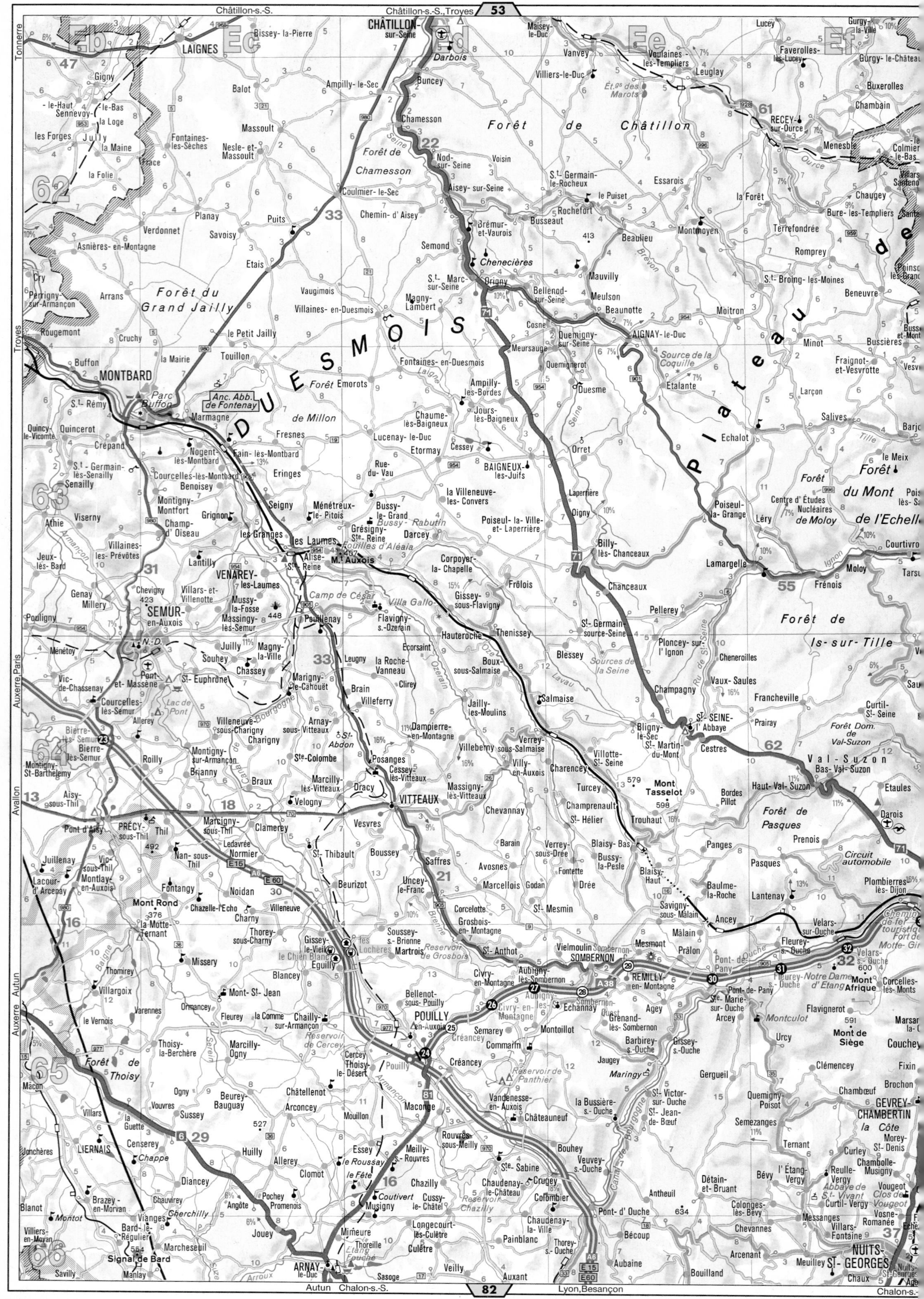

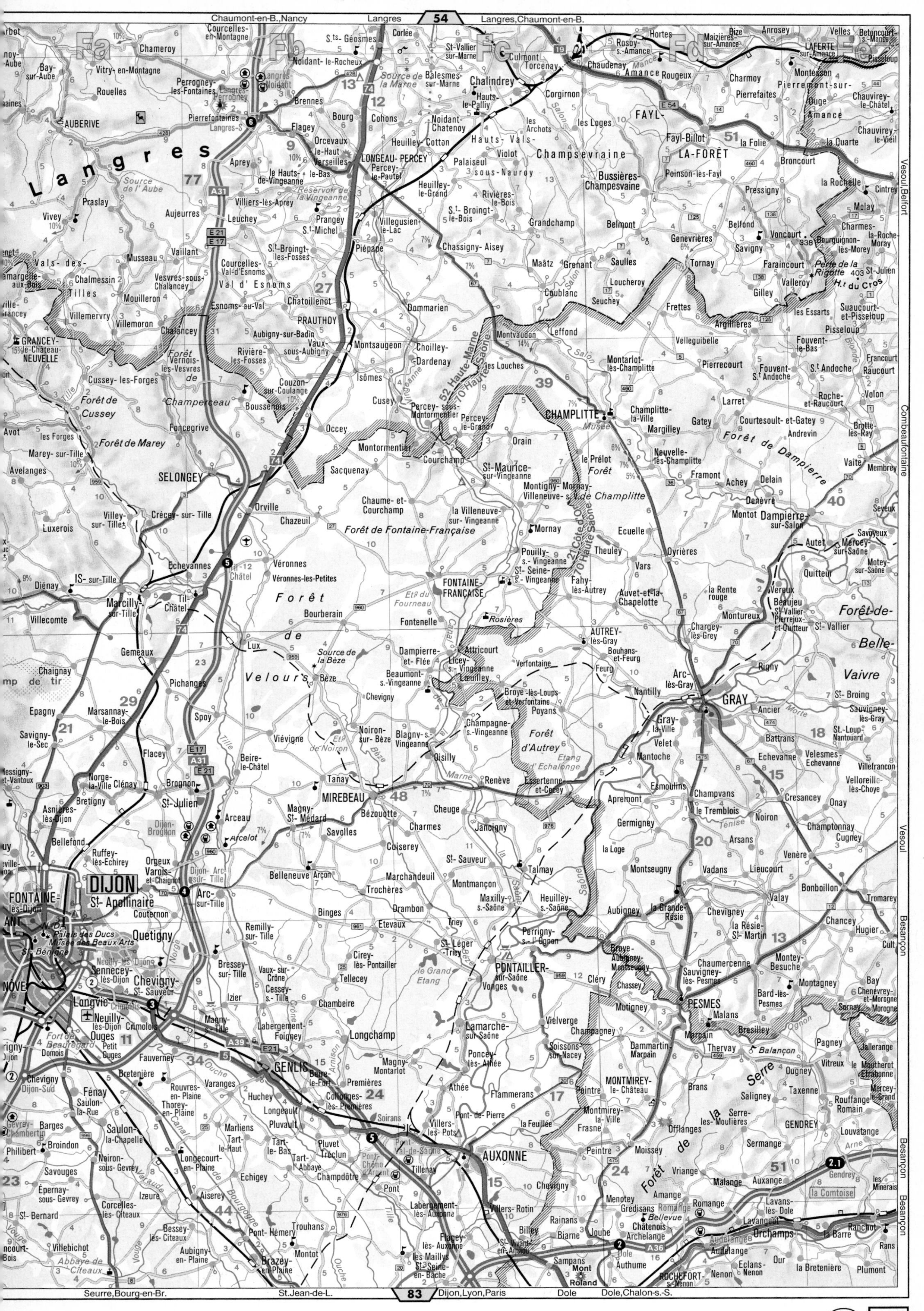
Chaumont-en-B.,Nancy
Langres
54
Langres,Chaumont-en-B.
Vesoul,Belfort
Combeaufontaine
Vesoul
Besançon
Seurre,Bourg-en-Br.
St.Jean-de-L.
83
Dijon,Lyon,Paris
Dole
Dole,Chalon-s.-S.
Langres
AUBERIVE
Chalindrey
LONGEAU-PERCEY
FAYL-BILLOT
Fayl-Billot
LA-FORÊT
Bussières-Champesvaine
Champsevraine
PRAUTHOY
GRANCEY-le-Château-NEUVELLE
SELONGEY
Forêt de Cussey
Forêt de Marey
CHAMPLITTE
Forêt de Dampierre
Dampierre-sur-Salon
Forêt de Fontaine-Française
FONTAINE-FRANÇAISE
IS-sur-Tille
Forêt de Velours
GRAY
AUTREY-lès-Gray
Forêt d'Autrey
Forêt-de-Belle-Vaivre
MIREBEAU
DIJON
St-Apollinaire
Quetigny
Chevigny-St-Sauveur
Longvic
PONTAILLER-sur-Saône
GENLIS
AUXONNE
PESMES
MONTMIREY-le-Château
Forêt de la Serre
GENDREY
Orchamps
ROCHEFORT-s-Nenon
Mont Roland
Abbaye de Cîteaux
Canal de Bourgogne
Saône
Ognon
Vingeanne
Tille
Ouche
A31
A39
A36
E17
E21
E54

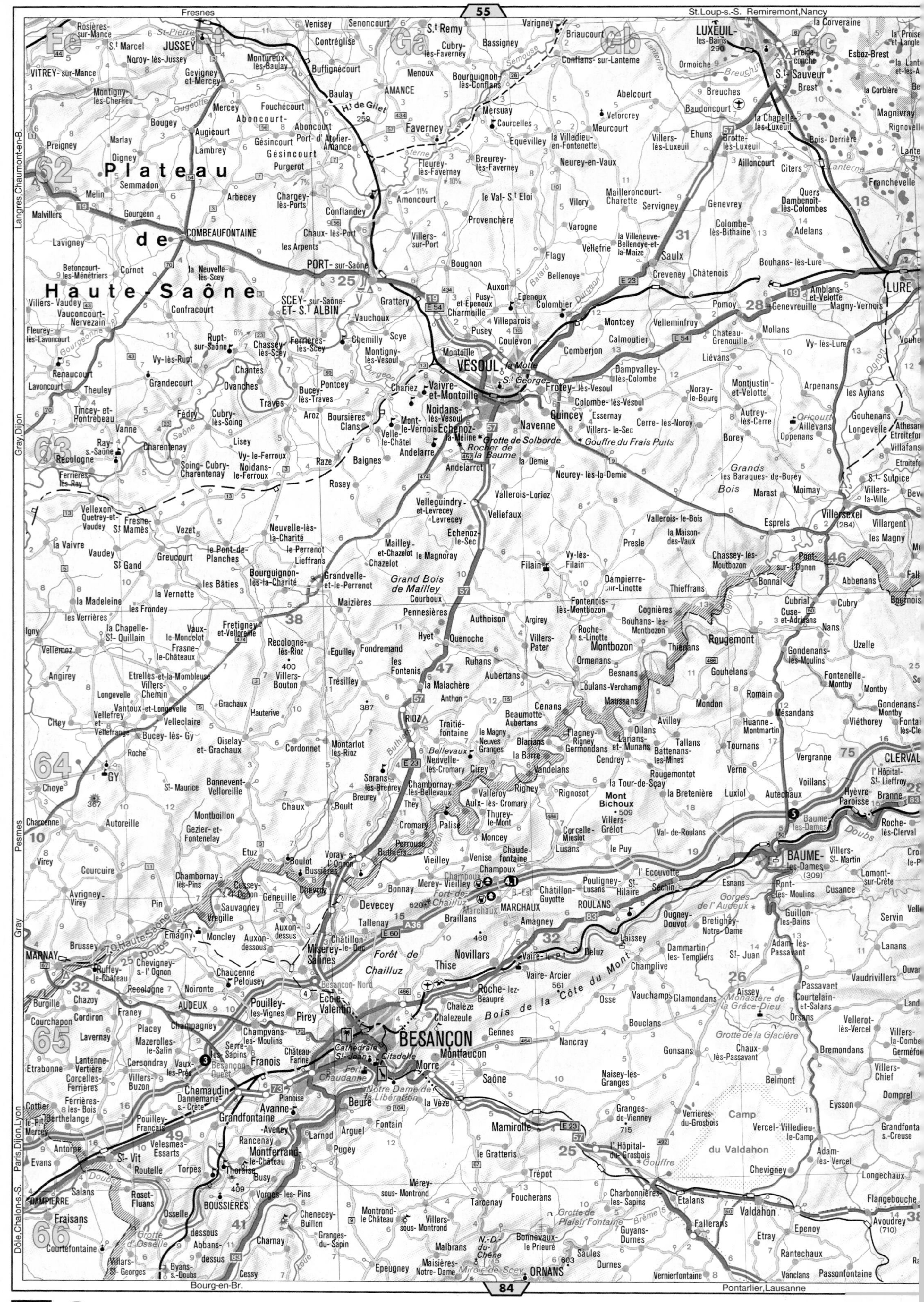
55
Fresnes
St.Loup-s.-S. Remiremont,Nancy
Fe
Ff
Ga
Gb
Gc
Plateau
de
Haute-Saône
Langres,Chaumont-en-B.
Gray,Dijon
Pesmes
Gray
Dôle,Chalon-s.-S. Paris,Dijon,Lyon
Bourg-en-Br.
Pontarlier,Lausanne
84
62
63
64
65
66
JUSSEY
VITREY-sur-Mance
COMBEAUFONTAINE
PORT-sur-Saône
SCEY-sur-Saône-ET-S.t ALBIN
VESOUL
LUXEUIL-les-Bains
S.t Sauveur
LURE
Villersexel
Saulx
Faverney
AMANCE
Rougemont
Montbozon
RIOZ
GY
MARNAY
AUDEUX
BESANÇON
BAUME-les-Dames
CLERVAL
Valdahon
ORNANS
BOUSSIÈRES
Forêt de Chailluz
Bois de la Côte du Mont
Grand Bois de Mailley
Grands Bois
Camp du Valdahon
Grotte de Solborde
Gouffre du Frais Puits
Grotte de la Glacière
Monastère de la Grâce-Dieu
Gorges de l'Audeux
Mont Bichoux 509
Ognon
Doubs
Saône
Loue
Lanterne
E 23
E 54
E 60
A 36
57
19
83

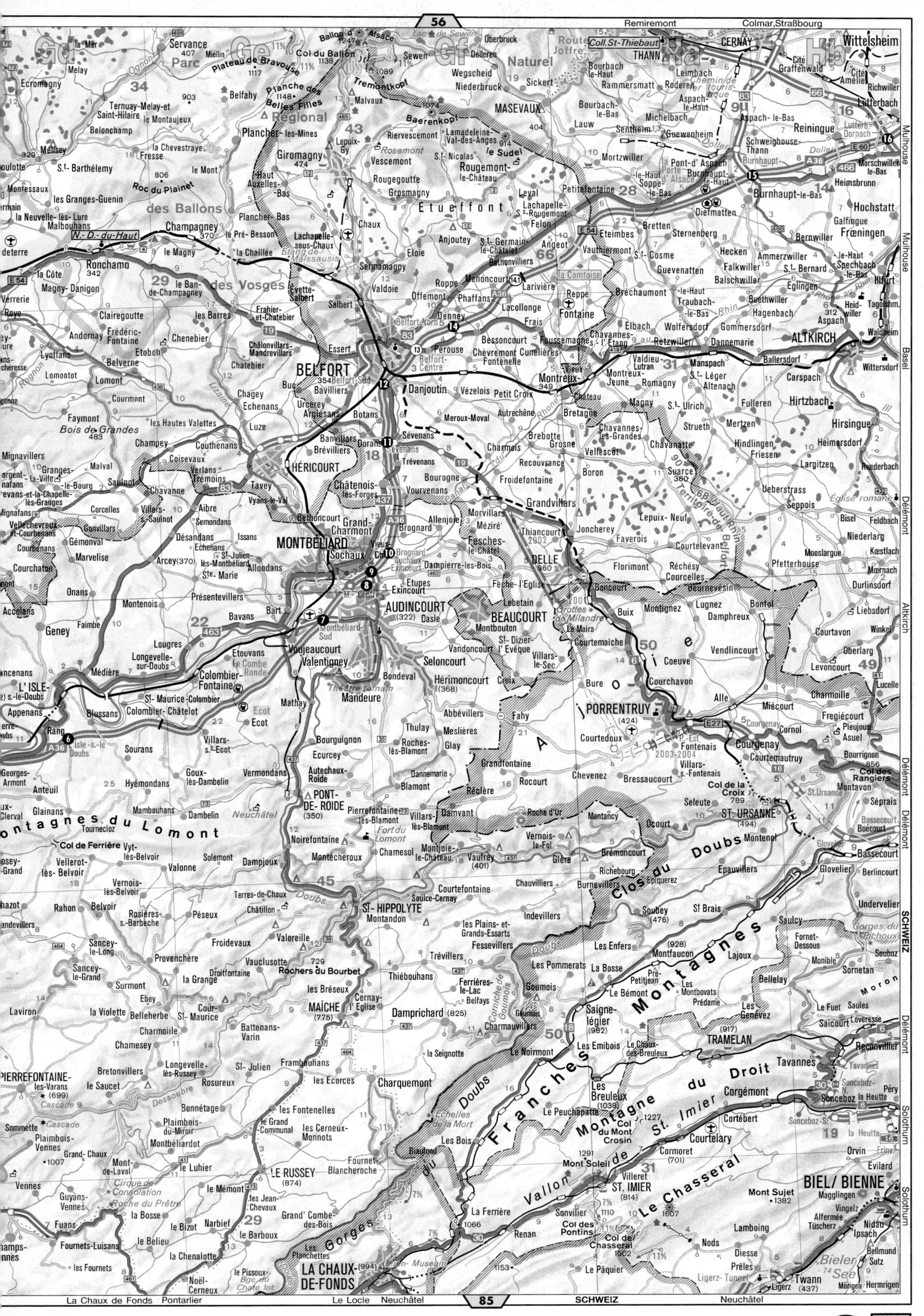

56
Remiremont
Colmar,Straßbourg
Mulhouse
Basel
Delémont
Altkirch
SCHWEIZ
Solothurn
85
La Chaux de Fonds
Pontarlier
Le Locle
Neuchâtel
Servance
Col du Ballon
Ballon d'Alsace
Plateau de Bravouse
Planche des Belles Filles
Tremontkopf
Baerenkopf
Masevaux
Thann
Cernay
Wittelsheim
Lutterbach
Reiningue
Giromagny
Rougemont-le-Château
Etueffont
Ronchamp
Champagney
Héricourt
Belfort
Danjoutin
Montbéliard
Sochaux
Audincourt
Valentigney
Beaucourt
Delle
Grandvillars
Altkirch
Hirsingue
Montreux-Château
Porrentruy
Courgenay
St. Ursanne
Montagnes du Lomont
Pont-de-Roide
St-Hippolyte
Maîche
Damprichard
Le Russey
Clos du Doubs
Franches Montagnes
Saignelégier
Tramelan
Tavannes
Montagne du Droit
Vallon de St. Imier
St. Imier
Le Chasseral
Biel/Bienne
Bieler See
La Chaux-de-Fonds
Gorges du Doubs
L'Isle-sur-le-Doubs
Pierrefontaine-les-Varans

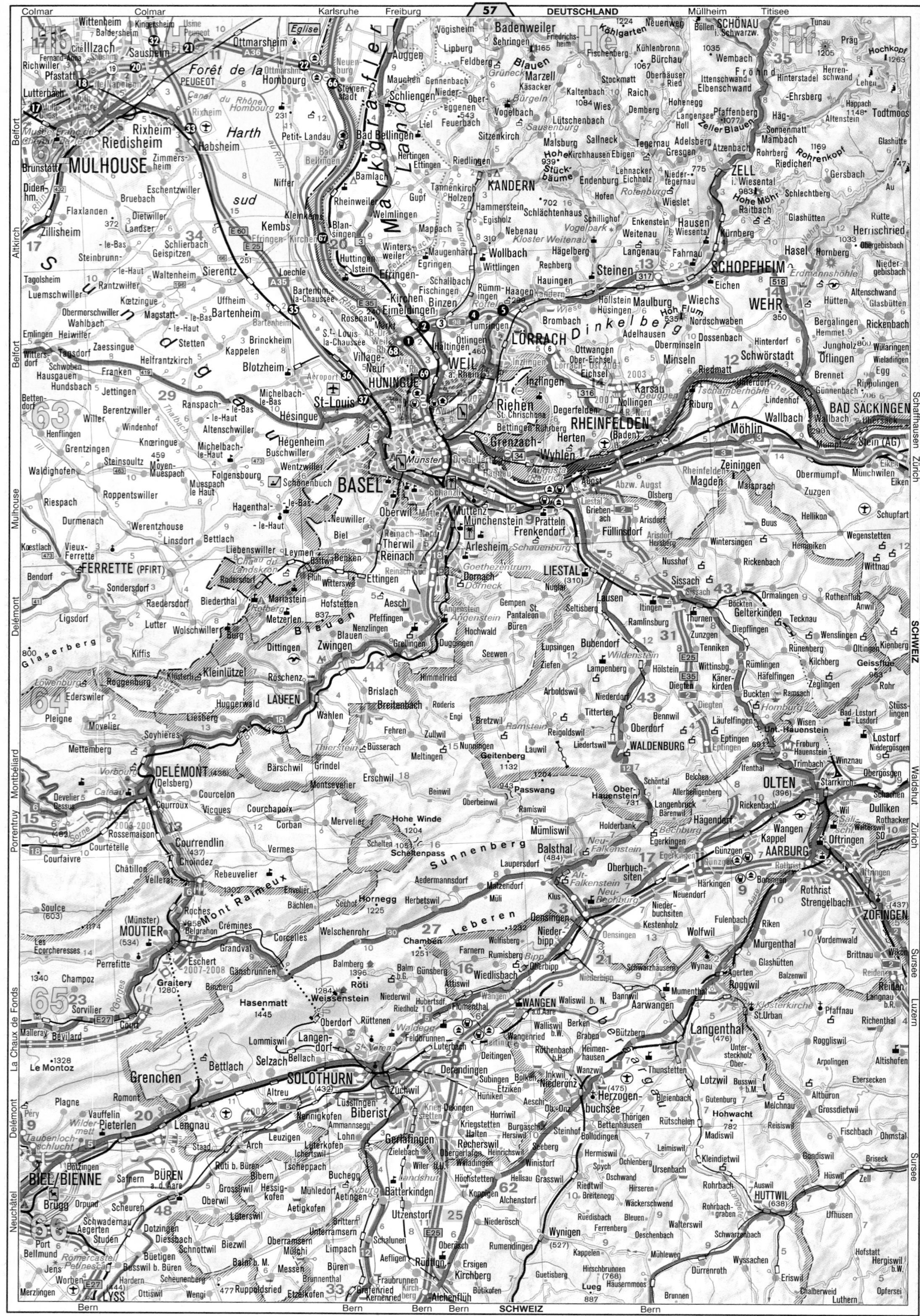

Colmar
Colmar
Karlsruhe
Freiburg
57
DEUTSCHLAND
Müllheim
Titisee
Hb
Hc
Hd
He
Hf
Belfort
Altkirch
Belfort
Mulhouse
Delémont
Porrentruy
Montbéliard
La Chaux de Fonds
Delémont
Neuchâtel
Schaffhausen
Zürich
SCHWEIZ
Waldshut
Zürich
Sursee
Luzern
Sursee
Bern
Bern
Bern
Bern
SCHWEIZ
Bern
MULHOUSE
Illzach
Riedisheim
Rixheim
Habsheim
Ottmarsheim
Forêt de la Hombourg
Harth
Kembs
Sierentz
Bartenheim
Blotzheim
St-Louis
HUNINGUE
Hésingue
Hégenheim
BASEL
Weil a. Rhein
LÖRRACH
Riehen
Grenzach-Wyhlen
RHEINFELDEN (Baden)
Badenweiler
KANDERN
Bad Bellingen
Schliengen
Auggen
Efringen-Kirchen
Binzen
Steinen
SCHOPFHEIM
ZELL i. Wiesental
WEHR
BAD SÄCKINGEN
Dinkelberg
Markgräfler Land
Möhlin
Muttenz
Pratteln
Münchenstein
Arlesheim
Oberwil
Therwil
Reinach
Aesch
Dornach
LIESTAL
Sissach
Gelterkinden
Zwingen
LAUFEN
FERRETTE (PFIRT)
Sundgau
DELÉMONT (Delsberg)
Courrendlin
MOUTIER
WALDENBURG
Balsthal
OLTEN
AARBURG
Oftringen
Zofingen
Passwang
Hohe Winde
Scheltenpass
Sunnenberg
Weissenstein
Hasenmatt
Grenchen
SOLOTHURN
Biberist
WANGEN a.d. Aare
Niederbipp
Langenthal
Herzogenbuchsee
HUTTWIL
BIEL/BIENNE
Lengnau
Pieterlen
BÜREN a.d. Aare
LYSS
Kirchberg
Utzenstorf
Gerlafingen

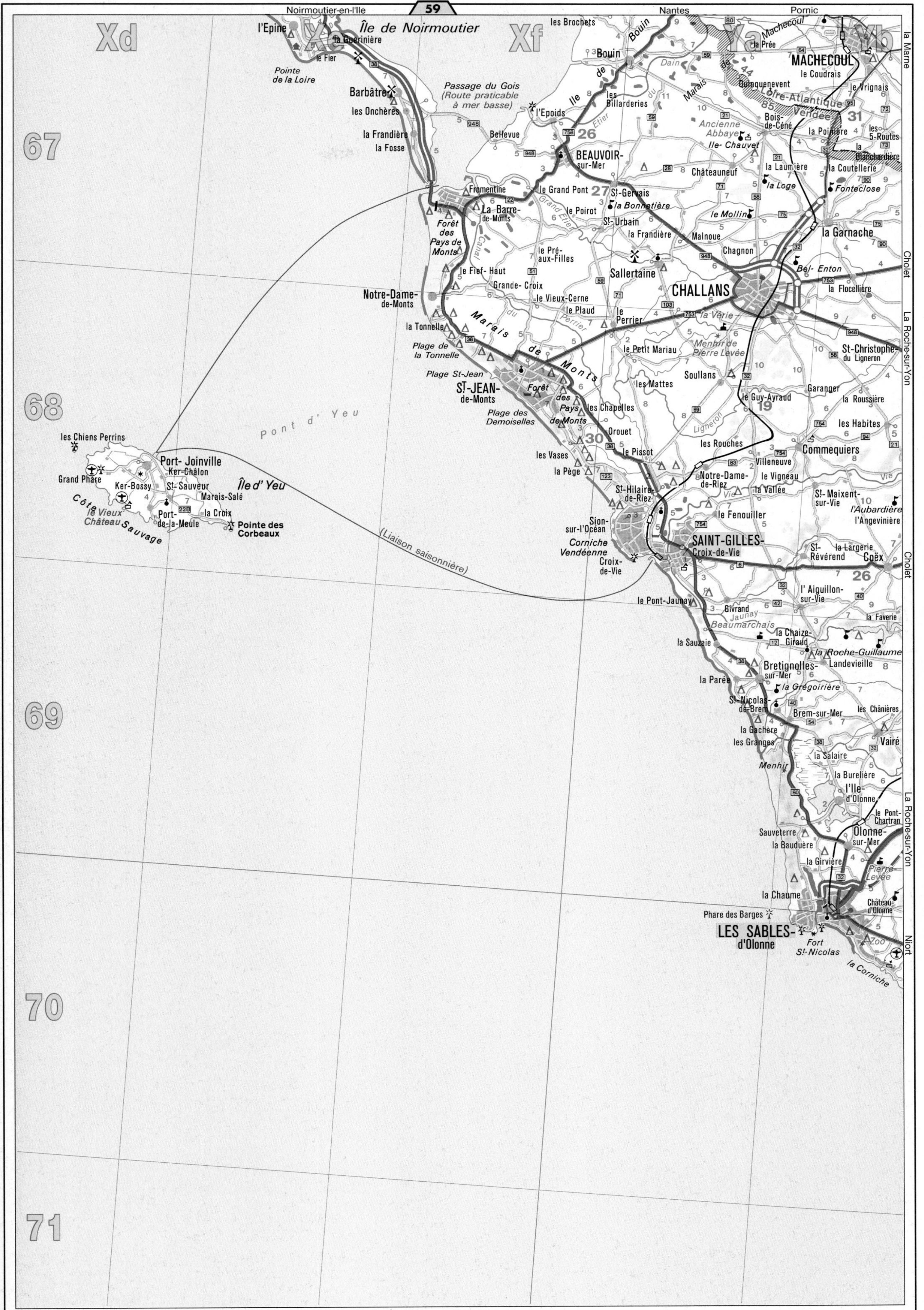

Noirmoutier-en-l'Ile
59
Nantes
Pornic
Île de Noirmoutier
l'Epine
la Guérinière
le Fier
Pointe de la Loire
Barbâtre
les Onchères
la Frandière
la Fosse
Passage du Gois (Route praticable à mer basse)
l'Epoids
Bellevue
les Brochets
Bouin
les Billarderies
BEAUVOIR-sur-Mer
MACHECOUL
le Coudrais
la Prée
Quinquenevent
Loire-Atlantique
Vendée
le Vrignais
Bois-de-Céné
Ancienne Abbaye
Ile-Chauvet
la Poinière
les 5-Routes
la Blanchardière
Châteauneuf
la Laumière
la Loge
la Coutellerie
Fonteclose
Fromentine
La Barre-de-Monts
le Grand Pont
St-Gervais
la Bonnetière
le Poiroz
St-Urbain
le Mollin
la Frandière
Malnoue
la Garnache
Forêt des Pays de Monts
le Pré-aux-Filles
Chagnon
Bel-Enton
la Flocellière
le Fief-Haut
Grande-Croix
Sallertaine
CHALLANS
Notre-Dame-de-Monts
le Vieux-Cerne
le Plaud
le Perrier
la Vérie
la Tonnelle
Plage de la Tonnelle
Marais de Monts
le Petit Mariau
Menhir de Pierre Levée
St-Christophe-du Ligneron
Plage St-Jean
ST-JEAN-de-Monts
Soullans
Garanger
la Roussière
les Mattes
le Guy-Ayraud
Plage des Demoiselles
Forêt des Pays de Monts
les Chapelles
les Habites
Pont d' Yeu
les Chiens Perrins
Orouet
les Rouches
Commequiers
Port-Joinville
Ker-Châlon
Grand Phare
Ker-Bossy
St-Sauveur
Île d'Yeu
Marais-Salé
Côte Sauvage
le Vieux Château
Port-de-la-Meule
la Croix
Pointe des Corbeaux
les Vases
le Pissot
la Pège
Villeneuve
Notre-Dame-de-Riez
le Vigneau
la Vallée
St-Hilaire-de-Riez
St-Maixent-sur-Vie
l'Aubardière
l'Angevinière
le Fenouiller
Sion-sur-l'Océan
Corniche Vendéenne
Croix-de-Vie
SAINT-GILLES-Croix-de-Vie
St-Révérend
la Largerie
Coëx
(Liaison saisonnière)
l' Aiguillon-sur-Vie
le Pont-Jaunay
Givrand
Jaunay
la Faverie
Beaumarchais
la Chaize-Giraud
la Sauzaie
la Roche-Guillaume
Landevieille
Bretignolles-sur-Mer
la Parée
la Grégoirière
St-Nicolas-de-Brem
Brem-sur-Mer
les Chânieres
la Gachère
les Granges
Vairé
la Salaire
Menhir
la Burelière
l'Ile-d'Olonne
le Pont-Chartran
Sauveterre
la Bauduère
Olonne-sur-Mer
la Girvière
Pierre-Levée
la Chaume
Château-d'Olonne
Phare des Barges
LES SABLES-d'Olonne
Fort St-Nicolas
Zoo
la Corniche
Xd
Xe
Xf
Ya
Yb
67
68
69
70
71
la Marne
Cholet
La Roche-sur-Yon
Niort
F

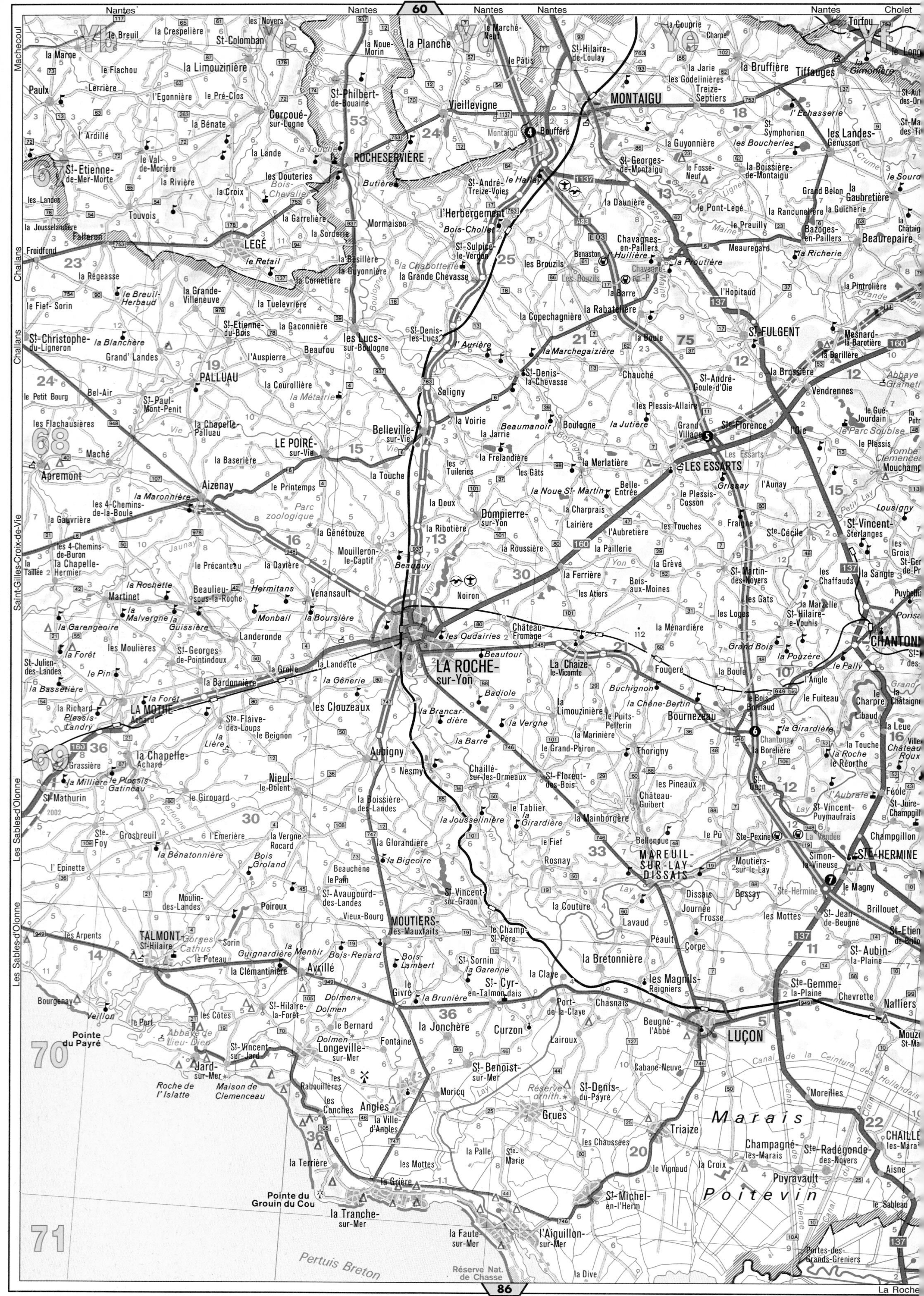

Nantes
60
Cholet
Machecoul
Challans
Saint-Gilles-Croix-de-Vie
Les Sables-d'Olonne
la Marne
le Breuil
la Crespelière
St-Colomban
les Noyers
le Flachou
la Limouzinière
Paulx
Lerrière
l'Egonnière
le Pré-Clos
Corcoué-sur-Logne
la Bénate
l'Ardillé
le Val-de-Morière
la Lande
St-Etienne-de-Mer-Morte
la Rivière
les Douteries
Bois-Chevalier
la Croix
Touvois
les Landes
la Jousselandière
Falleron
LEGÉ
la Garrelière
la Sorderie
Froidfond
la Régeasse
le Retail
le Breuil-Herbaud
la Grande-Villeneuve
la Tuelevrière
le Fief-Sorin
St-Christophe-du-Ligneron
la Blanchère
Grand' Landes
St-Etienne-du-Bois
la Gaconnière
PALLUAU
l'Auspierre
Beaufou
le Petit Bourg
Bel-Air
St-Paul-Mont-Penit
la Courollière
la Métairie
les Flachausières
la Chapelle-Palluau
LE POIRÉ-sur-Vie
Maché
Apremont
la Baserière
Aizenay
le Printemps
la Maronnière
les 4-Chemins-de-la-Boule
la Gauvrière
Parc zoologique
la Génétouze
les 4-Chemins-de-Buron
la Chapelle-Hermier
la Taillée
le Précanteau
la Davière
la Rochette
Martinet
Beaulieu-sous-la-Roche
Hermitans
Venansault
la Malvergne
la Guissière
Monbail
la Boursière
la Garengeoire
la Forêt
les Moulières
Landeronde
St-Georges-de-Pointindoux
St-Julien-des-Landes
le Pin
la Grolle
la Landette
la Bassetière
la Bardonnière
la Richard
Plessis-Landry
LA MOTHE-Achard
Ste-Flaive-des-Loups
le Beignon
la Liere
Grassière
la Chapelle-Achard
la Millière
le Plessis-Gatineau
St-Mathurin
le Girouard
Nieul-le-Dolent
Grosbreuil
l'Emerière
la Vergne Rocard
Ste-Foy
la Bénatonnière
Bois Groland
l'Epinette
Moulin-des-Landes
Poiroux
TALMONT-St-Hilaire
les Arpents
Gorges Cathus
Sorin
le Poteau
Guignardière
Menhir
la Clémantinière
Avrillé
Bourgenay
Veillon
le Port
les Côtes
Abbaye de Lieu-Dieu
St-Hilaire-la-Forêt
Dolmen
Pointe du Payré
St-Vincent-sur-Jard
Jard-sur-Mer
Roche de l'Islatte
Maison de Clemenceau
Longeville-sur-Mer
les Rabouillères
les Conches
Angles
la Ville-d'Angles
la Terrière
Pointe du Grouin du Cou
la Tranche-sur-Mer
la Grière
Pertuis Breton
la Faute-sur-Mer
l'Aiguillon-sur-Mer
Réserve Nat. de Chasse
la Dive
86
la Noue-Morin
la Planche
St-Philbert-de-Bouaine
Vieillevigne
ROCHESERVIÈRE
la Touche
Butière
Mormaison
la Bésillère
la Guyonnière
la Cornetière
la Chabotterie
la Grande Chevasse
les Lucs-sur-Boulogne
St-Denis-les-Lucs
le Marché-Neuf
le Pâtis
Montaigu
Boufféré
St-André-Treize-Voies
le Hallay
l'Herbergement
Bois-Chollet
St-Sulpice-le-Verdon
l'Aurière
Saligny
la Voirie
Belleville-sur-Vie
la Touche
la Doux
la Ribotière
Mouilleron-le-Captif
Beaupuy
Noiron
LA ROCHE-sur-Yon
les Oudairies
Beautour
Badiole
la Génerie
les Clouzeaux
Aubigny
la Brancardière
Nesmy
la Barre
la Vergne
Chaillé-sous-les-Ormeaux
la Boissière-des-Landes
la Jousselinière
le Tablier
la Girardière
la Glorandière
la Bigeoire
Beauchêne
le Pain
St-Avaugourd-des-Landes
Vieux-Bourg
St-Vincent-sur-Graon
MOUTIERS-les-Mauxfaits
Bois-Renard
Bois-Lambert
le Givre
la Brunière
St-Sornin
la Garenne
St-Cyr-en-Talmondais
le Champ-St-Père
le Bernard
Fontaine
la Jonchère
Curzon
St-Benoist-sur-Mer
Moricq
Grues
la Palle
Ste-Marie
les Mottes
St-Hilaire-de-Loulay
MONTAIGU
la Jarie
les Godelinières
Treize-Septiers
la Bruffière
Tiffauges
l'Echasserie
St-Symphorien
les Boucheries
les Landes-Genusson
St-Georges-de-Montaigu
la Guyonnière
le Fossé-Neuf
la Boissière-de-Montaigu
la Daunière
le Pont-Legé
la Rancunelière
Bazoges-en-Paillers
Beaurepaire
Chavagnes-en-Paillers
l'Huilière
la Proutière
Meauregard
la Richerie
les Brouzils
la Barre
la Rabatelière
l'Hopitaud
la Copechagnière
la Boule
St-FULGENT
Mesnard-la-Barotière
la Marchegaizière
St-Denis-la-Chevasse
Chauché
St-André-Goule-d'Oie
la Brossière
Vendrennes
les Plessis-Allaire
Beaumanoir
Boulogne
la Jutière
Grand Village
Ste-Florence
l'Oie
la Jarrie
la Frelandière
les Tuileries
les Gâts
la Merlatière
LES ESSARTS
la Noue St-Martin
Belle-Entrée
Grissay
l'Aunay
Dompierre-sur-Yon
la Charprais
Lairière
le Plessis-Cosson
Fraigne
l'Aubretière
les Touches
Ste-Cécile
St-Vincent-Sterlanges
la Roussière
la Paillerie
la Grève
la Ferrière
Bois-aux-Moines
St-Martin-des-Noyers
les Atiers
les Chaffauds
la Sangle
les Gats
les Loges
la Menardière
la Marzelle
St-Hilaire-le-Vouhis
Château-Fromage
La Chaize-le-Vicomte
Grand Bois
la Pouzère
Fougeré
la Boule
Buchignon
la Chêne-Bertin
Bournezeau
le Bois Bonnaud
le Fuiteau
la Limouzinière
le Puits-Pellerin
la Marinière
le Grand-Puiron
Thorigny
Chantonay
la Borelière
la Girardière
la Roche
le Réorthe
St-Florent-des-Bois
les Pineaux
Château-Guibert
St-Ouen
la Mainborgère
le Fief
Bellenoue
le Pû
Ste-Pexine
la Vendée
Rosnay
MAREUIL-SUR-LAY-DISSAIS
Moutiers-sur-le-Lay
Simon-la-Vineuse
STE-HERMINE
Dissais
Bessay
Journée
Frosse
les Mottes
la Couture
Lavaud
Péault
Corpe
la Bretonnière
la Claye
les Magnils-Reigniers
Port-de-la-Claye
Chasnais
Lairoux
Beugné-l'Abbé
LUÇON
Cabane-Neuve
St-Denis-du-Payré
Réserve ornith.
Triaize
les Chaussées
Marais Poitevin
Champagné-les-Marais
Ste-Radégonde-des-Noyers
le Vignaud
la Croix
Puyravault
St-Michel-en-l'Herm
Moreilles
Canal de la Ceinture des Hollandais
Ste-Gemme-la-Plaine
Chevrette
Nalliers
St-Aubin-la-Plaine
St-Jean-de-Beugné
Brillouet
le Magny
Champgillon
Féole
St-Vincent-Puymaufrais
St-Juire-Champgillon
l'Aubraie
CHANTONNAY
l'Angle
le Pally
la Touche
Charpre
la Châtaigneraie
Libaud
la Leue
Lousigny
Puybelliard
Mouchamps
Tombe Clemenceau
le Plessis
le Parc Soubise
le Gué-Jourdain
Abbaye Grainetière
la Barillière
la Pintrolière
Grand Belon
la Gaubretière
la Guicherie
Torfou
la Gimonière
Portes-des-Grands-Greniers
le Sableau
Aisne
CHAILLÉ-les-Marais
La Roche

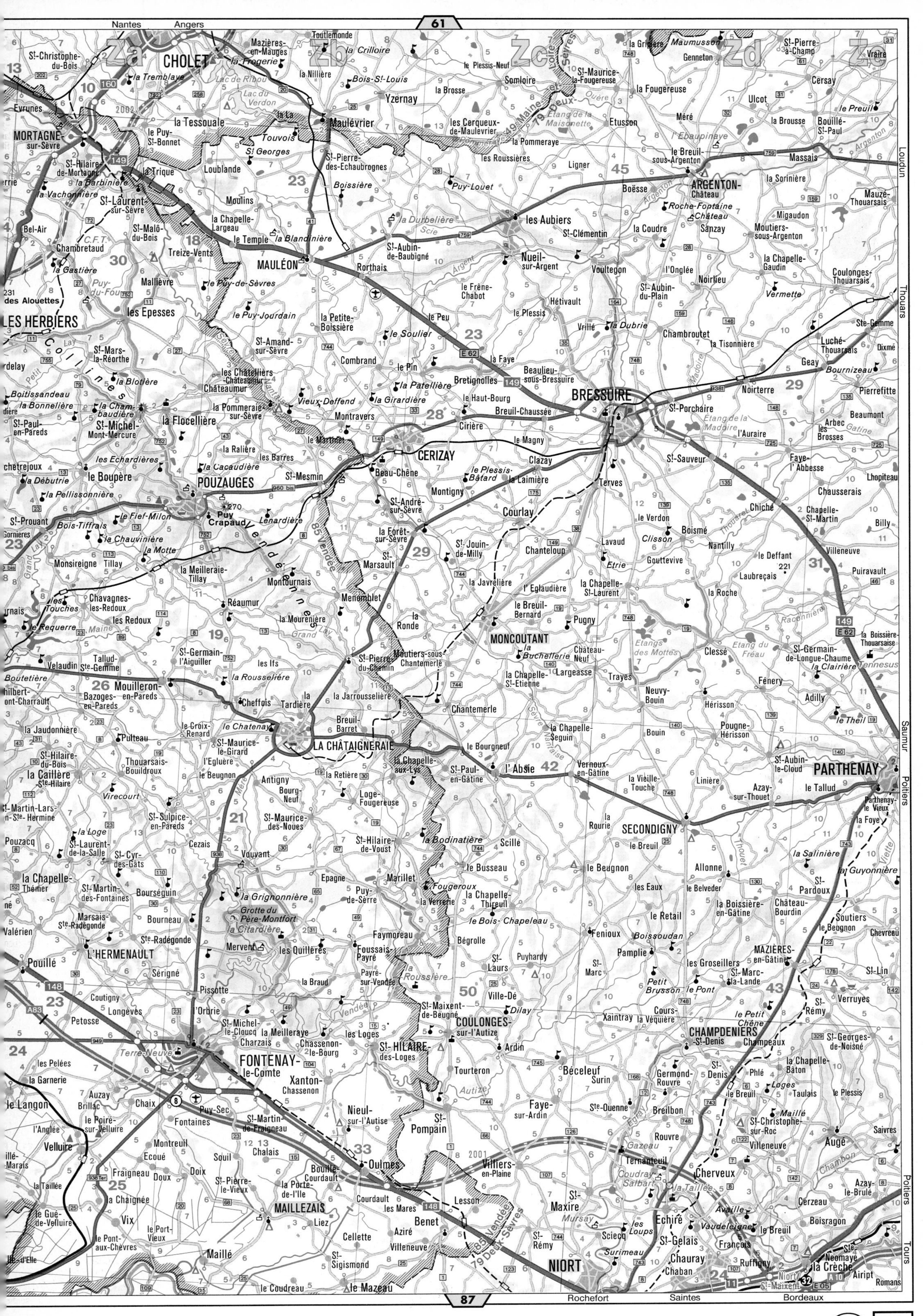

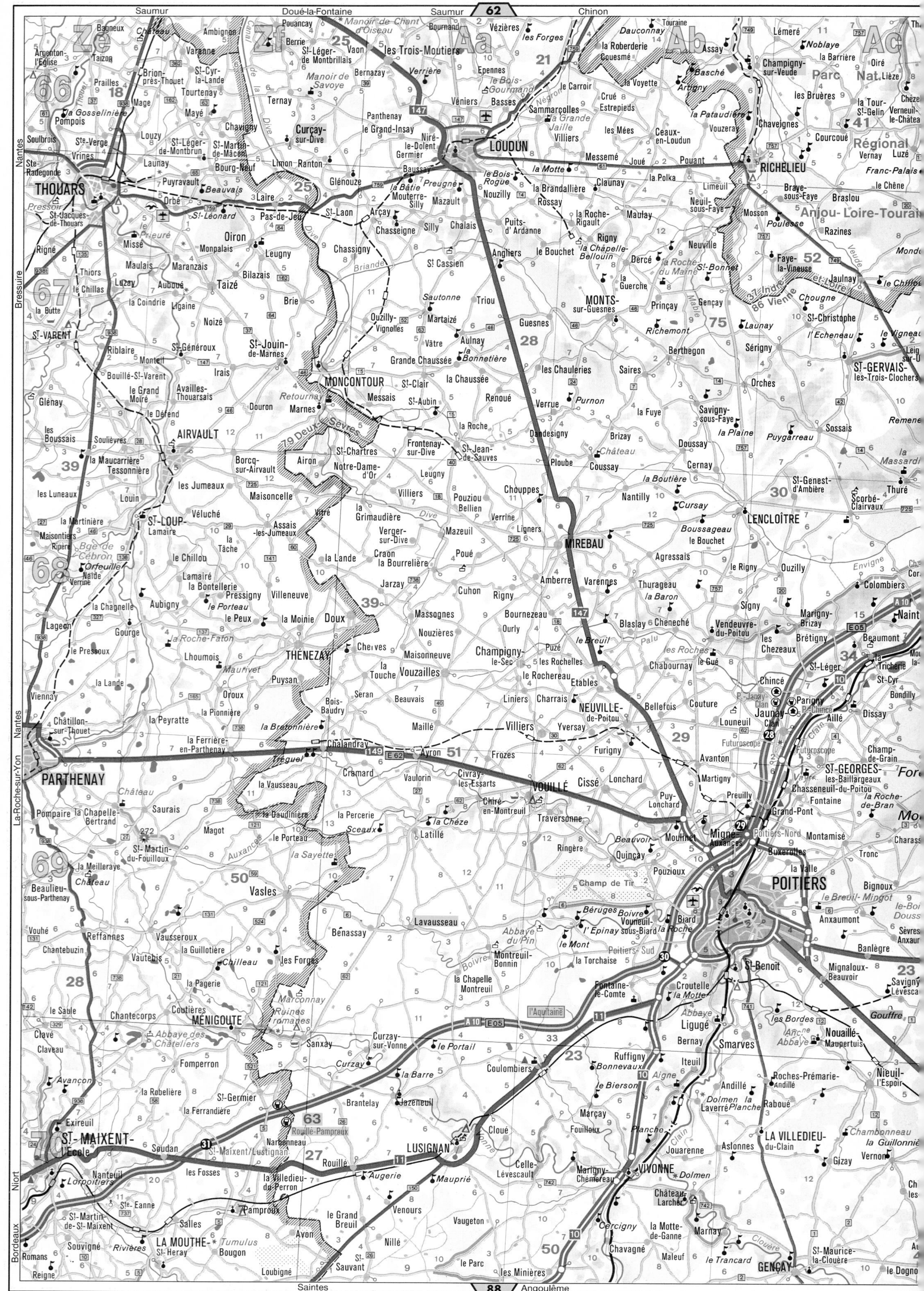
Saumur
Doué-la-Fontaine
Saumur
62
Chinon
Nantes
Bressuire
Nantes
La-Roche-sur-Yon
Niort
Bordeaux
Saintes
88
Angoulême
THOUARS
LOUDUN
RICHELIEU
Anjou-Loire-Touraine
St-VARENT
MONCONTOUR
AIRVAULT
St-JOUIN-de-Marnes
St-LOUP-Lamaire
MIREBAU
LENCLOÎTRE
St-GERVAIS-les-Trois-Clochers
THÉNEZAY
PARTHENAY
VOUILLÉ
NEUVILLE-de-Poitou
POITIERS
St-GEORGES-les-Baillargeaux
Chasseneuil-du-Poitou
Futuroscope
MÉNIGOUTE
St-MAIXENT-l'École
LUSIGNAN
VIVONNE
LA VILLEDIEU-du-Clain
GENÇAY
LA MOTHE-St-Heray
Les Trois-Moutiers
Monts-sur-Guesnes
Vasles
Vouzailles
Champigny-le-Sec
Ligugé
Jaunay-Clan
79 Deux-Sèvres
86 Vienne
37 Indre-et-Loire

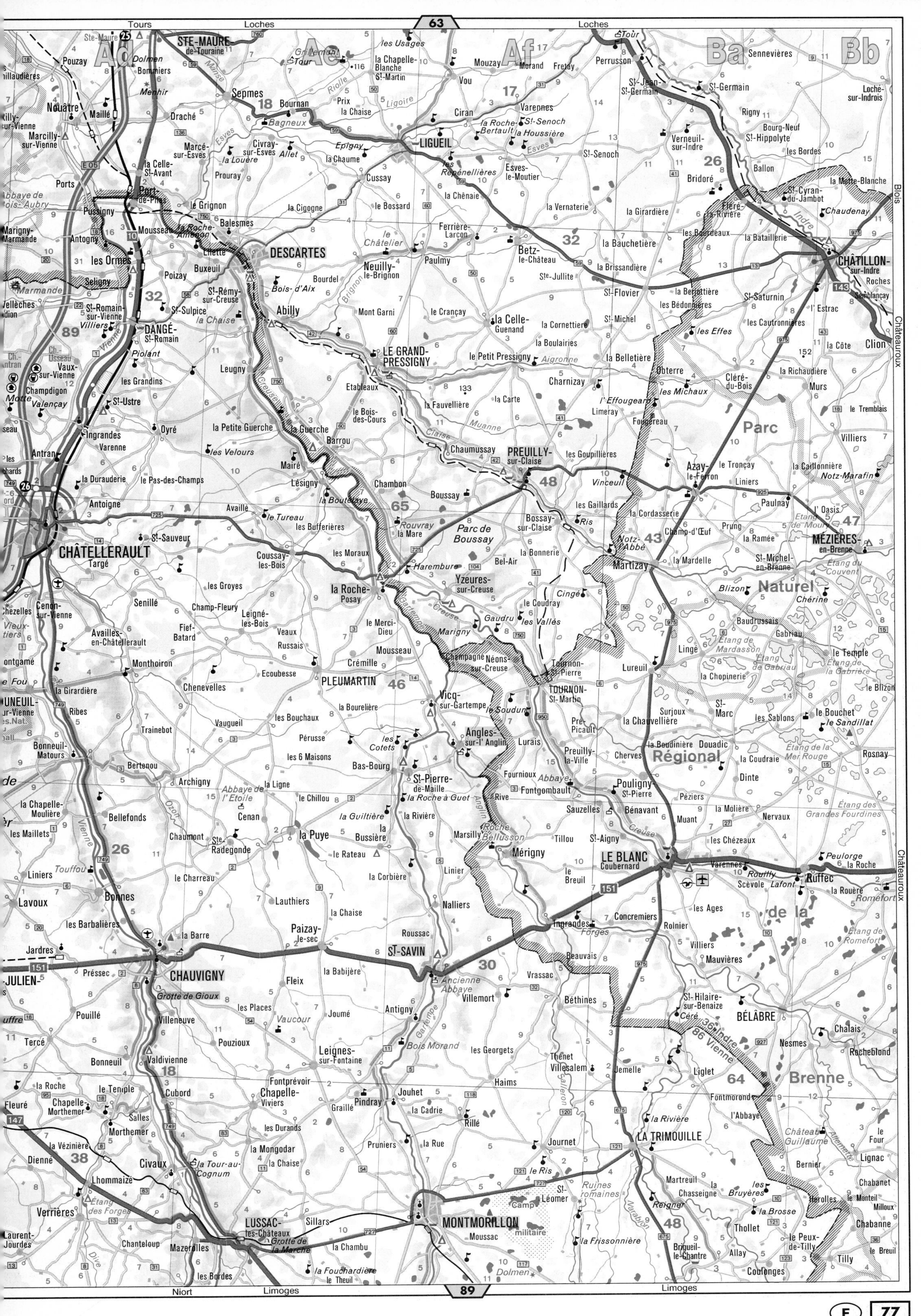

Tours
Loches
63
Loches
Ad
Ae
Af
Ba
Bb
STE-MAURE-de-Touraine
Sepmes
Bournan
LIGUEIL
Mouzay
Perrusson
St-Jean-St-Germain
St-Germain
Loché-sur-Indrois
Nouâtre
Maillé
Draché
Ciran
Varennes
Verneuil-sur-Indre
Bridoré
Marcilly-sur-Vienne
Cussay
Esves-le-Moutier
St-Senoch
Port-de-Piles
Pussigny
le Grignon
Balesmes
DESCARTES
Betz-le-Château
CHÂTILLON-sur-Indre
les Ormes
Buxeuil
Neuilly-le-Brignon
Paulmy
St-Flovier
Abilly
la Celle-Guenand
Clion
DANGÉ-St-Romain
LE GRAND-PRESSIGNY
le Petit Pressigny
Obterre
Cléré-du-Bois
Murs
Leugny
Charnizay
Ingrandes
Oyré
la Guerche
Barrou
Chaumussay
PREUILLY-sur-Claise
Azay-le-Ferron
Villiers
Antran
Mairé
Lésigny
Chambon
Boussay
Paulnay
Antoigne
Bossay-sur-Claise
Martizay
MÉZIÈRES-en-Brenne
CHÂTELLERAULT
Targé
Coussay-les-Bois
la Roche-Posay
Yzeures-sur-Creuse
St-Michel-en-Brenne
Senillé
Leigné-les-Bois
Tournon-St-Pierre
TOURNON-St-Martin
Lureuil
Lingé
Parc
Naturel
Régional
de la
Brenne
Monthoiron
Crémille
PLEUMARTIN
Vicq-sur-Gartempe
Angles-sur-l'Anglin
Lurais
Preuilly-la-Ville
Douadic
Rosnay
Bonneuil-Matours
Archigny
St-Pierre-de-Maillé
Pouligny-St-Pierre
Fontgombault
Bellefonds
la Puye
Mérigny
LE BLANC
Ruffec
Bonnes
Lavoux
Paizay-le-sec
ST-SAVIN
Concremiers
Jardres
CHAUVIGNY
Antigny
Béthines
BÉLÂBRE
Nesmes
Valdivienne
Leignes-sur-Fontaine
Haims
Villesalem
Chapelle-Viviers
Jouhet
Pindray
LA TRIMOUILLE
Civaux
Journet
Lignac
Lhommaizé
MONTMORILLON
Moussac
Sillars
LUSSAC-les-Châteaux
Mazerolles
Thollet
Coulonges
Tilly
Niort
Limoges
89
Limoges
Blois
Châteauroux
Châteauroux

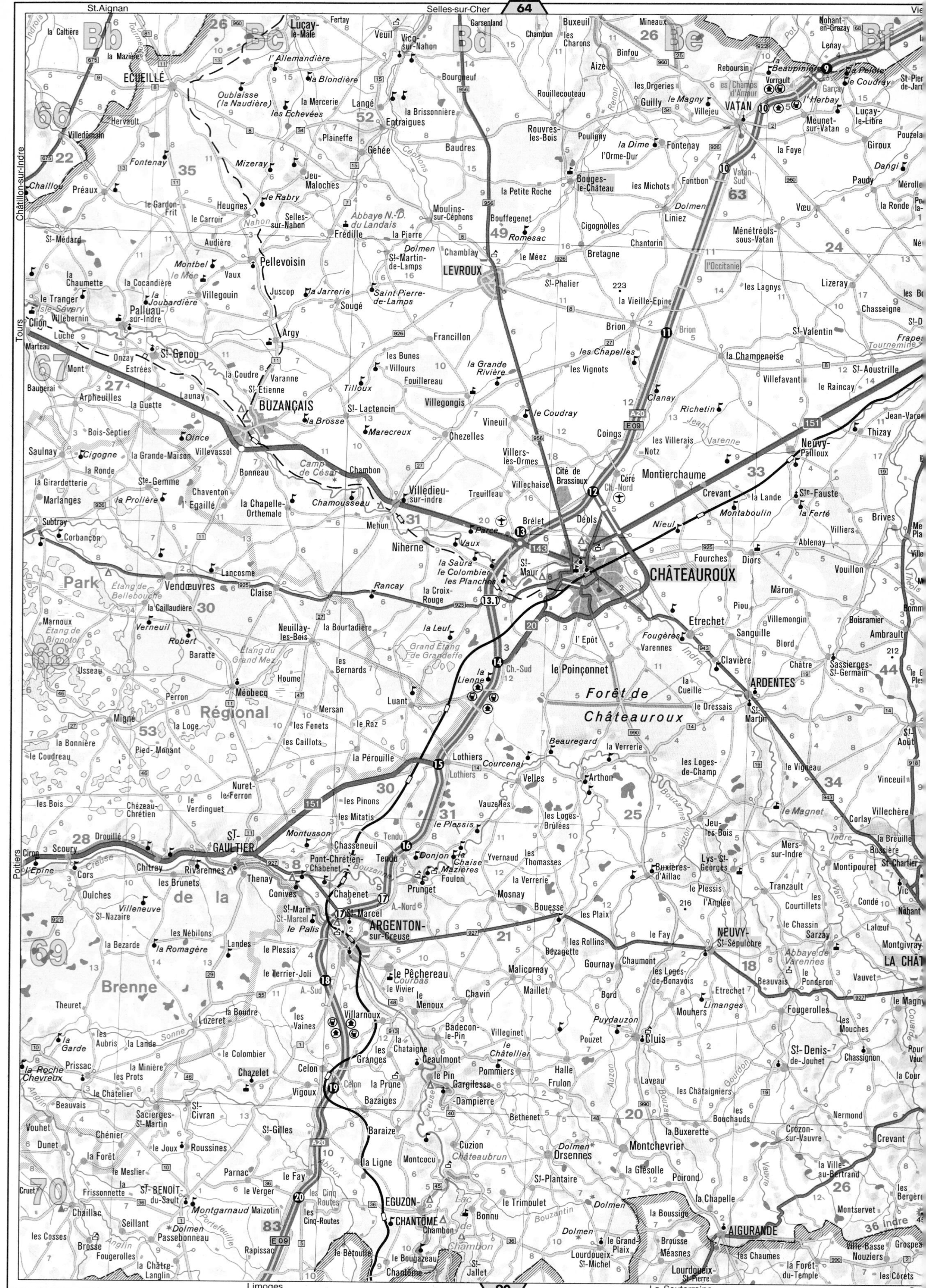

St.Aignan
Selles-sur-Cher
64
Bb
Bc
Bd
Be
Bf
Lucay-le-Mâle
Fertay
Veuil
Vicq-sur-Nahon
Garsenland
Buxeuil
Mineaux
Nohant-en-Grazay
la Caltière
la Mazière
ECUEILLÉ
l'Allemandière
la Blondière
Bourgneuf
Chambon
les Charons
Binfou
Aize
Reboursin
la Beaupinière
la Pelote
le Coudray
Lenay
Oublaisse (la Naudière)
la Mercerie
Langé
les Echevées
la Brissonnière
Entraigues
Rouillecouteau
les Orgeries
Guilly
le Magny
Villejeu
VATAN
Vornault
Garçay
l'Herbay
Meunet-sur-Vatan
Lucay-le-Libre
Hervault
Villedômain
66
22
Plaineffe
Gehée
Baudres
Rouvres-les-Bois
Pouligny
la Dime
Fontenay
l'Orme-Dur
la Foye
Giroux
Fontenay
35
Mizeray
Jeu-Maloches
Céphons
Bouges-le-Château
les Michots
Fontbon
Vatan-Sud
63
Paudy
Dangi
Chaillou
Préaux
le Gardon-Frit
Heugnes
le Rabry
Moulins-sur-Céphons
la Petite Roche
Dolmen
Liniez
Vœu
la Ronde
le Carroir
Selles-sur-Nahon
Abbaye N.-D. du Landais
Frédille
la Pierre
Bouffegenet
49
Romesac
Cigognolles
Chantorin
Ménétréols-sous-Vatan
St-Médard
Audière
Dolmen
St-Martin-de-Lamps
Chamblay
LEVROUX
le Méez
Bretagne
24
l'Occitanie
Montbel
le Mée
Pellevoisin
Vaux
la Chaumette
la Cocandière
la Joubardière
Villegouin
Juscop
la Jarrerie
Saint Pierre-de-Lamps
Sougé
St-Phalier
223
la Vieille-Epine
les Lagnys
Lizeray
Chasseigne
le Tranger
Isle-Savary
Villebernin
Palluau-sur-Indre
Clion
Luché
Argy
Francillon
Brion
St-Valentin
Marteau
Onzay
St-Genou
Estrées
la Coudre
Varanne
St-Etienne
les Bunes
Villours
la Grande Rivière
les Chapelles
les Vignots
la Champenoise
Mont
67
27
Baugerai
Arpheuilles
la Guette
Launay
BUZANÇAIS
Tilloux
Fouillereau
St-Lactencin
la Brosse
Villegongis
Vineuil
le Coudray
Clanay
Richetin
Villefavant
le Raincay
St-Aoustrille
Bois-Septier
Oince
Marecreux
Chezelles
Coings
Jean-Varenne
Thizay
Saulnay
Cigogne
la Grande-Maison
Villevassol
Camp de César
Villers-les-Ormes
les Villerais
Notz
Neuvy-Pailloux
la Ronde
Bonneau
Chambon
Cité de Brassioux
Céré
Ch.-Nord
Montierchaume
33
la Girardetterie
Ste-Gemme
Chaventon
l'Egaillé
la Prolière
la Chapelle-Orthemale
Chamousseau
Villedieu-sur-Indre
Treuillleau
Villechaise
Crevant
la Lande
Ste-Fauste
Marlanges
Subtray
Corbançon
Mehun
31
Parce
Brêlet
Déols
Nieul
Montaboulin
la Ferté
Brives
Villiers
Niherne
Vaux
Ablenay
Lancosme
la Saura
le Colombier
les Planches
St-Maur
Fourches
Diors
CHÂTEAUROUX
Vouillon
Park
Vendœuvres
Etang de Bellebouche
Claise
Rancay
la Croix-Rouge
Mâron
la Caillaudière
30
Marnoux
Etang de Bignotoi
Verneuil
Robert
Neuillay-les-Bois
la Bourtadière
la Leuf
Piou
Etrechet
Villemongin
Boisramier
Ambrault
68
Baratte
Etang du Grand Mez
Grand Etang de Grandeffe
l'Epôt
Fougères
Varennes
Sanguille
Blord
212
Usseau
les Bernards
Lienne
Ch.-Sud
le Poinçonnet
Clavière
Châtre
Sassierges-St-Germain
44
Houme
Méobecq
Perron
Luant
Forêt de Châteauroux
la Cueille
ARDENTES
le Dressais
St-Martin
Mignè
la Loge
Régional
Mersan
les Fenets
le Raz
53
la Bonnière
les Caillots
Beauregard
la Verrerie
Pied-Monant
le Coudreau
la Pérouille
Lothiers
Courcenai
Velles
Arthon
les Loges-de-Champ
le Vigneau
34
Vinceuil
Nuret-le-Ferron
30
les Pinons
Vauzelles
les Loges-Brûlées
25
le Magnet
Villechère
les Bois
Chézeau-Chrétien
le Verdinguet
les Mitatis
31
le Plessis
Jeu-les-Bois
Corlay
la Breuille
28
Drouillé
Montusson
Chasseneuil
Tendu
Yvernaud
les Thomasses
Mers-sur-Indre
Bussière
Ciron
Scoury
St-Gaultier
l'Epine
Cors
Chitray
Rivarennes
Thenay
Pont-Chrétien-Chabenet
Donjon
la Chaise
Mazières
Foulon
la Verrerie
Buxières-d'Aillac
Lys-St-Georges
Montipouret
St-Chartier
Oulches
les Brunets
de la
Conives
Chabenet
Prunget
Mosnay
le Plessis
l'Anglée
Tranzault
Vic
Nohant
Villeneuve
St-Nazaire
St-Marin
St-Marcel
le Palis
A.-Nord
Bouesse
les Plaix
216
les Courtillets
Condé
ARGENTON-sur-Creuse
21
le Chassin
Sarzay
Lacœur
69
la Bezarde
les Nébilons
la Romagère
Landes
le Plessis
Bézagette
les Rollins
le Fay
NEUVY-St-Sépulchre
Montgivray
LA CHÂ
le Pêchereau
Malicornay
Gournay
Chaumont
Abbaye de Varennes
le Ponderon
Brenne
le Terrier-Joli
A.-Sud
Courbas
le Vivier
le Menoux
Maillet
les Loges-de-Bonavois
18
Beauvais
Vauvet
Theuret
Chavin
Bord
Etrechet
Limanges
Fougerolles
le Magny
la Boudre
Luzeret
les Vaines
Villarnoux
Badecon-le-Pin
Villeginet
Puydauzon
Mouhers
les Mouches
la Garde
les Aubris
la Lande
la Chataigne
le Châtellier
Pouzet
Cluis
St-Denis-de-Jouhet
Chassignon
le Colombier
Granges
Ceaulmont
Pommiers
Halle
la Roche Chevreux
Prissac
la Minière
les Prots
Chazelet
Celon
le Pin
Frulon
Laveau
la Cour
le Châtelier
Vigoux
la Prune
Gargilesse-Dampierre
les Châtaigniers
Beauvais
Sacierges-St-Martin
St-Civran
Bazaiges
Bethenet
20
les Bouchauds
Nermond
Vouhet
Chénier
St-Gilles
Baraize
Cuzion
Châteaubrun
Montchevrier
la Buxerette
Crozon-sur-Vauvre
Crevant
Dunet
le Joux
Roussines
Orsennes
la Forêt
Montcocu
la Ligne
la Glesolle
Poirond
le Meslier
Parnac
le Fay
St-Plantaire
la Ville-au-Bertrand
26
la Frissonnette
St-Benoît-du-Sault
le Verger
les Cinq Routes
EGUZON-CHANTÔME
le Trimoulet
la Chapelle
Cruet
70
Chaillac
Montgarnaud
Maizotin
Bonnu
Dolmen
la Boussige
AIGURANDE
Montserrat
36 Indre
Seillant
Dolmen Passebonneau
les Cinq-Routes
83
Chambon
Lac de Chambon
Dolmen
le Grand Plaix
Brousse
Méasnes
les Chaumes
Ville-Basse
Nouziers
Grospeau
les Cosses
Brosse
Fougerolles
la Châtre-Langlin
Rapissac
le Bétoulle
le Bougazeau
Chantôme
St-Jallet
Lourdoueix-St-Michel
Lourdoueix-St-Pierre
la Forêt-du-Temple
les Côrets
Limoges
90
La Souterraine
Châtillon-sur-Indre
Tours
Poitiers

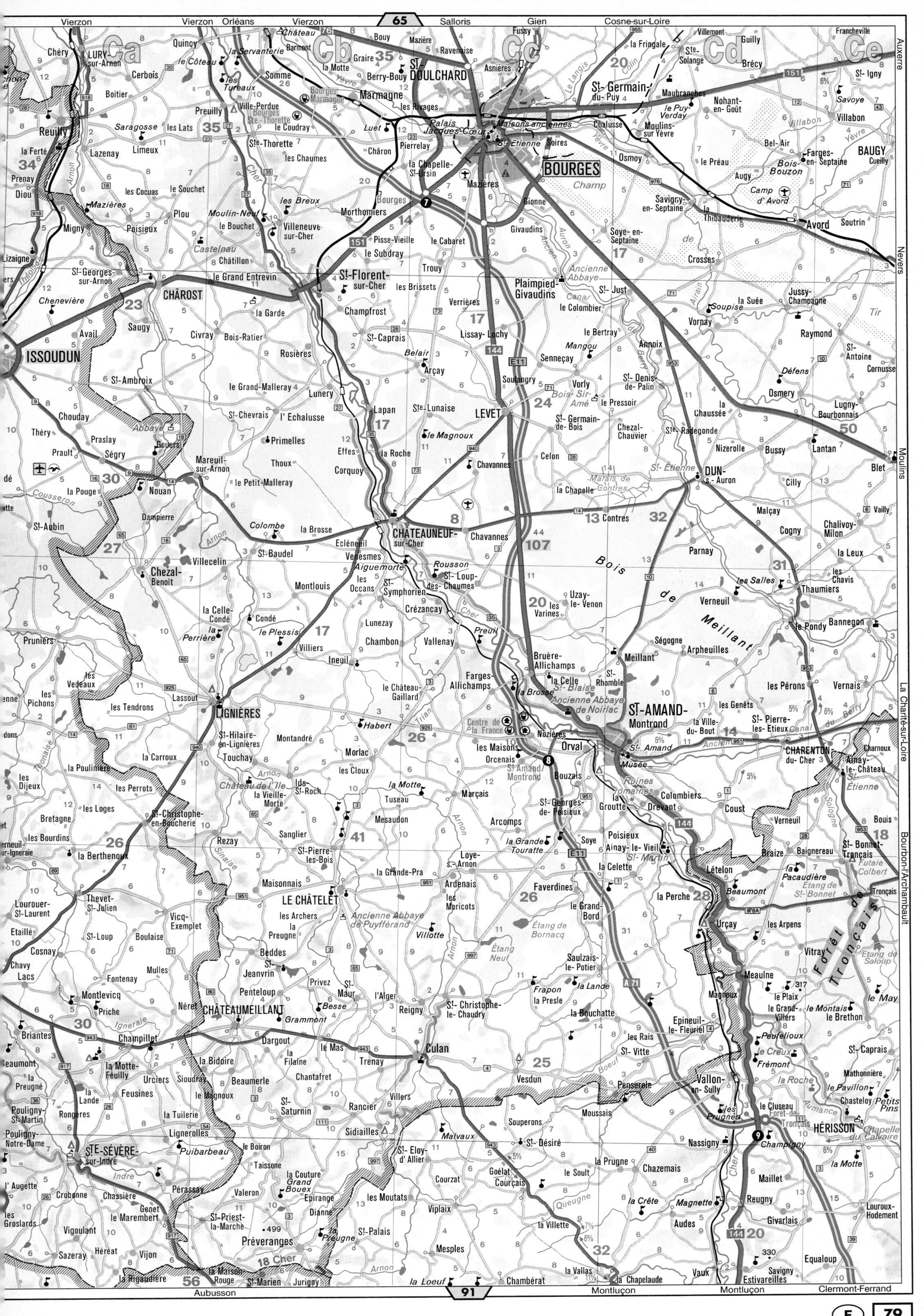
Vierzon
Orléans
Salloris
Gien
Cosne-sur-Loire
65
91
Aubusson
Montluçon
Clermont-Ferrand
Auxerre
Nevers
Moulins
La Charité-sur-Loire
Bourbon-l'Archambault
BOURGES
ISSOUDUN
St-DOULCHARD
St-Florent-sur-Cher
CHÂROST
LEVET
CHÂTEAUNEUF-sur-Cher
LIGNIÈRES
St-AMAND-Montrond
DUN-s.-Auron
CHARENTON-du-Cher
LE CHÂTELET
CHÂTEAUMEILLANT
Culan
STE-SÉVÈRE-sur-Indre
HÉRISSON
BAUGY
Avord
Meillant
Orval
Bois de Meillant
Forêt de Tronçais
Ca
Cb
Cc
Cd
Ce

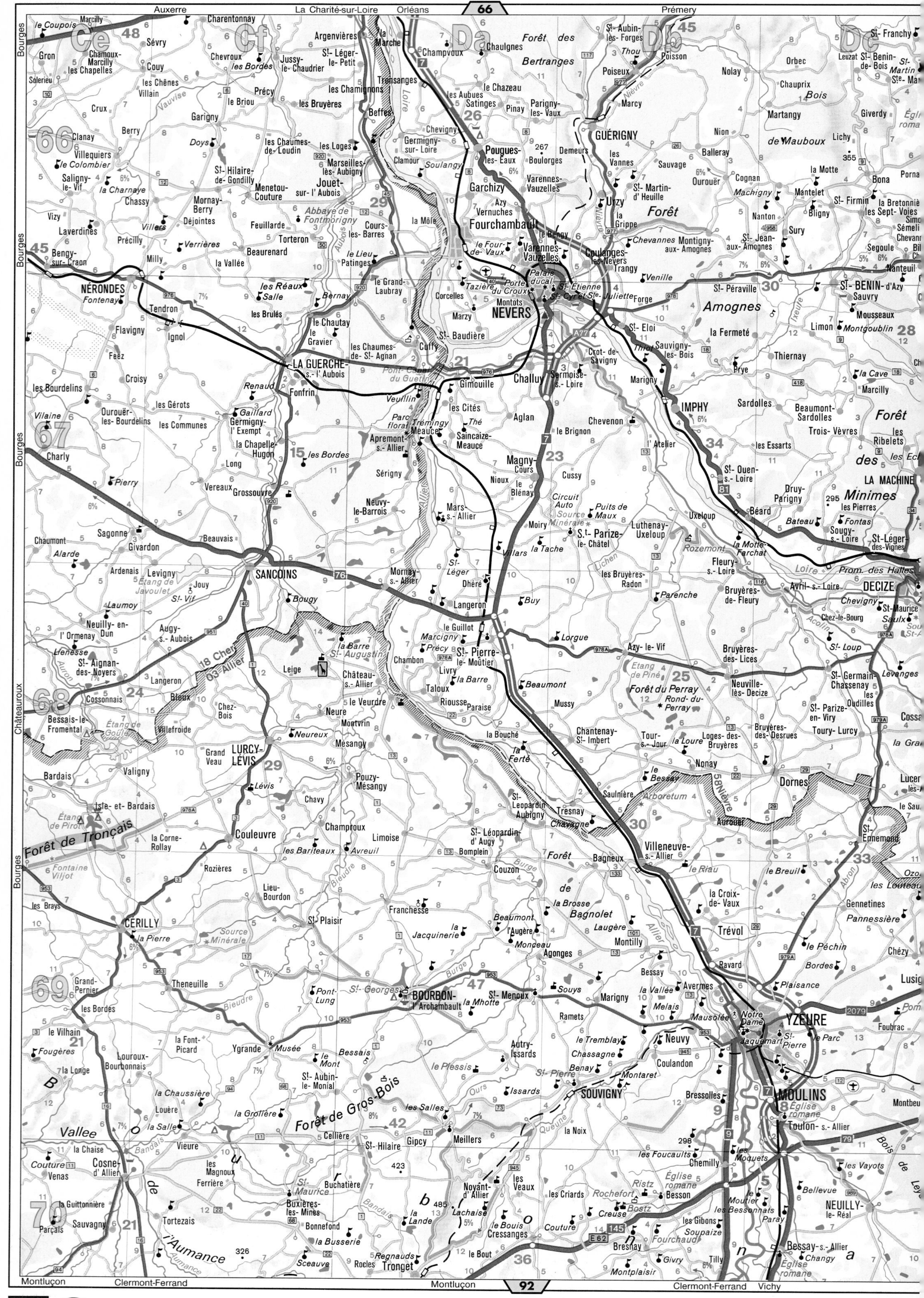

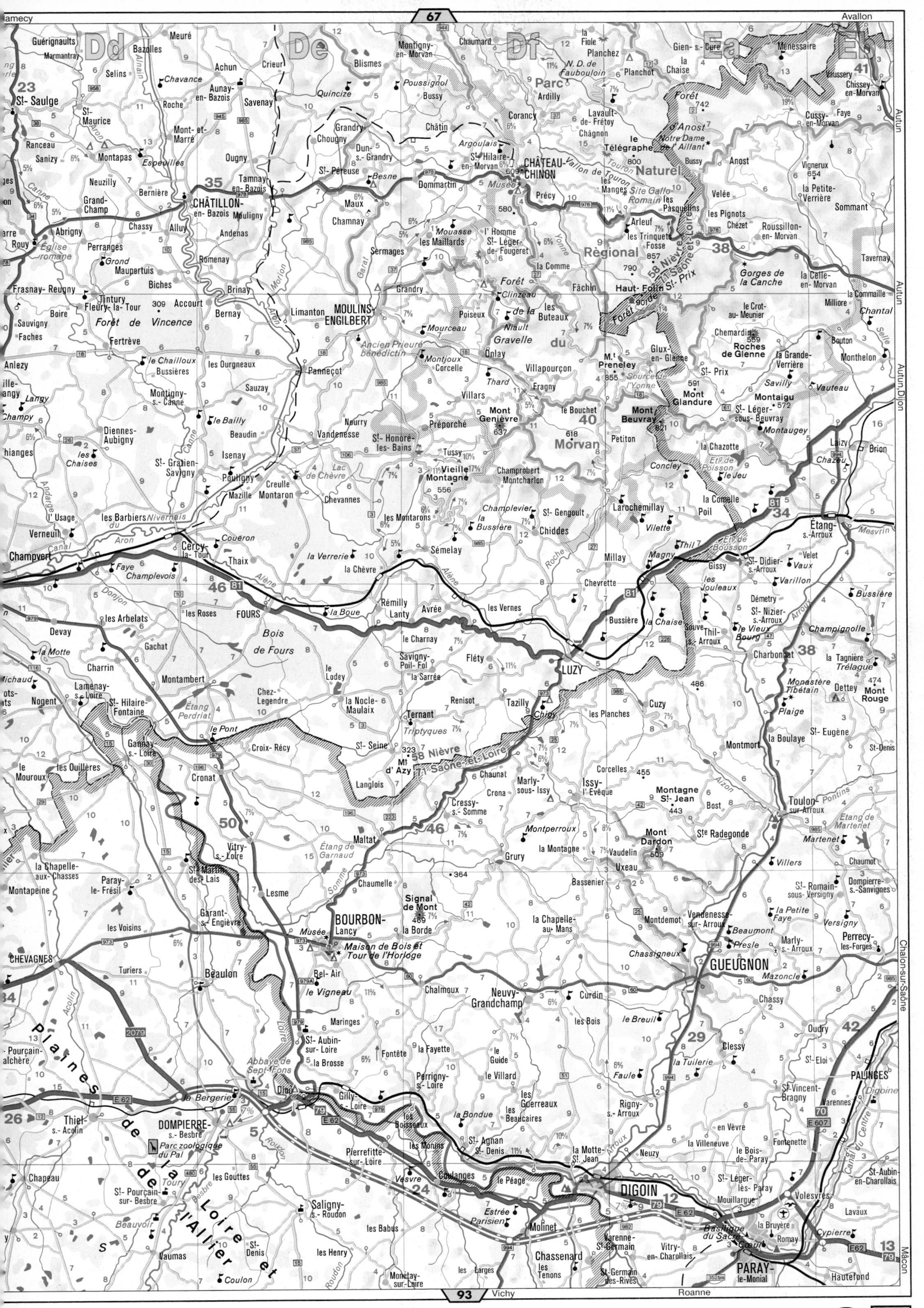

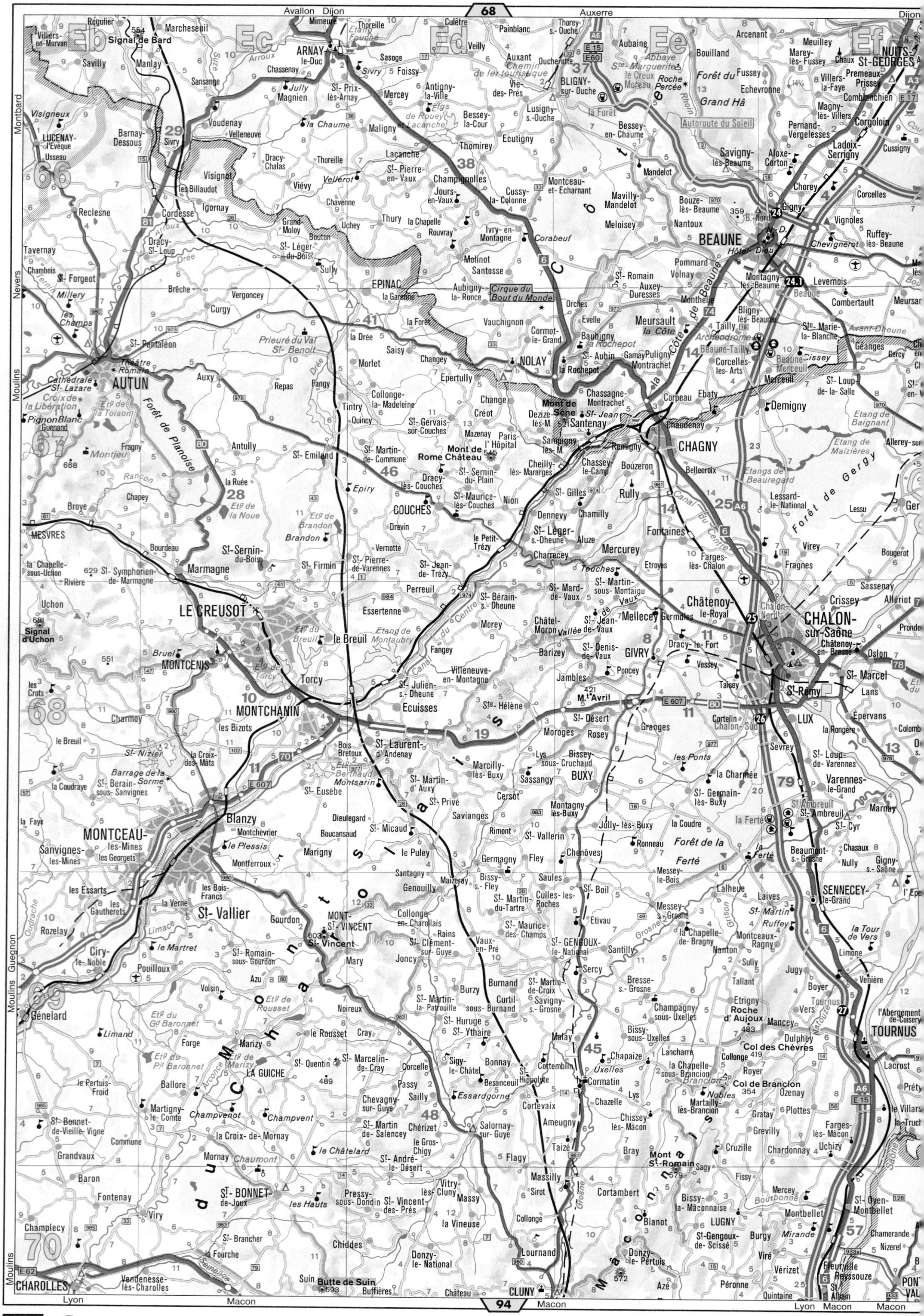
Avallon Dijon
68
Auxerre
Dijon
Eb
Ec
Ed
Ee
Ef
ARNAY-le-Duc
BLIGNY-sur-Ouche
NUITS-St-GEORGES
Signal de Bard
Forêt du Grand Hâ
Autoroute du Soleil
Montbard
LUCENAY-l'Evêque
Savigny-lès-Beaume
Aloxe-Corton
Ladoix-Serrigny
Côte
BEAUNE
Hôtel-Dieu
Chevignerot
Nevers
EPINAC
Cirque du Bout du Monde
NOLAY
Meursault
Puligny-Montrachet
Chassagne-Montrachet
Mont de Sène
Santenay
CHAGNY
Moulins
AUTUN
Théâtre Romain
Cathédrale St-Lazare
Forêt de Planoise
Prieuré du Val St-Benoît
Mont de Rome Château
COUCHES
Forêt de Gergy
Canal du Centre
Etang de Montaubry
LE CREUSOT
MONTCENIS
MONTCHANIN
Torcy
Mercurey
Châtenoy-le-Royal
CHALON-sur-Saône
GIVRY
St-Rémy
Signal d'Uchon
Uchon
Mt Avril
BUXY
Forêt de la Ferté
MONTCEAU-les-Mines
Blanzy
St-Vallier
MONT-St-VINCENT
St-GENGOUX-le-National
SENNECEY-le-Grand
Moulins Gueugnon
Génelard
LA GUICHE
Roche d'Aujoux
Col des Chèvres
TOURNUS
Col de Brancion
Cormatin
Mont St-Romain
LUGNY
Montbellet
Charolles
CHAROLLES
Lyon
Macon
94
CLUNY
Butte de Suin
Fleurville
Lyon Macon
Macon
Monts du Charolais
Monts du Mâconnais

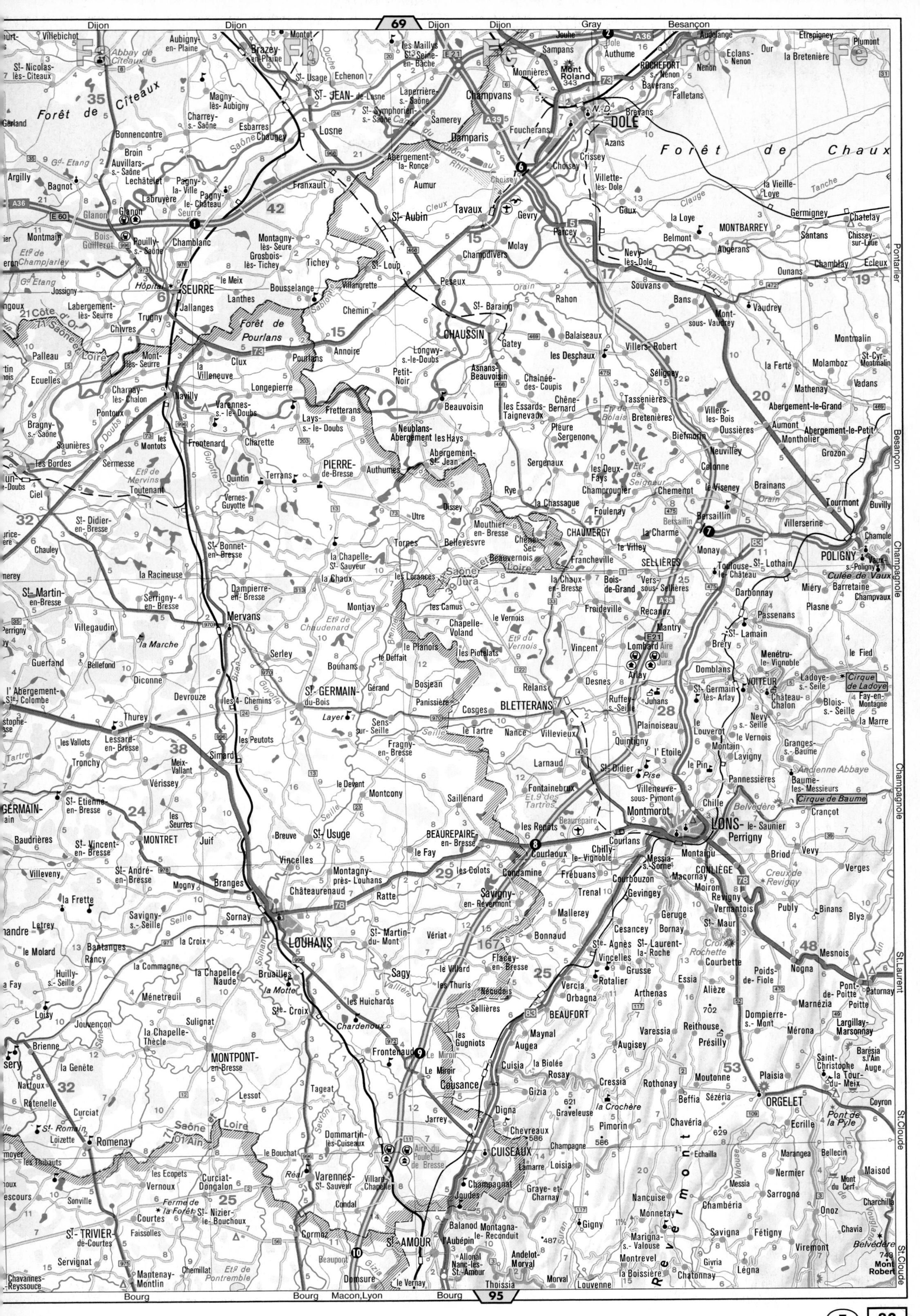

Dijon
Dijon
69
Dijon
Dijon
Gray
Besançon
Fa
Fb
Fc
Fd
Fe
Abbay de Cîteaux
Forêt de Cîteaux
Forêt de Chaux
St-Nicolas-lès-Cîteaux
Aubigny-en-Plaine
Brazey-en-Plaine
St-Usage
Echenon
St-JEAN-de-Losne
Losne
Champvans
Damparis
Foucherans
DOLE
Mont Roland
343
Authume
Sampans
Jouhe
Rochefort s.-Nenon
Brevans
Azans
Crissey
Choisey
Tavaux
St-Aubin
Aumur
Franxault
Glanon
Pouilly-s.-Saône
Seurre
SEURRE
Chamblanc
Montmain
Labergement-lès-Seurre
Trugny
Jallanges
Chivres
Forêt de Pourlans
Pourlans
Annoire
Chemin
CHAUSSIN
Gatey
Balaiseaux
les Deschaux
Villers-Robert
Séligney
Tassenières
Beauvoisin
Navilly
Frontenard
Charette
PIERRE-de-Bresse
Authumes
Neublans-Abergement
Terrans
Toutenant
Ciel
St-Didier-en-Bresse
St-Bonnet-en-Bresse
la Racineuse
Dampierre-en-Bresse
Serrigny-en-Bresse
Mervans
St-Martin-en-Bresse
la Marche
Guerfand
Diconne
Devrouze
Thurey
Simard
Sermesse
Pontoux
Bragny-s.-Saône
Saunières
les Bordes
Chaumergy
SELLIÈRES
Foulenay
Francheville
Bois-de-Grand
Froideville
Recanoz
Mantry
Lombard
Arlay
Desnes
Ruffey-s.-Seille
Juhans
BLETTERANS
Relans
Vincent
Cosges
Nance
Villevieux
Larnaud
Fontainebrux
Quintigny
l' Etoile
St-Didier
Villeneuve-sous-Pymont
Montmorot
LONS-le-Saunier
Perrigny
CONLIÈGE
Courlans
Chilly-le-Vignoble
Courlaoux
BEAUREPAIRE-en-Bresse
Saillenard
St-Usuge
Montcony
Louhans
LOUHANS
Branges
Sornay
Châteaurenaud
Ratte
Savigny-en-Revermont
Condamine
St-GERMAIN-du-Bois
Bosjean
Serley
Bouhans
Sens-sur-Seille
le Tartre
Fragny-en-Bresse
Montjay
les Camus
Chapelle-Voland
le Planois
les Piotelats
le Vernois
Torpes
Bellevesvre
Mouthier-en-Bresse
la Chapelle-St-Sauveur
la Chaux
Dissey
Utre
POLIGNY
Tourmont
Vaux-s.-Poligny
Culée de Vaux
Miéry
Barretaine
Plasne
Passenans
St-Lamain
Brery
Domblans
VOITEUR
Ménétru-le-Vignoble
Château-Chalon
Cirque de Ladoye
Ladoye-s.-Seille
Blois-s.-Seille
la Marre
Nevy-s.-Seille
le Vernois
Lavigny
Pannessières
Baume-les-Messieurs
Cirque de Baume
Crançot
Vevy
Verges
Briod
Publy
Binans
Revigny
Moiron
Macornay
Messia-s.-Sorne
Courbouzon
Gevingey
Trenal
Frébuans
Malleray
Cesancey
Bornay
Geruge
St-Maur
Vernantois
Ste-Agnès
St-Laurent-la-Roche
Vincelles
Rotalier
Grusse
Courbette
Essia
Alièze
Arthenas
Beaufort
BEAUFORT
Orbagna
Vercia
Maynal
Augea
Augisey
Varessia
Reithouse
Présilly
Moutonne
Plaisia
ORGELET
Rothonay
Cressia
Beffia
Sézéria
la Crochère
Pimorin
Chavéria
Graveleuse
Rosay
Gizia
Cuisia
la Biolée
Digna
Chevreaux
CUISEAUX
Champagne
Loisia
Lamarre
Champagnat
Joudes
Graye-et-Charnay
Gigny
Nancuise
Monnetay
Marigna-s.-Valouse
Montrevel
la Boissière
Chatonnay
Lègna
Givria
Savigna
Fétigny
Virement
Onoz
Chavia
Chambéria
Sarrogna
Nermier
Marangea
Bellecin
Maisod
Charchilla
Mont Robert
Belvédère
Ecrille
Pont de la Pyle
Coyron
la Tour-du-Meix
Saint-Christophe
Mérona
Largillay-Marsonnay
Poids-de-Fiole
Dompierre-s.-Mont
Marnézia
Poitte
Pont-de-Poitte
Patornay
Nogna
Mesnois
Blye
Revermont
Cousance
Le Miroir
Frontenaud
Tageat
Dommartin-lès-Cuiseaux
Varennes-St-Sauveur
Condal
St-AMOUR
Balanod
Montagna-le-Reconduit
Andelot-Morval
Allonal
Nanc-lès-St-Amour
Morval
Louvenne
Domsure
le Vernay
Beaupont
Cormoz
Sagy
Flacey-en-Bresse
les Thuris
Sellières
les Gugniots
St-Martin-du-Mont
Vériat
Bonnaud
Bruailles
la Motte
Ste-Croix
Chardenoux
les Huichards
MONTPONT-en-Bresse
Lessot
Curciat
la Chapelle-Thècle
Sulignat
Ménétreuil
la Chapelle-Naude
la Commagne
Huilly-s.-Seille
Loisy
Jouvençon
Brienne
la Genête
Ratenelle
Romenay
St-Romain
Loizette
les Thibauts
Curciat-Dongalon
Vernoux
Courtes
Sonville
Ferme de la Forêt
St-Nizier-le-Bouchoux
St-TRIVIER-de-Courtes
Servignat
Mantenay-Montlin
Chavannes-Reyssouce
Etg de Pontremble
Chemillat
Savigny-s.-Seille
la Frette
Bantanges
Rancy
le Molard
Letrey
Mogny
St-André-en-Bresse
St-Vincent-en-Bresse
MONTRET
Juif
les Seurres
St-Etienne-en-Bresse
Baudrières
Villeveny
Vérissey
Meix-Vallant
Tronchy
Lessard-en-Bresse
les Vallots
Villegaudin
l' Abergement-Ste-Colombe
Bellefond
Vincelles
Montagny-près-Louhans
Breuve
le Fay
les Colots
Saône-et-Loire
Jura
Ain
Côte-d'Or
Doubs
Saône
Seille
Pontarlier
Besançon
Champagnole
St.Laurent
St.Claude
Bourg
Bourg
Macon,Lyon
Bourg
95

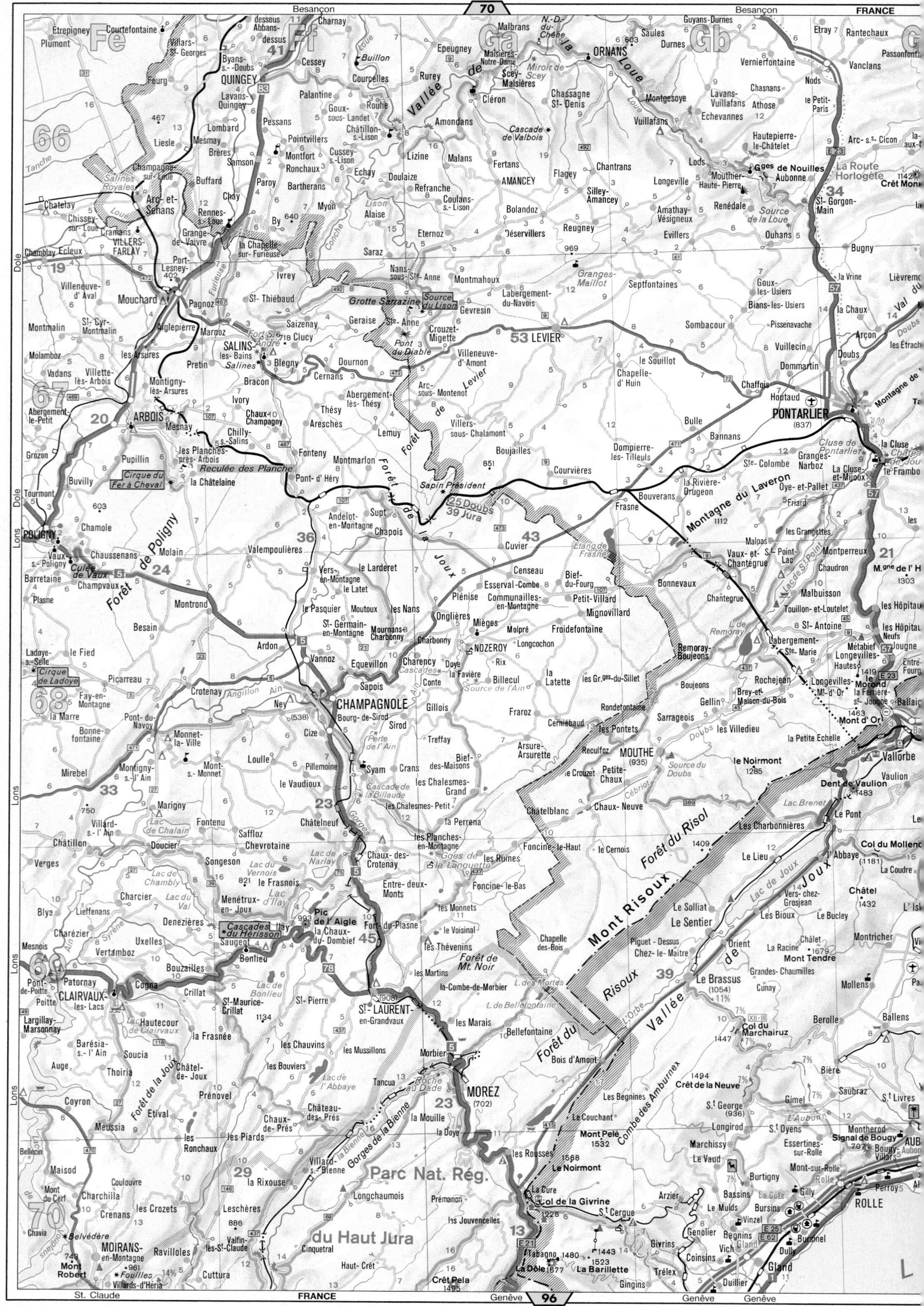

Besançon
70
FRANCE
Fe
Ff
Ga
Gb
66
67
68
69
70
Etrepigney
Courtefontaine
Plumont
Charnay
Byans-s.-Doubs
QUINGEY
Cessey
Buillon
Epeugney
Malbrans
N.-D.-du-Chêne
ORNANS
Saules
Durnes
Guyans-Durnes
Etray
Rantechaux
Vernierfontaine
Vanclans
Vallée de la Loue
Miroir de Scey
Scey-Maisières
Cléron
Chassagne St-Denis
Montgesoye
Vuillafans
Lavans-Vuillafans
Athose
Echevannes
Amondans
Cascade de Valbois
Liesle
Lombard
Pessans
Palantine
Courcelles
Rurey
Pointvillers
Montfort
Ronchaux
Cussey-s.-Lison
Lizine
Malans
Fertans
Chantrans
Flagey
Lods
Mouthier-Haute-Pierre
Gges de Nouilles
Aubonne
La Route Horlogère
Hautepierre-le-Châtelet
Arc-s.-Cicon
Salines Royales
Arc-et-Senans
Buffard
Paroy
Bartherans
Echay
Doulaize
Refranche
Coulans-s.-Lison
AMANCEY
Silley-Amancey
Longeville
Renédale
Source de la Loue
St-Gorgon-Main
Ouhans
34
Châtelay
Chissey-sur-Loue
Cramans
VILLERS-FARLAY
Rennes-s.-Loue
Grange-de-Vaivre
Myon
By
Alaise
Eternoz
Bolandoz
Déservillers
Reugney
Amathay-Vésigneux
Evillers
Bugny
Chamblay
Ecleux
19
Port-Lesney
la Chapelle-sur-Furieuse
Ivrey
Saraz
Nans-sous-Ste-Anne
Montmahoux
Granges-Maillot
Septfontaines
Goux-les-Usiers
Bians-les-Usiers
La Vrine
Villeneuve-d'Aval
Mouchard
Pagnoz
St-Thiébaud
Grotte Sarrazine
Source du Lison
Labergement-du-Navois
Gevresin
La Chaux
Montmalin
St-Cyr-Montmalin
Aiglepierre
Marnoz
SALINS-les-Bains
Clucy
Saizenay
Geraise
Ste-Anne
Pont du Diable
Crouzet-Migette
53
LEVIER
Sombacour
Pissenavache
Vuillecin
Arçon
Doubs
Molamboz
les Arsures
Pretin
Blegny
Dournon
Cernans
Villeneuve-d'Amont
Forêt de Levier
le Souillot
Chapelle-d'Huin
Dommartin
Vadans
Villette-lès-Arbois
Montigny-lès-Arsures
Bracon
Arc-sous-Montenot
Chaffois
Houtaud
PONTARLIER
(837)
Abergement-le-Petit
20
ARBOIS
Mesnay
Ivory
Chaux-Champagny
Chilly-s.-Salins
Thésy
Abergement-lès-Thésy
Aresches
Lemuy
Villers-sous-Chalamont
Bulle
Bannans
Dompierre-les-Tilleuls
Grozon
Pupillin
les Planches-près-Arbois
Reculée des Planches
Fonteny
Montmarlon
Pont-d'Héry
Boujailles
Courvières
Ste-Colombe
Granges-Narboz
La Cluse-et-Mijoux
La Cluse
Buvilly
Cirque du Fer à Cheval
la Châtelaine
Forêt de la Joux
Sapin Président
25 Doubs
39 Jura
Frasne
Bouverans
la Rivière-Drugeon
Montagne du Laveron
Oye-et-Pallet
Tourmont
POLIGNY
603
Chamole
Forêt de Poligny
Andelot-en-Montagne
Supt
Chapois
36
43
Cuvier
Etang de Frasne
1112
Malpas
Vaux-et-Chantegrue
St-Point-Lac
Montperreux
21
Vaux-s.-Poligny
Culée de Vaux
Chaussenans
Molain
Valempoulières
Vers-en-Montagne
le Larderet
le Latet
Censeau
Bief-du-Fourg
Bonnevaux
Chaudron
Barretaine
Champvaux
24
Esserval-Combe
Communailles-en-Montagne
Petit-Villard
Mignovillard
Chantegrue
Malbuisson
Plasne
Montrond
le Pasquier
Moutoux
les Nans
Plénise
Onglières
Touillon-et-Loutelet
Besain
St-Germain-en-Montagne
Mournans-Charbonny
Mièges
Molpré
Froidefontaine
St-Antoine
Ardon
Charbonny
NOZEROY
Longcochon
Remoray-Boujeons
Labergement-Ste-Marie
Métabief
Ladoye-s.-Seille
le Fied
Vannoz
Equevillon
Charency
Doye
Rix
Longevilles-Hautes
Cirque de Ladoye
Picarreau
Crotenay
Sapois
la Favière
Billecul
Source de l'Ain
la Latette
les Gr.ges-du-Sillet
Rochejean
Longevilles-Mt d'Or
Fay-en-Montagne
Ney
CHAMPAGNOLE
Conte
Gillois
Boujeons
Brey-et-Maison-du-Bois
Gellin
la Marre
Pont-du-Navoy
Bourg-de-Sirod
Sirod
Fraroz
Rondefontaine
Sarrageois
les Villedieu
Mont d'Or
Bonnefontaine
Monnet-la-Ville
Cize
Perte de l'Ain
Treffay
Cerniébaud
les Pontets
Arsure-Arsurette
La Petite Echelle
Montigny-s.-l'Ain
Mont-s.-Monnet
Loulle
Pillemoine
Syam
Crans
Bief-des-Maisons
Reculfoz
MOUTHE
(935)
Source du Doubs
le Noirmont
1285
Vallorbe
Mirebel
33
le Vaudioux
Cascade de la Billaude
les Chalesmes-Grand
le Crouzet
Petite-Chaux
Dent de Vaulion
1483
Vaulion
Marigny
Lac de Chalain
les Chalesmes-Petit
Chaux-Neuve
Châtelblanc
Lac Brenet
Le Pont
Villard-s.-l'Ain
Fontenu
Saffloz
Châtelneuf
23
la Perrena
Forêt du Risol
Les Charbonnières
Châtillon
Doucier
Chevrotaine
Foncine-le-Haut
le Cernois
1409
Col du Mollendruz
(1181)
L'Abbaye
Verges
Songeson
Lac du Vernois
Lac de Narlay
Chaux-des-Crotenay
les Planches-en-Montagne
Gges de la Langouette
les Ruines
Le Lieu
La Coudre
le Frasnois
Mont Risoux
Joux
Lac de Joux
Châtel
1432
Charcier
Menétrux-en-Joux
Entre-deux-Monts
Foncine-le-Bas
Vers-chez-Grosjean
Blye
Lieffenans
Pic de l'Aigle
la Chaux-du-Dombief
les Monnets
Le Solliat
Le Sentier
Les Bioux
Le Bucley
Denezières
Cascades du Hérisson
Ilay
Fort-du-Plasne
le Voisinal
Chapelle-des-Bois
Charézier
Uxelles
Saugeot
45
les Thévenins
Piguet-Dessus
Chez-le-Maitre
Orient
La Racine
Châlet
1679
Mont Tendre
Montricher
Mesnois
Vertamboz
Bonlieu
Forêt de Mt. Noir
Risoux de
39
Pont-de-Poitte
Patornay
Bouzailles
les Martins
Le Brassus
(1054)
Grandes-Chaumilles
CLAIRVAUX-les-Lacs
Poitte
Cogna
Crillat
Lac de Bonlieu
St-Pierre
la-Combe-de-Morbier
L. des Mortes
Cunay
Mollens
Largillay-Marsonnay
Hautecour
St-Maurice-Crillat
1134
St-LAURENT-en-Grandvaux
(908)
L. de Bellefontaine
Vallée
Col du Marchairuz
1447
Berolle
Ballens
Lac de Clairvaux
la Frasnée
les Marais
Bellefontaine
Barésia-s.-l'Ain
Soucia
les Chauvins
les Mussillons
Morbier
Forêt du
Bois d'Amont
Auge
Thoiria
Châtel-de-Joux
les Bouviers
Lac de l'Abbaye
Tancua
Roche au Dade
1494
Crêt de la Neuve
Bière
Forêt de la Joux
Prénovel
MOREZ
(702)
Les Begnines
Combe des Amburnex
Gimel
Saubraz
St Livres
Coyron
Etival
Château-des-Prés
la Mouille
Le Couchant
St George
(936)
Chaux-des-Prés
la Doye
Mont Pelé
1532
Longirod
St Oyens
Montherod
Signal de Bougy
Meussia
les Piards
Gorges de la Bienne
les Rousses
Marchissy
Essertines-sur-Rolle
Bougy-Villars
Aubonne
Bellecin
les Ronchaux
1568
Le Noirmont
Le Vaud
Maisod
Villard-s.-Bienne
29
la Rixouse
Parc Nat. Rég.
Burtigny
Mont-sur-Rolle
Coulouvre
Mont du Cerf
Charchilla
Longchaumois
Prémanon
La Cure
Col de la Givrine
1228
Arzier
Bassins
Gilly
Perroy
ROLLE
Crenans
les Crozets
Leschères
St Cergue
Le Muids
Bursins
Chavia
Belvédère
886
Valfin-lès-St-Claude
du Haut Jura
les Jouvencelles
13
Genolier
Begnins
Vinzel
Bursinel
MOIRANS-en-Montagne
Ravilloles
Cinquetral
La Dôle
1677
Tabagno
1480
1443
1523
La Barillette
Givrins
Coinsins
Vich
Dully
749
Mont Robert
961
Fouilles
Villards-d'Héria
Cuttura
Haut-Crêt
Crêt Pela
1495
Gingins
Trélex
Duillier
Gland
St. Claude
FRANCE
Genève
96
Genève
Genève

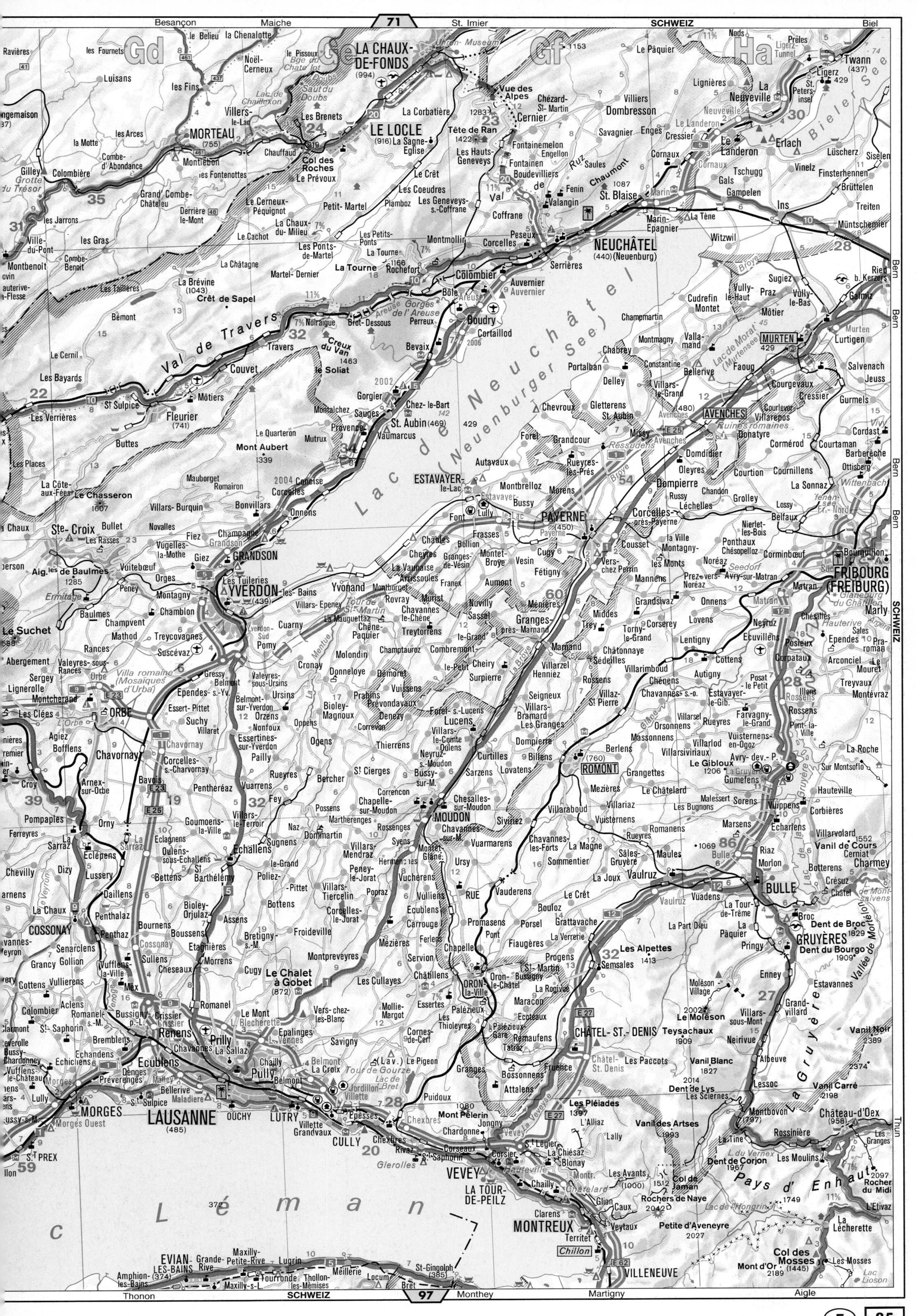
Besançon
Maiche
71
St. Imier
SCHWEIZ
Biel
Gd
Ge
Gf
Ha
LA CHAUX-DE-FONDS
(994)
LE LOCLE
MORTEAU
(755)
Les Brenets
La Sagne-Eglise
Tête de Ran
Vue des Alpes
Cernier
Dombresson
Le Pâquier
La Neuveville
Ligerz
Twann
Le Landeron
Erlach
Bieler See
Lignières
Cressier
Cornaux
St. Blaise
Marin
Ins
Gals
Gampelen
Tschugg
Vinelz
Lüscherz
Siselen
Finsterhennen
Brüttelen
Treiten
Müntschemier
Valangin
Fenin
Chaumont
Saules
Savagnier
Fontainemelon
Les Hauts-Geneveys
Fontainen
Boudevilliers
Coffrane
Les Geneveys-s.-Coffrane
Val de Ruz
Col des Roches
Le Prévoux
Le Crêt
Les Coeudres
Petit-Martel
Plamboz
Le Cerneux-Péquignot
La Chaux-du-Milieu
Le Cachot
Les Ponts-de-Martel
Martel-Dernier
La Tourne
Rochefort
Montmollin
Corcelles
Peseux
NEUCHÂTEL
(440) (Neuenburg)
Serrières
Auvernier
Colombier
Bôle
Boudry
Cortaillod
Areuse
Gorges de l'Areuse
Noiraigue
Brot-Dessous
Perreux
Bevaix
Creux du Van
1463
Le Soliat
Travers
Val de Travers
Couvet
Môtiers
Fleurier
(741)
St Sulpice
Les Verrières
Les Bayards
Le Cernil
Bémont
La Brévine
(1043)
Crêt de Sapel
La Châtagne
Les Taillères
Les Gras
Les Jarrons
Combe-Benoit
Montbenoit
Ville-du-Pont
Derrière le-Mont
Grand' Combe-Châteleu
Montlebon
Les Fontenottes
Chauffaud
Combe-d'Abondance
Colombière
Gilley
Grotte du Trésor
La Motte
Les Arces
Villers-le-Lac
Les Fins
Noël-Cerneux
Le Pissoux
Le Belieu
La Chenalotte
Les Fournets
Luisans
Lac de Neuchâtel
(Neuenburger See)
Gorgier
Chez-le-Bart
St. Aubin (469)
Sauges
Montalchez
Provence
Vaumarcus
Mutrux
Le Quarteron
Mont Aubert
1339
Buttes
Les Places
La Côte-aux-Fées
Le Chasseron
1607
Mauborget
Romairon
Concise
Corcelles
Bonvillars
Villars-Burquin
Onnens
Ste-Croix
Bullet
Les Rasses
Novalles
Fiez
Champagne
Grandson
GRANDSON
Vugelles-la-Mothe
Giez
Aig. de Baulmes
1285
Vuitebœuf
Peney
Orges
Montagny
Les Tuileries
YVERDON-les-Bains
(439)
Chamblon
Baulmes
Champvent
Mathod
Treycovagnes
Suscévaz
Le Suchet
Rances
Valeyres-sous-Rances
Sergey
Lignerolle
Montcherand
Orbe
ORBE
Les Clées
Agiez
Bofflens
Chavornay
Croy
Arnex-sur-Orbe
Pompaples
Orny
Ferreyres
La Sarraz
Eclépens
Dizy
Chevilly
Lussery
Daillens
La Chaux
Penthalaz
Penthaz
COSSONAY
Senarclens
Gollion
Grancy
Cottens
Vullierens
Colombier
Aclens
Romanel-s.-M.
St-Saphorin
Bremblens
Echandens
Echichens
Denges
Préverenges
Lully
MORGES
Morges Ouest
St PREX
Ecublens
Renens
Crissier
Bussigny-p.-L.
Chavannes
Prilly
LAUSANNE
(485)
Ouchy
Pully
Lutry
Belmont
Chailly
Epalinges
Le Mont
Le Chalet à Gobet
(872)
Savigny
Cully
Villette
Grandvaux
Epesses
Chexbres
Rivaz
St-Saphorin
Puidoux
Mont Pèlerin
1080
Chardonne
Jongny
VEVEY
Corseaux
Corsier
St. Légier
La Chiésaz
Blonay
LA TOUR-DE-PEILZ
Clarens
MONTREUX
Territet
Chillon
Veytaux
Glion
Caux
Rochers de Naye
2042
Col de Jaman
Les Avants
(1000)
VILLENEUVE
Lac Léman
EVIAN-LES-BAINS
Grande-Rive
Maxilly-Petite-Rive
Lugrin
Meillerie
Amphion-les-Bains
Tourronde
Thollon-les-Mémises
Locum
St-Gingolph
(385)
Thonon
SCHWEIZ
97
Monthey
Martigny
Aigle
Yvonand
Cheyres
Châbles
Font
Estavayer-le-Lac
ESTAVAYER-le-Lac
Autavaux
Montbrelloz
Morens
Bussy
Rueyres-les-Prés
Forel
Grandcour
Chevroux
Gletterens
St. Aubin
Portalban
Delley
Missy
Ressudens
Avenches
AVENCHES
Donatyre
Domdidier
Oleyres
Dompierre
Payerne
PAYERNE
(450)
Corcelles-près-Payerne
Cousset
Montagny
Léchelles
Chandon
Russy
Villars-le-Grand
Bellerive
Faoug
MURTEN
429
Murtensee
Lac de Morat
Courgevaux
Cressier
Salvenach
Jeuss
Gurmels
Lurtigen
Vallamand
Montmagny
Constantine
Chabrey
Cudrefin
Montet
Champmartin
Vully-le-Haut
Vully-le-Bas
Praz
Sugiez
Môtier
Kerzers
Galmiz
Witzwil
La Tène
Marin-Epagnier
Courlevon
Villarepos
Cormérod
Courtaman
Barberêche
Cordast
Courtion
Cournillens
Ottisberg
La Sonnaz
Wittenbach
Grolley
Lossy
Belfaux
Nierlet-les-Bois
Ponthaux
Chésopelloz
Corminbœuf
Noréaz
Seedorf
Avry-sur-Matran
Prez-vers-Noréaz
Matran
FRIBOURG
(FREIBURG)
Bourguillon
Marly
Glaneburg
du Châtillon
Onnens
Lovens
Neyruz
Ecuvillens
Posieux
Corpataux
Ependes
Praroman
Arconciel
Le Mouret
Treyvaux
Montévraz
Rossens
Pont-la-Ville
La Roche
Sur Montsoflo
Hauteville
Corbières
Villarvolard
1552
Vanil de Cours
Cerniat
Charmey
Botterens
Crésuz
Châtel
Broc
Dent de Broc
1829
GRUYÈRES
Dent du Bourgo
1909
Enney
Estavannes
Grandvillard
Villars-sous-Mont
Neirivue
Albeuve
Lessoc
Vanil Noir
2389
Vanil Carré
2198
Montbovon
(797)
Château-d'Oex
(958)
Rossinière
Les Granges
La Tine
Dent de Corjon
1967
Les Moulins
Pays d'Enhaut
Rocher du Midi
2097
L'Etivaz
La Lécherette
Col des Mosses
(1445)
Les Mosses
Mont d'Or
2189
Lac Lioson
Thun
Bern
SCHWEIZ
Villars-s.-Glâne
Cottens
Autigny
Chénens
Villarimboud
Chavannes-s.-O.
Estavayer-le-Gib.
Farvagny-le-Grand
Vuisternens-en-Ogoz
Avry-dev.-P.
Le Gibloux
1206
Gumefens
Villarlod
Villarsiviriaux
Orsonnens
Villarsel
Massonnens
Rueyres
Berlens
(760)
ROMONT
Grangettes
Le Châtelard
Mézières
Villariaz
Sorens
Malessert
Les Bugnons
Vuippens
Marsens
Echarlens
Riaz
Morlon
BULLE
Bulle
1069
Vuisternens
Romanens
Rueyres
Sâles-Gruyère
Maules
Vaulruz
Vuadens
La Tour-de-Trême
Le Pâquier
Pringy
La Part Dieu
Les Alpettes
1413
Semsales
Moléson Village
2002
Le Moléson
Teysachaux
1909
Vanil Blanc
1827
2014
Dent de Lys
Les Sciernes
Les Pléiades
1397
L'Alliaz
Lally
Vanil des Artses
1993
Les Paccots
Châtel-St. Denis
CHÂTEL-ST.-DENIS
Remaufens
Fruence
Bossonnens
Attalens
Granges
Palézieux-Gare
Palézieux
Les Thioleyres
Maracon
Ecoteaux
La Rogivue
Oron-le-Châtel
ORON-la-Ville
St.-Martin
Bussigny
Progens
La Verrerie
Fiaugères
Porsel
Grattavache
Bouloz
Le Crêt
Pont
Promasens
Chapelle
RUE
Vauderens
Ursy
Vuarmarens
Siviriez
Villaraboud
Chavannes-les-Forts
La Magne
Sommentier
La Joux
Villarzel
Henniez
Marnand
Granges-près-Marnand
Trey
Middes
Torny-le-Grand
Corserey
Lentigny
Châtonnaye
Sédeilles
Rossens
Villaz-St Pierre
Seigneux
Villars-Bramard
Les Granges
Dompierre
Billens
Lovatens
Curtilles
Sarzens
Lucens
Forel-s.-Lucens
Villars-le-Comte
Oulens
Neyruz-s.-Moudon
Bussy-sur-M.
Chesalles-sur-Moudon
MOUDON
Chavannes-sur-M.
Syens
Montet
Glâne
Vucherens
Vulliens
Ecublens
Carrouge
Ferlens
Servion
Châtillens
Essertes
Les Cullayes
Mollie-Margot
Montpreveyres
Mézières
Corcelles-le-Jorat
Peney-le-Jorat
Villars-Tiercelin
Poliez-Pittet
Bottens
Froideville
Bretigny-s.-M.
Cugy
Morrens
Etagnières
Boussens
Sullens
Cheseaux
Bournens
Assens
Bioley-Orjulaz
St Barthélémy
Bettens
Oulens-sous-Echallens
Eclagnens
Goumoens-la-Ville
Echallens
Villars-le-Terroir
Sugnens
Naz
Dommartin
Rossenges
Martherenges
Possens
Chapelle-sur-Moudon
Correncon
Bercher
St Cierges
Rueyres
Fey
Vuarrens
Penthéreaz
Bavois
Corcelles-s.-Chavornay
Pailly
Essertines-sur-Yverdon
Nonfoux
Orzens
Villaret
Suchy
Belmont-sur-Yverdon
Essert-Pittet
Ependes-s.-Yv.
Gressy
Valeyres-sous-Ursins
Ursins
Oppens
Bioley-Magnoux
Correvon
Ogens
Thierrens
Denezy
Prévondavaux
Prahins
Vuissens
Donneloye
Démoret
Cronay
Molondin
Champtauroz
Combremont-le-Petit
Combremont-le-Grand
Cheiry
Surpierre
Chavannes-le-Chêne
Chêne-Paquier
Treytorrens
Nuvilly
Sassel
Murist
Franex
Aumont
Ménières
Rovray
Villars-Epeney
La Mauguettaz
Montborget
Arrissoules
La Vaunaise
Granges-de-Vesin
Montet-Broye
Vesin
Cugy
Fétigny
Bollion
Frasses
Lully
Cuarny
Pomy
Villa romaine (Mosaïques d'Urba)
Abergement
Montagny-les Monts
Mannens
Grandsivaz
Vers-chez Perrin
La Ville
Prez-vers-Noréaz

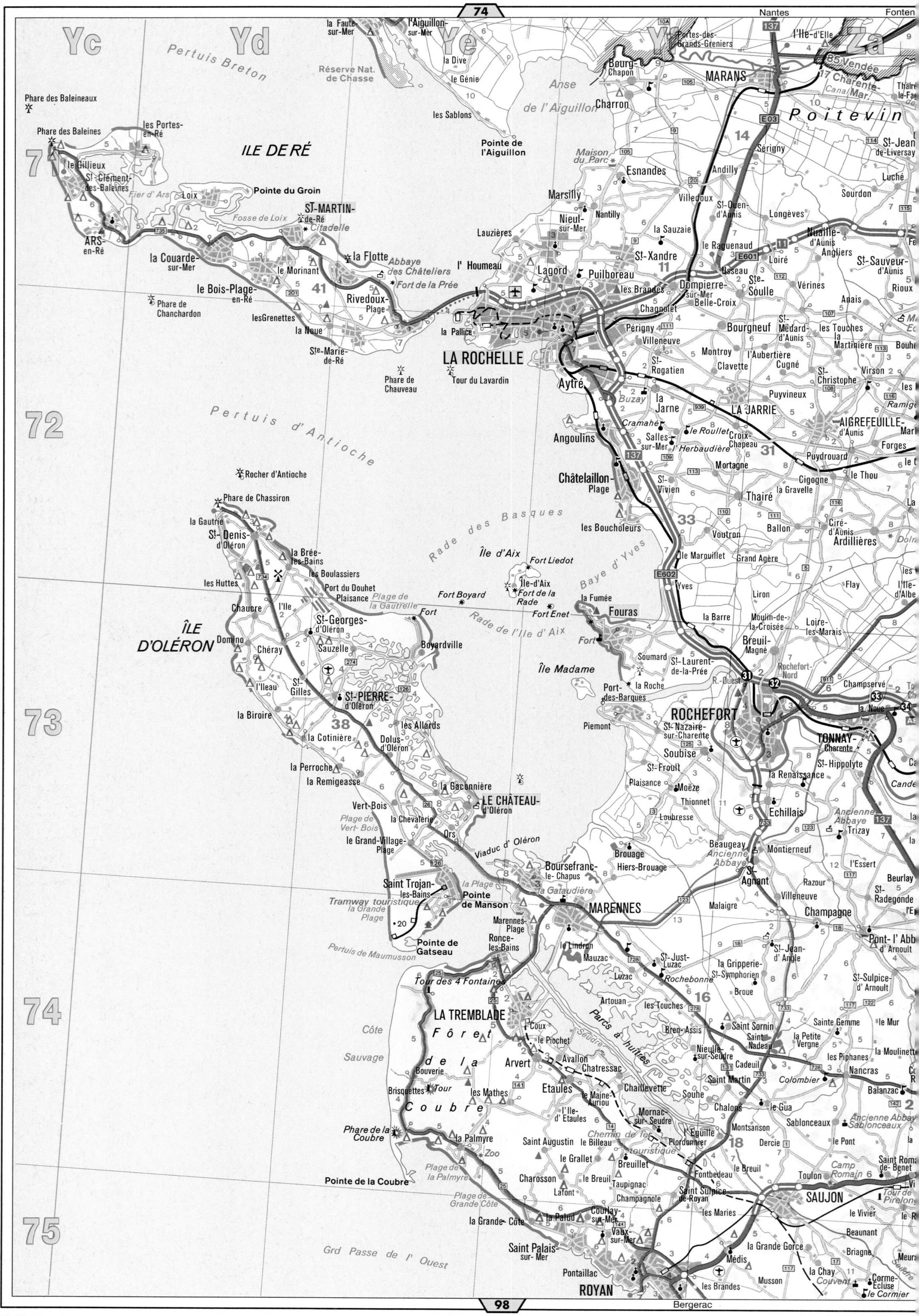
74
Nantes
Yc
Yd
Ye
Za
Pertuis Breton
Réserve Nat. de Chasse
Anse de l' Aiguillon
Phare des Baleineaux
Phare des Baleines
ILE DE RÉ
71
St-Clément-des-Baleines
ARS-en-Ré
Loix
Pointe du Groin
ST-MARTIN-de-Ré
Citadelle
la Couarde-sur-Mer
le Bois-Plage-en-Ré
la Flotte
Abbaye des Châteliers
Fort de la Prée
Rivedoux-Plage
Ste-Marie-de-Ré
Phare de Chanchardon
Phare de Chauveau
Tour du Lavardin
Pointe de l'Aiguillon
la Faute-sur-Mer
l'Aiguillon-sur-Mer
Charron
Bourg-Chapon
MARANS
Poitevin
Esnandes
Marsilly
Nieul-sur-Mer
Lauzières
l' Houmeau
Lagord
Puilboreau
la Pallice
LA ROCHELLE
Aytré
Dompierre-sur-Mer
St-Xandre
Périgny
Angoulins
Châtelaillon-Plage
les Boucholeurs
72
Pertuis d'Antioche
Rocher d'Antioche
Phare de Chassiron
St-Denis-d'Oléron
la Brée-les-Bains
Rade des Basques
Île d'Aix
Fort Liedot
Fort Boyard
Fort de la Rade
Fort Enet
Baye d'Yves
Fouras
Rade de l'Ile d' Aix
ÎLE D'OLÉRON
St-Georges-d'Oléron
Boyardville
Île Madame
Port-des-Barques
ROCHEFORT
St-Pierre-d'Oléron
73
la Cotinière
Dolus-d'Oléron
LE CHÂTEAU-d'Oléron
Viaduc d' Oléron
Soubise
TONNAY-Charente
Echillais
Bourcefranc-le-Chapus
Saint Trojan-les-Bains
Pointe de Manson
MARENNES
Pointe de Gatseau
Pertuis de Maumusson
Tour des 4 Fontaines
74
LA TREMBLADE
Fôret de la Coubre
Côte Sauvage
Arvert
Etaules
Phare de la Coubre
la Palmyre
Pointe de la Coubre
Saint Augustin
SAUJON
75
la Grande-Côte
Saint Palais-sur-Mer
Vaux-sur-Mer
ROYAN
Grd Passe de l' Ouest
Médis
98
Bergerac

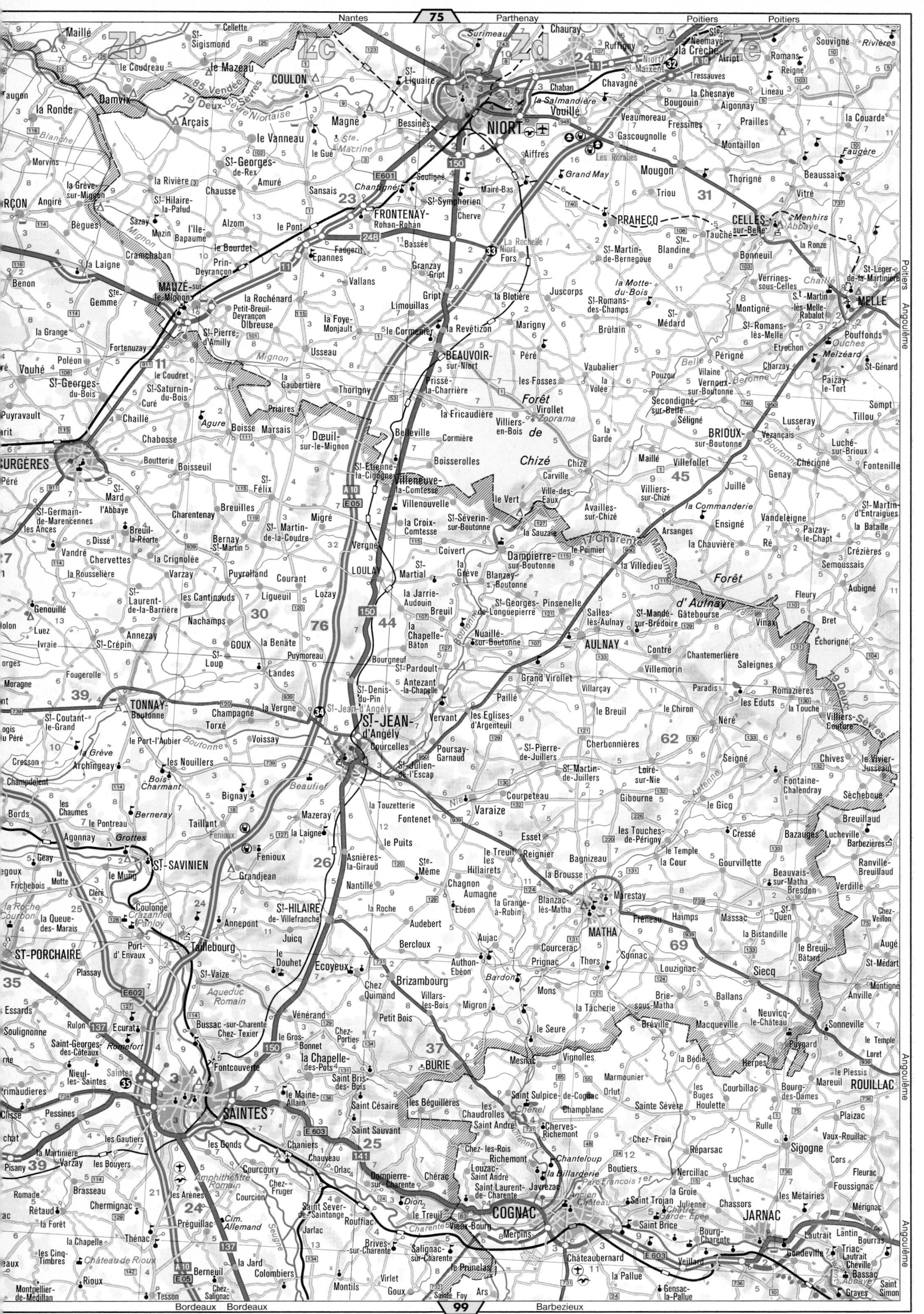

Nantes
75
Parthenay
Poitiers
Poitiers
NIORT
Zb
Zc
Zd
Ze
Maillé
St-Sigismond
Cellette
le Mazeau
COULON
Damvix
Arçais
la Ronde
le Vanneau
Magné
Bessines
Chauray
Ruffigny
la Crèche
St-Maixent
Souvigné
Chavagné
Vouillé
Aiffres
Fressines
Mougon
Thorigné
Beaussais
Vitré
Bougouin
Aigonnay
Prailles
la Couarde
Sansais
FRONTENAY-Rohan-Rohan
St-Symphorien
PRAHECQ
CELLES-sur-Belle
MELLE
MAUZÉ-sur-le-Mignon
Granzay-Gript
Fors
Juscorps
St-Romans-des-Champs
Marigny
BEAUVOIR-sur-Niort
Forêt de Chizé
Chizé
BRIOUX-sur-Boutonne
SURGÈRES
St-Georges-du-Bois
Dœuil-sur-le-Mignon
Villeneuve-la-Comtesse
LOULAY
Dampierre-sur-Boutonne
AULNAY
Forêt d'Aulnay
ST-JEAN-d'Angély
TONNAY-Boutonne
Matha
ST-SAVINIEN
ST-PORCHAIRE
Taillebourg
St-HILAIRE-de-Villefranche
Brizambourg
Ecoyeux
BURIE
SAINTES
COGNAC
JARNAC
Siecq
ROUILLAC
Chérac
Dompierre-sur-Charente
Saint Sever-de-Saintonge
Javrezac
Châteaubernard
Segonzac
Bordeaux
Bordeaux
99
Barbezieux
Angoulême
Angoulême
Angoulême
Poitiers

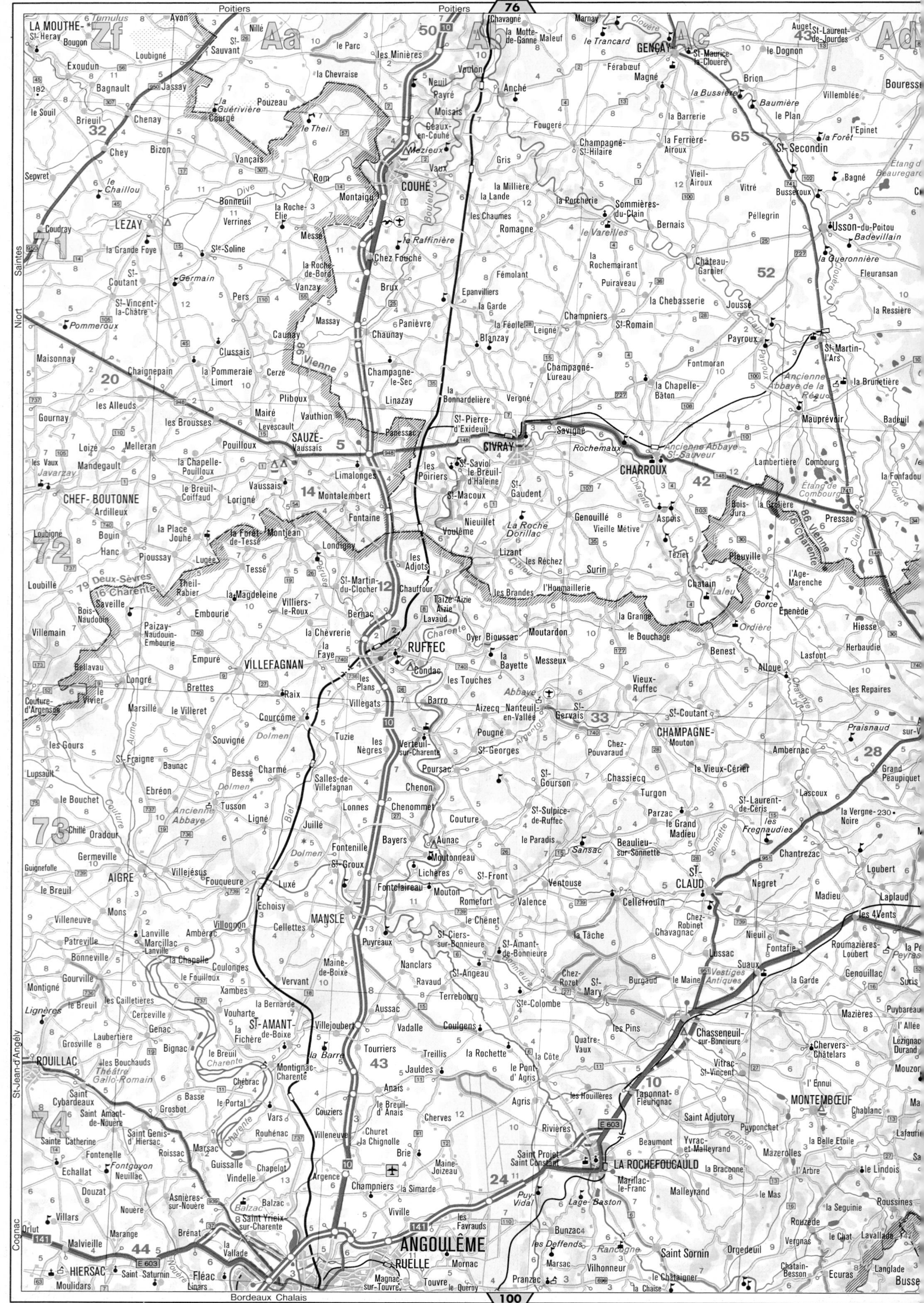

Poitiers
Poitiers
76
Zf
Aa
Ab
Ac
Ad
LA MOTHE-St-Heray
COUHÉ
GENÇAY
St-Secondin
Usson-du-Poitou
LEZAY
CIVRAY
CHARROUX
Mauprévoir
SAUZÉ-Vaussais
CHEF-BOUTONNE
RUFFEC
VILLEFAGNAN
CHAMPAGNE-Mouton
AIGRE
MANSLE
St-CLAUD
ST-AMANT-de-Boixe
MONTEMBŒUF
ROUILLAC
LA ROCHEFOUCAULD
ANGOULÊME
RUELLE
HIERSAC
Deux-Sèvres
Charente
Vienne
Saintes
Niort
St-Jean-d'Angély
Cognac
Bordeaux
Chalais
100

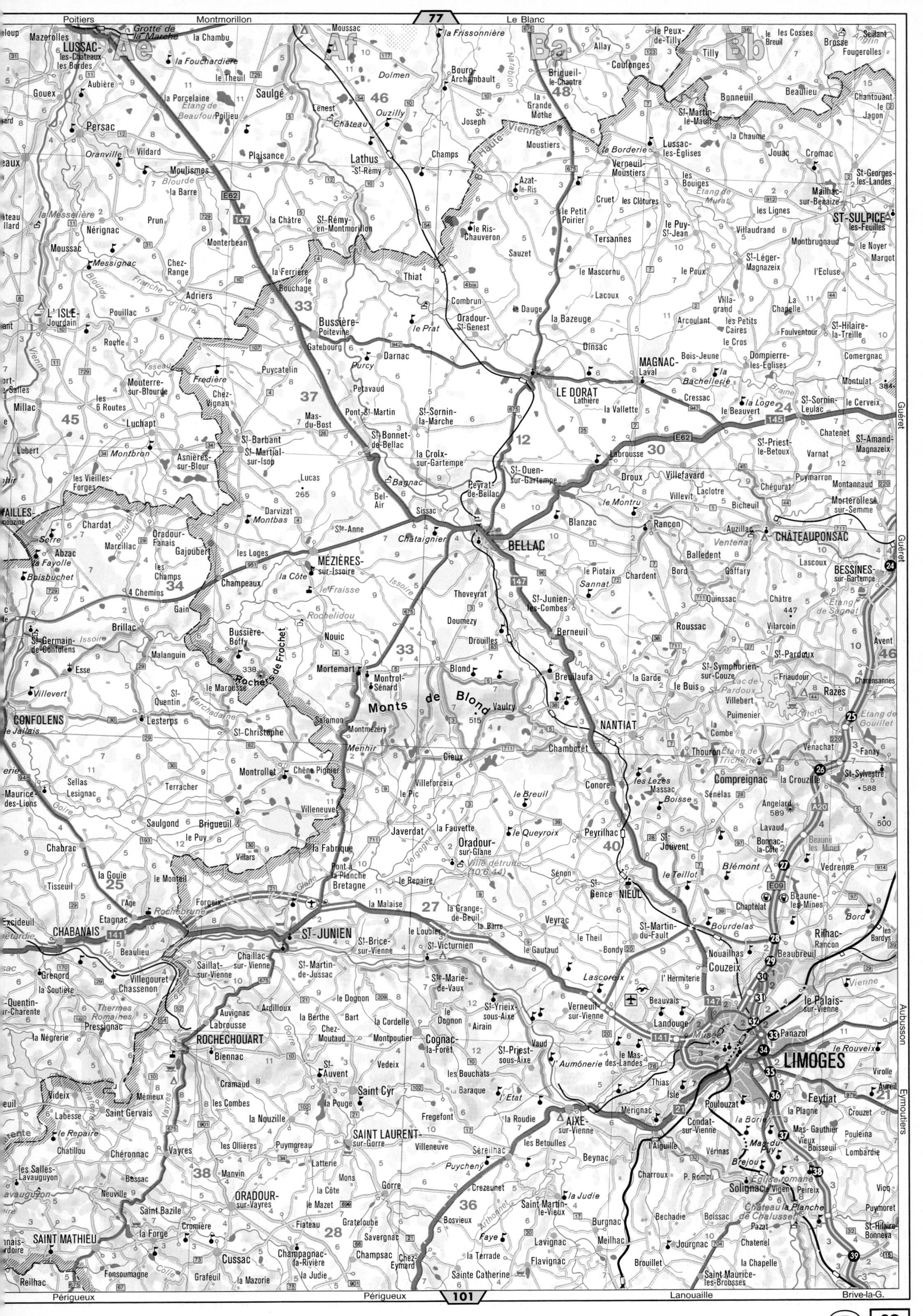
Poitiers
Montmorillon
77
Le Blanc
Grotte de la Marche
Mazerolles
LUSSAC-les-Châteaux
les Bordes
la Chambu
Moussac
la Frissonnière
Ae
Af
Ba
Bb
la Fouchardière
le Theuil
Dolmen
Bourg-Archambault
Brigueil-le-Chantre
Allay
Coulonges
le Peux-de-Tilly
Tilly
les Cosses
le Breuil
Brosse
Seillant
Fougerolles
Aubière
Gouex
la Porcelaine
Étang de Beaufour
Poiljeu
Saulgé
Lenest
Château
Ouzilly
St-Joseph
la Grande Mothe
Bonneuil
Beaulieu
Chantouant
le Jagon
St-Martin-le-Mault
la Chaume
Persac
Vildard
Oranville
Plaisance
Lathus
St-Rémy
Champs
Haute-Vienne
Moustiers
la Borderie
Lussac-les-Églises
Jouac
Cromac
St-Georges-les-Landes
Moulismes
Blourde
la Barre
Azat-le-Ris
Verneuil-Moustiers
les Bouiges
Étang de Murat
Mailhac-sur-Benaize
la Messelière
Prun
la Châtre
St-Rémy-en-Montmorillon
Cruet
les Clôtures
le Petit Poirier
les Lignes
ST-SULPICE-les-Feuilles
Nérignac
le Ris-Chauveron
le Puy-St-Jean
Villaudrand
Montbrugnaud
le Noyer
Moussac
Monterbean
Tersannes
Margot
Messignac
Chez-Range
Sauzet
St-Léger-Magnazeix
la Ferrière
le Bouchage
Thiat
le Mascornu
le Poux
l'Écluse
Adriers
Lacoux
L'ISLE-Jourdain
Pouillac
Bussière-Poitevine
Combrun
Oradour-St-Genest
la Dauge
la Bazeuge
Villa-grand
Arcoulant
les Petits Caires
la Chapelle
St-Hilaire-la-Treille
le Prat
Fouilventour
Roche
Gatebourg
Purcy
Darnac
Dinsac
le Cros
Dompierre-les-Églises
Comergnac
Fredière
Puycatelin
MAGNAC-Laval
Bois-Jeune
la Bachellerie
Montulat
Mouterre-sur-Blourde
Chez-Vignan
Petavaud
LE DORAT
Lathière
la Vallette
Cressac
la Loge
le Beauvert
St-Sornin-Leulac
le Cerveix
Guéret
Millac
les 6 Routes
Mas-du-Bost
Pont-St-Martin
St-Sornin-la-Marche
Chatenet
Luchapt
St-Bonnet-de-Bellac
St-Priest-le-Betoux
St-Amand-Magnazeix
St-Barbant
St-Martial-sur-Isop
Labrousse
Varnat
Lubert
Montbron
Asnières-sur-Blour
la Croix-sur-Gartempe
Lucas
St-Ouen-sur-Gartempe
Droux
Villefavard
Puymarron
Montannaud
les Vieilles-Forges
Bagnac
Peyrat-de-Bellac
Laclotre
Chégurat
Villevit
Bel-Air
le Montru
Bicheuil
Morterolles-sur-Semme
Chardat
Darvizat
Montbas
Sissac
Blanzac
Rancon
Serre
Oradour-Fanais
Ste-Anne
Châtaignier
BELLAC
Auzillac
CHÂTEAUPONSAC
Abzac
Marcillac
Gajoubert
Ventenat
la Fayolle
les Loges
MÉZIÈRES-sur-Issoire
Balledent
Lascoux
Boisbuchet
les Champs
la Côte
le Piotaix
Chardent
Bord
Gaffary
BESSINES-sur-Gartempe
Champeaux
Sannat
Thoveyrat
St-Junien-les-Combes
Quinssac
Châtre
4 Chemins
le Fraisse
Gain
Étang de Sagnat
Rochelidou
Doumezy
Brillac
Berneuil
Roussac
Vilarcoin
St-Germain-de-Confolens
Issoire
Bussière-Boffy
Nouic
Drouilles
Avent
Malanguin
Rochers de Frochet
St-Pardoux
Esse
Mortemart
Blond
St-Symphorien-sur-Couze
le Marousse
Montrol-Sénard
Breuilaufa
la Garde
Friaudour
Charensannes
Villevert
le Buis
Lac de St-Pardoux
Razès
St-Quentin
Monts de Blond
Vaulry
Villebert
CONFOLENS
le Jallais
Lesterps
Salamon
Puimenier
Étang de Gouillet
St-Christophe
Montmézery
NANTIAT
la Combe
Menhir
Chamboret
Vénachat
Thouron
Étang de Tricherie
Fanay
Cieux
Montrollet
Chêne Pignier
Conore
les Lezes
Massac
Compreignac
la Crouzille
St-Sylvestre
Sellas
Lesignac
Terracher
Villeforceix
le Pic
le Breuil
Boisse
Sénélas
Angelard
St-Maurice-des-Lions
Goire
Villeneuve
Saulgond
Brigueuil
Javerdat
la Fauvette
le Queyroix
Peyrilhac
St-Jouvent
Lavaud
Bonnac-la-Côte
le Puy
Oradour-sur-Glane
Ville détruite (10.6.44)
Chabrac
Villars
la Fabrique
Blémont
Vedrenne
Beaune les Mines
la Gouie
le Monteil
Pont à la Planche
Bretagne
le Repaire
Sénon
le Teillot
Tisseuil
l'Age
St-Gence
NIEUL
Forgeix
la Malaise
la Grange-de-Beuil
Chaptelat
Beaune-les-Mines
Etagnac
Rochebrune
Veyrac
Bord
Exideuil
CHABANAIS
ST-JUNIEN
St-Brice-sur-Vienne
le Loubier
la Barre
le Gautaud
le Theil
St-Martin-du-Fault
Bourdelas
Rilhac-Rancon
Beaulieu
Chaillac-sur-Vienne
St-Victurnien
Bondy
Nouailhas
Couzeix
Beaubreuil
Saillat-sur-Vienne
St-Martin-de-Jussac
Ste-Marie-de-Vaux
Lascoreix
l'Hermiterie
Grenord
Villegouret
Chassenon
la Soutière
Thermes Romaines
le Dognon
Bart
St-Yrieix-sous-Aixe
Verneuil-sur-Vienne
Beauvais
le Palais-sur-Vienne
Ardilloux
Auvignac
Labrousse
Pressignac
la Berthe
Chez-Moutaud
la Cordelle
le Dognon
Airain
Landouge
Panazol
la Négrerie
ROCHECHOUART
Biennac
Montpoutier
Cognac-la-Forêt
St-Priest-sous-Aixe
Vaud
l'Aumônerie
le Mas-des-Landes
le Rouveix
LIMOGES
Cramaud
St-Auvent
Vedeix
les Bouchats
Thias
Isle
Virolle
Videix
Ménieux
les Combes
Saint Cyr
la Baraque
l'Etat
Poulouzat
Feytiat
Labesse
Saint Gervais
la Nouzille
la Pouge
Fregefont
la Roudie
AIXE-sur-Vienne
Mérignac
Condat-sur-Vienne
la Borie
la Plagne
Mas-Gauthier
Crouzet
le Repaire
Chatillou
Chéronnac
Vayres
les Ollières
Puymoreau
SAINT LAURENT-sur-Gorre
Villeneuve
Séreilhac
les Betoulles
l'Aiguille
Vérinas
Mas-du-Puy
Vieux Boisseuil
Pouleina
Lombardie
les Salles-Lavauguyon
Bussac
Manvin
Latterie
Puycheny
Beynac
Bréjou
Charroux
P. Rompu
Église romane
Solignac
le Vigen
Peireix
Vicq
Neuville
ORADOUR-sur-Vayres
Mons
Gorre
la Côte
Crezeunet
Saint Martin-le-Vieux
la Judie
Puymoret
Saint Bazile
le Mazet
Bosvieux
Château de Chalusset
la Planche
Bechadie
Boissac
Pazat
St-Hilaire-Bonneval
Cromière
la Forge
Fiateau
Grateloube
Savergnac
Faye
Burgnac
Lavignac
Meilhac
Jourgnac
Chatenet
SAINT MATHIEU
Cussac
Champagnac-la-Rivière
Champsac
Chez-Eymard
la Terrade
Flavignac
Brouillet
la Chapelle
Reilhac
Fonsoumagne
Grafeuil
la Mazorie
la Judie
Sainte Catherine
Saint Maurice-les-Brousses
Périgueux
Périgueux
101
Lanouaille
Brive-la-G.
Aubusson
Eymoutiers

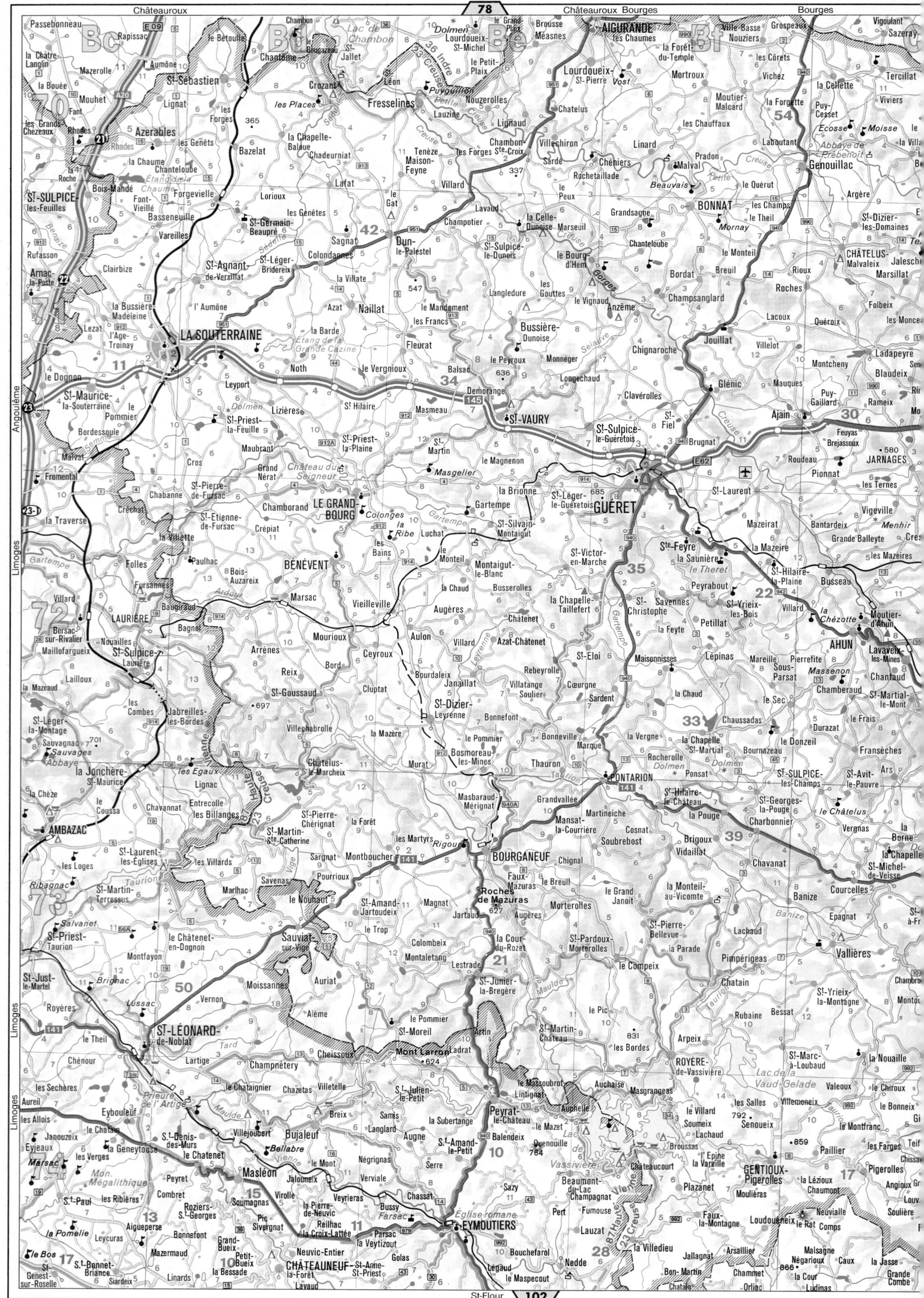
Bc
Bd
Be
Bf
AIGURANDE
Fresselines
Azerables
St-Sébastien
LA SOUTERRAINE
St-SULPICE-les-Feuilles
Arnac-la-Poste
St-Maurice-la-Souterraine
Dun-le-Palestel
Naillat
Bussière-Dunoise
St-VAURY
GUÉRET
LE GRAND-BOURG
BÉNÉVENT
LAURIÈRE
Bersac-sur-Rivalier
AMBAZAC
BOURGANEUF
PONTARION
AHUN
St-LÉONARD-de-Noblat
EYMOUTIERS
CHÂTEAUNEUF-la-Forêt
Peyrat-le-Château
ROYÈRE-de-Vassivière
GENTIOUX-Pigerolles
Genouillac
BONNAT
JARNAGES
CHÂTELUS-Malvaleix
Sauviat-sur-Vige
Bujaleuf
Masléon
Lac de Vassivière
Angoulême
Limoges
St-Flour
70
71
72
73
74
42
34
35
22
30
33
39
50
21
10
15
13
17
28
54

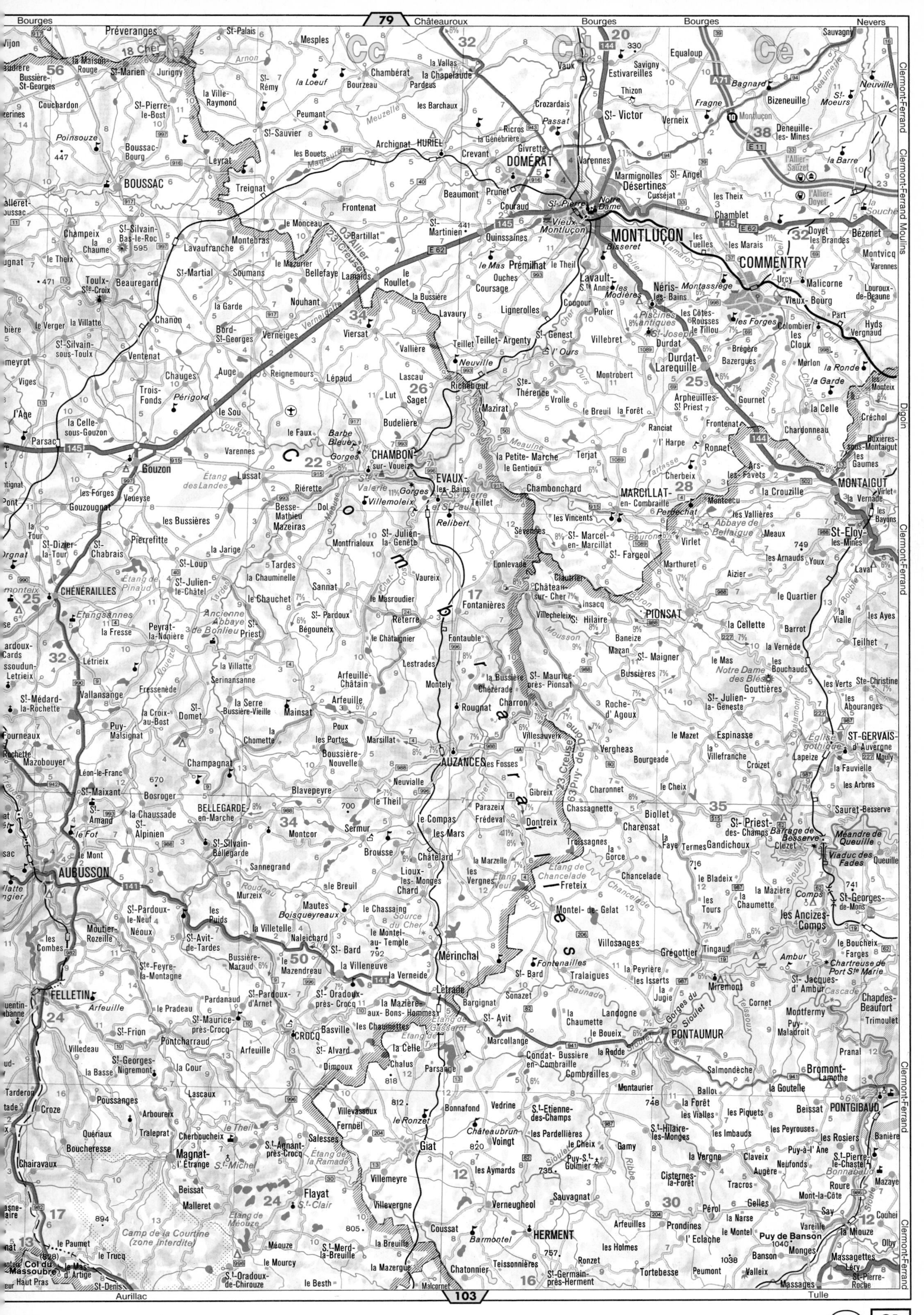

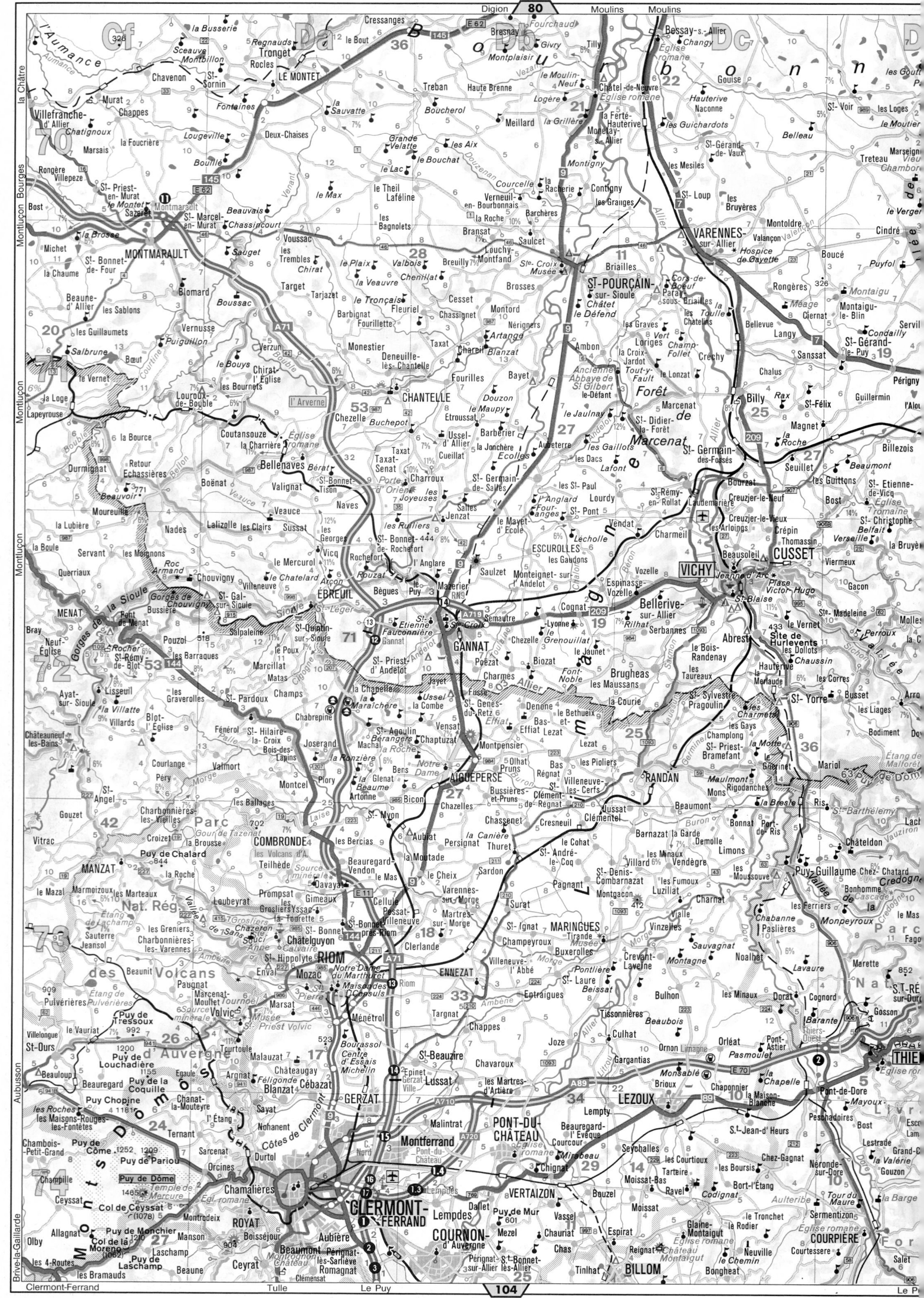

Digion
80
Moulins
Moulins
104
Clermont-Ferrand
Tulle
Le Puy
la Châtre
Montluçon
Bourges
Montluçon
Montluçon
Aubusson
Brive-la-Gaillarde
Cf
Da
Db
Dc
l'Aumance
B o u r b o n n a i s
Cressanges
Bresnay
Bessay-s.-Allier
la Busserie
Regnauds
Tronget
Sceauve
Montbillon
Rocles
LE MONTET
Chavenon
St-Sornin
Fontaines
Villefranche-d'Allier
Murat
Chappes
Chatignoux
Marsais
la Foucrière
Lougeville
Deux-Chaises
Bouillé
Rongère
Villepeze
St-Priest-en-Murat
le Montet
Montmarault
Sazeret
Bost
St-Marcel-en-Murat
Beauvais
Chassincourt
la Brosse
Michet
MONTMARAULT
St-Bonnet-de-Four
la Chaume
Sauget
Voussac
les Trembles
Chirat
Target
Tarjazet
Blomard
Beaune-d'Allier
les Sablons
Boussac
Vernusse
Puiguillon
les Guillaumets
Salbrune
Bœuf
le Vernet
la Loge
Lapeyrouse
le Bouys
Chirat-l'Église
Louroux-de-Bouble
les Bournets
Verzun
l'Arverne
la Bource
Coutansouze
la Charrière
Église romane
Durmignat
Retour
Echassières
Beauvoir
Bellenaves
Bérat
Valignat
Boënat
Moureuille
Nades
Lalizolle
les Clairs
Veauce
Sussat
la Lubière
la Boule
Servant
les Moignons
Roc Armand
Chouvigny
Querriaux
Gorges de Chouvigny
Gorges de la Sioule
MENAT
Pont de Menat
St-Gal-sur-Sioule
Bussière
Salpaleine
Ébreuil
St-Léger
St-Quintin-sur-Sioule
Bray
Neuf-Église
Pouzol
les Barraques
Rocher St-Rémy-de-Blot
Marcillat
Matas
Champs
Lisseuil
la Villatte
Villards
Blot-l'Église
St-Pardoux
les Graverolles
Ayat-sur-Sioule
Châteauneuf-les-Bains
Fénérol
St-Hilaire-la-Croix
Bois-des-Lapins
Chabrepine
Josserand
Courlange
Péry
Valmort
Montcel
Gouzet
St-Angel
Charbonnières-les-Vieilles
Parc
Vitrac
Croizet
Gour de Tazenat
la Brousse
COMBRONDE
les Volcans d'A.
Puy de Chalard
MANZAT
la Roche
Teilhède
le Mazal
Marmoizoux
les Marteaux
Nat. Rég.
Loubeyrat
Prompsat
Gimeaux
Etang de Lachamp
Sauterre
Jeansol
les Greniers
Charbonnières-les-Varennes
Chazeron
Châtelguyon
St-Hippolyte
RIOM
Mozac
Enval
des Volcans
Beaunit
Paugnat
Pulvérières
Etang de Pulvérières
Marcenat-Moullet
Tournoël
Volvic
Puy de Tressoux
Marsat
le Vauriat
Villelongue
St-Ours
26
d'Auvergne
Puy de Louchadière
Tourtoule
Malauzat
Châteaugay
Beauloup
Beauregard
Puy de la Coquille
Argnat
Blanzat
Cébazat
Puy Chopine
les Roches
les Maisons-Rouges-les-Fontêtes
Chanat-la-Mouteyre
l'Étang
Sayat
Nohanent
Côtes de Clermont
Ternant
Chambois-Petit-Grand
Puy de Côme
Puy de Pariou
Sarcenat
Durtol
Orcines
Puy de Dôme
Temple de Mercure
Champille
Chamalières
Ceyssat
Col de Ceyssat
Montrodeix
ROYAT
Allagnat
Puy de Monchier
Col de la Moreno
Manson
Olby
Laschamp
Puy de Laschamp
les 4-Routes
les Bramauds
Beaune
Ceyrat
Boisséjour
Beaumont
Aubière
Pérignat-lès-Sarliève
Romagnat
Clémensat
M o n t s   D ô m e s
CLERMONT-FERRAND
Montferrand
GERZAT
Malintrat
Lussat
les Martres-d'Artière
PONT-DU-CHÂTEAU
Lempdes
Dallet
Puy de Mur
COURNON-d'Auvergne
Mezel
VERTAIZON
Chignat
Vassel
Chauriat
Espirat
Bouzel
Moissat
Reignat
Chas
Billom
Tinlhat
Pérignat-sur-Allier
St-Bonnet-lès-Allier
LEZOUX
Lempty
Seychalles
Beauregard-l'Évêque
Courcour
Mirabeau
Moissat-Bas
Tarteire
Ravel
les Boursis
Bort-l'Étang
Codignat
Glaine-Montaigut
le Rodier
le Chemin
Neuville
Bongheat
COURPIÈRE
Sermentizon
Aulteribe
Courtessere
Salet
Néronde-sur-Dore
Tour du Maure
la Barge
Lestrade
la Valérie
Gouzon
Grand-Coing
Chez-Gagnat
St-Jean-d'Heurs
Peschadoires
Bost
Mayoux
Pont-de-Dore
THIERS
Église romane
la Chapelle
la Maison-Blanche
Chaponnier
Monsablé
Brioux
Gargantias
Orléat
Pont-Astier
Pasmoulet
Ornon
Joze
Culhat
Tissonnières
Beaubois
Bulhon
Chavaroux
St-Beauzire
Épinet
Gerzat Ville
Bourassol
Centre d'Essais Michelin
Ménétrol
Maisons des Consuls
Notre Dame du Marthuret
Marsat
Chappes
Targnat
ENNEZAT
Entraigues
St-Laure
Beissat
Pontlière
Villeneuve-l'Abbé
Clerlande
Martres-sur-Morge
Varennes-sur-Morge
Cellule
Pessat-Villeneuve
St-Bonnet-près-Riom
Surat
St-Ignat
MARINGUES
Tirande
Buxerolles
Champeyroux
Crevant-Laveine
Montagne
Sauvagnat
Vinzelles
Charnat
Noalhat
Lavaure
Paslières
Chabanne
Monpeyroux
les Ferriers
Marette
Dorat
Cognord
Barante
Gosson
Puy-Guillaume
Châteldon
Chez-Chatard
Bonhomme
Cascade
Lach
Ris
St-Barthélemy
Mariol
la Bresle
Beaumont
Bonnat
Port-de-Ris
Demolle
Limons
Barnazat
la Garde
les Minaux
Vendègre
Villard
les Fumoux
Luzillat
St-Denis-Combarnazat
Montgacon
Pagnant
le Cohat
St-André-le-Coq
Thuret
Sardon
la Canière
Persignat
Chassenet
Cresneuil
Clémentel
Jussat
St-Clément-de-Régnat
Villeneuve-les-Cerfs
Bussières-et-Pruns
Régnat
Bas
Olhat
Pruns
Chazelles
AIGUEPERSE
Montpensier
Notre Dame
Bicon
Artonne
Beaume
Glenat
Bens
la Roche
Machal
Bérangers
St-Agoulin
Chaptuzat
Vensat
Effiat
Bas-et-Lezat
Lezat
Denone
St-Genès-du-Retz
Fusse
Jayet
Ussel
la Combe
la Chapelle
la Maraîchère
St-Myon
Aubiat
la Moutade
Beauregard-Vendon
les Bercias
Davayat
le Mas
le Cheix
St-Priest-d'Andelot
Gannat
GANNAT
St-Étienne
Fauconnière
Ste-Croix
Mazerier
Bègues
le Puy
Poézat
Charmes
Biozat
Chezelle
le Grenouillat
le Jaunet
Font-Noble
Brugheas
les Maussans
la Courie
Allier
Lyonne
Cognat
Sernaute
Bellerive-sur-Allier
Rilhat
Serbannes
Espinasse-Vozelle
Vozelle
VICHY
Abrest
le Bois-Randenay
les Taureaux
Hauterive
St-Sylvestre-Pragoulin
les Charmets
St-Yorre
Busset
les Liages
Bodiment
Champlong
St-Priest-Bramefant
la Motte
le Guerinet
Randan
RANDAN
Maulmont
Rigodanches
Mons
Les Gays
36
Site de Hurlevents
les Dollots
Chaussin
les Corres
le Vernet
Ste-Madeleine
Perroux
Gacon
Viermeux
Place Victor Hugo
Jeanne d'Arc
St-Blaise
CUSSET
Beausoleil
Thomassin
Crépin
Verseille
Belfait
St-Christophe
Bost
St-Etienne-de-Vicq
les Guittons
Beaumont
Seuillet
Billezois
la Roche
Magnet
Guillermin
St-Félix
Rax
Billy
Charmeil
Creuzier-le-Vieux
Creuzier-le-Neuf
Bourzat
Laudemarière
St-Rémy-en-Rollat
Vendat
Escurolles
les Gaudons
Monteignet-sur-l'Andelot
Saulzet
l'Anglare
Vicq
Rochefort
Rouzat
le Chatelard
Arcon
Villeneuve
le Mercurol
St-Bonnet-de-Rochefort
les Georges
les Rulliers
Naves
Jenzat
Salles
les Joyeuses
Charroux
St-Germain-de-Salles
Cueillat
Ussel-d'Allier
Barberier
la Jonchère
Ecolles
Taxat-Senat
Porte d'Orient
Aubeterre
le Jaulnay
St-Didier-la-Forêt
Marcenat
Forêt de Marcenat
St-Germain-des-Fossés
Lafont
les Dacs
les Gaillots
les St-Paul
Lourdy
St-Pont
l'Anglard
Fourcanges
le Mayet-d'École
Lécholle
Douzon
le Maupy
Etroussat
Bayet
Fourilles
CHANTELLE
Chezelle
Buchepot
Deneuille-lès-Chantelle
Monestier
Taxat
Charell
Blanzat
Artange
Néringers
Montord
Chassignet
Cesset
Brosses
Fleuriel
Barbignat
Fourillette
le Tronçais
la Veauvre
Chenillat
le Plaix
Valbois
Breuilly
Louchy-Montfand
Ste-Croix Musée
ST-POURÇAIN-sur-Sioule
Châtet
le Défend
Briailles
Saulcet
Bransat
la Roche
Barchères
Verneuil-en-Bourbonnais
Courcelle
la Racherie
Contigny
les Granges
Montigny
Monetay-s-Allier
la Ferté-Hauterive
Meillard
la Grillère
Logère
le Moulin-Neuf
Châtel-de-Neuvre
Église romane
Boucherol
Treban
Haute Brenne
la Sauvatte
Grande Velatte
les Aix
le Bouchat
le Lac
le Max
le Theil
Laféline
les Bagnolets
Montplaisir
Givry
Tilly
Fourchaud
le Bout
Changy
Église romane
Gouise
Hauterive
Naconne
les Guichardots
St-Gérand-de-Vaux
Belleau
les Mesiles
St-Loup
les Bruyères
VARENNES-sur-Allier
Valançon
Hospice de Gayette
Montoldre
Rongères
Bouce
Montaigu
Montaigu-le-Blin
Méage
Ciernat
Condailly
St-Gérand-le-Puy
Langy
Bellevue
Sanssat
Chalus
Créchy
Paray-sous-Briailles
Cors-de-Bœuf
la Toulle
les Châtelins
les Graves
Loriges
Vert
Champ-Follet
la Croix-Jardot
Tout-y-Fault
le Lonzat
Ambon
Ancienne Abbaye de St Gilbert
le-Défant
St-Voir
les Loges
le Moutier
Treteau
Marseigne
Cindré
Puyfol
le Verger
Servil
Périgny
l'Alou
les Goutt
Vallée
Sichon
Molles
Arro
Busset
Etang de Malforêt
Fago
St-Rémy-sur-Durolle
Parc
Livradois
Escu
Lam
Dore
Ambène
Morge
Allier
Limagne
Buron
Sioule
Bouble
Venant
Douzenan
Valençon
Morge
Litroux
Varennes
Montagne
E 62
145
E 11
A 71
A 719
A 89
A 710
A 720
E 70
9
209
Vauziron
Credogne

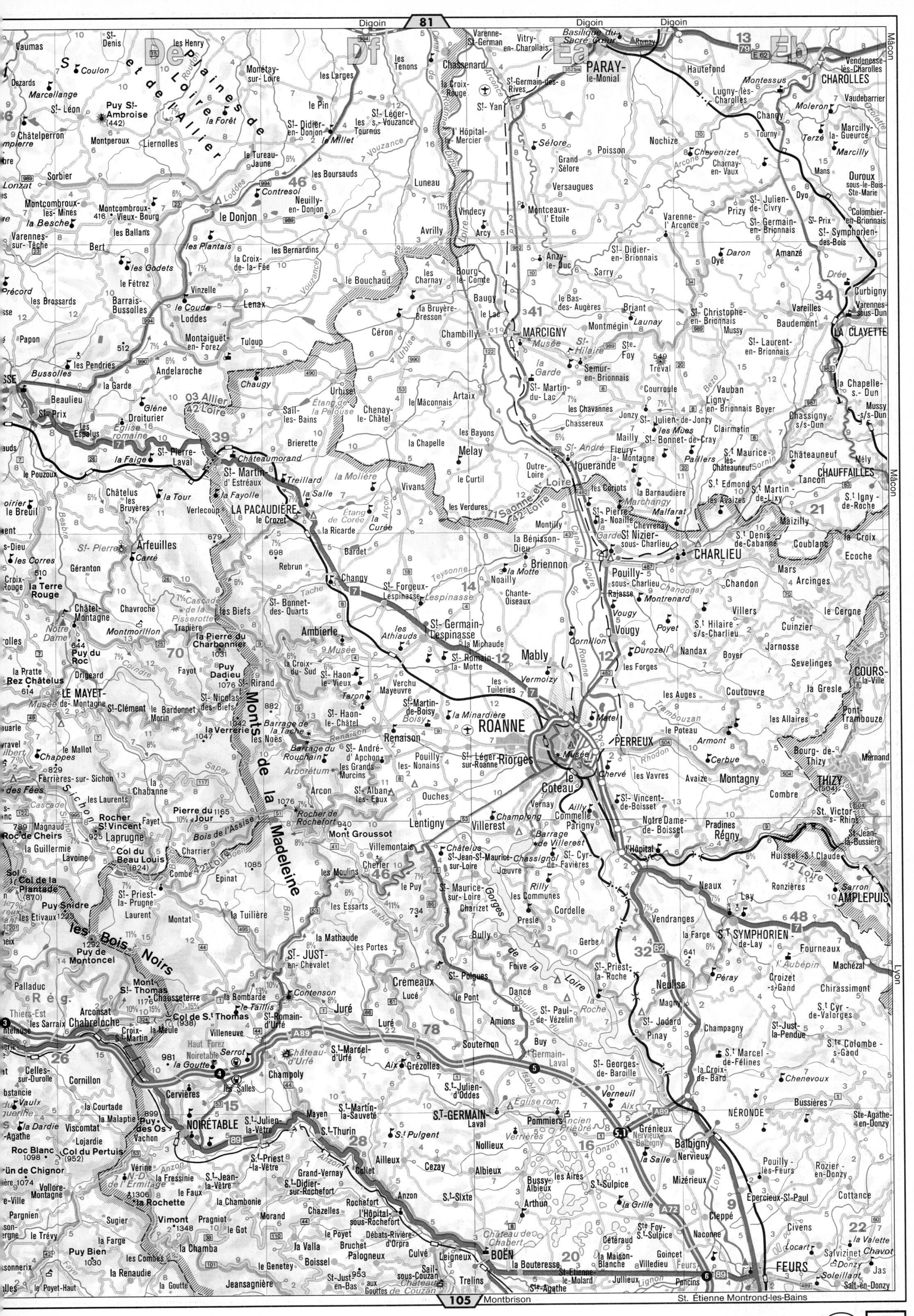
Digoin
81
Digoin
Digoin
Mâcon
De
Df
Ea
Eb
Plaines de Loire et de l'Allier
PARAY-le-Monial
CHAROLLES
Basilique du Sacré Cœur
Chassenard
Luneau
Le Donjon
Neuilly-en-Donjon
Montcombroux-les-Mines
Montcombroux-Vieux-Bourg
Lodde
Lenax
Montaiguët-en-Forez
Andelaroche
Droiturier
Saint-Prix
St-Martin-d'Estréaux
Châteaumorand
LA PACAUDIÈRE
Arfeuilles
Le Mayet-de-Montagne
Châtel-Montagne
Puy du Roc
La Verrerie
Monts de la Madeleine
Saint-Nicolas-des-Biefs
Les Noës
Renaison
Ambierle
St-Germain-Lespinasse
Changy
MARCIGNY
Semur-en-Brionnais
Iguerande
Saint-Nizier-sous-Charlieu
CHARLIEU
Pouilly-sous-Charlieu
Briennon
Mably
Vougy
ROANNE
Riorges
Le Coteau
PERREUX
Montagny
Régny
Lentigny
Villerest
Commelle
Saint-Cyr-de-Favières
L'Hôpital
Neaux
Lay
St SYMPHORIEN-de-Lay
Vendranges
Neulise
Saint-Polgues
Cremeaux
St-JUST-en-Chevalet
Juré
Luré
Saint-Germain-Laval
Pommiers
Nervieux
Balbigny
Cleppé
FEURS
Boën
Noirétable
Chabreloche
Les Bois Noirs
Lapruguer
Col du Beau Louis
Puy de Montoncel
LA CLAYETTE
CHAUFFAILLES
Châteauneuf
Tancon
COURS-la-Ville
THIZY
AMPLEPUIS
Lyon
Mont Groussot
Villemontais
Cherier
Saint-Alban-les-Eaux
Pouilly-les-Nonains
Ouches
Pouilly-lès-Feurs
Épercieux-St-Paul
Montbrison
105
St. Étienne Montrond-les-Bains

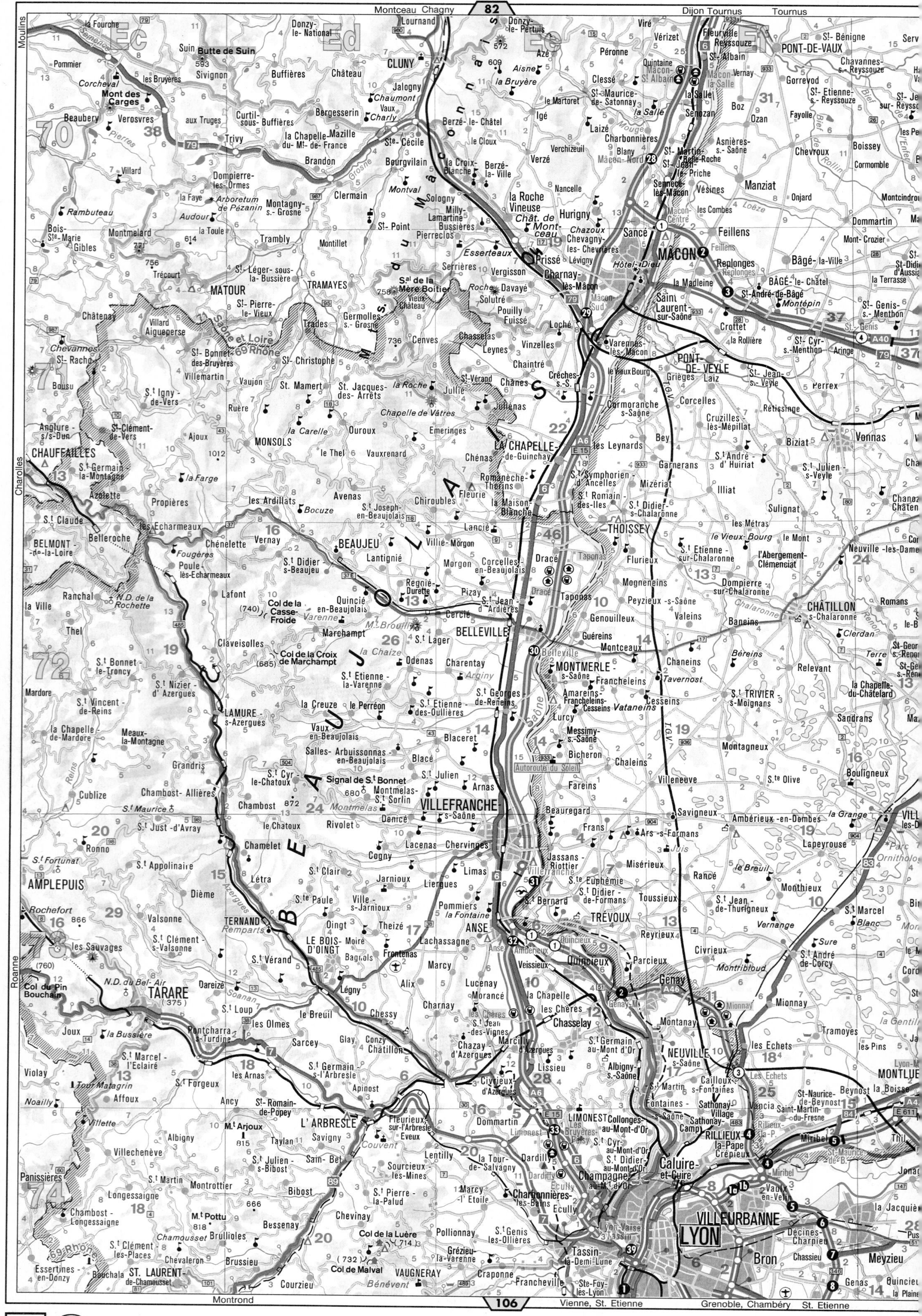
Montceau Chagny
82
Dijon Tournus
Tournus
Moulins
Charolles
Roanne
Montrond
106
Vienne, St. Etienne
Grenoble, Chambéry
St. Etienne
Ec
Ed
Ee
Ef
70
71
72
73
74
CLUNY
MÂCON
PONT-DE-VAUX
MATOUR
TRAMAYES
MONSOLS
CHAUFFAILLES
BEAUJEU
BELLEVILLE
VILLEFRANCHE-s-Saône
ANSE
TRÉVOUX
THOISSEY
MONTMERLE-s-Saône
CHÂTILLON-s-Chalaronne
PONT-DE-VEYLE
LA CHAPELLE-de-Guinchay
AMPLEPUIS
TARARE
L'ARBRESLE
LE BOIS-D'OINGT
LAMURE-s-Azergues
NEUVILLE-s-Saône
LIMONEST
RILLIEUX-la-Pape
VILLEURBANNE
LYON
Bron
Meyzieu
MONTLUEL
ST. LAURENT-de-Chamousset
VAUGNERAY
Caluire-et-Cuire
Tassin-la-Demi-Lune
Ste-Foy-lès-Lyon
Ecully
Champagne-au-M-t-d'Or
Genay
Quincieux
Mont des Carges
Butte de Suin
Col de la Casse-Froide
Col de la Croix de Marchampt
Signal de S.t Bonnet
Col du Pin Bouchain
Col de la Luère
Col de Malval
Autoroute du Soleil
BEAUJOLAIS
Monts du Mâconnais
Saône
Azergues
Sâone et Loire
Rhône
A6
A40
A46
E15

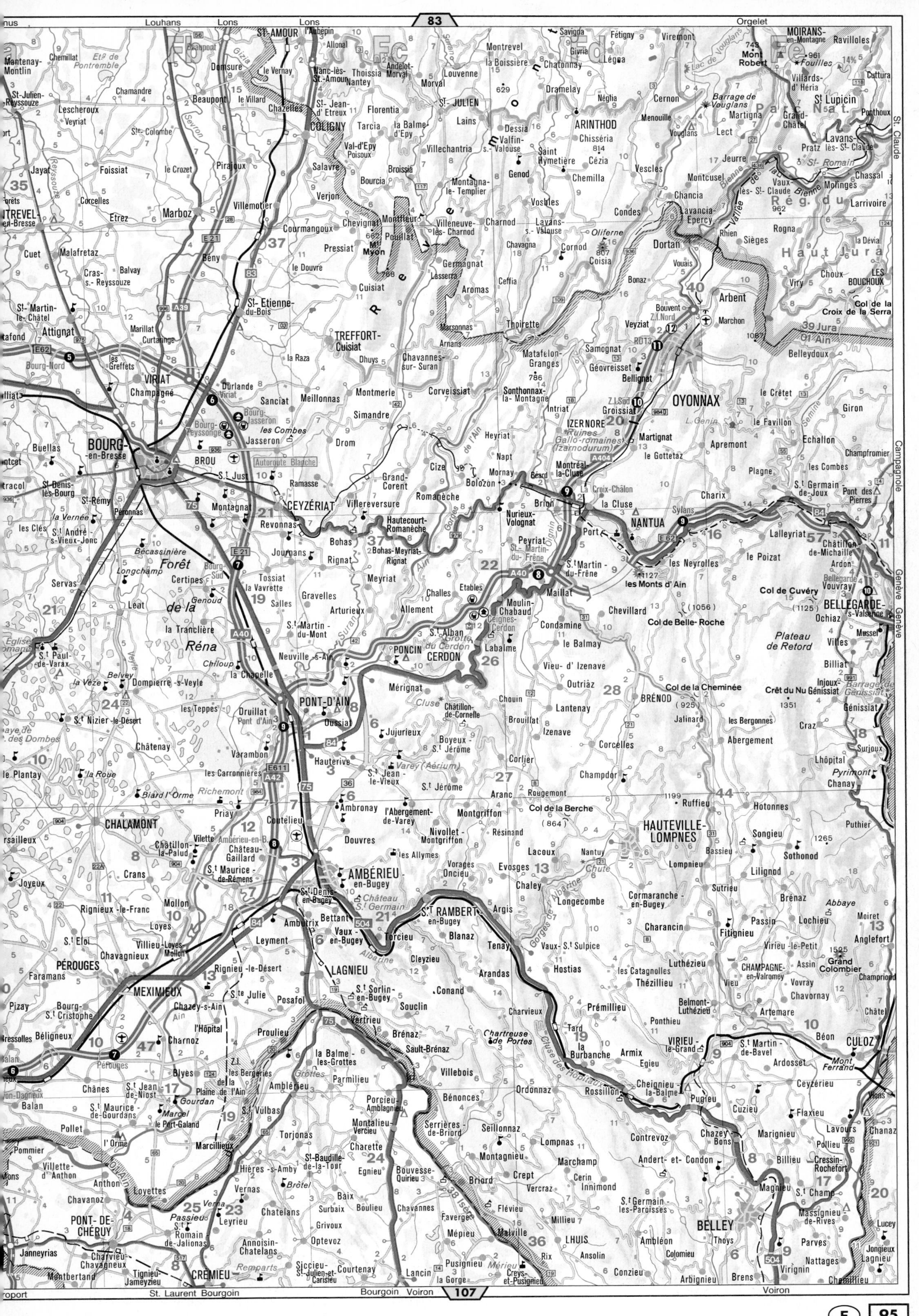

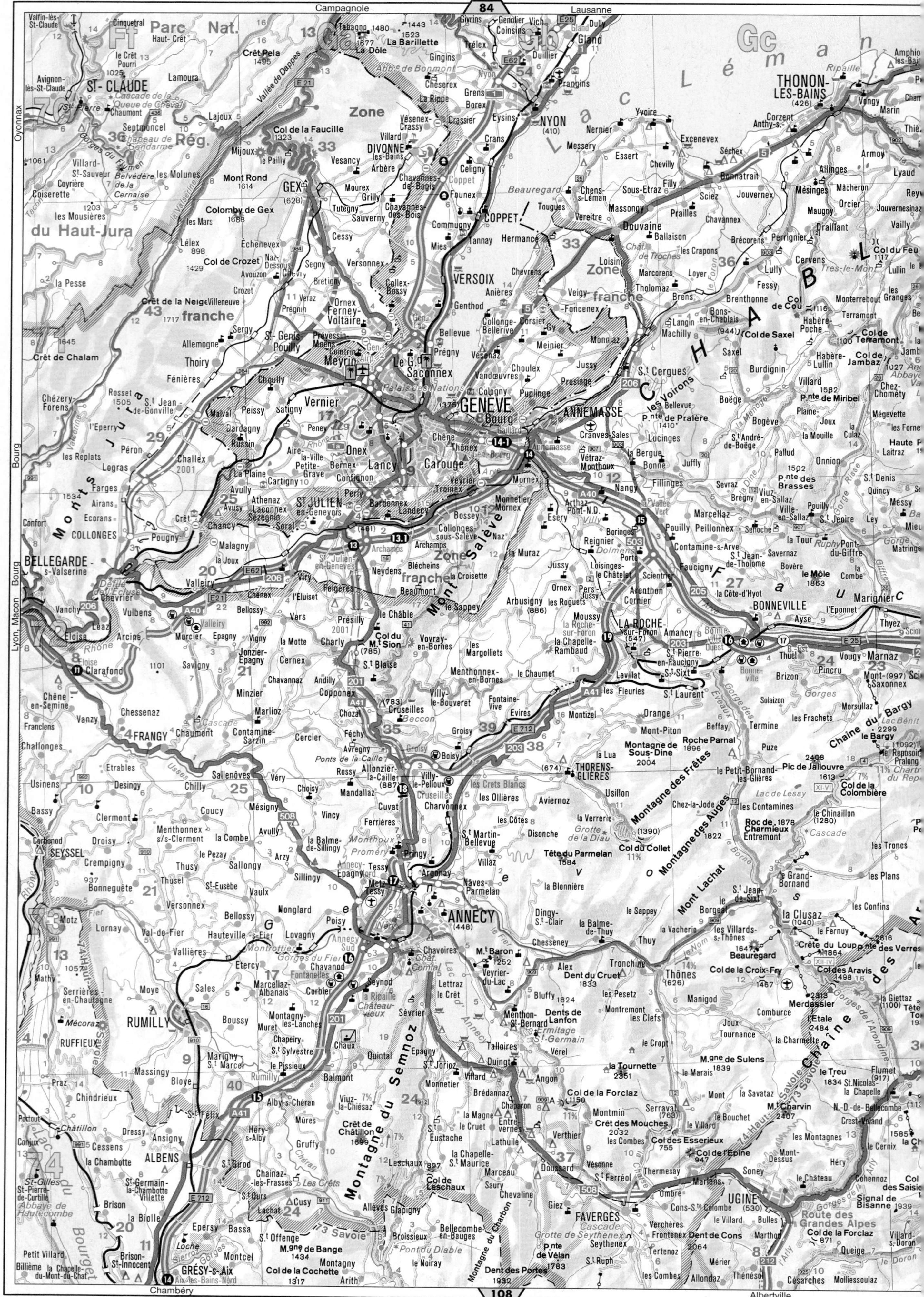
Campagnole
84
Lausanne
Oyonnax
Bourg
Lyon, Macon, Bourg
Chambéry
108
Albertville
Parc Nat. Rég. du Haut-Jura
Lac Léman
Zone franche
CHABLAIS
Faucigny
ST-CLAUDE
GEX
DIVONNE-les-Bains
NYON
COPPET
VERSOIX
Ferney-Voltaire
Meyrin
GENÈVE
ANNEMASSE
Carouge
Lancy
Onex
Vernier
St-Genis-Pouilly
ST JULIEN-en-Genevois
THONON-LES-BAINS
Douvaine
Evian
LA ROCHE-sur-Foron
BONNEVILLE
Cluses
BELLEGARDE-s-Valserine
COLLONGES
FRANGY
SEYSSEL
RUMILLY
ANNECY
ALBENS
GRÉSY-s-Aix
Thônes
FAVERGES
UGINE
la Clusaz
le Grand-Bornand
Mont Salève
Montagne du Semnoz
Lac d'Annecy
Chaîne des Aravis
Chaîne du Bargy
Monts Jura
Les Voirons
Mont Lachat
Montagne des Frêtes
Montagne des Auges
Col de la Faucille
Mont Rond
Colomby de Gex
Crêt de la Neige
Crêt de Chalam
Col de Crozet
Crêt Pela
La Dôle
La Barillette
Dent du Cruet
la Tournette
Col de la Forclaz
Col de Leschaux
Crêt de Châtillon
Col des Aravis
Col de la Colombière
Col du Collet
Tête du Parmelan
Roche Parnal
Montagne de Sous-Dine
Pic de Jallouvre
Mont Charvin
Dent de Cons
Dent des Portes
Mont du Chat
Lac du Bourget
Rhône
Arve
E21
E25
E62
E712
A40
A41
203
205
206
508

85 Lausanne SCHWEIZ Bulle

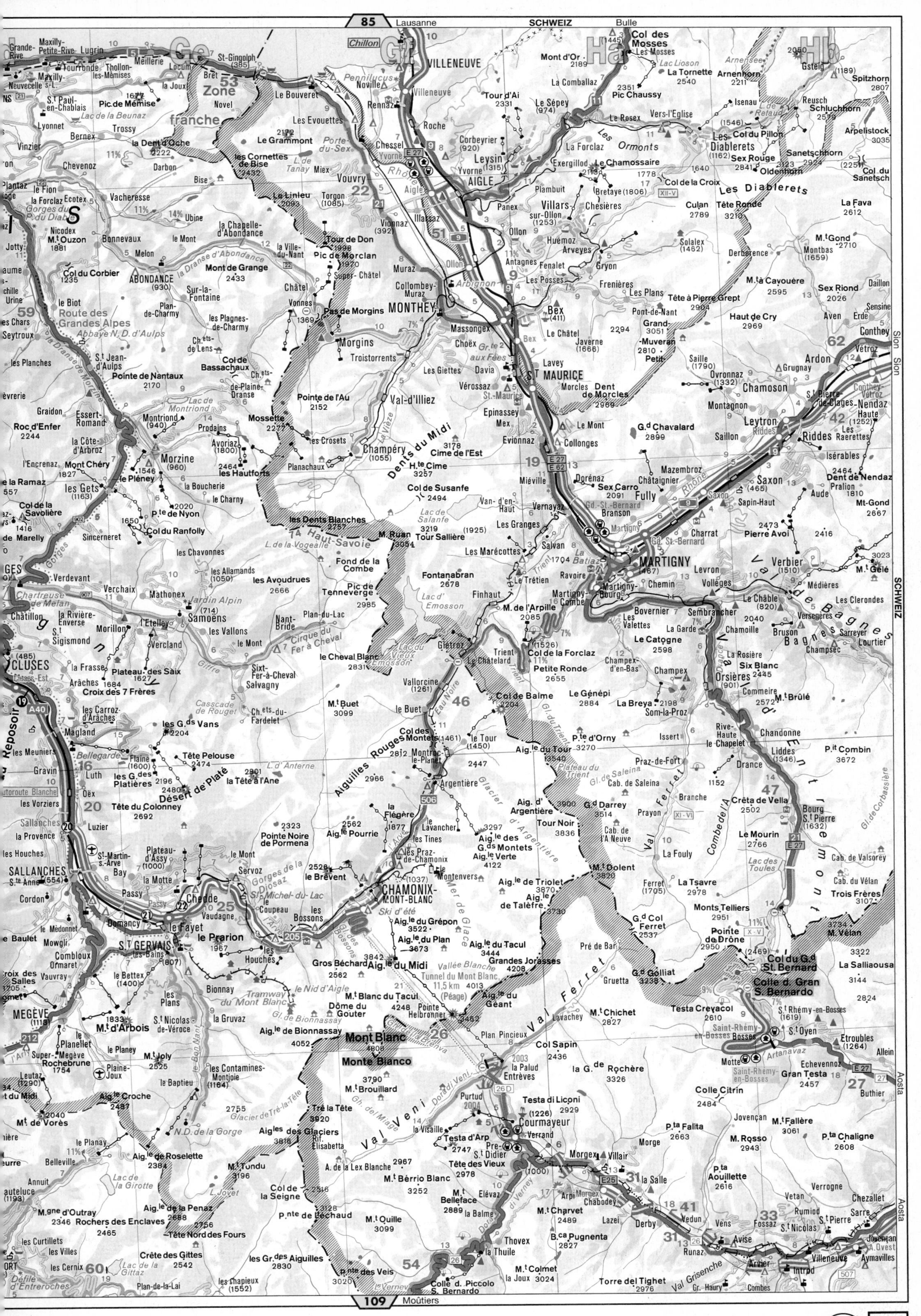

Chillon
VILLENEUVE
Mont d'Or 2189
Col des Mosses
Les Mosses
La Tornette 2540
Arnenhorn 2211
Gsteig
Spitzhorn 2807
Pic Chaussy
Tour d'Aï 2331
Le Sépey (974)
Les Ormonts
Les Diablerets
Col du Pillon
Sex Rouge
Oldenhorn
Arpelistock 3035
Sanetschhorn 2924
Col du Sanetsch
Leysin (1315)
AIGLE
La Forclaz
Le Chamossaire
Col de la Croix
Villars-sur-Ollon (1253)
Chesières
Culan 2789
Tête Ronde 3210
La Fava 2612
Solalex (1462)
Derborence
M.t Gond 2710
Montbas (1659)
Gryon
Bex (411)
M.t à Cavouère 2595
Sex Riond 2026
Daillon
Frenières
Les Plans
Tête à Pierre Grept 2904
Pont-de-Nant
Grand-Muveran 3051
Petit-Muveran 2810
Haut de Cry 2969
Conthey
Vétroz
Sion
Ardon
Lavey
ST MAURICE
Morcles
Dent de Morcles 2969
Saille (1790)
Ovronnaz (1332)
Chamoson
St Pierre-de-Clages
Nendaz
Leytron
Riddes
Saillon
G.d Chavalard 2899
Isérables
Dent de Nendaz 2464
Saxon
Mazembroz
Châtaignier
Fully
Sex Carro 2091
Dorénaz
Collonges
Evionnaz
Mieville
Vernayaz
Branson
Charrat
Pierre Avoi 2473
Sapin-Haut
Aude
Pralion 1810
Mt-Gond 2667
MARTIGNY
Martigny-Bourg
Martigny-Combe
Salvan
Les Marécottes
La Bâtiaz
Ravoire
Chemin
Levron
Vollèges
Verbier (1510)
M.t Gelé 3023
Médières
Le Châble (820)
Val de Bagnes
Les Clerondes
Versegères
Sarreyer
Lourtier
Champsec
Bruson
Sembrancher
Bovernier
Les Valettes
La Garde
Le Catogne 2598
Chamoille
Trient
Col de la Forclaz
Petite Ronde 2655
Champex-d'en-Bas
Champex
La Rosière
Six Blanc 2445
Orsières (901)
Commeire
M.t Brûlé 2572
Le Génépi 2884
La Breya 2198
Som-la-Proz
Col de Balme 2204
Val d'Entremont
Chandonne
Rive-Haute
Le Chapelet
Issert
Liddes (1346)
P.te d'Orny 3270
Aig.le du Tour 3540
Praz-de-Fort
Drance
P.it Combin 3672
Cab. de Saleina
Branche
Prayon
Val Ferret
Combe de l'A
Crêta de Vella 2502
Bourg St. Pierre (1632)
Aig. d'Argentière 3900
G.d Darrey 3514
Tour Noir 3836
Cab. de l'A Neuve
La Fouly
Le Mourin 2766
Lac des Toules
Cab. de Valsorey
Cab. du Vélan
Trois Frères 3107
M.t Dolent 3820
Ferret (1705)
La Tsavre 2978
Monts Telliers 2951
G.d Col Ferret 2537
Pointe de Drône 2950
M. Vélan 3734
Col du G.d St. Bernard
Colle d. Gran S. Bernardo
La Salliausa 3144
Pré de Bar
G.d Golliat 3238
Gruetta
Testa Crevacol 2610
St. Rhémy-en-Bosses (1619)
St. Oyen
Etroubles (1264)
Allein
Saint-Rhémy-en-Bosses
Gran Testa 2457
Echevennoz
Aosta
Buthier
Colle Citrin 2484
Jovençan
M.t Fallère 3061
P.ta Falita 2663
Morge
M. Rosso 2943
P.ta Chaligne 2608
P.ta Aouillette 2616
Verrogne
Chezallet
Vetan
Rumiod
Fossaz
St. Nicolas
St. Pierre
Sarre
Aymavilles
Villeneuve
Introd
Arvier
Avise
Runaz
Derby
Vedun
La Salle
Morgex
Villair
Chabodey
Lazei
Torre del Tighet 2976
Val Grisenche
Combes
M.t Colmet 3024
La Joux
La Thuile
Thovex
B.ca Pugnenta 2827
M.t Charvet 2489
Elévaz
Pré-St. Didier
Courmayeur
Verrand
Testa di Liconi 2929
Purtud
Entrèves
La Palud
Col Sapin 2436
la G. de Rochère 3326
Plan Pincieux
M.t Chichet 2827
Lavachey
Val Ferret
Aig.le du Géant
Pointe Helbronner 3462
Tunnel du Mont Blanc 11,5 km (Péage)
Grandes Jorasses 4208
Aig.le du Tacul 3444
Aig.le de Talèfre
Aig.le de Triolet 3870
Mer de Glace
Montenvers
Aig.le du Grépon 3482
Aig.le du Plan 3673
Aig.le du Midi 3842
Vallée Blanche
Mont Blanc du Tacul 4248
Dôme du Gouter
Mont Blanc 4808
Monte Bianco
M.t Brouillard 3790
Val Veni
Trè la Tête 3920
Aig.les des Glaciers 3816
Tête des Vieux 2978
Testa d'Arp 2747
M.t Bérrio Blanc 3252
M.t Belleface 2889
M.t Quille 3099
P.nte de Lechaud
Col de la Seigne 2516
Aig.le de Bionnassay 4052
Les Gr.des Aiguilles 2830
P.nte des Veis 3020
Colle d. Piccolo S. Bernardo
CHAMONIX-MONT-BLANC
Les Bossons
Les Praz-de-Chamonix
Argentière
Le Tour (1450)
Vallorcine (1261)
Le Buet
M.t Buet 3099
Col des Montets (1461)
Aiguilles Rouges
Le Brévent 2526
La Flégère 1877
Aig.le Pourrie 2562
Pointe Noire de Pormena 2323
Désert de Platé
Tête Pelouse 2474
Tête du Colonney 2692
Plateau d'Assy (1000)
Servoz
Passy
Chedde
Le Fayet
Le Prarion 1967
ST GERVAIS-les-Bains (807)
Les Houches
Bionnay
Tramway du Mont Blanc
Le Nid d'Aigle
St Nicolas-de-Véroce
M.t d'Arbois 1833
MEGÈVE (1113)
M.t Joly 2525
Les Contamines-Montjoie (1164)
Aig.le Croche 2487
Aig.le de Roselette 2384
M.t Tundu 3196
Aig.le de la Penaz 2688
Tête Nord des Fours 2756
Rochers des Enclaves 2465
M.gne d'Outray 2346
Crête des Gittes 2542
Les Chapieux (1552)
Plan-de-la-Lai
SALLANCHES
Cordon
Domancy
Combloux
Magland
CLUSES
Morillon
Samoëns
Sixt-Fer-à-Cheval
Salvagny
Cirque du Fer à Cheval
Le Cheval Blanc 2831
Pic de Tenneverge 2985
Tour Sallière 3219
M. Ruan 3054
Les Dents Blanches 2757
Haut-Savoie
Fontanabran 2678
Finhaut
M. de l'Arpille 2085
Lac d'Emosson
Col de Susanfe 2494
Dents du Midi
H.te Cime 3257
Cime de l'Est 3178
Champéry (1055)
Val-d'Illiez
Pointe de l'Au 2152
Mossette 2277
Avoriaz (1800)
Les Hautforts 2464
Morzine (960)
Les Gets (1163)
Mont Chéry 1827
Le Pléney 1546
P.te de Nyon 2020
Col du Ranfolly
Montriond (940)
Lac de Montriond
Col de Bassachaux
St. Jean-d'Aulps
Pointe de Nantaux 2170
Morgins
Pas de Morgins 1369
Troistorrents
MONTHEY
Châtel
Pic de Morclan 1970
Tour de Don 1998
ABONDANCE (930)
Mont de Grange 2433
Col du Corbier 1235
Bonnevaux
M.t Ouzon 1881
Le Linleu 2093
Torgon (1085)
Vouvry
Les Cornettes de Bise 2432
Le Grammont 2172
La Dent d'Oche 2222
Pic de Mémise 1677
Bernex
Thollon-les-Mémises
St-Gingolph (385)
Le Bouveret
Novel
Zone franche
Lac de la Beunaz
Evian
Lugrin
Maxilly
Grande-Rive
Meillerie
Montreux
Route des Grandes Alpes
SCHWEIZ

109 Moûtiers

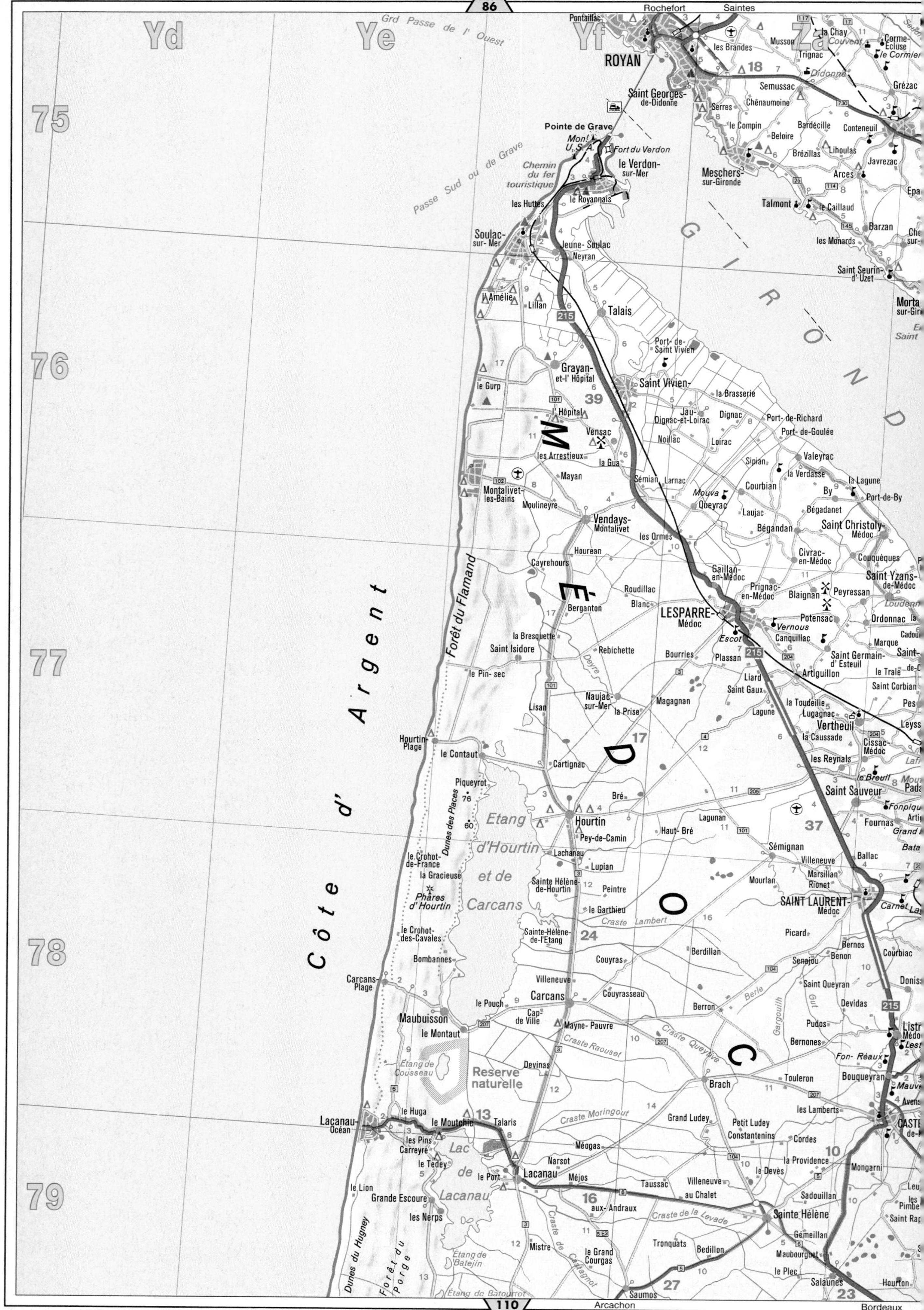
86
110
Rochefort
Saintes
Arcachon
Bordeaux
Yd
Ye
Yf
Za
75
76
77
78
79
Grd Passe de l' Ouest
Passe Sud ou de Grave
ROYAN
Pontaillac
les Brandes
Musson
la Chay
Corme-Ecluse
le Cormier
Trignac
Didonne
Semussac
Grézac
Saint Georges-de-Didonne
Serres
Chênaumoine
le Compin
Bardécille
Conteneuil
Beloire
Brézillas
Lihoulas
Javrezac
Meschers-sur-Gironde
Arces
Talmont
le Caillaud
Barzan
les Monards
Saint Seurin-d' Uzet
Pointe de Grave
Mon! U.S.A.
Fort du Verdon
le Verdon-sur-Mer
Chemin du fer touristique
le Royannais
les Huttes
Soulac-sur-Mer
Jeune-Soulac
Neyran
Amélie
Lillan
Talais
Port-de-Saint Vivien
Grayan-et-l' Hôpital
Saint Vivien-
le Gurp
l' Hôpital
la Brasserie
Jau-Dignac-et-Loirac
Dignac
Port-de-Richard
Port-de-Goulée
Vensac
Noillac
Loirac
les Arrestieux
la Gua
Sipian
Valeyrac
la Verdasse
Mayan
Sémian
Larnac
Courbian
la Lagune
Port-de-By
By
Montalivet-les-Bains
Moulineyre
Mouva
Queyrac
Laujac
Bégadanet
Bégandan
Vendays-Montalivet
les Ormes
Saint Christoly-Médoc
Hourean
Civrac-en-Médoc
Couquèques
Cayrehours
Gaillan-en-Médoc
Saint Yzans-de-Médoc
Roudillac
Blanc
Prignac-en-Médoc
Blaignan
Peyressan
Berganton
LESPARRE-Médoc
Potensac
Ordonnac
Vernous
Canquillac
Escot
la Bresquette
Saint Isidore
Rebichette
Bourries
Plassan
Saint Germain-d' Esteuil
Marque
Artiguillon
le Tralé
le Pin-sec
Liard
Saint Gaux
Saint Corbian
Lisan
Naujac-sur-Mer
la Prise
Magagnan
Lagune
la Toudeille
Lugagnac
Vertheuil
la Caussade
Cissac-Médoc
Hourtin-Plage
le Contaut
les Reynals
Cartignac
le Breuil
Saint Sauveur
Piqueyrot
Bré
Dunes des Places
Forêt du Flamand
Etang d'Hourtin et de Carcans
Hourtin
Pey-de-Camin
Lagunan
Haut-Bré
Fournas
Sémignan
Lachanau
Lupian
Ballac
le Crohot-de-France
la Gracieuse
Villeneuve
Marsillan
Rionet
Mourlan
Sainte Hélène-de-Hourtin
Peintre
SAINT LAURENT-Médoc
Phares d' Hourtin
le Garthieu
Craste Lambert
Sainte-Hélène-de-l'Etang
Picard
le Crohot-des-Cavales
Bernos
Benon
Bombannes
Couyras
Berdillan
Senajou
Courbiac
Carcans-Plage
Villeneuve
Saint Queyran
Carcans
Couyrasseau
Berle
Devidas
le Pouch
Cap-de Ville
Berron
Gargouilh
Pudos
Maubuisson
le Montaut
Mayne-Pauvre
Craste Raouset
Craste Queytive
Bernones
Fon-Réaux
Étang de Cousseau
Reserve naturelle
Devinas
Brach
Touleron
Bouqueyran
les Lamberts
Lacanau-Océan
le Huga
le Moutchic
Talaris
Craste Moringout
Grand Ludey
Petit Ludey
Constantenins
Cordes
les Pins
Carreyre
Méogas
la Providence
Mongarni
le Tedey
Lac de Lacanau
Narsot
les Devès
le Port
Lacanau
Méjos
Taussac
Villeneuve au Chalet
Sadouillan
le Lion
Grande Escoure
aux-Andraux
Craste de la Levade
Sainte Hélène
les Nerps
Gémeillan
Dunes du Hugney
Forêt du Porge
Étang de Batejin
Mistre
le Grand Courgas
Tronquats
Bedillon
Maubourguet
le Plec
Étang de Batourtot
Saumos
Salaunes
Hourton
Côte d' Argent
MÉDOC
GIRONDE

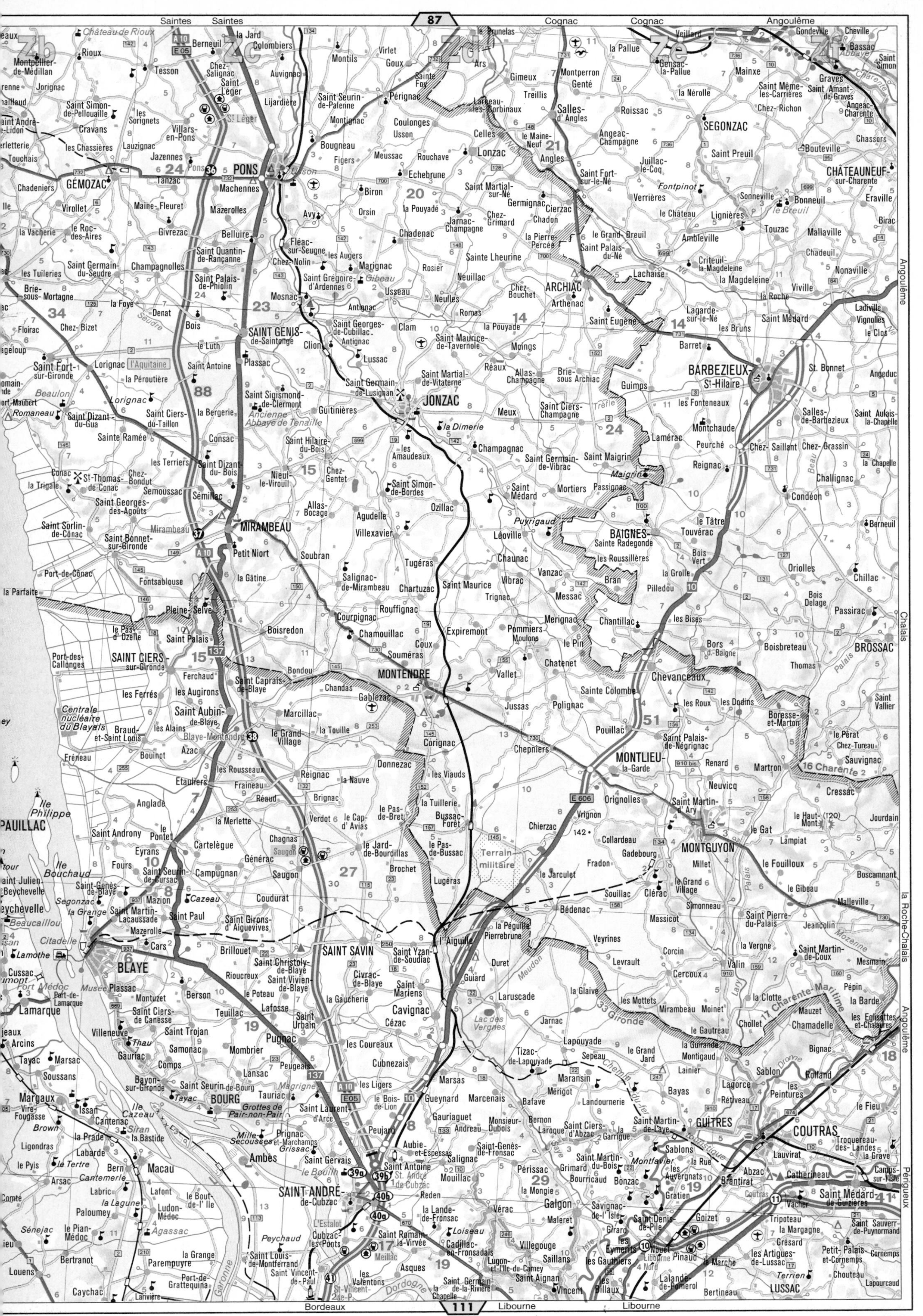

Saintes
Saintes
87
Cognac
Cognac
Angoulême
Angoulême
Angoulême
Chalais
la Roche-Chalais
Angoulême
Périgueux
Bordeaux
111
Libourne
Libourne
Zb
Zc
Zd
Ze
Zf
PONS
GÉMOZAC
SEGONZAC
CHÂTEAUNEUF-sur-Charente
ARCHIAC
JONZAC
BARBEZIEUX-St-Hilaire
SAINT GENIS-de-Saintonge
MIRAMBEAU
BAIGNES-Sainte Radegonde
BROSSAC
SAINT CIERS-sur-Gironde
MONTENDRE
MONTLIEU-la-Garde
MONTGUYON
PAUILLAC
BLAYE
SAINT SAVIN
BOURG
GUÎTRES
COUTRAS
SAINT ANDRÉ-de-Cubzac
Centrale nucléaire du Blayais
Terrain militaire
16 Charente
17 Charente-Maritime
33 Gironde
Lac des Vergnes

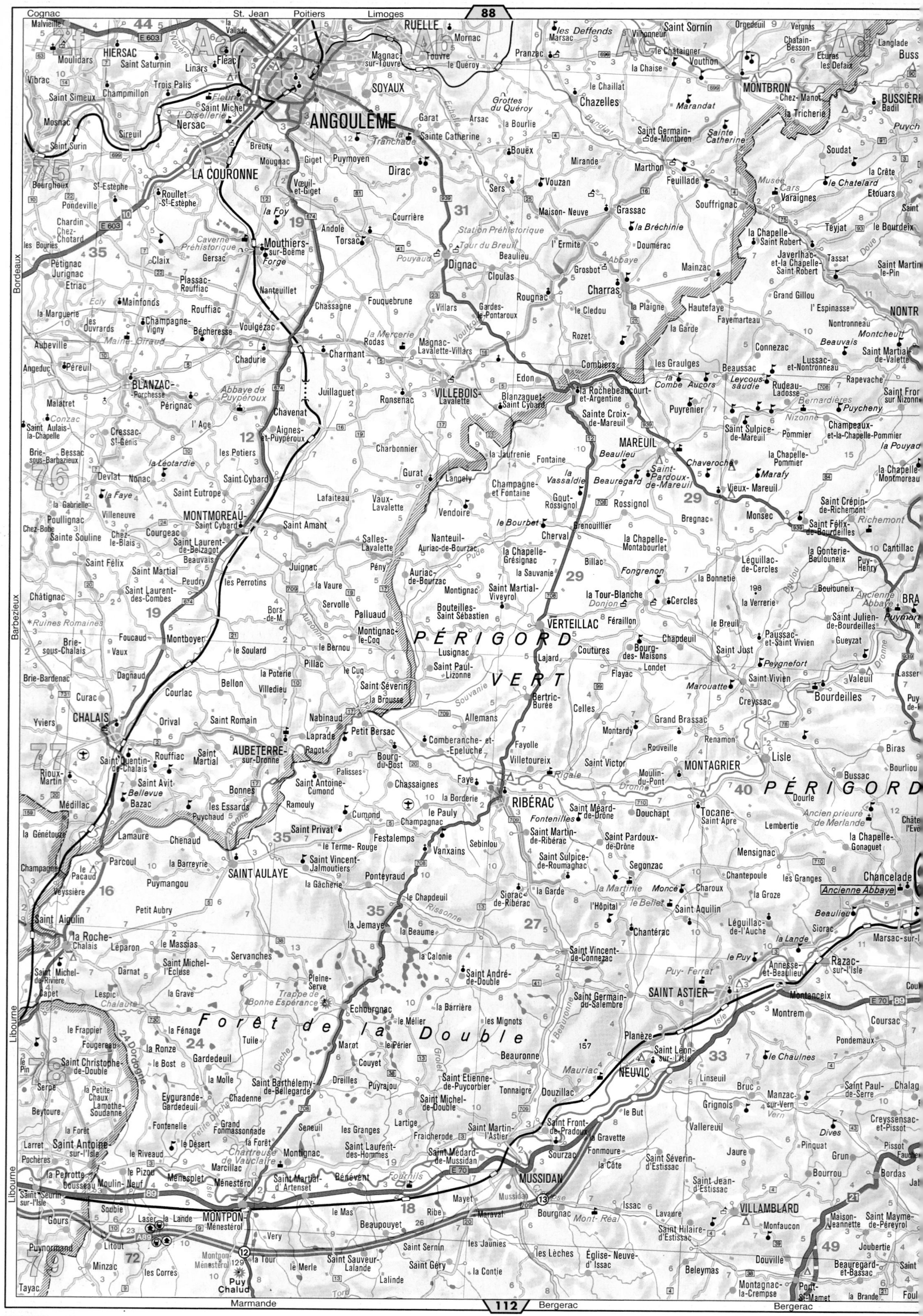

Cognac
St. Jean
Poitiers
Limoges
88
Malvieille
HIERSAC
Saint Saturnin
Moulidars
Linars
Fléac
RUELLE
Mornac
Magnac-sur-Touvre
Touvre
le Quéroy
Pranzac
les Deffends
Marsac
Vilhonneur
Saint Sornin
Orgedeuil
Vergnas
Chatain-Besson
Écuras
les Défaix
Langlade
le Châtaigner
Vouthon
la Chaise
MONTBRON
Chez-Manot
la Tricherie
BUSSIÈRE-BADIL
Vibrac
Saint Simeux
Champmillon
Trois Palis
Saint Michel
l'Oisellerie
Nersac
Mosnac
Sireuil
Saint Surin
ANGOULÊME
SOYAUX
Garat
Arsac
Grottes du Quéroy
la Bourlie
le Chaillat
Chazelles
Marandat
Saint Germain-de-Montbron
Sainte Catherine
la Tranchade
Sainte Catherine
Bouëx
Mirande
Marthon
Feuillade
Soudat
la Crête
le Chatelard
Etouars
Bourghoux
St-Estèphe
Roullet-St-Estèphe
LA COURONNE
Breuty
Mougnac
Giget
Puymoyen
Dirac
Vœuil-et-Giget
Sers
Vouzan
Maison-Neuve
Grassac
la Bréchinie
Souffrignac
Musée des Cars
Varaignes
Pondeville
Chardin
Chez-Chotard
les Bouries
la Foy
Andole
Torsac
Courrière
Station Préhistorique
Tour du Breuil
l'Ermite
Doumérac
la Chapelle-Saint Robert
Teyjat
le Bourdeix
Javerlhac-et-la Chapelle-Saint Robert
Tassat
Saint Martin-le-Pin
Caverne Préhistorique
Mouthiers-sur-Boëme
Forge
Gersac
Claix
Pétignac
Jurignac
Etriac
Plassac-Rouffiac
Nanteuillet
Pouyaud
Dignac
Beaulieu
Abbaye
Grosbot
Cloulas
Charras
Mainzac
Grand Gillou
l'Espinasse
NONTRON
Bordeaux
Ecly
Mainfonds
Rouffiac
la Marguerie
les Ouvrards
Champagne-Vigny
Bécheresse
Vougézac
Maine-Giraud
Chassagne
Fouquebrune
Villars
Gardes-le-Pontaroux
Rougnac
le Cledou
la Plaigne
Hautefaye
Fayemarteau
Nontronneau
Montcheuil
Aubeville
la Mercerie
Rodas
Magnac-Lavalette-Villars
Rozet
la Garde
Connezac
Beauvais
Saint Martial-de-Valette
Angeduc
Péreuil
Chadurie
Charmant
Combiers
les Graulges
Beaussac
Lussac-et-Nontronneau
BLANZAC-Porcheresse
Juillaguet
Ronsenac
VILLEBOIS-Lavalette
Edon
Blanzaguet-Saint Cybard
la Rochebeaucourt-et-Argentine
la Combe
Aucors
Leycous-saudie
Rudeau-Ladosse
Rapevache
Saint Front-sur-Nizonne
Malatret
Abbaye de Puypéroux
Pérignac
Conzac
Saint Aulais-la-Chapelle
Chavenat
Aignes-et-Puypéroux
Sainte Croix-de-Mareuil
Puyrenier
Bernardières
Puycheny
Nizonne
Saint Sulpice-de-Mareuil
Pommier
Champeaux-et-la-Chapelle-Pommier
la Pouyade
Cressac-St-Genis
l'Age
Charbonnier
la Jaufrenie
Fontaine
MAREUIL
Beaulieu
Chaveroche
la Chapelle-Pommier
la Chapelle-Montmoreau
Brie-sous-Barbezieux
Bessac
les Potiers
la Léotardie
Gurat
Langely
la Vassaldie
Beauregard
Saint-Pardoux-de-Mareuil
Marafy
Devlat
Nonac
Saint Cybard
Vieux-Mareuil
la Faye
Saint Eutrope
Champagne-et-Fontaine
Gout-Rossignol
la Gabrielle
Villeneuve
Lafaiteau
Vaux-Lavalette
Vendoire
Rossignol
Monsec
Saint Crépin-de-Richemont
Poullignac
Chez-Bobe
MONTMOREAU-Saint Cybard
Courgeac
Saint Amant
le Bourbet
Brenouillier
Bregnac
Saint Félix-de-Bourdeilles
Richemont
Sainte Souline
Chez-le-Blais
Saint Laurent-de-Belzagot
Beauvais
Salles-Lavalette
Nanteuil-Auriac-de-Bourzac
Cherval
la Chapelle-Montabourlet
la Gonterie-Boulouneix
Cantillac
Saint Félix
la Chapelle-Grésignac
Billac
Léguillac-de-Cercles
Puy-Henry
Saint Martial
Juignac
Pény
Auriac-de-Bourzac
la Sauvanie
Fongrenon
la Bonnetie
Peudry
les Perrotins
la Vaure
Montignac
Saint Martial-Viveyrol
Boulouneix
Châtignac
Saint Laurent-des-Combes
Servolle
la Tour-Blanche
Donjon
Cercles
la Verrerie
Ancienne Abbaye
Bors-de-M.
Palluaud
Bouteilles-Saint Sébastien
Saint Julien-de-Bourdeilles
Ruines Romaines
Montignac-le-Coq
VERTEILLAC
Féraillon
le Breuil
Puymarteau
Barbezieux
Brie-sous-Chalais
Foucaud
Montboyer
le Soulard
le Bernou
PÉRIGORD
Coutures
Bourg-des-Maisons
Chapdeuil
Saint Just
Paussac-et-Saint Vivien
Gueyzat
Vaux
Lusignac
Lajard
Londet
Peygnefort
Brie-Bardenac
Dagnaud
Pillac
la Poterie
le Cuq
Saint Paul-Lizonne
VERT
Flayac
Saint Vivien
Valeuil
Villedieu
Saint Séverin
Marouatte
Bourdeilles
Curac
Courlac
Bellon
la Brousse
Souvanie
Bertric-Burée
Creyssac
CHALAIS
Yviers
Orival
Saint Romain
Nabinaud
Celles
Grand Brassac
Montardy
Laprade
Petit Bersac
Allemans
Renamon
Biras
Rouffiac
Saint Martial
AUBETERRE-sur-Dronne
Ragot
Comberanche-et-Epeluche
Fayolle
Rouveille
Saint Quentin-de-Chalais
Bourg-du-Bost
Villetoureix
Saint Victor
MONTAGRIER
Lisle
Bourliou
Rioux-Martin
Palisses
Saint Avit
Saint Antoine-Cumond
Chassaignes
Rigale
Moulin-du-Pont
Bussac
Bellevue
Bazac
Bonnes
Faye
Dronne
PÉRIGORD
Médillac
les Essards
Puychaud
Ramouly
Cumond
la Borderie
RIBÉRAC
Saint Méard-de-Drône
Douchapt
Tocane-Saint Apre
Dourle
Ancien prieuré de Merlande
Châteaux-l'Evêque
la Génétouze
le Pauly
Champagnac
Fontenilles
Saint Martin-de-Ribérac
Saint Pardoux-de-Drône
Lembertie
la Chapelle-Gonaguet
Lamaure
Chenaud
Saint Privat
Festalemps
Sebinlou
Vanxains
Champagne
le Pacaud
Parcoul
la Barreyrie
le Terme-Rouge
Saint Vincent-Jalmoutiers
Saint Sulpice-de-Roumagnac
Segonzac
Mensignac
Puymangou
SAINT AULAYE
la Gâcherie
Ponteyraud
Siorac-de-Ribérac
la Garde
la Martinie
Moncé
Charoux
Chantepoule
les Granges
Chancelade
Ancienne Abbaye
Veyssière
le Chapdeuil
le Bellet
Saint Aquilin
la Groze
Beaulieu
Petit Aubry
Rissonne
l'Hôpital
Saint Aigulin
la Jemaye
la Beaume
Chantérac
Léguillac-de-l'Auche
Siorac
Marsac-sur-l'Isle
la Roche-Chalais
Léparon
le Massias
Servanches
la Calonie
Saint Vincent-de-Connezac
la Lande
Saint Michel-de-Rivière
Darnat
Saint Michel-l'Ecluse
Pleine-Serve
Saint André-de-Double
le Puy
Annesse-et-Beaulieu
Razac-sur-l'Isle
Gapet
Lespic
la Grave
Trappe de Bonne Espérance
Puy-Ferrat
SAINT ASTIER
Montanceix
Chalaure
Échourgnac
la Barrière
Saint Germain-du-Salembre
Montrem
le Frappier
Fougereau
la Fénage
Forêt de la Double
le Mélier
les Mignots
Coursac
Libourne
la Ronze
Tuile
Marot
le Périer
Planèze
Pondemaux
Dordogne
le Bost
Gardedeuil
Beauronne
Saint Léon-sur-l'Isle
le Chaulnes
Saint Christophe-de-Double
Couyet
Mauriac
NEUVIC
Serpe
la Petite-Chaux
Lamothe-Soudanne
la Molle
Saint Barthélemy-de-Bellegarde
Dreilles
Puyrajou
Saint Etienne-de-Puycorbier
Tonnaigre
Douzillac
Linseuil
Bruc
Saint Paul-de-Serre
Beytoure
Eygurande-Gardedeuil
Chadenne
Saint Michel-de-Double
le But
Manzac-sur-Vern
Grignols
Vern
la Forêt
Fontenelle
Grand Fonmassonnade
Seneuil
les Granges
Lartige
Fraicherode
Saint Martin-l'Astier
Saint Front-de-Pradoux
la Gravette
Vallereuil
Creyssensac-et-Pissot
Dives
Larret
Saint Antoine-sur-l'Isle
le Riveaud
le Désert
la Forêt
Chartreuse de Vaucluse
Montignac
Saint Laurent-des-Hommes
Saint Médard-de-Mussidan
Sourzac
Fonmoure
Jaure
Pinquat
Grun
Pissot
Pochères
la Perrotte
le Pizou
Marcillac
la Côte
Saint Séverin-d'Estissac
Bourrou
Bordas
Bousseau
Moulin-Neuf
Ménesplet
Ménestérol
Saint Martial-d'Artenset
Bénévent
Fournils
MUSSIDAN
Saint Jean-d'Estissac
Saint Seurin-sur-l'Isle
Soubie
Laser
la Lande
MONTPON-Ménestérol
le Mas
Ribe
Mayet
Maraval
Bourgnac
Mont-Réal
Issac
Lavaure
VILLAMBLARD
Maison-Jeannette
Saint Mayme-de-Péreyrol
Gours
Beaupouyet
Saint Hilaire-d'Estissac
Monfaucon
Puynormand
Litout
Very
Saint Sernin
les Jaunies
les Lèches
Église-Neuve-d'Issac
Douville
Joubertie
Minzac
les Corres
Montpon-Ménestérol
la Tour
le Merle
Saint Sauveur-Lalande
Saint Géry
la Contie
Beleymas
Beauregard-et-Bassac
Tayac
Puy-Chalud
Lalinde
Montagnac-la-Crempse
Pont-St-Mamet
la Brande
Marmande
112
Bergerac
Bergerac

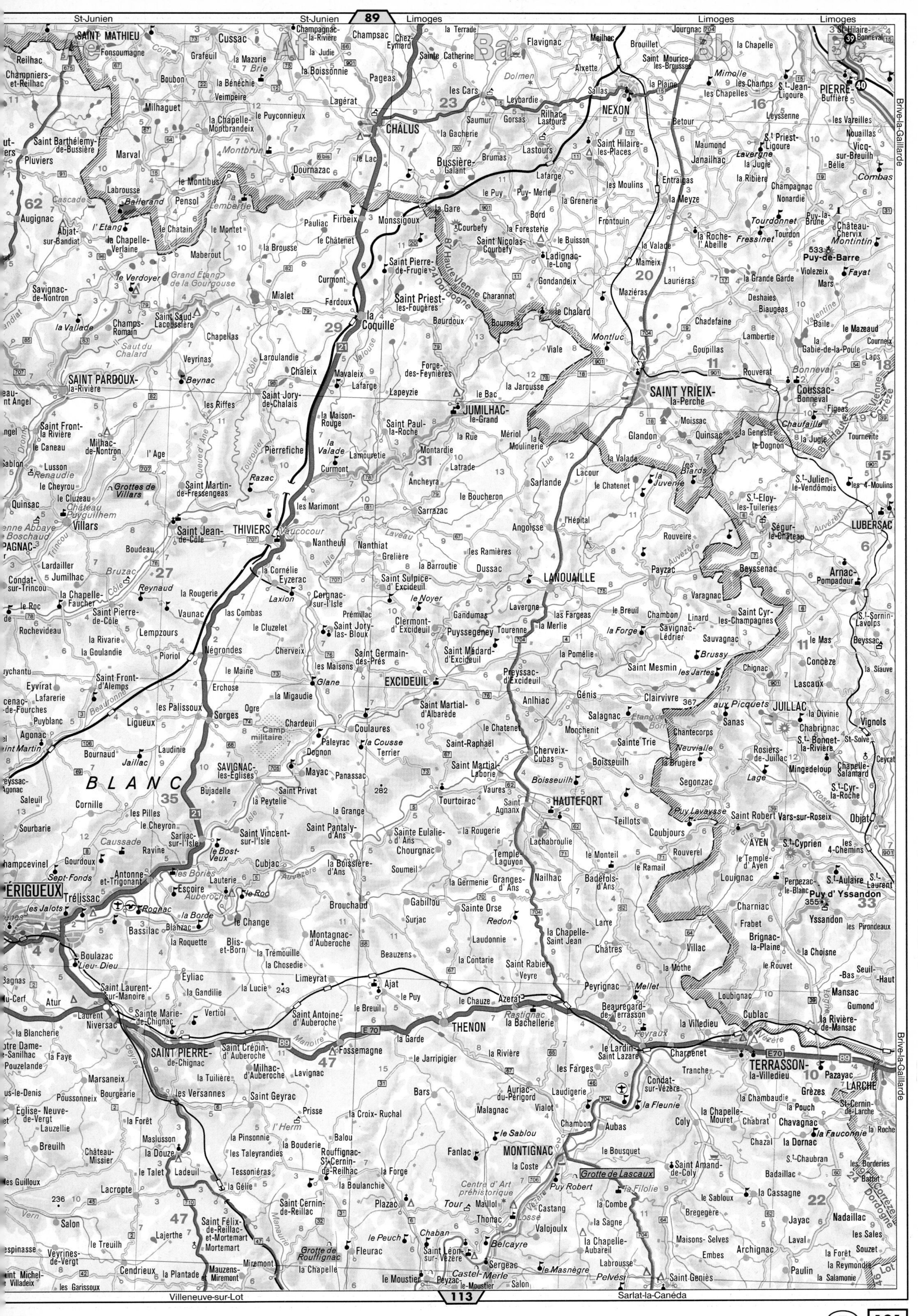
St-Junien
St-Junien
89
Limoges
Limoges
Limoges
Brive-la-Gaillarde
Brive-la-Gaillarde
Villeneuve-sur-Lot
113
Sarlat-la-Canéda
SAINT MATHIEU
Cussac
Champsac
Flavignac
Meilhac
Brouillet
Jourgnac
La Chapelle
PIERRE-Buffière
NEXON
CHÂLUS
Bussière-Galant
Lastours
Rilhac-Lastours
Saint Hilaire-les-Places
Janailhac
Marval
Pluviers
Augignac
Dournazac
Firbeix
Pensol
Saint Pierre-de-Frugie
Saint Priest-les-Fougères
la Coquille
Mialet
Champs-Romain
Saint Saud-Lacoussière
SAINT PARDOUX-la-Rivière
Chaleix
Jumilhac-le-Grand
SAINT YRIEIX-la-Perche
Coussac-Bonneval
Glandon
Saint Paul-la-Roche
Pierrefiche
Sarlande
Lacour
Saint Martin-de-Fressengeas
THIVIERS
Saint Jean-de-Côle
Villars
Nantheuil
Nanthiat
Rouveire
Payzac
Ségur-le-Château
LUBERSAC
Arnac-Pompadour
Beyssenac
LANOUAILLE
Saint Sulpice-d'Excideuil
Corgnac-sur-l'Isle
Clermont-d'Excideuil
Saint Cyr-les-Champagnes
Savignac-Lédrier
Négrondes
Saint Germain-des-Prés
Saint Médard-d'Excideuil
EXCIDEUIL
Preyssac-d'Excideuil
Saint Mesmin
Lascaux
Juillac
Sorges
Ligueux
Coulaures
Saint Martial-d'Albarède
Anlhiac
Génis
Clairvivre
Salagnac
Vignols
Camp militaire
BLANC
SAVIGNAC-les-Eglises
Mayac
Cherveix-Cubas
Boisseuilh
Segonzac
Objat
Tourtoirac
HAUTEFORT
Saint Robert
Vars-sur-Roseix
Saint Vincent-sur-l'Isle
Sarliac-sur-l'Isle
Cubjac
Saint Pantaly-d'Ans
Sainte Eulalie-d'Ans
Chourgnac
Temple-Laguyon
Nailhac
Coubjours
AYEN
St-Cyprien
Antonne-et-Trigonant
PÉRIGUEUX
Trélissac
Escoire
Brouchaud
Granges-d'Ans
Badefols-d'Ans
Louignac
Perpezac-le-Blanc
St-Aulaire
Puy d'Yssandon
Yssandon
Boulazac
Bassilac
Blis-et-Born
Montagnac-d'Auberoche
Sainte Orse
La Chapelle-Saint Jean
Châtres
Villac
Brignac-la-Plaine
Saint Laurent-sur-Manoire
Ajat
Limeyrat
Azerat
Peyrignac
Beauregard-de-Terrasson
Cublac
Mansac
Saint Antoine-d'Auberoche
THENON
la Bachellerie
la Villedieu
SAINT PIERRE-de-Chignac
Saint Crépin-d'Auberoche
Milhac-d'Auberoche
Fossemagne
Le Lardin-Saint Lazare
Condat-sur-Vézère
TERRASSON-la-Villedieu
Pazayac
LARCHE
Saint Geyrac
Bars
Auriac-du-Périgord
Coly
Chavagnac
Rouffignac-St-Cernin-de-Reilhac
Fanlac
MONTIGNAC
Aubas
Saint Amand-de-Coly
Grotte de Lascaux
Plazac
Thonac
Valojoulx
Jayac
Nadaillac
Saint Félix-de-Reilhac-et-Mortemart
Fleurac
Saint Léon-sur-Vézère
Sergeac
Castel-Merle
Peyzac-le-Moustier
Saint Geniès
Archignac
Salignac
Cendrieux
Mauzens-Miremont
Salon
Veyrines-de-Vergt

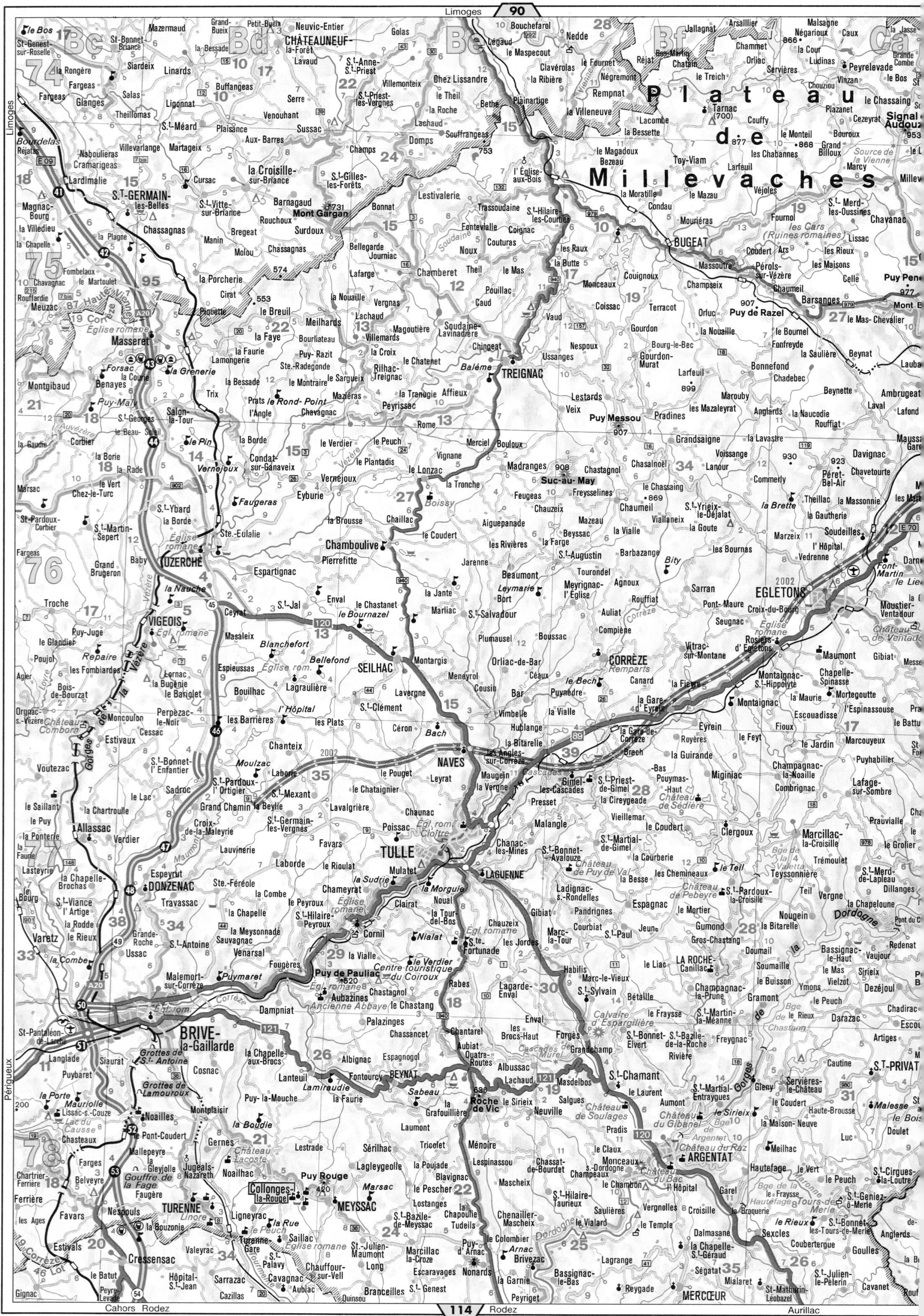

Limoges
90
Plateau de Millevaches
CHÂTEAUNEUF-la-Forêt
S.t-GERMAIN-les-Belles
Masseret
Mont Gargan
TREIGNAC
BUGEAT
Suc-au-May
Puy Messou
UZERCHE
VIGEOIS
SEILHAC
Chamboulive
CORRÈZE
EGLETONS
NAVES
TULLE
LAGUENNE
DONZENAC
Allassac
BRIVE-la-Gaillarde
Puy de Pauliac
BEYNAT
Roche de Vic
MEYSSAC
Collonges-la-Rouge
TURENNE
ARGENTAT
LA ROCHE-Canillac
S.T-PRIVAT
MERCŒUR
Puy Rouge
Limoges
Périgueux
Cahors Rodez
114
Rodez
Aurillac

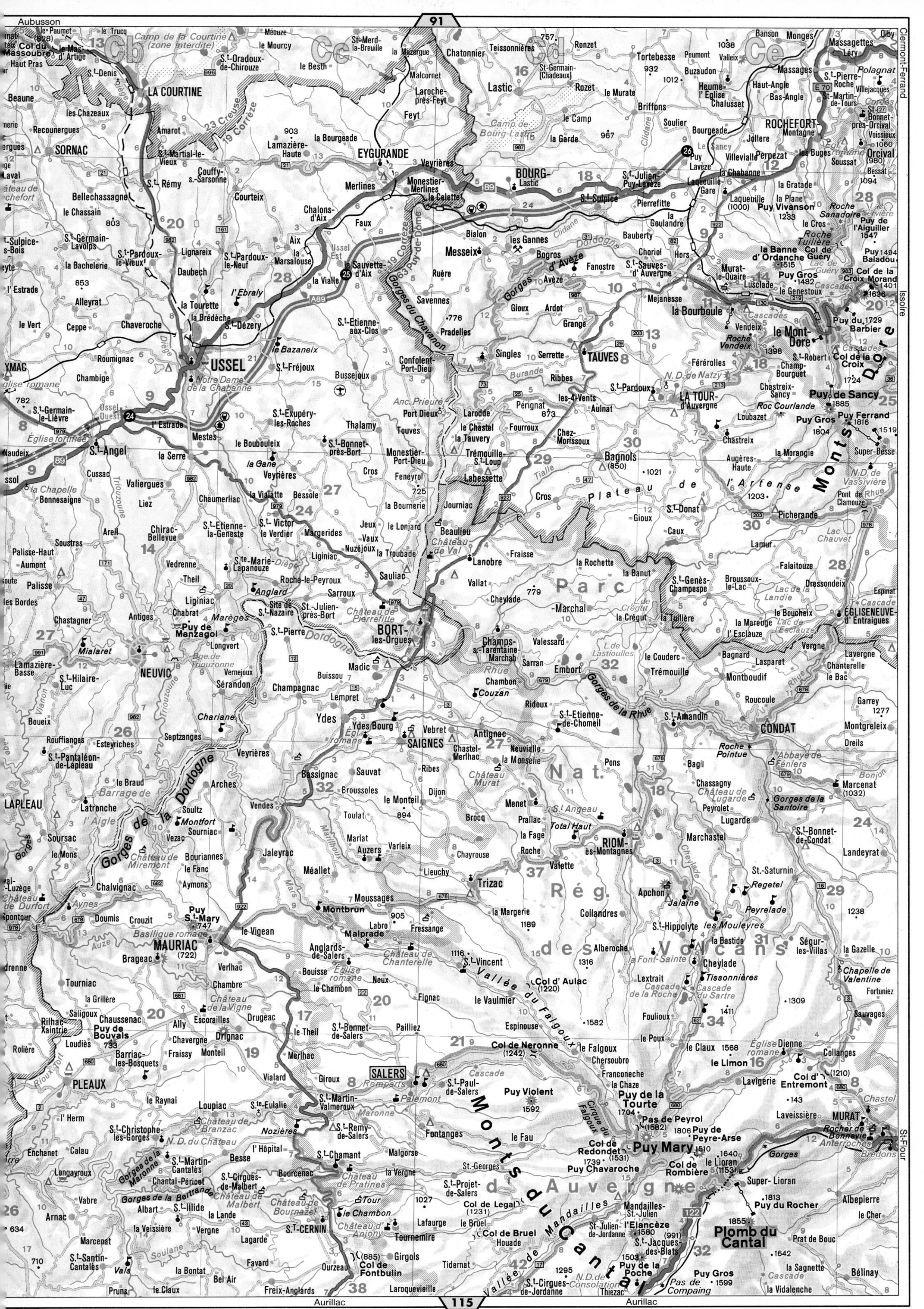

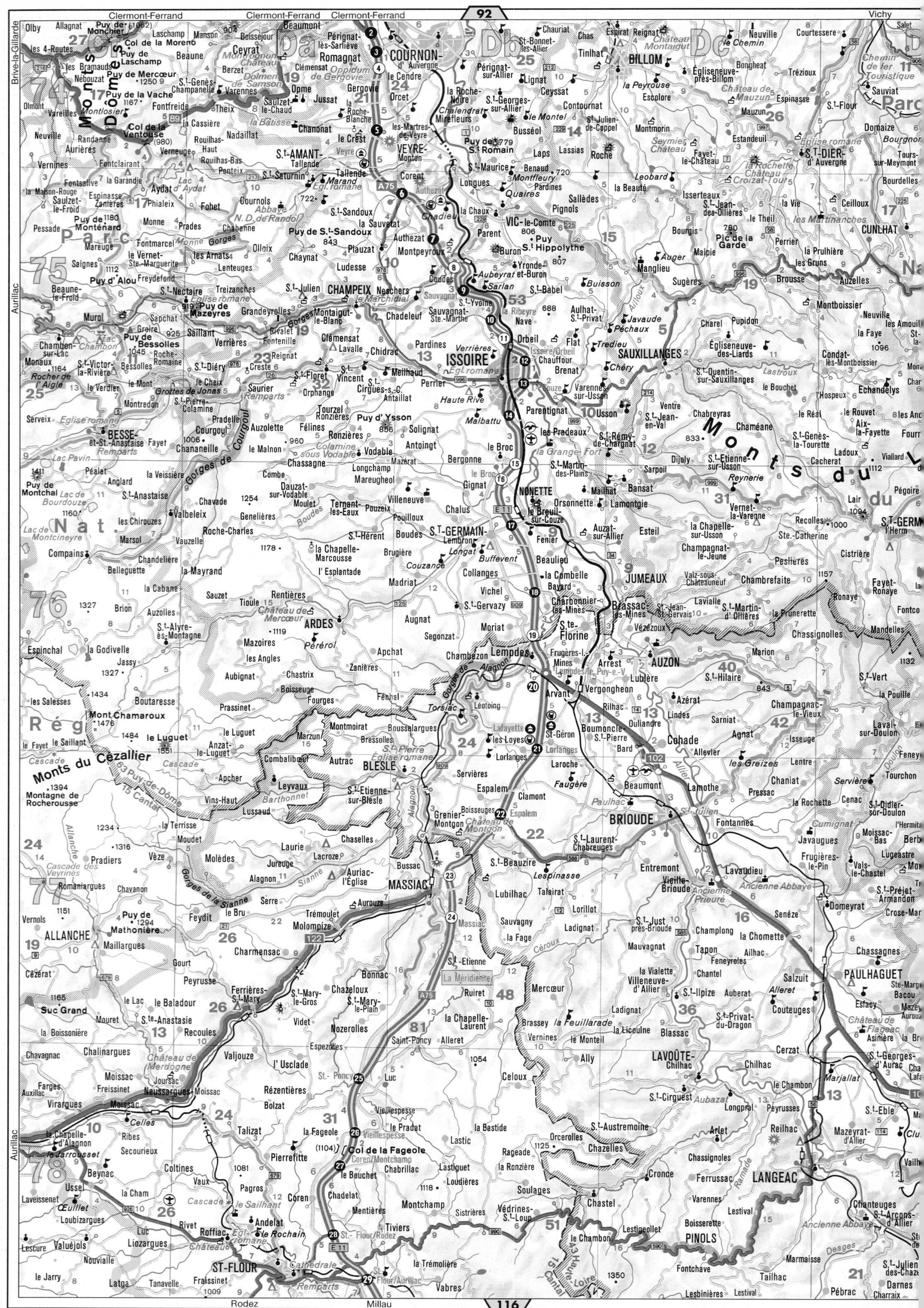
Clermont-Ferrand
Clermont-Ferrand
Clermont-Ferrand
92
Vichy
Brive-la-Gaillarde
Aurillac
Aurillac
Rodez
Millau
116
Da
Db
Dc
COURNON-d'Auvergne
BILLOM
Romagnat
Beaumont
Gergovie
Orcet
VEYRE-Monton
S.t-AMANT-Tallende
S.t-Saturnin
Aydat
Lac d'Aydat
Monts Dômes
Puy de Dôme
Col de la Moreno
Puy de Laschamp
Puy de la Vache
Col de la Ventouse
VIC-le-Comte
S.t Hippolyte
Parc
Nat.
Rég.
Puy de Monténard
Puy de S.t-Sandoux
CHAMPEIX
Neschers
Coudes
Sauxillanges
SAUXILLANGES
ISSOIRE
Murol
Puy de Mazeyres
Chambon-sur-Lac
Lac Chambon
S.t-Victor-la-Rivière
Grottes de Jonas
BESSE-et-St.-Anastaise
Lac Pavin
Puy de Montchal
Puy d'Ysson
Monts du Livradois
NONETTE
S.T-GERMAIN-Lembron
Usson
Le Breuil-sur-Couze
JUMEAUX
Brassac-les-Mines
Ste-Florine
Lempdes
ARDES
AUZON
Gorges de l'Alagnon
Compains
Mont Chamaroux
Le Luguet
Monts du Cézallier
BLESLE
BRIOUDE
Vieille-Brioude
Lavaudieu
MASSIAC
Allanche
ALLANCHE
Gorges de la Sianne
Molompize
La Méridienne
Ferrières-S.t-Mary
Neussargues-Moissac
Murat
LAVOÛTE-Chilhac
PAULHAGUET
LANGEAC
PINOLS
Col de la Fageole
ST-FLOUR
Cathédrale
Remparts
A75
E11
122
102

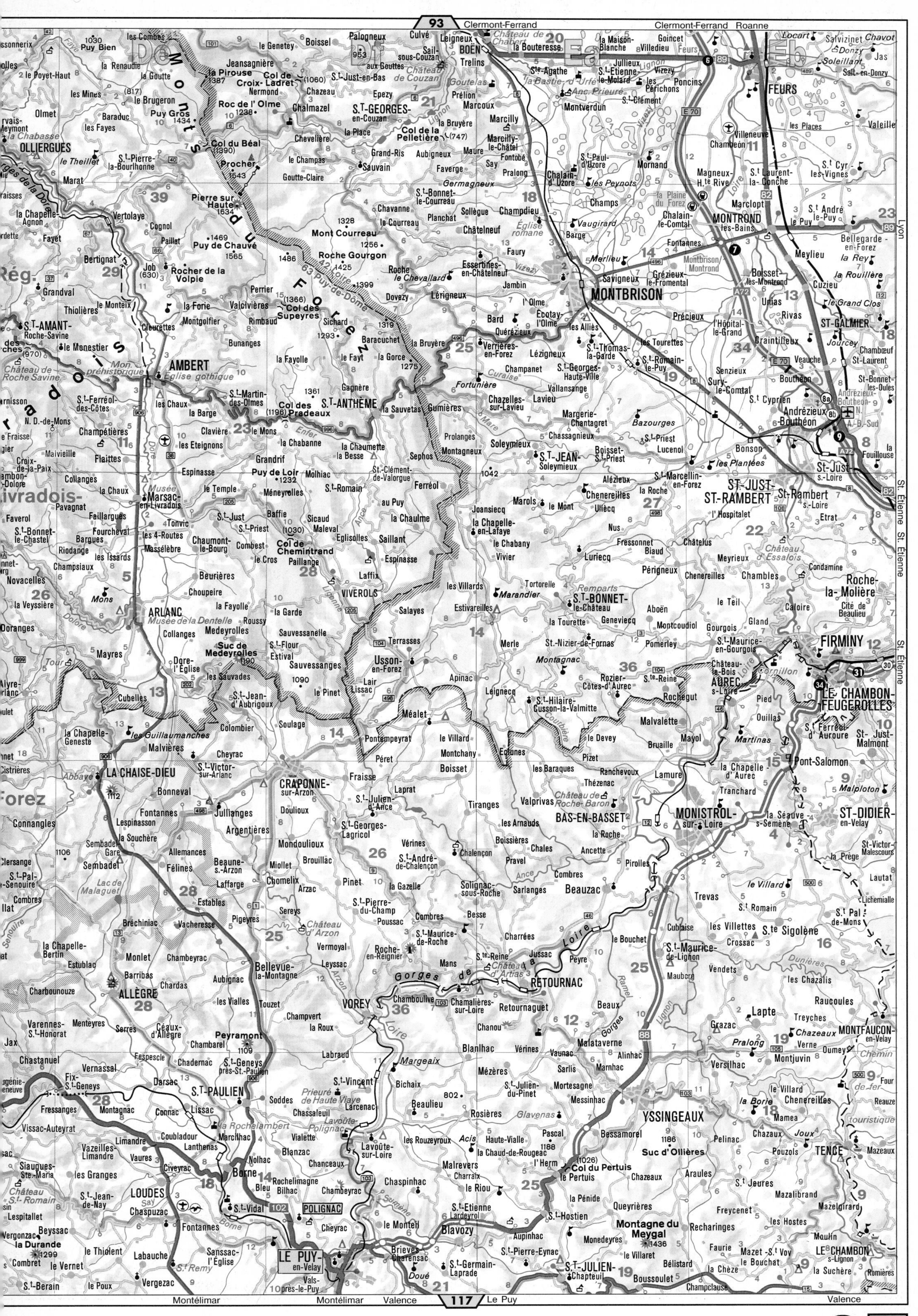
93 Clermont-Ferrand
Clermont-Ferrand Roanne
117 Le Puy
Montélimar
Montélimar Valence
Valence
Lyon
St. Étienne
OLLIERGUES
AMBERT
Livradois-Forez
Monts du Forez
BOËN
FEURS
MONTBRISON
MONTROND les-Bains
ST-GALMIER
Andrézieux-Bouthéon
ST-JUST-ST-RAMBERT
FIRMINY
LE CHAMBON-FEUGEROLLES
S.T-ANTHÈME
VIVEROLS
ARLANC
S.T-BONNET-le-Château
Usson-en-Forez
LA CHAISE-DIEU
CRAPONNE-sur-Arzon
MONISTROL-sur-Loire
BAS-EN-BASSET
ST-DIDIER-en-Velay
ALLÈGRE
RETOURNAC
VOREY
YSSINGEAUX
TENCE
MONTFAUCON-en-Velay
S.T-PAULIEN
LOUDES
LE PUY-en-Velay
POLIGNAC
S.T-JULIEN-Chapteuil
LE CHAMBON s-Lignon
Roche-la-Molière
S.T-JEAN-Soleymieux
Pierre sur Haute 1634
Col du Béal (1390)
Col des Supeyres
Suc de Medeyrolles
Mont Courreau
Roche Gourgon
Monts du Forez
Montagne du Meygal 1436
Suc d'Ollières
Gorges de la Loire

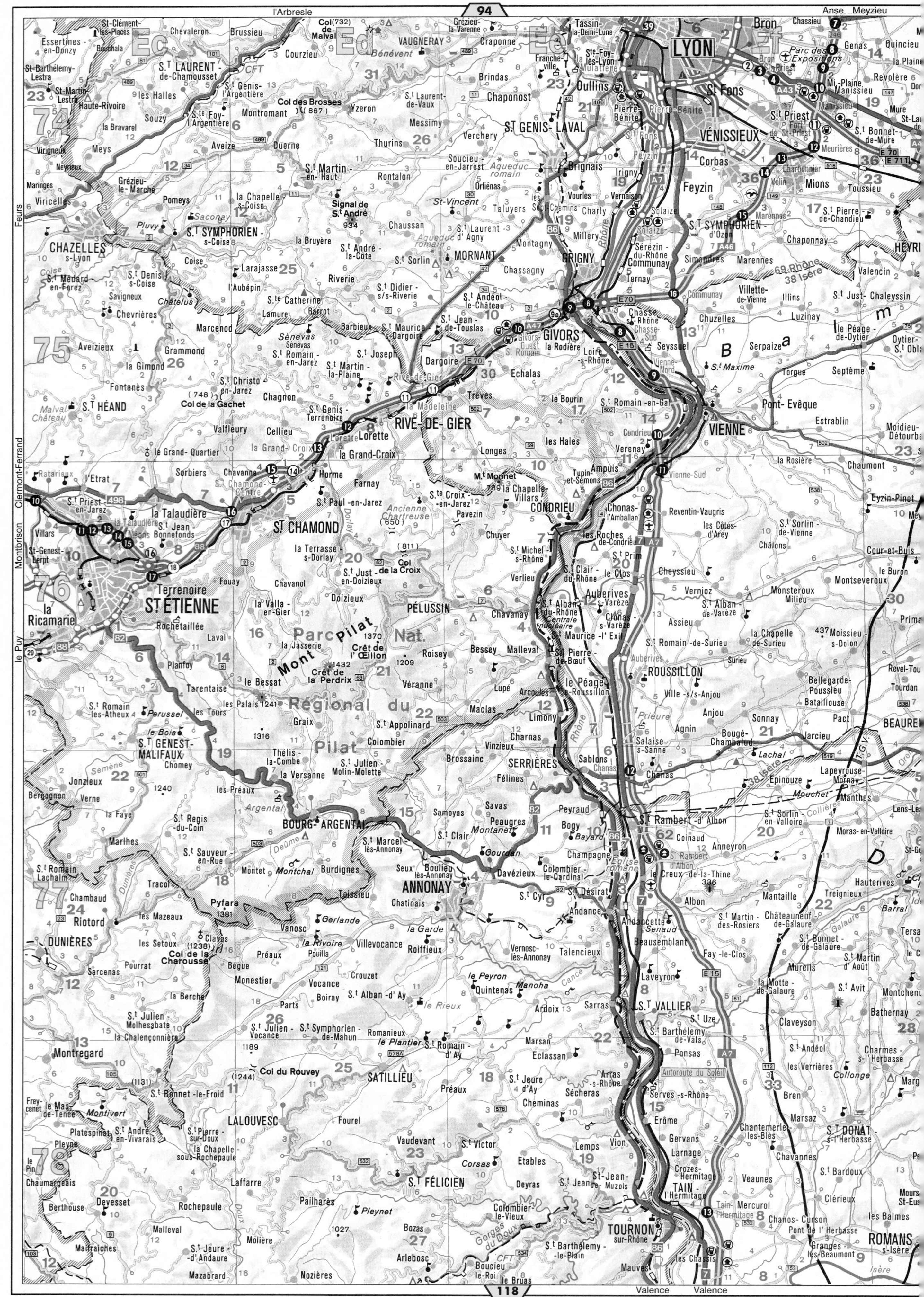
94
l'Arbresle
Anse
Meyzieu
LYON
Bron
Chassieu
Genas
Tassin-la-Demi-Lune
Ste-Foy-lès-Lyon
Oullins
Pierre-Bénite
St Fons
Vénissieux
St Priest
St Genis-Laval
Brignais
Irigny
Feyzin
Corbas
Mions
St Symphorien-d'Ozon
Vaugneray
Craponne
Brindas
Chaponost
Yzeron
Col des Brosses
Montromant
Courzieu
Brussieu
Chevaleron
St Laurent-de-Chamousset
St Genis-l'Argentière
Ste Foy-l'Argentière
Souzy
Meys
Aveize
Duerne
Virigneux
Maringes
Viricelles
Feurs
Grézieu-le-Marché
Pomeys
St Symphorien-s-Coise
Chazelles-s-Lyon
Coise
Larajasse
St Martin-en-Haut
Rontalon
Signal de St André
Mornant
Chaussan
St Laurent-d'Agny
Taluyers
Orliénas
Soucieu-en-Jarrest
Thurins
Messimy
Vourles
Charly
Millery
Montagny
Grigny
Chassagny
St Sorlin
Riverie
St Didier-s/s-Riverie
St Andéol-le-Château
Givors
Loire-s-Rhône
Ternay
Communay
Sérézin-du-Rhône
Solaize
Chuzelles
Seyssuel
Villette-de-Vienne
Serpaize
Vienne
Pont-Evêque
Estrablin
Septème
Valencin
Chaponnay
Marennes
Simandres
St Just-Chaleyssin
Luzinay
Le Péage-de-Oytier
Ste Catherine
Marcenod
Grammond
St Christo-en-Jarez
Col de la Gachet
St Héand
Fontanès
Aveizieux
Chevrières
St Denis-s-Coise
St Médard-en-Forez
Dargoire
Echalas
Trèves
Rive-de-Gier
St Joseph
St Martin-la-Plaine
St Romain-en-Jarez
Chagnon
St Genis-Terrenoire
Lorette
La Grand-Croix
Cellieu
Valfleury
Sorbiers
St Jean-Bonnefonds
La Talaudière
St Priest-en-Jarez
Villars
St-Genest-Lerpt
St Etienne
La Ricamarie
Terrenoire
Rochetaillée
St Chamond
Farnay
St Paul-en-Jarez
Ste Croix-en-Jarez
Pavezin
Chuyer
Condrieu
Ampuis
Tupin-et-Semons
Longes
Les Haies
St Romain-en-Gal
Reventin-Vaugris
Les Côtes-d'Arey
Chonas-l'Amballan
Les Roches-de-Condrieu
St Clair-du-Rhône
St Prim
Le Clos
Cheyssieu
Vernioz
Auberives-s-Varèze
St Alban-du-Rhône
St Alban-de-Varèze
St Maurice-l'Exil
St Pierre-de-Bœuf
Le Péage-de-Roussillon
Roussillon
St Romain-de-Surieu
Assieu
Monsteroux-Milieu
Moissieu-s-Dolon
La Chapelle-de-Surieu
Ville-s/s-Anjou
Anjou
Agnin
Salaise-s-Sanne
Sablons
Chanas
Sonnay
Bougé-Chambalud
Jarcieu
Pact
Bellegarde-Poussieu
Beaurepaire
Parc Naturel Régional du Pilat
Mont Pilat
Crêt de l'Œillon
Crêt de la Perdrix
Pélussin
Chavanay
Malleval
Bessey
Roisey
Véranne
Lupé
Maclas
Limony
Charnas
Vinzieux
Serrières
Félines
Brossainc
St Appolinard
Colombier
St Julien-Molin-Molette
La Versanne
Thélis-la-Combe
Graix
Le Bessat
Tarentaise
Planfoy
St Romain-les-Atheux
St Genest-Malifaux
Jonzieux
Marlhes
St Regis-du-Coin
St Sauveur-en-Rue
Bourg-Argental
Burdignes
St Marcel-lès-Annonay
Annonay
Boulieu-lès-Annonay
Davézieux
Savas
Peaugres
Peyraud
Bogy
Champagne
Colombier-le-Cardinal
St Désirat
St Cyr
Andance
Andancette
St Rambert-d'Albon
Albon
Anneyron
Epinouze
Manthes
Lapeyrouse-Mornay
Moras-en-Valloire
St Sorlin-en-Valloire
Hauterives
Chateauneuf-de-Galaure
St Martin-des-Rosiers
Mantaille
Beausemblant
Fay-le-Clos
Laveyron
St Vallier
St Uze
St Barthélemy-de-Vals
Ponsas
Serves-s-Rhône
Erôme
Gervans
Larnage
Crozes-Hermitage
Tain-l'Hermitage
Mercurol
Chanos-Curson
Tournon-sur-Rhône
St Jean-de-Muzols
Lemps
Vion
Arras-s-Rhône
Sécheras
Cheminas
Eclassan
Ardoix
Sarras
Talencieux
Vernosc-lès-Annonay
Quintenas
Roiffieux
Villevocance
Vanosc
St Alban-d'Ay
Satillieu
St Romain-d'Ay
Préaux
Lalouvesc
St Félicien
St Victor
Vaudevant
Etables
Deyras
Colombier-le-Vieux
Bozas
Arlebosc
Boucieu-le-Roi
St Barthélemy-le-Plain
Pailharès
Lafarre
Nozières
Molière
Rochepaule
Devesset
St Jeure-d'Andaure
Mazabrard
Malleval
St Bonnet-le-Froid
Montregard
Riotord
Dunières
Pyfara
Col de la Charousse
Clavas
Col du Rouvey
Autoroute du Soleil
St Donat-s-l'Herbasse
Romans-s-Isère
St Bardoux
Clérieux
Chavannes
Marsaz
Charmes-s-l'Herbasse
Bren
St Avit
Claveyson
Bathernay
Montchenu
St Andéol
Ratières
Les Balmes
Pont de l'Herbasse
Granges-lès-Beaumont
Valence
118

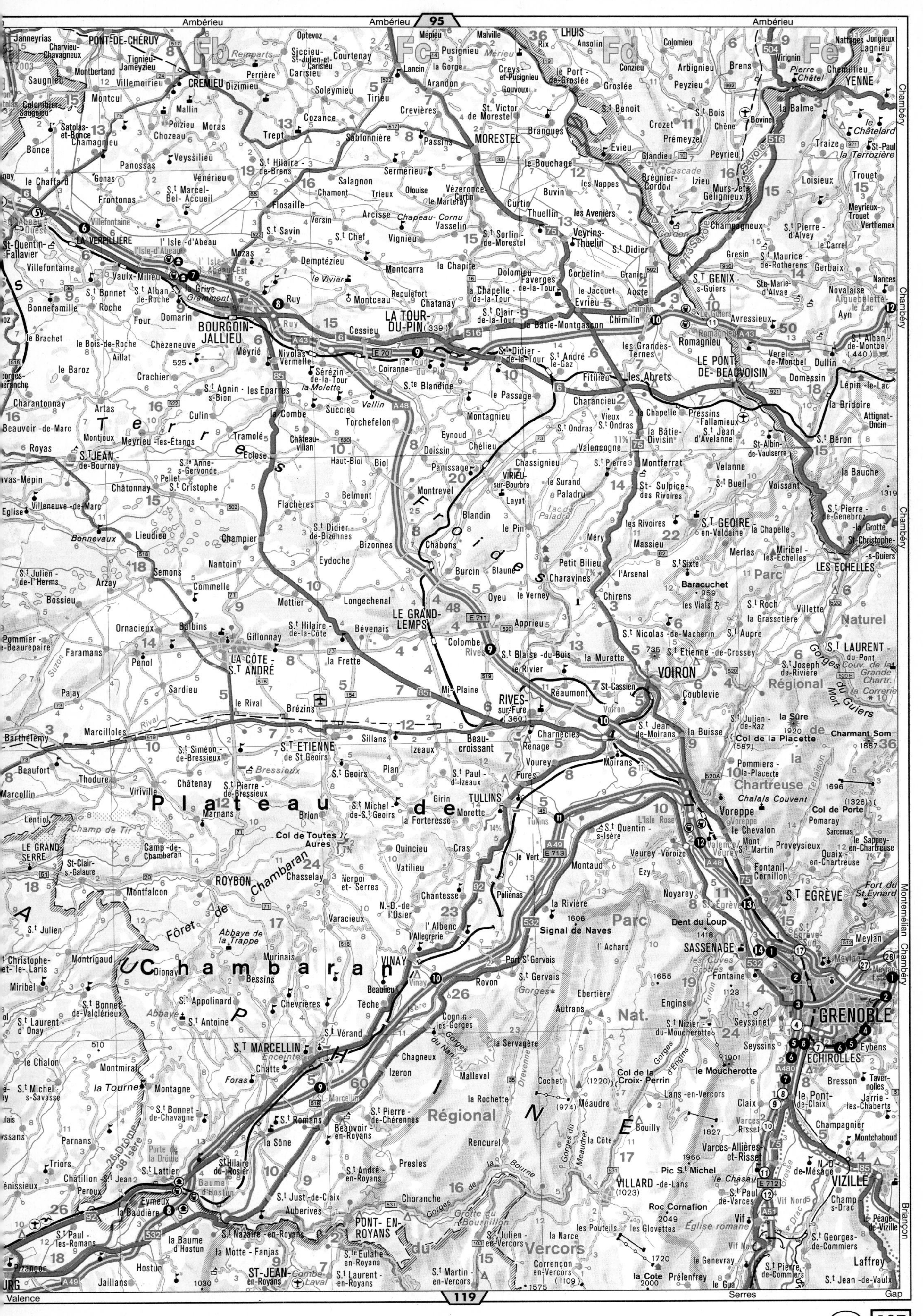

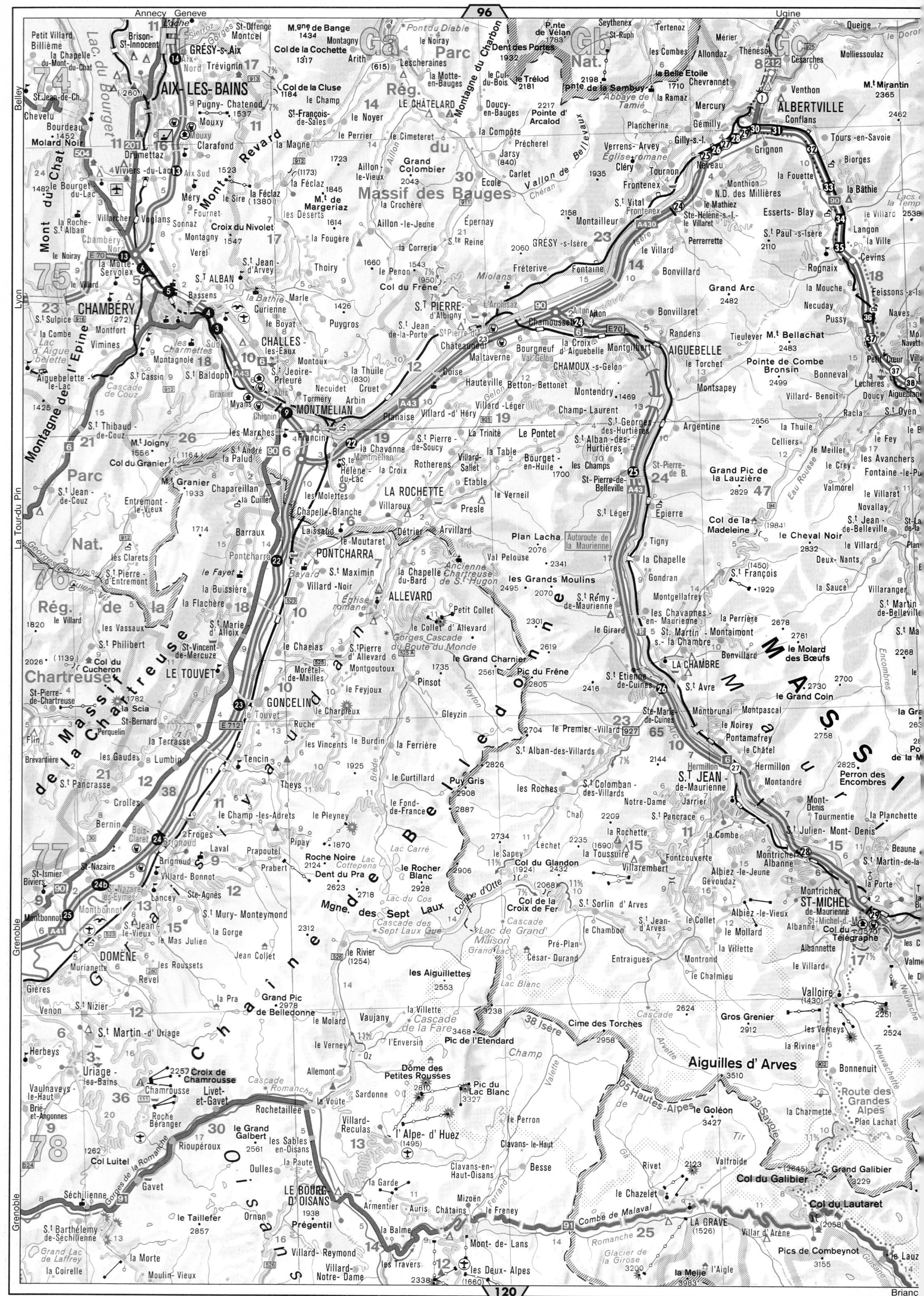

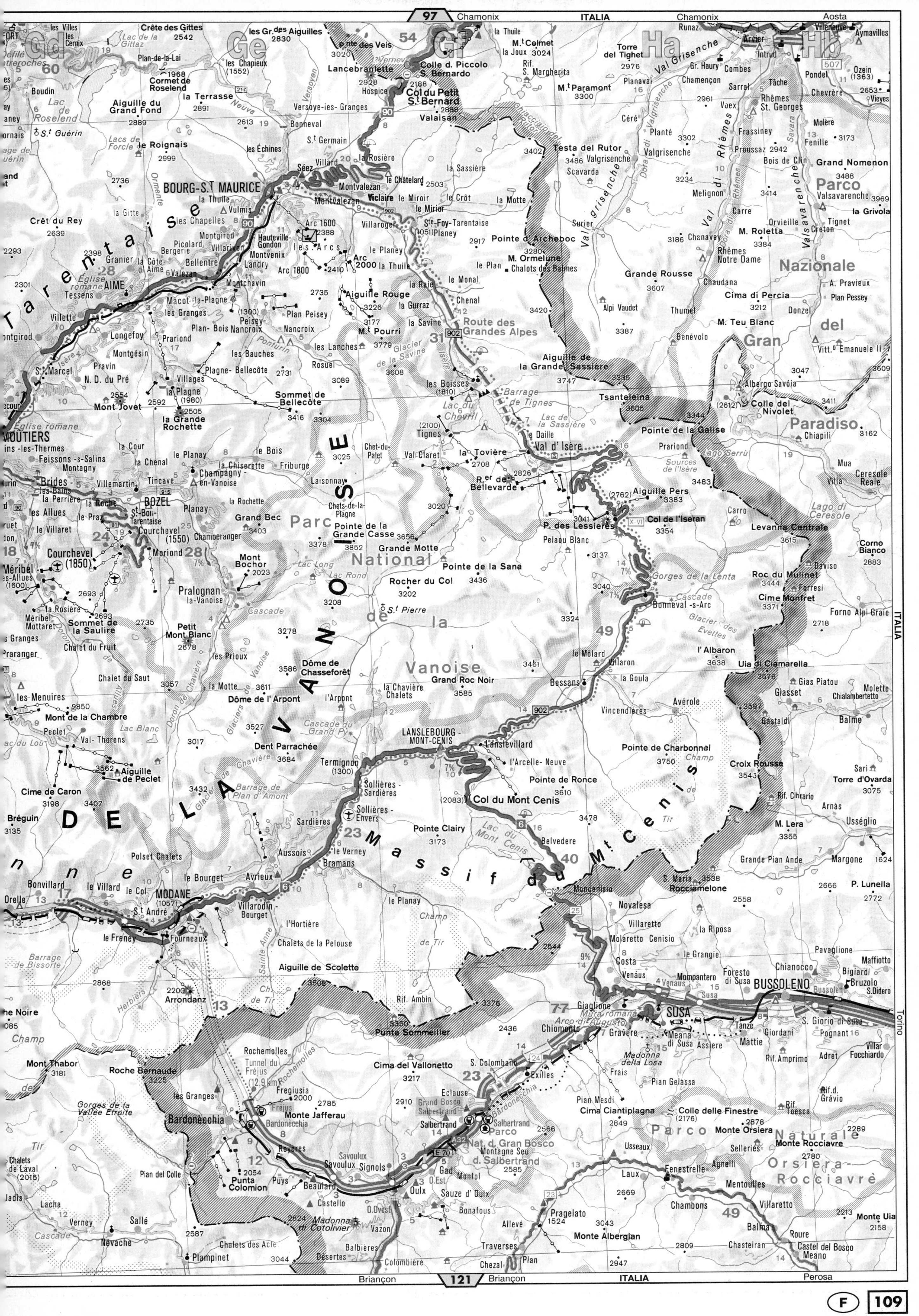

97
Chamonix
ITALIA
Chamonix
Aosta
Gd
Ge
Gf
Ha
Hb
Crête des Gittes
2542
les Gr.des Aiguilles
2830
Lac de la Gittaz
Plan-de-la-Lai
Cormet de Roselend
Lac de Roselend
Aiguille du Grand Fond
2889
la Terrasse
2891
les Chapieux
(1552)
Boudin
Lancebranlette
Colle d. Piccolo S. Bernardo
Col du Petit S.t Bernard
Hospice
Valaisan
la Thuile
M.t Colmet
la Joux
3024
Rif. S. Margherita
M.t Paramont
3300
Torre del Tighet
2976
Val Grisenche
Gr. Haury
Combes
Chamençon
Planaval
Arvier
Intrud
Villeneuve
Aymavilles
Pondel
Ozein
(1363)
Chevrère
Vieyes
Tâche
Rhêmes St. Georges
Sarral
Voex
Céré
Planté
Valgrisenche
Frassiney
Proussaz
Molère
Fenille
3173
Bois de Clin
Grand Nomenon
3488
Parco
Valsavarenche
3969
la Grivola
Tignet
Creton
Nazionale
del
Gran
Paradiso
S.t Guérin
Lacs de Forclaz
le Roignais
2999
les Échines
Bonneval
S.t Germain
Villard
Séez
la Rosière
le Châtelard
2503
Montvalezan
la Sassière
Testa del Rutor
3486
Scavarda
3402
BOURG-S.T MAURICE
la Thuile
Vulmis
les Chapelles
Montgirod
Villaroger
le Miroir
le Crôt
la Motte
Ste-Foy-Tarentaise
(1051)
Planey
Arc 1600
2388
les Arcs
Arc 2000
Arc 1800
le Planey
la Thuile
Hauteville-Gondon
Montvenix
Landry
Bellentre
Granier
la Côte-d'Aime
Picolard
Bergerie
Villarivon
Pointe d'Archeboc
3280
M. Ormelune
Chalots des Balmes
le Plan
2917
Surier
Valgrisenche
Meligno
Carre
Orvieille
Chanavey
M. Roletta
3384
Rhêmes Notre Dame
Val di Rhêmes
Valsavarenche
Grande Rousse
3607
Chaudana
Cima di Percia
3212
Donzel
A. Pravieux
Plan Pessey
Tarentaise
Crêt du Rey
2639
2293
2398
Eglise romane
AIME
28
Tessens
Villette
Montchavin
Macot-la-Plagne
les Granges
Peisey-Nancroix
Plan Peisey
Nancroix
(1300)
Aiguille Rouge
3226
la Gurraz
la Savine
M.t Pourri
3779
le Monal
Chenal
Route des Grandes Alpes
902
31
Alpi Vaudet
3387
Thumel
M. Teu Blanc
Benévolo
Vitt.o Emanuele II
3047
3609
Longefoy
Prariond
Plan-Bois
les Bauches
les Lanches
Glacier de la Savine
3608
Montgésin
Pravin
N. D. du Pré
S.t Marcel
Plagne-Bellecôte
2731
Rosuel
3089
Villages
la Plagne
(1980)
2505
la Grande Rochette
2554
Mont Jovet
2592
Sommet de Bellecôte
3416
3304
les Boisses
(1810)
Barrage de Tignes
Lac du Chevril
Aiguille de la Grande Sassière
3747
3335
Tsanteleina
3605
Albergo Savoia
(2612)
Colle del Nivolet
3411
3162
Chiapili
Lac de la Sassière
Tignes
(2100)
Val Claret
la Daille
Val d'Isère
Pointe de la Galise
Prariond
Sources de l'Isère
Lago Serrù
Mua
Villa
Ceresole Reale
MOÛTIERS
Salins-les-Thermes
Feissons-s-Salins
Montagny
la Cour
la Chenal
le Planay
le Bois
Friburge
la Chiserette
Champagny-en-Vanoise
Chet-du-Palet
3025
la Tovière
2708
2826
R.er de Bellevarde
Aiguille Pers
3383
(2762)
3483
Brides-les-Bains
Villemartin
Tincave
BOZEL
la Perrière
la Roche
les Allues
le Praz
St. Bon-Tarentaise
Courchevel
(1550)
le Villaret
la Rochette
Planay
Laisonnay
Chets-de-la-Plagne
3020
Grand Bec
3403
Parc
Pointe de la Grande Casse
3852
3656
Grande Motte
National
P. des Lessières
3041
Col de l'Iseran
3354
Pelaou Blanc
Carro
Levanna Centrale
3615
Lago di Ceresole
Corno Bianco
2883
Courchevel
(1850)
Méribel
les-Allues
(1600)
Moriond
Champeranger
Mont Bochor
2023
3378
Lac Long
Lac Rond
Pointe de la Sana
3436
Rocher du Col
3202
3137
Gorges de la Lenta
Roc du Mulinet
Daviso
3444
Forresi
Cime Monfret
3371
Pralognan-la-Vanoise
2693
la Rosière
Méribel Mottaret
Sommet de la Saulire
2735
Cascade
3208
S.t Pierre
Bonneval-s-Arc
Cascade
3040
Forno Alpi Graie
2718
Les Granges
Praranger
Chalet du Fruit
Petit Mont Blanc
2678
3278
de
la
3324
49
Glacier des Evettes
l'Albaron
3638
Uia di Ciamarella
3676
Gias Piatou
Molette
Chialambertetto
les Prioux
Dôme de Chasseforêt
3586
Vanoise
3461
le Mollard
Vilaron
la Goula
Bessans
Chalet du Saut
3057
la Motte
3611
Dôme de l'Arpont
l'Arpont
la Chavière Chalets
Grand Roc Noir
3585
Vincendières
Avérole
3597
Glasset
Gastaldi
Balme
les Menuires
2850
Mont de la Chambre
Lac Blanc
Peclet
Val-Thorens
3527
Cascade du Grand Py
LANSLEBOURG-MONT-CENIS
Lanslevillard
Pointe de Charbonnel
3750
Champ
3017
Dent Parrachée
3684
Termignon
(1300)
l'Arcelle-Neuve
Croix Rousse
3543
Sari
Torre d'Ovarda
3075
3562
Aiguille de Peclet
Cime de Caron
3198
3432
Barrage de Plan d'Amont
Sollières-Sardières
Pointe de Ronce
3610
Rif. Cibrario
Arnàs
Usséglio
3407
Bréguin
3135
DE
LA
VANOISE
Sardières
Sollières-Envers
(2083)
Col du Mont Cenis
3478
Tir
M. Lera
3355
Pointe Clairy
3173
Lac du Mont Cenis
Belvedere
40
Massif du Mt Cenis
Polset Chalets
Aussois
le Verney
Bramans
Grande Pian Ande
Margone
1624
Bonvillard
le Villard
le Col
le Bourget
Avrieux
MODANE
(1057)
S.t André
Villarodin-Bourget
le Planay
Moncenisio
S. Maria
Rocciamelone
3538
2558
2666
P. Lunella
2772
le Freney
Fourneaux
l'Hortière
Chalets de la Pelouse
Champ de Tir
Novalesa
Villaretto
Molaretto
Cenisio
la Riposa
2544
le Grangie
Pavaglione
Barrage de Bissorte
Aiguille de Scolette
3508
Gosta
Venaus
Mompantero
Foresto di Susa
BUSSOLENO
Chianocco
Bussoleno
Maffiotto
Bigiardi
Bruzolo
S.Didero
2868
2200
Arrondanz
13
Rif. Ambin
3378
77
Giaglione
Chiomonte
Arco di Augusto
SUSA
Tanze
Meana di Susa
Gravere
Assiere
Mattie
Giordani
S. Giorio di Susa
Pognant
Villar Focchiardo
Adret
Torino
Punta Sommeiller
3350
2436
Rochemolles
Tunnel du Fréjus
(12,9 km)
Roche Bernaude
3225
Mont Thabor
3181
Cima del Vallonetto
3217
S. Colombano
Exilles
Madonna della Losa
Frais
Pian Gelassa
Rif. Amprimo
Rif.d. Gràvio
Gorges de la Vallée Etroite
les Granges
Fregiusia
2000
2785
Monte Jafferau
2910
Grand Bosco Salbertrand
Eclause
Salbertrand
Pian Mesdi
Cima Ciantiplagna
Colle delle Finestre
(2176)
Rif. Toesca
2878
2849
Bardonècchia
Parco
Monte Orsiera
Naturale
Monte Rocciavrè
2289
2780
Parco Nat. d. Gran Bosco
Montagne Seu
d. Salbertrand
2585
2566
Usseaux
Selleries
Orsiera-Rocciavrè
Chalets de Laval
(2015)
Pian del Colle
Punta Colomion
2054
Rayeres
Savoulx
Signols
Puys
Beaulard
Gad
Monfol
Oulx
Sauze d'Oulx
Fenestrelle
Agnelli
Mentoulles
Laux
2669
Chambons
Villaretto
2213
Monte Uia
2158
Lacha
Verney
Sallé
Castello
Madonna di Cotolivier
Vazon
Bonafous
Allevé
Pragelato
1524
3043
Monte Albergian
Balma
Roure
Castel del Bosco
Meano
Névache
2587
Chalets des Acle
Plampinet
Balbières
Désertes
3044
Colombière
Traverses
Chezal
Plan
2809
Chasteiran
2947
Briançon
121
Briançon
ITALIA
Perosa

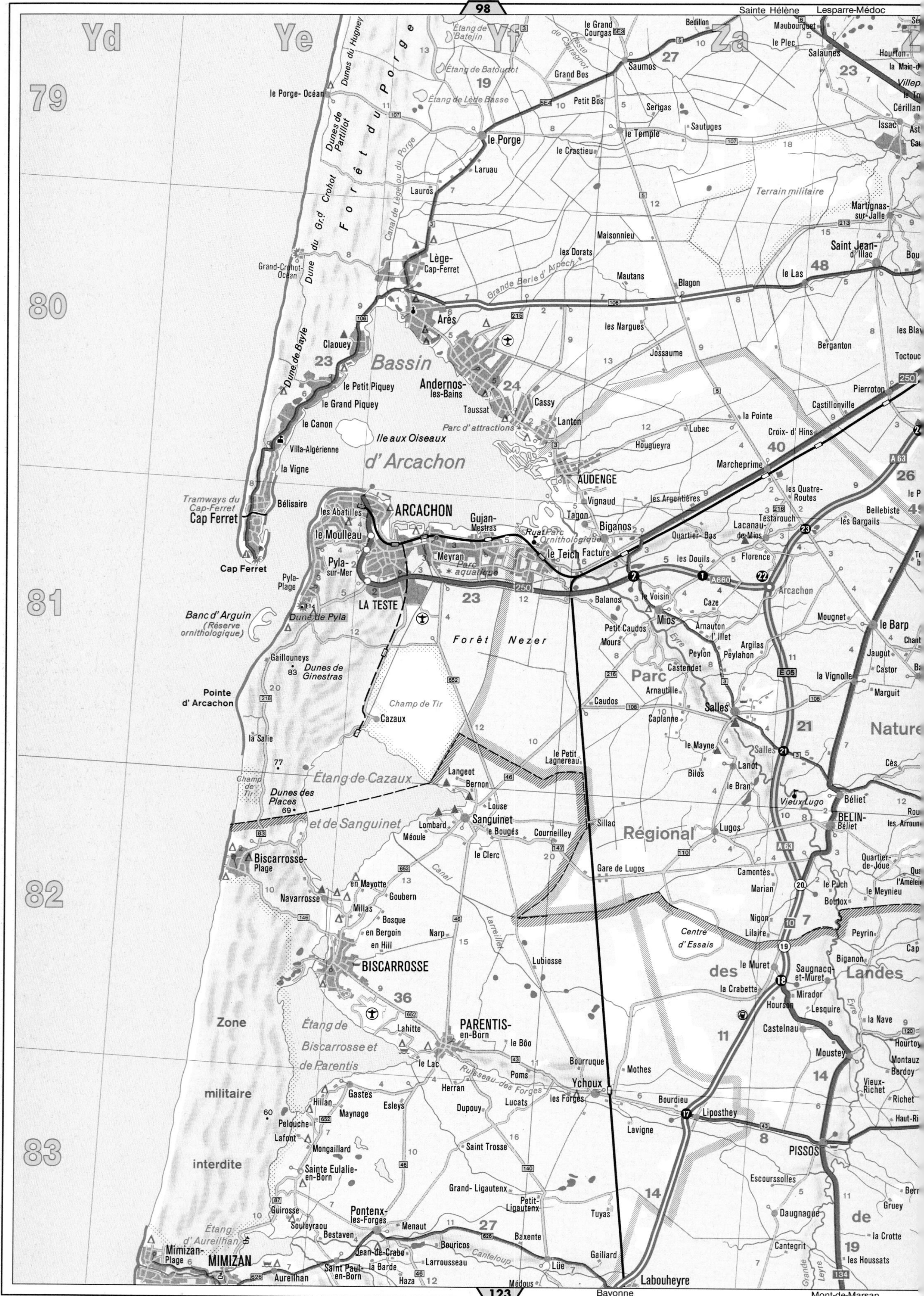

98
Sainte Hélène
Lesparre-Médoc
Yd
Ye
Yf
Za
79
80
81
82
83
Dunes du Hugney
Forêt du Porge
le Porge- Océan
Dunes de Partillot
Étang de Batejin
Étang de Batourtot
Étang de Lède Basse
le Grand Courgas
Crête de Castagnot
Bedillon
Maubourguet
le Plec
Salaunes
Hourton
Saumos
Grand Bos
Petit Bos
Serigas
Sautuges
Cérillan
Issac
le Porge
le Temple
le Crastieu
Laruau
Lauros
Canal de Lège ou du Porge
Dune du Gr.d Crohot
Grand-Crohot-Océan
Terrain militaire
Martignas-sur-Jalle
Saint Jean-d'Illac
Maisonnieu
les Dorats
Mautans
Blagon
le Las
Lège-Cap-Ferret
Grande Berle d'Arpech
Arès
les Nargues
Josaume
Bergnaton
Dune de Bayle
Claouey
Bassin
Andernos-les-Bains
Taussat
Cassy
Lanton
le Petit Piquey
le Grand Piquey
le Canon
Villa-Algérienne
la Vigne
Ile aux Oiseaux
d'Arcachon
Parc d'attractions
Lubec
Hougueyra
la Pointe
Croix- d' Hins
Castillonville
Pierroton
Marcheprime
AUDENGE
Vignaud
Tagon
les Argentières
les Quatre-Routes
Testarouch
Bellebiste
les Gargails
Tramways du Cap-Ferret
Bélisaire
Cap Ferret
les Abatilles
ARCACHON
le Moulleau
Pyla-sur-Mer
Pyla-Plage
Gujan-Mestras
Meyran
Parc aquatique
Parc Ornithologique
Ruat
le Teich
Facture
Biganos
Quartier- Bas
Lacanau-de-Mios
les Douils
Florence
Arcachon
LA TESTE
Banc d'Arguin (Réserve ornithologique)
Dune de Pyla
Balanos
le Voisin
Caze
Mios
Petit Caudos
Moura
Arnauton
l' Illet
Peylon
Peylahon
Argilas
Mougnet
le Barp
Jaugut
Castor
la Vignolle
Marguit
Forêt Nezer
Gaillouneys
Dunes de Ginestras
Pointe d' Arcachon
Champ de Tir
Cazaux
Parc
Castendet
Arnautille
Caudos
Caplanne
Salles
le Mayne
Bilos
Lanot
le Bran
Naturel
la Salie
le Petit Lagnereau
Étang de Cazaux
Langeot
Bernon
Louse
Champ de Tir
Dunes des Places
et de Sanguinet
Sanguinet
Lombard
le Bougès
Méoule
Courneilley
le Clerc
Sillac
Régional
Lugos
Vieux Lugo
Béliet
BELIN-Béliet
Biscarrosse-Plage
Gare de Lugos
Camontès
Marian
Quartier-de-Joue
le Puch
Bouliox
le Meynieu
en Mayotte
Goubern
Navarrosse
Millas
Bosque
en Bergoin
en Hill
Canal
Narp
Nigon
Lilaire
Centre d' Essais
Peyrin
Lubiosse
BISCARROSSE
des
le Muret
Saugnacq-et-Muret
Landes
Biganon
la Crabette
Mirador
Hourson
Lesquire
Zone
Étang de Biscarrosse et de Parentis
Lahitte
PARENTIS-en-Born
le Bôo
Castelnau
la Nave
Moustey
militaire
le Lac
Poms
Bourruque
Mothes
Ruisseau des Forges
Gastes
Herran
Ychoux
les Forges
Bourdieu
Liposthey
Hillan
Maynage
Esleys
Dupouy
Lucats
Lavigne
Pelouche
Lafont
Mongaillard
Saint Trosse
PISSOS
Sainte Eulalie-en-Born
interdite
Grand- Ligautenx
Petit-Ligautenx
Escourssolles
Guirosse
Pontenx-les-Forges
Tuyas
Daugnague
Souleyraou
Bestaven
Menaut
Baxente
Étang d'Aureilhan
Mimizan-Plage
MIMIZAN
Jean-de-Crabe
Bouricos
Canteloup
Gaillard
Cantegrit
la Crotte
les Houssats
Saint Paul-en-Born
la Barde
Larrousseau
Lüe
Aureilhan
Haza
Médous
Labouheyre
123
Bayonne
Mont-de-Marsan

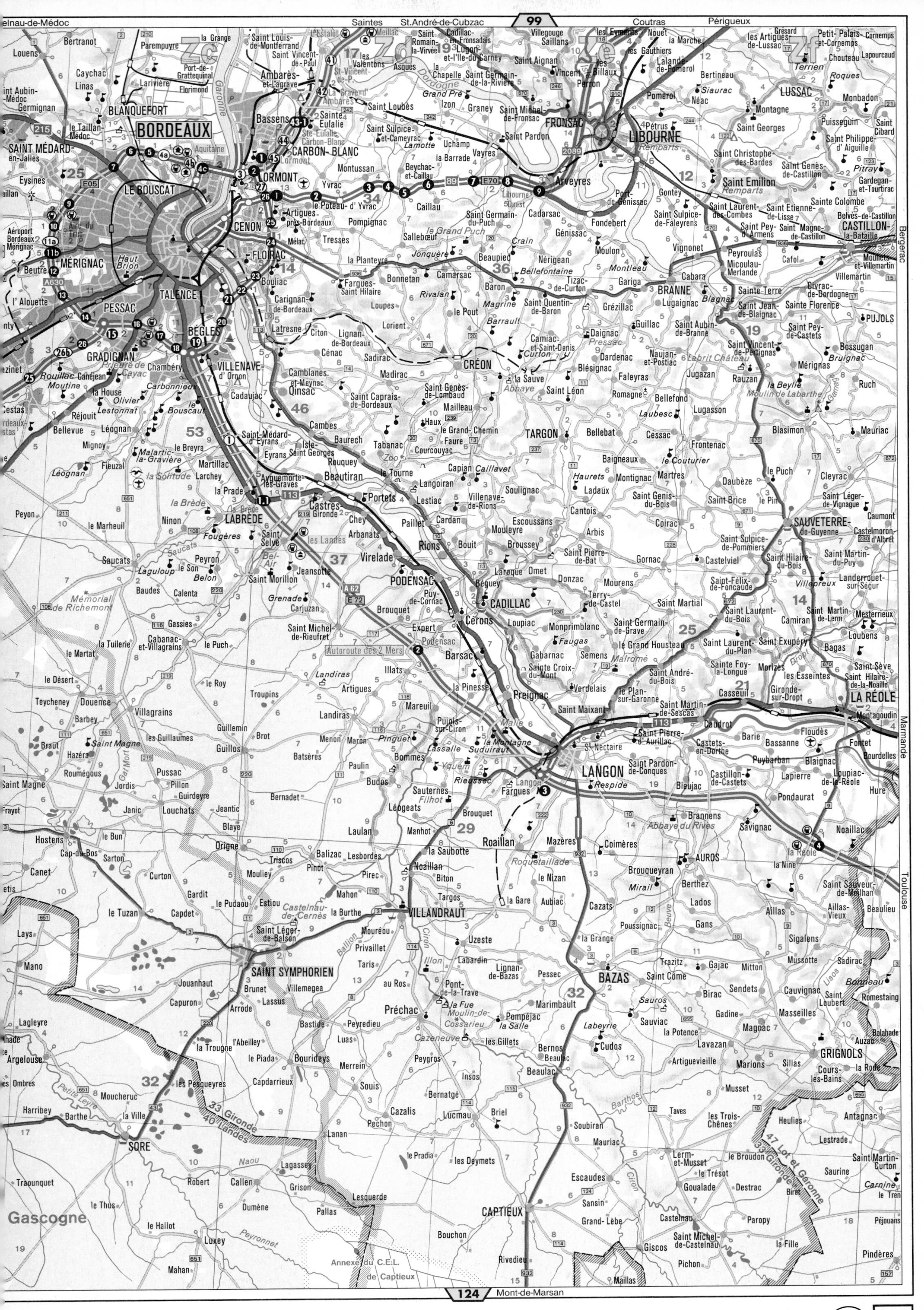

elnau-de-Médoc
Saintes
St.André-de-Cubzac
99
Coutras
Périgueux
Zc
Zd
Ze
Zf
Bertranot
Louens
Parempuyre
la Grange
Saint Louis-de-Montferrand
Saint Vincent-de-Paul
Meillac
Saint Romain-la-Virvée
Cadillac-en-Fronsadais
Villegouge
Saillans
les Eymerits
Nouet
la Marche
les Gauthiers
Lalande-de-Pomerol
les Artigues-de-Lussac
Petit-Palais-et-Cornemps
Cornemps
Chouteau
Lapourcaud
Terrien
Roques
Caychac
Linas
Larivière
Florimond
Port-de-Grattequina
Ambarès-et-Lagrave
les Valentons
Asques
Lugon-et-l'Ile-du-Carney
la Chapelle
Saint Germain-de-la-Rivière
Saint Aignan
Vincent
Perron
les Billaux
Bertineau
Siaurac
Néac
Pomerol
LUSSAC
Montagne
Monbadon
int Aubin-Médoc
Germignan
BLANQUEFORT
Grand Pré
Izon
Graney
Saint Michel-de-Fronsac
FRONSAC
Saint Loubès
Saint-Vincent-de-P.
Ambarès
Saint Georges
Puisseguin
Saint Cibard
le Taillan-Médoc
BORDEAUX
Bassens
Sainte Eulalie
Saint Sulpice-et-Cameyrac
Lamotte
Uchamp
Saint Pardon
Pétrus
LIBOURNE
Remparts
Saint Philippe-d'Aiguille
SAINT MÉDARD-en-Jalles
Aquitaine
CARBON-BLANC
Lormont
la Barrade
Vayres
Saint Christophe-des-Bardes
Saint Genès-de-Castillon
Pitray
Eysines
LE BOUSCAT
LORMONT
Montussan
Beychac-et-Caillau
Yvrac
E70
Arveyres
Saint Emilion
Gardegan-et-Tourtirac
Aéroport Bordeaux-Mérignac
le Poteau-d'Yvrac
Caillau
Libourne Ouest
Port-de-Génissac
Gontey
Saint Laurent-des-Combes
Saint Etienne-de-Lisse
Sainte Colombe
Belvès-de-Castillon
Artigues-près-Bordeaux
CENON
Pompignac
Saint Germain-du-Puch
Cadarsac
Fondebert
Saint Sulpice-de-Faleyrens
Saint Pey-d'Armens
Saint Magne-de-Castillon
CASTILLON-la-Bataille
Bergerac
MÉRIGNAC
Haut Brion
FLOIRAC
Mélac
Tresses
Salleboeuf
le Grand Puch
Génissac
Crain
Vignonet
Peyroulas
Micoulau-Merlande
Cafol
Moulets-et-Villemartin
Beutre
la Planteyre
Jonquère
Beaupied
Nérigean
Moulon
Montleau
Cabara
Villemartin
l'Alouette
PESSAC
TALENCE
Bouliac
Fargues-Saint Hilaire
Bonnetan
Camarsac
Bellefontaine
Tizac-de-Curton
Gariga
BRANNE
Blagnac
Sainte Terre
Civrac-de-Dordogne
Carignan-de-Bordeaux
Loupes
Rivalan
Baron
Magrine
Saint Quentin-de-Baron
Grézillac
Lugaignac
Saint Jean-de-Blaignac
Sainte Florence
BÈGLES
le Pout
Barrault
Guillac
Saint Aubin-de-Branne
PUJOLS
Latresne
Citon
Lignan-de-Bordeaux
Lorient
Camiac-et-Saint-Denis
Daignac
Pressac
Saint Vincent-de-Pertignas
Saint Pey-de-Castets
GRADIGNAN
Prieuré de Cayac
Chambéry
VILLENAVE-d'Ornon
Cénac
Sadirac
CRÉON
Curton
Dardenac
Naujan-et-Postiac
Labrit Château
Bossugan
Bruignac
Mérignas
Rouillac
Canéjean
Moutine
Carbonnieux
Camblanes-et-Meynac
Madirac
la Sauve
Abbaye
Blésignac
Faleyras
Jugazan
Rauzan
la Beylie
Moulin de Labarthe
Ruch
Cestas
la House
Olivier
Lestonnat
le Bouscaut
Cadaujac
Quinsac
Saint Caprais-de-Bordeaux
Saint Genès-de-Lombaud
Saint Léon
Romagne
Bellefond
Réjouit
Bellevue
Léognan
Mailleau
Laubesc
Lugasson
Mignoy
Cambes
Haux
le Grand-Chemin
Faure
TARGON
Bellebat
Cessac
Blasimon
Mauriac
le Breyra
Saint-Médard-d'Eyrans
Eyrans
Isle-Saint Georges
Baurech
Tabanac
Courcouyac
Frontenac
Léognan
Fieuzal
Malartic-la-Gravière
Martillac
la Solitude
Larchey
Rouquey
Zoo
Baigneaux
le Couturier
Capian
Caillavet
Le Puch
Cleyrac
Ayguemorte-les-Graves
Beautiran
le Tourne
Langoiran
Soulignac
Haurets
Ladaux
Montignac
Martres
Daubèze
la Prade
Portets
Lestiac
Villenave-de-Rions
Saint Genis-du-Bois
Saint Brice
le Pin
Saint Léger-de-Vignague
Peyon
la Brède
LABRÈDE
Castres-Gironde
Chey
Paillet
Cantois
Caumont
le Marheuil
Ninon
Fougères
Saint Selve
Arbanats
Cardan
Escoussans
Coirac
SAUVETERRE-de-Guyenne
Castelmoron-d'Albret
les Landes
Mouleyre
Arbis
Saint Sulpice-de-Pommiers
Saucats
Peyron
Bel-Air
Virelade
Rions
Bouit
Broussey
Saint Pierre-de-Bat
Gornac
Castelviel
Saint Hilaire-du-Bois
Saint Martin-du-Puy
Laguloup
le Son
Belon
Jeansotte
Laroque
Omet
Donzac
Saint Morillon
PODENSAC
Béguey
Mourens
Saint-Félix-de-Foncaude
Villepreux
Landerrouet-sur-Ségur
Baudes
Calenta
A 62
E 72
Terry-de-Castel
Mémorial de Richemont
Grenade
Puy-de-Cornac
CADILLAC
Saint Martial
Saint Laurent-du-Bois
Camiran
Saint Martin-de-Lerm
Mesterrieux
Carjuzan
Brouquet
Loupiac
Cérons
Gassies
Saint Germain-de-Grave
Loubens
Saint Michel-de-Rieufret
Expert
Monprimblanc
Cabanac-et-Villagrains
le Puch
Podensac
Faugas
le Grand Housteau
Saint Laurent-du-Plan
Saint Exupéry
Bagas
le Martat
la Tuilerie
Autoroute des 2 Mers
Barsac
Gabarnac
Semens
Malromé
Sainte Foy-la-Longue
Morizès
Saint Sève
Illats
Landiras
Sainte Croix-du-Mont
Saint André-du-Bois
Dropt
les Esseintes
Saint Hilaire-de-la-Noaille
le Désert
le Roy
Artigues
la Pinesse
Verdelais
le Plan-sur-Garonne
Casseuil
Gironde-sur-Dropt
LA RÉOLE
Teycheney
Douence
Troupins
Mareuil
Preignac
Saint Martin-de-Sescas
Montagoudin
Barbey
Villagrains
Landiras
Saint Maixant
Caudrot
Marmande
Guillemin
Pujols-sur-Ciron
Malle
Saint Pierre-d'Aurillac
Barie
Floudès
Braut
Saint Magne
les Guillaumes
Brot
Menon
Maron
Pinguet
Lassalle
la Montagne
Suduiraut
St-Nectaire
Castets-en-Dorthe
Bassanne
Fontet
Hazéra
Guillos
Batsères
Bommes
Yquem
LANGON
Saint Pardon-de-Conques
Puybarban
Blaignac
Bourdelles
Roumégous
Pussac
Paulin
Rieussec
Langon
Castillon-de-Castets
Lapierre
Loupiac-de-la-Réole
Saint Magne
Jordis
Pillon
Budos
Sauternes
Filhot
Fargues
Respide
Bieujac
Hure
Guirdeyre
Bernadet
Pondaurat
Frayot
Janic
Louchats
Jeantic
Léogeats
Brouquet
Brannens
Abbaye du Rives
Savignac
Hostens
le Bun
Blaye
Laulan
Manhot
Roaillan
Mazères
Coimères
Noaillac
Cap-du-Bos
Sarton
Origne
Balizac
Lesbordes
la Saubotte
Roquetaillade
AUROS
la Réole
la Nine
Canet
Triscos
Pinot
Noaillan
Brouqueyran
Mirail
Curton
Moulley
Pirec
Biton
le Nizan
Berthez
Saint Sauveur-de-Meilhan
Gardit
Mahon
Targos
la Gare
Aubiac
Cazats
Lados
Aillas
Aillas-Vieux
Beaulieu
Toulouse
le Tuzan
Capdet
le Pudaou
Estiou
Castelnau-de-Cernès
la Burthe
VILLANDRAUT
Poussignac
Gans
Lays
Saint Léger-de-Balson
Mouréou
Privaillet
Ciron
Uzeste
la Grange
Sigalens
Ballion
Labardin
Lignan-de-Bazas
Pessec
Trazitz
Gajac
Mitton
Mussotte
Sadirac
Mano
SAINT SYMPHORIEN
Taris
Illon
BAZAS
Saint Côme
Jouanhaut
Brunet
Villemegea
au Ros
Pont-de-la-Trave
Sendets
Cauvignac
Bonneau
Capuron
Lassus
la Fue
Marimbault
Sauros
Birac
Saint Loubert
Romestaing
Arrode
Préchac
Moulin-de-Cossarieu
Pompéjac
la Salle
Sauviac
Gadine
Masseilles
Lagleyre
Bastide
Peyredieu
Labeyrie
la Potence
Magnac
Auzac
Balahade
hade
la Trougne
l'Abeilley
Luas
Cazeneuve
les Gillets
Bernos-Beaulac
Cudos
Lavazan
GRIGNOLS
Argelouse
le Piada
Bourideys
Merrein
Peygros
Artiguevieille
Marions
Sillas
Cours-les-Bains
la Rode
es Ombres
les Pesqueyres
Capdarrieux
Souis
Insos
Beaulac
Musset
Petite Leyre
Moucheruc
Bernatgé
Barthos
Antagnac
Harribey
Barthe
la Ville
Cazalis
Lucmau
Briel
Taves
les Trois-Chênes
Heulies
33 Gironde
40 Landes
Pechon
Soubiran
47 Lot et Garonne
33 Gironde
Lestrade
SORE
Lanan
Mauriac
le Pradia
les Deymets
Lerm-et-Musset
le Broudon
Saint Martin-Curton
Naou
Lagassey
Saurine
Traounquet
Robert
Callen
Grison
Escaudes
le Trésot
Carnine
Goualade
Destrac
Biret
le Tren
Gascogne
le Thus
Dumène
Lesquerde
Pallas
CAPTIEUX
Sansin
Grand-Lèbe
Castelnau
Paropy
Péjouans
le Hallot
Peyronnet
Luxey
Bouchon
Saint Michel-de-Castelnau
Giscos
la Fille
Pindères
Mahan
Annexe du C.E.L. de Captieux
Rivedieu
Pichon
Maillas
124
Mont-de-Marsan

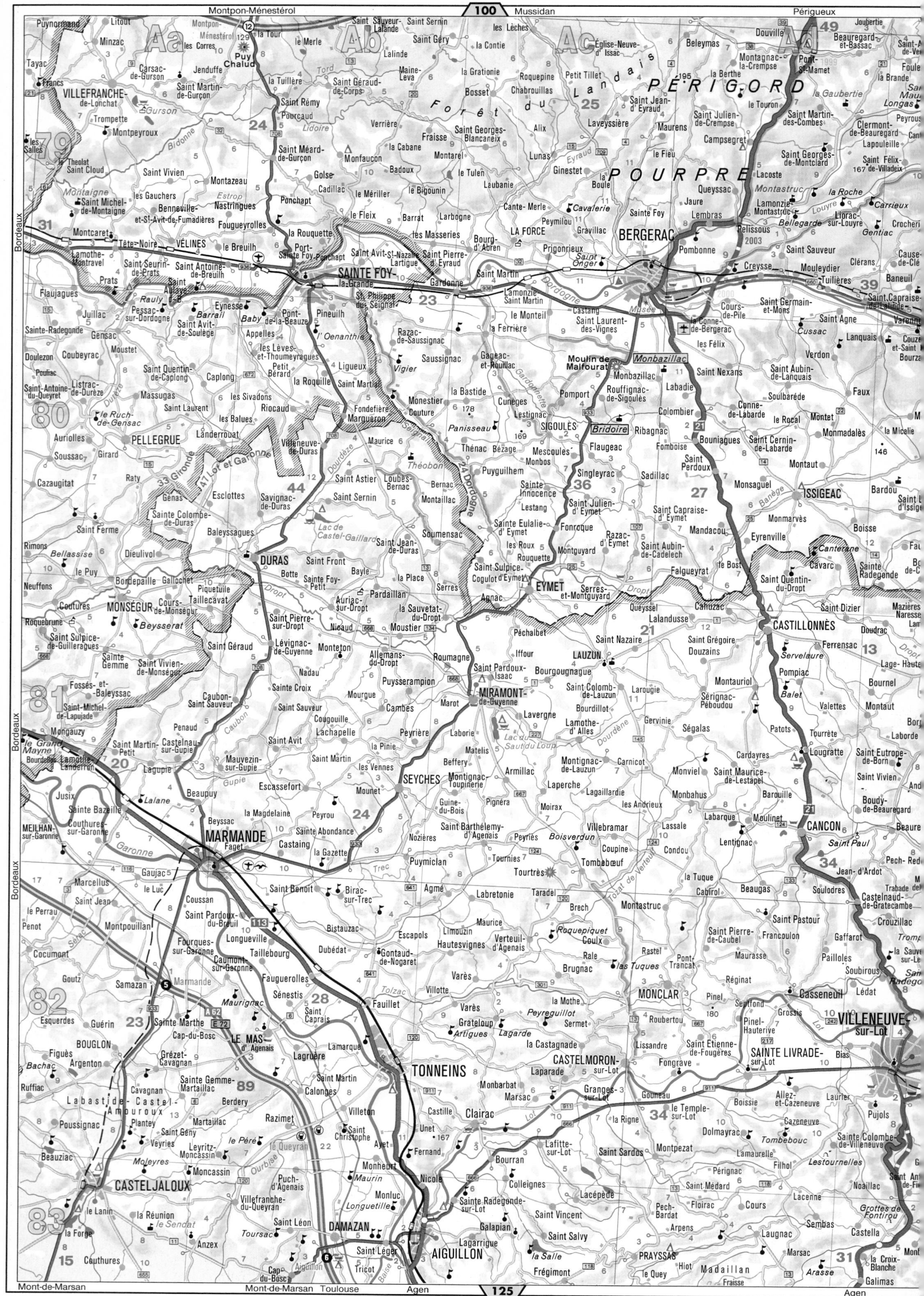

Montpon-Ménestérol
100
Mussidan
Périgueux
Bordeaux
Bordeaux
Bordeaux
Mont-de-Marsan
Mont-de-Marsan Toulouse
Agen
125
Agen
Aa
Ab
Ac
Ad
PÉRIGORD
POURPRE
Forêt du Landais
VILLEFRANCHE-de-Lonchat
Montpeyroux
Saint Michel-de-Montaigne
VÉLINES
SAINTE FOY-la-Grande
Port-Sainte Foy
BERGERAC
LA FORCE
Gardonne
Monbazillac
Moulin de Malfourat
SIGOULÈS
Bridoire
ISSIGEAC
EYMET
CASTILLONNÈS
LAUZUN
MIRAMONT-de-Guyenne
DURAS
PELLEGRUE
MONSÉGUR
MARMANDE
SEYCHES
CANCON
MONCLAR
VILLENEUVE-sur-Lot
SAINTE LIVRADE-sur-Lot
CASTELMORON-sur-Lot
TONNEINS
Clairac
LE MAS-d'Agenais
CASTELJALOUX
DAMAZAN
AIGUILLON
PRAYSSAS
Dordogne
Garonne
Lot
Dropt
24 Dordogne
33 Gironde
47 Lot et Garonne
79
80
81
82
83

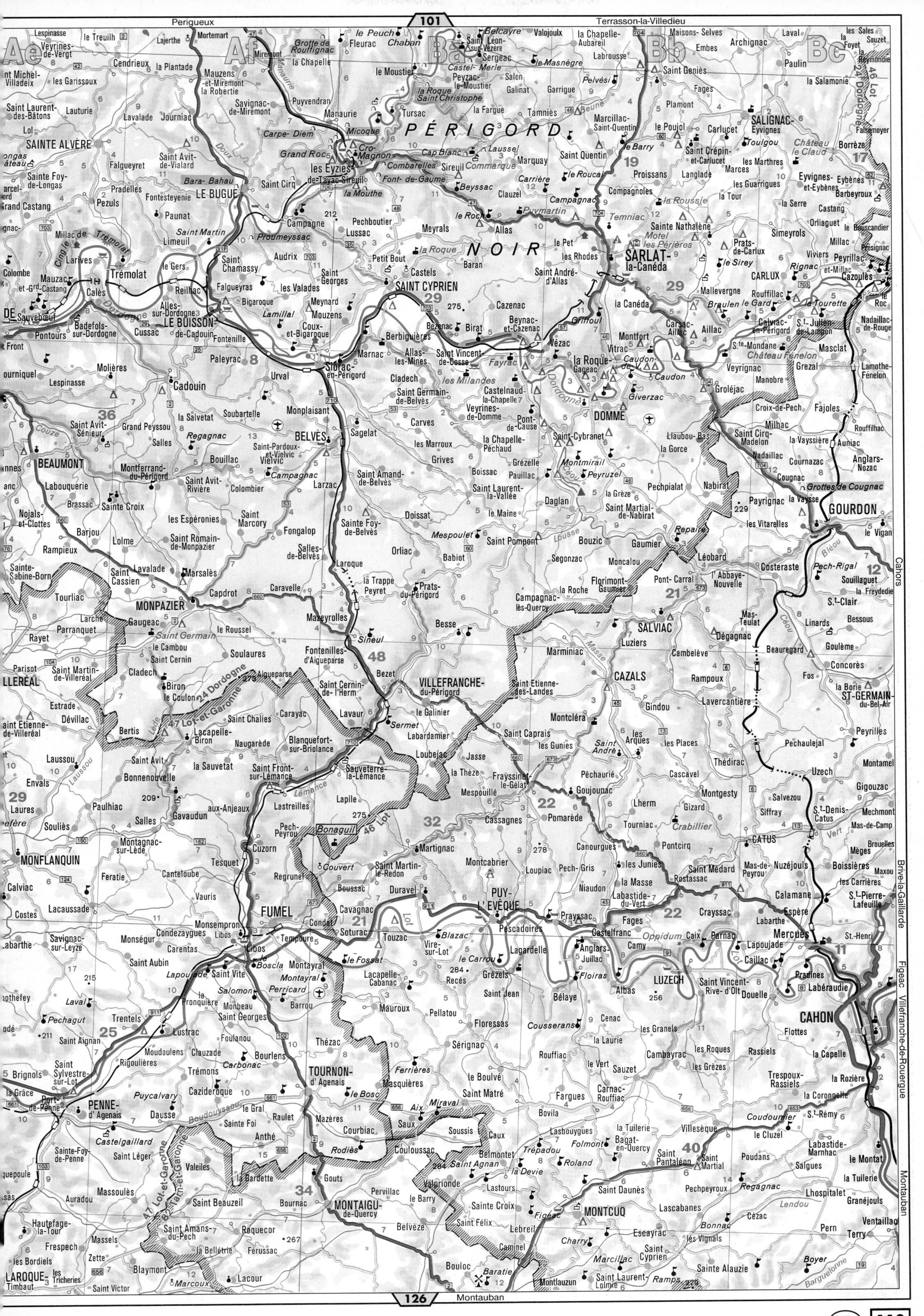

Perigueux
101
Terrasson-la-Villedieu
Ae
Af
Ba
Bb
Bc
PÉRIGORD
NOIR
SAINTE ALVÈRE
LE BUGUE
les Eyzies-de-Tayac-Sireuil
Trémolat
LE BUISSON-de-Cadouin
SAINT CYPRIEN
SARLAT-la-Canéda
SALIGNAC-Eyvignes
CARLUX
Sarlat
DOMME
GOURDON
Cadouin
BEAUMONT
BELVÈS
MONPAZIER
VILLEFRANCHE-du-Périgord
SALVIAC
CAZALS
ST-GERMAIN-du-Bel-Air
MONFLANQUIN
FUMEL
PUY-L'EVÊQUE
LUZECH
CATUS
Mercuès
CAHORS
TOURNON-d'Agenais
PENNE-d'Agenais
MONTAIGU-de-Quercy
MONTCUQ
LAROQUE-Timbaut
Bonaguil
Cahors
Brive-la-Gaillarde
Figeac
Villefranche-de-Rouergue
Montauban
126
Montauban

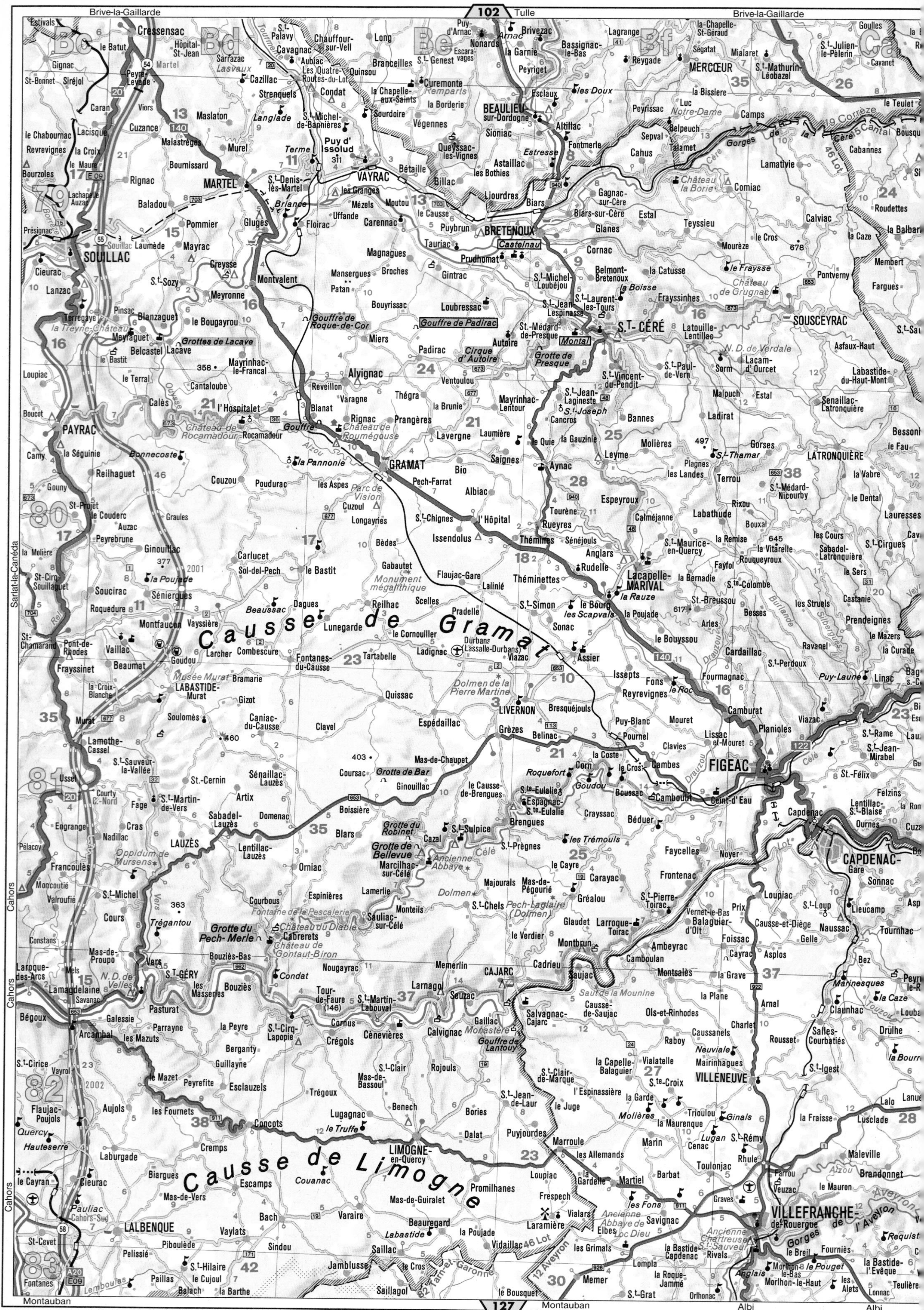

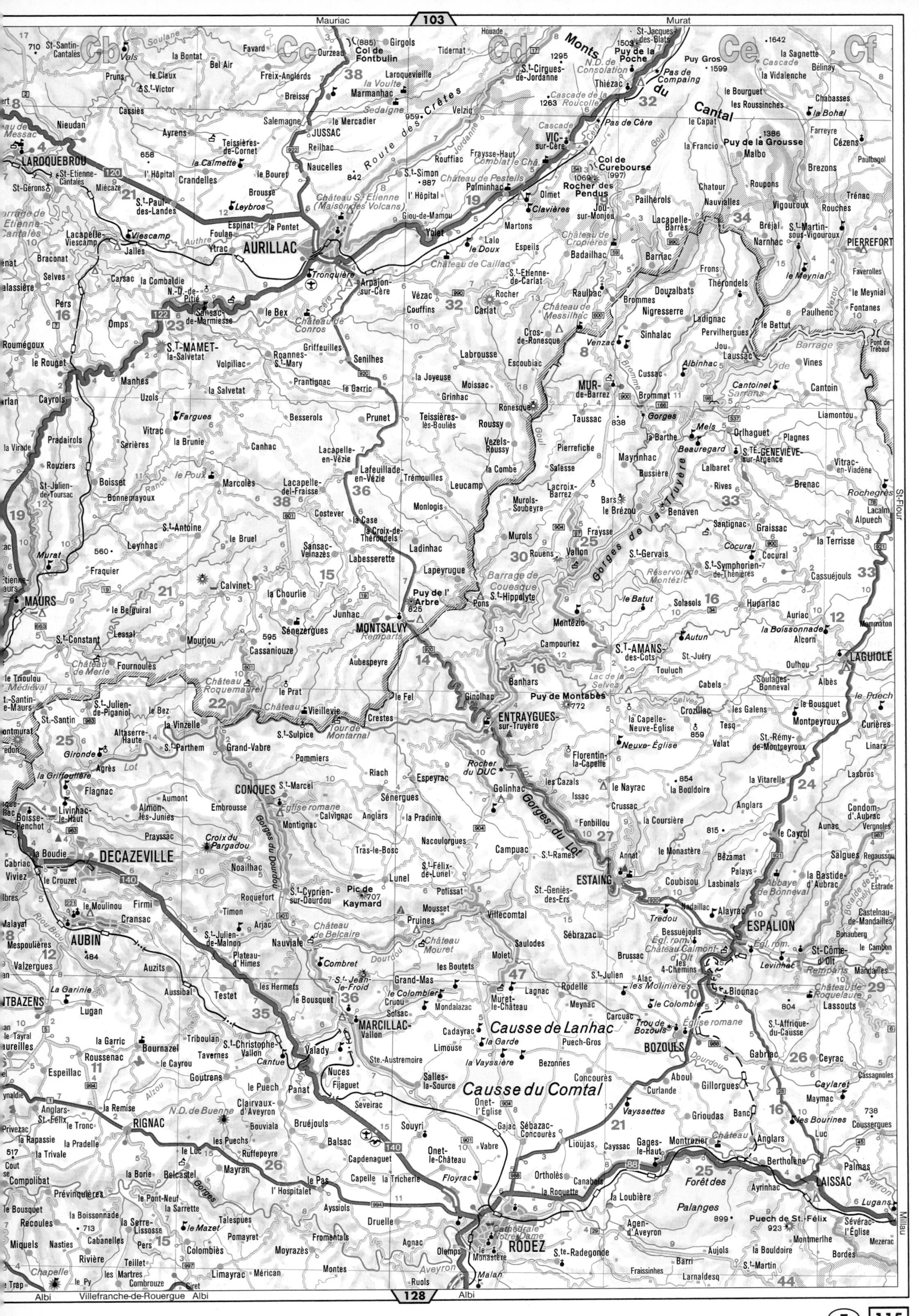

Mauriac
103
Murat
Cb
Cc
Cd
Ce
Cf
St-Santin-Cantalès
Vals
Soulane
la Bontat
Favard
Ourzeau
Col de Fontbulin
Girgols
Tidernat
Houade
Monts du Cantal
St-Jacques-des-Blats
Puy de la Poche
N.-D. de Consolation
1295
St-Cirgues-de-Jordanne
Thiézac
Pas de Compaing
Puy Gros
1599
la Sagnette
Cascade
Bélinay
la Vidalenche
Pruns
le Claix
St-Victor
Bel Air
Freix-Anglards
Laroquevieille
la Voulte
Marmanhac
Breissé
Sedaigne
Route des Crêtes
Velzic
1263
Cascade de la Roucolle
le Bourguet
les Roussinches
Chabasses
la Bohal
Cassiès
Nieudan
Salemagne
le Mercadier
JUSSAC
959
Pas de Cère
le Capat
Farreyre
Cézens
Ayrens
Teissières-de-Cornet
Reilhac
Jordanne
Cascade
VIC-sur-Cère
la Francio
Puy de la Grousse
1386
Malbo
LAROQUEBROU
658
la Calmette
Naucelles
Rouffiac
Fraysse-Haut
Comblat le Châ.
Col de Curebourse
Brezons
Paulhagol
St-Etienne-Cantalès
l'Hôpital
Crandelles
le Bouret
St-Simon
842
887
Château de Pesteils
Polminhac
1069
Rocher des Pendus
Chatour
Roupons
St-Gérons
Miécaze
St-Paul-des-Landes
Brousse
Leybros
Château St Etienne (Maison des Volcans)
l'Hôpital
Olmet
Clavières
Jou-sur-Monjou
Pailhérols
Nauviailles
Vigouroux
Trénac
Rouches
Espinat
le Pontet
Giou-de-Mamou
Yolet
Martons
Lacapelle-Barrès
Bréjal
Narnhac
St-Martin-sous-Vigouroux
PIERREFORT
Lacapelle-Viescamp
Viescamp
Foulan
Ytrac
AURILLAC
Lalo
le Doux
Espeils
Château de Cropières
Badailhac
Barriac
Jalles
Braconat
Château de Caillac
Frons
le Meynial
Faverolles
Selves
Carsac
la Combaldie
N.-D.-de-Pitié
Tronquière
Arpajon-sur-Cère
St-Etienne-de-Carlat
Raulhac
Douzalbats
Thérondels
le Meynial
Pers
Vézac
Couffins
Rocher
Carlat
Brommes
Nigresserre
Paulhenc
Fontanes
le Bex
Sansac-de-Marmiesse
Château de Conros
Château de Messilhac
Ladignac
Pervilhergues
le Battut
Omps
Cros-de-Ronesque
Venzac
Sinhalac
Jou
Laussac
Pont de Tréboul
Roumégoux
le Rouget
ST-MAMET-la-Salvetat
Griffeuilles
Roannes-St-Mary
Senilhes
Labrousse
Escoubiac
Barrage
Vines
Volpiliac
Albinhac
Cussac
Manhes
Prantignac
le Garric
la Joyeuse
Moissac
MUR-de-Barrez
Brommat
Cantoinet
Sarrans
Cantoin
Cayrols
Uzols
la Salvetat
Grinhac
Ronesque
Fargues
Besserols
Prunet
Teissières-lès-Bouliès
Roussy
Taussac
838
Gorges
Liamontou
Pradairols
Vitrac
la Brunie
Lacapelle-en-Vézie
Vezels-Roussy
Pierrefiche
la Barthe
Mels
Orlhaguet
Plagnes
la Virade
Serières
Canhac
Mayrinhac
Beauregard
Ste-GENEVIÈVE-sur-Argence
Vitrac-en-Viadène
Rouziers
le Poux
Marcolès
Lafeuillade-en-Vézie
Trémouilles
la Combe
Salesse
Bussière
Lalbaret
St-Julien-de-Toursac
Boisset
Bonnemayoux
Lacapelle-del-Fraisse
Leucamp
Lacroix-Barrez
Rives
Brenac
Rochegrès
Monlogis
Murols-Soubeyre
Bars
le Brézou
Benaven
Lacalm
Alpuech
St-Antoine
Costever
la Case
la Croix-de-Thérondels
Fraysse
Santignac
Graissac
St-Flour
le Bruel
Leynhac
Sansac-Veinazès
Ladinhac
Murols
Vallon
Cocural
la Terrisse
560
Labesserette
Rouens
Gorges de la Truyère
St-Gervais
Murat
Fraquier
Lapeyrugue
Barrage de Couesque
Réservoir de Montézic
St-Symphorien-de-Thénières
Cassuéjouls
Calvinet
la Chourlie
Puy de l'Arbre
825
St-Hippolyte
le Batut
Solasols
Huparlac
MAURS
le Belguiral
Junhac
Pons
Montézic
Auriac
Mommaton
Sénezergues
MONTSALVY
Remparts
le Boissonnade
Alcorn
Lessal
Mourjou
595
Cassaniouze
Autun
St-Constant
Aubespeyre
Campouriez
ST-AMANS-des-Cots
St-Juéry
LAGUIOLE
Château de Merle
Fournoulès
Touluch
Oulhou
le Trioulou
Médiéval
Château Roquemaurel
le Prat
Banhars
Lac de la Selves
Cabels
Soulages-Bonneval
Albès
St-Santin-de-Maurs
St-Julien-de-Piganiol
le Bez
Château
Vieillevie
le Fel
Ginolhac
Puy de Montabès
772
Crozillac
les Galens
le Bousquet
le Puech
St-Santin
la Vinzelle
Crestes
Tour de Montarnal
ENTRAYGUES-sur-Truyère
la Capelle-Neuve-Église
Montpeyroux
Curières
Altaserre-Haute
St-Sulpice
859
Tesq
St-Rémy-de-Montpeyroux
Gironde
St-Parthem
Grand-Vabre
Neuve-Église
Valat
Linars
Agrès
Lot
Pommiers
Rocher du DUC
Florentin-la-Capelle
la Griffoulière
Riach
Espeyrac
les Cazals
854
la Bouldoire
la Vitarelle
Lasbros
Flagnac
CONQUES
St-Marcel
Golinhac
le Nayrac
Issac
Aumont
Sénergues
Gorges du Lot
Crussac
Anglars
Livinhac-le-Haut
Almon-les-Junies
Embrousse
Église romane
Calvignac
Anglars
la Pradinie
la Coursière
Condom-d'Aubrac
Boisse-Penchot
Montignac
Fonbillou
815
Aunac
Vergnoles
Gorges du Dourdou
Nacoulorgues
le Cayrol
Prayssac
Croix du Pargadou
Tras-le-Bosc
Campuac
St-Rames
Annat
le Monastère
Bézamat
Salgues
Regaussou
la Boudie
DECAZEVILLE
St-Félix-de-Lunel
Palays
la Bastide-d'Aubrac
Cabriac
Viviez
Noailhac
Lunel
ESTAING
Lasbinals
Abbaye de Bonneval
l'Estrade
le Crouzet
St-Cyprien-sur-Dourdou
Pic de Kaymard
707
Polissat
St.-Geniès-des-Ers
Coubisou
Firmi
Roquefort
Mousset
Nadaillac
Alayrac
Castelnau-de-Mandailles
le Moulinou
Cransac
Timon
Pruines
Villecomtal
Tredou
ESPALION
Malayrac
Arjac
Château de Belcaire
Sébrazac
Bessuéjouls
Église romane
Bonaubert
AUBIN
St-Julien-de-Malnon
Nauviale
Château Mouret
Saulodes
Château Calmont-d'Olt
St-Côme-d'Olt
le Cambon
Mespoulières
484
Plateau-d'Himes
Molet
Brussac
Remparts
Valzergues
Auzits
Combret
les Boutets
Dourdou
47
St-Julien
Alac
les 4-Chemins
Levinhac
Mandailles
Aussibal
les Hermets
St-Jean-le-Froid
Grand-Mas
Lagnac
Rodelle
les Molinières
Biounac
Château de Roquelaure
BAZENS
La Garinie
Testet
le Bousquet
Cruou
le Colombier
Muret-le-Château
Meynac
le Colombier
804
Lassouts
Lugan
Mondalazac
Solsac
MARCILLAC-Vallon
Causse de Lanhac
Carcuac
Trou de Bozouls
Église romane
St-Affrique-du-Causse
le Tayral
Triboulan
St-Christophe-Vallon
Cadayrac
la Garde
Puech-Gros
BOZOULS
la Garric
Bournazel
Tavernes
Cantue
Valady
Limouse
Gabriac
Cayrac
Roussenac
le Cayrou
Ste.-Austremoire
la Vayssière
Bezonnes
Dourdou
Cassagnoles
Espeillac
Goutrens
Nuces
Salles-la-Source
Concourès
Aboul
Gillorgues
Caylaret
le Puech
Fijaguet
Causse du Comtal
Curlande
Maymac
Alzou
Panat
Seveirac
Onet-l'Église
Vayssettes
la Remise
Anglars-St-Félix
N.D. de Buenne
Clairvaux-d'Aveyron
Grioudas
Banc
les Bourines
738
Coussergues
le Tronc
RIGNAC
Bouviala
Bruéjouls
Souyri
Gajac
Sébazac-Concourès
Luc
Privezac
la Rapassie
la Pradelle
les Puechs
Balsac
Vabre
Lioujas
Cayssac
Gages-le-Haut
Montrozier
Château
Anglars
517
la Trivale
le Luc
Ruffepeyre
Capdenaguet
Onet-le-Château
Bertholène
Palmas
Cout
Compolibat
la Borie
Belcastel
Mayran
Gorges
l'Hospitalet
le Pas
Capelle
la Tricherie
Flayrac
Ortholès
Canabols
Forêt des Palanges
Ayrinhac
LAISSAC
Aveyron
Prévinquières
le Pont-Neuf
la Sarrette
la Roquette
la Loubière
Lugans
Millau
le Bousquet
Recoules
la Boissonnade
713
la Serre-Lissosse
le Mazet
Talespues
Pomayret
Assyols
Druelle
Agen-d'Aveyron
899
Puech de St-Félix
923
Sévérac-l'Église
Miquels
Nasties
Cabanelles
Pers
Colombiès
Fromentals
Cathédrale Notre Dame
Montmerlhe
Mezerac
Rivière
Teillet
Moyrazès
Agnac
Olemps
le Monastère
RODEZ
Ste-Radegonde
Aujols
la Bouldoire
Bordes
Chapelle
les Martres
Combrouze
Limayrac
Mérican
Montes
Aveyron
Fraissinhes
Barri
St-Martin
le Py
Giret
Ruols
Malan
Larnaldesq
Albi
Villefranche-de-Rouergue
Albi
128
Albi

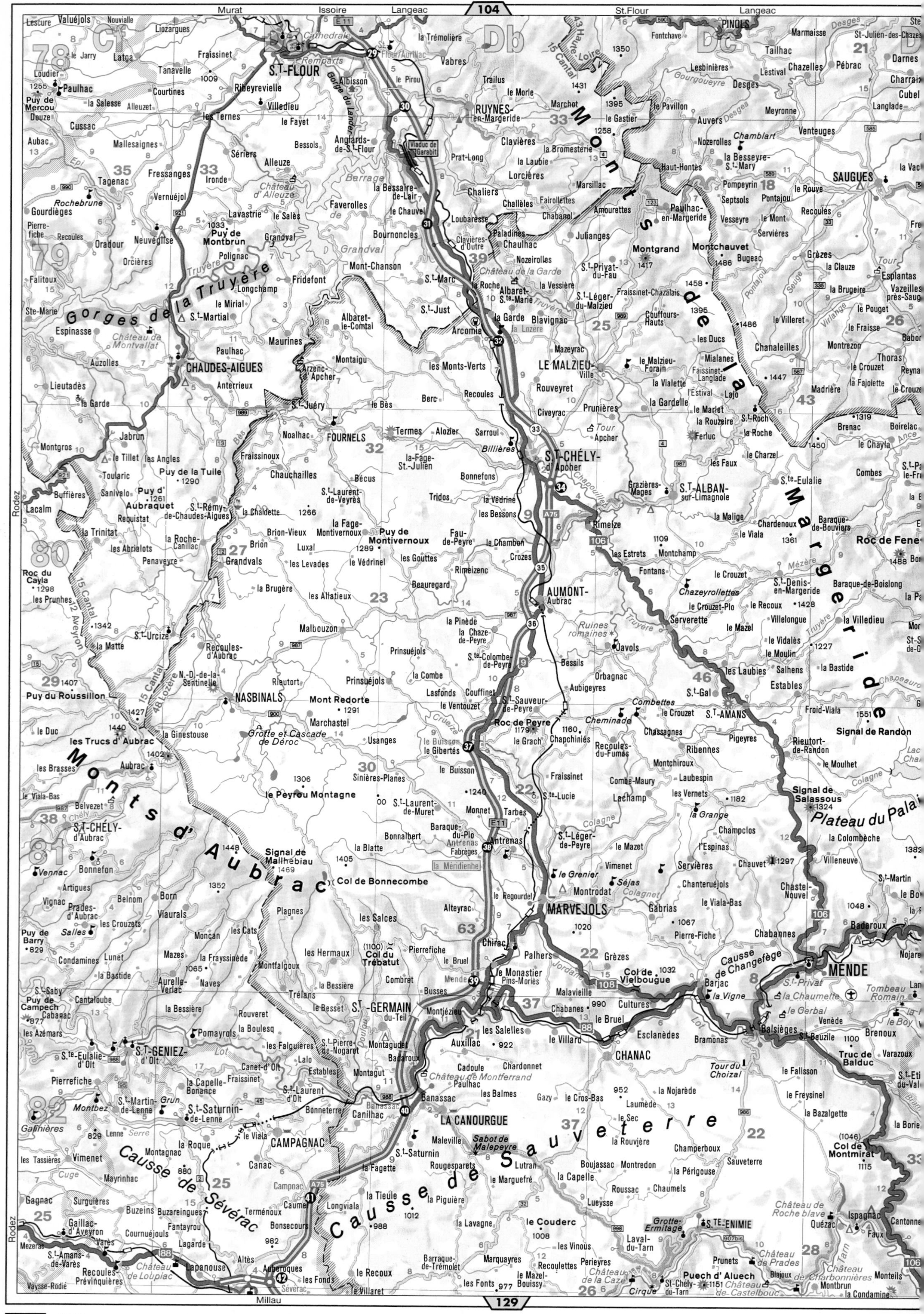

Murat
Issoire
Langeac
104
St.Flour
Langeac
Cf
Da
Db
Dc
78
79
80
81
82
ST-FLOUR
Gorge du Lander
Gorges de la Truyère
CHAUDES-AIGUES
Monts de la Margeride
RUYNES-en-Margeride
Viaduc de Garabit
LE MALZIEU-Ville
ST-CHÉLY-d'Apcher
ST-ALBAN-sur-Limagnole
FOURNELS
Puy de Montivernoux
AUMONT-Aubrac
SAUGUES
NASBINALS
Les Truc d'Aubrac
Monts d'Aubrac
Mont Redorte
Grotte et Cascade de Déroc
Le Peyrou Montagne
Signal de Mailhebiau
Col de Bonnecombe
Roc de Peyre
MARVEJOLS
Signal de Randon
Signal de Salassous
Plateau du Palais
MENDE
Causse de Changefège
Col de Vielbougue
CHANAC
ST-GERMAIN-du-Teil
ST-GENIEZ-d'Olt
ST-CHÉLY-d'Aubrac
LA CANOURGUE
Sabot de Malepeyre
Causse de Sauveterre
Causse de Sévérac
CAMPAGNAC
Col du Trébatut
Col de Montmirat
STE-ENIMIE
Puech d'Aluech
Millau
129
Rodez
A75
E11

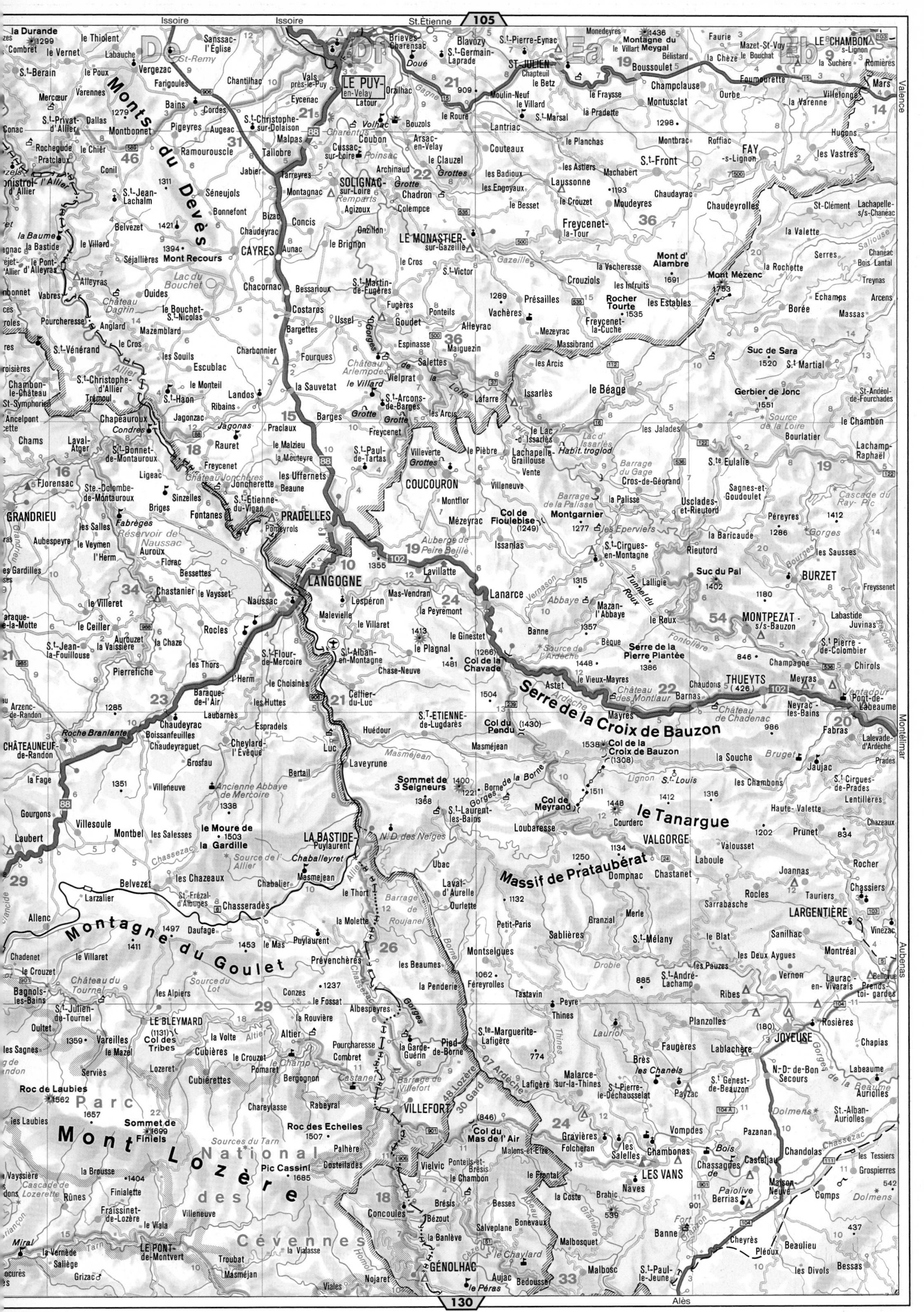

Issoire
Issoire
St.Étienne
105
De
Df
Ea
Eb
LE PUY-en-Velay
Monts du Devès
Montagne du Meygal
LE CHAMBON-s-Lignon
Valence
ST-JULIEN-Chapteuil
FAY-s-Lignon
Mont Mézenc
Mont Recours
CAYRES
SOLIGNAC-sur-Loire
LE MONASTIER-sur-Gazeille
Freycenet-la-Tour
Suc de Sara
Gerbier de Jonc
Source de la Loire
le Béage
Issarlès
Lac d'Issarlès
COUCOURON
PRADELLES
LANGOGNE
GRANDRIEU
Réservoir de Naussac
Col de Fioulebise
Montgarnier
BURZET
Suc du Pal
MONTPEZAT-s/s-Bauzon
Serre de la Pierre Plantée
Col de la Chavade
THUEYTS
Serre de la Croix de Bauzon
Col de la Croix de Bauzon
Col du Pendu
Montélimar
CHÂTEAUNEUF-de-Randon
Roche Branlante
Sommet de 3 Seigneurs
le Tanargue
Col de Meyrand
VALGORGE
Massif de Prataubérat
LA BASTIDE-Puylaurent
le Moure de la Gardille
Montagne du Goulet
LARGENTIÈRE
Aubenas
JOYEUSE
LE BLEYMARD
Col des Tribes
Roc de Laubies
Parc National des Cévennes
Mont Lozère
Sommet de Finiels
Pic Cassini
Roc des Echelles
VILLEFORT
Col du Mas de l'Air
LES VANS
LE PONT-de-Montvert
GÉNOLHAC
130
Alès

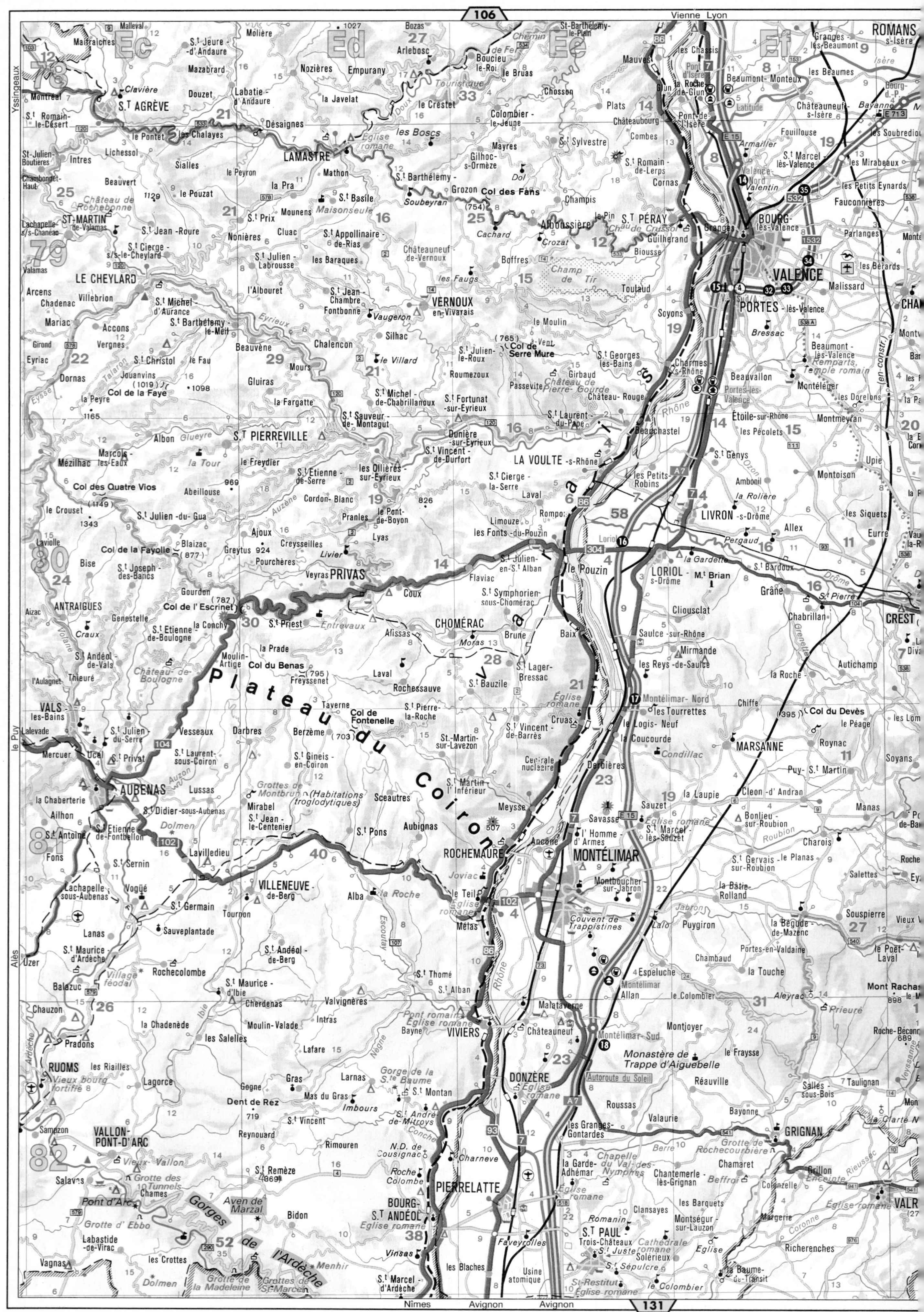

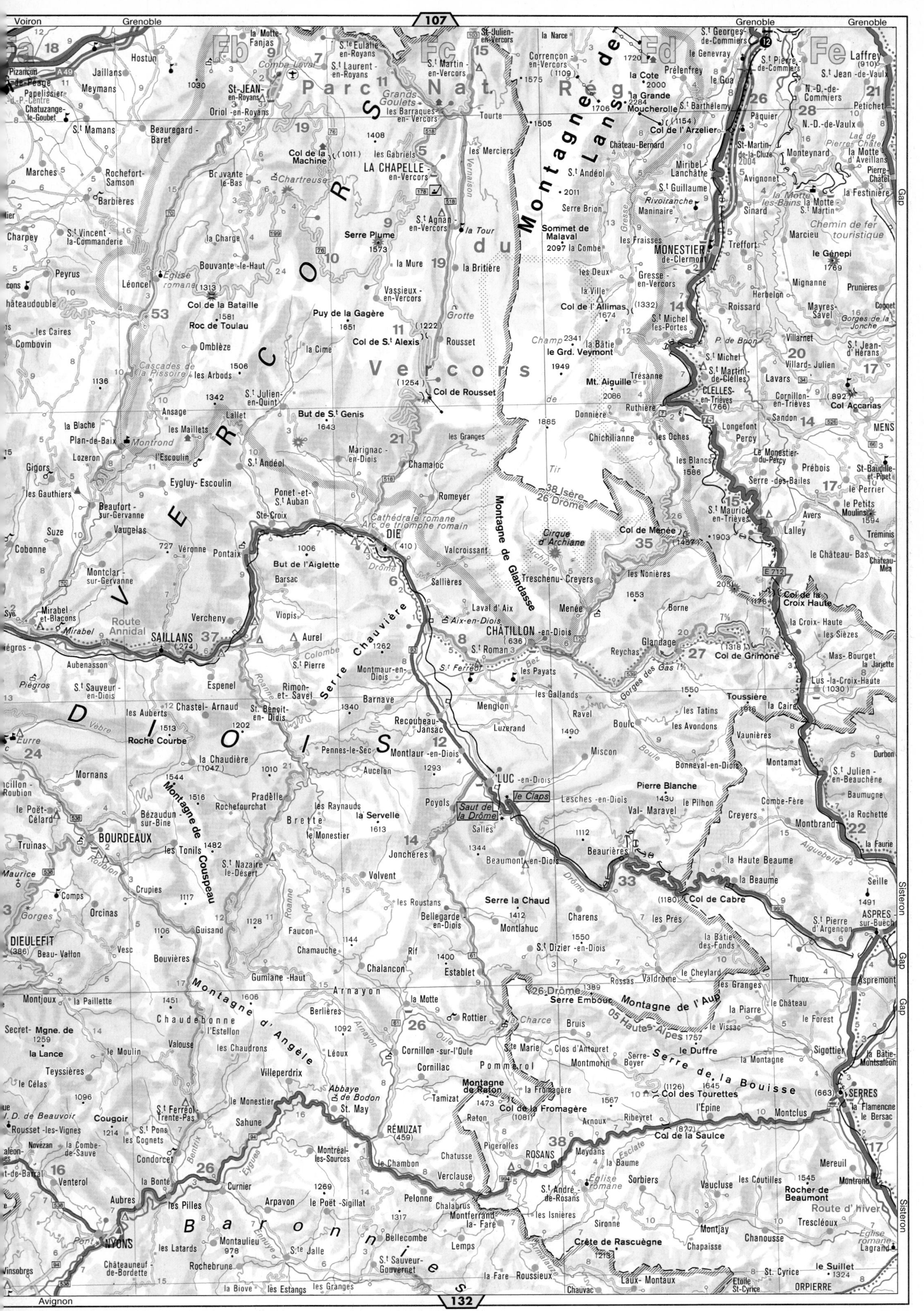

Voiron
Grenoble
107
Grenoble
Grenoble
Fb
Fc
Fd
Fe
la Motte-Fanjas
S.te Eulalie-en-Royans
S.t Laurent-en-Royans
Combe Laval
St-Julien-en-Vercors
S.t Martin-en-Vercors
la Narce
Corrençon-en-Vercors
S.t Georges-de-Commiers
Laffrey
S.t Pierre-de-Commiers
S.t Jean-de-Vaulx
Hostun
Jaillans
Meymans
Pizançon
Bourg-de-Péage
Papelissier
Chatuzange-le-Goubet
S.t Mamans
St-JEAN-en-Royans
Oriol-en-Royans
Parc Nat. Rég. du Vercors
Grands Goulets
les Barraques-en-Vercors
Tourte
Prélenfrey
le Genevray
la Cote
la Grande Moucherolle
le Gua
S.t Barthélemy
Col de l'Arzelier
N.-D.-de-Commiers
N.-D.-de-Vaulx
Petichet
Pâquier
Beauregard-Baret
Col de la Machine
LA CHAPELLE-en-Vercors
les Gabriels
les Merciers
Vernaison
Château-Bernard
Miribel-Lanchâtre
St-Martin-de-la-Cluze
Monteynard
la Motte-d'Aveillans
Lac de Pierre-Châtel
Marches
Rochefort-Samson
Bouvante-le-Bas
Chartreuse
S.t Andéol
S.t Guillaume
Avignonet
Pierre-Châtel
la Festinière
Barbières
Serre Brion
Rivoiranche
Maninaire
Sinard
la Motte-les-Bains
la Motte-S.t Martin
Gap
Charpey
S.t Vincent-la-Commanderie
la Charge
Serre Plume
S.t Agnan-en-Vercors
la Tour
Sommet de Malaval
la Combe
les Fraisses
MONESTIER-de-Clermont
Treffort
Marcieu
Chemin de fer touristique
le Génepi
Peyrus
Bouvante-le-Haut
la Mure
la Britière
les Deux
Gresse-en-Vercors
Mignanne
Prunières
Léoncel
Eglise romane
Col de la Bataille
Vassieux-en-Vercors
la Ville
Col de l'Allimas
Herbelon
Roissard
Mayres-Savel
Cognet
Gorges de la Jonche
Châteaudouble
Roc de Toulau
Puy de la Gagère
Grotte
S.t Michel-les-Portes
les Caires
Combovin
Omblèze
Col de S.t Alexis
Rousset
la Cime
Champ
la Bâtie
le Grd. Veymont
Villarnet
S.t Jean-d'Hérans
Cascades de la Pissoire
les Arbods
Vercors
P. de Brion
S.t Michel
S.t Martin-de-Clelles
Villard-Julien
Lavars
Col de Rousset
Mt. Aiguille
Trésanne
CLELLES-en-Trièves
Cornillon-en-Trièves
Col Accarias
S.t Julien-en-Quint
Lallet
Ansage
But de S.t Genis
Ruthière
Donnière
Sandon
MENS
la Blache
les Maillets
Plan-de-Baix
Montrond
Marignac-en-Diois
les Granges
Chichilianne
les Oches
Longefont
Percy
Lozeron
l'Escoulin
S.t Andéol
Chamaloc
Tir
les Blancs
Le Monestier-du-Percy
Prébois
St-Baudille-et-Pipet
Gigors
Eygluy-Escoulin
38 Isère
26 Drôme
Serre-des-Bailes
le Perrier
les Gauthiers
Ponet-et-S.t Auban
Romeyer
Montagne de Glandasse
S.t Maurice-en-Trièves
Avers
le Petits Moulins
Beaufort-sur-Gervanne
Vaugelas
Ste-Croix
Cathédrale romane
Arc de triomphe romain
Cirque d'Archiane
Col de Menée
Lalley
Tréminis
Suze
Véronne
Pontaix
DIE
But de l'Aiglette
Valcroissant
Archiane
le Château-Bas
Cobonne
Barsac
Treschenu-Creyers
les Nonières
Château-Méa
Montclar-sur-Gervanne
Sallières
Col de la Croix Haute
Viopis
Laval d'Aix
Menée
Borne
Mirabel-et-Blacons
Vercheny
Aix-en-Diois
la Croix-Haute
Route Annibal
SAILLANS
Aurel
CHÂTILLON-en-Diois
S.t Roman
Reychas
Glandage
les Sièzes
Colombe
Col de Grimone
Mas-Bourget
la Jarjette
Aubenasson
S.t Pierre
Serre Chauvière
Montmaur-en-Diois
S.t Ferréol
les Payats
Gorges des Gas
Lus-la-Croix-Haute
Piégros
S.t Sauveur-en-Diois
Espenel
Rimon-et-Savel
Barnave
les Gallands
Toussière
la Caire
les Auberts
Chastel-Arnaud
St. Benoit-en-Diois
Menglon
les Tatins
Ravel
Vèbre
Recoubeau-Jansac
Luzerand
Boulc
les Avondons
Vaunières
Durbon
Eurre
Roche Courbe
Montlaur-en-Diois
Pennes-le-Sec
DIOIS
Miscon
la Chaudière
Aucelon
Bonneval-en-Diois
Montamat
S.t Julien-en-Beauchêne
Mornans
LUC-en-Diois
Pierre Blanche
Pradelle
le Claps
Lesches-en-Diois
Baumugne
Poyols
Val-Maravel
le Pilhon
Combe-Fère
Montagne de Couspeau
Rochefourchat
Saut de la Drôme
Creyers
la Rochette
le Poët-Célard
Bézaudun-sur-Bine
les Raynauds
la Servelle
Brette
Montbrand
BOURDEAUX
le Monestier
Salles
Truinas
les Tonils
Jonchères
Beaumont-en-Diois
Beaurières
la Faurie
la Haute Beaume
S.t Nazaire-le-Désert
Volvent
la Beaume
Seille
Comps
Crupies
Serre la Chaud
Col de Cabre
Orcinas
les Roustans
Charens
Sisteron
ASPRES-sur-Buëch
Gorges
Bellegarde-en-Diois
Montlahuc
les Prés
S.t Pierre d'Argençon
Guisand
la Bâtie-des-Fonds
DIEULEFIT
Beau-Vallon
Faucon
Vesc
Chamauche
S.t Dizier-en-Diois
Rif
Bouvières
Chalancon
Establet
le Cheylard
Aspremont
Gumiane-Haut
Rossas
Valdrôme
Thuox
Montjoux
la Paillette
Arnayon
la Motte
les Granges
le Château
Serre Embouc
Montagne de l'Aup
Montagne d'Angèle
Berlières
Rottier
la Charce
la Piarre
le Forest
Chaudebonne
l'Estellon
Bruis
26 Drôme
05 Hautes-Alpes
le Vissac
Secret-
Mgne. de la Lance
Valouse
les Chaudrons
Léoux
Cornillon-sur-l'Oule
S.te Marie
Clos d'Antouret
le Duffre
Sigottier
la Bâtie-Montsaléon
le Moulin
Pommerol
Montmorin
Serre-Boyer
Serre de la Bouisse
la Montagne
Teyssières
Villeperdrix
Cornillac
les Célas
Abbaye de Bodon
Montagne de Raton
le Monestier
Tamizat
la Fromagère
Col des Tourettes
SERRES
la Flamencne
le Bersac
J. D. de Beauvoir
Rousset-les-Vignes
Cougoir
S.t Ferréol-Trente-Pas
St. May
Col de la Fromagère
Raton
Arnoux
l'Epine
Montclus
Ribeyret
Sahune
S.t Pons
les Cognets
RÉMUZAT
Col de la Saulce
Novézan
la Combe-de-Sauve
Condorcet
Montréal-les-Sources
Pigerolles
Moydans
la Baume
Chatusse
ROSANS
Venterol
la Bonté
Curnier
le Chambon
Verclause
Sorbiers
Vaucluse
les Coutilles
Mereuil
Eglise romane
Montrond
Aubres
les Pilles
Arpavon
le Poët-Sigillat
Pelonne
Chalabrus
S.t André-de-Rosans
Rocher de Beaumont
Montferrand-la-Fare
les Isnières
Route d'hiver
Baronnies
Bellecombe
Sironne
Montjay
Chanousse
Trescléoux
NYONS
les Latards
Montaulieu
Lemps
Crête de Rascuègne
Chapaisse
Eglise romane
Lagrand
S.te Jalle
Châteauneuf-de-Bordette
Rochebrune
S.t Sauveur-Gouvernet
Vinsobres
la Fare
Roussieux
Laux-Montaux
St. Cyrice
le Suillet
la Biove
les Estangs
les Granges
Chauvac
Etoile St-Cyrice
ORPIERRE
Avignon
132

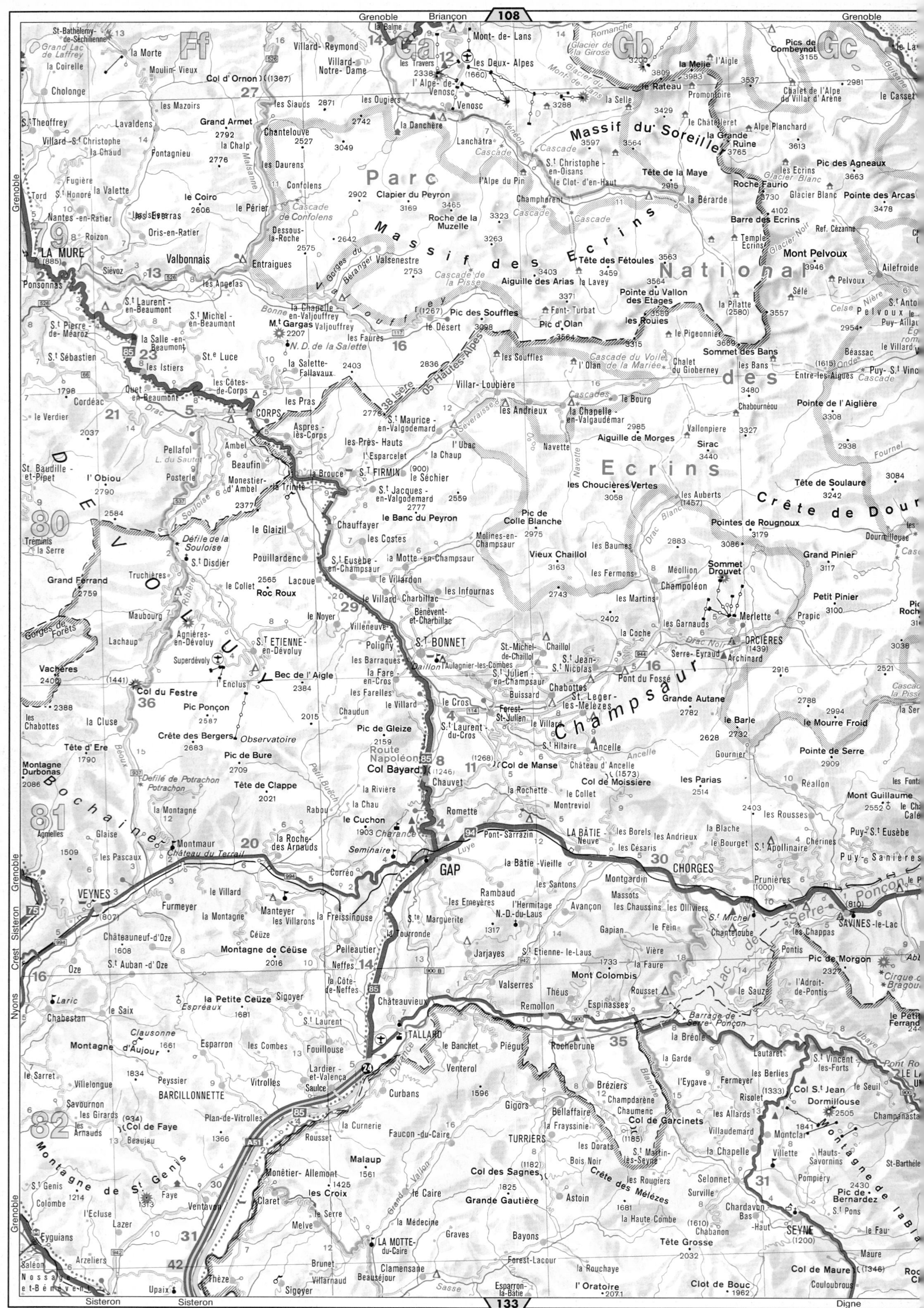

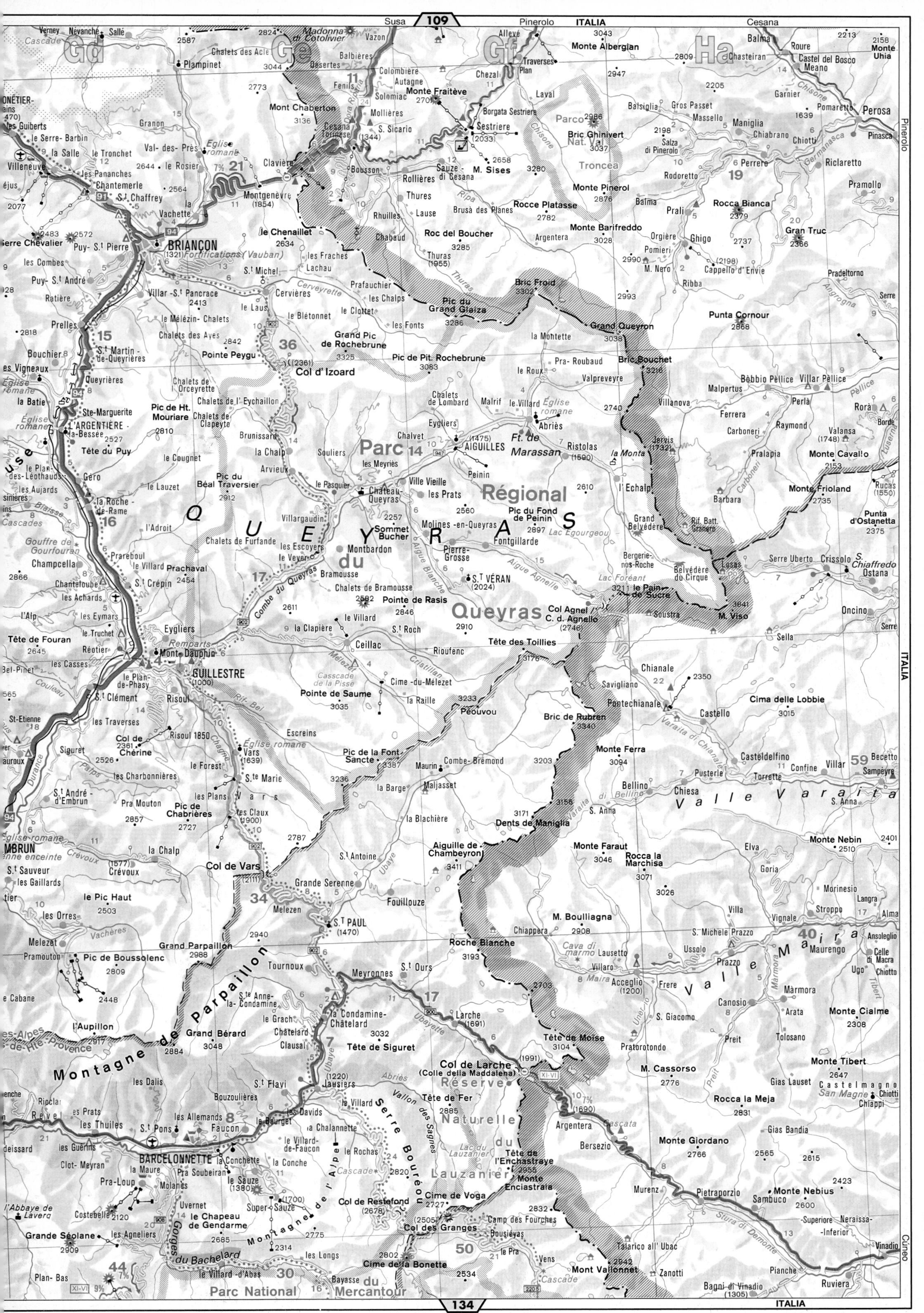

Susa
109
Pinerolo
ITALIA
Cesana
Gd
Ge
Gf
Ha
Madonna di Cotolivier
Vazon
Allevé
Monte Albergian
Balma
Roure
Monte Uhia
Castel del Bosco
Meano
Chasteiran
Névache
Sallé
Plampinet
Chalets des Aclé
Balbières
Désertes
Colombière
Autagne
Fenils
Solomiac
Monte Fraitève
Mont Chaberton
Mollières
Borgata Sestrière
Sestrière
S. Sicario
Cesana Torinese
Traverses
Plan
Chezal
Laval
Parco Nat. Val Troncea
Bric Ghinivert
Gros Passet
Massello
Maniglia
Chiabrano
Perosa
Pinasca
Pomaretto
Balsiglia
Salza di Pinerolo
Perrero
Riclaretto
Chisone
Germanasca
Garnier
Granon
Val-des-Prés
Église romane
le Rosier
Clavière
Bousson
Rollières
Sauze di Cesana
M. Sises
Thures
Rhuilles
Lause
Brusà des Planes
Rocce Platasse
Monte Pinerol
Rodoretto
Prali
Rocca Bianca
Pramollo
Gran Truc
Monte Barifreddo
Argentera
Orgière
Pomieri
Ghigo
M. Nero
Cappello d'Envie
Ribba
Pradeltorno
Angrogna
Serre
Villeneuve
la Salle
le Tronchet
les Pananches
Chantemerle
St Chaffrey
Montgenèvre
la Vachette
BRIANÇON
Fortifications (Vauban)
Puy-St Pierre
Serre Chevalier
les Combes
Puy-St André
Ratière
Villar-St Pancrace
St Michel
le Chenaillet
les Fraches
Lachau
Roc del Boucher
Thuras
Prafauchier
les Chalps
Cervières
Cerveyrette
le Laus
le Mélézin-Chalets
le Blétonnet
le Clottet
Pic du Grand Glaiza
Bric Froid
Grand Queyron
Punta Cornour
Prelles
St Martin-de-Queyrières
Bouchier
Chalets des Ayes
Pointe Peygu
Grand Pic de Rochebrune
les Fonts
Pic de Pit. Rochebrune
Col d'Izoard
la Montette
Pra-Roubaud
Bric Bouchet
le Roux
Valpreveyre
les Vigneaux
Queyrières
Chalets de l'Orceyrette
Chalets de l'Eychaillon
Chalets de Lombard
Malrif
le Villard
Église romane
Abriès
Villanova
Bobbio Pellice
Villar Pellice
Pellice
Malpertus
Perlà
Rorà
la Batie
Ste-Marguerite
L'ARGENTIÈRE-la-Bessée
Pic de Ht. Mouriare
Chalets de Clapeyto
Brunissard
Eygliers
Chalvet
AIGUILLES
Ft. de Marassan
Ristolas
la Monta
Jervis
Ferrera
Carboneri
Raymond
Valansa
Lusema
Tête du Puy
la Chalp
Souliers
Parc
les Meyriès
Peinin
Pralapia
Monte Cavallo
le Cougnet
le Plan-des-Léothauds
Géro
les Aujards
le Lauzet
Pic du Béal Traversier
Arvieux
le Pasquier
Château-Queyras
Ville Vieille
les Prats
Régional
l'Echalp
Barbara
Monte Frioland
Rucas
la Roche-de-Rame
Gouffre de Gourfouran
l'Adroit
Q U E Y R A S
Villargaudin
Sommet Bucher
Molines-en-Queyras
Pic du Fond de Peinin
Lac Egourgeou
Grand Belvédère
Rif. Batt. Granero
Punta d'Ostanetta
Prareboul
Chalets de Furfande
les Escoyers
le Veyer
Montbardon
du
Pierre-Grosse
Fontgillarde
Bergerie-nos-Roche
Champcella
le Villard
Prachaval
Bramousse
St VÉRAN
Aigue Agnelle
Aigue Blanche
Lac Foréant
le Pain-de-Sucre
Belvédère du Cirque
Losas
Serre Uberto
Crissolo
S. Chiaffredo
Ostana
Chanteloube
St Crépin
les Achards
Combe du Queyras
Chalets de Bramousse
Pointe de Rasis
Queyras
Col Agnel
C. d. Agnello
M. Viso
Soustra
Oncino
L'Alp
les Eymars
le Truchet
la Clapière
St Roch
Tête des Toillies
Sella
Tête de Fouran
Réotier
Remparts
Mont-Dauphin
Ceillac
Rioufenc
les Casses
le Plan-de-Phasy
GUILLESTRE
Cascade de la Pisse
Cime-du-Mélezet
Cristillan
Mélezet
Chianale
Savigliano
Pontechianale
Couleau
St Clément
Risoul
Rif. Bel
Pointe de Saume
la Raille
Péouvou
Bric de Rubren
Castello
Cima delle Lobbie
St-Etienne
les Traverses
Col de Chérine
Risoul 1850
Escreins
Église romane
Vars
Varaita di Chianale
Siguret
le Forest
Pic de la Font Sancte
Maurin
Combe-Brémond
Monte Ferra
Casteldelfino
Becetto
Sampeyre
les Charbonnières
Ste Marie
la Barge
Maljasset
Pusterle
Torrette
Confine
Villar
St André-d'Embrun
Pra Mouton
Pic de Chabrières
les Plans
les Claux
Bellino
Chiesa
Valle Varaita
S. Anna
la Blachière
Dents de Maniglia
Église romane
EMBRUN
Enceinte
Crévoux
la Chalp
Col de Vars
St Antoine
Aiguille de Chambeyron
Monte Faraut
Rocca la Marchisa
Monte Nebin
Elva
Goria
St Sauveur
les Gaillards
Grande Serenne
Ubaye
Fouillouze
Morinesio
Langra
le Pic Haut
les Orres
Melezen
St PAUL
M. Boulliagna
Villa
Stroppo
Vignale
Alma
Melezet
Vachères
Grand Parpaillon
Chiappera
S. Michele Prazzo
Pramouton
Pic de Boussolenc
Roche Blanche
Cava di marmo
Lausetto
Ussolo
Prazzo
Valle Maira
Maurengo
Ansoleglio
Celle di Macra
Chiotto
Ugo
Tournoux
Meyronnes
St Ours
Villaro
Acceglio
Frere
Cabane
Montagne de Parpaillon
Ste Anne-la-Condamine
le Grach
la Condamine-Châtelard
Larche
Ubayette
S. Giacomo
Canosio
Marmora
Arata
Monte Cialme
l'Aupillon
Grand Bérard
Châtelard
Clausal
Tête de Siguret
Tête de Moïse
Pratorotondo
Preit
Tolosano
Alpes-de-Hte-Provence
Montagne
Col de Larche
(Colle della Maddalena)
Réserve
M. Cassorso
Monte Tibert
les Dalis
Bouzoulières
St Flavi
Jausiers
Abriès
Vallon des Sagnes
Gias Lauset
Castelmagno
San Magno
Chiotti
Chiappi
Riocla
Revel
les Prats
les Thuiles
les Allemands
Faucon
le Bourget
les Davids
le Villard
Tête de Fer
Naturelle
Rocca la Meja
Argentera
Bersezio
Cascata
St Pons
la Chalannette
le Villard-de-Faucon
Serre Bouréou
du
Lac du Lauzanier
Tête de l'Enchastraye
Monte Giordano
Gias Bandia
les Guérins
BARCELONNETTE
la Conchette
la Conche
le Rochas
Clot-Meyran
la Maure
Pra Soubeiran
Cascade
Lauzanier
Monte Enciastraia
Pra-Loup
Molanès
le Sauze
Montagne de l'Alpe
Cime de Voga
Murenz
Pietraporzio
Monte Nebius
Sambuco
l'Abbaye de Laverq
Costebelle
Uvernet
le Chapeau de Gendarme
Super-Sauze
Col de Restefond
Camp des Fourches
Bousiéyas
Superiore
Neraissa-Inferior
Stura di Demonte
Grande Séolane
les Agneliers
Montagne
Col des Granges
Gorges du Bachelard
les Longs
Cime de la Bonette
le Pra
Vens
Talarico all' Ubac
Mont Vallonnet
Zanotti
Vinadio
Cuneo
Plan-Bas
le Villard-d'Abas
Parc National
Bayasse
du Mercantour
Cascade
Pianche
Bagni di Vinadio
Ruviera
134
ITALIA

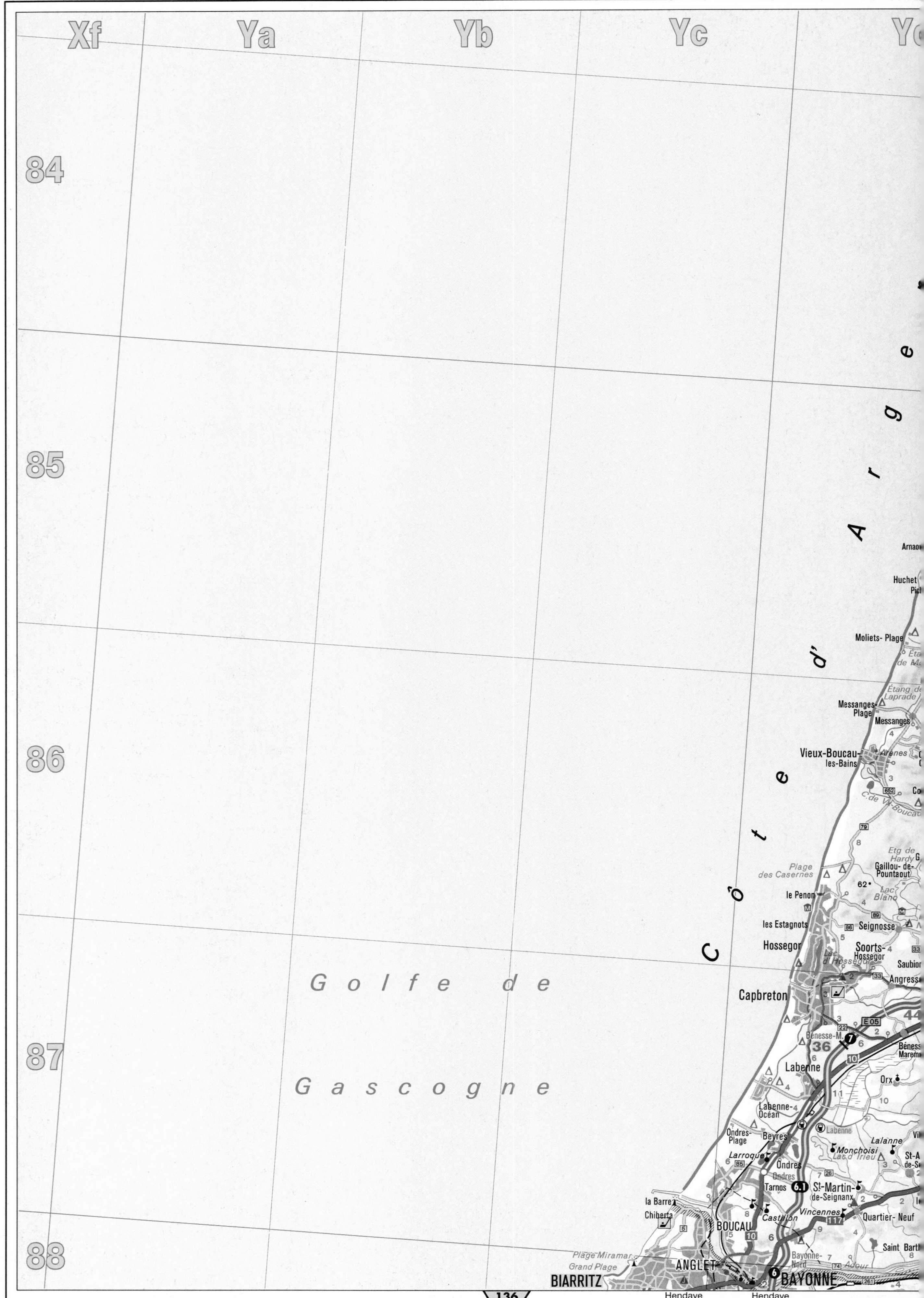

84

85

86

Golfe de

Gascogne

87

88

Arnaou

Huchet
Pич

Moliets- Plage

Etg
de M

Messanges
Plage

Messanges

4

Vieux-Boucau-
les-Bains

Arènes

652

C. de V Boucau

79

8

Etg de
Hardy G.

Plage
des Casernes

Gaillou-de-
Pountaout

62°

Lac
Blanc

le Penon

les Estagnots

Seignosse

56

89

Soorts-
Hossegor

33

Hossegor

Lac
d'Hossegor

Saubior

Angress

33

Capbreton

2

E 05

44

Bénesse-M.

36

7

Bénesse
Marem

10

Labenne

Orx

11

10

Labenne-
Océan

Labenne

Ondres-
Plage

Beyres

Lalanne

Vi

Larroque

85

Ondres

Monchoisi

Lac d'Irieu

St-A
de-S

Ondres

7

26

Tarnos

6.1

St-Martin-
de-Seignanx

Vincennes

Quartier- Neuf

la Barre
Chiberta

Castillon

117

BOUCAU

5

10

6

Saint Bart

Plage Miramar
Grand Plage

ANGLET

Bayonne-
Nord

Adour

BIARRITZ

74

BAYONNE

4

Hendaye   Hendaye

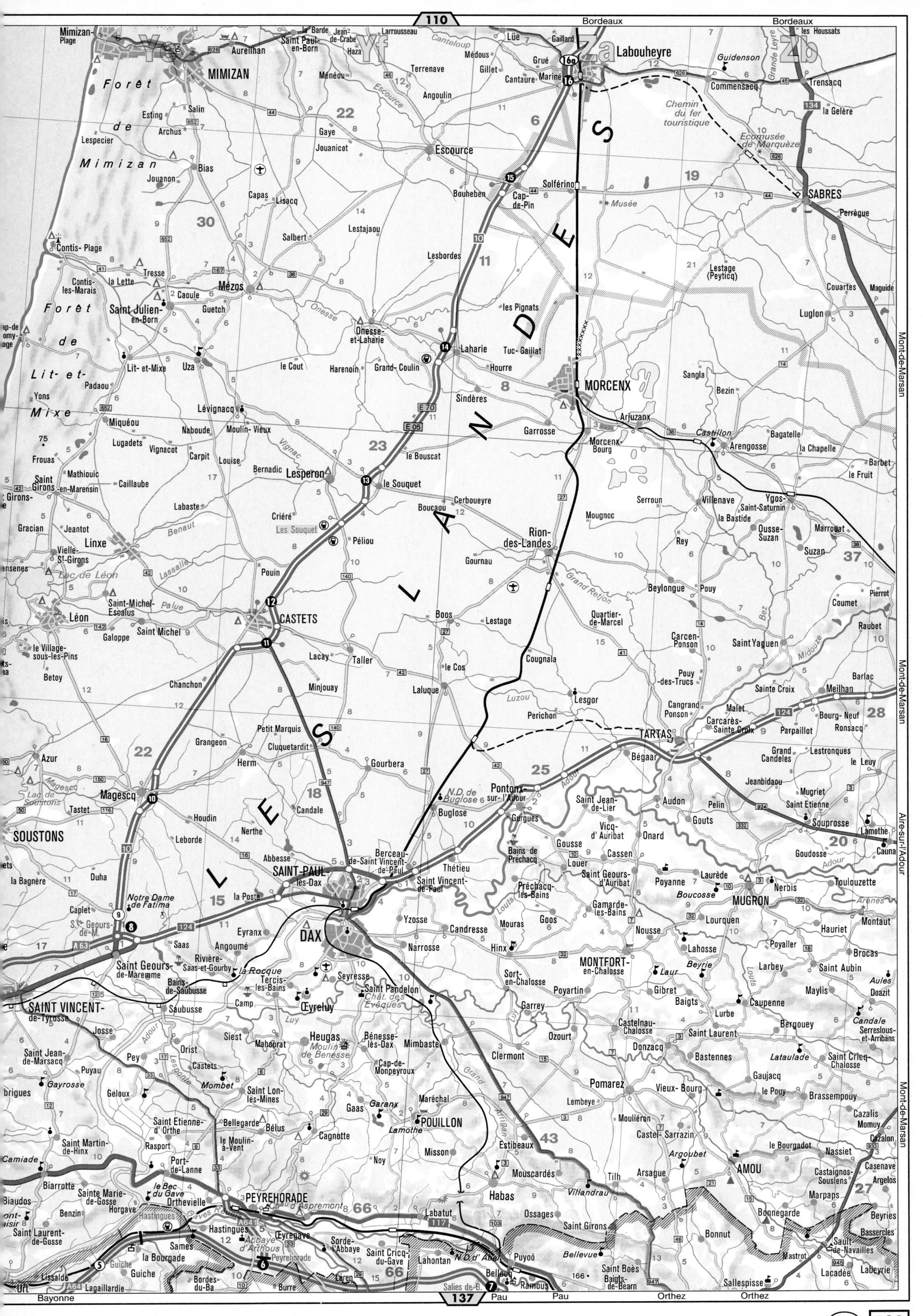

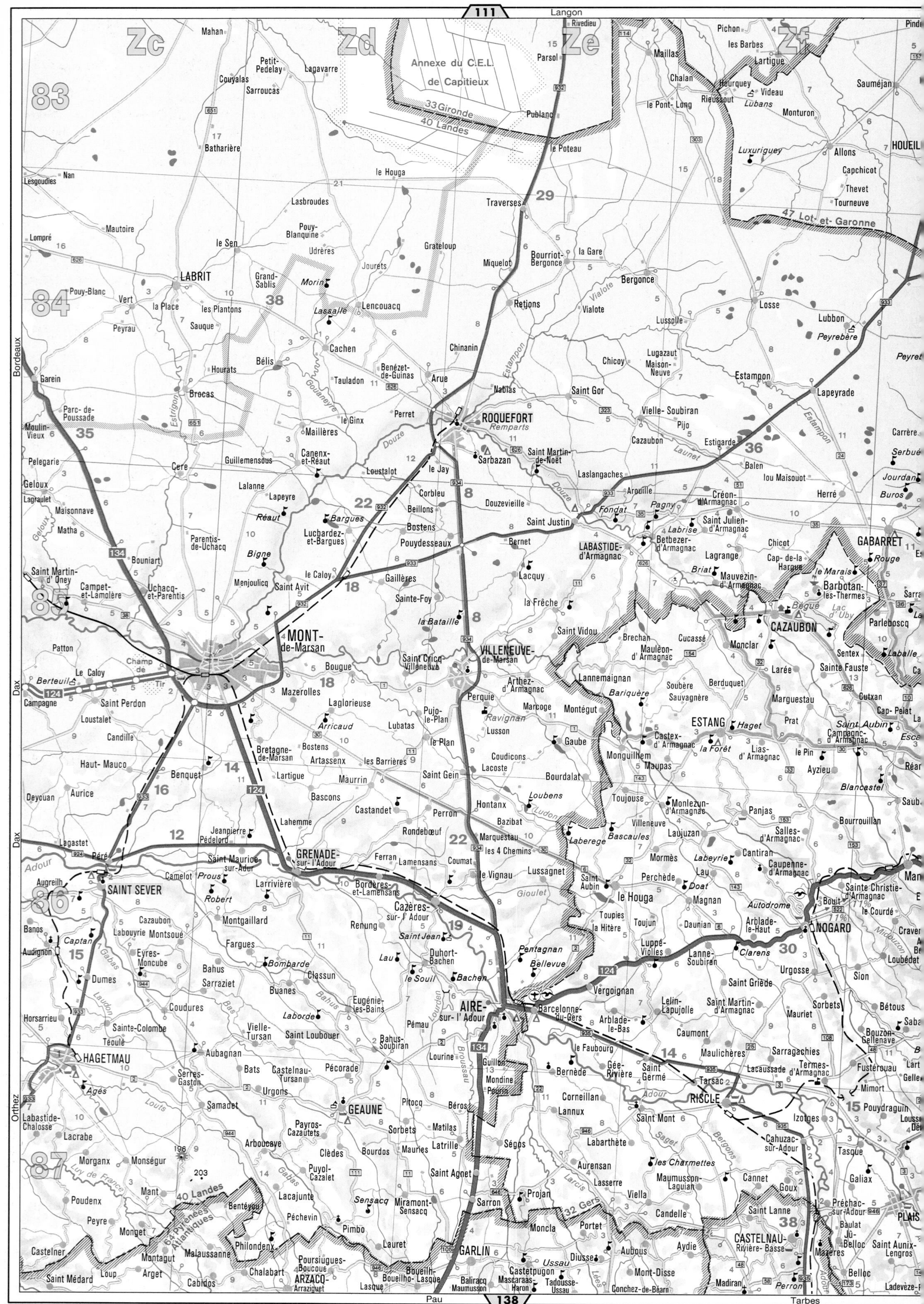
111
Langon
138
Pau
Tarbes
Zc
Zd
Ze
Zf
83
84
85
86
87
Bordeaux
Dax
Orthez
Annexe du C.E.L. de Capitieux
33 Gironde
40 Landes
47 Lot-et-Garonne
32 Gers
64 Pyrénées Atlantiques
Mahan
Petit-Pedelay
Lagavarre
Couyalas
Sarroucas
Rivedieu
Parsol
Publanc
Pichon
les Barbes
Lartigue
Maillas
Chalan
Hourquey
Videau
Lubans
Rieussout
le Pont-Long
Sauméjan
Monturon
Batharière
le Poteau
Luxuriguey
Allons
HOUEILLÈS
Capchicot
Thevet
Tourneuve
Nan
Lesgoudies
le Houga
Lasbroudes
Traverses
Mautoire
Pouy-Blanquine
Lompré
le Sen
Udrères
Grateloup
Bourriot-Bergonce
la Gare
Miquelot
LABRIT
Grand-Sablis
Jourets
Morin
Bergonce
Pouy-Blanc
Vert
la Place
les Plantons
Lassalle
Lencouacq
Retjons
Vialote
Losse
Lubbon
Peyrebère
Peyrau
Sauque
Cachen
Chinanin
Lussolle
Bélis
Hourats
Benézet-de-Guinas
Tauladon
Arue
Chicoy
Lugazaut
Maison-Neuve
Estampon
Peyret
Garein
Brocas
Nablas
Saint Gor
Lapeyrade
Parc-de-Poussade
le Ginx
Perret
ROQUEFORT
Remparts
Vielle-Soubiran
Pijo
Moulin-Vieux
Maillères
Cazaubon
Estigarde
Carrère
Canenx-et-Réaut
Sarbazan
Saint Martin-de-Noët
Balen
Serbué
Pelegarie
Guillemensous
Cere
Loustalot
le Jay
Laslangaches
lou Maisouot
Jourdan
Geloux
Lagraulet
Lalanne
Corbleu
Arouille
Créon-d'Armagnac
Herré
Buros
Maisonnave
Lapeyre
Réaut
Beillons
Douzevieille
Fondat
Pagny
Matha
Bargues
Lucbardez-et-Bargues
Bostens
Saint Justin
Labrise
Saint Julien-d'Armagnac
Parentis-de-Uchacq
Pouydesseaux
Bernet
LABASTIDE-D'ARMAGNAC
Betbezer-d'Armagnac
Chicot
GABARRET
Bigne
Lagrange
Cap-de-la-Hargue
Rouge
Saint Martin-d'Oney
Bouniart
le Caloy
Gaillères
Lacquy
Briat
Mauvezin-d'Armagnac
le Marais
Campet-et-Lamolère
Uchacq-et-Parentis
Menjoulicq
Saint Avit
Sainte-Foy
Barbotan-les-Thermes
la Frêche
Bégué
Lac d'Uby
la Bataille
Saint Vidou
Brechan
Cucassé
CAZAUBON
Parlebosq
Patton
MONT-de-MARSAN
VILLENEUVE-de-Marsan
Mauléon-d'Armagnac
Monclar
Sentex
Laballe
Le Caloy
Champ de Tir
Bougue
Saint Cricq-Villeneuve
Lannemaignan
Larée
Sainte Fauste
Berteuil
Campagne
Saint Perdon
Mazerolles
Arthez-d'Armagnac
Bariquère
Soubère
Sauvagnère
Berduquet
Marguestau
Cutxan
Laglorieuse
Perquie
Marcoge
Montégut
Cap-Pelat
Loustalet
Arricaud
Lubatas
Pujo-le-Plan
Ravignan
Lusson
ESTANG
Haget
Prat
Saint Aubin
Campagne-d'Armagnac
Candille
Castex-d'Armagnac
la Forêt
Lias-d'Armagnac
le Pin
Bretagne-de-Marsan
Bostens
le Plan
Gaube
Monguilhem
Maupas
Ayzieu
Haut-Mauco
Artassenx
les Barrières
Coudicons
Lacoste
Bourdalat
Benquet
Lartigue
Saint Gein
Blancastel
Deyouan
Aurice
Maurrin
Toujouse
Monlezun-d'Armagnac
Panjas
Bascons
Hontanx
Loubens
Castandet
Perron
Bazibat
Villeneuve
Bourrouillan
Lahemme
Laberege
Bascaules
Laujuzan
Salles-d'Armagnac
Legastet
Jeanpierre
Pédelord
Rondebœuf
Marquestau
les 4 Chemins
Cantiran
Péré
GRENADE-sur-l'Adour
Ferran
Lamensans
Coumat
Mormès
Labeyrie
Caupenne-d'Armagnac
Saint Maurice-sur-Adour
Lussagnet
Perchède
Lau
Doat
Augreilh
Camelot
Prous
SAINT SEVER
Larrivière
Bordères-et-Lamensans
le Vignau
Saint Aubin
le Houga
Magnan
Autodrome
Sainte Christie-d'Armagnac
Robert
Cazères-sur-l'Adour
Gioulet
Bouit
le Courdé
Cazaubon
Labouyrie
Montsoué
Montgaillard
Toupies
la Hitère
Toujun
Daunian
Arblade-le-Haut
NOGARO
Banos
Captan
Renung
Saint Jean
Audignon
Eyres-Moncube
Fargues
Pentagnan
Lanne-Soubiran
Clarens
Crabe
Dumes
Bahus
Bombarde
Lau
Duhort-Bachen
Bellevue
Luppé-Violles
Urgosse
Loubédat
Sarraziet
Classun
le Souil
Bachen
Vergoignan
Saint Griède
Sion
Horsarrieu
Coudures
Buanes
Eugénie-les-Bains
AIRE-sur-l'Adour
Barcelonne-du-Gers
Arblade-le-Bas
Lelin-Lapujolle
Saint Martin-d'Armagnac
Sorbets
Bétous
Sainte-Colombe
Teoulé
Laborde
Vielle-Tursan
Pémau
Mauriet
Bouzon-Gellenave
HAGETMAU
Aubagnan
Saint Loubouer
Bahus-Soubiran
Caumont
Le Faubourg
Maulichères
Sarragachies
Bats
Castelnau-Tursan
Pécorade
Lourine
Guillon
Bernède
Gée-Rivière
Saint Germé
Lacaussade
Termes-d'Armagnac
Fustérouau
Agès
Serres-Gaston
Urgons
Mondine
Pourin
Corneillan
Tarsac
Mimort
Labastide-Chalosse
Samadet
GEAUNE
Pitocq
Béros
Lannux
Saint Mont
RISCLE
Poudraguin
Lacrabe
Payros-Cazautets
Sorbets
Matilas
Izotges
Arboucave
Clèdes
Bourdos
Mauries
Latrille
Ségos
Labarthète
Cahuzac-sur-Adour
Tasque
Morganx
Monségur
Puyol-Cazalet
Saint Agnet
Aurensan
les Charmettes
Galiax
Mant
Lasserre
Maumusson-Laguian
Cannet
Goux
Poudenx
Lacajunte
Sensacq
Miramont-Sensacq
Sarron
Projan
Viella
Préchac-sur-Adour
PLAISANCE
Peyre
Bentéyou
Péchevin
Candelle
Saint Lanne
Monget
Pimbo
Moncla
Portet
Baulat
Castelner
Montagut
Philondenx
Lauret
Aubous
Aydie
CASTELNAU-Rivière-Basse
Jû-Belloc
Saint Aunix-Lengros
Malaussanne
Poursiugues-Boucoue
Boueilh-Lasque
GARLIN
Ussau
Diusse
Mazères
Saint Médard
Loup
Arget
Cabidos
Chalabart
ARZACQ-Arraziguet
Lasque
Bouelho-Lasque
Baliracq
Maumusson
Castetpugon
Mascaraas-Haron
Tadousse-Ussau
Mont-Disse
Conchez-de-Béarn
Madiran
Perron
Belloc
Ladevèze-Ville
Douze
Estampon
Estrigon
Gouaneyre
Geloux
Midouze
Adour
Gabas
Louts
Luy de France
Bahus
Laudon
Bas
Lourden
Broussau
Larcis
Saget
Bergons
Ludon
Launet
Vialote
Izaute
Midou
Lées
Adour

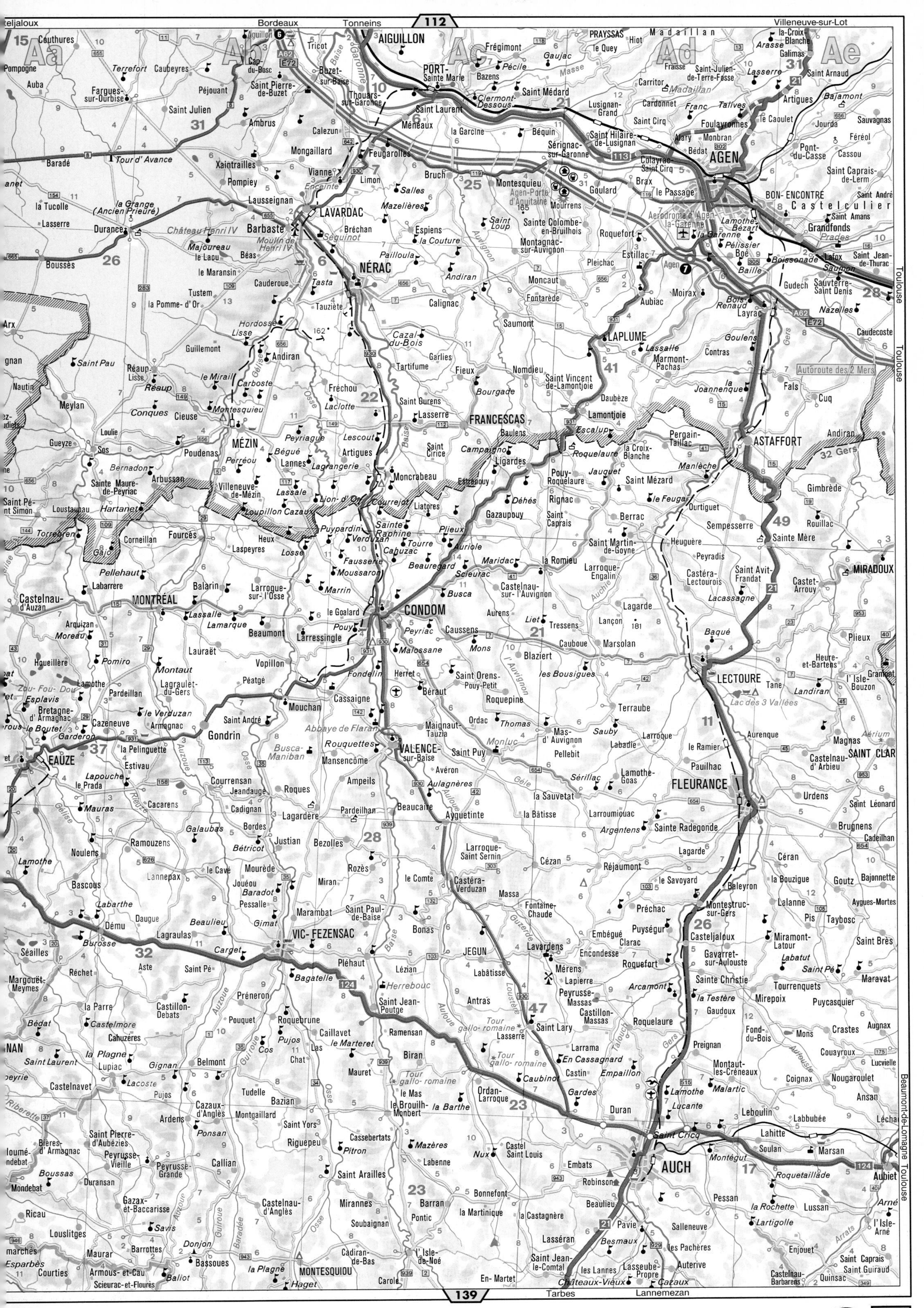

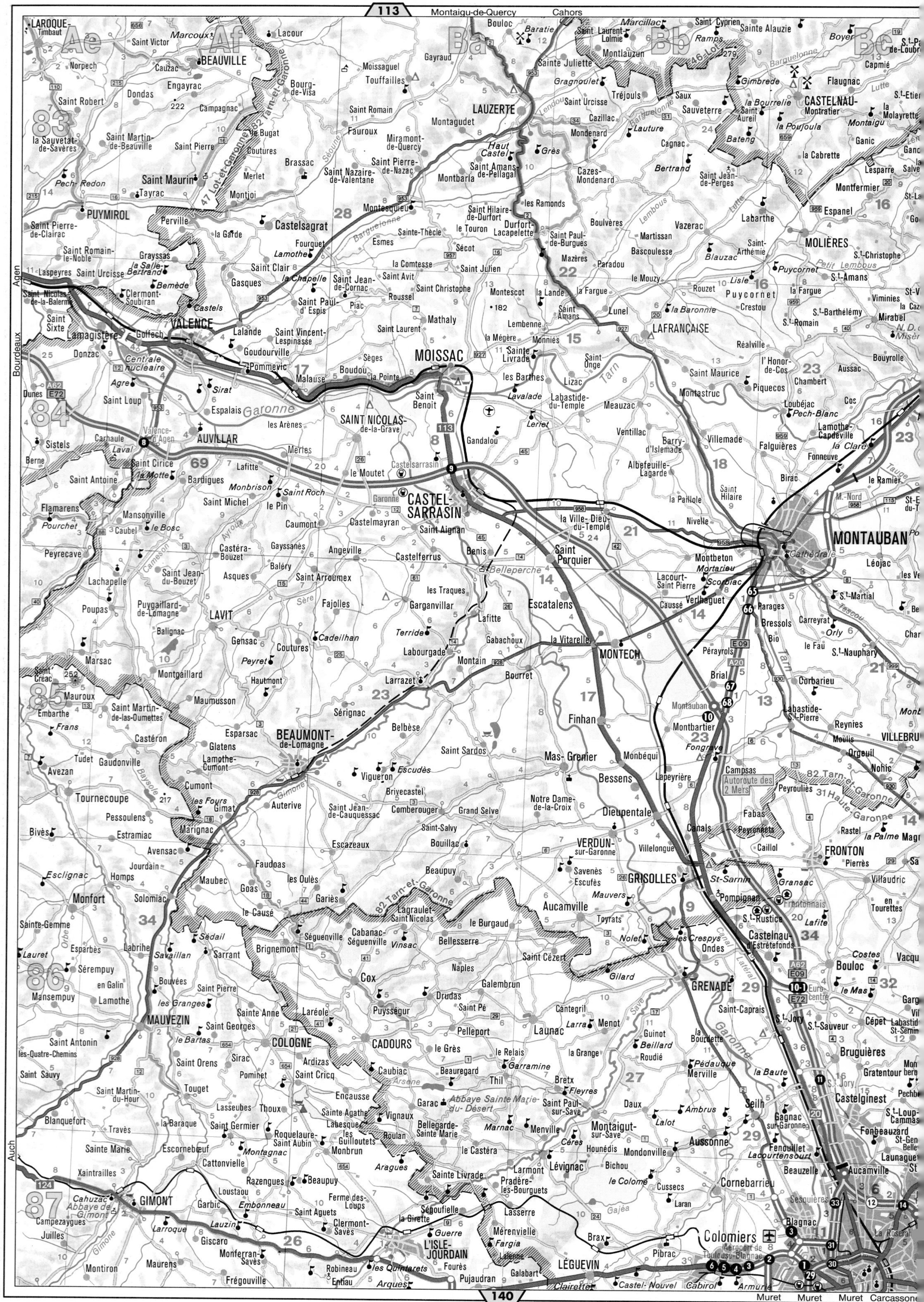
113
Montaigu-de-Quercy
Cahors
LAROQUE-Timbaut
Saint Victor
Marcoux
Lacour
Bouloc
Baratie
Marcillac
Saint Laurent-Lolmie
Saint Cyprien
Ramps
Sainte Alauzie
Boyer
Norpech
BEAUVILLE
Cauzac
Engayrac
Dondas
Gayraud
Moissaguel
Touffailles
Bourg-de-Visa
Montlauzun
Sainte Juliette
Gragnoulet
Trejouls
Saux
Sauveterre
Gimbrede
Flaugnac
CASTELNAU-Montratier
Saint Robert
Campagnac
Saint Romain
LAUZERTE
Saint Urcisse
Cazillac
la Bourrelie
la Poujoula
Montaigu
Saint Martin-de-Beauville
Saint Pierre
le Bugat
Fauroux
Miramont-de-Quercy
Montagudet
Mondenard
Lauture
Cagnac
Bateng
Ganic
la Sauvetat-de-Savères
Coutures
Brassac
Haut Castel
Grès
la Cabrette
Saint Pierre-de-Nazac
Saint Nazaire-de-Valentane
Saint Amans-de-Pellagal
Montbarla
Cazes-Mondenard
Bertrand
Saint Jean-de-Perges
Lesparre
Pech-Redon
Saint Maurin
Merlet
Tayrac
Montjoi
les Ramonds
Montfermier
PUYMIROL
Perville
Castelsagrat
Montesquieu
Saint Hilaire-de-Durfort
Durfort-Lacapelette
Boulvères
Vazerac
Labarthe
Espanel
Saint Pierre-de-Clairac
la Garde
Fourquet
Esmes
Sainte-Thècle
le Touron
Saint Paul-de-Burgues
Martissan
Bascoulesse
Saint-Arthémie
Blauzac
MOLIÈRES
Saint Romain-le-Noble
Grayssas
Lamothe
Sécot
Mazères
Paradou
St-Christophe
Puycornet
Laspeyres
Saint Urcisse
la Salle-Bertrand
Saint Clair
la Comtesse
Saint Julien
le Mouzy
Lisle
Puycornet
St-Amans
Bemède
Gasques
la Chapelle
Saint Jean-de-Cornac
Saint Avit
Saint Christophe
Montescot
la Lande
la Fargue
Rouzet
la Fargue
Viminies
Saint Nicolas-de-la-Balerme
Clermont-Soubiran
Saint Paul-d'Espis
Piac
Roussel
Crestou
la Baronnie
St-Barthélémy
Mirabel
Castels
Saint Sixte
VALENCE
Lalande
Saint Vincent-Lespinasse
Mathaly
Lembenne
Saint Amans
Lunel
LAFRANÇAISE
St-Romain
Lamagistère
Golfech
Goudourville
Saint Laurent
la Mégère
Monniès
Réalville
Donzac
Centrale nucléaire
Pommevic
Sèges
MOISSAC
Sainte Livrade
Saint Onge
Bouyrolle
Malause
Boudou
la Pointe
les Barthes
Lizac
Tarn
Saint Maurice
l'Honor-de-Cos
Aussac
Agre
Sirat
Lavalade
Labastide-du-Temple
Montastruc
Piquecos
Chambert
Dunes
Saint Loup
Espalais
Garonne
Saint Benoit
Meauzac
Loubéjac
Pech-Blanc
Coc
Bourdeaux
Agen
les Arènes
SAINT NICOLAS-de-la-Grave
Leriet
Sistels
Carhaule
Valence-d'Agen
AUVILLAR
Gandalou
Ventillac
Barry-d'Islemade
Villemade
Lamothe-Capdeville
Falguières
Berne
Laval
Saint Cirice
Merles
Lafitte
Albefeuille-Lagarde
la Clare
Fonneuve
Saint Antoine
la Motte
Bardigues
le Moutet
Castelsarrasin
Monbrison
Saint Roch
Birac
le Ramier
Flamarens
Saint Michel
le Pin
CASTEL-SARRASIN
la Paillole
Saint Hilaire
M.-Nord
Pourchet
Mansonville
Caumont
Castelmayran
la Ville-Dieu-du-Temple
Nivelle
Caubel
le Bosc
Saint Aignan
Peyrecave
Castéra-Bouzet
Gayssanès
Angeville
Castelferrus
Benis
Saint Porquier
Montbeton
MONTAUBAN
Cathédrale
Léojac
Baléry
Mortarieu
Saint Jean-du-Bouzet
Asques
Saint Arroumex
Belleperche
Lacourt-Saint Pierre
Scorbiac
Lachapelle
les Traques
Escatalens
St-Martial
Sère
Caussé
Verlhaguet
Parages
Poupas
Puygaillard-de-Lomagne
LAVIT
Fajolles
Garganvillar
Lafitte
Bressols
Carreyrat
Orly
Balignac
Gensac
Coutures
Cadeilhan
Terride
Gabachoux
la Vitarelle
Bio
le Fau
Marsac
Peyret
Labourgade
Montain
MONTECH
Pérayrols
St-Nauphary
Saint Créac
Mauroux
Montgaillard
Hautmont
Larrazet
Bourret
Brial
Corbarieu
Embarthe
Saint Martin-de-las-Oumettes
Maumusson
Sérignac
Montauban
Finhan
Frans
Castéron
Esparsac
BEAUMONT-de-Lomagne
Belbèse
Montbartier
Labastide-St-Pierre
Reynies
Glatens
Fongrave
Moulis
VILLEBRU
Tudet
Gaudonville
Lamothe-Cumont
Saint Sardos
Mas-Grenier
Monbéqui
Orgueil
Avezan
Vigueron
Escudès
Bessens
Lapeyrière
Campsas
Nohic
Cumont
Autoroute des 2 Mers
Peyroulies
Tournecoupe
les Fours
Gimat
Briyecastel
Gimone
Notre Dame-de-la-Croix
Pessoulens
Auterive
Saint Jean-de-Cauquessac
Comberouger
Grand Selve
Dieupentale
Fabas
Peyronnets
Rastel
Bivès
Marignac
Saint-Salvy
Canals
Estramiac
Escazeaux
Bouillac
VERDUN-sur-Garonne
Villelongue
Caillol
la Palme
FRONTON
Pierrès
Avensac
Jourdain
Faudoas
Beaupuy
Esclignac
Homps
Maubec
les Oulès
Savenès
Escufès
GRISOLLES
St-Sarnin
Gransac
Villaudric
Monfort
Solomiac
Goas
Gariès
Mauvers
Pompignan
Frontonnais
Lagraulet-Saint Nicolas
le Causé
Aucamville
Toyrats
St-Rustice
en Tourettes
Sainte-Gemme
le Burgaud
Lafite
Cabanac-Séguenville
Labrihe
Sédail
Séguenville
Brignemont
Nolet
les Crespys
Castelnau-d'Estrétefonds
Ondes
Lauret
Esparbès
Savaillan
Sarrant
Vinsac
Bellesserre
Saint Cézert
Costes
Vacqu
Sérempuy
Naples
Gilard
GRENADE
Bouloc
en Galin
Bouvées
Cox
Galembrun
le Mas
Mansempuy
Lamothe
Saint Pierre
Drudas
Eurocentre
les Granges
Sainte Anne
Laréole
Puysségur
Saint Pé
Cantegril
Saint-Caprais
St-Jory
St-Sauveur
Cépet
MAUVEZIN
Saint Georges
Larra
Menot
le Bartas
COLOGNE
CADOURS
Pelleport
Launac
Guinot
la Bourdette
Beillard
Bruguières
Saint Antonin
les-Quatre-Chemins
Saint Orens
Sirac
Ardizas
le Grès
le Relais
la Grange
Roudié
Garramine
Pédauque
Merville
la Baute
Gratentour
Saint Sauvy
Pominet
Saint Cricq
Caubiac
Beauregard
Thil
Bretx
Saint Martin-du-Hour
Touget
Arsène
Abbaye Sainte Marie-du-Désert
Fleyres
Saint Paul-sur-Save
Castelginest
Encausse
Garac
Lasseubes
Thoux
Daux
Ambrus
Seilh
St-Loup-Cammas
Blanquefort
Travès
la Baraque
Saint Germier
Sainte Agathe
Labesque
Vignaux
Marnac
Menville
Montaigut-sur-Save
Lalot
Gagnac-sur-Garonne
Fonbeauzard
Roquelaure-Saint Aubin
les Guilloutets
Roulan
Bellegarde-Sainte Marie
Céres
Hounédis
Mondonville
Aussonne
Fenouillet
Lacourtensourt
Launaguet
Sainte Marie
Escornebœuf
Montagnac
Monbrun
le Castéra
Lévignac
Bichou
Cattonville
Aragues
Larmont
Xaintrailles
Sainte Livrade
Pradère-les-Bourguets
le Colomé
Cussecs
Cornebarrieu
Beauzelle
Aucamville
Razengues
Beaupuy
Auch
Cahuzac
Abbaye de Gimont
GIMONT
Loustaou
Ferme des-Loups
Sénoufielle
Lasserre
Laran
Sesquières
Campezayques
Garbic
Embonneau
Saint Aguets
la Girette
Gajéa
Blagnac
Juilles
Larroque
Lauzin
Clermont-Savès
Guerre
Mérenville
Brax
Colomiers
Aéroport de Toulouse-Blagnac
Giscaro
Fargia
Lalenne
la Roseraie
Monferran-Savès
L'ISLE-JOURDAIN
Pibrac
Maurens
Fourès
Galabart
LÉGUEVIN
Montiron
Robineau
les Quintarets
Frégouville
Entiau
Arques
Pujaudran
Clairefeuille
Castel-Nouvel
Cabirol
Armurié
140
Muret
Muret
Muret
Carcassonne

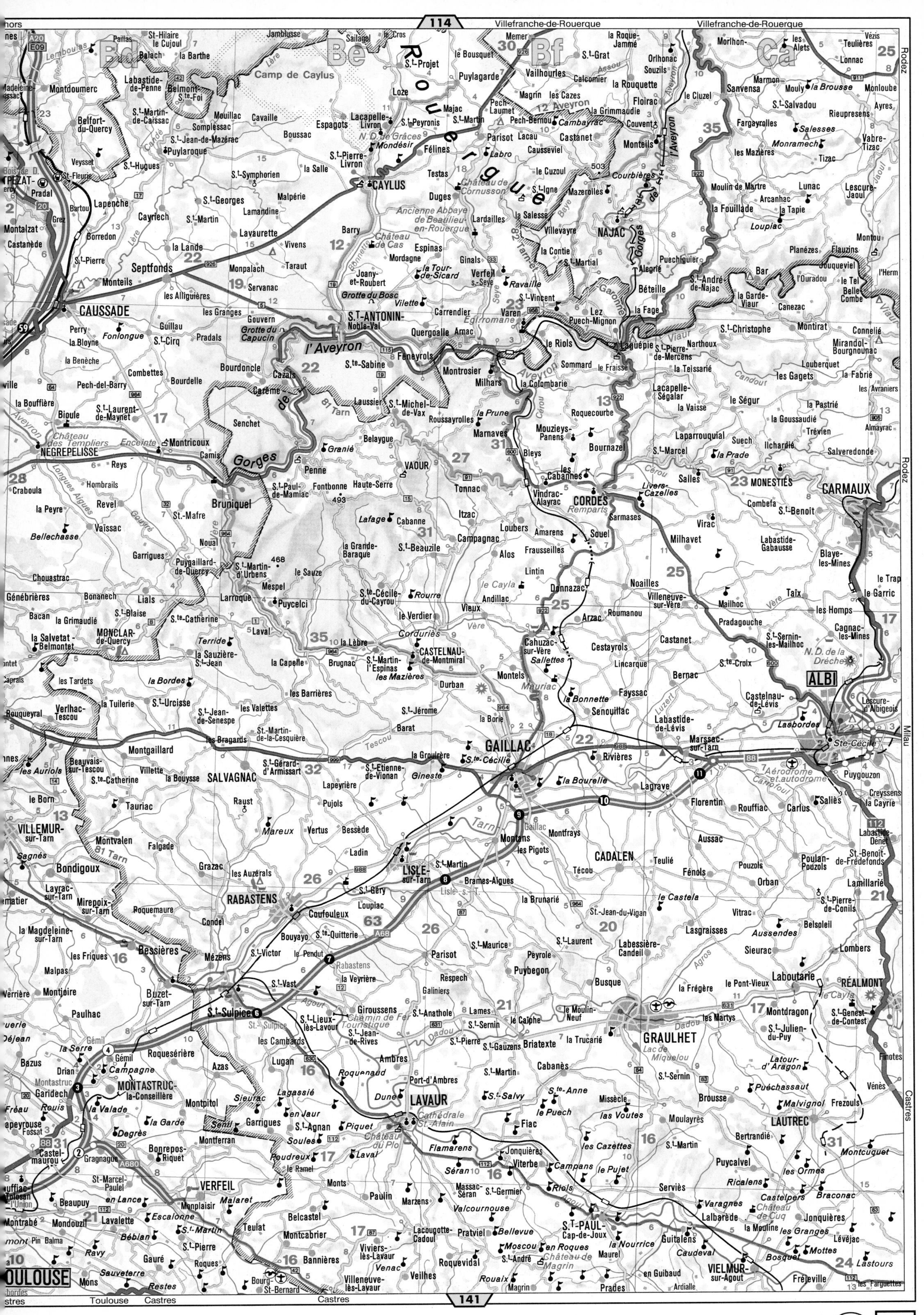
114
Villefranche-de-Rouergue
Villefranche-de-Rouergue
Bd
Be
Bf
Ca
Rouergue
Camp de Caylus
CAUSSADE
Septfonds
Caylus
S.t-ANTONIN-Noble-Val
l'Aveyron
Gorges de l'Aveyron
NEGREPELISSE
Bruniquel
Penne
Vaour
CORDES
Laguépie
NAJAC
CARMAUX
Monesties
ALBI
Ste-Cécile
GAILLAC
CADALEN
LISLE-sur-Tarn
RABASTENS
Coufouleux
SALVAGNAC
VILLEMUR-sur-Tarn
Bondigoux
Bessières
S.t-Sulpice
MONTASTRUC-la-Conseillère
VERFEIL
LAVAUR
GRAULHET
RÉALMONT
LAUTREC
S.t-PAUL-Cap-de-Joux
VIELMUR-sur-Agout
TOULOUSE
Castelnau-de-Montmiral
Puycelci
Montricoux
Monclar-de-Quercy
Villefranche
Rodez
Milau
Castres
Toulouse
Castres
Castres
141

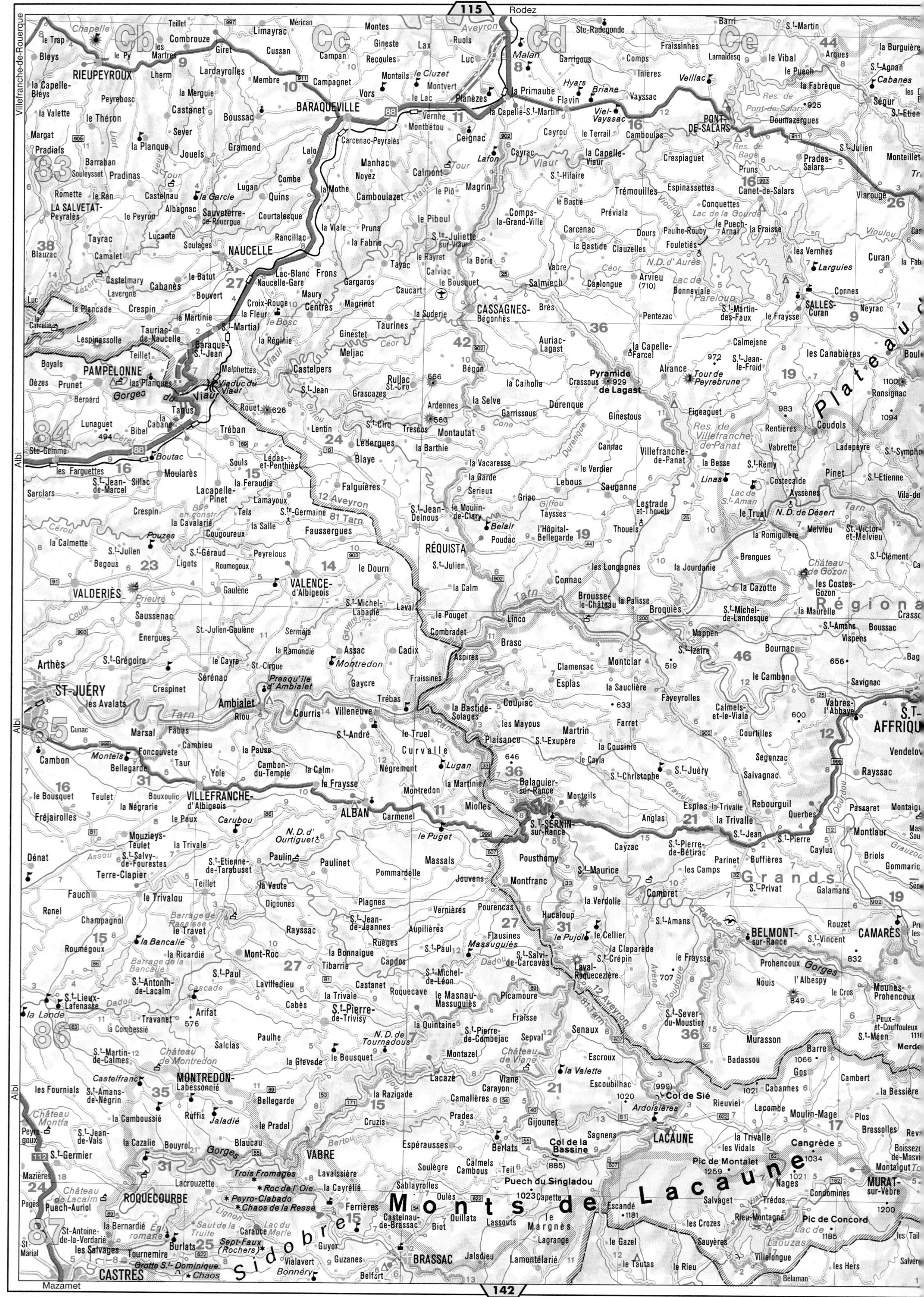

115
Rodez
Cb
Cc
Cd
Ce
RIEUPEYROUX
BARAQUEVILLE
NAUCELLE
PAMPELONNE
CASSAGNES-Bégonhès
PONT-DE-SALARS
SALLES-Curan
Pyramide de Lagast
Tour de Peyrebrune
Villefranche-de-Panat
RÉQUISTA
VALENCE-d'Albigeois
VALDERIÈS
ST-JUÉRY
Ambialet
VILLEFRANCHE-d'Albigeois
ALBAN
S.t-SERNIN-sur-Rance
BELMONT-sur-Rance
CAMARÈS
ST-AFFRIQUE
MONTREDON-Labessonnié
VABRE
LACAUNE
BRASSAC
ROQUECOURBE
CASTRES
MURAT-sur-Vèbre
Monts de Lacaune
Sidobre
Plateau du Larzac
Régional
Grands
Pic de Montalet
Pic de Concord
Puech du Singladou
Col de la Bassine
Col de Sié
Viaduc du Viaur
Aveyron
Tarn
Viaur
Rance
Albi
Mazamet
Villefranche-de-Rouergue
142

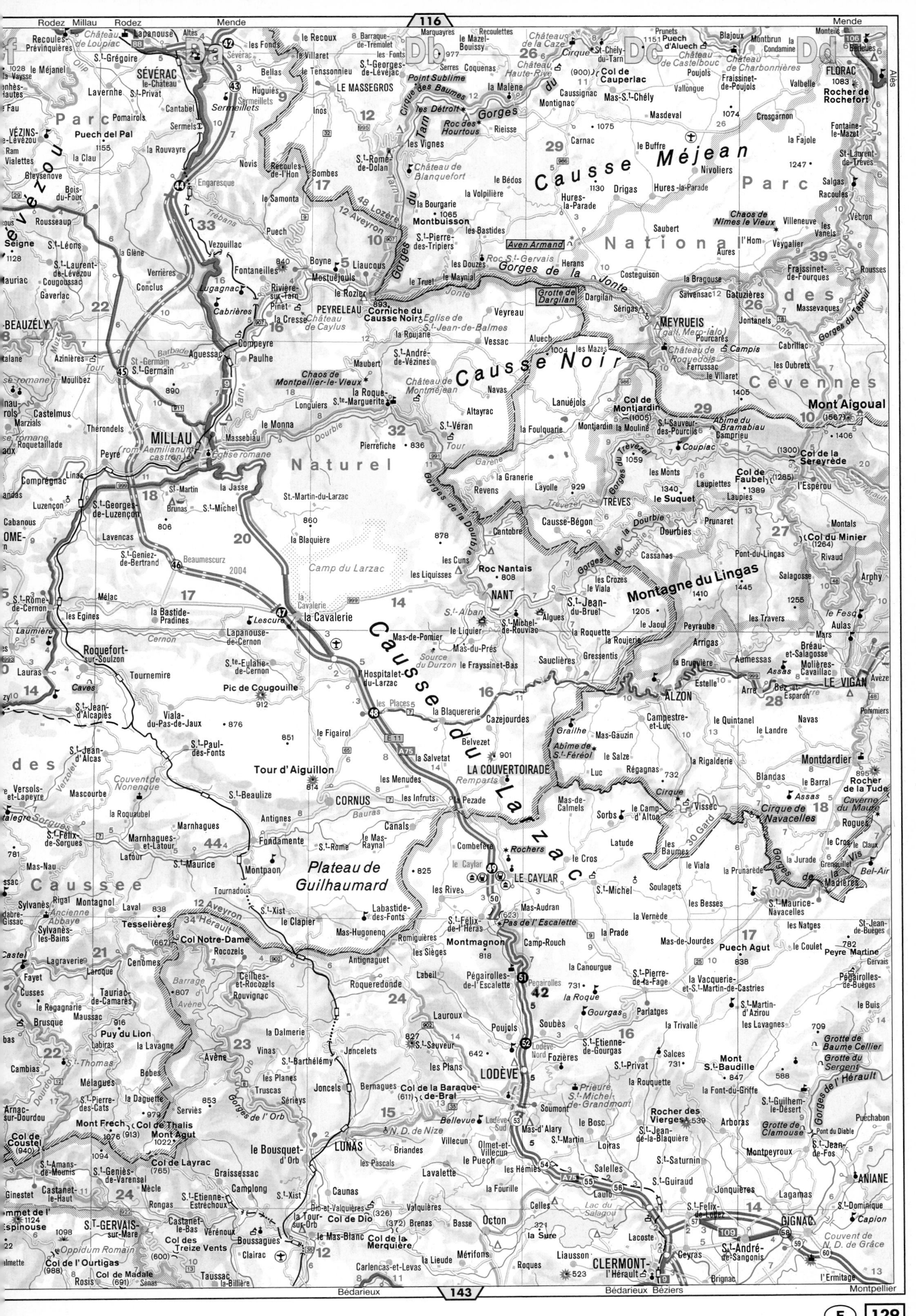
116
143
Rodez Millau Rodez
Mende
Mende
Bédarieux
Bédarieux Béziers
Montpellier
Da
Db
Dc
Dd
SÉVÉRAC
le-Château
LE MASSEGROS
Point Sublime
Gorges du Tarn
Causse Méjean
Parc National des Cévennes
FLORAC
Rocher de Rochefort
Col de Cauperlac
Mas-S.t-Chély
Nivoliers
Hures-la-Parade
Chaos de Nîmes le Vieux
Aven Armand
Gorges de la Jonte
Grotte de Dargilan
MEYRUEIS
Montbrun
S.t-Rome-de-Dolan
Montbuisson
S.t-Pierre-des-Tripiers
Liaucous
PEYRELEAU
Corniche du Causse Noir
Causse Noir
Chaos de Montpellier-le-Vieux
Château de Montméjean
Lanuéjols
Col de Montjardin
Mont Aigoual
Abîme du Bramabiau
Camprieu
Col de la Séreyrède
Col de Faubel
l'Espérou
le Suquet
TRÈVES
Gorges de la Dourbie
Montagne du Lingas
Col du Minier
Causse-Bégon
Dourbies
MILLAU
Aguessac
Compeyre
Paulhe
S.t-Georges-de-Luzençon
Naturel
Camp du Larzac
Roc Nantais
NANT
S.t-Jean-du-Bruel
la Cavalerie
Causse du Larzac
Roquefort-sur-Soulzon
Pic de Cougouille
l'Hospitalet-du-Larzac
LA COUVERTOIRADE
Tour d'Aiguillon
CORNUS
ALZON
LE VIGAN
Cirque de Navacelles
Rocher de la Tude
Montdardier
Vissec
Plateau de Guilhaumard
LE CAYLAR
Pas de l'Escalette
Montmagnon
Col Notre-Dame
S.t-Maurice-Navacelles
Puech Agut
Grotte de Baume Cellier
Grotte du Sergent
Gorges de l'Hérault
Mont S.t-Baudille
S.t-Guilhem-le-Désert
Grotte de Clamouse
Rocher des Vierges
LODÈVE
Col de la Baraque-de-Bral
Prieuré S.t-Michel-de-Grandmont
Puy du Lion
Mont Frech
Col de Thalis
Mont Agut
Col de Layrac
LUNAS
le Bousquet-d'Orb
S.T-GERVAIS-sur-Mare
Col de l'Ourtigas
Col de Madale
Col de Dio
Col de la Merquière
Lac du Salagou
CLERMONT-l'Hérault
GIGNAC
S.t-André-de-Sangonis
ANIANE
Couvent de N.D. de Grâce
Brusque
Avène
Sylvanès
Ancienne Abbaye
Caussee
A75
E11

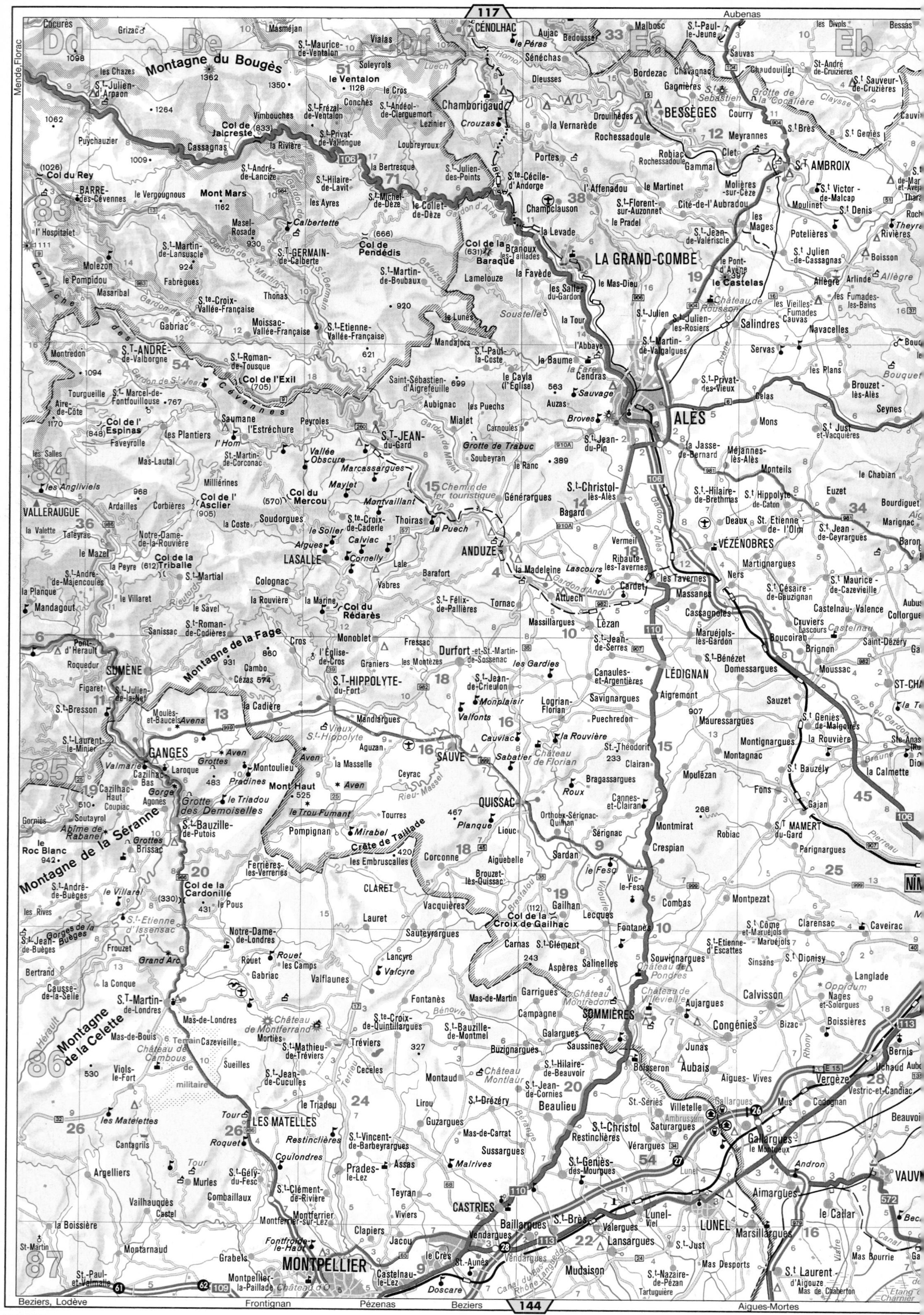

117
Aubenas
Dd
De
Df
Ea
Eb
Mende, Florac
Montagne du Bougès
Cocurès
Grizac
Masméjan
Vialas
Génolhac
Aujac
Bedousse
Malbosc
Bessèges
Chamborigaud
Col de Jalcreste
Cassagnas
Col du Rey
Barre-des-Cévennes
Mont Mars
Le Collet-de-Dèze
Ste-Cécile-d'Andorge
La Grand-Combe
St-Ambroix
St-Germain-de-Calberte
Col de Pendédis
Ste-Croix-Vallée-Française
St-André-de-Valborgne
Col de l'Exil
Saumane
St-Jean-du-Gard
Alès
Vallerauguе
Col de l'Asclier
Col du Mercou
Anduze
Lasalle
Col du Rédarès
Vézénobres
Ledignan
Sumène
St-Hippolyte-du-Fort
Montagne de la Fage
Durfort
Ganges
Sauve
Quissac
Montagne de la Séranne
St-Bauzille-de-Putois
Col de la Cardonille
Claret
Col de la Croix de Gailhac
St-Mamert-du-Gard
Sommières
Calvisson
Montagne de la Celette
St-Martin-de-Londres
Les Matelles
St-Christol
Lunel
Castries
Montpellier
Vergèze
Vauvert
Nîmes
106
110
113
Beziers, Lodève
Frontignan
Pézenas
Beziers
144
Aigues-Mortes

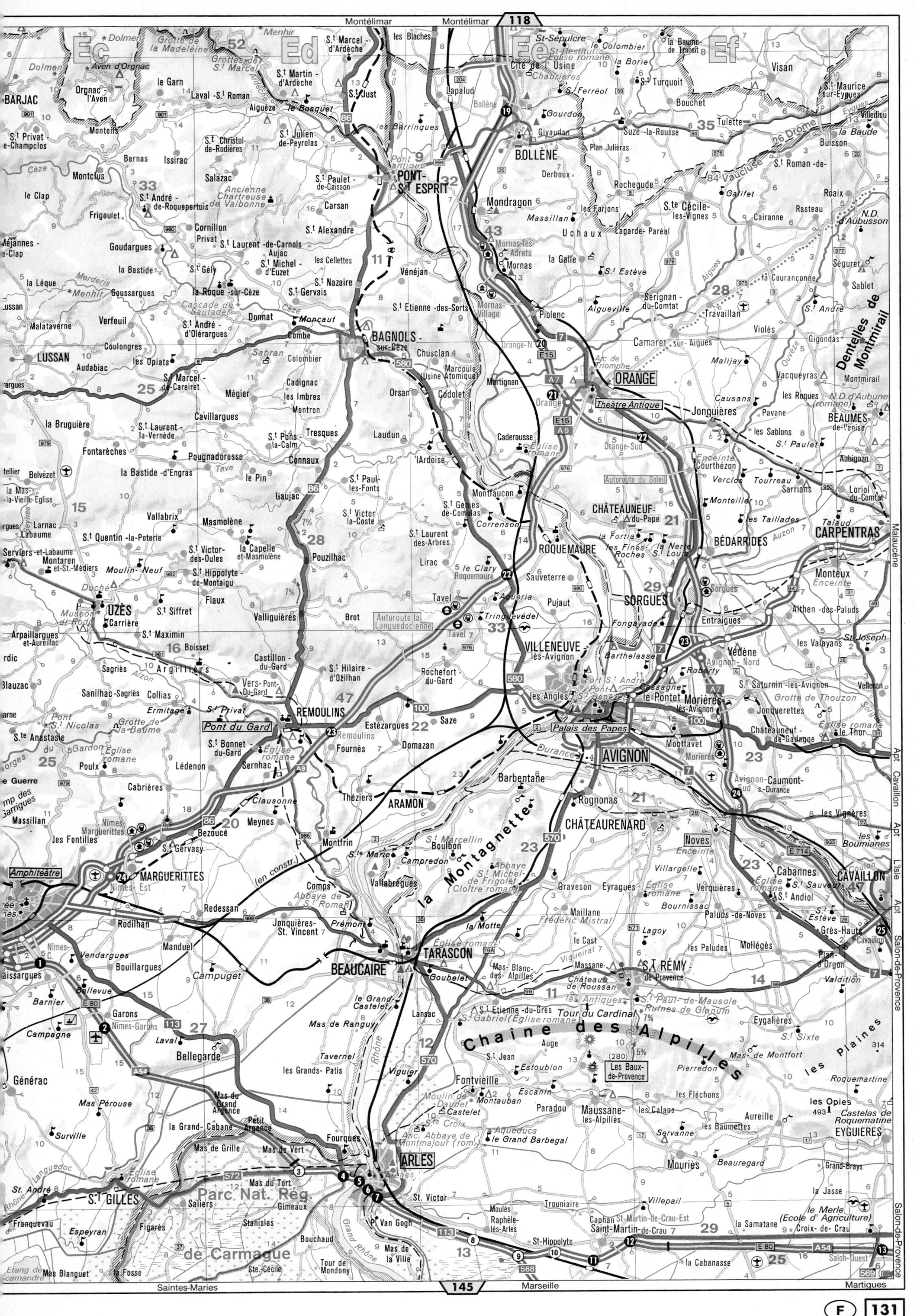

Montélimar
Montélimar
118
Ec
Ed
Ee
Ef
52
Dolmen
Grotte de la Madeleine
Menhir
Aven d'Orgnac
Grottes de S.t Marcel
S.t Marcel - d'Ardèche
les Blaches
St-Sépulcre
St-Restitut
Église romane
le Colombier
la Baume-de Transit
Visan
BARJAC
Orgnac-l'Aven
le Garn
Laval -S.t Roman
Aiguèze
le Bosquet
S.t Martin - d'Ardèche
S.t Just
Lapalud
Cité de l' Usine
Chabrières
la Borie
S.t Turquoit
S.t Ferréol
Bouchet
S.t Maurice sur-Eygues
Villedieu
S.t Privat - de-Champclos
Montéils
S.t Christol-de-Rodières
S.t Julien de-Peyrolas
les Barrinques
Bollène
Gourdon
Givaudan
Suze -la-Rousse
Tulette
35
la Baude
Buisson
Drôme
Cèze
Bernas
Issirac
Pont Antique
9
BOLLÈNE
Plan Juliéras
S.t Roman -de-
Vaucluse
Montclus
33
Salazac
S.t Paulet - de-Caisson
PONT-S.T ESPRIT
32
Derboux
Rochegude
Galifet
le Clap
S.t André - de-Roquepertuis
Ancienne Chartreuse de Valbonne
Carsan
Mondragon
Massillan
les Farjons
S.te Cécile-les-Vignes
Cairanne
Rasteau
Roaix
N.D. d'Aubusson
Frigoulet
Cornillon
S.t Alexandre
43
Uchaux
Lagarde- Paréol
Méjannes - le-Clap
Goudargues
Privat
S.t Laurent -de-Carnols
Aujac
S.t Michel - d'Euzet
les Cellettes
11
Mornas-les-Adrets
Mornas
la Galle
S.t Estève
Aigues
Séguret
la Bastide
S.t Gély
Vénéjan
la Couranconne
Sablet
la Léque
Merderis
Menhir
Goussargues
la Roque -sur-Cèze
S.t Nazaire
S.t Gervais
Sérignan - du-Comtat
28
Travaillan
S.t André
Dentelles de Montmirail
Lussan
Cascade du Sautadet
Donnat
S.t Etienne -des-Sorts
Mornas-Village
Piolenc
Aigueville
Malataverne
Verfeuil
S.t André - d'Olérargues
Moncaut
Combe
BAGNOLS-sur-Cèze
Chusclan
Camaret -sur- Aigues
Violès
Gigondas
Coulongres
Sabran
Orange-N
20
E15
7
Arc de Triomphe
ORANGE
Malijay
LUSSAN
Audabiac
les Opiats
Colombier
Marcoule (Usine Atomique)
Martignan
A7
Vacqueyras
Montmirail
S.t Marcel - de-Careiret
Mégier
Cadignac
les Imbres
Montron
Orsan
Codolet
21
Orange
Théâtre Antique
Causans
les Roques
N.D. d'Aubune (romane)
BEAUMES-de-Venise
25
Cavillargues
Jonquières
Pavane
la Bruguière
S.t Laurent - la-Vernède
S.t Pons - la-Calm
Tresques
Laudun
E15
A9
Caderousse
Église romane
les Sablons
S.t Paulet
Fontarèches
Pougnadoresse
Connaux
l'Ardoise
Orange-Sud
22
Aubignan
Tave
la Bastide -d'Engras
le Pin
S.t Paul-les-Fonts
Enceinte
Courthézon
Vercios
Tourreau
Sarrians
Autoroute du Soleil
Loriol du-Comtat
Belvézet
Gaujac
Montfaucon
Monteiller
la Mas-la-Vieille-Église
15
Vallabrix
S.t Victor-la-Coste
S.t Geniès de-Comolas
CHÂTEAUNEUF-du-Pape
les Taillades
Talaud
CARPENTRAS
Larnac
Labaume
Masmolène
7%
28
Correnson
21
S.t Quentin -la-Poterie
la Capelle et-Masmolène
S.t Laurent des-Arbres
la Fortia
les Fines-Roches
la Nerte
S.t Louis
BÉDARRIDES
Auzon
Serviers -et-Labaume
Montaren et-St-Médiers
S.t Victor-des-Oules
Pouzilhac
Lirac
ROQUEMAURE
Moulin- Neuf
S.t Hippolyte - de-Montaigu
le Clary Roquemaure
Sauveterre
29
Monteux
Enceinte
Malaucène
Duché
Flaux
7%
Tavel
Aqueria
Pujaut
SORGUES
Sorgues
UZÈS
Museum du Rock
Carrière
S.t Siffret
Valliguières
Brot
Autoroute la Languedocienne
Tringuevédel
33
Fongayade
Althen -des-Paluds
Entraigues
Arpaillargues et-Aureillac
S.t Maximin
16
Boisset
Tavel
VILLENEUVE - lès-Avignon
Barthelasse
Védène
Avignon - Nord
les Valayans
St-Joseph
Sagriès
Argilliers
Castillon - du-Gard
S.t Hilaire - d'Ozilhan
Rochefort - du-Gard
Roberty
Aizon
Blauzac
Vers- Pont-Du-Gard
47
Pont S.t André
Pont-S.t Bénézet
Cassagne
S.t Saturnin -les-Avignon
Grotte de Thouzon
Velleron
Sanilhac-Sagriès
Collias
les Angles
le Pontet
Morières-lès-Avignon
Jonquerettes
Ermitage
S.t Privat
REMOULINS
Estézargues
22
Saze
100
Pont S.t Nicolas
Grotte de la Baume
Pont du Gard
Palais des Papes
Église romane
Châteauneuf - de-Gadagne
le Thor
S.te Anastasie
Remoulins
Montfavet
Gardon
S.t Bonnet - du-Gard
Fournès
Domazan
Durance
AVIGNON
Morières
23
Apt
Poulx
Église romane
Sernhac
Lédenon
Avignon-Sud
Caumont- s.-Durance
Cavaillon
Barbentane
Cabrières
Théziers
ARAMON
Rognonas
21
Clausonne
20
Meynes
CHÂTEAURENARD
les Vignères
Massillan
la Montagnette
Noves
Enceinte
les Boumianes
Jes Fontilles
Nîmes-Marguerittes
Bezouce
S.t Gervasy
Montfrin
S.t Marcellin
Boulbon
23
L'Isle
Amphithéâtre
MARGUERITTES
Nîmes- Est
S.te Marie
Campredon
Abbaye S.t Michel-de-Frigolet (Cloître roman)
Villargelle
23
Cabannes
CAVAILLON
47
(en constr.)
Vallabrègues
Graveson
Eyragues
Église romane
Verquières
Église romane
S.t Sauveur
S.t Andiol
Comps
Abbaye de S.t Roman
Bournissac
Redessan
Maillane Frédéric Mistral
Paluds -de-Noves
S.t Estève
Rodilhan
Jonquières- St. Vincent
Prémont
la Motte
Lagoy
Grès-Hauts
Cavaillon
Nîmes- C.
Manduel
Église romane
le Cast
les Paludes
Mollégès
Plan- d'Orgon
Salon-de-Provence
Vendargues
Bouillargues
BEAUCAIRE
TARASCON
Mas- Blanc-des- Alpilles
Vigueirat
Massane
S.T RÉMY-de-Provence
14
Valdition
Caissargues
Campuget
Goubelet
Château de Roussan
11
Bellevue
le Grand Castelet
les Antiques
S.t Paul- de-Mausole
Ruines de Glanum
Barnier
E 80
Garons
Nîmes-Garons
113
27
Lansac
S.t Etienne -du-Grès
S.t Gabriel (Église romane)
Tour du Cardinal
7%
Eygalières
Campagne
Laval
Mas de Ranguy
Chaîne des Alpilles
S.t Sixte
les Plaines
Bellegarde
12
Auge
S.t Jean
Mas- de Montfort
Tavernel
Estoublon
Pierredon
Générac
A54
les Grands- Patis
Rhône
Viguier
570
(280)
Les Baux-de-Provence
5%
Roquemartine
Fontvieille
Mas Pérouse
Mas du Grand Argence
Moulin de Daudet
Montauban
Escanin
les Fléchons
les Opies
493
Castelas de Roquemartine
Surville
la Grand- Cabane
Petit Argence
Fourques
Castelet
S.te Croix
Anc. Abbaye de Montmajour (rom.)
Paradou
Maussane-les-Alpilles
les Calans
Aureille
Aqueducs
le Grand Barbegal
Servanne
les Baumettes
EYGUIÈRES
Mas de Grille
Mas de Vert
ARLES
Mouriès
Beauregard
Grand-Brays
Languedoc
Église romane
572
Mas du Tort
Arènes
la Jasse
St. André
S.T GILLES
Parc Nat. Rég.
Saliers
Gimeaux
St. Victor
Trouniaire
Villepail
le Merle (École d' Agriculture)
Franquevaux
Figarès
Stanislas
Van Gogh
Moulès
Raphèle-lès-Arles
Caphan
St-Martin-de-Crau-Est
Saint-Martin-de-Crau
29
la Samatane
Croix- de- Crau
Espeyran
de Camargue
Bouchaud
Grand Rhône
13
St-Hippolyte
E 80
A54
25
Salon-Ouest
Etang de Scamandre
Mas Blanquet
la Fosse
Ste.-Cécile
Tour de Mondony
Mas de la Ville
568
la Cabanasse
569
Saintes-Maries
145
Marseille
Martigues

119

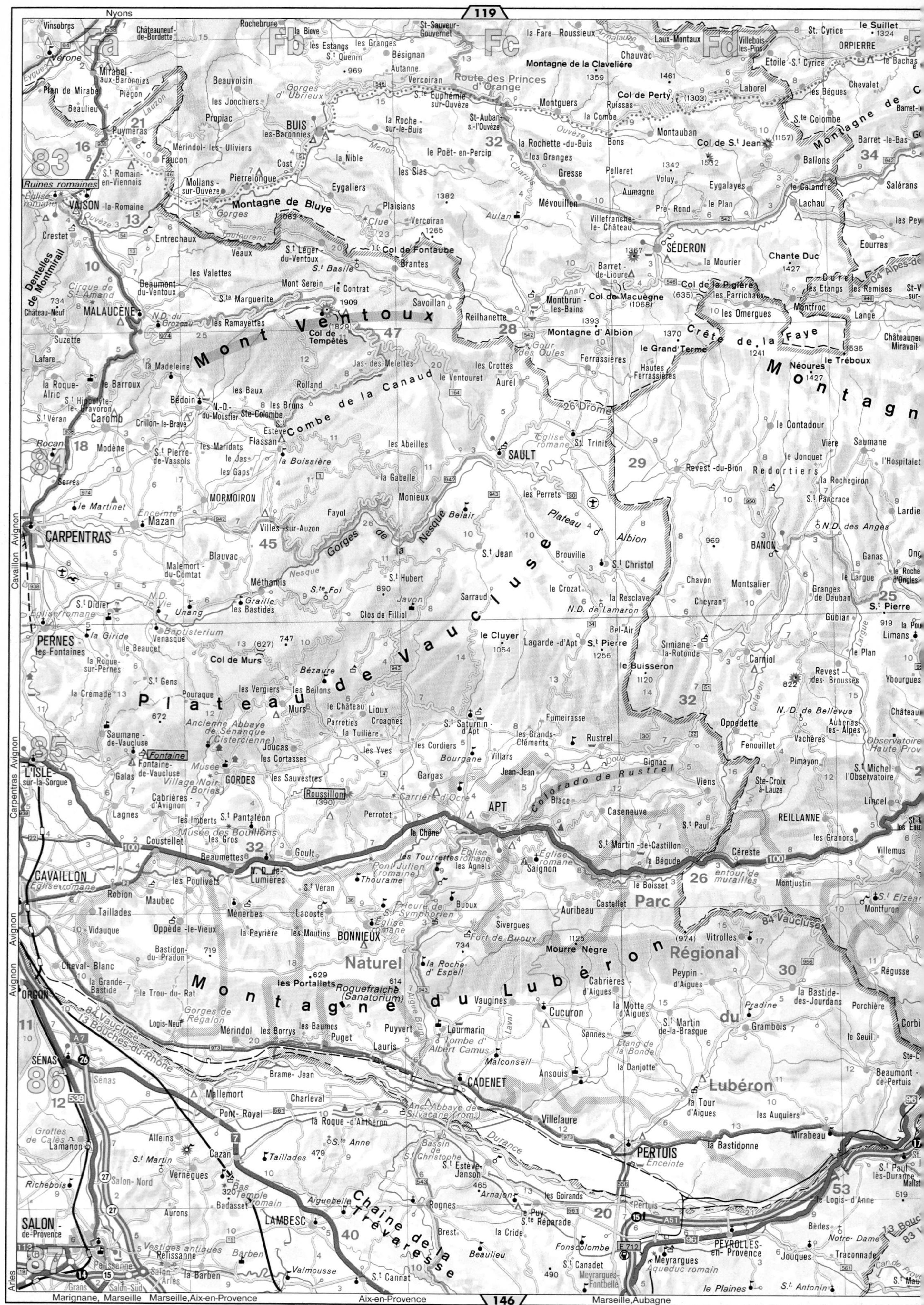
Nyons
Fa
Fb
Fc
Fd
Vinsobres
Châteauneuf-de-Bordette
Rochebrune
St-Sauveur-Gouvernet
la Fare
Roussieux
Laux-Montaux
Villebois-les-Pins
St. Cyrice
le Suillet
Orpierre
Mirabel-aux-Baronnies
Plan de Mirabel
Piégon
Beauvoisin
Bésignan
Montagne de la Clavellière
Chauvac
Route des Princes d'Orange
Col de Perty
Laborel
Chevalet
les Bègues
Beaulieu
Puyméras
les Jonchiers
Propiac
Gorges d'Ubrieux
Ste Euphémie-sur-Ouvèze
Montguers
BUIS-les-Baronnies
la Roche-sur-le-Buis
St-Auban-s.-l'Ouvèze
la Combe
Ruissas
Montauban
Col de St Jean
Ste Colombe
Barret-le-Bas
Montagne de Chabre
83
16
Faucon
Mérindol-les-Oliviers
la Nible
le Poët-en-Percip
la Rochette-du-Buis
les Granges
Ballons
Ruines romaines
St Romain-en-Viennois
Mollans-sur-Ouvèze
Pierrelongue
Cost
les Sias
Gresse
Pelleret
Voluy
Eygalayes
le Calandre
Salérans
Église romane
VAISON-la-Romaine
Eygaliers
Plaisians
Aumagne
Mévouillon
Pré-Rond
le Plan
Lachau
Montagne de Bluye
Gorges
Clue
Vercoiran
Aulan
Villefranche-le-Château
SÉDERON
Crestet
Entrechaux
Veaux
St Léger-du-Ventoux
Col de Fontaube
Brantes
St Basile
les Pey
Eourres
Dentelles de Montmirail
10
Cirque de St Amand
les Valettes
Beaumont-du-Ventoux
Mont Serein
le Contrat
Barret-de-Lioure
la Mourier
Chante Duc
Château-Neuf
MALAUCÈNE
N.D. du Groseau
Ste Marguerite
Savoillan
Reilhanette
Montbrun-les-Bains
Col de Macuègne
Col de la Pigière
les Parrichaux
les Omergues
Montfroc
les Etangs
les Remises
Lange
Suzette
les Ramayettes
Mont Ventoux
Col de Tempêtes
47
28
Gour des Oules
Montagne d'Albion
le Grand Terme
Crête de la Faye
Châteauneuf-Miravail
Lafare
la Madeleine
Jas-des-Melettes
les Crottes
Ferrassières
Hautes Ferrassières
le Tréboux
Néoures
la Roque-Alric
le Barroux
Rolland
le Ventouret
Aurel
Montagne
St Hippolyte-le-Graveron
Bédoin
les Baux
Combe de la Canaud
26 Drôme
St Véran
Caromb
N.-D.-du-Moustier
Crillon-le-Brave
Ste-Colombe
les Bruns
St Estève
le Contadour
Rocan
18
Modène
84
St Pierre-de-Vassols
les Maridats
le Jas
les Gaps
Flassan
la Boissière
les Abeilles
SAULT
Église romane
St Trinit
29
Revest-du-Bion
Redortiers
Vière
Saumane
le Jonquet
l'Hospitalet
la Rochegiron
Serres
la Gabelle
Monieux
les Perrets
St Pancrace
le Martinet
MORMOIRON
Enceinte
Mazan
Fayol
Belair
Plateau d'Albion
Lardiers
N.D. des Anges
CARPENTRAS
Villes-sur-Auzon
45
Gorges de la Nesque
St Jean
Brouville
969
BANON
Ganas
Blauvac
Malemort-du-Comtat
Méthamis
St Hubert
Nesque
Ste Foi
Javon
St Christol
Chavon
Montsalier
le Largue
la Roche d'Ongles
Granges de Dauban
St Didier
N.D. de Vie
Unang
Graille
les Bastides
Clos de Filliol
Sarraud
le Crozat
la Resclave
N.D. de Lamaron
Cheyran
25
St Pierre
Église romane
Baptisterium
Venasque
Bel-Air
Gubian
Limans
PERNES-les-Fontaines
la Giride
le Beaucet
Col de Murs
le Cluyer
Lagarde-d'Apt
St Pierre
Simiane-la-Rotonde
le Buisseron
Carniol
le Plan
la Roque-sur-Pernes
St Gens
Bézaure
les Vergiers
les Beilons
Revest-des-Brousses
Ybourgues
la Crémade
Pouraque
Plateau de Vaucluse
Murs
le Château
Lioux
Croagnes
32
N.D. de Bellevue
Châteauneuf
Saumane-de-Vaucluse
Ancienne Abbaye de Sénanque (Cistercienne)
Parroties
la Tuilière
St Saturnin-d'Apt
Fumeirasse
les Grands-Cléments
Rustrel
Oppedette
Aubenas-les-Alpes
Vachères
Observatoire de Haute Provence
85
Fontaine
Fontaine-de-Vaucluse
Joucas
les Cortasses
les Cordiers
les Yves
Bourgane
Villars
Gignac
Fenouillet
Pimayon
St Michel l'Observatoire
L'ISLE-sur-la-Sorgue
Galas
Musée
Village Noir (Bories)
GORDES
les Sauvestres
Gargas
Jean-Jean
Colorado de Rustrel
Viens
Ste-Croix à-Lauze
Cabrières-d'Avignon
Roussillon
Carrière d'Ocre
APT
Blace
Lincel
Lagnes
les Imberts
St Pantaléon
Musée des Bouillons
Perrotet
Caseneuve
St Paul
Reillanne
les Gros
Coustellet
Beaumettes
32
Goult
le Chêne
Église romane
St Martin-de-Castillon
la Bégude
Céreste
les Granons
Villemus
CAVAILLON
Église romane
N.D. de Lumières
Pont Julien (romain)
les Tourrettes
les Agnels
Saignon
26
entour de murailles
Montjustin
les Poulivets
Robion
Maubec
Thourame
St Véran
Prieuré de St Symphorien
Buoux
le Boisset
Castellet
Parc
St Elzéar
Montfuron
Taillades
Ménerbes
Lacoste
Auribeau
Vidauque
Oppède-le-Vieux
la Peyrière
les Moutins
BONNIEUX
Église romane
Fort de Buoux
Sivergues
Vitrolles
84 Vaucluse
Bastidon-du-Pradon
Naturel
la Roche d'Espeil
Mourre Nègre
Régional
Cheval-Blanc
la Grande-Bastide
le Trou-du-Rat
les Portallets
Roquefraiche (Sanatorium)
Cabrières-d'Aigues
Peypin-d'Aigues
30
Régusse
Montagne du Lubéron
ORGON
Gorges de Régalon
Vaugines
Cucuron
la Motte d'Aigues
la Bastide-des-Jourdans
Porchières
Logis-Neuf
Mérindol
les Borrys
les Baumes
Puget
Puyvert
Lourmarin
Tombe d'Albert Camus
St Martin-de-la-Brasque
Pradine
du
Grambois
le Seuil
Corbi
84 Vaucluse
13 Bouches-du-Rhône
Lauris
Sannes
Etang de la Bonde
SÉNAS
86
Brame-Jean
Malconseil
Ansouis
la Danjotte
Beaumont-de-Pertuis
Sénas
Mallemort
CADENET
Lubéron
12
Charleval
Pont-Royal
Anc. Abbaye de Silvacane (rom.)
la Tour d'Aigues
les Auquiers
Grottes de Calès
Lamanon
Alleins
la Roque-d'Anthéron
Villelaure
Mirabeau
Cazan
Ste Anne
Taillades
Bassin de St Christophe
Durance
PERTUIS
Enceinte
la Bastidonne
St Paul lès-Durance
St Martin
Vernègues
Salon-Nord
Bas Temple romain
St Estève-Janson
Arnajon
les Goirands
53
Richebois
Badasset
Aurons
Aiguebelle
Chaîne de la Trévaresse
Rognes
le Puy-Ste Réparade
Pertuis
20
le Logis-d'Anne
SALON-de-Provence
LAMBESC
40
Brest
la Cride
Bèdes
Notre-Dame
13 Bouches-du-Rhône
83
87
Vestiges antiques
Pélissanne
Barben
Beaulieu
Fonscolombe
Meyrargues
Aqueduc romain
PEYROLLES-en-Provence
Jouques
Traconnade
Salon-Sud
la Barben
Valmousse
St Cannat
St Canadet
Meyrargues
Fontbelle
le Plaines
St Antonin
Grans
Arles
Marignane, Marseille
Marseille, Aix-en-Provence
Aix-en-Provence
Marseille, Aubagne
Avignon
Cavaillon
Carpentras
Avignon
Carpentras

146

120

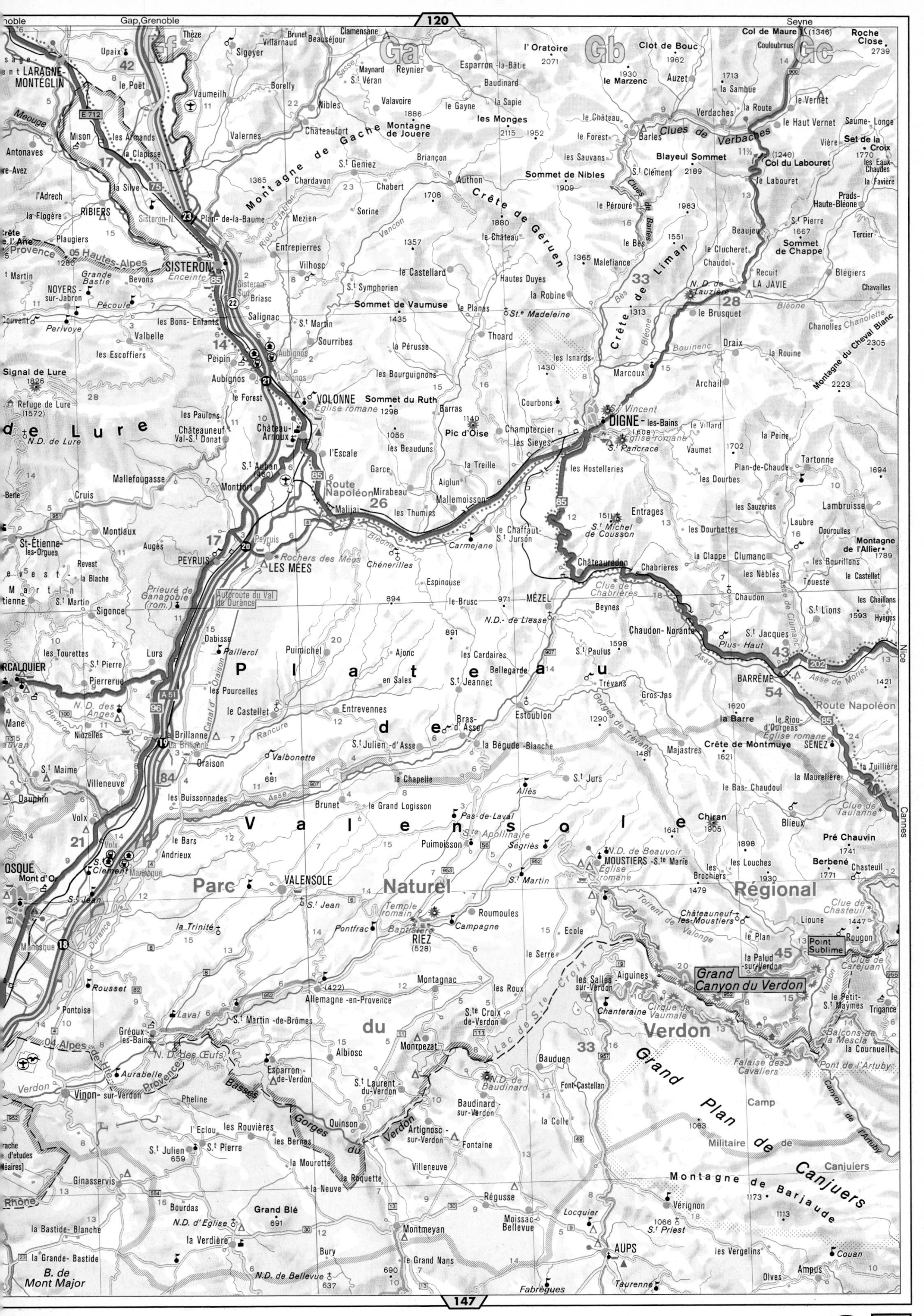

Gap,Grenoble
Seyne
Ga
Gb
Gc
LARAGNE-MONTÉGLIN
Upaix
le Poët
Thèze
Sigoyer
Vaumeilh
Valernes
Mison
les Armands
la Clapisse
la Silve
RIBIERS
Antonaves
l'Adrech
la Flogère
Plaugiers
Sisteron-N.
Plan-de-la-Baume
SISTERON
Enceinte
Sisteron-Sud
05 Hautes-Alpes
Provence
NOYERS-sur-Jabron
Bevons
Pécoule
Perivoye
Briasc
Salignac
les Bons-Enfants
Valbelle
les Escoffiers
Peipin
Aubignosc
Signal de Lure
1826
Refuge de Lure (1572)
de Lure
N.D. de Lure
les Paulons
Châteauneuf-Val-St. Donat
Château-Arnoux
VOLONNE
Eglise romane
l'Escale
St. Auban
Montfort
Mallefougasse
Cruis
Montlaux
Augès
PEYRUIS
LES MÉES
Rochers des Mées
St-Étienne-les-Orgues
Revest
la Blache
Prieuré de Ganagobie (rom.)
Autoroute du Val de Durance
Sigonce
les Tourettes
Lurs
Dabisse
Pailierol
FORCALQUIER
Pierrerue
N.D. des Anges
Mane
Niozelles
la Brillanne
Oraison
St. Maime
Villeneuve
Dauphin
Volx
MANOSQUE
Mont d'Or
St. Clément
Rousset
Pontoise
Gréoux-les-Bains
04 Alpes-de-Hte-Provence
Vinon-sur-Verdon
Verdon
Ginasservis
Rhône
Bourdas
la Bastide-Blanche
la Grande-Bastide
B. de Mont Major
la Verdière
N.D. d'Eglise
Grand Blé
691
Pheline
l'Eclou
les Rouvières
St. Julien
St. Pierre
les Bernes
la Mourotte
la Roquette
la Neuve
Quinson
Gorges du Verdon
Basses
Artignosc-sur-Verdon
Fontaine
Villeneuve
Montmeyan
Bury
la Grand Nans
N.D. de Bellevue
Fabregues
Taurenne
AUPS
Locquier
Moissac-Bellevue
Régusse
Baudinard-sur-Verdon
N.D. de Baudinard
Bauduen
Font-Castellan
la Colle
St. Laurent-du-Verdon
Montpezat
Albiosc
Esparron-de-Verdon
Aurabelle
N.D. des Œufs
Laval
St. Martin-de-Brômes
Allemagne-en-Provence
Montagnac
les Roux
Ste. Croix-de-Verdon
Lac de Ste Croix
les Salles-sur-Verdon
Aiguines
Chanteraine
Cirque de Vaumale
Grand Canyon du Verdon
Verdon
Grand Plan de Canjuers
Camp Militaire de Canjuers
Montagne de Bariaude
Vérignon
St. Priest
les Vergelins
Couan
Ampus
Olves
Falaise des Cavaliers
Pont de l'Artuby
Canyon de l'Artuby
Balcons de la Mescla
la Cournouille
Trigance
le Petit-St. Maymes
Point Sublime
Rougon
Clue de Carejuan
Clue de Chasteuil
Chasteuil
Berbené
Pré Chauvin
Lioune
le Plan
la Palud-sur-Verdon
Parc Naturel Régional du Verdon
Châteauneuf-les-Moustiers
Torrent de Valonge
MOUSTIERS-Ste Marie
Eglise romane
N.D. de Beauvoir
Ecole
le Serre
Roumoules
Campagne
RIEZ
(528)
Baptistère
Temple romain
Pontfrac
la Trinité
VALENSOLE
St. Jean
Parc
St. Martin
Ségriès
Puimoisson
St. Apollinaire
Pas-de-Laval
Brunet
le Grand Logisson
les Buissonnades
la Chapelle
le Bars
Andrieux
Plateau de Valensole
Puimichel
Ajonc
en Sales
Bellegarde
St. Jeannet
les Cardaires
Entrevennes
le Castellet
les Pourcelles
Canal d'Oraison
Bras-d'Asse
St. Julien-d'Asse
Valbonette
Rancure
la Bégude-Blanche
Estoublon
Trévans
Gorges de Trévans
Gros-Jas
St. Jurs
Allès
Majastres
Crête de Montmuye
la Barre
le Riou-d'Ourgeas
Eglise romane
SENEZ
la Tuillière
la Maurelière
Clue de Taulanne
Blieux
le Bas-Chaudoul
Chiran
les Louches
les Brochiers
BARRÊME
Route Napoléon
Asse de Moriez
Nice
Cannes
St. Jacques
Plus-Haut
Chaudon-Norante
Chaudon
St. Lions
Hyèges
les Chaillans
Touëste
le Castellet
Montagne de l'Allier
Lambruisse
Douroulles
Laubre
les Bourillons
Clumanc
la Clappe
les Nèbles
les Sauzeries
Tartonne
Plan-de-Chaude
les Dourbes
Vaumet
la Peine
le Villard
DIGNE-les-Bains
St. Vincent
Eglise romane
St. Pancrace
les Hostelleries
Entrages
St. Michel de Cousson
les Dourbettes
Châteauredon
Chabrières
Clue de Chabrières
Beynes
MÉZEL
N.D. de Liesse
St. Paulus
le Brusc
Espinouse
Chénerilles
Carmejane
le Chaffaut-St. Jurson
Mallemoisson
Aiglun
la Treille
Champtercier
les Sieyes
Pic d'Oise
Barras
Sommet du Ruth
les Beauduns
Garce
Mirabeau
Route Napoléon
Malijai
les Thumins
Bléone
les Bourguignons
la Pérusse
Sourribes
St. Martin
Sommet de Vaumuse
St. Symphorien
Vilhosc
Entrepierres
Riou de Jabron
Vancon
le Castellard
le Planas
Ste. Madeleine
Thoard
les Isnards
Courbons
Marcoux
Hautes Duyes
la Robine
le Château
Crête de Géruen
Malefiance
le Bès
le Pérouré
Crête de Liman
Clues de Barles
St. Clément
les Sauvans
le Forest
le Château
Barles
Clues de Verbaches
Verdaches
Blayeul Sommet
Sommet de Nibles
N.D. de Lauzière
le Brusquet
Bouinenc
Draix
Archail
la Rouine
Montagne du Cheval Blanc
Chanolles
LA JAVIE
Recuit
Chaudol
le Clucheret
Beaujeu
Sommet de Chappe
St. Pierre
Blegiers
Chavailles
Tercier
Prads-Haute-Bléone
la Favière
le Labouret
Col du Labouret
Vière
Set de la Croix
les Eaux-Chaudes
Saume-Longe
le Haut Vernet
le Vernet
la Route
la Sambue
Auzet
Clot de Bouc
le Marzenc
Col de Maure
Couloubroux
Roche Close
l'Oratoire
Esparron-la-Bâtie
Reynier
Clamensane
Beauséjour
Brunet
Villarnaud
Maynard
St. Véran
Baudinard
la Sapie
Valavoire
le Gayne
les Monges
Montagne de Jouere
Nibles
Châteaufort
Montagne de Gache
St. Geniez
Briançon
Authon
Chardavon
Chabert
Sorine
Mezien
Borelly

147

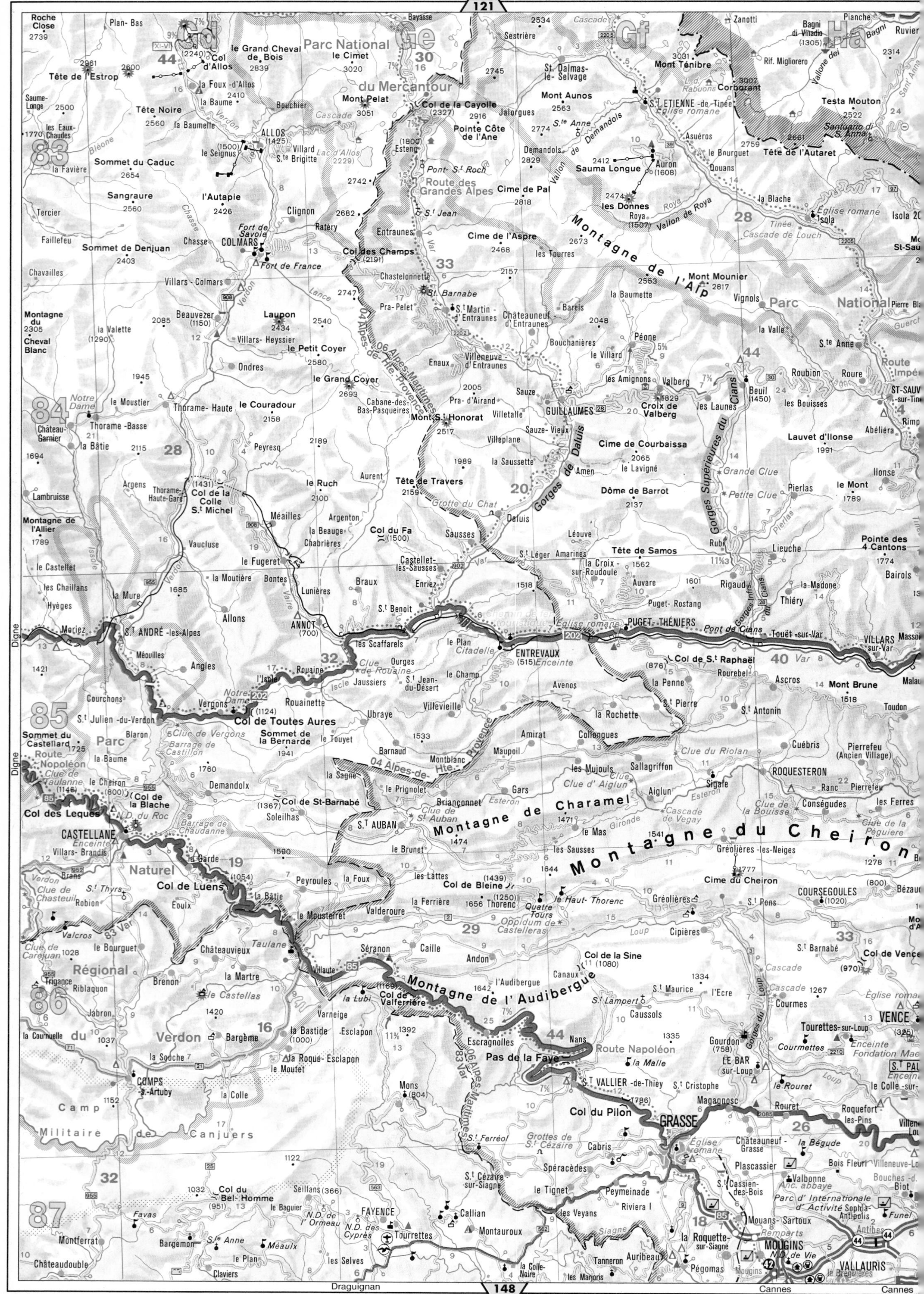

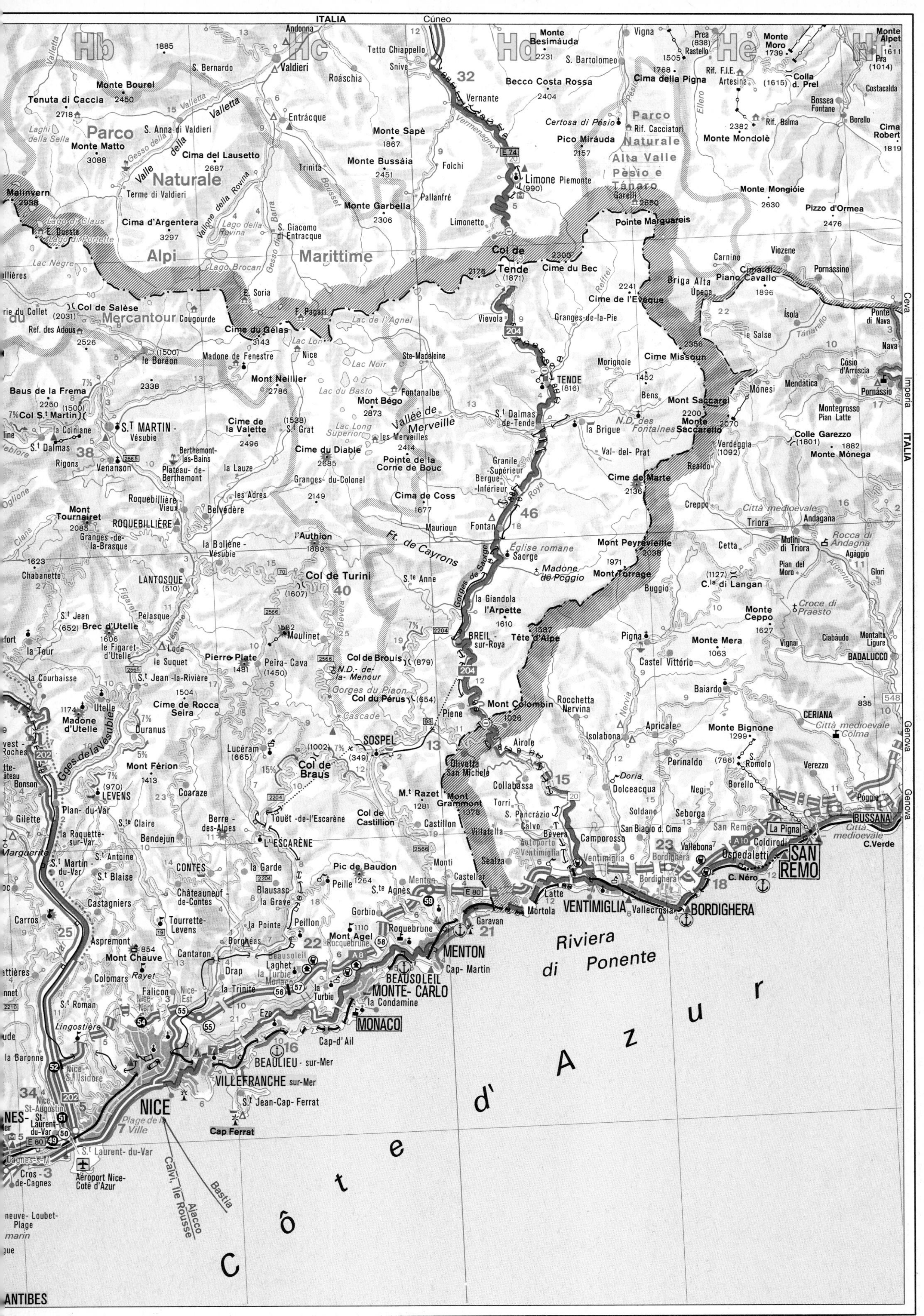

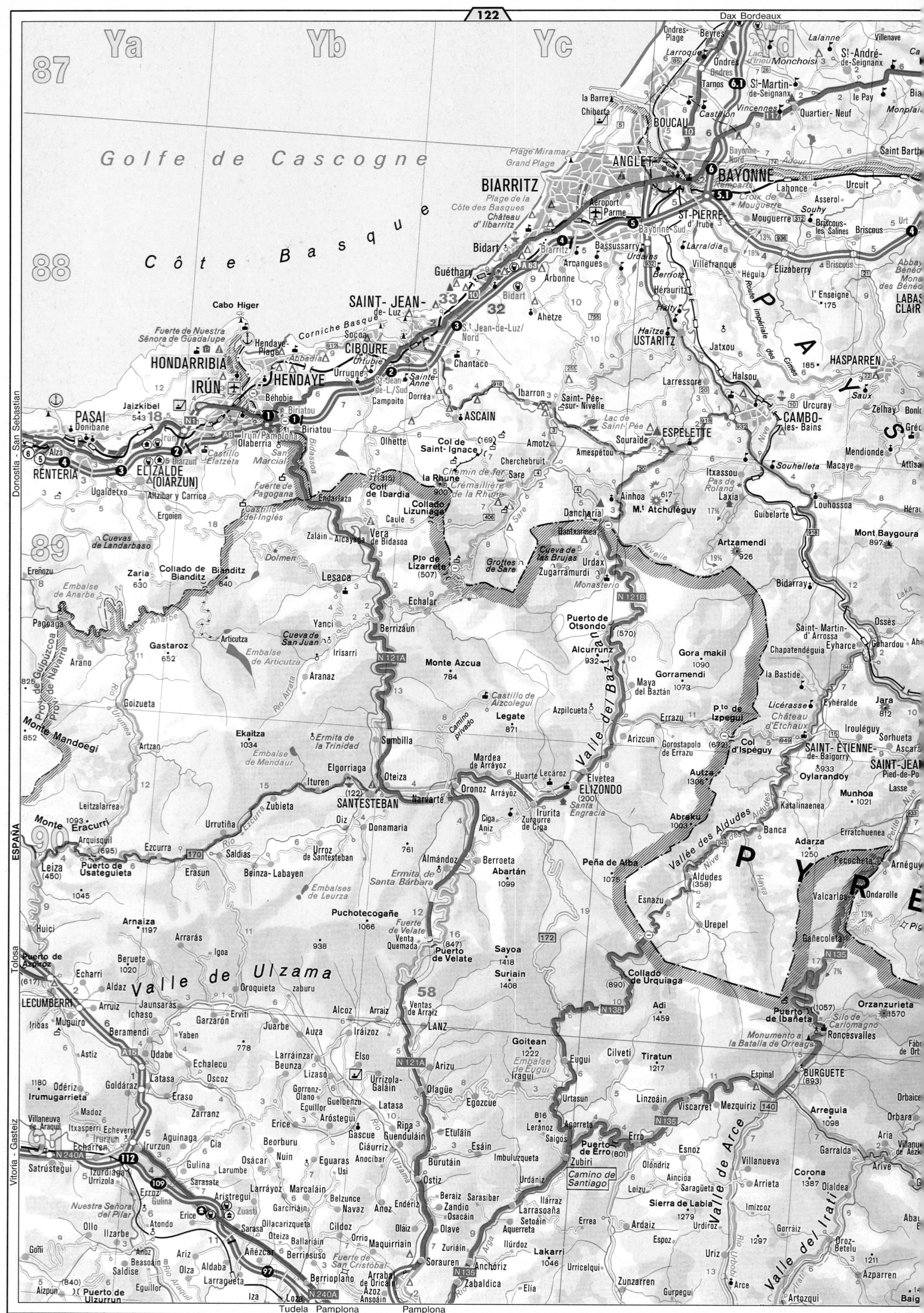

Dax Bordeaux
Ya
Yb
Yc
Yd
87
88
89
90
Golfe de Gascogne
Côte Basque
BIARRITZ
Plage de la Côte des Basques
Château d' Ilbarritz
ANGLET
BAYONNE
BOUCAU
Tarnos
St-Martin-de-Seignanx
Ondres
Ondres-Plage
Larroque
Lalanne
St-André-de-Seignanx
Monchoisi
la Barre
Chiberta
Castillon
Vincennes
Quartier-Neuf
le Pay
Monplaisir
Saint Barth
Plage Miramar
Grand Plage
Aéroport Parme
ST-PIERRE-d' Irube
Bayonne-Sud
Croix de Mouguerre
Mouguerre
Lahonce
Urcuit
Asserol
Souhy
Briscous-les Salines
Briscous
Urt
Bidart
Bassussarry
Arcangues
Larraldia
Villefranque
Urdains
Berrotz
Hérauritz
Héguia
Élizaberry
Guéthary
Arbonne
Ahetze
Haltzé USTARITZ
Jatxou
Halsou
Larressore
L' Enseigne
HASPARREN
Route impériale des Cimes
SAINT-JEAN-de-Luz
St-Jean-de-Luz/Nord
Corniche Basque
Socoa
CIBOURE
Urrugne
Chantaco
Cabo Higer
Fuerte de Nuestra Señora de Guadalupe
Hendaye-Plage
HONDARRIBIA
IRÚN
HENDAYE
Béhobie
Biriatou
Campoito
Dorréa
ASCAIN
Ibarron
Saint-Pée-sur-Nivelle
Lac de Saint-Pée
Souraïde
ESPELETTE
CAMBO-les-Bains
Urcuray
Saux
Zelhay
Amespétou
Amotz
Itxassou
Pas de Roland
Laxia
Souhelleta
Macaye
Mendionde
Louhossoa
Guibelarte
Mont Baygoura
PASAI
Donibane
Jaizkibel
Alza
RENTERIA
ELIZALDE (OIARZUN)
Ugaldetxo
Altzibar y Carrica
Ergoien
Irún/Pamplona
Olaberria
San Marcial
Castillo Elatzeta
Fuerte de Pagogana
Castillo del Inglés
Bidasoa
Olhette
Col de Saint-Ignace
Chemin de fer Crémaillière de la Rhune
Cherchebruit
Sare
la Rhune
Col de Ibardia
Collado Lizuniaga
Caule
Endarlaza
Zaláin
Alcayaga
Vera de Bidasoa
Pto de Lizarrete
Grottes de Sare
Dolmen
Cuevas de Landarbaso
Collado de Bianditz
Bianditz
Zaria
Ereñozu
Embalse de Añarbe
Pagoaga
Lesaca
Echalar
Dancharia
Dantxarinea
Ainhoa
M.t Atchuléguy
Cueva de las Brujas
Urdax
Zugarramurdi
Monasterio
Artzamendi
Bidarray
Saint-Martin-d' Arrossa
Ossès
Eyharce
Chapatendéguia
Gahardou
Articutza
Gastaroz
Embalse de Articutza
Cueva de San Juan
Yanci
Irisarri
Berrizáun
Aranaz
Arano
Prov. de Guipúzcoa
Prov. de Navarra
Monte Azcua
Puerto de Otsondo
Alcurrunz
Gora makil
Gorramendi
Maya del Baztán
la Bastide
Valle del Baztán
Castillo de Aizcolegui
Legate
Azpilcueta
Licérasse
Eyhéralde
Château d'Etchaux
Jara
Irouléguy
Goizueta
Monte Mandoegi
Artzan
Ekaitza
Ermita de la Trinidad
Embalse de Mendaur
Sumbilla
Camino privado
Errazu
Arizcun
Gorostapolo de Errazu
Pto de Izpegui
Col d'Ispéguy
SAINT-ÉTIENNE-de-Baïgorry
Oylarandoy
SAINT-JEAN-Pied-de-Port
Lasse
Munhoa
Sorhueta
Ascarat
Elgorriaga
Oteiza
Ituren
Zubieta
SANTESTEBAN
Narvarte
Mardea de Arráyoz
Oronoz
Arráyoz
Huarte
Lecároz
Elvetea
ELIZONDO
Irurita
Santa Engracia
Zurzurre de Ciga
Ciga
Aniz
Autza
Abraku
Vallée des Aldudes
Banca
Katalinaenea
Adarza
Errachuenea
Leitzalarrea
Monte Eracurri
Arquisquil
Urrutiña
Oiz
Donamaria
Ezcurra
Puerto de Usateguieta
Leiza
Erasun
Saldías
Beinza-Labayen
Urroz de Santesteban
Almándoz
Berroeta
Abartán
Ermita de Santa Bárbara
Embalses de Leurza
Peña de Alba
Aldudes
Esnazu
Urepel
PYRE
Pecocheta
Arnéguy
Valcarlos
Ondarolle
Gañecoleta
Huici
Arnaiza
Arrarás
Igoa
Puchotecogañe
Fuerte de Velate
Venta Quemada
Puerto de Velate
Sayoa
Suriain
Collado de Urquiaga
Puerto de Azpiroz
Beruete
Echarri
Aldaz
Valle de Ulzama
Oroquieta
zaburu
LECUMBERRI
Arruiz
Jaunsarás
Ichaso
Garzarón
Erviti
Alcoz
Arraiz
Ventas de Arraitz
LANZ
Adi
Puerto de Ibañeta
Silo de Carlomagno
Monumento a la Batalla de Orreaga
Roncesvalles
Orzanzurieta
Iribas
Muguiro
Beramendi
Yaben
Juarbe
Auza
Iráizoz
Goitean
Embalse de Eugui
Eugui
Iragui
Cilveti
Tiratun
Astiz
Udabe
Echalecu
Oscoz
Larráinzar
Beunza
Lizaso
Elso
Arizu
Urrizola-Galáin
Espinal
BURGUETE
Odériz
Irumugarrieta
Goldáraz
Latasa
Eraso
Zarranz
Madoz
Gorronz-Olano
Guelbenzu
Egullor
Olagüe
Egozcue
Urtasun
Linzoáin
Viscarret
Mezquíriz
Arreguia
Orbaiceta
Orbara
Villanueva de Araquil
Itxasperri
Echeverri
Irurzun
Echarren
Aguinaga
Cía
Erice
Arósteguí
Gascue
Ripa
Guenduláin
Etuláin
Esáin
Leránoz
Saigós
Aporreta
Puerto de Erro
Erro
Esnoz
Valle de Arce
Aria
Satrústegui
Izurdiaga
Urrizola
Gulina
Larumbe
Sarasate
Beorburu
Nuin
Osácar
Eguaras
Usi
Anocíbar
Ciáurriz
Burutáin
Imbuluzqueta
Zubiri
Camino de Santiago
Olóndriz
Aincioa
Villanueva
Corona
Olaldea
Arive
Errotz
Aristregui
Zuasti
Nuestra Señora del Pilar
Larráyoz
Marcaláin
Garciriáin
Belzunce
Navaz
Anoz
Endériz
Ostiz
Beraiz
Sarasibar
Zandio
Osacáin
Urdániz
Ilárraz
Larrasoaña
Setoáin
Loizu
Saragüeta
Sierra de Labia
Arrieta
Imízcoz
Abau
Ollo
Ilzarbe
Atondo
Sarasa
Ollacarizqueta
Oteiza
Ballariáin
Cildoz
Orrio
Oláiz
Maquirriain
Olave
Aquerreta
Errea
Ardaiz
Urdiroz
Gorráiz
Oroz-Betelu
Goñi
Anoz
Beasoáin
Saldise
Ariz
Olza
Aldaba
Añézcar
Berriosuso
Fuerte de San Cristóbal
Zuriáin
Sorauren
Anchóriz
Ilúrdoz
Lakarri
Espoz
Uriz
Valle del Irati
Río Urbobi
Aizpún
Puerto de Ulzurrun
Eguillor
Larragueta
Berrioplano
Arrabal de Oricain
Azoz
Ansoáin
Zabaldica
Urricelqui
Zunzarren
Elía
Gurpegui
Arce
Artozqui
Azparren
Iza
Loza
Tudela Pamplona
Pamplona
Donostia - San Sebastian
ESPAÑA
Tolosa
Vitoria - Gasteiz

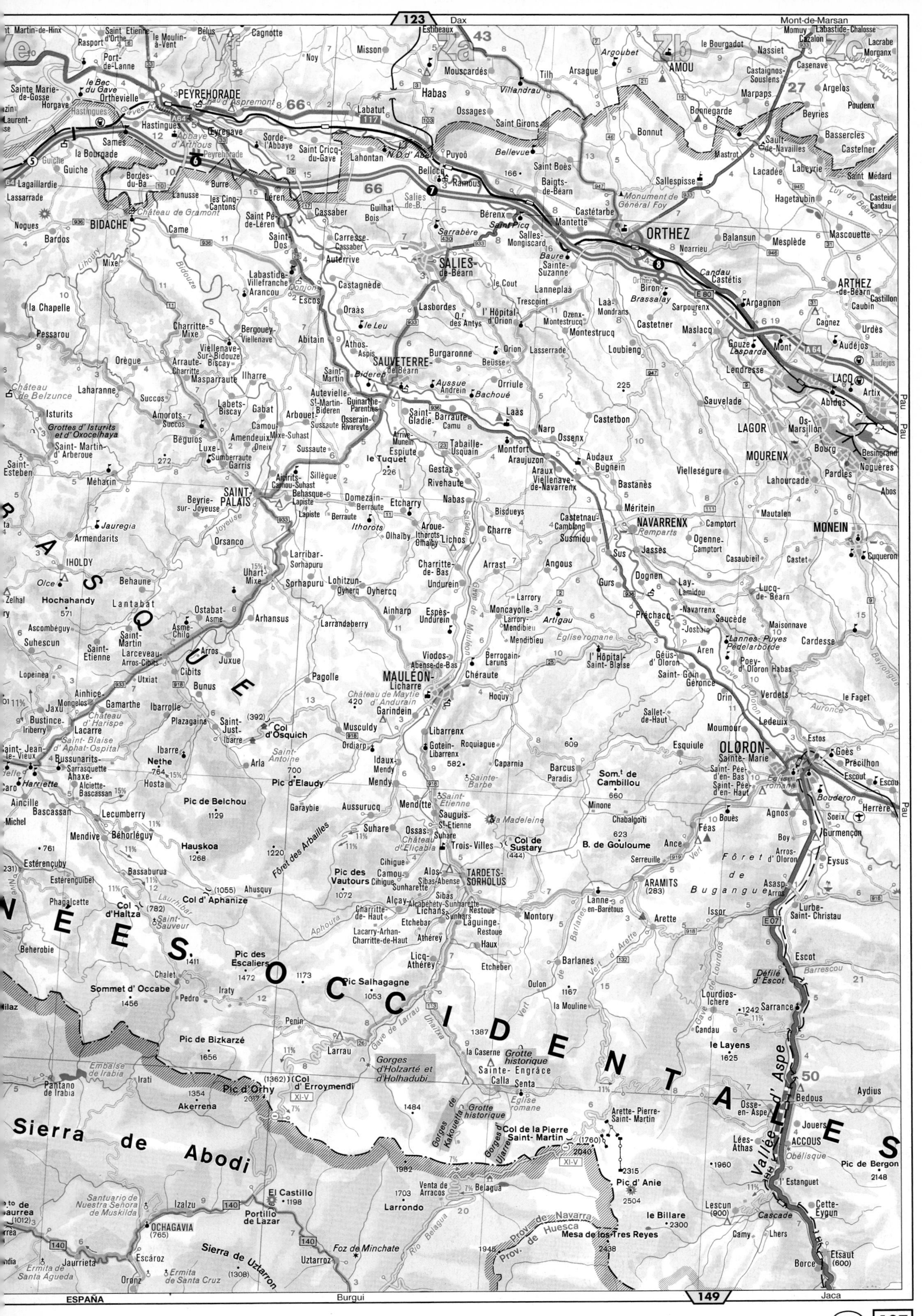

123
Dax
Mont-de-Marsan
PEYREHORADE
BIDACHE
SALIES-de-Béarn
ORTHEZ
SAUVETERRE-de-Béarn
SAINT-PALAIS
NAVARRENX
MOURENX
LAGOR
MONEIN
MAULÉON-Licharre
OLORON-Sainte-Marie
TARDETS-SORHOLUS
AMOU
IHOLDY
Pau
Jaca
Burgui
ESPAÑA
149
Sierra de Abodi
Sierra de Uztarron
PYRÉNÉES OCCIDENTALES
BASQUE
Vallée d'Aspe
Forêt de Bugangue
Pic d'Anie
Pic d'Orhy
Mesa de los Tres Reyes

124 Mont-de-Marsan

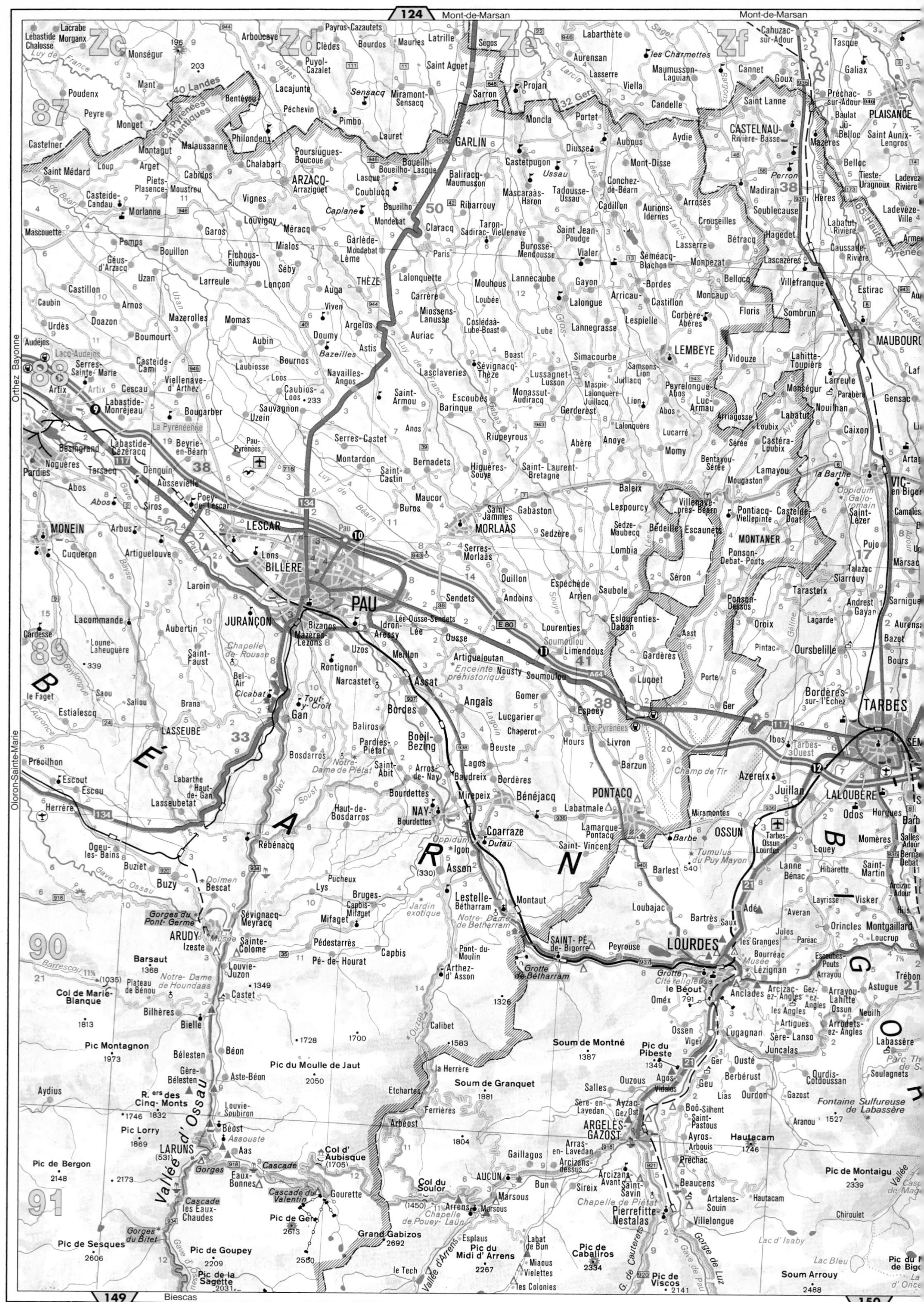

Zc
Zd
Ze
Zf
87
88
89
90
91
Mont-de-Marsan
Orthez Bayonne
Oloron-Sainte-Marie
Biescas
GARLIN
ARZACQ-Arraziguet
THÈZE
CASTELNAU-Rivière-Basse
PLAISANCE
LEMBEYE
MAUBOURGUET
MONEIN
LESCAR
BILLÈRE
PAU
JURANÇON
MORLAÀS
MONTANER
VIC-en-Bigorre
TARBES
LASSEUBE
PONTACQ
OSSUN
LALOUBÈRE
NAY
Coarraze
ARUDY
LOURDES
ARGELÈS-GAZOST
LARUNS
Pierrefitte-Nestalas
Gan
Artix
Lacq-Audéjos
B É A R N
B I G O R
Vallée d'Ossau
Pic du Midi d'Arrens 2267
Pic de Ger 2613
Grand Gabizos 2692
Col d'Aubisque (1705)
Col du Soulor (1450)
Hautacam 1746
Pic de Montaigu 2339
Soum Arrouy 2488
Pic de Sesques 2606
Pic de Bergon 2148
Pic de la Sagette 2031
Pic de Cabaliros 2334
Pic de Viscos 2141
Pic Lorry 1869
Pic Montagnon 1973
Pic du Moulle de Jaut 2050
Soum de Granquet 1881
Soum de Montné 1387
Pic du Pibeste 1349
Col de Marie-Blanque

149
150

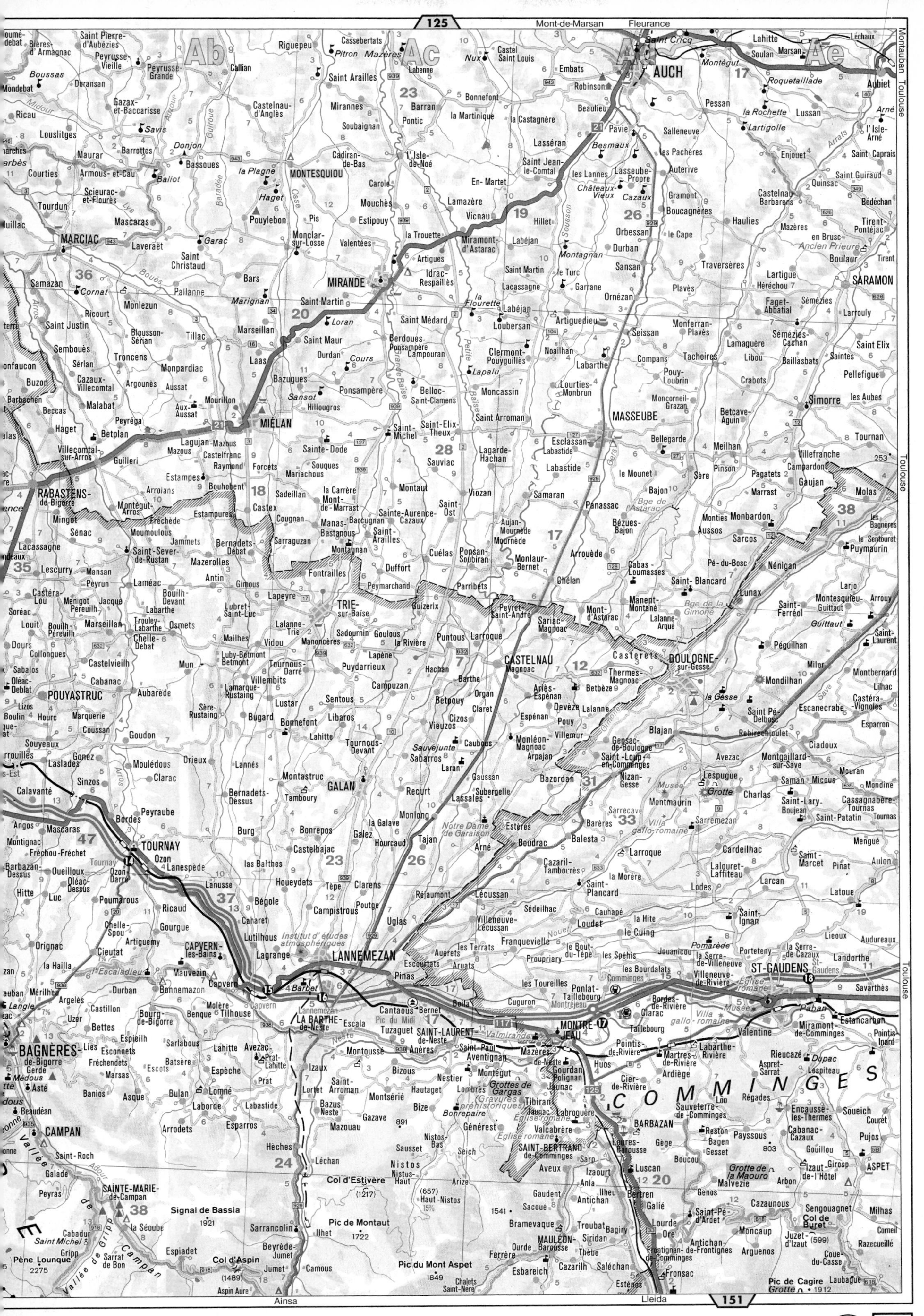

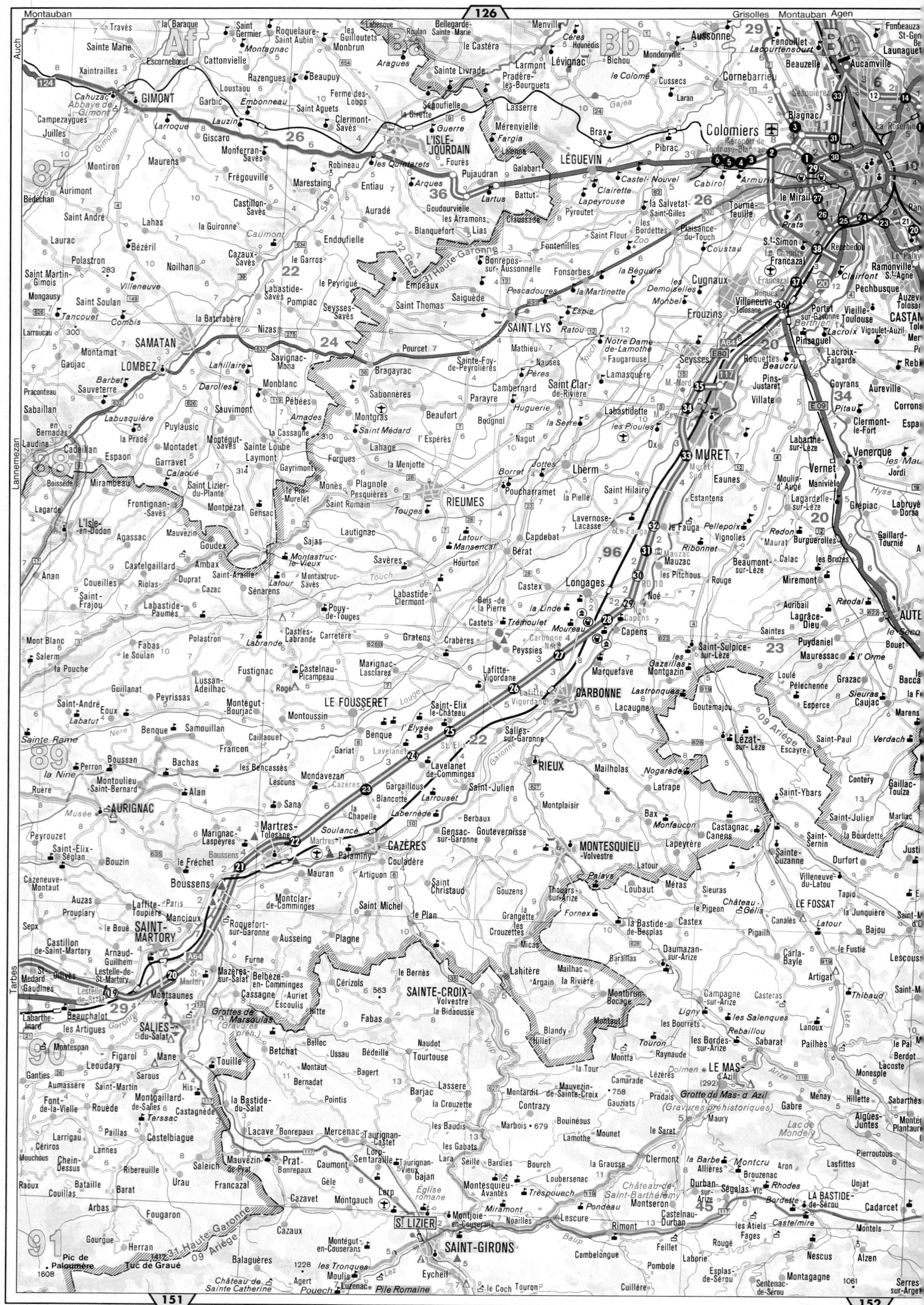

Montauban
126
Grisolles
Montauban
Agen
Auch
Travès
la Baraque
Saint Germier
Roquelaure-Saint Aubin
les Guilloutets
Labesque
Roulan
Bellegarde-Sainte Marie
Menville
Cères
Hounédis
Aussonne
Fenouillet
Lacourtensourt
Fonbeauzard
Launaguet
Sainte Marie
Escornebœuf
Cattonvielle
Montagnac
Monbrun
Aragues
le Castéra
Larmont
Lévignac
Bichou
Mondonville
Beauzelle
Aucamville
Xaintrailles
Razengues
Beaupuy
Sainte Livrade
Pradère-les-Bourguets
le Colomé
Cussecs
Cornebarrieu
Cahuzac
Abbaye de Gimont
GIMONT
Loustaou
Ferme des-Loups
Ségoufielle
Laran
Sesquières
Campezaygues
Garbic
Embonneau
Saint Aguets
Lasserre
Gajea
Blagnac
Juilles
Larroque
Lauzin
Giscaro
Clermont-Savès
la Girette
Guerre
Mérenville
Fargia
Brax
Colomiers
Aéroport de Toulouse-Blagnac
Gimone
Monferran-Savès
L'ISLE-JOURDAIN
Lalenne
Pibrac
Montiron
Maurens
Robineau
les Quintarets
Fourès
LÉGUEVIN
Galabart
Frégouville
Marestaing
Pujaudran
Castel-Nouvel
Cabirol
Armurié
Bédéchan
Aurimont
Entiau
Arques
Lartus
Battut
Clairette
Lapeyrouse
la Salvetat-Saint-Gilles
le Mirail
Saint André
Castillon-Savès
Auradé
Goudourvielle
les Arramons
Lias
Claussade
Pyroutet
les Bordettes
Tournefeuille
Prats
Lahas
la Guironne
Caumont
Blanquefort
Fontenilles
Saint Flour
Plaisance-du-Touch
Coustau
Zoo
Laurac
Bézéril
Endoufielle
Gers
31 Haute-Garonne
Bonrepos-sur-Aussonnelle
St Simon
Polastron
Noilhan
Cazaux-Savès
le Garros
Fonsorbes
la Béguère
les Demoiselles
Cugnaux
Francazal
Clairfont
Saint Martin-Gimois
Villeneuve
Labastide-Savès
le Peyrigué
Empeaux
Pescadoures
la Martinette
Monbel
Villeneuve-Tolosane
Ramonville-St-Agne
Pechbusque
Mongausy
Saint Soulan
Pompiac
Seysses-Savès
Saint Thomas
Saiguède
Espie
Frouzins
Portet-sur-Garonne
Vieille-Toulouse
Tancouet
Combis
la Batcrabère
Nizas
SAINT LYS
Ratou
Notre Dame-de-Lamothe
Faugarouse
Berthier
Lacroix
Vigoulet-Auzil
Larroucau
SAMATAN
Pourcet
Mathieu
Nauses
Seysses
Roquettes
Pinsaguel
Lacroix-Falgarde
Montamat
LOMBEZ
Savignac-Mona
Bragayrac
Sainte-Foy-de-Peyrolières
Péres
Lamasquère
Beaucru
Gaujac
Lahillaire
Monblanc
Sabonnères
Cambernard
Saint Clar-de-Rivière
Pins-Justaret
Goyrans
Aureville
Barbet
Sauveterre
Darolles
Pébées
Parayre
Huguerie
Labastidette
Villate
Pitau
Praconteau
Sabaillan
Labusquière
Sauvimont
Amades
Montgras
Beaufort
Bougnol
la Serre
les Pioules
Clermont-le-Fort
Corronsac
Espanès
en Bernadas
Puylausic
Montégut-Savès
Saint Médard
Nagut
Ox
Labarthe-sur-Lèze
Laudine
la Prade
Montadet
Sainte Loube
la Cassagne
Lahage
l'Espérès
MURET
Venerque
les Mauvais
Cadeillan
Espaon
Garravet
Laymont
Forgues
la Menjotte
Borret
Jottes
Lherm
Vernet
Jordi
Gayrimont
Muret-Sud
Eaunes
Moulin-d'Augé
Manivièle
Boissède
Mirambeau
Calaoué
Saint Lizier-du-Planté
le Pin-Murelet
Monès
Plagnole
Pesquières
Saint Romain
RIEUMES
Poucharramet
la Pielle
Saint Hilaire
Estantens
Lagardelle-sur-Lèze
Hyse
Frontignan-Savès
Montpézat
Gensac
Touges
Grépiac
Labruyère-Dorsa
Lagarde
L'Isle-en-Dodon
Lavernose-Lacasse
le Fauga
Pellepoix
Agassac
Mauvezin
Sajas
Lautignac
Latour
Mansencal
Capdebat
Redon
Maurat
Burguerolles
Vignolles
Gaillard-Tournié
Goudex
Montastruc-le-Vieux
Savères
Hourton
Bérat
Ribonnet
Mauzac
Dalac
les Bruzes
Castelgaillard
Ambax
Duprat
Saint-Araille
Longages
Beaumont-sur-Lèze
Anan
Coueilles
Riolas
Cazac
Sénarens
Montastruc-Savès
Touch
Labastide-Clermont
Castex
les Pitchous
Rouge
Miremont
Saint-Frajou
Noé
Auribail
Randal
Labastide-Paumès
Pouy-de-Touges
Bois-de la Pierre
la Linde
Lagrâce-Dieu
Castets
Trémoulet
Moureau
Capens
Mont Blanc
Polastron
Castles-Labrande
Carretère
Gratens
Crabères
Carbonne Nord
Saintes
Puydaniel
Salerm
Fabas
le Soulan
Labrande
Peyssies
Saint-Sulpice-sur-Lèze
Bouet
la Pouche
Fustignac
Castelnau-Picampeau
Marignac-Lasclares
Lafitte-Vigordane
Marquefave
les Gazaillas
Montgazin
Mauressac
l'Orme
Lussan-Adeilhac
Guillanat
Peyrissas
Rogé
LE FOUSSERET
Louge
Lafitte-Vigordane
CARBONNE
Lastronques
Loulé
Pélechenne
Grazac
Bacca
Saint-André
Eoux
Labatut
Montégut-Bourjac
Montoussin
Saint-Elix-le-Château
Lacaugne
Goutemajou
Esperce
Sieuras
Caujac
Marens
Nère
Benque
Samouillan
Caillaouet
l'Elysée
Salles-sur-Garonne
09 Ariège
Sainte Rome
Francon
Gariat
Lavelanet
St Elix
Lézat-sur-Lèze
Escayre
Saint-Paul
Verdach
Perron
Boussan
Bachas
les Bencassès
Mondavezan
Cazères
Lavelanet-de-Comminges
RIEUX
Mailholas
Nogarède
la Nine
Ruère
Montoulieu-Saint-Bernard
Alan
Lescuns
Gargaillous
Blancotte
Larrousét
Saint-Julien
Latrape
Contery
Gaillac-Toulza
Saint-Ybars
Musée
AURIGNAC
Sana
la Chapelle
Labernède
Montplaisir
Bax
Monfaucon
Castagnac
Canens
Saint-Julien
Marliac
la Bourdette
Peyrouzet
Marignac-Laspeyres
Martres-Tolosane
Soulance
Martres-T.
Berbaux
Gensac-sur-Garonne
Gouteverni sse
MONTESQUIEU-Volvestre
Lapeyrère
Saint-Sernin
Justiniac
Saint-Elix-Séglan
Bouzin
Boussens
le Fréchet
Palaminy
GAZÈRES
Couladère
Latour
Sainte-Suzanne
Durfort
Cazeneuve-Montaut
Boussens
Mauran
Artiguon
Saint Christaud
Palays
Méras
Loubaut
Villeneuve-du-Latou
Auzas
Laffite-Toupière
Mancioux
Montclar-de-Comminges
Saint Michel
le Plan
Gouzens
Thouars-sur-Arize
Sieuras
Tapia
LE FOSSAT
Proupiary
Paris
Fornex
Château-Gélis
la Junquière
Sepx
le Boué
SAINT-MARTORY
Roquefort-sur-Garonne
la Grangette
les Crouzettes
la Bastide-de-Besplas
le Pigeon
Castex
Canalès
Latour
Bajou
Castillon de-Saint-Martory
Ausseing
Plagne
Micas
Pigailh
Arnaud-Guilhem
Lestelle-de-St-Martory
Furne
Daumazan-sur-Arize
Carla-Bayle
le Fustié
Lescousse
Tarbes
St Médard
Ottives
Gaudines
Mazères-sur-Salat
Belbèze-en-Comminges
le Bernès
Lahitère
Mailhac
Barallas
Artigat
Cérizols
Argain
la Rivière
SAINTE-CROIX-Volvestre
Campagne-sur-Arize
Casteras
Thibaud
Labarthe-Inard
Beauchalot
Montsaunes
Cassagne
Auriet
Escoulis
Hitte
Montbrun-Bocage
Ligny
les Salenques
les Artigues
Grottes de Marsoulas
SALIES-du-Salat
Fabas
la Bidaousse
Montaut
Blandy
Hillet
les Bourrets
Reballiou
Lanoux
Montespan
Betchat
Belloc
Naudot
Touron
les Bordes-sur-Arize
Sabarat
Pailhès
le Pal
Ganties
Figarol
Leoudary
Mane
Touille
Ussau
Bédeille
Tourtouse
Montfa
Raynaude
Berdot
Aumassère
Saint-Martin
Sarous
His
Montaut
Bagert
la Tour
Dolmen
LE MAS-d'Azil
Lacoste
Monesple
Font-de-la-Vielle
Rouède
Montgaillard-de-Salies
Terssac
Castagnède
la Bastide-du-Salat
Bernadat
Pointis
Barjac
Lassere
la Crouzette
Montardit
Mauvezin-de-Sainte-Croix
Contrazy
Camarade
Lézères
Pradals
Grotte du Mas-d'Azil
(Gravures préhistoriques)
Gabre
Menay
la Hillette
Sabarthès
Larrigau
Paillas
Castelbiague
Lacave
Bonrepaux
Mercenac
Taurignan-Castet
les Baudis
Marbois
Bouinéous
Mounet
Lamothe
le Saret
Maury
Lac de Mondely
Aigues-Juntes
Montégut-Plantaurel
Cériros
Lannes
Lorp-Sentaraille
les Gabats
Pierroutous
Mouchous
Chein-Dessus
Ribereuille
Saleich
Mauvezin-de-Prat
Prat-Bonrepaux
Caumont
Taurignan-Vieux
Gajan
Lara
Seille
Bardies
Bourch
la Grausse
Clermont
la Barbe
Allières
Montcru
Brouzenac
Aron
Lasfittes
Raoux
Bataille
Couillas
Barat
Urau
Francazal
Gèle
Église romane
Montesquieu-Avantès
Trespouech
Loubersenac
Château-de-Saint-Barthélemy
Durban-sur-Arize
Ségalas
Vic
Rhodes
Unjat
Arbas
Cazavet
Montgauch
Lorp
Pondeau
Montseron
Bordette
LA BASTIDE-de-Sérou
Cadarcet
Fougaron
ST LIZIER
Montjoie-en-Couserans
Miramont
Noailles
Lescure
Castelnau-Durban
les Atiels
Castelmire
Gourgue
Cazaux
Rimont
Fages
Montels
31 Haute-Garonne
09 Ariège
Herran
Montégut-en-Couserans
SAINT-GIRONS
Baup
Combelongue
Feillet
Rougé
Nescus
Alzen
Pic de Paloumère
1608
Tuc de Graué
Balaguères
1228
les Tronques
Lez
Eycheil
Pombole
Laborie
Esplas-de-Sérou
Montagagne
Agert
Moulis
Luzenac
Château de Sainte Catherine
Pouech
Pile Romaine
le Coch
Touron
Cuillère
Sentenac-de-Sérou
1061
Serres-sur-Arget
151
152
Af
Ba
Bb
Bc
87
88
89
90
91

127

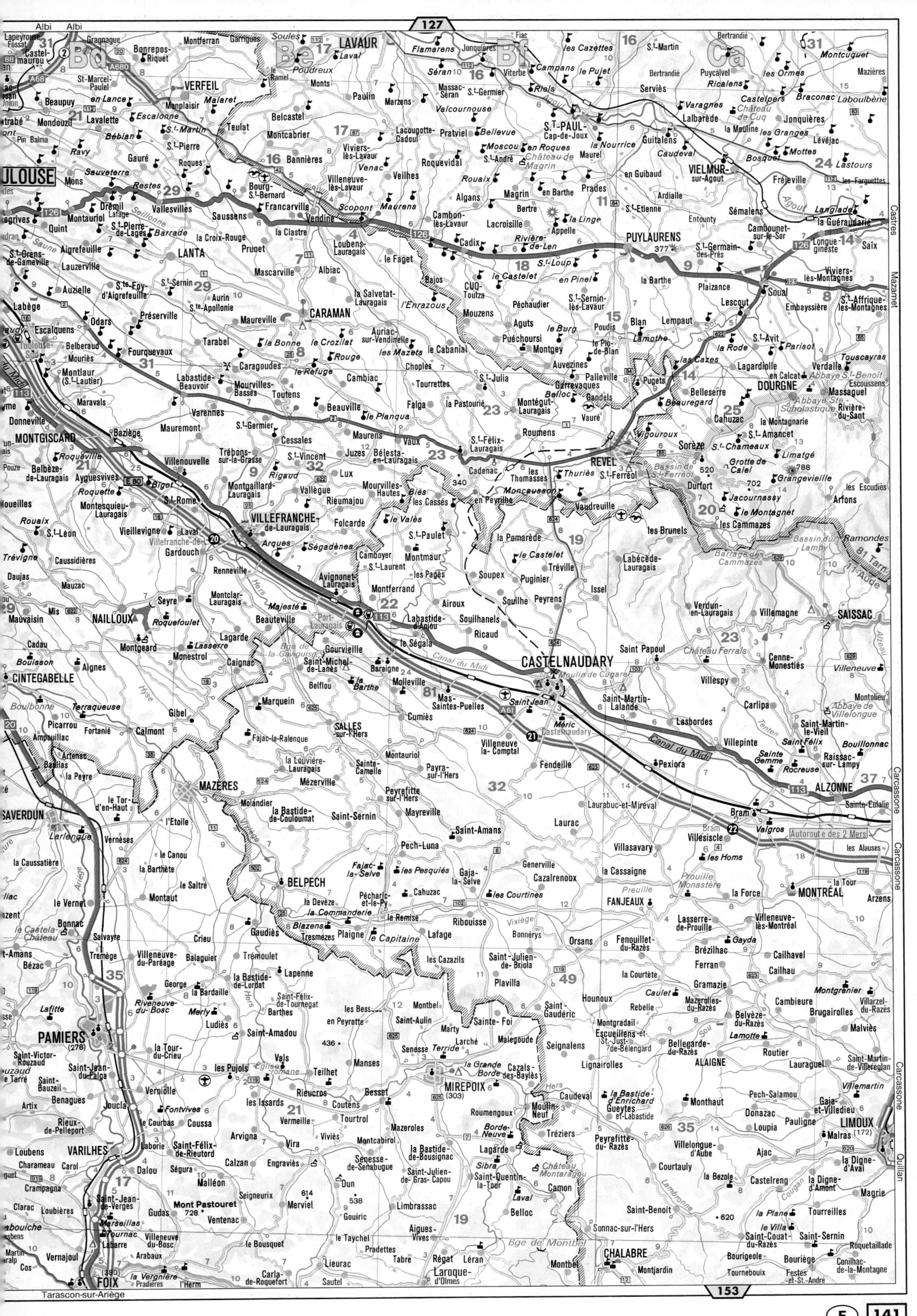

Albi
Albi
Bd
Be
Bf
Ca
LAVAUR
VERFEIL
TOULOUSE
LANTA
CARAMAN
MONTGISCARD
VILLEFRANCHE-de-Lauragais
NAILLOUX
CINTEGABELLE
SAVERDUN
MAZÈRES
BELPECH
PAMIERS
VARILHES
FOIX
Tarascon-sur-Ariège
MIREPOIX
CHALABRE
CASTELNAUDARY
REVEL
PUYLAURENS
S.t-PAUL-Cap-de-Joux
VIELMUR-sur-Agout
DOURGNE
SAISSAC
ALZONNE
MONTRÉAL
FANJEAUX
LIMOUX
ALAIGNE
Sorèze
Soual
Castres
Mazamet
Carcassonne
Quillan
Canal du Midi
Autoroute des 2 Mers
Bassin de S.t-Ferréol
Bassin du Lampy
Barrage des Cammazes
Bge de Montbel
Mont Pastouret
Moulin de Cugarel
Bram
Villepinte
Pexiora
Labécède-Lauragais
Saint-Papoul
Avignonet-Lauragais
Montferrand
Labastide-d'Anjou
Bélesta-en-Lauragais
St-Félix-Lauragais
Cuq-Toulza
Lautrec
Laroque-d'Olmes
Léran
Montbel
Sainte-Foi
Belloc
Limbrassac
Lagarde
Calzan
Dalou
Ségura
Loubens
Crampagna
Saint-Jean-de-Verges

153

128

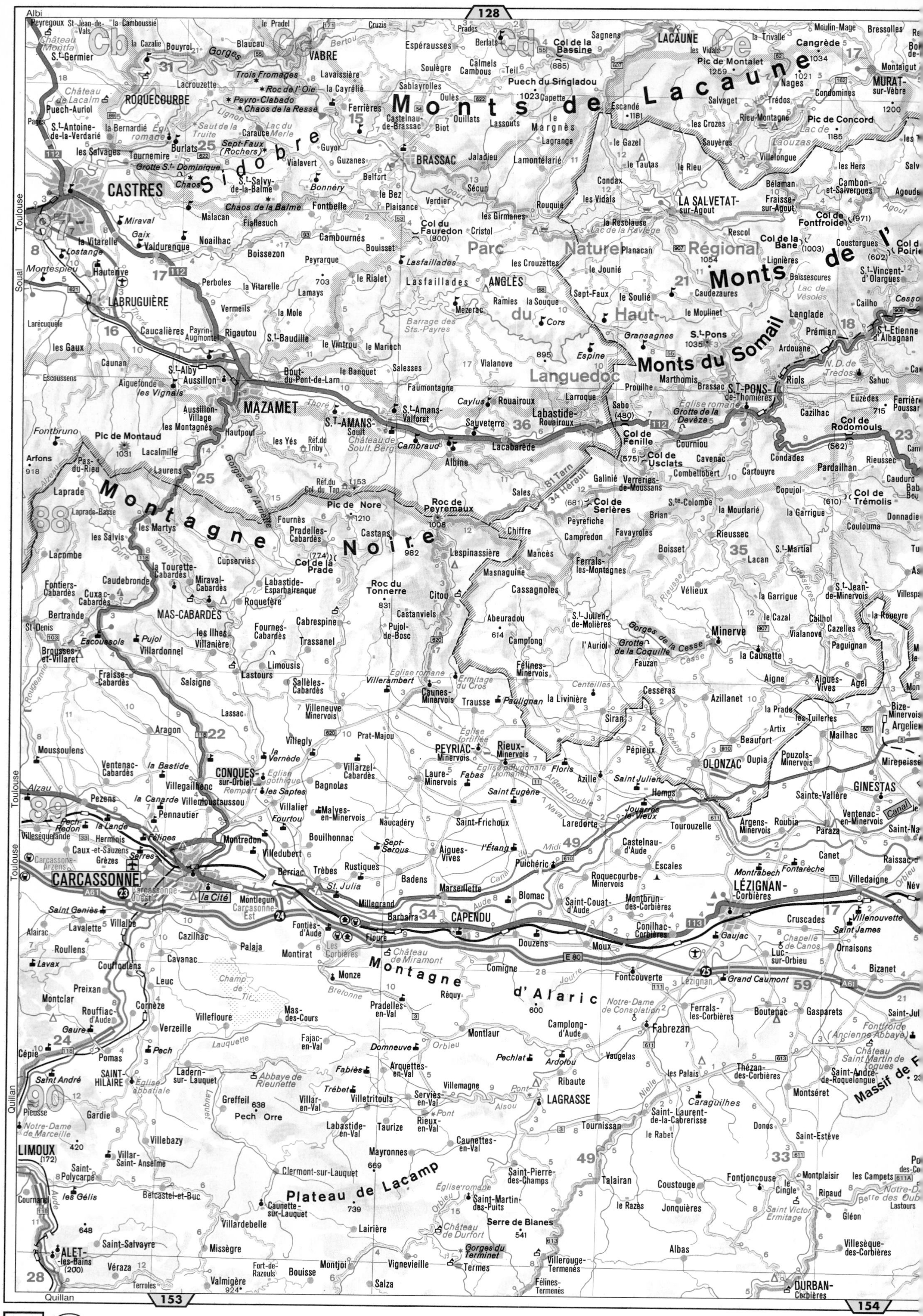
Albi
Toulouse
Soual
Quillan
CASTRES
ROQUECOURBE
VABRE
LACAUNE
Monts de Lacaune
Sidobre
BRASSAC
LA SALVETAT-sur-Agout
MURAT-sur-Vèbre
Pic de Montalet
Parc Naturel Régional du Haut-Languedoc
Monts de l'Espinouse
ANGLÈS
LABRUGUIÈRE
MAZAMET
Aussillon
S.t-AMANS-Soult
S.t-Amans-Valtoret
Labastide-Rouairoux
Monts du Somail
S.t-Pons
S.t-PONS-de-Thomières
Riols
Col de Fenille
Col de Rodomouls
Pic de Montaud
Montagne Noire
Pic de Nore
Roc de Peyremaux
Col de la Prade
Roc du Tonnerre
MAS-CABARDÈS
Cabrespine
Lastours
Villeneuve-Minervois
Caunes-Minervois
Ferrals-les-Montagnes
Minerve
Gorges de la Cesse
La Caunette
Aigues-Vives
Azillanet
Cesseras
Siran
Rieux-Minervois
PEYRIAC-Minervois
OLONZAC
GINESTAS
Mirepeisset
CONQUES-sur-Orbiel
Pennautier
CARCASSONNE
la Cité
Trèbes
CAPENDU
Montagne d'Alaric
LÉZIGNAN-Corbières
Homps
Puichéric
Douzens
Moux
Fabrezan
Ferrals-les-Corbières
LAGRASSE
Saint-Laurent-de-la-Cabrerisse
Thézan-des-Corbières
Massif de Fontfroide
Montséret
Villerouge-Termenès
DURBAN-Corbières
Tournissan
Talairan
Plateau de Lacamp
Saint-Martin-des-Puits
Serre de Blanes
Gorges du Terminet
Termes
Mouthoumet
Clermont-sur-Lauquet
Caunette-sur-Lauquet
Villar-en-Val
Pech Orre
Abbaye de Rieunette
SAINT-HILAIRE
LIMOUX
Notre-Dame de Marceille
Saint-Polycarpe
ALET-les-Bains
Véraza
Valmigère
Bouisse
Montjoi
Vignevieille
Salza
Lairière
Villardebelle
Missègre
Villebazy
Villar-Saint-Anselme
Leuc
Verzeille
Pomas
Cépie
Preixan
Rouffiac-d'Aude
Couffoulens
Cavanac
Palaja
Montirat
Monze
Pradelles-en-Val
Montlaur
Fajac-en-Val
Arquettes-en-Val
Villetritouls
Serviès-en-Val
Rieux-en-Val
Taurize
Mayronnes
Labastide-en-Val
Caunettes-en-Val
Villemagne
Ribaute
Camplong-d'Aude
Vaugelas
Pechlat
Ardolou
Canal du Midi
Jouarres le Vieux
Laredorte
Castelnau-d'Aude
Escales
Conilhac-Corbières
Montbrun-des-Corbières
Roquecourbe-Minervois
Saint-Couat-d'Aude
Marseillette
Blomac
Barbaira
Floure
Fontiès-d'Aude
Berriac
Villedubert
Montredon
Bouilhonnac
Rustiques
Badens
Aigues-Vives
Laure-Minervois
Bagnoles
Villalier
Malves-en-Minervois
Villarzel-Cabardès
Villegly
Salsigne
Villardonnel
Aragon
Villegailhenc
Villemoustaussou
Ventenac-Cabardès
Moussoulens
Pezens
Fraisse-Cabardès
Brousses-et-Villaret
Saint-Denis
Bertrande
Cuxac-Cabardès
Caudebronde
Fontiers-Cabardès
Lacombe
Laprade
Arfons
Lacalmille
Hautpoul
Labastide-Esparbairenque
Roquefère
Fournes-Cabardès
Trassanel
Limousis
Sallèles-Cabardès
Lespinassière
Citou
Castans
Pradelles-Cabardès
Fournès
Chiffre
Campredon
Masnaguine
Cassagnoles
Abeuradou
Félines-Minervois
La Livinière
Trausse
Azille
Pépieux
Beaufort
Oupia
Pouzols-Minervois
Mailhac
Bize-Minervois
Argeliers
Sainte-Valière
Ventenac-en-Minervois
Paraza
Canet
Roubia
Argens-Minervois
Tourouzelle
Villedaigne
Cruscades
Ornaisons
Luc-sur-Orbieu
Bizanet
Boutenac
Gasparets
Saint-Estève
Fontjoncouse
Coustouge
Jonquières
Albas
Villesèque-des-Corbières
Ripaud
Montplaisir
Lagrasse
Saint-Pierre-des-Champs
Castelnau-de-Brassac
Ferrières
Burlats
Vialavert
Guzanes
Belfort
Fontbelle
Cambournés
Noailhac
Valdurenque
Hautenive
Caucalières
Rigautou
S.t-Baudille
Vintrou
Bout-du-Pont-de-Larn
Aussillon-Village
Les Montagnès
Laurens
Pas-du-Rieu
Fontbruno
Caunan
Aiguefonde
Lamontélarié
Condax
Rouquié
Les Girmanes
Cristol
Col du Fauredon
Sécun
Verdier
Jaladieu
Sept-Faux
Le Soulié
Caudezaures
Gransagnes
Marthomis
Courniou
Cavenac
Col de Serières
Verreries-de-Moussans
Galinié
Rieussec
Boisset
Lacan
Vélieux
S.t-Julien-de-Molières
Fauzan
Campiong
Agel
Cazelles
Vialanove
Paguignan
S.t-Jean-de-Minervois
Cailhol
Euzèdes
Cazilhac
Condades
Pardailhan
Copujol
Col de Trémolis
Prémian
S.t-Etienne-d'Albagnan
Cailho
Langlade
Ardouane
Lignières
Coustorgues
S.t-Vincent-d'Olargues
Col de Fontfroide
Fraïsse-sur-Agout
Cambon-et-Salvergues
Bélaman
Villelongue
Les Crozes
Salvaget
Nages
Condomines
Pic de Concord
Cangrède
Bressolles
Moulin-Mage
Sagnens
Col de la Bassine
Puech du Singladou
Calmels
Soulègre
Espérausses
Lavaissière
Sablayrolles
Oulès
Biot
Lassouts
Blaucau
Cruzis
Berlats
Prades
Lacrouzette
Bouyrol
la Cazalie
Puech-Auriol
St-Germier
S.t-Antoine-de-la-Verdarié
Les Salvages
Tournemire
Vivies
Malacan
Fiaflesuch
Boissezon
Perboles
Vermeils
Lamays
le Rialet
Lasfaillades
le Mariech
Salesses
le Banquet
Faumontagne
Rouairoux
Sauveterre
Lacabarède
Albine
Réf. du Col du Tap
Cambraud
Escoussens
Les Gaux
Larécuquère
Montespieu
Lostange
Gaix
la Vitarelle
Pic de Nore
Monts de Lacaune
Col de la Bane
Col de Poiries
Cessou
Sahuc
N.D. de Trédos
Fabas
Saint Eugène
Floris
Saint Julien
Naucadéry
Saint-Frichoux
l'Étang
Sept Serous
Millegrand
Montlegun
St. Julia
Caux-et-Sauzens
Grèzes
Villesequelande
Herminis
Pech Redon
Alzau
Lavalette
Roullens
Villalbe
Cazilhac
Alairac
Montclar
Cornèze
Villefloure
Mas-des-Cours
Réquy
Comigne
Fontcouverte
Ferrals-les-Corbières
Lézignan
Grand Caumont
Montrabech
Fontarèche
Villenouvette
Saint James
Chapelle de Canos
Notre-Dame de Consolation
Caraguilhes
le Rabet
les Palais
Donos
Saint-Andre-de-Roquelongue
Château Saint Martin de Toques
Fontfroide (Ancienne Abbaye)
Saint Victor Ermitage
le Cingle
Gléon
Notre-Dame des Oubiels
Les Campets
Lastours
Le Razès
Coustouge
Pieusse
Gardie
Greffeil
Ladern-sur-Lauquet
Saint André
Gaure
Pech
Lavax
Saint Geniès
Belcastel-et-Buc
les Gélis
Cournanel
Saint-Salvayre
Terroles
Fort-de-Razouls
Félines-Termenès
Château de Durfort
Château de Miramont
Les Corbières
Champ de Tir

153
154

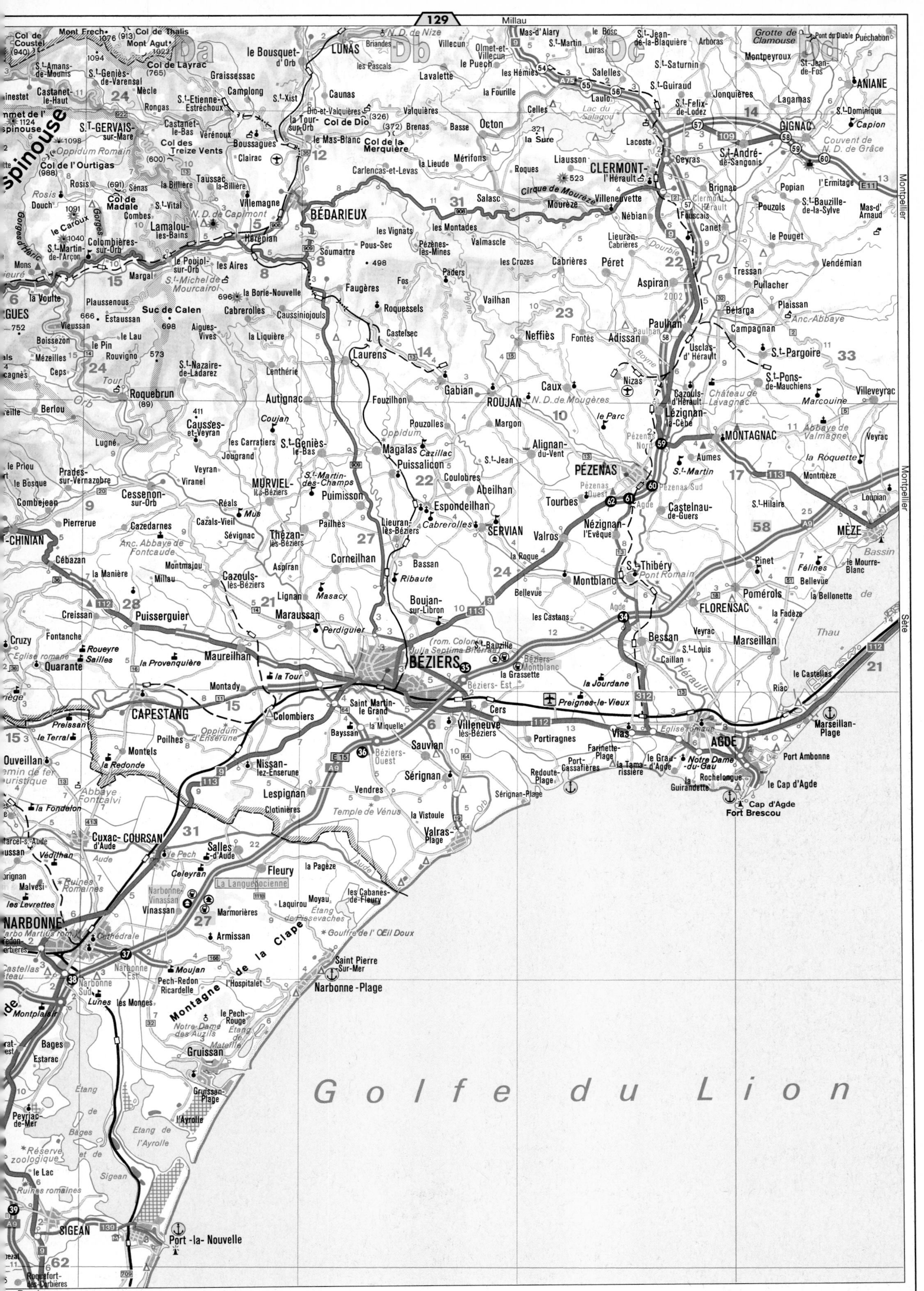

129
Millau
Col de Coustel
Mont Frech
Col de Thalis
Mont Agut
Col de Layrac
Da
Db
Dc
Dd
le Bousquet-d'Orb
LUNAS
Briandes
N. D. de Nize
Villecun
Olmet-et-Villecun
Mas-d'Alary
le Bosc
S.t-Martin
Loiras
S.t-Jean-de-la-Blaquière
Arboras
Grotte de Clamouse
Pont du Diable
Puéchabon
S.t-Amans-de-Mounis
S.t-Geniès-de-Varensal
Graissessac
les Pascals
Lavalette
le Puech
les Hémies
Salelles
S.t-Saturnin
Montpeyroux
St-Jean-de-Fos
Mècle
Camplong
Castanet-le-Haut
Rongas
S.t-Etienne-Estréchoux
S.t-Xist
Caunas
la Fourille
S.t-Guiraud
Jonquières
Lagamas
ANIANE
Dio-et-Valquières
Valquières
Celles
Lac du Salagou
Lauro
S.t-Félix-de-Lodez
S.t-Dominique
Capion
S.T-GERVAIS-sur-Mare
Castanet-le-Bas
Vérénoux
la Tour-sur-Orb
Col de Dio
Brenas
Basse
Octon
la Sure
Lacoste
GIGNAC
Col des Treize Vents
Boussagues
le Mas-Blanc
Col de la Merquière
Oppidum Romain
Col de l'Ourtigas
Clairac
la Lieude
Mérifons
Liausson
CLERMONT-l'Hérault
Geyras
S.t-André-de-Sangonis
Couvent de N. D. de Grâce
Carlencas-et-Levas
Roques
Rosis
Sénas
Taussac-la-Billière
la Billière
Cirque de Mourèze
Villeneuvette
Brignac
l'Ermitage
Popian
Montpellier
Douch
Col de Madale
S.t-Vital
Villemagne
Salasc
Mourèze
Nébian
Clermont-l'Hérault
Fouscais
Pouzols
S.t-Bauzille-de-la-Sylve
Mas-d'Arnaud
le Caroux
Combes
N. D. de Capimont
BÉDARIEUX
les Vignats
les Montades
Canet
Lamalou-les-Bains
Hérépian
Valmascle
Lieuran-Cabrières
le Pouget
S.t-Martin-de-l'Arçon
Colombières-sur-Orb
Soumartre
Pous-Sec
Pézènes-les-Mines
Dourbie
Gorges d'Héric
Mons
le Poujol-sur-Orb
les Aires
Paders
les Crozes
Cabrières
Péret
Vendémian
Margal
S.t-Michel de Mourcairol
Fos
Aspiran
Tressan
Puilacher
la Voulte
Plaussenous
696
la Borie-Nouvelle
Faugères
Vailhan
Plaissan
Suc de Calen
Cabrerolles
Caussiniojouls
Roquessels
Bélarga
Anc. Abbaye
Estaussan
Aigues-Vives
Castelsec
Neffiès
Fontès
Paulhan
Campagnan
Vieussan
le Lau
la Liquière
Adissan
Usclas-d'Hérault
S.t-Pargoire
Boissezon
le Pin
Laurens
Mézeilles
Rouvignou
S.t-Nazaire-de-Ladarez
Lenthérie
Gabian
Caux
Nizas
S.t-Pons-de-Mauchiens
Ceps
Tour
Roquebrun
Autignac
Fouzilhon
ROUJAN
N. D. de Mougères
Cazouls-d'Hérault
Château de Lavagnac
Marcouine
Villeveyrac
Berlou
Orb
Causses-et-Veyran
Coujan
Pouzolles
Margon
le Parc
Lézignan-la-Cèbe
Oppidum
Abbaye de Valmagne
Lugné
les Carratiers
S.t-Geniès-le-Bas
Magalas
Cazillac
Alignan-du-Vent
Pézenas Nord
MONTAGNAC
Veyrac
Jougrand
Puissalicon
S.t-Jean
Aumes
la Roquette
le Priou
Prades-sur-Vernazobre
Veyran
Viranel
MURVIEL-lès-Béziers
S.t-Martin-des-Champs
Coulobres
PÉZENAS
S.t-Martin
Montmèze
le Bosque
Cessenon-sur-Orb
Puimisson
Abeilhan
Pézenas Ouest
Pézenas Sud
Loupian
Combejean
Réals
Mus
Espondeilhan
Tourbes
Castelnau-de-Guers
S.t-Hilaire
Pierrerue
Cazedarnes
Cazals-Vieil
Pailhès
Lieuran-lès-Béziers
Cabrerolles
SERVIAN
Nézignan-l'Evêque
MÈZE
Sévignac
Thézan-lès-Béziers
Valros
Agde
-CHINIAN
Anc. Abbaye de Fontcaude
Corneilhan
la Roque
Pinet
Félines
le Mourre-Blanc
Bassin
Cébazan
la Manière
Montmajou
Millau
Aspiran
Bassan
S.t-Thibéry
Bellevue
Cazouls-lès-Béziers
Ribaute
Montblanc
Pont Romain
Pomérols
la Bellonette
de
Lignan
Masacy
Bellevue
Creissan
Puisserguier
Maraussan
Boujan-sur-Libron
les Castans
FLORENSAC
la Fadèze
Fontanche
Perdiguier
Thau
Cruzy
Roueyre
Sailles
Eglise romane
Quarante
la Provenquière
Maureilhan
(rom. Colonia Julia Septima Biterra)
S.t-Bauzille
Bessan
Veyrac
S.t-Louis
Caillan
Marseillan
BÉZIERS
Béziers-Montblanc
la Grassette
la Jourdane
Hérault
le Castellas
Sète
Montady
la Tour
Béziers-Est
Riac
CAPESTANG
Colombiers
Saint Martin-le Grand
Cers
Preignes-le-Vieux
Preissan
Oppidum d'Enserune
Bayssan
la Miquelle
Villeneuve-lès-Béziers
Portiragnes
Vias
Eglise romane
AGDE
Marseillan-Plage
le Terral
Poilhes
Montels
Béziers-Ouest
Sauvian
Farinette-Plage
le Grau-d'Agde
Notre Dame du Gau
Port Ambonne
Ouveillan
la Redonde
Nissan-lez-Enserune
Sérignan
Port-Cassafières
la Tamarissière
Redoute-Plage
Rochelongue
la Guirandette
le Cap d'Agde
Lespignan
Vendres
Sérignan-Plage
Cap d'Agde
Fort Brescou
Abbaye Fontcalvi
la Fondelon
Clotinières
Temple de Vénus
la Vistoule
Valras-Plage
Cuxac-d'Aude
COURSAN
Salles-d'Aude
Vedilhan
Aude
le Pech
Fleury
la Pagèze
Celeyran
Ruines Romaines
Malvesi
La Languedocienne
Narbonne-Vinassan
Vinassan
Laquirou
Moyau
les Cabanes-de-Fleury
les Levrettes
Marmorières
Etang de Pissevaches
NARBONNE
Arbo Martius (rom.)
Cathédrale
Armissan
Gouffre de l'Œil Doux
Castellas
Moujan
Saint Pierre-sur-Mer
Narbonne-Est
Narbonne-Sud
Pech-Redon
Ricardelle
l'Hospitalet
Narbonne-Plage
Montplaisir
Lunes
les Monges
Montagne de la Clape
le Pech-Rouge
Notre-Dame des Auzils
Etang de Mateille
Bages
Estarac
Gruissan
Golfe du Lion
Etang de Bages et de Sigean
Gruissan-Plage
l'Ayrolle
Peyriac-de-Mer
Etang de l'Ayrolle
Réserve zoologique
le Lac
Ruines romaines
SIGEAN
Port-la-Nouvelle
Roquefort-des-Corbières
Perpignan

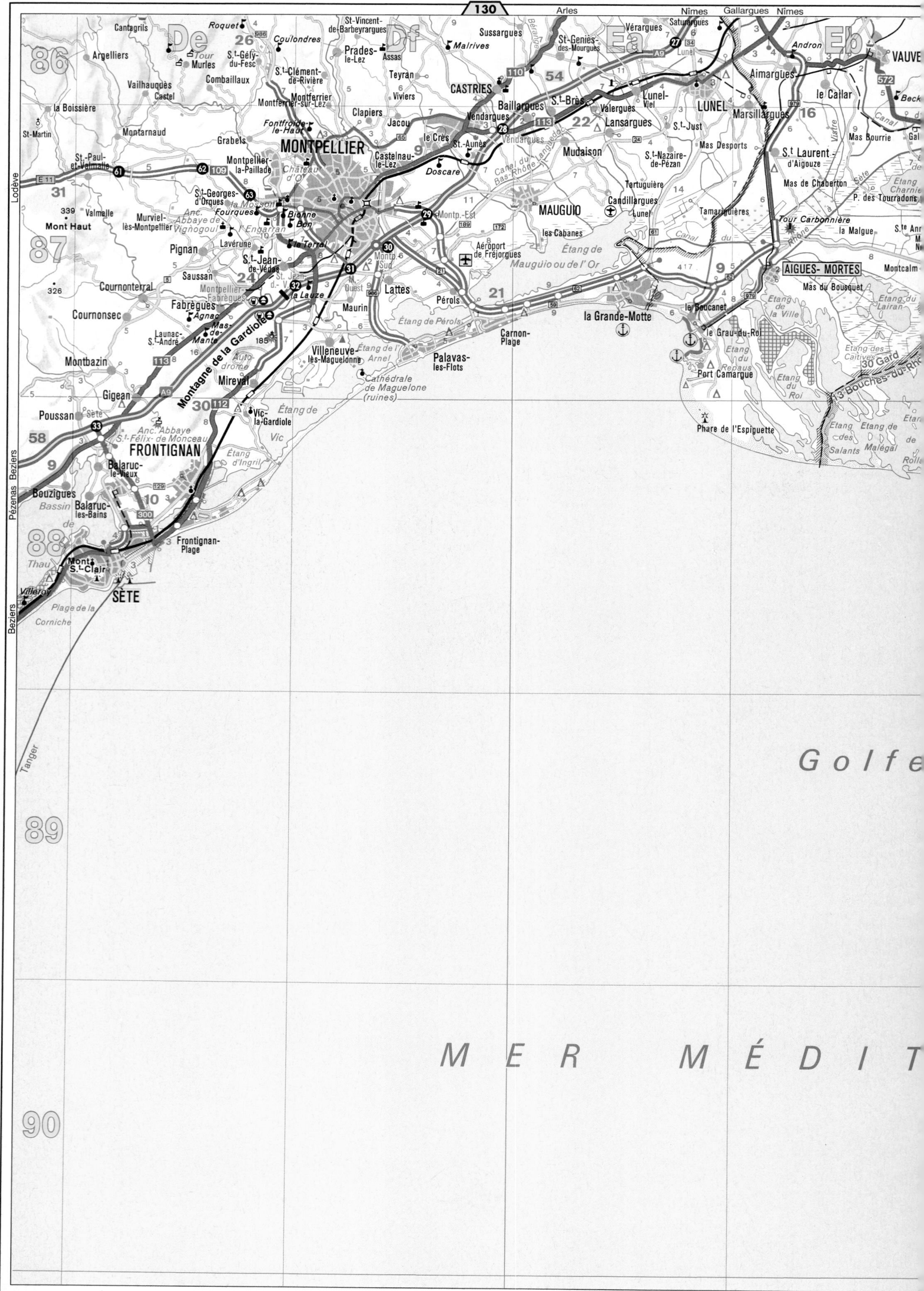

De 86
Df
Ea
E'b

Cantagrils
Roquet
Coulondres
St-Vincent-de-Barbeyrargues
Arles
Nîmes
Gallargues
Nîmes
Argelliers
Murles
Tour
26
St-Géfy-du-Fesc
Prades-le-Lez
Assas
Sussargues
Vérargues
Saturargues
Andron
VAUVE
Combaillaux
St-Clément-de-Rivière
Teyran
Malrives
St-Geniès-des-Mourgues
A9
27 34
Vailhauquès
Castel
Montferrier-sur-Lez
Viviers
CASTRIES
110
54
Lunel
Aimargues
le Callar
la Boissière
Montferrier
Clapiers
Jacou
Baillargues
St-Brès
St-Just
Lunel-Viel
LUNEL
Marsillargues
16
572
St-Martin
Montarnaud
Montpellier-la-Paillade
le Crès
Vendargues
113
22
Valergues
Lansargues
Beck
St-Paul-et-Valmalle
Grabels
Fontfroide-le-Haut
MONTPELLIER
Castelnau-le-Lez
St-Aunès
28
Mas Desports
St-Laurent-d'Aigouze
Mas Bourrie
31
61
62
109
Château d'O
9
Doscare
Mudaison
St-Nazaire-de-Pézan
Étang Charnie
Lodève
E 11
5
St-Georges-d'Orques
63
la Mosson
11
Tertuguière
Candillargues
P. des Tourradons
339
Valmalle
Murviel-lès-Montpellier
Fourques
l'Engarran
Bionne
Bon
29
Montp-Est
MAUGUIO
Lunel
Mas de Chaberton
Sète
Mont Haut
Anc. Abbaye de Vignogoul
189
les Cabanes
Tamariguières
Tour Carbonnière
la Malgue
87
Pignan
Lavérune
la Terral
30
172
Aéroport de Fréjorgues
Étang de
61
Canal du
417
9
AIGUES-MORTES
Montcalm
326
Saussan
St-Jean-de-Védas
31
Montp-Sud
21
Mauguio ou de l'Or
Mâs du Bousquet
Cournonterral
24
St-Jean d.
Lattes
Pérols
21
59
62
le Boucanet
Étang du Lairan
Cournonsec
Fabrègues
32
la Lauze
Maurin
Étang de Pérols
la Grande-Motte
Étang de la Ville
Étang des Caïtives
30 Gard
Launac-S.-André
Agnac
Mas-de-Mante
Ouest
Carnon-Plage
le Grau-du-Roi
Montbazin
113
185
Palavas-les-Flots
Port Camargue
Étang du Repausé
Étang du Roi
Étang des Salants
Étang de Rolle
Gigean
Autodrome
Mireval
Villeneuve-lès-Maguelonne
Étang de l'Arnel
30 Bouches-du-Rh
Poussan
A9
30
112
Vic-la-Gardiole
Étang de
Cathédrale de Maguelone (ruines)
Phare de l'Espiguette
58
Sète
33
Vic
9
Anc. Abbaye St-Félix de Monceau
Étang d'Ingril
FRONTIGNAN
Balaruc-le-Vieux
529
Bouzigues
Bassin
Balaruc-les-Bains
10
300
88
de
Thau
Mont S.t-Clair
Frontignan-Plage
Villeroy
SÈTE
Beziers
Plage de la Corniche
Pézenas Beziers
Tanger

89
90

Golfe

MER MÉDIT

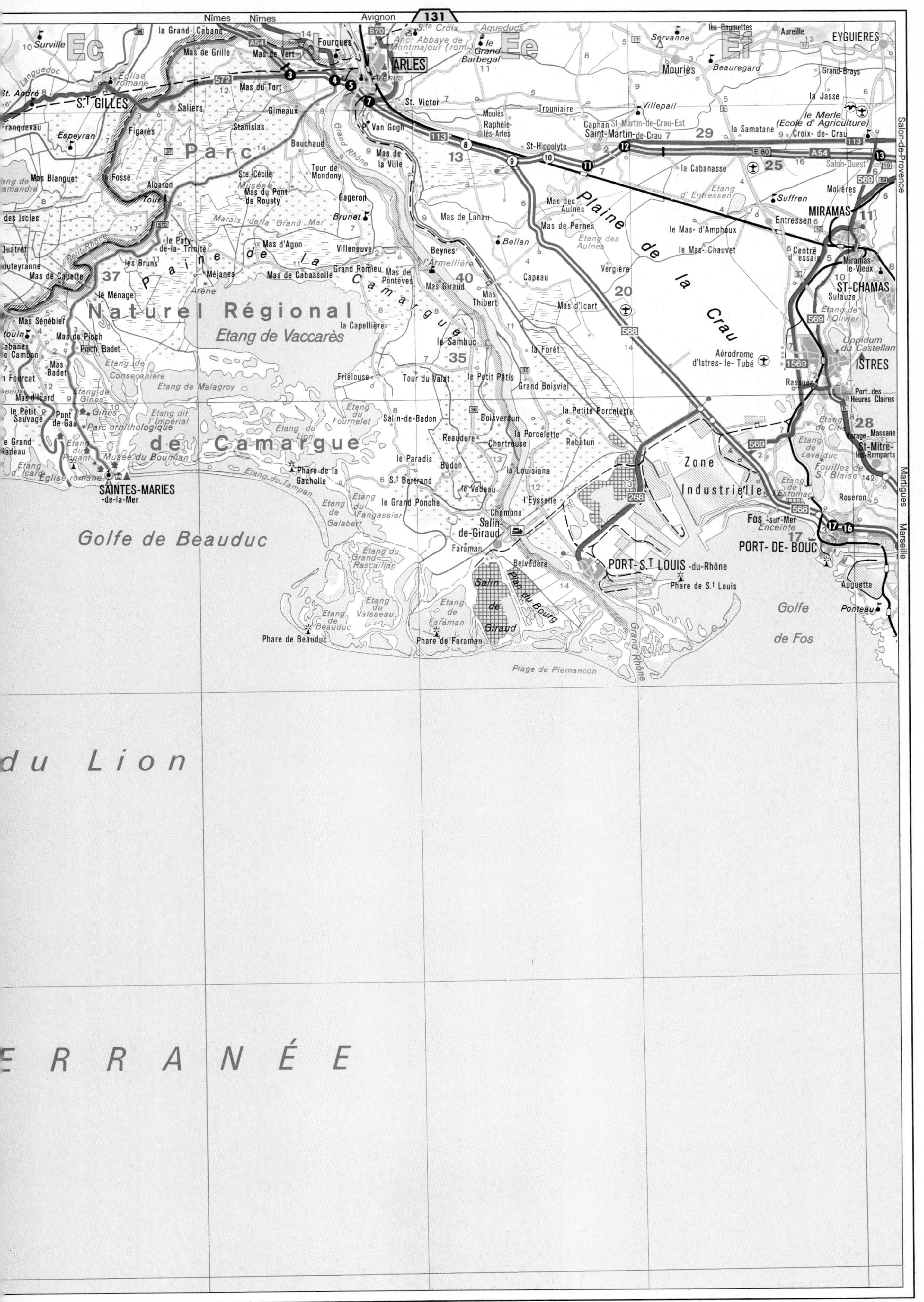
Nîmes
Nîmes
Avignon
131
Ec
Ed
Ee
Ef
Surville
la Grand-Cabane
Fourques
Mas de Grille
Mas de Vert
ARLES
Arènes
Anc. Abbaye de Montmajour (rom.)
le Grand Barbegal
Aqueducs
Servanne
les Baumettes
Aureille
EYGUIÈRES
Mouriès
Beauregard
Grand-Brays
la Jasse
Eglise romane
St. André
S.T GILLES
Saliers
Mas du Tort
Gimeaux
St. Victor
Trouniaire
Villepail
le Merle (Ecole d' Agriculture)
Croix- de- Crau
Franquevau
Espeyran
Figarès
Stanislas
P. Van Gogh
Moulès
Raphèle-lès-Arles
Caphan
St-Martin-de-Crau-Est
Saint-Martin-de-Crau
la Samatane
Salon-de-Provence
Parc
Bouchaud
Mas de la Ville
St-Hippolyte
la Cabanasse
Salon-Ouest
Mas Blanguet
la Fosse
Albaron
Tour de Mondony
Ste-Cécile
Musée
Mas du Pont de Rousty
Gageron
Mas de Lanau
Mas des Aulnes
Plaine de la Crau
Etang d' Entressen
Suffren
Molières
MIRAMAS
des Iscles
Marais de la Grand Mar
Brunet
Mas de Pernes
Entressen
le Mas- d'Amphoux
Bellan
Etang des Aulnes
le Mas- Chauvet
Centre d' essais
Miramas-le-Vieux
le Paty-de-la- Trinité
Mas d'Agon
Villeneuve
Beynes
l'Armellière
Vergière
Capeau
ST-CHAMAS
Sulauze
Mas de Capette
les Bruns
Méjanes
Arène
Mas de Cabassolle
Grand Romieu
Mas de Pontèves
Mas Giraud
Mas Thibert
Mas d'Icart
Etang de l'Olivier
le Ménage
Naturel Régional
la Capellière
Etang de Vaccarès
le Sambuc
la Forêt
Aérodrome d'Istres- le- Tubé
Oppidum du Castellan
ISTRES
Mas Sénébier
Mas de Pioch
Pioch Badet
Mas Badet
Etang de Consecanière
Friélouse
Tour du Valat
le Petit Pâtis
Grand Boisviel
Rassuen
Mas d'Icard
Etang de Malagroy
Etang de Gines
Port des Heures Claires
le Petit Sauvage
Pont de Gau
Gines
Parc ornithologique
Etang dit l' Impérial
Etang du Fournelet
Salin-de-Badon
Boisverdun
la Petite Porcelette
la Porcelette
Rebatun
Etang de Citis
Massane
St-Mitre-les-Remparts
de Camargue
Etang du Lion
Reaudure
Chartrouse
Etang de Lavalduc
Fouilles de S.t Blaise
Musée du Boumian
Phare de la Gacholle
le Paradis
Badon
la Louisiana
Zone Industrielle
Etang de l' Estomac
Roseron
Eglise romane
SAINTES-MARIES -de-la-Mer
Etang du Tampan
S.t Bertrand
le Vedeau
l'Eysselle
Etang du Fangassier
le Grand Ponche
Etang de Galabert
Chamone
Salin-de-Giraud
Fos -sur-Mer
Enceinte
Golfe de Beauduc
Faraman
PORT- DE- BOUC
Marseille
Martigues
Etang du Grand Rascaillan
Belvédère
PORT- S.T LOUIS -du-Rhône
Phare de S.t Louis
Auguette
Salin de Giraud
Plan du Bourg
Etang du Vaisseau
Etang de Faraman
Golfe de Fos
Ponteau
Etang de Beauduc
Phare de Beauduc
Phare de Faraman
Grand Rhône
Plage de Piemancon
du Lion
ERRANÉE

132

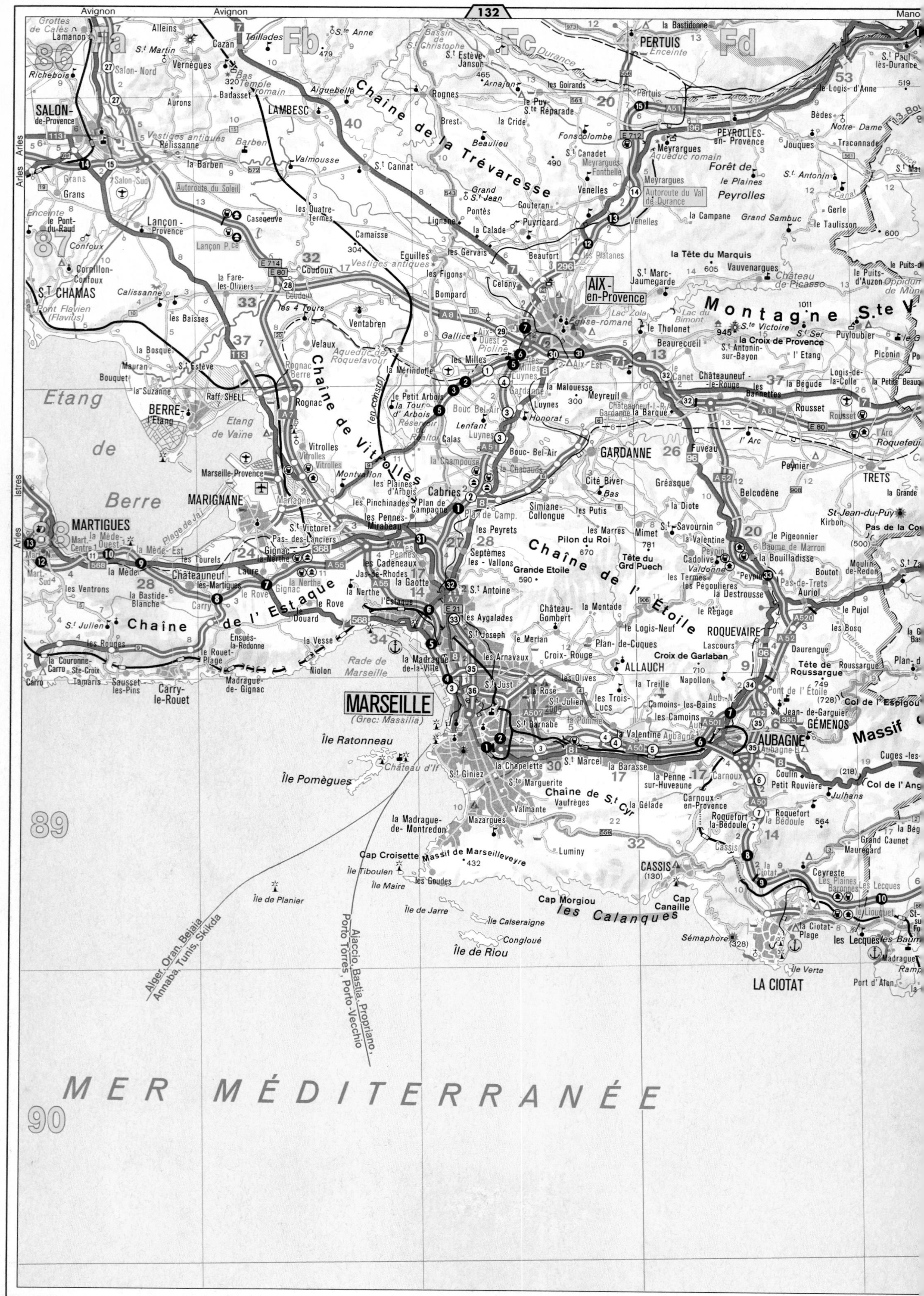
Avignon
Avignon
Mano
Fa
Fb
Fc
Fd
86
87
88
89
90
SALON-de-Provence
Lamanon
Alleins
Cazan
Taillades
S.te Anne
Vernègues
Richebois
Aurons
Pélissanne
la Barben
Valmousse
LAMBESC
Grans
Lançon-Provence
S.T CHAMAS
Calissanne
Cornillon-Confoux
la Fare-les-Oliviers
Coudoux
Ventabren
Velaux
Rognac
BERRE-l'Etang
Etang de Berre
Etang de Vaine
MARIGNANE
MARTIGUES
Marseille-Provence
Vitrolles
Chaîne de Vitrolles
Chaîne de la Trévaresse
Rognes
S.t Cannat
Eguilles
PERTUIS
PEYROLLES-en-Provence
Meyrargues
Jouques
Venelles
Puyricard
AIX-en-Provence
Montagne S.te Victoire
Le Tholonet
Beaurecueil
Puyloubier
Châteauneuf-le-Rouge
Rousset
Luynes
Bouc-Bel-Air
GARDANNE
Fuveau
Peynier
TRETS
Gréasque
Belcodène
Simiane-Collongue
Mimet
Cabriès
Les Pennes-Mirabeau
Septèmes-les-Vallons
Pilon du Roi
Chaîne de l'Etoile
Grande Etoile
Cadolive
Auriol
ROQUEVAIRE
Chaîne de l'Estaque
Châteauneuf-les-Martigues
Gignac
Le Rove
Ensuès-la-Redonne
Sausset-les-Pins
Carry-le-Rouet
Carro
Niolon
Rade de Marseille
MARSEILLE
(Grec: Massilia)
Île Ratonneau
Île Pomègues
Château d'If
ALLAUCH
Plan-de-Cuques
Croix-Rouge
Chaîne de S.t Cyr
AUBAGNE
GÉMENOS
Massif
Cuges-les-
La Penne-sur-Huveaune
Carnoux-en-Provence
Roquefort-la-Bédoule
Cassis
CASSIS
Cap Croisette
Massif de Marseilleveyre
Île Tiboulen
Île Maire
Île de Planier
Île de Jarre
Île Calseraigne
Île de Riou
Cap Morgiou
les Calanques
Cap Canaille
Sémaphore
LA CIOTAT
Ceyreste
les Lecques
Île Verte
Alger, Oran, Bejaia, Annaba, Tunis, Skikda
Ajaccio, Bastia, Propriano, Porto Torres, Porto-Vecchio
MER MÉDITERRANÉE

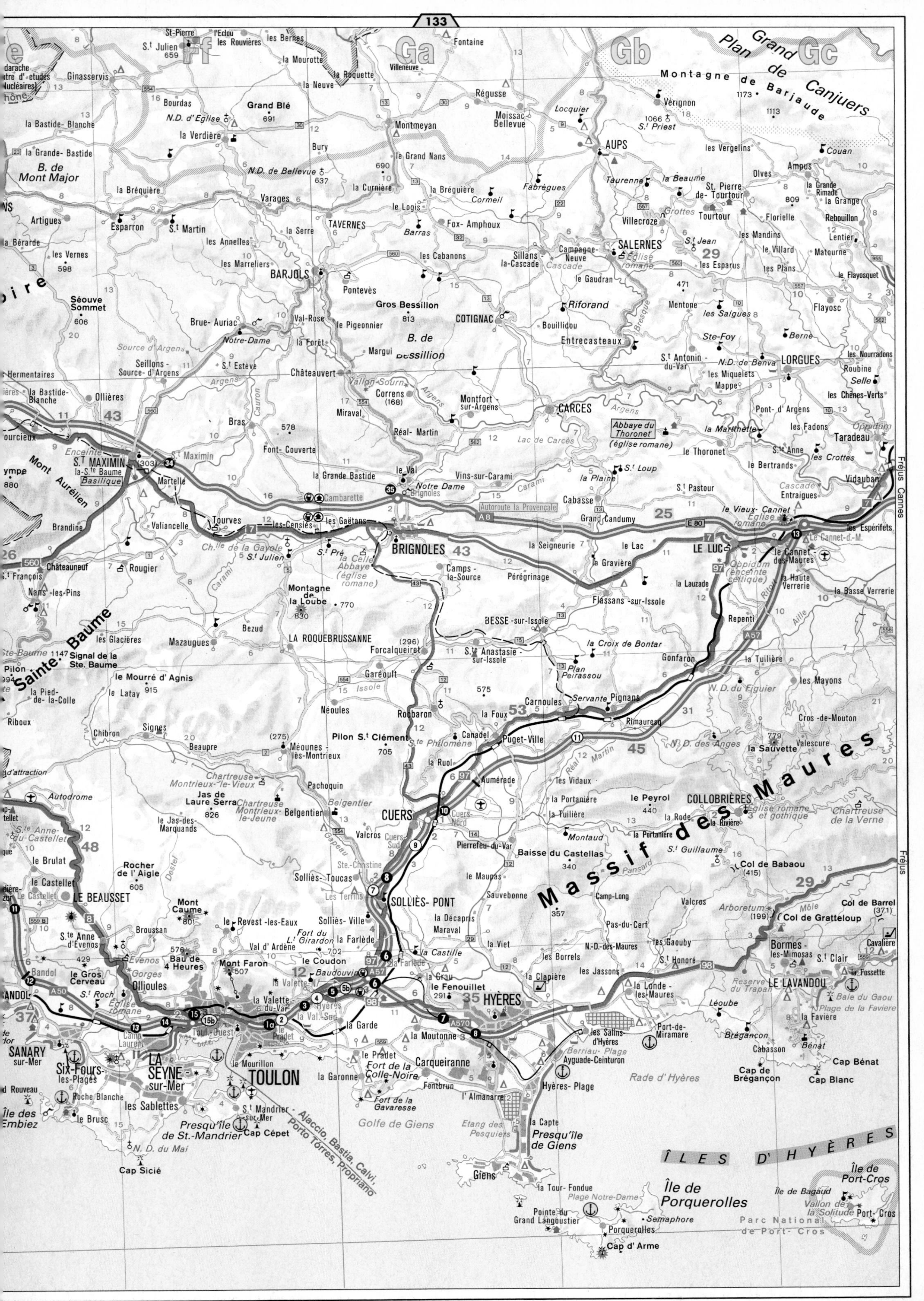

Grand
Plan de Canjuers
Montagne de Barjaude
1173

Gb   Gc

F 147

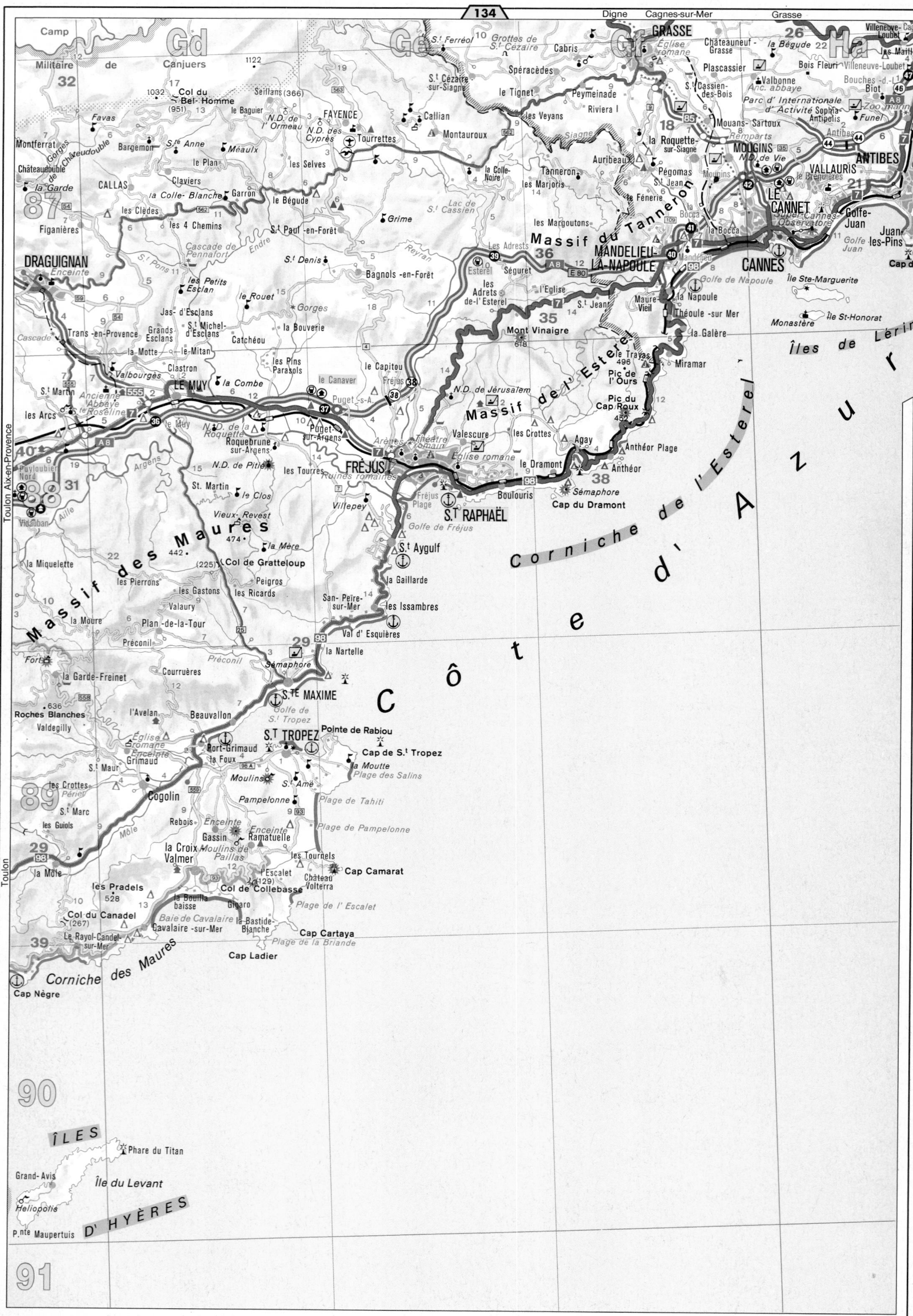

Digne   Cagnes-sur-Mer   Grasse

Camp
Militaire   Gd   de   Canjuers   Ge   Gf   **GRASSE**   Gg   Ha
32   26

1122
Favas   17 Col du   Seillans (366)   S.¹ Ferréol 10 Grottes de
            Bel-Homme   S.¹ Cézaire   Cabris   Châteauneuf-   la Bégude 22   Villeneuve-Cagnes-
1032   (951) 13   le Baguier   Spéracèdes le Tignet   Grasse   Loubet
Montferrat   13   **FAYENCE**   S.¹ Cézaire-   Peymeinade   Riviera I   Plascassier Bois Fleuri les Maïlans
Gorges de Châteaudouble   Ste Anne   le Plan   N.D. des   Tourrettes   sur-Siagne   les Veyans   Valbonne   Antipolis   Bouches-d.-L.¹
Châteaudouble   Bargemon   Méaulx   Cyprès   Montauroux   562   Mouans-   Parc d' Internationale de   Biot
la Garde   CALLAS Claviers les Selves   Callian   Tanneron   Sartoux d' Activité Sophia   Antibes
87   la Colle- Blanche Garron le Bégude   la Colle-   les Marjoris   MOUGINS 44
Figanières   les Clèdes   562 11   Noire   Auribeau   Pégomas N.D. de Vie   VALLAURIS ANTIBES
            les 4 Chemins   S.¹ Paul-en-Forêt   Lac de   S.¹ Fénerie la Roquette-   42   LE CANNET 21
DRAGUIGNAN Cascade de   S.¹ Denis   Grime   S.¹ Cassien   les Margoutons Tanneron sur-Siagne   41 la Bocca Super-Cannes Golfe-
Enceinte   Pennafort   **Massif du Tanneron**   Observatoire Juan
les Petits   Bagnols-en-Forêt   MANDELIEU- la Bocca **CANNES**   Juan-
Esclan   le Rouet 15   Gorges   les Adrets **Massif de l'Esterel** LA-NAPOULE   Golfe-Juan les-Pins
Jas-d'Esclans S.¹ Michel-   la Bouverie   18   39 Séguret 36 AB E80 l'Eglise la Napoule Golfe de Napoule 11 Golfe
Trans-en-Provence d'Esclans   Reyran   les Adrets- 7   S.¹ Jean   Théoule-sur-Mer   Juan
la Motte   le Mitan   la Combe le Canaver Puget-s-A.   de-l'Esterel 35 14   Maure-   Île Ste-Marguerite Cap d' Ar
Clastron   le Capitou   Mont Vinaigre   Vieil   la Galère Monastère Îles de Lérins
Valbourgès 555 LE MUY   N.D. de la   Fréjus 38   618   le Trayas Île St-Honorat
S.¹ Martin Ancienne 555   Roquette   14   N.D. de Jérusalem   Pic de   Îles de Lérins
Abbaye 37   Massif de l'Esterel   l'Ours Miramar
les Arcs 7   le Muy 12   10 Puget-   5   les Crottes   Pic du   12
40   36   N.D. de Pitié sur-Argens Arènes Théatre   Valescure   Cap Roux
Puylaubier 19 Argens Roquebrune-   romain   Eglise romane   Agay   452
Nord 31   15   sur-Argens N.D. de Pitié 7   FRÉJUS   le Dramont Anthéor Plage
Vidauban   les Tourres St. Martin   Villepey   Ruines romaines   Boulouris   Sémaphore Anthéor
le Clos   Fréjus   Eglise romane 38   Cap du Dramont
Massif 22 les Pierrons' Vieux- Revest   474   Plage   S.T RAPHAËL   938
des   442 Col de Gratteloup   la Mère   Golfe de Fréjus
la Miquelette les Gastons   Peigros 225   S.t Aygulf
10 la Moure   Valaury les Ricards   la Gaillarde
Plan-de-la-Tour 25   San-Peïre- 14
Préconil   sur-Mer les Issambres
Forêt Maures la Garde-Freinet 29 98 Val d' Esquières   **Côte**   **d'**   **Azur**
Courrures la Nartelle
636 Roches Blanches 558 l'Avelan Beauvallon Sémaphore
Valdegilly Eglise   S.TE MAXIME
Romane Golfe de
89 les Crottes Grimaud Enceinte Port-Grimaud S.t Tropez
Périel S.t Maur Grimaud la Foux S.T TROPEZ Pointe de Rabiou
S.t Marc Moulins S.t Amé Cap de S.t Tropez
les Guiols Rebois Pampelonne la Moutte Plage des Salins
29 Cogolin 555 Gassin Plage de Tahiti
98 Môle Enceinte 9 93 Plage de Pampelonne
la Mole la Croix Ramatuelle
Valmer Moulins de les Tournels
les Pradels Paillas Cap Camarat
528 l'Escalet Château
Col du Canadel Col de Collebasse Volterra Plage de l'Escalet
267 la Bouilla Gigaro
39 Le Rayol-Candel- baisse la Bastide- Cap Cartaya
sur-Mer Cavalaire-sur-Mer Blanche Plage de la Briande
Cap Ladier
Corniche des Maures
Cap Nègre

90 ÎLES
Phare du Titan
Grand-Avis Île du Levant
Héliopolis
p.nte Maupertuis **D' HYÈRES**

91

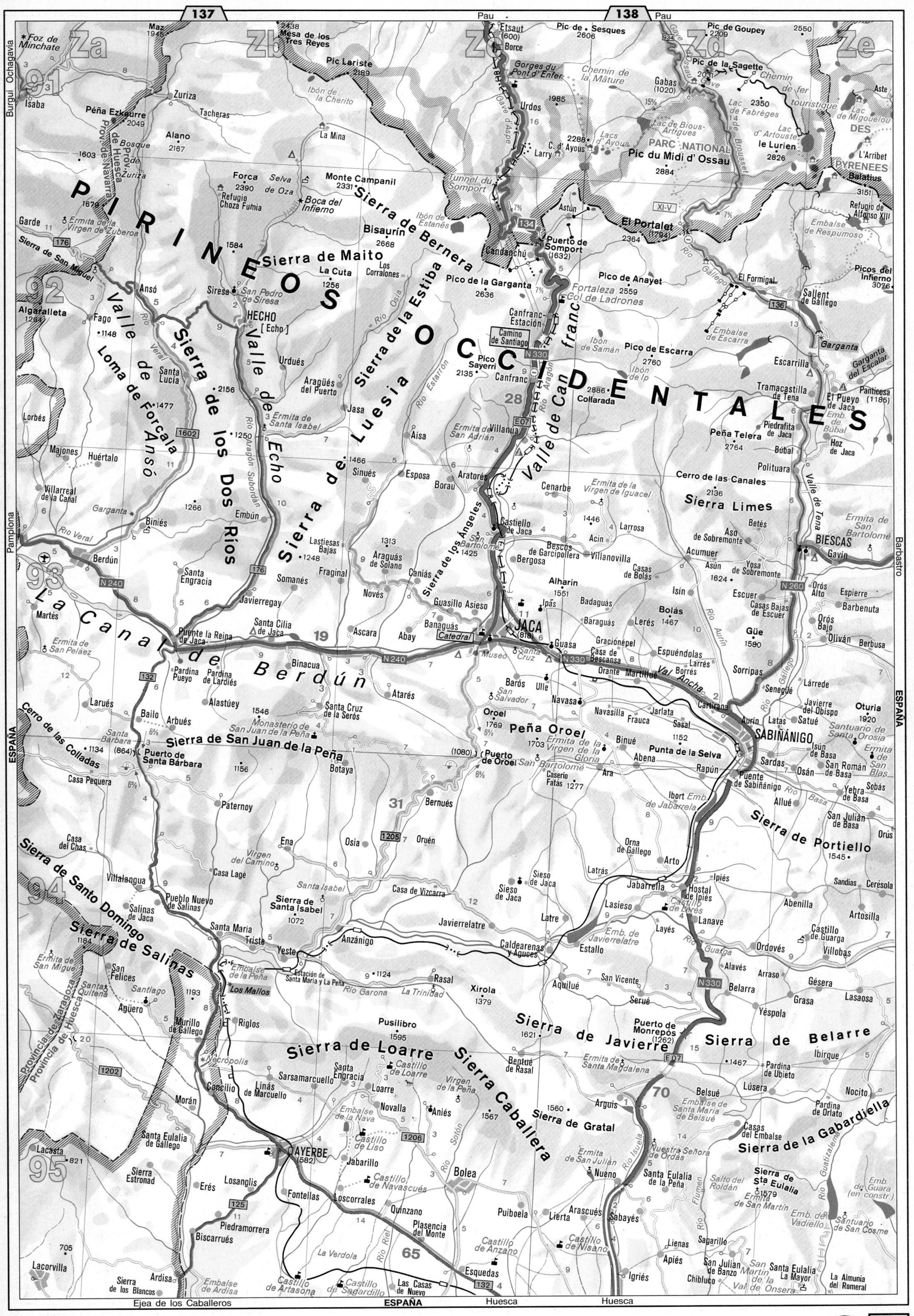

*Foz de Minchate
Maz 1945
Mesa de los Tres Reyes 2438
Pic de Sesques 2606
Pic de Goupey 2209
2550

Za
Zb
Zc
Zd
Ze

Pau
Pau

Etsaut (600)
Pic de la Sagette 2031

Burgui Ochagavia
91
Zuriza
Pic Lariste 2189
Ibón de la Cherito
Gorges du Pont d'Enfer
Chemin de la Mâture
Gabas (1020)
Lac de Fabrèges 2350
Chemin de fer touristique
Lac de Migouelou
DES

Isaba
Peña Ezkaurre 2049
Alano 2167
La Mina
Urdos 1985
Lacs d'Ayous
Lac de Bious-Artigues
PARC NATIONAL
le Lurien 2826
L'Arribet

1603
Bosque de Zuriza
Prov. de Huesca
Larry 2288
Pic du Midi d'Ossau 2884
PYRENEES
Balaitus 3151

Garde 11
Ermita de la Virgen de Zuberoa
Forca 2390
Selva de Oza
Boca del Infierno
Sierra de Bernera
Tunnel du Somport
Astún
Refugio de Alfonso XIII

Sierra de San Miguel 176
Refugio Choza Fumia
Monte Campanil 2331
7%
XI-V
El Portalet (1794)
Picos del Infierno 3076

92
Ansó
Siresa
San Pedro de Siresa
Bisaurin 2668
Sierra de Maito
La Cuta 1256
Los Corralones
Candanchú
Puerto de Somport (1632)
134
El Formigal
Sallent de Gállego

Algarralleta 1244
Fago 1148
HECHO [Echo]
Sierra de la Estiba
Pico de la Garganta 2636
Fortaleza 2559
Col de Ladrones
2364
136
13

Valle de Echo
Urdués
Aragüés del Puerto
Ermita de Santa Isabel
Pico de Anayet
Ibón de Samán
Pico de Escarra 2760
Escarrilla
Garganta del Escalar

Lorbés
Santa Lucía
2156
Jasa
Canfranc-Estación
Camino de Santiago
N 330
Tramacastilla de Tena
El Pueyo de Jaca (1186)
Panticosa

Sierra de Luesia
Loma de Forcala
2168 1477
1250
Aisa
Villanúa
28
Ibón de Ip
Collarada 2886
Peña Telera 2764
Piedrafita de Tena
Hoz de Jaca

1602
Embún
Sinués
Borau
Canfranc
Pico Sayerri 2135
Villanúa
Ermita de San Adrián
Cerro de las Canales 2136
Politiegu

Villarreal de la Canal
Garganta
Biniés
1266
1466
1313
Aratorés
Castiello de Jaca
Sierra Limes
Bubal
Emb. de Búbal

93
Berdún
Santa Engracia
Javierregay
Somanés
176
Fraginal
Araguás de Solano
Novés
Canías
Sierra de los Ángeles
San Bartolomé 1425
Bescós de Garcipollera
Bergosa
Larrosa
Acin
Villanovilla
Aso de Sobremonte
Betés
Acumuer
Ermita de San Bartolomé

N 240
Martés
Ermita de San Peláez
Santa Cilia de Jaca
19
Ascara
Abay
Guasillo Asieso
Banaguás
Catedral
JACA
Museo
Santa Cruz
Guasa
Alharín 1551
Baraguás
Badaguás
Ipás
Isín
Bolás 1467
Biescas
Gavín
Orós Alto
Escuer

La Canal de Berdún
Pardina Pueyo
Pardina de Lardiés
Binacua
Atarés
Barós
Ulle
Navasa
N 330
Gracionépel
Larrés
Espéndolas
Casa de Bescansa
Orante
Martillué
Va. Ancha
Borrés
Sorripas
Lárrede
Javierre del Obispo
Oturia 1920
Santuario de Santa Orosia

Larués
Bailo
Arbués
1546
Santa Cruz de la Serós
Monasterio de San Juan de la Peña
Oroel 1769
Peña Oroel
Ermita de la Virgen de la Gloria
Binué
Abena
Navasilla Frauca
Sasal
1152
Aurín
Latas
Satué
Isún de Basa
San Román de Basa
Ermita de San Blas

94
Cerro de las Colladas
1134 (864)
Puerto de Santa Bárbara
Santa Bárbara
6%
Sierra de San Juan de la Peña
1156
Botaya
Punta de la Selva
Ara
Caserío Fatás 1277
Rapún
SABIÑÁNIGO
Sardas
Osán
Sobás
Sierra de Portiello 1545

Casa Pequera
6%
Paternoy
Bernués
31
Oruén
1205
Osia
Ena
Virgen del Camino
Casa Lagé
Casa de Vizcarra
12
Sieso de Jaca
Orna de Gállego
Arto
Latrás
Ibort
Emb. de Jabarrela
Puente de Sabiñánigo
Yebra de Basa
Allué
San Julián de Basa
Drús

Sierra de Santo Domingo
Villalangua
Santa Isabel
Sierra de Santa Isabel 1072
Javierrelatre
Caldearenas y Aguces
Estallo
Lasieso
Jabarrella
Hostal de Ipiés
Ipiés
Castillo de Lerés
Abenilla
Ordovés
Artosilla
Castillo de Guarga
Villobas

Sierra de Salinas
1184
Pueblo Nuevo de Salinas
Salinas de Jaca
Santa María
Triste
Yeste
Anzánigo
1124
Rasal
Latre
Layés
Lanave
Alavés
Arraso
Gésera
Lasaosa

Ermita de San Miguel
San Felices
Santiago
1193
Estación de Santa María y la Peña
La Trinidad
Río Garona
Xirola 1379
Aquilué
San Vicente
Serué
Belarra
Yéspola
Grasa

95
Lacasta 821
Agüero
Murillo de Gállego
Riglos
Concilio
Morán
Pusilibro
Bentué de Rasal
Sierra de Javierre
Puerto de Monrepós (1262)
15
70
E07
Belsué
Lúsera
Nocito
Sierra de Belarre
Pardina de Orlato

Sierra Estronad
Erés
Losanglis
Fontellas
Linás de Marcuello
Loarre
Santa Engracia
Castillo de Loarre
Virgen de la Peña
Sierra Caballera
Sierra de Gratal
1560
Arguis
1
Ermita de Santa Magdalena
Ermita de San Julián
1467
Casas del Embalse
Sierra de la Gabardiella

1202
Biscarrués
125
Piedramorrera
AYERBE (582)
Losanglis
Loscorrales
Quinzano
Jabarillo
Castillo de Navascués
Bolea
1206
1567
Sierra de Loarre
Embalse de la Nava
Aniés
Puibolea
Liérta
Arascués
Sábayes
Nueno
Santa Eulalia de la Peña
Emb. de Santa María de Belsué
Embalse de Ordas
Santa Eulalia de Sta Eulalia 1579
Sierra de Guara
Ermita de San Martín
Emb. de Vadiello
Santuario de San Cosme

705
Lacorvilla
Ardisa
Sierra de los Blancos
Embalse de Ardisa
Castillo de Artasona
Castillo de Sagardillo
132
65
La Verdola
Castillo de Anzano
Castillo de Nisano
Esquedas
Las Casas de Nuevo
Plasencia del Monte
Igriés
Lienas
Apiés
San Julián de Banzo
Santa Eulalia la Mayor
Chibluco
Salto del Roldán
1379
La Almunia del Romeral

Ejea de los Caballeros
ESPAÑA
Huesca
Huesca

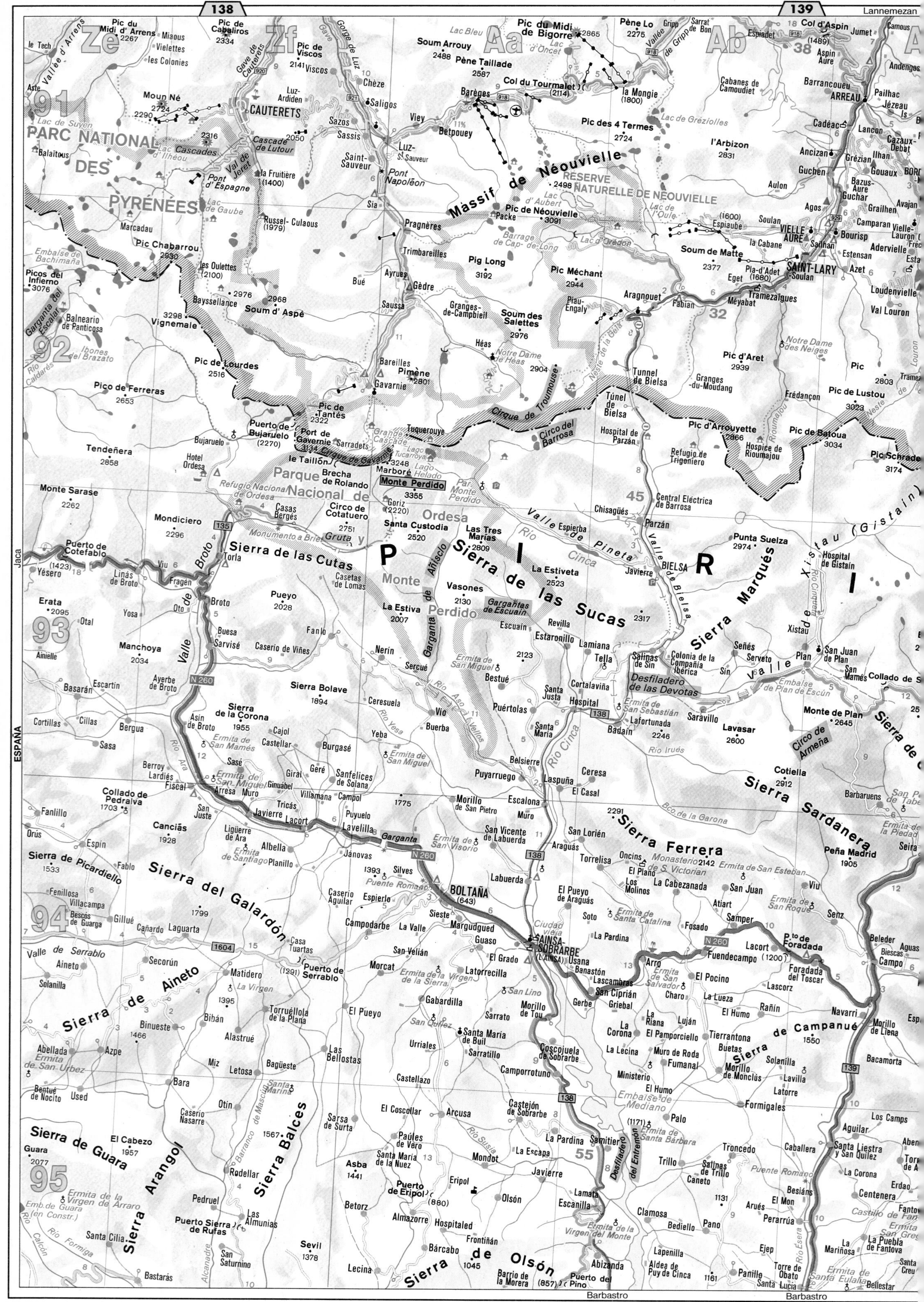
Ze
Zf
Aa
Ab
91
92
93
94
95
38
32
45
55
Pic du Midi d' Arrens 2267
Pic de Cabaliros 2334
Pic de Viscos 2141
Viscos
Vallée d' Arrens
le Tech
Miaous
Vielettes
les Colonies
Aste
Moun Né 2724
2290
CAUTERETS
Cascade de Lutour
Lac de Suyen
PARC NATIONAL DES PYRÉNÉES
Balaïtous
Lac d' Ilhéou
Pont d' Espagne
Val de Jaret
Lac de Gaube
la Fruitière (1400)
Luz-Ardiden
Chèze
Saligos
Sazos
Sassis
Saint-Sauveur
Luz-St Sauveur
Pont Napoléon
Sia
Gorge de Luz
Gave de Cauterets
Marcadau
Pic Chabarrou 2930
Russel-Culaous (1979)
Embalse de Bachimaña
Picos del Infierno 3076
Garganta del Escalar
Balneario de Panticosa
les Oulettes (2100)
2976
2968
Bayssellance
Soum d' Aspé
3298 Vignemale
Ibones del Brazato
Río Caldarés
Pic de Lourdes 2516
Pico de Ferreras 2653
Lac Bleu
Soum Arrouy 2488
Pic du Midi de Bigorre 2865
Lac d' Oncet
Pène Taillade 2587
Pène Lo 2275
Col du Tourmalet (2114)
Barèges
Viey
Betpouey
La Mongie (1800)
Pic des 4 Termes 2724
Massif de Néouvielle
RESERVE NATURELLE DE NEOUVIELLE
Lac d' Aubert
2498
Pic de Néouvielle 3091
Packe
Lac de l' Oule
Barrage de Cap-de-Long
Lac d' Orédon
Pragnères
Trimbareilles
Pig Long 3192
Pic Méchant 2944
Ayrues
Bué
Gèdre
Saussa
Granges-de-Campbieil
Soum des Salettes 2976
Héas
Notre Dame de Héas
2904
Cirque de Troumouse
Bareilles
Pimène 2801
Gavarnie
Pic de Tantes 2322
Puerto de Bujaruelo (2270)
Port de Gavarnie
Sarradets
Grande Cascade
Cirque de Gavarnie
le Taillon 3134
3248
Tuquerouye
Lago Tucarroya
Marboré
Lago Helado
Monte Perdido 3355
Brecha de Rolando
Parque Nacional de Ordesa y Monte Perdido
Refugio Nacional de Ordesa
Hotel Ordesa
Bujaruelo
Tendeñera 2858
Monte Sarase 2262
Casas Bergés
Circo de Cotatuero 2751
Goriz (2220)
Santa Custodia 2520
Gruta
Monumento a Brie
Mondiciero 2296
Sierra de las Cutas
Puerto de Cotefablo (1423)
Yésero
Linás de Broto
Viu
Torla
Fragén
Broto
Oto
Valle de Broto
Erata 2095
Otal
Ainielle
Yosa
Buesa
Sarvisé
Manchoya 2034
Casetas de Lomas
Pueyo 2028
La Estiva 2007
Fanlo
Caserio de Viñes
Garganta de Añisclo
Las Tres Marías 2809
Sierra de las Sucas
La Estiveta 2523
Vasones 2130
Gargantas de Escuaín
Escuaín
Revilla
Estaronillo
Lamiana
Tella
2317
Nerín
Sercué
Ermita de San Miguel
Bestué
2123
Circo del Barrosa
Hospital de Parzán
Túnel de Bielsa
Tunnel de Bielsa
Chisagüés
Parzán
Central Eléctrica de Barrosa
Valle Espierba
Valle de Pineta
Río Cinca
Javierre
BIELSA
Valle de Bielsa
P I R I
Punta Suelza 2974
Sierra Marqués
Hospital de Gistaín
Xistau (Gistaín)
Río Cinqueta
Salinas de Sin
Colonia de la Compañía Ibérica
Sin
Señés
Serveto
Plan
San Juan de Plan
San Mamés
Collado de S
Valle de Xistau
Embalse de Plan de Escún
Desfiladero de las Devotas
Cortalaviña
Santa Justa
Hospital
Ermita de San Sebastián
Badaín
Lafortunada 2246
Saravillo
Lavasar 2600
Monte de Plan 2645
Circo de Armeña
Sierra de Chía
Río Irués
Cotiella 2912
Sierra Sardanera
Barbaruens
Bielsa
Aragnouet
Fabian
Piau-Engaly
Tramezaïgues
Méyabat
Neste de la Géla
Gripp
Sarrat de Bon
Vallée de Gripp
Espiadet
Col d'Aspin (1489)
Jumet
Aspin Aure
Cabanes de Camoudiet
Lac de Grézioles
l'Arbizon 2831
Barrancoueu
ARREAU
Cadéac
Ancizan
Guchen
Aulon
Agos
Soulan
Espiaube (1600)
VIELLE AURE
la Cabane
Soum de Matte 2377
Pla-d'Adet (1680)
Eget
SAINT-LARY -Soulan
Bourisp
Sailhan
Estensan
Azet
Camparan
Adervielle
Loudenvielle
Val Louron
Notre Dame des Neiges
Pic d'Aret 2939
Granges -du-Moudang
Pic
2803
Fredançon
Pic de Lustou 3023
Pic d'Arrouyette 2866
Refugio de Trigoniero
Hospice de Rioumajou
Pic de Batoua 3034
Pic Schrade 3174
Pailhac
Jézeau
Lançon
Cazaux-Debat
Ilhan
Grézian
Gouaux
Bazus-Aure
Guchar
Grailhen
Avajan
Jaca
ESPAÑA
Basarán
Escartín
Ayerbe de Broto
Cortillas
Cillas
Bergua
Sasa
Asín de Broto
Sierra de la Corona 1955
Ermita de San Mamés
Cajol
Castellar
Burgasé
Sierra Bolave 1894
Ceresuela
Yeba
Ermita de San Miguel
Río Yesa
Río Aso
Vió
Buerba
Puértolas
Santa María
Belsierre
Puyarruego
Laspuña
Ceresa
El Casal
Río Ara
Berroy
Lardiés
Sasé
Giral
Geré
Sanfelices de Solana
Ginuábel
Villamana
Campol
1775
Morillo de San Pietro
Escalona
Muro
Fiscal
Arresa
Muro
Collado de Pedralva 1703
Fanlillo
San Juste
Tricás
Javierre
Lacort
Puyuelo
Lavelilla
Garganta
Canciás 1928
Ligüerre de Ara
Albella
Planillo
Jánovas
San Vicente de Labuerda
Ermita de San Visorio
2291
Sierra Ferrera
Bco. de la Garona
San Lorién
Araguás
Torrelisa
Oncíns
El Plano
Los Molinos
Monasterio de S. Victorián
2142
Ermita de San Esteban
La Cabezanada
San Juan
Orús
Espín
Sierra de Picardiello 1533
Fablo
Sierra del Galardón
Ermita de Santiago
1393
Silves
Puente Romano
BOLTAÑA (643)
Labuerda
El Pueyo de Araguás
Soto
Ermita de Santa Catalina
Atiart
Samper
Ermita de San Roque
Viu
Senz
Peña Madrid 1905
Sierra Sardanera
Fenillosa
Villacampa
Bescós de Guarga
Gillué
Cañardo
Laguarta
1799
Caserío Aguilar
Espierlo
Campodarbe
La Valle
Sieste
Margudgued
Guaso
Ciudad vieja
AÍNSA-SOBRARBE (L'AINSA)
La Pardina
Fosado
Lacort
P.to de Foradada (1200)
Fuendecampo
Beleder
Biescas
Campo
Aguas
Foradada del Toscar
Valle de Serrablo
Aineto
Casa Tuartas
Puerto de Serrablo (1291)
Secorún
Matidero
San Velián
Morcat
Ermita de la Virgen de la Sierra
El Grado
Latorrecilla
Usana
Banastón
Lascambras
San Ciprián
Arro
Ermita de San Salvador
Charo
El Pocino
La Lueza
Lascorz
Solanilla
Sierra de Aineto
La Virgen
1395
Torruéllola de la Plana
Gabardilla
San Lino
Sarrato
Morillo de Tou
Gerbe
Griebal
El Humo
Rañín
Navarri
Sierra de Campanué 1550
Morillo de Liena
Bibán
Binueste 1466
El Pueyo
San Quílez
Santa María de Buil
La Riana
Luján
La Corona
El Pamporciello
Tierrantona
Buetas
Abellada
Ermita de San Urbez
Azpe
Alastrué
Urriales
Sarratillo
Coscojuela de Sobrarbe
La Lecina
Muro de Roda
Fumanal
Solanilla
Bacamorta
Las Bellostas
Miz
Letosa
Bagüeste
Camporrotuno
Ministerio
Morillo de Monclús
Lavilla
Bara
Santa Marina
Castellazo
El Humo
Embalse de Mediano
Latorre
Bentué de Nocito
Used
Otín
El Coscollar
Arcusa
Castejón de Sobrarbe
Palo
Formigales
Los Camps
Caserío Nasarre
Barranco de Mascún
Sierra Balcés
Sarsa de Surta
Río Susía
(1171)
Ermita de Santa Bárbara
Aguilar
Sierra de Guara
El Cabezo 1957
Guara 2077
1567
Paúles de Vero
Santa María de la Nuez
La Pardina
Samitier
Troncedo
Caballera
Santa Liestra y San Quílez
Asba 1441
Mondot
La Escapa
Javierre
Desfiladero del Entremón
Trillo
Salinas de Trillo
Caneto
Puente Romano
La Corona
Sierra Arangol
Rodellar
Puerto de Eripol (880)
Eripol
Olsón
Lamata
Escanilla
1131
Besiáns
Erdao
Centenera
Emb. de Guara (en Constr.)
Ermita de la Virgen de Arraro
Pedruel
Betorz
Almazorre
Clamosa
El Mon
Arués
Perarrúa
Castillo de Fantova
Puerto Sierra de Rufas
Las Almunias
Hospitaled
Ermita de la Virgen del Monte
Bediello
Pano
La Mariñosa
La Puebla de Fantova
Santa Cilia
Río Formiga
Río Calcón
Sevil 1378
Frontiñán
Bárcabo
Abizanda
Lapenilla
Aldea de Puy de Cinca
1161
Ejep
Torre de Obato
Panillo
Santa
Ermita de Santa Eulalia
Bellestar
San Saturnino
Alcanadre
Bastarás
Lecina
Sierra de Olsón
1045
Barrio de la Morera
(857)
Puerto del Pino
Río Ésera
N 260
N 260
N 260
135
138
138
138
139
1604
920
921
918
918
929
Barbastro
Barbastro

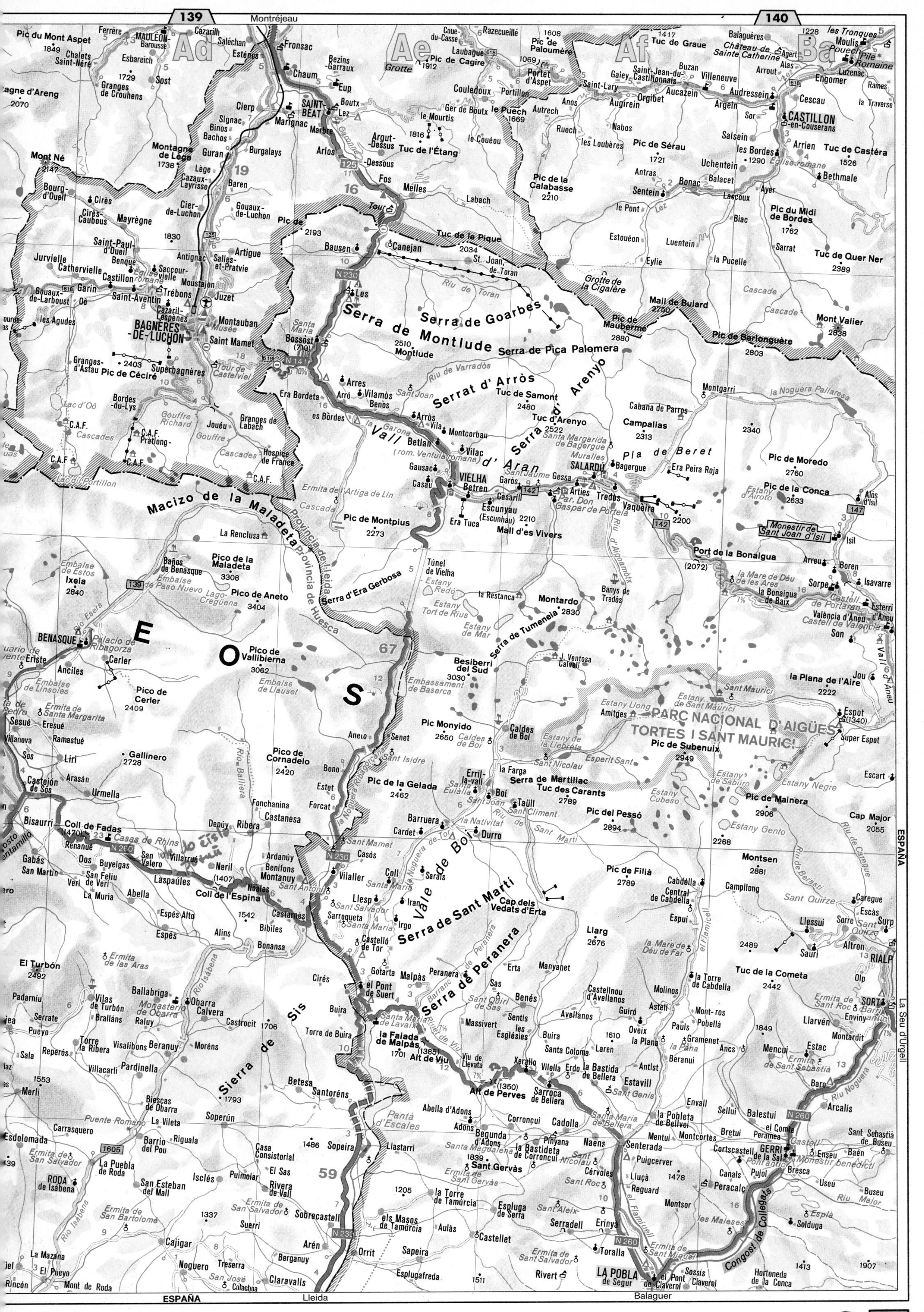

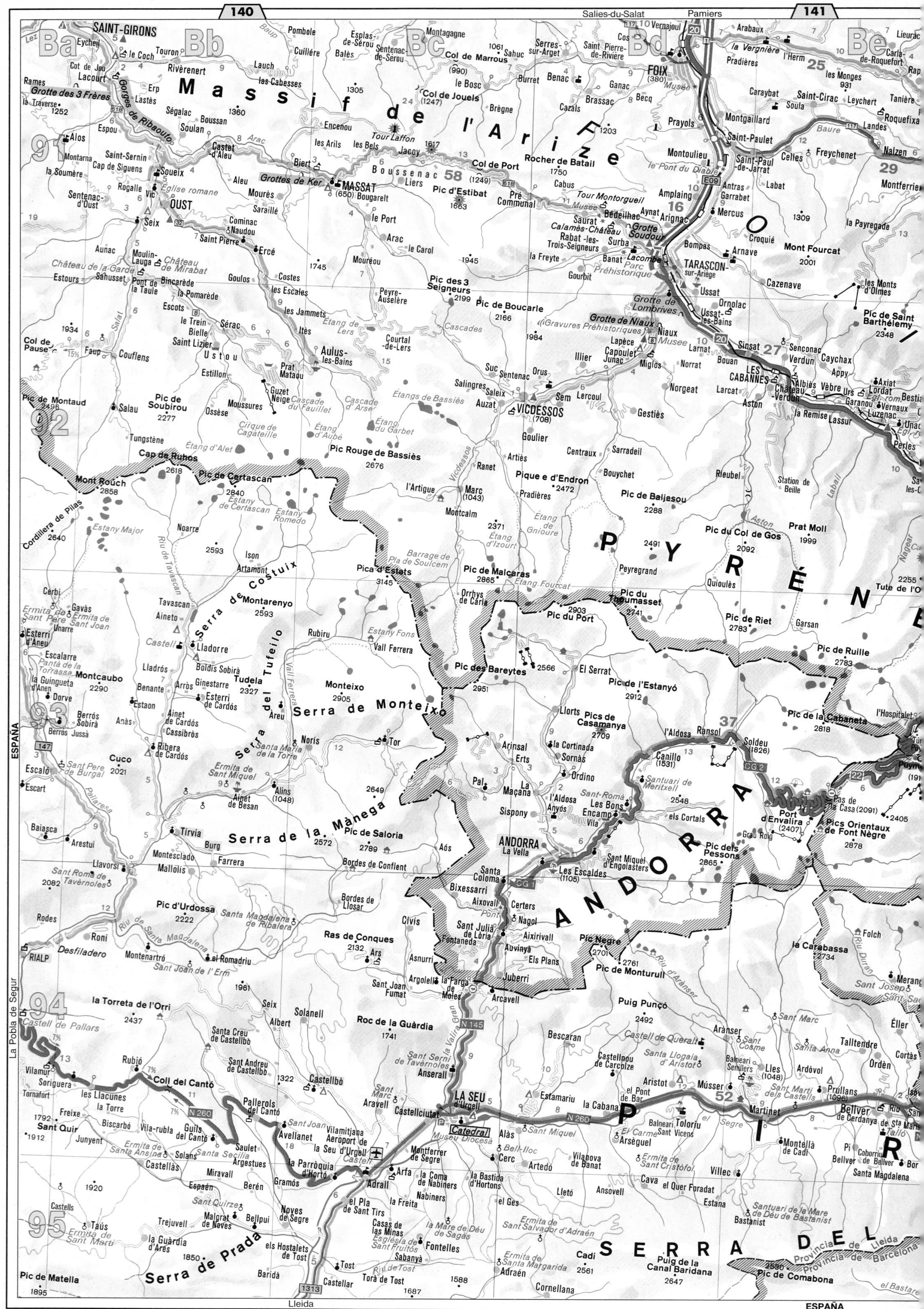

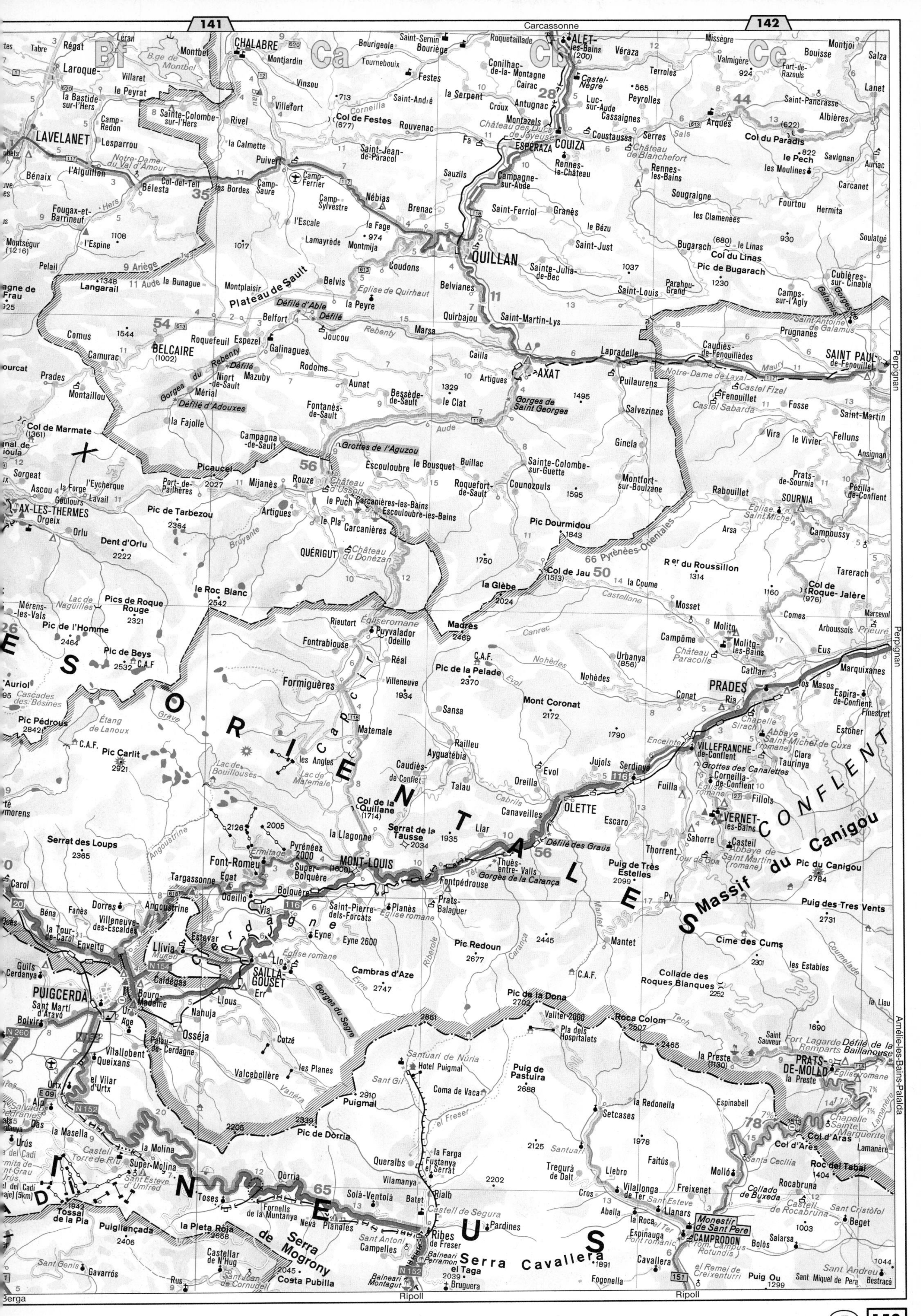
141
142
Carcassonne
Bf
Ca
Cb
Cc
Régat
Léran
Montbel
CHALABRE
Montjardin
Bourigeole
Tourneboulix
Saint-Sernin
Bouriège
Roquetaillade
ALET-les-Bains
Véraza
Missègre
Montjoi
Bouisse
Salza
Laroque-d'Olmes
Villaret
le Peyrat
La Bastide-sur-l'Hers
Sainte-Colombe-sur-l'Hers
Camp-Redon
Lesparrou
LAVELANET
Rivel
Vinsou
Villefort
Festes
Col de Festes
Saint-André
Rouvenac
la Serpent
Conilhac-de-la-Montagne
Cairac
Croux
Antugnac
Montazels
Castel-Nègre
Luc-sur-Aude
Cassaignes
Peyrolles
Terroles
Valmigère
Fort-de-Razouls
Lanet
Saint-Pancrasse
Albières
Arques
Col du Paradis
Le Pech
Savignan
Auriac
les Moulines
Carcanet
Hermita
Soulatgé
Bénaix
l'Aiguillon
Bélesta
Col-del-Teil
les Bordes
Camp-Saure
Camp-Ferrier
Puivert
la Calmette
Saint-Jean-de-Paracol
Nébias
Brenac
Sauzils
Fa
ESPÉRAZA
COUIZA
Coustaussa
Serres
Rennes-le-Château
Rennes-les-Bains
Campagne-sur-Aude
Sougraigne
Fourtou
les Clamenées
Fougax-et-Barrineuf
Montségur (1216)
l'Espine
Camp-Sylvestre
l'Escale
la Fage
Lamayrède
Montmija
QUILLAN
Saint-Ferriol
Granès
le Bézu
Saint-Just
Bugarach
Col du Linas
Pic de Bugarach
Cubières-sur-Cinable
Pelail
Langarail
Montplaisir
Plateau de Sault
Coudons
Belvis
Belvianes
Sainte-Julia-de-Bec
Saint-Louis
Parahou-Grand
Camps-sur-l'Agly
Belfort
Défilé d'Able
la Peyre
Quirbajou
Saint-Martin-Lys
Saint-Antoine de Galamus
Prugnanes
Comus
Camurac
BELCAIRE (1002)
Roquefeuil
Espezel
Galinagues
Joucou
Marsa
Cailla
Lapradelle
Caudiès-de-Fenouillèdes
SAINT PAUL de-Fenouillet
Prades
Montaillou
Niort-de-Sault
Mérial
Mazuby
Rodome
Aunat
Bessède-de-Sault
le Clat
Artigues
AXAT
Puilaurens
Castel Fizel
Fenouillet
Fosse
Saint-Martin
Col de Marmate
Défilé d'Adouxes
la Fajolle
Fontanès-de-Sault
Gorges de Saint Georges
Salvezines
Campagna-de-Sault
Grottes de l'Aguzou
Gincla
Vira
le Vivier
Fellun
Ansignan
Picaucel
Sorgeat
Ascou
la Forge
l'Eycherque
Port-de-Pailhères
Mijanès
Rouze
Escouloubre
le Bousquet
Buillac
Roquefort-de-Sault
Counozouls
Sainte-Colombe-sur-Guette
Montfort-sur-Boulzane
Rabouillet
Prats-de-Sournia
SOURNIA
Pézilla-de-Conflent
AX-LES-THERMES
Orgeix
Orlu
Pic de Tarbezou
Artigues
le Puch
Carcanières-les-Bains
Escouloubre-les-Bains
Carcanières
Pic Dourmidou
Campoussy
Arsa
Dent d'Orlu
QUÉRIGUT
Château du Donézan
Col de Jau
la Coume
R. du Roussillon
Tarerach
Col de Roque-Jalère
le Roc Blanc
la Glèbe
Mosset
Mérens-les-Vals
Pics de Roque Rouge
Rieutort
Puyvalador
Madres
Molitg
Molitg-les-Bains
Campôme
Marcevol
Arboussols
Comes
Pic de l'Homme
Fontrabiouse
Odeillo
Réal
Pic de la Pelade
Urbanya
Nohèdes
Eus
Catllar
Marquixanes
Pic de Beys
Formiguères
Villeneuve
Mont Coronat
Conat
PRADES
Ria
los Masos
Espira-de-Conflent
Finestret
Pic Pédrous
Étang de Lanoux
Matemale
Sansa
Estoher
Pic Carlit
les Angles
Railleu
Ayguatébia
Caudiès-de-Conflent
Talau
Evol
Oreilla
Jujols
Serdinya
VILLEFRANCHE-de-Conflent
Corneilla-de-Conflent
Fuilla
Fillols
Abbaye Saint Michel de Cuxa
Taurinya
Clara
Lac des Bouillouses
Col de la Quillane
Serrat de la Tausse
Llar
Canaveilles
OLETTE
Escaro
VERNET-les-Bains
Sahorre
Casteil
Thorrent
Massif du Canigou
Pic du Canigou
Serrat des Loups
Font-Romeu
Pyrénées 2000
Super-Bolquère
MONT-LOUIS
la Llagonne
Thuès-entre-Valls
Gorges de la Carança
Défilé des Graüs
Puig de Très Estelles
Carol
Targassonne
Egat
Odeillo
Bolquère
Fontpédrouse
Prats-Balaguer
Py
Puig des Tres Vents
Dorres
Angoustrine
Saint-Pierre-dels-Forcats
Planès
Villeneuve-des-Escaldes
Béna
Fanès
la Tour-de-Carol
Enveitg
Estavar
Eyne
Eyne 2600
Pic Redoun
Mantet
Cime des Cums
Llívia
Saillagouse
Llo
Cambras d'Aze
C.A.F.
Collade des Roques Blanques
les Estables
Guils Cerdanya
Caldégas
PUIGCERDÀ
Bourg-Madame
Err
Llous
Gorges du Segre
Pic de la Dona
Valtier 2000
Roca Colom
la Llau
Sant Martí d'Aravó
Bolvir
Ur
Age
Nahuja
Osséja
Palau-de-Cerdagne
Cotzé
Pla dels Hospitalets
Saint Sauveur
Fort Lagarde
Défilé de la Baillanouse
PRATS-DE-MOLLO
la Preste
Vilallobent
Queixans
Valcebollère
les Planes
Santuari de Núria
Hotel Puigmal
Puig de Pastuira
Urtx
el Vilar d'Urtx
Alp
Puigmal
Coma de Vaca
la Redonella
Espinabell
Das
la Masella
Pic de Dòrria
Setcases
Chapelle Sainte Marguerite
Col d'Ares
Lamanère
Urús
la Molina
Super-Molina
Sant Esteve d'Umfred
la Farga
Fustanya
el Serrat
Queralbs
Tregurà de Dalt
Faitús
Lebro
Molló
Roc del Tabal
Rocabruna
Collado de Buxeda
Dòrria
Toses
Fornells de la Muntanya
Solà-Ventolà
Batet
Rialb
Vilamanya
Vilallonga de Ter
Freixenet
Cros
Abella
la Roca
Llanars
Monestir de Sant Pere
CAMPRODON
Sant Cristòfol
Beget
Tossal de la Pia
Puigllançada
la Pleta Roja
Nevà
Planoles
Ribes de Freser
Pardines
Espinauga
Salarsa
Bolòs
Serra de Mogrony
Sant Antoni
Campelles
Serra Cavallera
Cavallera
Castellar de N'Hug
Gavarròs
Rus
Costa Pubilla
el Taga
Bruguera
Fogonella
Puig Ou
Sant Miquel de Pera
Bestracà
Berga
Ripoll
Perpignan
Amélie-les-Bains-Palalda
PYRÉNÉES-ORIENTALES
CERDAGNE
CAPCIR
CONFLENT

142
143

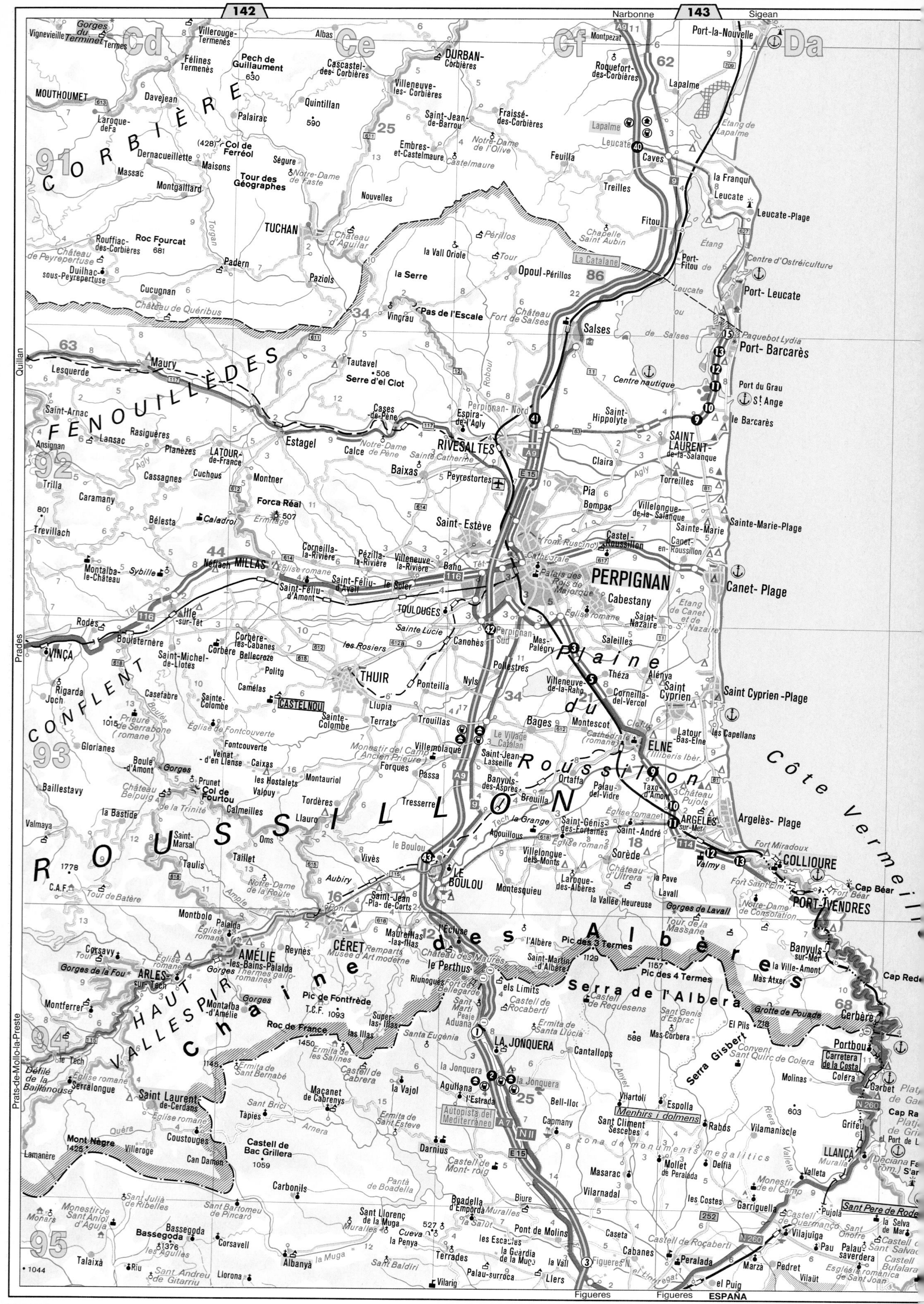
Narbonne
Sigean
Port-la-Nouvelle
Vignevieille
Gorges du Terminet
Termes
Villerouge-Termenès
Albas
DURBAN-Corbières
Montpezat
Roquefort-des-Corbières
Félines Termenès
Pech de Guillaument
Cascastel-des-Corbières
Villeneuve-les-Corbières
MOUTHOUMET
Davejean
Quintillan
Palairac
Saint-Jean-de-Barrou
Fraissé-des-Corbières
Lapalme
Laroque-de-Fa
CORBIÈRES
Col de Ferréol
Embres-et-Castelmaure
Notre-Dame de l'Olive
Leucate
Caves
Dernacueillette
Maisons
Ségure
Feuilla
Massac
Tour des Géographes
Notre-Dame de Faste
Étang de Lapalme
La Franqui
Montgaillard
Nouvelles
Treilles
Leucate-Plage
TUCHAN
Château d'Aguilar
Fitou
Rouffiac-des-Corbières
Roc Fourcat
Périllos
Chapelle Saint Aubin
Château de Peyrepertuse
Duilhac-sous-Peyrepertuse
Padern
la Vall Oriole
Opoul-Périllos
La Catalane
Port-Fitou
Centre d'Ostréiculture
Paziols
la Serre
Port-Leucate
Cucugnan
Château de Quéribus
Vingrau
Pas de l'Escale
Fort de Salses
Château de Salses
Salses
Paquebot Lydia
Port-Barcarès
Quillan
Maury
Lesquerde
FENOUILLÈDES
Tautavel
Serre d'el Clot
Centre nautique
Port du Grau
St Ange
Saint-Arnac
Cases-de-Pène
Espira-de-l'Agly
Perpignan-Nord
Saint-Hippolyte
le Barcarès
Ansignan
Lansac
Rasiguères
Estagel
Notre-Dame de Pène
RIVESALTES
SAINT LAURENT-de-la-Salanque
Trilla
Planèzes
LATOUR-de-France
Calce
Sainte Catherine
Claira
Cassagnes
Cuchous
Montner
Baixas
Peyrestortes
Torreilles
Caramany
Force Réal
Ermitage
Pia
Bompas
Villelongue-de-la-Salanque
Bélesta
Caladroi
Saint-Estève
Sainte-Marie
Sainte-Marie-Plage
Trevillach
Castel-Roussillon
Canet-en-Roussillon
Montalba-le-Château
Sybille
Néfiach
MILLAS
Corneilla-la-Rivière
Pézilla-la-Rivière
Villeneuve-la-Rivière
Baho
Cathédrale
Palais des Rois de Majorque
PERPIGNAN
Canet-Plage
Saint-Féliu-d'Avall
Saint-Féliu-d'Amont
le Soler
Cabestany
Ille-sur-Têt
TOULOUGES
Étang de Canet et de St Nazaire
Saint-Nazaire
Rodès
Bouleternère
Corbère-les-Cabanes
Sainte Lucie
Perpignan Sud
Saleilles
Prades
VINÇA
Saint-Michel-de-Llotes
Corbère
Bellecroze
les Rosiers
Canohès
Mas-Palégry
Plaine du Roussillon
Rigarda
Joch
Politg
Pollestres
Théza
Alénya
CONFLENT
Casefabre
Camélas
THUIR
Ponteilla
Nyls
Villeneuve-de-la-Raho
Corneilla-del-Vercol
Saint Cyprien
Saint Cyprien-Plage
Sainte-Colombe
CASTELNOU
Llupia
Prieuré de Serrabone (romane)
Sainte-Colombe
Terrats
Trouillas
Bages
Montescot
Latour-Bas-Elne
les Capellans
Église de Fontcouverte
Le Village Catalan
ELNE
Glorianes
Fontcouverte
Monestir del Camp
Villemolaque
Cathédrale (romane)
Côte Vermeille
Boule-d'Amont
Veinat-d'en Llense
Caixas
Ancien Prieuré
Saint-Jean-Lasseille
Forques
Ortaffa
Prunet
Col de Fourtou
Les Hostalets
Montauriol
Passa
Banyuls-des-Aspres
Palau-del-Vidre
Baillestavy
Château Belpuig
Valpuig
Tordères
Brouilla
Taxo-d'Amont
Château Pujols
la Bastide
de la Trinité
Calmeilles
Tresserre
ROUSSILLON
Valmaya
Saint-Marsal
Llauro
Oms
la Grange
Saint-Génis-des-Fontaines
Saint-André
ARGELÈS-sur-Mer
Argelès-Plage
le Boulou
Villelongue-dels-Monts
Sorède
Fort Miradoux
COLLIOURE
Taulis
Taillet
Vivès
Château d'Ultrera
la Pave
Valmy
Cap Béar
C.A.F.
Tour de Batère
Notre-Dame de la Route
Aubiry
LE BOULOU
Montesquieu
Laroque-des-Albères
Lavall
Fort Saint Elme
PORT-VENDRES
Montbolo
Palalda
Saint-Jean-Pla-de-Corts
la Vallée Heureuse
Gorges de Lavall
Notre-Dame de Consolation
Tour de la Massane
Maureillas-las-Illas
l'Écluse
Corsavy
AMÉLIE-les-Bains-Palalda
Reynès
CÉRET
Remparts
Musée d'Art moderne
Château des Maures
l'Albère
Pic des 3 Termes
Banyuls-sur-Mer
Gorges de la Fou
ARLES-sur-Tech
Gorges
Thermes gallo-romaines
le Perthus
Saint-Martin-d'Albère
Pic des 4 Termes
la Ville-Amont
Cap Red
Mas Atxer
HAUT VALLESPIR
Chaîne des Albères
Riunoguès
Fort de Bellegarde
els Limits
Serra de l'Albera
Montferrer
Montalba-d'Amélie
Pic de Fontfrède
Castell de Rocaberti
Castell de Requesens
Sant Genís d'Esprac
Grotte de Pouade
Cerbère
Sant Martí
Peatge Aduana
Super-las-Illas
Roc de France
las Illas
Santa Eugènia
Ermita de Santa Llúcia
El Pils
Prats-de-Mollo-la-Preste
Ermita de les Salines
LA JONQUERA
Cantallops
Mas Corbera
Portbou
le Tech
Défilé de la Baillanouse
Serralongue
Ermita de Sant Bernabé
Castell de Cabrera
la Jonquera
Serra Gisbert
Convent Sant Quirc de Colera
Carretera de la Costa
Colera
Molinas
Saint Laurent-de-Cerdans
Maçanet de Cabrenys
la Vajol
Agullana
l'Estrada
Bell-lloc
Vilartoli
Espolla
Garbet
Tàpies
Sant Brici
Ermita de Sant Esteve
Autopista del Mediterrani
Menhirs i dolmens
Rabós
Vilamaniscle
Cap Ras
Mont Nègre
Villeroge
Coustouges
Castell de Bac Grillera
Arnera
Darnius
Capmany
Sant Climent Sescebes
Zona de monuments megalítics
Grifeu
Lamanère
Can Damon
Castell de Mont-roig
Mollet de Peralada
Delfià
LLANÇÀ
Carbonils
Pantà de Boadella
Masarac
Vilarnadal
Valleta
Sant Julià de Ribelles
Sant Bartomeu de Pincaró
Boadella d'Empordà
Biure
les Costes
Garriguella
Monestir de el Camp
Pujolà
Sant Pere de Rodes
Monestir de Sant Aniol d'Aguja
Bassegoda
Sant Llorenç de la Muga
Cueva la Penya
Pont de Molins
Caseta
Castell de Quermançó
Vilajuïga
Pau
Palau-saverdera
la Selva de Mar
Corsavell
Albanyà
la Muga
Terrades
les Escaules
la Guàrdia de la Muga
Cabanes
Castell de Rocaberti
Peralada
Talaixà
Riu
Sant Andreu de Gitarriu
Llorona
Sant Baldiri
Palau-surroca
la Vall
Llers
Figueres
Marzà
Pedret
Vilaüt
el Puig
Castell Bufalara
Església romànica de Sant Joan
Figueres
ESPAÑA

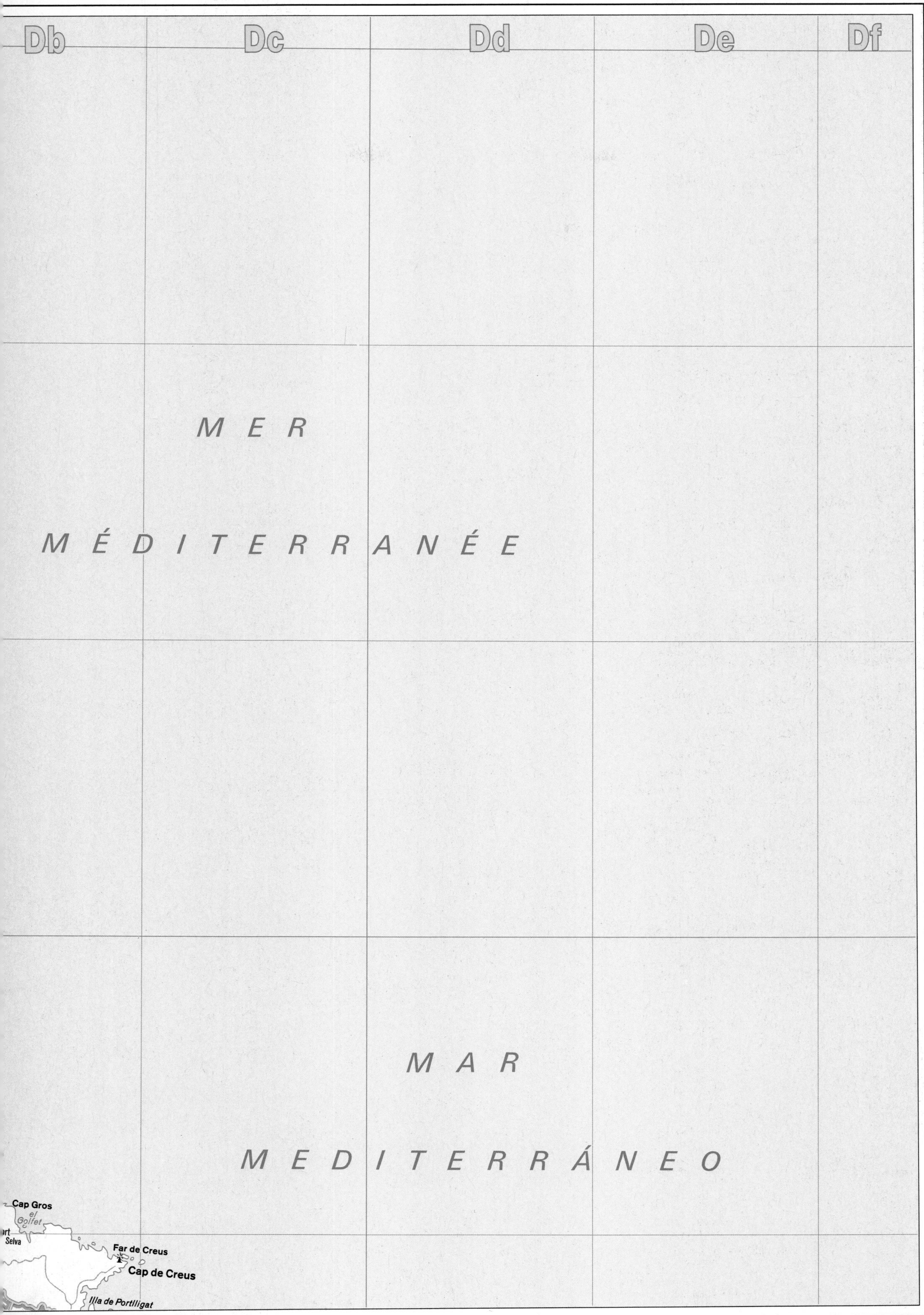

MER

MÉDITERRANÉE

MAR

MEDITERRÁNEO

Cap Gros
el
Golfet
art
Selva
Far de Creus
Cap de Creus
Illa de Portlligat

M A R E

L I G U R E

Porto Vado

Nice

Punta
di l'Accio

Anse
de Peraiola

Nice

Toulon

Punta
di Vallitone

Île de
la Pietra

L'ÎLE
ROUSSE
L'ISULA

Guardiola

S. Vicensu

Lozari
L'Ozari

Village
de Vacances

Ogliast

M. Ne

Marine de Davia

Punta Spano

Marine de
Sant'Ambrogio

Algajola

U. Munticellu

Monticello

Corbara
U. Curbara

S.ta Reparata-
di-Balagna

Palasc

Marine di
Sant'Ambrogiu

Citadelle
Club
Méditerranée

Baie
Agajo

Pigna

Couvent Regino
de Corbara U. Reginu

Sant'
Antoninu/Sant'Antoniu

Costa

U. Regino

Belgodere

Tocco
U. Tu

Cap

Punta di
a Revellata

Punta
Caldanu

Golfe de
Calvi

Aregno

Sant'
Antonino

Lumio/Lumiu

Lavatoggio/U
Cateri

San
Petru

Lavatoghju

La
Trinité

Occhiatana/Ochatana

Ville-di-Paraso
E. Ville di Parasi

U. Tur

CALVI

Golfe de
la Revell

Citadelle

Grotte des
Veaux Marins

Col
du Salvi

563

336

Camp Raffalli

San
Raineru

Murato

455

Muro

Avapessa

Speloncato (550)
Spuncatu

1285

Punta Guale

N.D.
de la Serra

Baie
de Nichiareto

Petra
Maio

Nessa
Nesce

Lunghignano

Cassano/Cassanu

Montegrosso

Zilia

Feliceto
Felicetu

M. Tolu
1332

Pioggiola

928

Capo Cavallo

Sémaphore 295

Priugio

Aeroport
de Calvi-
Ste Catherine

Fiume Seccu

Monte-
maggiore

Santa
Restituta

Santa
a

Forcili

Olmi-Capella
Olmi è Capella

1113

Capu Pianu

Moncale
U. Mucale

848

Paese
Novu

Suare

Tarazone

Mezzanodi

Figarella

CALENZANA
CALINZANA (300)

828

S. Parteo
1880

M. Grosso
1938

Melaja

GR20

Calenzana

1781

Tartagine

Mausoléo
Musuleu

Vallica

Parc

Capu di
a Mursetta

256

San Quilcu
l'Argentella

813

Pieve

443

893

81b

3 3

Porta
Vecchia

Capu di Vegnu
1389

Chaos
de Bocca
Rezza

M. Corona
2144

2305

M. Padro

2393

Forêt de Tartagine

Bocca di
Laggiarello
1232

M. Ter
1310

Asco
Ascu

Natur

Punta
di Ciuttone

122

Bocca Bassa
Tour Maraghiu

Golfe
de Galeria

Capu
di l'Argentella

Porta
Vecchia

17

Maison forest.
de Bonifatu

Forêt

de

Régional

Ref. de
Carozzu

Ref. Giunte

Cirque
de Bonifatu

(1450)
Haut Asco

2147

Pont
Génois

12

de

Strancia

Punta di Stollu

Olmu

Marsolinu

Réserve de

Biosphère

Prezzuna

Chiorna

Tuarelli

Punta a Scala
1409

1951

a Muvrella
2145

Forêt de Carozzica

Cima a i
Murcela

1487

Capu Biancu
2562

Berger
de Gal

Punta Bianca

Galéria

Guaitella
u Fangu

Tuarelli

Baie
de
Focolara

Capu Tondu
839

594

du

Punta
Palazzu

Réserve
Naturelle
de
Scandola

Baie
d'Elbo

Caïca

Capu Licchia

Col de
Palmerella
(408)

639

Girolata /Girulatu

81

Isola di
Gargali

407

Fangu

Manso

Barghiana

Bocca
Stranciacone

1437

Capu
Manganellu
931 1023

Fangu

Monte
Estremo

Fangu

a

M. Cinto

Lac
du Cinto

2706

Ref. de l'Ercu

2556

Punta
Minuta
2540

2151

Bocca
a Poste

2583

Bocca
d'Altore

Piau
Stagnu

Corsica

Corse

Scala di
Sta-Régi

Niolo

Lozzi

Forêt du Fangu

Monte

Cascade

2018

Ref. de Cesta

1992

Bergerie
de Cesta

Scala di
Sta-Régia

147

1197

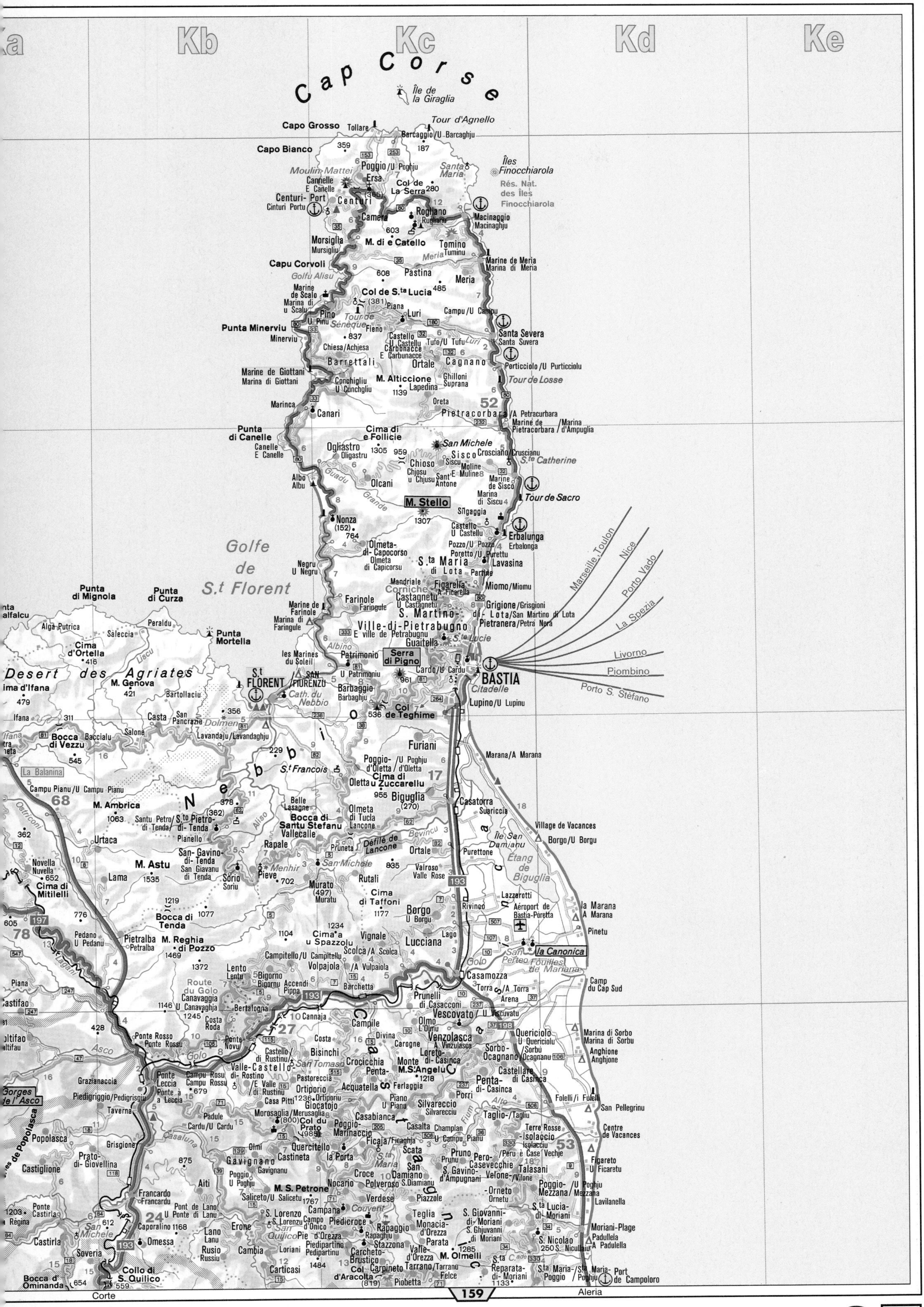

Cap Corse

Île de
la Giraglia

Capo Grosso   Tollare   Tour d'Agnello

Capo Bianco   359   Barcaggio/U Barcaghju   187

Moulin Mattei   153   253   Îles
Poggio/U Poghju   Santa   Finocchiarola
Cannelle   Ersa   Col de   Maria
E Canelle   La Serra 280   Rés. Nat.
Centuri-Port   Centuri   12   des Îles
Cinturi Portu   80   Rogliano   Finocchiarola
Camera   35   Rughianu
   603   Macinaggio/Macinaghju
Morsiglia   M. di e Catello   Tomino   4
Mursiglia   Tuminu
Capu Corvoli   Meria   Marine de Meria
   35   Marina di Meria
Golfu Alisu   608   Pastina   Meria
Marine   Col de S.ta Lucia   485
de Scalo   (381)   Piana   Campu/U Campu
Marina di   Pino   Luri
u Scalu   U Pinu   180   Santa Severa
Punta Minerviu   Tour de   Fieno   Santa Suvera
   Séneque   33
Minerviu   837   Castello   32
   U Castellu   Tufo/U Tufu   Porticciolo/U Purticciolu
Chiesa/Achjesa   Carbonacce   2
   E Carbunacce   Cagnano
Barrettali   Ortale   Tour de Losse
Marine de Giottani   M. Alticcione   Ghilloni
Marina di Giottani   Conchigliu   Lapedina   Suprana
   U Conchigliu   1139
Marinca   Oreta
   Canari   52
    Pietracorbara/A Petracurbara
Punta   Cima di   Mariné de / Marina
di Canelle   e Follicie   232   Pietracorbara / d'Ampuglia
Canelle   Ogliastro   1305   959   San Michele
E Canelle   Oligastru   Chioso   Sisco   Crosciano/Cruscianu
   80   Chjosu   Moline   S.te Catherine
Albo   u Chjusu   E Muline   32
Albu   Olcani   Sant'E   Marine
   Antone   de Sisco
   8   Marina   Tour de Sacro
M. Stello   di Siscu   4
Nonza   1307   Si'gaggia
(152)   764   Castello
   U Castellu
Olmeta-   Pozzo/U Pozzu   Erbalunga
di-Capocorso   Poretto/U Purettu   Erbalunga
Olmeta   S.ta Maria   Lavasina
di Capicorsu   di Lota   Partine
Negru   Mandriale
U Negru   Figarella   Miomo/Miomu
   Corniche   A'Ficarella
   Castagnetu   Grigione/Grisgioni
Farinole   E Castagnetu   di San Martino di Lota
Faringule   S. Martino/   Pietranera/Petra Nera
Marine de   Ville-di-Pietrabugno   50
Farinole   E ville de Petrabugnu   S.te Lucie
Marina di   Guaitella
Faringule   Patrimonio   Serra   Cardo/U Cardu
les Marines   U Patrimoniu   di Pigno   961
du Soleil   81   BASTIA
S.t   SAN   Barbaggio   Citadelle
FLORENT   FIURENZU   Barbaghju   Lupino/U Lupinu
   Cath. du   Col   264
   Nebbio   536 de Teghime

Golfe
de
S.t Florent

Marseille/Toulon
Nice
Porto Vado
La Spezia
Livorno
Piombino
Porto S. Stéfano

Punta   Punta
di Mignola   di Curza
Alga Putrica   Peraldu   Punta
Saleccia   Mortella
Cima   416
d'Ortella
Desert des Agriates   Furiani
ima d'Ifana   M. Genova   421   Marana/A Marana
   Bartollaciu
Ifana   479   Casta   San   356   Poggio-   17
   311   Pancrazio   Dolmen   d'Oletta/U Poghju
La Balanina   Salone   Lavandaju/Lavandaghju   Cima di   d'Oletta
Bocca   38   Oletta/u Zuccarellu
di Vezzu   Baccialu   229   Biguglia   Casatorra
545   16   S.t François   955   270   Suericcia   18
Campu Pianu/U Campu Pianu   Belle   62   Village de Vacances
68   M. Ambrica   378   11   Lasagne   Borgo/U Borgu
   1063   (362)   62   Bocca di   Olmeta   Île San
Urtaca   Santu Petro/S.to Pietro-   Santu Stefanu   di Tucla   Damianu
362   di-Tenda   Vallecalle   Lancone   Purettone
   Pianello   Défilé de   Ortale
   Rapale   Lancone   Vairoso
M. Astu   San-Gavino-   Pruneta   Valle Rose   Étang
Novella   di-Tenda   San'Michele   de
Nuvella   652   1535   San Giavuni di Tenda   835   Lazzaretti   Biguglia
Cima di   Sório   702   Rutali   Aéroport de
Mitilelli   Soriu   Pieve   Murato   Bastia-Poretta
   1219   (497)   Cima   Rivinco   507
605   776   1077   Muratu   di Taffoni   la Marana
197   Pedano   Pietralba   M. Reghia   1177   Borgo   A Marana
78   U Pedanu   Petralba   di Pozzo   U Borgu   Pinetu
547   1469   1234   Lago   San
   1372   Cima'a   Vignale   la Canonica
Piana   Lento   u Spazzolu   Lucciana   Perteo Fouilles
   Lentu   Scolca/A Scolca   Golo   de Mariana
Castifao   Campitello/U Campitellu   10   Casamozza
247   1146/U Canavaghja   Bigorno   Volpajola   Torra/A Torra
Route   1245   Bigornu   Accendi/A Vulpaiola   Arena   37   Camp
altifao   du Golo   Costa   Pippa   15   Barchetta   du Cap Sud
247   Roda   193   Prunelli   237
Piana   Bertalogna   10   Cannaja   di Casacconi   Vescovato
astifao   Ponte Rosso   27   Campile   Olmo   U Vescuvatu
Ponte Rossu   Ponte   Costa   L'Olmu   193   198
   47   Novu   115   16   Divina   Venzolasca   Quericiolo
Grazianaccia   Campu Rosu   Bisinchi   Carogne   A'Vinzulasca   U Quericiolu
   Campu Rossu   Valle-Castello/   Crocicchia   Loreto   Sorbo-   /Sorbu
Piedigriggio/Pedigrisgiu   679   di-Rostino   Penta-   Monte di-Casinca   Ocagnano/Ocagnanu   106
Taverna   Ponte   E Valle   Pastoreccia   M.S'Angelu   Anghione
Gorges   Leccia   di Rustinu   515   1218   Castellare-   Anghjone
de l'Asco   Ponte   Ortiporio   Acquatella   Porri   di Casinca
   a a Leccia   Ortipoiu   1236   Piano   Penta-   Folelli/i Fulelli
   Padule   Casa Pitti   Glocatojo   U Pianu   di-Casinca
   Cardu/U Cardu   Morosaglia/Merusaglia   Silvareccio   San Pellegrino
opolasca   (800)   Casabianca   Silvarecciu
Grisgione   Col du   Poggio-   Casalta   Centre
Prato-   Prato   Marinaccio   Champlan   Terre Rosse   de Vacances
di-Giovellina   Olmi   (985)   Ficaja/Ficaghja   36   -Isolaccio
Castiglione   Quercitello   S.ta   Scata   Prunu/U Campu Pianu   Isolacciu
   Gavignano   Castineta   Maria   San   330   53
   875   Gavignanu   La Porta   Damiano   Casevecchie
Francardo   Aiti   Poggio/   S.Damianu   Peru'e Case Vechje
1203   Francardu   U Poghju   Polveroso   S. Gavino-   Velone/Vellone   Figareto
Régina   M. S. Petrone   Nocario   d'Ampugnani   18   U Ficaretu
   24   Saliceto/U Saliceto   1767   71   Verdese   Orneto   Poggio/U Poghju
Ponte   U Ponte di Lanu   71   Piazzole   S.ta Lucia   Mezzana/Mezzana
Castirla   Pont de Lano   S.Lorenzo   Campana   Piedicroce   di-Moriani
   612   Caporalino 1168   S.Lorenzu   Couvent   Lavilanella
Castirla   San   Sarri   Valle-   Monacia-   S. Giovanni-   Padulella
   Michele   Pie d'Orezza   d'Orezza   di-Moriani   a Padulella
Soveria   193   Lanu   Lanu   Rapaggio   1285   S. Nicolao   250 S. Niculau
   Lano   Rusio   Rapaghju   Stazzona   Valle-   M. Olmeli
Bocca d'   654   Collo di   Rusiu   Piedipartinu   d'Orezza   S.ta
Ominanda   559   S. Quilico   Cambia   Pedipartinu   Carcheto-   Tarrano/Tarranu   Maria
   15   Carticasi   1484   Brustico   Felce   Reparata-   S.ta Maria-   Port
    Col Carpineto   d'Orezza   1133   di-Moriani   Poggio   de Campoloro
    d'Aracolta   (619)   Piobetta   71

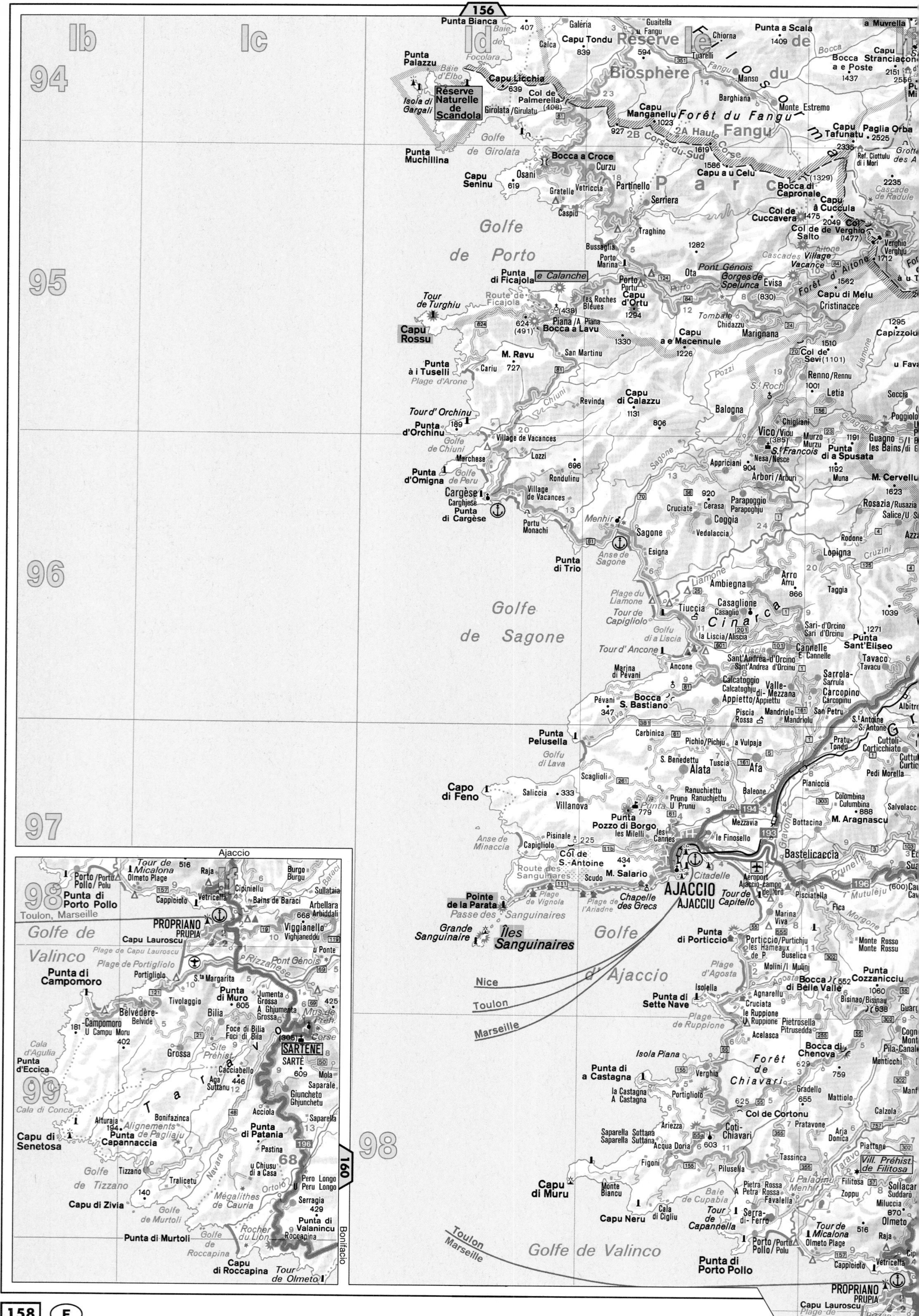

Punta Bianca
Punta Palazzu
Baie de Focolara
407
Galéria
Guaitella
Punta a Scala
1409
a Muvrella
Capu Tondu 839
Calca
594
Chiorna
Tuarelli
Bocca Stranciacon a e Poste
2151
Capu Pl
Réserve Le
351
1437
2556
Réserve Naturelle de Scandola
Capu Licchia
Col de Palmerella (408)
Capu Manganellu 1023
14 Manso
Biosphère
Barghiana
Monte Estremo
Capu Tafunatu 2525
Paglia Orba
2335
Ref. Ciottulu di i Mori
Grott di A
Isola di Gargali
639
Girolata / Girulatu
81
2B
A Haute
Corse-du-Sud
927
Forêt du Fangu
Fangu
1619
1586
Capu à u Celu
1329
2235
Cascade de Radule
Punta Muchillina
Golfe de Girolata
Bocca a Croce
Curzu
Bocca di Capronale
Capu à Cuccula
Capu Seninu
619
Osani
Gratelle Vetriccia
Partinello
Serriera
Caspid
Col de Cuccavera
1475
2049
Col de de Salto (1477)
Col
Verghiu Verghju
1712
Fo
a u
Golfe
Traghino
1282
Pont Génois
Cascades
Village Vacance
de Porto
Bussaglia Porto Marina
Ota
124
Gorges de Spelunca (830)
Forêt d'Aitone
1562
Fora
Punta di Ficajola
e Calanche
Porto Portu
Evisa
Capu di Melu
Tour de Turghiu
Route de Ficajola
84
12
Tombale
1295
Cristinacce
Capu Rossu
824
(438) les Roches Bleues
Capu d'Ortu 1294
Chidazzu
Marignana
1510
Capizzolu
624 (491)
Piana / A Piana
Bocca a Lavu
Capu a e Macennule
70
Col de Sevi (1101)
u Fava
Punta à i Tuselli
M. Ravu 727
1330
San Martinu
1226
19
Renno / Rennu
1001
Plage d'Arone
Cariu
81
Pozzi
S.t Roch
Letia
Soccia
Tour d'Orchinu
Revinda
Capu di Calazzu 1131
806
Balogna
Chigliani
Poggiolo
Punta d'Orchinu
189
20
Village de Vacances
Vico / Vicu (385)
1191
Guagno / G
Golfe de Chiuni
Marchese
Lozzi
696
Nesa / Nesce
Murzo Murzu
les Bains / di
Punta d'Omigna
Golfe de Peru
Rondulinu
13
Appriciani
904
Arbori / Arburi
Muna
1192
M. Cervellu 1623
Cargèse
Village de Vacances
S.t Francois
Parapoggio Parapoghju
Rosazia / Rusazia
Carghjese
920
Cerasa
Salice / U
Punta di Cargèse
Portu Monachi
56
Cruciate
Coggia
Rodone
Menhir
Sagone
Vedolaccia
Lopigna
Azz
13
Anse de Sagone
Esigna
24
Cruzini
125
Punta di Trio
6
Arro Arru 866
20
Taggia
1039
Golfe de Sagone
Ambiegna
Plage du Liamone
Tiuccia
Casaglione Casagliu
Cinarca
Sari-d'Orcino Sari / Orcinu
1271
Punta Sant'Eliseo
Tour de Capigliolo
Golfu di a Liscia
la Liscia / Aliscia
201
Tavaco Tavacu
Tour d'Ancone
501
Cannelle
Sarrola-Sarrula
81
Sant'Andrea-d'Orcino
101
Cannelle
Carcopino Carcopinu
Marina di Pévani
Ancone
Calcatoggio Calcatoghju
Valle-di-Mezzana
San Petru
S.t Antoine S.t Antone
Albitr
Pévani
Bocca S. Bastiano 347
Lava
Appietto / Appiettu
161
Pratu-Tondu
Cuttoli-Corticchiato
Punta Pelusella
Carbinca
Pichio / Pichju
Piscia Rossa
Mandriolu
Mandriolu
Pedi Morella
Cuttu Curtic
Golfu di Lava
S. Benedettu
Tuscia
161
Afa
Capo di Feno
Saliccia
333
Scaglioli
261
Alata
Ranchiettu Pruno Ranuchjettu
194
Pianiccia
303
Colombina Columbina
Salvolacc
779 U Prunu
888
M. Aragnascu
Villanova
Punta Pozzo di Borgo les Mileli
61
Mezzavia
193
Bastelicaccia
103
Anse de Minaccia
Pisinale
225
les Cannes
Capigliolo
AJACCIO
Aeroport Ajaccio-campo dell'oro
196
Col de S.-Antoine
434
Citadelle
AJACCIU
Tour de Capitello
Pisciatella
(600)Ca
Mutuleju
M. Salario
Scudo
111
Fica
Pointe de la Parata
Plage de Vignola
Chapelle des Grecs
Morgone
Passe des Sanguinaires
55
Punta di Porticcio
Porticcio / Purtichju
111
Pruno Buselica
Monte Rosso Monte Rossu
Nice
Grande Sanguinaire
Îles Sanguinaires
Golfe
d'Ajaccio
Plage d'Agosta
302
Punta Cozzanicciu
Toulon
Molini / I Mulini
Isolella
Agosta
Bocca di Belle Valle 552
1060
Marseille
Punta di Sette Nave
Cruciata
le Ruppione Ruppione
Pietrosella
302
Bisinao / Bisinau
Plage de Ruppione
Acelassa
Guar
Isola Piana
Bocca di Chenova
Punta di a Castagna
155
Verghia
Forêt de Chiavari
629
759
Monticchi
la Castagna A Castagna
Portigliolo
625
Col de Cortonu
8
Calzola
Ariezza
Coti-Chiavari
7
Pratvone
Arja Donica
Piattone
757
302
Saparella Sottana Saparella Suttana
55a
603
Tassinca
Cogn
Mont
Figoni
155
Pilusella
u Paladinu
Menhir
Filitosa
Vill. Préhist. de Filitosa
Capu di Muru
Monte Biancu
Cala di Cigliu
Baie de Cupabia
Pietra Rossa Petra Rossa
Favalella
Zoppu
Suddaru
Miluccia 870
Olmeto
Capu Neru
Cala di Cigliu
Tour de Capannella
Serra-di-Ferro
Porto / Portu
Tour de Micalona Olmeto Plage
516
Raja
Vetricella
Cip
Punta di Porto Pollo
Porto / Portu Pollo / Polu
PROPRIANO
PRUPIA
Capu Lauroscu

Tour de Micalona Olmeto Plage
516
Raja
Burgo Burgu
Porto / Portu Pollo / Polu
157
Cipiniellu
Sullataia
Punta di Porto Pollo
Vetricella
Cappiciolo
45
Bains de Baraci
Arbidali
Baraci
Toulon, Marseille
PROPRIANO
PRUPIA
Viggianello
668
Arbellara
Golfe de Valinco
Capu Lauroscu
50
Vighjaneddu
u Ponte
119
Punta di Campomoro
Plage de Capu Lauroscu
Pont Génois
69
Plage de Portigliolo
Rizzanese
121
Portigliolo
10
S.ta Margarita
Punta di Muro 605
Jumenta Grossa
425
Belvédère-Belvide
Tivolaggio
A Ghjumenta Grossa
69
Mps
Pteh
181
Campomoro U Campu Moru
Bilia
21
Corse
402
Foce di Bilia Foci di Bila
(305)
Cala d'Agulia
Grossa
Site Préhist.
SARTÈNE
Punta d'Eccica
Cacciabello
Aga 446 Suttanu
SARTÈ
609
Mola
Cala di Conca
Alfuraja
194
Alignements
12
Saparale
Giuncheto Ghjunchetu
Saparella
Capu di Senetosa
Punta de Pagliaju Punta Capannaccia
48
Acciola
13
Bonifazinca
Pastina
196
68
Golfe de Tizzano
Tizzano
u Chjusu di a Casa
Traliceto
Navara
160
98
Mégalithes de Cauria
Pero Longo Peru Longo
Serragia
Capu di Zivia
140
Golfe di Murtoli
Ortolo
429
Punta di Valanincu Roccapina
Punta di Murtoli
Golfe de Roccapina
Rocher du Lion
Capu di Roccapina
Tour de Olmeto
Bonifacio

PROPRIANO
PRUPIA
Capu Lauroscu
Plage de Capu Lauroscu
Plage de Portigliolo
Rizzanese

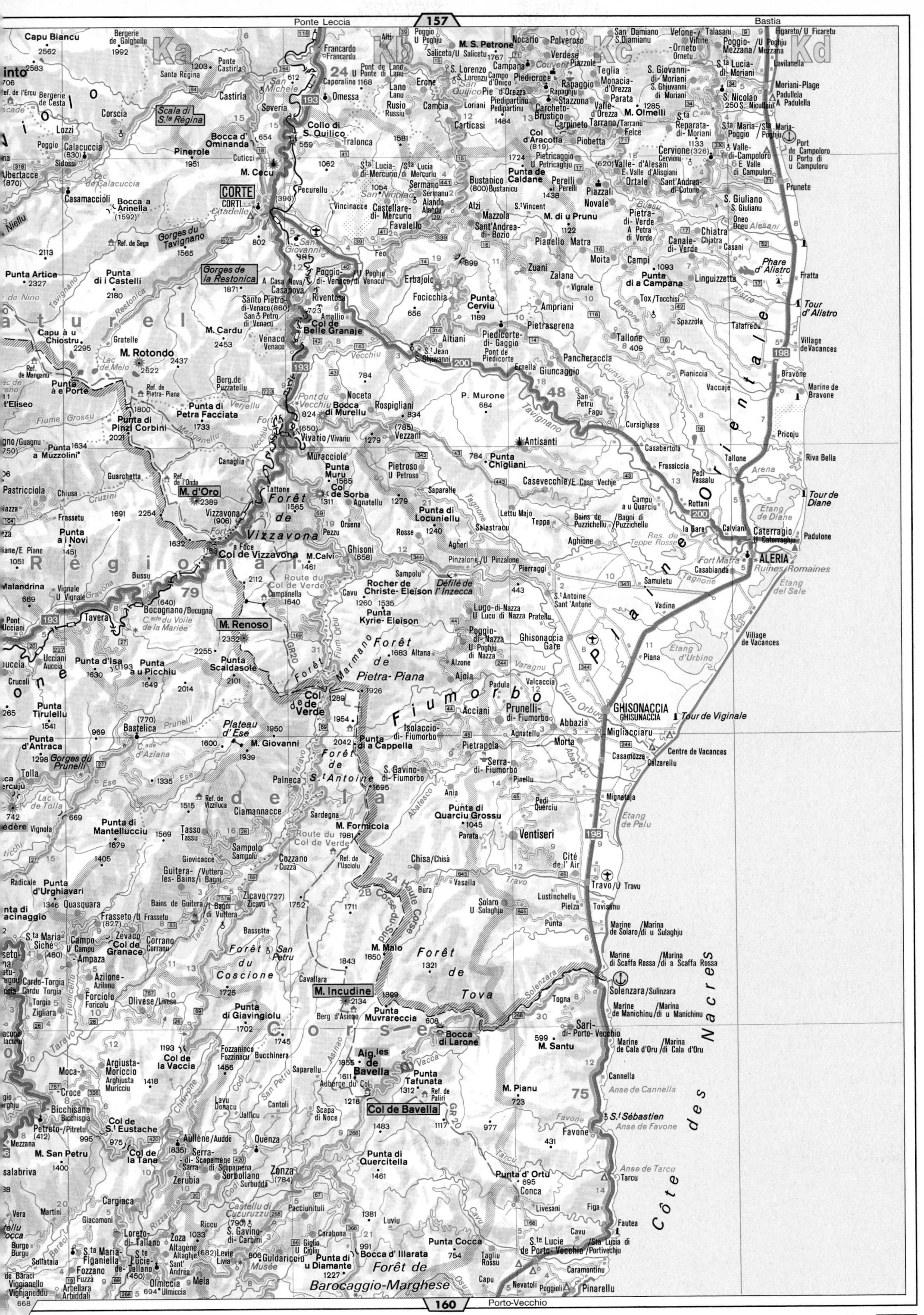

Ponte Leccia
157
Bastia
Ka
Kb
Kc
Kd
Capu Biancu
2562
Bergerie de Galghellu
1992
Ponte Castirla
Santa Regina
Castirla
Scala di S.ta Regina
Corscia
Soveria
Francardo Francardu
Omessa
Caporalino
Collo di S. Quilico
Tralonca
Bocca d' Ominanda
Pinerole
Calacuccia
Sidossi
M. Cecu
CORTE
CORTI
Citadelle
Casamaccioli
Bocca a Arinella (1592)
Gorges du Tavignano
Gorges de la Restonica
Punta Artica 2327
Punta di i Castelli 2180
Poggio-di-Venaco
Erbajolo
Focicchia
Riventosa
Santo Pietro-di-Venaco
Col de Belle Granaje
Venaco
M. Cardu 2453
M. Rotondo 2622
Capu a u Chiostru 2295
Punta a e Porte
Punta di Petra Facciata 1733
Punta di Pinzi Corbini 2021
Vivario
Muracciole
Punta Muru
Col de Sorba
Punta a Muzzolini
M. d'Oro 2389
Vizzavona (906)
Forêt de Vizzavona
Col de Vizzavona 1163
M. Calvi 1461
Ghisoni (658)
Rocher de Christe-Eleison
Défilé de l'Inzecca
Punta Kyrie-Eleison
Bocognano
M. Renoso 2352
Tavera
Punta Scaldasole 2101
Forêt de Pietra-Piana
Col de Verde
Fiumorbo
Bastelica (770)
Plateau d'Ese
M. Giovanni
Punta di a Cappella
Forêt de S.t Antoine
Isolaccio-di-Fiumorbo
Prunelli-di-Fiumorbo
Gorges du Prunelli
Punta di Mantellucciu
Ciamannacce
Tasso
Sampolo
Cozzano
M. Formicola
Punta di Quarciu Grossu
Ventiseri
Guitera-les-Bains
Zicavo (727)
Punta d'Urghiavari
Quasquara
Frasseto
Campo
Col de Granace
Forêt du Coscione
M. Malo
Forêt de Tova
M. Incudine 2134
Punta Muvrareccia
Bocca di Larone
Aig.les de Bavella
Punta Tafunata
Col de Bavella
Col de la Vaccia
Col de S.t Eustache
Aullène
Serra-di-Scopamène
Sorbollano
Zonza
Col de la Tana
Zerubia
Cargiaca
Loreto-di-Tallano
Zoza
S.ta Maria-Figaniella
Fozzano
S.te Lucie-de-Tallano
Levie
Olmiccia
Mela
Castellu di Cucuruzzu
Punta di Quercitella
Punta d' Ortu
Conca
Punta Cocca
Bocca d' Illarata
Punta di u Diamante
Forêt de Barocaggio-Marghese
S.te Lucie de Porto-Vecchio
Pinarellu
Porto-Vecchio
160
Moriani-Plage
Cervione
Prunete
Aléria
ALERIA
Ruines Romaines
Étang del Sale
Étang de Diane
Tour de Diane
Caterragio
Plaine Orientale
Phare d'Alistro
Tour d'Alistro
Bravone
Marine de Bravone
Riva Bella
Ghisonaccia Gare
GHISONACCIA
Tour de Viginale
Étang d'Urbino
Migliacciaru
Centre de Vacances
Étang de Palu
Travo
Cité de l'Air
Solenzara
Sari-di-Porto-Vecchio
M. Santu
Cannella
Anse de Cannella
M. Pianu
S.t Sébastien
Anse de Favone
Favone
Anse de Tarcu
Tarcu
Figa
Fautea
Côte des Nacres
Corse du Sud
Haute Corse
Parc Naturel Régional de Corse

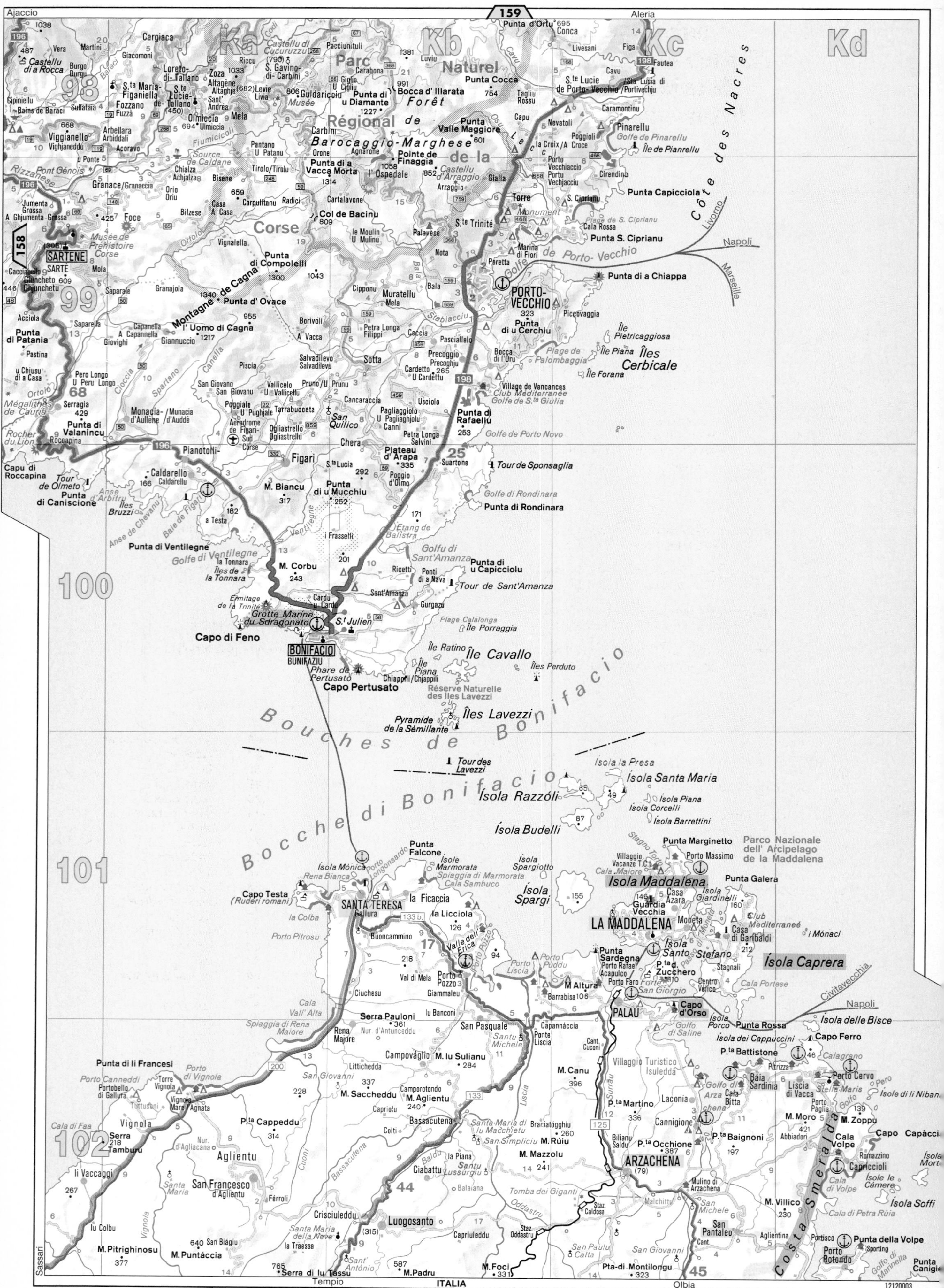
Ajaccio
159
Aleria
Ka
Kb
Kc
Kd
98
99
100
101
102
158
Parc Naturel Régional de la Corse
Forêt de Barocaggio-Marghese
Côte des Nacres
Punta d'Ortu
Conca
Cargiaca
Castellu di Cucuruzzu
Paccionitoli
Carbona
Luviu
Livesani
Figa
Fautea
Vera
Martini
Giacomoni
Castellu di a Rocca
Burgo
Loreto-di-Tallano
Zoza
Altagène
Levie
Livia
S. Gavino-di-Carbini
Giglio
Bocca d'Illarata
Punta Cocca
Cavu
S.te Lucie de Porto-Vecchio
S.ta Maria-Figaniella
Fozzano
Sulfataia
S.te Lucie-de-Tallano
Sant' Andrea
Guldaricciu
Musée
Punta di u Diamante
Tagliu Rossu
Caramontinu
Bains de Baraci
Olmiccia
Mela
Carbini
Punta Valle Maggiore
Capu
Nevatoli
Pinarellu
Golfe de Pinarellu
Île de Pianrellu
Viggianello
Arbellara
Acoravo
Fiumicicoli
Pantano
Orone
Pointe de Finaggia
Poggioli
la Croix
Croce
u Ponte
Pont Génois
Source de Caldane
Chialza
Tirolo/Tirolu
Punta di a Vacca Morta
l'Ospedale
Castellu d'Araggio
Gialla
Porto Vecchiaccio
Cirendinu
Rizzanese
Granace/Granaccia
Bisene
Orio
Arraggio
Torre
S. Ciprianu
Punta Capicciola
Jumenta Grossa
A Ghjumenta Grossa
Foce
Casa
Carpulitanu
Radici
Cartalavone
Monument
Bilzese
Col de Bacinu
Palavese
S.te Trinité
Cala Rossa
Plage de S. Ciprianu
Punta S. Ciprianu
Livorno
Napoli
Marseille
Musée de Préhistoire Corse
Corse
Ortolo
le Moulin
U Mulinu
Marina di Fiori
Golfe de Porto-Vecchio
SARTENE
SARTÈ
Vignalella
Nota
Poretta
Punta di a Chiappa
Cacciabello
Giuncheto
Ghjunchetu
Mola
Punta di Compolelli
Bala
Muratellu
Mela
Saparale
Granajola
Montagne de Cagna
Punta d'Ovace
Cipponu
PORTO-VECCHIO
Piccovaggia
Acciola
Saparella
Capanella
l'Uomo di Cagna
Borivoli
A Vacca
Petra Longa
Filippi
Ceccia
Pascialello
Punta di u Cerchiu
Île Pietricaggiosa
Punta di Patania
Giovighi
Giannuccio
Stabiacciu
Pastina
Salvadilevo
Sotta
Precoggio
Bocca di l'Oru
Plage de Palombaggia
Île Piana
Îles Cerbicale
Île Forana
u Chiusu di a Casa
Pero Longo
Piscia
Cardetto
Spartano
Canella
San Giovano
Vallicelo
Pruno
Village de Vancances Club Méditerranée
Golfe de S.ta Giulia
Mégalithes de Cauria
Serragia
Poggiale
Tarrabucceta
Cancaraccia
Usciolo
Monacia-d'Aullene
Munacia d'Audde
San Quilico
Pagliaggiolo
Canni
Punta di Rafaellu
Punta di Valanincu
Aérodrome de Figari-Sud Corse
Ogliastrello
Petra Longa
Salvini
Golfe de Porto Novo
Rocher du Lion
Roccapina
Pianotolli-
Chera
Plateau d'Arapa
Figari
Suartone
Tour de Sponsaglia
Capu di Roccapina
Caldarello
S.ta Lucia
Poggio d'Olmo
Tour de Olmeto
Punta di Caniscione
M. Biancu
Punta di u Mucchiu
Golfe di Rondinara
Punta di Rondinara
Îles Bruzzi
Baie de Figari
a Testa
Anse de Chevanu
Étang de Balistra
i Frasselli
Punta di Ventilegne
Golfe di Ventilegne
Golfu di Sant'Amanza
la Tonnara
Îles de la Tonnara
M. Corbu
Ricetti
Ponti di a Nava
Punta di u Capicciolu
Tour de Sant'Amanza
Sant'Amanza
Cardu
Gurgazu
Ermitage de la Trinité
Grotte Marine du Sdragonato
S.t Julien
Plage Calalonga
Île Porraggia
Capo di Feno
BONIFACIO
BONIFAZIU
Île Ratino
Île Cavallo
Île Piana
Îles Perduto
Phare de Pertusato
Chiappili/Chjappili
Capo Pertusato
Réserve Naturelle des Iles Lavezzi
Pyramide de la Sémillante
Îles Lavezzi
Bouches de Bonifacio
Tour des Lavezzi
Bocche di Bonifacio
Ísola la Presa
Ísola Santa Maria
Ísola Razzóli
Ísola Piana
Ísola Corcelli
Ísola Barrettini
Ísola Budelli
Punta Marginetto
Porto Massimo
Parco Nazionale dell' Arcipelago de la Maddalena
Punta Falcone
Ísola Mónica
Ísole Marmorata
Spiaggia di Marmorata
Cala Sambuco
Ísola Spargiotto
Ísola Spargi
Villaggio Vacanze T.C.I.
Cala Maiore
Ísola Maddalena
Punta Galera
Rena Bianca
Capo Testa
(Ruderi romani)
SANTA TERESA
Gallura
la Ficaccia
Guardia Vecchia
Casa Azara
Ísola Giardinelli
la Colba
la Licciola
LA MADDALENA
Moneta
Club Mediterraneé
Casa di Garibaldi
i Mónaci
Porto Pitrosu
Buoncammino
Valle dell' Erica
Ísola Santo Stefano
Punta Sardegna
Porto Rafael
P.ta d. Zucchero
Stagnali
Ísola Caprera
Val di Mela
Porto Pozzo
Porto Liscia
Porto Puddu
M. Altura
Acapulco
Porto Faro
Forte San Giorgio
Centro Velico
Cala Portese
Civitavecchia
Ciuchesu
Giammaleu
Barrabisa
PALAU
Capo d'Orso
Cala Vall'Alta
lu Banconi
Serra Pauloni
Ísola Porco
Punta Rossa
Ísola delle Bisce
Spiaggia di Rena Maiore
Rena Majore
Nur. d'Antunceddu
San Pasquale
Santu Michele
Capannáccia
Ponte Liscia
Cant. Cuconi
Golfo di Saline
Ísola dei Cappuccini
Capo Ferro
Campovaglio
M. lu Sulianu
P.ta Battistone
Calagrano
Punta di li Francesi
Porto di Vignola
Littichedda
M. Canu
Villaggio Turistico Isuledda
Baia Sardinia
Porto Cervo
Porto Canneddi
Portobello di Gallura
Torre Vignola
San Giovanni
Camporotondo
M. Aglientu
Golfo di Arzachena
Cala Bitta
Liscia di Vacca
Stella Maris
Ísole di li Nibani
Tuttusoni
Vignola Mare
Agnata
M. Saccheddu
Capriolu
Bassacutena
P.ta Martino
Laconia
Porto Páglia
Cala di Faa
Vignola
P.ta Cappeddu
Colti
Santa Maria di lu Macchietu
Braciatógghiu
Cannigione
M. Moro
P.ta Zoppu
Serra Tamburu
Nur. d'Agliacana
Aglientu
San Simpliciu
M. Rúiu
Bilianu Saldu
P.ta Occhione
P.ta Baignoni
Abbiadori
Cala Volpe
Capo Capáccia
li Vaccaggi
Santa Maria
San Francesco d'Aglientu
Ciabattu
Santu Lussúrgiu
M. Mazzolu
ARZACHENA
Romazzino
Capriccioli
Ísola Mortorio
Ísole le Cámere
Ísola Soffi
Ferroli
Balaiana
Tomba dei Giganti
Oddastru
Staz. Caldosa
Malchittu
Mulino di Arzachena
San Michele
M. Villico
Costa Smeralda
Cala di Petra Rúia
Criciuleddu
Luogosanto
Santa Maria della Neve
Capriuleddu
Staz. Oddastru
San Pantaleo
Aglientina
Portisco
Punta della Volpe
lu Colbu
San Biágiu
la Traessa
San Paulu
Calta
Cant.
Porto Rotondo
Sporting
Golfo di Marinella
M. Pitrighinosu
M. Puntáccia
Sant' António
Serra di lu Tassu
M. Padru
M. Foci
Pta-di-Montilongu
Punta Canigione
Sassari
Tempio
ITALIA
Olbia
12120003

Index des localités · Plaatsnamenregister
Elenco dei nomi di località · Índice de poblaciones
Ortsnamenverzeichnis · Index of place names
Ortnamnsförteckning · Skorowidz miejscowości

Arles **13** 131 Ed 86
① ② ③ ④

①	②	③	④
(F) Localité	Département	N° de page	Coordonnées
(NL) Plaatsnaam	Bestuursdistrict („Département")	Paginanummer	Zoekveld-gegevens
(I) Località	Circondario amministrativo («Département»)	N° di pagina	Riquardo nel quale si trova il nome
(E) Topónimo	Distrito («Département»)	Nro. de página	Coordenadas de la casilla de localización
(D) Ortsname	Verwaltungseinheit („Département")	Seitenzahl	Suchfeldangabe
(GB) Place name	Administrative district ("Département")	Page number	Grid search reference
(S) Ortnamn	Förvaltningsområde («Département»)	Sidnummer	Kartrutangivelse
(PL) Nazwa miejscowości	Jednostka administracyjna („Département")	Numer strony	Wspóýrzňdne skorowidzowe

Les communes que vous trouvez dans l'index des localités sont normalement autonomes.

De in het register van plaatsnamen vermelde plaatsen zijn in de regel zelfstandig.

Le località indicate nel relativo elenco dei nomi di località sono di regola autonome.

Las poblaciones del indice de topónimos son por lo general independientes.

Die im Ortsnamenverzeichnis enthaltenen Orte sind in der Regel selbständig.

Due to space constraints the index is selective (only autonomous places).

Ortena som är upptagna i ortnamsförteckningen är vanligen autonoma.

Miejscowości zawarte w zkorowidzu sąz reguły samodzielnymi gminami.

②

01	Ain	33	Gironde	66	Pyrénées-Orientales
02	Aisne	34	Hérault	67	Bas-Rhin
03	Allier	35	Ille-et-Vilaine	68	Haut-Rhin
04	Alpes-de-Haute-Provence	36	Indre	69	Rhône
05	Hautes-Alpes	37	Indre-et-Loire	70	Haute-Saône
06	Alpes-Maritimes	38	Isère	71	Saône-et-Loire
07	Ardèche	39	Jura	72	Sarthe
08	Ardennes	40	Landes	73	Savoie
09	Ariège	41	Loir-et-Cher	74	Haute-Savoie
10	Aube	42	Loire	75	Paris
11	Aude	43	Haute-Loire	76	Seine-Maritime
12	Aveyron	44	Loire-Atlantique	77	Seine-et-Marne
13	Bouches-du-Rhône	45	Loiret	78	Yvelines
14	Calvados	46	Lot	79	Deux-Sèvres
15	Cantal	47	Lot-et-Garonne	80	Somme
16	Charente	48	Lozère	81	Tarn
17	Charente-Maritime	49	Maine-et-Loire	82	Tarn-et-Garonne
18	Cher	50	Manche	83	Var
19	Corrèze	51	Marne	84	Vaucluse
2A	Corse-du-Sud	52	Haute-Marne	85	Vendée
2B	Haute-Corse	53	Mayenne	86	Vienne
21	Côte-d'Or	54	Meurthe-et-Moselle	87	Haute-Vienne
22	Côtes-d'Armor	55	Meuse	88	Vosges
23	Creuse	56	Morbihan	89	Yonne
24	Dordogne	57	Moselle	90	Territoire-de-Belfort
25	Doubs	58	Nièvre	91	Essonne
26	Drôme	59	Nord	92	Hauts-de-Seine
27	Eure	60	Oise	93	Seine-St-Denis
28	Eure-et-Loir	61	Orne	94	Val-de-Marne
29	Finistère	62	Pas-de-Calais	95	Val-d'Oise
30	Gard	63	Puy-de-Dôme		
31	Haute-Garonne	64	Pyrénées-Atlantiques	**(AND)**	Andorra
32	Gers	65	Hautes-Pyrénées	**(MC)**	Monaco

A

Antheuil-Portes 60 17 Ce 52
Anthien 58 67 De 65
Anthon 38 95 Fb 74
Antibes 06 134 Ha 87
Antichan 65 139 Ad 91
Antichan-de-Frontignes 31 139 Ae 91
Antignac 15 103 Cd 76
Antignac 17 99 Zc 75
Antignac 31 151 Ad 92
Antigny 85 75 Zb 69
Antigny 86 77 Af 69
Antilly 57 38 Gb 53
Antilly 60 34 Cf 54
Antin 65 139 Ab 89
Antisanti 2B 159 Kc 95
Antist 65 139 Aa 90
Antogny 37 77 Ad 67
Antoigné 49 62 Zf 66
Antoigny 61 29 Zd 57
Antoingt 63 104 Db 75
Antonaves 05 133 Fe 83
Antonne-et-Trigonant 24 101 Ae 77
Antony 92 33 Cb 56
Antorpe 25 70 Fe 65
Antraigues-sur-Volane 07 118 Ec 80
Antrain 35 28 Yd 58
Antran 86 77 Ad 67
Antras 09 151 Af 91
Antras 09 152 Bd 91
Antras 32 125 Ac 86
Antrenas 48 116 Db 81
Antugnac 11 153 Cb 91
Antully 71 82 Ec 67
An Uhelgoad = Huelgoat 29 25 Wb 58
Anvéville 76 15 Ae 50
Anville 16 87 Zf 74
Anvin 62 7 Cb 46
Any-Martin-Rieux 02 19 Eb 49
Anzat-le-Luguet 63 104 Da 77
Anzeling 57 22 Gc 53
Anzême 23 90 Bf 71
Anzex 47 112 Aa 83
Anzin 59 9 Dd 46
Anzin 62 8 Cd 47
Anzy-le-Duc 71 93 Ea 71
Aoste 38 107 Fd 75
Aougny 51 35 De 53
Aoury 57 38 Gc 54
Aouste 08 19 Eb 50
Aouste-sur-Sye 26 118 Fa 80
Aouze 88 54 Ff 58
Apach 57 22 Gc 52
Apchat 63 104 Da 76
Apchon 15 103 Ce 77
Appelle 81 141 Bf 87
Appenai-sous-Bellême 61 48 Ad 58
Appenans 25 71 Gd 64
Appenwihr 68 57 Hc 60
Appeville 50 12 Yd 53
Appeville-Annebault 27 15 Ad 53
Appietto 2A 158 Ie 96
Appiettu = Appietto 2A 158 Ie 96
Appilly 60 18 Da 51
Appoigny 89 51 Dd 61
Apprieu 38 107 Fd 76
Appy 09 153 Be 92
Apremont 01 95 Fe 71
Apremont 08 20 Ef 53
Apremont 60 17 Cd 53
Apremont 70 69 Fd 64
Apremont 85 74 Yb 68
Apremont-la-Forêt 55 37 Fd 55
Apremont-sur-Allier 18 80 Da 67
Aprey 52 69 Fb 62
Apt 84 132 Fc 85
Arabaux 09 141 Bd 91
Arâches 74 97 Gd 72
Aragnouet 65 150 Ab 92
Aragon 11 142 Cb 89
Aramits 64 137 Zb 90
Aramon 30 131 Ee 85
Aranc 01 95 Fd 73
Arandon 38 107 Fc 74
Araujuzon 64 137 Zb 88
Araules 43 105 Eb 78
Araux 64 137 Zb 88
Arbanats 33 111 Zd 80
Arbas 31 140 Af 91
Arbellara 2A 159 If 98
Arbent 01 95 Fe 71
Arbéost 65 138 Ze 91
Arbiddali = Arbellara 2A 159 Ka 98
Arbignieu 01 95 Fd 74
Arbigny-sous-Varennes 52 54 Fd 61
Arbin 73 108 Ga 75
Arbis 33 111 Ze 80
Arblade-le-Bas 32 124 Ze 86
Arblade-le-Haut 32 124 Zf 86
Arbois 39 84 Fe 67
Arbon 31 139 Ae 90
Arbonne 64 136 Yc 88
Arbonne-la-Forêt 77 50 Cd 58
Arboras 34 129 Dc 86
Arbori 2A 158 Ie 96
Arbot 52 53 Fa 61
Arboucave 40 124 Zd 87
Arbouet-Sussaute 64 137 Yf 88
Arbourse 58 66 Db 65
Arboussols 66 153 Cc 93
Arbresle, L' 69 94 Ed 74
Arbrissel 35 45 Ye 61
Arburi = Arbori 2B 158 Ie 96
Arbus 64 138 Zc 89
Arbusigny 74 96 Gb 72
Arcachon 33 110 Ye 81
Arçais 79 87 Zb 71
Arcambal 46 114 Bd 82
Arcangues 64 136 Yc 88
Arçay 18 79 Cc 67
Arçay 86 76 Aa 67
Arceau 21 69 Fb 64
Arcenant 21 68 Ef 66
Arc-en-Barrois 52 53 Fa 61
Arcens 07 118 Eb 79
Arces 17 98 Za 75
Arces-Dilo 89 52 Dd 60
Arc-et-Senans 25 84 Fe 66
Arcey 21 68 Ee 65
Arcey 25 71 Gd 63
Archail 04 133 Gc 84
Archamps 74 96 Ga 72
Ar C'hastell-Nevez = Châteauneuf-du-Faou 29 42 Wb 59
Archelange 39 69 Fd 66
Arches 15 103 Cb 77
Arches 88 55 Gd 60
Archettes 88 55 Gd 60
Archiac 17 99 Ze 75
Archignac 24 101 Bb 78
Archignat 03 91 Cc 70
Archigny 86 76 Ad 69
Archingeay 17 87 Zb 73
Archon 02 19 Ea 50
Arcins 33 99 Zb 78
Arcis-le-Ponsart 51 19 De 53
Arcis-sur-Aube 10 35 Ea 57
Arcizac-Adour 65 138 Aa 90
Arcizac-ez-Angles 65 138 Aa 90
Arcizans-Avant 65 138 Zf 91
Arcizans-Dessus 65 138 Zf 91
Arc-lès-Gray 70 69 Fd 64
Arcomps 18 79 Cc 68
Arçon 25 84 Gc 67
Arcon 42 93 Df 72
Arconcey 21 68 Ec 65
Arçonnay 72 47 Aa 58
Arconsat 63 93 De 73
Arconville 10 53 Ee 60
Arcs, Les 83 148 Gc 88
Arc-sous-Cicon 25 84 Gc 66
Arc-sous-Montenot 25 84 Ga 67
Arc-sur-Tille 21 69 Fb 64
Arcy-Sainte-Restitue 02 18 Dc 53
Arcy-sur-Cure 89 67 De 63
Ardelles 28 31 Bb 57
Ardelu 28 49 Bf 58
Ardenais 18 79 Cc 69
Ardenay-sur-Mérize 72 47 Ac 61
Ardentes 36 78 Be 68
Ardes 63 104 Da 76
Ardeuil-et-Montfauxelles 08 20 Ee 53
Ardiège 31 139 Ad 90
Ardilleux 79 88 Zf 72
Ardillières 17 86 Za 72
Ardin 79 75 Zc 70
Ardizas 32 126 Ba 86
Ardoix 07 106 Ee 77
Ardon 39 84 Ff 68
Ardon 45 64 Bf 62
Ardouval 76 16 Bb 50
Ardres 62 3 Bf 43
Aregno 2B 156 If 93
Aregnu = Aregno 2B 156 If 93
Areines 41 48 Ba 62
Aren 64 137 Zb 89
Arengosse 40 123 Zb 84
Arenthon 74 96 Gb 72
Arès 33 110 Yf 80
Aresches 39 84 Ff 67
Aressy 64 138 Ze 89
Arette 64 137 Zb 90
Arette-Pierre-Saint-Martin 64 137 Zb 91
Ar Faou = Faou, Le 29 24 Ve 59
Ar Faoued = Faouët, Le 56 42 Wd 60
Arfeuille-Châtain 23 91 Cc 72
Arfeuilles 03 92 De 72
Arfons 81 141 Cb 88
Argagnon 64 137 Zb 88
Arganchy 14 13 Zb 53
Argançon 10 53 Ed 59
Argancy 57 38 Gb 53
Argantred-ar-Genkiz = Argentré-du-Plessis 35 45 Yf 60
Argein 09 151 Af 91
Argelès 65 139 Ab 90
Argelès-Gazost 65 138 Zf 90
Argelès-sur-Mer 66 154 Da 93
Argeliers 11 142 Cf 89
Argelliers 34 130 De 86
Argelos 40 123 Zc 87
Argelos 64 138 Zd 88
Argelouse 40 111 Zc 82
Ar Gelveneg = Guilvinec 29 41 Ve 62
Argences 14 30 Zf 54
Argens-Minervois 11 142 Ce 89
Argentan 61 30 Zf 56
Argentat 19 102 Bf 78
Argentenay 89 67 Ea 62
Argenteuil 95 33 Cb 55
Argenteuil-sur-Armançon 89 67 Ea 62
Argentière-la-Bessée, L' 05 121 Gd 80
Argentières 77 34 Cf 57
Argentine 73 108 Gb 76
Argenton 47 112 Aa 82
Argenton-Château 79 75 Zd 67
Argenton-l'Église 79 76 Ze 66
Argenton-Notre-Dame 53 46 Zc 62
Argenton-sur-Creuse 36 78 Bd 69
Argentré 53 46 Zc 60
Argentré-du-Plessis 35 45 Yf 60
Argent-sur-Sauldre 18 65 Cc 63
Argenvières 18 66 Da 66
Argenvilliers 28 48 Af 59
Argers 51 36 Ef 54
Arget 64 124 Zc 87
Arghjusta Muricciu = Argiusta-Morriccio 2A 159 Ka 98
Argièsans 90 71 Ge 63
Argillières 70 69 Fd 62
Argilliers 30 131 Ec 85
Argilly 21 83 Fa 66
Argis 01 95 Fc 73
Argiusta-Moriccio 2A 159 Ka 98
Argœuves 80 7 Cb 49
Argol 29 24 Ve 59
Argonay 74 96 Ga 73
Argouges 50 28 Yd 57
Argoules 80 7 Be 46
Argueil 76 16 Bd 51
Arguel 25 70 Ga 65
Arguel 80 16 Be 49
Arguenos 31 139 Ae 91
Argut-Dessous 31 151 Ae 91
Argy 36 78 Bc 67
Arhansus 64 137 Yf 89
Ariès-Espénan 65 139 Ad 89
Arifat 81 128 Cc 86
Arignac 09 152 Bd 91
Arinthod 39 95 Fd 70
Arith 73 96 Ga 74
Arjuzanx 40 123 Za 84
Arlanc 63 105 De 76
Arlay 39 83 Fd 68
Arlebosc 07 106 Ed 78
Arles 13 131 Ed 86
Arles-sur-Tech 66 154 Cd 94
Arlet 43 104 Dc 78
Arleuf 58 81 Ea 66
Arleux 59 8 Da 47
Arleux-en-Gohelle 62 8 Cf 46
Arlos 31 151 Ae 91
Armaillé 49 60 Yf 62
Armancourt 80 17 Ce 50
Armaucourt 54 38 Gb 56
Armbouts-Cappel 59 3 Cc 43
Armeau 89 51 Db 60
Armendarits 64 137 Ye 89
Armentières 59 4 Cf 44
Armentières-en-Brie 77 34 Da 55
Armentières-sur-Avre 27 31 Ae 56
Armentières-sur-Ourcq 02 34 Dc 53
Armentieux 32 139 Aa 87
Armes 58 67 Dd 64
Armillac 47 112 Ac 81
Armissan 11 143 Da 89
Armix 01 95 Fd 73
Armous-et-Cau 32 125 Ab 87
Armoy 74 96 Gd 70
Arnac 15 103 Cb 78
Arnac-la-Poste 87 90 Bc 71
Arnac-Pompadour 19 101 Bc 76
Arnac-sur-Dourdou 12 129 Cf 86
Arnage 72 47 Ab 61
Arnancourt 52 53 Ef 58
Arnas 69 94 Ee 72
Arnas, Les 69 94 Ed 73
Arnaud-Guillhem 31 140 Af 90
Arnave 09 152 Bd 91
Arnaville 54 38 Ga 54
Arnay-le-Duc 21 67 Ec 66
Arnayon 26 119 Fb 82
Arnay-sous-Vitteaux 21 68 Ec 64
Arné 65 139 Ad 89
Arnéguy 64 137 Ye 90
Arnèke 59 3 Cc 43
Arnicourt 08 19 Ec 51
Arnières-sur-Iton 27 31 Ba 55
Arnos 64 138 Zc 89
Arnouville-lès-Gonesse 95 33 Cc 55
Arnouville-lès-Mantes 78 32 Be 55
Aroffe 88 55 Ff 58
Aromas 39 95 Fc 71
Aroz 70 70 Ga 63
Arpaillargues-et-Aureillac 30 131 Ec 84
Arpajon 91 33 Cb 57
Arpajon-sur-Cère 15 115 Cc 79
Arpavon 26 119 Fb 82
Arpenans 70 70 Gc 63
Arpheuilles 18 79 Cd 68
Arpheuilles 36 78 Bb 67
Arpheuilles-Saint-Priest 03 91 Ce 71
Arphy 30 129 Dd 84
Arquenay 53 46 Zc 61
Arques 11 153 Cc 91
Arques 12 115 Ce 83
Arques 62 3 Cb 44
Arques, les 46 113 Bb 81
Arques-la-Bataille 76 16 Ba 49
Arquettes-en-Val 11 142 Cd 90
Arquèves 80 7 Cc 48
Arquian 58 66 Cf 63
Arracourt 54 38 Gd 56
Arradon 56 58 Xb 63
Arraincourt 57 38 Gd 55
Arrancy-sur-Crusne 55 21 Fd 52
Arrans 21 68 Eb 62
Arras 62 8 Ce 47
Arras-en-Lavedan 65 138 Zf 91
Arras-sur-Rhône 07 106 Ee 78
Arrast-Larrebieu 64 137 Zb 89
Arraute-Charritte 64 137 Yf 88
Array-et-Han 54 38 Gb 55
Arrayou-Lahitte 65 138 Aa 90
Arre 30 129 Dd 85
Arreau 65 150 Ac 91
Ar Releg-Kerhuon = Relecq-Kerhuon, Le 29 24 Vd 58
Arrelles 10 52 Eb 60
Arrembécourt 10 52 Ed 57
Arrènes 23 90 Bd 72
Arrens-Marsous 65 138 Ze 91
Arrentès-de-Corcieux 88 56 Gf 60
Arrentières 10 53 Ee 59
Arrest 80 6 Bd 48
Arreux 08 20 Ed 50
Arriance 57 38 Gd 54
Arricau-Bordes 64 138 Zf 88
Arrien 09 151 Ba 91
Arrigas 30 129 Dc 85
Arrigny 51 36 Ee 57
Arro 2A 158 Ie 96
Ar Roc'h-Bernez, Roche-Bernard, La 56 59 Xe 63
Ar Roc'h-Derrien = Roche-Derrien, La 22 26 We 56
Arrodets 65 139 Ab 90
Arrodets-ez-Angles 65 138 Aa 90
Arromanches-les-Bains 14 13 Zc 52
Arronnes 03 92 Dd 72
Arronville 95 33 Ca 53
Arros 64 137 Yf 89
Arros-de-Nay 64 138 Ze 89
Arrosès 64 124 Zf 87
Arrou 28 48 Ba 60
Arrouède 32 139 Ad 88
Arrout 09 151 Ba 91
Arru = Arro 2A 158 Ie 96
Arry 57 38 Ga 54
Arry 80 7 Be 47
Ars 16 87 Zd 75
Ars 23 90 Ca 72
Arsac 33 99 Zb 79
Arsac-en-Velay 43 117 Df 79
Arsague 40 123 Zb 87
Arsans 70 69 Fd 64
Ars-en-Ré 17 86 Yc 71
Ars-Laquenexy 57 38 Gb 54
Ars-les-Favets 63 91 Ce 71
Arsonval 10 53 Ed 59
Ars-sur-Formans 01 94 Ee 73
Ars-sur-Moselle 57 38 Ga 54
Arsure-Arsurette 39 84 Ga 68
Arsures, les 39 84 Fe 67
Arsy 60 17 Ce 52
Artagnan 65 138 Aa 88
Artaise-le-Vivier 08 20 Ef 51
Artaix 71 93 Ea 71
Artalens-Souin 65 138 Zf 91
Artannes-sur-Indre 37 63 Ad 65
Artannes-sur-Thouet 49 62 Zf 65
Artas 38 107 Fa 75
Artassenx 40 124 Zd 85
Artemare 01 95 Fe 73
Artemps 02 18 Db 50
Artenay 45 49 Bf 60
Arthaz-Pont-Notre-Dame 74 96 Gb 72
Arthel 58 66 Dc 65
Arthémonay 26 106 Fa 78
Arthenac 17 99 Ze 75
Arthenas 39 83 Fd 69
Arthès 81 128 Cb 85
Arthez-d'Armagnac 40 124 Ze 85
Arthez-d'Asson 64 138 Ze 90
Arthez-de-Béarn 64 138 Zc 88
Arthezé 72 47 Zf 62
Arthies 95 32 Be 54
Arthon 36 78 Be 68
Arthon-en-Retz 44 59 Ya 66
Arthonnay 89 52 Eb 61
Arthun 42 93 Ea 74
Artigat 09 140 Bc 90
Artignosc-sur-Verdon 83 133 Ga 86
Artigue 31 151 Ad 92
Artigueloutan 64 138 Ze 89
Artiguelouve 64 138 Zd 89
Artiguemy 65 139 Ab 90
Artigues 09 153 Ca 92
Artigues 11 153 Cb 92
Artigues 65 125 Ac 84
Artigues 65 138 Aa 90
Artigues 83 147 Fe 87
Artigues-de-Lussac, les 33 99 Zf 79
Artigues-près-Bordeaux 33 111 Zd 79
Artins 41 63 Ae 62
Artix 09 141 Bd 90
Artix 64 138 Zc 88
Artolsheim 67 57 Hd 59
Artonges 02 34 Dd 55
Artres 59 9 Dd 47
Art-sur-Meurthe 54 38 Gb 57
Artzenheim 68 57 Hd 60
Arudy 64 138 Zd 90
Arue 40 124 Zd 84
Arvant 43 104 Db 76
Arvert 17 86 Yf 74
Arveyres 33 111 Ze 79
Arvieu 12 128 Cd 83
Arvieux 05 121 Ge 80
Arvigna 09 141 Be 90
Arvillard 73 108 Ga 76
Arville 41 48 Af 60
Arville 77 50 Cd 59
Arvillers 80 17 Cd 50
Arx 40 125 Aa 84
Arzacq-Arraziguet 64 124 Zd 87
Arzal 56 59 Xd 63
Arzano 29 42 Wd 61
Arzay 38 107 Fa 76
Arzembouy 58 66 Dc 65
Arzenc-d'Apcher 48 116 Da 79
Arzenc-de-Randon 48 117 Dd 81
Arzens 11 141 Cb 89
Arzillières-Neuville 51 52 Ed 57
Arzon 56 58 Xa 63
Arzviller 57 39 Ha 56
Asasp-Arros 64 137 Zc 90
Ascain 64 136 Yc 88
Ascarat 64 137 Ye 89
Aschères-le-Marché 45 49 Ca 60
Asco 2B 156 Ka 94
Ascou 09 153 Bf 92
Ascoux 45 50 Cb 60
Ascros 06 134 Ha 85
Ascu = Asco 2B 156 Ka 94
Asfeld 08 19 Ea 52
Aslonnes 86 76 Ac 70
Asnan 58 67 Dd 65
Asnans-Beauvoisin 39 83 Fc 67
Asnelles 14 13 Zc 52
Asnières 27 14 Ac 53
Asnières-en-Bessin 14 13 Za 52
Asnières-en-Montagne 21 68 Ec 62
Asnières-la-Giraud 17 87 Zc 73
Asnières-lès-Dijon 21 69 Fa 64
Asnières-sous-Bois 89 67 Dd 64
Asnières-sur-Blour 86 89 Ae 72
Asnières-sur-Nouère 16 88 Aa 74
Asnières-sur-Oise 95 33 Cc 54
Asnières-sur-Saône 01 94 Ef 70
Asnières-sur-Seine 92 33 Cb 55
Asnières-sur-Vègre 72 47 Ze 61
Asnois 58 67 Dd 64
Asnois 86 88 Ac 72
Aspach 57 39 Gf 57
Aspach 68 71 Hb 63
Aspach-le-Bas 68 71 Ha 62
Aspach-le-Haut 68 71 Ha 62
Aspères 30 130 Ea 86
Aspet 31 139 Ae 90
Aspin-Aure 65 139 Ac 91
Aspiran 34 143 Dc 87
Aspremont 05 119 Fe 82
Aspremont 06 135 Hb 86
Aspres, Les 61 31 Ad 56
Aspres-lès-Corps 05 120 Ff 80
Aspres-sur-Buech 05 119 Fe 81
Aspret-Sarrat 31 139 Ae 90
Asprières 12 114 Ca 81
Asque 65 139 Ab 90
Asques 33 99 Zd 79
Asques 82 126 Af 85
Asquins 89 67 De 64
Assac 81 128 Cc 85
Assainvillers 80 17 Cd 51
Assais-les-Jumeaux 79 76 Zf 68
Assas 34 130 Df 86
Assat 64 138 Ze 89
Assay 37 62 Ab 66
Assé-le-Bérenger 53 46 Ze 60
Assé-le-Boisne 72 47 Zf 59
Assé-le-Riboul 72 47 Aa 59
Assenay 10 52 Ea 59
Assencières 10 52 Eb 58
Assenoncourt 57 39 Ge 56
Assérac 44 59 Xd 64
Assevillers 80 18 Ce 49
Assier 46 114 Bf 80
Assieu 38 106 Ef 76
Assignan 34 142 Cf 88
Assigny 18 66 Ce 64
Assigny 76 6 Bb 49
Assis-sur-Serre 02 18 Dd 50
Asson 64 138 Ze 90
Asswiller 67 39 Hb 55
Astaffort 47 125 Ad 84
Astaillac 19 114 Be 79
Asté 65 139 Ab 90
Aste 65 150 Ze 91
Aste-Béon 64 138 Zd 90
Astillé 53 46 Za 61
Astis 64 138 Zd 88
Aston 09 152 Be 92
Astugue 65 138 Aa 90
Athée 21 69 Fc 65
Athée 53 46 Za 61
Athée-sur-Cher 37 63 Af 65
Athesans-Étroitefontaine 70 70 Gd 63
Athie 21 68 Eb 63
Athie 89 67 Df 63
Athienville 54 38 Gc 56
Athies 62 8 Cf 47
Athies 80 18 Cf 49
Athies-sous-Laon 02 19 De 51
Athis 51 35 Ea 54
Athis-de-l'Orne 61 29 Zd 56
Athis-Mons 91 33 Cc 56
Athos-Aspis 64 137 Za 88
Athose 25 84 Gb 66
Attainville 95 33 Cc 54
Attancourt 52 53 Ef 57
Attaques, Les 62 3 Bf 43
Attenschwiller 68 72 Hc 63
Attiches 59 8 Da 45
Attichy 60 18 Da 52
Attignat 01 95 Fa 71
Attignat-Oncin 73 107 Fe 75
Attignéville 88 54 Fe 58
Attigny 08 20 Ed 52
Attilloncourt 57 38 Gc 56
Attilly 02 18 Db 49
Attin 62 7 Be 46
Atton 54 38 Ga 55
Attray 45 50 Ca 60
Attricourt 70 69 Fc 64
Atur 24 101 Ae 78
Aubagnan 40 124 Zd 86
Aubagne 13 146 Fd 89
Aubaine 21 68 Ee 66
Aubais 30 130 Ea 86
Aubarède 65 139 Ab 89
Aubas 24 101 Bb 78
Aubazines 19 102 Be 77
Aube 57 38 Gc 54
Aube 61 31 Ad 56
Aubenas 07 118 Ec 81
Aubenas-les-Alpes 04 132 Fe 85
Aubencheul-au-Bac 59 8 Da 47
Aubencheul-aux-Bois 02 8 Db 48
Aubenton 02 19 Eb 49
Aubepierre-Ozouer-le-Repos 77 34 Cf 57
Aubepierre-sur-Aube 52 53 Ef 61
Aubépin, L' 39 83 Fc 70
Auberchicourt 59 8 Db 47
Aubercourt 80 17 Cd 50
Aubergenville 78 32 Bf 55
Aubérive 51 36 Ec 53
Auberive 52 69 Fa 62
Auberives-sur-Varèze 38 106 Ee 76
Aubermersnil-Beaumais 76 15 Ba 49
Aubers 59 8 Ce 45
Aubertin 64 138 Zd 89
Auberville 14 14 Zf 53
Auberville-la-Campagne 76 15 Ad 51
Auberville-la-Manuel 76 15 Ad 49
Auberville-la-Renault 76 14 Ac 50
Aubervilliers 93 33 Cc 55
Aubeterre 10 52 Ea 58
Aubeterre-sur-Dronne 16 100 Ab 77
Aubeville 16 100 Zf 76
Aubevoye 27 32 Bb 53
Aubiac 33 111 Ze 82
Aubiac 47 125 Ad 84
Aubiat 63 91 Db 73
Aubie-et-Espessas 33 99 Zd 78
Aubière 63 92 Da 74
Aubiers, Les 79 75 Zc 67
Aubiet 32 125 Ae 87
Aubignan 84 131 Fa 84
Aubignas 07 118 Ed 81
Aubigné 35 45 Yc 59
Aubigné 49 61 Zd 65
Aubigné 79 87 Zf 72
Aubigné-Racan 72 62 Ab 62
Aubignosc 04 133 Ff 84
Aubigny 03 80 Db 68
Aubigny 14 30 Ze 55
Aubigny 79 76 Zf 68
Aubigny 80 17 Cc 49
Aubigny 85 74 Yd 69
Aubigny-au-Bac 59 8 Da 47
Aubigny-aux-Kaisnes 02 18 Da 50
Aubigny-en-Artois 62 8 Cd 46
Aubigny-en-Laonnais 02 19 De 52
Aubigny-en-Plaine 21 69 Fb 66
Aubigny-la-Ronce 21 82 Ed 67
Aubigny-les-Pothées 08 20 Ec 50
Aubigny-lès-Sombernon 21 68 Ed 65
Aubigny-sur-Nère 18 65 Cc 64
Aubilly 51 35 Df 53
Aubin 12 115 Cb 81
Aubin 64 138 Zd 88
Aubinges 18 65 Cd 65
Aubin-Saint-Vaast 62 7 Bf 46
Auboncourt-Vauzelles 08 20 Ec 51
Aubonne 25 84 Gc 66
Aubord 30 130 Eb 86
Auboué 54 38 Ff 53
Aubous 64 124 Zf 87
Aubréville 55 36 Fa 54
Aubrives 08 20 Ee 48
Aubrometz 62 7 Cb 47
Aubry-du-Hainaut 59 9 Dc 46
Aubry-le-Panthou 61 30 Ab 55
Aubure 68 56 Hb 59
Aubussargues 30 130 Eb 84
Aubusson 23 91 Cb 73
Aubusson 61 29 Zc 56
Aubvillers 80 17 Cc 50
Auby 59 8 Da 46
Aucaleuc 22 27 Xf 58
Aucamville 31 126 Bc 87
Aucamville 82 126 Bb 86
Aucazein 09 151 Af 91
Aucciâ = Ucciani 2A 159 If 96
Aucelon 26 119 Fc 81
Aucey-la-Plaine 50 28 Yd 57
Auch 32 125 Ad 87
Auchel 62 8 Cc 45
Auchonvillers 80 8 Cd 48
Auchy 59 8 Db 46
Auchy-au-Bois 62 7 Cc 45
Auchy-la-Montagne 60 17 Ca 51
Auchy-lès-Hesdin 62 7 Ca 46
Auchy-les-Mines 62 8 Ce 45
Aucun 65 138 Ze 91
Audaux 64 137 Zb 88
Audde = Aullène 2A 159 Ka 98
Audelange 39 69 Fd 66
Audeloncourt 52 54 Fd 60
Audembert 62 3 Be 43
Auderville 50 12 Ya 50
Audes 03 79 Cd 70
Audeux 25 70 Ff 65
Audeville 45 50 Cb 59
Audierne 29 41 Vc 60
Audignicourt 02 18 Da 52
Audignon 40 124 Zc 86
Audigny 02 19 Dd 49
Audincourt 25 71 Gf 64
Audincthun 62 7 Ca 45
Audinghen 62 2 Bd 43
Audin-le-Tiche 57 22 Ff 52
Audon 40 123 Zb 86
Audouville-la-Hubert 50 12 Ye 52
Audrehem 62 3 Bf 44
Audressein 09 151 Ba 91
Audresselles 62 2 Bd 44
Audrieu 14 13 Zc 53
Audrix 24 113 Af 79
Audruicq 62 3 Ca 43
Audun-le-Roman 54 21 Ff 52
Auenheim 67 40 Ia 56
Auffargis 78 32 Bf 56
Auffay 76 15 Ba 50
Aufferville 77 50 Cd 59
Auffreville-Brasseuil 78 32 Be 55
Auflance 08 21 Fb 51
Auga 64 138 Zd 88
Auge 08 19 Eb 49
Augé 16 87 Zf 73
Auge 23 91 Cb 71
Augé 79 75 Ze 70
Augea 39 83 Fc 69
Augerans 39 83 Fd 66
Augères 23 90 Be 72
Augerolles 63 93 Dd 74
Auger-Saint-Vincent 60 34 Ce 53
Augers-en-Brie 77 34 Dc 56
Augerville-la-Rivière 45 50 Cc 59
Augicourt 70 70 Ff 62
Augignac 24 101 Ae 75
Augirein 09 151 Af 91
Augisey 39 83 Fd 69
Augnat 63 104 Db 76
Augnax 32 125 Ae 86
Augne 87 90 Be 74
Augny 57 38 Ga 54
Auguaise 61 31 Ad 56
Augy 02 18 Dd 52
Augy 89 67 Dd 62
Augy-sur-Aubois 18 80 Cf 68
Aujac 17 87 Zd 73
Aujac 30 117 Ea 82
Aujac 30 131 Ed 83
Aujan-Mournède 32 139 Ad 88
Aujargues 30 130 Ea 86
Aujeurres 52 69 Fb 62
Aujols 46 114 Bd 82
Aulas 30 129 Dd 85
Aulhat-Saint-Privat 63 104 Db 75
Aullène 2A 159 Ka 98
Aulnat 63 103 Cd 75
Aulnay 10 53 Ec 58
Aulnay 17 87 Zd 72
Aulnay 86 76 Aa 67
Aulnay-l'Aître 51 36 Ed 56
Aulnay-la-Rivière 45 50 Cc 59
Aulnay-sous-Bois 93 33 Cd 55
Aulnay-sur-Iton 27 31 Ba 55
Aulnay-sur-Marne 51 35 Eb 54
Aulnay-sur-Mauldre 78 32 Bf 55
Aulnois 88 54 Fe 59
Aulnois-en-Perthois 55 37 Fa 57
Aulnois-sous-Laon 02 19 Dd 51
Aulnois-sur-Seille 57 38 Gb 55
Aulnoy 77 34 Da 55
Aulnoye-Aymeries 59 9 Df 47
Aulnoy-lez-Valenciennes 59 9 Dd 46
Aulnoy-sur-Aube 52 53 Fa 61
Aulon 23 90 Be 72
Aulon 31 140 Ae 89
Aulon 65 150 Ab 91
Ault 80 6 Bc 48
Aulus-les-Bains 09 152 Bc 92
Aulx-lès-Cromary 70 70 Ga 64
Aumagne 17 87 Zd 73
Aumale 76 16 Be 50
Aumâtre 80 7 Be 49
Auménancourt 51 19 Ea 52
Aumerval 62 7 Cc 45
Aumes 34 143 Dc 88
Aumessas 30 129 Dd 85
Aumetz 57 22 Ff 52
Aumeville-Lestre 50 12 Ye 51
Aumont 39 83 Fd 67
Aumont 80 17 Cd 53
Aumont 80 16 Bf 49
Aumont-Aubrac 48 116 Db 80
Aumur 39 83 Fc 66
Aunac 16 88 Ab 73
Aunat 11 153 Ca 92
Aunay-en-Bazois 58 81 De 66
Aunay-les-Bois 61 31 Ab 57
Aunay-sous-Auneau 28 49 Be 58
Aunay-sous-Crécy 28 32 Bb 56
Aunay-sur-Odon 14 29 Zc 54
Auneau 28 32 Be 58
Auneuil 60 17 Bf 52
Aunou-le-Faucon 61 30 Aa 56
Auppegard 76 15 Ba 49
Aups 83 147 Gb 87
Auquainville 14 30 Ab 54
Auquemesnil 76 6 Bb 49
Auradé 32 140 Ba 87
Auradou 47 113 Ae 82
Auray 56 43 Xa 63
Aure 08 20 Ed 53
Aurec-sur-Loire 43 105 Eb 76
Aureil 87 90 Bc 74
Aureilhan 40 110 Ye 83
Aureilhan 65 138 Aa 89
Aureille 13 131 Ef 86
Aurel 26 119 Fb 80
Aurel 84 132 Fc 84
Aurelle-Verlac 12 116 Da 81
Aurensan 32 124 Ze 87
Aurensan 65 138 Aa 89
Aureville 31 140 Bc 88
Auriac 11 153 Cc 91
Auriac 19 103 Ca 77
Auriac 64 138 Ze 88
Auriac-du-Périgord 24 101 Ba 78
Auriac-Lagast 12 128 Cd 84
Auriac-l'Église 15 104 Da 77

Antheuil-Portes — Auriac-l'Église (F) 163

B

Bastide-Pradines, La 12 129 Da 84
Bastide-Puylaurent, La 48 117 Df 81
Bastide-Solages, La 12 128 Cd 85
Bastide-sur-l'Hers, La 09 153 Bf 91
Bastidonne, La 84 132 Fd 86
Bastit, le 46 114 Bd 79
Basville 23 91 Cc 73
Bataille, La 79 87 Zf 72
Bathelémont-lès-Bauzemont 54 38 Gd 56
Bâthie, La 73 108 Gc 75
Bâtie-des-Fonds, La 26 119 Fd 81
Bâtie-Divisins, La 38 107 Fd 75
Bâtie-Montgascon, La 38 107 Fd 75
Bâtie-Montsaléon 05 119 Fe 82
Bâtie-Neuve, la 05 120 Gb 81
Bâtie-Rolland, la 26 118 Ef 81
Bâtie-Vieille, La 05 120 Ga 81
Batilly 54 38 Ff 53
Batilly 61 30 Ze 56
Batilly-en-Gâtinais 45 50 Cc 60
Batilly-en-Puisaye 45 66 Cf 63
Bats 40 124 Zd 87
Batsère 65 139 Ab 90
Battenans-les-Mines 25 70 Gb 64
Battenans-Varin 25 71 Ge 65
Battenheim 68 56 Hc 62
Battexey 88 55 Gb 58
Battigny 54 55 Ff 58
Battrans 70 69 Fd 64
Batzendorf 67 40 He 56
Batz-sur-Mer 44 59 Xd 65
Baubigny 21 82 Ee 67
Bauche, La 73 107 Fe 76
Baud 56 43 Wf 61
Baudement 51 35 De 57
Baudemont 71 93 Eb 71
Baudignan 40 125 Aa 84
Baudignécourt 55 37 Fc 57
Baudinard-sur-Verdon 83 133 Ga 86
Baudoncourt 70 70 Gc 62
Baudonvilliers 55 36 Fa 56
Baudre 50 29 Yf 54
Baudrecourt 52 53 Ef 58
Baudrecourt 57 38 Gc 55
Baudreix 64 138 Ze 89
Baudrémont 55 37 Fc 55
Baudres 36 78 Bc 66
Baudreville 28 49 Bf 59
Baudreville 50 12 Yc 53
Baudricourt 88 55 Ga 59
Baudrières 71 83 Fa 68
Bauduen 83 133 Gb 86
Baugé 49 62 Zf 63
Baugy 18 79 Ce 66
Baugy 71 93 Ea 71
Baulay 70 70 Ga 62
Baule 45 49 Bd 62
Baule-Escoublac, La 44 59 Xd 65
Baulme-la-Roche 21 68 Ee 64
Baulne-en-Brie 02 35 Dd 55
Baulny-Chalpentry 55 20 Fa 53
Baulon 35 44 Yb 61
Baulou 09 141 Bd 90
Baume, la 74 97 Gd 71
Baume-Cornillane, La 26 118 Fa 80
Baume-de-Transit, La 26 118 Ef 82
Baume-d'Hostun, La 26 107 Fb 78
Baume-les-Dames 25 70 Gc 64
Baume-les-Messieurs 39 83 Fd 68
Bauné 49 61 Ze 64
Baupte 50 12 Yd 53
Baurech 33 111 Zd 80
Baussaine, La 35 44 Ya 59
Bauvin 59 8 Cf 45
Baux-de-Breteuil, Les 27 31 Ae 55
Baux-de-Provence, Les 13 131 Ee 86
Baux-Sainte-Croix, Les 27 31 Ba 55
Bauzemont 54 38 Gd 56
Bauzy 41 64 Bd 63
Bavans 25 71 Ge 64
Bavay 59 9 De 47
Bavelincourt 80 7 Cc 49
Bavent 14 14 Ze 53
Baverans 39 83 Fd 66
Bavilliers 90 71 Ge 63
Bavinchove 59 3 Cc 44
Bavincourt 62 8 Cd 47
Bax 31 140 Bb 89
Bay 70 69 Fe 65
Bayac 24 113 Ae 80
Bayard-sur-Marne 52 53 Fa 57
Bayas 33 99 Ze 78
Baye 29 42 Wc 61
Baye 51 35 De 55
Bayecourt 88 55 Gc 59
Bayel 10 53 Ee 59
Bayencourt 80 8 Cd 48
Bayenghem-lès-Eperlecques 62 3 Ca 44
Bayenghem-lès-Seninghem 62 3 Ca 44
Bayers 16 88 Ab 73
Bayet 03 92 Db 71
Bayeux 14 13 Zb 53
Bayon 54 55 Gb 58
Bayonne 64 136 Yd 88
Bayons 04 120 Ga 82
Bayon-sur-Gironde 33 99 Zc 78
Bayonville 08 20 Fa 52
Bayonvillers 80 17 Cd 49
Bayonville-sur-Mad 54 38 Ff 54
Bay-sur-Aube 52 69 Fa 62
Bazac 16 100 Aa 77
Bazaiges 36 78 Bd 70
Bazailles 54 21 Fe 52
Bazainville 78 32 Be 56
Bazancourt 51 19 Eb 52
Bazarnes 89 67 Dd 63
Bazas 33 111 Ze 82
Bazauges 17 87 Ze 73
Bazegney 88 55 Gb 59
Bazeilles 08 20 Ef 50
Bazeilles-sur-Othain 55 21 Fc 52
Bazelat 23 90 Bd 70
Bazemont 78 32 Bf 55
Bazens 47 112 Ac 83
Bazentin 80 8 Ce 48
Bazenville 14 13 Zc 53
Bazet 65 138 Aa 89
Bazeuge, La 87 89 Ba 71
Bazian 32 125 Ab 86
Bazicourt 60 17 Cd 52
Baziège 31 141 Bd 88
Bazien 88 56 Ge 58
Bazillac 65 139 Aa 88
Bazincourt-sur-Epte 27 16 Be 53
Bazincourt-sur-Saulx 55 37 Fa 56
Bazinghen 62 3 Bd 44
Bazinval 76 6 Bd 49
Bazoche-en-Dunois 28 49 Bd 60
Bazoche-Gouët, La 28 48 Af 60
Bazoches 58 67 De 64
Bazoches 78 32 Bf 56
Bazoches-au-Houlme 61 30 Ze 56
Bazoches-lès-Bray 77 51 Db 58
Bazoches-les-Gallérandes 45 50 Ca 60
Bazoches-les-Hautes 28 49 Be 60
Bazoches-sur-Hoëne 61 30 Ac 57
Bazoches-sur-le-Betz 45 51 Cf 60
Bazoches-sur-Vesle 02 19 Dd 53
Bazoge, La 50 29 Yf 57
Bazoge, La 72 47 Aa 60
Bazoge-des-Alleux, La 53 46 Zc 59
Bazoge-Montpinçor, La 53 46 Zc 59
Bazoges-en-Paillers 85 74 Yf 67
Bazoges-en-Pareds 85 75 Za 69
Bazoilles-et-Ménil 88 55 Ga 59
Bazoilles-sur-Meuse 88 54 Fd 59
Bazolles 58 67 Dd 66
Bazoncourt 57 38 Gc 54
Bazoque, la 14 13 Za 54
Bazoque, La 61 29 Zc 56
Bazoques 27 31 Ad 53
Bazordon 65 139 Ad 89
Bazouge-de-Désert, La 35 28 Yf 58
Bazougers 53 46 Zc 60
Bazouges 53 46 Zb 62
Bazouges-la-Pérouse 35 28 Yc 58
Bazouges-sur-le-Loir 72 62 Zf 62
Bazuel 59 9 Dd 48
Bazugues 32 139 Ac 88
Bazus 31 127 Bd 86
Bazus-Aure 65 150 Ac 91
Bazus-Neste 65 139 Ac 90
Béage, Le 07 117 Ea 79
Béalcourt 80 7 Cb 47
Béalencourt 62 7 Ca 46
Bear = Bégard 22 26 We 57
Béard 58 80 Db 67
Beaubec-la-Rosière 76 16 Bd 51
Beaubery 71 94 Ec 70
Beaubigny 50 12 Yb 52
Beaubray 27 31 Af 55
Beaucaire 30 131 Ed 86
Beaucaire 32 125 Ac 85
Beaucamps-le-Jeune 80 16 Be 50
Beaucamps-le-Vieux 80 16 Be 49
Beaucamps-Ligny 59 8 Cf 45
Beaucé 35 45 Yf 58
Beaucens 65 138 Zf 91
Beaucet, le 84 132 Fa 85
Beauchalot 31 140 Af 90
Beauchamp 95 33 Cb 54
Beauchamps 50 28 Yd 56
Beauchamps 80 6 Bd 48
Beauchamps-sur-Huillard 45 50 Cc 61
Beauchastel 07 118 Ee 80
Beauche 28 31 Af 56
Beauchêne 41 48 Af 61
Beauchêne 41 64 Bc 64
Beauchêne 61 29 Zb 56
Beauchery-Saint-Martin 77 34 Dc 57
Beauclair 55 20 Fa 52
Beaucoudray 50 28 Yf 55
Beaucourt 90 71 Gf 64
Beaucourt-en-Santerre 80 17 Cd 50
Beaucourt-sur-l'Ancre 80 8 Ce 48
Beaucourt-sur-l'Hallue 80 7 Cc 49
Beaucouzé 49 61 Zc 64
Beaucroissant 38 107 Fc 76
Beaudéan 65 139 Aa 90
Beaudéduit 60 17 Ca 50
Beaudignies 59 9 Dd 47
Beaudricourt 62 7 Cc 47
Beaufai 61 31 Ad 56
Beaufay 72 47 Ac 60
Beauficel 50 29 Za 56
Beauficel-en-Lyons 27 16 Bd 52
Beaufin 38 120 Ff 80
Beaufort 31 140 Ba 88
Beaufort 34 142 Ce 89
Beaufort 38 107 Fa 77
Beaufort 39 83 Fc 69
Beaufort 59 9 Df 47
Beaufort 73 97 Gd 74
Beaufort-Blavincourt 62 8 Cd 47
Beaufort-en-Argonne 55 20 Fa 52
Beaufort-en-Santerre 80 17 Ce 50
Beaufort-en-Vallée 49 62 Ze 64
Beaufort-sur-Gervanne 26 119 Fa 80
Beaufou 85 74 Yc 68
Beaufour-Druval 14 14 Aa 53
Beaufremont 88 54 Fe 59
Beaugas 47 112 Ad 81
Beaugeay 17 86 Za 73
Beaugency 45 64 Bd 62
Beaugies-sous-Bois 60 18 Da 51
Beaujeu 04 120 Gc 83
Beaujeu 69 94 Ed 72
Beaujeu-Saint-Vallier-Pierrejux-et-Quitteur 70 69 Fe 64
Beaulandais 61 29 Zc 57
Beaulencourt 62 8 Cf 48
Beaulieu 07 117 Eb 82
Beaulieu 14 29 Zb 55
Beaulieu 15 103 Cd 76
Beaulieu 21 68 Ee 62
Beaulieu 34 130 Ea 86
Beaulieu 36 89 Bb 70
Beaulieu 38 107 Fc 77
Beaulieu 43 105 Df 78
Beaulieu 45 66 Ce 63
Beaulieu 58 67 Dd 65
Beaulieu 61 31 Ae 56
Beaulieu 63 104 Db 76
Beaulieu-en-Argonne 55 36 Fa 54
Beaulieu-les-Fontaines 60 18 Cf 51
Beaulieu-lès-Loches 37 63 Ba 66
Beaulieu-sous-Bressuire 79 75 Zc 67
Beaulieu-sous-la-Roche 85 74 Yc 68
Beaulieu-sous-Parthenay 79 76 Ze 69
Beaulieu-sur-Dordogne 19 114 Bf 79
Beaulieu-sur-Layon 49 61 Zc 65
Beaulieu-sur-Mer 06 135 Hb 86
Beaulieu-sur-Oudon 53 46 Za 61
Beaulieu-sur-Sonnette 16 88 Ac 73
Beaulon 03 81 De 69
Beaumais 14 30 Zf 55
Beaumarchés 32 125 Aa 87
Beaumat 46 114 Bd 81
Beaumé 02 19 Ea 49
Beaume, la 05 119 Fd 81
Beauménil 88 56 Ge 59
Beaumerie-Saint-Martin 62 7 Be 46
Beaumes-de-Venise 84 131 Fa 84
Beaumesnil 14 29 Za 55
Beaumesnil 27 31 Ae 54
Beaumettes 84 132 Fb 85
Beaumetz 80 7 Ca 48
Beaumetz-lès-Aire 62 7 Cb 45
Beaumetz-lès-Cambrai 62 8 Cf 48
Beaumetz-lès-Loges 62 8 Cd 47
Beaumont 19 102 Be 76
Beaumont 24 113 Ae 80
Beaumont 32 125 Ab 85
Beaumont 43 104 Dc 77
Beaumont 54 37 Fe 55
Beaumont 63 92 Da 74
Beaumont 63 92 Dc 73
Beaumont 74 96 Ga 72
Beaumont 86 76 Ac 68
Beaumont 89 51 Dd 61
Beaumont-de-Lomagne 82 126 Af 85
Beaumont-de-Pertuis 84 132 Fe 86
Beaumont-du-Gâtinais 77 50 Cc 60
Beaumont-du-Lac 87 90 Be 74
Beaumont-du-Ventoux 84 132 Fa 83
Beaumontel 27 31 Ae 54
Beaumont-en-Argonne 08 20 Fa 51
Beaumont-en-Auge 14 14 Aa 53
Beaumont-en-Beine 02 18 Da 50
Beaumont-en-Diois 26 119 Fc 81
Beaumont-en-Véron 37 62 Ab 65
Beaumont-Hague 50 12 Ya 50
Beaumont-Hamel 80 8 Cd 48
Beaumont-la-Ferrière 58 66 Db 65
Beaumont-la-Ronce 37 63 Ae 63
Beaumont-le-Hareng 76 16 Bb 50
Beaumont-le-Roger 27 31 Ae 54
Beaumont-les-Autels 28 48 Af 59
Beaumont-les-Nonains 60 17 Ca 53
Beaumont-lès-Valence 26 118 Ef 79
Beaumont-Monteux 26 118 Ef 78
Beaumont-Pied-de-Bœuf 53 46 Zd 61
Beaumont-Pied-de-Bœuf 72 62 Ac 62
Beaumont-Sardolles 58 80 Dc 67
Beaumont-sur-Dême 72 63 Ad 62
Beaumont-sur-Grosne 71 82 Ef 69
Beaumont-sur-Lèze 31 140 Bc 88
Beaumont-sur-Oise 95 33 Cb 54
Beaumont-sur-Sarthe 72 47 Aa 59
Beaumont-sur-Vesle 51 35 Eb 53
Beaumont-sur-Vingeanne 21 69 Fc 64
Beaumont-Village 37 63 Bb 65
Beaumotte-Aubertrans 70 70 Gb 64
Beaumotte-lès-Pin 70 70 Ff 65
Beaunay 51 35 Df 55
Beaune 21 82 Ef 66
Beaune-d'Allier 03 92 Cf 71
Beaune-la-Rolande 45 50 Cc 60
Beaune-sur-Arzon 43 105 De 77
Beaunotte 21 68 Ee 62
Beaupont 01 95 Fb 70
Beaupouyet 24 100 Ab 79
Beaupréau 49 61 Za 65
Beaupuy 31 127 Bd 87
Beaupuy 32 126 Ba 87
Beaupuy 47 112 Aa 81
Beaupuy 82 126 Ba 86
Beauquesne 80 7 Cc 48
Beaurain 59 9 Dd 47
Beaurains 62 8 Cd 47
Beaurains-lès-Noyon 60 18 Cf 51
Beaurainville 62 7 Bf 46
Beaurecueil 13 146 Fd 87
Beauregard 01 94 Ee 73
Beauregard 46 113 Bc 81
Beauregard 46 114 Be 82
Beauregard-Baret 26 119 Fb 79
Beauregard-de-Terrasson 24 101 Bb 78
Beauregard-et-Bassac 24 100 Ad 79
Beauregard-l'Evêque 63 92 Dd 74
Beauregard-Vendon 63 92 Da 73
Beaurepaire 38 106 Fa 76
Beaurepaire 76 14 Ab 50
Beaurepaire 85 74 Yf 67
Beaurepaire-en-Bresse 71 83 Fc 68
Beaurepaire-sur-Sambre 59 9 De 48
Beaurevoir 02 9 Db 49
Beaurières 26 119 Fd 81
Beaurieux 02 19 De 52
Beaurieux 59 10 Ea 47
Beauronne 24 100 Ac 78
Beausemblant 26 106 Ee 77
Beausite 55 37 Fb 55
Beausoleil 06 135 Hc 86
Beaussac 24 100 Ac 76
Beaussais 79 87 Zf 71
Beaussault 76 16 Bd 50
Beausse 49 61 Za 65
Beausset, Le 83 147 Fe 89
Beauteville 31 141 Be 88
Beautheil 77 34 Da 56
Beautiran 33 111 Zd 80
Beautor 02 18 Dc 51
Beautot 76 15 Ba 51
Beauvain 61 29 Ze 57
Beauvais 60 17 Ca 52
Beauvais-sur-Matha 17 87 Ze 73
Beauvais-sur-Tescou 81 127 Bd 85
Beauval 80 7 Cb 48
Beauvallon 26 118 Ef 79
Beauvau 49 62 Ze 63
Beauvène 07 118 Ed 79
Beauvernois 71 83 Fc 67
Beauvezer 04 134 Gd 84
Beauville 31 141 Be 88
Beauville 47 113 Af 83
Beauvilliers 28 49 Bd 59
Beauvilliers 41 48 Bb 62
Beauvilliers 89 67 Ea 64
Beauvoir 60 17 Cb 51
Beauvoir 77 34 Cf 57
Beauvoir 89 66 Dc 62
Beauvoir-de-Marc 38 107 Fa 75
Beauvoir-en-Lyons 76 16 Bd 51
Beauvoir-en-Royans 38 107 Fc 78
Beauvoir-sur-Mer 85 73 Xf 67
Beauvoir-sur-Niort 79 87 Zd 71
Beauvoir-Wavans 62 7 Ca 47
Beauvois 62 7 Cb 46
Beauvois-en-Cambrésis 59 9 Dc 48
Beauvois-en-Vermandois 02 18 Da 49
Beauvoisin 26 132 Fb 83
Beauvoisin 30 130 Eb 86
Beaux 43 105 Ea 77
Beauzac 43 105 Ea 77
Beauzelle 31 126 Bc 87
Beauziac 47 112 Aa 83
Bébing 57 39 Gf 56
Beblenheim 68 56 Ha 60
Beccas 32 139 Aa 88
Bec-de-Mortagne 76 15 Ac 50
Béceleuf 79 75 Zc 70
Béchamps 54 37 Fe 53
Bec-Hellouin, le 27 15 Ae 53
Bécherel 35 44 Ya 59
Bécheresse 16 100 Aa 75
Béchy 57 38 Gc 55
Bécordel 80 8 Ce 49
Bécourt 62 3 Bf 45
Becquigny 02 9 Dc 48
Becquigny 80 17 Cd 50
Bec-Thomas, Le 27 15 Af 53
Bédarieux 34 143 Da 87
Bédarrides 84 131 Ef 84
Beddes 18 79 Cb 69
Bédéchan 32 126 Ae 87
Bédée 35 44 Ya 59
Bédeilhac 09 152 Bd 91
Bédeille 09 140 Ba 90
Bédeille 64 138 Zf 88
Bédenac 17 99 Ze 78
Bédoin 84 132 Fb 84
Bédouès 48 116 Dd 82
Bedous 64 137 Zc 91
Béduer 46 114 Bf 81
Beffes 18 80 Da 66
Beffia 39 83 Fd 69
Beffu-et-le-Morthomme 08 20 Ef 52
Bégaar 40 123 Za 86
Bégadan 33 98 Za 76
Béganne 56 59 Xe 63
Bégard 22 26 We 57
Begerel = Bécherel 35 44 Ya 59
Bègles 33 111 Zc 80
Begnécourt 88 55 Ga 59
Bégole 65 139 Ab 90
Bégude-de-Mazenac, le 26 118 Ef 81
Bégues 03 92 Da 72
Béguios 64 137 Yf 88
Béhagnies 62 8 Cf 48
Béhasque-Lapiste 64 137 Yf 89
Béhen 80 7 Be 48
Béhencourt 80 7 Cc 49
Béhéricourt 60 18 Da 51
Behonne 55 37 Fb 56
Béhorléguy 64 137 Yf 90
Béhoust 78 32 Be 56
Behren-lès-Forbach 57 39 Gf 53
Beignon 56 44 Xe 61
Beillé 72 48 Ad 60
Beine 89 67 De 62
Beine-Nauroy 51 19 Eb 53
Beinheim 67 40 Ia 55
Beire-le-Châtel 21 69 Fb 64
Beire-le-Fort 21 69 Fa 65
Beissat 23 91 Cb 74
Bélâbre 36 77 Ba 69
Belan-sur-Ource 21 53 Ed 61
Bélarga 34 143 Dc 87
Bélaye 46 113 Bb 82
Belberaud 31 141 Bd 87
Belbèse 82 126 Ba 85
Belbeuf 76 15 Ba 52
Belbèze-de-Lauragais 31 141 Bd 88
Belbèze-en-Comminges 31 140 Ba 90
Belcaire 11 153 Bf 92
Belcastel 12 115 Cc 82
Belcastel 81 127 Be 87
Belcastel-et-Buc 11 142 Cc 90
Belcodène 13 146 Fd 88
Bélesta 09 153 Bf 91
Bélesta 66 154 Cd 92
Beleymas 24 100 Ad 79
Belfahy 70 71 Ge 62
Belfays 25 71 Gf 65
Belflou 11 141 Be 89
Belfonds 61 30 Aa 57
Belfort 90 71 Gf 63
Belfort-sur-Rebeteny 11 153 Ca 92
Belgeard 53 46 Zc 59
Belgentier 83 147 Ga 89
Belgodère 2B 156 Ka 93
Belhade 40 111 Zb 82
Belhomert-Guéhouville 28 31 Ba 57
Belieu, le 25 71 Gd 66
Béligneux 01 95 Fa 73
Belin-Béliet 33 110 Zb 82
Bélis 40 124 Zd 84
Bellac 87 89 Ba 72
Bellaffaire 04 120 Gb 82
Bellaing 59 9 Dc 46
Bellancourt 80 7 Bf 48
Bellange 57 38 Gd 55
Bellavilliers 61 48 Ad 58
Bellay-en-Vexin, le 95 32 Bf 54
Belleau 02 34 Db 54
Belleau 54 38 Gb 55
Bellebat 33 111 Ze 80
Bellebrune 62 3 Be 44
Bellechassagne 19 103 Cb 75
Bellechaume 89 52 Dd 60
Belle-Église 60 33 Cb 53
Belle-et-Houllefort 62 3 Be 44
Bellefond 21 69 Fa 64
Bellefond 33 111 Ze 80
Bellefonds 86 76 Ad 69
Bellefontaine 39 84 Ga 69
Bellefontaine 50 29 Za 56
Bellefontaine 88 55 Gc 60
Bellefontaine 95 33 Cc 54
Bellegarde 30 131 Ed 86
Bellegarde 32 139 Ad 88
Bellegarde 45 50 Cc 61
Bellegarde 81 128 Cb 85
Bellegarde 81 128 Cc 86
Bellegarde-de-Razès 11 141 Ca 90
Bellegarde-en-Diois 26 119 Fc 81
Bellegarde-en-Forez 42 105 Eb 75
Bellegarde-en-Marche 23 91 Cb 73
Bellegarde-Poussieu 38 106 Ef 76
Bellegarde-Sainte Marie 31 126 Ba 86
Bellegarde-sur-Valserine 01 95 Fe 72
Belleherbe 25 71 Gd 65
Belle-Isle-en-Terre 22 26 Wd 57
Bellême 61 48 Ad 58
Bellenaves 03 92 Da 71
Bellencombre 76 16 Bb 50
Belleneuve 21 69 Fb 64
Bellenglise 02 18 Db 49
Bellengreville 14 30 Ze 54
Bellengreville 76 6 Bb 49
Bellenod-sur-Seine 21 68 Ed 62
Bellenot-sous-Pouilly 21 68 Ed 65
Belleray 55 37 Fc 54
Bellerive-sur-Allier 03 92 Dc 72
Belleserre 81 141 Ca 88
Bellesserre 31 126 Ba 86
Belleu 02 18 Dc 52
Belleuse 80 17 Ca 50
Bellevaux 74 96 Gd 71
Bellevesvre 71 83 Fc 67
Belleville 54 38 Ga 56
Belleville 69 94 Ee 72
Belleville 79 87 Zc 72
Belleville-en-Caux 76 15 Af 50
Belleville-et-Châtillon-sur-Bar 08 20 Ee 52
Belleville-sur-Loire 18 66 Cf 63
Belleville-sur-Mer 76 6 Ba 49
Belleville-sur-Meuse 55 37 Fc 53
Belleville-sur-Vie 85 74 Yd 68
Bellevue-la-Montagne 43 105 De 77
Belley 01 95 Fe 74
Belleydoux 01 95 Fe 71
Bellicourt 02 8 Db 49
Bellière, La 61 30 Zf 57
Bellière, La 76 16 Bd 51
Bellignat 01 95 Fd 71
Belligné 44 61 Yf 64
Bellignies 59 9 De 46
Belliole, La 89 51 Da 60
Belloc 09 140 Ba 90
Belloc 09 141 Bf 90
Bellocq 64 123 Za 87
Bellocq 64 138 Zf 88
Bellon 16 100 Aa 77
Bellonne 62 8 Da 47
Bellot 77 34 Db 55
Bellou 14 30 Ab 55
Bellou-en-Houlme 61 29 Zd 56
Bellou-le-Trichard 61 48 Ad 59
Bellou-sur-Huisne 61 48 Ae 58
Belloy 60 17 Cd 51
Belloy-en-France 95 33 Cc 54
Belloy-en-Santerre 80 18 Cf 49
Belloy-Saint-Leonard 80 16 Bf 49
Belloy-sur-Somme 80 7 Ca 49
Belluire 17 99 Zc 75
Belmont 25 70 Gc 65
Belmont 38 107 Fc 76
Belmont 39 83 Fd 66
Belmont 52 69 Fd 62
Belmont 70 70 Gc 62
Belmont-Bretenoux 46 114 Bf 79
Belmont-de-la-Loire 69 94 Ec 72
Belmontet 46 113 Ba 82
Belmont-lès-Darney 88 55 Ga 60
Belmont-Luthézieu 01 95 Fd 73
Belmont-Sainte-Foi 46 127 Bd 83
Belmont-sur-Buttant 88 56 Ge 59
Belmont-sur-Rance 12 128 Ce 86
Belmont-sur-Vair 88 55 Ff 59
Belonchamp 70 71 Gd 62
Belpech 11 141 Be 89
Belrupt 88 55 Ga 60
Belrupt-en-Verdunois 55 37 Fc 54
Bélus 40 123 Yf 87
Belval 08 20 Ed 50
Belval 50 28 Yd 54
Belval 88 56 Ha 58
Belval-en-Argonne 51 36 Fa 55
Belval-sous-Châtillon 51 35 Df 54
Belvédère 06 135 Hb 84
Belvédère-Campomoro 2A 158 If 99
Belverne 70 71 Gd 63
Belvès 24 113 Ba 80
Belvès-de-Castillon 33 111 Zf 79
Belvèze 82 113 Ba 83
Belvèze-du-Razès 11 141 Ca 90
Belvézet 30 131 Ec 84
Belvianes-et-Cavirac 11 153 Cb 91
Belvidè-U Campu Moru = Belvédère-Campomoro 2A 158 If 99
Belvis 11 153 Ca 91
Belvoir 25 71 Gd 65
Belz 56 43 We 62
Bémécourt 27 31 Af 55
Benac 09 152 Bd 91
Bénac 65 138 Aa 90
Benac'h = Belle-Isle-en-Terre 22 26 Wd 57
Benagues 09 141 Bd 90
Benais 37 62 Ab 65
Bénaix 09 153 Bf 91
Bénaménil 54 39 Ge 57
Bénarville 76 15 Ac 50
Benassay 86 76 Aa 69
Benâte, La 17 87 Zc 72
Benay 02 18 Db 50
Benayes 19 102 Bc 75
Bendejun 06 135 Hb 85
Bendorf 68 71 Hb 64
Bénéjacq 64 138 Ze 89
Bénerville-sur-Mer 14 14 Aa 52
Bénesse-lès-Dax 40 123 Yf 87
Bénesse-Maremne 40 122 Yd 87
Benest 16 88 Ac 72
Bénestroff 57 39 Ge 55
Bénesville 76 15 Ae 50
Benet 85 75 Zc 70
Beneuvre 21 68 Ef 62
Bénévent-et-Charbillac 05 120 Ga 80
Bénévent-l'Abbaye 23 90 Bd 72
Beney-en-Woëvre 55 37 Fe 55
Benfeld 67 57 Hd 58
Bengy-sur-Craon 18 80 Ce 66
Béning-lès-Saint-Avold 57 39 Gf 54
Bénisson-Dieu, La 42 93 Ea 72
Bennecourt 78 32 Bd 54
Bennetot 76 15 Ad 50
Benney 54 38 Gb 57
Bennwihr 68 56 Hb 60
Bénodet 29 41 Vf 61
Benoisey 21 68 Ec 63
Benoîtville 50 12 Yb 51
Benon 17 87 Zb 71
Bénonces 01 95 Fc 74
Bénouville 76 14 Ab 50
Benque 31 140 Af 89
Benque 31 140 Ba 89
Benque 65 139 Ab 90
Benque-Dessous-et-Dessus 31 151 Ad 92
Bentayou-Sérée 64 138 Zf 88
Bény 01 95 Fb 71
Béon 01 95 Fe 73
Béon 89 51 Db 61
Béost 64 138 Zd 91
Bérat 31 140 Bb 88
Berbérust 65 138 Zf 90
Berbezit 43 104 Dd 77
Berbiguières 24 113 Ba 79
Bercenay-en-Othe 10 52 Df 59
Bercenay-le-Hayer 10 52 Dd 58
Berchères-les-Pierres 28 49 Bd 58
Berchères-Saint-Germain 28 32 Bc 57
Berchères-sur-Vesgre 28 32 Bd 55
Berck 62 6 Bd 46
Bercloux 17 87 Zd 73
Berd'huis 61 48 Ae 58
Berdoues-Ponsampère 32 139 Ac 88
Bérelles 59 10 Ea 47
Berentzwiller 68 72 Hc 63
Bérenx 64 137 Za 88
Béréziat 01 94 Fa 70
Berfay 72 48 Ae 61
Berg 57 22 Gb 52
Berg 67 39 Ha 55
Berganty 46 114 Bd 82
Bergbieten 67 40 Hc 57
Bergerac 24 112 Ac 79
Bergères 10 53 Ed 59
Bergères-lès-Vertus 51 35 Ea 55
Bergères-sous-Montmirail 51 35 Dd 55
Bergesserin 71 94 Ed 70
Bergheim 68 56 Hc 59
Bergholtz 68 56 Hb 61
Bergicourt 80 17 Ca 50
Bergnicourt 08 19 Eb 52
Bergonne 63 104 Db 75
Bergouey 40 123 Zb 86
Bergouey-Viellenare 64 137 Yf 88
Bergueneuse 62 7 Cb 46
Bergues 02 9 De 48
Bergues 59 3 Cc 43
Berguette 62 8 Cc 45
Berhet 22 26 We 56
Bérigny 50 13 Za 54
Bérig-Vintrage 57 39 Ge 55
Berjou 61 29 Zd 55
Berlaimont 59 9 De 47
Berlancourt 02 19 De 50
Berlancourt 60 18 Da 50
Berlats 81 128 Cd 86
Berlencourt-le-Cauroy 62 8 Cc 47
Berles-au-Bois 62 8 Cd 47
Berlière, La 08 20 Ef 51
Berling 57 39 Hb 56
Berlise 02 19 Ea 50
Berlou 34 143 Cf 88
Bermerain 59 9 Dd 47
Berméricourt 51 19 Df 52
Bermeries 59 9 De 47
Bermering 57 39 Ge 55
Bermesnil 80 16 Be 49
Bermicourt 62 7 Cb 46
Bermonville 76 15 Ad 51
Bernac 16 88 Aa 72
Bernac 81 127 Ca 85
Bernac-Debat 65 139 Aa 90
Bernac-Dessus 65 139 Aa 90
Bernadets 64 138 Ze 88
Bernadets-Debat 65 139 Ab 88
Bernadets-Dessus 65 139 Ab 89
Bernard, Le 85 74 Yd 70
Bernardière, La 85 60 Ye 66
Bernardswiller 67 57 Hc 58
Bernardvillé 67 56 Hc 58
Bernâtre 80 7 Ca 47
Bernaville 80 7 Ca 48
Bernay 27 31 Ad 54
Bernay 72 47 Zf 60
Bernay-en-Ponthieu 80 7 Be 47
Bernay-Saint-Martin 17 87 Zc 72
Bernay-Vilbert 77 34 Cf 56
Berné 56 42 Wd 61
Bernécourt 54 37 Ff 55
Bernède 32 124 Ze 86
Bernerie-en-Retz, La 44 59 Xf 66
Bernes 80 18 Da 49
Bernesq 14 13 Za 53
Bernes-sur-Oise 95 33 Cb 54
Berneuil 16 99 Zf 76
Berneuil 80 7 Cb 48
Berneuil 87 89 Ba 72
Berneuil-en-Bray 60 17 Ca 52
Berneuil-sur-Aisne 60 18 Da 52
Berneval-le-Grand 76 6 Bb 49
Berneville 62 8 Ce 47
Bernex 74 97 Ge 70
Bernienville 27 31 Ba 54
Bernières 76 15 Ac 51
Bernières-d'Ailly 14 30 Zf 55
Bernières-sur-Mer 14 13 Zd 52
Bernières-sur-Seine 27 16 Bc 53
Bernieulles 62 7 Be 45

Bastide-Pradines, La — Bernieulles (F) 165

Bondy 93 33 Cc 55
Bon-Encontre 47 125 Ad 83
Bongheat 63 92 Dc 74
Bonhomme, Le 68 56 Ha 59
Bonifacio 2A 160 Kb 100
Bonin 58 67 Df 65
Bonlier 60 17 Ca 52
Bonlieu 39 84 Ff 69
Bonlieu-sur-Roubion 26 118 Ef 81
Bonloc 64 137 Ye 88
Bonnac 09 141 Bd 90
Bonnac 15 104 Da 77
Bonnac-la-Côte 87 89 Bb 73
Bonnard 89 51 Dd 61
Bonnat 23 90 Bf 71
Bonnaud 39 83 Fc 69
Bonnay 25 70 Ga 65
Bonnay 71 82 Ed 69
Bonnay 80 8 Cc 49
Bonne 74 96 Gb 72
Bonnebosq 14 14 Aa 53
Bonnecourt 52 54 Fc 61
Bonnée 45 65 Cc 62
Bonnefamille 38 107 Fa 75
Bonnefoi 61 31 Ad 56
Bonnefond 19 102 Bf 75
Bonnefont 65 139 Ac 89
Bonnefontaine 39 84 Fe 68
Bonnegarde 40 123 Zb 87
Bonneil 02 34 Dc 54
Bonnelles 78 33 Ca 57
Bonnemain 35 28 Yb 58
Bonnemaison 14 29 Zc 54
Bonnemazon 65 139 Ab 90
Bonnencontre 21 83 Fa 66
Bonneœil 14 29 Zd 55
Bonnes 16 100 Aa 77
Bonnes 86 77 Ad 69
Bonnesvalyn 02 34 Db 54
Bonnet 55 37 Fc 57
Bonnétable 72 47 Ac 59
Bonnétage 25 71 Ge 65
Bonnetan 33 111 Zd 80
Bonneuil 16 99 Zf 75
Bonneuil 36 89 Bb 70
Bonneuil-en-Valois 60 18 Cf 53
Bonneuil-les-Eaux 60 17 Cb 51
Bonneuil-Matours 86 77 Ad 68
Bonneuil-sur-Marne 94 33 Cd 56
Bonneval 28 49 Bc 59
Bonneval 43 105 De 77
Bonneval-sur-Arc 73 109 Ha 76
Bonnevaux 25 84 Gb 68
Bonnevaux 30 117 Ea 82
Bonnevaux 74 97 Ge 71
Bonnevaux-le-Prieuré 25 70 Gb 66
Bonneveau 41 48 Ae 62
Bonnevent-Velloreille 70 70 Ff 64
Bonneville 16 88 Zf 73
Bonneville 74 96 Gc 72
Bonneville 80 7 Cb 48
Bonneville, La 50 12 Yd 52
Bonneville-Aptot 27 15 Ae 53
Bonneville-et-Saint-Avit-de-Fumadières 24 112 Aa 79
Bonneville-la-Louvet 14 14 Ac 53
Bonneville-sur-Iton, la 27 31 Ba 55
Bonnières 60 16 Bf 51
Bonnières 62 7 Cb 47
Bonnières-sur-Seine 78 32 Bd 54
Bonnieux 84 132 Fb 86
Bonningues-lès-Ardres 62 7 Cc 45
Bonningues-lès-Calais 62 3 Be 43
Bonnœuvre 44 60 Ye 63
Bonnut 64 123 Zb 87
Bonny-sur-Loire 45 66 Cf 63
Bono 56 43 Xa 63
Bonrepos 65 139 Ac 89
Bonrepos-Riquet 31 127 Bd 86
Bonrepos-sur-Aussonnelle 31 140 Ba 87
Bonsecours 76 15 Ba 52
Bons-en-Chablais 74 96 Gc 71
Bonsmoulins 61 31 Ad 57
Bonson 42 105 Eb 75
Bonsons 06 135 Hb 85
Bons-Tassilly 14 30 Ze 55
Bonvillaret 73 108 Gb 75
Bonville 54 38 Gd 57
Bonviller 54 38 Gc 57
Bonvillers 60 17 Cb 53
Bonvillers 60 17 Cc 51
Bonvillet 88 55 Ga 60
Bony 02 8 Db 49
Bonzac 33 99 Ze 78
Bonzée-en-Woëvre 55 37 Fd 54
Boofzheim 67 57 He 58
Boos 76 15 Bb 52
Bootzheim 67 57 Hd 59
Boqueho 22 26 Xa 58
Boran-sur-Oise 60 33 Cc 53
Borce 64 137 Zc 91
Bordeaux 33 111 Zc 79
Bordeaux-en-Gâtinais 45 50 Cd 60
Bordeaux-Saint-Clair 76 14 Ab 50
Bordères 64 138 Ze 89
Bordères-et-Lamensans 40 124 Zd 86
Bordères-Louron 65 150 Ac 91
Bordères-sur-l'Echez 65 138 Aa 89
Bordes 64 138 Ze 89
Bordes 65 139 Ab 89
Bordes, Les 36 78 Bf 67
Bordes, Les 45 65 Cc 62
Bordes, Les 71 83 Fa 67
Bordes, Les 89 51 Dc 60
Bordes-Aumont, Les 10 52 Ea 59
Bordes-de-Rivière 31 139 Ad 90
Bordes-du-Ba 64 123 Yf 87
Bordes-sur-Arize, Les 09 140 Bc 90
Bordes-sur-Lez, les 09 151 Ba 91
Bordezac 30 130 Ea 83
Bords 17 87 Zb 73
Bord-Saint-Georges 23 91 Cb 71
Borée 07 117 Eb 79
Boresse-et-Marton 17 99 Zf 77
Borest 60 33 Ce 53
Borey 70 70 Gc 63
Borgu, U = Borgo 2B 157 Kd 93
Bormes-les-Mimosas 83 147 Gc 90
Born, le 31 127 Bd 85
Born, le 48 116 Dd 81
Bornambusc 76 14 Ac 51
Bornay 39 83 Fd 69
Borne 43 105 De 78
Bornel 60 33 Cb 53
Boron 90 71 Ha 63
Borre 59 4 Cd 44
Borrèze 24 113 Bc 79
Bors-de-Baignes 16 99 Ze 77
Bors-de-Montmoreau 16 100 Ab 76
Bort-les-Orgues 19 103 Cc 76
Bort-l'Étang 63 92 Dc 74
Borville 54 55 Gc 58
Bosc, le 09 152 Bc 91
Bosc, Le 34 129 Dc 86
Boscamnant 17 99 Zf 77
Bosc-Bénard-Commin 27 15 Af 53
Bosc-Bénard-Crescy 27 15 Ae 53
Bosc-Bérenger 76 16 Bb 51
Bosc-Bordel 76 16 Bc 51
Bosc-Edeline 76 16 Bc 51
Bosc-Guérard-Saint-Adrien 76 15 Ba 51
Bosc-Hyons 76 16 Bd 52
Bosc-le-Hard 76 15 Bb 51
Bosc-Mesnil 76 16 Bc 50
Bosc-Renoult, Le 61 30 Ab 55
Bosc-Renoult-en-Ouche 27 31 Ae 55
Bosc-Renoult-en-Roumois 27 15 Ae 53
Bosc-Roger-en-Roumois, Le 27 15 Af 53
Bosc-Roger-sur-Buchy 76 16 Bc 51
Bosdarros 64 138 Zd 89
Bosgouet 27 15 Af 52
Bosguérard-de-Marcouville 27 15 Af 53
Bosjean 71 83 Fc 68
Bosmont-sur-Serre 02 19 Df 50
Bosnormand 27 15 Af 53
Bosquel 80 17 Cb 50
Bosquentin 27 16 Bd 52
Bosrobert 27 15 Ae 53
Bosroger 23 91 Cb 73
Bossay-sur-Claise 37 77 Af 68
Bosse, La 25 71 Gd 66
Bosse, La 72 48 Ad 60
Bosse-de-Bretagne, La 35 45 Yc 61
Bossée 37 63 Ae 66
Bossendorf 67 40 Hd 56
Bosset 24 112 Ac 79
Bosseval-et-Briancourt 08 20 Ef 50
Bossey 74 95 Ga 72
Bossieu 38 107 Fa 76
Bossugan 33 111 Zf 80
Bossus-lès-Rumigny 08 19 Eb 49
Bost 03 92 Cf 70
Bost 03 92 Dd 71
Bostens 40 124 Zd 85
Bosville 76 15 Ae 50
Botans 90 71 Gf 63
Botmeur 29 25 Wa 58
Botsorhel 29 25 Wc 57
Bottereaux, Les 27 31 Ae 55
Botz-en-Mauges 49 61 Za 65
Bou 45 49 Ca 61
Bouafle 78 32 Bf 55
Bouafles 27 16 Bc 53
Bouan 09 152 Bd 92
Bouaye 44 60 Yb 66
Boubers-lès-Hesmond 62 7 Be 46
Boubers-sur-Canche 62 7 Cb 47
Boubiers 60 16 Bf 53
Boucagnères 32 139 Ad 87
Boucau 64 122 Yd 87
Bouc-Bel-Air 13 146 Fc 88
Boucé 03 92 Dc 71
Boucé 61 30 Zf 57
Bouchage 38 107 Fd 74
Bouchage, Le 16 88 Ac 72
Bouchain 59 9 Db 47
Bouchamps-lès-Craon 53 46 Za 62
Bouchaud, Le 03 93 Df 71
Bouchavesnes-Bergen 80 8 Cf 49
Bouchemaine 49 61 Zc 64
Boucheporn 57 38 Gd 54
Bouchet, le 74 96 Gc 74
Bouchet, Le 86 76 Aa 67
Bouchet, Le 86 76 Ab 68
Bouchet-Saint-Nicolas, Le 43 117 De 79
Bouchevilliers 27 16 Be 52
Bouchoir 80 17 Ce 50
Bouchon 80 7 Ca 48
Bouchon-sur-Saulx, Le 55 37 Fb 57
Bouchoux, les 39 96 Fe 71
Bouchy-Saint-Genest 51 34 Dd 57
Boucieux-le-Roi 07 106 Ee 78
Bouclans 25 70 Gb 65
Boucoiran 30 130 Eb 84
Bouconville 08 20 Ee 53
Bouconvillers 60 32 Bf 53
Bouconville-sur-Madt 55 37 Fe 55
Bouconville-Vauclair 02 19 De 52
Boudes 63 103 Db 76
Boudeville 76 15 Af 50
Boudou 82 126 Ba 84
Boudrac 31 139 Ad 89
Boudreville 21 53 Ee 61
Boudy-de-Beauregard 47 112 Ae 81
Bouée 44 59 Ya 65
Boueilh-Boueilho-Lasque 64 124 Ze 87
Bouelles 76 16 Bc 50
Bouër 72 48 Ad 60
Bouère 53 46 Zd 61
Bouessay 53 46 Zd 61
Bouesse 36 78 Be 69
Bouëx 16 100 Ab 75
Bouëxière, La 35 45 Yd 59
Bouffémont 95 33 Cb 54
Boufféré 85 74 Yd 67
Bouffignereux 02 19 Df 52
Boufflers 80 7 Ca 47
Bougainville 80 17 Ca 49
Bougarber 64 138 Zd 88
Bougé-Chambalud 38 106 Ef 77
Bouges-le-Château 36 78 Be 66
Bougey 70 70 Ff 62
Bouglainval 28 32 Bd 57
Bougligny 77 50 Cd 59
Bouglon 47 112 Aa 82
Bougneau 17 99 Zc 75
Bougnon 70 70 Ga 62
Bougon 79 76 Zf 70
Bougue 40 124 Zd 85
Bouguenais 44 60 Yc 65
Bougy 14 29 Zc 54
Bougy-lez-Neuville 45 49 Ca 60
Bouhans 71 83 Fb 68
Bouhanset-et-Feurg 70 69 Fd 64
Bouhans-lès-Lure 70 70 Gc 62
Bouhans-lès-Montbozon 70 70 Gb 64
Bouhet 17 86 Za 72
Bouhey 21 68 Ee 65
Bouhy 58 66 Da 64
Bouilh-Devant 65 139 Ab 89
Bouilhonnac 11 142 Cc 89
Bouilh-Péreuilh 65 139 Ab 89
Bouillac 12 114 Ca 81
Bouillac 24 113 Af 80
Bouillac 82 126 Ba 85
Bouilladise, La 13 146 Fd 88
Bouillancourt-en-Séry 80 6 Bd 49
Bouillancourt-la-Bataille 80 17 Cd 50
Bouillancy 60 34 Cf 54
Bouilland 21 68 Ee 66
Bouillargues 30 131 Ec 86
Bouille, la 76 15 Af 52
Bouillé-Courdault 85 75 Zb 70
Bouillé-Loretz 79 62 Ze 66
Bouillé-Ménard 49 46 Za 62
Bouillé-Saint-Paul 79 75 Zd 66
Bouillie, La 22 27 Xd 57
Bouillon 64 138 Zc 88
Bouillonville 54 37 Ff 55
Bouilly 10 52 Df 59
Bouilly 51 35 Df 53
Bouilly-en-Gâtinais 45 50 Cb 60
Bouin 79 88 Zf 72
Bouin 85 59 Xf 67
Bouin-Plumoisin 62 7 Bf 46
Bouisse 11 142 Cc 91
Boux 21 53 Ec 61
Boujailles 25 84 Ga 67
Boujan-sur-Libron 34 143 Db 88
Boulages 10 35 Df 57
Boulaincourt 88 55 Ga 58
Boulancourt 77 50 Cc 59
Boulange 57 22 Ff 52
Boulaur 32 139 Ae 87
Boulaye, La 71 81 Ea 68
Boulay-les-Barres 45 49 Be 61
Boulay-les-Ifs 53 47 Zf 58
Boulay-Morin, Le 27 31 Bb 54
Boulay-Moselle 57 38 Gc 53
Boulazac 24 101 Ae 77
Boulbon 13 131 Ee 85
Boule-d'Amont 66 154 Cd 93
Bouleternère 66 154 Cd 93
Bouleurs-le-Mont 77 34 Cf 55
Bouleuse 51 35 Df 53
Bouliac 33 111 Zc 80
Boulieu-lès-Annonay 07 106 Ed 77
Bouligneux 01 94 Ef 72
Bouligney 70 55 Gb 61
Bouligny 55 21 Fe 53
Boulin 65 139 Aa 89
Boullarre 60 34 Da 54
Boullay-les-Deux-Églises 28 32 Bb 57
Boullay-les-Troux 91 33 Ca 56
Boullay-Mivoye, Le 28 32 Bc 57
Boullay-Thierry, Le 28 32 Bc 57
Boulleret 18 66 Cf 64
Boulleville 27 14 Ac 52
Bouloc 31 126 Bc 86
Bouloc 82 113 Ba 83
Boulogne 85 74 Ye 68
Boulogne-Billancourt 92 33 Cb 55
Boulogne-la-Grasse 60 17 Ce 51
Boulogne-sur-Gesse 31 139 Ad 89
Boulogne-sur-Helpe 59 9 Df 48
Boulogne-sur-Mer 62 2 Bd 44
Bouloire 72 48 Ad 61
Boulon 14 29 Zd 54
Boulot 70 70 Ff 64
Boulou, Le 66 154 Ce 93
Boult 70 70 Ga 64
Boult-aux-Bois 08 20 Ef 52
Boult-sur-Suippe 51 19 Ea 52
Boulvé, Le 46 113 Ba 82
Boulvriag = Bourbriac 22 26 We 58
Boulzicourt 08 20 Ee 50
Boumourt 64 138 Zc 89
Bouniagues 24 112 Ad 80
Boupère, Le 85 75 Za 68
Bouquehault 62 3 Bf 43
Bouquelon 27 15 Ac 52
Bouquemaison 80 7 Cc 47
Bouquemont 55 37 Fc 55
Bouquet 30 130 Eb 84
Bouquetot 27 15 Ae 52
Bouqueval 95 33 Cc 54
Bouranton 10 52 Eb 59
Bouray-sur-Juine 91 50 Cb 57
Bourbach-le-Bas 68 71 Ha 62
Bourbach-le-Haut 68 56 Ha 62
Bourberain 21 69 Fb 64
Bourbévelle 70 55 Ff 61
Bourbon-Lancy 71 81 De 69
Bourbon-l'Archambault 03 80 Da 69
Bourbonne-les-Bains 52 54 Fe 61
Bourboule, La 63 103 Ce 75
Bourbourg 59 3 Cb 43
Bourbriac 22 26 We 58
Bourcefranc-le-Chapus 17 86 Yf 73
Bourcia 39 95 Fc 70
Bourcq 08 20 Ed 52
Bourdainville 76 15 Af 50
Bourdalat 40 124 Ze 85
Bourdeau 73 108 Ff 74
Bourdeaux 26 119 Fa 81
Bourdeilles 24 100 Ad 77
Bourdeix, Le 24 100 Ad 75
Bourdelles 33 111 Aa 81
Bourdet, Le 79 87 Zc 71
Bourdic 30 131 Eb 85
Bourdinière-Saint-Loup, La 28 49 Bc 59
Bourdon 80 7 Ca 49
Bourdonnay 57 39 Ge 56
Bourdonné 78 32 Bd 56
Bourdons-sur-Rognon 52 54 Fc 60
Bourecq 62 7 Cc 45
Bouresches 02 34 Db 54
Bouresse 86 88 Ad 70
Bouret-sur-Canche 62 7 Cb 47
Boureuilles 55 36 Fa 53
Bourg 33 99 Zc 78
Bourg 52 69 Fb 62
Bourg, Le 46 114 Bf 80
Bourg-Achard 27 15 Ae 52
Bourgaltroff 57 39 Ge 55
Bourganeuf 23 90 Be 73
Bourg-Archambault 86 89 Ba 70
Bourg-Argental 42 106 Ed 77
Bourgbarré 35 45 Yc 61
Bourg-Beaudouin 27 16 Bb 52
Bourg-Blanc 29 24 Vd 57
Bourg-Bruche 67 56 Ha 58
Bourg-Charente 16 99 Ze 74
Bourg-de-Bigorre 65 139 Ab 90
Bourg-de-Péage 26 107 Fa 78
Bourg-des-Comptes 35 45 Yb 61
Bourg-de-Sirod 39 84 Ff 68
Bourg-des-Maisons 24 100 Ac 76
Bourg-de-Thizy 69 93 Eb 72
Bourg-de-Visa 82 126 Af 83
Bourg-d'Hem, Le 23 90 Be 71
Bourg-d'Iré, Le 49 61 Za 62
Bourg-d'Oisans, Le 38 108 Ga 78
Bourg-d'Oueil 31 151 Ac 91
Bourg-du-Bost 24 100 Ab 77
Bourg-Dun 76 15 Af 49
Bourgeauville 14 14 Aa 53
Bourg-en-Bresse 01 95 Fb 71
Bourges 18 79 Cc 66
Bourg-et-Comin 02 19 De 52
Bourget-du-Lac, Le 73 108 Ff 75
Bourget-en-Huile 73 108 Gb 76
Bourg-Fidèle 08 20 Ed 49
Bourgheim 67 57 Hc 58
Bourghelles 59 8 Db 45
Bourg-Lastic 63 103 Cd 75
Bourg-le-Comte 71 93 Df 71
Bourg-le-Roi 72 47 Aa 58
Bourg-lès-Valence 26 118 Ef 79
Bourg-l'Evêque 49 45 Yf 62
Bourg-Madame 66 153 Bf 94
Bourgneuf 17 86 Yf 72
Bourgneuf 73 108 Gb 75
Bourgneuf-en-Mauges 49 61 Za 65
Bourgneuf-en-Retz 44 59 Ya 66
Bourgneuf-la-Forêt, Le 53 46 Za 60
Bourgogne 51 19 Ea 52
Bourgoin-Jallieu 38 107 Fb 75
Bourgon 53 45 Yf 60
Bourgonce, La 88 56 Ge 59
Bourgougnague 47 112 Ac 81
Bourg-Saint-Andéol 07 118 Ed 82
Bourg-Saint-Bernard 31 127 Be 87
Bourg-Saint-Christophe 01 95 Fa 73
Bourg-Sainte-Marie 52 54 Fd 59
Bourg-Saint-Léonard, Le 61 30 Aa 56
Bourg-Saint-Maurice 73 109 Ge 75
Bourgthéroulde-Infreville 27 14 Af 53
Bourguébus 14 30 Ze 54
Bourgueil 37 62 Aa 65
Bourguenolles 50 28 Ye 56
Bourguet, Le 83 134 Gd 86
Bourguignon 25 71 Ge 64
Bourguignon-lès-Conflans 70 70 Ga 62
Bourguignon-lès-la-Charité 70 70 Ff 64
Bourguignon-lès-Morey 70 69 Fe 62
Bourguignons 10 53 Ec 60
Bourgvilain 71 94 Ed 70
Bourideys 33 111 Zd 82
Bouriège 11 141 Ca 91
Bourigeole 11 141 Ca 91
Bourisp 65 150 Ac 92
Bourlens 47 113 Af 82
Bourlon 62 8 Da 47
Bourmont 52 54 Fd 59
Bournainville-Faverolles 27 31 Ac 54
Bournan 37 77 Ae 66
Bournand 86 62 Aa 66
Bournazel 12 115 Cb 82
Bournazel 81 127 Bf 84
Bourneau 85 75 Zb 69
Bournel 47 112 Ae 81
Bourneville 27 15 Ad 52
Bournezeau 85 74 Ye 69
Bourniquel 24 113 Ae 80
Bournois 25 70 Gc 64
Bournoncle-Saint-Pierre 43 104 Db 76
Bournonville 62 3 Bf 44
Bournos 64 138 Zd 88
Bourogne 90 71 Gf 63
Bourran 47 112 Ac 82
Bourré 41 64 Bb 64
Bourréac 65 138 Aa 90
Bourret 82 126 Ba 85
Bourriot-Bergonce 40 124 Ze 84
Bourron-Marlotte 77 50 Ce 58
Bourrou 24 100 Ad 78
Bourrouillan 32 124 Zf 86
Bours 62 7 Cb 46
Bours 65 138 Aa 89
Boursault 51 35 Df 54
Boursay 41 48 Af 60
Bourscheid 57 39 Hb 56
Bourseul 22 27 Xe 58
Bourseville 80 6 Bd 48
Boursières 70 70 Ga 63
Boursies 59 8 Da 48
Boursin 62 3 Be 44
Boursonne 60 34 Da 53
Bourth 27 31 Ae 56
Bourthes 62 7 Bf 45
Bourville 76 15 Ae 50
Boury-en-Vexin 60 16 Be 53
Bousbach 57 39 Gf 54
Bousbecque 59 4 Da 44
Bouscat, le 33 111 Zc 79
Bousies 59 9 Dd 48
Bousignies 59 9 Dc 46
Bousignies-sur-Roc 59 10 Eb 47
Bousquet, Le 11 153 Ca 92
Bousquet-d'Orb, Le 34 129 Da 86
Boussac 12 128 Cc 83
Boussac 12 128 Cf 85
Boussac 23 90 Cb 70
Boussac 46 114 Bf 81
Boussac, La 35 28 Yc 57
Boussac-Bourg 23 91 Cb 70
Boussagues 34 129 Da 87
Boussan 31 140 Af 89
Boussay 37 77 Af 67
Boussay 44 60 Ye 66
Bousse 57 22 Gb 53
Bousse 72 47 Zf 62
Bousselange 21 83 Fb 67
Boussenac 09 152 Bc 91
Boussenois 21 69 Fb 63
Boussens 31 140 Af 89
Bousseraucourt 70 55 Ff 61
Boussès 47 125 Aa 84
Bousseviller 57 39 Hc 54
Boussey 21 68 Ed 64
Boussicourt 80 17 Cd 50
Boussières 25 70 Ff 66
Boussières 59 9 Df 47
Boussières-en-Cambrésis 59 9 Dc 47
Boussois 59 9 Ea 47
Boussoulet 43 105 Ea 78
Boussy 74 96 Ff 73
Boussy-Saint-Antoine 91 33 Cd 56
Boust 57 22 Gb 52
Boustroff 57 38 Gd 54
Boutancourt 08 20 Ee 50
Boutavent 60 16 Be 51
Bout-du-Pont-de-Larn 81 142 Cc 88
Bouteille, La 02 19 Df 49
Boutenac 11 142 Ce 90
Boutenac-Touvent 17 99 Zb 76
Boutencourt 60 16 Bf 53
Boutervilliers 91 50 Ca 58
Bouteville 16 99 Zf 75
Boutiers-Saint-Trojan 16 87 Ze 74
Boutigny 77 34 Cf 55
Boutigny-Prouais 28 32 Bd 56
Boutigny-sur-Essonne 91 50 Cc 58
Bouttencourt 80 6 Bd 49
Boutteville 50 12 Ye 52
Boutx 31 151 Ae 91
Bouvaincourt-sur-Bresle 80 6 Bc 48
Bouvancourt 51 19 Df 52
Bouvante(-le-Bas) 26 119 Fb 79
Bouvellemont 08 20 Ed 51
Bouverans 25 84 Gb 67
Bouvesse-Quirieu 38 95 Fc 74
Bouvières 26 119 Fb 81
Bouvignies 59 8 Db 46
Bouvigny 62 8 Ce 46
Bouville 28 49 Bc 59
Bouville 76 15 Af 51
Bouville 91 50 Cb 58
Bouvincourt-en-Vermandois 80 18 Da 49
Bouvines 59 8 Db 45
Bouvresse 60 16 Be 51
Bouvron 44 59 Ya 64
Bouvron 54 37 Ff 56
Bouxières-aux-Bois 88 55 Gb 59
Bouxières-aux-Chênes 54 38 Gb 56
Bouxières-aux-Dames 54 38 Gb 56
Bouxières-sous-Froidmont 54 38 Ga 55
Boux-sous-Salmaise 21 68 Ed 64
Bouxurulles 88 55 Gb 58
Bouxwiller 67 40 Hc 55
Bouxwiller 68 72 Hb 63
Bouy 51 35 Ec 54
Bouy-Luxembourg 10 52 Eb 58
Bouyssou, Le 46 114 Bf 80
Bouy-sur-Orvin 10 51 Dc 58
Bouzais 18 79 Cc 68
Bouzancourt 52 53 Ef 59
Bouzanville 54 55 Ga 58
Bouzel 63 92 Db 74
Bouze-lès-Beaume 21 82 Ee 66
Bouzemont 88 55 Gb 59
Bouzic 24 113 Bb 80
Bouziès 46 114 Bd 82
Bouzigues 34 144 Dd 88
Bouzillé 49 60 Yf 65
Bouzin 31 140 Af 89
Bouzincourt 80 8 Cd 48
Bouzon-Gellenave 32 124 Aa 86
Bouzonville 57 22 Gd 53
Bouzonville-aux-Bois 45 50 Cb 60
Bouzy 51 35 Ea 54
Bouzy-la-Forêt 45 50 Cc 61
Bovée-sur-Barboure 55 37 Fd 57
Bovel 35 44 Ya 61
Bovelles 80 17 Ca 49
Boves 80 17 Cc 49
Boviolles 55 37 Fc 57
Boyardville 17 86 Ye 73
Boyaval 62 7 Cb 46
Boyelles 62 8 Ce 47
Boyer 42 93 Eb 72
Boyer 71 82 Ef 69
Boyeux-Saint-Jérôme 01 95 Fc 72
Boynes 45 50 Cc 60
Boyon 06 134 Ha 85
Boz 01 94 Ef 70
Bozas 07 106 Ed 78
Bozel 73 109 Gd 76
Bozouls 12 115 Ce 82
Brabant-le-Roi 55 36 Ef 55
Brabant-sur-Meuse 55 21 Fb 53
Brach 33 98 Za 78
Brachay 52 53 Fa 58
Brachy 76 15 Af 50
Bracieux 41 64 Bd 63
Bracon 39 84 Ff 67
Bracquemont 76 6 Ba 49
Bracquetuit 76 15 Ba 50
Bradiancourt 76 16 Bc 51
Braffais 50 28 Ye 56
Bragassargues 30 130 Ea 85
Bragayrac 31 140 Ba 88
Bragelogne-Beauvoir 10 52 Eb 61
Bragny-sur-Saône 71 83 Fa 67
Brahic 07 117 Ea 82
Braillans 25 70 Ga 65
Brailly-Cornehotte 80 7 Bf 47
Brain 21 68 Ed 64
Brainans 39 83 Fd 67
Braine 02 18 Dd 52
Brains 44 60 Yb 65
Brains-sur-les-Marches 53 43 Ye 61
Brain-sur-Allonnes 49 62 Aa 65
Brain-sur-l'Authion 49 61 Zd 64
Brain-sur-Longuenée 49 61 Zb 63
Brain-sur-Vilaine 35 44 Ya 62
Brainville 50 28 Yd 54
Brainville 54 37 Fe 54
Brainville-sur-Meuse 52 54 Fd 59
Braize 03 79 Cd 69
Bralleville 54 55 Gb 58
Bram 11 141 Ca 89
Bramans 73 109 Ge 77
Brametot 76 15 Af 50
Bramevaque 65 139 Ad 91
Bran 17 99 Ze 76
Branceilles 19 102 Be 78
Branches 89 51 Dc 61
Brancourt-en-Laonnois 02 18 Dc 51
Brancourt-le-Grand 02 9 Dc 49
Brandérion 56 43 We 62
Brandeville 55 21 Fb 52
Brando 2B 157 Kc 92
Brandon 71 94 Ed 70
Brandonnet 12 114 Ca 82
Brandonvillers 51 52 Ed 57
Brandu = Brando 2B 157 Kc 92
Branges 71 83 Fb 69
Brangues 38 107 Fd 74
Brannay 89 51 Da 59
Branne 25 70 Gc 64
Branne 33 111 Ze 80
Brannens 33 111 Zf 81
Branoux-les-Taillades 30 130 Df 83
Brans 39 69 Fd 65
Bransat 03 92 Db 71
Branscourt 51 19 De 53
Bransles 77 51 Cf 60
Brantes 84 132 Fb 83
Brantes 84 132 Fb 83
Brantigny 88 55 Gb 58
Brantôme 24 100 Ad 76
Branville 14 14 Aa 53
Branville-Hague 50 12 Yb 51
Bras 83 147 Ff 88
Brasc 12 128 Cd 85
Bras-d'Asse 04 133 Ga 85
Brasles 02 34 Dc 54
Braslou 37 76 Ac 67
Brasparts 29 25 Wa 59
Brassac 09 152 Bd 91
Brassac 81 128 Cd 87
Brassac 82 126 Af 83
Brassac-les-Mines 63 104 Dc 76
Brassempouy 40 123 Zb 87
Brasseuse 60 17 Ce 53
Bras-sur-Meuse 55 37 Fc 53
Brassy 58 67 Df 65
Brassy 80 17 Ca 50
Bratte 54 38 Gb 56
Braud-et-Saint-Louis 33 99 Zc 77
Brauvilliers 55 37 Fa 57
Braux 04 134 Ge 85
Braux 10 53 Ec 58
Braux 21 68 Ec 64
Braux-le-Châtel 52 53 Ef 60
Braux-Saint-Rémy 51 36 Ef 54
Brax 31 126 Bb 87
Brax 47 125 Ad 83
Bray 27 31 Af 54
Bray 71 82 Ee 69
Bray-Dunes 59 4 Cd 42
Braye 02 18 Dc 52
Braye-en-Laonnais 02 19 Dd 52
Braye-en-Thiérache 02 19 Df 50
Bray-en-Val 45 50 Cc 62
Braye-sous-Faye 37 76 Ac 67
Braye-sur-Maulne 37 62 Ab 63
Bray-et-Lû 95 32 Bd 54
Bray-lès-Mareuil 80 7 Bf 48
Bray-sur-Seine 77 51 Db 58
Bray-sur-Somme 80 8 Ce 49
Brazey-en-Morvan 21 68 Eb 65
Brazey-en-Plaine 21 69 Fb 66
Bréal-sous-Montfort 35 44 Ya 60
Bréal-sous-Vitré 35 45 Yf 60
Bréançon 95 33 Ca 54
Bréau 77 34 Cf 57
Bréau-et-Salagosse 30 129 Dd 85
Bréauté 76 14 Ac 51
Brebières 62 8 Da 46
Brebotte 90 71 Gf 63
Brécé 35 45 Yd 60
Brecé 53 46 Zb 58
Brécey 50 28 Yf 56
Brech 56 43 Xa 62
Bréchamps 28 32 Bd 56
Bréchaumont 68 71 Ha 62
Brectouville 50 29 Yf 54
Brécy 02 34 Dc 54
Brécy 18 65 Cd 66
Brécy-Brières 08 20 Ee 53
Brède, La 33 111 Zc 80
Brée 53 46 Zc 60
Bréel 61 29 Zd 56
Brée-les-Bains, la 17 86 Yd 72
Brégnier-Cordon 01 107 Fd 75
Brégy 60 34 Cf 54
Bréhain 57 38 Gd 55
Bréhain-la-Ville 54 21 Ff 52
Bréhal 50 28 Yc 55
Bréhand 22 27 Xc 58
Bréhéville 55 21 Fb 52
Breidenbach 57 39 Hc 54
Breil 49 62 Aa 64
Breille-les-Pins, La 49 62 Aa 64
Breil-sur-Mérize, Le 72 47 Ac 61
Breil-sur-Roya 06 135 Hd 85
Breistroff-la-Grande 57 22 Gb 52
Breitenau 67 56 Hb 59
Breitenbach 67 56 Hb 58
Breitenbach-Haut-Rhin 68 56 Ha 60
Brélidy 22 26 We 57
Bréménil 54 39 Gf 57
Brémoncourt 54 55 Gc 58
Bremondans 25 70 Gc 65
Brémontier-Merval 76 16 Bd 51
Brémoy 14 29 Zb 55
Brem-sur-Mer 85 73 Yb 69
Brémur-et-Vaurois 21 68 Ed 62
Bren 26 106 Ef 78
Brenac 11 153 Ca 91
Brenas 34 129 Db 87
Brenat 63 104 Db 75
Brénaz 01 95 Fc 73
Brénaz 01 95 Fe 73
Brenelle 02 18 Dd 52
Brengues 46 114 Be 81
Brennes 52 69 Fb 62
Brennilis 29 25 Wa 58
Brénod 01 95 Fd 72
Brenon 83 134 Gd 86
Brenouille 60 17 Cd 53
Brenoux 48 116 Dd 82
Brens 01 95 Fe 74
Brenthonne 74 96 Gc 71
Breny 02 34 Dc 53

Bondy — Breny (F) 167

Bréole, La 04 120 Gb 82
Brères 25 84 Ff 66
Bréry 39 83 Fd 68
Bresdon 17 87 Zf 73
Bréseux, Les 25 71 Ge 65
Bresilley 70 69 Fd 65
Bresle 80 8 Cd 49
Bresles 60 17 Cb 52
Bresnay 03 80 Db 70
Bresolettes 61 31 Ad 57
Bresse, La 88 56 Gf 60
Bresse-sur-Grosne 71 82 Ee 69
Bressey-sur-Tille 21 69 Fb 65
Bressolles 01 95 Fa 73
Bressolles 03 80 Db 69
Bressols 82 126 Bc 85
Bresson 38 107 Fe 78
Bressuire 79 75 Zd 67
Brest 29 24 Vd 58
Brestot 27 15 Ae 52
Bretagne 36 78 Be 67
Bretagne 90 71 Gf 63
Bretagne-d'Armagnac 32 125 Aa 85
Bretagne-de-Marsan 40 124 Zd 85
Bretagnolles 27 32 Bc 55
Breteau 45 66 Cf 62
Bréteil 35 44 Ya 60
Bretenière 21 69 Fa 65
Bretenière, la 25 70 Gb 64
Bretenière, la 39 69 Fe 66
Bretenières 39 83 Fd 67
Bretenoux 46 114 Bf 79
Breteuil 27 31 Af 56
Breteuil 60 17 Cb 51
Bréthel 61 31 Ad 56
Brethenay 52 54 Fa 60
Bretigney-Notre-Dame 25 70 Gb 65
Bretignolles 79 75 Zc 67
Brétignolles-sur-Mer 85 73 Ya 69
Brétigny 21 69 Fa 64
Brétigny 27 15 Ae 53
Brétigny 60 18 Da 51
Brétigny-sur-Orge 91 33 Cb 57
Bretoncelles 61 48 Af 58
Bretonnière, La 85 74 Ye 70
Bretonvillers 25 71 Gd 65
Brette-les-Pins 72 47 Ac 61
Bretten 68 71 Ha 62
Brettes 16 88 Aa 72
Bretteville 50 12 Yc 51
Bretteville-du-Grand-Caux 76 14 Ac 50
Bretteville-l'Orgueilleuse 14 13 Zc 53
Bretteville-Saint-Laurent 76 15 Af 50
Bretteville-sur-Ay 50 12 Yc 53
Bretteville-sur-Dives 14 30 Zf 54
Bretteville-sur-Laize 14 30 Ze 54
Bretteville-sur-Odon 14 13 Zd 53
Brettnach 57 22 Gd 53
Bretx 31 126 Bb 86
Breuches 70 70 Gb 62
Breugnon 58 66 Dc 64
Breuil 51 19 De 53
Breuil 80 18 Cf 50
Breuil, Le 03 93 Dd 71
Breuil, Le 51 35 Dd 55
Breuil, Le 69 94 Ed 73
Breuil, Le 71 82 Ec 68
Breuilaufa 87 89 Ba 72
Breuil-Barret 85 75 Zb 69
Breuil-Bernard, Le 79 75 Zc 68
Breuil-Bois-Robert 78 32 Be 55
Breuil-Coiffaud, Le 79 88 Aa 72
Breuil-en-Auge, Le 14 14 Ab 53
Breuil-en-Bessin, Le 14 13 Za 53
Breuilh 24 101 Ae 78
Breuil-la-Réorte 17 87 Zb 72
Breuil-le-Sec 60 17 Cc 52
Breuillet 17 86 Yf 74
Breuillet 91 33 Cb 57
Breuil-le-Vert 60 17 Cc 52
Breuil-Magné 17 86 Za 73
Breuilpont 27 32 Bc 55
Breuil-sous-Argenton, Le 79 75 Zd 67
Breuil-sur-Couze, le 63 103 Db 76
Breurey-lès-Faverney 70 70 Ga 62
Breuschwickersheim 67 40 Hd 57
Breuvannes-en-Bassigny 52 54 Fd 60
Breuvery-sur-Coole 51 35 Eb 55
Breuville 50 12 Yb 51
Breux 55 21 Fc 51
Breux-Jouy 91 33 Cb 57
Breux-sur-Avre 27 31 Ba 56
Brévainville 41 49 Bb 61
Bréval 78 32 Bd 55
Brévands 50 12 Ye 53
Brevans 39 83 Fd 66
Brévedent, Le 14 14 Ab 53
Bréviaires, Les 78 32 Be 56
Brévière, La 14 30 Ab 55
Bréville 14 14 Ze 53
Bréville 16 87 Ze 74
Brévillers 62 7 Ca 46
Brévillers 80 7 Cc 47
Bréville-sur-Mer 50 28 Yc 55
Brevilliers 70 71 Ge 63
Brévilly 08 20 Fa 51
Bréxent-Enocq 62 7 Be 45
Brey-et-Maison-du-Bois 25 84 Gb 68
Brézé 49 62 Zf 65
Brézilhac 11 141 Ca 90
Brézins 38 107 Fb 76
Brézolles 28 31 Ba 56
Brezons 15 115 Ce 79
Briançon 05 121 Gd 79
Briançonnet 06 134 Ge 85
Brianny 21 68 Ec 64
Briant 71 93 Ea 71
Briare 45 66 Ce 63
Briarres-sur-Essonne 45 50 Cc 59
Briastre 59 9 Dc 47
Briatexte 81 127 Bf 86
Briaucourt 52 54 Fb 59
Briaucourt 70 55 Gb 62
Bricon 52 53 Ef 60
Bricquebec 50 12 Yc 52
Bricquebosq 50 12 Yb 51
Bricqueville-sur-Mer 50 28 Yc 55
Bricy 45 49 Be 61
Brides-les-Bains 73 109 Gd 76
Bridoire, la 73 107 Fe 75
Bridoré 37 77 Ba 66
Brie 02 18 Dc 51
Brie 09 141 Bd 89
Brie 16 88 Ab 74
Brie 35 45 Yc 61
Brie 79 76 Zf 67
Brie 80 18 Cf 49
Briec 29 42 Vf 60
Brie-Comte-Robert 77 33 Cd 56
Brie-et-Angonnes 38 108 Fe 78
Brielles 35 45 Yf 60
Briel-sur-Barse 10 53 Ec 59
Brienne 71 83 Fa 69
Brienne-la-Vieille 10 53 Ed 58
Brienne-le-Château 10 53 Ed 58
Brienne-sur-Aisne 08 19 Ea 52
Briennon 42 93 Ea 72
Brienon-sur-Armançon 89 52 Dd 61
Brières-les-Scellés 91 50 Ca 58
Brie-sous-Archiac 17 99 Ze 76
Brie-sous-Barbezieux 16 100 Zf 76
Brie-sous-Matha 17 87 Ze 74
Brie-sous-Mortagne 17 99 Zb 76
Brieuil 79 88 Zf 71
Brieulles-sur-Bar 08 20 Ef 52
Brieulles-sur-Meuse 55 21 Fb 52
Brieux 61 30 Zf 55
Brieves-Charensac 43 105 Df 78
Briey 54 22 Ff 53
Briffons 63 103 Cd 74
Brignac 34 129 Dc 87
Brignac 56 44 Xd 60
Brignac-la-Plaine 19 101 Bc 77
Brignais 69 106 Ee 75
Brignancourt 95 32 Bf 54
Brigné 49 61 Zd 65
Brignemont 31 126 Af 86
Brignogan-Plage 29 24 Ve 56
Brignoles 83 147 Ga 88
Brignon, Le 43 117 Df 79
Brigue, La 06 135 Hd 84
Brigueil-le-Chantre 86 77 Ba 70
Brigueuil 16 89 Af 73
Briis-sous-Forges 91 33 Ca 57
Brillac 16 89 Ae 72
Brillanne, La 04 133 Ff 85
Brillecourt 10 53 Ec 58
Brillevast 50 12 Yd 51
Brillon 59 9 Db 46
Brillon-en-Barrois 55 36 Fa 56
Brimeux 62 7 Be 46
Brimont 51 19 Ea 52
Brinay 18 65 Ca 65
Brinay 58 81 De 66
Brinckheim 68 72 Hc 63
Brindas 69 94 Ee 74
Bringolo 22 26 Xa 57
Brinon-sur-Beuvron 58 67 Dc 65
Brinon-sur-Sauldre 18 65 Cb 63
Brin-sur-Seille 54 38 Gc 56
Briod 39 83 Fd 69
Briollay 49 61 Zc 63
Brion 01 95 Fd 72
Brion 36 78 Be 67
Brion 38 107 Fb 77
Brion 48 116 Da 80
Brion 49 62 Zf 64
Brion 63 104 Cf 76
Brion 71 81 Eb 67
Brion 86 88 Ac 70
Brion 89 51 Dc 61
Brionne 27 15 Ae 53
Brionne, la 23 90 Be 72
Brion-près-Thouet 79 76 Ze 66
Brion-sur-Ource 21 53 Ed 61
Briord 01 95 Fc 74
Briosne-lès-Sables 72 47 Ac 59
Briot 60 16 Bf 51
Briou 41 49 Bc 62
Brioude 43 104 Dc 77
Brioux-sur-Boutonne 79 87 Ze 72
Briouze 61 29 Zd 56
Briquemesnil-Floxicourt 80 17 Ca 49
Briquenay 08 20 Ef 52
Briscous 64 136 Yd 88
Brison-Saint-Innocent 73 96 Ff 74
Brissac 34 130 De 85
Brissac-Quincé 49 61 Zd 64
Brissarthe 49 61 Zd 62
Brissay-Choigny 02 18 Dc 50
Brissy-Hamégicourt 02 18 Dc 50
Brive-la-Gaillarde 19 102 Bd 78
Brives 36 78 Bf 67
Brives 72 48 Ad 62
Brives-sur-Charente 17 87 Zd 74
Brix 50 12 Yc 51
Brixey-aux-Chanoines 55 54 Fe 58
Brizambourg 17 87 Zd 74
Brizay 37 62 Ac 66
Brizeaux 55 36 Fa 54
Brizon 74 96 Gc 72
Broc 49 62 Ab 63
Broc, Le 06 134 Ha 86
Broc, Le 63 104 Db 75
Brocas 40 123 Zb 86
Brocas 40 124 Zc 84
Brochon 21 68 Ef 65
Brocourt 80 16 Be 49
Broglie 27 31 Ad 54
Brognard 25 71 Gf 63
Brognon 08 19 Eb 49
Brognon 21 69 Fb 64
Broin 21 83 Fa 66
Broindon 21 69 Fa 65
Broissanc 07 106 Ee 77
Broissia 39 95 Fc 70
Brombos 60 16 Bf 51
Bromeilles 45 50 Cc 59
Brommat 12 115 Ce 80
Bromont-Lamothe 63 91 Ce 73
Bron 69 94 Ef 74
Bronn = Brons 22 44 Xe 59
Bronvaux 57 38 Ga 53
Broons 22 44 Xe 59
Broque, la 67 56 Hb 58
Broquiers 60 16 Be 50
Broquiès 12 128 Ce 84
Brossac 16 99 Zf 77
Brossay 49 62 Ze 66
Brosse-Montceaux, La 77 51 Da 58
Brosses 89 67 De 63
Brosville 27 31 Ba 54
Brotte-lès-Luxeuil 70 70 Gc 62
Brotte-lès-Ray 70 69 Fe 63
Brou 28 48 Bb 59
Brouains 50 29 Za 56
Brouay 14 13 Zc 53
Brouchaud 24 101 Af 77
Brouchy 80 18 Da 50
Brouck 57 38 Gd 54
Brouckerque 59 3 Cb 43
Brouderdorff 57 39 Ha 56
Broué 28 32 Bd 56
Brouennes 55 21 Fb 51
Brouilh-Monbert, Le 32 125 Ac 86
Brouilla 66 154 Cf 93
Brouillet 51 35 De 53
Brouqueyran 33 111 Ze 82
Brousse 23 91 Cc 73
Brousse 63 104 Dc 75
Brousse 81 127 Ca 86
Brousse, La 17 87 Zd 73
Brousse, La 63 92 Da 73
Brousse-le-Château 12 128 Cd 85
Brousses-et-Villaret 11 142 Cb 88
Broussey-en-Blois 55 37 Fd 57
Broussey-en-Woëvre 55 37 Fe 56
Broussy-le-Grand 51 35 Df 56
Broussy-le-Petit 51 35 De 56
Brou-sur-Chantereine 77 33 Cd 55
Broût-Vernet 03 92 Db 71
Brouvelieures 88 56 Ge 59
Brouville 54 56 Ge 57
Brouviller 57 39 Ha 56
Brouy 91 50 Cb 59
Brouzet-lès-Alès 30 130 Eb 84
Brouzet-lès-Quissac 30 130 Df 85
Brouzils, Les 85 74 Ye 67
Broxeele 59 3 Cb 43
Broye 71 82 Eb 67
Broye-Aubigney-Montseugny 70 69 Fd 65
Broye-les-Loups-et-Verfontaine 70 69 Fc 64
Broyes 51 35 De 56
Broyes 60 17 Cc 51
Brû 88 56 Ge 58
Bruailles 71 83 Fb 69
Bruay-la-Buissière 62 8 Cd 46
Bruay-sur-l'Escaut 59 9 Dd 46
Brucamps 80 7 Ca 48
Bruch 47 125 Ac 83
Brucheville 50 12 Ye 52
Brucourt 14 14 Zf 53
Bruc-sur-Aff 35 44 Xf 62
Brue-Auriac 83 147 Ff 87
Bruebach 68 72 Hc 62
Brueil-en-Vexin 78 32 Be 54
Bruère-Allichamps 18 79 Cc 68
Bruère-sur-Loir, La 72 62 Ac 63
Bruffière, La 85 60 Ye 66
Brugairolles 11 141 Ca 90
Brugeron, le 63 105 De 74
Bruges-Capbis-Mifaget 64 138 Ze 90
Brugheas 03 92 Dc 72
Brugnac 47 112 Ac 82
Brugny-Vaudancourt 51 35 Df 55
Bruguière, La 30 129 Dc 85
Bruguière, La 30 131 Ec 84
Bruguières 31 126 Bc 86
Bruille-lez-Marchiennes 59 8 Db 46
Bruille-Saint-Amand 59 9 Dd 46
Bruis 05 119 Fd 82
Brûlain 79 87 Ze 71
Brulais, Les 35 44 Xf 61
Brulange 57 38 Gd 55
Brûlatte-Saint-Isle, La 53 46 Za 60
Bruley 54 37 Ff 56
Brullemail 61 31 Ab 57
Brullioles 69 94 Ec 74
Brûlon 72 47 Ze 61
Brumath 67 40 He 56
Brumetz 02 34 Da 54
Brunehamel 02 19 Eb 50
Brunelles 28 48 Af 59
Brunembert 62 3 Bf 44
Brunémont 59 8 Da 47
Brunet 04 133 Ga 85
Bruniquel 82 127 Bd 84
Brunoy 91 33 Cc 56
Brunstatt 68 72 Hb 62
Brunville 76 6 Bb 49
Brunvillers-la-Motte 60 17 Cc 51
Brusc, le 83 147 Fe 90
Brusque 12 129 Cf 86
Brusquet, Le 04 133 Gb 83
Brussey 70 70 Fe 65
Brussieu 69 94 Ed 74
Brusson 51 36 Ee 56
Brusvily 22 27 Xf 58
Brutelles 80 6 Bd 48
Bruville 54 37 Ff 54
Brux 86 88 Ab 71
Bruxières-sous-les-Côtes 55 37 Fe 55
Bruyères 88 56 Ge 59
Bruyères-et-Montbérault 02 19 De 51
Bruyères-le-Châtel 91 33 Cb 57
Bruyères-sur-Fère 02 34 Dc 53
Bruyères-sur-Oise 95 33 Cb 54
Bruz 35 45 Yb 60
Bry 59 9 De 47
Bryas 62 7 Cb 46
Bû 28 32 Bc 56
Buais 50 29 Za 57
Buanes 40 124 Zd 86
Bubertré 61 31 Ad 57
Bubry 56 43 We 61
Buc 78 33 Ca 56
Buc 90 71 Ge 63
Bucamps 60 17 Cb 51
Bucey-en-Othe 10 52 Df 59
Bucey-lès-Gy 70 70 Ff 64
Bucey-lès-Traves 70 70 Ff 63
Buchelay 78 32 Bd 55
Buchères 10 52 Ea 59
Buchy 57 38 Gb 55
Buchy 76 16 Bc 51
Bucilly 02 19 Ea 49
Bucquoy 62 8 Ce 47
Bucugnà = Bocognano 2A 159 Ka 96
Bucy-le-Long 02 18 Dc 52
Bucy-le-Roy 45 49 Bf 60
Bucy-lès-Cerny 02 18 Dd 51
Bucy-lès-Pierrepont 02 19 Df 51
Bucy-Saint-Liphard 45 49 Be 61
Budelière 23 91 Cc 71
Buding 57 22 Gb 52
Budos 33 111 Zd 81
Bué 18 66 Ce 65
Bueil 27 32 Bc 55
Bueil-en-Touraine 37 63 Ad 63
Buellas 01 95 Fa 71
Buethwiller 68 71 Ha 63
Buffard 25 84 Fe 66
Buffières 71 94 Ed 70
Buffignécourt 70 70 Ga 62
Buffon 21 68 Eb 63
Bugarach 11 153 Cc 91
Bugard 65 139 Ab 89
Bugeat 19 102 Bf 75
Bugnein 64 137 Zb 88
Bugnicourt 59 8 Db 47
Bugnières 52 53 Fa 61
Bugny 25 84 Gc 66
Bugue, Le 24 113 Af 79
Buhl 67 40 Hf 55
Buhl 68 56 Hb 61
Buhl-Lorraine 57 39 Ha 56
Buhy 95 32 Be 53
Buicourt 60 16 Be 51
Buigny-l'Abbé 80 7 Bf 48
Buigny-lès-Gamaches 80 6 Bd 48
Buigny-Saint-Maclou 80 7 Be 48
Buire 02 19 Ea 49
Buire-au-Bois 62 7 Ca 47
Buire-Courcelles 80 18 Da 49
Buire-le-Sec 62 7 Be 46
Buire-sur-l'Ancre 80 8 Cd 49
Buironfosse 02 9 Df 49
Buis, Le 87 89 Bb 72
Buis-les-Baronnies 26 132 Fb 83
Buissard 05 120 Ga 81
Buisse, La 38 107 Fd 77
Buisson, Le 48 116 Db 81
Buisson, Le 51 36 Ee 56
Buisson, Le 84 118 Ee 83
Buissoncourt 54 38 Gc 56
Buisson-de-Cadouin, Le 24 113 Af 79
Buis-sur-Damville 27 31 Ba 56
Buissy 62 8 Da 47
Bujaleuf 87 90 Bd 74
Bulainville 28 49 Bd 59
Bulan 65 139 Ab 90
Bulat-Pestivien 22 26 We 58
Bulcy 58 66 Da 65
Buléon 56 43 Xb 61
Bulgnéville 88 54 Ff 59
Bulhon 63 92 Dc 73
Bulle 25 84 Gb 67
Bullecourt 62 8 Cf 47
Bulles 60 17 Cb 52
Bulligny 54 37 Ff 57
Bullion 78 32 Bf 57
Bullou 28 48 Bb 59
Bully 42 93 Ea 73
Bully 76 16 Bc 50
Bully-les-Mines 62 8 Ce 46
Bulson 08 20 Ef 51
Bult 88 55 Gd 59
Bun 65 138 Zf 91
Buncey 21 68 Ed 62
Buneville 62 7 Cc 47
Bunifaziu = Bonifacio 2A 160 Kb 100
Buno-Bonnevaux 91 50 Cc 58
Bunus 64 137 Yf 89
Bunzac 16 88 Ac 74
Buoux 84 132 Fc 85
Burbach 67 39 Ha 55
Burbanche, La 01 95 Fd 73
Burbure 62 8 Cc 45
Burcy 14 29 Zb 55
Burcy 77 50 Cd 59
Burdignes 42 106 Ed 77
Burdignin 74 96 Gc 71
Bure 55 54 Fc 57
Buré 61 30 Ac 57
Bure-les-Templiers 21 68 Ef 62
Burelles 02 19 Df 50
Bures 54 38 Gd 56
Bures 61 30 Ac 57
Bures-en-Bray 76 16 Bb 50
Bures-sur-Yvette 91 33 Ca 56
Buret, le 53 46 Zc 61
Burey 27 31 Af 55
Burey-en-Vaux 55 37 Fe 57
Burey-la-Côte 55 54 Fe 57
Burg 65 139 Ab 89
Burgalays 31 151 Ad 91
Burgaronne 64 137 Za 88
Burgaud, Le 31 126 Ba 86
Burgille 25 70 Fe 65
Burgnac 87 89 Ba 74
Burgy 71 82 Ee 70
Burie 17 87 Zd 74
Buriville 54 39 Ge 57
Burlats 81 128 Cb 87
Burlioncourt 57 38 Gd 55
Burnand 71 82 Ed 69
Burnevillers 25 71 Ha 65
Burnhaupt-le-Bas 68 71 Ha 62
Burnhaupt-le-Haut 68 71 Ha 62
Buros 64 138 Ze 88
Burosse-Mendousse 64 138 Ze 87
Burret 09 152 Bc 91
Bursard 61 30 Ab 57
Burthecourt-aux-Chênes 54 38 Gb 57
Burtoncourt 57 22 Gc 53
Bury 60 17 Cc 53
Burzet 07 117 Eb 80
Burzy 71 82 Ed 69
Bus 62 8 Cf 48
Buschwiller 68 72 Hd 63
Busigny 59 9 Dc 48
Bus-la-Mésière 80 17 Ce 51
Bus-lès-Artois 80 8 Cd 48
Busloup 41 48 Ba 61
Busnes 62 8 Cd 45
Busque 81 127 Bf 86
Bussac 24 100 Ad 77
Bussac-Forêt 17 99 Zd 77
Bussac-sur-Charente 17 87 Zc 74
Bus-Saint-Rémy 27 32 Bd 54
Bussang 88 56 Gf 61
Busseau, Le 79 75 Zc 69
Busseaut 21 68 Ed 62
Busséol 63 104 Db 74
Busserotte-et-Montenaille 21 68 Ef 63
Busset 03 92 Dd 72
Bussiares 02 34 Db 54
Bussière, La 23 91 Cd 72
Bussière, La 45 66 Ce 62
Bussière, La 86 77 Ae 69
Bussière-Badil 24 100 Ad 75
Bussière-Boffy 87 89 Af 72
Bussière-Dunoise 23 90 Be 71
Bussière-Galant 87 101 Ba 75
Bussière-Poitevine 87 89 Af 71
Bussières 21 68 Ef 63
Bussières 42 93 Eb 74
Bussières 63 91 Cd 72
Bussières 70 70 Ff 64
Bussières 71 94 Ee 71
Bussières 77 34 Db 55
Bussières 89 67 Ea 64
Bussière-Saint-Georges 23 91 Ca 70
Bussières-et-Pruns 63 92 Db 72
Bussière-sur-Ouche, La 21 68 Ee 65
Busson 52 54 Fc 59
Bussu 80 8 Cf 49
Bussunarits-Sarrasquette 64 137 Ye 90
Bussus-Bussuel 80 7 Bf 48
Bussy 18 79 Cd 67
Bussy 60 18 Cf 51
Bussy-Albieux 42 93 Ea 74
Bussy-en-Othe 89 51 Dd 60
Bussy-la-Pesle 21 68 Ee 64
Bussy-la-Pesle 58 66 Dc 65
Bussy-le-Château 51 36 Ed 54
Bussy-le-Grand 21 68 Ed 63
Bussy-le-Repos 51 36 Ee 55
Bussy-le-Repos 89 51 Db 60
Bussy-lès-Daours 80 17 Cc 49
Bussy-lès-Poix 80 17 Ca 50
Bussy-Lettrée 51 35 Eb 56
Bussy-Saint-Georges 77 33 Ce 55
Bust 67 39 Hb 55
Bustanico 2B 159 Kb 95
Bustanicu = Bustanico 2B 159 Kb 95
Bustince-Iriberry 64 137 Ye 89
Bû-sur-Rouvres, Le 14 30 Ze 54
Buswiller 67 40 Hd 56
Busy 25 70 Ff 65
Butgnéville 55 37 Fe 54
Buthiers 70 70 Ga 64
Buthiers 77 50 Cc 59
Butot 76 15 Ba 51
Butot-Vénesville 76 15 Ad 50
Butry-sur-Oise 95 33 Cb 54
Butteaux 89 52 De 61
Butten 67 39 Hb 55
Buverchy 80 18 Cf 50
Buvilly 39 83 Fe 67
Buvin 38 107 Fd 75
Buxerette, La 36 78 Be 70
Buxerolles 21 68 Ef 62
Buxerolles 86 76 Ac 69
Buxeuil 10 53 Ec 60
Buxeuil 36 64 Be 66
Buxeuil 86 77 Ae 67
Buxières-d'Aillac 36 78 Be 69
Buxières-lès-Clefmont 52 54 Fc 60
Buxières-les-Mines 03 80 Cf 70
Buxières-lès-Villiers 52 53 Fa 60
Buxières-sous-Montaigut 63 91 Cf 71
Buxières-sur-Arce 10 53 Ec 60
Buxy 71 82 Ee 68
Buysscheure 59 3 Cc 44
Buzan 09 151 Af 91
Buzançais 36 78 Bc 67
Buzancy 02 18 Dc 53
Buzancy 08 20 Ef 52
Buzeins 12 116 Cf 82
Buzet-sur-Baïse 47 112 Ab 83
Buzet-sur-Tarn 31 127 Bd 86
Buziet 64 138 Zd 90
Buzignargues 34 130 Ea 86
Buzon 65 139 Aa 88
Buzy 55 37 Fe 53
Buzy 64 138 Zd 90
By 25 84 Ff 66
Byans-sur-Doubs 25 70 Ff 66

C

Cabanac 65 139 Ab 89
Cabanac-et-Villagrains 33 111 Zc 81
Cabanac-Séguenville 31 126 Ba 86
Cabanès 12 128 Cb 83
Cabanès 81 127 Bf 86
Cabanes-de-Fleury, Les 11 143 Db 89
Cabanial, Le 31 141 Bf 87
Cabannes 13 131 Ef 85
Cabannes 81 128 Ce 86
Cabannes, les 09 152 Be 92
Cabannes, les 81 127 Bf 84
Cabara 33 111 Zf 80
Cabariot 17 86 Za 73
Cabas-Loumassès 32 139 Ad 88
Cabasse 83 147 Gb 88
Cabestany 66 154 Cf 92
Cabidos 64 124 Zd 87
Cabourg 14 14 Zf 53
Cabrerets 46 114 Bd 81
Cabrerolles 34 143 Da 87
Cabrespine 11 142 Cc 88
Cabrières 30 130 Ec 85
Cabrières 34 143 Dc 87
Cabrières 84 132 Fa 85
Cabrières-d'Aigues 84 132 Fc 86
Cabriès 13 146 Fc 88
Cabris 06 134 Gf 86
Cachan 94 33 Cb 56
Cachen 40 124 Zd 84
Cachy 80 17 Cc 49
Cadalen 81 127 Bf 85
Cadarcet 09 140 Bd 90
Cadarsac 33 111 Ze 79
Cadaujac 33 111 Zc 80
Cadéac 65 150 Ac 91
Cadeilhan 32 125 Ae 86
Cadeillan 32 140 Af 88
Caden 56 59 Xe 63
Cadenet 84 132 Fc 86
Caderousse 84 131 Ee 84
Cadière, La 30 130 De 85
Cadière-d'Azur, La 83 147 Fe 89
Cadillac 33 111 Ze 81
Cadillac-en-Fronsadais 33 99 Zd 79
Cadillon 64 138 Zf 87
Cadix 81 128 Cc 85
Cadix 81 141 Bf 87
Cadolive 13 146 Fd 88
Cadours 31 126 Ba 86
Cadrieu 46 114 Bf 82
Caen 14 13 Zd 53
Caëstre 59 4 Cd 44
Caffiers 62 3 Be 43
Cagnac-les-Mines 81 127 Ca 85
Cagnano 2B 157 Kc 91
Cagnanu = Cagnano 2B 157 Kc 91
Cagnes-sur-Mer 06 134 Ha 86
Cagnicourt 62 8 Cf 47
Cagnoncles 59 9 Db 47
Cagnotte 40 123 Yf 87
Cagny 14 30 Ze 54
Cagny 80 17 Cc 49
Cahagnes 14 29 Zb 54
Cahagnolles 14 13 Zb 54
Cahaignes 27 32 Bd 53
Cahan 61 29 Zd 55
Caharet 65 139 Ab 90
Cahon 80 7 Be 48
Cahors 46 113 Bc 82
Cahus 46 114 Bf 79
Cahuzac 11 141 Bf 89
Cahuzac 47 112 Ad 81
Cahuzac 81 141 Ca 88
Cahuzac-sur-Adour 32 124 Zf 87
Cahuzac-sur-Vère 81 127 Bf 85
Caignac 31 141 Be 89
Cailhau 11 141 Ca 90
Cailhavel 11 141 Ca 90
Caillac 46 113 Bc 82
Caillavet 32 125 Ac 86
Caille 06 134 Ge 86
Caillère-Saint-Hilaire, La 85 75 Za 69
Cailleville 76 15 Ae 49
Caillouël 02 18 Da 51
Caillouet-Orgeville 27 32 Bb 54
Cailly 76 16 Bb 51
Cailly-sur-Eure 27 31 Bb 54
Cairanne 84 118 Ee 83
Cairon 14 13 Zd 53
Caisargues 30 131 Ec 86
Caisnes 60 18 Da 51
Caix 80 17 Cd 50
Caixas 66 154 Ce 93
Caixon 65 138 Aa 88
Cajarc 46 114 Bf 82
Calacuccia 2B 159 Ka 94
Calais 62 3 Bf 43
Calamane 46 115 Bc 81
Calan 56 42 We 61
Calanhel 22 25 Wd 58
Calavanté 65 139 Ab 89
Calcatoggio 2A 158 Ie 96
Calcatoghju = Calcatoggio 2A 158 Ie 96
Calce 66 154 Ce 92
Calenzana 2B 156 If 93
Calès 46 114 Bd 80
Calignac 47 125 Ac 84
Caligny 61 29 Zc 56
Calinzana = Calenzana 2B 156 If 93
Callac 22 25 Wd 58
Callas 83 134 Gd 87
Callen 40 111 Zd 83
Callengeville 76 16 Bd 49
Calleville 27 15 Ae 53
Calleville-les-Deux-Eglises 76 15 Ba 50
Callian 32 125 Ab 87
Callian 83 134 Ge 87
Calmeilles 66 154 Ce 93
Calmels-et-le-Viala 12 128 Ce 85
Calmette, La 30 130 Eb 85
Calmont 12 128 Cd 83
Calmont 31 141 Bd 89
Calmoutier 70 70 Gb 63
Caloire 42 105 Eb 76
Calonges 47 112 Ab 82
Calonne-Ricouart 62 8 Cd 46
Calonne-sur-la-Lys 62 8 Cd 45
Calorguen 22 27 Xf 58
Calotterie, La 62 7 Be 46
Caluire-et-Cuire 69 94 Ef 74
Calvi 2B 156 Ie 93
Calviac 46 114 Ca 79
Calviac-en-Périgord 24 113 Bb 79
Calvignac 46 114 Be 82
Calvinet 15 115 Cc 80
Calvisson 30 130 Eb 86
Calzan 09 141 Be 90
Camalès 65 138 Aa 88
Camarade 09 140 Bb 90
Camaret-sur-Aigues 84 118 Ee 83
Camaret-sur-Mer 29 24 Vc 59
Camarsac 3 111 Zd 80
Cambayrac 46 113 Bb 82
Cambe, la 14 13 Yf 52
Cambernard 31 140 Bb 88
Cambernon 50 28 Yd 54
Cambes 33 111 Zd 80
Cambes 46 114 Bf 81
Cambes 47 112 Ab 81
Cambes-en-Plaine 14 13 Zd 53
Cambia 2B 157 Kb 94
Cambiac 31 141 Be 88
Cambieure 11 141 Ca 90
Camblain-Châtelain 62 7 Cc 46
Camblain-l'Abbé 62 8 Cd 46
Camblignеul 62 8 Cd 46
Cambo-les-Bains 64 136 Yd 88
Cambon 81 128 Cb 85
Cambon-du-Temple 81 128 Cc 85
Cambon-lès-Lavaur 81 141 Bf 87
Camboulazet 12 128 Cc 83
Camboulit 46 114 Bf 81
Cambounès 81 142 Cc 87
Cambounet-sur-le-Sor 81 141 Ca 87
Cambout, Le 22 43 Xc 60
Cambrai 59 8 Db 47
Cambremer 14 30 Aa 54
Cambrin 62 8 Ce 45
Cambron 80 7 Be 48
Cambronne-lès-Clermont 60 17 Cc 52
Cambronne-lès-Ribécourt 60 18 Cf 51
Camburat 46 114 Bf 81
Came 64 137 Yf 88
Camelas 66 154 Ce 93
Camelin 02 18 Da 51
Camembert 61 30 Ab 55
Cametours 50 28 Ye 54
Camiac-et-Saint-Denis 33 111 Ze 80
Camiers 62 6 Bd 45
Camiran 33 111 Zf 81
Camlez 22 26 We 56
Cammazes, Les 81 141 Ca 88
Camoël 56 59 Xd 64
Camon 09 141 Bf 90

168 F Bréole, La — Camon

Camon **80** 17 Cc 49
Camors **56** 43 Xa 61
Camou-Cihigue **64** 137 Za 90
Camou-Mixe-Suhast **64** 137 Yf 88
Camous **65** 139 Ac 91
Campagnac **12** 116 Da 82
Campagnac-lès-Quercy **24** 113 Bb 80
Campagnan **34** 143 Dc 87
Campagne **24** 113 Af 79
Campagne **34** 130 Ea 86
Campagne **60** 18 Cf 51
Campagne-de-Sault **11** 153 Ca 92
Campagne-lès-Boulonnais **62** 7 Bf 45
Campagne-lès-Guînes **62** 3 Bf 43
Campagne-lès-Hesdin **62** 7 Bf 46
Campagne-sur-Arize **09** 140 Bc 90
Campagne-sur-Aude **11** 153 Cb 91
Campagnolles **14** 29 Za 55
Campan **65** 139 Ab 90
Campana **2B** 157 Kc 94
Campandré-Valcongrain **14** 29 Zc 55
Camparan **65** 150 Ac 91
Campeaux **14** 29 Za 55
Campeaux **60** 16 Be 51
Campénéac **56** 44 Xe 61
Campestre-et-Luc **30** 129 Dc 85
Campet-et-Lamolère **40** 124 Zc 85
Camphin-en-Carembault **59** 8 Cf 45
Camphin-en-Pévèle **59** 8 Db 45
Campi **2B** 159 Kc 95
Campigneulles-les-Grandes **62** 7 Be 46
Campigneulles-les-Petites **62** 7 Be 46
Campigny **27** 15 Ad 53
Campile **2B** 157 Kc 94
Campistrous **65** 139 Ac 90
Campitello **2B** 157 Kb 93
Campitellu, U = Campitello **2B** 157 Kb 93
Camplong **34** 129 Da 86
Camplong-d'Aude **11** 142 Cd 90
Campneuseville **76** 16 Bd 49
Campo **2A** 159 Ka 97
Campôme **66** 153 Cc 93
Campouriez **12** 115 Cd 80
Campoussy **66** 153 Cc 92
Camprémy **60** 17 Cb 51
Camprond **50** 28 Yd 54
Campsas **82** 126 Bb 85
Campsegret **24** 112 Ad 79
Camps-en-Amiénois **80** 16 Bf 49
Camps-la-Source **83** 147 Ga 88
Camps-sur-l'Agly **11** 153 Cc 91
Camps-sur-l'Isle **33** 99 Zf 79
Campu, U = Campo **2A** 159 Ka 97
Campuac **12** 115 Cd 81
Campugnan **33** 99 Zc 77
Campuzan **65** 139 Ac 89
Camurac **11** 153 Bf 92
Canale-di-Verde **2B** 159 Kc 95
Canals **82** 126 Bb 85
Canaples **80** 7 Cb 48
Canappeville **27** 31 Ba 54
Canapville **14** 14 Aa 53
Canapville **61** 30 Ab 55
Canari **2B** 157 Kc 91
Canaules-et-Argentières **30** 130 Ea 85
Canavaggia **2B** 157 Kb 93
Canavaghja, U = Canavaggia **2B** 157 Kb 93
Canaveilles **66** 153 Cb 93
Cancale **35** 28 Ya 56
Canchy **14** 13 Za 53
Canchy **80** 7 Bf 47
Cancon **47** 112 Ad 81
Candas **80** 7 Cb 48
Candé **49** 61 Yf 63
Candes-Saint-Martin **37** 62 Aa 65
Candé-sur-Beuvron **41** 64 Bb 64
Candillargues **34** 144 Ea 87
Candor **60** 18 Cf 51
Candresse **40** 123 Za 86
Canehan **76** 6 Bc 49
Canéjean **33** 111 Zc 80
Canens **31** 140 Bc 89
Canenx-et-Réaut **40** 124 Zd 84
Canet **11** 142 Cf 89
Canet **34** 143 Dc 87
Canet-de-Salars **12** 128 Ce 83
Canet-en-Roussillon **66** 154 Da 92
Canet-Plage **66** 154 Da 92
Canettemont **62** 7 Cc 47
Cangey **37** 63 Ba 64
Caniac-du-Causse **46** 114 Bd 81
Canihuel **22** 26 Wf 58
Canilhac **48** 116 Da 82
Canillo **(AND)** 152 Bd 93
Canisy **50** 28 Yf 54
Canlers **62** 7 Ca 46
Canly **60** 17 Ce 52
Cannectancourt **60** 18 Cf 51
Cannelle **2A** 158 Ie 96
Cannelle, E = Cannelle **2B** 158 Ie 96
Cannes **06** 148 Ha 87
Cannes-Ecluse **77** 51 Cf 58
Cannes-et-Clairan **30** 130 Ea 85
Cannessières **80** 7 Be 49
Cannet **32** 124 Zf 87
Cannet, Le **06** 148 Ha 87
Cannet-des-Maures, le **83** 147 Gc 88
Canny-sur-Matz **60** 18 Ce 51
Canny-sur-Thérain **60** 16 Be 51
Canohès **66** 154 Ce 93
Canon, Le **33** 110 Ye 80
Canon, Mézidon- **14** 30 Zf 54
Canourgue, La **48** 116 Db 82
Canouville **76** 15 Ad 50
Cantaing-sur-Escaut **59** 8 Da 48
Cantaous **65** 139 Ac 90
Cantaron **06** 135 Hb 86
Canté **09** 141 Bd 89
Canteleu **76** 15 Ba 52
Canteleux **62** 7 Cb 47
Canteloup **14** 30 Zf 54
Canteloup **50** 12 Yd 51
Cantenac **33** 99 Zc 78
Cantenay-Epinard **49** 61 Zc 63
Cantiers **27** 16 Bd 53
Cantigny **80** 17 Cc 50
Cantillac **24** 100 Ad 76
Cantin **59** 8 Da 47
Cantoin **12** 115 Ce 79
Cantois **33** 111 Ze 80
Canville-la-Rocque **50** 12 Yc 52
Canville-les-Deux-Eglises **76** 15 Af 50
Cany-Barville **76** 15 Ad 50
Caorches-Saint-Nicolas **27** 31 Ad 54
Caouënnec-Lanvézéac **22** 26 Wd 56
Caours **80** 7 Bf 48
Capbreton **40** 122 Yd 87
Cap-d'Ail **06** 135 Hc 86
Capdenac **46** 114 Ca 81
Capdenac-Gare **12** 114 Ca 81
Capdrot **24** 113 Af 80
Capelle **59** 9 Dd 47
Capelle, La **02** 9 Df 49
Capelle-Balaguier, La **12** 114 Bf 82
Capelle-Banance, La **12** 116 Da 82
Capelle-Bleys, La **12** 128 Cb 83
Capelle-Fermont **62** 8 Cd 46
Capelle-lès-Boulogne, La **62** 3 Be 44
Capelle-les-Grands **27** 31 Ac 54
Capelle-lès-Hesdin **62** 7 Be 46
Capendu **11** 142 Cd 89
Capens **31** 140 Bb 89
Capestang **34** 143 Da 89
Cap-Ferret **33** 110 Ye 81
Capian **33** 111 Zd 80
Caplong **33** 112 Aa 80
Capoulet **09** 152 Bd 92
Cappel **57** 39 Gf 54
Cappelle-Brouck **59** 3 Cb 43
Cappelle-en-Pévèle **59** 8 Db 45
Cappelle-la-Grande **59** 3 Cc 43
Cappy **80** 17 Ce 49
Captieux **33** 111 Ze 83
Capvern **65** 139 Ab 90
Caragoudes **31** 141 Be 88
Caraman **31** 141 Be 87
Caramany **66** 154 Cd 92
Carantec **29** 25 Wa 56
Carantilly **50** 28 Ye 54
Carayac **46** 114 Bf 81
Carbay **49** 45 Ye 62
Carbini **2A** 160 Ka 98
Carbon-Blanc **33** 111 Zc 79
Carbonne **31** 140 Bb 89
Carbuccia **2A** 159 If 96
Carcagny **14** 13 Zc 53
Carcanières **09** 153 Ca 92
Carcans **33** 98 Yf 78
Carcarès-Sainte-Croix **40** 123 Zb 85
Carcassonne **11** 142 Cc 89
Carcen-Ponson **40** 123 Zb 85
Carces **83** 147 Gb 88
Carcheto-Brustico **2B** 157 Kc 94
Carchetu Brusticu = Carcheto-Brustico **2B** 157 Kc 94
Cardaillac **46** 114 Bf 80
Cardan **33** 111 Zd 80
Cardeilhac **31** 139 Ae 89
Cardesse **64** 138 Zc 89
Cardet **30** 130 Ea 84
Cardonette **80** 7 Cc 49
Cardonnet **47** 125 Ad 83
Cardonnois, Le **80** 17 Cc 51
Cardo-Torgia **2A** 159 If 97
Cardroc **35** 44 Ya 59
Cardu Torgia = Cardo-Torgia **2A** 159 If 97
Carelles **53** 46 Za 58
Carency **62** 8 Ce 46
Carennac **46** 114 Be 79
Carentan **50** 12 Ye 53
Carentoir **56** 44 Xf 62
Cargèse **2A** 158 Id 96
Carghjese = Cargèse **2A** 158 Id 96
Carhaix-Plouguer **29** 42 Wc 59
Carignan **08** 21 Fb 51
Carignan-de-Bordeaux **33** 111 Zd 80
Carisey **89** 52 Df 61
Carla-Bayle **09** 140 Bc 90
Carla-de-Roquefort **09** 141 Be 91
Carlat **15** 115 Cd 79
Carlencas-et-Levas **34** 129 Db 87
Carlepont **60** 18 Da 51
Carling **57** 39 Ge 53
Carlipa **11** 141 Ca 89
Carlucet **46** 114 Bd 80
Carlus **81** 127 Ca 85
Carlux **24** 113 Bc 79
Carly **62** 3 Be 45
Carmaux **81** 128 Cb 84
Carnac **56** 58 Wf 63
Carnac-Rouffiac **46** 113 Bb 82
Carnas **30** 130 Df 86
Carneille, la **61** 29 Zd 56
Carnet **50** 28 Yd 57
Carneville **50** 12 Yd 50
Carnières **59** 9 Dc 47
Carnin **59** 8 Cf 45
Carnoët **22** 25 Wc 58
Carnoules **83** 147 Gb 89
Carnoux-en-Provence **13** 146 Fd 89
Carnoy **80** 8 Ce 49
Caro **56** 44 Xe 61
Caro **64** 137 Ye 90
Carolles **50** 28 Yc 56
Caromb **84** 132 Fa 84
Carpentras **84** 132 Fa 84
Carpineto **2B** 157 Kc 94
Carpinetu = Carpineto **2B** 157 Kc 94
Carpiquet **14** 13 Zd 53
Carquebut **50** 12 Ye 52
Carquefou **44** 60 Yd 65
Carqueiranne **83** 147 Ga 90
Carrépuis **80** 18 Ce 50
Carrère **64** 138 Ze 88
Carrières-sous-Poissy **78** 33 Ca 55
Carros **06** 135 Hb 86
Carrouges **61** 30 Zf 57
Carry-le-Rouet **13** 146 Fa 88
Cars **33** 99 Zc 78
Cars, Les **87** 101 Ba 74
Carsac-Aillac **24** 113 Bb 79
Carsac-de-Gurson **24** 112 Aa 79
Carsan **30** 131 Ed 83
Carsix **27** 31 Ae 54
Carspach **68** 71 Hb 63
Cartelègue **33** 99 Zc 77
Carteret, Barneville- **50** 12 Yb 52
Carticasi **2B** 157 Kb 94
Cartignies **59** 9 Df 48
Cartigny **80** 18 Da 49
Cartigny-l'Epinay **14** 13 Yf 53
Carves **24** 113 Ba 80
Carville-la-Folletière **76** 15 Ae 51
Carville-Pot-de-Fer **76** 15 Ae 50
Carvin **62** 8 Cf 46
Casabianca **2B** 157 Kc 94
Casa Bianca, A = Casabianca **2B** 157 Kc 94
Casagliò = Casaglione **2A** 158 Ie 96
Casaglione **2A** 158 Ie 96
Casalabriva **2A** 158 If 98
Casalta **2B** 157 Kc 94
Casamaccioli **2B** 159 Ka 95
Casanova **2B** 159 Kb 95
Casa Nova, A = Casanova **2B** 159 Kb 95
Cascastel-des-Corbières **11** 154 Ce 91
Casefabre **66** 154 Cd 93
Caseneuve **84** 132 Fc 85
Cases-de-Pène **66** 154 Ce 92
Casevecchie **2B** 159 Kc 96
Case Vechje, E = Casevecchie **2B** 159 Kc 96
Cassagnabère-Tournas **31** 139 Ae 89
Cassagnas **48** 130 De 83
Cassagne **31** 140 Af 90
Cassagne, la **24** 101 Bb 78
Cassagnes **46** 113 Ba 81
Cassagnes **66** 154 Cd 92
Cassagnes-Bégonhès **12** 128 Cd 84
Cassagnoles **30** 130 Ea 84
Cassagnoles **34** 142 Cd 88
Cassaigne **32** 125 Ac 85
Cassaigne, La **11** 141 Bf 89
Cassaignes **11** 153 Cb 91
Cassaniouze **15** 115 Cc 80
Cassel **59** 4 Cc 44
Cassen **40** 123 Za 86
Casseneuil **47** 112 Ad 82
Casseuil **33** 111 Zf 81
Cassis **13** 146 Fd 89
Casson **44** 60 Yc 64
Casséjouls **12** 115 Ce 80
Cast **29** 41 Vf 60
Castagnac **31** 140 Bc 89
Castagnède **31** 140 Af 90
Castagnède **64** 137 Za 89
Castagniers **06** 135 Hb 86
Castaignos-Souslens **40** 123 Zc 87
Castandet **40** 124 Zd 86
Castanet **12** 128 Cb 83
Castanet **81** 127 Ca 85
Castanet **82** 127 Bf 83
Castanet-le-Bas **34** 129 Da 87
Castanet-le-Haut **34** 129 Cf 87
Castanet-Tolosan **31** 141 Bd 87
Castans **11** 142 Cc 88
Casteide-Cami **64** 138 Zc 89
Casteide-Candau **64** 138 Zc 87
Casteide-Doat **64** 138 Zf 88
Casteil **66** 153 Cc 93
Castelbajac **65** 139 Ac 89
Castelbiague **31** 140 Af 90
Castelculier **47** 125 Ae 83
Castelferrus **82** 126 Ba 84
Castelfranc **46** 113 Bb 81
Castelgaillard **31** 140 Af 88
Castelginest **31** 126 Bc 86
Casteljaloux **47** 112 Aa 83
Casteljau **07** 117 Eb 82
Castella **47** 112 Ae 83
Castellane **04** 134 Gd 85
Castellar **06** 135 Hc 86
Castellare di Casinca **2B** 157 Kc 94
Castellare-di-Mercurio **2B** 159 Kb 95
Castellare di Mercuriu = Castellare-di-Mercurio **2B** 159 Kb 95
Castellet **84** 132 Fc 85
Castellet, Le **04** 133 Ff 85
Castellet, Le **83** 147 Fe 89
Castello-di-Rostino **2B** 157 Kb 94
Castellu di Rustinu = Castello-di-Rostino **2B** 157 Kb 94
Castelmary **12** 128 Cb 83
Castelmaurou **31** 127 Bd 86
Castelmayran **82** 126 Ba 84
Castelmoron-d'Albret **33** 111 Zf 80
Castelmoron-sur-Lot **47** 112 Ac 82
Castelnau-Barbarens **32** 125 Ae 87
Castelnau-Chalosse **40** 123 Za 87
Castelnau-d'Anglès **32** 125 Ab 87
Castelnau-d'Arbieu **32** 125 Ae 85
Castelnaudary **11** 141 Bf 89
Castelnau-d'Aude **11** 142 Ce 89
Castelnau-d'Auzan **32** 125 Aa 85
Castelnaud-de-Gratecambe **47** 112 Ae 82
Castelnau-de-Brassac **81** 128 Cd 87
Castelnau-de-Guers **34** 143 Dc 88
Castelnau-de-Lévis **81** 127 Ca 85
Castelnau-de-Mandailles **12** 115 Cf 81
Castelnau-de-Médoc **33** 98 Zb 78
Castelnau-de-Montmiral **81** 127 Be 85
Castelnau-d'Estrétefonds **31** 126 Bc 86
Castelnaud-la-Chapelle **24** 113 Ba 80
Castelnau-Durban **09** 140 Bc 90
Castelnau-le-Lez **34** 130 Df 87
Castelnau-Magnoac **65** 139 Ad 89
Castelnau-Montratier **46** 126 Bc 83
Castelnau-Pégayrols **12** 129 Cf 84
Castelnau-Picampeau **31** 140 Ba 89
Castelnau-Rivière-Basse **65** 124 Zf 87
Castelnau-sur-Gupie **47** 112 Aa 81
Castelnau-sur-l'Auvignon **32** 125 Ac 85
Castelnau-Tursan **40** 124 Zd 87
Castelnau-Valence **30** 130 Eb 84
Castelnavet **32** 125 Aa 86
Castelner **40** 124 Zc 87
Castelnou **66** 154 Ce 93
Castelreng **11** 141 Ca 90
Castels **24** 113 Ba 79
Castelsagrat **82** 126 Af 83
Castelsarrasin **82** 126 Ba 84
Castel-Sarrazin **40** 123 Zb 87
Castelvieilh **65** 139 Ab 89
Castelviel **33** 111 Zf 80
Castéra, Le **31** 126 Ba 86
Castéra-Bouzet **82** 126 Af 84
Castéra-Lectourois **32** 125 Ad 85
Castéra-Lou **65** 139 Aa 89
Castéra-Loubix **64** 138 Zf 88
Castéras **09** 140 Bc 90
Castéra-Verduzan **32** 125 Ac 86
Castéra-Vignoles **31** 139 Ae 89
Casterets **65** 139 Ad 89
Castéron **32** 126 Af 85
Castet **64** 137 Zc 89
Castet **64** 138 Zd 90
Castet-Arrouy **32** 125 Ae 85
Castetbon **64** 137 Zb 88
Castétis **64** 137 Zb 88
Castetnau-Camblong **64** 137 Zb 89
Castetpugon **64** 124 Ze 87
Castets **40** 123 Ye 87
Castets **40** 123 Yf 85
Castets-en-Dorthe **33** 111 Zf 81
Castex **09** 140 Bb 90
Castex **32** 139 Ab 88
Castex-d'Armagnac **32** 124 Zf 85
Casties-Labrande **31** 140 Ba 89
Castifao **2B** 157 Ka 93
Castifau = Castifao **2B** 157 Ka 93
Castiglione **2B** 157 Ka 94
Castillon **06** 135 Hc 85
Castillon **64** 138 Zc 89
Castillon **64** 138 Zf 88
Castillon **65** 139 Ab 90
Castillon-Debats **32** 125 Ab 86
Castillon-de-Castets **33** 111 Zf 81
Castillon-de-Larboust **31** 151 Ad 92
Castillon-du-Gard **30** 131 Ed 85
Castillon-en-Auge **14** 30 Aa 54
Castillon-en-Couserans **09** 151 Ba 91
Castillon-la-Bataille **33** 111 Zf 79
Castillon-Massas **32** 125 Ad 86
Castillonnès **47** 112 Ad 81
Castillon-Savès **32** 140 Af 87
Castilly **14** 13 Yf 53
Castin **32** 125 Ad 86
Castineta **2B** 157 Kb 94
Castirla **2B** 157 Ka 94
Castres **02** 18 Db 50
Castres **81** 128 Cb 87
Castres-Gironde **33** 111 Zd 80
Castries **34** 143 Df 86
Cateau-Cambrésis, Le **59** 9 Dd 48
Catelet, le **02** 8 Db 48
Catelier, Le **76** 15 Ba 50
Catenay **76** 16 Bb 51
Catenoy **60** 17 Cd 52
Cateri **2B** 156 If 93
Cateri, I = Cateri **2B** 156 If 93
Cathervielle **31** 151 Ad 92
Catheux **60** 17 Ca 51
Catigny **60** 18 Cf 51
Catillon-Fumechon **60** 17 Cc 51
Catillon-sur-Sambre **59** 9 Dd 48
Catllar **66** 153 Cc 93
Cattenières **59** 9 Db 48
Cattenom **57** 22 Gb 52
Catteville **50** 12 Yc 52
Cattonvielle **32** 126 Af 87
Catus **46** 116 Bb 81
Catz **50** 12 Ye 53
Caubeyres **47** 112 Ab 83
Caubiac **31** 126 Ba 86
Caubios-Loos **64** 138 Zd 88
Caubon-Saint-Sauveur **47** 112 Ab 81
Caucalières **81** 142 Cb 87
Cauchie **62** 3 Cb 44
Cauchie, La **62** 8 Cd 47
Cauchy-à-la-Tour **62** 7 Cc 45
Caucourt **62** 8 Cd 46
Caudan **56** 42 Wd 62
Caudebec-en-Caux **76** 15 Ae 51
Caudebec-lès-Elbeuf **76** 15 Ba 53
Caudebronde **11** 142 Cb 88
Caudecoste **47** 125 Ae 84
Caudeval **11** 141 Bf 90
Caudies-de-Conflent **66** 153 Ca 93
Caudiès-de-Fenouillèdes **66** 153 Cc 92
Caudrot **33** 111 Zf 81
Caudry **59** 9 Dc 48
Cauffry **60** 17 Cc 53
Caugé **27** 31 Ba 54
Caujac **31** 140 Bc 89
Caulaincourt **02** 18 Da 49
Caule-Sainte-Beuve, Le **76** 16 Bd 50
Caulières **80** 16 Bf 50
Caullery **59** 9 Dc 48
Caulnes **22** 44 Xf 59
Caumont **02** 18 Db 51
Caumont **09** 140 Ba 90
Caumont **27** 15 Af 52
Caumont **32** 124 Zf 86
Caumont **33** 111 Zf 80
Caumont **62** 7 Ca 47
Caumont **82** 126 Ba 84
Caumont-l'Eventé **14** 29 Zb 54
Caumont-sur-Durance **84** 131 Ef 85
Caumont-sur-Garonne **47** 112 Ab 82
Caumont-sur-Orne **14** 29 Zd 55
Cauna **40** 123 Zc 86
Caunay **79** 88 Aa 71
Caunes-Minervois **11** 142 Cd 89
Caunette **34** 142 Ce 88
Caunettes-en-Val **11** 142 Cd 90
Caunette-sur-Lauquet **11** 142 Cc 90
Caupenne **40** 123 Zb 86
Caupenne-d'Armagnac **32** 124 Zf 86
Caure, La **51** 35 De 55
Caurel **22** 43 Wf 59
Cauro **2A** 158 If 97
Cauroir **59** 9 Db 47
Cauroy **08** 20 Ec 52
Cauroy-lès-Hermonville **51** 19 Df 52
Causé, Le **82** 126 Af 86
Cause-de-Clérans **24** 112 Ae 79
Caussade **82** 127 Bd 84
Caussade-Rivière **65** 138 Aa 87
Causse-Bégon **30** 129 Dc 84
Causse-de-la-Selle **34** 130 Dd 86
Causse-de-Saujac **12** 114 Bf 82
Caussens **32** 125 Ac 85
Causses-et-Veyron **34** 143 Da 88
Caussols **06** 134 Gf 86
Caussou **09** 152 Be 92
Cauterets **65** 150 Zf 91
Cauverville-en-Roumois **27** 15 Ad 52
Cauvicourt **14** 30 Ze 54
Cauvignac **33** 111 Zf 82
Cauvigny **60** 17 Cb 53
Cauville **14** 29 Zc 55
Cauville **76** 14 Aa 51
Caux **34** 143 Dc 87
Caux-et-Sauzens **11** 142 Cb 89
Cauzac **47** 113 Af 83
Cavagnac **46** 102 Bd 78
Cavaillon **84** 132 Fa 85
Cavalaire-sur-Mer **83** 148 Gd 89
Cavalerie, La **12** 129 Da 84
Cavan **22** 26 Wd 56
Cavanac **11** 142 Cb 90
Cavarc **47** 112 Ad 80
Caveirac **30** 130 Eb 86
Caves **11** 154 Cf 91
Cavignac **33** 99 Zd 78
Cavigny **50** 13 Yf 53
Cavillargues **30** 131 Ed 84
Cavillon **80** 17 Ca 49
Cavron-Saint-Martin **62** 7 Bf 46
Cavru = Cauro **2A** 158 If 97
Caychax **09** 153 Be 92
Cayeux-en-Santerre **80** 17 Cd 50
Cayeux-sur-Mer **80** 6 Bc 47
Caylar, Le **34** 129 Db 85
Caylus **82** 127 Be 83
Cayrac **82** 126 Bc 84
Cayres **43** 117 De 79
Cayriech **82** 127 Bd 83
Cayrol, Le **12** 115 Ce 81
Cayrols **15** 115 Cb 80
Cazac **31** 140 Af 88
Cazalis **33** 111 Zd 82
Cazalis **40** 123 Zc 87
Cazalrenoux **11** 141 Bf 89
Cazals **46** 113 Bb 81
Cazals **82** 127 Be 84
Cazals-des-Baylès **09** 141 Bf 90
Cazarilh **65** 139 Ad 91
Cazaril-Laspènes **31** 151 Ad 92
Cazaril-Tambourès **31** 139 Ad 89
Cazats **33** 111 Ze 82
Cazaubon **32** 124 Zf 85
Cazaugitat **33** 112 Aa 80
Cazaunous **31** 139 Ae 91
Cazaux **09** 141 Bd 90
Cazaux-d'Anglès **32** 125 Ab 87
Cazaux-Debat **65** 150 Ac 91
Cazaux-Layrisse **31** 151 Ad 91
Cazaux-Savès **32** 140 Af 87
Cazaux-Villecomtal **32** 139 Ab 88
Cazavet **09** 140 Ba 90
Cazenave **09** 152 Be 91
Cazeneuve **32** 125 Aa 85
Cazeneuve-Montaut **31** 140 Af 89
Cazères **31** 140 Ba 89
Cazères-sur-l'Adour **40** 124 Ze 86
Cazes-Mondenard **82** 126 Bb 83
Cazevieille **34** 130 De 86
Cazideroque **47** 113 Af 82
Cazilhac **11** 142 Cc 89
Cazilhac **34** 142 Ce 88
Cazillac **46** 114 Bd 79
Cazoulès **24** 113 Bc 79
Cazouls-d'Hérault **34** 143 Dc 87
Cazouls-lès-Béziers **34** 143 Da 88
Ceaucé **61** 29 Zc 58
Ceaulmont **36** 78 Bd 69
Céaux **50** 28 Yd 57
Céaux-d'Allègre **43** 105 De 77
Ceaux-en-Couhé **86** 88 Ab 71
Ceaux-en-Loudun **86** 76 Ab 66
Cébazan **34** 143 Cf 88
Cébazat **63** 92 Da 74
Ceffonds **52** 53 Ee 58
Ceilhes-et-Rocozels **34** 129 Da 86
Ceillac **05** 121 Ge 80
Ceilloux **63** 104 Dd 75
Ceintrey **54** 38 Gb 57
Celette, La **18** 79 Cd 69
Cellé **41** 48 Ae 62
Celle, La **03** 91 Ce 71
Celle, La **18** 79 Cc 68
Celle, La **63** 91 Cc 73
Celle-Condé, La **18** 79 Cb 68
Celle-Dunoise, La **23** 90 Be 71
Celle-en-Morvan, La **71** 81 Eb 66
Cellefrouin **16** 88 Ac 73
Celle-Guenand, La **37** 77 Af 67
Celle-les-Bordes, La **78** 32 Bf 57
Celle-Lévescault **86** 76 Ab 70
Celles **09** 152 Be 91
Celles **17** 99 Zd 75
Celles **24** 100 Ac 77
Celles **34** 129 Dc 87
Celle-Saint-Avant, La **37** 77 Ad 66
Celle-Saint-Cloud, La **78** 33 Ca 55
Celle-Saint-Cyr, La **89** 51 Db 61
Celles-en-Bassigny **52** 54 Fd 61
Celles-lès-Condé **02** 34 Dd 54
Celle-sous-Chantemerle, La **51** 35 De 57
Celle-sous-Gouzon, La **23** 91 Cb 71
Celle-sous-Montmirail, La **02** 34 Dc 55
Celles-sur-Aisne **02** 18 Dc 52
Celles-sur-Belle **79** 87 Ze 71
Celles-sur-Durolle **63** 93 Dd 73
Celles-sur-Ource **10** 53 Ec 60
Celles-sur-Plaine **88** 56 Gf 58
Celle-sur-Loire, La **58** 66 Cf 64
Celle-sur-Nièvre, La **58** 66 Db 65
Cellette, La **23** 90 Ca 70
Cellette, La **63** 91 Ce 72
Cellettes **16** 88 Aa 73
Cellien **42** 106 Ed 75
Cellier, Le **44** 60 Yd 65
Celloville **76** 15 Ba 52
Cellule **63** 92 Da 73
Celon **36** 78 Bc 69
Celoux **15** 104 Db 78
Celsoy **52** 54 Fc 61
Cély **77** 50 Cd 58
Cemboing **70** 54 Ff 61
Cempuis **60** 17 Ca 50
Cénac **33** 111 Zd 80
Cenans **70** 70 Gb 64
Cendre, Le **63** 104 Db 74
Cendrecourt **70** 55 Ff 61
Cendrey **25** 70 Gb 64
Cendrieux **24** 101 Ae 79
Cénevières **46** 114 Be 82
Cenne-Monestiès **11** 141 Ca 89
Cenon **33** 111 Zc 79
Cenon-sur-Vienne **86** 77 Ad 68
Censerey **21** 68 Ec 65
Censy **89** 67 Ea 62
Cent-Acres, Les **76** 15 Ba 50
Centrès **12** 128 Cc 84
Centuri **2B** 157 Kc 91
Cenves **69** 94 Ed 71
Cépet **31** 126 Bc 86
Cépie **11** 142 Cb 90
Cepoy **45** 50 Ce 60
Céran **32** 125 Ae 86
Cérans-Foulletourte **72** 47 Ab 62
Cerbère **66** 154 Da 94
Cerbois **18** 79 Ca 66
Cercier **74** 96 Ga 72
Cerclé **69** 94 Ee 72
Cercles **24** 100 Ac 76
Cercottes **45** 49 Bf 61
Cercoux **17** 99 Ze 78
Cercueil, Le **61** 30 Aa 57
Cercy-la-Tour **58** 81 Dd 67
Cerdon **01** 95 Fc 72
Cerdon **45** 65 Cc 63
Cere **40** 124 Zc 85
Céré-la-Ronde **37** 63 Bb 65
Cérelles **37** 63 Ae 64
Cérences **50** 28 Yd 55
Céreste **04** 132 Fd 85
Céret **66** 154 Ce 94
Cerfontaine **59** 9 Ea 47
Cergne, La **42** 93 Eb 72
Cergy **95** 33 Ca 54
Cergy-Pontoise (ville nouvelle) **95** 33 Ca 54
Cérilly **03** 80 Ce 69
Cérilly **21** 53 Ec 61
Cérilly **89** 52 Dd 59
Cerisé **61** 47 Aa 58
Cerisières **52** 53 Fa 59
Cerisiers **89** 51 Dc 60
Cerisy **80** 17 Cd 49
Cerisy-Belle-Etoile **61** 29 Zc 56
Cérisy-Buleux **80** 7 Be 49
Cerisy-la-Forêt **50** 13 Za 53
Cerisy-la-Salle **50** 28 Ye 54
Cerizay **79** 75 Zc 68
Cérizols **09** 140 Ba 90
Cerizy **02** 18 Db 50
Cerlangue, La **76** 14 Ac 51
Cernay **14** 30 Ab 54
Cernay **28** 48 Bb 58
Cernay **68** 56 Hb 62
Cernay **86** 76 Ab 68
Cernay-en-Dormois **51** 36 Ee 53
Cernay-la-Ville **78** 32 Bf 56
Cernay-l'Eglise **25** 71 Gf 65
Cernay-lès-Reims **51** 19 Ea 53
Cerneux **77** 34 Dc 56
Cernex **74** 96 Ga 72
Cerniébaud **39** 84 Ga 68
Cernion **08** 20 Ec 50
Cernon **39** 95 Fd 70
Cernon **51** 35 Ec 55
Cernoy **60** 17 Cd 52
Cernoy-en-Berry **45** 65 Cd 63
Cernusson **49** 61 Zd 65
Cerny **91** 50 Cb 58
Cerny-en-Laonnois **02** 19 De 52
Cerny-lès-Bucy **02** 18 Dd 51
Céron **71** 93 Df 71
Cérons **33** 111 Zd 81
Cerqueux-de-Maulevrier, Les **49** 75 Zc 65
Cerqueux-sous-Passavant **49** 61 Zd 66
Cerre-lès-Nordy **70** 70 Gb 63
Cers **34** 143 Db 89
Cersay **79** 75 Zd 66
Cerseuil **02** 18 Dd 53
Cersot **71** 82 Ed 68
Certilleux **88** 54 Fe 59
Certines **01** 95 Fb 72
Cervens **74** 96 Gc 71
Cervières **05** 120 Ge 79
Cervières **42** 93 De 73
Cerville **54** 38 Gb 56
Cervione **2B** 159 Kc 95
Cervioni = Cervione **2B** 159 Kc 95
Cervon **58** 67 De 65
Cerzat **43** 104 Dc 78
Césarches **73** 108 Gc 74
Césarville-Dossainville **45** 50 Cb 59
Cescau **09** 151 Ba 91
Cescau **64** 138 Zc 88
Cesny-aux-Vignes-Ouezy **14** 30 Zf 54
Cesny-Bois-Halbaut **14** 29 Zd 55
Cessac **33** 111 Ze 80
Cessales **31** 141 Be 88
Cesse **55** 21 Fa 51
Cessenon-sur-Orb **34** 143 Da 88
Cessens **73** 96 Ff 74
Cesseras **34** 142 Ce 89
Cesset **03** 92 Db 71
Cesseville **27** 31 Af 53
Cessey **25** 84 Ff 66
Cessey-sur-Tille **21** 69 Fb 65
Cessières **02** 18 Dd 51
Cessieu **38** 107 Fc 75
Cesson **22** 26 Xb 57
Cesson **77** 33 Cd 57
Cesson-Sévigné **35** 45 Yc 60
Cessoy-en-Montois **77** 51 Da 57
Cessy **01** 96 Ga 71
Cessy-les-Bois **58** 66 Db 65
Cestas **33** 111 Zb 80
Cestayrols **81** 127 Bf 85
Ceton **61** 48 Ae 59
Cette-Eygun **64** 137 Zc 91
Cevins **73** 108 Gc 75
Ceyras **34** 129 Dc 87
Ceyrat **63** 92 Da 74
Ceyreste **13** 146 Fd 89
Ceyroux **23** 90 Bd 72
Ceyssat **63** 92 Cf 74

Camon — Ceyssat (F) **169**

Charbonnières-les-Vieilles **63** 92 Da 73
Charbonnier-les-Mines **63** 104 Db 76
Charbuy **89** 66 Dc 62
Charcenne **70** 70 Fe 64
Charcé-Saint-Ellier-sur-Aubance **49** 61 Zd 64
Charchigné **53** 46 Zd 58
Charchilla **39** 83 Fe 70
Charcier **39** 84 Fe 69
Chard **23** 91 Cc 73
Chardeny **08** 20 Ed 52
Chardogne **55** 36 Fa 56
Chardonnay **71** 82 Ef 69
Chareil **03** 92 Db 71
Charencey **21** 68 Ee 64
Charency **39** 84 Ga 68
Charens **26** 119 Fd 81
Charensat **63** 91 Cd 73
Charentay **69** 94 Ee 72
Charentenay **89** 67 Dd 63
Charentilly **37** 63 Ad 64
Charenton-du-Cher **18** 79 Cd 68
Charenton-le-Pont **94** 33 Cc 56
Charentonnay **18** 66 Cf 66
Charette **38** 95 Fc 74
Charette **71** 83 Fb 67
Charey **54** 37 Ff 54
Charézier **39** 84 Fe 69
Chargé **37** 63 Ba 64
Chargey-lès-Grey **70** 69 Fd 64
Chargey-lès-Port **70** 70 Ga 62
Chariez **70** 70 Ga 63
Charigny **21** 68 Ec 64
Charité-sur-Loire, La **58** 66 Da 65
Charix **01** 95 Fe 71
Charlas **31** 139 Ae 89
Charleval **13** 132 Fb 86
Charleval **27** 16 Bc 52
Charleville **51** 35 De 56
Charleville-Mézières **08** 20 Ee 50
Charleville-sous-Bois **57** 38 Gc 53
Charlieu **42** 93 Ea 72
Charly **02** 34 Db 55
Charly **18** 80 Ce 67
Charly **69** 106 Ee 75
Charmant **16** 100 Ab 76
Charmauvillers **25** 71 Gf 65
Charmé **16** 88 Aa 73
Charme, Le **45** 66 Cf 62
Charmeil **03** 92 Dc 72
Charmel, Le **02** 34 Dd 54
Charmensac **15** 104 Da 77
Charmentray **77** 33 Ce 55
Charmes **02** 18 Dc 51
Charmes **03** 92 Db 72
Charmes **21** 69 Fc 64
Charmes **52** 54 Fc 61
Charmes **88** 55 Gb 58
Charmes-en-l'Angle **52** 53 Fa 58
Charmes-la-Côte **54** 37 Fe 57
Charmes-la-Grande **52** 53 Ef 58
Charmes-Saint-Valbert **70** 69 Fe 62
Charmes-sur-l'Herbasse **26** 106 Fa 78
Charmes-sur-Rhône **07** 118 Ef 79
Charmoille **25** 71 Ge 65
Charmoille **70** 70 Ga 63
Charmois **54** 38 Gc 57
Charmois **90** 71 Gf 63
Charmois-devant-Bruyères **88** 55 Gd 59
Charmois-l'Orgueilleux **88** 55 Gb 60
Charmont **51** 36 Ef 55
Charmont **95** 32 Be 54
Charmont-en-Beauce **45** 50 Ca 59
Charmontois, Les **51** 36 Fa 55
Charmont-sous-Barbuise **10** 52 Eb 58
Charmoy **10** 52 Dd 58
Charmoy **71** 82 Eb 68
Charmoy **89** 51 Dc 61
Charnas **07** 106 Ee 77
Charnat **63** 92 Dc 73
Charnay **25** 70 Ff 66
Charnay **69** 94 Ed 73
Charnay-lès-Chalon **71** 83 Fa 67
Charnay-lès-Mâcon **71** 94 Ee 71
Charnècles **38** 107 Fd 76
Charnizay **37** 77 Af 67
Charnoz **01** 95 Fb 73
Charny **21** 68 Ec 65
Charny **77** 33 Ce 55
Charny **89** 51 Da 61
Charny-le-Bachot **10** 35 Df 57
Charny-sur-Meuse **55** 37 Fc 53
Charolles **71** 82 Eb 70
Charols **26** 118 Ef 81
Charonville **28** 49 Bb 59
Chârost **18** 79 Ca 67
Charpey **26** 119 Fa 79
Charpont **28** 32 Bc 56
Charquemont **25** 71 Ge 65
Charrais **86** 76 Ab 68
Charraix **43** 116 Dd 78
Charras **16** 100 Ac 75
Charray **28** 49 Bb 61
Charre **64** 137 Zb 89
Charrecey **71** 82 Ee 67
Charrey-sur-Saône **21** 83 Fb 66
Charrey-sur-Seine **21** 53 Ed 61
Charrin **58** 81 Dd 68
Charritte-de-Bas **64** 137 Zb 89
Charron **17** 86 Yf 71
Charron **23** 91 Cd 72
Charroux **03** 92 Da 71
Charroux **86** 88 Ac 72
Chars **95** 32 Bf 54
Charsonville **45** 49 Bd 61
Chartainvilliers **28** 32 Bd 57
Chartèves **02** 34 Dd 54
Chartrené **49** 62 Zf 64
Chartres **28** 49 Bc 58
Chartres-de-Bretagne **35** 45 Yb 60
Chartre-sur-le-Loir, La **72** 63 Ad 62
Chartrettes **77** 50 Ce 58
Chartrier-Ferrière **19** 102 Bc 78
Chartronges **77** 34 Db 56
Chartuzac **17** 99 Zd 76
Charvieu-Chavagneur **38** 95 Fa 74
Charvonnex **74** 96 Ga 73
Chas **63** 92 Db 74
Chasnais **85** 74 Ye 70
Chasnans **25** 84 Gb 66
Chasnay **58** 66 Db 65
Chasné-sur-Illet **35** 45 Yc 59
Chaspinhac **43** 105 Df 78
Chaspuzac **43** 105 De 78
Chassagne **63** 104 Da 76
Chassagne, La **39** 83 Fc 67
Chassagne-Montrachet **21** 82 Ee 67
Chassagnes **07** 117 Eb 82
Chassagnes **43** 104 Dd 77
Chassagne-Saint-Denis **25** 84 Ga 66
Chassagny **69** 106 Ee 75
Chassaignes **24** 100 Ab 77
Chassal **39** 95 Fe 70
Chasseguey **50** 29 Yf 57
Chasselas **71** 94 Ee 71
Chasselay **38** 107 Fb 77
Chasselay **69** 94 Ee 73
Chassemy **02** 18 Dd 52
Chassenard **03** 81 Df 70
Chasseneuil **36** 78 Bc 69
Chasseneuil-du-Poitou **86** 76 Ac 69
Chasseneuil-sur-Bonnieure **16** 88 Ac 74
Chassenon **16** 89 Ae 73
Chasseradès **48** 117 De 81
Chasse-sur-Rhône **38** 106 Ee 75
Chassey **21** 68 Ec 64
Chassey-Beaupré **55** 54 Fc 58
Chassey-le-Camp **71** 82 Ee 67
Chassey-lès-Montbozon **70** 70 Gc 63
Chassey-lès-Scey **70** 70 Ff 63
Chassiecq **16** 88 Ac 73
Chassiers **07** 117 Eb 81
Chassieu **69** 94 Ef 74
Chassignelles **89** 67 Eb 62
Chassignieu **38** 107 Fc 76
Chassignolles **36** 78 Bf 69
Chassignolles **43** 104 Dc 76
Chassigny-Aisey **52** 69 Fc 62
Chassigny-sous-Dun **71** 93 Eb 71
Chassillé **72** 47 Zf 60
Chassy **18** 80 Cf 66
Chassy **71** 81 Ea 69
Chassy **89** 51 Dc 61
Chastang, Le **19** 102 Be 78
Chastanier **48** 117 De 80
Chasteaux **19** 102 Bc 78
Chastel **43** 104 Db 78
Chastel-Arnaud **26** 119 Fb 81
Chastellet-lès-Sausses **04** 134 Ge 84
Chastellux-sur-Cure **89** 67 Df 64
Chastel-Merlhac **15** 103 Cd 77
Chastel-Nouvel **48** 116 Dc 81
Chastreix **63** 103 Ce 75
Châtaigneraie, La **85** 75 Zb 69
Chatain **86** 88 Ac 72
Châtaincourt **28** 31 Bb 56
Châtas **88** 56 Ha 58
Château **71** 94 Ed 70
Châteaubernard **16** 87 Ze 74
Château-Bernard **38** 119 Fd 79
Châteaubleau **77** 34 Da 57
Châteaubourg **07** 118 Ee 78
Châteaubourg **35** 45 Yd 60
Château-Bréhain **57** 38 Gd 55
Châteaubriant **44** 45 Yd 62
Château-Chalon **39** 83 Fd 68
Château-Chervix **87** 101 Bc 75
Château-Chinon **58** 81 Df 66
Château-d'Almenêches, Le **61** 30 Aa 56
Château-des-Prés **39** 84 Ff 69
Château-d'Oléron, Le **17** 86 Ye 73
Château-d'Olonne **85** 73 Yb 69
Châteaudouble **26** 119 Fa 79
Châteaudouble **83** 148 Gc 87
Château-du-Loir **72** 62 Ac 62
Châteaudun **28** 49 Bc 60
Châteaufort **04** 133 Ga 83
Châteaufort **78** 33 Ca 56
Château-Gaillard **01** 95 Fb 73
Château-Garnier **86** 88 Ac 71
Châteaugay **63** 92 Da 73
Châteaugiron **35** 45 Yd 60
Château-Gontier **53** 46 Zb 62
Château-Guibert **85** 74 Ye 69
Château-l'Abbaye **59** 9 Dc 46
Château-Landon **77** 50 Ce 60
Château-Larcher **86** 76 Ab 70
Château-la-Vallière **37** 62 Ab 63
Château-l'Evêque **24** 100 Ae 77
Château-l'Hermitage **72** 47 Ab 62
Chateaulin **29** 42 Vf 59
Château-Malo **35** 27 Ya 57
Châteaumeillant **18** 79 Cb 69
Châteauneuf **21** 68 Ed 65
Châteauneuf **71** 93 Eb 71
Châteauneuf **73** 108 Gb 75
Châteauneuf **85** 73 Ya 67
Châteauneuf-de-Bordette **26** 119 Fa 82
Châteauneuf-de-Contes **06** 135 Hb 86
Châteauneuf-de-Gadagne **84** 131 Ef 85
Châteauneuf-de-Galaure **26** 106 Ef 77
Châteauneuf-d'Entraunes **06** 134 Ge 84
Châteauneuf-de-Vernoux **07** 118 Ed 79
Châteauneuf-d'Ille-et-Vilaine **35** 27 Ya 57
Châteauneuf-d'Oze **05** 120 Ff 81
Châteauneuf-du-Faou **29** 42 Wb 59
Châteauneuf-du-Pape **84** 131 Ee 84
Châteauneuf-en-Thymerais **28** 31 Bb 57
Châteauneuf-Grasse **06** 134 Gf 86
Châteauneuf-la-Forêt **87** 90 Bd 74
Châteauneuf-le-Rouge **13** 146 Fd 87
Châteauneuf-les-Bains **63** 92 Cf 72
Châteauneuf-les-Martigues **13** 146 Fa 88
Châteauneuf-Miravail **04** 132 Fe 84
Châteauneuf-sur-Charente **16** 100 Zf 75
Châteauneuf-sur-Cher **18** 79 Cb 67
Châteauneuf-sur-Isère **26** 118 Ef 78
Châteauneuf-sur-Loire **45** 50 Cb 61
Châteauneuf-sur-Sarthe **49** 61 Zd 62
Châteauneuf-Val-de-Bargis **58** 66 Db 65
Châteauneuf-Val-Saint-Donnat **04** 133 Ff 84
Châteauponsac **87** 89 Bb 72
Château-Porcien **08** 19 Eb 51
Châteauredon **04** 133 Gb 84
Châteaurenard **13** 131 Ef 85
Châteaurenard **45** 51 Cf 61
Château-Renault **37** 63 Af 63
Château-Rouge **57** 22 Gd 53
Châteauroux **05** 121 Gd 81
Châteauroux **36** 78 Be 68
Château-Salins **57** 38 Gd 56
Château-sur-Allier **03** 80 Da 68
Château-sur-Cher **63** 91 Cd 72
Château-sur-Epte **27** 32 Bd 53
Châteauthébaud **44** 60 Yd 66
Château-Thierry **02** 34 Dc 54
Château-Verdun **09** 152 Be 92
Châteauvert **83** 147 Ga 87
Châteauvieux **41** 64 Bc 65
Châteauvieux **83** 134 Gd 86
Châteauvilain **38** 107 Fb 75
Châteauvillain **52** 53 Ef 60
Château-Voué **57** 38 Gd 55
Châtel, Le **73** 108 Gc 77
Châtelaillon-Plage **17** 86 Yf 72
Châtelain **53** 46 Zc 62
Châtelaine, La **39** 84 Fe 67
Châtelais **49** 46 Za 62
Chatelans, Annoisin- **38** 95 Fb 74
Châtelard **23** 91 Cc 73
Châtelard, Le **73** 108 Ga 74
Châtelaudren **22** 26 Xa 57
Châtelblanc **25** 84 Ga 68
Châtel-Censoir **89** 67 Dd 63
Châtel-Chéhéry **08** 20 Ef 53
Châtel-de-Joux **39** 84 Fe 69
Châtel-de-Neuvre **03** 92 Db 70
Châteldon **63** 92 Dd 73
Châtelet, Le **18** 79 Cb 69
Châtelet, Le **58** 66 Db 65
Châtelet-en-Brie, Le **77** 50 Ce 57
Châtelets, Les **28** 31 Ba 57
Châtelets, Les **28** 48 Bb 58
Châtelet-sur-Meuse **52** 54 Fd 61
Châtelet-sur-Retourne, Le **08** 19 Eb 52
Châtelet-sur-Sormonne, Le **08** 20 Ed 49
Châtel-Gérard **89** 67 Ea 63
Châtelguyon **63** 92 Da 73
Châtelier, Le **35** 45 Ye 58
Châtelier, Le **51** 36 Ef 55
Châtelier, Le **61** 29 Zc 56
Châteliers-Notre-Dame, Les **28** 48 Bb 58
Châtellenot **21** 68 Ec 65
Châtellerault **86** 77 Ad 68
Châtelliers-Châteaumur, Les **85** 75 Zb 67
Châtel-Montagne **03** 93 De 72
Châtel-Moron **71** 82 Ed 68
Châtelneuf **39** 84 Ff 68
Châtelneuf **42** 105 Df 75
Châtelperron **03** 93 Dd 70
Châtelraould-Saint-Louvent **51** 36 Ed 56
Châtel-Saint-Germain **57** 38 Ga 54
Châtel-sur-Moselle **88** 55 Gc 59
Châtelus **03** 93 De 71
Chatelus **23** 90 Be 70
Châtelus **42** 105 Ea 76
Châtelus-Malvaleix **23** 90 Ca 71
Châtenay **01** 95 Fb 72
Châtenay **28** 49 Bf 58
Châtenay **38** 107 Fb 77
Châtenay **71** 94 Ec 71
Châtenay-Mâcheron **52** 54 Fc 61
Châtenay-sur-Seine **77** 51 Da 58
Châtenay-Vaudin **52** 54 Fc 61
Chatenet **17** 99 Ze 77
Châtenet **87** 89 Bc 71
Châtenet, Le **87** 90 Bd 74
Châtenois **39** 69 Fd 66
Châtenois **67** 56 Hc 59
Châtenois **70** 70 Gb 62
Châtenois **88** 54 Ff 59
Châtenois-les-Forges **90** 71 Gf 63
Châtenoy **45** 50 Cc 61
Châtenoy **77** 50 Cd 59
Châtenoy-en-Bresse **71** 82 Ef 68
Châtignac **16** 100 Zf 76
Châtillon **39** 84 Fe 69
Châtillon **69** 94 Ed 73
Châtillon-Coligny **45** 66 Cf 62
Châtillon-de-Michaille **01** 95 Fe 72
Châtillon-en-Bazois **58** 81 Dd 66
Châtillon-en-Diois **26** 119 Fc 80
Châtillon-en-Dunois **28** 48 Bb 60
Châtillon-en-Vendelais **35** 45 Ye 59
Châtillon-Guyotte **25** 70 Gb 65
Châtillon-la-Borde **77** 51 Ce 47
Châtillon-la-Palud **01** 95 Fb 73
Châtillon-le-Duc **25** 70 Ga 65
Châtillon-le-Roi **45** 50 Ca 60
Châtillon-lès-Sons **02** 19 De 50
Châtillon-Saint-Jean **26** 107 Fa 78
Châtillon-sous-les-Côtes **55** 37 Fd 54
Châtillon-sur-Broué **51** 36 Ee 57
Châtillon-sur-Chalaronne **01** 94 Ef 72
Châtillon-sur-Cher **41** 64 Bc 65
Châtillon-sur-Colmont **53** 46 Zb 58
Châtillon-sur-Indre **36** 77 Bb 67
Châtillon-sur-Lison **25** 84 Ff 66
Châtillon-sur-Loire **45** 66 Ce 63
Châtillon-sur-Marne **51** 35 De 54
Châtillon-sur-Morin **51** 35 Dd 56
Châtillon-sur-Oise **02** 18 Dc 50
Châtillon-sur-Saône **88** 55 Ff 61
Châtillon-sur-Seiche **35** 45 Yb 60
Châtillon-sur-Seine **21** 53 Ed 61
Châtillon-sur-Thouet **79** 76 Ze 69
Châtin **58** 81 Df 66
Châtonnay **38** 107 Fb 76
Chatonrupt-Sommermont **52** 54 Fa 58
Chatou **78** 33 Ca 55
Châtre, La **36** 78 Bf 69
Châtre-Langlin, La **36** 78 Bc 70
Châtres **10** 52 Df 57
Châtres **24** 101 Bb 77
Châtres **77** 34 Ce 56
Châtres-la-Forêt **53** 46 Zd 60
Châtres-sur-Cher **41** 64 Bf 65
Châtrices **51** 36 Ef 54
Chattancourt **55** 37 Fb 53
Chaucenne **25** 70 Ff 65
Chauchailles **48** 116 Da 80
Chauché **85** 74 Ye 68
Chauchet, Le **23** 91 Cc 72
Chauchigny **10** 52 Df 58
Chauconin-Neufmontiers **77** 34 Cf 55
Chaudardes **02** 19 De 52
Chaudebonne **26** 119 Fb 82
Chaudefonds-sur-Layon **49** 61 Zb 65
Chaudefontaine **25** 70 Ga 64
Chaudenay **52** 54 Fd 62
Chaudenay **71** 82 Ee 67
Chaudenay-le-Château **21** 68 Ed 65
Chaudenay-sur-Moselle **54** 38 Ff 57
Chaudes-Aigues **15** 116 Da 79
Chaudeyrac **48** 117 De 81
Chaudeyrolles **43** 117 Eb 79
Chaudière, La **26** 119 Fb 81
Chaudon **28** 32 Bc 57
Chaudon-Norante **04** 133 Gb 85
Chaudrey **10** 52 Eb 57
Chaudron-en-Mauges **49** 61 Za 65
Chaudun **02** 18 Db 53
Chauffailles **71** 94 Ec 71
Chauffayer **05** 120 Ga 80
Chauffecourt **88** 55 Ga 58
Chauffour **16** 88 Ab 72
Chauffour-lès-Bailly **10** 52 Eb 59
Chauffour-lès-Étréchy **91** 50 Cb 57
Chauffours **28** 49 Bc 58
Chauffour-sur-Vell **19** 102 Bd 78
Chauffourt **52** 54 Fc 61
Chauffry **77** 34 Db 56
Chaufour-lès-Bonnières **78** 32 Bc 54
Chaufour-Notre-Dame **72** 47 Aa 60
Chaugey **21** 68 Ef 62
Chaugey **21** 83 Fb 66
Chaulgnes **58** 66 Da 66
Chaulhac **48** 116 Db 79
Chaulme, La **63** 105 Df 76
Chaulnes **80** 18 Ce 50
Chaum **31** 151 Ad 91
Chaumard **58** 67 Df 66
Chaume, La **21** 53 Ef 61
Chaume-et-Courchamp **21** 69 Fc 63
Chaumeil **19** 102 Bf 75
Chaumeil **19** 102 Bf 76
Chaume-lès-Baigneux **21** 68 Ec 63
Chaumercenne **70** 69 Fd 65
Chaumeré **35** 45 Yd 60
Chaumergy **39** 83 Fc 67
Chaumes-en-Brie **77** 34 Cf 56
Chaumesnil **10** 53 Ed 58
Chaumont **18** 80 Ce 67
Chaumont **52** 53 Fa 60
Chaumont **61** 30 Ab 56
Chaumont **74** 96 Ff 72
Chaumont **89** 51 Da 59
Chaumont-d'Anjou **49** 62 Ze 63
Chaumont-devant-Damvillers **55** 21 Fc 53
Chaumontel **95** 33 Cc 54
Chaumont-en-Vexin **60** 16 Bf 53
Chaumont-la-Ville **52** 54 Fd 60
Chaumont-le-Bois **21** 53 Ed 61
Chaumont-le-Bourg **63** 105 De 76
Chaumont-Porcien **08** 19 Eb 51
Chaumont-sur-Aire **55** 37 Fb 55
Chaumont-sur-Loire **41** 63 Bb 64
Chaumont-sur-Tharonne **41** 64 Bf 63
Chaumot **58** 67 Dd 65
Chaumot **89** 51 Db 60
Chaumousey **88** 55 Gc 59
Chaumoux-Marcilly **18** 66 Ce 66
Chaumussay **37** 77 Af 67
Chaumusse, La **39** 84 Ff 69
Chaunac **17** 99 Zd 76
Chaunay **86** 88 Aa 71
Chauny **02** 18 Db 51
Chauriat **63** 92 Db 74
Chaussade, La **23** 91 Cb 73
Chaussaire, La **49** 60 Yf 65
Chaussée, La **76** 15 Ba 49
Chaussée, La **86** 76 Aa 67
Chaussée-d'Ivry, La **28** 32 Bc 55
Chaussée-Saint-Victor, La **41** 64 Bc 63
Chaussée-sur-Marne, La **51** 36 Ed 55
Chaussée-Tirancourt, La **80** 7 Ca 49
Chaussenac **15** 103 Cb 77
Chaussenans **39** 84 Fe 68
Chausseterre **42** 93 De 73
Chaussin **39** 83 Fc 67
Chausson **69** 106 Ed 75
Chaussoy-Epagny **80** 17 Cb 50
Chaussy **45** 49 Bf 60
Chaussy **95** 32 Be 54
Chauvac **26** 119 Fd 83
Chauvé **44** 59 Ya 66
Chauvency-Saint-Hubert **55** 21 Fb 51
Chauvigne **35** 45 Yd 58
Chauvigny **86** 77 Ad 69
Chauvigny-du-Perche **41** 48 Ba 61
Chauvincourt-Provemont **27** 16 Bd 53
Chauvirey-le-Châtel **70** 69 Fe 62
Chauvirey-le-Vieil **70** 69 Fe 62
Chauvoncourt **55** 37 Fd 55
Chauvry **95** 33 Cb 54
Chaux **21** 68 Ef 66
Chaux **70** 70 Ff 64
Chaux **90** 71 Ge 62
Chaux, La **25** 84 Gc 66
Chaux, La **25** 84 Gc 67
Chaux, la **61** 30 Ze 57
Chaux, La **71** 83 Fb 68
Chaux-Champagny **39** 84 Ff 67
Chaux-de-Prés **39** 84 Ff 69
Chaux-des-Crotenay **39** 84 Ff 69
Chaux-du-Dombief, La **39** 84 Ff 69
Chaux-en-Bresse, La **39** 83 Fc 68
Chaux-lès-Clerval **25** 71 Gd 64
Chaux-lès-Passavant **25** 70 Gc 65
Chaux-lès-Port **70** 70 Ga 62
Chaux-Neuve **25** 84 Ga 68
Chauzon **07** 118 Ec 82
Chavagnac **15** 104 Cf 78
Chavagnac **24** 101 Bc 78
Chavagne **35** 45 Yb 60
Chavagnes **49** 61 Zd 65
Chavagnes-en-Paillers **85** 74 Ye 67
Chavagnes-les-Redoux **85** 75 Za 68
Chavaignes **49** 63 Aa 63
Chavanac **19** 102 Ca 75
Chavanat **23** 90 Bf 73
Chavanatte **90** 71 Ha 63
Chavanay **42** 106 Ee 76
Chavanges **10** 53 Ed 57
Chavaniac-Lafayette **43** 104 Dd 78
Chavannas **26** 106 Ef 78
Chavannaz **74** 96 Ga 72
Chavanne **70** 71 Gd 63
Chavanne, Les **70** 55 Gc 61
Chavannes **18** 79 Cc 67
Chavannes-en-Maurienne, Les **73** 108 Gb 76
Chavannes-les-Grandes **90** 71 Ha 63
Chavannes-sur-l'Étang **68** 71 Ha 63
Chavannes-sur-Reyssouze **01** 83 Ee 70
Chavannes-sur-Suran **01** 95 Fc 71
Chavanod **74** 96 Ga 73
Chavaroux **63** 92 Db 73
Chavatte, La **80** 17 Ce 50
Chaveignes **37** 76 Ac 66
Chavelot **88** 55 Gc 59
Chavenat **16** 100 Ab 76
Chavenay **78** 32 Bf 55
Chavençon **60** 32 Bf 53
Chavenon **03** 92 Cf 70
Chaventon **36** 78 Bc 67
Chavéria **39** 83 Fd 69
Chaveroche **19** 103 Cb 75
Chaveyriat **01** 94 Fa 71
Chavignol **18** 66 Ce 65
Chavignon **02** 18 Dd 52
Chavigny **02** 18 Db 52
Chavigny **54** 38 Ga 57
Chavigny-Bailleul **27** 31 Bb 55
Chavin **36** 78 Bd 69
Chavonne **02** 19 Dd 52
Chavornay **01** 95 Fe 73
Chavot-Courcourt **51** 35 Df 55
Chavoy **50** 28 Ye 56
Chavroches **03** 93 Dd 70
Chay **25** 84 Ff 66
Chay, La **17** 86 Za 75
Chazay-d'Azergues **69** 94 Ee 73
Chazeaux **07** 117 Eb 81
Chaze-de-Peyre, La **48** 116 Db 80
Chazé-Henry **49** 45 Yf 62
Chazelet **36** 78 Bc 69
Chazelles **15** 104 Dc 78
Chazelles **16** 100 Ac 75
Chazelles **39** 95 Fc 70
Chazelles **42** 93 Df 74
Chazelles **43** 116 Dc 78
Chazelles-sur-Albe **54** 39 Ge 57
Chazelles-sur-Lyon **42** 106 Ec 75
Chazemais **03** 79 Cd 70
Chazé-sur-Argos **49** 61 Za 63
Chazeuil **21** 69 Fb 63
Chazeuil **58** 66 Dc 65
Chazey-Bons **01** 95 Fe 74
Chazey-sur-Ain **01** 95 Fb 73
Chazilly **21** 68 Ed 65
Chazot **25** 71 Gd 65
Chécy **45** 49 Ca 61
Chef-Boutonne **79** 88 Zf 72
Chef-du-Pont **50** 12 Yd 52
Cheffes **49** 61 Zc 63
Cheffois **85** 75 Zb 69
Chef-Haut **88** 55 Ga 58
Chefresne, Le **50** 28 Yf 55
Chéhéry **08** 20 Ef 51
Cheignieu-la-Balme **01** 95 Fd 74
Cheillé **37** 62 Ac 65
Cheilly-lès-Maranges **71** 82 Ee 67
Chein-Dessus **31** 140 Af 90
Cheissoux **87** 90 Bd 74
Cheix, Le **63** 91 Cd 74
Cheix, Le **63** 91 Ce 72
Cheix, Le **63** 92 Db 73
Cheix, Le **63** 104 Da 75
Cheix-en-Retz **44** 59 Yb 65
Chelers **62** 8 Cc 46
Chélieu **38** 107 Fc 76
Chelle-Debat **65** 139 Ab 89
Chelles **60** 18 Da 52
Chelles **77** 33 Cd 55
Chelle-Spou **65** 139 Ab 90
Chelun **35** 45 Ye 61
Chemaudin **25** 70 Ff 65
Chemazé **53** 46 Zb 62
Chemellier **49** 61 Zd 64
Chemenot **39** 83 Fd 67
Chéméré **44** 59 Ya 66
Chémeré-le-Roi **53** 46 Zd 61
Chémery **41** 64 Bc 64
Chémery-les-Deux **57** 22 Gc 53
Chémery-sur-Bar **08** 20 Ef 51
Chemilla **39** 95 Fd 70
Chemillé **49** 61 Zb 65
Chemillé-sur-Dême **37** 63 Ad 63
Chemillé-sur-Indrois **37** 63 Bb 66
Chemilli **61** 47 Ac 58
Chemilly **03** 80 Db 70
Chemilly **70** 70 Ga 63
Chemilly-sur-Serein **89** 67 Df 62
Chemilly-sur-Yonne **89** 51 Dd 61
Chemin **39** 83 Fb 67
Chemin, Le **51** 36 Ef 54
Cheminas **07** 106 Ee 78
Chemin-d'Aisey **21** 68 Ed 62
Cheminon **51** 36 Ef 56
Cheminot **57** 38 Ga 55
Chemiré-en-Charnie **72** 47 Ze 60
Chemiré-le-Gaudin **72** 47 Zf 61
Chemiré-sur-Sarthe **49** 46 Zd 62
Chemy **59** 8 Cf 45
Chenac-Saint-Seurin-d'Uzet **17** 98 Zb 75
Chenailler-Mascheix **19** 102 Bf 78
Chenalotte, La **25** 71 Ge 66
Chénas **69** 94 Ee 71
Chenaud **24** 100 Aa 77
Chenay **51** 19 Df 53
Chenay **72** 47 Aa 58
Chenay **79** 88 Zf 71
Chenay-le-Châtel **71** 93 Df 71
Chêne, Le **10** 35 Eb 57
Chêne-Arnoult **89** 51 Da 61
Chêne-Bernard **39** 83 Fc 67
Chenebier **70** 71 Ge 63
Chenecey-Buillon **25** 70 Ff 66
Cheneché **86** 76 Ab 68
Chêne-Chenu **28** 32 Bb 57
Chênedouit **61** 29 Zd 56
Chêne-en-Semine **74** 96 Ff 72
Chênehutte-Trèves-Cunault **49** 62 Zf 65
Chénelette **69** 94 Ec 72
Chénérailles **23** 91 Cb 72
Chenereilles **42** 105 Ea 76
Chenereilles **42** 105 Eb 76
Chenereilles **43** 105 Eb 78
Chêne-Sec **39** 83 Fc 67
Chenevelles **86** 77 Ad 68
Chenevières **54** 38 Gd 57
Chenevrey-et-Morogne **70** 69 Fe 65
Chênex **74** 96 Ff 72
Cheney **89** 52 Df 61
Chenicourt **54** 38 Gb 55
Chenières **54** 21 Fe 52
Chéniers **23** 90 Be 70
Cheniers **51** 35 Eb 55
Chenillé-Changé **49** 61 Zc 62
Cheniménil **88** 55 Gd 60
Chennebrun **27** 31 Ae 56
Chennegy **10** 52 Df 59
Chennevières-lès-Louvres **95** 33 Cd 54
Chennevières-sur-Marne **94** 33 Cd 56
Chenois **57** 38 Gd 55
Chenoise **77** 34 Db 57
Chenommet **16** 88 Ab 73
Chenon **16** 88 Ab 73
Chenonceaux **37** 63 Ba 65
Chenou **77** 50 Cd 60
Chenôve **21** 69 Fa 65
Chenôves **71** 82 Ee 68
Chens-sur-Léman **74** 96 Gb 71
Chenu **72** 62 Ac 63
Cheny **89** 51 Dd 61
Chepniers **17** 99 Ze 77
Chepoix **60** 17 Cc 51
Cheppe, La **51** 36 Ec 54
Cheppes-la-Prairie **51** 36 Ec 56
Cheppy **55** 20 Fa 53
Cheptainville **91** 33 Cb 57
Chepy **51** 36 Ec 55
Chépy **80** 6 Bd 48
Chéraute **64** 137 Za 89
Cherbonnières **17** 87 Zd 73
Cherbourg **50** 12 Yc 51
Chérence **95** 32 Be 54
Chérence-le-Héron **50** 28 Ye 56
Chérences-le-Roussel **50** 29 Yf 56
Chéreng **59** 8 Db 45
Chères, Les **69** 94 Ee 73
Chérêt **02** 19 De 51
Chériennes **62** 7 Ca 47
Cherier **42** 93 Df 73
Chérigné **79** 87 Ze 72
Chéris, Les **50** 28 Ye 57
Chérisay **72** 47 Aa 58
Chérisy **28** 32 Bc 56
Chérisy **62** 8 Cf 47
Chérizet **71** 82 Ed 69
Chermignac **17** 87 Zb 74
Chermisey **88** 54 Fd 58
Chermizy-Ailles **02** 19 De 52
Chéronnac **87** 89 Ae 74
Chéronvilliers **27** 31 Ae 56
Chéroy **89** 51 Da 59
Cherré **49** 61 Zc 62
Cherré **72** 48 Ad 60
Cherreau **72** 48 Ae 59
Cherval **24** 100 Ac 76
Cherveix-Cubas **24** 101 Ba 77
Chervers-Châtelars **16** 88 Ad 74
Cherves **86** 76 Aa 68
Cherves-Richemont **16** 87 Zd 74
Chervettes **17** 87 Zb 72
Cherveux **79** 75 Zd 70
Cherville **51** 35 Eb 54
Chéry **18** 65 Ca 66
Chéry-Chartreuve **02** 19 Dd 53
Chéry-lès-Pouilly **02** 19 Dd 51
Chéry-lès-Rozoy **02** 19 Ea 50
Chesley **10** 52 Ea 61
Chesnay, Le **78** 33 Ca 56
Chesne, Le **08** 20 Ee 51
Chesne, le **27** 31 Af 55
Chesnois-Auboncourt **08** 20 Ed 51
Chesny **57** 38 Gb 54
Chessenaz **74** 96 Ff 72
Chessy **69** 94 Ed 73
Chessy **77** 33 Ce 55
Chéu **89** 52 De 61
Cheuge **21** 69 Fc 64
Cheux **14** 13 Zc 54
Chevagnes **03** 81 Dd 69
Chevagny-les-Chevrières **71** 94 Ee 71
Chevagny-sur-Guye **71** 82 Ed 69
Chevaigné **35** 45 Yc 59
Chevaigné-du-Maine **53** 46 Zd 58
Chevain, Le **72** 47 Aa 58
Cheval-Blanc **84** 132 Fa 86
Chevaline **74** 96 Gb 74
Chevallerais, La **44** 60 Yb 64
Chevanceaux **17** 99 Ze 77
Chevannay **21** 68 Ed 64
Chevannes **45** 51 Cf 60
Chevannes **89** 67 Dc 62
Chevannes **91** 33 Cc 57
Chevannes-Changy **58** 66 Dc 65
Chevennes **02** 19 De 50
Chevennes **21** 68 Ef 66
Chevenon **58** 80 Db 67
Chevenoz **74** 96 Gd 71
Cheverny **41** 64 Bc 64
Cheveuges-Saint-Aignan **08** 20 Ef 50
Chevières **08** 20 Ef 52
Chevigney **25** 70 Gc 66
Chevigney **70** 69 Fd 65
Chevigney-sur-l'Ognon **25** 70 Ff 65
Chevigny **21** 69 Fa 65

Charbonnières-les-Vieilles — Chevigny (F) **171**

Chevigny 39 69 Fc 65
Chevigny-en-Valière 21 82 Ef 67
Chevigny-Saint-Sauveur 21 69 Fa 65
Chevillard 01 95 Fd 72
Chevillé 72 47 Ze 61
Chevillon 52 37 Fa 57
Chevillon 89 51 Db 61
Chevillon-sur-Huillard 45 50 Cd 61
Chevilly 45 49 Be 60
Chevinay 69 94 Ed 74
Chevincourt 60 18 Cf 51
Cheviré-le-Rouge 49 62 Ze 63
Chevrainvilliers 77 50 Cd 59
Chevreaux 39 83 Fc 69
Chevregny 02 19 Dd 52
Chèvremont 90 71 Gf 63
Chèvrerie, La 16 88 Aa 72
Chevresis-Monceau 02 19 Dd 50
Chevreuse 78 33 Ca 56
Chèvreville 50 29 Yf 57
Chèvreville 60 34 Ce 54
Chevrier 74 96 Ff 72
Chevrières 38 107 Fb 77
Chevrières 42 106 Ec 75
Chevrières 60 17 Ce 52
Chevroches 58 67 Dd 64
Chevrolière, La 44 60 Yc 66
Chevrotaine 39 84 Ff 69
Chevroux 01 94 Ee 70
Chevroz 25 70 Ga 65
Chevru 77 34 Db 56
Chevry 01 96 Ga 71
Chevry 50 28 Yf 55
Chevry-Cossigny 77 33 Cd 56
Chevry-en-Sereine 77 51 Cf 59
Chevry-sous-le-Bignon 45 51 Cf 60
Chey 79 88 Zf 71
Cheylade 15 103 Ce 77
Cheylard, Le 07 118 Ec 79
Cheylard-l'Evêque 48 117 De 81
Cheyssieu 38 106 Ef 76
Chezal-Benoît 18 79 Ca 68
Chèze 65 150 Zf 91
Chèze, La 22 43 Xc 60
Chèzeaux 52 54 Fd 61
Chezelle 03 92 Da 71
Chezelle 03 92 Db 72
Chezelles 36 78 Bd 67
Chézelles 37 76 Ac 66
Chézeneuve 38 107 Fb 75
Chézery-Forens 01 96 Ff 71
Chézy 03 80 Dc 69
Chézy-en-Orxois 02 34 Db 54
Chézy-sur-Marne 02 34 Dc 55
Chiatra 2B 159 Kc 95
Chiché 79 75 Zd 68
Chicheboville 14 30 Ze 54
Chichée 89 67 Df 62
Chichery 89 51 Dd 61
Chichey 51 35 De 56
Chichilianne 38 119 Fd 80
Chicourt 57 38 Gd 55
Chiddes 58 81 Df 67
Chiddes 71 82 Ed 70
Chidrac 63 104 Da 75
Chierry 02 34 Dc 54
Chieulles 57 38 Gb 54
Chigné 49 63 Aa 63
Chigny 02 19 De 49
Chigny-les-Roses 51 35 Ea 54
Chigy 89 51 Dc 59
Chilhac 43 104 Dc 78
Chillac 16 99 Zf 76
Chille 39 83 Fd 68
Chilleurs-aux-Bois 45 50 Ca 60
Chillou, Le 79 76 Zf 68
Chilly 08 20 Ec 49
Chilly 74 96 Ff 73
Chilly 80 17 Ce 50
Chilly-le-Vignoble 39 83 Fd 69
Chilly-Mazarin 91 33 Cb 56
Chilly-sur-Salins 39 84 Ff 67
Chimilin 38 107 Fd 75
Chindrieux 73 96 Ff 74
Chinon 37 62 Ab 66
Chipilly 80 17 Cd 49
Chirac 16 89 Ad 73
Chirac 48 116 Db 81
Chirac-Bellevue 19 103 Cd 76
Chirassimont 42 93 Eb 73
Chirat-l'Église 03 92 Da 71
Chiré-en-Montreuil 86 76 Aa 69
Chirens 38 107 Fd 76
Chirmont 80 17 Cc 50
Chirols 07 117 Eb 80
Chiroubles 69 94 Ed 71
Chiry-Ourscamps 60 18 Cf 51
Chis 65 139 Aa 89
Chisa 2B 159 Kb 97
Chisà = Chisa 2A 159 Kb 97
Chissay-en-Touraine 41 63 Ba 64
Chisseaux 37 63 Ba 65
Chisséria 39 95 Fd 70
Chissey-en-Morvan 71 81 Eb 66
Chissey-lès-Mâcon 71 82 Ee 69
Chissey-sur-Loue 39 83 Fe 66
Chitenay 41 64 Bc 64
Chitray 36 78 Bc 69
Chitry 89 67 De 62
Chitry-les-Mines 58 67 Dd 65
Chivres 21 83 Fa 67
Chivres-en-Laonnais 02 19 Df 51
Chivres-Val 02 18 Dc 52
Chivy-lès-Étouvelles 02 19 Dd 51
Chizé 79 87 Zd 72
Chjatra = Chiatra 2B 159 Kc 95
Choauain 14 13 Zc 53
Chocques 62 8 Cd 45
Choilley-Dardenay 52 69 Fc 63
Choisel 78 33 Ca 56
Choiseul 52 54 Fd 60
Choisey 39 83 Fc 66
Choisies 59 9 Ea 47
Choisy 74 96 Ga 73
Choisy-au-Bac 60 18 Cf 52
Choisy-en-Brie 77 34 Db 56
Choisy-la-Victoire 60 17 Cd 52
Choisy-le-Roi 94 33 Cc 56
Cholet 49 61 Za 66
Cholonge 38 120 Fe 78
Choloy-Ménillot 54 37 Fe 57
Chomelix 43 105 De 77
Chomérac 07 118 Ed 80
Chomette, La 43 104 Dc 77
Chonas-l'Amballan 38 106 Ee 76
Chooz 08 10 Ee 48
Choqueuse-les-Bénards 60 17 Ca 51
Choranche 38 107 Fc 78
Chorey 21 82 Ef 66
Chorges 05 120 Gb 81
Chouday 36 79 Ca 67
Chougny 58 81 De 66
Chouilly 51 35 Ea 54
Chouppes 86 76 Aa 68
Chourgnac 24 101 Ba 77
Choussy 41 64 Bc 64
Chouvigny 03 92 Da 72
Choux 39 95 Fe 71
Choux, Les 45 65 Ce 62
Chouy 02 34 Db 53
Chouzé-sur-Loire 37 62 Aa 65
Chouzy-sur-Cisse 41 64 Bb 63
Choye 70 70 Fe 64
Chuelles 45 51 Cf 60
Chuffilly-Roche 08 20 Ed 52
Chuignes 80 17 Ce 49
Chuignolles 80 17 Ce 49
Chuisnes 28 48 Bb 58
Chusclan 30 131 Ee 84
Chuzelles 38 106 Ef 75
Ciadoux 31 139 Ae 89
Ciamannacce 2A 159 Ka 97
Ciboure 64 136 Yb 88
Cideville 76 15 Af 51
Ciel 71 83 Fa 67
Cier-de-Luchon 31 151 Ad 91
Cier-de-Rivière 31 139 Ad 90
Cierges 02 35 Dd 53
Cierges-sous-Montfaucon 55 20 Fa 53
Cierp-Gaud 31 151 Ad 91
Cierrey 27 32 Bb 54
Cierzac 17 99 Ze 75
Cieurac 46 114 Bc 79
Cieurac 46 114 Bd 82
Cieutat 65 139 Ab 90
Cieux 87 89 Ba 73
Ciez 58 66 Da 64
Cigogné 37 63 Af 65
Cilly 02 19 Df 50
Cinais 37 62 Ab 66
Cindré 03 92 Dd 71
Cinq-Mars-la-Pile 37 63 Ac 64
Cinqueux 60 17 Cd 53
Cintegabelle 31 141 Bd 89
Cintheaux 14 30 Ze 54
Cintray 27 31 Af 56
Cintray 28 49 Bc 58
Cintré 35 44 Ya 60
Cintrey 70 69 Fe 62
Ciotat, La 13 146 Fd 89
Cipières 06 134 Gf 86
Ciral 61 30 Zf 58
Ciran 37 77 Af 66
Circourt 88 55 Gb 59
Circourt-sur-Mouzon 88 54 Fe 59
Cirès 31 151 Ad 91
Cires-lès-Mello 60 17 Cc 53
Cirey 70 70 Ga 64
Cirey-lès-Mareilles 52 54 Fb 59
Cirey-lès-Pontailler 21 69 Fb 65
Cirey-sur-Blaise 52 53 Ef 58
Cirey-sur-Vezouze 54 39 Gf 57
Cirfontaines-en-Azois 52 53 Ef 60
Cirfontaines-en-Ornois 52 54 Fc 58
Ciron 36 77 Bb 69
Ciry-le-Noble 71 82 Eb 69
Ciry-Salsogne 02 18 Dc 52
Cisai-Saint-Aubin 61 30 Ac 56
Cisery 89 67 Ea 63
Cissac-Médoc 33 98 Zb 77
Cissé 86 76 Ab 69
Cisternes-la-Forêt 63 91 Ce 74
Cistrières 43 105 Dd 77
Citerne 80 7 Be 49
Citers 70 70 Gc 62
Citey 70 70 Fe 64
Citou 11 142 Cd 88
Citry 77 34 Db 55
Civaux 86 77 Ad 70
Civens 42 93 Eb 73
Civières 27 32 Bd 53
Civrac-de-Blaye 33 99 Zd 78
Civrac-de-Dordogne 33 111 Zf 80
Civrac-en-Médoc 33 98 Za 76
Civray 18 79 Cb 67
Civray 86 88 Ab 72
Civray-de-Touraine 37 63 Ba 65
Civray-sur-Esves 37 77 Ae 66
Civrenne 36 79 Ca 68
Civrieux 01 94 Ef 73
Civrieux-d'Azergues 69 94 Ee 73
Civry 28 49 Bc 60
Civry-en-Montagne 21 68 Ed 65
Civry-la-Forêt 78 32 Bd 55
Cizancourt 80 8 Cf 49
Cizay-la-Madeleine 49 62 Ze 65
Cize 01 95 Fc 71
Cize 39 84 Ff 64
Cizely 58 81 Dc 67
Cizos 65 139 Ac 89
Clacy-et-Thierret 02 19 Dd 51
Cladech 24 113 Af 81
Cladech 24 113 Ba 80
Claira 66 154 Cf 92
Clairac 47 112 Ac 82
Clairefontaine-en-Yvelines 78 32 Bf 57
Clairefougère 61 29 Zb 56
Clairegoutte 70 71 Gd 63
Clairfayts 59 10 Ea 48
Clairfontaine 02 9 Df 49
Clairmarais 62 3 Cb 44
Clairoix 60 18 Cf 52
Clairvaux-d'Aveyron 12 115 Cc 82
Clairvaux-les-Lacs 39 84 Fe 69
Clairy-Saulchoix 80 17 Cb 49
Clais 76 16 Bc 50
Claix 16 100 Aa 75
Claix 38 107 Fe 78
Clam 17 99 Zd 76
Clamanges 51 35 Ea 56
Clamart 92 33 Cb 56
Clamecy 02 18 Dc 52
Clamecy 58 67 Dd 64
Clamensane 04 120 Ga 83
Clamerey 21 68 Ec 64
Clamour 58 80 Da 66
Clans 06 134 Ha 84
Clans 70 70 Ga 63
Clansayes 26 118 Ee 82
Claon, Le 55 36 Ef 54
Claouey 33 110 Ye 80
Clapier, Le 12 129 Db 86
Clapiers 34 130 Df 87
Clara 66 153 Cc 93
Clarac 31 139 Ad 90
Clarac 65 139 Ab 89
Claracq 64 138 Ze 87
Clarafond 74 96 Ff 72
Clarbec 14 14 Aa 53
Clarens 65 139 Ac 90
Clarensac 30 130 Eb 86
Claret 04 120 Ff 82
Claret 34 130 Df 85
Clarques 62 3 Cb 45
Clary 59 9 Dc 48
Classun 40 124 Zd 86
Clastres 02 18 Db 50
Clasville 76 15 Ad 50
Clat, Le 11 153 Cb 92
Claudon 88 55 Ga 60
Claunay 86 76 Ab 67
Claux, Le 15 103 Ce 78
Clavans-en-Haut-Oisans 38 108 Ga 78
Claveisolles 69 94 Ec 72
Claveyson 26 106 Ef 77
Clavière 36 78 Be 68
Clavières 15 116 Db 79
Claviers 83 134 Gd 87
Claville 27 31 Ba 54
Claville-Motteville 76 15 Bb 51
Clavy-Warby 08 20 Ed 50
Claye, La 85 74 Ye 70
Clayes 35 44 Ya 59
Claye-Souilly 77 33 Ce 55
Clayes-sous-Bois, Les 78 32 Bf 56
Clayette, La 71 93 Eb 71
Clayeures 54 55 Gc 58
Clécy 14 29 Zd 55
Cléden-Cap-Sizun 29 41 Vc 60
Cléden-Poher 29 42 Wb 59
Cléder 29 25 Vf 57
Clèdes 40 124 Zd 87
Cleebourg 67 40 Hf 54
Clefcy 88 56 Gf 59
Clefmont 52 54 Fd 60
Clefs 49 62 Zf 63
Clefs, Les 74 96 Gb 73
Cléguer 56 42 Wd 61
Cléguérec 56 43 Wf 60
Clelles-en-Trièves 38 119 Fd 80
Clémencey 21 68 Ef 65
Clémensat 63 92 Da 74
Clémensat 63 104 Da 75
Clémery 54 38 Gb 55
Clémont 18 65 Cb 63
Clénay 21 69 Fa 64
Clenleu 62 7 Bf 45
Cléon 76 15 Ba 53
Cleon-d'Andran 26 118 Ef 81
Cleppé 42 93 Eb 74
Clérac 17 99 Ze 77
Cléré-du-Bois 36 77 Ba 67
Cléré-les-Pins 37 62 Ac 64
Clères 76 15 Ba 51
Cléré-sur-Layon 49 61 Zd 66
Clérey 10 52 Eb 59
Clérey-la-Côte 88 54 Fe 58
Clérey-sur-Brénon 54 55 Ga 57
Clergoux 19 102 Bf 77
Clérieux 26 106 Ef 78
Clérimois, Les 89 51 Dc 59
Clerjus, Le 88 55 Gb 61
Clerlande 63 92 Db 73
Clermain 71 94 Ed 70
Clermont 09 140 Bb 90
Clermont 40 123 Za 87
Clermont 60 17 Cc 52
Clermont 74 96 Ff 73
Clermont-Créans 72 62 Zf 62
Clermont-de-Beauregard 24 112 Ad 79
Clermont-d'Excideuil 24 101 Ba 76
Clermont-en-Argonne 55 36 Fa 54
Clermont-Ferrand 63 92 Da 74
Clermont-le-Fort 31 140 Bc 88
Clermont-lès-Fermes 02 19 Df 50
Clermont-l'Hérault 34 129 Dc 87
Clermont-Pouyguillès 32 139 Ad 88
Clermont-Savès 32 126 Ba 87
Clermont-Soubiran 47 126 Ae 84
Clermont-sur-Lauquet 11 142 Cc 90
Cléron 25 84 Ga 66
Clerques 62 3 Bf 43
Clerval 25 70 Gc 64
Cléry 21 69 Fd 65
Cléry 73 108 Gb 75
Cléry-en-Vexin 95 32 Bf 54
Cléry-Grand 55 21 Fa 52
Cléry-Petit 55 21 Fb 52
Cléry-Saint-André 45 49 Be 62
Cléry-sur-Somme 80 8 Cf 49
Clesles 51 35 De 57
Clessé 79 75 Zd 68
Clessy 71 81 Ea 69
Cléty 62 3 Cb 45
Cleurie 88 56 Ge 60
Cleuville 76 15 Ad 50
Cléville 14 30 Zf 54
Cléville 76 15 Ad 51
Clévilliers 28 32 Bc 57
Cleyrac 33 111 Zf 80
Cleyzieu 01 95 Fc 73
Clézentaine 88 55 Gd 58
Clichy 92 33 Cb 55
Climbach 67 40 Hf 54
Clinchamp 52 54 Fc 59
Clinchamps-sur-Orne 14 29 Zd 54
Clion 17 99 Zc 76
Clion 36 77 Bb 67
Cliousclat 26 118 Ef 80
Cliponville 76 15 Ad 50
Clisse, La 17 87 Zb 74
Clisson 44 60 Ye 66
Clitourps 50 12 Yd 51
Clohars-Carnoët 29 42 Wc 62
Clohars-Fouesnant 29 42 Vf 61
Cloître-Pleyben, Le 29 42 Wa 59
Cloître-Saint-Thégonnec 29 25 Wb 58
Clomot 21 68 Ec 65
Clonaz-sur-Varèze 38 106 Ee 76
Clos-Fontaine 77 34 Da 57
Clouange 57 22 Ga 53
Cloué 86 76 Aa 70
Clouzeaux, Les 85 74 Yc 69
Cloyes-sur-le-Loir 28 48 Bb 61
Cloyes-sur-Marne 51 52 Ed 57
Clucy 39 84 Ff 67
Clugnat 23 91 Ca 71
Cluis 36 78 Be 69
Clumanc 04 133 Gc 84
Cluny 71 82 Ed 70
Clusaz, la 74 96 Gc 73
Cluse, La 05 120 Ff 81
Cluse-et-Mijoux, la 25 84 Gc 67
Cluses 74 97 Gd 72
Clussais 79 88 Aa 71
Clux 71 83 Fb 67
Coadut 22 26 We 57
Coarraze 64 138 Ze 89
Coaraze 06 135 Hb 85
Coatascorn 22 26 We 56
Coat-Méal 29 24 Vc 57
Coatréven 22 26 We 56
Cobonne 26 119 Fa 80
Cobrieux 59 8 Db 45
Cochère, La 61 30 Aa 56
Cocherel 77 34 Da 54
Cocheren 57 39 Gf 54
Coclois 10 52 Ec 58
Cocquerel 80 7 Bf 48
Cocumont 47 112 Aa 82
Cocurès 48 117 Dd 82
Codognan 30 130 Eb 86
Codolet 30 131 Ee 84
Coëtlogon 22 44 Xc 60
Coëtmieux 22 27 Xd 58
Cœuvres-et-Valsery 02 18 Da 52
Coëx 85 73 Yb 68
Coffery 77 34 Db 56
Coggia 2A 158 Ie 96
Coglès 35 28 Yd 58
Cogna 39 84 Fe 69
Cognac 16 87 Ze 74
Cognac-la-Forêt 87 89 Ba 73
Cognat-Lyonne 03 92 Db 72
Cogners 72 48 Ad 61
Cognet 38 119 Fe 79
Cognières 70 70 Gb 64
Cognin-les-Gorges 38 107 Fc 77
Cognocoli-Monticchi 2A 158 If 98
Cogny 18 79 Cd 67
Cogny 69 94 Ed 73
Cogolin 83 148 Gd 89
Cohade 43 104 Dc 76
Cohiniac 22 26 Xa 58
Cohons 52 69 Fc 62
Coiffy-le-Bas 52 54 Fe 61
Coiffy-le-Haut 52 54 Fe 61
Coigneux 80 8 Cd 48
Coignières 78 32 Bf 56
Coigny 50 12 Yd 53
Coimères 33 111 Ze 82
Coinces 45 49 Be 60
Coinches 88 56 Ha 59
Coincourt 54 38 Gd 56
Coincy 02 34 Dc 54
Coincy 57 38 Gb 54
Coings 36 78 Be 67
Coingt 02 19 Ea 50
Coin-lès-Cuvry 57 38 Ga 54
Coin-sur-Seille 57 38 Ga 54
Coirac 33 111 Ze 80
Coise 69 106 Ec 75
Coiserette 39 96 Ff 70
Coisevaux 70 71 Ge 63
Coisia 39 95 Fd 71
Coisy 80 7 Cb 49
Coivert 17 87 Zd 72
Coivrel 60 17 Cd 51
Coizard-Joches 51 35 Df 56
Colayrac-Saint-Cirq 47 125 Ad 83
Colembert 62 3 Be 44
Coligny 01 95 Fc 70
Colincamps 80 8 Cd 48
Collan 89 52 Df 61
Collancelle, La 58 67 Dd 65
Collandres 15 103 Cd 77
Collandres-Quincarnon 27 31 Af 55
Collanges 63 104 Db 76
Collat 43 105 Dd 77
Collégien 77 33 Ce 55
Collemiers 89 51 Db 60
Collonges-au-Mont-d'Or 69 94 Ee 74
Colleret 59 10 Ea 47
Collet-de-Dèze, Le 48 130 Df 83
Colletot 27 15 Ad 52
Colleville 76 15 Ac 50
Colleville-Montgomery 14 14 Ze 53
Colleville-sur-Mer 14 13 Za 52
Collias 30 131 Ec 85
Colligny 57 38 Gb 54
Colline-Beaumont 62 7 Be 46
Collinée 22 44 Xc 59
Collioure 66 154 Da 93
Collobrières 83 147 Gb 89
Collonge-en-Charollais 71 82 Ed 69
Collonge-la-Madeleine 71 82 Ed 67
Collonges 01 96 Ff 72
Collonges-la-Rouge 19 102 Bd 78
Collonges-lès-Bevy 21 68 Ef 65
Collonges-lès-Premières 21 69 Fa 65
Collonges-sous-Salève 74 95 Ga 72
Collongues 06 134 Gf 85
Collongues 65 139 Aa 89
Collorec 29 25 Wa 59
Collorgues 30 130 Eb 84
Colmar 68 56 Hc 60
Colmars 04 134 Gd 83
Colmen 57 22 Gd 52
Colmesnil-Manneville 76 15 Ba 49
Colmey 54 21 Fd 52
Colmier-le-Bas 52 68 Ef 62
Colmier-le-Haut 52 68 Ef 62
Colognac 30 130 De 84
Cologne 32 126 Af 86
Colombe 38 107 Fc 76
Colombe, La 41 49 Bc 61
Colombe, La 50 28 Ye 55
Colombé-la-Fosse 10 53 Ee 59
Colombé-le-Sec 10 53 Ee 59
Colombe-lès-Vesoul 70 70 Gb 63
Colombelles 14 14 Ze 53
Colombes 92 33 Cb 55
Colombey-lès-Choiseul 52 54 Fd 60
Colombey-les-Deux-Églises 52 53 Ef 59
Colombier 03 91 Ce 71
Colombier 21 68 Ee 65
Colombier 24 112 Ad 80
Colombier 42 106 Ed 77
Colombier, Le 18 79 Cd 67
Colombier-en-Brionnais 71 94 Eb 70
Colombières-sur-Orb 34 143 Da 87
Colombier-Fontaine 25 71 Ge 64
Colombier-le-Cardinal 07 106 Ee 77
Colombier-le-Jeune 07 118 Ee 78
Colombier-le-Vieux 07 106 Ee 78
Colombiers 17 87 Zc 75
Colombiers 34 143 Da 89
Colombiers 61 30 Aa 58
Colombiers 86 76 Ab 68
Colombier-Saugnieu 69 107 Fa 74
Colombiers-du-Plessis 53 46 Za 58
Colombiers-sur-Seulles 14 13 Zc 53
Colombiès 12 115 Cc 82
Colomby 50 12 Yd 52
Colomby-sur-Thaon 14 13 Zd 53
Colomiers 31 126 Bc 87
Colomieu 01 95 Fd 74
Colonard-Corubert 61 48 Ad 58
Colondannes 23 90 Bd 71
Colonne 39 83 Fd 67
Colonzelle 26 118 Ef 82
Colpo 56 43 Xa 62
Colroy-la-Grande 88 56 Ha 59
Colroy-la-Roche 67 56 Hb 58
Coltainville 28 49 Bd 58
Coltines 15 104 Cf 78
Coly 24 101 Bb 78
Combaillaux 34 130 De 86
Combas 30 130 Ea 85
Combeaufontaine 70 70 Ff 62
Combefa 81 127 Ca 84
Comberanche-et-Epeluche 24 100 Ab 77
Comberjon 70 70 Gb 63
Comberouger 82 126 Ba 85
Combertault 21 82 Ef 67
Combes 34 143 Da 87
Combiers 16 100 Ac 76
Comblanchien 21 82 Ef 66
Combles 80 8 Cf 48
Combles-en-Barrois 55 36 Fa 56
Comblessac 35 44 Xf 61
Combleux 45 49 Bf 61
Comblot 61 48 Ad 58
Combloux 74 97 Gd 73
Combon 27 31 Af 54
Combourg 35 28 Yb 58
Combourtillé 35 45 Ye 59
Combovin 26 119 Fa 79
Combrailles 63 91 Cd 73
Combrand 79 75 Zb 67
Combray 14 29 Zd 55
Combray, Illiers- 28 48 Bb 59
Combre 42 93 Eb 72
Combrée 49 61 Yf 62
Combres 28 48 Ba 59
Combressol 19 103 Cb 76
Combres-sous-les-Côtes 55 37 Fd 54
Combret 12 128 Ce 85
Combreux 45 50 Cb 61
Combrimont 88 56 Ha 59
Combrit 29 41 Vf 61
Combronde 63 92 Da 73
Combs-la-Ville 77 33 Cd 57
Comelle, La 71 81 Ea 67
Comiac 46 114 Bf 79
Comigne 11 142 Cd 90
Comines 59 4 Da 44
Commana 29 25 Wa 58
Commarin 21 68 Ed 65
Commeaux 61 30 Zf 56
Commelle 42 93 Ea 73
Commenailles 39 83 Fc 68
Commenchon 02 18 Db 51
Commensacq 40 123 Zb 83
Commentry 03 91 Ce 71
Commeny 95 32 Bf 54
Commequiers 85 73 Ya 68
Commer 53 46 Zc 59
Commercy 55 37 Fd 56
Commerveil 72 47 Ac 59
Commes 14 13 Zb 52
Communailles-en-Montagne 39 84 Ga 68
Communay 69 106 Ef 75
Compains 63 104 Cf 76
Compainville 76 16 Bd 50
Compans 77 33 Ce 55
Compas, Le 23 91 Cc 73
Compertrix 51 36 Ec 55
Compeyre 12 129 Da 84
Compiègne 60 18 Ce 52
Compigny 89 51 Db 58
Compolibat 12 115 Cb 82
Compôte, La 73 108 Ga 74
Comprégnac 12 129 Cf 84
Compreignac 87 89 Bb 73
Comps 26 119 Fa 81
Comps 30 131 Ed 85
Comps 33 99 Zc 78
Comps-la-Grand-Ville 12 128 Cd 83
Comps-sur-Artuby 83 134 Gd 86
Comté, La 62 8 Cd 46
Comus 11 153 Bf 92
Conan 41 64 Bb 62
Conand 01 95 Fc 73
Conat 66 153 Cc 93
Conca 2A 159 Kc 98
Concarneau 29 42 Wa 61
Concevreux 02 19 De 52
Concèze 19 101 Bc 76
Conches 77 33 Ce 55
Conches-en-Ouche 27 31 Af 55
Conchez-de-Béarn 64 124 Ze 87
Conchil-le-Temple 62 6 Bd 46
Conchy-les-Pots 60 17 Ce 51
Conchy-sur-Canche 62 7 Cb 47
Concorès 46 113 Bc 81
Concots 46 114 Bd 82
Concoules 30 117 Df 82
Concourson-sur-Layon 49 61 Zd 65
Concremiers 36 77 Ba 69
Concressault 18 65 Cd 64
Concriers 41 64 Bc 62
Condac 16 88 Ab 72
Condamine 01 95 Fd 72
Condamine 39 83 Fc 69
Condamine-Châtelard, La 04 121 Ge 82
Condat 15 103 Ce 76
Condat 46 114 Bd 79
Condat-en-Combraille 63 91 Cd 73
Condat-lès-Montboissier 63 104 Dd 75
Condat-sur-Ganaveix 19 102 Bd 76
Condat-sur-Trincou 24 101 Ae 76
Condat-sur-Vézère 24 101 Bb 78
Condat-sur-Vienne 87 89 Bb 74
Condeau 61 48 Af 58
Condécourt 95 32 Bf 54
Condé-Folie 80 7 Ca 48
Condeissiat 01 94 Fa 72
Condé-lès-Autry 08 20 Ef 53
Condé-lès-Herpy 08 19 Eb 51
Condé-Northen 57 38 Gc 54
Condéon 16 99 Zf 76
Condes 39 95 Fd 70
Condes 52 54 Fa 60
Condé-Sainte-Libiaire 77 34 Cf 55
Condé-sur-Aisne 02 18 Dc 52
Condé-sur-Huisne 61 48 Af 58
Condé-sur-Ifs 14 30 Zf 54
Condé-sur-Iton 27 31 Af 56
Condé-sur-l'Escaut 59 9 Dd 46
Condé-sur-Marne 51 35 Eb 54
Condé-sur-Noireau 14 29 Zc 55
Condé-sur-Risle 27 15 Ad 53
Condé-sur-Sarthe 61 47 Aa 58
Condé-sur-Suippe 02 19 Df 52
Condé-sur-Vesgre 78 32 Bd 56
Condé-sur-Vire 50 29 Yf 54
Condette 62 2 Bd 45
Condezaygues 47 113 Af 82
Condom 32 125 Ac 85
Condom-d'Aubrac 12 115 Cf 81
Condorcet 26 119 Fb 82
Condren 02 18 Db 51
Condrieu 69 106 Ee 76
Conflandey 70 70 Ga 62
Conflans-en-Jarny 54 37 Ff 54
Conflans-Sainte-Honorine 78 33 Ca 54
Conflans-sur-Anille 72 48 Ae 61
Conflans-sur-Lanterne 70 55 Gb 62
Conflans-sur-Loing 45 50 Ce 61
Conflans-sur-Seine 51 35 De 57
Confolens 16 89 Ae 72
Confolent-Port-Dieu 19 103 Cc 75
Confracourt 70 70 Ff 62
Confrançon 01 94 Fa 71
Congénies 30 130 Ea 86
Congerville-Thionville 91 49 Bf 58
Congé-sur-Orne 72 47 Ab 59
Congis-sur-Thérouanne 77 34 Cf 54
Congrier 53 45 Yf 62
Congy 51 35 De 55
Conie-Molitard 28 49 Bc 60
Conilhac-Corbières 11 142 Ce 89
Conilhac-de-la-Montagne 11 141 Cb 91
Conjoux 73 96 Fe 74
Conlie 72 47 Zf 60
Conliège 39 83 Fd 69
Connac 12 128 Cd 84
Connangles 43 105 Dd 77
Connantray-Vaurefroy 51 35 Ea 56
Connantre 51 35 Df 56
Connaux 30 131 Ed 84
Conne-de-Labarde 24 112 Ad 80
Connelles 27 16 Bb 53
Connerré 72 47 Ad 60
Connezac 24 100 Ad 75
Connigis 02 34 Dd 54
Conquereuil 44 60 Yb 63
Conques 12 115 Cc 81
Conques-sur-Orbiel 11 142 Cc 89
Conquet, Le 29 24 Vb 58
Consac 17 99 Zc 76
Conségudes 06 134 Ha 85
Consenvoye 55 21 Fb 53
Consigny 52 54 Fc 60
Cons-la-Grandville 54 21 Fe 52
Cons-Sainte-Colombe 74 96 Gb 74
Contalmaison 80 8 Ce 48
Contamine-Sarzin 74 96 Ff 72
Contamines-Montjoie, les 74 97 Ge 74
Contamine-sur-Arve 74 96 Gc 72
Contault 51 36 Ee 55
Contay 80 8 Cc 48
Conte 39 84 Ga 68
Contes 06 135 Hb 86
Contes 62 7 Bf 46
Contest 53 46 Zc 59
Conteville 14 30 Ze 54
Conteville 27 14 Ac 52
Conteville 60 17 Ca 51
Conteville 62 7 Cb 46
Conteville 76 16 Bd 50
Conteville 80 7 Ca 47
Conteville-lès-Boulogne 62 3 Be 44
Conthil 57 38 Ge 55
Contigné 49 61 Zc 62
Contigny 03 92 Db 70
Continvoir 37 62 Ab 64
Contoire 80 17 Cd 50
Contrazy 09 140 Bb 90
Contré 17 87 Ze 72
Contre 80 17 Ca 50
Contréglise 70 55 Ga 62
Contremoulins 76 15 Ac 50
Contres 18 79 Cd 67
Contres 41 64 Bc 64
Contreuve 08 20 Ed 52
Contrevoz 01 95 Fd 74
Contrexéville 88 55 Ff 59
Contrières 50 28 Yd 55
Contrisson 55 36 Ef 56
Conty 80 17 Ca 50
Contz-les-Bains 57 22 Gc 52
Conzieu 01 95 Fd 74
Coole 51 36 Ec 56
Coolus 51 36 Ec 55
Copechagnière, La 85 74 Yd 67
Copponex 74 96 Ga 72
Coquainvilliers 14 14 Ab 53
Coquelles 62 3 Be 43
Coquille, La 24 101 Af 75
Corancez 28 49 Bd 58
Corancy 58 81 Df 66
Coray 29 42 Wb 60
Corbara 2B 156 If 93
Corbarieu 82 126 Bc 85
Corbas 69 106 Ef 75
Corbehem 62 8 Da 46
Corbeil 51 36 Ec 57
Corbeil-Cerf 60 17 Ca 53

172 F Chevigny — Corbeil-Cerf

Corbeil-Essonnes **91** 33 Cc 57
Corbeilles **45** 50 Cd 60
Corbelin **38** 107 Fd 75
Corbeny **02** 19 Df 52
Corbère **66** 154 Cd 93
Corbère-Abères **64** 138 Zf 88
Corbère-les-Cabanes **66** 154 Ce 93
Corberon **21** 83 Ef 66
Corbie **80** 17 Cd 49
Corbière, La **70** 70 Gc 62
Corbières **04** 133 Fe 86
Corbigny **58** 67 De 65
Corbon **14** 30 Zf 54
Corbonod **01** 96 Fe 73
Corcelle-Mieslot **25** 70 Gb 64
Corcelles **01** 94 Ef 71
Corcelles **01** 95 Fb 70
Corcelles **01** 95 Fd 72
Corcelles-en-Beaujolais **69** 94 Ee 72
Corcelles-Ferrières **25** 70 Fe 65
Corcelles-les-Arts **21** 82 Ee 67
Corcelles-lès-Cîteaux **21** 69 Fa 65
Corcelles-les-Monts **21** 68 Ef 65
Corcieux **88** 56 Gf 59
Corcondray **25** 70 Fe 65
Corconne **30** 130 Df 85
Corcoué-sur-Logne **44** 74 Yc 67
Corcy **02** 18 Db 53
Cordéac **38** 120 Ff 80
Cordebugle **14** 30 Ac 54
Cordelle **42** 93 Ea 73
Cordemais **44** 59 Ya 65
Cordes **81** 127 Bf 84
Cordesse **71** 82 Ec 66
Cordey **14** 30 Ze 55
Cordon **74** 97 Gd 73
Cordonnet **70** 70 Ff 64
Coren **15** 104 Da 78
Corent **63** 104 Db 75
Corfélix **51** 35 De 55
Corgengoux **21** 83 Ef 67
Corgnac-sur-l'Isle **24** 101 Af 76
Corgoloin **21** 81 Ef 66
Corignac **17** 99 Zd 77
Corlay **22** 43 Wf 59
Corlier **01** 95 Fc 72
Cormainville **28** 49 Bd 60
Cormaranche-en-Bugey **01** 95 Fd 73
Cormatin **71** 82 Ee 69
Corme-Ecluse **17** 86 Za 75
Cormeilles **27** 14 Ac 53
Cormeilles **60** 17 Cb 51
Cormeilles-en-Parisis **95** 33 Cb 55
Cormeilles-en-Vexin **95** 33 Ca 54
Cormenon **41** 48 Af 61
Cormeray **41** 64 Bc 64
Corme-Royal **17** 86 Zb 74
Cormery **37** 63 Af 65
Cormes **72** 48 Ae 60
Cormicy **51** 19 Df 52
Cormier, Le **27** 32 Bb 55
Cormolain **14** 29 Za 54
Cormont **62** 7 Be 45
Cormontreuil **51** 35 Ea 53
Cormoranche-sur-Saône **01** 94 Ee 71
Cormost **10** 52 Ea 59
Cormot-le-Grand **21** 82 Ed 67
Cormoyeux **51** 35 Df 54
Cormoz **01** 83 Fb 70
Corn **46** 114 Bf 81
Cornac **46** 114 Bf 79
Cornant **89** 51 Db 60
Cornas **07** 118 Ef 79
Cornay **08** 20 Ef 53
Corné **49** 61 Zd 64
Cornebarrieu **31** 126 Bb 87
Corneilhan **34** 143 Db 88
Corneilla-de-Conflent **66** 153 Cc 93
Corneilla-del-Vercol **66** 154 Cf 93
Corneilla-la-Rivière **66** 154 Ce 92
Corneillan **32** 124 Ze 87
Corneuil **27** 31 Ba 55
Corneville-le-Fouquetière **27** 31 Ae 54
Corniallac **26** 119 Fc 82
Cornier **74** 96 Gb 72
Cornil **19** 102 Be 77
Cornille **24** 101 Ae 77
Cornillé **35** 45 Ye 60
Cornillé-les-Caves **49** 62 Ze 64
Cornillon **30** 131 Ec 83
Cornillon-Confoux **13** 146 Fa 87
Cornillon-en-Trièves **38** 119 Fe 79
Cornillon-sur-l'Oule **26** 119 Fc 82
Cornimont **88** 56 Gf 61
Cornod **39** 95 Fd 71
Cornot **70** 70 Ff 62
Cornuaille, La **49** 61 Za 63
Cornus **12** 129 Db 85
Cornusse **18** 80 Ce 67
Cornville-sur-Risle **27** 15 Ad 52
Corny **27** 16 Bc 53
Corny-Macheroménil **08** 20 Ec 51
Corny-sur-Moselle **57** 38 Ga 54
Coron **49** 61 Zc 66
Corpe **85** 74 Ye 69
Corpeau **21** 82 Ee 67
Corpoyer-la-Chapelle **21** 68 Ed 63
Corps **38** 120 Ff 80
Corps-Nuds **35** 45 Yc 61
Corquilleroy **45** 50 Ce 60
Corquoy **18** 79 Cb 67
Corrano **2A** 159 Ka 97
Corranu = Corrano **2A** 159 Ka 97
Corravillers **70** 55 Gd 61
Corre **70** 55 Ff 61
Corrençon-en-Vercors **38** 107 Fd 78
Correns **83** 147 Ga 88
Corrèze **19** 102 Bf 76
Corribert **51** 35 De 55
Corrobert **51** 35 Dd 55
Corrombles **21** 67 Eb 63
Corronsac **31** 140 Bc 88
Corroy **51** 35 Df 56
Corsaint **21** 67 Eb 63
Corsavy **66** 154 Cd 94
Corscia **2B** 156 Ka 94
Corsept **44** 59 Xf 65
Corseul **22** 27 Xf 58
Cortambert **71** 82 Ee 70
Corte **2B** 159 Ka 95
Cortevaix **71** 82 Ed 69
Corti = Corte **2B** 158 Ka 95
Cortrat **45** 50 Ce 61
Corvées-les-Yys, Les **28** 48 Ba 58
Corveissiat **01** 95 Fc 71
Corvol-d'Embernard **58** 66 Dc 65
Corvol-l'Orgueilleux **58** 66 Dc 64
Corzé **49** 61 Zd 63
Cos **09** 152 Bd 91
Cosges **39** 83 Fc 68
Coslédaà-Lube-Boast **64** 138 Ze 88
Cosmes **53** 46 Za 61
Cosnac **19** 102 Bd 78
Cosne-Cours-sur-Loire **58** 66 Cf 64
Cosne-d'Allier **03** 80 Cf 70
Cosnes-et-Romain **54** 21 Fe 51
Cosqueville **50** 12 Yd 50
Cossaye **58** 80 Dc 68
Cossé-d'Anjou **49** 61 Zb 66
Cossé-en-Champagne **53** 46 Ze 61
Cossé-le-Vivien **53** 46 Za 61
Cossesseville **14** 29 Zd 55
Cosswiller **67** 39 Hc 57
Costa **2B** 156 Ka 93
Costa **2B** 157 Kc 94
Costaros **43** 117 Df 79
Costes-Gozon, Les **12** 128 Ce 84
Côte, La **70** 71 Gd 61
Coteau, Le **42** 93 Ea 72
Côte-d'Abroz, La **74** 97 Gd 71
Côte-d'Hyot **74** 96 Gc 72
Côte-Saint-André, La **38** 107 Fb 76
Côtes-d'Arey, Les **38** 106 Ef 76
Côtes-de-Corps, les **38** 120 Ff 79
Coti-Chiavari **2A** 158 Ie 98
Cotignac **83** 147 Ga 87
Cottance **42** 93 Eb 74
Cottenchy **80** 17 Cc 50
Cottévrard **76** 16 Bb 51
Couarde, La **79** 87 Zf 71
Couarde-sur-Mer, La **17** 86 Yd 71
Couargues **18** 66 Cf 65
Coubert **77** 33 Ce 56
Coubeyrac **33** 112 Aa 80
Coubisou **12** 115 Ce 81
Coubjours **24** 101 Bb 77
Coublanc **71** 93 Eb 72
Coublevie **38** 107 Fd 76
Coublucq **64** 124 Zd 87
Coubon **43** 117 Df 79
Coubron **93** 33 Cd 55
Couches **71** 82 Ed 67
Couchey **21** 68 Ef 65
Coucourde, La **26** 118 Ee 81
Coucouron **07** 117 Df 80
Coucy **08** 20 Ec 51
Coucy-la-Ville **02** 18 Dc 51
Coucy-le-Château-Auffrique **02** 18 Db 51
Coucy-lès-Eppes **02** 19 De 51
Couddes **41** 64 Bc 64
Coudehard **61** 30 Aa 55
Coudekerque **59** 3 Cc 43
Coudekerque-Branche **59** 3 Cc 42
Coudes **63** 104 Db 75
Coudeville-sur-Manche **50** 28 Yc 55
Coudons **11** 153 Ca 91
Coudoux **13** 146 Fb 87
Coudray **27** 16 Bd 52
Coudray **45** 50 Cc 59
Coudray **53** 46 Zc 62
Coudray, Le **27** 31 Bb 54
Coudray, Le **28** 32 Bd 57
Coudray, le **28** 49 Bc 58
Coudray-au-Perche **28** 48 Af 59
Coudray-Macouard, Le **49** 62 Zf 65
Coudray-Montceaux, le **91** 33 Cd 57
Coudray-Saint-Germer, Le **60** 16 Bf 52
Coudray-sur-Thelle, Le **60** 17 Ca 53
Coudre, La **79** 75 Zd 67
Coudreceau **28** 48 Af 58
Coudrecieux **72** 48 Ad 61
Coudres **27** 32 Bb 55
Coudroy **45** 50 Cc 61
Coudun **60** 18 Ce 52
Coudures **40** 124 Zc 86
Coueilles **31** 140 Af 88
Couëron **44** 60 Yb 65
Couesmes **37** 62 Ac 63
Couesmes-Vaucé **53** 29 Zb 58
Couffé **44** 60 Ye 64
Couffi **41** 64 Bc 65
Couffoulens **11** 142 Cb 90
Couffy-sur-Sarsonne **19** 103 Cb 75
Couflens **09** 152 Bb 92
Coufouleux **81** 127 Be 86
Couhé **86** 88 Ab 71
Couilly-Pont-aux-Dames **77** 34 Cf 55
Couin **62** 8 Cd 48
Couiza **11** 153 Cb 91
Couladère **31** 140 Ba 89
Coulaines **72** 47 Ab 60
Coulandon **03** 80 Db 69
Coulangeron **89** 66 Dc 62
Coulanges **03** 81 Df 70
Coulanges **41** 64 Bb 63
Coulanges-la-Vineuse **89** 67 Dd 62
Coulanges-lès-Nevers **58** 80 Db 66
Coulanges-sur-Yonne **89** 67 Dd 63
Coulans-sur-Gée **72** 47 Aa 60
Coulaures **24** 101 Af 77
Couleuvre **03** 80 Cf 68
Coulevon **70** 70 Gb 63
Coulgens **16** 88 Ab 74
Coulimer **61** 47 Ac 58
Coullemelle **80** 17 Cc 50
Coullemont **62** 8 Cc 47
Coullons **45** 65 Cc 63
Coulmier-le-Sec **21** 68 Ec 62
Coulmiers **45** 49 Bd 61
Coulobres **34** 143 Db 88
Coulogne **62** 3 Bf 43
Couloisy **60** 18 Da 52
Coulombiers **86** 76 Ab 70
Coulombs **14** 13 Zc 53
Coulombs **28** 32 Bd 57
Coulombs-en-Valois **77** 34 Da 54
Coulomby **62** 3 Ca 44
Coulommes **77** 34 Cf 55
Coulommes-et-Marqueny **08** 20 Ed 52
Coulommes-la-Montagne **51** 35 Df 53
Coulommiers **77** 34 Da 56
Coulommiers-la-Tour **41** 63 Ba 62
Coulon **79** 87 Zc 71
Coulonces **14** 29 Za 55
Coulonces **61** 30 Aa 56
Coulonche, La **61** 29 Zd 57
Coulonge **17** 87 Zb 73
Coulongé **72** 62 Ab 62
Coulonges **16** 88 Aa 73
Coulonges **17** 99 Zd 75
Coulonges **86** 77 Ba 70
Coulonges-Cohan **02** 35 Dd 53
Coulonges-les-Sablons **61** 48 Af 58
Coulonges-sur-l'Autize **79** 75 Zc 70
Coulonges-sur-Sarthe **61** 30 Ac 57
Coulonges-Thouarsais **79** 75 Ze 67
Coulonvillers **80** 7 Ca 48
Couloumé-Mondebat **32** 125 Aa 87
Coulounieix-Chamiers **24** 100 Ae 78
Coulours **89** 52 Dd 60
Couloutre **58** 66 Db 64
Coulouvray-Boisbenâtre **50** 28 Yf 56
Coulvain **14** 29 Zb 54
Coulx **47** 112 Ac 82
Coume **57** 22 Gd 53
Counozouls **11** 153 Cb 92
Coupelle-Neuve **62** 7 Ca 45
Coupelle-Vieille **62** 7 Ca 45
Coupesarte **14** 30 Aa 54
Coupetz **51** 36 Ec 56
Coupéville **51** 36 Ed 55
Coupiac **12** 128 Cd 85
Coupray **52** 53 Ef 61
Coupru **02** 34 Db 54
Couptrain **53** 29 Ze 58
Coupvray **77** 34 Ce 55
Couquèques **33** 98 Za 76
Courances **91** 50 Cc 58
Courant **17** 87 Zc 72
Courbe, La **61** 30 Ze 56
Courbehaye **28** 49 Bd 60
Courbépine **27** 31 Ad 54
Courbesseaux **54** 38 Gc 56
Courbette **39** 83 Fd 69
Courbeveille **53** 46 Za 61
Courbevoie **92** 33 Cb 55
Courbiac **33** 98 Zb 78
Courbiac **47** 113 Ba 82
Courbillac **16** 87 Ze 74
Courboin **02** 34 Dd 55
Courbouzon **39** 83 Fd 69
Courbouzon **41** 64 Bd 62
Courçais **03** 79 Cc 70
Courçay **37** 63 Af 65
Courcebœufs **72** 47 Ab 70
Courcelette **80** 8 Ce 48
Courcelles **17** 87 Zd 73
Courcelles **25** 84 Ff 66
Courcelles **45** 50 Cb 60
Courcelles **51** 35 Df 57
Courcelles **54** 55 Ga 58
Courcelles **58** 66 Dc 64
Courcelles **62** 8 Da 46
Courcelles **90** 71 Ha 63
Courcelles-au-Bois **80** 8 Cd 48
Courcelles-Chaussy **57** 38 Gc 54
Courcelles-de-Touraine **37** 62 Ab 64
Courcelles-en-Barrois **55** 37 Fc 56
Courcelles-en-Bassée **77** 51 Da 58
Courcelles-en-Montagne **52** 54 Fb 61
Courcelles-Epayelles **60** 17 Cd 51
Courcelles-Frémoy **21** 67 Eb 64
Courcelles-la-Forêt **72** 47 Zf 62
Courcelles-le-Comte **62** 8 Ce 48
Courcelles-lès-Montbard **21** 68 Ec 63
Courcelles-lès-Semur **21** 68 Eb 64
Courcelles-Sapicourt **51** 19 Df 53
Courcelles-sous-Châtenois **88** 54 Fe 59
Courcelles-sous-Moyencourt **80** 17 Ca 50
Courcelles-sous-Thoix **80** 17 Ca 50
Courcelles-sur-Aire **55** 37 Fb 55
Courcelles-sur-Blaise **52** 53 Ef 58
Courcelles-sur-Nied **57** 38 Gb 54
Courcelles-sur-Seine **27** 32 Bc 53
Courcelles-sur-Vesle **02** 19 Dd 52
Courcelles-sur-Viosne **95** 32 Ca 54
Courcelles-sur-Voire **10** 53 Ed 58
Courcemain **51** 35 Df 57
Courcemont **72** 47 Ac 59
Courcerac **17** 87 Zd 73
Courcerault **61** 48 Ad 58
Courceroy **10** 51 Dc 58
Courchamp **77** 34 Db 57
Courchamps **02** 34 Db 54
Courchamps **49** 62 Zf 65
Courchapon **25** 70 Fe 65
Courchaton **70** 71 Gd 63
Courchelettes **59** 8 Da 46
Courcheyel **73** 109 Gd 76
Cour-Cheverny **41** 64 Bc 63
Courcité **53** 47 Ze 59
Courcival **72** 47 Ac 59
Courcôme **16** 88 Aa 73
Courçon **17** 87 Zb 71
Courcoué **37** 76 Ac 66
Courcouronnes **91** 33 Cc 57
Courcoury **17** 87 Zc 74
Courcuire **70** 70 Fe 64
Courcy **14** 30 Zf 55
Courcy **50** 28 Yd 54
Courcy **51** 19 Ea 53
Courcy-aux-Loges **45** 50 Cb 60
Courdemanche **27** 32 Bb 56
Courdemanche **72** 48 Ad 62
Courdemanges **51** 36 Ed 56
Courdimanche-sur-Essonne **91** 50 Cc 58
Couret **31** 139 Ae 90
Courgains **72** 47 Ab 59
Courgeac **16** 100 Aa 76
Courgenard **72** 48 Ae 60
Courgenay **89** 51 Dd 59
Courgent **78** 32 Bd 55
Courgeon **61** 48 Ad 58
Courgeoût **61** 30 Ac 57
Courgis **89** 67 De 62
Courgivaux **51** 34 Dc 56
Courgoul **63** 104 Da 75
Courjeonnet **51** 35 Df 56
Courlac **16** 100 Aa 77
Courlandon **51** 19 De 53
Courlans **39** 83 Fd 68
Courlaoux **39** 83 Fc 68
Courlay-sur-Mer **17** 86 Yf 75
Courléon **49** 62 Aa 64
Cour-l'Evêque **52** 53 Ef 61
Courlon **21** 69 Fa 63
Courlon-sur-Yonne **89** 51 Db 58
Courmangoux **01** 95 Fc 71
Cour-Marigny, la **45** 50 Cd 61
Courmas **51** 35 Df 53
Courmelles **02** 18 Db 52
Courmemin **41** 64 Bd 64
Courménil **61** 30 Ab 56
Courmes **06** 134 Ha 86
Courmont **02** 35 Dd 54
Courmont **70** 71 Gd 63
Cournanel **11** 142 Cb 90
Courniou **34** 142 Ce 88
Cournols **63** 104 Da 75
Cournon-d'Auvergne **63** 92 Db 74
Cournonsec **34** 144 De 87
Cournonterral **34** 144 De 87
Couronne, La **16** 100 Aa 75
Courouvre **55** 37 Fc 55
Courpalay **77** 34 Cf 57
Courpière **63** 92 Dd 74
Courpignac **17** 99 Zd 77
Courquetaine **77** 33 Ce 56
Courrensan **32** 125 Ab 85
Courrières **62** 8 Cf 46
Courris **81** 128 Cc 85
Courry **30** 130 Ea 83
Cours **46** 114 Bd 81
Cours **47** 112 Ad 83
Cours, le **56** 44 Xd 62
Cours, les **46** 114 Ca 80
Coursac **24** 100 Ad 78
Cour-Saint-Maurice **25** 71 Ge 65
Coursan **11** 143 Da 89
Coursan-en-Othe **10** 52 Df 60
Cours-de-Monségur **33** 112 Aa 81
Cours-de-Pile **24** 112 Ad 79
Coursegoules **06** 134 Ha 86
Courselles-lès-Gisors **60** 16 Be 53
Courset **62** 3 Be 45
Courseulles-sur-Mer **14** 13 Zd 53
Cours-la-Véquière **79** 75 Zd 70
Cours-la-Ville **69** 93 Eb 72
Cours-les-Bains **33** 111 Zf 82
Cours-les-Barres **18** 80 Da 66
Courson-les-Carrières **89** 67 Dd 63
Courson-Monteloup **91** 33 Ca 57
Cours-sur-Loire, Cosne- **58** 66 Cf 64
Cour-sur-Loire **41** 64 Bc 63
Courtacon **77** 34 Db 56
Courtagnon **51** 35 Df 54
Courtalain **28** 48 Ba 60
Courtaoult **10** 52 Df 60
Courtauly **11** 141 Ca 90
Courtavon **68** 71 Hb 64
Courtefontaine **25** 71 Gf 65
Courtefontaine **39** 70 Fe 66
Courteilles **27** 31 Ba 56
Courteix **19** 103 Cc 75
Courtelain-et-Salans **25** 70 Gc 65
Courtelevant **90** 71 Ha 63
Courtemanche **80** 17 Cd 50
Courtemaux **45** 51 Cf 60
Courtémont **51** 36 Ee 54
Courtemont-Varennes **02** 34 Dd 54
Courtenay **38** 95 Fc 74
Courtenay **45** 51 Da 60
Courtenot **10** 52 Eb 60
Courteranges **10** 52 Eb 59
Courteron **10** 53 Ec 60
Courtes **01** 83 Fa 70
Courtesoult-et-Gatey **70** 69 Fd 63
Courtête, La **11** 141 Ca 90
Courteuil **60** 33 Cd 53
Courthézon **84** 131 Ef 84
Courthiézy **51** 35 Dd 54
Courties **32** 125 Aa 87
Courtieux **60** 18 Da 52
Courtillers **72** 46 Ze 62
Courtils **50** 28 Yd 57
Courtine, La **23** 103 Cb 74
Courtisols **51** 36 Ed 55
Courtivron **21** 68 Ef 63
Courtois-sur-Yonne **89** 51 Db 59
Courtomer **61** 31 Ac 57
Courtomer **77** 34 Cf 57
Courtonne-la-Meurdrac **14** 30 Ab 54
Courtonne-les-Deux-Eglises **14** 30 Ac 54
Courtrizy-et-Fussigny **02** 19 De 51
Courtry **77** 33 Cd 55
Courvaudon **14** 29 Zc 54
Courvières **25** 84 Ga 67
Courville **51** 19 De 53
Courville-sur-Eure **28** 48 Bb 58
Courzieu **69** 94 Ed 74
Cousance **39** 83 Fc 69
Cousances-aux-Bois **55** 37 Fc 56
Cousances-les-Forges **55** 36 Fa 57
Cousances-lès-Triconville **55** 37 Fc 56
Cousolre **59** 10 Ea 47
Coussac-Bonneval **87** 101 Bb 75
Coussan **65** 139 Ab 89
Coussay **86** 76 Ab 67
Coussay-les-Bois **86** 77 Ae 68
Coussegrey **10** 52 Ea 61
Coussergues **12** 115 Cf 82
Coussey **88** 54 Fe 58
Coust **18** 79 Cd 68
Coustaussa **11** 153 Cb 91
Coustouge **11** 142 Ce 90
Coustouges **66** 154 Cd 94
Coutainville, Agon- **50** 28 Yc 54
Coutances **50** 28 Yd 54
Coutansouze **03** 92 Da 71
Coutarnoux **89** 67 Df 63
Coutençon **77** 51 Da 58
Coutens **09** 141 Be 90
Couterne **61** 29 Zd 57
Couternon **21** 69 Fa 65
Couteuges **43** 104 Dc 77
Coutevroult **77** 34 Cf 55
Couthenans **70** 71 Ge 63
Couthures-sur-Garonne **47** 112 Aa 81
Coutiches **59** 8 Db 46
Coutières **79** 76 Zf 69
Coutouvre **42** 93 Eb 72
Coutras **33** 99 Zf 78
Couture **16** 88 Ab 73
Couture **24** 112 Ab 80
Couture, La **62** 8 Ce 45
Couture, La **85** 74 Ye 69
Couture-Boussey, La **27** 32 Bc 55
Couture-d'Argenson **79** 88 Zf 73
Couturelle **62** 8 Cd 47
Coutures **24** 100 Ac 76
Coutures **49** 61 Zd 64
Coutures **57** 38 Gc 56
Coutures **82** 113 Af 83
Coutures **82** 126 Af 85
Couture-sur-Loir **41** 63 Ae 62
Couvains **50** 13 Yf 54
Couvains **61** 31 Ad 55
Couvertoirade, La **12** 129 Db 85
Couvertpuis **55** 37 Fb 57
Couvignon **10** 53 Ed 59
Couville **50** 12 Yb 51
Couvonges **55** 36 Fa 56
Couvrelles **02** 18 Dc 52
Couvron-et-Aumencourt **02** 18 Dd 51
Couvrot **51** 36 Ed 56
Coux **07** 118 Ed 80
Coux **17** 99 Zd 77
Coux-et-Bigaroque **24** 113 Af 79
Couy **18** 80 Ce 66
Couyère, La **35** 45 Yc 61
Couze-et-Saint-Front **24** 112 Ae 80
Couzeix **87** 89 Bb 73
Couziers **37** 62 Aa 66
Couzon **03** 80 Da 69
Couzon-sur-Coulange **52** 69 Fb 63
Couzou **46** 114 Bd 80
Cox **31** 126 Ba 86
Coyecques **62** 7 Cb 45
Coye-la-Forêt **60** 33 Cc 54
Coyolles **02** 18 Da 53
Coyrière **39** 96 Ff 70
Coyron **39** 83 Fe 69
Coyviller **54** 38 Gb 57
Cozes **17** 98 Za 75
Cozzano **2A** 159 Ka 97
Crac'h **56** 58 Wf 63
Craches **78** 32 Be 57
Crachier **38** 107 Fb 75
Crain **89** 67 Dd 63
Craincourt **57** 38 Gb 55
Craintilleux **42** 105 Eb 75
Crainvilliers **88** 54 Ff 60
Cramaille **02** 18 Dc 53
Cramans **39** 84 Fe 66
Cramant **51** 35 Df 55
Cramchaban **17** 87 Zb 71
Craménil **61** 29 Zd 56
Cramoisy **60** 17 Cc 53
Cramont **80** 7 Ca 48
Crampagna **09** 141 Bd 90
Crancey **10** 52 Dd 57
Crançot **39** 83 Fd 68
Crandelain **02** 19 Dd 52
Crandelles **15** 115 Cc 79
Crannes-en-Champagne **72** 47 Zf 61
Crans **01** 95 Fb 73
Crans **39** 84 Ff 68
Cransac **12** 115 Cb 81
Cranves-Sales **74** 96 Gb 71
Craon **53** 46 Za 61
Craon **86** 76 Aa 68
Craonne **02** 19 De 52
Crapeaumesnil **60** 18 Ce 51
Craponne **69** 94 Ee 74
Craponne-sur-Arzon **43** 105 Df 77
Cras **38** 107 Fc 77
Cras **46** 114 Bd 81
Cras-sur-Reyssouze **01** 95 Fb 71
Crastatt **67** 39 Hc 56
Crastes **32** 125 Ae 86
Crasville **27** 15 Ba 53
Crasville **50** 12 Yd 51
Crasville-la-Mallet **76** 15 Ae 50
Crasville-la-Rocquefort **76** 15 Af 50
Crau, La **83** 147 Ga 90
Cravanche **90** 71 Ge 63
Cravans **17** 99 Zb 75
Cravant **45** 49 Bd 62
Cravant **89** 67 De 62
Cravant-les-Côteaux **37** 62 Ac 66
Cravent **78** 32 Bc 55
Crayssac **46** 113 Bb 81
Crayssac **46** 114 Bf 81
Craywick **59** 3 Cb 43
Cré **72** 62 Zf 62
Creac'h Maout **22** 26 Wf 55
Créances **50** 12 Yc 53
Créancey **21** 68 Ed 65
Créancey **52** 53 Ef 60
Crécey-sur-Tille **21** 69 Fa 63
Crèche, La **79** 75 Ze 70
Crêches-sur-Saône **71** 94 Ee 71
Créchy **03** 92 Dc 71
Crécy-au-Mont **02** 18 Db 52
Crécy-Couvé **28** 32 Bb 56
Crécy-en-Ponthieu **80** 7 Bf 47
Crécy-la-Chapelle **77** 34 Cf 55
Crécy-sur-Serre **02** 19 Dd 50
Crédin **56** 43 Xb 60
Crégols **46** 114 Be 82
Crégy-lès-Meaux **77** 34 Cf 55
Créhange **57** 38 Gd 54
Créhen **22** 27 Xe 57
Creil **60** 17 Cc 53
Creissan **34** 143 Da 88
Creissels **12** 129 Da 84
Crémarest **62** 3 Be 44
Crémeaux **42** 93 Df 73
Crémery **80** 18 Ce 50
Crémieu **38** 95 Fb 74
Crempigny **74** 96 Ff 73
Cremps **46** 114 Bd 82
Crenans **39** 84 Fe 70
Creney-près-Troyes **10** 52 Ea 58
Crennes-sur-Fraubée **53** 47 Ze 58
Créon **33** 111 Zd 80
Créon-d'Armagnac **40** 124 Zf 85
Créot **71** 82 Ed 67
Crépand **21** 68 Eb 63
Crépey **54** 37 Ff 57
Crépol **26** 107 Fa 77
Crépon **14** 13 Zc 53
Crépy **02** 18 Dd 51
Crépy **62** 7 Cb 46
Crépy-en-Valois **60** 18 Cf 53
Créquy **62** 7 Ca 46
Crès, Le **34** 130 Df 87
Cresancey **70** 69 Fd 64
Crésantignes **10** 52 Ea 60
Cresnays, Les **50** 28 Yf 56
Crespian **30** 130 Ea 85
Crespières **78** 32 Bf 55
Crespin **12** 128 Cb 84
Crespin **59** 9 Dd 46
Crespin **81** 128 Cb 84
Crespinet **81** 128 Cb 85
Crespy-le-Neuf **10** 53 Ed 58
Cressac-Saint-Genis **16** 100 Aa 76
Cressanges **03** 80 Da 70
Cressat **23** 90 Ca 72
Cressé **17** 87 Ze 73
Cresse, La **12** 129 Da 83
Cressensac **46** 102 Bd 78
Cresseveuille **14** 14 Aa 53
Cressia **39** 83 Fc 69
Cressin-Rochefort **01** 95 Fe 74
Cressonsacq **60** 17 Cd 52
Cressy **76** 15 Ba 50
Cressy-Omencourt **80** 18 Cf 50
Cressy-sur-Somme **71** 81 Df 68
Crest **26** 118 Fa 80
Crest, Le **63** 104 Da 74
Creste **63** 104 Da 75
Crestet **84** 132 Fa 83
Crestet, Le **07** 118 Ed 78
Crestot **27** 15 Af 53
Crest-Voland **73** 96 Gc 74
Créteil **94** 33 Cc 56
Cretteville **50** 12 Yd 52
Creully **14** 13 Zc 53
Creuse **80** 17 Ca 49
Creusot, Le **71** 82 Ec 68
Creutzwald **57** 39 Ge 53
Creuzier-le-Neuf **03** 92 Dc 71
Creuzier-le-Vieux **03** 92 Dc 72
Crevans-et-la-Chapelle-lès-Granges **70** 71 Gd 63
Crevant **36** 78 Bf 70
Crevant-Laveine **63** 92 Dc 73
Crévéchamps **54** 38 Gb 57
Crèvecœur-en-Auge **14** 30 Aa 54
Crèvecœur-en-Brie **77** 34 Cf 56
Crèvecœur-le-Grand **60** 17 Ca 51
Crèvecœur-le-Petit **60** 17 Cd 51
Crèvecœur-sur-l'Escaut **59** 8 Db 48
Creveney **70** 70 Gb 62
Crévic **54** 38 Gc 57
Crévin **35** 45 Yc 61
Crévoux **05** 121 Gd 81
Creyssac **24** 100 Ad 77
Creysse **24** 112 Ad 79
Creysse **46** 114 Bd 79
Creysseilles **07** 118 Ed 80
Creyssensac-et-Pissot **24** 100 Ad 78
Crézançay **18** 79 Cc 68
Crézancy **02** 34 Dd 54
Crézancy-en-Sancerre **18** 66 Ce 65
Crézières **79** 87 Zf 72
Crézilles **54** 37 Ff 57
Cricqueville-en-Auge **14** 14 Zf 53
Cricqueville-en-Bessin **14** 13 Za 52
Criel-sur-Mer **76** 6 Bb 48
Crillat **39** 84 Ff 69
Crillon **60** 16 Bf 51
Crillon-le-Brave **84** 132 Fa 84
Crimolois **21** 69 Fa 65
Crique, La **76** 16 Bb 50
Criquebeuf-la-Campagne **27** 15 Ba 53
Criquebeuf-sur-Seine **27** 15 Ba 53
Criquebœuf **14** 14 Aa 52
Criquetot-le-Mauconduit **76** 15 Ad 50
Criquetot-l'Esneval **76** 14 Ab 51
Criquetot-sur-Longueville **76** 15 Ba 50
Criquetot-sur-Ouville **76** 15 Af 50
Criquiers **76** 16 Be 50
Crisenoy **77** 33 Ce 57
Crisolles **60** 18 Da 51
Crissay-sur-Manse **37** 63 Ac 66
Crissé **72** 47 Zf 60
Crissey **39** 83 Fc 66
Crissey **71** 82 Ef 68
Cristinacce **2A** 158 If 95
Cristot **14** 13 Zc 53
Criteuil-la-Magdeleine **16** 99 Ze 75
Critot **76** 16 Bb 51
Croce **2B** 157 Kc 94
Croce, A = Croce **2B** 157 Kc 94
Crocq, Le **60** 17 Cb 51
Crochte **59** 3 Cc 43
Crocicchia **2B** 157 Kc 94
Crocq **23** 91 Cc 73
Crocy **14** 30 Zf 55
Crœttwiller **67** 40 Ia 55
Croisances **43** 117 Dd 79
Croisette **62** 7 Cb 46
Croisette, La **74** 96 Gb 72
Croisic, Le **44** 59 Xc 65
Croisille, La **27** 31 Af 55
Croisilles **14** 29 Zd 55
Croisilles **28** 32 Bc 56
Croisilles **61** 30 Ab 56
Croisilles **62** 8 Cf 47
Croisille-sur-Briance, la **87** 102 Bd 75
Croismare **54** 38 Gd 57
Croissanville **14** 30 Zf 54
Croissy-Beaubourg **77** 33 Cd 56
Croissy-sur-Seine **78** 33 Ca 55
Croissy-sur-Selle **60** 17 Cb 51
Croisty, Le **56** 42 Wd 60
Croisy **18** 80 Ce 67
Croisy-sur-Andelle **76** 16 Bc 52
Croisy-sur-Eure **27** 32 Bc 54
Croix **59** 4 Da 44
Croix **90** 71 Gf 64
Croix, la **73** 108 Ga 76
Croixanvec **56** 43 Xa 60
Croix-au-Bois, La **08** 20 Ee 52
Croix-aux-Mines, La **88** 56 Ha 59
Croix-Avranchin, la **50** 28 Yd 57
Croix-Blanche, La **47** 112 Ae 83
Croix-Chapeau **17** 86 Yf 72

Corbeil-Essonnes — Croix-Chapeau (F) **173**

Don 59 8 Cf 45
Donazac 11 141 Ca 90
Donchery 08 20 Ef 50
Doncières 88 55 Gd 58
Doncourt-aux-Templiers 55 37 Fe 54
Doncourt-lès-Conflans 54 38 Ff 54
Doncourt-lès-Longuyon 54 21 Fe 52
Dondas 47 126 Af 83
Donges 44 59 Xf 65
Donjeux 52 54 Fa 58
Donjeux 57 38 Gc 55
Donjon, Le 03 93 De 70
Donnay 14 29 Zc 55
Donnazac 81 127 Bf 84
Donnelay 57 39 Ge 56
Donnemain-Saint-Mamès 28 49 Bc 60
Donnemarie-Dontilly 77 51 Da 58
Donnement 10 53 Ec 57
Donnenheim 67 40 Hd 56
Donnery 45 50 Ca 61
Donneville 31 141 Bd 88
Donneville-les-Bains 50 28 Yc 55
Donnezac 33 99 Zd 77
Dontreix 23 91 Cd 73
Dontrien 51 20 Ec 53
Donzac 33 111 Ze 81
Donzac 82 126 Ae 84
Donzacq 40 123 Zb 87
Donzeil, Le 23 90 Bf 72
Donzenac 19 102 Bd 77
Donzère 26 118 Ee 82
Donzy 58 66 Da 64
Donzy-le-National 71 82 Ed 70
Donzy-le-Pertuis 71 82 Ee 70
Doranges 63 105 Dd 76
Dorans 90 71 Ge 63
Dorat 63 92 Dc 73
Dorat, Le 87 89 Ba 71
Dorceau 61 48 Ae 58
Dordives 45 50 Ce 60
Dorée, La 53 29 Za 58
Dore-l'Eglise 63 105 De 76
Dorengt 02 9 De 49
Dorlisheim 67 40 Hc 57
Dormans 51 35 Dd 54
Dormelles 77 51 Cf 59
Dornac, La 24 101 Bc 78
Dornas 07 118 Ec 79
Dornecy 58 67 Dd 64
Dornes 58 80 Dc 68
Dornot 57 38 Ga 54
Dorres 66 153 Bf 94
Dorst 57 39 Hc 53
Dortan 01 95 Fd 71
Dosches 10 52 Eb 59
Dosnon 10 53 Ea 57
Dossenheim-Kochersberg 67 40 Hd 56
Dossenheim-sur-Zinsel 67 39 Hc 56
Douadic 36 77 Ba 68
Douai 59 8 Da 46
Douains 27 32 Bc 54
Douarnenez 29 41 Vd 60
Douaumont 55 37 Fc 53
Doubs 25 84 Gc 67
Doucelles 72 47 Ab 59
Douchapt 24 100 Ac 77
Douchy 45 51 Da 60
Douchy 02 18 Da 50
Douchy-lès-Ayette 62 8 Ce 47
Douchy-les-Mines 59 9 Dc 47
Doucier 39 84 Fe 69
Doucy-en-Bauges 73 108 Gb 74
Doudeauville 62 7 Bd 45
Doudeauville 76 15 Be 51
Doudeauville-en-Vexin 27 16 Bd 53
Doudelainville 80 7 Be 48
Doudeville 76 15 Ae 50
Doudrac 47 112 Ae 81
Doue 77 34 Da 55
Doué-la-Fontaine 49 62 Ze 65
Douelle 46 113 Bc 82
Douhet, Le 17 87 Zc 74
Douillet 72 47 Zf 59
Douilly 80 18 Da 50
Doulaincourt-Saucourt 52 54 Fb 59
Doulcon 55 21 Fa 52
Doulevant-le-Château 52 53 Ef 58
Doulevant-le-Petit 52 53 Ef 58
Doulieu, Le 59 4 Ce 44
Doullens 80 7 Cc 48
Doumely-Bégny 08 19 Eb 51
Doumy 64 138 Zd 88
Dounoux 88 55 Gc 60
Dourbies 30 129 De 84
Dourdain 35 45 Yd 59
Dourdan 91 32 Ca 57
Dourges 62 8 Cf 46
Dourgne 81 128 Ca 88
Douriez 62 7 Be 46
Dourlers 59 9 Df 47
Dourn, Le 81 128 Cc 84
Dournazac 87 101 Af 75
Dournon 39 84 Ff 67
Dours 65 139 Aa 89
Doussard 74 96 Gb 74
Doussay 86 76 Ab 67
Douvaine 74 96 Gb 71
Douville 24 100 Ad 79
Douville-en-Auge 14 14 Zf 53
Douvrend 76 16 Bb 49
Douvres 01 95 Fc 73
Douvres-la-Délivrande 14 13 Zd 53
Douvrin 62 8 Ce 45
Doux 08 20 Ec 51
Doux 79 76 Aa 68
Douy 28 48 Bb 60
Douy-la-Ramée 77 34 Cf 54
Douzains 47 112 Ad 81
Douzat 16 88 Aa 74
Douze, La 24 101 Af 78
Douzens 11 142 Cd 89
Douzillac 24 100 Ac 78
Douzy 08 20 Fa 50
Doye 39 84 Ga 68
Doyet 03 91 Ce 70
Dozulé 14 14 Zf 53
Dracé 69 94 Ee 72
Draché 37 77 Ad 66
Drachenbronn 67 40 Hf 55
Dracy 89 66 Db 62

F

Fléac-sur-Seugne **17** 99 Zc 75
Flèche, La **72** 62 Zf 62
Fléchin **62** 7 Cb 45
Fléchy **60** 17 Cb 51
Flee **21** 68 Eb 64
Flée **72** 63 Ac 62
Fleigneux **08** 20 Ef 50
Fleisheim **57** 39 Ha 56
Fleix **86** 77 Ae 69
Fleix, le **24** 112 Ab 79
Fléré-la-Rivière **36** 77 Ba 66
Flers **61** 29 Zc 56
Flers **62** 7 Cb 47
Flers **80** 8 Ce 48
Flers-sur-Noye **80** 17 Cb 50
Flesquières **59** 8 Da 48
Flesselles **80** 7 Cb 48
Flétrange **57** 38 Gd 54
Flêtre **59** 4 Cd 44
Fléty **58** 81 Df 68
Fleurac **16** 87 Zf 74
Fleurac **24** 101 Ba 78
Fleurance **32** 125 Ad 85
Fleurat **23** 90 Be 71
Fleurbaix **62** 4 Cf 45
Fleuré **61** 30 Zf 56
Fleuré **86** 77 Ad 70
Fleurey-lès-Faverney **70** 70 Ga 62
Fleurey-lès-Lavoncourt **70** 70 Fe 63
Fleurey-lès-Saint-Loup **70** 55 Gb 61
Fleurey-sur-Ouche **21** 68 Ef 65
Fleurie **69** 94 Ee 71
Fleuriel **03** 92 Db 71
Fleurieux-sur-l'Arbresle **69** 94 Ed 74
Fleurtigné **35** 45 Yf 58
Fleurville **71** 82 Ee 70
Fleury **02** 18 Da 53
Fleury **11** 143 Da 89
Fleury **50** 28 Ye 55
Fleury **57** 38 Gb 54
Fleury **60** 16 Bf 53
Fleury **62** 7 Cb 46
Fleury **80** 17 Ca 50
Fleury-en-Bière **77** 50 Cd 58
Fleury-la-Forêt **27** 16 Bd 52
Fleury-la-Montagne **71** 93 Ea 71
Fleury-la-Rivière **51** 35 Df 54
Fleury-la-Vallée **89** 51 Dc 61
Fleury-les-Aubrais **45** 49 Bf 61
Fleury-Mérogis **91** 33 Cc 57
Fleury-sur-Andelle **27** 16 Bc 52
Fleury-sur-Loire **58** 80 Db 68
Fleury-sur-Orne **14** 29 Zd 54
Fléville **08** 20 Ef 53
Fléville-devant-Nancy **54** 38 Gb 57
Fléville-Lixières **54** 21 Fe 53
Flévy **57** 22 Gb 53
Flexanville **78** 32 Be 55
Flexbourg **67** 39 Hc 57
Fley **71** 82 Ed 68
Fleys **89** 67 Df 62
Flez **58** 67 Dd 64
Flez-Cuzy **58** 67 Dd 64
Fligny **08** 19 Eb 49
Flin **54** 55 Gd 57
Flines-lez-Raches **59** 8 Db 46
Flins-Neuve-Église **78** 32 Bd 55
Flins-sur-Seine **78** 32 Bf 55
Flipou **27** 16 Bb 53
Flirey **54** 37 Ff 55
Flixecourt **80** 7 Ca 48
Flize **08** 20 Ee 50
Flocellière, La **85** 73 Yb 67
Flocellière, La **85** 75 Za 68
Flocourt **57** 38 Gc 55
Flocques **76** 6 Bc 48
Flogny-la-Chapelle **89** 52 Df 61
Floing **08** 20 Ef 50
Floirac **17** 99 Zb 76
Floirac **33** 111 Zc 79
Floirac **46** 114 Bd 79
Florac **48** 116 Dd 83
Florac **48** 117 De 80
Florange **57** 22 Ga 53
Florémont **88** 55 Gb 58
Florensac **34** 143 Dc 88
Florent-en-Argonne **51** 36 Ef 54
Florentia **39** 95 Fc 70
Florentin **81** 127 Ca 85
Florentin-la-Capelle **12** 115 Cd 81
Floressas **46** 113 Ba 82
Florimont **90** 71 Ha 63
Florimont-Gaumier **24** 113 Bb 80
Flotte, La **17** 86 Ye 71
Flottemanville **50** 12 Yd 52
Flottemanville-Hague **50** 12 Yb 51
Floudès **33** 111 Zf 81
Floure **11** 142 Cc 89
Floursies **59** 9 Df 47
Floyon **59** 9 Df 48
Flumet **73** 96 Gd 74
Fluquières **02** 18 Da 50
Fluy **80** 17 Ca 49
Foce **2A** 160 Ka 99
Focicchia **2B** 159 Kb 95
Foisches **08** 10 Ee 48
Foissac **12** 114 Bf 81
Foissiat **01** 95 Fb 70
Foissy-lès-Vézelay **89** 67 De 64
Foissy-sur-Vanne **89** 51 Dd 59
Foix **09** 141 Bd 91
Folcarde **31** 141 Be 88
Folembray **02** 18 Db 51
Folgensbourg **68** 72 Hc 63
Folgoët, Le **29** 24 Ve 57
Folie, La **14** 13 Za 53
Folies **80** 17 Ce 50
Folking **57** 39 Gf 54
Follainville-Dennemont **78** 32 Be 54
Folles **87** 90 Bc 72
Folletière, La **76** 15 Ae 51
Folletière-Abenon, La **14** 30 Ac 55
Folleville **27** 31 Ad 54
Folleville **27** 31 Af 54
Folleville **80** 17 Cc 50
Folligny **50** 28 Yd 56
Folschviller **57** 38 Ge 54
Fomerey **88** 55 Gc 59
Fomperron **79** 76 Zf 70
Fonbeauzard **31** 126 Bc 86
Foncegrive **21** 69 Fa 63
Fonches **80** 18 Ce 50
Foncine-le-Bas **39** 84 Gb 69
Foncine-le-Haut **39** 84 Gb 69
Foncquevillers **62** 8 Cd 48
Fondet **33** 110 Zf 81
Fondettes **37** 63 Ad 64
Fondremand **70** 70 Ga 64
Fongrave **47** 112 Ad 82
Fongueusemare **76** 14 Ab 50
Fonroque **24** 112 Ac 80
Fons **07** 118 Ec 81
Fons **30** 130 Eb 85
Fons **46** 114 Bf 81
Fonsorbes **31** 140 Bb 87
Fons-sur-Lussan **30** 131 Eb 83
Fontain **25** 70 Ga 65
Fontaine **10** 53 Ee 59
Fontaine **27** 32 Bb 56
Fontaine **38** 107 Fd 77
Fontaine **90** 71 Gf 63
Fontaine-au-Bois **59** 9 Dd 48
Fontaine-au-Pire **59** 9 Dc 48
Fontaine-Bellenger **27** 32 Bb 53
Fontainebleau **77** 50 Ce 58
Fontaine-Bonneleau **60** 17 Ca 50
Fontainebrux **39** 83 Fc 68
Fontaine-Châalis **60** 33 Ce 53
Fontaine-Chalendray **17** 87 Ze 73
Fontaine-Couverte **53** 45 Yf 61
Fontaine-Denis-Nuisy **51** 35 De 57
Fontaine-de-Vaucluse **84** 132 Fa 85
Fontaine-en-Bray **76** 16 Bc 50
Fontaine-en-Dormois **51** 20 Ee 53
Fontaine-Fourches **77** 51 Dc 58
Fontaine-Française **21** 69 Fc 63
Fontaine-Guérin **49** 62 Ze 64
Fontaine-Henry **14** 13 Zd 53
Fontaine-Heudebourg **27** 31 Bb 54
Fontaine-l'Abbé **27** 31 Ae 54
Fontaine-la-Gaillarde **89** 51 Dc 59
Fontaine-la-Guyon **28** 49 Bb 58
Fontaine-la-Louvet **27** 31 Ac 54
Fontaine-la-Mallet **76** 14 Aa 51
Fontaine-la-Soret **27** 31 Ae 54
Fontaine-Lavaganne **60** 16 Bf 51
Fontaine-le-Bourg **76** 15 Ba 51
Fontaine-le-Comte **86** 76 Ab 69
Fontaine-le-Dun **76** 15 Af 50
Fontaine-le-Pin **14** 30 Ze 55
Fontaine-le-Port **77** 50 Ce 58
Fontaine-le-Puits **73** 108 Gc 76
Fontaine-les-Bassets **61** 30 Aa 55
Fontaine-lès-Boulans **62** 7 Cb 45
Fontaine-les-Cappy **80** 18 Ce 49
Fontaine-lès-Clercs **02** 18 Db 50
Fontaine-lès-Clerval **25** 70 Gc 64
Fontaine-les-Côteaux **41** 48 Ae 62
Fontaine-lès-Croisilles **62** 8 Cf 47
Fontaine-lès-Dijon **21** 69 Fa 64
Fontaine-le-Sec **80** 7 Be 49
Fontaine-les-Grès **10** 52 Df 58
Fontaine-lès-Hermans **62** 7 Cc 45
Fontaine-lès-Luxeuil **70** 55 Gb 61
Fontaine-les-Ribouts **28** 32 Bb 57
Fontaine-lès-Vervins **02** 19 Df 49
Fontaine-l'Etalon **62** 7 Ca 47
Fontaine-Mâcon **10** 51 Dd 58
Fontaine-Milon **49** 62 Ze 64
Fontaine-Notre-Dame **02** 18 Dc 49
Fontaine-Notre-Dame **59** 8 Da 47
Fontaine-Raoul **41** 48 Ba 61
Fontaines **71** 82 Ee 67
Fontaines **85** 75 Zb 70
Fontaines **89** 51 Da 59
Fontaines **89** 66 Db 62
Fontaine-Saint-Lucien **60** 17 Ca 51
Fontaine-Saint-Martin, La **72** 47 Ab 62
Fontaines-en-Duesmois **21** 68 Ed 63
Fontaines-en-Sologne **41** 64 Bd 63
Fontaine-Simon **28** 31 Ba 57
Fontaines-les-Sèches **21** 68 Ec 62
Fontaine-sous-Jouy **27** 32 Bb 54
Fontaine-sous-Montdidier **80** 17 Cd 51
Fontaine-sous-Préaux **76** 15 Ba 52
Fontaines-Saint-Clair **55** 21 Fb 52
Fontaines-Saint-Martin **69** 94 Ef 73
Fontaines-sur-Marne **52** 36 Fa 57
Fontaines-sur-Saône **69** 94 Ef 74
Fontaine-sur-Ay **51** 35 Ea 54
Fontaine-sur-Maye **80** 7 Bf 47
Fontaine-Uterte **02** 18 Dc 49
Fontains **77** 34 Da 57
Fontan **06** 135 Hd 84
Fontanès **30** 130 Ea 86
Fontanès **34** 130 Df 86
Fontanes **42** 106 Ec 75
Fontanes **46** 114 Bc 83
Fontanes **48** 117 De 80
Fontanes-de-Sault **11** 153 Ca 92
Fontanes-du-Causse **46** 114 Bd 81
Fontanges **15** 103 Cd 78
Fontangy **21** 68 Ec 64
Fontanières **23** 91 Cd 72
Fontanil-Cornillon **38** 107 Fe 77
Fontannes **43** 104 Dc 77
Fontannes **43** 105 De 77
Fontannes **43** 105 De 78
Fontans **48** 116 Dc 80
Fontarèches **30** 131 Ec 84
Fontclaireau **16** 88 Ab 73
Fontcouverte **11** 142 Ce 90
Fontcouverte **17** 87 Zc 74
Fontcouverte **73** 108 Gb 77
Fontelaye, La **76** 15 Af 50
Fontenai-les-Louvets **61** 30 Aa 57
Fontenailles **77** 34 Cf 57
Fontenailles **89** 66 Dc 63
Fontenai-sur-Orne **61** 30 Zf 56
Fontenay **27** 32 Bd 53
Fontenay **36** 78 Be 66
Fontenay **50** 29 Yf 57
Fontenay **71** 82 Eb 70
Fontenay **76** 14 Ab 51
Fontenay **88** 55 Gd 59
Fontenay-de-Bossery **10** 51 Dc 58
Fontenay-en-Parisis **95** 33 Cc 54
Fontenay-le-Comte **85** 75 Zb 70
Fontenay-le-Marmion **14** 29 Zd 54
Fontenay-le-Pesnel **14** 13 Zc 53
Fontenay-lès-Briis **91** 33 Ca 57
Fontenay-le-Vicomte **91** 33 Cc 57
Fontenay-Mauvoisin **78** 32 Bd 55
Fontenay-près-Chablis **89** 52 De 61
Fontenay-près-Vézelay **89** 67 De 64
Fontenay-Saint-Père **78** 32 Be 54
Fontenay-sous-Fouronnes **89** 67 Dd 63
Fontenay-sur-Conie **28** 49 Bd 60
Fontenay-sur-Eure **28** 49 Bc 58
Fontenay-sur-Loing **45** 50 Ce 60
Fontenay-sur-Mer **50** 12 Ye 51
Fontenay-sur-Vègre **72** 47 Ze 61
Fontenay-Torcy **60** 16 Be 51
Fontenay-Trésigny **77** 34 Cf 56
Fontenelle **02** 9 Df 48
Fontenelle **21** 69 Fc 63
Fontenelle **90** 71 Gf 63
Fontenelle, La **35** 28 Yd 58
Fontenelle, La **41** 48 Ba 60
Fontenelle-en-Brie **02** 34 Dc 55
Fontenelle-Monby **25** 71 Gc 64
Fontenelles, Les **25** 71 Ge 65
Fontenet **17** 87 Zd 73
Fontenille **16** 88 Aa 73
Fontenille **79** 87 Zf 72
Fontenilles **31** 140 Bb 87
Fontenois-la-Ville **70** 55 Ga 61
Fontenois-lès-Montbozon **70** 70 Gb 64
Fontenottes, Les **25** 85 Gd 66
Fontenouilles **89** 51 Da 61
Fontenoy **02** 18 Db 52
Fontenoy **89** 66 Db 63
Fontenoy-la-Joûte **54** 55 Gd 58
Fontenoy-le-Château **88** 55 Gb 61
Fontenoy-sur-Moselle **54** 38 Ff 56
Fontenu **39** 84 Fe 68
Fonteny **57** 38 Gc 55
Fontès **34** 143 Dc 87
Fontette **10** 53 Ed 60
Fontevraud-l'Abbaye **49** 62 Aa 65
Fontgombault **36** 77 Af 68
Fontguenand **36** 64 Bd 65
Fontienne **04** 133 Fe 84
Fontiers-Cabardès **11** 142 Cb 88
Fontjoncouse **11** 142 Ce 90
Fontoy **57** 22 Ff 52
Fontpédrouse **66** 153 Cb 93
Fontrabiouse **66** 153 Ca 93
Fontrailles **65** 139 Ac 88
Font-Romeu **66** 153 Ca 93
Fontvannes **10** 52 Df 59
Fontvieille **13** 131 Ee 86
Forbach **57** 39 Gf 53
Forcalqueiret **83** 147 Ga 88
Forcalquier **04** 133 Fe 85
Forcé **53** 46 Zb 60
Force, La **11** 141 Ca 89
Force, la **24** 112 Ac 79
Forcelles-Saint-Gorgon **54** 55 Ga 58
Forcelles-sous-Gugney **54** 55 Ga 58
Forceville **80** 8 Cd 48
Forceville-en-Vimeu **80** 7 Be 49
Forcey **52** 54 Fc 60
Forciolo **2A** 159 Ka 97
Forciolu = Forciolo **2A** 159 Ka 97
Forclaz, La **74** 97 Gd 71
Foreste **02** 18 Da 50
Forest-en-Cambrésis **59** 9 Dd 48
Forestière, La **51** 35 Dd 57
Forest-l'Abbaye **80** 7 Be 47
Forest-Landerneau, La **29** 24 Ve 58
Forest-Montiers **80** 7 Be 47
Forest-Saint-Julien **05** 120 Ga 81
Forest-sur-Marque **59** 8 Db 45
Forêt, La **33** 100 Aa 78
Forêt-Auvray, La **61** 29 Zd 56
Forêt-de-Tessé, La **16** 88 Aa 72
Forêt-du-Parc, La **27** 32 Bb 55
Forêt-du-Temple, La **23** 78 Bf 70
Forêt-Fouesnant, La **29** 42 Wa 61
Forêt-la-Folie **27** 16 Bd 53
Forêt-le-Roi, La **91** 50 Ca 58
Forêt-Sainte-Croix, La **91** 50 Cb 58
Forêt-sur-Sèvre, La **79** 75 Zc 68
Forfry **77** 34 Cf 54
Forge, la **88** 56 Ge 60
Forges **17** 86 Za 72
Forgès **19** 102 Bf 78
Forges **49** 62 Ze 65
Forges, les **49** 61 Za 63
Forges, les **56** 43 Xd 60
Forges, les **79** 76 Zf 69
Forges, Les **88** 55 Gc 59
Forges-la-Forêt **35** 45 Ye 61
Forges-les-Bains **91** 33 Ca 57
Forges-les-Eaux **76** 16 Bd 51
Forges-sur-Meuse **55** 21 Fb 53
Forie, La **63** 105 De 75
Forléans **21** 67 Eb 64
Formentin **14** 14 Aa 53
Formerie **60** 16 Be 51
Formigny **14** 13 Za 52
Formiguères **66** 153 Ca 93
Fors **79** 87 Zd 71
Forstfeld **67** 40 Ia 55
Forstheim **67** 40 Hf 55
Fortan **41** 48 Af 61
Fort-du-Plasne **39** 84 Ff 69
Fortel-en-Artois **62** 7 Cb 47
Forteresse, la **38** 107 Fc 77
Fort-Louis **67** 40 Ia 56
Fort-Mahon-Plage **80** 6 Bd 46
Fort-Mardyck **59** 3 Cb 42
Fort-Moville **27** 14 Ac 53
Fortschwihr **68** 57 Hc 60
Fos **31** 151 Ae 91
Fos **34** 143 Db 87
Fossat, Le **09** 140 Bc 89
Fossé **41** 64 Bb 63
Fossé **66** 153 Cc 92
Fossé, Le **76** 16 Bd 51
Fosse-Corduan, La **10** 52 Dd 58
Fosse-de-Tigné, La **49** 61 Zd 65
Fossemagne **24** 101 Af 78
Fossemanant **80** 17 Cb 50
Fosses **95** 33 Cd 54
Fosses, Les **79** 87 Zd 72
Fossès-et-Baleyssac **33** 112 Aa 81
Fosseuse **60** 33 Cb 53
Fosseux **62** 8 Cd 47
Fossieux **57** 38 Gb 55
Fossoy **02** 34 Dc 54
Fos-sur-Mer **13** 145 Ef 88
Foucarmont **76** 16 Bd 49
Foucart **76** 15 Ad 51
Foucarville **50** 12 Ye 52
Foucaucourt-en-Santerre **80** 18 Ce 49
Foucaucourt-Hors-Nesle **80** 7 Be 49
Foucaucourt-sur-Thabas **55** 36 Fa 54
Fouchécourt **88** 54 Ff 60
Foucherans **25** 70 Ga 66
Foucherans **39** 83 Fc 66
Fouchères **10** 52 Eb 60
Fouchères **89** 51 Da 59
Fouchères-aux-Bois **55** 37 Fb 57
Foucherolles **45** 51 Da 60
Fouchy **67** 56 Hb 59
Foucrainville **27** 32 Bb 55
Fouenant = Fouesnant **29** 42 Vf 61
Fouencamps **80** 17 Cc 49
Fouesnant **29** 42 Vf 61
Foufflin-Ricametz **62** 7 Cc 46
Foug **54** 37 Fe 56
Fougaron **31** 140 Af 91
Fougax-et-Barrineuf **09** 153 Bf 91
Fougeré **49** 62 Zf 63
Fougeré **85** 74 Ye 69
Fougères **35** 45 Ye 58
Fougères-sur-Bièvres **41** 64 Bc 64
Fougerêts, Les **56** 44 Xe 62
Fougerolles **36** 78 Bf 69
Fougerolles **70** 55 Gc 61
Fougerolles-du-Plessis **53** 29 Yf 58
Fougueyrolles **24** 112 Ab 79
Fouillade, La **12** 127 Ca 83
Fouilleuse **60** 17 Cd 52
Fouillouse **05** 120 Ga 82
Fouillouse, La **42** 105 Eb 76
Fouilloux, Le **17** 99 Zf 77
Fouilloy **60** 16 Be 50
Fouilloy **80** 17 Cd 49
Fouju **77** 33 Ce 57
Foulain **52** 54 Fb 60
Foulanges **60** 17 Cb 53
Foulayronnes **47** 125 Ad 83
Foulbec **27** 15 Ac 52
Foulcrey **57** 39 Gf 57
Fouleix **24** 100 Ae 79
Foulenay **39** 83 Fc 67
Fouligny **57** 38 Gd 54
Foulognes **14** 13 Zb 54
Fouquebrune **16** 100 Ab 75
Fouquereuil **62** 8 Cd 45
Fouquerolles **60** 17 Cb 52
Fouquescourt **80** 17 Ce 50
Fouqueure **16** 88 Aa 73
Fouqueville **27** 15 Af 53
Fouquières-les-Béthune **62** 8 Cd 45
Fouquières-les-Lens **62** 8 Cf 46
Four **38** 107 Fb 75
Fourane, La **31** 140 Bc 89
Fouras **17** 86 Yf 73
Fourchambault **58** 80 Da 66
Fourches **14** 30 Zf 55
Fourcigny **80** 16 Be 50
Fourdrain **02** 18 Dc 51
Fourdrinoy **80** 17 Ca 49
Fourès **32** 126 Ba 87
Fourg **25** 84 Fe 66
Fourges **27** 32 Bd 54
Fourgs, Les **25** 84 Gc 67
Fourilles **03** 92 Db 71
Fourmagnac **46** 114 Bf 81
Fourmetot **27** 15 Ad 52
Fourmies **59** 9 Ea 48
Fournaudin **89** 52 Dd 60
Fourneaux **42** 93 Eb 73
Fourneaux **50** 29 Yf 55
Fourneaux **73** 109 Gd 77
Fourneaux-le-Val **14** 30 Ze 55
Fournels **48** 116 Da 80
Fournes-Cabardès **11** 142 Cc 88
Fournes-en-Weppes **59** 8 Cf 45
Fournet-Blancheroche **25** 71 Ge 65
Fournets-Luisans **25** 71 Gd 66
Fournival **60** 17 Cc 52
Fournols **63** 104 Dd 75
Fournoulès **15** 115 Cb 80
Fouronnes **89** 67 Dd 63
Fourques **30** 131 Ed 86
Fourques **66** 154 Ce 93
Fourques-sur-Garonne **47** 112 Aa 82
Fourqueux **78** 33 Ca 55
Fourquevaux **31** 141 Bd 87
Fours **33** 99 Zc 77
Fours **58** 81 De 68
Fours-en-Vexin **27** 32 Bd 53
Fourtou **11** 153 Cc 91
Foussais-Payré **85** 75 Zb 69
Foussemagne **90** 71 Gf 63
Fousseret, Le **31** 140 Ba 89
Foussignac **16** 87 Zf 74
Fouzilhon **34** 143 Db 88
Fox-Amphoux **83** 147 Ga 87
Foye-Monjault, La **79** 87 Zc 71
Fozières **34** 129 Dc 86
Fozzano **2A** 159 Ka 98
Fragnes **71** 82 Ef 67
Fragny-en-Bresse **71** 83 Fc 68
Frahier-et-Chatebier **70** 71 Ge 63
Fraignot-et-Vesvrotte **21** 68 Ef 63
Fraillicourt **08** 19 Eb 50
Fraimbois **54** 38 Gd 57
Frain **88** 55 Ff 60
Frais **90** 71 Gf 63
Fraisnes-en-Saintois **54** 55 Ga 58
Fraisse **24** 112 Ab 79
Fraisse-Cabardès **11** 142 Cb 89
Fraissé-des-Corbières **11** 154 Cf 91
Fraisse-sur-Agout **34** 142 Ce 87
Fraissinet-de-Fourques **48** 129 Dd 83
Fraissinet-de-Lozère **48** 117 De 82
Fraize **88** 56 Gf 59
Fralignes **10** 53 Ec 60
Framboisière, La **28** 31 Ba 57
Frambouhans **25** 71 Ge 65
Framecourt **62** 7 Cb 46
Framerville-Rainecourt **80** 17 Ce 49
Framicourt **80** 6 Be 49
Frampas **52** 53 Ee 57
Francaltroff **57** 39 Ge 55
Francarville **31** 141 Be 87
Francastel **60** 17 Ca 51
Françay **41** 63 Ba 63
Francazal **31** 140 Ba 90
Francazal **31** 140 Bc 87
Francescas **47** 125 Ac 84
Franchesse **03** 80 Da 69
Francheval **08** 20 Fa 50
Franchevelle **70** 70 Gc 62
Francheville **21** 68 Ef 64
Francheville **27** 31 Af 56
Francheville **27** 31 Bb 55
Francheville **39** 83 Fd 67
Francheville **51** 36 Ed 55
Francheville **54** 38 Ff 56
Francheville **61** 30 Zf 57
Francheville **69** 94 Ee 74
Francheville, La **08** 20 Ee 50
Franciens **74** 96 Ff 72
Francières **60** 17 Ce 52
Francières **80** 7 Bf 48
Francillon **36** 78 Bd 67
Francillon-sur-Roubion **26** 119 Fa 81
Francilly-Selency **02** 18 Db 49
Francin **73** 108 Ga 76
Francon **31** 140 Af 89
Franconville **54** 55 Gc 57
Franconville **95** 33 Cb 55
Francoulès **46** 114 Bc 81
Francourt **70** 69 Fe 63
Francourville **28** 49 Bd 58
Francs **33** 112 Zf 79
Francueil **37** 63 Ba 65
Franey **25** 70 Fe 65
Frangy **74** 96 Ff 72
Franken **68** 72 Hc 63
Franleu **80** 6 Bd 48
Franois **25** 70 Ff 65
Franquevielle **31** 139 Ad 90
Franqueville **02** 19 De 50
Franqueville **27** 31 Ae 53
Franqueville **80** 7 Ca 48
Franqueville-Saint-Pierre **76** 15 Ba 52
Frans **01** 94 Ee 73
Fransart **80** 18 Ce 50
Fransèches **23** 90 Ca 72
Fransu **80** 7 Ca 48
Fransures **80** 17 Cb 50
Franvillers **80** 8 Cd 49
Franxault **21** 83 Fb 66
Frapelle **88** 56 Ha 59
Fraquelfing **57** 39 Gf 57
Fraroz **39** 84 Ga 68
Frasnay-Reugny **58** 81 Dd 67
Frasne **25** 84 Gb 67
Frasne **39** 69 Fd 65
Frasnée, La **39** 84 Fe 69
Frasne-le-Château **70** 70 Ff 64
Frasnois, Le **39** 84 Ff 69
Frasnoy **59** 9 De 47
Frasseto **2A** 159 Ka 97
Frassetu, U = Frasseto **2A** 159 Ka 97
Frausseilles **81** 127 Bf 84
Fravaux **10** 53 Ed 59
Frayssе, Le **81** 128 Cc 85
Frayssinet **46** 114 Bc 81
Frayssinet-le-Gélat **46** 113 Ba 81
Frayssinhes **46** 114 Bf 79
Frazé **28** 48 Ba 59
Fréauville **76** 16 Bc 49
Frebécourt **88** 54 Fe 58
Frébuans **39** 83 Fc 69
Frêche, Le **40** 124 Ze 85
Fréchède **65** 139 Ab 88
Fréchencourt **80** 7 Cc 49
Fréchendets **65** 139 Ab 90
Fréchet, Le **31** 140 Af 89
Fréchou **47** 125 Ab 84
Fréchou-Fréchet **65** 139 Aa 89
Frécourt **52** 54 Fc 61
Frédille **36** 78 Bc 67
Frégimont **47** 112 Ac 83
Frégouville **32** 126 Af 87
Fréhel **22** 27 Xd 57
Freigné **49** 60 Yf 63
Freissinières **05** 121 Gd 80
Freissinouse, La **05** 120 Ga 81
Freistroff **57** 22 Gc 53
Freix-Anglards **15** 103 Cc 78
Fréjairolles **81** 128 Cb 85
Fréjeville **81** 127 Ca 87
Fréjus **83** 148 Ge 88
Fréland **68** 56 Hb 60
Frelinghien **59** 4 Cf 44
Frémainville **95** 32 Bf 54
Frémécourt **95** 32 Bf 54
Fréménil **54** 39 Ge 57
Frémery **57** 38 Gc 55
Frémestroff **57** 39 Ge 54
Frémicourt **62** 8 Cf 48
Fremifontaine **88** 43 Ge 59
Frémontiers **80** 17 Ca 50
Frémonville **54** 39 Gf 57
Frénaye, La **76** 15 Ad 51
Frencq **62** 7 Be 45
Frenelle-la-Grande **88** 55 Ga 58
Frenelle-la-Petite **88** 55 Ga 58
Frênes **61** 29 Zb 56
Freneuse **76** 15 Ba 53
Freneuse **78** 32 Bd 54
Freneuse-sur-Risle **27** 15 Ae 53
Freney, Le **73** 109 Gd 77
Freney-d'Oisans, Le **38** 108 Ga 78
Fréniches **60** 18 Da 50
Frénois **21** 68 Ef 63
Frénouville **14** 30 Ze 54
Frépillon **95** 33 Cb 54
Fresles **76** 16 Bc 50
Fresnaie-Fayel, La **61** 30 Ab 56
Fresnais, La **35** 28 Ya 57
Fresnay **10** 53 Ee 59
Fresnaye-au-Sauvage, La **61** 30 Ze 56
Fresnay-en-Retz **44** 59 Ya 66
Fresnaye-sur-Chédouet, La **72** 47 Ab 58
Fresnay-le-Comte **28** 49 Bc 59
Fresnay-le-Gilmert **28** 32 Bc 57
Fresnay-le-Long **76** 15 Ba 51
Fresnay-le-Samson **61** 30 Ab 55
Fresnay-l'Evêque **28** 49 Be 59
Fresnay-sur-Sarthe **72** 47 Aa 59
Fresne, Le **27** 31 Af 55
Fresne, Le **51** 36 Ed 55
Fresneaux-Montchevreuil **60** 17 Ca 53
Fresne-Cauverville **27** 15 Ac 53
Fresne-l'Archevêque **27** 16 Bc 52
Fresne-Léguillon **60** 16 Bf 53
Fresne-le-Plan **76** 16 Bb 52
Fresne-Poret, Le **50** 29 Zb 56
Fresnes **02** 18 Dc 51
Fresnes **21** 68 Ec 63
Fresnes **41** 64 Bc 64
Fresnes **89** 67 Df 62
Fresnes **94** 33 Cb 56
Fresne-Saint-Mamès **70** 70 Ff 63
Fresnes-au-Mont **55** 37 Fc 55
Fresnes-en-Saulnois **57** 38 Gc 55
Fresnes-en-Tardenois **02** 34 Dd 54
Fresnes-en-Woëvre **55** 37 Fd 54
Fresnes-lès-Montauban **62** 8 Cf 46
Fresnes-lès-Reims **51** 19 Ea 52
Fresnes-Mazancourt **80** 18 Cf 49
Fresnes-sur-Apance **52** 54 Ff 61
Fresnes-sur-Escaut **59** 9 Dd 46
Fresnes-Tilloloy **80** 7 Be 49
Fresneville **80** 16 Be 49
Fresney **27** 32 Bb 55
Fresney-le-Puceux **14** 29 Zd 54
Fresney-le-Vieux **14** 29 Zd 54
Fresnicourt **62** 8 Cd 46
Fresnières **60** 18 Ce 51
Fresnois-la-Montagne **54** 21 Fd 52
Fresnoy **62** 7 Ca 46
Fresnoy **80** 16 Be 49
Fresnoy-au-Val **80** 17 Ca 49
Fresnoy-en-Chaussée **80** 17 Cd 50
Fresnoy-en-Gohelle **62** 8 Cf 46
Fresnoy-en-Thelle **60** 33 Cb 53
Fresnoy-Folny **76** 16 Bc 49
Fresnoy-le-Château **10** 52 Eb 59
Fresnoy-le-Grand **02** 9 Dc 49
Fresnoy-le-Luat **60** 33 Ce 53
Fresnoy-lès-Roye **80** 17 Ce 50
Frespech **47** 113 Ae 83
Fresquiennes **76** 15 Ba 51
Fressac **30** 130 Df 85
Fressain **59** 8 Db 47
Fressancourt **02** 18 Dc 51
Fresse **70** 71 Gd 61
Fresselines **23** 90 Be 70
Fressenneville **80** 6 Bd 48
Fresse-sur-Moselle **88** 56 Ge 61
Fressies **59** 8 Db 47
Fressin **62** 7 Ca 46
Fressines **79** 87 Ze 71
Frestoy, Le **60** 17 Cd 51
Fresville **50** 12 Yd 52
Fréterive **73** 108 Gb 75
Fréteval **41** 48 Bb 61
Fréthun **62** 3 Be 43
Frétigney-et-Velloreille **70** 70 Ff 64
Frétigny **28** 48 Af 58
Fretin **59** 8 Cf 45
Frétoy **77** 34 Db 56
Frétoy-le-Château **60** 18 Cf 51
Frette, La **71** 83 Fa 69
Frettecuisse **80** 7 Be 49
Frettemeule **80** 6 Bd 48
Fretterans **71** 83 Fb 67
Frette-sur-Seine, La **95** 33 Cb 55
Fréty, Le **08** 19 Eb 50
Freulleville **76** 16 Bb 49
Frévent **62** 7 Cb 47
Fréville **76** 15 Ae 51
Fréville-du-Gâtinais **45** 50 Cc 60
Frévillers **62** 8 Cd 46
Freyboùse **57** 39 Ge 54
Freycenet-la-Cuche **43** 117 Ea 79
Freycenet-la-Tour **43** 117 Ea 79
Freychenet **09** 152 Be 91
Freyming-Merlebach **57** 39 Ge 54
Freyssenet **07** 117 Eb 80
Freyssenet **07** 118 Ed 80
Friaize **28** 48 Ba 58
Friardel **14** 30 Ac 55
Friaucourt **80** 6 Bc 48
Fribourg **57** 39 Gf 56
Fricamps **80** 17 Bf 50
Frichemesnil **76** 15 Ba 51
Fricourt **80** 8 Ce 49
Fridefont **15** 116 Da 79
Friedolsheim **67** 40 Hc 56
Frières-Faillouël **02** 18 Db 50
Friesen **68** 71 Ha 63
Friesenheim **67** 57 Hd 59
Frignicourt **51** 36 Ed 56
Frise **80** 8 Ce 49
Friville-Escarbotin **80** 6 Bd 48
Frizon **88** 55 Gc 59
Froberville **76** 14 Ab 50
Frocourt **60** 17 Ca 52
Frœningen **68** 71 Hb 62
Frœschwiller **67** 40 Hf 55
Froges **38** 108 Ff 77
Frohen-le-Grand **80** 7 Cb 47
Frohen-le-Petit **80** 7 Cb 47
Frohmuhl **67** 39 Hb 55
Froideconche **70** 55 Gc 62
Froidefontaine **90** 71 Gf 63
Froidestrées **02** 9 Df 49
Froideterre **70** 71 Gd 61
Froidevaux **25** 71 Ge 65
Froideville **39** 83 Fc 68
Froidfond **85** 74 Yb 67
Froidmont-Cohartille **02** 19 De 50
Froidos **55** 36 Fa 54
Froissy **60** 17 Cb 51
Frôlois **21** 68 Ed 63
Frolois **54** 38 Ga 57
Fromelennes **08** 10 Ee 48
Fromelles **59** 8 Cf 45
Fromental **87** 90 Bc 72
Fromentières **51** 35 De 55
Fromeréville-les-Vallons **55** 37 Fb 54
Fromont **77** 50 Cd 59
Fromy **08** 21 Fb 51
Froncles **52** 54 Fa 59
Fronsac **31** 139 Ad 91
Fronsac **33** 111 Ze 79
Frontenac **33** 111 Zf 80
Frontenard **71** 83 Fa 67
Frontenas **69** 94 Ed 73
Frontenay-Rohan-Rohan **79** 87 Zc 71
Frontenex **73** 108 Gb 75
Frontignan **34** 144 De 88
Frontignan-de-Comminges **31** 139 Ad 91
Frontignan-Savès **31** 140 Af 88
Fronton **31** 126 Bc 85
Frontonas **38** 107 Fb 75
Fronville **52** 54 Fa 58
Frossay **44** 59 Ya 65
Frotey-lès-Lure **70** 71 Gd 63
Frotey-lès-Vesoul **70** 70 Gb 63
Frouard **54** 38 Ga 56

Fléac-sur-Seugne — Frouard (F) **177**

Lamillarié **81** 127 Ca 85
Lammerville **76** 15 Af 50
Lamnay **72** 48 Ae 60
Lamongerie **19** 102 Bd 75
Lamontélarié **81** 128 Cd 87
Lamontgie **63** 104 Dc 76
Lamontjoie **47** 125 Ad 84
Lamonzie-Montastruc **24** 112 Ad 79
Lamonzie-Saint-Martin **24** 112 Ac 79
Lamorlaye **60** 33 Cc 54
Lamorville **55** 37 Fd 55
Lamothe **40** 123 Zc 86
Lamothe **43** 104 Dc 77
Lamothe-Capdeville **82** 126 Bc 84
Lamothe-Cassel **46** 114 Bd 81
Lamothe-Cumont **82** 126 Af 85
Lamothe-en-Blaisy **52** 53 Ef 59
Lamothe-Fénelon **46** 113 Bc 79
Lamothe-Goas **32** 125 Ad 85
Lamothe-Landerron **33** 112 Aa 81
Lamothe-Montravel **24** 112 Aa 79
Lamotte-Beuvron **41** 65 Ca 63
Lamotte-Brebière **80** 17 Cc 49
Lamotte-Buleux **80** 7 Bf 47
Lamotte-Warfusée **80** 17 Cd 49
Lamouilly **55** 21 Fb 51
Lamoura **39** 96 Ff 70
Lampaul-Guimiliau **29** 25 Vf 58
Lampaul-Plouarzel **29** 24 Vb 58
Lampaul-Ploudalmézeau **29** 24 Vc 57
Lampertheim **67** 40 He 57
Lampertsloch **67** 40 He 55
Lamure-sur-Azergues **69** 94 Ec 72
Lanans **25** 70 Gc 65
Lanarvilly **29** 24 Vd 57
Lanas **07** 118 Ec 81
Lancé **41** 63 Ba 62
Lanchères **80** 6 Bd 48
Lanches **80** 7 Ca 48
Lanchy **02** 18 Da 50
Lancié **69** 94 Ee 72
Lancieux **22** 27 Xf 57
Lancôme **41** 63 Ba 63
Lançon **08** 20 Ef 53
Lancon **65** 150 Ac 91
Lançon-Provence **13** 146 Fa 87
Landange **57** 39 Gf 56
Landaul **56** 43 Wf 62
Landaville-le-Bas **88** 54 Fe 59
Landaville-le-Haut **88** 54 Fe 59
Landavran **35** 45 Ye 60
Landéan **35** 45 Yf 58
Landebaëron **22** 26 We 57
Landébia **22** 27 Xe 57
Landec, La **22** 27 Xe 58
Lande Chasles, La **49** 62 Zf 64
Landécourt **54** 55 Gc 57
Landéda **29** 24 Vc 57
Lande-d'Airou, La **50** 28 Ye 56
Lande-de-Fronsac, La **33** 99 Zd 79
Lande-de-Goult, La **61** 30 Zf 57
Lande-de-Lougé, La **61** 30 Ze 56
Landéhen **22** 27 Xc 58
Landeleau **29** 42 Wb 59
Landelles **28** 48 Bb 58
Landelles-et-Coupigny **14** 29 Za 55
Landemont **49** 60 Ye 65
Lande-Patry, La **61** 29 Zc 56
Landepereuse **27** 31 Ad 54
Landerne = Landernau **29** 24 Ve 58
Landerneau **29** 24 Ve 58
Landeronde **85** 74 Yc 69
Landerrouat **33** 112 Aa 80
Landerrouet-sur-Ségur **33** 111 Zf 81
Landersheim **67** 40 Hc 56
Landes **17** 87 Zb 73
Lande-Saint-Léger, La **27** 14 Ac 53
Lande-Saint-Siméon, La **61** 29 Zd 56
Landes-Genusson, Les **85** 74 Yf 67
Landes-le-Gaulois **41** 63 Bb 63
Landes-sur-Ajon **14** 29 Zc 54
Lande-sur-Drôme, La **14** 29 Za 54
Lande-sur-Eure, La **61** 31 Af 57
Landes-Vieilles-et-Neuves **76** 16 Bd 50
Landévant **56** 43 Wf 62
Landévennec **29** 24 Ve 59
Landevieille **85** 73 Yb 69
Landeyrat **15** 103 Cf 77
Landifay-et-Bertaignemant **02** 19 Dd 50
Landigou **61** 29 Zd 56
Landin, Le **27** 15 Ae 52
Landiras **33** 111 Zd 81
Landisacq **61** 29 Zc 56
Landivisiau **29** 25 Vf 57
Landivizio = Landivisiau **29** 25 Vf 57
Landivy **53** 29 Yf 58
Landogne **63** 91 Cd 73
Landorthe **31** 139 Ae 90
Landos **43** 117 De 79
Landouzy-la-Cour **02** 19 Df 49
Landouzy-la-Ville **02** 19 Ea 49
Landrais **17** 86 Za 72
Landreau, Le **44** 24 Ye 65
Landreau, Le **44** 59 Xf 65
Landrecies **59** 9 De 48
Landrecourt-Lempire **55** 37 Fb 54
Landreger = Tréguier **22** 26 We 56
Landremont **54** 38 Ga 55
Landres **54** 21 Fe 53
Landres-et-Saint-Georges **08** 20 Fa 52
Landresse **25** 70 Gc 65
Landrethun-le-Nord **62** 3 Be 43
Landrethun-lès-Ardres **62** 3 Bf 43
Landrévarzec **29** 42 Vf 60
Landreville **10** 53 Ec 60
Landrichamps **08** 10 Ee 48
Landricourt **02** 18 Dc 51
Landricourt **51** 36 Ee 57
Landroff **57** 38 Gd 55
Landry **73** 109 Ge 75
Landser **68** 72 Hc 63
Landudal **29** 42 Wa 60
Landudec **29** 41 Ve 60
Landujan **35** 44 Ya 59
Landunvez **29** 24 Vb 57
Lanespède **65** 139 Ab 90
Lanester **56** 42 Wd 62
Lanet **11** 153 Cc 91
Laneuvelle **52** 54 Fe 61
Laneuvelotte **54** 38 Gb 56
Laneuveville-aux-Bois **54** 38 Gd 57
Laneuveville-derrière-Foug **54** 37 Fe 56
Laneuveville-devant-Bayon **54** 55 Gb 58
Laneuveville-devant-Nancy **54** 38 Gb 57
Laneuveville-en-Saulnois **57** 38 Gc 55
Laneuveville-lès-Lorquin **57** 39 Ha 57
Laneuville **57** 38 Gc 53
Laneuville-au-Pont **52** 36 Ef 57
Laneuville-au-Rupt **55** 37 Fd 56
Laneuvilleroy **60** 17 Cd 52
Laneuville-sur-Meuse **55** 21 Fa 52
Lanfains **22** 26 Xa 58
Lanfroicourt **54** 38 Gc 56
Langaeg = Langueux **22** 26 Xb 58
Langan **35** 44 Ya 59
Langast **22** 43 Xc 59
Langatte **57** 39 Gf 56
Langé **36** 78 Bc 66
Langeac **43** 104 Dc 78
Langeais **37** 62 Ac 65
Langennerie **37** 63 Ae 64
Langensoultzbach **67** 40 Hf 55
Langeron **58** 80 Da 68
Langesse **45** 65 Cd 62
Langey **28** 48 Bb 60
Langlade **30** 130 Eb 86
Langoat **22** 26 We 56
Langogne **48** 117 Df 80
Langoiran **33** 111 Zd 80
Langolen **29** 42 Wa 60
Langon **33** 111 Ze 81
Langon **35** 44 Ya 62
Langon **41** 64 Be 65
Langon, Le **85** 75 Za 70
Langonnet **56** 42 Wd 60
Langouet **35** 44 Yb 59
Langourla **22** 44 Xd 59
Langres **52** 54 Fc 61
Langrolay-sur-Rance **22** 27 Ya 57
Langruné-sur-Mer **14** 13 Zd 53
Languédias **22** 27 Xe 58
Languénan **22** 27 Xf 57
Langueux **22** 26 Xb 58
Languevoisin-Quiquery **80** 18 Cf 50
Languidic **56** 43 Wf 62
Languimberg **57** 39 Gf 56
Langy **03** 92 Dc 71
Lanhélin **35** 28 Yb 58
Lanhères **55** 37 Fe 53
Lanhouarneau **29** 24 Ve 57
Lanildut **29** 24 Vb 58
Laning **57** 39 Ge 54
Laniscat **22** 43 Wf 59
Laniscourt **02** 18 Dd 51
Lanleff **22** 26 Wf 56
Lanloup **22** 26 Xa 56
Lanmérin **22** 26 Wd 56
Lanmeur **29** 25 Wb 57
Lanmodez **22** 26 Wf 55
Lannastêr = Lanester **56** 42 Wd 62
Lanne **65** 138 Aa 90
Lannéanou **29** 25 Wc 58
Lannebert **22** 26 Xa 57
Lannecaube **64** 138 Ze 88
Lannédern **29** 25 Wa 59
Lanne-en-Barétous **64** 137 Zb 90
Lannemaignan **32** 124 Ze 85
Lannemezan **65** 139 Ac 90
Lannepax **32** 125 Ab 86
Lanneplaà **64** 137 Zb 88
Lanneray **28** 48 Bb 60
Lannes **47** 125 Ab 84
Lanne-Soubiran **32** 124 Zf 86
Lanneuffret **29** 24 Ve 57
Lanneur = Lanmeur **29** 25 Wb 57
Lannilis **29** 24 Vc 57
Lanniliz = Lannilis **29** 24 Vc 57
Lannion **22** 25 Wd 56
Lannolon = Lannvollon **22** 26 Xa 57
Lannoy **59** 4 Db 45
Lannoy-Cuillère **60** 16 Be 50
Lannuon = Lannion **22** 25 Wd 56
Lannux **32** 124 Ze 87
Lano **2B** 157 Kb 94
Lanobre **15** 103 Cd 76
Lanouaille **24** 101 Ba 76
Lanouée **56** 43 Xc 61
Lanoux **09** 140 Bc 90
Lanques-sur-Rognon **52** 54 Fc 60
Lanquetot **76** 15 Ad 51
Lanrelas **22** 44 Xe 59
Lanrivain **22** 26 We 58
Lanrivoaré **29** 24 Vc 58
Lanrodec **22** 26 Wf 57
Lans **71** 82 Ef 68
Lansac **33** 99 Zc 78
Lansac **66** 154 Cd 92
Lansargues **34** 130 Ea 87
Lans-en-Vercors **38** 107 Fd 78
Lanslebourg-Mont-Cenis **73** 109 Gf 77
Lanslevillard **73** 109 Gf 77
Lanta **31** 141 Bd 87
Lantabat **64** 137 Yf 89
Lantages **10** 52 Eb 60
Lantan **18** 79 Ce 67
Lantéfontaine **54** 21 Ff 53
Lantenay **01** 95 Fd 72
Lantenay **21** 68 Ef 64
Lantenne-Vertière **25** 70 Fe 65
Lantenot **70** 70 Gc 62
Lanterne-et-les-Armonts, La **70** 70 Gd 62
Lanteuil **19** 102 Bd 78
Lanthenay, Romorantin- **41** 64 Be 64
Lanthes **21** 83 Fb 67
Lantheuil **14** 13 Zc 53
Lantic **22** 26 Xa 57
Lantignié **69** 94 Ed 72
Lantillac **56** 43 Xc 61
Lantilly **21** 68 Ec 63
Lanton **33** 110 Yf 80
Lantosque **06** 135 Hb 85
Lantriac **43** 117 Ea 79
Lanty **58** 81 Df 68
Lanty-sur-Aube **52** 53 Ee 60
Lanu = Lano **2B** 157 Kb 94
Lanuéjols **30** 129 Dc 84
Lanuéjols **48** 116 Dd 82
Lanuéjouls **12** 115 Cb 82
Lanvallay **22** 27 Xf 58
Lanvaudan **56** 43 We 61
Lanvellec **22** 25 Wc 57
Lanvénégen **56** 42 Wc 61
Lanvéoc **29** 24 Vd 59
Lanvollon **22** 26 Xa 57
Lanyugon = Jugon-les-Lacs **22** 27 Xe 58
Lanzac **46** 114 Bc 79
Laon **02** 19 Dd 51
Laons **28** 31 Bb 56
Lapalisse **03** 93 Dd 71
Lapalud **84** 131 Ee 83
Lapan **18** 79 Cb 67
Lapanouse-de-Cernon **12** 129 Da 85
Laparade **47** 112 Ac 82
Laparrouquial **81** 127 Ca 84
Lapège **09** 152 Bd 92
Lapenche **82** 127 Bd 83
Lapenne **09** 141 Be 90
Lapenty **50** 29 Yf 57
Laperrière-sur-Saône **21** 83 Fc 66
Lapesche **47** 112 Ac 81
Lapeyrade **40** 124 Zf 84
Lapeyre **65** 139 Ac 89
Lapeyrère **31** 140 Bb 89
Lapeyrouse **01** 94 Ef 73
Lapeyrouse **26** 106 Ef 77
Lapeyrouse **63** 92 Cf 71
Lapeyrouse-Fossat **31** 127 Bd 86
Lapeyrugue **15** 115 Cd 80
Lapleau **19** 103 Ca 77
Laplume **47** 125 Ad 84
Lapoutroie **68** 56 Ha 60
Lapouyade **33** 99 Ze 78
Lappion **02** 19 Df 51
Laprade **11** 142 Cb 88
Laprade **16** 100 Ab 77
Laprugne **03** 93 De 73
Laps **63** 104 Db 74
Lapte **43** 105 Eb 77
Lapugnoy **62** 8 Cd 45
Laquenexy **57** 38 Gb 54
Laqueuille **63** 103 Ce 75
Laragne-Montéglin **05** 120 Fe 83
Larajasse **69** 106 Ec 75
Laramière **46** 114 Bf 82
Laran **31** 126 Bb 87
Laran **65** 139 Ac 89
Larbey **40** 123 Zb 86
Larbroye **60** 18 Cf 51
Larcat **09** 152 Bd 92
Larçay **37** 63 Ae 64
Larceveau-Arros-Cibits **64** 137 Yf 89
Larchamp **53** 46 Yf 58
Larchamp **61** 29 Zb 56
Larchant **77** 50 Cd 59
Larche **04** 121 Gf 82
Larche **19** 101 Bc 78
Larderet, Le **39** 84 Ff 68
Lardier-et-Valença **05** 120 Ff 82
Lardiers **04** 132 Fe 84
Lardin-Saint-Lazare, Le **24** 101 Bb 78
Laredorte **11** 142 Cd 89
Larée **32** 124 Zf 85
Laréole **31** 126 Ba 86
Largeasse **79** 75 Zd 68
Largentière **07** 117 Eb 81
Largillay-Marsonnay **39** 83 Fe 69
Largitzen **68** 71 Hb 63
Largny-sur-Automne **02** 18 Da 53
Larians-et-Munans **70** 70 Gb 64
Larivière **90** 71 Gf 62
Larivière-Arnoncourt **52** 54 Fe 60
Larmor-Baden **56** 58 Xa 63
Larmor-Plage **56** 42 Wd 62
Larnage **26** 106 Ef 78
Larnagol **46** 114 Be 82
Larnas **07** 118 Ed 82
Larnat **09** 152 Bd 92
Larnaud **39** 83 Fc 68
Larnod **25** 70 Ff 65
Larochemillay **58** 81 Ea 67
Laroche-près-Feyt **19** 103 Cd 74
Laroche-Saint-Cydroine **89** 51 Dc 61
Larodde **63** 103 Cd 75
Laroin **64** 138 Zd 89
Laronxe **54** 38 Gd 57
Laroque **33** 111 Ze 81
Laroque **34** 130 De 85
Laroquebrou **15** 115 Cb 79
Laroque-de-Fa **11** 154 Cd 91
Laroque-des-Albères **66** 154 Cf 93
Laroque-des-Arcs **46** 114 Bc 82
Laroque-d'Olmes **09** 141 Bf 91
Laroque-Timbaut **47** 113 Ae 83
Laroquevieille **15** 103 Cd 78
Larouillies **59** 9 Df 48
Larrau **64** 137 Za 90
Larrazet **82** 126 Ba 85
Larré **56** 44 Xc 62
Larré **61** 30 Aa 58
Larressingle **32** 125 Ab 85
Larressore **64** 136 Yd 88
Larret **70** 69 Fd 63
Larreule **64** 138 Zd 88
Larreule **65** 138 Aa 88
Larrey **21** 53 Ec 61
Larribar-Sorhapuru **64** 137 Yf 89
Larringes **74** 97 Gd 70
Larrivière **40** 124 Zd 86
Larroque **65** 139 Ac 89
Larroque **31** 139 Ad 89
Larroque **81** 127 Be 84
Larroque-Engalin **32** 125 Ad 85
Larroque-Saint-Sernin **32** 125 Ac 86
Larroque-sur-l'Osse **32** 125 Ab 85
Larroque-Toirac **46** 114 Bf 81
Lartigue **32** 124 Aa 86
Lartigue **32** 139 Ae 87
Lartigue **33** 111 Zf 83
Laruns **64** 138 Zd 91
Laruscade **33** 99 Zd 78
Larzac **24** 113 Ba 80
Larzalier **48** 117 De 81
Larzicourt **51** 36 Ee 57
Las, Le **33** 110 Za 80
Lasalle **30** 130 Df 84
Lasbordes **11** 141 Ca 89
Lascabanes **46** 113 Bb 82
Lascaux **19** 101 Bc 76
Lasclaveries **64** 138 Ze 88
Lasfaillades **81** 142 Cd 87
Lasgraisses **81** 127 Ca 86
Laslades **65** 139 Ab 89
Lassales **65** 139 Ac 89
Lassay-les-Châteaux **53** 46 Zd 58
Lassay-sur-Croisne **41** 64 Bd 64
Lasse **49** 62 Aa 63
Lasse **64** 137 Ye 90
Lasséran **32** 125 Ad 87
Lassere **09** 140 Bb 90
Lasserre **47** 125 Aa 84
Lasserre **47** 125 Ac 84
Lasserre **64** 138 Zf 87
Lasserre-de-Prouille **11** 141 Ca 89
Lasseube **64** 138 Zd 89
Lasseube-Propre **32** 125 Ad 87
Lasseubetat **64** 138 Zd 89
Lassicourt **10** 53 Ec 58
Lassigny **60** 18 Cf 51
Lasson **14** 13 Zd 53
Lasson **89** 52 De 60
Lassouts **12** 115 Cf 82
Lassur **09** 152 Be 92
Lassy **14** 29 Zb 55
Lassy **35** 44 Ya 61
Lastic **15** 104 Db 78
Lastic **63** 91 Cd 74
Lastours **11** 142 Cc 89
Lastours **11** 142 Cf 90
Lataule **60** 17 Ce 51
Latet, Le **39** 84 Ff 68
Latette, la **39** 84 Ga 68
Lathuile **74** 96 Gb 74
Lathus-Saint-Rémy **86** 89 Af 70
Latillé **86** 76 Aa 69
Latilly **02** 34 Db 54
Latoue **31** 139 Ae 89
Latouille-Lentillac **46** 114 Bf 79
Latour **31** 140 Bb 89
Latour-Bas-Elne **66** 154 Cf 93
Latour-de-Carol **66** 153 Bf 94
Latour-de-France **66** 154 Cd 92
Latour-en-Woëvre **55** 37 Fe 54
Latrecey-Ormoy **52** 53 Ef 61
Latresne **33** 111 Zc 80
Latrille **40** 124 Ze 87
Latronche **19** 103 Cb 77
Latronquière **46** 114 Ca 80
Lattainville **60** 16 Be 53
Lattes **34** 144 Df 87
Lattre-Saint-Quentin **62** 8 Cd 47
Laubach **67** 40 Hf 55
Laubert **48** 117 Dd 81
Laubies, Les **48** 116 Dc 80
Laubressel **10** 52 Eb 59
Laubrières **53** 45 Yf 61
Laucourt **80** 17 Ce 50
Laudon **30** 131 Ed 84
Laudrefang **57** 38 Gd 54
Laugnac **47** 112 Ad 83
Laujuzan **32** 124 Zf 86
Laulne **50** 12 Yd 53
Laumesfeld **57** 22 Gc 52
Launac **31** 126 Bb 86
Launaguet **31** 126 Bc 86
Launay-Villiers **53** 46 Yf 60
Launois-sur-Vence **08** 20 Ed 51
Launoy **02** 18 Dc 53
Launstroff **57** 22 Gd 52
Laupie, La **26** 118 Ef 81
Laurabuc-et-Mireval **11** 141 Bf 89
Laurac **11** 141 Bf 89
Laurac-en-Vivarais **07** 117 Eb 81
Lauraët **32** 125 Ab 85
Lauraguel **11** 141 Cb 90
Laurède **40** 123 Zb 86
Laure-Minervois **11** 142 Cd 89
Laurens **34** 143 Db 87
Lauresses **46** 114 Ca 80
Lauret **34** 130 Df 86
Lauret **40** 124 Zd 87
Laurie **15** 104 Da 77
Laurier, Le **59** 7 Cb 43
Laurière **87** 90 Bc 72
Lauris **84** 132 Fb 86
Lauroux **34** 129 Db 86
Laussonne **43** 117 Ea 79
Laussou **47** 113 Ae 81
Lautenbach **68** 56 Ha 61
Lautenbachzell **68** 56 Ha 61
Lauterbourg **67** 40 Ib 55
Lauthiers **86** 77 Ae 69
Lautignac **31** 140 Ba 88
Lautrec **81** 127 Ca 86
Lauw **68** 71 Ha 62
Lauwin **59** 8 Da 46
Laux-Montaux **26** 119 Fd 83
Lauzach **56** 59 Xc 63
Lauzerte **82** 126 Ba 83
Lauzerville **31** 141 Bd 87
Lauzès **46** 114 Bd 81
Lauzet-Ubaye, le **04** 120 Gc 82
Lauzun **47** 112 Ac 81
Lavacquerie **60** 17 Ca 50
Laval **38** 108 Ef 77
Laval **53** 46 Zb 60
Lavalade **24** 113 Af 80
Laval-Atger **48** 117 De 80
Laval-d'Aix **26** 119 Fc 80
Laval-d'Aurelle **07** 117 Df 81
Lavaldens **38** 120 Ff 79
Laval-du-Tarn **48** 116 Dc 82
Laval-en-Brie **77** 51 Da 58
Laval-en-Laonnais **02** 19 Dd 51
Lavalette **11** 142 Cb 89
Lavalette **31** 127 Bd 87
Lavalette **34** 129 Db 86
Lavallée **55** 37 Fc 56
Laval-Morency **08** 20 Ec 49
Laval-Roquecezière **12** 128 Cd 86
Laval-Saint-Roman **30** 131 Ed 83
Laval-sur-Doulon **43** 104 Dd 76
Laval-sur-Luzège **19** 103 Cb 77
Laval-sur-Tourbe **51** 36 Ee 54
Laval-sur-Vologne **88** 56 Ge 59
Lavancia-Epercy **39** 95 Fe 71
Lavandou, Le **83** 147 Gc 90
Lavangeot **39** 69 Fd 66
Lavannes **51** 19 Eb 53
Lavans-lès-Dole **39** 69 Fd 66
Lavans-lès-Saint-Claude **39** 95 Fe 70
Lavans-Quingey **25** 84 Ff 66
Lavans-sur-Valouse **39** 95 Fd 71
Lavans-Vuillafans **25** 84 Gb 66
Lavaqueresse **02** 9 De 49
Lavardac **47** 125 Ab 83
Lavardens **32** 125 Ad 86
Lavardin **41** 63 Af 62
Lavardin **72** 47 Aa 60
Lavaré **72** 48 Ad 60
Lavars **38** 119 Fe 79
Lavastrie **15** 116 Da 79
Lavatoggio **2B** 156 If 93
Lavatoghju, U = Lavatoggio **2B** 156 If 93
Lavau **10** 52 Ea 59
Lavau **89** 66 Cf 63
Lavaufranche **23** 91 Cb 71
Lavault-de-Frétoy **58** 81 Ea 66
Lavault-Sainte Anne **03** 91 Cd 71
Lavaur **24** 113 Ba 81
Lavaur **81** 127 Be 86
Lavaurette **82** 127 Be 83
Lavausseau **86** 76 Aa 69
Lavau-sur-Loire **44** 59 Ya 65
Lavaveix-les-Mines **23** 90 Ca 72
Lavazan **33** 111 Zf 82
Laveissenet **15** 104 Cf 78
Laveissière **15** 103 Ce 78
Lavelanet **09** 153 Bf 91
Lavelanet-de-Comminges **31** 140 Ba 89
Laveline-devant-Bruyères **88** 56 Ge 59
Laveline-du-Houx **88** 56 Ge 60
Laventie **62** 8 Ce 45
Laveraët **32** 139 Ab 87
Lavercantière **46** 113 Bb 81
Laverdines **18** 80 Ce 66
Lavergne **46** 114 Be 80
Lavergne **47** 112 Ac 81
Lavernat **72** 62 Ac 62
Lavernay **25** 70 Fe 65
Lavernhe **12** 129 Da 83
Lavernose-Lacasse **31** 140 Bb 88
Lavernoy **52** 54 Fd 61
Laverrière **60** 17 Ca 50
Laversine **02** 18 Db 52
Laversines **60** 17 Cb 52
Lavérune **34** 144 De 87
Laveyron **26** 106 Ee 77
Laveyssière **24** 112 Ac 79
Lavieu **42** 105 Ea 75
Laviéville **80** 8 Cd 49
Lavigerie **15** 103 Ce 78
Lavignac **87** 89 Ba 74
Lavigney **70** 70 Fe 62
Lavigny **39** 83 Fd 68
Laville-aux-Bois **52** 54 Fb 60
Lavilledieu **07** 118 Ec 81
Lavilleneuve **52** 54 Fd 60
Lavilletertre **60** 32 Bf 53
Lavincourt **55** 37 Fa 57
Laviolle **07** 118 Eb 80
Laviron **25** 71 Gd 65
Lavit **82** 126 Af 85
Lavoine **03** 93 De 73
Lavoncourt **70** 70 Fe 63
Lavours **01** 95 Fe 74
Lavoûte-Chilhac **43** 104 Dc 78
Lavoûte-sur-Loire **43** 105 Df 78
Lavoux **86** 77 Ad 69
Lavoye **55** 37 Fa 54
Lawarde-Mauger-l'Hortoy **80** 17 Cb 50
Laxou **54** 38 Ga 56
Lay **42** 93 Eb 73
Lay-Lamidou **64** 137 Zb 89
Laymont **32** 140 Af 88
Layrac **47** 125 Ad 84
Layrac-sur-Tarn **31** 127 Bd 86
Layrisse **65** 138 Aa 90
Lay-Saint-Christophe **54** 38 Gb 56
Lay-Saint-Rémy **54** 37 Fe 56
Lays-sur-le-Doubs **71** 83 Fb 67
Laz **29** 42 Wa 60
Lazenay **18** 79 Ca 66
Léalvillers **80** 8 Cd 48
Léaupartie **14** 14 Aa 53
Léaz **01** 96 Ff 72
Lebetain **90** 71 Gf 64
Lebeuville **54** 55 Gb 58
Lebiez **62** 7 Bf 46
Leboulin **32** 125 Ae 86
Lebreil **46** 113 Bb 83
Lebucquière **62** 8 Cf 48
Lécaude **14** 30 Aa 54
Lecci **2A** 160 Kb 98
Lecci, i = Lecci **2A** 160 Kb 98
Lecelles **59** 9 Dc 46
Lecey **52** 54 Fc 61
Lechâtelet **21** 83 Fa 66
Léchelle **62** 8 Cf 48
Léchelle **77** 34 Dc 57
Lèches, Les **24** 100 Ac 79
Lécluse **59** 8 Da 47
Lécousse **35** 45 Ye 58
Lecques **30** 130 Ea 86
Lect **39** 95 Fe 70
Lectoure **32** 125 Ad 85
Lecumberry **64** 137 Yf 90
Lécussan **31** 139 Ad 90
Lédas-et-Penthiès **81** 128 Cc 84
Lédat **47** 112 Ae 82
Lederzeele **59** 3 Cb 44
Ledeuix **64** 137 Zc 89
Lédignan **30** 130 Ea 85
Ledinghem **62** 3 Bf 45
Ledringhem **59** 3 Cc 43
Leers **59** 4 Db 44
Lées-Athas **64** 137 Zc 91
Lefaux **62** 7 Bd 45
Leffard **14** 30 Ze 55
Leffincourt **08** 20 Ed 52
Leffonds **52** 54 Fb 61
Leffrinckoucke **59** 4 Cc 42
Leforest **62** 8 Da 46
Lège **31** 151 Ad 91
Legé **44** 74 Yc 67
Lège-Cap-Ferret **33** 110 Yf 80
Légéville-et-Bonfays **88** 55 Ga 59
Léglantiers **60** 17 Cd 51
Légna **39** 83 Fd 70
Légny **69** 94 Ed 73
Léguevin **31** 126 Bb 87
Léguillac-de-Cercles **24** 100 Ad 76
Léguillac-de-l'Auche **24** 100 Ad 77
Le Havre **76** 14 Aa 51
Léhon **22** 27 Xf 58
Leigné-les-Bois **86** 77 Ae 68
Leignes-sur-Fontaine **86** 77 Ae 69
Leigné-sur-Usseau **86** 76 Ac 67
Leigneux **42** 93 Df 74
Leimbach **68** 56 Ha 62
Leintrey **54** 39 Ge 57
Lelin-Lapujolle **32** 124 Zf 86
Lelling **57** 39 Ge 54
Lemainville **54** 55 Gb 57
Le Mans **72** 47 Ab 61
Lembach **67** 40 He 54
Lemberg **57** 39 Hc 54
Lembeye **64** 138 Zf 88
Lembras **24** 112 Ad 79
Lemé **02** 19 De 49
Lème **64** 138 Zd 88
Leménil-Mitry **54** 55 Gb 58
Lémeré **37** 62 Ac 66
Lemmecourt **88** 54 Fe 59
Lemmes **55** 37 Fb 54
Lemoncourt **57** 38 Gc 55
Lempaut **81** 141 Ca 87
Lempdes **43** 104 Db 76
Lempdes **63** 92 Db 74
Lempire **02** 8 Db 49
Lemps **07** 106 Ee 78
Lemps **26** 119 Fc 82
Lempty **63** 92 Dc 74
Lempzours **24** 101 Ae 76
Lemud **57** 38 Gc 54
Lemuy **39** 84 Ff 67
Lénault **14** 29 Zc 55
Lenax **03** 93 De 71
Lencloître **86** 76 Ab 68
Lencouacq **40** 124 Zd 84
Lengelsheim **57** 39 Hc 54
Lengronne **50** 28 Yd 55
Lenharrée **51** 35 Ea 56
Léning **57** 39 Ge 55
Lennon **29** 42 Wa 59
Lenoncourt **54** 38 Gb 56
Lens **62** 8 Ce 46
Lens-Lestang **26** 106 Fa 77
Lent **01** 95 Fb 72
Lentigny **42** 93 Df 73
Lentillac-Lauzès **46** 114 Bd 81
Lentillac-Saint-Blaise **46** 114 Ca 81
Lentillères **07** 117 Eb 81
Lentilles **10** 53 Ed 58
Lentilly **69** 94 Ed 74
Lentiol **38** 107 Fa 77
Lento **2B** 157 Kb 93
Lentu = Lento **2B** 157 Kb 93
Léobard **46** 113 Bb 80
Léogeats **33** 111 Zd 81
Léognan **33** 111 Zc 80
Léojac **82** 126 Bc 84
Léon **40** 123 Ye 85
Léoncel **26** 119 Fb 79
Léotoing **43** 104 Db 76
Léouville **45** 50 Ca 59
Léoville **17** 99 Zd 76
Lépanges-sur-Vologne **88** 56 Ge 59
Lépaud **23** 91 Cc 71
Lépinas **23** 90 Bf 72
Lépine **10** 52 Ea 59
Lépine **62** 7 Be 46
Lépin-le-Lac **73** 107 Fe 75
Lépron-les-Vallées **08** 20 Ec 50
Lepuix-Gy **90** 71 Ge 62
Lepuix-Neuf **90** 71 Ha 63
Léran **09** 141 Bf 91
Lercoul **09** 152 Bd 92
Léré **18** 66 Cf 64
Léren **64** 123 Yf 87
Lérigneux **42** 105 Df 75
Lerm-et-Musset **33** 111 Zf 83
Lerné **37** 62 Aa 66
Lérouville **55** 37 Fd 56
Lerrain **88** 55 Ga 60
Léry **21** 68 Ef 63
Léry **27** 15 Bb 53
Lerzy **02** 9 Df 49
Lesbœufs **80** 8 Cf 48
Lesbois **53** 29 Zb 58
Lescar **64** 138 Zd 89
Leschaux **74** 96 Ga 74
Lesche-en-Diois **26** 119 Fd 81
Leschelles **02** 9 De 49
Lescheraines **73** 96 Ga 74
Leschères **39** 96 Ff 70
Leschères-sur-le-Blaiseron **52** 53 Fa 58
Lescherolles **77** 34 Dc 56
Lescheroux **01** 95 Fa 70
Lesches **77** 33 Ce 55
Lescouët-Gouarec **22** 43 We 60
Lescousse **09** 140 Bd 90
Lescout **81** 141 Ca 87
Lescun **64** 137 Zc 91
Lescuns **31** 140 Ba 89
Lescure **09** 140 Bb 90
Lescure-d'Albigeois **81** 127 Cb 85
Lescure-Jaoul **12** 127 Ca 83
Lescurry **65** 139 Aa 88
Lesdain **59** 8 Db 48
Lesdins **02** 18 Db 49
Lesges **02** 18 Dd 53
Lesgor **40** 123 Za 85
Lésignac **16** 89 Ae 73
Lésigny **77** 33 Cd 56
Lésigny **86** 77 Ae 67
Leslay, Le **22** 26 Xa 58
Lesme **71** 81 De 69
Lesménils **54** 38 Ga 55
Lesmont **10** 53 Ec 58
Lesneven **29** 24 Ve 57
Lesparre-Médoc **33** 98 Za 77
Lesparrou **09** 153 Bf 91
Lesperon **40** 123 Yf 85
Lespesses **62** 7 Cc 45
Lespielle **64** 138 Zf 88
Lespignan **34** 143 Db 89
Lespinassière **11** 142 Cd 88
Lespinoy **62** 7 Bf 46
Lespiteau **31** 139 Ae 90
Lespourcy **64** 138 Zf 88
Lespugue **31** 139 Ae 89
Lesquerde **66** 154 Cd 92
Lesquielles-Saint-Germain **02** 19 Dd 49
Lesquin **59** 8 Da 45
Lessac **16** 89 Ae 72
Lessard-en-Bresse **71** 83 Fa 68
Lessard-et-le-Chêne **14** 30 Aa 54
Lessard-le-National **71** 82 Ef 67
Lessay **50** 12 Yc 53
Lesse **57** 38 Gd 55
Lessy **57** 38 Ga 54
Lestanville **76** 15 Af 50
Lestards **19** 102 Bf 75
Lestelle-Bétharram **64** 138 Ze 90
Lestelle-de-Saint-Martory **31** 140 Af 90
Lesterps **16** 89 Ae 72
Lestiac **33** 111 Zd 80

182 F Lamillarié — Lestiac

Lestiou 41 64 Bd 62
Lestrade-et-Thouels 12 128 Cd 84
Lestre 50 12 Ye 51
Lestrem 62 8 Ce 45
Létanne 08 20 Fa 51
Lételon 03 79 Cd 69
Lethuin 28 49 Bf 58
Letia 2A 158 If 95
Létra 69 94 Ed 73
Létricourt 54 38 Gb 55
Letteguives 27 16 Bb 52
Leubringhen 62 3 Be 43
Leuc 11 142 Cb 90
Leucamp 15 115 Cd 80
Leucate 11 154 Da 91
Leuchey 52 69 Fb 62
Leudeville 91 33 Cb 57
Leudon-en-Brie 77 34 Db 56
Leuglay 21 68 Ee 62
Leugny 86 76 Aa 68
Leugny 86 77 Ae 67
Leugny 89 66 Dc 62
Leuhan 29 42 Wb 60
Leuilly-sous-Coucy 02 18 Dc 52
Leulinghem 62 3 Ca 44
Leulinghen 62 3 Be 43
Leurville 52 54 Fc 59
Leury 02 18 Dc 52
Leutenheim 67 40 Ia 55
Leuville-sur-Orge 91 33 Cb 57
Leuvrigny 51 35 De 54
Leuy, Le 40 123 Zc 86
Leuze 02 19 Ea 49
Levainville 28 49 Be 58
Leval 59 9 Df 47
Levaré 53 46 Za 58
Levécourt 52 54 Fd 60
Levens 06 135 Hb 85
Levergies 02 18 Db 49
Levernois 21 82 Ef 66
Lèves 28 49 Bc 58
Lèves-et-Thoumeyragues, Les 33 112 Ab 80
Levesville-la-Chenard 28 49 Be 59
Levet 18 79 Cc 67
Levie 2A 159 Ka 98
Levier 25 84 Ga 67
Lévignac 31 126 Bb 86
Lévignac-de-Guyenne 47 112 Ab 81
Lévignacq 40 123 Ye 84
Lévignen 60 34 Cf 53
Lévigny 10 53 Ee 59
Levis 89 66 Db 63
Lévis-Saint-Nom 78 32 Bf 56
Levoncourt 55 37 Fc 56
Levoncourt 68 71 Hb 64
Levroux 36 78 Bd 67
Lewarde 59 8 Db 46
Lexy 54 21 Fe 52
Ley 57 38 Gd 56
Leychert 09 152 Be 91
Leyme 46 114 Bf 80
Leymen 68 72 Hc 63
Leyment 01 95 Fb 73
Leynes 71 94 Ee 71
Leynhac 15 115 Cb 80
Leyr 54 38 Gb 56
Leyrat 23 91 Cb 70
Leyrieu 38 95 Fb 74
Leyritz-Moncassin 47 112 Ab 82
Leyvaux 15 104 Da 77
Leyviller 57 39 Gf 54
Lez 31 151 Ae 91
Lézan 30 130 Ea 84
Lézardrieux 22 26 Wf 56
Lézat-sur-Lèze 09 140 Bc 89
Lezay 79 88 Zf 71
Lezennes 59 8 Da 45
Lezéville 52 54 Fc 58
Lezey 57 38 Gd 56
Lez-Fontaine 59 10 Ea 47
Lézignac-Durand 16 88 Ad 74
Lézignan 65 138 Zf 90
Lézignan-Corbières 11 142 Ce 89
Lézignan-la-Cèbe 34 143 Dc 88
Lézigné 49 62 Ze 63
Lézigneux 42 105 Ea 75
Lézinnes 89 67 Ea 62
Lezoux 63 92 Dc 74
Lhéraule 60 16 Bf 52
Lherm 31 140 Bb 88
Lherm 46 113 Bb 81
Lhéry 51 35 De 53
Lhommaizé 86 77 Ad 70
Lhomme 72 63 Ad 62
Lhôpital 01 95 Fe 72
Lhor 57 39 Gf 55
Lhospitalet 46 113 Bc 82
Lhoumois 79 76 Zf 68
Lhuis 01 95 Fd 74
Lhuître 10 35 Eb 57
Lhuys 02 18 Dd 53
Liac 65 138 Aa 88
Liancourt 60 17 Cc 52
Liancourt-Fosse 80 18 Ce 50
Liancourt-Saint-Pierre 60 16 Bf 53
Liart 08 19 Ec 50
Lias 32 140 Ba 87
Lias-d'Armagnac 32 124 Zf 85
Liausson 34 129 Dc 87
Libares 65 139 Ac 89
Libercourt 62 8 Cf 46
Libermont 60 18 Cf 50
Libos, Monsempron- 47 113 Af 82
Libourne 33 111 Ze 79
Licey-sur-Vingeanne 21 69 Fc 64
Lichans-Sunhars 64 137 Za 90
Lichères 16 88 Ab 73
Lichères-près-Aigremont 89 67 Df 62
Lichères-sur-Yonne 89 67 Dd 63
Lichos 64 137 Zb 89
Lichtenberg 67 40 Hc 55
Licourt 80 18 Cf 50
Licq-Athérey 64 137 Za 90
Licques 62 3 Bf 43
Licy-Clignon 02 34 Db 54
Lidrezing 57 39 Ge 55
Liebenswiller 68 72 Hc 63
Liebsdorf 68 71 Hb 64
Liederschiedt 57 40 Hc 54
Lieffrans 70 70 Ff 63
Liège, Le 37 63 Ba 65
Liéhon 57 38 Gb 54
Liencourt 62 7 Cc 47
Lièpvre 68 56 Hb 59
Liéramont 80 8 Da 49
Liercourt 80 7 Bf 48
Lières 62 7 Cc 45
Liergues 69 94 Ed 73
Liernais 21 68 Eb 65
Liernolles 03 93 De 70
Lierval 02 19 Dd 52
Lierville 60 32 Bf 53
Lies 65 139 Ab 90
Liesle 25 84 Fe 66
Liesse-Notre-Dame 02 19 De 51
Liessies 59 10 Ea 48
Liesville-sur-Douve 50 12 Ye 52
Liettres 62 7 Cc 45
Lieuche 06 134 Ha 84
Lieucourt 70 69 Fd 64
Lieurac 09 141 Be 91
Lieuran-Cabrières 34 143 Dc 87
Lieuran-lès-Béziers 34 143 Db 88
Lieurey 27 15 Ad 53
Lieuron 35 44 Ya 61
Lieusaint 50 12 Yd 52
Lieusaint 77 33 Cd 57
Lieu-Saint-Amand 59 9 Dc 47
Lieutadès 15 116 Cf 79
Lieuvillers 60 17 Cd 52
Liévans 70 70 Gc 63
Liévin 62 8 Ce 46
Liez 02 18 Db 50
Liez 85 75 Zb 70
Liézey 88 56 Ge 60
Liffol-le-Grand 88 54 Fd 59
Liffol-le-Petit 52 54 Fd 59
Liffré 35 45 Yd 59
Ligescourt 80 7 Bf 47
Liginiac 19 103 Cb 76
Liglet 86 77 Ba 69
Lignac 36 77 Bb 70
Lignairolles 11 141 Bf 90
Lignan 34 143 Db 88
Lignan-de-Bazas 33 111 Ze 82
Lignan-de-Bordeaux 33 111 Zd 80
Ligné 16 88 Aa 73
Ligné 44 60 Yd 64
Lignères 61 30 Ab 56
Lignères-Orgères 53 30 Ze 57
Lignereuil 62 8 Cd 47
Lignerolles 03 91 Cd 71
Lignerolles 21 53 Ef 61
Lignerolles 27 32 Bb 55
Lignerolles 36 79 Ca 70
Lignerolles 61 31 Ad 57
Lignéville 88 55 Ff 59
Ligneyrac 19 102 Bd 78
Lignières 10 52 Df 61
Lignières 18 79 Cb 68
Lignières 41 48 Bb 61
Lignières 80 17 Cd 50
Lignières-Châtelain 80 16 Bf 50
Lignières-de-Touraine 37 62 Ac 65
Lignières-en-Vimeu 80 16 Bd 49
Lignières-Sonneville 16 99 Ze 75
Lignières-sur-Aire 55 37 Fc 56
Lignol 56 43 We 60
Lignol-le-Château 10 53 Ee 59
Lignon 51 52 Ed 57
Lignorelles 89 52 De 61
Lignou 61 29 Zd 56
Ligny-en-Barrois 55 37 Fb 56
Ligny-en-Brionnais 71 93 Eb 71
Ligny-Haucourt 59 9 Dc 48
Ligny-le-Châtel 89 52 De 61
Ligny-le-Ribault 45 64 Be 62
Ligny-lès-Aire 62 7 Cc 45
Ligny-Saint-Flochel 62 7 Cc 46
Ligny-sur-Canche 62 7 Cb 47
Ligny-Thilloy 62 8 Ce 48
Ligré 37 62 Ab 66
Ligron 72 47 Aa 62
Ligsdorf 68 72 Hb 64
Ligueil 37 77 Ae 66
Ligueux 33 112 Ab 80
Ligugé 86 76 Ab 69
Lihons 80 17 Ce 50
Lihus 60 17 Ca 51
Lilhac 31 140 Ae 89
Lille 59 8 Da 45
Lillebonne 76 15 Ad 51
Lillemer 35 27 Ya 57
Lillers 62 8 Cc 45
Lilly 27 16 Bd 52
Limans 04 132 Fe 85
Limanton 58 81 De 67
Limas 69 94 Ee 73
Limbrassac 09 141 Bf 90
Limé 02 18 Dd 53
Limendous 64 138 Ze 89
Limeray 37 63 Ba 64
Limersheim 67 57 Hd 58
Limerzel 56 59 Xd 63
Limésy 76 15 Af 51
Limetz-Villez 78 32 Bd 54
Limeuil 24 113 Af 79
Limeux 18 79 Ca 66
Limeux 80 7 Be 48
Limeyrat 24 101 Af 78
Limey-Remenauville 54 37 Ff 55
Limoges 87 89 Bb 74
Limoges-Fourches 77 33 Ce 57
Limogne-en-Quercy 46 114 Be 82
Limoise 03 80 Da 68
Limon 58 80 Dc 67
Limonest 69 94 Ee 74
Limons 63 92 Dc 73
Limont-Fontaine 59 9 Df 47
Limony 07 106 Ee 76
Limours 91 33 Ca 57
Limousis 11 142 Cc 89
Limoux 11 142 Cb 90
Limouzinière, La 44 74 Yc 67
Limpiville 76 15 Ad 50
Linac 46 114 Ca 81
Linard 23 90 Bf 71
Linards 87 90 Bd 74
Linars 16 88 Aa 75
Linas 91 33 Cb 57
Linay 08 21 Fb 51
Linazay 86 88 Ab 71
Lindebeuf 76 15 Af 50
Lindois, Le 16 88 Ad 74
Lindre-Basse 57 39 Ge 56
Lindre-Haute 57 39 Ge 56
Lindry 89 66 Dc 62
Lingé 36 77 Ba 68
Lingeard 50 29 Yf 56
Lingèvres 14 13 Zb 53
Linghem 62 7 Cc 45
Lingolsheim 67 40 He 57
Lingreville 50 28 Yc 55
Linguizzetta 2B 159 Kc 95
Linières-Bouton 49 62 Aa 64
Liniers 86 77 Ad 69
Liniez 36 78 Be 66
Linsdorf 68 72 Hc 63
Linselles 59 4 Da 44
Linthal 68 56 Ha 61
Linthelles 51 35 De 56
Linthes 51 35 Df 56
Lintot 76 15 Ad 51
Lintot-les-Bois 76 15 Ba 50
Linxe 40 123 Ye 85
Liny-devant-Dun 55 21 Fb 52
Linzeux 62 7 Cb 46
Liocourt 57 38 Gc 55
Liomer 80 16 Be 49
Lion-d'Angers, Le 49 61 Zb 63
Lion-devant-Dun 55 21 Fb 52
Lion-en-Beauce 45 49 Bf 60
Lion-en-Sullias 45 65 Cc 62
Lion-sur-Mer 14 14 Ze 53
Liorac-sur-Louyre 24 112 Ad 79
Liouc 30 130 Df 85
Liourdres 19 114 Be 79
Lioux 84 132 Fb 85
Lioux-les-Monges 23 91 Cc 73
Liposthey 40 110 Za 83
Lipsheim 67 40 Hd 57
Lirac 30 131 Ee 84
Liré 49 60 Yf 65
Lironcourt 88 55 Ff 61
Lironville 54 37 Ff 55
Liry 08 20 Ed 53
Lisbourg 62 7 Cb 45
Lisieux 14 30 Ab 54
Lisle 24 100 Ad 77
Lisle 41 48 Ba 61
Lisle-en-Barrois 55 36 Fa 55
Lisle-en-Rigault 55 36 Fa 56
Lisle-sur-Tarn 81 127 Be 85
Lislet 02 19 Ea 50
Lison 14 13 Yf 53
Lisores 14 30 Ab 55
Lisors 27 16 Bc 52
Lissac 09 141 Bd 89
Lissac 19 102 Ca 75
Lissac 43 105 De 78
Lissac-et-Mouret 46 114 Bf 81
Lissac-sur-Couze 19 102 Bc 78
Lissay-Lochy 18 79 Cc 67
Lisse-en-Champagne 51 36 Ed 56
Lisses 91 33 Cc 57
Lisseuil 63 92 Cf 72
Lissey 55 21 Fc 52
Lissieu 69 94 Ee 73
Lissy 77 33 Ce 57
Listrac-de-Durèze 33 112 Aa 80
Listrac-Médoc 33 98 Zb 78
Lit-et-Mixe 40 123 Ye 84
Lithaire 50 12 Yd 53
Litteau 14 13 Za 54
Littenheim 67 40 Hc 56
Litz 60 17 Cb 52
Livaie 61 30 Zf 57
Livarot 14 30 Aa 54
Liverdun 54 38 Ga 56
Liverdy-en-Brie 77 33 Ce 56
Liverieg = Liffré 35 45 Yd 59
Livernon 46 114 Bf 81
Livese = Olivese 2A 159 Ka 97
Livet 53 46 Zd 60
Livet-en-Saosnois 72 47 Ab 58
Livet-et-Gavet 38 108 Ff 78
Livet-sur-Authou 27 15 Ad 53
Livia = Levie 2A 159 Ka 98
Livilliers 95 33 Ca 54
Livinhac-le-Haut 12 115 Cb 81
Livinière, La 34 142 Cd 89
Livré 53 47 Za 61
Livré-sur-Changeon 35 45 Yd 59
Livron 64 138 Zf 89
Livron-sur-Drôme 26 118 Ef 80
Livry 14 29 Zb 54
Livry 58 80 Da 68
Livry-Gargan 93 33 Cd 55
Livry-Louvercy 51 35 Eb 54
Livry-sur-Seine 77 50 Ce 57
Lixhausen 67 40 Hd 56
Lixheim 57 39 Ha 56
Lixing-lès-Rouhling 57 39 Ha 54
Lixing-lès-Saint-Avold 57 39 Ge 54
Lixy 89 51 Da 59
Lizac 82 126 Bb 84
Lizant 86 88 Ab 72
Lizeray 36 78 Bf 67
Lizières 23 90 Bd 71
Lizine 25 84 Ga 66
Lizines 77 51 Db 57
Lizio 56 44 Xc 61
Lizos 65 139 Aa 89
Lizy 02 18 Dc 51
Lizy-sur-Ourcq 77 34 Da 54
Llagonne, la 66 153 Ca 93
Llo 66 153 Ca 94
Llupia 66 154 Ce 93
Lobsann 67 40 Hf 55
Locarn 22 25 Wd 59
Loc-Brévalaire 29 24 Vd 57
Loc-Eguiner 29 25 Vf 58
Loc-Eguiner-Saint-Thégonnec 29 25 Wa 58
Loc-Envel 22 26 We 57
Loc-Guénolé 29 42 Wa 59
Loches 37 77 Af 66
Loches-sur-Durce 10 53 Ed 60
Loché-sur-Indrois 37 77 Bb 66
Locheur, Le 14 29 Zc 54
Lochwiller 67 39 Hc 56
Locmalo 56 43 We 60
Locmaria 56 43 Wf 63
Locmaria-Berrien 29 25 Wb 58
Locmaria-Grand-Champ 56 43 Xb 62
Locmaria-Plouzané 29 24 Vc 58
Locmariaquer 56 58 Xa 63
Locmélar 29 24 Ve 57
Locmélar 29 25 Vf 58
Locminé 56 43 Xa 61
Locmiquélic 56 42 Wd 62
Locoal-Mendon 56 43 Wf 62
Locon 62 8 Cd 45
Loconville 60 16 Bf 53
Locqueltas 56 43 Xa 62
Locquénolé 29 25 Wa 57
Locquignol 59 9 De 47
Locquirec 29 25 Wc 56
Locronan 29 41 Ve 60
Loctudy 29 41 Ve 61
Locunolé 29 42 Wd 61
Loddes 03 93 De 71
Lodes 31 139 Ae 89
Lodève 34 129 Db 86
Lods 25 84 Gb 66
Loechle 68 72 Hc 63
Lœuilley 70 69 Fc 64
Lœuilly 80 17 Cb 50
Loge, La 62 7 Ca 46
Loge-aux-Chèvres, La 10 53 Ec 59
Loge-Fougereuse 85 75 Zb 69
Logelheim 68 57 Hc 60
Loge-Pomblin, La 10 52 Ea 60
Loges, les 14 29 Zb 54
Loges, Les 52 69 Fd 62
Loges, les 76 14 Ab 50
Loges-en-Josas, Les 78 33 Ca 56
Loges-Marchis, Les 50 28 Yf 57
Loges-Margueron, Les 10 52 Ea 60
Loges-Saulces, Les 14 30 Ze 55
Loges-sur-Brécey, Les 50 28 Yf 56
Logny-Bogny 08 20 Ec 50
Logny-lès-Aubenton 02 19 Eb 50
Logrian-Florian 30 130 Ea 85
Logron 28 48 Bb 60
Loguivy 22 26 Wf 56
Loguivy-Plougras 22 25 Wd 57
Logunec'h = Locminé 56 43 Xa 61
Lohéac 35 44 Ya 61
Lohitzun-Oyhercq 64 137 Za 89
Lohr 67 39 Hb 55
Lohuec 22 25 Wc 58
Loigné-sur-Mayenne 53 46 Zb 61
Loigny-la-Bataille 28 49 Be 60
Loiré 17 86 Za 71
Loire-les-Marais 17 86 Za 73
Loiré-sur-Nie 17 87 Ze 73
Loire-sur-Rhône 69 106 Ee 75
Loiron 53 46 Za 60
Loisail 61 31 Ad 57
Loisey-Culey 55 37 Fb 56
Loisia 39 83 Fc 70
Loisieux 73 107 Fe 75
Loisin 74 96 Gb 71
Loison-sur-Créquoise 62 7 Be 46
Loisy 54 38 Ga 55
Loisy 71 83 Fa 69
Loisy-en-Brie 51 35 Df 55
Loisy-sur-Marne 51 36 Ed 56
Loivre 51 19 Df 52
Loix 17 86 Yd 71
Lokournan = Saint-Renan 29 24 Vc 58
Lolif 50 28 Yd 56
Lolme 24 113 Af 80
Lombard 25 84 Ff 66
Lombard 39 83 Fd 68
Lombers 81 127 Ca 86
Lombez 32 140 Af 88
Lombia 64 138 Zf 89
Lombrès 65 139 Ad 90
Lombreuil 45 50 Cd 61
Lombron 72 47 Ac 60
Lomme 59 4 Cf 45
Lommerange 57 22 Ff 53
Lommoye 78 32 Bd 55
Lomné 65 139 Ab 90
Lomont 70 71 Gd 63
Lomont-sur-Crête 25 70 Gc 64
Lompnas 01 95 Fd 74
Lompnieu 01 95 Fd 73
Lompret 59 4 Cf 44
Lonçon 64 138 Zd 88
Londe, La 76 15 Af 53
Londe-les-Maures, La 83 147 Gb 90
Londigny 16 88 Aa 72
Long 80 7 Bf 48
Longages 31 140 Bb 88
Longaulnay 35 45 Ya 59
Longavesnes 80 8 Da 49
Longchamp 21 69 Fb 65
Longchamp 52 54 Fc 60
Longchamp 88 55 Gd 59
Longchamps 27 16 Bd 52
Longchamps-sur-Aire 55 37 Fb 55
Longchamp-sur-Aujon 10 53 Ef 60
Longchaumois 39 84 Ff 70
Longcochon 39 84 Ga 68
Longeault 21 69 Fa 65
Longeau-Percey 52 69 Fb 62
Longeaux 55 37 Fc 57
Longechaux 25 70 Gc 65
Longechenal 38 107 Fc 76
Longecombe 01 95 Fd 73
Longecourt-en-Plaine 21 69 Fa 65
Longepierre 71 83 Fb 67
Longeron, Le 49 74 Yf 66
Longes 69 106 Ee 76
Longessaigne 69 94 Ec 74
Longevelle 70 70 Gc 63
Longevelle-lès-Russey 25 71 Gd 65
Longevelle-sur-Doubs 25 71 Gd 64
Longèves 17 86 Za 71
Longèves 85 75 Za 70
Longeville 25 84 Gb 66
Longeville-en-Barrois 55 37 Fb 56
Longeville-lès-Metz 57 38 Ga 54
Longeville-lès-Saint-Avold 57 38 Gd 54
Longevilles-Hautes 25 84 Gc 68
Longevilles-Mont-d'Or 25 84 Gb 68
Longeville-sur-la-Laines 52 53 Ee 58
Longeville-sur-Mer 85 74 Yd 70
Longeville-sur-Mogne 10 52 Ea 60
Longfossé 62 3 Be 45
Longine, la 70 55 Gd 61
Longjumeau 91 33 Cb 56
Longlaville 54 21 Fe 51
Longmesnil 76 16 Bd 51
Longnes 72 47 Zf 60
Longnes 78 32 Bd 55
Longny-au-Perche 61 31 Ae 57
Longpont 02 18 Db 53
Longpont-sur-Orge 91 33 Cb 57
Longpré-les-Corps-Saints 80 7 Bf 48
Longpré-le-Sec 10 53 Ed 59
Longraye 14 13 Zb 54
Longré 16 88 Zf 72
Longroy 76 6 Bd 49
Longsols 10 52 Eb 58
Longueau 80 17 Cc 49
Longuefuye 53 46 Zc 61
Longueil 76 15 Af 49
Longueil-Annel 60 18 Cf 52
Longueil-Sainte-Marie 60 17 Ce 52
Longué-Jumelles 49 62 Zf 64
Longuenesse 62 3 Cb 44
Longuenoë 61 30 Zf 57
Longuerue 76 16 Bb 51
Longuesse 95 32 Bf 54
Longues-sur-Mer 14 13 Zb 52
Longueval 80 8 Ce 48
Longueval-Barbonval 02 19 Dd 52
Longueville 47 112 Ab 82
Longueville 50 28 Yc 55
Longueville 62 3 Bf 44
Longueville 77 34 Db 57
Longueville, La 59 9 Df 47
Longueville-sur-Aube 10 35 Df 57
Longueville-sur-Scie 76 15 Ba 50
Longuevillette 80 7 Cb 48
Longuyon 54 21 Fd 52
Longvic 21 69 Fa 65
Longvillers 14 29 Zc 54
Longvillers 62 7 Be 45
Longvilliers 78 32 Bf 57
Longwé 08 20 Ee 52
Longwy 54 21 Fe 51
Longwy-sur-le-Doubs 39 83 Fc 67
Lonlay-l'Abbaye 61 29 Zb 57
Lonlay-le-Tesson 61 29 Zd 57
Lonnes 16 88 Aa 73
Lonny 08 20 Ed 50
Lonrai 61 47 Aa 58
Lons 64 138 Zd 89
Lons-le-Saunier 39 83 Fd 68
Lonzac 17 99 Zd 75
Looberghe 59 3 Cb 43
Loon-Plage 59 3 Cb 42
Loos 59 8 Da 45
Loos-en-Gohelle 62 8 Ce 46
Looze 89 51 Dc 61
Lopérec 29 25 Vf 59
Lopigna 2A 158 If 96
Loqueffret 29 25 Wa 59
Lor 02 19 Ea 51
Loray 25 71 Gd 66
Lorcières 15 116 Db 79
Lorcy 45 50 Cd 60
Lordat 09 153 Be 92
Loré 61 29 Zc 58
Lorentzen 67 39 Hb 55
Loreto-di-Casinca 2B 157 Kc 94
Loreto-di-Tallano 2A 159 Ka 98
Lorette 42 106 Ed 75
Loretu di Casinca = Loreto-di-Casinca 2B 157 Kc 94
Loretu di Tadda = Loreto-di-Tallano 2A 159 Ka 98
Loreur, Le 50 28 Yd 55
Loreux 41 64 Be 64
Lorey 54 55 Gb 57
Lorey, Le 50 28 Ye 54
Lorges 41 49 Bc 62
Lorgies 62 8 Ce 45
Lorgues 83 147 Gc 87
Lorient 33 111 Zd 80
Lorient 56 42 Wd 62
Loriges 03 92 Dc 71
Lorignac 17 99 Zb 76
Lorigné 79 88 Aa 72
Loriol-du-Comtat 84 131 Fa 84
Loriol-sur-Drôme 26 118 Ee 80
Lorlanges 43 104 Db 77
Lorleau 27 16 Bd 52
Lormaison 60 17 Ca 53
Lormaye 28 32 Bd 57
Lormes 58 67 De 65
Lormont 33 111 Zc 79
Lornay 74 96 Ff 73
Loromontzey 54 55 Gc 58
Loroux, Le 35 45 Yf 58
Loroux-Bottereau, Le 44 60 Yd 65
Lorp-Sentaraille 09 140 Ba 90
Lorquin 57 39 Gf 56
Lorrez-le-Bocage 77 51 Cf 59
Lorris 45 50 Cd 61
Lorry-lès-Metz 57 38 Ga 54
Lorry-Mardigny 57 38 Ga 55
Lortet 65 139 Ac 90
Loscouët-sur-Meu 22 44 Xe 59
Losne 21 83 Fb 66
Losse 40 124 Zf 84
Lostanges 19 102 Be 78
Lostroff 57 39 Gf 55
Lothey 29 42 Vf 59
Lottinghen 62 3 Bf 44
Louailles 72 46 Ze 62
Louannec 22 26 Wd 56
Louans 37 63 Ae 65
Louan-Villegruis-Fontaine 77 34 Dc 57
Louargat 22 26 Wd 57
Louâtre 02 18 Db 53
Loubajac 65 138 Zf 90
Loubaresse 15 116 Db 79
Loubaut 09 140 Bb 89
Loubédat 32 124 Aa 86
Loubejac 24 113 Ba 81
Loubens 09 141 Bd 90
Loubens 33 111 Zf 81
Loubens-Lauragais 31 141 Be 87
Loubers 81 127 Bf 84
Loubès-Bernac 47 112 Ab 80
Loubeyrat 63 92 Da 73
Loubière, La 12 115 Ce 82
Loubières 09 141 Bd 90
Loubigné 79 88 Zf 72
Loubillé 79 88 Zf 72
Loubressac 46 114 Be 79
Loucé 61 30 Zf 56
Loucelles 14 13 Zc 53
Louchats 33 111 Zc 81
Louches 62 3 Ca 43
Louchy-Montfand 03 92 Db 71
Loucrup 65 138 Aa 90
Loudéac 22 43 Xb 59
Loudenvielle 65 150 Ac 92
Loudes 43 105 De 78
Loudet 31 139 Ad 90
Loudieg = Loudéac 22 43 Xb 59
Loudrefing 57 39 Gf 55
Lou-du-Lac, Le 35 44 Ya 59
Loudun 86 76 Aa 66
Loué 72 47 Zf 61
Louer 40 123 Za 86
Louesme 21 53 Ee 61
Louestault 37 63 Ad 63
Loueuse 60 16 Be 51
Louey 65 138 Aa 89
Lougé-sur-Maire 61 30 Ze 56
Lougratte 47 112 Ad 81
Lougres 25 71 Ge 64
Louhans 71 82 Fb 69
Louhossoa 64 136 Yd 89
Louignac 19 101 Bb 77
Louin 79 76 Ze 68
Louisfert 44 60 Yd 62
Louit 65 139 Aa 89
Loulans-Verchamp 70 70 Gb 64
Loulay 17 87 Zc 72
Loulle 39 84 Ff 68
Loupe, La 28 48 Ba 58
Loupeigne 02 18 Dd 53
Loupershouse 57 39 Gf 54
Loupes 33 111 Zd 80
Loupfougères 53 46 Zd 58
Loupia 11 141 Ca 90
Loupiac 33 111 Ze 81
Loupiac 46 113 Ba 81
Loupiac 46 114 Bc 80
Loupiac 46 114 Bf 82
Loupiac 81 127 Be 86
Loupiac-de-la-Réole 33 111 Zf 81
Loupian 34 143 Dd 88
Louplande 72 47 Aa 61
Loupmont 55 37 Fe 55
Louppy-le-Château 55 36 Fa 55
Louppy-sur-Chée 55 37 Fa 55
Louppy-sur-Loisin 55 21 Fd 52
Louptière-Thénard, La 10 51 Dc 58
Lourches 59 9 Dc 47
Lourde 31 139 Ad 91
Lourdes 65 138 Zf 90
Lourdios-Ichère 64 137 Zb 90
Lourdoueix-Saint-Michel 36 78 Be 70
Lourdoueix-Saint-Pierre 23 78 Be 70
Lourenties 64 138 Zf 89
Loures-Barousse 65 139 Ad 90
Louresse-Rochemenier 49 61 Ze 65
Lourmais 35 28 Yb 58
Lourmarin 84 132 Fc 86
Lournand 71 82 Ed 70
Lourouer-Saint-Laurent 36 79 Ca 69
Louroux, Le 37 63 Ae 66
Louroux-Béconnais, Le 49 61 Za 63
Louroux-Bourbonnais 03 80 Cf 69
Louroux-de-Beaune 03 92 Cf 71
Louroux-de-Bouble 03 92 Cf 71
Louroux-Hodement 03 79 Ce 70
Lourquen 40 123 Zb 86
Lourties-Monbrun 32 139 Ad 88
Loury 45 50 Ca 61
Louslitges 32 125 Aa 87
Loussous-Débat 32 124 Aa 87
Loutehel 35 44 Xf 61
Loutzviller 57 39 Hc 54
Louvagny 14 30 Zf 55
Louvaines 49 61 Zb 62
Louvatange 39 69 Fe 65
Louveciennes 78 33 Ca 55
Louvemont 52 36 Ef 57
Louvencourt 80 8 Cd 48
Louvenne 39 83 Fc 70
Louvergny 08 20 Ee 51
Louverné 53 46 Zb 60
Louverot, Le 39 83 Fd 68
Louversey 27 31 Af 55
Louvetot 76 15 Ae 51
Louvie-Juzon 64 138 Zd 90
Louvières 14 13 Za 52
Louvières 52 54 Fb 60
Louvières-en-Auge 61 30 Aa 55
Louviers 27 15 Ba 53
Louvie-Soubiron 64 138 Zd 90
Louvigné 53 46 Zc 60
Louvigné-de-Bais 35 45 Ye 60
Louvigné-du-Désert 35 28 Yf 58
Louvigneg-an-Dezerzh = Louvigné-du-Désert 35 28 Yf 58
Louvignies 59 9 Dd 47
Louvigny 14 13 Zd 54
Louvigny 57 38 Gb 55
Louvigny 64 138 Zd 87
Louvigny 72 47 Ab 58
Louville-la-Chenard 28 49 Be 59
Louvilliers-en-Drouais 28 32 Bb 56
Louvilliers-lès-Perche 28 31 Ba 57
Louvois 51 35 Ea 54
Louvrechy 80 17 Cc 50
Louvres 95 33 Cd 54
Louvroil 59 9 Df 47
Louye 27 32 Bb 56
Louzac-Saint-André 16 87 Zd 74
Louze 52 53 Ee 58
Louzignac 17 87 Ze 73
Louzy 79 76 Ze 66
Lovagny 74 96 Ga 73
Loyat 56 44 Xd 61
Loye, La 39 83 Fd 66
Loye-sur-Arnon 18 79 Cc 69
Loyettes 01 95 Fb 74
Lozay 17 87 Zc 72
Loze 82 127 Be 83
Lozinghem 62 8 Cd 45
Lozon 50 12 Ye 54
Lozzi 2B 156 Ka 94
Luant 36 78 Bd 68
Luart, Le 72 48 Ad 60
Lubbon 40 124 Zf 84
Lubécourt 57 38 Gd 55
Lubersac 19 101 Bc 76
Lubey 54 21 Ff 53
Lubilhac 43 104 Db 77
Lubine 88 56 Ha 59
Lublé 37 62 Ab 63
Lubret-Saint Luc 65 139 Ab 89
Luby-Betmont 65 139 Ab 89
Luc 12 115 Cd 83
Luc 48 117 Df 81
Luc 65 139 Ab 90
Luc, Le 83 147 Gb 88
Luc-Armau 64 138 Zf 88
Lucarré 64 138 Zf 88
Luçay-le-Libre 36 78 Bf 66
Luçay-le-Mâle 36 64 Bc 66
Lucbardez-et-Bargues 40 124 Zd 85
Lucciana 2B 157 Kc 93
Lucé 28 49 Bc 58
Lucé 42 93 Df 73
Lucé 61 29 Zc 57
Luceau 72 62 Ac 62
Lucenay 69 94 Ee 73

Lestiou — Lucenay (F) 183

Margny 08 21 Fc 51
Margny 51 35 Dd 55
Margny-aux-Cerises 60 18 Cf 50
Margny-lès-Compiègne 60 18 Ce 52
Margny-sur-Matz 60 18 Ce 51
Margon 28 48 Ae 58
Margouët-Meymes 32 125 Aa 86
Margueray 50 28 Yf 55
Marguerittes 30 131 Ec 85
Margueron 33 112 Ab 80
Marguestau 32 124 Zf 85
Margut 08 21 Fb 51
Mariac 07 118 Ec 79
Maricourt 80 8 Ce 49
Marie 06 134 Ha 84
Marieulles 57 38 Ga 54
Marieux 80 7 Cc 48
Marignac 17 99 Zd 75
Marignac 31 151 Ad 91
Marignac 82 126 Af 85
Marignac-en-Diois 26 119 Fc 80
Marignac-Lasclares 31 140 Ba 89
Marignac-Laspeyres 31 140 Af 89
Marignana 2A 158 Ie 95
Marignane 13 146 Fb 88
Marigna-sur-Valouse 39 83 Fd 70
Marigné 49 61 Za 65
Marigné 49 61 Zc 62
Marigné-Laillé 72 47 Ac 62
Marigné-Peuton 53 46 Zb 61
Marignier 74 96 Gd 72
Marignieu 01 95 Fe 74
Marigny 03 80 Db 69
Marigny 39 84 Fe 68
Marigny 50 28 Ye 54
Marigny 51 35 Df 57
Marigny 71 82 Ec 68
Marigny 79 87 Zd 71
Marigny-Brizay 86 76 Ab 68
Marigny-Chémereau 86 76 Ab 70
Marigny-en-Orxois 02 34 Db 54
Marigny-le-Cahouët 21 68 Ec 64
Marigny-le-Châtel 10 52 De 58
Marigny-l'Eglise 58 67 Df 64
Marigny-lès-Reullée 21 82 Ef 66
Marigny-les-Usages 45 49 Ca 61
Marigny-Marmande 37 77 Ac 67
Marigny-Saint-Marcel 74 96 Ff 74
Marigny-sur-Yonne 58 67 Dd 65
Marillac-le-Franc 16 88 Ac 74
Marillais, le 49 61 Yf 64
Marillet 85 75 Zc 69
Marimbault 33 111 Ze 82
Marimont-lès-Bénestroff 57 39 Ge 55
Marines 95 32 Bf 54
Maringes 42 106 Ec 75
Maringues 63 92 Db 73
Mariol 03 92 Dc 72
Marions 33 111 Zf 82
Marizy 71 82 Ec 69
Marizy-Sainte-Geneviève 02 34 Db 53
Marizy-Saint-Mard 02 34 Db 53
Marle 02 19 De 50
Marlemont 08 20 Ec 50
Marlenheim 67 40 Hc 57
Marlens 74 96 Gc 74
Marlers 80 16 Bf 50
Marles-en-Brie 77 34 Cf 56
Marles-sur-Canche 62 7 Be 46
Marlhes 42 106 Ec 77
Marliac 31 140 Bc 89
Marliens 21 69 Fa 65
Marlieux 01 94 Fa 72
Marlioz 74 96 Ga 72
Marlotte, Bourron- 77 50 Ce 58
Marly 57 36 Ga 54
Marly 59 9 Dd 46
Marly-Gomont 02 19 De 49
Marly-la-Ville 95 33 Cd 54
Marly-le-Roi 78 33 Ca 55
Marly-sous-Issy 71 81 Df 68
Marly-sur-Arroux 71 81 Ea 69
Marmagne 18 79 Cb 66
Marmagne 21 68 Ec 63
Marmagne 71 82 Ec 67
Marmande 47 112 Aa 81
Marmanhac 15 115 Cc 78
Marmeaux 89 67 Ea 63
Marminiac 46 113 Bb 81
Marmont-Pachas 47 125 Ad 84
Marmouillé 61 30 Ab 56
Marmoutier 67 39 Hc 56
Marnac 24 113 Ba 79
Marnand 69 93 Eb 72
Marnans 38 107 Fb 77
Marnaves 81 127 Bf 84
Marnay 70 70 Fe 65
Marnay 71 82 Ef 68
Marnay 86 76 Ac 70
Marnay-sur-Marne 52 54 Fb 60
Marnay-sur-Seine 10 34 Dd 57
Marnaz 74 96 Gd 72
Marne, la 44 60 Yb 67
Marnefer 61 31 Ad 55
Marnes 79 76 Zf 67
Marnézia 39 83 Fd 69
Marnhagues-et-Latour 12 129 Da 85
Marnoz 39 84 Ff 67
Marœuil 62 8 Ce 47
Maroilles 59 9 De 48
Marolle-en-Sologne, La 41 64 Be 63
Marolles 14 30 Ac 54
Marolles 41 64 Bb 63
Marolles 51 36 Ed 56
Marolles 60 34 Da 53
Marolles-en-Beauce 91 50 Cb 58
Marolles-en-Brie 77 34 Da 56
Marolles-en-Brie 94 33 Cd 56
Marolles-en-Hurepoix 91 33 Cb 57
Marolles-lès-Bailly 10 53 Ec 59
Marolles-les-Braults 72 47 Ab 59
Marolles-les-Buis 28 48 Af 58
Marolles-lès-Saint-Calais 72 48 Ae 61
Marolles-sous-Lignières 10 52 Df 61
Marolles-sur-Seine 77 51 Da 58
Marollette 72 47 Ac 58
Marols 42 105 Ea 76
Maromme 76 15 Ba 52
Mâron 36 78 Bf 68
Maron 54 38 Ga 57
Maroncourt 88 55 Ga 59
Marpaps 40 123 Zb 87
Marpent 59 10 Ea 47
Marpiré 35 45 Yd 60
Marquaix 80 8 Da 49
Marquay 24 113 Ba 79
Marquefave 31 140 Bb 89
Marqueglise 60 17 Ce 51
Marquein 11 141 Be 89
Marquerie 65 139 Ab 89
Marques 76 16 Be 50
Marquette-en-Ostrevent 59 8 Db 47
Marquigny 08 20 Ee 51
Marquillies 59 8 Cf 45
Marquion 62 8 Da 47
Marquise 62 3 Be 44
Marquivillers 80 17 Ce 50
Marquixanes 66 153 Cc 93
Marray 37 63 Ae 63
Marre 55 37 Fb 53
Marre, La 39 83 Fe 68
Mars 07 117 Eb 78
Mars 30 129 Dd 85
Mars 42 93 Eb 72
Mars, Les 23 91 Cc 73
Marsa 11 153 Ca 92
Marsac 23 90 Bd 72
Marsac 65 138 Aa 89
Marsac 82 126 Ae 85
Marsac-en-Livradois 63 105 De 76
Marsac-sur-Don 44 60 Yb 63
Marsac-sur-l'Isle 24 100 Ad 77
Marsainvilliers 45 50 Cb 59
Marsais 17 87 Zc 72
Marsais-Sainte-Radégonde 85 75 Za 69
Marsal 57 38 Gd 56
Marsal 81 128 Cb 85
Marsalès 24 113 Af 80
Marsan 32 125 Ae 87
Marsaneix 24 101 Ae 78
Marsangis 51 35 Df 57
Marsangy 89 51 Db 60
Marsannay-la-Côte 21 68 Ef 65
Marsannay-le-Bois 21 69 Fa 64
Marsanne 26 118 Ef 81
Marsas 33 99 Zd 78
Marsas 65 139 Ab 90
Marsat 63 92 Da 73
Marsaz 26 106 Ef 78
Marseillan 32 139 Ab 88
Marseillan 34 143 Dd 88
Marseillan 65 139 Ab 89
Marseille 13 146 Fc 89
Marseille-en-Beauvaisis 60 16 Bf 51
Marseilles-lès-Aubigny 18 80 Da 66
Marseillette 11 142 Cd 89
Marsillargues 34 130 Ea 87
Marsilly 17 86 Yf 71
Marsilly 57 38 Gb 54
Mars-la-Tour 54 37 Ff 54
Marsolan 32 125 Ad 85
Marson 51 36 Ed 55
Marsonnas 01 94 Fa 70
Marson-sur-Barboure 55 37 Fc 57
Marspich 57 22 Ga 52
Marssac-sur-Tarn 81 127 Ca 85
Mars-sous-Bourcq 08 20 Ed 52
Mars-sur-Allier 58 80 Da 67
Martagny 27 16 Bd 52
Martailly-lès-Brancion 71 82 Ee 69
Martainneville 80 6 Bc 48
Martainneville 80 7 Be 48
Martainville 14 29 Zd 55
Martainville 27 14 Ac 53
Martainville-Epreville 76 16 Bb 52
Martaizé 86 76 Aa 67
Martel 46 114 Bd 79
Marthemont 54 38 Ga 57
Marthille 57 38 Gd 55
Marthomis 34 142 Ce 88
Marthon 16 100 Ac 75
Martiel 12 114 Bf 82
Martigargues 30 130 Eb 84
Martigna 39 95 Fe 70
Martignas-sur-Jalle 33 110 Zb 79
Martignat 01 95 Fd 71
Martigné-Briand 49 61 Zd 65
Martigné-Ferchaud 35 45 Ye 62
Martigné-sur-Mayenne 53 46 Zc 59
Martigny 02 19 Ea 49
Martigny 50 28 Yf 57
Martigny 76 15 Ba 49
Martigny-Courpierre 02 19 De 52
Martigny-le-Comte 71 82 Eb 69
Martigny-les-Bains 88 54 Fe 60
Martigny-lès-Gerbonvaux 88 54 Fe 58
Martigny-sur-l'Ante 14 30 Ze 55
Martigues 13 146 Fa 88
Martillac 33 111 Zc 80
Martincamp 76 16 Bc 50
Martincourt 54 38 Ff 55
Martincourt 60 16 Bf 51
Martincourt-sur-Meuse 55 21 Fb 51
Martin-Église 76 16 Ba 49
Martinet 85 74 Yb 68
Martinet, Le 30 130 Ea 83
Martinet, Le 85 75 Zb 68
Martinpuich 62 8 Ce 48
Martinvast 50 12 Yc 51
Martinvelle 88 55 Ga 61
Martizay 36 77 Ba 68
Martot 27 15 Ba 53
Martragny 14 13 Zc 53
Martre, La 83 134 Gd 86
Martres 33 111 Ze 80
Martres-de-Rivière 31 139 Ad 90
Martres-sur-Morge 63 92 Db 73
Martres-Tolosane 31 140 Ba 89
Martrin 12 128 Cd 85
Martrois 21 68 Ed 65
Martyre, La 29 25 Vf 58
Martys, Les 11 142 Cb 88
Maruéjols-lès-Gardon 30 130 Ea 84
Marval 87 101 Ae 75
Marvaux-Vieux 08 20 Ee 53
Marvejols 48 116 Db 81
Marvelise 25 71 Gd 63
Marville 55 21 Fd 52
Marville-Moutiers-Brûlé 28 32 Bc 56
Mary 71 82 Ec 69
Mary-sur-Marne 77 34 Da 54
Marzan 56 59 Xe 63
Marzens 81 127 Bf 87
Marzhinieg = Martigné-Ferchaud 35 45 Ye 62
Marzy 58 80 Da 67
Mas, Le 06 134 Gf 85
Mas, Le 48 117 Df 81
Mas-Blanc-des-Alpilles 13 131 Ee 86
Mas-Cabardès 11 142 Cc 88
Mascaraàs-Haron 64 124 Ze 87
Mascaras 32 139 Ab 87
Mascaras 65 139 Ab 89
Mascarville 31 141 Be 87
Masclat 46 113 Bc 79
Mas-d'Artige, Le 23 91 Cb 74
Mas-d'Auvignon 32 125 Ad 85
Mas-d'Azil, Le 09 140 Bc 90
Mas-de-Cours 11 142 Cc 90
Mas-de-Londres 34 130 De 86
Mas-de-Tence, Le 43 106 Ec 78
Masevaux 68 71 Gf 62
Mas-Grenier 82 126 Bb 85
Maslacq 64 137 Zb 88
Masléon 87 90 Bd 74
Maslives 41 64 Bc 63
Masnau-Massuguiès, Le 81 128 Cd 86
Masnières 59 8 Db 48
Masny 59 8 Db 46
Masos, Los 66 153 Cc 93
Masparraute 64 137 Yf 88
Maspie-Lalonquère-Iuillacq 64 138 Zf 88
Masquières 47 113 Ba 82
Massac 11 154 Cd 91
Massac 17 87 Ze 73
Massac-Séran 81 127 Bf 87
Massaguel 81 141 Ca 88
Mas-Saint-Chély 48 129 Dc 83
Mas-Saintes-Puelles 11 141 Bf 89
Massais 79 75 Zd 66
Massals 81 128 Cd 85
Massanes 30 130 Ea 84
Massangis 89 67 Df 63
Massat 09 152 Bc 91
Massay 18 65 Bf 66
Massegros, Le 48 129 Db 83
Masseilles 33 111 Zf 82
Massels 47 113 Af 83
Massérac 44 59 Ya 62
Masseret 19 102 Bd 75
Massiac 15 104 Db 77
Massieu 38 107 Fd 76
Massiges 51 36 Ee 53
Massignac 16 88 Ad 74
Massignieu-de-Rives 01 95 Fe 74
Massigny 74 96 Ff 74
Massigny-lès-Semur 21 68 Ec 63
Massigny-lès-Vitteaux 21 68 Ed 64
Massillargues 30 130 Ea 84
Massilly 71 82 Ee 70
Massingy 21 53 Ed 61
Massognes 86 76 Aa 68
Massoins 06 134 Ha 85
Massoulès 47 113 Af 82
Massugas 33 112 Aa 80
Massy 71 82 Ed 70
Massy 76 16 Bc 50
Massy 91 33 Cb 56
Mastaing 59 9 Db 47
Matafelon-Granges 01 95 Fd 71
Matelles, Les 34 130 De 86
Matemale 66 153 Ca 93
Matha 17 87 Ze 73
Mathaux 10 53 Ec 58
Mathay 25 71 Ge 64
Mathenay 39 83 Fe 67
Mathes, Les 17 86 Yf 74
Mathey 25 71 Ge 64
Mathieu 14 13 Zd 53
Mathons 52 53 Fa 58
Mathonville 76 16 Bb 50
Matignicourt-Goncourt 51 36 Ee 56
Matignon 22 27 Xe 57
Matigny 80 18 Da 50
Matougues 51 35 Eb 55
Matour 71 94 Ec 71
Matra 2B 159 Kc 95
Matringhem 62 7 Ca 45
Mattaincourt 88 55 Ga 59
Mattexey 54 55 Gd 58
Matton-et-Clémency 08 21 Fb 51
Matzenheim 67 57 Hd 58
Maubec 82 126 Af 86
Maubec 84 132 Fa 85
Maubert-Fontaine 08 20 Ec 49
Maubeuge 59 9 Df 47
Maubourguet 65 138 Aa 88
Mauchamps 91 33 Cb 57
Maucomble 76 16 Bb 50
Maucor 64 138 Ze 88
Maucourt 80 17 Ce 50
Maucourt-sur-Orne 55 21 Fd 53
Maudétour-en-Vexin 95 32 Be 54
Mauguio 34 144 Ea 87
Maulan 55 37 Fb 56
Maulay 86 76 Ab 67
Maulde 59 9 Dc 45
Maule 78 32 Bf 55
Mauléon 79 75 Zb 67
Mauléon-Barousse 65 139 Ad 91
Mauléon-d'Armagnac 32 124 Zf 85
Mauléon-Licharre 64 137 Za 89
Maulers 60 17 Ca 51
Maulette 78 32 Bd 56
Maulévrier 49 75 Zb 66
Maulévrier-Sainte-Gertrude 76 15 Ae 51
Maulichères 32 124 Zf 86
Maumusson 44 60 Yf 64
Maumusson 82 126 Af 85
Maumusson-Laguian 32 126 Zf 87
Maupas 10 52 Ea 60
Maupas 32 124 Zf 85
Mauperthuis 77 34 Da 56
Maupertuis 50 28 Ye 55
Maupertus-sur-Mer 50 12 Yd 50
Mauprévoir 86 88 Ad 71
Mauquenchy 76 16 Bc 51
Mauran 31 140 Ba 89
Maurecourt 78 33 Ca 55
Maure-de-Bretagne 35 44 Ya 61
Mauregard 77 33 Cd 54
Mauregny-en-Haye 02 19 De 51
Maureilhan 34 143 Da 88
Maureillas-las-Illas 66 154 Ce 94
Mauremont 31 141 Be 88
Maurens 24 112 Ac 79
Maurens 31 141 Be 88
Maurens 32 126 Af 87
Maurepas 78 32 Bf 56
Maurepas 80 8 Cf 49
Mauressac 31 140 Bc 89
Mauressargues 30 130 Ea 85
Maureville 31 141 Be 87
Mauriac 15 103 Cc 77
Mauriac 33 111 Zf 80
Mauries 40 124 Ze 87
Maurines 15 116 Da 79
Maurois 59 9 Dc 48
Mauron 56 44 Xe 60
Mauroux 32 126 Ae 85
Mauroux 46 113 Ba 82
Maurrin 40 124 Zd 86
Maurs 15 115 Cb 80
Maurupt-le-Montois 51 36 Ef 56
Maury 66 154 Cd 92
Mausoléo 2B 156 Ka 93
Maussac 19 103 Ca 76
Maussane-les-Alpilles 13 131 Ee 86
Maussans 70 70 Gb 64
Mauvages 55 37 Fd 57
Mauvaisin 31 141 Bd 88
Mauves 07 106 Ee 78
Mauves-sur-Huisne 61 48 Ad 58
Mauves-sur-Loire 44 60 Yd 65
Mauvezin 31 140 Af 88
Mauvezin 32 126 Af 86
Mauvezin 65 139 Ab 90
Mauvezin-d'Armagnac 40 124 Zf 85
Mauvezin-de-Prat 09 140 Af 90
Mauvezin-de-Sainte-Croix 09 140 Bb 90
Mauvières 36 77 Ba 69
Mauvilly 21 68 Ee 62
Maux 58 81 De 66
Mauzac 31 140 Bb 88
Mauzac-et-Grand-Castang 24 113 Ae 79
Mauzens-et-Miremont 24 101 Af 79
Mauzé-sur-le-Mignon 79 87 Zb 71
Mauzé-Thouarsais 79 75 Ze 67
Mauzun 63 104 Dc 74
Maves 41 64 Bc 62
Mavilly-Mandelot 21 82 Ee 66
Maxe, La 57 38 Gb 53
Maxent 35 44 Xf 61
Maxéville 54 38 Ga 56
Maxey-sur-Meuse 88 54 Fe 58
Maxey-sur-Vaise 55 37 Fe 57
Maxilly-Petite-Rive 74 97 Gd 70
Maxilly-sur-Lac 74 97 Gd 70
Maxilly-sur-Saône 21 69 Fc 65
Maxou 46 113 Bc 81
Maxstadt 57 39 Ge 54
Mayac 24 101 Af 77
May-en-Multien 77 34 Da 54
Mayenne 53 46 Zc 59
Mayet 72 62 Ab 62
Mayet-d'Ecole, Le 03 92 Db 72
Mayet-de-Montagne, Le 03 92 De 72
Maylis 40 123 Zb 86
Maynal 39 83 Fc 69
Mayons, Les 83 147 Gc 89
Mayot 02 18 Dc 50
Mayran 12 115 Cc 82
Mayrègne 31 151 Ad 91
Mayres 07 118 Ee 79
Mayres 63 105 De 76
Mayres-Savel 38 119 Fe 79
Mayreville 11 141 Bf 89
Mayrinhac-Lentour 46 114 Be 80
Mayronnes 11 142 Cd 90
May-sur-Evre, Le 49 61 Za 66
May-sur-Orne 14 29 Zd 54
Mazamet 81 142 Cc 88
Mazan 84 132 Fa 84
Mazangé 41 48 Af 62
Mazauges 83 147 Ff 88
Mazaye 63 91 Cf 74
Mazé 49 62 Ze 64
Mazeau, Le 85 75 Zb 70
Mazeirat 23 90 Bf 72
Mazeley 88 55 Gc 59
Mazères 09 141 Be 89
Mazères 33 111 Ze 82
Mazères 47 113 Ba 82
Mazeres 65 124 Zf 87
Mazères-de-Neste 65 139 Ad 90
Mazères-Lezons 64 138 Zd 89
Mazères-sur-Salat 31 140 Af 90
Mazerier 03 92 Db 72
Mazerny 08 20 Ed 51
Mazerolles 16 88 Ad 74
Mazerolles 17 99 Zc 75
Mazerolles 40 124 Zd 85
Mazerolles 64 138 Zd 88
Mazerolles 65 139 Ab 88
Mazerolles 86 77 Ae 70
Mazerolles-du-Razès 11 141 Ca 90
Mazerolles-le-Salin 25 70 Ff 65
Mazerulles 54 38 Gc 56
Mazet-Saint-Voy 43 105 Eb 78
Mazeuil 86 76 Aa 68
Mazeyrat-Aurouze 43 104 Dd 77
Mazeyrolles 24 113 Ba 80
Mazière-aux-Bons-Hommes, La 23 91 Cc 73
Mazières 16 88 Ad 73
Mazières-de-Touraine 37 62 Ac 64
Mazières-en-Gâtine 79 75 Ze 69
Mazières-en-Mauges 49 61 Zb 66
Mazille 71 94 Ed 70
Mazingarbe 62 8 Ce 46
Mazinghem 62 7 Cc 45
Mazinghien 59 9 Dd 48
Mazion 33 99 Zc 78
Mazirat 03 91 Cd 71
Mazirot 88 55 Ga 59
Mazis, Le 80 16 Be 49
Mazoires 63 104 Da 76
Mazouau 65 139 Ac 90
Mazuby 11 153 Ca 92
Mazures, Les 08 20 Ed 49
Mazzola 2B 159 Kb 95
Méasnes 23 78 Be 70
Meauce 28 48 Ba 58
Méaudre 38 107 Fd 78
Méaugon, La 22 26 Xb 57
Meaulne 03 79 Cd 69
Méaulte 80 8 Cd 49
Méautis 50 12 Ye 53
Meaux 77 34 Cf 55
Meaux-la-Montagne 69 94 Ec 72
Meauzac 82 126 Bb 84
Mecé 35 45 Ye 59
Mechmont 46 113 Bc 81
Mécleuves 57 38 Gb 54
Mecquignies 59 9 De 47
Mécrin 55 37 Fd 56
Médan 78 32 Bf 55
Medavy 61 30 Aa 56
Medeyrolles 63 105 De 76
Médière 25 71 Gd 64
Médillac 16 100 Aa 77
Médis 17 86 Za 75
Médonville 88 54 Fe 59
Médréac 35 44 Xf 59
Medrigneg = Medrignac 22 44 Xd 59
Mée 53 46 Za 62
Mée, le 28 49 Bc 61
Mée-sur-Seine, le 77 33 Cd 57
Mégange 57 22 Gc 53
Megève 74 97 Gd 73
Mégevette 74 96 Gd 71
Megrit 22 27 Xe 58
Méharicourt 80 17 Ce 50
Méharin 64 137 Yf 89
Méhers 41 64 Bc 65
Méhoncourt 54 38 Gc 57
Méhoudin 61 29 Zd 57
Mehun-sur-Yèvre 18 79 Cb 66
Meignanne, La 49 61 Zc 63
Meigné 49 62 Ze 65
Meigné-le-Vicomte 49 62 Ab 63
Meigneux 77 51 Da 57
Meigneux 80 16 Bf 50
Meilars 29 41 Vd 60
Meilhac 87 89 Ba 74
Meilhan 32 139 Ae 88
Meilhan-sur-Garonne 47 112 Aa 81
Meilhards 19 102 Bd 75
Meilhaud 63 104 Da 75
Meillac 35 28 Yb 58
Meillant 18 79 Cd 68
Meillard 03 92 Db 70
Meillard, Le 80 7 Cb 47
Meilleraie-Tillay, La 85 75 Za 68
Meilleray 77 34 Dc 56
Meilleraye-de-Bretagne, La 44 60 Yd 63
Meillers 03 80 Da 69
Meillon 64 138 Ze 89
Meillonas 01 95 Fc 71
Meilly-sur-Rouvres 21 68 Ed 65
Meisenthal 57 39 Hc 55
Meistratzheim 67 57 Hd 58
Meix, Le 21 68 Ef 63
Meix, Le 21 83 Fb 66
Meix-Saint-Epoing, Le 51 35 Dd 56
Meix-Tiercelin, Le 51 36 Ec 57
Méjanel, le 12 116 Cf 83
Méjannes-le-Clap 30 131 Ec 83
Méjannes-lès-Alès 30 130 Ea 84
Mela 2A 159 Ka 98
Mela 2A 160 Kb 99
Mélamare 76 15 Ac 51
Melay 49 61 Zb 65
Melay 52 54 Fe 61
Melay 71 93 Ea 71
Mélecey 70 70 Gc 63
Melesse 35 45 Yb 59
Mêle-sur-Sarthe, Le 61 30 Ac 57
Melgven 29 42 Wa 61
Mélicocq 60 18 Cf 52
Mélicourt 27 31 Ad 55
Méligny-le-Grand 55 37 Fc 56
Méligny-le-Petit 55 37 Fc 57
Melin 70 70 Fe 62
Melincourt 70 55 Ga 61
Mélisey 70 71 Gd 62
Mélisey 89 52 Ea 61
Meljac 12 128 Cc 84
Mellac 29 42 Wc 61
Mellé 35 28 Ye 58
Melle 79 87 Zf 71
Mellecey 71 82 Ee 68
Melleran 79 88 Zf 72
Melleray 72 48 Ae 60
Melleroy 45 51 Cf 61
Melles 31 151 Ae 91
Melleville 76 6 Bc 49
Mellionnec 22 43 We 59
Mello 60 17 Cc 53
Meloisey 21 82 Ee 66
Melrand 56 43 Wf 61
Melsheim 67 40 Hd 56
Melun 77 33 Cd 57
Membrey 70 69 Fe 63
Membrolles 41 49 Bc 61
Membrolle-sur-Choisille, La 37 63 Ad 64
Membrolle-sur-Longuenée, La 49 61 Zb 63
Méménil 88 55 Gd 59
Memmelshoffen 67 40 Hf 55
Mémont, le 25 71 Ge 66
Menades 89 67 De 64
Ménarmont 88 55 Gd 58
Ménars 41 64 Bc 63
Menat 63 92 Cf 72
Menaucourt 55 37 Fc 57
Mencas 62 7 Ca 45
Menchhoffen 67 40 Hc 55
Mende 48 116 Dd 81
Mendionde 64 137 Ye 88
Menditte 64 137 Za 90
Mendive 64 137 Yf 90
Ménéac 56 44 Xd 60
Ménebres 84 132 Fb 85
Ménerval 76 16 Bd 51
Menesble 21 68 Ef 62
Ménesliès 80 6 Bd 48
Ménesplet 24 100 Aa 78
Ménesqueville 27 16 Bc 52
Ménestérol, Montpon- 24 100 Aa 78
Menestreau 58 66 Db 64
Ménestreau-en-Villette 45 65 Ca 62
Menet 15 103 Cd 77
Menetou-Couture 18 80 Cf 66
Menetou-Râtel 18 66 Ce 64
Menetou-Salon 18 65 Cc 65
Menetou-sur-Nahon 36 64 Bd 65
Ménétréol-sous-Sancerre 18 66 Cf 65
Ménétréols-sous-Vatan 36 78 Bf 66
Ménétréol-sur-Sauldre 18 65 Cb 64
Ménetreuil 71 83 Fa 69
Ménétreux-le-Pitois 21 68 Ec 63
Ménétrol 63 92 Da 73
Menétru-le-Vignoble 39 83 Fd 68
Menétrux-en-Joux 39 84 Ff 69
Ménévillers 60 17 Cd 51
Menglon 26 119 Fc 81
Ménière, La 61 31 Ac 57
Ménigoute 79 76 Zf 70
Ménil 53 46 Zb 62
Ménil, le 88 55 Gb 60
Ménil, le 88 55 Gc 60
Ménil, Le 88 56 Ge 61
Ménil, le 88 56 Gf 58
Ménil-Annelles 08 20 Ec 52
Ménil-aux-Bois 55 37 Fc 56
Ménil-Bérard, Le 61 31 Ad 56
Ménil-Broût, Le 61 30 Ab 58
Ménil-Ciboult, Le 61 29 Zb 56
Ménil-de-Briouze, Le 61 29 Zd 56
Ménil-de-Senones 88 56 Gf 58
Ménil-en-Xaintois 88 55 Ff 59
Ménil-Erreux 61 30 Ab 57
Ménil-Froger 61 30 Ab 56
Ménil-Gondouin 61 30 Ze 56
Ménil-Guyon, Le 61 31 Ab 57
Ménil-Hermei 61 30 Ze 56
Ménil-Hubert-en-Exmes 61 30 Ab 56
Ménil-Hubert-sur-Orne 61 29 Zd 55
Ménil-Jean 61 30 Ze 56
Ménil-la-Horgne 55 37 Fd 56
Ménil-la-Tour 54 37 Ff 56
Ménil-Lépinois 08 19 Eb 52
Menilles 27 32 Bc 54
Ménil-Scelleur, Le 61 30 Zf 57
Ménil-sur-Belvitte 88 56 Ge 58
Ménil-sur-Saulx 55 37 Fb 57
Ménil-Vicomte, Le 61 30 Ab 56
Ménil-Vin 61 30 Ze 55
Ménitré, La 49 62 Ze 64
Mennecy 91 33 Cc 57
Mennessis 02 18 Db 50
Mennetou-sur-Cher 41 64 Bf 65
Menneval 27 31 Ad 54
Menneville 02 19 Ea 52
Menneville 62 3 Bf 44
Mennevret 02 9 Dd 49
Mennouveaux 52 54 Fc 60
Ménoire 19 102 Be 78
Menomblet 85 75 Zb 68
Menoncourt 90 71 Gf 62
Ménonval 76 16 Bc 50
Menotey 39 69 Fd 66
Menou 58 66 Db 64
Ménouville 95 33 Ca 54
Menoux 70 70 Ga 62
Menoux, Le 36 78 Bd 69
Mensignac 24 100 Ad 77
Menskirch 57 22 Gc 53
Mentheville 76 15 Ac 50
Menthonnex-en-Bornes 74 96 Gb 72
Menthonnex-sous-Clermont 74 96 Ff 73
Menthon-Saint-Bernard 74 96 Gb 73
Mentières 15 104 Da 78
Menton 06 135 Hc 86
Mentque 62 3 Ca 44
Menucourt 95 32 Bf 54
Menus, les 61 31 Af 57
Menville 31 126 Bb 86
Menzealban = Montauban-de-Bretagne 35 44 Xf 59
Méobecq 36 78 Bc 68
Méon 49 62 Aa 64
Méounes-lès-Montrieux 83 147 Ff 89
Mépieu 38 95 Fc 74
Mer 41 64 Bd 62
Méracq 64 138 Zd 87
Méral 53 46 Za 61
Méras 09 140 Bb 89
Mercatel 62 8 Ce 47
Mercenac 09 140 Ba 90
Merceuil 21 82 Ef 67
Mercey 27 32 Bc 54
Mercey-le-Grand 25 69 Fe 65
Mercey-sur-Saône 70 69 Fe 63
Mercin-et-Vaux 02 18 Db 52
Merckeghem 59 3 Cb 43
Merck-Saint-Liévin 62 7 Ca 45
Mercœur 19 102 Bf 78
Mercœur 43 104 Db 77
Mercuer 07 118 Ec 81
Mercuès 46 114 Bc 82
Mercurey 71 82 Ee 67
Mercurol 26 106 Ef 78
Mercury 73 108 Gc 74
Mercus-Garrabet 09 152 Bd 91
Mercy 03 81 Dd 70
Mercy 89 52 Dd 60
Mercy-le-Bas 54 21 Fe 52
Mercy-le-Haut 54 21 Fe 52
Merdrignac 22 44 Xd 59
Méré 78 32 Be 56
Méré 89 52 De 61
Méreau 18 65 Ca 66
Méréaucourt 80 16 Bf 50
Méréglise 28 48 Bb 59
Mérélessart 80 7 Bf 49
Mérens 32 125 Ad 86
Mérens-les-Vals 09 153 Bf 93
Mérenvielle 31 126 Ba 87
Mereuil 05 119 Fe 82
Méréville 54 38 Ga 57
Méréville 91 50 Ca 59
Merey 27 31 Bc 55
Mérey-sous-Montrond 25 70 Ga 66
Merey-Vieilley 25 70 Ga 65
Merfy 51 19 Df 53
Mergey 10 52 Ea 58
Meria 2B 157 Kc 91
Mérial 11 153 Bf 92
Méricourt 62 8 Cf 46
Méricourt 78 32 Bd 54
Méricourt-en-Vimeu 80 16 Bf 49
Méricourt-l'Abbé 80 8 Cd 49
Méricourt-sur-Somme 80 17 Ce 49
Mériel 95 33 Cb 54
Mérifons 34 129 Db 87
Mérignac 16 87 Zf 74
Mérignac 17 99 Ze 77
Mérignac 33 111 Zc 80
Mérignas 33 111 Zf 80
Mérignat 01 95 Fc 72
Mérignies 59 8 Da 45

Margny — Mérignies (F) 185

Mérigny 36 77 Af 69
Mérilheu 65 139 Ab 90
Mérillac 22 44 Xd 59
Mérinchal 23 91 Cc 73
Mérindol 84 132 Fb 86
Mérindol-les-Oliviers 26 132 Fa 83
Mérinville 45 51 Cf 60
Méritein 64 137 Zb 89
Merkwiller-Pechelbronn 67 40 He 55
Merlatière, La 85 74 Ye 68
Merlaut 51 36 Ee 56
Merle 42 105 Ea 76
Merléac 22 43 Xa 59
Merlebach, Freyming- 57 39 Ge 54
Merlerault, Le 61 30 Ab 56
Merles 82 126 Af 84
Merles-sur-Loison 55 21 Fc 52
Merlevenez 56 43 We 62
Merlieux-et-Fouquerolles 02 18 Dd 51
Merlimont 62 6 Bd 46
Merlines 19 103 Cc 75
Mernel 35 44 Ya 61
Mérobert 91 49 Ca 58
Mérona 39 83 Fd 69
Mérouville 28 49 Bf 59
Meroux-Moval 90 71 Gf 63
Merpins 16 87 Zd 74
Merrey 52 54 Fd 60
Merrey-sur-Arce 10 53 Ec 60
Merri 61 30 Zf 55
Merris 59 4 Cd 44
Merry-la-Vallée 89 66 Db 62
Merry-Sec 89 67 Dc 63
Merry-sur-Yonne 89 67 Dd 63
Merschweiler 57 22 Gc 52
Mers-les-Bains 80 6 Bc 48
Mers-sur-Indre 36 78 Bf 69
Mersuay 70 70 Ga 62
Merten 57 22 Ge 53
Mertrud 52 53 Ef 58
Mertzen 68 71 Ha 63
Mertzwiller 67 40 He 55
Méru 60 17 Ca 53
Merusaglia = Morosaglia 2B 157 Kb 94
Merval 02 19 De 52
Mervans 71 83 Fb 68
Mervent 85 75 Zb 69
Mervilla 31 140 Bc 87
Merville 31 126 Bb 86
Merville 59 4 Cd 45
Merville-Franceville-Plage 14 14 Ze 53
Merviller 54 56 Ge 58
Mervilliers, Allaines- 28 49 Be 59
Merxheim 68 56 Hb 61
Méry 73 108 Ff 75
Méry-Corbon 14 30 Zf 54
Méry-ès-Bois 18 65 Cc 65
Méry-la-Bataille 60 17 Cd 51
Méry-Premecy 51 35 Df 53
Méry-sur-Cher 18 65 Bf 65
Méry-sur-Oise 95 33 Cb 54
Méry-sur-Seine 10 52 Df 57
Merzer, Le 22 26 Wf 57
Mésandans 25 70 Gc 64
Mésanger 44 60 Ye 64
Mésangueville 76 16 Bd 51
Mesbrecourt-Richecourt 02 18 Dd 50
Meschers-sur-Gironde 17 98 Za 75
Mescoules 24 112 Ac 80
Mesge, Le 80 7 Ca 49
Mesgrigny 10 52 Df 58
Mésigny 74 96 Ga 73
Meslan 56 42 Wd 61
Mesland 41 63 Ba 63
Meslay 14 29 Zd 55
Meslay 41 48 Ba 62
Meslay-du-Maine 53 46 Zc 61
Meslay-le-Grenet 28 49 Bc 58
Meslay-le-Vidame 28 49 Bc 59
Meslières 25 71 Gf 64
Meslin 22 27 Xc 58
Mesmay 25 84 Ff 66
Mesmont 08 20 Ec 51
Mesmont 21 68 Ee 65
Mesnac 16 87 Zd 74
Mesnard-la-Barotière 85 74 Yf 67
Mesnay 39 84 Fe 67
Mesneux, Les 51 35 Df 53
Mesnières-en-Bray 76 16 Bc 50
Mesnil 80 8 Cd 48
Mesnil, Le 50 12 Yb 52
Mesnil-Adelée, Le 50 29 Yf 56
Mesnil-Amand, Le 50 28 Yd 55
Mesnil-Amelot, Le 77 33 Cd 54
Mesnil-Amey, Le 50 28 Ye 54
Mesnil-Angot, Le 50 12 Ye 53
Mesnil-Aubert, Le 50 28 Yd 55
Mesnil-Aubry, Le 95 33 Cc 54
Mesnil-au-Grain, Le 14 29 Zc 54
Mesnil-au-Val, Le 50 12 Yc 51
Mesnil-Auzouf, Le 14 29 Zb 55
Mesnil-Benoist, Le 14 29 Za 55
Mesnil-Bœufs, Le 50 28 Yf 57
Mesnil-Bruntel 80 18 Cf 49
Mesnil-Caussois, Le 14 29 Yf 55
Mesnil-Clinchamps 14 29 Za 55
Mesnil-Conteville, Le 60 17 Ca 50
Mesnil-Domqueur 80 7 Ca 48
Mesnil-Durand, le 14 30 Aa 54
Mesnil-Durdent, Le 76 15 Ae 50
Mesnil-en-Arrouaise 80 8 Cf 48
Mesnil-en-Thelle, Le 60 33 Cb 53
Mesnil-en-Vallée, Le 49 61 Za 64
Mesnil-Esnard, Le 76 15 Ba 52
Mesnil-Eudes, Le 14 30 Ab 54
Mesnil-Eury, Le 50 12 Ye 54
Mesnil-Follemprise 76 16 Bb 50
Mesnil-Fuguet, Le 27 31 Ba 54
Mesnil-Garnier, Le 50 28 Ye 55
Mesnil-Germain, Le 14 30 Ab 54
Mesnil-Gilbert, Le 50 29 Yf 56
Mesnil-Guillaume, Le 14 30 Ab 54
Mesnil-Hardray, Le 27 31 Af 55
Mesnil-Hermann, Le 50 28 Yf 54
Mesnil-Jourdain, Les 27 31 Ba 53
Mesnil-la-Comtesse 10 52 Eb 57
Mesnillard, Le 50 29 Yf 57
Mesnil-le-Petit 80 18 Cf 50
Mesnil-le-Roi, Le 78 33 Ca 55
Mesnil-Lettre 10 52 Eb 58
Mesnil-Lieubray, Le 76 16 Bd 51
Mesnil-Mauger 76 16 Bd 50
Mesnil-Mauger, le 14 30 Aa 54
Mesnil-Opac, Le 50 29 Yf 54
Mesnil-Ozenne, Le 50 28 Ye 57
Mesnil-Panneville 76 15 Af 51
Mesnil-Patry, Le 14 13 Zc 53
Mesnil-Rainfray, Le 50 29 Yf 56
Mesnil-Raoul 76 16 Bb 52
Mesnil-Raoult, Le 50 29 Yf 54
Mesnil-Réaume, le 76 6 Bc 49
Mesnil-Robert, Le 14 29 Za 55
Mesnil-Rogues 50 28 Yd 55
Mesnil-Rousset 27 31 Ad 55
Mesnil-Rouxelin, Le 50 13 Yf 54
Mesnil-Saint-Denis, Le 78 32 Bf 56
Mesnil-Saint-Firmin, Le 60 17 Cc 51
Mesnil-Saint-Georges 80 17 Cd 51
Mesnil-Saint-Laurent 02 18 Dc 50
Mesnil-Saint-Loup 10 52 De 59
Mesnil-Sellières 10 52 Eb 58
Mesnil-Simon, Le 14 30 Aa 54
Mesnil-Simon, Le 28 32 Bd 55
Mesnil-sous-Jumièges, Les 76 15 Af 52
Mesnil-sous-Vienne 27 16 Bd 52
Mesnils-sur-Madon 54 55 Gb 58
Mesnil-sur-Blangy, Le 14 14 Ab 53
Mesnil-sur-Bulles, Le 60 17 Cc 52
Mesnil-sur-l'Estrée 27 32 Bb 56
Mesnil-sur-Oger, Le 51 35 Ea 55
Mesnil-Thébault, Le 50 28 Ye 57
Mesnil-Theribus, Le 60 16 Bf 53
Mesnil-Thomas, Le 28 31 Ba 57
Mesnil-Tôve, Le 50 29 Yf 56
Mesnil-Véneron, Le 50 12 Yf 53
Mesnil-Verclives 27 16 Bc 53
Mesnil-Vigot, Le 50 12 Ye 54
Mesnil-Villeman, Le 50 28 Ye 55
Mesnil-Villement, Le 14 29 Zd 55
Mesnois 39 83 Fe 69
Mesnuls, Les 78 32 Bf 56
Mespaul 29 25 Vf 57
Mesplede 64 137 Zc 88
Mesples 03 79 Cc 70
Mespuits 91 50 Cb 58
Mesquer 44 59 Xd 64
Messac 17 99 Ze 76
Messac 35 44 Yb 62
Messanges 21 68 Ef 66
Messanges 40 122 Yd 86
Messas 45 49 Bd 62
Messé 79 88 Aa 71
Messei 61 29 Zc 56
Messein 54 38 Ga 57
Messeix 63 103 Cd 75
Messemé 86 76 Ab 66
Messery 74 96 Gb 70
Messey-sur-Grosne 71 82 Ee 69
Messia-sur-Sorne 39 83 Fd 69
Messigny-et-Vantoux 21 69 Fa 64
Messimy 69 94 Ee 74
Messimy-sur-Saône 01 94 Ee 72
Messincourt 08 20 Fa 50
Messon 10 52 Df 59
Messy 77 33 Ce 55
Mesterrieux 33 111 Zf 81
Mestes 19 103 Cb 75
Mesves-sur-Loire 58 66 Cf 65
Mesvres 71 82 Eb 67
Métabief 25 84 Gc 68
Métairies, Les 16 87 Zf 74
Météren 59 4 Ce 44
Méthamis 84 132 Fb 84
Métigny 80 7 Bf 49
Metting 57 39 Hb 56
Mettray 37 63 Ad 64
Metz 57 38 Gb 54
Metz-en-Couture 62 8 Da 48
Metzeral 68 56 Ha 60
Metzeresche 57 22 Gb 53
Metzervisse 57 22 Gb 53
Metzing 57 39 Gf 54
Metz-le-Comte 58 67 Dd 64
Metz-Robert 10 52 Ea 60
Metz-Tessy 74 96 Ga 73
Meucon 56 43 Xb 62
Meudon 92 33 Cb 56
Meuilley 21 68 Ef 66
Meulan 78 32 Bf 54
Meulers 76 16 Bb 49
Meulles 14 30 Ac 55
Meulson 21 68 Ee 62
Meunet-Planches 36 78 Bf 67
Meunet-sur-Vatan 36 78 Bf 66
Meung-sur-Loire 45 49 Be 62
Meurcé 72 47 Ab 59
Meurchin 62 8 Df 45
Meurcourt 70 70 Gb 62
Meurdraquière, La 50 28 Yd 55
Meures 52 53 Fa 59
Meurival 02 19 De 52
Meursanges 21 82 Ef 67
Meursault 21 82 Ee 67
Meurville 10 53 Ed 59
Meusnes 41 64 Bd 65
Meussia 39 84 Fe 70
Meuvaines 14 13 Zc 53
Meux 17 99 Zd 76
Meux, Le 60 17 Ce 52
Meuzac 87 102 Bc 75
Mévoisins 28 32 Bd 57
Mévouillon 26 132 Fc 83
Meximieux 01 95 Fb 73
Mexy 54 21 Fe 52
Mey 57 38 Gb 54
Meyenheim 68 56 Hc 61
Meylan 38 107 Fe 77
Meymac 19 103 Ca 75
Meynes 30 131 Ed 85
Meyrargues 13 146 Fd 87
Meyrals 24 113 Ba 79
Meyrannes 30 130 Eb 83
Meyras 07 117 Eb 80
Meyreuil 13 146 Fc 87
Meyrié 38 107 Fb 75
Meyrieu-les-Étangs 38 107 Fb 75
Meyrieux-Trouet 73 107 Fe 75
Meyrignac-l'Eglise 19 102 Bf 76
Meyronne 46 114 Bd 79
Meyronnes 04 121 Ge 82
Meyrueis 48 129 Dc 83
Meys 69 106 Ec 74
Meyssac 19 102 Be 78
Meyssiès 38 106 Fa 76
Meyze, La 87 101 Bb 75
Meyzieu 69 94 Fa 74
Mézangers 53 46 Zd 59
Mèze 34 143 Dd 88
Mézel 04 133 Gb 84
Mezel 63 92 Db 74
Mézens 81 127 Bd 86
Mézeray 72 47 Zf 62
Mézères 43 105 Ea 78
Mézériat 01 94 Fa 71
Mézerolles 80 7 Cb 47
Mézerville 11 141 Be 89
Mézidon-Canon 14 30 Zf 54
Mézière, La 35 45 Yb 59
Mézières 45 49 Bf 60
Mézières 72 47 Ab 59
Mézières, Charleville- 08 20 Ee 50
Mézières-au-Perche 28 49 Bb 59
Mézières-en-Brenne 36 77 Bb 68
Mézières-en-Drouais 28 32 Bc 56
Mézières-en-Santerre 80 17 Cd 50
Mézières-en-Vexin 27 32 Bd 53
Mézières-lez-Clery 45 49 Be 62
Mézières-sous-Lavardin 72 47 Aa 60
Mézières-sur-Couesnon 35 45 Yd 59
Mézières-sur-Issoire 87 89 Af 72
Mézières-sur-Oise 02 18 Dc 50
Mézières-sur-Seine 78 32 Be 55
Mézilhac 07 118 Ec 80
Mézilles 89 66 Db 62
Méziré 90 71 Gf 63
Mézos 40 123 Ye 84
Mézy 02 34 Dd 54
Mézy-sur-Seine 78 32 Bf 54
Mhère 58 67 Df 65
Mialet 24 101 Af 75
Mialet 30 130 Df 84
Mialos 64 138 Zd 88
Miannay 80 7 Be 48
Michaugues 58 67 Dd 65
Michelbach 68 71 Ha 62
Michelbach-le-Bas 68 72 Hc 63
Michelbach-le-Haut 68 72 Hc 63
Michery 89 51 Db 59
Midrevaux 88 54 Fd 58
Mièges 39 84 Ga 68
Miélan 32 139 Ab 88
Miellin 70 56 Ge 62
Miermaigne 28 48 Af 59
Miers 46 114 Be 79
Miéry 39 83 Fe 68
Mietesheim 67 40 Hd 55
Mieussy 74 96 Gd 72
Mieuxcé 61 47 Aa 58
Migé 89 67 Dd 62
Migennes 89 51 Dd 61
Miginiac 19 102 Bf 77
Miglos 09 152 Bd 92
Mignafans, Sénargent- 70 71 Gd 63
Mignaloux-Beauvoir 86 76 Ac 69
Mignavillers 70 71 Gd 63
Migné 36 78 Bb 68
Migné-Auxances 86 76 Ab 69
Mignères 45 50 Cd 60
Mignerette 45 50 Cd 60
Mignéville 54 39 Ge 57
Mignières 28 49 Bc 58
Mignovillard 39 84 Ga 68
Migny 36 79 Ca 66
Migré 17 87 Zc 72
Migron 17 87 Zd 74
Mijanès 09 153 Ca 92
Milesse, La 72 47 Aa 60
Milhac 46 113 Bc 80
Milhac-d'Auberoche 24 101 Af 78
Milhac-de-Nontron 24 101 Ae 76
Milhars 81 127 Bf 84
Milhas 31 139 Ae 91
Milhaud 30 130 Eb 86
Milhavet 81 127 Ca 84
Milizac 29 24 Vc 58
Millac 86 89 Ae 71
Millam 59 3 Cb 43
Millançay 41 64 Be 64
Millas 66 154 Ce 92
Millau 12 129 Da 84
Millay 58 81 Ea 67
Millebosc 76 6 Bc 49
Millemont 78 32 Be 56
Millencourt 80 8 Cd 48
Millencourt-en-Ponthieu 80 7 Bf 48
Millery 21 68 Eb 63
Millery 54 38 Ga 56
Millery 69 106 Ee 75
Millevaches 19 102 Ca 75
Millières 50 12 Yd 53
Millières 52 54 Fc 60
Milly 50 29 Yf 57
Milly-la-Forêt 91 50 Cc 58
Milly-Lamartine 71 94 Ee 70
Milly-sur-Bradon 55 21 Fb 52
Milly-sur-Thérain 60 17 Bf 51
Milon-la-Chapelle 78 33 Ca 56
Mimbaste 40 123 Za 87
Mimet 13 146 Fd 88
Mimeure 21 68 Ec 66
Mimizan 40 110 Ye 83
Minaucourt-le-Mesnil-lès-Hurlus 51 36 Ee 53
Minerve 34 142 Ce 88
Mingot 65 139 Ab 88
Mingoval 62 8 Cd 46
Miniac-Morvan 35 27 Ya 57
Miniac-sous-Bécherel 35 44 Ya 59
Minihic-sur-Rance, Le 35 27 Xf 57
Minihy-Tréguier 22 26 We 56
Minorville 54 37 Ff 56
Minot 21 68 Ef 62
Minversheim 67 40 Hd 56
Minzac 24 100 Aa 79
Minzier 74 96 Ff 72
Miolles 81 128 Cd 85
Mionnay 01 94 Ef 73
Mions 69 106 Ef 75
Mios 33 110 Za 81
Miossens-Lanusse 64 138 Ze 88
Mirabeau 04 133 Ga 84
Mirabeau 84 132 Fd 86
Mirabel 07 118 Ec 81
Mirabel 82 126 Bc 84
Mirabel-aux-Baronnies 26 132 Fa 83
Mirabel-et-Blacons 26 119 Fa 80
Miradoux 32 125 Ae 85
Miramas 13 145 Fa 87
Mirambeau 17 99 Zc 76
Mirambeau 31 140 Af 88
Miramont-d'Astarac 32 139 Ac 87
Miramont-de-Comminges 31 139 Ae 90
Miramont-de-Guyenne 47 112 Ac 81
Miramont-de-Quercy 82 126 Ba 83
Miramont-Latour 32 125 Ae 86
Miramont-Sensacq 40 124 Ze 87
Mirande 32 139 Ac 87
Mirandol-Bourgnounac 81 127 Ca 84
Mirannes 32 125 Ac 87
Miraumont 80 8 Ce 48
Miraval-Cabardès 11 142 Cc 88
Mirbel 52 53 Fa 59
Miré 49 46 Zd 62
Mirebeau 21 69 Fb 64
Mirebeau 86 76 Ab 68
Mirebel 39 84 Fe 68
Mirecourt 88 55 Ga 59
Mirefleurs 63 104 Db 74
Miremont 31 140 Bc 88
Miremont 63 91 Ce 73
Mirepeisset 11 142 Cf 89
Mirepeix 64 138 Ze 89
Mirepoix 09 141 Bf 90
Mirepoix 32 125 Ae 86
Mirepoix-sur-Tarn 31 127 Bd 86
Mireval 34 144 De 87
Miribel 01 94 Ef 74
Miribel 26 107 Fa 77
Miribel-Lanchâtre 38 119 Fd 79
Miribel-les-Echelles 38 107 Fe 76
Mirmande 26 118 Ef 80
Miroir, Le 71 83 Fc 69
Mirvaux 80 7 Cc 48
Mirville 76 15 Ac 51
Miscon 26 119 Fd 81
Miserey 27 32 Bb 54
Miserey-Salines 25 70 Ff 65
Misérieux 01 94 Ee 73
Misery 80 18 Cf 49
Missé 79 76 Ze 67
Missècle 81 127 Bf 86
Missègre 11 142 Cc 91
Missery 21 68 Ec 65
Missillac 44 59 Xf 64
Missiriac 56 44 Xd 61
Misson 40 123 Za 87
Missy 14 29 Zc 54
Missy-aux-Bois 02 18 Db 52
Missy-lès-Pierrepont 02 19 De 51
Missy-sur-Aisne 02 18 Dc 52
Misy-sur-Yonne 77 51 Da 58
Mitry-Mory 77 33 Cd 55
Mittainville 78 32 Bd 56
Mittainvilliers 28 49 Bb 58
Mittelbergheim 67 57 Hc 58
Mittelbronn 57 39 Hb 56
Mittelhausbergen 67 40 He 57
Mittelhausen 67 40 Hd 56
Mittelschaeffolsheim 67 40 Hd 56
Mittelwihr 68 56 Ha 60
Mittersheim 57 39 Gf 55
Mittlach 68 56 Ha 61
Mittois 14 30 Aa 54
Mitzach 68 56 Ha 61
Mizérieux 42 93 Eb 74
Mizoën 38 108 Ga 78
Mobecq 50 12 Yc 53
Moca-Croce 2A 159 Ka 98
Moca Croci = Maca-Croce 2A 159 Ka 98
Modane 73 109 Gd 77
Modène 84 132 Fa 84
Moëlan-sur-Mer 29 42 Wc 62
Moëres, Les 59 4 Cd 42
Mœrnach 68 71 Hb 63
Moëslains 52 36 Ef 57
Mœurs-Verdey 51 35 De 56
Mœuvres 59 8 Da 48
Moëze 17 86 Yf 73
Moffans-et-Vacheresse 70 71 Gd 63
Mogeville 55 21 Fd 53
Mogneneins 01 94 Ee 72
Mognéville 55 36 Fa 56
Mogneville 60 17 Cc 53
Mogues 08 21 Fb 51
Mohon 56 44 Xc 60
Moidieu-Détourbe 38 106 Fa 75
Moigné 35 45 Yb 60
Moigny-sur-École 91 50 Cc 58
Moimay 70 70 Gc 63
Moineville 54 38 Ff 53
Moings 17 99 Zd 76
Moinville-la-Jeulin 28 49 Be 58
Moirans 38 107 Fd 77
Moirans-en-Montagne 39 84 Fe 70
Moirax 47 112 Ac 81
Moirax 47 125 Ad 84
Moiremont 51 36 Ef 54
Moirey-Flabas-Crépion 55 21 Fc 53
Moiron 39 83 Fd 69
Moiry 08 21 Fb 51
Moisdon-la-Rivière 44 60 Yd 63
Moisenay 77 33 Ce 57
Moislains 80 8 Cf 49
Moissac 82 126 Ba 84
Moissac-Bellevue 83 147 Ga 87
Moissac-Vallée-Française 48 130 De 84
Moissat 63 92 Dc 74
Moisselles 95 33 Cc 54
Moissey 39 69 Fd 65
Moissieu-sur-Dolon 38 106 Ef 76
Moisson 78 32 Bd 54
Moissy-Cramayel 77 33 Cd 57
Moissy-Moulinot 58 67 De 65
Moisville 27 31 Ba 55
Moisy 41 49 Bb 61
Moita 2B 159 Kc 95
Moiters-d'Allonne, Les 50 12 Yb 52
Moitiers-en-Bauptois 50 12 Yd 52
Moitron 21 68 Ee 62
Moitron-sur-Sarthe 72 47 Aa 59
Moivre 51 36 Ed 55
Molac 56 44 Xd 62
Molagnies 76 16 Be 51
Molain 02 9 Dd 48
Molain 39 84 Fe 68
Molamboz 39 83 Fe 67
Molandier 11 141 Be 89
Molas 31 139 Ae 88
Molay 39 83 Fc 66
Molay 70 69 Fe 62
Môlay 89 67 Df 62
Molay-Littry, Le 14 13 Za 53
Môle, La 83 148 Gc 89
Moléans 28 49 Bc 60
Molèdes 15 104 Da 77
Molère 65 139 Ab 90
Molesmes 21 53 Ec 61
Molesmes 89 66 Dc 63
Molezon 48 130 De 83
Moliens 60 16 Be 50
Molières 24 113 Ae 80
Molières 46 114 Bf 80
Molières 82 126 Bc 83
Molières, Les 91 33 Ca 56
Molières-sur-Ceze 30 130 Ea 83
Moliets-et-Maa 40 122 Yd 85
Molinchart 02 18 Dd 51
Molinet 03 81 Df 70
Molineuf 41 64 Bb 63
Molinges 39 95 Fe 70
Molinghem 62 7 Cc 45
Molinons 89 51 Dd 59
Molinot 21 82 Ed 66
Molins-sur-Aube 10 53 Ec 58
Mollans 70 70 Gc 63
Mollans-sur-Ouvèze 26 132 Fb 83
Mollau 68 56 Gf 61
Mollégès 13 131 Ef 86
Molles 03 92 Dd 72
Molleville 11 141 Bf 89
Molliens-au-Bois 80 7 Cc 49
Molliens-Dreuil 80 17 Ca 49
Mollkirch 67 39 Hc 57
Molompize 15 104 Da 77
Molosmes 89 52 Ea 61
Moloy 21 68 Ef 63
Molphey 21 67 Eb 64
Molpré 39 84 Ga 68
Molring 57 39 Ge 55
Molsheim 67 40 Hc 57
Moltifao 2B 157 Ka 94
Moltifau = Moltifao 2B 157 Ka 94
Molunes, Les 39 96 Ff 70
Momas 64 138 Zd 88
Mombrier 33 99 Zc 78
Momères 65 138 Aa 89
Momerstroff 57 38 Gd 53
Mommenheim 67 40 Hd 56
Momuy 40 123 Zc 87
Momy 64 138 Zf 88
Monacia-d'Aullène 2A 160 Ka 99
Monacia-d'Orezza 2B 157 Kc 94
Monaco (MC) 135 Hc 86
Monampteuil 02 19 Dd 52
Monassut-Audiracq 64 138 Ze 88
Monastère, Le 12 115 Cd 82
Monastier-Pins-Moriès, Le 48 116 Db 81
Monastier-sur-Gazeille, Le 43 117 Df 79
Monay 39 83 Fd 67
Monbahus 47 112 Ad 81
Monbalen 47 112 Ae 83
Monbardon 32 139 Ae 88
Monbazillac 24 112 Ac 80
Monbéqui 82 126 Bb 85
Monblanc 32 140 Af 88
Monbrun 32 126 Ba 87
Moncale 2B 156 If 93
Moncassin 32 139 Ac 88
Moncaup 31 139 Ae 91
Moncaup 64 138 Zf 88
Moncaut 47 125 Ac 84
Moncayolle-Larrory-Mendibieu 64 137 Za 89
Monceau-le-Neuf 02 19 Dd 50
Monceau-lès-Leups 02 18 Dc 50
Monceau-le-Waast 02 19 De 51
Monceau-Saint-Waast 59 9 Df 47
Monceau-sur-Oise 02 19 De 49
Monceaux 19 102 Bf 75
Monceaux 60 17 Cd 53
Monceaux 61 31 Ae 58
Monceaux, les 14 30 Aa 54
Monceaux-en-Bessin 14 13 Zb 53
Monceaux-l'Abbaye 60 16 Be 51
Monceaux-le-Comte 58 67 Dd 65
Monceaux-sur-Dordogne 19 102 Bf 78
Moncé-en-Belin 72 47 Ab 61
Moncé-en-Saosnois 72 47 Ac 59
Moncelle, La 08 20 Ef 50
Moncel-lès-Lunéville 54 38 Gd 57
Moncel-sur-Seille 54 38 Gc 56
Moncel-sur-Vair 88 54 Fe 58
Moncetz-l'Abbaye 51 52 Ed 57
Moncetz-Longevas 51 36 Ec 55
Moncey 25 70 Ga 64
Monchaux-Soreng 76 6 Bd 49
Monchaux-sur-Écaillon 59 9 Dc 47
Moncheaux 59 8 Da 46
Moncheaux-lès-Frévent 62 7 Cc 47
Monchecourt 59 8 Db 47
Monchel-sur-Canche 62 7 Cb 47
Moncheux 57 38 Gc 55
Monchiet 62 8 Cd 47
Monchy-au-Bois 62 8 Cd 47
Monchy-Breton 62 7 Cb 46
Monchy-Cayeux 62 7 Cb 46
Monchy-Humières 60 17 Ce 52
Monchy-le-Preux 62 8 Cf 47
Monchy-Saint-Eloy 60 17 Cc 53
Monchy-sur-Eu 76 6 Bc 48
Moncla 64 124 Ze 87
Monclar 32 124 Zf 85
Monclar 47 112 Ad 82
Monclar-de-Quercy 82 127 Bd 85
Monclar-sur-Losse 32 139 Ab 87
Moncley 25 70 Ff 65
Moncontour 22 26 Xc 58
Moncontour 86 76 Zf 67
Moncourt 57 38 Gd 56
Moncoutant 79 75 Zc 68
Moncrabeau 47 125 Ac 84
Moncy 61 29 Zb 56
Mondavezan 31 140 Ba 89
Mondelange 57 22 Gb 53
Mondement-Montgivroux 51 35 De 56
Mondescourt 60 18 Da 51
Mondevert 35 45 Yf 60
Mondeville 14 14 Ze 53
Mondeville 91 50 Cc 58
Mondicourt 62 7 Cc 47
Mondigny 08 20 Ed 50
Mondilhan 31 139 Ae 89
Mondion 86 76 Ac 67
Mondon 25 70 Gb 64
Mondonville 31 126 Bb 86
Mondonville-Saint-Jean 28 49 Be 58
Mondoubleau 41 48 Af 61
Mondouzil 31 127 Bd 87
Mondragon 84 131 Ee 83
Mondrainville 14 29 Zc 54
Mondrepuis 02 9 Ea 49
Mondreville 77 50 Cd 60
Mondreville 78 32 Bd 55
Monein 64 138 Zc 89
Monès 31 140 Ba 88
Monesple 09 140 Bc 90
Monestier 03 92 Da 71
Monestier 07 106 Ed 77
Monestier 24 112 Ab 80
Monestier, Le 63 105 De 75
Monestier-d'Ambel 38 120 Ff 80
Monestier-de-Clermont 38 119 Fd 79
Monestier-du-Percy, Le 38 119 Fd 80
Monestier-Merlines 19 103 Cc 75
Monestier-Port-Dieu 19 103 Cc 76
Monestiés 81 127 Ca 84
Monestrol 31 141 Be 89
Monétay-sur-Allier 03 92 Db 70
Monétay-sur-Loire 03 81 De 70
Monéteau 89 51 Dd 61
Monêtier-les-Bains, Le 05 120 Gd 79
Monfaucon 24 100 Ad 78
Monfaucon 24 112 Ab 79
Monfaucon 65 139 Aa 88
Monferran-Plavès 32 139 Ad 88
Monferran-Savès 32 126 Af 87
Monflanquin 47 113 Ae 81
Monfort 32 126 Ae 86
Moñforzh = Monfort 35 44 Ya 60
Mongaillard 47 125 Ab 83
Mongausy 32 140 Ae 87
Monget 40 124 Zc 87
Monguilhem 32 124 Ze 85
Monheurt 47 112 Ab 82
Monhoudou 72 47 Ab 59
Monistrol-d'Allier 43 117 Dd 79
Monistrol-sur-Loire 43 105 Eb 77
Monkontour = Moncontour 22 26 Xc 58
Monlaur-Bernet 32 139 Ad 88
Monléon-Magnoac 65 139 Ad 89
Monlet 43 105 De 77
Monlezun 32 139 Ab 87
Monlezun-d'Armagnac 32 124 Zf 86
Monmadalès 24 112 Ad 80
Monmarvès 24 112 Ad 80
Monnai 61 30 Ac 55
Monnaie 37 63 Ae 64
Monneren 57 22 Gc 52
Monnerie-le-Montel, La 63 93 Dd 73
Monnerville 91 50 Ca 58
Monnes 02 34 Db 54
Monnetay 39 83 Fd 70
Monnetier-Mornex 74 96 Gb 72
Monnet-la-Ville 39 84 Fe 68
Monneville 60 32 Bf 53
Monnières 39 83 Fc 66
Monnières 44 60 Yd 66
Monoblet 30 130 Df 85
Monpardiac 32 139 Ab 88
Monpazier 24 113 Af 80
Monpezat 64 138 Zf 87
Monprimblanc 33 111 Ze 81
Mons 16 88 Zf 73
Mons 17 87 Zd 74
Mons 30 130 Eb 84
Mons 31 127 Bd 87
Mons 34 143 Cf 87
Mons 63 92 Dc 72
Mons 83 134 Ge 86
Mons, Le 63 105 De 75
Monsac 24 112 Ae 80
Monsaguel 24 112 Ad 80
Mons-Boubert 80 7 Be 48
Monsec 24 100 Ad 76
Monségur 33 112 Aa 81
Monségur 40 124 Zc 87
Monségur 47 113 Af 82
Monségur 64 138 Zf 88
Monselie, La 15 103 Cd 77
Monsempron-Libos 47 113 Af 82
Mons-en-Barœul 59 4 Da 45
Mons-en-Laonnais 02 18 Dd 51
Mons-en-Montois 77 51 Da 58
Mons-en-Pévèle 59 8 Da 46
Monsireigne 85 75 Za 68
Monsols 69 94 Ed 71
Monsteroux-Milieu 38 106 Ef 76
Monsures 80 17 Cb 50
Monswiller 67 39 Hc 56
Mont 64 137 Zc 88
Mont, le 63 104 Cf 75
Mont, le 70 71 Ge 62
Mont, le 88 56 Ha 58
Montabard 61 30 Zf 56
Montabon 72 62 Ac 62
Montabots 50 28 Yf 55
Montacher-Villegardin 89 51 Da 59
Montadet 32 140 Af 88
Montady 34 143 Da 89
Montagagne 09 140 Bc 91
Montagnac 04 133 Ga 86
Montagnac 30 130 Ea 85
Montagnac 34 143 Dc 88
Montagnac-d'Auberoche 24 101 Af 77
Montagnac-la-Crempse 24 100 Ad 79
Montagnac-sur-Auvignon 47 125 Ac 84
Montagnac-sur-Lède 47 113 Af 81
Montagna-le-Reconduit 39 83 Fc 70
Montagna-le-Templier 39 95 Fc 70
Montagnat 01 95 Fb 72
Montagne 33 111 Zf 79
Montagne 38 107 Fb 78
Montagne, La 44 60 Yb 65
Montagne-Fayel 80 17 Bf 49
Montagney 70 69 Fe 65
Montagnieu 01 95 Fc 74
Montagnieu 38 107 Fc 75
Montagnol 12 129 Da 85
Montagnole 73 108 Ff 75
Montagny 42 93 Eb 72
Montagny 69 106 Ee 75
Montagny 73 109 Gd 76
Montagny-en-Vexin 60 32 Be 53
Montagny-lès-Beaume 21 82 Ef 67
Montagny-lès-Buxy 71 82 Ee 68

186 (F) Mérigny — Montagny-lès-Buxy

Q

Quincerot 89 52 Ea 61
Quincey 21 82 Ef 66
Quincey 70 70 Gb 63
Quincié-en-Beaujolais 69 94 Ed 72
Quincieu 38 107 Fc 77
Quincieux 69 94 Ee 73
Quincy 18 65 Ca 66
Quincy-Basse 02 18 Dc 51
Quincy-Landzécourt 55 21 Fb 52
Quincy-le-Vicomte 21 68 Eb 63
Quincy-sous-le-Mont 02 18 Dd 53
Quincy-sous-Sénart 91 33 Cd 56
Quincy-Voisins 77 34 Cf 55
Quinéville 50 12 Ye 51
Quingey 25 84 Ff 66
Quinquempoix 60 17 Cc 51
Quins 12 128 Cc 83
Quinsac 24 101 Ae 76
Quinsac 33 111 Zd 80
Quinson 04 133 Ga 86
Quinssaines 03 91 Cd 71
Quint 31 141 Bd 87
Quintal 74 96 Ga 73
Quinte, la 72 47 Aa 60
Quintenas 07 106 Ee 77
Quintenic 22 27 Xd 57
Quintigny 39 83 Fd 68
Quintillan 11 154 Ce 91
Quintin 22 26 Xa 58
Quiou, Le 22 44 Ya 58
Quirbajou 11 153 Cb 91
Quiry-le-Sec 80 17 Cc 50
Quissac 30 130 Ea 85
Quissac 46 114 Be 81
Quistinic 56 43 Wf 61
Quittebeuf 27 31 Ba 54
Quivières 80 18 Da 50
Quœux-Haut-Maînil 62 7 Ca 47

R

Rabastens 81 127 Be 86
Rabatelière, La 85 74 Ye 67
Rabat-le-Trois-Seigneurs 09 152 Bd 91
Rablay-sur-Layon 49 61 Zc 65
Rabodanges 61 30 Ze 56
Rabou 05 120 Ga 81
Rabouillet 66 153 Cc 92
Racécourt 88 55 Gb 59
Rachecourt-sur-Marne 52 36 Fa 57
Râches 59 8 Da 46
Racines 10 52 Df 60
Racineuse, La 71 83 Fa 67
Racquinghem 62 3 Cc 44
Racrange 57 38 Ge 55
Raddon-et-Chapendu 70 55 Gc 61
Radenac 56 43 Xb 61
Radepont 27 16 Bb 52
Radinghem 62 7 Ca 45
Radinghem-en-Weppes 59 8 Cf 45
Radon 61 30 Aa 57
Radonvilliers 10 53 Ed 58
Raedersdorf 68 72 Hc 64
Raedersheim 68 56 Hb 61
Raffetot 76 15 Ad 51
Rahart 41 48 Ba 61
Rahay 72 48 Ae 61
Rahecourt-Suzemont 52 53 Ef 58
Rahling 57 39 Hb 55
Rahon 25 71 Gd 65
Rahon 39 83 Fc 67
Rai 61 31 Ad 56
Raids 50 12 Yd 53
Raillencourt-Saint-Olle 59 8 Db 47
Railleu 66 153 Cb 93
Raillicourt-Barbaise 08 20 Ed 51
Raillimont 02 19 Ea 50
Raimbeaucourt 59 8 Da 46
Raincheval 80 7 Cc 48
Raincourt 70 55 Ff 61
Raincy, Le 93 33 Cd 55
Rainfreville 76 15 Af 50
Rainneville 80 7 Cc 49
Rainsars 59 9 Df 48
Rainville 88 54 Ff 58
Rainvillers 60 17 Ca 52
Rairies, Les 49 62 Ze 63
Raismes 59 9 Dc 46
Raissac 09 153 Be 91
Raissac-d'Aude 11 142 Cf 89
Raissac-sur-Lampy 11 141 Ca 89
Raival 55 37 Fb 55
Raix 16 88 Aa 73
Raizeux 78 32 Be 57
Ramasse 01 95 Fc 71
Ramatuelle 83 148 Gd 89
Rambaud 05 120 Ga 81
Rambervillers 88 55 Gd 58
Rambluzin-et-Benoîte-Vaux 55 37 Fb 54
Rambouillet 78 32 Bf 57
Rambucourt 55 37 Fe 55
Ramburelles 80 7 Be 49
Rambures 80 7 Be 49
Ramecourt 62 7 Cb 46
Ramecourt 88 55 Ga 59
Ramerupt 10 52 Eb 57
Ramicourt 02 9 Dc 49
Ramillies 59 8 Cb 47
Rammersmatt 68 71 Ha 62
Ramonchamp 88 56 Ge 61
Ramonville-Saint-Agne 31 140 Bc 87
Ramoulu 45 50 Cb 59
Ramous 64 123 Za 87
Ramousies 59 9 Ea 48
Ramouzens 32 125 Ab 86
Rampan 50 12 Yf 54
Rampieux 24 113 Ae 80
Rampillon 77 34 Da 57
Rampoux 46 113 Bb 81
Rancé 01 94 Ef 73
Rancenay 25 70 Ff 65
Rancennes 08 10 Ee 48
Rances 10 53 Ed 58
Rancevelle 70 55 Ff 61
Ranchal 69 94 Ec 72
Ranchot 39 69 Fe 66
Ranchy 14 13 Zb 53
Rancon 87 89 Bb 72
Rançonnières 52 54 Fd 61
Rancourt 88 55 Ga 59
Rancourt-sur-Ornain 55 36 Ef 56
Rancy 71 83 Fa 69
Randan 63 92 Dc 72
Randens 73 108 Gb 75
Randevillers 25 71 Gd 65
Randonnai 61 31 Ae 57
Rânes 61 30 Ze 57
Rang 25 71 Gd 64
Rang-du-Fliers 62 6 Bd 46
Rangen-Hohengœft 67 40 Hc 56
Rannée 35 45 Ye 61
Ranrupt 67 56 Hb 58
Rans 39 69 Fe 66
Ransart 62 8 Ce 47
Ranspach 68 56 Ha 61
Ranspach-le-Bas 68 72 Hc 63
Ranspach-le-Haut 68 72 Hc 63
Rantechaux 25 70 Gc 66
Rantigny 60 17 Cc 52
Ranton 86 76 Zf 66
Rantzwiller 68 72 Hc 63
Ranville 14 14 Ze 53
Ranzières 55 37 Fc 54
Raon-aux-Bois 88 55 Gd 60
Raon-lès-Leau 54 39 Ha 57
Raon-l'Etape 88 56 Gf 58
Rapaggio 2B 157 Kc 94
Rapaghju = Rapaggio 2B 157 Kc 94
Rapale 2B 157 Kb 93
Rapey 88 55 Gb 59
Rapilly 14 29 Ze 55
Rapsécourt 51 36 Ee 54
Raray 60 17 Ce 53
Rarécourt 55 36 Fa 54
Rasiguères 66 154 Cd 92
Raslay 86 62 Zf 66
Rasteau 84 131 Ef 83
Ratenelle 71 83 Fa 69
Ratte 71 83 Fb 69
Ratzwiller 67 39 Hb 55
Raucoules 43 105 Eb 77
Raucourt 54 38 Gb 55
Raucourt-au-Bois 59 9 De 47
Raucourt-et-Flaba 08 20 Ef 51
Raulecourt 55 37 Fe 56
Raulhac 15 115 Cd 79
Rauret 43 117 De 80
Rauville-la-Bigot 50 12 Yb 51
Rauville-la-Place 50 12 Yc 52
Rauwiller 67 39 Ha 56
Rauzan 33 111 Zf 80
Raveau 58 66 Da 65
Ravel 63 92 Dc 74
Ravenel 60 17 Cd 51
Ravenoville 50 12 Ye 52
Raves 88 56 Ha 59
Ravières 89 67 Eb 62
Ravigny 53 47 Zf 58
Raville 57 38 Gc 54
Raville-sur-Sânon 54 38 Gd 57
Ravilloles 39 84 Fe 70
Ravoire, la 73 108 Ff 75
Raye-sur-Authie 62 7 Bf 47
Rayet 47 113 Ae 81
Raymond 18 79 Ce 67
Rayol-Candel-sur-Mer, Le 83 148 Gc 89
Rayssac 81 128 Cc 86
Ray-sur-Saône 70 70 Fe 63
Razac-de-Saussignac 24 112 Ab 80
Razac-d'Eymet 24 112 Ac 80
Razac-sur-l'Isle 24 100 Ad 78
Raze 70 70 Ga 63
Razecueillé 31 139 Ae 91
Razengues 32 126 Af 87
Razès 87 89 Bc 72
Razimet 47 112 Ab 82
Razines 37 76 Ac 67
Réal 66 153 Ca 93
Réalcamp 76 16 Bd 49
Réallon 05 120 Gc 81
Réalmont 81 128 Cb 86
Réalville 82 127 Bc 84
Réans 32 124 Aa 85
Réau 77 33 Cd 57
Réaumont 38 107 Fd 76
Réaumur 85 75 Zb 68
Réaup-Lisse 47 125 Ab 84
Réauville 26 118 Ef 82
Réaux 17 99 Zd 76
Rebais 77 34 Db 55
Rebecques 62 3 Cb 45
Rébénacq 64 138 Zd 90
Rebergues 62 3 Bf 44
Rebets 76 16 Bc 51
Rebeuville 88 54 Fe 58
Rebigue 31 140 Bc 88
Rebourguil 12 128 Ce 85
Reboursin 36 78 Be 66
Rebréchien 45 49 Ca 61
Rebreuve 62 8 Cd 46
Rebreuve-sur-Canche 62 7 Cc 47
Rebreuviette 62 7 Cc 47
Recanoz 39 83 Fd 68
Recey-sur-Ource 21 68 Ef 62
Réchicourt-la-Petite 54 38 Gd 56
Réchicourt-le-Château 57 39 Gf 56
Récicourt 55 37 Fa 54
Réclainville 28 49 Bd 60
Réclainville 28 49 Be 58
Reclesne 71 82 Eb 66
Réclinghem 62 7 Cb 45
Réclonville 54 39 Ge 57
Recloses 77 50 Cd 58
Recologne 25 70 Ff 65
Recologne 70 70 Fe 63
Recologne-lès-Rioz 70 70 Ff 64
Recoubeau-Jansac 26 119 Fc 81
Recoules-d'Aubrac 48 116 Da 80
Recoules-du-Fumas 48 116 Dc 81
Recoules-Prévinquières 12 116 Cf 82
Récourt-le-Creux 55 37 Fc 54
Récourt-Saint-Quentin 62 8 Da 47
Recouvrance 90 71 Gf 63
Recoux, Le 48 116 Da 82
Recoux, Le 48 116 Dc 80
Recques (sur-Course) 62 7 Be 45
Recques-sur-Hem 62 3 Ca 43
Recquignies 59 10 Ea 47
Reculey, Le 14 29 Za 55
Reculfoz 25 84 Ga 68
Recurt 65 139 Ac 89
Recy 51 35 Eb 55
Rédange 57 21 Ff 52
Rédené 29 42 Wd 61
Redessan 30 131 Ec 85
Réding 57 39 Ha 56
Redon 35 59 Xf 63
Reffannes 79 76 Ze 69
Reffuveille 50 28 Yf 56
Régades 31 139 Ae 90
Régat 09 141 Bf 91
Regnauville 62 7 Ca 47
Regnévelle 88 55 Ff 61
Regnéville-sur-Mer 50 28 Yc 54
Regnéville-sur-Meuse 55 21 Fb 53
Regney 88 55 Gb 59
Regnié-Durette 69 94 Ed 72
Regnière-Ecluse 80 7 Be 47
Regniéville, Thiaucourt- 54 37 Ff 55
Regniowez 08 10 Ec 49
Regny 02 18 Dc 49
Régny 42 93 Eb 73
Regrippière, La 44 60 Ye 65
Réguiny 56 43 Xb 61
Réguisheim 68 56 Hc 61
Régusse 83 133 Ga 86
Rehaincourt 88 55 Gc 58
Rehainviller 54 38 Gc 57
Rehaupal 88 56 Ge 60
Reherrey 54 39 Ge 57
Rehon 54 21 Fe 51
Reichsfeld 67 56 Hc 58
Reichshoffen 67 40 Hd 55
Reichstett 67 40 He 57
Reignac 16 99 Ze 76
Reignac 33 99 Zc 77
Reignac-sur-Indre 37 63 Af 65
Reignat 63 104 Da 75
Reigneville-Bocage 50 12 Yd 52
Reignier 74 96 Gb 72
Reigny 18 79 Cc 69
Reilhac 15 115 Cc 79
Reilhac 46 114 Be 80
Reilhaguet 46 114 Bd 80
Reilhanette 26 132 Fc 83
Reillanne 04 132 Fd 85
Reillon 54 39 Ge 57
Reilly 60 16 Bf 53
Reims 51 19 Ea 53
Reims-la-Brûlée 51 36 Ee 56
Reinhardsmunster 67 39 Hb 56
Reiningue 68 71 Hb 62
Reipertswiller 67 39 Hc 55
Reithouse 39 83 Fd 69
Réjaumont 32 125 Ad 86
Réjaumont 65 139 Ac 90
Rejet-de-Beaulieu 59 9 Dd 48
Réjouit 33 111 Zc 80
Relanges 88 55 Ga 60
Relans 39 83 Fc 68
Relecq-Kerhuon, Le 29 24 Vd 58
Relevant 01 94 Ef 72
Rely 62 7 Cc 45
Remaisnil 80 7 Cb 47
Rémalard 61 48 Ae 58
Remaucourt 02 18 Dc 49
Remaucourt 08 19 Eb 51
Remaudière, La 44 60 Ye 65
Remaugies 80 17 Ce 51
Remauville 77 51 Ce 59
Rembercourt-Sommaisne 55 37 Fb 55
Rembercourt-sur-Mad 54 37 Ff 55
Rémécourt 60 17 Cd 52
Rémelfang 57 22 Gd 53
Rémelfing 57 39 Ha 54
Rémeling 57 22 Gc 52
Remennecourt 55 36 Ef 56
Remenoville 54 55 Gc 58
Rémérangles 60 17 Cb 52
Réméréville 54 38 Gc 56
Rémering-lès-Hargarten 57 22 Gd 53
Rémering-lès-Puttelange 57 39 Gf 54
Remicourt 51 35 Ef 55
Remicourt 88 55 Ga 59
Remiencourt 80 17 Cc 50
Remies 02 18 Dd 50
Remigny 02 18 Db 50
Remigny 71 82 Ee 67
Rémilly 57 38 Gc 54
Rémilly 58 81 De 68
Rémilly-Aillicourt 08 20 Ef 51
Remilly-en-Montagne 21 68 Ee 65
Remilly-lès-Pothées 08 20 Ed 50
Remilly-sur-Lozon 50 12 Ye 53
Remilly-sur-Tille 21 69 Fb 65
Remilly-Wirquin 62 3 Ca 44
Réminiac 56 44 Xe 61
Remiremont 88 55 Gd 60
Remoiville 55 21 Fd 52
Remollon 05 120 Gb 82
Remomeix 88 56 Ha 59
Remoncourt 54 39 Ge 57
Remoncourt 88 55 Ga 59
Remoray-Boujeons 25 84 Gb 68
Remouillé 44 60 Yd 66
Remoulins 30 131 Ed 85
Removille 88 54 Ff 58
Rempnat 87 102 Bf 75
Remuée, La 76 14 Ac 51
Remungol 56 43 Xa 61
Rémuzat 26 119 Fc 82
Remy 60 17 Ce 52
Rémy 62 8 Cf 47
Renac 35 44 Ya 62
Renage 38 107 Fc 77
Renaison 42 93 Df 72
Renansart 02 18 Dc 50
Renaucourt 70 70 Fe 63
Renaudie, La 63 93 De 74
Renaudière, La 49 60 Yf 66
Renauvoid 88 55 Gc 60
Renay 41 48 Bb 61
Renazé 53 45 Yf 62
Rencurel 38 107 Fc 78
René 72 47 Ab 59
Renédale 25 84 Gb 66
Renescure 59 3 Cc 44
Renève 21 69 Fc 64
Rennepont 52 53 Ef 60
Rennes 35 45 Yc 60
Rennes-en-Grenouilles 53 29 Zc 58
Rennes-le-Château 11 153 Cb 91
Rennes-les-Bains 11 153 Cb 91
Rennes-sur-Loue 25 84 Ff 66
Renneval 02 19 Ea 50
Renneville 08 19 Ea 51
Renneville 27 16 Bb 52
Renneville 31 141 Be 88
Renno 2A 158 If 95
Rennu = Renno 2A 158 If 95
Renouard, Le 61 30 Aa 55
Rentières 63 104 Da 76
Renty 62 7 Ca 45
Renung 40 124 Zd 86
Renwez 08 20 Ed 49
Réole, La 33 111 Zf 81
Réorthe, La 85 74 Yf 69
Réotier 05 121 Gd 80
Repaix 54 39 Ge 57
Réparsac 16 87 Ze 74
Repel 88 55 Ff 58
Repentigny 14 14 Aa 53
Replonges 01 94 Ef 71
Reposoir-Pralong, Le 74 96 Gd 72
Repôts, Les 39 83 Fc 68
Reppe 90 71 Ha 63
Requeil 72 47 Aa 62
Réquista 12 128 Cd 84
Résie-Saint-Martin, La 70 69 Fd 65
Résigny 02 19 Eb 50
Ressaincourt 57 38 Gb 55
Resson 55 37 Fb 56
Ressons 60 17 Ca 53
Ressons-le-Long 02 18 Da 52
Ressons-sur-Matz 60 17 Ce 51
Rester = Retiers 35 45 Yd 61
Restigné 37 62 Ab 65
Restinclières 34 130 Ea 86
Retail, Le 79 75 Zd 69
Rétaud 17 87 Zb 74
Reterre 23 91 Cc 72
Rethel 08 20 Ec 51
Retheuil 02 18 Da 53
Rethondes 60 18 Cf 52
Rethonvillers 80 18 Cf 50
Réthoville 50 12 Yd 50
Retiers 35 45 Yd 61
Retjons 40 124 Ze 84
Retonfey 57 38 Gb 54
Rétonval 76 16 Bd 50
Retournac 43 105 Ea 77
Retschwiller 67 40 Hf 55
Rettel 57 22 Gc 52
Réty 62 3 Be 44
Retzwiller 68 71 Ha 63
Reugney 25 84 Ga 66
Reugny 03 79 Cd 70
Reugny 37 63 Af 64
Reuil 51 35 De 54
Reuil-en-Brie 77 34 Da 55
Reuilly 27 32 Bb 54
Reuilly 36 79 Ca 66
Reuil-sur-Brêche 60 17 Cb 51
Reulle-Vergy 21 68 Ef 65
Reumont 59 9 Dc 48
Réunion, La 47 112 Aa 83
Reutenbourg 67 39 Hc 56
Reuves 51 35 De 56
Reuville 76 15 Af 50
Reux 14 14 Aa 53
Réveillon 51 34 Dc 56
Réveillon 61 48 Ad 58
Revel 04 121 Gd 82
Revel 31 141 Ca 88
Revelles 80 17 Ca 49
Revel-Tourdan 38 106 Fa 76
Reventin-Vaugris 38 106 Ef 76
Revercourt 28 31 Ba 56
Revest-du-Bion 04 132 Fd 84
Revest-les-Eaux, Le 83 147 Ff 89
Revest-les-Roches 06 134 Ha 85
Revest-Saint-Martin 04 133 Fe 84
Reviers 14 13 Zd 53
Revigny 39 83 Fd 69
Revigny-sur-Ornain 55 36 Ef 56
Réville 50 12 Ye 51
Réville-aux-Bois 55 21 Fc 52
Révillon 02 19 De 52
Revin 08 20 Ed 49
Revonnas 01 95 Fb 72
Rexingen 67 39 Hb 55
Rexpoëde 59 4 Cd 43
Reyersviller 57 39 Hc 54
Reygade 19 102 Bf 78
Reynel 52 54 Fc 59
Reynès 66 154 Ce 94
Reyniès 82 126 Bc 85
Reyrevignes 46 114 Bf 81
Reyrieux 01 94 Ee 73
Reyvroz 74 96 Gd 71
Rezay 18 79 Cb 68
Rezé 44 60 Yc 65
Rézentières 15 104 Da 78
Rezonville 57 38 Ff 54
Rezza 2A 159 If 96
Rhèges-Bessy 10 35 Df 57
Rheu, Le 35 45 Yb 60
Rhinau 67 57 Hd 59
Rhodes 57 39 Gf 56
Rhodon 41 64 Bb 62
Rhuis 60 17 Ce 53
Ri 61 30 Zf 56
Riaillé 44 60 Ye 63
Rialet, Le 81 142 Cc 87
Rians 18 65 Cd 65
Rians 83 147 Fe 87
Riantec 56 42 We 62
Ria-Sirach 66 153 Cc 93
Riaucourt 52 54 Fa 59
Ribagnac 24 112 Ac 80
Ribarrouy 64 138 Ze 87
Ribaute 11 142 Cd 90
Ribaute-les-Tavernes 30 130 Ea 84
Ribay, Le 53 46 Zd 58
Ribeaucourt 55 37 Fc 57
Ribeaucourt 80 7 Ca 48
Ribeauville 02 9 Dd 48
Ribeauville 02 19 Eb 50
Ribeauvillé 68 56 Hb 59
Ribécourt-Dreslincourt 60 18 Cf 51
Ribécourt-la-Tour 59 8 Da 48
Ribemont 02 18 Dc 50
Ribemont-sur-Ancre 80 8 Cd 49
Ribennes 48 116 Dc 81
Ribérac 24 100 Ac 77
Ribes 07 117 Eb 82
Ribeyret 05 119 Fd 82
Ribiers 05 133 Ff 83
Ribouisse 11 141 Bf 89
Riboux 83 147 Fe 89
Ricamarie, la 42 106 Ec 76
Ricarville 76 15 Ad 51
Ricarville-du-Val 76 16 Bb 50
Ricaud 11 141 Bf 88
Ricaud 65 139 Ab 90
Riceys, Les 10 53 Ec 61
Richardais, La 35 27 Xf 57
Richardménil 54 38 Gb 57
Richarville 91 49 Bf 58
Riche 57 38 Gd 55
Richebourg 52 53 Fa 60
Richebourg 62 8 Ce 45
Richebourg 78 32 Bd 56
Richecourt 55 37 Fe 55
Richelieu 37 76 Ab 66
Richeling 57 38 Gf 54
Richemont 57 22 Ga 53
Richemont 76 16 Bd 50
Richerenches 84 118 Ef 82
Richet 40 110 Zb 82
Richeval 57 39 Gf 57
Richeville 27 16 Bd 53
Richtolsheim 67 57 Hd 59
Richwiller 68 71 Hb 62
Ricourt 32 139 Ab 88
Ricquebourg 60 17 Ce 51
Riec-sur-Belon 29 42 Wb 61
Riedisheim 68 72 Hc 62
Riedseltz 67 40 Hf 54
Riedwihr 68 57 Hc 60
Riel-les-Eaux 21 53 Ee 61
Riencourt 80 7 Ca 49
Riencourt-lès-Cagnicourt 62 8 Cf 47
Riespach 68 72 Hb 6[illegible]
Rieucazé 31 139 Ae 90
Rieucros 09 141 Be 90
Rieulay 59 8 Db 46
Rieumajou 31 141 Be 88
Rieumes 31 140 Ba 88
Rieupeyroux 12 128 Cb 83
Rieussec 34 142 Ce 88
Rieutort-de-Randon 48 116 Dc 81
Rieux 31 140 Bb 89
Rieux 51 34 Dd 55
Rieux 56 59 Xf 63
Rieux 60 17 Ca 51
Rieux 60 17 Cd 53
Rieux 76 6 Bd 49
Rieux-de-Pelleport 09 141 Bd 90
Rieux-en-Cambrésis 59 9 Dc 47
Rieux-en-Val 11 142 Cd 90
Rieux-Minervois 11 142 Cd 89
Riez 04 133 Ga 86
Rigarda 66 154 Cd 93
Rigaud 06 134 Gf 85
Rignac 12 115 Cb 82
Rigney 25 70 Gb 64
Rignieux-le-Franc 01 95 Fb 73
Rignosot 25 70 Gb 64
Rignovelle 70 70 Gc 62
Rigny 70 69 Fd 64
Rigny-la-Nonneuse 10 52 Dd 58
Rigny-la-Salle 55 37 Fe 57
Rigny-le-Ferron 10 52 Dd 59
Rigny-Saint-Martin 55 37 Fe 57
Rigny-sur-Arroux 71 81 Ea 69
Rigny-Ussé 37 62 Ab 65
Riguepeu 32 125 Ac 87
Rilhac-Lastours 87 101 Ba 74
Rilhac-Rancon 87 89 Bb 73
Rilhac-Treignac 19 102 Be 75
Rilhac-Xaintrie 19 103 Cb 77
Rillé 37 62 Ab 64
Rillieux-la-Pape 69 94 Ef 74
Rilly-la-Montagne 51 35 Ea 54
Rilly-Sainte-Syre 10 52 Df 58
Rilly-sur-Aisne 08 20 Ed 52
Rilly-sur-Loire 41 63 Ba 64
Rimaucourt 52 54 Fc 59
Rimbach-près-Guebwiller 68 56 Ha 61
Rimbach-près-Masevaux 68 56 Gf 62
Rimbachzell 68 56 Hb 61
Rimbez-et-Baudiets 40 125 Aa 84
Rimblas 06 134 Ha 84
Rimboval 62 7 Bf 45
Rimeize 48 116 Db 80
Rimling 57 39 Hb 54
Rimogne 08 20 Ed 49
Rimondeix 23 90 Ca 71
Rimon-et-Savel 26 119 Fb 81
Rimons 33 112 Aa 80
Rimont 09 140 Bb 91
Rimoux 35 45 Yc 58
Rimsdorf 67 39 Ha 55
Ringeldorf 67 40 Hd 55
Ringendorf 67 40 Hd 56
Rinxent 62 3 Be 44
Riocaud 33 112 Ab 80
Riolas 31 140 Af 88
Riols 34 142 Ce 88
Riols, Le 81 127 Bf 84
Riom 63 92 Da 73
Riom-ès-Montagnes 15 103 Cd 77
Rion-des-Landes 40 123 Za 85
Rions 33 111 Zd 80
Riorges 42 93 Ea 72
Riotord 43 106 Ec 77
Rioupéroux 38 108 Ff 78
Riousse 58 80 Da 68
Rioux 17 87 Zb 75
Rioux-Martin 16 100 Aa 77
Rioz 70 70 Ga 64
Riquewihr 68 56 Hb 59
Ris 63 92 Dd 73
Ris 65 150 Ac 91
Riscle 32 124 Zf 87
Ris-Orangis 91 33 Cc 57
Risoul 05 121 Gd 81
Ristolas 05 121 Gf 80
Rittershoffen 67 40 Hf 55
Ritzing 57 22 Gc 52
Riupeyrous 64 138 Ze 88
Rivarennes 36 78 Bc 69
Rivarennes 37 62 Ac 65
Rivas 42 105 Eb 75
Rivecourt 60 17 Ce 52
Rive-de-Gier 42 106 Ed 75
Rivedoux-Plage 17 86 Ye 72
Rivehaute 64 137 Za 88
Rivel 11 153 Ca 91
Riventosa 2B 159 Kb 95
Rivèrenert 09 152 Bb 91
Riverie 69 106 Ed 75
Rivery 80 17 Cb 49
Rives, Les 34 129 Db 85
Rivesaltes 66 154 Cf 92
Rives-sur-Fure 38 107 Fc 76
Rivier, Le 38 107 Fc 76
Rivière 37 62 Ab 66
Rivière 62 8 Ce 47
Rivière, la 33 111 Ze 79
Rivière-de-Corps, La 10 52 Ea 59
Rivière-Drugeon, La 25 84 Gb 67
Rivière-Enverse, La 74 97 Gd 72
Rivière-les-Fosses 52 69 Fb 63
Rivières 16 88 Ac 74
Rivières 30 130 Eb 83
Rivières 81 127 Bf 85
Rivière-Saas-et-Gourby 40 123 Yf 86
Rivière-Saint-Sauveur, la 14 14 Ab 52
Rivières-Henruel, Les 51 52 Ed 57
Rivières-le-Bois 52 69 Fc 62
Rivière-sur-Tarn 12 129 Da 83
Riville 76 15 Ad 50
Rivire, La 38 107 Fd 77
Rivolet 69 94 Ed 73
Rix 39 84 Ga 68
Rix 58 67 Dd 64
Rixheim 68 72 Hc 62
Rixouse, La 39 96 Ff 70
Rizaucourt-Buchey 52 53 Ef 59
Roaillan 33 111 Ze 82
Roaix 84 131 Fa 83
Roanne 42 93 Ea 72
Roannes-Saint-Mary 15 115 Cc 79
Roazhon = Rennes 35 45 Yc 60
Robécourt 88 54 Fe 60
Robecq 62 8 Cd 45
Robersart 59 9 Dd 47
Robert-Espagne 55 36 Fa 56
Robert-Magny-Laneuville-à-Rémy 52 53 Ef 58
Robertot 76 15 Ae 50
Roberval 60 17 Ce 53
Robiac 30 130 Ea 85
Robiac-Rochessadoule 30 130 Ea 83
Robine, La 04 133 Gb 83
Robion 84 132 Fa 85
Roc, le 46 113 Bc 79
Rocamadour 46 114 Bd 80
Rocbaron 83 147 Ga 89
Rocé 41 48 Ba 62
Roc'han = Rohan 56 43 Xb 60
Roc'h-an-Argoed = Rochfort-en-Terre 56 44 Xe 62
Rochbrune 05 120 Gb 82
Roche 38 107 Fa 75
Roche 42 105 Df 75
Roche 70 70 Ff 64
Rochebaudin 26 118 Fa 81
Rochebeaucourt-et-Argentine, La 24 100 Ac 76
Roche-Bernard, La 56 59 Xe 63
Roche-Blanche 63 104 Da 74
Roche-Blanche, La 44 60 Yf 64
Rochebrune 26 119 Fb 82
Roche-Canillac, La 19 102 Bf 77
Roche-Chalais, La 24 100 Aa 78
Roche-Charles 63 104 Da 76
Rochechouart 87 89 Ae 74
Roche-Clermault, La 37 62 Ab 66
Rochecolombe 07 118 Ec 81
Rochecorbon 37 63 Ae 64
Roche-d'Agoux 63 91 Cd 72
Roche-de-Rame, la 05 121 Gd 80
Roche-Derrien, La 22 26 We 56
Roche-des-Arnauds, La 05 120 Ff 81
Roche-en-Brenil, La 21 67 Eb 64
Roche-en-Reignier 43 105 Df 77
Rochefort 17 66 Za 73
Rochefort 21 68 Ee 62
Rochefort-du-Gard 30 131 Ee 85
Rochefort-en-Terre 56 44 Xe 62
Rochefort-en-Yvelines 78 32 Bf 57
Rochefort-Montagne 63 91 Ce 74
Rochefort-sur-la-Côte 52 54 Fb 59
Rochefort-sur-Loire 49 61 Zc 64
Rochefort-sur-Nenon 39 69 Fd 66
Rochefoucauld, La 16 88 Ac 74
Rochefourchat 26 119 Fb 81
Rochegiron, La 04 132 Fd 84
Rochegude 26 118 Ee 83
Rochegude 30 130 Eb 83
Roche-Guyon, La 95 32 Bd 54
Rochejean 25 84 Gb 68
Roche-l'Abeille, L' 87 101 Bb 75
Roche-la-Molière 42 105 Eb 76
Roche-le-Peyroux 19 103 Cc 76
Roche-lès-Clerval 25 70 Gc 64
Roche-lez-Beaupré 25 70 Ga 65
Rochelle, La 17 86 Ye 72
Rochelle, La 70 69 Fe 62
Rochelle-Normandie, La 50 28 Yd 56
Roche-Mabile, La 61 30 Zf 58
Rochemaure 07 118 Ee 81
Roche-Maurice, La 29 24 Ve 58
Roche-Morey, La 70 69 Fe 62
Rochénard, La 79 87 Zc 71
Roche-Noire, La 63 104 Db 74
Roche-Posay, La 86 77 Ae 68
Rochepot, La 21 82 Ee 67
Rocher 07 117 Eb 81
Rochère, La 70 55 Ga 61
Rochereau, Le 86 76 Aa 68
Roche-Rigault, La 86 76 Ab 67
Roches 23 90 Bf 71
Roches 41 64 Bc 62
Roche-Saint-Secret-Béconne 26 118 Fa 82
Roches-Bettaincourt 52 54 Fb 59
Roches-de-Condrieu, les 38 106 Ee 76
Rocheservière 85 74 Yc 67
Roches-lès-Blamont 25 71 Gf 64
Roches-l'Evêque, les 41 63 Af 62
Roches-Prémarie-Andillé 86 76 Ac 70
Rochessauve 07 118 Ed 80
Rochesson 88 56 Ge 60
Roches-sur-Marne 52 36 Fa 57
Roche-sur-Foron, La 74 96 Gb 72
Roche-sur-Grane, la 26 118 Ef 80
Roche-sur-Linotte 70 70 Gb 64
Roche-sur-Yon, La 85 74 Yd 69
Rochetaillée 52 54 Fa 61
Rochetrejoux 85 75 Za 68
Rochette, La 05 119 Fe 81
Rochette, La 05 120 Ga 81
Rochette, La 07 117 Eb 79
Rochette, La 16 88 Ab 74
Rochette, la 77 50 Ce 57
Roche-Vanneau, la 21 68 Ed 64
Rocheville 50 12 Yc 51
Roche-Vineuse, La 71 94 Ee 70
Rochonvillers 57 22 Ga 52
Rochy-Condé 60 17 Cb 52
Rocles 03 80 Da 70
Rocles 07 117 Eb 81
Rocles 48 117 De 80
Roclincourt 62 8 Ce 47
Rocourt 88 54 Fe 60

Quincerot — Rocourt (F) 193

Saint-Ambroix **18** 79 Ca 67
Saint-Ambroix **30** 130 Eb 83
Saint-Amé **88** 56 Ge 60
Saint-Amour **39** 83 Fc 70
Saint-Andelain **58** 66 Cf 65
Saint-Andéol **26** 106 Ef 78
Saint-Andéol **26** 119 Fb 80
Saint-Andéol **38** 119 Fd 79
Saint-Andéol-de-Berg **07** 118 Ed 81
Saint-Andéol-de-Clerguemort **48** 130 Df 83
Saint-Andéol-de-Fourchades **07** 117 Eb 79
Saint-Andéol-de-Vals **07** 118 Ec 80
Saint-Andeux **21** 67 Ea 64
Saint-Andiol **13** 131 Ef 85
Saint-André **31** 140 Af 89
Saint-André **32** 125 Ab 85
Saint-André **32** 140 Af 87
Saint-André **38** 107 Fc 78
Saint-André **59** 4 Da 44
Saint-André **66** 154 Cf 93
Saint-André **73** 109 Gd 77
Saint-André **81** 127 Bf 87
Saint-André **81** 128 Cc 85
Saint-André-d'Allas **24** 113 Bb 79
Saint-André-d'Apchon **42** 93 Df 72
Saint-André-de-Bâgé **01** 94 Ef 71
Saint-André-de-Boëge **74** 96 Gc 71
Saint-André-de-Bohon **50** 12 Ye 53
Saint-André-de-Briouze **61** 29 Ze 56
Saint-André-de-Buèges **34** 130 Dd 85
Saint-André-de-Chalençon **43** 105 Df 77
Saint-André-de-Corcy **01** 94 Ef 73
Saint-André-de-Cruzières **07** 130 Eb 83
Saint-André-de-Cubzac **33** 99 Zd 79
Saint-André-de-Double **24** 100 Ab 78
Saint-André-de-la-Marche **49** 61 Za 66
Saint-André-de-Lancize **48** 130 De 83
Saint-André-de-l'Eure **27** 32 Bb 55
Saint-André-de-Lidon **17** 99 Zb 75
Saint-André-de-Majencoules **30** 130 De 84
Saint-André-d'Embrun **05** 121 Gd 81
Saint-André-de-Messei **61** 29 Zc 56
Saint-André-de-Najac **12** 127 Ca 83
Saint-André-de-Roquelongue **11** 142 Cf 90
Saint-André-de-Roquepertuis **30** 131 Ec 83
Saint-André-de-Sangonis **34** 129 Dd 87
Saint-André-des-Eaux **22** 44 Xf 58
Saint-André-des-Eaux **44** 59 Xe 65
Saint-André-de-Seignanx **40** 122 Yd 87
Saint-André-de-Valborgne **30** 130 De 84
Saint-André-de-Vézines **12** 129 Db 84
Saint-André-d'Hébertot **14** 14 Ab 53
Saint-André-d'Huiriat **01** 94 Ef 71
Saint-André-d'Olérargues **30** 131 Ec 84
Saint-André-du-Bois **33** 111 Ze 81
Saint-André-en-Barrois **55** 37 Fb 54
Saint-André-en-Bresse **71** 83 Fa 69
Saint-André-en-Morvan **58** 67 Df 64
Saint-André-en-Terre-Plaine **89** 67 Ea 64
Saint-André-en-Vivarais **07** 106 Ec 78
Saint-André-Farivillers **60** 17 Cb 51
Saint-André-Goule-d'Oie **85** 74 Ye 68
Saint-André-Lachamp **07** 117 Ea 81
Saint-André-la-Côte **69** 106 Ed 75
Saint-André-le-Bouchoux **01** 94 Fa 72
Saint-André-le-Coq **63** 92 Db 73
Saint-André-le-Désert **71** 82 Ed 70
Saint-André-le-Gaz **38** 107 Fd 75
Saint-André-le-Puy **42** 105 Eb 75
Saint-André-les-Alpes **04** 134 Gd 85
Saint-André-les-Vergers **10** 52 Ea 59
Saint-André-sur-Cailly **76** 16 Bb 51
Saint-André-sur-Orne **14** 29 Zd 54
Saint-André-sur-Sèvre **79** 75 Zb 68
Saint-André-sur-Vieux-Jonc **01** 94 Fa 72
Saint-André-Treize-Voies **85** 74 Yd 67
Saint-Androny **33** 99 Zc 77
Saint-Angeau **16** 88 Ab 73
Saint-Ange-et-Torçay **28** 31 Bb 57
Saint-Angel **03** 91 Ce 70
Saint-Angel **19** 103 Cb 75
Saint-Angel **63** 92 Cf 73
Saint-Ange-le-Vieil **77** 51 Cf 59
Saint-Anthème **63** 105 Df 75
Saint-Anthot **21** 68 Ed 65
Saint-Antoine **15** 115 Cc 80
Saint-Antoine **25** 84 Gc 68
Saint-Antoine **32** 126 Af 84
Saint-Antoine **33** 99 Zd 78
Saint-Antoine **38** 107 Fb 77
Saint-Antoine-Cumond **24** 100 Ab 77
Saint-Antoine-d'Auberoche **24** 101 Af 78
Saint-Antoine-de-Breuilh **24** 112 Aa 79
Saint-Antoine-de-Ficalba **47** 112 Ae 82
Saint-Antoine-du-Queyret **33** 112 Aa 80
Saint-Antoine-du-Rocher **37** 63 Ad 64
Saint-Antoine-la-Forêt **76** 15 Ac 51
Saint-Antoine-sur-l'Isle **33** 100 Aa 78
Saint-Antonin **06** 134 Gf 85
Saint-Antonin **32** 126 Ae 86
Saint-Antonin-de-Lacalm **81** 128 Cb 86
Saint-Antonin-de-Sommaire **27** 31 Ad 56
Saint-Antonin-du-Var **83** 147 Gb 87
Saint-Antonin-Noble-Val **82** 127 Be 84
Saint-Antonin-sur Bayon **13** 146 Fd 87
Saint-Aoustrille **36** 78 Bf 67
Saint-Août **36** 78 Bf 68
Saint-Apollinaire **05** 120 Gc 81
Saint-Apollinaire **21** 69 Fa 64
Saint-Apollinard **42** 106 Ed 76
Saint-Appolinaire-de-Rias **07** 118 Ed 79
Saint-Appolinard **38** 107 Fb 77
Saint-Aquilin **24** 100 Ac 77
Saint-Aquilin-de-Corbion **61** 31 Ad 57
Saint-Araille **31** 140 Af 88
Saint-Arailles **32** 125 Ac 87
Saint-Arcons-d'Allier **43** 104 Dd 78
Saint-Arcons-de-Barges **43** 117 Df 79
Saint-Armel **35** 45 Yc 60
Saint-Armel **56** 58 Xb 63
Saint-Armou **64** 138 Ze 88
Saint-Arnac **66** 154 Cd 92
Saint-Arnoult **14** 14 Aa 52
Saint-Arnoult **41** 63 Af 62
Saint-Arnoult **60** 16 Be 51
Saint-Arnoult **76** 15 Ae 51
Saint-Arnoult-des-Bois **28** 49 Bb 58
Saint-Arnoult-en-Yvelines **78** 32 Bf 57
Saint-Arroman **32** 139 Ad 88
Saint-Arroman **65** 139 Ac 90
Saint-Arroumex **82** 126 Af 85
Saint-Astier **24** 100 Ad 78
Saint-Astier **47** 112 Ab 80
Saint-Auban **06** 134 Ge 85
Saint-Auban-d'Oze **05** 120 Ff 81
Saint-Auban-sur-l'Ouvèze **26** 132 Fc 83
Saint-Aubert **59** 9 Dc 47
Saint-Aubert **61** 29 Ze 56
Saint-Aubin **02** 18 Db 51
Saint-Aubin **10** 51 Dd 58
Saint-Aubin **21** 82 Ee 67
Saint-Aubin **36** 79 Ca 67
Saint-Aubin **40** 123 Zb 86
Saint-Aubin **47** 113 Af 82
Saint-Aubin **56** 43 Xc 61
Saint-Aubin **59** 9 Df 47
Saint-Aubin **62** 7 Bd 46
Saint-Aubin **62** 8 Ce 47
Saint-Aubin **91** 33 Ca 56
Saint-Aubin-Celloville **76** 15 Ba 52
Saint-Aubin-Château-Neuf **89** 66 Db 62
Saint-Aubin-d'Appenai **61** 30 Ac 57
Saint-Aubin-d'Aubigné **35** 45 Yc 59
Saint-Aubin-de-Blaye **33** 99 Zc 77
Saint-Aubin-de-Bonneval **61** 30 Ac 55
Saint-Aubin-de-Branne **33** 111 Ze 80
Saint-Aubin-de-Cadelech **24** 112 Ac 80
Saint-Aubin-de-Courteraie **61** 30 Ac 57
Saint-Aubin-d'Ecrosville **27** 31 Af 54
Saint-Aubin-de-Lanquais **24** 112 Ad 80
Saint-Aubin-de-Locquenay **72** 47 Aa 59
Saint-Aubin-de-Luigné **49** 61 Zc 65
Saint-Aubin-de-Médoc **33** 111 Zb 79
Saint-Aubin-des-Bois **28** 49 Bc 58
Saint-Aubin-de-Scellon **27** 31 Ac 53
Saint-Aubin-des-Châteaux **44** 45 Yd 62
Saint-Aubin-des-Chaumes **58** 67 De 64
Saint-Aubin-des-Coudrais **72** 48 Ad 59
Saint-Aubin-des-Grois **61** 48 Ad 58
Saint-Aubin-des-Hayes **27** 31 Ae 54
Saint-Aubin-des-Landes **35** 45 Ye 60
Saint-Aubin-des-Ormeaux **85** 74 Yf 67
Saint-Aubin-des-Préaux **50** 28 Yc 56
Saint-Aubin-de-Terregatte **50** 28 Ye 57
Saint-Aubin-du-Cormier **35** 45 Yd 59
Saint-Aubin-du-Pavail **35** 45 Yd 60
Saint-Aubin-du-Perron **50** 12 Yd 54
Saint-Aubin-du-Plain **79** 75 Zd 67
Saint-Aubin-du-Thenney **27** 31 Ac 54
Saint-Aubin-du-Vieil-Evreux **27** 31 Bb 54
Saint-Aubin-en-Bray **60** 16 Bf 52
Saint-Aubin-en-Charollais **71** 81 Eb 70
Saint-Aubin-Epinay **76** 15 Bb 52
Saint-Aubin-Fosse-Louvain **53** 29 Zb 58
Saint-Aubin-la-Plaine **85** 74 Yf 69
Saint-Aubin-le-Cauf **76** 15 Bb 49
Saint-Aubin-le-Cloud **79** 75 Zd 69
Saint-Aubin-le-Dépeint **37** 62 Ac 63
Saint-Aubin-le-Guichard **27** 31 Ae 54
Saint-Aubin-le-Monial **03** 80 Da 69
Saint-Aubin-lès-Elbeuf **76** 15 Ba 53
Saint-Aubin-les-Forges **58** 66 Db 66
Saint-Aubin-le-Vertueux **27** 31 Ad 54
Saint-Aubin-Montenoy **80** 17 Ca 49
Saint-Aubin-Rivière **80** 16 Be 49
Saint-Aubin-Routot **76** 14 Ab 51
Saint-Aubin-sous-Erquery **60** 17 Cc 52
Saint-Aubin-sur-Aire **55** 37 Fc 56
Saint-Aubin-sur-Gaillon **27** 32 Bb 54
Saint-Aubin-sur-Loire **71** 81 De 69
Saint-Aubin-sur-Mer **14** 13 Zd 52
Saint-Aubin-sur-Mer **76** 15 Af 49
Saint-Aubin-sur-Quillebeuf **27** 15 Ad 52
Saint-Aubin-sur-Scie **76** 16 Ba 49
Saint-Aubin-sur-Yonne **89** 51 Dc 61
Saint-Augustin **17** 86 Yf 74
Saint-Augustin **19** 102 Bf 76
Saint-Augustin **77** 34 Da 56
Saint-Augustin-des-Bois **49** 61 Zb 64
Saint-Aulaire **19** 101 Bc 77
Saint-Aulais-la-Chapelle **16** 99 Zf 76
Saint-Aulaye **24** 100 Aa 77
Saint-Aunix-Lengros **32** 124 Aa 87
Saint-Aupre **38** 107 Fe 76
Saint-Austremoine **43** 104 Dc 78
Saint-Auvent **87** 89 Af 74
Saint-Avaugourd-des-Landes **85** 74 Yd 69
Saint-Avé **56** 43 Xb 62
Saint-Aventin **31** 151 Ad 92
Saint-Avertin **37** 63 Ae 64
Saint-Avit **16** 100 Aa 77
Saint-Avit **26** 106 Ef 77
Saint-Avit **40** 124 Zd 85
Saint-Avit **41** 48 Af 60
Saint-Avit **47** 112 Ab 81
Saint-Avit **63** 91 Cd 73
Saint-Avit **81** 141 Ca 87
Saint-Avit-de-Soulège **33** 112 Aa 80
Saint-Avit-de-Tardes **23** 91 Cb 73
Saint-Avit-de-Vialard **24** 113 Af 79
Saint-Avit-Frandat **32** 125 Ad 85
Saint-Avit-le-Pauvre **23** 90 Ca 73
Saint-Avit-les-Guespières **28** 49 Bb 59
Saint-Avit-Rivière **24** 113 Af 80
Saint-Avit-Saint-Nazaire **24** 112 Ab 79
Saint-Avit-Sénieur **24** 113 Ae 80
Saint-Avold **57** 39 Ge 54
Saint-Avre **73** 108 Gb 76
Saint-Ay **45** 49 Be 61
Saint-Aybert **59** 9 Dd 46
Saint-Babel **63** 104 Db 75
Saint-Baldoph **73** 108 Ff 75
Saint-Bandry **02** 18 Db 52
Saint-Baraing **39** 83 Fc 67
Saint-Barbant **87** 89 Af 71
Saint-Bard **23** 91 Cc 73
Saint-Bardoux **26** 106 Ef 78
Saint-Bardoux **26** 118 Ef 80
Saint-Barnabe **22** 26 Xa 57
Saint-Barnabé **22** 43 Xb 60
Saint-Barthélemy **38** 107 Fa 76
Saint-Barthélemy **40** 122 Ye 87
Saint-Barthélemy **50** 29 Za 56
Saint-Barthélemy **56** 43 Wf 61
Saint-Barthélemy **70** 71 Gd 61
Saint-Barthélemy **77** 34 Dc 56
Saint-Barthélemy-d'Agenais **47** 112 Ac 81
Saint-Barthélemy-d'Anjou **49** 61 Zd 64
Saint-Barthélemy-de-Bellegarde **24** 100 Ab 78
Saint-Barthélemy-de-Bussière **24** 101 Ae 75
Saint-Barthélemy-de-Vals **26** 106 Ef 78
Saint-Barthélemy-Grozon **07** 118 Ed 79
Saint-Barthélemy-Lestra **42** 106 Eb 74
Saint-Barthélmy-de-Séchilienne **38** 108 Fe 78
Saint-Barthélmy-le-Plan **07** 106 Ee 78
Saint-Basile **07** 118 Ed 79
Saint-Baslemont **88** 55 Ff 60
Saint-Baudel **18** 79 Cb 67
Saint-Baudelle **53** 46 Zc 59
Saint-Baudille-de-la-Tour **38** 95 Fc 74
Saint-Baudille-et-Pipet **38** 119 Fe 80
Saint-Bauld **37** 63 Af 65
Saint-Baussant **54** 37 Fe 55
Saint-Bauzeil **09** 141 Bd 90
Saint-Bauzély **30** 130 Eb 85
Saint-Bauzile **48** 116 Dc 82
Saint-Bauzille-de-la-Sylve **34** 143 Dd 87
Saint-Bauzille-de-Montmel **34** 130 Df 86
Saint-Bauzille-de-Putois **34** 130 De 85
Saint-Bazile **87** 89 Ae 74
Saint-Bazile-de-la-Roche **19** 102 Bf 78
Saint-Bazile-de-Meyssac **19** 102 Be 78
Saint-Béat **31** 151 Ae 91
Saint-Beaulize **12** 129 Da 85
Saint-Beauzeil **82** 113 Af 82
Saint-Beauzile **81** 127 Be 84
Saint-Beauzire **43** 104 Db 77
Saint-Beauzire **63** 92 Db 73
Saint-Bénézet **30** 130 Ea 85
Saint-Bénigne **01** 82 Ee 70
Saint-Benin **59** 9 Dd 48
Saint-Benin-d'Azy **58** 80 Dc 67
Saint-Benin-des-Bois **58** 80 Dc 66
Saint-Benoist-sur-Mer **85** 74 Yd 70
Saint-Benoist-sur-Vanne **10** 52 De 59
Saint-Benoît **01** 107 Fd 74
Saint-Benoît **04** 134 Ge 85
Saint-Benoît **11** 141 Ca 90
Saint-Benoît **81** 127 Ca 84
Saint-Benoît **86** 76 Ac 69
Saint-Benoît-de-Frédefonds **81** 127 Ca 85
Saint-Benoît-des-Ombres **27** 15 Ad 53
Saint-Benoît-des-Ondes **35** 28 Ya 57
Saint-Benoît-d'Hébertot **14** 14 Ab 53
Saint-Benoît-du-Sault **36** 78 Bc 70
Saint-Benoît-en-Diois **26** 119 Fb 81
Saint-Benoît-la-Chipotte **88** 56 Ge 58
Saint-Benoît-la-Forêt **37** 62 Ab 65
Saint-Benoît-sur-Loire **45** 65 Cb 62
Saint-Benoît-sur-Seine **10** 52 Ea 58
Saint-Berain **43** 105 Dd 78
Saint-Bérain-sous-Sanvignes **71** 82 Eb 68
Saint-Bérain-sur-Dheune **71** 82 Ed 68
Saint-Bernard **01** 94 Ee 73
Saint-Bernard **21** 69 Fa 66
Saint-Bernard **38** 108 Ff 77
Saint-Bernard **57** 22 Gc 53
Saint-Bernard **68** 71 Hb 62
Saint-Béron **73** 107 Fe 75
Saint-Berthevin **53** 46 Zb 60
Saint-Berthevin-la-Tannière **53** 46 Za 58
Saint-Bertrand-de-Comminges **31** 139 Ad 90
Saint-Biez-en-Belin **72** 47 Ab 62
Saint-Bihy **22** 26 Xa 58
Saint-Blaise **06** 135 Hb 86
Saint-Blaise **74** 96 Ga 72
Saint-Blaise-du-Buis **38** 107 Fd 76
Saint-Blaise-la-Roche **67** 56 Ha 58
Saint-Blancard **32** 139 Ad 88
Saint-Blimont **80** 6 Bd 48
Saint-Blin-Semilly **52** 54 Fc 59
Saint-Boès **64** 123 Zb 87
Saint-Bohaire **41** 64 Bb 63
Saint-Boil **71** 82 Ee 69
Saint-Boingt **54** 55 Gc 58
Saint-Bois **01** 107 Fd 74
Saint-Bomer **28** 48 Ae 59
Saint-Bômer-les-Forges **61** 29 Zc 57
Saint-Bon **51** 34 Dc 56
Saint-Bonnet **16** 99 Zf 76
Saint-Bonnet-Avalouze **19** 102 Bf 77
Saint-Bonnet-Briance **87** 90 Bc 74
Saint-Bonnet-de-Bellac **87** 89 Af 71
Saint-Bonnet-de-Chavagne **38** 107 Fb 78
Saint-Bonnet-de-Condat **15** 103 Ce 77
Saint-Bonnet-de-Cray **71** 93 Ea 71
Saint-Bonnet-de-Four **03** 92 Cf 71
Saint-Bonnet-de-Joux **71** 82 Ec 70
Saint-Bonnet-de-Montauroux **48** 117 De 80
Saint-Bonnet-de-Mure **69** 106 Fa 74
Saint-Bonnet-de-Rochefort **03** 92 Da 72
Saint-Bonnet-de-Salers **15** 103 Cc 78
Saint-Bonnet-des-Bruyères **69** 94 Ec 71
Saint-Bonnet-des-Quarts **42** 93 Df 72
Saint-Bonnet-de-Valclérieux **26** 107 Fa 77
Saint-Bonnet-de-Vieille-Vigne **71** 82 Eb 69
Saint-Bonnet-du-Gard **30** 131 Ed 85
Saint-Bonnet-Elvert **19** 102 Bf 78
Saint-Bonnet-en-Bresse **71** 83 Fb 67
Saint-Bonnet-en-Champsaur **05** 120 Ga 80
Saint-Bonnet-la-Rivière **19** 101 Bc 77
Saint-Bonnet-le-Bourg **63** 105 Dd 76
Saint-Bonnet-le-Chastel **63** 105 Dd 76
Saint-Bonnet-le-Château **42** 105 Ea 76
Saint-Bonnet-le-Courreau **42** 105 Df 75
Saint-Bonnet-le-Froid **43** 106 Ec 78
Saint-Bonnet-l'Enfantier **19** 102 Bd 78
Saint-Bonnet-lès-Allier **63** 92 Db 74
Saint-Bonnet-les-Oules **42** 106 Ec 75
Saint-Bonnet-les-Tours-de-Merle **19** 102 Ca 78
Saint-Bonnet-le-Tvoncy **69** 94 Ec 72
Saint-Bonnet-près-Bort **19** 103 Cc 75
Saint-Bonnet-près-Orcival **63** 104 Cf 74
Saint-Bonnet-près-Riom **63** 92 Da 73
Saint-Bonnet-sur-Gironde **17** 99 Zc 76
Saint-Bonnet-Tison **03** 92 Da 71
Saint-Bonnet-Tronçais **03** 79 Ce 69
Saint-Bonnot **58** 66 Db 65
Saint-Bon-Tarentaise **73** 109 Gd 76
Saint-Boulze **18** 66 Cf 65
Saint-Brancher **89** 67 Df 64
Saint-Branchs **37** 63 Ae 65
Saint-Brandan **22** 26 Xa 58
Saint-Brès **30** 130 Eb 83
Saint-Brès **32** 125 Ae 86
Saint-Brès **34** 130 Ea 87
Saint-Bresson **30** 130 Dd 85
Saint-Bresson **70** 55 Gd 61
Saint-Breussou **46** 114 Bf 80
Saint-Brevin-les-Pins **44** 59 Xf 65
Saint-Briac-sur-Mer **35** 27 Xf 57
Saint-Brice **16** 87 Ze 74
Saint-Brice **33** 111 Zf 80
Saint-Brice **50** 28 Ye 56
Saint-Brice **53** 46 Zd 61
Saint-Brice **61** 29 Zc 57
Saint-Brice **77** 34 Db 57
Saint-Brice-Courcelles **51** 19 Df 53
Saint-Brice-de-Landelles **50** 28 Yf 57
Saint-Brice-en-Coglès **35** 45 Yd 58
Saint-Brice-sous-Forêt **95** 33 Cc 55
Saint-Brice-sous-Rânes **61** 30 Ze 56
Saint-Brice-sur-Vienne **87** 89 Af 73
Saint-Brieuc **22** 26 Xb 57
Saint-Brieuc-de-Hauron **56** 44 Xd 60
Saint-Brieuc-des-Iffs **35** 44 Ya 59
Saint-Bris-des-Bois **17** 87 Zd 74
Saint-Bris-le-Vineux **89** 67 Dd 62
Saint-Brisson **58** 67 Ea 65
Saint-Brisson-sur-Loire **45** 65 Ce 63
Saint-Broing **70** 69 Fe 64
Saint-Broing-les-Moines **21** 68 Ef 62
Saint-Broingt-le-Bois **52** 69 Fc 62
Saint-Broingt-les-Fosses **52** 69 Fb 62
Saint-Broladre **35** 28 Yc 57
Saint-Bueil **38** 107 Fe 76
Saint-Calais **72** 48 Ae 61
Saint-Calais-du-Désert **53** 30 Ze 58
Saint-Calez-en-Saosnois **72** 47 Ab 59
Saint-Cannat **13** 132 Fb 87
Saint-Caprais **03** 79 Ce 69
Saint-Caprais **18** 79 Cb 67
Saint-Caprais **32** 125 Ae 87
Saint-Caprais **46** 113 Ba 81
Saint-Caprais-de-Blaye **33** 99 Zc 77
Saint-Caprais-de-Bordeaux **33** 111 Zd 80
Saint-Caprais-de-Lerm **47** 125 Ae 83
Saint-Capraise-de-Lalinde **24** 112 Ad 79
Saint-Capraise-d'Eymet **24** 112 Ad 80
Saint-Caradec **22** 43 Xa 59
Saint-Caradec-Trégomel **56** 42 Wd 60
Saint-Carné **22** 27 Xf 58
Saint-Carreuc **22** 26 Xb 58
Saint-Cassien **24** 113 Af 80
Saint-Cassien **38** 107 Fd 76
Saint-Cassien **86** 76 Aa 67
Saint-Cassin **73** 108 Ff 75
Saint-Castin **64** 138 Ze 88
Saint-Cast-le-Guildo **22** 27 Xe 57
Saint-Célerin **72** 47 Ab 70
Saint-Cénéré **53** 46 Zc 60
Saint-Céols **18** 65 Cd 65
Saint-Céré **46** 114 Bf 79
Saint-Cernin **15** 103 Cc 78
Saint-Cernin **46** 114 Bd 81
Saint-Cernin-de-Labarde **24** 112 Ad 80
Saint-Cernin-de-Larche **19** 101 Bc 78
Saint-Cernin-de-l'Herm **24** 113 Ba 81
Saint-Cerques **74** 96 Gb 71
Saint-Césaire **17** 87 Zd 74
Saint-Césaire-de-Gauzignan **30** 130 Eb 84
Saint-Cézaire-sur-Siagne **06** 134 Ge 87
Saint-Cézert **31** 126 Bb 86
Saint-Chabrais **23** 91 Cb 72
Saint-Chaffrey **05** 120 Gd 79
Saint-Chamant **15** 103 Cc 78
Saint-Chamant **19** 102 Bf 78
Saint-Chamarand **46** 114 Bc 80
Saint-Chamas **13** 146 Fa 87
Saint-Chamassy **24** 113 Af 79
Saint-Chamond **42** 106 Ed 76
Saint-Chaptes **30** 130 Eb 85
Saint-Charles-la-Forêt **53** 46 Zc 61
Saint-Chartier **36** 78 Bf 69
Saint-Chef **38** 107 Fc 75
Saint-Chels **46** 114 Be 81
Saint-Chély-d'Apcher **48** 116 Db 80
Saint-Chély-d'Aubrac **12** 116 Cf 81
Saint-Chéron **91** 33 Ca 57
Saint-Chinian **34** 143 Cf 88
Saint-Christaud **31** 140 Ba 89
Saint-Christaud **32** 139 Ab 87
Saint-Christ-Briost **80** 18 Cf 49
Saint-Christo-en-Jarez **42** 106 Ec 75
Saint-Christol **07** 118 Ec 79
Saint-Christol **34** 130 Ea 86
Saint-Christol **84** 132 Fc 84
Saint-Christol-de-Rodières **30** 131 Ed 83
Saint-Christol-lès-Alès **30** 130 Ea 84
Saint-Christoly-de-Blaye **33** 99 Zc 78
Saint-Christoly-Médoc **33** 98 Zb 76
Saint-Christophe **03** 92 Dd 72
Saint-Christophe **16** 89 Af 72
Saint-Christophe **17** 86 Za 72
Saint-Christophe **23** 90 Be 72
Saint-Christophe **28** 49 Bc 60
Saint-Christophe **69** 94 Ed 71
Saint-Christophe **81** 127 Ca 84
Saint-Christophe **86** 76 Ac 67
Saint-Christophe-à-Berry **02** 18 Da 52
Saint-Christophe-d'Allier **43** 117 De 79
Saint-Christophe-de-Chaulieu **61** 29 Zb 56
Saint-Christophe-de-Double **33** 100 Aa 78
Saint-Christophe-des-Bardes **33** 111 Zf 79
Saint-Christophe-des-Bois **35** 45 Ye 59
Saint-Christophe-de-Valains **35** 45 Yd 58
Saint-Christophe-du-Bois **49** 61 Za 66
Saint-Christophe-du-Foc **50** 12 Yb 51
Saint-Christophe-du-Jambet **72** 47 Aa 59
Saint-Christophe-du-Ligneron **85** 73 Yb 68
Saint-Christophe-du-Luat **53** 46 Zd 60
Saint-Christophe-en-Bazelle **36** 64 Be 65
Saint-Christophe-en-Boucherie **36** 79 Ca 68
Saint-Christophe-en-Bresse **71** 83 Ef 68
Saint-Christophe-en-Brionnais **71** 93 Eb 71
Saint-Christophe-en-Champagne **72** 47 Zf 61
Saint-Christophe-en-Oisans **38** 120 Gb 79
Saint-Christophe-et-le-Laris **26** 107 Fa 77
Saint-Christophe-la-Couperie **49** 60 Ye 65
Saint-Christophe-la-Grotte **73** 107 Fe 76
Saint-Christophe-le-Chaudry **18** 79 Cc 69
Saint-Christophe-le-Jajolet **61** 30 Aa 57
Saint-Christophe-sur-Avre **27** 31 Ae 56
Saint-Christophe-sur-Condé **27** 15 Ad 53
Saint-Christophe-sur-Dolaison **43** 117 De 79
Saint-Christophe-sur-Giers **38** 107 Fe 76
Saint-Christophe-sur-le-Nais **37** 63 Ac 63
Saint-Christophe-sur-Roc **79** 75 Zd 70
Saint-Christophe-Vallon **12** 115 Cc 82
Saint-Cibard **33** 111 Zf 79
Saint-Cierge-sous-le-Cheylard **07** 118 Ec 79
Saint-Ciergues **52** 54 Fb 61
Saint-Ciers-Champagne **17** 99 Ze 76
Saint-Ciers-d'Abzac **33** 99 Ze 78
Saint-Ciers-de-Canesse **33** 99 Zc 78
Saint-Ciers-du-Taillon **17** 99 Zc 76
Saint-Ciers-sur-Bonnieure **16** 88 Ab 73
Saint-Ciers-sur-Gironde **33** 99 Zc 77
Saint-Cirgue **81** 128 Cc 85
Saint-Cirgues **43** 104 Dc 78
Saint-Cirgues **46** 114 Ca 80
Saint-Cirgues-de-Jordanne **15** 103 Cd 78
Saint-Cirgues-de-Malbert **15** 103 Cc 78
Saint-Cirgues-de-Prades **07** 117 Eb 81
Saint-Cirgues-la-Loutre **19** 102 Ca 78
Saint-Cirgues-sur-Couze **63** 104 Da 75
Saint-Cirice **82** 126 Af 84
Saint-Cirq **24** 113 Af 79
Saint-Cirq **82** 127 Bd 84
Saint-Cirq-Lapopie **46** 114 Be 82
Saint-Cirq-Madelon **46** 113 Bb 80
Saint-Cirq-Souillaguet **46** 114 Bc 80
Saint-Civran **36** 78 Bc 70
Saint-Clair **07** 106 Ee 77
Saint-Clair **46** 113 Bc 80
Saint-Clair **46** 114 Be 82
Saint-Clair **82** 126 Af 84
Saint-Clair **86** 76 Aa 67
Saint-Clair-d'Arcey **27** 31 Ae 54
Saint-Clair-de-Halouze **61** 29 Zc 56
Saint-Clair-de-la-Tour **38** 107 Fc 75
Saint-Clair-du-Rhône **38** 106 Ee 76
Saint-Clair-sur-Epte **95** 32 Be 53
Saint-Clair-sur-Galaure **38** 107 Fa 77
Saint-Clair-sur-l'Elle **50** 13 Yf 53
Saint-Clair-sur-les-Monts **76** 15 Ae 51
Saint-Clamens **32** 139 Ac 88
Saint-Clar **32** 125 Ae 85
Saint-Clar-de-Rivière **31** 140 Bb 88
Saint-Claud **16** 88 Ac 73
Saint-Claude **39** 96 Ff 70
Saint-Claude-de-Diray **41** 64 Bc 63
Saint-Clément **02** 19 Ea 50
Saint-Clément **03** 93 De 72
Saint-Clément **05** 121 Gd 81
Saint-Clément **07** 117 Eb 79
Saint-Clément **19** 102 Be 76
Saint-Clément **30** 130 Ea 86
Saint-Clément **54** 38 Gd 57
Saint-Clément **89** 51 Db 59
Saint-Clément-à-Arnes **08** 20 Ec 53
Saint-Clément-de-la-Place **49** 61 Zb 63
Saint-Clément-de-Régnat **63** 92 Db 73
Saint-Clément-de-Rivière **34** 130 Df 86
Saint-Clément-des-Baleines **17** 86 Yc 71
Saint-Clément-des-Levées **49** 62 Ze 65
Saint-Clément-de-Valorgue **63** 105 Df 76
Saint-Clément-de-Vers **69** 94 Ec 71
Saint-Clémentin **79** 75 Zc 67
Saint-Clément-les-Place **69** 94 Ec 74
Saint-Clément-Rancourdray **50** 29 Za 56
Saint-Clément-sur-Guye **71** 82 Ed 69
Saint-Clément-sur-Valsonne **69** 94 Ec 73
Saint-Clet **22** 26 Wf 57
Saint-Cloud **92** 33 Cb 55

Saint-Ambroix — Saint-Cloud (F) **195**

Saint-Lizier-du-Planté 32 140 Af 88
Saint-Lô 50 29 Yf 54
Saint-Lô-d'Ourville 50 12 Yc 52
Saint-Lon-les-Mines 40 123 Yf 87
Saint-Lormel 22 27 Xe 57
Saint-Lothain 39 83 Fd 68
Saint-Loubauer 40 124 Zd 86
Saint-Loube 32 140 Af 88
Saint-Loubert 33 111 Zf 82
Saint-Loubès 33 111 Zd 79
Saint-Louet-sur-Seulles 14 29 Zc 54
Saint-Louis 57 39 Hb 56
Saint-Louis 68 72 Hd 63
Saint-Louis-de-Montferrand 33 99 Zc 79
Saint-Louis-et-Parahou 11 153 Cb 91
Saint-Louis-la-Chaussée 68 72 Hd 63
Saint-Louis-lès-Bitche 57 39 Hc 54
Saint-Loup 03 92 Dc 70
Saint-Loup 17 87 Zb 73
Saint-Loup 23 91 Cb 72
Saint-Loup 39 83 Fb 66
Saint-Loup 41 64 Bf 65
Saint-Loup 50 28 Ye 57
Saint-Loup 51 35 De 56
Saint-Loup 58 66 Da 64
Saint-Loup 69 94 Ec 73
Saint-Loup 82 126 Af 84
Saint-Loup-Cammas 31 126 Bc 86
Saint-Loup-Champagne 08 19 Eb 52
Saint-Loup-de-Buffigny 10 52 Dd 58
Saint-Loup-de-Fribois 14 30 Aa 54
Saint-Loup-de-la-Salle 71 82 Ef 67
Saint-Loup-des-Chaumes 18 79 Cc 68
Saint-Loup-des-Vignes 45 50 Cc 60
Saint-Loup-d'Ordon 89 51 Db 60
Saint-Loup-du-Dorat 53 46 Zd 61
Saint-Loup-du-Gast 53 46 Zc 58
Saint-Loup-en-Comminges 31 139 Ad 89
Saint-Loup-Hors 14 13 Zb 53
Saint-Loup-Lamaire 79 76 Zf 68
Saint-Loup-Nantouard 70 69 Fe 64
Saint-Loup-sur-Aujon 52 53 Fa 61
Saint-Loup-sur-Semouse 70 55 Gb 61
Saint-Loup-Terrier 08 20 Ed 51
Saint-Loyer-des-Champs 61 30 Aa 56
Saint-Lubin-de-Cravant 28 31 Ba 56
Saint-Lubin-de-la-Haye 28 32 Bd 56
Saint-Lubin-des-Joncherets 28 31 Bb 56
Saint-Lubin-en-Vergonnois 41 64 Bb 63
Saint-Luc 27 32 Bb 55
Saint-Lucien 28 32 Bd 57
Saint-Lumier-en-Champagne 51 36 Ed 56
Saint-Lumier-la-Populeuse 51 36 Ee 56
Saint-Lumine-de-Clisson 44 60 Yd 66
Saint-Lumine-de-Coutais 44 60 Yb 66
Saint-Lunaire 35 27 Xf 57
Saint-Luperce 28 49 Bb 58
Saint-Lupicin 39 95 Fe 70
Saint-Lupien 10 52 De 58
Saint-Lyé 10 52 Ea 58
Saint-Lyé-la-Forêt 45 49 Bf 60
Saint-Lyphard 44 59 Xe 64
Saint-Lys 31 140 Bb 87
Saint-Macaire 33 111 Ze 81
Saint-Macaire-du-Bois 49 62 Ze 66
Saint-Macaire-en-Mauges 49 61 Za 66
Saint-Maclou 27 14 Ac 52
Saint-Maclou-de-Folleville 76 15 Ba 50
Saint-Maclou-la-Brière 76 15 Ac 51
Saint-Macoux 86 88 Ab 72
Saint-Maden 22 44 Xf 59
Saint-Magne 33 111 Zc 81
Saint-Magne-de-Castillon 33 111 Zf 79
Saint-Maigner 63 91 Ce 72
Saint-Maigrin 17 99 Ze 76
Saint-Maime 04 133 Fe 85
Saint-Maixant 23 91 Cb 73
Saint-Maixant 33 111 Ze 81
Saint-Maixent 72 48 Ad 60
Saint-Maixent-de-Beugné 79 75 Zc 70
Saint-Maixent-l'École 79 76 Ze 70
Saint-Maixent-sur-Vie 85 73 Yb 68
Saint-Maixme-Hauterive 28 31 Bb 57
Saint-Malo 35 27 Xf 57
Saint-Malo 35 45 Yc 62
Saint-Malo-de-Beignon 56 44 Xf 61
Saint-Malo-de-Guersac 44 59 Xe 64
Saint-Malo-de-la-Lande 50 28 Yc 54
Saint-Malo-de-Phily 35 44 Yb 61
Saint-Malo-des-Trois-Fontaines 56 44 Xd 60
Saint-Malô-du-Bois 85 75 Za 67
Saint-Malo-en-Donziois 58 66 Db 65
Saint-Mamert 69 94 Ed 71
Saint-Mamert-du-Gard 30 130 Eb 85
Saint-Mamet 31 151 Ad 92
Saint-Mamet-la-Salvetat 15 115 Cb 79
Saint-Mammès 77 51 Ce 58
Saint-Mandé-sur-Brédoire 17 87 Ze 72
Saint-Mandrier-sur-Mer 83 147 Ff 90
Saint-Manvieu-Bocage 14 29 Za 56
Saint-Marc 15 116 Db 79
Saint-Marc-à-Frongier 23 90 Ca 73
Saint-Marcal 66 154 Cd 93
Saint-Marc-à-Loubaud 23 90 Bf 73
Saint-Marc-du-Cor 41 48 Af 61
Saint-Marceau 08 20 Ee 50
Saint-Marceau 72 47 Aa 59
Saint-Marcel 01 94 Ef 73
Saint-Marcel 08 20 Ed 50
Saint-Marcel 27 32 Bc 54
Saint-Marcel 36 78 Bd 69
Saint-Marcel 54 38 Ff 54
Saint-Marcel 56 44 Xc 62
Saint-Marcel 70 54 Ff 62
Saint-Marcel 71 82 Ef 68
Saint-Marcel 73 109 Gd 75
Saint-Marcel 81 127 Ca 84
Saint-Marcel-Bel-Accueil 38 107 Fb 75
Saint-Marcel-d'Ardèche 07 118 Ed 83
Saint-Marcel-de-Careinet 30 131 Ec 84
Saint-Marcel-de-Félines 42 93 Eb 73
Saint-Marcel-du-Périgord 24 112 Ae 79
Saint-Marcel-d'Urfé 42 93 Df 73
Saint-Marcel-en-Marcillat 03 91 Cd 72
Saint-Marcel-en-Murat 03 92 Da 71
Saint-Marcelin-de-Cray 71 82 Ed 69
Saint-Marcel l'Eclairé 69 94 Ec 73
Saint-Marcel-lès-Annonay 07 106 Ed 77
Saint-Marcel-lès-Sauzet 26 118 Ee 81
Saint-Marcel-lès-Valence 26 118 Ef 79
Saint-Marcellin 38 107 Fb 78
Saint-Marcellin-en-Forez 42 105 Ea 76
Saint-Marcel-Paulel 31 127 Bd 87
Saint-Marcel-sur-Aude 11 143 Cf 89
Saint-Marcet 31 139 Ae 89
Saint-Marc-Jaumgarde 13 146 Fd 87
Saint-Marc-la-Lande 79 75 Zd 69
Saint-Marc-le-Blanc 35 45 Yd 58
Saint-Marcory 24 113 Af 80
Saint-Marcouf 14 13 Za 53
Saint-Marcouf 50 12 Ye 52
Saint-Marc-sur-Couesnon 35 45 Yd 59
Saint-Marc-sur-Seine 21 68 Ed 62
Saint-Mard 02 19 Dd 52
Saint-Mard 17 87 Zb 72
Saint-Mard 54 38 Gb 57
Saint-Mard 77 33 Ce 54
Saint-Mard 80 17 Ce 50
Saint-Mard-de-Reno 61 31 Ad 57
Saint-Mard-de-Vaux 71 82 Ee 68
Saint-Mard-lès-Rouffy 51 35 Ea 55
Saint-Mards 76 15 Ba 50
Saint-Mards-de-Blacarville 27 15 Ad 52
Saint-Mards-de-Fresne 27 31 Ac 54
Saint-Mards-en-Othe 10 52 De 59
Saint-Mard-sur-Auve 51 36 Ee 54
Saint-Mard-sur-le-Mont 51 36 Ef 55
Saint-Marie-de-Vatimesnil 27 16 Bd 53
Saint-Marien 23 79 Cb 70
Saint-Mariens 33 99 Zd 78
Saint-Mars-de-Coutais 44 60 Yb 66
Saint-Mars-de-Locquenay 72 47 Ac 61
Saint-Mars-d'Ergenne 61 29 Zb 57
Saint-Mars-d'Outillé 72 47 Ac 61
Saint-Mars-du-Désert 44 60 Yd 64
Saint-Mars-du-Désert 53 47 Zf 59
Saint-Mars-la-Brière 72 47 Ac 60
Saint-Mars-la-Jaille 44 60 Ye 63
Saint-Mars-la-Réorthe 85 75 Za 67
Saint-Mars-sur-Colmont 53 46 Zb 58
Saint-Mars-sur-la-Futaie 53 29 Yf 58
Saint-Mars-Vieux-Maisons 77 34 Db 56
Saint-Martial 07 117 Eb 79
Saint-Martial 15 116 Da 79
Saint-Martial 16 100 Aa 76
Saint-Martial 17 87 Zd 72
Saint-Martial 30 130 De 84
Saint-Martial 33 111 Ze 81
Saint-Martial 33 112 Ab 80
Saint-Martial-d'Albarède 24 101 Ba 77
Saint-Martial-d'Artenset 24 100 Ab 78
Saint-Martial-de-Gimel 19 102 Bf 77
Saint-Martial-de-Nabirat 24 113 Bb 80
Saint-Martial-de-Valette 24 100 Ad 75
Saint-Martial-de-Vitaterne 17 99 Zd 76
Saint-Martial-Entraygues 19 102 Bf 78
Saint-Martial-le-Mont 23 90 Ca 72
Saint-Martial-le-Vieux 23 103 Cb 74
Saint-Martial-sur-Isop 87 89 Af 72
Saint-Martial-sur-Né 17 99 Zd 75
Saint-Martial-Viveyrol 24 100 Ac 76
Saint-Martin 17 86 Za 74
Saint-Martin 23 90 Be 71
Saint-Martin 32 139 Ac 87
Saint-Martin 32 139 Ad 87
Saint-Martin 54 39 Ge 57
Saint-Martin 56 44 Xe 62
Saint-Martin 65 138 Aa 90
Saint-Martin 66 153 Cc 92
Saint-Martin 67 56 Hb 58
Saint-Martin 81 127 Bf 85
Saint-Martin 81 127 Bf 86
Saint-Martin 81 127 Ca 86
Saint-Martin 83 147 Ff 87
Saint-Martin 83 148 Gc 88
Saint-Martin 83 148 Gd 88
Saint-Martin, Revest- 04 133 Fe 84
Saint-Martin-au-Bosc 76 16 Bd 49
Saint-Martin-au-Laërt 62 3 Cb 44
Saint-Martin-aux-Arbres 76 15 Af 51
Saint-Martin-aux-Bois 60 17 Cd 51
Saint-Martin-aux-Buneaux 76 15 Ad 49
Saint-Martin-aux-Champs 51 36 Ec 56
Saint-Martin-aux-Chartrains 14 14 Aa 53
Saint-Martin-Belle-Roche 71 94 Ef 70
Saint-Martin-Bellevue 74 96 Ga 73
Saint-Martin-Boulogne 62 2 Bd 44
Saint-Martin-Cantalès 15 103 Cb 78
Saint-Martin-Château 23 90 Be 73
Saint-Martin-Chocquel 62 3 Bf 44
Saint-Martin-Curton 47 111 Aa 83
Saint-Martin-d'Abbat 45 50 Cb 61
Saint-Martin-d'Ablois 51 35 Df 54
Saint-Martin-d'Août 26 106 Ef 77
Saint-Martin-d'Arberoue 64 137 Ye 88
Saint-Martin-d'Arcé 49 62 Zf 63
Saint-Martin-d'Ardèche 07 131 Ed 83
Saint-Martin-d'Armagnac 32 124 Zf 86
Saint-Martin-d'Arrossa 64 136 Ye 89
Saint-Martin-d'Ary 17 99 Ze 77
Saint-Martin-d'Aubigny 50 12 Yd 54
Saint-Martin-d'Audouville 50 12 Yd 51
Saint-Martin-d'Auxigny 18 65 Cc 65
Saint-Martin-d'Auxy 71 82 Ed 68
Saint-Martin-de-Bavel 01 95 Fe 73
Saint-Martin-de-Beauville 47 126 Ae 83
Saint-Martin-de-Belleville 73 108 Gc 76
Saint-Martin-de-Bernegoue 79 87 Zd 71
Saint-Martin-de-Bienfaite-la-Cressonnière 14 30 Ac 54
Saint-Martin-de-Blagny 14 13 Za 53
Saint-Martin-de-Bonfossé 50 28 Yf 54
Saint-Martin-de-Bossenay 10 52 De 58
Saint-Martin-de-Boubaux 48 130 Df 83
Saint-Martin-de-Bréhal 50 28 Yc 55
Saint-Martin-de-Bréthencourt 78 49 Bf 57
Saint-Martin-de-Brômes 04 133 Ff 86
Saint-Martin-de-Caralp 09 141 Bd 91
Saint-Martin-de-Castillon 84 132 Fd 85
Saint-Martin-de-Celles 38 119 Fd 79
Saint-Martin-de-Cenilly 50 28 Ye 55
Saint-Martin-de-Commune 71 82 Ed 67
Saint-Martin-de-Connée 53 47 Ze 59
Saint-Martin-de-Coux 17 99 Zf 78
Saint-Martin-de-Crau 13 131 Ee 87
Saint-Martin-d'Ecublei 61 31 Ae 56
Saint-Martin-de-Fontenage 14 29 Zd 54
Saint-Martin-de-Fraigneau 85 75 Zb 70
Saint-Martin-de-Fressengeas 24 101 Af 76
Saint-Martin-de-Fugères 43 117 Df 79
Saint-Martin-de-Goyne 32 125 Ad 84
Saint-Martin-de-Gurçon 24 100 Aa 79
Saint-Martin-de-Hinx 40 123 Ye 87
Saint-Martin-de-Juillers 17 87 Zd 73
Saint-Martin-de-Jussac 87 89 Af 73
Saint-Martin-de-la-Brasque 84 132 Fd 86
Saint-Martin-de-la-Cluze 38 119 Fd 79
Saint-Martin-de-la-Lieue 14 30 Ab 54
Saint-Martin-de-la-Mer 21 67 Eb 65
Saint-Martin-de-Lamps 36 78 Bd 67
Saint-Martin-de-Landelles 50 28 Yf 57
Saint-Martin-de-Lansuscle 48 130 De 83
Saint-Martin-de-la-Place 49 62 Zf 65
Saint-Martin-de-l'Arçon 34 143 Cf 87
Saint-Martin-de-Laye 33 99 Ze 78
Saint-Martin-de-Lenne 12 116 Cf 82
Saint-Martin-de-Lerm 33 111 Zf 81
Saint-Martin-de-Lixy 71 93 Eb 71
Saint-Martin-de-Londres 34 130 De 86
Saint-Martin-de-Mâcon 79 76 Zf 66
Saint-Martin-de-Mailloc 14 30 Ab 54
Saint-Martin-de-Mieux 14 30 Ze 55
Saint-Martin-de-Nigelles 28 32 Bd 57
Saint-Martin-d'Entraunes 06 134 Ge 84
Saint-Martin-de-Queyrières 05 120 Gd 79
Saint-Martin-de-Ré 17 86 Yd 71
Saint-Martin-de-Ribérac 24 100 Ac 77
Saint-Martin-de-Saint-Maixent 79 76 Ze 70
Saint-Martin-de-Salencey 71 82 Ed 69
Saint-Martin-de-Sallen 14 29 Zc 55
Saint-Martin-de-Sanzay 79 62 Ze 66
Saint-Martin-des-Besaces 14 29 Za 54
Saint-Martin-des-Bois 41 63 Ae 62
Saint-Martin-des-Bois 41 63 Af 62
Saint-Martin-des-Champs 18 66 Cf 66
Saint-Martin-des-Champs 29 25 Wb 57
Saint-Martin-des-Champs 50 28 Ye 57
Saint-Martin-des-Champs 77 34 Dc 56
Saint-Martin-des-Champs 78 32 Be 55
Saint-Martin-des-Champs 89 66 Da 63
Saint-Martin-de-Seignanx 40 122 Yd 87
Saint-Martin-des-Entrées 14 13 Zb 53
Saint-Martin-de-Sescas 33 111 Zf 81
Saint-Martin-des-Fontaines 85 75 Za 69
Saint-Martin-des-Lais 03 81 Dd 68
Saint-Martin-des-Landes 61 30 Zf 57
Saint-Martin-des-Monts 72 48 Ad 60
Saint-Martin-des-Noyers 85 74 Ye 68
Saint-Martin-des-Olmes 63 105 De 75
Saint-Martin-des-Pézerits 61 31 Ac 57
Saint-Martin-des-Plains 63 104 Db 76
Saint-Martin-des-Prés, L' 22 43 Xa 59
Saint-Martin-des-Puits 11 142 Cd 90
Saint-Martin-des-Tilleuls 85 74 Yf 67
Saint-Martin-d'Estréaux 42 93 De 71
Saint-Martin-de-Valgalgues 30 130 Ea 84
Saint-Martin-de-Valmas 07 118 Ec 79
Saint-Martin-de-Varreville 50 12 Ye 52
Saint-Martin-de-Vers 46 114 Bd 81
Saint-Martin-de-Villeréal 47 113 Ae 81
Saint-Martin-de-Villereglan 11 141 Cb 90
Saint-Martin-d'Hères 38 107 Fe 78
Saint-Martin-d'Heuille 58 80 Db 66
Saint-Martin-d'Ollières 63 104 Dc 76
Saint-Martin-Don 14 29 Za 55
Saint-Martin-d'Oney 40 124 Zc 85
Saint-Martin-d'Ordon 89 51 Db 60
Saint-Martin-d'Oydes 09 140 Bc 90
Saint-Martin-du-Bec 76 14 Ab 51
Saint-Martin-du-Bois 33 99 Ze 78
Saint-Martin-du-Bois 49 61 Zb 62
Saint-Martin-du-Boschet 77 34 Dc 56
Saint-Martin-du-Clocher 16 88 Aa 72
Saint-Martin-du-Fouilloux 49 61 Zb 64
Saint-Martin-du-Fouilloux 79 76 Zf 69
Saint-Martin-du-Frêne 01 95 Fd 72
Saint-Martin-du-Lac 71 93 Ea 71
Saint-Martin-du-Limet 53 45 Yf 62
Saint-Martin-du-Manoir 76 14 Ab 51
Saint-Martin-du-Mont 01 95 Fb 72
Saint-Martin-du-Mont 21 68 Ee 64
Saint-Martin-du-Mont 71 83 Fb 69
Saint-Martin-du-Puy 33 111 Zf 80
Saint-Martin-du-Puy 58 67 Df 65
Saint-Martin-d'Uriage 38 108 Ff 78
Saint-Martin-du-Tartre 71 82 Ed 69
Saint-Martin-du-Tertre 89 51 Db 59
Saint-Martin-du-Tertre 95 33 Cc 54
Saint-Martin-du-Tilleul 27 31 Ad 54
Saint-Martin-du-Var 06 135 Hb 86
Saint-Martin-du-Vieux-Bellême 61 48 Ad 58
Saint-Martin-du-Vivier 76 15 Ba 52
Saint-Martin-en-Bière 77 50 Cd 58
Saint-Martin-en-Bresse 71 83 Fa 68
Saint-Martin-en-Campagne 76 6 Bb 49
Saint-Martin-en-Gâtinois 71 83 Fa 67
Saint-Martin-en-Haut 69 106 Ed 75
Saint-Martin-en-Vercors 26 107 Fc 78
Saint-Martin-Gimois 32 140 Ae 87
Saint-Martinien 03 91 Cc 70
Saint-Martin-Labouval 46 114 Be 82
Saint-Martin-la-Campagne 27 31 Ba 54
Saint-Martin-Lacaussade 33 99 Zc 78
Saint-Martin-la-Garenne 78 32 Be 54
Saint-Martin-l'Aiguillon 61 30 Ze 57
Saint-Martin-Lalande 11 141 Ca 89
Saint-Martin-la-Méanne 19 102 Bf 77
Saint-Martin-la-Patrouille 71 82 Ed 69
Saint-Martin-la-Plaine 42 106 Ed 75
Saint-Martin-l'Ars 86 88 Ad 71
Saint-Martin-Lars-en-Sainte-Hermine 85 75 Za 69
Saint-Martin-la-Sauveté 42 93 Df 74
Saint-Martin-l'Astier 24 100 Ac 78
Saint-Martin-le-Châtel 01 95 Fa 71
Saint-Martin-le-Gaillard 76 6 Bc 49
Saint-Martin-le-Hébert 50 12 Yc 51
Saint-Martin-le-Mault 87 89 Bb 70
Saint-Martin-le-Nœud 60 17 Ca 52
Saint-Martin-le-Pin 24 100 Ad 75
Saint-Martin-le-Redon 46 113 Ba 81
Saint-Martin-les-Eaux 04 132 Fe 85
Saint-Martin-lès-Langres 52 54 Fb 61
Saint-Martin-lès-Melles 79 87 Ze 71
Saint-Martin-lès-Seyne 04 120 Gb 82
Saint-Martin-Lestra 42 94 Ec 74
Saint-Martin-le-Vieil 11 141 Ca 89
Saint-Martin-le-Vieux 87 89 Ba 74
Saint-Martin-l'Heureux 51 20 Ec 53
Saint-Martin-l'Hortier 76 16 Bc 50
Saint-Martin-Longueau 60 17 Cd 52
Saint-Martin-Lys 11 153 Cb 91
Saint-Martin-Osmonville 76 16 Bb 51
Saint-Martin-Petit 47 112 Aa 81
Saint-Martin-Rivière 02 9 Dd 48
Saint-Martin-Saint-Firmin 27 15 Ad 53
Saint-Martin-Sepert 19 102 Bc 76
Saint-Martin-sous-Montaigu 71 82 Ee 68
Saint-Martin-sous-Vigouroux 15 115 Ce 79
Saint-Martin-sur-Armançon 89 52 Ea 61
Saint-Martin-sur-Arve 74 97 Gd 73
Saint-Martin-sur-Coieul 62 8 Cf 47
Saint-Martin-sur-Ecaillon 59 9 Dd 47
Saint-Martin-sur-la-Chambre 73 108 Gb 76
Saint-Martin-sur-le-Pré 51 35 Ec 55
Saint-Martin-sur-Nohain 58 66 Cf 64
Saint-Martin-sur-Ocre 45 65 Cd 63
Saint-Martin-sur-Ouanne 89 51 Da 61
Saint-Martin-Terressus 23 90 Bc 73
Saint-Martin-Valmeroux 15 103 Cc 78
Saint-Martin-Vésubie 06 135 Hb 84
Saint-Martory 31 140 Af 90
Saint-Mary 16 88 Ac 73
Saint-Mary-le-Plain 15 104 Da 77
Saint-Masmes 51 19 Eb 53
Saint-Mathieu 87 89 Ae 74
Saint-Mathieu-de-Tréviers 34 130 Df 86
Saint-Mathurin 85 74 Yb 69
Saint-Mathurin-sur-Loire 49 61 Ze 64
Saint-Matré 46 113 Ba 82
Saint-Maudan 22 43 Xb 60
Saint-Maudez 22 27 Xe 58
Saint-Maugan 35 44 Xf 60
Saint-Maulvis 80 16 Bf 49
Saint-Maur 18 79 Cb 69
Saint-Maur 32 139 Ac 88
Saint-Maur 36 78 Bd 68
Saint-Maur 39 83 Fd 69
Saint-Maur 60 16 Bf 51
Saint-Maur-des-Fossés 94 33 Cc 56
Saint-Maurice 52 54 Fc 61
Saint-Maurice 58 81 Dd 66
Saint-Maurice 63 104 Db 74
Saint-Maurice 67 56 Hc 59
Saint-Maurice-aux-Forges 54 39 Gf 57
Saint-Maurice-aux-Riches-Hommes 89 51 Dd 58
Saint-Maurice-Colombier 25 71 Gd 64
Saint-Maurice-Crillat 39 84 Ff 69
Saint-Maurice-d'Ardèche 07 118 Ec 81
Saint-Maurice-de-Beynost 01 94 Ef 74
Saint-Maurice-de-Cazevieille 30 130 Eb 84
Saint-Maurice-de-Gourdans 01 95 Fb 74
Saint-Maurice-de-Lestapel 47 112 Ad 81
Saint-Maurice-de-Lignon 43 105 Ea 77
Saint-Maurice-de-Rémens 01 95 Fb 73
Saint-Maurice-de-Rotherens 73 107 Fe 75
Saint-Maurice-de-Satonnay 71 94 Ee 70
Saint-Maurice-des-Champs 71 82 Ed 69
Saint-Maurice-des-Lions 16 89 Ae 73
Saint-Maurice-des-Noues 85 75 Zb 69
Saint-Maurice-de-Tavernole 17 99 Zd 76
Saint-Maurice-d'Etelan 76 15 Ad 52
Saint-Maurice-de-Ventalon 48 130 De 83
Saint-Maurice-d'Ibie 07 118 Ec 81
Saint-Maurice-du-Désert 61 29 Zd 57
Saint-Maurice-en-Cotentin 50 12 Yb 52
Saint-Maurice-en-Gourgois 42 105 Eb 76
Saint-Maurice-en-Quercy 46 114 Bf 80
Saint-Maurice-en-Rivière 71 83 Fa 67
Saint-Maurice-en-Trièves 38 119 Fd 80
Saint-Maurice-en-Valgodemard 05 120 Ga 80
Saint-Maurice-la-Clouère 86 76 Ac 70
Saint-Maurice-la-Souterraine 23 90 Bc 71
Saint-Maurice-le-Girard 85 75 Zb 69
Saint-Maurice-les-Brousses 87 89 Bb 74
Saint-Maurice-lès-Charencey 61 31 Ae 57
Saint-Maurice-lès-Châteauneuf 71 93 Eb 71
Saint-Maurice-lès-Couches 71 82 Ed 67
Saint-Maurice-le-Vieil 89 66 Dc 62
Saint-Maurice-l'Exil 38 106 Ee 76
Saint-Maurice-Montcouronne 91 33 Ca 57
Saint-Maurice-Navacelles 34 129 Dd 85
Saint-Maurice-près-Crocq 23 91 Cb 73
Saint-Maurice-près-Pionsat 63 91 Cd 72
Saint-Maurice-Saint-Germain 28 48 Ba 58
Saint-Maurice-sous-les-Côtes 55 37 Fe 54
Saint-Maurice-sur-Adur 40 124 Zd 86
Saint-Maurice-sur-Aveyron 45 51 Cf 61
Saint-Maurice-sur-Dargoire 69 106 Ed 75
Saint-Maurice-sur-Eygues 26 131 Fa 83
Saint-Maurice-sur-Fessard 45 50 Cd 61
Saint-Maurice-sur-Huisne 61 48 Ae 58
Saint-Maurice-sur-Mortagne 88 55 Gd 58
Saint-Maurice-sur-Moselle 88 56 Ge 61
Saint-Maurice-sur-Vingeanne 21 69 Fc 63
Saint-Maurice-Thizouaille 89 51 Dc 62
Saint-Maurin 47 126 Af 83
Saint-Maur-sur-le-Loir 28 49 Bc 60
Saint-Max 54 38 Gb 56
Saint-Maxent 80 7 Be 48
Saint-Maximin 38 108 Ga 76
Saint-Maximin 60 33 Cc 53
Saint-Maximin-la-Sainte-Baume 83 147 Ff 88
Saint-Maxire 79 75 Zd 70
Saint-May 26 119 Fb 82
Saint-Mayeux 22 43 Wf 59
Saint-Mayme-de-Péreyrol 24 100 Ad 78
Saint-Méard 87 102 Bd 74
Saint-Méard-de-Drône 24 100 Ac 77
Saint-Méard-de-Gurçon 24 112 Ab 79
Saint-Médard 16 99 Zf 75
Saint-Médard 17 99 Zd 76
Saint-Médard 31 140 Af 90
Saint-Médard 32 139 Ac 88
Saint-Médard 36 78 Bb 67
Saint-Médard 46 113 Bb 81
Saint-Médard 57 38 Gd 56
Saint-Médard 64 124 Zc 87
Saint-Médard 79 87 Ze 71
Saint-Médard-d'Aunis 17 86 Za 72
Saint-Médard-de-Guizières 33 99 Zf 78
Saint-Médard-de-Mussidan 24 100 Ac 78
Saint-Médard-de-Presque 46 114 Bf 79
Saint-Médard-d'Excideuil 24 101 Ba 76
Saint-Médard-d'Eyrans 33 111 Zc 80
Saint-Médard-en-Jalles 33 111 Zb 79
Saint-Médard-la-Rochette 23 91 Ca 72
Saint-Médard-Nicourby 46 114 Ca 80
Saint-Médard-sur-Ille 35 45 Yc 59
Saint-Médart 16 87 Zf 73
Saint-Méen 29 24 Ve 57
Saint-Méen-le-Grand 35 44 Xe 59
Saint-Melaine-sur-Aubance 49 61 Zd 64
Saint-Mélany 07 117 Ea 81
Saint-Méloir 22 27 Xe 58
Saint-Méloir-des-Ondes 35 27 Ya 57
Saint-Même-le-Tenu 44 59 Yb 66
Saint-Memmie 51 36 Ec 55
Saint-Menge 88 55 Ff 59
Saint-Menges 08 20 Ef 50
Saint-Menoux 03 80 Da 69
Saint-Merd-la-Breuille 23 91 Cc 74
Saint-Merd-les-Oussines 19 102 Ca 75
Saint-Méry 77 34 Cf 57
Saint-Meslin-du-Bosc 27 15 Af 53
Saint-Mesmes 77 33 Ce 55
Saint-Mesmin 10 52 Df 58
Saint-Mesmin 21 68 Ed 64
Saint-Mesmin 24 101 Bb 76
Saint-Mesmin 85 75 Zb 68
Saint-Mexant 19 102 Bd 78
Saint-Mézard 32 125 Ad 84
Saint-M'Hervé 35 45 Yf 59
Saint-M'Hervon 35 44 Xf 59
Saint-Micaud 71 82 Ed 68
Saint-Michel 02 19 Ea 49
Saint-Michel 09 140 Bd 90
Saint-Michel 16 100 Aa 75
Saint-Michel 32 139 Ac 88
Saint-Michel 34 129 Dc 85
Saint-Michel 40 123 Ye 85
Saint-Michel 45 50 Cc 60
Saint-Michel 64 137 Ye 90
Saint-Michel 82 126 Af 84
Saint-Michel-Chef-Chef 44 59 Xf 65
Saint-Michel-d'Aurence 07 118 Ec 79
Saint-Michel-de-Bannières 46 114 Be 79
Saint-Michel-de-Chabrillanoux 07 118 Ed 79

Saint-Lizier-du-Planté — Saint-Michel-de-Chabrillanoux (F) 199

Saint-Michel-de-Chaillol **05** 120 Ga 80
Saint-Michel-de-Chaillol **05** 120 Gb 80
Saint-Michel-de-Chavaignes **72** 48 Ad 60
Saint-Michel-de-Dèze **48** 130 Df 83
Saint-Michel-de-Double **24** 100 Ab 78
Saint-Michel-de-Feins **53** 46 Zc 62
Saint-Michel-de-Fronsac **33** 111 Ze 79
Saint-Michel-de-Lanès **11** 141 Be 89
Saint-Michel-de-Lapujade **33** 112 Aa 81
Saint-Michel-de-la-Roë **53** 45 Yf 61
Saint-Michel-de-Livet **14** 30 Aa 54
Saint-Michel-de-Llotes **66** 154 Cd 93
Saint-Michel-de-Maurienne **73** 108 Gc 77
Saint-Michel-de-Montaigne **24** 112 Aa 79
Saint-Michel-de-Montjoie **50** 29 Yf 56
Saint-Michel-de-Plélan **22** 27 Xe 58
Saint-Michel-de-Rieufret **33** 111 Zd 81
Saint-Michel-de-Rivière **24** 100 Zf 78
Saint-Michel-de-Saint-Geoirs **38** 107 Fc 77
Saint-Michel-des-Andaines **61** 29 Zd 57
Saint-Michel-des-Loups **50** 28 Yc 56
Saint-Michel-d'Euzet **30** 131 Ed 83
Saint-Michel-de-Vax **81** 127 Be 84
Saint-Michel-de-Veisse **23** 90 Ca 73
Saint-Michel-de-Villadeix **24** 101 Ae 79
Saint-Michel-de-Volangis **18** 65 Cc 66
Saint-Michel-d'Halescourt **76** 16 Bd 51
Saint-Michel-en-Beaumont **38** 120 Ff 79
Saint-Michel-en-Brenne **36** 77 Ba 68
Saint-Michel-en-Grève **22** 25 Wc 56
Saint-Michel-en-l'Herm **85** 74 Ye 70
Saint-Michel-et-Chanveaux **49** 60 Yf 62
Saint-Michel-Labadié **81** 128 Cc 84
Saint-Michel-le-Cloucq **85** 75 Zb 70
Saint-Michel-les-Portes **38** 119 Fd 79
Saint-Michel-l'Observatoire **04** 132 Fe 85
Saint-Michel-Loubéjou **46** 114 Bf 79
Saint-Michel-Mont-Mercure **85** 75 Za 68
Saint-Michel-sous-Bois **62** 7 Bf 45
Saint-Michel-sur-Loire **37** 62 Ac 65
Saint-Michel-sur-Meurthe **88** 56 Gf 59
Saint-Michel-sur-Rhône **42** 106 Ee 76
Saint-Michel-sur-Savasse **26** 107 Fa 78
Saint-Michel-sur-Ternoise **62** 7 Cc 46
Saint-Michel-Tubœuf **61** 31 Ae 56
Saint-Mihiel **55** 37 Fd 55
Saint-Mitre-les-Remparts **13** 145 Fa 88
Saint-Molf **44** 59 Xd 64
Saint-Momelin **59** 3 Cb 44
Saint-Mont **32** 124 Zf 87
Saint-Montant **07** 118 Ed 82
Saint-Moré **89** 67 De 63
Saint-Moreil **23** 90 Be 73
Saint-Morel **08** 20 Ee 52
Saint-Morillon **33** 111 Zc 81
Saint-Mury-Monteymond **38** 108 Ef 77
Saint-Myon **63** 92 Da 73
Saint-Nabor **67** 56 Hc 58
Saint-Nabord **88** 55 Gd 60
Saint-Nabord-sur-Aube **10** 52 Eb 57
Saint-Nauphary **82** 126 Bc 85
Saint-Nazaire **30** 131 Ed 83
Saint-Nazaire **38** 108 Ef 77
Saint-Nazaire **44** 59 Xe 65
Saint-Nazaire **66** 154 Cf 92
Saint-Nazaire-d'Aude **11** 142 Cf 89
Saint-Nazaire-de-Ladarez **34** 143 Da 87
Saint-Nazaire-de-Pézan **34** 130 Ea 87
Saint-Nazaire-de-Valentane **82** 126 Ba 83
Saint-Nazaire-en-Royans **26** 107 Fb 78
Saint-Nazaire-le-Désert **26** 119 Fb 81
Saint-Nazaire-sur-Charente **17** 86 Yf 73
Saint-Nectaire **63** 104 Cf 75
Saint-Nic **29** 41 Ve 59
Saint-Nicodème **22** 26 We 58
Saint-Nicolas **62** 3 Ca 43
Saint-Nicolas **62** 8 Bd 46
Saint-Nicolas-aux-Bois **02** 18 Dc 51
Saint-Nicolas-d'Aliermont **76** 16 Bb 49
Saint-Nicolas-d'Attez **27** 31 Af 56
Saint-Nicolas-de-Bliquetuit **76** 15 Ae 51
Saint-Nicolas-de-Bourgueil **37** 62 Aa 65
Saint-Nicolas-de-la-Balerme **47** 126 Ae 84
Saint-Nicolas-de-la-Grave **82** 126 Ba 84
Saint-Nicolas-de-la-Haie **76** 15 Ad 51
Saint-Nicolas-de-la-Taille **76** 15 Ac 51
Saint-Nicolas-de-Pierrepont **50** 12 Yc 53
Saint-Nicolas-de-Port **54** 38 Gb 57
Saint-Nicolas-de-Redon **44** 59 Xf 63
Saint-Nicolas-des-Biefs **03** 93 De 72
Saint-Nicolas-des-Bois **50** 28 Ye 56
Saint-Nicolas-des-Bois **61** 30 Aa 58
Saint-Nicolas-des-Laitiers **61** 30 Ac 56
Saint-Nicolas-des-Motets **37** 63 Ba 63
Saint-Nicolas-de-Sommaire **61** 31 Ad 56
Saint-Nicolas-du-Bosc **27** 15 Af 53
Saint-Nicolas-du-Pélem **22** 43 Wf 59
Saint-Nicolas-du-Tertre **56** 44 Xe 62
Saint-Nicolas-la-Chapelle **10** 51 Dc 57
Saint-Nicolas-la-Chapelle **73** 96 Gc 74
Saint-Nicolas-lès-Cîteaux **21** 83 Fa 66
Saint-Nicolas-Macherin **38** 107 Fd 76
Saint-Nizier-d'Azergues **69** 94 Ec 72
Saint-Nizier-de-Fornas **42** 105 Ea 76
Saint-Nizier-du-Moucherotte **38** 107 Fd 77
Saint-Nizier-le-Bouchoux **01** 83 Fa 70
Saint-Nizier-le-Désert **01** 95 Fa 72
Saint-Nizier-sous-Charlieu **42** 93 Ea 72
Saint-Nizier-sur-Arroux **71** 81 Ea 68
Saint-Nolff **56** 43 Xc 62
Saint-Nom-la-Bretèche **78** 33 Ca 55
Saint-Offenge **73** 96 Ff 74
Saint-Omer **14** 29 Zd 55
Saint-Omer **62** 3 Cb 44
Saint-Omer-Capelle **62** 3 Ca 43
Saint-Omer-en-Chaussée **60** 17 Ca 51
Saint-Ondras **38** 107 Fd 75
Saint-Onen-la-Chapelle **35** 44 Xf 59
Saint-Oradoux-de-Chirouze **23** 91 Cb 74
Saint-Oradoux-près-Crocq **23** 91 Cc 73
Saint-Orens **32** 126 Af 86
Saint-Orens-de-Gameville **31** 141 Bd 87
Saint-Orens-Pouy-Petit **32** 125 Ac 85
Saint-Ost **32** 139 Ac 88
Saint-Ouen **41** 48 Ba 62
Saint-Ouen **80** 7 Ca 48
Saint-Ouen **93** 33 Cc 55
Saint-Ouen-d'Attez **27** 31 Af 56
Saint-Ouën-de-la-Cour **61** 48 Ad 58
Saint-Ouen-de-Mimbré **72** 47 Aa 59
Saint-Ouen-de-Pontcheuil **27** 15 Af 53
Saint-Ouen-des-Alleux **35** 45 Yd 59
Saint-Ouen-des-Champs **27** 15 Ad 52
Saint-Ouen-de-Sécherouvre **61** 31 Ac 57
Saint-Ouën-des-Toits **53** 46 Za 60
Saint-Ouën-des-Vallon **53** 46 Zc 60
Saint-Ouen-de-Thouberville **27** 15 Af 52
Saint-Ouen-Domprot **51** 36 Ec 57
Saint-Ouen-du-Breuil **76** 15 Ba 51
Saint-Ouen-du-Mesnil-Oger **14** 30 Zf 54
Saint-Ouen-du-Tilleul **27** 15 Af 53
Saint-Ouen-en-Belin **72** 47 Ab 62
Saint-Ouen-en-Brie **77** 34 Cf 57
Saint-Ouen-en-Champagne **72** 47 Ze 61
Saint-Ouen-la-Rouërie **35** 28 Yd 58
Saint-Ouen-l'Aumône **95** 33 Ca 54
Saint-Ouen-le-Brisoult **61** 29 Zd 57
Saint-Ouen-le-Houx **14** 30 Ab 55
Saint-Ouen-le-Mauger **76** 15 Af 50
Saint-Ouen-le-Pin **14** 30 Aa 54
Saint-Ouen-lès-Parey **88** 54 Fe 59
Saint-Ouen-les-Vignes **37** 63 Af 64
Saint-Ouen-Marchefroy **28** 32 Bd 55
Saint-Ouen-sous-Bailly **76** 16 Bb 49
Saint-Ouen-sur-Gartempe **87** 89 Ba 72
Saint-Ouen-sur-Iton **61** 31 Ae 56
Saint-Ouen-sur-Loire **58** 80 Db 67
Saint-Ouen-sur-Maire **61** 30 Ze 56
Saint-Ouen-sur-Morin **77** 34 Db 55
Saint-Oulph **10** 52 Df 57
Saint-Ours **63** 92 Cf 73
Saint-Ours **73** 96 Ff 74
Saint-Outrille **18** 64 Bf 66
Saint-Ovin **50** 28 Ye 56
Saint-Oyen **73** 108 Gc 76
Saint-Pabu **29** 24 Vc 57
Saint-Paër **76** 15 Af 51
Saint-Pair **14** 14 Ze 53
Saint-Pair-sur-Mer **50** 28 Yc 56
Saint-Palais **03** 79 Cb 70
Saint-Palais **18** 65 Cc 65
Saint-Palais **33** 99 Zc 77
Saint-Palais **64** 137 Yf 89
Saint-Palais-de-Négrignac **17** 99 Ze 77
Saint-Palais-de-Phiolin **17** 99 Zc 75
Saint-Palais-du-Né **16** 99 Ze 75
Saint-Palais-sur-Mer **17** 86 Yf 75
Saint-Pal-de-Mons **43** 105 Eb 77
Saint-Pal-de-Senouire **43** 105 Dd 77
Saint-Pancrace **24** 100 Ae 76
Saint-Pancrace **73** 108 Gb 77
Saint-Pancrasse **38** 108 Ff 77
Saint-Pancré **54** 21 Fd 51
Saint-Pandelon **40** 123 Yf 86
Saint-Pantaléon **46** 113 Bb 82
Saint-Pantaléon **84** 132 Fb 85
Saint-Pantaléon-de-Lapleau **19** 103 Cb 77
Saint-Pantaléon-de-Larche **19** 102 Bc 78
Saint-Pantaléon-les-Vignes **26** 118 Fa 82
Saint-Pantaly-d'Ans **24** 101 Af 77
Saint-Papoul **11** 141 Ca 89
Saint-Pardon-de-Conques **33** 111 Ze 81
Saint-Pardoult **17** 87 Zd 73
Saint-Pardoux **23** 91 Cc 72
Saint-Pardoux **63** 92 Da 72
Saint-Pardoux **63** 103 Ce 75
Saint-Pardoux **79** 75 Ze 69
Saint-Pardoux **87** 89 Bb 72
Saint-Pardoux-Corbier **19** 102 Bc 76
Saint-Pardoux-d'Arnet **23** 91 Cc 73
Saint-Pardoux-de-Drône **24** 100 Ac 77
Saint-Pardoux-du-Breuil **47** 112 Ab 82
Saint-Pardoux-Isaac **47** 112 Ac 81
Saint-Pardoux-la-Croisille **19** 102 Bf 77
Saint-Pardoux-la-Rivière **24** 101 Ae 76
Saint-Pardoux-le-Neuf **19** 103 Cb 75
Saint-Pardoux-le-Neuf **23** 91 Cb 73
Saint-Pardoux-les-Cards **23** 91 Ca 72
Saint-Pardoux-le-Vieux **19** 103 Cb 75
Saint-Pardoux-l'Ortigier **19** 102 Bd 78
Saint-Pargoire **34** 143 Dd 87
Saint-Parize-en-Viry **58** 80 Dc 68
Saint-Parize-le-Châtel **58** 80 Db 67
Saint-Parres-aux-Tertres **10** 52 Ea 59
Saint-Parres-lès-Vaudes **10** 52 Eb 59
Saint-Parthem **12** 115 Cb 81
Saint-Pastour **47** 112 Ad 82
Saint-Pastous **65** 138 Zf 90
Saint-Paterne **72** 47 Aa 58
Saint-Paterne-Racan **37** 63 Ac 63
Saint-Pathus **77** 34 Ce 54
Saint-Patrice **37** 62 Ab 65
Saint-Patrice-de-Claids **50** 12 Yd 53
Saint-Patrice-du-Désert **61** 29 Ze 57
Saint-Paul **04** 121 Ge 81
Saint-Paul **06** 134 Ha 86
Saint-Paul **19** 102 Bf 77
Saint-Paul **33** 99 Zc 78
Saint-Paul **60** 17 Ca 52
Saint-Paul **61** 29 Zc 56
Saint-Paul **65** 139 Ad 90
Saint-Paul **73** 107 Fe 74
Saint-Paul **87** 90 Bc 74
Saint-Paul **88** 55 Ff 59
Saint-Paul, Épercieux- **42** 93 Eb 74
Saint-Paul-aux-Bois **02** 18 Db 51
Saint-Paul-Cap-de-Joux **81** 127 Bf 87
Saint-Paul-de-Baïse **32** 125 Ac 86
Saint-Paul-de-Fenouillet **66** 153 Cc 92
Saint-Paul-de-Fourques **27** 15 Ae 53
Saint-Paul-de-Jarrat **09** 152 Bd 91
Saint-Paul-de-Loubressac **46** 115 Bc 83
Saint-Paul-de-Salers **15** 103 Cd 78
Saint-Paul-de-Serre **24** 100 Ad 78
Saint-Paul-des-Landes **15** 115 Cb 79
Saint-Paul-d'Espis **82** 126 Af 84
Saint-Paul-de-Varax **01** 95 Fa 72
Saint-Paul-de-Varces **38** 107 Fd 78
Saint-Paul-de-Vern **46** 114 Bf 79
Saint-Paul-de-Vézelin **42** 93 Ea 73
Saint-Paul-d'Izeaux **38** 107 Fc 77
Saint-Paul-d'Oueil **31** 151 Ad 92
Saint-Paul-du-Bois **49** 61 Zc 66
Saint-Paul-du-Vernay **14** 13 Zb 53
Saint-Paul-d'Uzore **42** 105 Ea 74
Saint-Paul-en-Born **40** 110 Yf 83
Saint-Paul-en-Chablais **74** 97 Gd 70
Saint-Paul-en-Forêt **83** 148 Ge 87
Saint-Paul-en-Jarez **42** 106 Ed 76
Saint-Paul-en-Pareds **85** 75 Za 68
Saint-Paulet-de-Caisson **30** 131 Ed 83
Saint-Paul-et-Valmalle **34** 144 De 87
Saint-Paulien **43** 105 De 78
Saint-Paul-la-Coste **30** 130 Df 84
Saint-Paul-la-Roche **24** 101 Ba 76
Saint-Paul-le-Froid **48** 116 Dd 80
Saint-Paul-le-Gaultier **72** 47 Zf 59
Saint-Paul-le-Jeune **07** 117 Ea 82
Saint-Paul-lès-Dax **40** 123 Yf 86
Saint-Paul-lès-Durance **13** 132 Fe 86
Saint-Paul-les-Font **30** 131 Ed 84
Saint-Paul-les-Romans **26** 107 Fa 78
Saint-Paul-Lizonne **24** 100 Ab 77
Saint-Paul-Mont-Penit **85** 74 Yc 68
Saint-Paul-sur-Isère **73** 108 Gc 75
Saint-Paul-Trois-Châteaux **26** 118 Ee 82
Saint-Pavace **72** 47 Ab 60
Saint-Pé-d'Ardet **31** 139 Ae 91
Saint-Pé-de-Bigorre **65** 138 Zf 90
Saint-Pé-Delbosc **31** 139 Ae 89
Saint-Pé-de-Léren **64** 137 Yf 88
Saint-Pée-sur-Nivelle **64** 136 Yc 88
Saint-Pellerin **50** 12 Ye 53
Saint-Péran **35** 44 Xf 60
Saint-Péravy-la-Colombe **45** 49 Be 61
Saint-Péray **07** 118 Ef 79
Saint-Perdoux **24** 112 Ad 80
Saint-Perdoux **46** 114 Ca 80
Saint-Père **35** 27 Ya 57
Saint-Père **58** 66 Cf 64
Saint-Père **89** 67 De 64
Saint-Père-en-Retz **44** 59 Xf 65
Saint-Père-sur-Loire **45** 65 Cc 62
Saint-Péreuse **58** 81 De 66
Saint-Pern **35** 44 Ya 59
Saint-Perreux **56** 44 Xf 62
Saint-Pé-Saint-Simon **47** 125 Aa 84
Saint-Péver **22** 26 Wf 58
Saint-Pey-d'Armens **33** 111 Zf 79
Saint-Pey-de-Castets **33** 111 Zf 80
Saint-Phal **10** 52 Df 60
Saint-Philbert-de-Grand-Lieu **44** 60 Yc 66
Saint-Philbert-des-Champs **14** 14 Ab 53
Saint-Philbert-du-Peuple **49** 62 Zf 64
Saint-Philbert-en-Mauges **49** 61 Yf 66
Saint-Philbert-sur-Risle **27** 15 Ad 53
Saint-Philibert **21** 69 Fa 65
Saint-Philibert **56** 58 Wf 63
Saint-Philippe-d'Aiguille **33** 111 Zf 79
Saint-Philippe-du-Seignal **33** 112 Ab 80
Saint-Piat **28** 32 Bd 57
Saint-Pierre **04** 134 Gf 85
Saint-Pierre **31** 127 Bd 87
Saint-Pierre **39** 84 Ff 69
Saint-Pierre **51** 35 Eb 55
Saint-Pierre **67** 57 Hc 58
Saint-Pierre-à-Arnes **08** 20 Ec 53
Saint-Pierre-Aigle **02** 18 Db 53
Saint-Pierre-Avez **05** 133 Fe 83
Saint-Pierre-Azif **14** 14 Aa 53
Saint-Pierre-Bellevue **23** 90 Bf 73
Saint-Pierre-Bénouville **76** 15 Af 50
Saint-Pierre-Bois **67** 56 Hc 59
Saint-Pierre-Brouck **59** 3 Cb 43
Saint-Pierre-Canivet **14** 30 Ze 55
Saint-Pierre-Colamine **63** 104 Cf 75
Saint-Pierre-d'Albigny **73** 108 Ga 75
Saint-Pierre-d'Alvey **73** 107 Fe 75
Saint-Pierre-d'Amilly **17** 87 Zb 71
Saint-Pierre-d'Argençon **05** 119 Fe 81
Saint-Pierre-d'Arthéglise **50** 12 Yb 52
Saint-Pierre-d'Aubézies **32** 125 Aa 87
Saint-Pierre-d'Aurillac **33** 111 Ze 81
Saint-Pierre-d'Autils **27** 32 Bc 54
Saint-Pierre-d'Avellard **38** 108 Ga 76
Saint-Pierre-de-Bat **33** 111 Ze 80
Saint-Pierre-de-Belleville **73** 108 Gb 76
Saint-Pierre-de-Bœuf **42** 106 Ee 76
Saint-Pierre-de-Bressieux **38** 107 Fb 77
Saint-Pierre-de-Buzet **47** 125 Ab 83
Saint-Pierre-de-Cernières **27** 31 Ad 55
Saint-Pierre-de-Chandieu **69** 106 Fa 75
Saint-Pierre-de-Chartreuse **38** 108 Fe 76
Saint-Pierre-de-Chérennes **38** 107 Fc 78
Saint-Pierre-de-Chevillé **72** 63 Ac 63
Saint-Pierre-de-Chignac **24** 101 Af 78
Saint-Pierre-de-Clairac **47** 126 Ae 83
Saint-Pierre-de-Côle **24** 101 Ae 76
Saint-Pierre-de-Colombier **07** 117 Eb 80
Saint-Pierre-de-Curtille **73** 96 Fe 74
Saint-Pierre-de-Forcats **66** 153 Ca 94
Saint-Pierre-de-Frugie **24** 101 Ba 75
Saint-Pierre-de-Fursac **23** 90 Bd 72
Saint-Pierre-de-Genebroz **73** 107 Fe 76
Saint-Pierre-de-Jards **36** 78 Bf 66
Saint-Pierre-de-Juillers **17** 87 Zd 73
Saint-Pierre-de-la-Fage **34** 129 Dc 86
Saint-Pierre-de-Lages **31** 141 Bd 87
Saint-Pierre-de-Maillé **86** 77 Af 68
Saint-Pierre-de-Mailloc **14** 30 Ab 54
Saint-Pierre-de-Manneville **76** 15 Af 52
Saint-Pierre-de-Méaroz **38** 120 Fe 79
Saint-Pierre-d'Entremont **61** 29 Zc 56
Saint-Pierre-d'Entremont **73** 108 Ff 76
Saint-Pierre-de-Plesguen **35** 27 Ya 58
Saint-Pierre-de-Rivière **09** 152 Bd 91
Saint-Pierre-de-Salerne **27** 15 Ad 53
Saint-Pierre-des-Bois **72** 47 Zf 61
Saint-Pierre-des-Champs **11** 142 Cd 90
Saint-Pierre-des-Corps **37** 63 Ae 64
Saint-Pierre-des-Echaubrognes **79** 75 Zb 67
Saint-Pierre-de-Semilly **50** 29 Za 54
Saint-Pierre-des-Fleurs **27** 15 Af 53
Saint-Pierre-des-Ifs **14** 30 Ab 54
Saint-Pierre-des-Ifs **27** 15 Ad 53
Saint-Pierre-des-Jonquières **76** 16 Bc 49
Saint-Pierre-des-Landes **53** 46 Yf 59
Saint-Pierre-des-Loges **61** 31 Ac 56
Saint-Pierre-des-Nids **53** 47 Zf 58
Saint-Pierre-des-Ormes **72** 47 Ac 59
Saint-Pierre-de-Soucy **73** 108 Ga 76
Saint-Pierre-des-Tripiers **48** 129 Db 83
Saint-Pierre-de-Trivisy **81** 128 Cc 86
Saint-Pierre-de-Varengeville **76** 15 Af 51
Saint-Pierre-de-Varennes **71** 82 Ec 67
Saint-Pierre-de-Vassols **84** 132 Fa 84
Saint-Pierre-d'Exideuil **86** 88 Ab 72
Saint-Pierre-d'Eyraud **24** 112 Ab 79
Saint-Pierre-d'Irube **64** 136 Yd 88
Saint-Pierre-d'Oléron **17** 86 Ye 73
Saint-Pierre-du-Bosguérard **27** 15 Af 53
Saint-Pierre-du-Bû **14** 30 Ze 55
Saint-Pierre-du-Champ **43** 105 Df 77
Saint-Pierre-du-Chemin **85** 75 Zb 68
Saint-Pierre-du-Fresne **14** 29 Za 59
Saint-Pierre-du-Jonquet **14** 14 Zf 53
Saint-Pierre-du-Lorouër **72** 47 Ad 62
Saint-Pierre-du-Mesnil **27** 31 Ad 55
Saint-Pierre-du-Mont **14** 13 Za 52
Saint-Pierre-du-Mont **40** 124 Zc 65
Saint-Pierre-du-Mont **58** 66 Dc 64
Saint-Pierre-du-Palais **17** 99 Zf 77
Saint-Pierre-du-Perray **91** 33 Cd 57
Saint-Pierre-du-Val **27** 14 Ac 52
Saint-Pierre-du-Vauvray **27** 16 Bb 53
Saint-Pierre-Église **50** 12 Yd 50
Saint-Pierre-en-Faucigny **74** 96 Gc 72
Saint-Pierre-en-Port **76** 15 Ac 50
Saint-Pierre-en-Val **76** 6 Bc 48
Saint-Pierre-en-Vaux **21** 82 Ed 66
Saint-Pierre-ès-Champs **60** 16 Be 52
Saint-Pierre-la-Bourlhonne **63** 105 De 74
Saint-Pierre-la-Bruyère **61** 48 Ae 58
Saint-Pierre-la-Cour **53** 46 Yf 60
Saint-Pierre-Lafeuille **46** 113 Bc 81
Saint-Pierre-Langers **50** 28 Yd 56
Saint-Pierre-la-Noaille **42** 93 Ea 71
Saint-Pierre-la-Palud **69** 94 Ed 74
Saint-Pierre-la-Roche **07** 118 Ed 81
Saint-Pierre-Laval **03** 93 De 71
Saint-Pierre-la-Vieille **14** 29 Zc 55
Saint-Pierre-le-Bost **23** 91 Cb 70
Saint-Pierre-le-Chastel **63** 91 Cf 74
Saint-Pierre-le-Moûtier **58** 80 Da 68
Saint-Pierre-lès-Bitry **60** 18 Da 52
Saint-Pierre-les-Bois **18** 79 Cb 69
Saint-Pierre-les-Etieux **18** 79 Cd 68
Saint-Pierre-lès-Franqueville **02** 19 De 50
Saint-Pierre-lès-Nemours **77** 50 Ce 59
Saint-Pierre-le-Vieux **71** 94 Ed 71
Saint-Pierre-le-Vieux **76** 15 Af 49
Saint-Pierre-le-Vieux **85** 75 Zb 70
Saint-Pierre-le-Viger **76** 15 Af 49
Saint-Pierremont **02** 19 Df 50
Saint-Pierremont **08** 20 Ef 52
Saint-Pierremont **88** 55 Gd 58
Saint-Pierre-Montlimart **49** 61 Yf 65
Saint-Pierre-Quiberon **56** 58 Wf 63
Saint-Pierre-Roche **63** 91 Ce 74
Saint-Pierre-sur-Dives **14** 30 Zf 54
Saint-Pierre-sur-Doux **07** 106 Ec 78
Saint-Pierre-sur-Dropt **47** 112 Ab 81
Saint-Pierre-sur-Erve **53** 46 Zc 60
Saint-Pierre-sur-Orthe **53** 47 Ze 59
Saint-Pierre-sur-Vence **08** 20 Ee 50
Saint-Pierre-Tarentaine **14** 29 Zb 55
Saint-Pierre-Toirac **46** 114 Bf 81
Saint-Pierreville **07** 118 Ec 80
Saint-Pierrevillers **55** 21 Fe 52
Saint-Plaisir **03** 80 Cf 69
Saint-Plancard **31** 139 Ad 89
Saint-Planchers **50** 28 Yc 56
Saint-Plantaire **36** 78 Be 70
Saint-Point **71** 94 Ed 70
Saint-Point-Lac **25** 84 Gb 68
Saint-Pois **50** 29 Yf 56
Saint-Poix **53** 45 Yf 61
Saint-Pol-de-Léon **29** 25 Wa 56
Saint-Polgues **42** 93 Df 73
Saint-Pol-sur-Ternoise **62** 7 Cc 46
Saint-Polycarpe **11** 142 Cb 90
Saint-Pompain **79** 75 Zc 70
Saint-Pompont **24** 113 Ba 80
Saint-Poncy **15** 104 Db 78
Saint-Pons **04** 121 Gd 82
Saint-Pons **07** 118 Ed 81
Saint-Pons-de-Mauchiens **34** 143 Dd 87
Saint-Pons-de-Thomières **34** 142 Ce 88
Saint-Pons-la-Calm **30** 131 Ed 84
Saint-Pont **03** 92 Db 72
Saint-Porchaire **17** 87 Zb 74
Saint-Porquier **82** 126 Bb 84
Saint-Pôtan **22** 27 Xe 57
Saint-Pouange **10** 52 Ea 59
Saint-Pourçain-sur-Besbre **03** 81 Dd 70
Saint-Pourçain-sur-Sioule **03** 92 Db 71
Saint-Prancher **88** 55 Ff 58
Saint-Préjet-Armandon **43** 104 Dd 77
Saint-Préjet-d'Allier **43** 117 Dd 79
Saint-Prest **28** 32 Bd 58
Saint-Preuil **16** 99 Ze 75
Saint-Priest **07** 118 Ed 80
Saint-Priest **23** 91 Cc 72
Saint-Priest **pus** 106 Ef 74
Saint-Priest-Bramefant **63** 92 Dc 72
Saint-Priest-d'Andelot **03** 92 Db 72
Saint-Priest-de-Gimel **19** 102 Bf 78
Saint-Priest-des-Champs **63** 91 Ce 73
Saint-Priest-en-Jarrez **42** 106 Ec 76
Saint-Priest-en-Murat **03** 92 Cf 70
Saint-Priest-la-Feuille **23** 90 Bd 71
Saint-Priest-la-Marche **18** 79 Cb 70
Saint-Priest-la-Plaine **23** 90 Bd 71
Saint-Priest-la-Prugne **42** 93 De 73
Saint-Priest-la-Roche **42** 93 Ea 73
Saint-Priest-la-Vêtre **42** 93 De 74
Saint-Priest-les-Fougères **24** 101 Ba 75
Saint-Priest-Ligoure **87** 101 Bb 75
Saint-Priest-sous-Aixe **87** 89 Ba 74
Saint-Priest-Taurion **87** 90 Bc 73
Saint-Prim **38** 106 Ee 76
Saint-Privat **07** 118 Ec 81
Saint-Privat **19** 102 Ca 78
Saint-Privat **24** 100 Ab 77
Saint-Privat **24** 101 Af 77
Saint-Privat **34** 129 Dc 86
Saint-Privat-d'Allier **43** 117 De 79
Saint-Privat-de-Champclos **30** 131 Ec 83
Saint-Privat-des-Vieux **30** 130 Ea 84
Saint-Privat-de-Vallongue **48** 130 Df 83
Saint-Privat-du-Dragon **43** 104 Dc 77
Saint-Privat-du-Fau **48** 116 Dc 79
Saint-Privat-la-Montagne **57** 38 Ga 53
Saint-Privé **71** 82 Ed 68
Saint-Privé **89** 66 Da 62
Saint-Prix **03** 93 Dd 71
Saint-Prix **07** 118 Ec 79
Saint-Prix **71** 81 Ea 67
Saint-Prix-lès-Arnay **21** 81 Ec 66
Saint-Projet **46** 114 Bc 80
Saint-Projet **82** 114 Be 82
Saint-Projet-de-Salers **15** 103 Cd 78
Saint-Projet-Saint-Constant **16** 88 Ac 74
Saint-Prouant **85** 75 Za 68
Saint-Python **59** 9 Dc 47
Saint-Pyvré-Saint-Mesmin **45** 49 Bf 61
Saint-Quantin-de-Rançanne **17** 99 Zc 75
Saint-Quay **22** 26 Xa 57
Saint-Quay-Perros **22** 26 Wd 56
Saint-Quay-Portrieux **22** 26 Xb 57
Saint-Quentin **02** 18 Db 49
Saint-Quentin-au-Bosc **76** 6 Bb 49
Saint-Quentin-de-Baron **33** 111 Ze 80
Saint-Quentin-de-Blavou **61** 47 Ac 58
Saint-Quentin-de-Caplong **33** 112 Aa 80
Saint-Quentin-de-Chalais **16** 100 Aa 77
Saint-Quentin-des-Isles **27** 31 Ad 54
Saint-Quentin-des-Prés **60** 16 Be 51
Saint-Quentin-du-Dropt **47** 112 Ad 80
Saint-Quentin-en-Mauges **49** 61 Za 65
Saint-Quentin-en-Tourmont **80** 6 Bd 47
Saint-Quentin-en-Yvelines **78** 32 Bf 56
Saint-Quentin-Fallavier **38** 107 Fa 75
Saint-Quentin-la-Chabanne **23** 91 Ca 73
Saint-Quentin-la-Motte-Croix-au-Bailly **80** 6 Bc 48
Saint-Quentin-la-Poterie **30** 131 Ec 84
Saint-Quentin-la-Tour **09** 141 Bf 90
Saint-Quentin-le-Petit **08** 19 Ea 51
Saint-Quentin-les-Anges **53** 46 Za 62
Saint-Quentin-lès-Beaurepaire **49** 62 Zf 63
Saint-Quentin-les-Chardonnets **61** 29 Zb 56
Saint-Quentin-les-Marais **51** 36 Ed 56
Saint-Quentin-le-Verger **51** 35 De 57
Saint-Quentin-sur-Charente **16** 89 Ae 73
Saint-Quentin-sur-Coole **51** 35 Eb 55
Saint-Quentin-sur-Indrois **37** 63 Ba 65
Saint-Quentin-sur-Isère **38** 107 Fd 77
Saint-Quentin-sur-le-Homme **50** 28 Ye 57
Saint-Quentin-sur-Nohain **58** 66 Da 64
Saint-Quentin-sur-Sauxillanges **63** 104 Dc 75
Saint-Quintin-sur-Sioule **63** 92 Da 72
Saint-Quirc **09** 140 Bd 89
Saint-Quirin **57** 39 Ha 57
Saint-Rabier **24** 101 Ba 77
Saint-Racho **71** 94 Ec 71

200 (F) **Saint-Michel-de-Chaillol — Saint-Racho**

Saint-Rambert-en-Bugey 01 95 Fc 73
Saint-Raphaël 24 101 Ba 77
Saint-Raphaël 83 148 Ge 88
Saint-Regis-du-Coin 42 106 Ec 77
Saint-Règle 37 63 Ba 64
Saint-Remèze 07 118 Ed 82
Saint-Remimont 54 55 Gb 57
Saint-Remimont 88 55 Ff 59
Saint-Rémy 01 95 Fa 71
Saint-Rémy 12 114 Ca 82
Saint-Rémy 12 128 Ce 84
Saint-Rémy 14 29 Zd 55
Saint-Rémy 19 103 Cb 75
Saint-Rémy 21 68 Eb 63
Saint-Rémy 24 112 Ab 79
Saint-Rémy 70 55 Ga 61
Saint-Rémy 71 82 Ef 68
Saint-Rémy 79 75 Zc 70
Saint-Rémy 79 75 Ze 70
Saint-Rémy 88 56 Ge 58
Saint-Rémy-au-Bois 62 7 Bf 46
Saint-Rémy-aux-Bois 54 55 Gc 58
Saint-Rémy-Blanzy 02 18 Db 53
Saint-Rémy-Boscrocourt 76 6 Bc 48
Saint-Rémy-Chaussée 59 9 Df 47
Saint-Rémy-de-Blot 63 92 Cf 72
Saint-Rémy-de-Chargnat 63 104 Db 75
Saint-Rémy-de-Chaudes-Aigues 15 116 Da 80
Saint-Rémy-de-Maurienne 73 108 Gb 76
Saint-Rémy-de-Provence 13 131 Ee 86
Saint-Rémy-des-Landes 50 12 Yc 53
Saint-Rémy-des-Monts 72 47 Ac 59
Saint-Rémy-du-Nord 59 9 Df 47
Saint-Rémy-du-Plain 35 45 Yc 58
Saint-Rémy-du-Val 72 47 Ab 58
Saint-Rémy-en-Bouzemont-Saint-Genest-et-Isson 51 52 Ed 57
Saint-Rémy-en-l'Eau 60 17 Cc 52
Saint-Rémy-en-Mauges 49 60 Yf 65
Saint-Rémy-en-Rollat 03 92 Dc 71
Saint-Rémy-la-Calonne 55 37 Fd 54
Saint-Rémy-la-Vanne 77 34 Db 56
Saint-Rémy-la-Varenne 49 61 Ze 64
Saint-Rémy-lès-Chevreuse 78 33 Ca 56
Saint-Rémy-l'Honoré 78 32 Bf 56
Saint-Rémy-sous-Barbuise 10 52 Ea 58
Saint-Rémy-sous-Broyes 51 35 De 56
Saint-Rémy-sur-Avre 28 32 Bb 56
Saint-Rémy-sur-Bussy 51 36 Ed 54
Saint-Rémy-sur-Creuse 86 77 Ae 67
Saint-Rémy-sur-Durolle 63 92 Dd 73
Saint-Renan 29 24 Vc 58
Saint-Révérend 85 73 Yb 68
Saint-Révérien 58 67 Dd 65
Saint-Rieul 22 27 Xd 58
Saint-Rimay 41 63 Af 62
Saint-Riquier 80 7 Bf 48
Saint-Riquier-en-Rivière 76 16 Bd 49
Saint-Riquier-ès-Plains 76 15 Ad 49
Saint-Rirand 42 93 Df 72
Saint-Rivoal 29 25 Wa 58
Saint-Robert 19 101 Bb 77
Saint-Robert 47 126 Ae 83
Saint-Roch 37 63 Ad 64
Saint-Roch-sur-Ergenne 61 29 Zb 57
Saint-Rogatien 17 86 Yf 72
Saint-Romain 16 100 Aa 77
Saint-Romain 21 82 Ee 66
Saint-Romain 63 105 Df 76
Saint-Romain 86 88 Ac 71
Saint-Romain-de-Benet 17 86 Za 74
Saint-Romain-de-Colbosc 76 14 Ac 51
Saint-Romain-de-Lerps 07 118 Ee 79
Saint-Romain-de-Monpazier 24 113 Af 80
Saint-Romain-de-Popay 69 94 Ed 74
Saint-Romain-de-Popey 69 94 Ed 73
Saint-Romain-de-Surieu 38 106 Ef 76
Saint-Romain-d'Urfé 42 93 De 73
Saint-Romain-en-Jarez 42 106 Ed 75
Saint-Romain-en-Viennois 84 132 Fa 83
Saint-Romain-Lachalm 43 106 Eb 77
Saint-Romain-la-Motte 42 93 Df 72
Saint-Romain-la-Virvée 33 99 Zd 79
Saint-Romain-le-Noble 47 126 Ae 84
Saint-Romain-le-Preux 89 51 Db 61
Saint-Romain-le-Puy 42 105 Ea 75
Saint-Romain-les-Atheux 42 106 Ec 76
Saint-Romain-sous-Gourdon 71 82 Ec 69
Saint-Romain-sous-Versigny 71 81 Eb 69
Saint-Romain-sur-Cher 41 64 Bc 65
Saint-Romain-sur-Gironde 17 99 Zb 76
Saint-Roman 26 119 Fc 80
Saint-Roman-de-Codières 30 130 De 85
Saint-Roman-de-Malegarde 84 118 Ee 83
Saint-Romans-des-Champs 79 87 Zd 71
Saint-Romans-lès-Melle 79 87 Ze 71
Saint-Rome 31 141 Be 88
Saint-Rome-de-Cernon 12 129 Cf 84
Saint-Rome-de-Dolan 48 129 Db 83
Saint-Rome-de-Tarn 12 129 Cf 84
Saint-Romphaire 50 29 Yf 54
Saint-Rustice 31 126 Bc 86
Saintry-sur-Seine 91 33 Cd 57
Saints 77 34 Da 56
Saints 89 66 Db 63
Saint-Saëns 76 16 Bb 50
Saint-Saire 76 16 Bc 50
Saint-Salvadour 19 102 Be 76
Saint-Salvi-de-Carcavès 81 128 Cd 86
Saint-Salvy 47 112 Ac 83
Saint-Salvy-de-la-Balme 81 128 Cc 87
Saint-Samson 14 14 Zf 53
Saint-Samson 53 30 Ze 58
Saint-Samson-de-Bonfossé 50 29 Yf 54
Saint-Samson-de-la-Roque 27 15 Ac 52
Saint-Samson-la-Poterie 60 16 Be 51
Saint-Samson-sur-Rance 22 27 Xf 58
Saint-Sandoux 63 104 Da 75
Saint-Santin-Cantalès 15 103 Cb 78
Saint-Sardos 47 112 Ac 82
Saint-Sardos 82 126 Ba 85
Saint-Satin-de-Maurs 12 115 Cb 81
Saint-Satur 18 66 Cf 64
Saint-Saturin-lès-Avignon 84 131 Ef 85
Saint-Saturnin 15 103 Ce 77
Saint-Saturnin 16 88 Aa 75
Saint-Saturnin 18 79 Cb 69
Saint-Saturnin 34 129 Dc 86
Saint-Saturnin 48 116 Db 82
Saint-Saturnin 51 35 Df 57
Saint-Saturnin 63 104 Da 75
Saint-Saturnin 72 47 Aa 60
Saint-Saturnin-d'Apt 84 132 Fc 85
Saint-Saturnin-de-Lenne 12 116 Da 82
Saint-Saturnin-du-Bois 17 87 Zb 72
Saint-Saturnin-du-Limet 53 45 Yf 62
Saint-Saturnin-sur-Loire 49 61 Zd 64
Saint-Saufiieu 80 17 Cb 50
Saint-Saulge 58 81 Dd 66
Saint-Saulve 59 9 Dd 46
Saint-Saury 15 114 Ca 79
Saint-Sauvant 17 87 Zc 74
Saint-Sauvant 86 76 Aa 70
Saint-Sauves-d'Auvergne 63 103 Ce 75
Saint-Sauveur 21 69 Fc 64
Saint-Sauveur 24 112 Ad 79
Saint-Sauveur 29 25 Wa 58
Saint-Sauveur 31 126 Bc 86
Saint-Sauveur 33 98 Za 77
Saint-Sauveur 54 39 Gf 57
Saint-Sauveur 60 18 Ce 53
Saint-Sauveur 70 70 Gc 62
Saint-Sauveur 80 7 Cb 49
Saint-Sauveur 86 77 Ad 68
Saint-Sauveur, Caubon- 47 112 Ab 81
Saint-Sauveur-d'Aunis 17 86 Za 71
Saint-Sauveur-de-Bonnefossé 50 28 Ye 54
Saint-Sauveur-de-Carrouges 61 30 Zf 57
Saint-Sauveur-de-Cruzières 07 130 Eb 83
Saint-Sauveur-de-Flée 49 46 Zb 62
Saint-Sauveur-de-Ginestoux 48 116 Dd 80
Saint-Sauveur-de-Landemont 49 60 Ye 65
Saint-Sauveur-d'Emalleville 76 14 Ab 51
Saint-Sauveur-de-Meilhan 47 111 Zf 82
Saint-Sauveur-de-Montagut 07 118 Ed 80
Saint-Sauveur-de-Peyre 48 116 Db 81
Saint-Sauveur-de-Puynormand 33 99 Zf 79
Saint-Sauveur-des-Landes 35 45 Ye 58
Saint-Sauveur-des-Pourcils 30 129 Dc 84
Saint-Sauveur-en-Puisaye 89 66 Db 63
Saint-Sauveur-en-Rue 42 106 Ec 77
Saint-Sauveur-Lalande 24 100 Ab 79
Saint-Sauveur-la-Pommeraye 50 28 Yd 55
Saint-Sauveur-la-Vallée 46 114 Bd 81
Saint-Sauveur-Lendelin 50 12 Yd 54
Saint-Sauveur-lès-Bray 77 51 Db 58
Saint-Sauveur-le-Vicomte 50 12 Yc 52
Saint-Sauveur-Marville 28 32 Bb 57
Saint-Sauveur-sur-École 77 50 Cd 58
Saint-Sauveur-sur-Tinée 06 134 Ha 84
Saint-Sauvier 03 91 Cb 70
Saint-Sauvy 32 126 Ae 86
Saint-Saveur 05 121 Gd 81
Saint-Saveur-en-Diois 26 119 Fa 80
Saint-Saveur-Gouvernet 26 119 Fc 82
Saint-Savin 33 99 Zd 78
Saint-Savin 38 107 Fb 75
Saint-Savin 65 138 Zf 91
Saint-Savin 86 77 Af 69
Saint-Savinien 17 87 Zb 73
Saint-Saviol 86 88 Ab 72
Saint-Savourin 13 146 Fd 88
Saint-Sébastian 38 120 Fe 79
Saint-Sébastien 23 90 Bd 70
Saint-Sébastien-de-Morsent 27 31 Ba 54
Saint-Sébastien-de-Raids 50 12 Yd 53
Saint-Sébastien-sur-Loire 44 60 Yc 65
Saint-Secondin 86 88 Ac 71
Saint-Ségal 29 42 Vf 59
Saint-Séglin 35 44 Xf 61
Saint-Seine 58 81 De 68
Saint-Seine-en-Bâche 21 69 Fc 66
Saint-Seine-l'Abbaye 21 68 Ee 64
Saint-Seine-sur-Vingeanne 21 69 Fc 63
Saint-Selve 33 111 Zd 80
Saint-Senier-de-Beuvron 50 28 Ye 57
Saint-Senier-sous-Avranches 50 28 Yd 56
Saint-Senoch 37 77 Af 66
Saint-Senoux 35 44 Yb 61
Saint-Sériès 34 130 Ea 86
Saint-Sernin 07 118 Ec 81
Saint-Sernin 11 141 Be 89
Saint-Sernin 11 141 Ca 91
Saint-Sernin 47 112 Ab 80
Saint-Sernin-du-Bois 71 82 Ec 67
Saint-Sernin-du-Plain 71 82 Ed 67
Saint-Sernin-lès-Lavaur 81 141 Bf 87
Saint-Sernin-sur-Rance 12 128 Cd 85
Saint-Sérotin 89 51 Da 59
Saint-Servais 22 26 Wd 58
Saint-Servais 29 25 Vf 57
Saint-Servant 56 44 Xc 61
Saint-Setiers 19 102 Ca 75
Saint-Seurin-de-Bourg 33 99 Zc 78
Saint-Seurin-de-Cadourne 33 98 Zb 77
Saint-Seurin-de-Cursac 33 99 Zc 78
Saint-Seurin-de-Palenne 17 99 Zc 75
Saint-Seurin-de-Prats 24 112 Aa 79
Saint-Seurin-sur-l'Isle 33 100 Zf 78
Saint-Sève 29 25 Wa 57
Saint-Sève 33 111 Zf 81
Saint-Sever 40 124 Zc 86
Saint-Sever-Calvados 14 29 Yf 55
Saint-Sever-de-Rustan 65 139 Ab 88
Saint-Sever-de-Saintonge 17 87 Zc 74
Saint-Séverin 16 100 Ab 77
Saint-Séverin-sur-Boutonne 17 87 Zd 72
Saints-Geosmes 52 54 Fc 61
Saint-Siffren 30 131 Ec 84
Saint-Sigismond 45 49 Be 61
Saint-Sigismond 49 61 Za 64
Saint-Sigismond 74 97 Gd 72
Saint-Sigismond 85 75 Zb 70
Saint-Sigismond-de-Clermont 17 99 Zc 76
Saint-Silvain-Bas-le-Roc 23 91 Cb 71
Saint-Silvain-Bellegarde 23 91 Cb 73
Saint-Silvain-Montaigut 23 90 Be 72
Saint-Silvain-Sous-Toulx 23 91 Cb 71
Saint-Siméon 27 15 Ad 53
Saint-Simeon 61 29 Zb 58
Saint-Siméon 77 34 Db 56
Saint-Simeux 16 100 Zf 75
Saint-Simon 02 18 Db 50
Saint-Simon 15 115 Cc 79
Saint-Simon 46 114 Bf 80
Saint-Simon-de-Bordes 17 99 Zd 76
Saint-Simon-de-Pellouaille 17 99 Zb 75
Saint-Sixt 74 96 Gb 72
Saint-Sixte 42 93 Df 74
Saint-Sixte 47 126 Ae 84
Saint-Solve 19 101 Bc 77
Saint-Sorlin 69 106 Ed 75
Saint-Sorlin-d'Arves 73 108 Gb 77
Saint-Sorlin-de-Cônac 17 99 Zb 76
Saint-Sorlin-de-Morestel 38 107 Fc 75
Saint-Sorlin-de-Vienne 38 106 Ef 76
Saint-Sorlin-en-Bugey 01 95 Fc 73
Saint-Sorlin-en-Valloire 26 106 Ef 77
Saint-Sornin 03 92 Da 70
Saint-Sornin 16 88 Ac 74
Saint-Sornin 17 86 Za 74
Saint-Sornin-la-Marche 87 89 Af 71
Saint-Sornin-Lavolps 19 101 Bc 76
Saint-Sornin-Leulac 87 89 Bb 71
Saint-Soulan 32 140 Af 87
Saint-Souplet 59 9 Dd 48
Saint-Souplet-sur-Py 51 20 Ec 53
Saint-Soupplets 77 34 Ce 54
Saint-Sozy 46 114 Bd 79
Saint-Stail 88 56 Ha 58
Saint-Suliac 35 27 Ya 57
Saint-Sulpice 01 94 Fa 71
Saint-Sulpice 41 64 Bb 63
Saint-Sulpice 46 114 Be 81
Saint-Sulpice 49 61 Zd 64
Saint-Sulpice 53 46 Zb 61
Saint-Sulpice 58 80 Dc 66
Saint-Sulpice 60 17 Ca 52
Saint-Sulpice 63 103 Cd 75
Saint-Sulpice 70 70 Gc 63
Saint-Sulpice 73 108 Ff 75
Saint-Sulpice 81 127 Be 86
Saint-Sulpice-d'Arnoult 17 86 Za 74
Saint-Sulpice-de-Cognac 16 87 Zd 74
Saint-Sulpice-de-Faleyrens 33 111 Ze 79
Saint-Sulpice-de-Favières 91 33 Cb 57
Saint-Sulpice-de-Graimbouville 27 15 Ac 52
Saint-Sulpice-de-Guilleragues 33 112 Aa 81
Saint-Sulpice-de-Mareuil 24 100 Ad 76
Saint-Sulpice-de-Pommiers 33 111 Zf 80
Saint-Sulpice-de-Roumaghac 24 100 Ac 77
Saint-Sulpice-de-Royan 17 86 Yf 74
Saint-Sulpice-de-Ruffec 16 88 Ab 73
Saint-Sulpice-des-Landes 35 45 Yc 62
Saint-Sulpice-des-Landes 44 60 Ye 63
Saint-Sulpice-des-Rivoires 38 107 Fd 76
Saint-Sulpice-d'Excideuil 24 101 Ba 76
Saint-Sulpice-en-Pareds 85 75 Za 69
Saint-Sulpice-et-Cameyrac 33 111 Zd 79
Saint-Sulpice-la-Forêt 35 45 Yc 59
Saint-Sulpice-Laurière 87 90 Bc 72
Saint-Sulpice-le-Dunois 23 90 Be 71
Saint-Sulpice-le-Guérétois 23 90 Be 71
Saint-Sulpice-les-Bois 19 103 Ca 75
Saint-Sulpice-les-Champs 23 90 Ca 73
Saint-Sulpice-les-Feuilles 87 90 Bc 71
Saint-Sulpice-le-Verdon 85 74 Yd 67
Saint-Sulpice-sur-Lèze 31 140 Bb 89
Saint-Sulpice-sur-Risle 61 31 Ad 56
Saint-Supplet 54 21 Fe 52
Saint-Sylvain 14 30 Ze 54
Saint-Sylvain 19 102 Bf 77
Saint-Sylvain 76 15 Ae 49
Saint-Sylvain-d'Anjou 49 61 Zd 63
Saint-Sylvestre 07 118 Ee 79
Saint-Sylvestre 74 96 Ga 73
Saint-Sylvestre-Cappel 59 4 Cd 44
Saint-Sylvestre-de-Cormeilles 27 14 Ac 53
Saint-Sylvestre-Pragoulin 63 92 Dc 72
Saint-Sylvestre-sur-Lot 47 113 Ae 82
Saint-Symphorien 18 79 Cb 68
Saint-Symphorien 27 15 Ac 53
Saint-Symphorien 33 111 Zd 82
Saint-Symphorien 48 117 Dd 79
Saint-Symphorien 72 47 Zf 60
Saint-Symphorien 79 87 Zd 71
Saint-Symphorien-de-Lay 42 93 Eb 73
Saint-Symphorien-de-Mahun 07 106 Ec 78
Saint-Symphorien-de-Marmagne 71 82 Eb 67
Saint-Symphorien-des-Bois 71 93 Eb 71
Saint-Symphorien-des-Bruyères 61 31 Ad 56
Saint-Symphorien-des-Monts 50 29 Za 57
Saint-Symphorien-de-Thénières 12 115 Ce 80
Saint-Symphorien-d'Ozon 69 106 Ef 75
Saint-Symphorien-le-Château 28 32 Be 57
Saint-Symphorien-les-Ponceaux 37 62 Ac 64
Saint-Symphorien-sous-Chomérac 07 118 Ee 80
Saint-Symphorien-sur-Coise 69 106 Ec 75
Saint-Symphorien-sur-Couze 87 89 Bb 72
Saint-Symphorien-sur-Saône 21 83 Fb 66
Saint-Thégonnec 29 25 Wa 57
Saint-Thélo 22 43 Xa 59
Saint-Théodorit 30 130 Ea 85
Saint-Théoffrey 38 120 Fe 79
Saint-Thibaud-de-Couz 73 108 Ff 75
Saint-Thibault 02 19 Dd 53
Saint-Thibault 10 52 Ea 59
Saint-Thibault 21 68 Ec 64
Saint-Thibault 60 16 Bf 50
Saint-Thibéry 34 143 Dc 88
Saint-Thiébaud 39 84 Ff 67
Saint-Thiébault 52 54 Fd 59
Saint-Thierry 51 19 Df 53
Saint-Thois 29 42 Wa 60
Saint-Thomas 02 19 De 52
Saint-Thomas 31 140 Ba 87
Saint-Thomas-de-Conac 17 99 Zb 76
Saint-Thomas-de-Courceriers 53 47 Ze 59
Saint-Thomas-en-Argonne 51 36 Ef 53
Saint-Thomas-la-Garde 42 105 Ea 75
Saint-Thomé 07 118 Ed 81
Saint-Thonan 29 24 Ve 58
Saint-Thual 35 44 Ya 58
Saint-Thurial 35 44 Ya 60
Saint-Thuriau 56 43 Xa 60
Saint-Thurien 27 15 Ad 52
Saint-Thurien 29 42 Wc 61
Saint-Thurin 42 93 Df 74
Saint-Tricat 62 3 Be 43
Saint-Trimoël 22 27 Xc 58
Saint-Trinit 84 132 Fc 84
Saint-Trivier-de-Courtes 01 83 Fa 70
Saint-Trivier-sur-Moignans 01 94 Ef 72
Saint-Trojan 33 99 Zc 78
Saint-Trojan-les-Bains 17 86 Ye 73
Saint-Tropez 83 148 Gd 89
Saint-Tugdual 56 43 Wd 60
Saint-Tulle 04 133 Fe 86
Saint-Ulphace 72 48 Ae 60
Saint-Ulrich 68 71 Ha 63
Saint-Uniac 35 44 Xf 59
Saint-Urbain 29 24 Ve 58
Saint-Urbain 85 73 Xf 67
Saint-Urbain-Maconcourt 52 54 Fb 58
Saint-Urcisse 47 126 Ae 84
Saint-Urcisse 81 127 Bd 85
Saint-Urcize 15 116 Da 80
Saint-Ursin 50 28 Yd 56
Saint-Usage 10 53 Ed 60
Saint-Usage 21 83 Fb 66
Saint-Usuge 71 83 Fb 68
Saint-Utin 51 52 Ed 57
Saint-Uze 26 106 Ef 77
Saint-Vaas-sur-Seulles 14 29 Zc 54
Saint-Vaast-de-Longmont 60 17 Ce 53
Saint-Vaast-d'Equiqueville 76 16 Bb 50
Saint-Vaast-Dieppedalle 76 15 Ae 50
Saint-Vaast-du-Val 76 15 Ba 50
Saint-Vaast-en-Auge 14 14 Aa 53
Saint-Vaast-en-Cambrésis 59 9 Dc 47
Saint-Vaast-en-Chaussée 80 7 Cb 49
Saint-Vaast-la-Hougue 50 12 Ye 51
Saint-Vaast-lès-Mello 60 17 Cc 53
Saint-Vaize 17 87 Zc 74
Saint-Valbert 70 55 Gc 61
Saint-Valentin 36 78 Bf 67
Saint-Valérien 85 75 Za 69
Saint-Valérien 89 51 Da 59
Saint-Valery 60 16 Be 50
Saint-Valery-en-Caux 76 15 Ae 49
Saint-Valery-sur-Somme 80 6 Bd 47
Saint-Vallerin 71 82 Ee 68
Saint-Vallier 16 99 Zf 77
Saint-Vallier 26 106 Ee 77
Saint-Vallier 71 82 Ec 69
Saint-Vallier 88 55 Gb 59
Saint-Vallier-de-Thiey 06 134 Gf 86
Saint-Vallier-sur-Marne 52 54 Fc 61
Saint-Varent 79 76 Ze 67
Saint-Vaury 23 90 Be 71
Saint-Venant 62 8 Cd 45
Saint-Vénérand 43 117 De 79
Saint-Vérain 58 66 Da 64
Saint-Véran 05 121 Gf 80
Saint-Vérand 38 107 Fb 77
Saint-Vérand 69 94 Ee 71
Saint-Vert 43 104 Dd 76
Saint-Viance 19 102 Bc 78
Saint-Viâtre 41 64 Bf 63
Saint-Viaud 44 59 Xf 65
Saint-Victeur 72 47 Aa 59
Saint-Victoire 07 106 Ee 78
Saint-Victor 03 91 Cd 70
Saint-Victor 15 103 Cb 78
Saint-Victor 19 103 Cc 76
Saint-Victor 24 100 Ac 77
Saint-Victor-de-Buthon 28 48 Af 58
Saint-Victor-de-Chrétienville 27 31 Ad 54
Saint-Victor-de-Malcap 30 130 Eb 83
Saint-Victor-de-Morestel 38 107 Fc 74
Saint-Victor-d'Epine 27 15 Ad 53
Saint-Victor-de-Reno 61 31 Ae 57
Saint-Victor-des Oules 30 131 Ec 84
Saint-Victor-en-Marche 23 90 Be 72
Saint-Victoret 13 146 Fb 88
Saint-Victor-et-Melvieu 12 128 Ce 84
Saint-Victor-l'Abbaye 76 15 Ba 50
Saint-Victor-la-Coste 30 131 Ed 84
Saint-Victor-la-Rivière 63 104 Cf 75
Saint-Victor-Malescours 43 105 Eb 77
Saint-Victor-Montvianeix 63 93 Dd 73
Saint-Victor-Rouzaud 09 141 Bd 90
Saint-Victor-sur-Arlanc 43 105 De 76
Saint-Victor-sur-Avre 27 31 Af 56
Saint-Victor-sur-Ouche 21 68 Ee 65
Saint-Victor-sur-Rhins 42 93 Eb 73
Saint-Victurnien 87 89 Ba 73
Saint-Vidal 43 105 De 78
Saint-Vigor 27 32 Bb 54
Saint-Vigor-des-Mézerets 14 29 Zc 55
Saint-Vigor-des-Monts 50 29 Yf 55
Saint-Vigor-d'Ymonville 76 14 Ac 51
Saint-Vigor-le-Grand 14 13 Zb 53
Saint-Vincent 15 103 Cd 77
Saint-Vincent 31 141 Be 88
Saint-Vincent 43 105 Df 78
Saint-Vincent 63 104 Da 75
Saint-Vincent 64 138 Zf 90
Saint-Vincent 82 126 Bc 84
Saint-Vincent 82 127 Bf 83
Saint-Vincent, Jonquières- 30 131 Ed 85
Saint-Vincent-Bragny 71 81 Ea 69
Saint-Vincent-Cramesnil 76 14 Ac 51
Saint-Vincent-de-Barbeyrargues 34 130 Df 86
Saint-Vincent-de-Boisset 42 93 Ea 72
Saint-Vincent-de-Connezac 24 100 Ac 78
Saint-Vincent-de-Cosse 24 113 Ba 79
Saint-Vincent-de-Durfort 07 118 Ed 80
Saint-Vincent-de-Lamontjoie 47 125 Ad 84
Saint-Vincent-de-Paul 33 99 Zd 79
Saint-Vincent-de-Paul 40 123 Yf 86
Saint-Vincent-de-Pertignas 33 111 Zf 80
Saint-Vincent-de-Reins 69 94 Ec 72
Saint-Vincent-des-Bois 27 32 Bc 54
Saint-Vincent-des-Landes 44 60 Yd 63
Saint-Vincent-des-Prés 71 82 Ed 70
Saint-Vincent-des-Prés 72 47 Ac 59
Saint-Vincent-de-Tyrosse 40 123 Ye 87
Saint-Vincent-d'Olargues 34 142 Cf 87
Saint-Vincent-du-Boulay 27 31 Ac 54
Saint-Vincent-du-Lorouër 72 47 Ac 62
Saint-Vincent-du-Pendit 46 114 Bf 79
Saint-Vincent-en-Bresse 71 83 Fa 69
Saint-Vincent-Jalmoutiers 24 100 Ab 77
Saint-Vincent-la-Châtre 79 88 Zf 71
Saint-Vincent-la-Commanderie 26 119 Fa 79
Saint-Vincent-les-Forts 04 120 Gc 82
Saint-Vincent-Lespinasse 82 126 Af 84
Saint-Vincent-Rive-d'Olt 46 113 Bb 82
Saint-Vincent-Sterlanges 85 74 Yf 68
Saint-Vincent-sur-Graon 85 74 Yd 69
Saint-Vincent-sur-Jabron 04 132 Fe 83
Saint-Vincent-sur-Jard 85 74 Yc 70
Saint-Vincent-sur-l'Isle 24 101 Af 77
Saint-Vincent-sur-Oust 56 44 Xf 62
Saint-Vit 25 70 Fe 65
Saint-Vital 73 108 Gb 75
Saint-Vite 47 113 Af 82
Saint-Vitte 18 79 Cd 69
Saint-Vitte-sur-Briance 87 102 Bd 75
Saint-Vivien 17 86 Yf 72
Saint-Vivien 24 100 Ad 77
Saint-Vivien 24 112 Aa 79
Saint-Vivien-de-Blaye 33 99 Zc 78
Saint-Vivien-de-Monségur 33 112 Aa 81
Saint-Voir 03 92 Dd 70
Saint-Vougay 29 25 Vf 57
Saint-Vrain 51 36 Ee 56
Saint-Vrain 91 33 Cb 57
Saint-Vran 22 44 Xd 59
Saint-Vulbas 01 95 Fb 74
Saint-Waast 59 9 De 47
Saint-Wandrille-Rançon 76 15 Ae 51
Saint-Witz 95 33 Cd 54
Saint-Xandre 17 86 Yf 71
Saint-Yaguen 40 123 Zb 85
Saint-Yan 71 93 Ea 70
Saint-Ybard 19 102 Bd 76
Saint-Ybars 09 140 Bc 89
Saint-Yorre 03 92 Dc 72
Saint-Yrieix-la-Montagne 23 90 Ca 73
Saint-Yrieix-la-Perche 87 101 Bb 75
Saint-Yrieix-le-Déjalat 19 102 Bf 76
Saint-Yrieix-les-Bois 23 90 Bf 72
Saint-Yrieix-sous-Aixe 87 89 Ba 73
Saint-Yrieix-sur-Charente 16 88 Aa 74
Saint-Ythaire 71 82 Ed 69
Saint-Yvoine 63 104 Db 75
Saint-Yvy 29 42 Wa 61
Saint-Yzan-de-Soudiac 33 99 Zd 78
Saint-Yzans-de-Médoc 33 98 Zb 77
Saint-Zacharie 83 146 Fe 88
Sainville 28 49 Bf 56
Saires 86 76 Ab 67
Saires-la-Verrerie 61 29 Zd 56
Saissac 81 141 Cb 88
Saisseval 80 17 Ca 49
Saisy 71 82 Ed 67
Saivres 79 75 Ze 70
Saix 81 141 Cb 87
Saix 86 62 Zf 66
Saix, Le 05 120 Fe 82
Saizenay 39 84 Ff 67
Saizerais 54 38 Ga 56
Saizy 58 67 De 64
Sajas 31 140 Ba 88
Salagnac 24 101 Bb 77
Salagnon 38 107 Fc 75
Salans 39 70 Fe 66
Salasc 34 143 Db 87
Salaunes 33 98 Zb 79
Salavas 07 118 Ec 82
Salavre 01 95 Fc 70
Salazac 30 131 Ed 83
Salbert, Évette- 90 71 Ge 62
Sal-Breizh = Sel-de-Bretagne, Le 35 45 Yc 61
Salbris 41 65 Ca 64
Salces, Les 48 114 Da 81
Saléchan 65 139 Ad 91
Saleich 31 140 Af 90
Saleignes 17 87 Ze 72
Saleilles 66 154 Cf 93
Salèlles 34 129 Dc 86
Salelles, Les 07 117 Ea 82
Salelles, Les 07 118 Ec 82
Salelles, Les 48 116 Db 82
Salency 60 18 Da 51
Salenthal 67 39 Hc 56
Saléon 05 120 Fe 82
Salérans 05 132 Fe 83
Salerm 31 140 Ae 89
Salernes 83 147 Gb 87
Salers 15 103 Cc 78
Sales 74 96 Ff 73
Salesches 59 9 Dd 47
Salette-Fallavaux, la 38 120 Ff 79
Salettes 26 118 Ef 81
Salettes 43 117 Df 79
Saleux 80 17 Cb 49
Salice 2A 158 If 96
Salice, U = Salice 2A 158 If 96
Saliceto 2B 157 Kb 94
Salicetu, U = Saliceto 2B 157 Kb 94
Saliès 81 127 Ca 85
Salies-de-Béarn 64 137 Za 88

Saint-Rambert-en-Bugey — Salies-de-Béarn (F) 201

Salies-du-Salat 31 140 Af 90
Salignac 04 133 Ff 83
Salignac 33 99 Zd 78
Salignac-de-Mirambeau 17 99 Zd 76
Salignac-Eyvignes 24 113 Bb 79
Salignac-sur-Charente 17 87 Zd 74
Saligney 39 69 Fd 65
Saligny 85 74 Yd 68
Saligny 89 51 Dc 59
Saligny-le-Vif 18 80 Ce 66
Saligny-sur-Roudon 03 81 De 70
Saligos 65 150 Zf 91
Salindres 30 130 Ea 83
Salinelles 30 130 Ea 86
Salins 77 51 Da 58
Salins-les-Bains 39 84 Ff 67
Salins-les-Thermes 73 109 Gd 76
Salives 21 68 Ef 63
Sallagriffon 06 134 Gf 85
Sallanches 74 97 Gd 73
Sallaumines 62 8 Cf 46
Salle, La 05 120 Gd 79
Salle, La 71 94 Ef 70
Salle, La 88 56 Ge 59
Sallebœuf 33 111 Zd 79
Sallèdes 63 104 Db 75
Salle-de-Vihiers, La 49 61 Zc 66
Salle-en-Beaumont, La 38 120 Ff 79
Salle-et-Chapelle-Aubry 49 61 Za 65
Sallèles-Cabardès 11 142 Cc 89
Sallèles-d'Aude 11 143 Cf 89
Sallen 14 29 Zb 54
Sallenelles 14 14 Ze 53
Sallenôves 74 96 Ff 73
Sallertaine 85 73 Ya 67
Salles 33 110 Za 81
Salles 47 113 Af 81
Salles 65 138 Zf 90
Salles 79 76 Zf 70
Salles 81 127 Ca 84
Salles, Les 30 130 Dd 84
Salles, Les 33 112 Zf 79
Salles, Les 42 93 De 73
Salles-Adour 65 138 Aa 89
Salles-Arbuissonnas-en-Beaujolais 69 94 Ed 72
Salles-Courbatiès 12 114 Ca 82
Salles-Curan 12 128 Ce 83
Salles-d'Angles 16 99 Zd 75
Salles-d'Armagnac 32 124 Zf 86
Salles-d'Aude 11 143 Da 89
Salles-de-Barbezieux 16 99 Zf 76
Salles-de-Belvès 24 113 Af 80
Salles-de-Villefagnan 16 88 Aa 73
Salles-du-Gardon, les 30 130 Ea 83
Salles-et-Pratviel 31 151 Ad 92
Salles-la-Source 12 115 Cd 82
Salles-Lavalette 16 100 Ab 76
Salles-Lavauguyon, Les 87 89 Ae 74
Salles-Mongiscard 64 137 Za 88
Sallespisse 64 123 Zb 87
Salles-sous-Bois 26 118 Ef 82
Salles-sur-Garonne 31 140 Bb 89
Salles-sur-l'Hers 11 141 Be 89
Salles-sur-Mer 17 86 Yf 72
Salles-sur-Verdon, Les 83 133 Gb 86
Salmagne 55 37 Fb 56
Salmaise 21 68 Ed 64
Salmbach 67 40 Ia 55
Salmiech 12 128 Cd 83
Salomé 59 8 Cf 45
Salon 10 35 Ea 57
Salon 24 101 Ae 78
Salon-de-Provence 13 132 Fa 87
Salon-la-Tour 19 102 Bd 75
Salonnes 57 38 Gd 56
Salornay-sur-Guye 71 82 Ed 69
Salouël 80 17 Cb 49
Salperwick 62 3 Cb 44
Salsein 09 151 Ba 91
Salses 66 154 Cf 91
Salsigne 11 142 Cc 89
Salt-en-Donzy 42 106 Eb 74
Salvagnac 81 127 Be 85
Salvagnac-Cajarc 12 114 Bf 82
Salvetat-Belmontet, La 82 127 Bd 85
Salvetat-Lauragais, La 31 141 Be 87
Salvetat-Peyralès, La 12 128 Cb 83
Salvetat-Saint-Gilles, la 31 140 Bb 87
Salvetat-sur-Agout, La 34 142 Ce 87
Salvezines 11 153 Cb 92
Salviac 46 113 Bb 80
Salvizinet 42 93 Eb 73
Salza 11 142 Cc 91
Salzuit 43 104 Dc 77
Samadet 40 124 Zd 87
Saman 31 139 Ae 89
Samaran 32 139 Ad 88
Samatan 32 140 Af 88
Samazan 47 112 Aa 82
Sambin 41 64 Bb 64
Sambourg 89 67 Ea 62
Saméon 59 9 Db 46
Samer 62 3 Be 45
Samerey 21 83 Fc 66
Sames 64 123 Yf 87
Sammarçolles 86 76 Aa 66
Sammeron 77 34 Da 55
Samoëns 74 97 Ge 72
Samognat 01 95 Fd 71
Samogneux 55 21 Fc 53
Samois-sur-Seine 77 50 Ce 58
Samonac 33 99 Zc 78
Samoreau 77 50 Ce 58
Samouillan 31 140 Af 89
Samoussy 02 19 De 51
Sampans 39 69 Fc 66
Sampigny 55 37 Fd 56
Sampigny-lès-Maranges 71 82 Ed 67
Sampolo 2A 159 Ka 97
Sampolu = Sampolo 2A 159 Ka 97
Samson 25 84 Ff 66
Samsons-Lion 64 138 Zf 88
Sana 31 140 Ba 89
Sanary-sur-Mer 83 147 Fe 90
Sancé 71 94 Ee 71
Sancergues 18 66 Cf 66
Sancerre 18 66 Cf 65
Sancey-le-Grand 25 71 Gd 65
Sancey-le-Long 25 71 Gd 65
Sancheville 28 49 Bd 59
Sanchey 88 55 Gc 59
Sancoins 18 80 Cf 68
Sancourt 27 16 Be 52
Sancourt 59 8 Db 47
Sancourt 80 18 Da 50
Sancy 54 21 Ff 52
Sancy 77 34 Cf 55
Sancy-les-Cheminots 02 18 Dc 52
Sancy-lès-Provins 77 34 Dc 56
Sand 67 57 Hd 58
Sandarville 28 49 Bc 58
Sandaucourt 88 54 Ff 59
Sandillon 45 49 Ca 61
Sandouville 76 14 Ab 51
Sandrans 01 94 Ef 72
San Fiurenzu = Saint-Florent 2B 157 Kb 92
Sangatte 62 3 Be 43
San-Gavino-di-Tenda 2B 157 Kb 93
San Gavinu di Tenda = San-Gavino-di-Tenda 2B 157 Kb 93
Sangry-lès-Vigy 57 38 Gb 53
Sangry-sur-Nied 57 38 Gc 54
Sanguinet 40 110 Yf 82
Sanilhac 07 117 Eb 81
Sanilhac-Sagriès 30 131 Ec 85
San-Martino-di-Lota 2B 157 Kc 92
Sannat 23 91 Cc 72
Sannerville 14 14 Ze 53
Sannes 84 132 Fc 86
San-Nicolao 2B 157 Kd 94
San Niculaiu = San Nicolao 2B 157 Kd 94
San Petru di Venacu = Santo-Pietro-di-Venaco 2B 158 Kb 95
Sansa 66 153 Cb 93
Sansac-de-Marmiesse 15 115 Cc 79
Sansac-Veinazès 15 115 Cc 80
Sansan 32 139 Ad 87
Sanssac-l'Eglise 43 105 De 78
Sanssat 03 92 Dc 71
Sant-Albin-an-Hiliber = Saint-Aubin-du-Cormier 35 45 Yd 59
Sant-Albin-Elvinieg = Saint-Aubin-d'Aubigné 35 45 Yc 59
Santa-Lucia-di-Mercurio 2B 159 Kb 95
Santa Lucia di Mercuriu = Santa Lucia di Mercurio 2B 159 Kb 95
Santa-Lucia-di-Moriani 2B 157 Kc 94
Santa Lucia di Portivechju = Sainte-Lucie-de-Porto-Vecchio 2A 159 Kc 98
Santa Lucia di Taddà = Sainte-Lucie-di-Tallano 2A 159 Ka 98
Santa Maria di Lota 2B 157 Kc 92
Santa Maria è Fica Nieddà = Santa-Maria-Figaniella 2A 159 Ka 98
Santa-Maria-Figaniella 2A 159 Ka 98
Santa-Maria-Poggio 2B 157 Kd 94
Santa Maria Poghju = Santa Maria Poggio 2B 157 Kd 94
Santa-Maria-Siché 2A 159 If 97
Sant'Andréa 2A 159 Ka 98
Sant'Andrea-di-Bozio 2B 159 Kb 95
Sant'Andrea-di-Cotone 2B 159 Kc 95
Sant'Andréa-d'Orcino 2A 158 Ie 96
Sant'Andrea d'Orcinu = Sant'Andréa d'Orcino 2A 158 Ie 96
Santans 39 83 Fe 66
Sant'Antonino 2B 156 If 93
Sant'Antuninu = Sant'Antonino 2B 156 If 93
Santa-Reparata-di-Balagna 2B 156 If 93
Santa-Reparata-di-Moriani 2B 157 Kc 94
Sant-Brieg = Saint-Brieuc 22 26 Xb 57
Sant-Brizh-Gougleiz = Saint-Brice-en-Coglès 35 45 Yd 58
Santeau 45 50 Ca 60
Santec 29 25 Vf 56
Santenay 21 82 Ee 67
Santenay 41 63 Ba 63
Santeny 94 33 Cd 56
Santes 59 8 Cf 45
Santeuil 28 49 Be 58
Santeuil 95 32 Bf 54
Santigny 89 67 Ea 63
Santilly 28 49 Bf 60
Santilly 71 82 Ee 69
Santilly-le-Vieux 28 49 Bf 60
Sant Julià de Lòria (AND) 152 Bc 94
Sant-Malou = Saint-Malo 25 27 Xf 57
Santo-Pietro-di-Tenda 2B 157 Kb 93
Santo-Pietro-di-Venaco 2B 159 Kb 95
Santosse 21 82 Ed 66
Santranges 18 66 Ce 63
Sant-Tegoneg = Saint-Thégonnec 29 25 Wa 57
Sant-Teve = Saint-Avé 56 43 Xb 62
Santu Petru di Tenda = Santu Pietro-di-Tenda 2B 157 Kb 93
Sant-Yann-Brevele = Saint-Jean-Brévelay 56 43 Xb 61
Sanvensa 12 127 Ca 83
Sanvignes-les-Mines 71 82 Eb 68
Sanxay 86 76 Zf 70
Sanzay 79 75 Zd 67
Sanzey 54 37 Ff 56
Saon 14 13 Za 53
Saône 25 70 Ga 65
Saonnet 14 13 Za 53
Saorge 06 135 Hd 84
Saosnes 72 47 Ab 59
Saou 26 119 Fa 81
Sap, Le 61 30 Ac 55
Sap-André, Le 61 30 Ac 56
Sapignies 62 8 Cf 48
Sapogne-et-Feuchères 08 20 Ee 51
Sapogne-sur-Marche 08 21 Fb 51
Sapois 39 84 Ff 64
Sapois 88 56 Ge 60
Saponay 02 34 Dc 53
Saponcourt 70 55 Ga 61
Sappey, le 74 96 Ga 72
Sappey-en-Chartreuse 38 107 Fe 77
Saramon 32 139 Ae 87
Saran 45 49 Bf 61
Saraz 25 84 Ff 66
Sarbazan 40 124 Ze 84
Sarcé 72 62 Ab 62
Sarceaux 61 30 Zf 56
Sarcelles 95 33 Cc 55
Sarcenas 38 107 Fe 77
Sarcey 52 54 Fb 60
Sarcey 69 94 Ed 73
Sarcos 32 139 Ae 88
Sarcus 60 16 Bf 50
Sarcy 51 35 De 53
Sardan 30 130 Ea 85
Sardent 23 90 Bf 72
Sardieu 38 107 Fb 76
Sardon 63 92 Db 73
Sardy-lès-Epiry 58 67 De 65
Sare 64 136 Yc 89
Sargé-lès-le-Mans 72 47 Ab 60
Sargé-sur-Braye 41 48 Af 61
Sariac-Magnoac 65 139 Ad 89
Sari-d'Orcino 2A 158 If 96
Sari d'Orcinu = Sari d'Orcino 2A 158 If 96
Sarlabous 65 139 Ab 90
Sarlande 24 101 Ba 76
Sarlat-la-Canéda 24 113 Bb 79
Sarliac-sur-l'Isle 24 101 Af 77
Sarniguet 65 138 Aa 89
Sarnois 60 16 Bf 50
Saron-sur-Aube 51 35 De 57
Sarp 65 139 Ad 90
Sarpourenx 64 137 Zb 88
Sarra di Scupamena, A = Serra-di-Scupamène 2A 159 Ka 98
Sarragachies 32 124 Zf 86
Sarrageois 25 84 Gb 68
Sarraguzan 32 139 Ac 88
Sarralbe 57 39 Ha 55
Sarraltroff 57 39 Ha 56
Sarran 19 102 Bf 76
Sarrance 64 137 Zc 90
Sarrancolin 65 139 Ac 91
Sarrant 32 126 Af 86
Sarras 07 106 Ee 77
Sarrazac 46 102 Bd 78
Sarraziet 40 124 Zd 86
Sarrebourg 57 39 Ha 56
Sarrecave 31 139 Ad 89
Sarreguemines 57 39 Ha 54
Sarremezan 31 139 Ae 89
Sarre-Union 67 39 Ha 55
Sarrewerden 67 39 Ha 55
Sarrey 52 54 Fc 60
Sarriac-Bigorre 65 139 Aa 88
Sarrians 84 131 Ef 84
Sarrigné 49 61 Zd 64
Sarrogna 39 83 Fd 70
Sarrola-Carcopino 2A 158 If 96
Sarron 40 124 Ze 87
Sarrouilles 65 139 Aa 89
Sarroux 19 103 Cc 76
Sarrula Carcupinu = Sarrola-Carcopino 2A 158 If 96
Sarry 51 36 Ec 55
Sarry 71 93 Ea 71
Sarry 89 67 Ea 62
Sars, Le 62 8 Ce 48
Sars-le-Bois 62 7 Cc 47
Sars-Poteries 59 9 Ea 47
Sartè = Sartène 2A 158 If 99
Sartène 2A 160 If 99
Sartes 88 54 Fe 59
Sartilly 50 28 Yd 56
Sarton 62 7 Cc 48
Sartrouville 78 33 Cb 55
Sarzay 36 78 Bf 69
Sarzeau 56 58 Xb 63
Sarzhav = Sarzeau 56 58 Xb 63
Sasnières 41 63 Af 62
Sassangy 71 82 Ed 68
Sassay 41 64 Bc 64
Sassegnies 59 9 De 47
Sassenage 38 107 Fd 77
Sassenay 71 82 Ef 68
Sassetot-le-Malgardé 76 15 Af 50
Sassetot-le-Mauconduit 76 15 Ad 50
Sasseville 76 15 Ae 50
Sassey 27 32 Bb 54
Sassierges-Saint-Germain 36 78 Bf 88
Sassis 65 150 Zf 91
Sassy 14 30 Zf 55
Sathonay-Camp 69 94 Ef 74
Sathonay-Village 69 94 Ef 74
Satillieu 07 106 Ed 78
Satolas-et-Bonce 38 107 Fa 74
Saturargues 34 130 Ea 86
Saubion 40 122 Yd 86
Saubole 64 138 Zf 89
Saubrigues 40 123 Ye 87
Saubusse 40 123 Ye 87
Saucats 33 111 Zc 81
Saucède 64 137 Zb 89
Sauchy-Cauchy 62 8 Da 47
Sauchy-Lestrée 62 8 Da 47
Sauclières 12 129 Dc 85
Saudemont 62 8 Da 47
Saudoy 51 35 De 56
Saudron 52 54 Fb 58
Saudrupt 55 36 Fa 56
Saugeot 39 84 Ff 69
Saugnacq-et-Muret 40 110 Zb 82
Saugon 33 99 Zc 77
Saugues 43 116 Dd 79
Sauguis-Saint-Etienne 64 137 Za 90
Saugy 18 79 Ca 67
Saujac 12 114 Bf 82
Saujon 17 86 Za 74
Saulce, La 05 120 Ga 82
Saulces-Champenoises 08 20 Ed 52
Saulces-Monclin 08 20 Ec 51
Saulce-sur-Rhône 26 118 Ee 80
Saulcet 03 92 Db 71
Saulchery 02 34 Db 55
Saulchoy 62 7 Be 46
Saulchoy, Le 60 17 Ca 51
Saulcy 10 53 Ef 59
Saulcy, Le 88 56 Ha 58
Saulcy-sur-Meurthe 88 56 Gf 59
Saules 25 70 Gb 66
Saules 71 82 Ee 69
Saulgé 86 89 Af 70
Saulgé-l'Hôpital 49 61 Zd 65
Saulges 53 46 Zd 61
Saulgond 16 89 Ae 73
Sauliac-sur-Célé 46 114 Be 81
Saulieu 21 67 Eb 65
Saulles 52 69 Fd 62
Saulnay 36 78 Bb 67
Saulnes 54 20 Fe 51
Saulnières 28 32 Bb 57
Saulnières 35 45 Yc 61
Saulnot 70 71 Gd 63
Saulny 57 38 Ga 54
Saulon-la-Chapelle 21 69 Ef 65
Saulon-la-Rue 21 69 Fa 65
Saulsotte, La 10 34 Dd 57
Sault 84 132 Fc 84
Saultain 59 9 Dd 46
Sault-Brénaz 01 95 Fc 73
Sault-de-Navailles 64 123 Zb 87
Sault-lès-Rethel 08 20 Ec 52
Sault-Saint-Rémy 08 19 Eb 52
Saulty 62 8 Cd 47
Saulx 70 70 Gb 62
Saulxerotte 54 55 Ff 58
Saulx-le-Duc 21 69 Fa 63
Saulx-les-Chartreux 91 33 Cb 56
Saulx-Marchais 78 32 Bf 55
Saulxures 67 56 Ha 58
Saulxures-lès-Bulgnéville 88 54 Fe 59
Saulxures-lès-Nancy 54 38 Gb 56
Saulxures-lès-Vannes 54 37 Fe 57
Saulxures-sur-Moselotte 88 56 Ge 61
Saulzais-le-Potier 18 79 Cd 69
Saulzet 03 92 Db 72
Saulzet-le-Chaud 63 104 Da 74
Saulzet-le-Froid 63 104 Cf 75
Saulzoir 59 9 Dc 47
Saumane 04 132 Fe 84
Saumane 30 130 De 84
Saumane-de-Vaucluse 84 132 Fa 85
Sauméjan 47 124 Zf 83
Saumeray 28 49 Bb 59
Saumont 47 125 Ac 84
Saumos 33 98 Za 79
Saumur 49 62 Zf 65
Saunay 37 63 Af 63
Saunière, La 23 90 Bf 72
Saunières 71 83 Fa 67
Saurat 09 152 Bd 91
Sauret-Besserve 63 91 Ce 73
Saurier 63 104 Da 75
Sausheim 68 56 Hc 62
Saussan 34 144 De 87
Saussay 28 32 Bc 55
Saussay 76 15 Af 51
Saussay, Le 28 48 Bb 59
Saussaye, La 27 15 Af 53
Saussay-la-Campagne 27 16 Bd 53
Saussemesnil 50 12 Yd 51
Saussenac 81 128 Cb 85
Saussens 31 141 Be 87
Sausses 04 134 Ge 84
Sausset-les-Pins 13 146 Fa 88
Sausseuzemare-en-Caux 76 14 Ac 50
Saussey 21 82 Ed 66
Saussey 50 28 Yd 54
Saussignac 24 112 Ab 80
Saussines 34 130 Ea 86
Saussy 21 68 Ef 64
Sautel 09 141 Be 91
Sauternes 33 111 Zd 81
Sauteyrargues 34 130 Df 86
Sautron 44 60 Yb 65
Sauvagère, La 61 19 Zd 57
Sauvages, Les 69 94 Ec 73
Sauvagnac 16 88 Ad 74
Sauvagnas 47 125 Ae 83
Sauvagnat 63 91 Cd 74
Sauvagnat-Sainte-Marthe 63 104 Db 75
Sauvagney 25 70 Ff 65
Sauvagnon 64 138 Zd 88
Sauvagny 03 80 Ce 70
Sauvain 42 105 Df 74
Sauvat 15 103 Cc 77
Sauve 30 130 Df 85
Sauve, La 33 111 Ze 80
Sauvelade 64 137 Zb 88
Sauverny 01 96 Ga 71
Sauvessanges 63 105 Df 76
Sauvetat, La 32 125 Ad 85
Sauvetat, la 63 104 Db 75
Sauvetat-de-Savères, La 47 126 Ae 83
Sauvetat-du-Dropt, La 47 112 Ac 81
Sauvetat-sur-Lède, La 47 112 Ae 82
Sauveterre 30 131 Ee 84
Sauveterre 32 140 Af 88
Sauveterre 65 139 Aa 88
Sauveterre 81 142 Cd 88
Sauveterre 82 126 Bb 83
Sauveterre-de-Béarn 64 137 Za 88
Sauveterre-de-Comminges 31 139 Ae 90
Sauveterre-de-Guyenne 33 111 Zf 80
Sauveterre-de-Rouergue 12 128 Cb 83
Sauveterre-la-Lémance 47 113 Ba 81
Sauveterre-Saint-Denis 47 125 Ae 84
Sauviac 32 139 Ac 88
Sauviac 33 111 Ze 82
Sauvian 34 143 Db 89
Sauviat 63 104 Dd 74
Sauviat-sur-Vige 87 90 Bd 73
Sauvignac 16 99 Zf 77
Sauvigney-lès-Gray 70 69 Fe 64
Sauvigney-lès-Pesmes 70 69 Fd 65
Sauvigny 55 54 Fe 57
Sauvigny-le-Beuréal 89 67 Ea 64
Sauvigny-le-Bois 89 67 Df 63
Sauvigny-les-Bois 58 80 Db 67
Sauville 08 20 Ee 51
Sauville 88 54 Fe 60
Sauvillers-Mongival 80 17 Cc 50
Sauvimont 32 140 Af 88
Sauvoy 55 37 Fd 57
Saux 46 113 Ba 82
Sauxillanges 63 104 Dc 75
Sauze 06 134 Ge 84
Sauze, Le 05 120 Gb 82
Sauzelle 17 86 Ye 73
Sauzelles 36 77 Ba 69
Sauzet 26 118 Ee 81
Sauzet 30 130 Eb 84
Sauzet 46 113 Bb 82
Sauzé-Vaussais 79 88 Aa 72
Sauzière-Saint-Jean, La 81 127 Bd 85
Sauzon 56 58 We 64
Savarthès 31 139 Ae 90
Savas 07 106 Ee 77
Savas-Mépin 38 107 Fa 76
Savasse 26 118 Ee 81
Savenay 44 59 Ya 64
Savenès 82 126 Bb 86
Savennes 23 90 Be 72
Savennes 63 103 Cc 75
Savennières 49 61 Zc 64
Saverdun 09 141 Bd 89
Savères 31 140 Ba 88
Saverne 67 39 Hc 56
Saveuse 80 17 Cb 49
Savianges 71 82 Ed 68
Savières 10 52 Df 58
Savigna 39 83 Fd 70
Savignac 12 114 Bf 82
Savignac 33 111 Zf 81
Savignac-de-Duras 47 112 Ab 80
Savignac-de-l'Isle 33 99 Ze 79
Savignac-de-Miremont 24 113 Af 79
Savignac-de-Nontron 24 101 Ae 75
Savignac-les-Églises 24 101 Af 77
Savignac-les-Ormeaux 09 152 Be 92
Savignac-Mona 32 140 Ba 88
Savignac-sur-Leyze 47 113 Ae 82
Savignargues 30 130 Ea 85
Savigné 86 88 Ab 72
Savigné-l'Evêque 72 47 Ab 60
Savigné-sous-le-Lude 72 63 Aa 63
Savigné-sur-Lathan 37 62 Ab 64
Savigneux 01 94 Ef 73
Savigneux 42 105 Ea 75
Savigneux 42 106 Ec 75
Savignies 60 16 Bf 52
Savigny 50 28 Yd 54
Savigny 69 94 Ed 74
Savigny 74 96 Ff 72
Savigny 88 55 Gb 58
Savigny-en-Revermont 71 83 Fc 69
Savigny-en-Sancerre 18 66 Ce 64
Savigny-en-Septaine 18 79 Cd 66
Savigny-en-Terre-Plaine 89 67 Ea 64
Savigny-en-Véron 37 62 Aa 65
Savigny-lès-Beaume 21 81 Ee 66
Savigny-le-Sec 21 69 Fa 64
Savigny-le-Temple 77 33 Cd 57
Savigny-Lévescault 86 76 Ac 69
Savigny-le-Vieux 50 29 Yf 57
Savigny-Poil-Fol 58 81 Df 68
Savigny-sous-Faye 86 76 Ab 67
Savigny-sous-Mâlain 21 68 Ee 65
Savigny-sur-Aisne 08 20 Ee 52
Savigny-sur-Ardres 51 19 De 53
Savigny-sur-Clairis 89 51 Da 60
Savigny-sur-Grosne 71 82 Ee 69
Savigny-sur-Orge 91 33 Cc 56
Savigny-sur-Seille 71 83 Fa 69
Savilly 21 82 Eb 66
Savines-le-Lac 05 120 Gc 81
Savins 77 51 Db 57
Savoillan 84 132 Fc 83
Savoisy 21 68 Ec 62
Savolles 21 69 Fb 64
Savonnières 37 63 Ad 64
Savonnières-devant-Bar 55 37 Fb 56
Savonnières-en-Perthois 55 37 Fa 57
Savonnières-en-Woëvre 55 37 Fd 55
Savouges 21 69 Fa 65
Savournon 05 120 Fe 82
Savoyeux 70 69 Fe 63
Savy 02 18 Db 50
Savy-Berlette 62 8 Cd 46
Saxel 74 96 Gc 71
Saxi-Bourdon 58 81 Dc 66
Saxon-Sion 54 55 Ga 58
Sayat 63 92 Da 74
Saze 30 131 Ee 85
Sazeret 03 92 Cf 70
Sazos 65 150 Zf 91
Scaër 29 42 Wb 60
Scata 2B 157 Kc 94
Sceau-Saint-Angel 24 101 Ae 76
Sceautres 07 118 Ed 81
Sceaux 89 67 Ea 63
Sceaux 92 33 Cb 56
Sceaux-d'Anjou 49 61 Zc 63
Sceaux-du-Gâtinais 45 50 Cd 60
Sceaux-sur-Huisne 72 48 Ad 60
Scey-Maisières 25 84 Ga 66
Scey-sur-Saône-et-Saint-Albin 70 70 Ff 62
Schaeffersheim 67 57 Hd 58
Schaffhouse-près-Seltz 67 40 Ia 55
Schaffhouse-sur-Zorn 67 40 Hd 56
Schalbach 57 39 Hb 56
Schalkendorf 67 40 Hd 55
Scharrachbergheim-Irmstett 67 40 Hc 57
Scheibenhard 67 40 Ia 55
Scherlenheim 67 40 Hd 56
Scherwiller 67 56 Hc 59
Schillersdorf 67 40 Hd 55
Schiltigheim 67 40 He 57
Schirmeck 67 56 Hb 58
Schirrhein 67 40 Hf 56
Schirrhoffen 67 40 Hf 56
Schleithal 67 40 Ia 55
Schlierbach 68 72 Hc 63
Schmittviller 57 39 Hb 54
Schneckenbusch 57 39 Ha 56
Schnersheim 67 40 Hd 57
Schœnau 67 57 Hd 59
Schœnbourg 67 39 Hb 55
Schœneck 57 39 Gf 53
Schœnenbourg 67 40 Hf 55
Schopperten 67 39 Ha 55
Schorbach 57 39 Hc 54
Schweighouse-sur-Moder 67 40 He 56
Schweighouse-Thann 68 71 Ha 62
Schwenheim 67 39 Hc 56
Schwerdorff 57 22 Gd 52
Schweyen 57 39 Hc 53
Schwindratzheim 67 40 Hd 56
Schwoben 68 72 Hb 63
Schwobsheim 67 57 Hd 59
Sciecq 79 75 Zd 70
Scientrier 74 96 Gb 72
Scieurac-et-Flourès 32 125 Ab 87
Sciez 74 96 Gc 71
Scillé 79 75 Zc 69
Scionzier 74 96 Gd 72
Scolca 2B 157 Kc 93
Scolca, A = Scolca 2B 157 Kc 93
Scorbé-Clairvaux 86 76 Ab 68
Scrignac 29 25 Wb 58
Scrupt 51 36 Ee 56
Scy-Chazelles 57 38 Ga 54
Scye 70 70 Ga 63
Séailles 32 125 Aa 86
Séauve-sur-Semène, La 43 105 Eb 77
Sébazac-Concourès 12 115 Cd 82
Sébécourt 27 31 Af 55
Sébeville 50 12 Ye 52
Seboncourt 02 9 Dc 49
Sébrazac 12 115 Cd 81
Séby 64 138 Zd 88
Séchault 08 20 Ee 53
Sécheras 07 106 Ee 78
Sécheval 08 20 Ed 49
Séchilienne 38 108 Fe 78
Séchin 25 70 Gb 65
Seclin 59 8 Da 45
Secondigné-sur-Belle 79 87 Ze 72
Secondigny 79 75 Zd 69
Secourt 57 38 Gb 55
Secqueville-en-Bessin 14 13 Zc 53
Sedan 08 20 Ef 50
Séderon 26 132 Fd 83
Sedze-Maubecq 64 138 Zf 88
Sedzère 64 138 Ze 88
Seebach 67 40 Hf 55
Sées 61 30 Ab 57
Séez 73 109 Ge 75
Ségalas 47 112 Ad 81
Ségalas 65 139 Aa 88
Ségalassière, La 15 115 Cb 79
Séglien 56 43 Wf 60
Ségny 01 96 Ga 71
Segonzac 16 99 Ze 75
Segonzac 19 101 Bb 77
Segonzac 24 100 Ac 77
Ségos 32 124 Ze 87
Segré 49 61 Za 62
Ségrie 72 47 Aa 59
Ségrie-Fontaine 61 29 Zd 56
Ségry 36 79 Ca 67
Séguinière, La 49 61 Za 66
Ségur 12 128 Cf 83
Ségur, Le 81 127 Ca 84
Ségura 09 141 Be 90
Séguret 84 131 Fa 83
Ségur-le-Château 19 101 Bb 76
Ségur-les-Villas 15 103 Ce 77
Seich 65 139 Ac 90
Seichamps 54 38 Gb 56
Seichebrières 45 50 Cb 61
Seicheprey 54 37 Fe 55
Seiches-sur-le-Loir 49 61 Zd 63
Seignalens 11 141 Bf 90
Seigné 17 87 Ze 73
Seignelay 89 52 Dd 61
Seigneulles 55 37 Fb 55
Seignosse 40 122 Yd 86
Seigny 21 68 Ec 63
Seigy 41 64 Bc 65
Seilh 31 126 Bc 86
Seilhac 19 102 Be 76
Seillac 41 63 Ba 63
Seillans 83 134 Gd 87
Seillonnaz 01 95 Fc 74
Seillons-Source-d'Argens 83 147 Ff 87
Seine-Port 77 33 Cd 57
Seingbouse 57 39 Ge 54
Seissan 32 139 Ad 88
Seix 09 152 Bb 91
Selaincourt 54 55 Ff 57
Sel-de-Bretagne, Le 35 45 Yc 61
Selens 02 18 Db 51
Sélestat 67 57 Hc 59
Séligné 79 87 Ze 72
Séligney 39 83 Fd 67
Selle-Craonnaise, La 53 45 Yf 61
Selle-en-Hermoy, La 45 51 Cf 60
Selle-en-Luitré, La 35 45 Yf 59
Selle-Guerchaise, La 35 45 Yf 61
Selle-la-Forge, La 61 29 Zc 56
Selles 27 15 Ad 53
Selles 62 3 Bf 44
Selles 70 55 Ga 61
Selles-Saint-Denis 41 64 Bf 64
Selles-sur-Cher 41 64 Bd 65
Selles-sur-Nahon 36 78 Bc 66
Selle-sur-le-Bied, La 45 51 Cf 60
Sellières 39 83 Fd 68
Selommes 41 64 Bb 62
Seloncourt 25 71 Gf 64
Selongey 21 69 Fb 63
Selonnet 04 120 Gb 82
Seltz 67 40 Ia 55
Selve, La 02 19 Ea 51
Selve, La 12 128 Cd 84
Selvigny, Wallincourt- 59 9 Dc 48
Sem 09 152 Bd 92
Sémalens 81 141 Ca 87
Semalle 61 30 Aa 58
Semarey 21 68 Ed 65
Sembadel 43 105 De 77
Sembas 47 112 Ad 83
Semblançay 37 63 Ad 64
Sembleçay 36 64 Be 65
Semboués 32 139 Aa 88
Séméac 65 138 Aa 89
Séméacq-Blachon 64 138 Zf 87
Semécourt 57 38 Ga 53
Sémelay 58 81 Df 67
Semens 33 111 Ze 81
Sementron 89 66 Dc 63
Sémeries 59 9 Ea 48
Semerville 41 49 Bc 61
Semezanges 21 68 Ef 65
Sémézies-Cachan 32 139 Ae 88
Semide 08 20 Ed 52

202 F Salies-du-Salat — Semide

Sémillac 17 99 Zc 76
Semilly, Saint-Blin- 52 54 Fc 59
Semmadon 70 70 Ff 62
Semoine 10 35 Ea 56
Semond 21 68 Ed 63
Semons 38 107 Fb 76
Semoussac 17 99 Zc 76
Semoutiers-Montsaon 52 53 Fa 60
Semoy 45 49 Bf 61
Sempesserre 32 125 Ad 84
Sempigny 60 18 Da 51
Sempy 62 7 Be 46
Semur-en-Auxois 21 68 Ec 64
Semur-en-Brionnais 71 93 Ea 71
Semussac 17 98 Za 75
Semuy 08 20 Ed 52
Sen, Le 40 124 Zc 84
Sénac 65 139 Ab 88
Senaide 88 54 Fe 61
Senaillac-Latronquière 46 114 Ca 80
Sénaillac-Lauzès 46 114 Bd 81
Senailly 21 68 Eb 63
Senan 89 51 Dc 61
Senantes 28 32 Bd 57
Senantes 60 16 Be 52
Sénarens 31 140 Af 88
Sénargent-Mignafans 70 71 Gd 63
Senarpont 80 16 Be 49
Sénas 13 132 Fa 86
Senaux 81 128 Cd 86
Sencenac-Puy-de-Fourches 24 101 Ae 77
Senconac 09 153 Be 92
Sendets 33 111 Zf 82
Séné 56 58 Xb 63
Sénéchas 30 117 Ea 83
Sénergues 12 115 Cc 81
Sénestis 47 112 Ab 82
Séneujols 43 117 De 79
Senez 04 133 Gc 85
Sénezergues 15 115 Cc 80
Sengouagnet 31 139 Ae 91
Séniergues 46 114 Bd 80
Senillé 86 77 Ad 68
Seninghem 62 3 Ca 43
Senlecques 62 3 Bf 45
Senlis 60 33 Cd 53
Senlis 62 7 Ca 45
Senlis-le-Sec 80 8 Cd 48
Senlisse 78 32 Bf 56
Senneçay 18 79 Cc 67
Sennecey-le-Grand 71 82 Ef 69
Sennecey-lès-Dijon 21 69 Fa 65
Sennely 45 65 Ca 62
Sennevières 37 63 Ba 66
Senneville-sur-Fécamp 76 15 Ac 50
Sennevoy-le-Bas 89 68 Eb 62
Sennevoy-le-Haut 89 68 Eb 62
Senonches 28 31 Ba 57
Senoncourt 70 55 Ga 62
Senoncourt-les-Maujouy 55 37 Fb 54
Senones 88 56 Gf 58
Senonges 88 55 Ga 60
Senonnes 53 45 Ye 62
Senots 60 16 Bf 53
Senouillac 81 127 Bf 85
Sénoville 50 12 Yb 52
Senozan 71 94 Ef 70
Sens 89 51 Db 59
Sens-Beaujeu 18 65 Ce 65
Sens-sur-Seille 71 83 Fb 68
Sentein 09 151 Af 91
Sentelie 80 17 Ca 50
Sentenac-de-Sérou 09 140 Bc 91
Sentenac-d'Oust 09 152 Bb 91
Sentheim 68 71 Ha 62
Sentilly 61 30 Zf 56
Sentinelle, la 59 9 Dc 46
Sentous 65 139 Ac 89
Senuc 08 20 Ef 53
Senven-Lehart 22 26 Wf 58
Sépeaux 89 51 Db 61
Sepmeries 59 9 Dd 47
Sepmes 37 77 Ae 66
Seppois-le-Bas 68 71 Hb 63
Septème 38 106 Fa 75
Septeuil 78 32 Be 55
Septfonds 82 127 Bd 83
Septfontaines 25 84 Gb 67
Sept-Forges 61 29 Zc 58
Sept-Frères 14 29 Yf 55
Sept-Meules 76 6 Bc 49
Septmoncel 39 96 Ff 70
Septmonts 02 18 Dc 52
Septsarges 55 21 Fb 53
Sept-Saulx 51 35 Eb 54
Septvaux 02 18 Dc 51
Sept-Vents 14 29 Zb 54
Sepvigny 55 37 Fe 57
Sepvret 79 88 Zf 71
Sepx 31 140 Af 90
Sequehart 02 18 Dc 49
Serain 02 9 Dc 48
Seraincourt 08 19 Eb 51
Séraincourt 95 32 Bf 54
Sérandon 19 103 Cc 76
Séranon 06 134 Ge 86
Serans 60 32 Be 53
Seranville 54 55 Gd 58
Séranvillers 59 9 Dc 48
Seraucourt-le-Grand 02 18 Db 50
Seraumont 88 54 Fd 58
Serazereux 28 32 Bc 57
Serbannes 03 92 Dc 72
Serbonnes 89 51 Db 59
Serches 02 18 Dc 52
Sercœur 88 55 Gd 59
Sercy 71 82 Ee 69
Serdinya 66 153 Cb 93
Sère 32 139 Ad 88
Serécourt 88 54 Ff 60
Sère-en-Lavedan 65 138 Zf 90
Séreilhac 87 89 Ba 74
Sère-Lanso 65 138 Aa 90
Serémange-Erzange 57 22 Ga 53
Sérempuy 32 126 Ae 86
Sérénac 81 128 Cc 85
Sérent 56 44 Xd 62
Sère-Rustaing 65 139 Ab 89
Sérévillers 60 17 Cc 51
Serez 27 32 Bc 55
Sérézin-de-la-Tour 38 107 Fc 75
Sérézin-du-Rhône 69 106 Ee 75
Sergeac 24 101 Ba 79
Sergenaux 39 83 Fc 67
Sergenon 39 83 Fc 67
Sergines 89 51 Db 58
Sergy 01 96 Ga 71
Sergy 02 35 Dd 53
Sericourt 62 7 Cb 47
Sériers 15 116 Da 79
Sérifontaine 60 16 Be 52
Sérignac 46 113 Ba 82
Sérignac 82 126 Ba 85
Sérignac-Péboudou 47 112 Ad 81
Sérignac-sur-Garonne 47 125 Ac 83
Sérignan 34 143 Db 89
Sérignan-du-Comtat 84 118 Ee 83
Sérigné 85 75 Za 69
Sérigny 61 48 Ad 58
Sérigny 86 76 Ac 67
Sérilhac 19 102 Be 78
Seringes-et-Nesles 02 34 Dd 53
Séris 41 64 Bd 62
Serley 71 83 Fb 68
Sermages 58 81 Df 66
Sermaise 49 62 Ze 63
Sermaise 91 33 Ca 57
Sermaises 45 50 Cb 59
Sermaize 60 18 Cf 51
Sermaize-les-Bains 51 36 Ef 56
Sermamagny 90 71 Ge 62
Sermange 39 69 Fd 65
Sermano 2B 159 Kb 95
Sermanu = Sermano 2B 159 Kb 95
Sermentizon 63 92 De 74
Sermérieu 38 107 Fc 75
Sermersheim 67 57 Hd 58
Sermesse 71 83 Fa 67
Sermiers 51 35 Df 54
Sermizelles 89 67 De 63
Sermoise 02 18 Dc 52
Sermoise-sur-Loire 58 80 Db 67
Sermoyer 01 83 Ee 70
Sermur 23 91 Cc 73
Sernhac 30 131 Ed 85
Serocourt 88 55 Ff 60
Séron 65 138 Zf 89
Serpaise 38 106 Ef 75
Serpent, La 11 153 Cb 91
Serques 62 3 Cb 44
Serqueux 52 54 Fe 61
Serqueux 76 16 Bd 51
Serquigny 27 31 Ae 54
Serra-di-Ferro 2A 158 Ie 98
Serra-di-Fiumorbo 2B 159 Kc 97
Serra-di-Scopamène 2A 159 Ka 98
Serralongue 66 154 Cd 94
Serre-Bussière-Vieille, La 23 91 Cb 72
Serre-les-Moulières 39 69 Fd 65
Serre-les-Sapins 25 70 Ff 65
Serre-Lissosse, La 12 115 Cb 82
Serres 05 119 Fe 82
Serres 11 153 Cb 91
Serres 54 38 Gc 56
Serres-Castet 64 138 Zd 88
Serres-et-Montguyard 24 112 Ac 80
Serres-Gaston 40 124 Zc 87
Serreslous-et-Arribans 40 123 Zc 87
Serres-Morlaàs 64 138 Ze 89
Serres-Sainte-Marie 64 138 Zc 89
Serres-sur-Arget 09 140 Bd 91
Serriera 2A 158 Ie 95
Serrières 07 106 Ee 77
Serrières 71 94 Ee 71
Serrières-de-Briord 01 95 Fc 74
Serrières-en-Chautagne 73 96 Ff 73
Serrigny 89 52 Df 62
Serrigny-en-Bresse 71 83 Fa 68
Serris 77 33 Ce 55
Serrulles 18 79 Cc 67
Sers 16 100 Ab 75
Servais 02 18 Dc 51
Serval 02 19 De 52
Servance 70 56 Ge 62
Servanches 24 100 Aa 78
Servas 01 94 Fa 72
Servas 30 130 Eb 84
Servaville-Salmonville 76 16 Bb 52
Serverette 48 116 Dc 80
Serves-sur-Rhône 26 106 Ee 78
Servian 34 143 Db 88
Servières 48 116 Dc 81
Servières-le-Château 19 102 Ca 78
Serviers-et-Labaume 30 131 Ec 84
Serviès 81 127 Ca 87
Serviès-en-Val 11 142 Cd 90
Servignat 01 83 Fa 70
Servigney 70 70 Gb 62
Servigny 50 28 Yd 54
Servigny-lès-Raville 57 38 Gc 54
Serville 28 32 Bc 56
Servilly 03 92 Dd 71
Servin 25 70 Gc 65
Servins 62 8 Cd 46
Servon 50 28 Yd 57
Servon 77 33 Cd 56
Servon-Melzicourt 51 36 Ef 53
Servon-sur-Vilaine 35 45 Yd 60
Servoz 74 97 Ge 73
Sery 08 19 Ec 51
Sery 89 67 De 63
Séry-lès-Mézières 02 18 Dc 50
Sery-Magneval 60 18 Cf 53
Serzy-et-Prin 51 19 De 53
Sessenheim 67 40 Hf 56
Sète 34 144 De 88
Setques 62 3 Ca 43
Seugy 95 33 Cc 54
Seuil 08 20 Ec 52
Seuil-d'Argonne 55 36 Fa 55
Seuillet 03 92 Dc 71
Seur 41 64 Bc 64
Seure, Le 17 87 Zd 74
Seux 80 17 Ca 49
Seuzey 55 37 Fd 55
Sevant 63 92 Cf 72
Sevelinges 42 93 Eb 72
Sevenans 90 71 Gf 63
Sévérac 44 59 Xf 63
Sévérac-le-Château 12 116 Da 83
Sévérac-l'Eglise 12 115 Cf 82
Seveux 70 69 Fe 63
Sévignacq-Meyracq 64 138 Zd 90
Sévignacq-Thèze 64 138 Ze 88
Sevigny 61 30 Zf 56
Sévigny-la-Forêt 08 20 Ec 49
Sévigny-Waleppe 08 19 Ea 51
Sévis 76 15 Ba 50
Sevrai 61 30 Zf 56
Sevran 93 33 Cd 55
Sèvres 92 33 Cb 56
Sèvres-Anxaumont 86 76 Ac 69
Sevrey 71 82 Ef 68
Sévrier 74 96 Ga 73
Sévry 18 66 Ce 66
Sewen 68 56 Gf 62
Sexcles 19 102 Ca 78
Sexey-aux-Forges 54 38 Ga 57
Sexey-les-Bois 54 38 Ga 56
Sexfontaines 52 53 Fa 59
Seychalles 63 92 Dc 74
Seyches 47 112 Ab 81
Seyne 04 120 Gc 82
Seynes 30 130 Eb 84
Seyne-sur-Mer, La 83 147 Ff 90
Seynod 74 96 Ga 73
Seyre 31 141 Be 88
Seyresse 40 123 Yf 86
Seyssel 74 96 Ff 73
Seysses 31 140 Bd 88
Seysses-savès 32 140 Ba 87
Seyssinet 38 107 Fe 77
Seyssins 38 107 Fe 78
Seythenex 74 96 Gb 74
Seytroux 74 97 Gd 71
Sézanne 51 35 De 56
Siarrouy 65 138 Aa 89
Siaugues-Sainte-Marie 43 105 Dd 78
Sibiril 29 25 Vf 56
Sibiville 62 7 Cb 47
Sicaudais, La 44 59 Ya 65
Siccieu-Saint-Julien-et-Carisieu 38 95 Fb 74
Sichamps 58 66 Db 66
Sickert 68 71 Gf 62
Sideville 50 12 Yb 51
Sidiailles 18 79 Cb 69
Siecq 17 87 Ze 74
Siegen 67 40 Ia 55
Sièges 39 95 Fe 71
Sièges, Les 89 51 Dd 59
Sierck-les-Bains 57 22 Gc 52
Sierentz 68 72 Hc 63
Siersthal 57 39 Hc 54
Sierville 76 15 Ba 51
Siest 40 123 Yf 87
Sieurac 81 127 Ca 86
Sieuras 09 140 Bc 89
Siévoz 38 120 Ff 79
Siewiller 67 39 Hb 55
Sigale 06 134 Gf 85
Sigalens 33 111 Zf 82
Sigean 11 143 Cf 90
Sigloy 45 50 Cb 62
Signac 31 151 Ad 91
Signes 83 147 Ff 89
Signéville 52 54 Fb 59
Signy-l'Abbaye 08 20 Ec 50
Signy-le-Châtel 71 82 Ed 69
Signy-le-Petit 08 19 Eb 49
Signy-Montlibert 08 21 Fb 51
Signy-Signets 77 34 Da 55
Sigogne 16 87 Zf 74
Sigolsheim 68 56 Hb 60
Sigonce 04 133 Ff 84
Sigottier 05 119 Fe 82
Sigoulès 24 112 Ac 80
Sigournais 85 75 Za 68
Sigoyer 04 120 Ff 83
Sigoyer 05 120 Ff 82
Sigy 77 51 Db 58
Sigy-en-Bray 76 16 Bc 51
Silfiac 56 43 Wf 60
Silhac 07 118 Ed 79
Sillans-la-Cascade 83 147 Gb 87
Sillars 86 77 Ae 70
Sillas 33 111 Zf 82
Sillegny 57 38 Ga 55
Sillé-le-Guillaume 72 47 Zf 59
Sillé-le-Philippe 72 47 Ab 70
Sillery 51 35 Ea 53
Silley-Amancey 25 84 Ga 66
Sillingy 74 96 Ga 73
Silly-en-Gouffern 61 30 Aa 56
Silly-en-Saulnois 57 38 Gb 55
Silly-la-Poterie 02 34 Da 53
Silly-le-Long 60 34 Ce 54
Silly-sur-Nied 57 38 Gc 54
Silly-Tillard 60 17 Ca 53
Silmont 55 37 Fb 56
Silvareccio 2B 157 Kc 94
Silvarecciu = Silvareccio 2B 157 Kc 94
Silvarouvres 52 53 Ee 60
Simacourbe 64 138 Ze 88
Simandre 01 95 Fc 71
Simandre 71 83 Ef 69
Simandres 69 106 Ef 75
Simard 71 83 Fb 68
Simencourt 62 8 Cd 47
Simeyrols 24 113 Bc 79
Simiane-Collongue 13 146 Fc 88
Simiane-la-Rotonde 04 132 Fd 85
Simorre 32 139 Ae 88
Simplé 53 46 Za 61
Sin 59 8 Db 45
Sinceny 02 18 Db 51
Sincey-lès-Rouvray 21 67 Ea 64
Sindères 40 123 Za 84
Singles 63 103 Cd 75
Singleyrac 24 112 Ac 80
Singly 08 20 Ee 51
Singrist 67 39 Hc 56
Sin-le-Noble 59 8 Da 46
Sinsat 09 152 Bd 92
Sinzos 65 139 Ab 89
Sion 32 124 Aa 86
Sioniac 19 114 Be 79
Sion-les-Mines 44 45 Yc 62
Sionviller 54 38 Gd 57
Siorac-de-Ribérac 24 100 Ac 77
Siorac-en-Périgord 24 114 Af 80
Siouville-Hague 50 12 Ya 51
Sirac 32 126 Af 86
Siracourt 62 7 Cb 46
Siran 15 114 Ca 79
Siran 34 142 Cd 89
Sireix 65 138 Zf 91
Sireuil 16 100 Aa 75
Siridan 65 139 Ad 91
Sirod 39 84 Ff 68
Siros 64 138 Zd 88
Sisco 2B 157 Kc 92
Siscu = Sisco 2B 157 Kc 92
Sissonne 02 19 Df 51
Sissy 02 18 Dc 50
Sistels 82 126 Ae 84
Sisteron 04 133 Ff 83
Sivergues 84 132 Fc 85
Sivignon 71 94 Ed 70
Sivry 54 38 Gb 55
Sivry-Ante 51 36 Ef 54
Sivry-Courtry 77 33 Ce 57
Sivry-la-Perche 55 37 Fb 54
Sivry-sur-Meuse 55 21 Fb 53
Six-Fours-les-Plages 83 147 Ff 90
Six-Fer-à-Cheval 74 97 Ge 72
Sixt-sur-Aff 35 44 Xf 62
Sizun 29 25 Vf 58
Skaer = Scaër 29 42 Wb 60
Smarves 86 76 Ac 69
Smermesnil 76 16 Bc 49
Soccia 2A 158 If 95
Sochaux 25 71 Ge 63
Socourt 88 55 Gb 58
Socx 59 3 Cc 43
Sœurdres 49 61 Zc 62
Sognolles-en-Montois 77 51 Db 57
Sogny-aux-Moulins 51 36 Ec 55
Sogny-en-l'Angle 51 36 Ee 56
Soignolles 14 30 Ze 54
Soindres 78 32 Be 55
Soing-Cubry-Charentenay 70 70 Ff 63
Soings-en-Sologne 41 64 Bd 64
Soissons 02 18 Dc 52
Soissons-sur-Nacey 21 69 Fc 65
Soisy-Bouy 77 51 Db 57
Soisy-sous-Montmorency 95 33 Cb 55
Soisy-sur-École 91 50 Cd 58
Soisy-sur-Seine 91 33 Cc 57
Soize 02 19 Ea 50
Soizé 28 48 Af 60
Soizy-aux-Bois 51 35 De 56
Solaize 69 106 Ef 75
Solaro 2B 159 Kc 97
Solbach 67 56 Hb 58
Soleilhas 04 134 Gd 85
Solemont 25 71 Ge 64
Solente 60 18 Cf 50
Solenzara 2A 159 Kc 97
Soler, le 66 154 Ce 92
Solérieux 26 118 Ee 82
Solers 77 33 Ce 57
Solesmes 59 9 Dc 47
Solesmes 72 46 Ze 61
Soleymieu 38 107 Fc 74
Soleymieux 42 105 Ea 75
Solférino 40 123 Za 84
Solgne 57 38 Gb 55
Soliers 14 30 Ze 54
Solignac 87 89 Bb 74
Solignac-sous-Roche 43 105 Df 77
Solignac-sur-Loire 43 117 Df 79
Solignat 63 104 Db 75
Soligny-la-Trappe 61 31 Ad 57
Soligny-les-Étangs 10 51 Dd 58
Sollacaro 2A 158 If 98
Sollières-Sardières 73 109 Ge 77
Solliès-Pont 83 147 Ga 89
Solliès-Toucas 83 147 Ga 89
Solliès-Ville 83 147 Ga 89
Sologny 71 94 Ee 70
Solomiac 32 126 Af 86
Solre-le-Château 59 10 Ea 47
Solrinnes 59 10 Ea 47
Solterre 45 50 Ce 61
Solutré 71 94 Ee 71
Somain 59 9 Db 46
Sombacour 25 84 Gb 67
Sombernon 21 68 Ee 65
Sombrin 62 8 Cd 47
Sombrun 65 138 Aa 88
Somloire 49 75 Zc 65
Sommaing 59 9 Dc 47
Sommancourt 52 53 Fa 57
Sommant 71 81 Eb 66
Sommauthe 08 20 Ef 52
Somme-Bionne 51 36 Ee 54
Sommecaise 89 51 Db 61
Sommedieue 55 37 Fc 54
Sommeilles 55 36 Ef 55
Sommelans 02 34 Db 54
Sommelonne 55 36 Fa 56
Sommepy-Tahure 51 20 Ed 53
Sommerance 08 20 Ef 53
Sommerécourt 52 54 Fd 59
Sommereux 60 17 Bf 50
Sommeron 02 9 Df 49
Sommervieu 14 13 Zc 53
Sommerviller 54 38 Gc 57
Sommery 76 16 Bc 51
Sommesnil 76 15 Ae 50
Sommesous 51 35 Eb 56
Somme-Suippe 51 36 Ed 54
Somme-Tourbe 51 36 Ee 54
Sommette 02 18 Da 50
Sommette, La 25 71 Gd 65
Sommeval 10 52 Df 60
Somme-Vesle 51 36 Ed 55
Sommevoire 52 53 Ef 58
Somme-Yèvre 51 36 Ee 55
Sommières 30 130 Ea 86
Sommières-du-Clain 86 88 Ac 71
Sompt 79 87 Zf 72
Sompuis 51 36 Ec 56
Somsois 51 52 Ed 57
Son 08 19 Eb 51
Sonac 46 114 Bf 80
Sonchamp 78 32 Bf 57
Soncourt 88 55 Ff 58
Soncourt-sur-Marne 52 54 Fa 59
Sondernach 68 56 Ha 61
Sondersdorf 68 72 Hc 64
Songeons 60 16 Bf 51
Songeson 39 84 Fe 69
Songieu 01 95 Fe 73
Songy 51 36 Ed 56
Sonnac 12 114 Ca 81
Sonnac 17 87 Ze 73
Sonnac-sur-l'Hers 11 141 Bf 90
Sonnay 38 106 Ef 76
Sonnaz 73 108 Ff 75
Sonneville 16 87 Zf 74
Sons-et-Ronchères 02 19 De 50
Sonthonnax-la-Montagne 01 95 Fd 71
Sonzay 37 63 Ac 63
Soorts-Hossegor 40 122 Yd 86
Soppe-le-Bas 68 71 Ha 62
Soppe-le-Haut 68 71 Ha 62
Sor 09 151 Ba 91
Sorans-lès-Breurey 70 70 Ga 64
Sorbais 02 19 Df 49
Sorbets 32 124 Zf 86
Sorbets 40 124 Ze 87
Sorbey 57 38 Gb 54
Sorbier 03 93 Dd 70
Sorbiers 05 119 Fd 82
Sorbiers 42 106 Ec 76
Sorbollano 2A 159 Ka 98
Sorbon 08 19 Ec 51
Sorbo-Ocagnano 2B 157 Kc 94
Sorbs 34 129 Dc 85
Sorbu Ocagnanu = Sorbo-Ocagnano 2B 157 Kc 94
Sorcy-Bauthémont 08 20 Ed 51
Sorcy-Saint-Martin 55 37 Fd 56
Sorde-l'Abbaye 40 123 Yf 87
Sore 40 111 Zc 83
Soréac 65 139 Aa 89
Sorède 66 154 Cf 93
Sorel 80 8 Da 48
Sorel-en-Vimeu 80 7 Bf 48
Sorel-Moussel 28 32 Bc 56
Sorèze 81 141 Ca 88
Sorgeat 09 153 Bf 92
Sorges 24 101 Af 77
Sorgues 84 131 Ef 84
Sorigny 37 63 Ae 65
Sorinières, Les 44 60 Yc 66
Sorio 2B 157 Kb 93
Soriu = Sorio 2B 157 Kb 93
Sormery 89 52 De 60
Sormonne 08 20 Ed 50
Sornac 19 103 Cb 74
Sornay 70 69 Fe 65
Sornay 71 83 Fb 69
Sornéville 54 38 Gc 56
Sorquainville 76 15 Ad 50
Sorrus 62 7 Be 46
Sort-en-Chalosse 40 123 Za 86
Sortosville 50 12 Yd 52
Sortosville-en-Beaumont 50 12 Yb 52
Sos 47 125 Aa 84
Sospel 06 135 Hc 85
Sossais 86 76 Ac 67
Sost 65 151 Ad 91
Sotta 2A 160 Kb 99
Sotteville 50 12 Yb 51
Sotteville-lès-Rouen 76 15 Ba 52
Sotteville-sous-le-Val 76 15 Ba 53
Sotteville-sur-Mer 76 15 Ae 49
Soturac 46 113 Ba 82
Sotzeling 57 38 Gd 55
Soual 81 141 Ca 87
Souancé-au-Perche 28 48 Af 59
Souastre 62 8 Cd 48
Soubès 34 129 Dc 86
Soubise 17 86 Yf 73
Soublecause 65 138 Zf 87
Soubran 17 99 Zc 76
Soubrebost 23 90 Bf 73
Soucelles 49 61 Zd 63
Souche, La 07 117 Eb 81
Souchez 62 8 Ce 46
Soucht 57 39 Hb 55
Soucia 39 84 Fe 69
Soucieu-en-Jarrest 69 94 Ee 74
Soucirac 46 114 Bd 80
Souclin 01 95 Fc 73
Soucy 02 18 Da 53
Soucy 89 51 Db 59
Soudaine-Lavinadière 19 102 Be 75
Soudan 44 45 Ye 62
Soudan 79 76 Zf 70
Souday 41 48 Af 60
Soudé 51 35 Eb 56
Soudorgues 30 130 De 84
Soudron 51 35 Eb 55
Soueich 31 139 Ae 90
Soueix 09 152 Bb 91
Souel 81 127 Bf 84
Soues 65 138 Aa 89
Soues 80 7 Ca 49
Souesmes 41 65 Cb 64
Souffelweyersheim 67 40 He 57
Soufflenheim 67 40 Hf 55
Souffrignac 16 100 Ad 75
Sougé 36 78 Bc 67
Sougé 41 63 Ae 62
Sougeal 35 28 Yc 57
Sougé-le-Ganelon 72 47 Zf 59
Sougères-en-Puisaye 89 66 Db 63
Sougraigne 11 153 Cc 91
Sougy 45 49 Be 60
Sougy-sur-Loire 58 80 Dc 67
Souhain-Perthes-lès-Hurlus 51 36 Ed 53
Souhesmes-Rampont, Les 55 37 Fb 54
Souhey 21 68 Ec 64
Souich, Le 62 7 Cc 47
Souilhanels 11 141 Bf 88
Souilhe 11 141 Bf 88
Souillac 46 114 Bc 79
Souillé 72 47 Ab 60
Souilly 55 37 Fb 54
Soula 09 152 Be 91
Soulac-sur-Mer 33 98 Yf 75
Soulages 15 104 Db 78
Soulages-Bonneval 12 115 Ce 80
Soulaines-Dhuys 10 53 Ee 58
Soulaines-sur-Aubance 49 61 Zc 64
Soulaire-et-Bourg 49 61 Zc 63
Soulaires 28 32 Bd 57
Soulan 09 152 Bb 91
Soulanges 51 36 Ed 56
Soulangis 18 65 Cd 65
Soulangy 14 30 Ze 55
Soulatgé 11 153 Cc 91
Soulaucourt-sur-Mouzon 52 54 Fe 59
Soulaures 24 113 Af 81
Soulce-Cernay 25 71 Gf 65
Soulgé-sur-Ouette 53 46 Zc 60
Soulié, Le 34 142 Ce 87
Soulières 51 35 Df 55
Soulignac 33 111 Ze 80
Souligné-Flacé 72 47 Aa 61
Souligné-sous-Ballon 72 47 Ab 60
Soulignonne 17 87 Zb 74
Souligny 10 52 Df 59
Soulitré 72 47 Ab 70
Soullans 85 73 Ya 68
Soulles 50 28 Ye 54
Soulomès 46 114 Bd 81
Soulosse-sous-Saint Elophe 88 54 Fe 58
Soultzbach-les-Bains 68 56 Hb 60
Soultzeren 68 56 Ha 60
Soultz-Haut-Rhin 68 56 Hb 61
Soultz-les-Bains 67 40 Hc 57
Soultzmatt 68 56 Hb 61
Soultz-sous-Forêts 67 40 Hf 55
Soulvache 44 45 Yd 62
Soumaintrain 89 52 De 60
Soumans 23 91 Cb 71
Soumensac 47 112 Ab 80
Souméras 17 99 Zd 77
Soumont 34 129 Dc 86
Soumont-Saint-Quentin 14 30 Ze 55
Soumoulou 64 138 Ze 89
Souppes-sur-Loing 77 50 Ce 59
Souprosse 40 123 Zb 86
Souraïde 64 136 Yd 88
Sourans 25 71 Gd 64
Sourcieux-les-Mines 69 94 Ed 74
Sourd, Le 02 19 De 49
Sourdeval 50 29 Za 56
Sourdeval-les-Bois 50 28 Ye 55
Sourdon 80 17 Cc 50
Sourdun 77 34 Dc 57
Sourn, Le 56 43 Xa 60
Sournia 66 153 Cc 92
Sourniac 15 103 Cc 77
Sourribes 04 133 Ga 84
Sours 28 32 Bd 58
Soursac 19 103 Cb 77
Sourzac 24 100 Ac 78
Sousceyrac 46 114 Ca 79
Sous-Parsat 23 90 Bf 72
Souspierre 26 118 Ef 81
Soussac 33 112 Aa 80
Soussans 33 99 Zb 78
Soussey-sur-Brionne 21 68 Ed 65
Soustons 40 123 Yd 86
Souternon 42 93 Df 73
Souterraine, La 23 90 Bc 71
Soutiers 79 75 Ze 69
Souvans 39 83 Fd 67
Souvignargues 30 130 Ea 86
Souvigné 37 62 Ac 63
Souvigné 79 76 Ze 70
Souvigné-sur-Même 72 48 Ad 59
Souvigné-sur-Sarthe 72 46 Zd 62
Souvigny 03 80 Db 69
Souvigny-de-Touraine 37 63 Ba 64
Souvigny-en-Sologne 41 65 Ca 63
Souyeaux 65 139 Ab 89
Souzy 69 106 Ec 74
Souzy-la-Briche 91 33 Ca 57
Soveria 2B 157 Kb 94
Soyans 26 118 Fa 81
Soyaux 16 100 Ab 75
Soye 25 70 Gc 64
Soyécourt 80 18 Ce 49
Soye-en-Septaine 18 79 Cc 66
Soyers 52 54 Fe 61
Soyons 07 118 Ef 79
Sparsbach 67 39 Hc 55
Spay 72 47 Aa 61
Spechbach-le-Bas 68 71 Hb 62
Spechbach-le-Haut 68 71 Hb 62
Speloncato 2B 156 If 93
Spéracèdes 06 134 Gf 87
Spézet 29 42 Wb 59
Spicheren 57 39 Gf 53
Spincourt 55 21 Fd 53
Sponville 54 37 Ff 54
Spoy 10 53 Ed 59
Spoy 21 69 Fb 64
Spuncatu = Speloncato 2B 156 If 93
Spycker 59 3 Cb 43
Squiffiec 22 26 Wf 57
Staffelfelden 68 56 Hb 62
Stains 93 33 Cc 55
Stainville 55 37 Fb 57
Stang 29 25 Vf 57
Stang, Le 29 41 Ve 61
Staol = Etable-sur-Mer 22 26 Xb 57
Staple 59 3 Cc 44
Stattmatten 67 40 Hf 56
Stazzona 2B 157 Kc 94
Steenbecque 59 4 Cc 44
Steene 59 3 Cc 43
Steenvoorde 59 4 Cd 44
Steenwerck 59 4 Ce 44
Steige 67 56 Hb 58
Steinbach 68 56 Ha 62
Steinbourg 67 39 Hc 56
Steinbrunn-le-Bas 68 72 Hc 62
Steinbrunn-le-Haut 68 72 Hc 63
Steinseltz 67 40 Hf 54
Steinsoultz 68 72 Hb 63
Stenay 55 21 Fb 52
Sternenberg 68 71 Ha 62
Stetten 68 72 Hc 63
Stigny 89 67 Eb 62
Still 67 39 Hc 57
Stiring-Wendel 57 39 Gf 53
Stonne 08 20 Ef 51
Storckensohn 68 56 Gf 61
Stosswihr 68 56 Ha 60
Stotzheim 67 57 Hc 58
Strasbourg 67 40 He 57
Strazeele 59 4 Cd 44
Strenquels 46 114 Bd 79
Strueth 68 71 Ha 63
Struth 67 39 Hb 55
Stundwiller 67 40 Hf 55
Sturzelbronn 57 40 Hd 54
Stutzheim 67 40 Hd 57
Suarce 90 71 Ha 63
Suaux 16 88 Ad 73
Subdray, Le 18 79 Cb 66
Sublaines 37 63 Af 65
Subles 14 13 Zb 53
Subligny 18 66 Ce 64
Subligny 89 51 Db 60
Sublingy 50 28 Yd 56
Succieu 38 107 Fc 75
Sucé-sur-Erdre 44 60 Yc 64
Suc-et-Santenac 09 152 Bc 92
Suddacarò = Sollacaro 2A 158 If 98
Suèvres 41 64 Bc 63
Sugères 63 104 Dc 75
Sugny 08 20 Ed 52
Suilly-la-Tour 58 66 Da 65
Suin 71 82 Ec 70
Suippes 51 36 Ed 54
Suisse 57 38 Gd 55
Suizy-le-Franc 51 35 De 55
Sulaghju, U = Solaro 2A 159 Kc 97
Sulignat 01 94 Ef 71

Sémillac — Sulignat (F) 203

Toulouse-le-Château 39 83 Fd 68
Toulouzette 40 123 Zb 86
Toulx-Sainte-Croix 23 91 Cb 71
Touques 14 14 Aa 52
Touquet-Paris-Plage, Le 62 6 Bd 45
Touquettes 61 30 Ac 56
Touquin 77 34 Da 56
Tourailles 41 63 Ba 62
Tourailles, Les 61 29 Zd 56
Tourbes 34 143 Dc 88
Tour-Blanche, La 24 100 Ac 76
Tourcelles-Chaumont 08 20 Ed 52
Tourc'h 29 42 Wb 60
Tourcoing 59 4 Da 44
Tour-d'Aigues, La 84 132 Fd 86
Tourdan, Revel- 38 106 Fa 76
Tour-d'Auvergne, La 63 103 Ce 75
Tour-de-Faure 46 114 Be 82
Tour-de-Salvagny, La 69 94 Ee 74
Tour-de-Sçay, la 25 70 Gb 64
Tour-du-Crieu, La 09 141 Bd 90
Tour-du-Meix, La 39 83 Fe 69
Tourdun 32 139 Aa 87
Tour-du-Parc, Le 56 58 Xc 63
Tour-du-Pin, La 38 107 Fc 75
Tour-en-Bessin 14 13 Zb 53
Tour-en-Sologne 41 64 Bd 63
Tourette, La 42 105 Ea 76
Tourette-Cabardès, La 11 142 Cc 88
Tourette-du-Château 06 134 Ha 85
Tourettes, Les 26 118 Ee 81
Tourettes-sur-Loup 06 134 Ha 86
Tourgéville 14 14 Aa 53
Tourlandry, La 49 61 Zb 66
Tourlaville 50 12 Yc 51
Tourliac 47 113 Ae 80
Tourly 60 16 Bf 53
Tourmignies 59 8 Da 45
Tourmont 39 83 Fe 67
Tournai-sur-Dive 61 30 Aa 56
Tournan 32 139 Ae 88
Tournan-en-Brie 77 33 Ce 56
Tournans 25 70 Gb 64
Tournay 65 139 Ab 89
Tournay-sur-Odon 14 29 Zc 54
Tourne, Le 33 111 Zd 80
Tournebu 14 29 Zd 55
Tournecoupe 32 126 Ae 85
Tournedos-Bois-Hubert 27 31 Af 54
Tournedos-sur-Seine 27 16 Bb 53
Tournefeuille 31 140 Bc 87
Tournefort 06 134 Ha 85
Tournehem-sur-la-Hem 62 3 Ca 44
Tournemire 12 129 Da 85
Tournemire 15 103 Cc 78
Tournes 08 20 Ed 50
Tournettes 83 134 Ge 87
Tourneur, Le 14 29 Zb 55
Tourneville 27 31 Ba 54
Tournières 14 13 Za 53
Tournissan 11 142 Cd 90
Tournoisis 45 49 Bd 60
Tournon 07 118 Ec 81
Tournon 73 108 Gb 75
Tournon-d'Agenais 47 113 Af 82
Tournon-Saint-Pierre 37 77 Af 68
Tournon-sur-Rhône 07 106 Ef 78
Tournous-Darré 65 139 Ac 89
Tournous-Devant 65 139 Ac 89
Tournus 71 82 Ef 69
Tourny 27 32 Bd 53
Tourouvre 61 31 Ad 57
Tourouzelle 11 142 Ce 89
Tourreilles 11 141 Cb 90
Tourreilles, les 31 139 Ad 90
Tourrenquets 32 125 Ae 86
Tourrette-Levens 06 135 Hb 86
Tourrettes 83 134 Ge 87
Tourriers 16 88 Ab 74
Tours 37 63 Ae 64
Tour-Saint-Gelin, La 37 76 Ac 66
Tours-en-Savoie 73 108 Gc 75
Tours-en-Vimeu 80 7 Be 48
Tours-sur-Marne 51 35 Ea 54
Tours-sur-Meymont 63 104 Dd 74
Tour-sur-Jour 58 80 Db 68
Tour-sur-Orb, La 34 129 Da 87
Tourtenay 79 76 Zf 66
Tourteron 08 20 Ed 51
Tourtour 83 147 Gb 87
Tourtouse 09 140 Ba 90
Tourtrès 47 112 Ac 81
Tourtrol 09 141 Be 90
Tourves 83 147 Ff 88
Tourville-en-Auge 14 14 Ab 53
Tourville-la-Campagne 27 15 Af 53
Tourville-la-Chapelle 76 6 Bb 49
Tourville-la-Rivière 76 15 Ba 53
Tourville-les-Ifs 76 15 Ac 50
Tourville-sur-Arques 76 15 Ba 49
Tourville-sur-Odon 14 29 Zd 54
Tourville-sur-Pont-Audemer 27 15 Ad 53
Tourville-sur-Sienne 50 28 Yc 54
Toury 28 49 Bf 59
Toury-Lurcy 58 80 Dc 68
Tourzel-Ronzières 63 104 Da 75
Toussaint 76 15 Ac 50
Toussieu 69 106 Ef 75
Toussieux 01 94 Ee 73
Tousson 77 50 Cc 58
Toussus-le-Noble 78 33 Ca 56
Toutainville 27 15 Ac 52
Toutenant 71 83 Fa 67
Toutencourt 80 7 Cc 48
Toutens 31 141 Be 88
Toutlemonde 49 61 Zb 66
Toutry 21 67 Ea 63
Touvérac 16 99 Ze 76
Touvet, Le 38 108 Ff 76
Touville 27 15 Ae 53
Touvois 44 74 Yb 67
Touvre 16 88 Ab 74
Touzac 16 99 Zf 75
Touzac 46 113 Ba 82
Tox 2B 159 Kc 95
Toy-Viam 19 102 Bf 75
Tracy-Bocage 14 29 Zb 54
Tracy-le-Mont 60 18 Da 52
Tracy-le-Val 60 18 Da 52
Tracy-sur-Loire 58 66 Cf 65
Tracy-sur-Mer 14 13 Zc 52
Trades 69 94 Ed 71
Traenheim 67 40 Hc 57
Tragny 57 38 Gc 55
Traînou 45 50 Ca 61
Trait, Le 76 15 Ae 52
Traize 73 107 Fe 74
Tralaigues 63 91 Cd 73
Tralonca 2B 159 Kb 94
Tramain 22 27 Xd 58
Tramayes 71 94 Ed 71
Trambly 71 94 Ed 71
Tramecourt 62 7 Ca 46
Tramery 51 35 De 53
Tramezaïgues 65 150 Ab 92
Tramont-Emy 54 55 Ff 58
Tramont-Lassus 54 55 Ff 58
Tramont-Saint-André 54 55 Ff 58
Tramoyes 01 94 Ef 73
Tranche-sur-Mer, La 85 74 Yd 70
Tranclière, La 01 95 Fb 72
Trancrainville 28 49 Bf 59
Trangé 72 47 Aa 60
Tranger, Le 36 78 Bb 67
Trannes 10 53 Ed 59
Tranqueville-Graux 88 54 Ff 58
Trans 35 28 Yc 58
Trans 53 46 Ze 59
Trans-en-Provence 83 148 Gc 87
Translay, Le 80 7 Be 49
Translsoy, Le 62 8 Cf 48
Trans-sur-Erdre 44 60 Yd 64
Tranzault 36 78 Bf 69
Trappes 78 32 Bf 56
Trassanel 11 142 Cc 88
Traubach-le-Bas 68 71 Ha 63
Traubach-le-Haut 68 71 Ha 62
Trausse 11 142 Cd 89
Travaillan 84 131 Ef 83
Travecy 02 18 Dc 50
Traversères 32 139 Ad 87
Travet, Le 81 128 Cc 86
Trayes 79 75 Zd 68
Tréal 56 44 Xe 61
Tréauville 50 12 Yb 51
Trébabu 29 24 Vb 58
Treban 03 92 Db 70
Tréban 81 128 Cc 84
Trébas 81 128 Cc 85
Trébédan 22 27 Xf 58
Trèbes 11 142 Cc 89
Trébeurden 22 25 Wc 56
Trébons 65 139 Aa 90
Trébons-de-Luchon 31 151 Ad 92
Trébons-sur-la-Grasse 31 141 Be 88
Trébrivan 22 25 Wd 59
Trébry 22 27 Xc 58
Tréclun 21 69 Fa 65
Trécon 51 35 Ea 55
Trédaniel 22 26 Xc 58
Trédarzec 22 26 We 56
Trédias 22 27 Xe 58
Trédion 56 43 Xc 62
Trédrez 22 25 Wc 56
Tréduder 22 25 Wc 57
Trefcon 02 18 Da 49
Treffendel 35 44 Xf 60
Treffiagat 29 41 Ve 62
Treffieux 44 60 Yc 63
Treffort 38 119 Fd 79
Treffort-Cuisiat 01 95 Fc 71
Treffrin 22 25 Wc 59
Tréflaouénan 29 25 Vf 57
Tréflévénez 29 25 Vf 58
Tréflez 29 24 Ve 57
Tréfols 51 34 Dd 56
Tréfumel 22 44 Xf 58
Tregaeg = Trégueux 22 26 Xb 58
Trégarantec 29 24 Ve 57
Trégarvan 29 24 Ve 59
Trégastel 22 25 Wd 56
Tréglamus 22 26 We 57
Tréglonou 29 24 Vc 57
Trégomeur 22 26 Xa 57
Trégon 22 27 Xe 57
Trégonneau 22 26 Wf 57
Trégornan 22 42 Wd 59
Trégourez 29 42 Wa 60
Trégrom 22 26 Wd 57
Tréguennec 29 41 Ve 61
Trégueux 22 26 Xb 58
Tréguidel 22 26 Xa 57
Tréguier 22 26 We 56
Trégunc 29 42 Wa 61
Tréhorenteuc 56 44 Xe 60
Tréhou, Le 29 25 Vf 58
Treignac 19 102 Be 75
Treignat 03 91 Cc 70
Treilles 11 154 Cf 91
Treilles-en-Gâtinais 45 50 Cd 60
Treillières 44 60 Yc 65
Treix 52 54 Fb 60
Treize-Septiers 85 74 Ye 67
Treize-Vents 85 75 Za 67
Tréjouls 82 126 Bb 83
Trélans 48 116 Da 82
Trélazé 49 61 Zd 64
Trélévern 22 26 Wd 56
Trelins 42 93 Ea 74
Trélissac 24 101 Ae 77
Trélivan 22 27 Xf 58
Trelly 50 28 Yd 55
Trélon 59 10 Ea 48
Trélou-sur-Marne 02 35 Dd 54
Trémaouézan 29 24 Ve 57
Trémargat 22 26 We 59
Trémauville 76 15 Ad 50
Tremblade, La 17 86 Yf 74
Tremblay 35 28 Yd 58
Tremblay, Le 27 31 Af 54
Tremblay, Le 49 61 Yf 62
Tremblay-en-France 93 33 Cd 55
Tremblay-les-Villages 28 32 Bc 57
Tremblay-sur-Mauldre, le 78 32 Bf 56
Tremblecourt 54 38 Ff 56
Tremblois, le 70 69 Fd 64
Tremblois-lès-Carignan 08 21 Fb 51
Tremblois-lès-Rocroi 08 20 Ec 49
Trémeheuc 35 28 Yb 58
Trémel 22 25 Wc 57
Tréméloir 22 26 Xa 57
Trémentines 49 61 Zb 66
Tréméoc 29 41 Ve 61
Tréméreuc 22 27 Xf 57
Trémery 57 22 Gb 53
Trémeur 22 44 Xe 58
Tréméven 22 26 Wf 56
Tréméven 29 42 Wc 61
Tréminis 38 119 Fe 80
Trémoins 70 71 Ge 63
Trémolat 24 113 Ae 79
Trémons 47 113 Af 82
Trémont 49 61 Zd 66
Trémont 61 31 Ab 57
Trémont-sur-Saulx 55 36 Fa 56
Trémonzey 88 55 Gb 61
Trémorel 22 44 Xe 59
Trémouille 15 103 Ce 76
Trémouilles 12 128 Cd 83
Trémouille-Saint-Loup 63 103 Cd 76
Trémoulet 09 141 Be 90
Trémuson 22 26 Xa 57
Trenal 39 83 Fc 69
Trensacq 40 123 Zb 83
Trentels 47 113 Af 82
Tréogan 29 42 Wc 59
Tréon 28 32 Bb 56
Tréouergat 29 24 Vc 57
Trépail 51 35 Eb 54
Tréport, Le 76 6 Bc 48
Trépot 25 70 Ga 65
Trept 38 107 Fb 74
Trésauvaux 55 37 Fd 54
Tresbœuf 35 45 Yc 61
Trescault 62 8 Da 48
Trescléoux 05 119 Fe 82
Trésilley 70 70 Ga 64
Treslon 51 19 De 53
Tresnay 58 80 Db 68
Trespoux-Rassiels 46 113 Bc 82
Tresques 30 131 Ed 84
Tressan 34 143 Dc 87
Tressange 57 22 Ff 52
Tressé 35 27 Ya 58
Tresserre 66 154 Ce 93
Tresses 33 111 Zd 79
Tressignaux 22 26 Xa 57
Tressin 59 8 Db 45
Tresson 72 48 Ad 61
Treteau 03 92 Dd 70
Trétoire, La 77 34 Db 55
Trets 13 146 Fe 88
Treux 80 8 Cd 49
Treuzy-Levelay 77 51 Ce 59
Trévé 22 43 Xb 59
Trévenans 90 71 Gf 63
Tréveneuc 22 26 Xa 57
Tréveray 55 37 Fc 57
Trévérec 22 26 Wf 57
Trévérien 35 44 Ya 58
Trèves 30 129 Dc 84
Trèves 69 106 Ee 75
Trévien 81 127 Ca 84
Trevières 14 13 Za 53
Trévignin 73 108 Ff 74
Trévillach 66 154 Cd 92
Trévillers 25 71 Gf 65
Trévilly 89 67 Ea 63
Trévol 03 80 Db 69
Trévou-Treguignec 22 26 Wd 56
Trévoux 01 94 Ee 73
Trévoux, le 29 42 Wc 61
Trévron 22 27 Xf 58
Trézelles 03 93 Dd 71
Trézény 22 26 Wd 56
Tréziers 11 141 Bf 90
Trézilidé 29 25 Vf 57
Trézioux 63 104 Dc 74
Triac-Lautrait 16 87 Zf 74
Triadou, Le 34 130 Df 86
Triaize 85 74 Ye 70
Tribehou 50 12 Ye 53
Trichey 89 52 Ea 61
Tricot 60 17 Cd 51
Tricqueville 27 15 Ac 52
Trie-Château 60 16 Be 53
Trie-la-Ville 60 16 Be 53
Triel-sur-Seine 78 33 Ca 55
Triembach-au-Val 67 56 Hb 58
Trie-sur-Baïse 65 139 Ac 89
Trieux 54 22 Ff 53
Trigance 83 133 Gc 86
Trignac 44 59 Xe 65
Trigny 51 19 Df 53
Triguères 45 51 Cf 61
Trilbardou 77 34 Ce 55
Trilla 66 154 Cd 92
Trilport 77 34 Cf 55
Trimbach 67 40 Ia 55
Trimer 35 44 Ya 58
Trimouille, la 86 77 Ba 70
Trinay 45 49 Bf 60
Trinitat, La 15 116 Cf 80
Trinité, La 06 135 Hb 86
Trinité, La 27 32 Bb 55
Trinité, La 50 28 Ye 56
Trinité, La 73 108 Ga 76
Trinité-de-Réville, La 27 31 Ad 55
Trinité-des-Laitiers, La 61 30 Ac 56
Trinité-du-Mont, La 76 15 Ad 51
Trinité-Porhoët, La 56 44 Xc 60
Trinité-sur-Mer, La 56 58 Wf 63
Trinité-Surzur, La 56 59 Xc 63
Triors 26 107 Fa 78
Trioulou, Le 15 115 Cb 80
Tripleville 41 49 Bc 61
Triquerville 76 15 Ad 51
Trith-Saint-Léger 59 9 Dc 46
Tritteling 57 38 Gd 54
Trivy 71 94 Ec 70
Trizac 15 103 Cd 77
Trizay 17 86 Za 74
Trizay-Coutretot-Saint-Serge 28 48 Af 59
Trizay-lès-Bonneval 28 49 Bc 59
Troarn 14 14 Ze 53
Troche 19 102 Bc 76
Trochères 21 69 Fb 64
Troësnes 02 34 Db 53
Troguéry 22 26 We 56
Trogues 37 63 Ac 66
Trois-Domaines, Les 55 37 Fb 55
Trois-Fonds 23 91 Cb 71
Trois-Fontaines 51 36 Ef 56
Troisfontaines 57 39 Ha 56
Troisfontaines-la-Ville 52 36 Fa 57
Troisgots 50 29 Yf 54
Trois-Monts 14 29 Zd 54
Trois-Moutiers, Les 86 62 Aa 66
Trois-Palis 16 100 Aa 75
Trois-Pierres, Les 76 15 Ac 51
Trois-Puits 51 35 Ea 53
Troissereux 60 17 Ca 52
Troissy 51 35 De 54
Trois-Vèvres 58 80 Dc 67
Troisvilles 59 9 Dc 48
Trois-Villes 64 137 Za 90
Tromarey 70 69 Fe 64
Tromborn 57 22 Gd 53
Troncens 32 139 Ab 88
Tronchet, Le 35 28 Yb 58
Tronchet, Le 72 47 Aa 59
Tronchoy 89 52 Df 61
Tronchy 71 83 Fa 68
Troncq, Le 27 31 Af 53
Trondes 54 37 Fe 56
Tronget 03 80 Da 70
Tronquay, Le 14 13 Zb 53
Tronquay, Le 27 16 Be 52
Tronsanges 58 80 Da 66
Tronville 54 37 Ff 54
Tronville-en-Barrois 55 37 Fb 56
Troo 41 63 Ae 62
Trosly-Breuil 60 18 Cf 52
Trosly-Loire 02 18 Db 51
Trouans 10 35 Eb 57
Troubat 65 139 Ad 91
Trouhans 21 69 Fb 66
Trouhaut 21 68 Ee 64
Trouillas 66 154 Ce 93
Trouley-Labarthe 65 139 Ab 89
Troussencourt 60 17 Cb 51
Troussey 55 37 Fe 56
Troussures 60 16 Bf 52
Trouville 76 15 Ad 51
Trouville-la-Haule 27 15 Ad 52
Trouville-sur-Mer 14 14 Aa 52
Trouy 18 79 Cc 66
Troyes 10 52 Ea 59
Troyon 55 37 Fc 54
Truchère, La 71 82 Ef 69
Truchtersheim 67 40 Hd 56
Trucy 02 19 Dd 52
Trucy-l'Orgueilleux 58 66 Dc 64
Trucy-sur-Yonne 89 67 Dd 63
Truel, Le 12 128 Ce 84
Trugny 21 83 Fa 67
Truinas 26 119 Fa 81
Trumilly 60 18 Ce 53
Trun 61 30 Aa 55
Trungy 14 13 Zb 53
Truttemer-le-Grand 14 29 Zb 56
Truttemer-le-Petit 14 29 Zb 56
Truyes 37 63 Af 65
Tubersent 62 7 Be 45
Tuchan 11 154 Ce 91
Tucquegnieux 54 21 Ff 53
Tudeils 19 102 Be 78
Tudelle 32 125 Ab 86
Tuffé 72 48 Ad 60
Tugéras 17 99 Zd 76
Tugny-et-Pont 02 18 Da 50
Tuilière, La 42 93 De 73
Tulette 26 118 Ee 83
Tulle 19 102 Be 77
Tullins 38 107 Fc 77
Tully 80 6 Bd 48
Tuminu = Tomino 2B 157 Kc 91
Tupigny 02 9 Dd 49
Tupin-et-Semons 69 106 Ee 76
Turballe, La 44 59 Xc 64
Turbie, La 06 135 Hc 86
Turcey 21 68 Ee 64
Turckheim 68 56 Hb 60
Turenne 19 102 Bd 78
Turgon 16 88 Ac 73
Turgy 10 52 Ea 60
Turny 89 52 De 60
Turquant 49 62 Aa 65
Turquestein-Blancrupt 57 39 Ha 57
Turqueville 50 12 Ye 52
Turriers 04 120 Gb 82
Tursac 24 113 Ba 79
Tusson 16 88 Aa 73
Tuzaguet 65 139 Ac 90
Tuzan, Le 33 111 Zc 82
Tuzie 16 88 Aa 73

U

Uberach 67 40 Hd 55
Ubexy 88 55 Gb 58
Ubraye 04 134 Ge 85
Ucciani 2A 159 If 96
Ucel 07 118 Ec 81
Uchacq-et-Parentis 40 124 Zc 85
Uchaud 30 130 Eb 86
Uchaux 84 118 Ee 83
Uchentein 09 151 Ba 91
Uchizy 71 82 Ef 69
Uchon 71 82 Eb 68
Uckange 57 22 Ga 53
Ueberstrass 68 71 Ha 63
Uffheim 68 72 Hc 63
Uffholtz 68 56 Hb 62
Ugine 73 96 Gc 74
Uglas 65 139 Ac 90
Ugnouas 65 139 Aa 88
Ugny 54 21 Fe 52
Ugny-le-Gay 02 18 Db 51
Ugny-l'Equipée 80 18 Da 50
Ugny-sur-Meuse 55 37 Fe 57
Uhart-Cize 64 137 Ye 90
Uhart-Mixe 64 137 Yf 89
Uhlwiller 67 40 He 56
Uhrwiller 67 40 Hd 55
Ulcot 79 75 Zd 66
Ulis, Les 91 33 Cb 56
Ully-Saint-Georges 60 17 Cb 53
Ulmes, Les 49 62 Ze 65
Ulmetu = Olmeto 2A 158 If 98
Ulmiccia = Olmiccia 2A 159 Ka 98
Umpeau 28 49 Be 58
Unac 09 152 Be 92
Uncey-le-Franc 21 68 Ed 64
Unchair 51 19 De 53
Ungersheim 68 56 Hb 61
Unienville 10 53 Ed 59
Unieux 42 105 Eb 76
Union, l' 31 126 Bc 87
Unlas 42 105 Eb 75
Unverre 28 48 Ba 59
Unzent 09 141 Bd 89
Upaix 05 120 Ff 83
Upie 26 118 Ef 80
Urau 31 140 Af 90
Urbalacone 2A 159 If 97
Urbalaconu = Urbalacone 2A 159 If 97
Urbanya 66 153 Cb 93
Urbeis 67 56 Hb 59
Urbes 68 56 Gf 61
Urbise 42 93 Df 71
Urçay 03 79 Cd 69
Urcel 02 18 Dd 52
Urcerey 90 71 Ge 63
Urciers 36 79 Ca 69
Urcuit 64 136 Yd 88
Urcy 21 68 Ef 65
Urdens 32 125 Ae 85
Urdès 64 138 Zc 89
Urdos 64 149 Zc 91
Urepel 64 136 Yd 90
Urgons 40 124 Zd 87
Urgosse 32 124 Zf 86
Uriménil 88 55 Gc 60
Urmatt 67 39 Hb 57
Urou-et-Crennes 61 30 Aa 56
Urrugne 64 136 Yb 88
Urs 09 152 Be 92
Urschenheim 68 57 Hc 60
Urt 64 123 Ye 88
Urtaca 2B 157 Kb 93
Uruffe 54 37 Fe 57
Urville 10 53 Ed 59
Urville 14 30 Ze 54
Urville 50 12 Yd 52
Urville-Naqueville 50 12 Yb 50
Urvillers 02 18 Db 50
Ury 77 50 Cd 58
Urzy 58 80 Db 66
Us 95 32 Bf 54
Usclas-d'Hérault 34 143 Dc 87
Usines 74 96 Ff 73
Ussac 19 102 Bd 78
Ussat 09 152 Bd 91
Usseau 79 87 Zc 71
Usseau 86 77 Ad 67
Ussel 15 104 Cf 78
Ussel 19 103 Cb 75
Ussel 46 114 Bc 81
Ussel-d'Allier 03 92 Db 71
Usson 63 104 Dc 75
Usson-du-Poitou 86 88 Ad 71
Usson-en-Forez 42 105 Df 76
Ussy 14 30 Ze 55
Ussy-sur-Marne 77 34 Da 55
Ustaritz 64 136 Yd 88
Ustou 09 152 Bb 92
Utelle 06 135 Hb 85
Uttenheim 67 57 Hd 58
Uttenhoffen 67 40 Hd 55
Uttwiller 67 40 Hc 55
Uxeau 71 81 Ea 69
Uxegney 88 55 Gc 59
Uxelles 39 84 Fe 69
Uxem 59 4 Cc 42
Uza 40 123 Ye 84
Uzan 64 138 Zc 88
Uzay-le-Venon 18 79 Cc 68
Uzech 46 113 Bc 81
Uzein 64 138 Zd 88
Uzel 22 43 Xa 59
Uzelle 25 70 Gc 64
Uzemain 88 55 Gc 60
Uzer 07 117 Eb 81
Uzer 65 139 Ab 90
Uzès 30 131 Ec 84
Uzeste 33 111 Ze 82
Uzos 64 138 Zd 89

V

Vaas 72 62 Ab 63
Vabre 81 128 Cc 86
Vabres 15 104 Db 78
Vabres 30 130 Df 84
Vabres-l'Abbaye 12 128 Cf 85
Vabre-Tizac 12 127 Ca 83
Vacherauville 55 37 Fc 53
Vachères 04 132 Fd 85
Vacheresse 74 97 Ge 71
Vacheresse-et-la-Rouillie, La 88 54 Fe 60
Vacherie, La 27 31 Ae 54
Vacherie, La 27 31 Ba 54
Vacognes-Neuilly 14 29 Zc 54
Vacquerie 80 7 Ca 48
Vacquerie-et-Saint-Martin-de-Castries, La 34 129 Dc 86
Vacquerie-le-Boucq 62 7 Cb 47
Vacqueriette-Erquières 62 7 Ca 47
Vacqueville 54 56 Ge 58
Vacqueyras 84 131 Ef 84
Vacquières 34 130 Df 85
Vacquiers 31 126 Bc 86
Vadans 39 83 Fe 67
Vadans 70 69 Fd 64
Vadelaincourt 55 37 Fb 54
Vadenay 51 36 Ec 54
Vadencourt 02 19 Dd 49
Vadencourt 80 8 Cc 48
Vadonville 55 37 Fd 56
Vagney 88 56 Ge 60
Vahl-Ebersing 57 39 Ge 54
Vahl-lès-Bénestroff 57 39 Ge 55
Vahl-lès-Faulquemont 57 38 Gd 54
Vaiges 53 46 Zd 60
Vailhan 34 143 Db 87
Vailhauquès 34 130 De 86
Vailhourles 12 114 Bf 83
Vaillac 46 114 Bd 80
Vaillant 52 69 Fa 62
Vailly 10 52 Ea 58
Vailly 74 96 Gd 71
Vailly-sur-Aisne 02 18 Dd 52
Vailly-sur-Sauldre 18 65 Cd 64
Vains 50 28 Yd 56
Vairé 85 73 Yb 69
Vaire-Arcier 25 70 Ga 65
Vaire-le-Petit 25 70 Ga 65
Vaire-sous-Corbie 80 17 Cd 49
Vaires-sur-Marne 77 33 Cd 55
Vaison-la-Romaine 84 132 Fa 83
Vaissac 82 127 Bd 84
Vaivre, La 70 55 Gc 61
Vaivre-et-Montoille 70 70 Ga 63
Val, Le 83 147 Ga 88
Valady 12 115 Cc 82
Valailles 27 31 Ad 54
Valaire 41 64 Bb 64
Val-André, Le 22 27 Xc 57
Valanjou 49 61 Zc 65
Valaurie 26 118 Ee 82
Valavoire 04 133 Ga 83
Valay 70 69 Fd 65
Valbeleix 63 104 Cf 76
Valbelle 04 133 Ff 84
Valbois 55 37 Fd 55
Valbonnais 38 120 Ff 79
Valbonne 06 134 Ha 87
Valcabrère 31 139 Ad 90
Valcanville 50 12 Ye 51
Valcebollère 66 153 Ca 94
Valcivières 63 105 De 75
Valdahon 25 70 Gc 66
Val-d'Ajol, Le 88 55 Gc 61
Valdampierre 60 17 Ca 53
Val-d'Auzon 10 53 Ec 58
Val-David, le 27 32 Bb 55
Val-de-Bride 57 39 Ge 55
Valdécie 50 12 Yc 52
Val-de-Fier 74 96 Ff 73
Val-de-Guéblange, le 57 39 Gf 55
Val-de-Mercy 89 67 Dd 62
Val-de-Meuse 52 54 Fd 60
Val-d'Epy 39 95 Fc 70
Val-de-Reuil 27 15 Bb 53
Valderiès 81 128 Cb 84
Valderoue 06 134 Ge 86
Val-de-Roulans 25 70 Gb 64
Val-de-Saâne 76 15 Af 50
Val-d'Esnoms 52 69 Fb 62
Val-des-Prés 05 120 Ge 79
Val-de-Vesle 51 35 Eb 53
Val-de-Vière 51 36 Ee 56
Valdieu-Lutran 68 71 Ha 63
Val-d'Isère 73 109 Gf 76
Valdivienne 86 77 Ad 69
Val-d'Izé 35 45 Ye 59
Valdoie 90 71 Gf 62
Val-d'Ornain 55 36 Fa 56
Val-d'Orvin 10 52 Dd 58
Valdrôme 26 119 Fd 81
Valdurenque 81 142 Cb 87
Valeille 42 105 Eb 74
Valeilles 82 113 Af 82
Valeins 01 94 Ef 72
Valempoulières 39 84 Ff 68
Valençay 36 64 Bd 66
Valence 16 88 Ab 73
Valence 26 118 Ef 79
Valence 82 126 Af 84
Valence-d'Albigeois 81 128 Cc 84
Valence-en-Brie 77 51 Cf 58
Valence-sur-Baïse 32 125 Ac 85
Valenciennes 59 9 Dd 46
Valencin 38 106 Fa 75
Valencogne 38 107 Fd 76
Valennes 72 48 Ae 61
Valensole 04 133 Ff 85
Valentigney 25 71 Ge 64
Valentine 31 139 Ae 90
Valenton 94 33 Cc 56
Valergues 34 130 Ea 87
Valernes 04 133 Ff 83
Valescourt 60 17 Cc 52
Valesvilles 31 141 Bd 87
Val-et-Châtillon 54 39 Gf 57
Valette 15 103 Cd 77
Valette, La 38 120 Ff 79
Valette-du-Var, La 83 147 Ff 90
Valeuil 24 100 Ad 77
Valezan 73 109 Ge 75
Valff 67 57 Hd 58
Valfin-sur-Valouse 39 95 Fd 70
Valflaunès 34 130 Df 86
Valfleury 42 106 Ec 75
Valframbert 61 47 Aa 58
Valfroicourt 88 55 Ga 59
Valgorge 07 117 Ea 81
Valhey 54 38 Gc 56
Valhuon 62 7 Cc 46
Valiergues 19 103 Cb 76
Valignat 03 92 Da 71
Valigny 03 80 Ce 68
Valines 80 6 Bd 48
Valjouffrey 38 120 Ga 79
Valjouze 15 104 Da 78
Valla, La 42 93 Df 74
Vallabrègues 30 131 Ed 85
Vallabrix 30 131 Ec 84
Valla-en-Gier, La 42 106 Ed 76
Vallan 89 67 Dd 62
Vallangoujard 95 33 Ca 54
Vallans 79 87 Zc 71
Vallant-Saint-Georges 10 52 Df 58
Vallauris 06 134 Ha 87
Valle, La 06 134 Ha 84
Vallecalle 2B 157 Kc 93
Valle d'Alesani 2B 159 Kc 95
Valle d'Alisgiani, E = Valle-d'Alesani 2B 159 Kc 95
Valle-di-Campoloro 2B 159 Kd 95
Valle di Campulori, E = Valle-di-Campoloro 2B 159 Kd 95
Valle-di-Mezzana 2A 158 Ie 96
Valle-di-Rostino 2B 157 Kb 94
Valle di Rustinu, E = Valle-di-Rostino 2B 157 Kb 94
Valle-d'Orezza 2B 157 Kc 94
Valle d'Orezza, E = Valle-d'Orezza 2B 157 Kc 94
Vallée, La 17 86 Za 73
Vallée-au-Blé, la 02 19 De 49
Vallée-Mulâtre, la 02 9 Dd 48
Vallègue 31 141 Be 88
Valleiry 74 96 Ff 72
Vallenay 18 79 Cc 68
Vallentigny 10 53 Ed 58
Vallerange 57 38 Ge 55
Vallérargues 30 131 Ec 84
Valleraugue 30 130 Dd 84
Vallères 37 63 Ac 65
Valleret 52 53 Fa 58
Vallereuil 24 100 Ad 78
Vallerois-le-Bois 70 70 Gb 63
Vallerois-Lorioz 70 70 Ga 63
Valleroy 25 70 Ga 64
Valleroy 52 69 Fe 62
Valleroy 54 38 Ff 53
Valleroy-aux-Saules 88 55 Ga 59
Valleroy-le-Sec 88 55 Ga 59
Vallery 89 51 Da 59
Vallet 44 60 Ye 66
Valletot 27 15 Ad 52
Vallica 2B 156 Ka 93
Valli di Mezzana, E = Valle-di-Mezzana 2A 158 Ie 96
Vallière 23 91 Cc 71
Vallières 10 52 Ea 61
Vallières 23 90 Ca 73
Vallières 74 96 Ff 73
Vallières-les-Grandes 41 63 Ba 64
Valliguières 30 131 Ed 84
Valliquerville 76 15 Ae 51
Valloire 73 108 Gc 78
Vallois 54 55 Gd 58
Vallois, Les 88 55 Ga 60
Vallon-en-Sully 03 79 Cd 69
Vallon-Pont-d'Arc 07 118 Ec 82
Vallon-sur-Gée 72 47 Zf 61
Vallorcine 74 97 Gf 72
Vallouise 05 120 Gc 79
Valmanya 66 154 Cd 93

Toulouse-le-Château — Valmanya F 205

Valmascle 34 143 Db 87
Valmeinier 73 108 Gc 77
Valmestroff 57 22 Gb 52
Valmigère 11 142 Cc 91
Valmondois 95 33 Cb 54
Valmont 76 15 Ad 50
Valmunster 57 22 Gd 53
Valmy 51 36 Ee 54
Valognes 50 12 Yd 51
Valojoulx 24 101 Ba 78
Valonne 25 71 Gd 64
Valoreille 25 71 Ge 65
Valouse 26 119 Fb 82
Valpriondé 46 113 Ba 82
Valprivas 43 105 Ea 77
Valpuiseaux 91 50 Cb 58
Valras-Plage 34 143 Db 89
Valréas 84 118 Ef 82
Valros 34 143 Dc 88
Valroufié 46 114 Bc 81
Vals 09 141 Be 90
Val-Saint-Eloi, Le 70 70 Gb 62
Val-Saint-Germain, Le 91 33 Ca 57
Val-Saint-Père, Le 50 28 Yd 57
Vals-des-Tilles 52 69 Fa 62
Valsemé 14 14 Aa 53
Valserres 05 120 Ga 82
Vals-le-Chastel 43 104 Dd 77
Vals-les-Bains 07 118 Ec 81
Valsonne 69 94 Ec 73
Vals-près-le-Puy 43 105 Df 78
Val-Suzon 21 68 Ef 64
Valtin, le 88 56 Ha 60
Valuéjols 15 104 Cf 78
Valvignères 07 118 Ed 82
Valzergues 12 115 Cb 82
Valz-sous-Châteauneuf 63 104 Dc 76
Vanault-le-Châtel 51 36 Ee 55
Vanault-les-Dames 51 36 Ee 55
Vançais 79 88 Aa 71
Vancé 72 48 Ad 62
Vancelle, La 67 56 Hb 59
Vanclans 25 84 Gc 66
Vandeins 01 94 Fa 71
Vandelainville 54 38 Ff 54
Vandelans 70 70 Gb 64
Vandeléville 54 55 Ff 58
Vandélicourt 60 18 Ce 51
Vandenesse 58 81 De 67
Vandenesse-en-Auxois 21 68 Ed 65
Vandeuil 51 19 De 53
Vandières 51 35 De 54
Vandières 54 38 Ga 55
Vandœuvre-lès-Nancy 54 38 Gb 57
Vandoncourt 25 71 Gf 64
Vandré 17 87 Zb 72
Vandrimare 27 16 Bc 52
Vandy 08 20 Ee 52
Vanlay 10 52 Ea 60
Vanne 70 70 Ff 63
Vanneau, Le 79 87 Zc 71
Vannecourt 57 38 Gd 55
Vannecrocq 27 15 Ac 53
Vannes 56 43 Xb 63
Vannes-le-Châtel 54 37 Fe 57
Vannes-sur-Cosson 45 65 Cb 62
Vannoz 39 84 Ff 64
Vanosc 07 106 Ed 77
Vans, les 07 117 Ea 82
Vantoux 57 38 Gb 54
Vantoux-et-Longevelle 70 70 Ff 64
Vanvey 21 53 Ee 61
Vanvillé 77 34 Da 57
Vanxains 24 100 Ab 77
Vany 57 38 Gb 54
Vanzac 17 99 Ze 76
Vanzay 79 88 Aa 71
Vanzy 74 96 Ff 72
Vaour 81 127 Be 84
Varacieux 38 107 Fc 77
Varades 44 61 Yf 64
Varages 83 147 Ff 87
Varaignes 24 100 Ad 75
Varaire 46 114 Be 82
Varaize 17 87 Zd 73
Varambon 01 95 Fb 72
Varanges 21 69 Fa 65
Varangéville 54 38 Gb 57
Varaville 14 14 Zf 53
Varces-Allières-et-Risset 38 107 Fe 78
Vareille, La 23 90 Bf 74
Vareilles 23 90 Bc 71
Vareilles 71 93 Eb 71
Vareilles 89 51 Dc 59
Varen 82 127 Bf 84
Varengeville-sur-Mer 76 6 Af 49
Varenguebec 50 12 Yd 52
Varenne, La 49 60 Ye 65
Varenne-l'Arconce 71 93 Ea 70
Varennes 24 112 Ae 80
Varennes 31 141 Be 88
Varennes 37 77 Af 66
Varennes 43 104 Dc 78
Varennes 43 117 De 78
Varennes 80 8 Cd 48
Varennes 82 127 Bd 85
Varennes 86 76 Ab 68
Varennes 89 52 De 61
Varennes 89 66 Dc 62
Varenne-Saint-Germain 71 81 Ea 70
Varennes-Changy 45 50 Cd 61
Varennes-en-Argonne 55 36 Fa 53
Varennes-Jarcy 91 33 Cd 56
Varennes-le-Grand 71 82 Ef 68
Varennes-lès-Mâcon 71 94 Ee 71
Varennes-lès-Narcy 58 66 Da 65
Varennes-Saint-Honorat 43 105 Dd 77
Varennes-Saint-Sauveur 71 83 Fb 70
Varennes-sous-Dun 71 94 Eb 71
Varennes-sur-Allier 03 92 Dc 71
Varennes-sur-Fouzon 36 64 Bd 65
Varennes-sur-le-Doubs 71 83 Fb 67
Varennes-sur-Loire 49 62 Aa 65
Varennes-sur-Morge 63 92 Db 73
Varennes-sur-Seine 77 51 Cf 58
Varennes-sur-Têche 03 93 Dd 71
Varennes-sur-Ussan 63 104 Db 75
Varennes-Vauzelles 58 80 Da 66
Varès 47 112 Ac 82
Varesnes 60 18 Da 51
Varessia 39 83 Fd 69
Varetz 19 102 Bc 77
Varilhes 09 141 Bd 90
Varinfroy 60 34 Da 54
Variscourt 02 19 Df 52
Varize 28 49 Bd 60
Varize 57 38 Gc 54
Varmonzey 88 55 Gb 59
Varnéville 55 37 Fd 55
Varneville-Bretteville 76 15 Ba 51
Varogne 70 70 Gb 62
Varois-et-Chaignot 21 69 Fa 64
Varouville 50 12 Yd 50
Varrains 49 62 Zf 65
Varreddes 77 34 Cf 54
Vars 05 121 Ge 81
Vars 16 88 Aa 74
Vars 70 25 Fd 63
Varsberg 57 38 Gd 53
Vars-sur-Roseix 19 101 Bc 77
Varzay 17 87 Zb 74
Varzy 58 66 Dc 64
Vascœuil 27 16 Bc 52
Vasles 79 76 Zf 69
Vasperviller 57 39 Ha 57
Vassel 63 92 Db 74
Vasselay 18 65 Cc 66
Vasselin 38 107 Fc 75
Vassens 02 18 Da 52
Vasseny 02 18 Dc 52
Vassieux-en-Vercors 26 119 Fc 79
Vassimont-et-Chapelaine 51 35 Ea 56
Vassogne 02 19 De 52
Vassonville 76 15 Ba 50
Vassy 14 29 Zb 55
Vassy 89 66 Dc 63
Vassy 89 67 Eb 63
Vast, le 50 12 Yd 51
Vasteville 50 12 Yb 51
Vastres, Les 43 117 Eb 79
Vatan 36 78 Be 66
Vathiménil 54 38 Gd 57
Vatierville 76 16 Bc 50
Vatilieu 38 107 Fc 77
Vatimont 57 38 Gc 55
Vatry 51 35 Eb 56
Vattetot-sous-Beaumont 76 15 Ab 51
Vattetot-sur-Mer 76 14 Ab 50
Vatteville 27 16 Bb 53
Vatteville-la-Rue 76 15 Ae 52
Vaubadon 14 13 Zb 53
Vauban 71 93 Eb 71
Vaubecourt 55 36 Fa 55
Vaubexy 88 55 Gb 59
Vaucé 53 29 Zb 58
Vaucelles 14 13 Zb 53
Vauchamps 25 70 Gb 65
Vauchamps 51 35 Dd 55
Vauchassis 10 52 Df 59
Vauchelles 60 18 Cf 51
Vauchelles 80 7 Bf 48
Vauchelles-lès-Authie 80 7 Cc 48
Vauchelles-lès-Domart 80 7 Ca 48
Vauchignon 21 82 Ed 67
Vauchonvilliers 10 53 Ed 59
Vauchoux 70 70 Ga 63
Vauchrétien 49 61 Zd 65
Vauciennes 51 35 Df 54
Vauciennes 60 18 Da 53
Vauclaix 58 67 De 65
Vauclerc 51 36 Ed 56
Vauclusotte 25 71 Ge 65
Vaucogne 10 52 Ec 57
Vauconcourt-Nervezain 70 70 Fe 63
Vaucouleurs 55 37 Fe 57
Vaucourt 54 39 Ge 56
Vaucourtois 77 34 Cf 55
Vaucrémont 57 38 Gc 54
Vaudancourt 60 16 Be 53
Vaudebarrier 71 93 Eb 70
Vaudelnay 49 62 Ze 66
Vaudeloges 14 30 Zf 55
Vaudemanges 51 35 Eb 54
Vaudémont 54 55 Ga 58
Vaudes 10 52 Eb 59
Vaudesincourt 51 36 Ec 53
Vaudesson 02 18 Dc 52
Vaudeurs 89 51 Dd 60
Vaudevant 07 106 Ed 78
Vaudeville 54 55 Gb 58
Vaudéville 88 55 Gd 59
Vaudeville-le-Haut 55 54 Fd 58
Vaudioux, Le 39 84 Ff 68
Vaudoncourt 88 54 Fe 59
Vaudoué, Le 77 50 Cd 58
Vaudoy-en-Brie 77 34 Da 56
Vaudrecourt 52 54 Fd 59
Vaudrémont 52 53 Ef 60
Vaudreuil, Le 27 16 Bb 53
Vaudreuille 31 141 Bf 88
Vaudreville 50 12 Yd 51
Vaudrey 39 83 Fd 67
Vaudricourt 62 8 Cd 45
Vaudricourt 80 6 Bd 48
Vaudrimesnil 50 12 Yd 54
Vaudringhem 62 3 Ca 43
Vaudrivillers 25 70 Gc 65
Vaudry 14 29 Za 55
Vaufrey 25 71 Gf 64
Vaugines 84 132 Fc 86
Vaugneray 69 94 Ed 74
Vaugrigneuse 91 33 Ca 57
Vauhallan 91 33 Cb 56
Vaujany 38 108 Ga 78
Vaulandry 49 62 Zf 63
Vaulmier, Le 15 103 Cd 77
Vaulnaveys-le-Haut 38 108 Fe 78
Vaulry 87 89 Ba 72
Vault-de-Lugny 89 67 Df 64
Vaulx 62 7 Ca 47
Vaulx 74 96 Ff 73
Vaulx-en-Velin 69 94 Ef 74
Vaulx-Milieu 38 107 Fb 75
Vaulx-Vraucourt 62 8 Cf 48
Vaumain, Le 60 16 Bf 52
Vaumas 03 81 Dd 70
Vaumeilh 04 133 Ff 83
Vaumoise 60 18 Cf 53
Vaumort 89 51 Dc 60
Vaunac 24 101 Af 76
Vaunaveys-sur-la-Rochette 26 118 Fa 80
Vaunoise 61 47 Ac 58
Vaupalière, La 76 15 Af 52
Vaupillon 28 48 Ba 58
Vaupoisson 10 52 Eb 57
Vauquois 55 36 Fa 53
Vauréal 95 33 Ca 54
Vaureilles 12 115 Cb 82
Vauroux, Le 60 16 Bf 52
Vausseroux 79 76 Zf 69
Vautebis 79 76 Zf 69
Vauthiermont 90 71 Ha 62
Vautorte 53 46 Zb 59
Vauvenargues 13 146 Fd 87
Vauvert 30 130 Eb 86
Vauville 14 14 Aa 53
Vauville 50 12 Ya 51
Vauvillers 70 55 Ga 61
Vauvillers 80 17 Ce 49
Vaux 03 79 Cd 70
Vaux 16 100 Aa 77
Vaux 31 141 Bf 88
Vaux 57 38 Ga 54
Vaux 86 88 Ab 71
Vauxaillon 02 18 Dc 52
Vaux-Andigny 02 9 Dd 48
Vauxbons 52 54 Fa 61
Vauxbuin 02 18 Db 52
Vauxcéré 02 19 Dd 52
Vaux-Champagne 08 20 Ed 52
Vaux-devant-Damloup 55 37 Fc 53
Vaux-en-Amiénois 80 7 Cb 49
Vaux-en-Beaujolais 69 94 Ed 72
Vaux-en-Bugey 01 95 Fc 73
Vaux-en-Dieulet 08 20 Ef 52
Vaux-en-Pré 71 82 Ed 69
Vaux-en-Vermandois 02 18 Da 50
Vaux-et-Chantegrue 25 84 Gb 68
Vaux-la-Douce 52 54 Fe 61
Vaux-Lavalette 16 100 Ab 76
Vaux-le-Moncelot 70 70 Ff 64
Vaux-le-Pénil 77 33 Ce 57
Vaux-lès-Mouron 08 20 Ee 53
Vaux-lès-Mouzon 08 20 Fa 51
Vaux-lès-Palameix 55 37 Fd 54
Vaux-les-Prés 25 70 Ff 65
Vaux-lès-Rubigny 08 19 Eb 50
Vaux-lès-Saint-Claude 39 95 Fe 70
Vaux-Marquenneville 80 7 Be 49
Vaux-Montreuil 08 20 Ed 51
Vaux-Rouillac 16 87 Zf 74
Vaux-Saules 21 68 Ee 64
Vaux-sous-Aubigny 52 69 Fb 63
Vaux-sur-Aure 14 13 Zb 53
Vaux-sur-Blaise 52 53 Ef 58
Vaux-sur-Eure 27 32 Bc 54
Vaux-sur-Lunain 77 51 Cf 59
Vaux-sur-Mer 17 86 Yf 75
Vaux-sur-Poligny 39 83 Fe 68
Vaux-sur-Saint-Urbain 52 54 Fb 58
Vaux-sur-Seine 78 32 Bf 54
Vaux-sur-Seulles 14 13 Zc 53
Vaux-sur-Somme 80 17 Cd 49
Vaux-sur-Vienne 86 77 Ad 67
Vauxtin 02 19 Dd 52
Vauxvenard 69 94 Ed 71
Vaux-Villaine 08 20 Ec 50
Vavincourt 55 37 Fb 56
Vavray-le-Grand 51 36 Ee 56
Vavray-le-Petit 51 36 Ee 56
Vaxainville 54 39 Ge 57
Vaxoncourt 88 55 Gc 59
Vaxy 57 38 Gd 55
Vay 44 60 Yb 63
Vaychis 09 152 Be 92
Vaylats 46 114 Bd 82
Vayrac 46 114 Be 79
Vayres 33 111 Ze 79
Vayres 87 89 Ae 74
Vayres-sur-Essonne 91 50 Cc 58
Vazeilles-Limandre 43 105 De 78
Vazeilles-près-Saugues 43 116 Dd 79
Vazerac 82 126 Bb 83
Veauce 03 92 Da 72
Veauche 42 105 Eb 75
Veaugues 18 66 Ce 65
Veaunes 26 106 Ef 78
Veauville-lès-Baons 76 15 Ae 51
Vèbre 09 152 Be 92
Vebret 15 103 Cd 76
Veckersviller 57 39 Hb 55
Veckring 57 22 Gc 52
Vecquemont 80 17 Cc 49
Vecqueville 52 54 Fa 58
Vedène 84 131 Ef 85
Védrines-Saint-Loup 15 104 Db 78
Vého 54 39 Ge 57
Veigné 37 63 Ae 65
Veilhes 81 127 Be 87
Veilleins 41 64 Be 64
Veix 19 102 Bf 75
Velaine-en-Haye 54 38 Ga 56
Velaines 55 37 Fb 56
Velaine-sous-Amance 54 38 Gb 56
Velanne 38 107 Fd 76
Velars-sur-Ouche 21 68 Ef 65
Velaux 13 146 Fb 87
Velennes 60 17 Cb 52
Velennes 80 17 Ca 50
Velesmes-Echevanne 70 69 Fe 64
Velesmes-Essarts 25 70 Ff 65
Velet 70 69 Fd 64
Vélieux 34 142 Ce 88
Vélines 24 112 Aa 79
Vélizy-Villacoublay 78 33 Cb 56
Vellèches 86 77 Ad 67
Vellechevreux-et-Courbenans 70 71 Gd 63
Velleclaire 70 70 Ff 64
Vellefaux 70 70 Ga 63
Vellefrey-et-Vellefrange 70 70 Ff 64
Velleguindry-et-Levrecey 70 70 Ga 63
Velle-le-Châtel 70 70 Ga 63
Velleminfroy 70 70 Gb 63
Vellemoz 70 70 Fe 64
Velleron 84 131 Fa 85
Vellerot-lès-Belvoir 25 71 Gd 64
Vellerot-lès-Vercel 25 70 Gc 65
Velles 36 78 Bd 68
Velles 52 54 Fe 61
Vellescot 90 71 Ha 63
Velle-sur-Moselle 54 38 Gb 57
Vellevans 25 70 Gc 65
Vellexon-Queutrey-et-Vaudey 70 70 Fe 63
Velloreille-lès-Choye 70 69 Fe 64
Velluire 85 75 Za 70
Velogny 21 68 Ec 64
Velone-Orneto 2B 157 Kc 94
Velorcey 70 70 Gb 62
Velosnes 55 21 Fc 51
Velotte-et-Tatignécourt 88 55 Gb 59
Vélu 62 8 Cf 48
Velving 57 22 Gd 53
Vélye 51 35 Ea 55
Velzic 15 115 Cd 79
Vémars 95 33 Cd 54
Venables 27 32 Bb 53
Venaco 2B 159 Kb 95
Venacu = Venaco 2B 158 Kb 95
Venansault 85 74 Yc 68
Venanson 06 135 Hb 84
Venarey-les-Laumes 21 66 Ec 63
Venarsal 19 102 Bd 78
Venas 03 80 Ce 70
Venasque 84 132 Fa 84
Vence 06 134 Ha 86
Vendargues 34 130 Df 87
Vendat 03 92 Dc 72
Vendays-Montalivet 33 98 Yf 76
Vendegies-au-Bois 59 9 Dd 47
Vendegies-sur-Ecaillon 59 9 Dd 47
Vendel 35 45 Ye 59
Vendelée, La 50 28 Yd 54
Vendelles 02 18 Da 49
Vendémian 34 143 Dd 87
Vendenesse-lès-Charolles 71 82 Ec 70
Vendenesse-sur-Arroux 71 81 Ea 69
Vendenheim 67 40 He 56
Vendes 14 13 Zc 54
Vendeuil 02 18 Dc 50
Vendeuil-Caply 60 17 Cb 51
Vendeuvre 14 30 Zf 55
Vendeuvre-du-Poitou 86 76 Ab 68
Vendeuvre-sur-Barse 10 53 Ec 59
Vendeville 59 8 Da 45
Vendhuile 02 8 Db 48
Vendières 02 34 Dc 55
Vendin 62 8 Cd 45
Vendine 31 141 Be 87
Vendin-le-Vieil 62 8 Cf 46
Vendœuvres 36 78 Bc 68
Vendoire 24 100 Ab 76
Vendôme 41 48 Ba 62
Vendranges 42 93 Ea 73
Vendrennes 85 74 Yf 68
Vendres 34 143 Db 89
Vendresse 08 20 Ee 51
Vendresse-Beaulne 02 19 De 52
Vendrest 77 34 Da 54
Vendue-Mignot, la 10 52 Ea 60
Vénéjan 30 131 Ed 83
Venelles 13 146 Fc 87
Vénérand 17 87 Zc 74
Venère 70 69 Fe 64
Vénérieu 38 107 Fb 75
Venerque 31 140 Bc 88
Vénès 81 128 Cb 86
Venesmes 18 79 Cb 67
Venette 60 18 Ce 52
Veneux-les-Sablons 77 50 Ce 58
Veney 54 56 Ge 58
Vengeons 50 29 Za 56
Venise 25 70 Ga 64
Venisey 70 55 Ff 61
Vénissieux 69 106 Ef 74
Vénizel 02 18 Dc 52
Venizy 89 52 De 60
Ventenac-en-Minervois 11 142 Cf 89
Vennecy 45 50 Ca 61
Vennes 25 71 Gd 66
Vennezey 54 56 Gc 58
Venon 27 31 Ba 53
Venon 38 108 Fe 77
Vénosc 38 120 Ga 79
Venouse 89 52 De 61
Venoy 89 67 Dd 62
Vens 06 121 Gf 83
Ventabren 13 146 Fb 87
Ventavon 05 120 Ff 82
Ventelay 51 19 De 52
Ventenac 09 141 Be 90
Ventenac-Cabardès 11 142 Cb 89
Venterol 04 120 Ga 82
Ventes, Les 27 31 Ba 55
Ventes-de-Bourse, les 61 31 Ab 57
Ventes-Saint-Rémy 76 16 Bb 50
Venteuges 43 116 Dd 79
Venteuil 51 35 Df 54
Ventiseri 2B 159 Kc 97
Ventouse 16 88 Ab 73
Ventron 88 56 Gf 61
Ventrouze, La 61 31 Ae 57
Venzolasca 2B 157 Kc 94
Ver 50 28 Yd 55
Vérac 33 99 Zd 79
Véranne 42 106 Ed 76
Vérargues 34 130 Ea 86
Véraza 11 142 Cb 91
Verberie 60 17 Ce 53
Verbiesles 52 54 Fb 60
Vercel-Villedieu-le-Camp 25 70 Gc 65
Verchain-Maugré 59 9 Dc 47
Verchaix 74 97 Ge 72
Vercheny 26 119 Fb 80
Verchers-sur-Layon, Les 49 61 Ze 66
Verchin 62 7 Cb 46
Verchocq 62 7 Ca 45
Vercia 39 83 Fc 69
Vercieu, Montalieu- 38 95 Fc 74
Verclause 26 119 Fc 82
Vercoiran 26 132 Fc 83
Verconcey 50 28 Yd 57
Vercourt 80 7 Be 47
Verdaches 04 120 Gc 83
Verdalle 81 141 Ca 87
Verdelais 33 111 Ze 81
Verdelot 77 34 Dc 55
Verdenal 54 39 Ge 57
Verderel-lès-Sauqueuse 60 17 Ca 51
Verderonne 60 17 Cd 53
Verdes 41 49 Bc 61
Verdese 2B 157 Kc 94
Verdets 64 137 Zc 89
Verdier 81 142 Cd 87
Verdier, le 81 127 Be 85
Verdière, La 83 147 Ff 87
Verdigny 18 66 Ce 64
Verdille 16 87 Zf 73
Verdon 24 112 Ad 80
Verdon 51 35 Dd 55
Verdonnet 21 68 Ec 62
Verdon-sur-Mer, Le 33 98 Yf 75
Verdun 09 153 Be 92
Verdun 55 37 Fc 54
Verdun-en-Lauragais 11 141 Ca 88
Verdun-sur-Garonne 82 126 Bb 85
Verdun-sur-le-Doubs 71 83 Fa 67
Vereaux 18 80 Cf 67
Verel-de-Montbel 73 107 Fe 75
Verel-Pragondran 73 108 Ff 75
Véretz 37 63 Ae 64
Vereux 70 69 Fd 64
Verfeil 31 127 Bd 87
Verfeil-sur-Seye 82 127 Bf 83
Verfeuil 30 131 Ec 83
Vergaville 57 39 Ge 55
Vergéal 35 45 Ye 60
Vergenne, La 70 70 Gd 63
Verger, Le 35 44 Ya 60
Verger-sur-Dive 86 76 Aa 68
Verges 39 83 Fe 69
Vergetot 76 14 Ab 51
Vergezac 43 105 De 78
Vergèze 30 130 Eb 86
Vergheas 63 91 Cd 72
Vergies 80 7 Bf 49
Vergigny 89 52 De 61
Vergisson 71 94 Ee 71
Vergné 17 87 Zc 72
Vergne, La 17 87 Zb 73
Vergoignan 32 124 Ze 86
Vergongheon 43 104 Db 76
Vergonnes 49 45 Yf 62
Vergons 04 134 Gd 85
Vergranne 25 70 Gc 64
Vergt 24 101 Ae 78
Verguier, Le 02 18 Db 49
Véria 39 83 Fc 70
Vérignon 83 133 Gb 87
Vérigny 28 32 Bb 57
Vérine 42 93 De 74
Vérissey 71 83 Fa 68
Verjon 01 95 Fc 70
Verjux 71 82 Ef 67
Verlans 70 71 Ge 63
Verlhac-Tescou 82 127 Bd 85
Verlin 89 51 Db 60
Verlincthun 62 3 Bd 45
Verlinghem 59 4 Cf 44
Vermand 02 18 Da 49
Vermandovillers 80 18 Ce 49
Vermelles 62 8 Ce 46
Vermenton 89 67 De 63
Vermondans 25 71 Ge 64
Vermont, le 88 56 Ha 58
Vernais 18 79 Ce 68
Vernaison 69 106 Ee 75
Vernajoul 09 152 Bd 91
Vernancourt 51 36 Ee 55
Vernantes 49 62 Aa 64
Vernantois 39 83 Fd 69
Vernas 38 95 Fb 74
Vernassal 43 105 De 78
Vernaux 09 152 Be 92
Vernay 69 94 Ed 72
Vernay 69 106 Ee 76
Vernaz, la 74 97 Gd 71
Vern-d'Anjou 49 61 Zb 63
Verne 25 70 Gc 64
Vernègues 13 132 Fb 86
Verneiges 23 91 Cc 71
Verneil, Le 73 108 Gb 76
Verneil-le-Chétif 72 62 Ab 62
Verneix 03 91 Ce 70
Vernelle, la 36 64 Bd 65
Vernet 31 140 Bc 88
Vernet, Le 03 92 Dc 72
Vernet, Le 04 120 Gc 83
Vernet, Le 09 141 Bd 89
Vernet, Le 43 105 De 78
Vernet-la-Varenne 63 104 Dc 76
Vernet-les-Bains 66 153 Cc 93
Vernet-Sainte-Marguerite, le, Le 63 104 Cf 75
Verneughoel 63 91 Cd 74
Verneuil 16 89 Ae 74
Verneuil 18 79 Cd 68
Verneuil 51 35 De 54
Verneuil 58 81 Dd 67
Verneuil-en-Bourbonnais 03 92 Db 70
Verneuil-en-Halatte 60 17 Cd 53
Verneuil-Grand 55 21 Fc 51
Verneuil-le-Château 37 76 Ac 66
Verneuil-l'Étang 77 34 Cf 57
Verneuil-Moustiers 87 89 Ba 70
Verneuil-Petit 55 21 Fc 51
Verneuil-sous-Coucy 02 18 Db 51
Verneuil-sur-Avre 27 31 Af 56
Verneuil-sur-Igneraie 36 79 Ca 69
Verneuil-sur-Indre 37 77 Ba 66
Verneuil-sur-Seine 78 32 Bf 55
Verneuil-sur-Serre 02 19 De 51
Verneuil-sur-Vienne 87 89 Ba 73
Verneusses 27 31 Ac 55
Vernéville 57 38 Ga 54
Vernie 72 47 Aa 59
Vernierfontaine 25 70 Gb 66
Vernines 63 104 Cf 75
Verniolle 09 141 Bd 90
Vernioz 38 106 Ef 76
Vernix 50 28 Ye 56
Vernoil 49 62 Aa 64
Vernois, Le 21 68 Eb 65
Vernois, Le 39 83 Fd 68
Vernois-lès-Belvoir 25 71 Gd 65
Vernois-lès-Vesvres 21 69 Fa 63
Vernois-sur-Mance 70 54 Fe 61
Vernols 15 104 Cf 77
Vernon 07 117 Eb 81
Vernon 27 32 Bc 54
Vernon 86 76 Ac 70
Vernonvilliers 10 53 Ee 59
Vernosc-lès-Annonay 07 106 Ee 77
Vernot 21 68 Ef 64
Vernotte, La 70 70 Ff 64
Vernou-en-Sologne 41 64 Be 64
Vernouillet 28 32 Bc 56
Vernouillet 78 32 Bf 55
Vernou-la-Celle-sur-Seine 77 51 Cf 58
Vernou-sur-Brenne 37 63 Af 64
Vernoux 01 83 Fa 70
Vernoux-en-Vivarais 07 118 Ed 79
Vernoux-sur-Boutonne 79 87 Ze 72
Vernoy 89 51 Da 60
Vern-sur-Seiche 35 45 Yc 60
Vernusse 03 92 Cf 71
Verny 57 38 Gb 54
Vero 2A 158 If 96
Véron 89 51 Db 60
Véronne 26 119 Fb 80
Véronnes 21 69 Fb 63
Verpel 08 20 Ef 52
Verpillière, La 38 107 Fa 75
Verpillières 80 18 Ce 50
Verpillières-sur-Ource 10 53 Ed 60
Verquigneul 62 8 Cd 45
Verquin 62 8 Cd 45
Verquires 13 131 Ef 85
Verrens-Arvey 73 108 Gb 75
Verrerie-de-Portieux, la- 88 55 Gc 58
Verreries-de-Moussans 34 142 Ce 88
Verrey-sous-Drée 21 68 Ee 64
Verrey-sous-Salmaise 21 68 Ed 64
Verricourt 10 52 Ec 58
Verrie 49 62 Ze 65
Verrie, La 85 75 Za 67
Verrière, La 78 32 Bf 56
Verrières 08 20 Ef 52
Verrières 10 52 Ea 59
Verrières 12 129 Da 83
Verrières 16 99 Ze 75
Verrières 51 36 Ef 54
Verrières 61 48 Ae 58
Verrières 63 104 Da 75
Verrières 86 77 Ad 70
Verrières-de-Joux 25 84 Gc 67
Verrières-du-Grosbois 25 70 Gb 65
Verrières-en-Forez 42 105 Df 75
Verrue 86 76 Ab 67
Verruyes 79 75 Ze 69
Vers 46 114 Bd 82
Vers 71 82 Ef 69
Vers 74 96 Ga 72
Versailles 78 33 Ca 56
Versailleux 01 95 Fa 73
Versainville 14 30 Ze 55
Versanne, La 42 106 Ed 77
Versaugues 71 93 Ea 70
Verseilles-le-Bas 52 69 Fb 62
Verseilles-le-Haut 52 69 Fb 62
Vers-en-Montagne 39 84 Ff 68
Versigny 02 18 Dc 51
Versigny 60 33 Ce 54
Vers-lès-Chartres 28 49 Bc 58
Versols-et-Lapeyre 12 129 Cf 85
Verson 14 13 Zd 54
Versonnex 01 96 Ha 71
Versonnex 74 96 Ff 73
Vers-Pont-du-Gard 30 131 Ed 85
Vers-sous-Sellières 39 83 Fd 68
Vers-sur-Selle 80 17 Cb 49
Ver-sur-Launette 60 33 Ce 54
Ver-sur-Mer 14 13 Zc 52
Vert 40 124 Zc 84
Vert 78 32 Be 55
Vert, Le 79 87 Zd 72
Vertain 59 9 Dd 47
Vertaizon 63 92 Db 74
Vertamboz 39 84 Fe 69
Vertault 21 53 Ec 61
Verteillac 24 100 Ac 76
Vert-en-Drouais 28 32 Bb 56
Verteuil-d'Agenais 47 112 Ac 82
Verteuil-sur-Charente 16 88 Ab 73
Verthemex 73 107 Fe 75
Vertheuil 33 98 Za 77
Vert-le-Grand 91 33 Cc 57
Vert-le-Petit 91 33 Cc 57
Vertolaye 63 105 De 75
Verton 62 6 Bd 46
Vertou 44 60 Yd 65
Vertrieu 38 95 Fc 73
Vert-Saint-Denis 77 33 Cd 57
Vert-Toulon 51 35 Df 55
Vertus 51 35 Ea 55
Veru = Vero 2A 158 If 96
Vervant 16 88 Aa 73
Vervezelle 88 56 Ge 59
Vervins 02 19 Df 49
Véry 55 20 Fa 53
Verzé 71 94 Ee 70
Verzeille 11 142 Cb 90
Verzenay 51 35 Ea 54
Verzy 51 35 Eb 54
Vesaignes-sous-Lafauche 52 54 Fc 59
Vesaignes-sur-Marne 52 54 Fb 60
Vesancy 01 96 Ga 70
Vesc 26 119 Fa 81
Vescemont 90 71 Gf 62
Vescheim 57 39 Hb 56
Vescles 39 95 Fd 70
Vescours 01 83 Fa 70
Vescovato 2B 157 Kc 94
Vesdun 18 79 Cc 69
Vésenex-Crassy 01 96 Ga 70
Vésigneul-sur-Marne 51 36 Ec 55
Vésines 01 94 Ef 70
Vésinet, Le 78 33 Ca 55
Vesles-et-Caumont 02 19 De 50
Veslud 02 19 De 51
Vesly 27 16 Bd 53
Vesly 50 12 Yd 53
Vesoul 70 70 Ga 63
Vesseaux 07 118 Ec 81
Vessey 50 28 Yd 57
Vestric-et-Candiac 30 130 Eb 86
Vesvres 21 68 Ed 64
Vesvres-sous-Chalancey 52 69 Fb 62
Vétheuil 95 32 Be 54
Vétraz-Monthoux 74 96 Gb 71
Veuil 36 64 Bc 66
Veuilly-la-Poterie 02 34 Db 54
Veules-les-Roses 76 15 Ae 49
Veulettes-sur-Mer 76 15 Ad 49
Veurdre, le 03 80 Da 68
Veurey-Voiroize 38 107 Fd 77
Veuve, la 51 35 Eb 54
Veuves 41 63 Ba 64
Veuvey-sur-Ouche 21 68 Ee 65
Veuxhaulles-sur-Aube 21 53 Ee 61
Vevy 39 83 Fd 69
Vexaincourt 88 39 Ha 57
Vey, le 14 29 Zd 55
Veynes 05 120 Fe 81
Veyrac 87 89 Ba 73
Veyras 07 118 Ed 80
Veyreau 12 129 Db 83

206 (F) Valmascle — Veyreau

Villetoureix 24 100 Ac 77
Villetritouls 11 142 Cc 90
Villetrun 41 63 Ba 62
Villette, La 14 29 Zc 55
Villette-d'Anthon 38 95 Fa 74
Villette-de-Vienne 38 106 Ef 75
Villette-lès-Arbois 39 84 Fe 67
Villette-lès-Dole 39 83 Fd 66
Villettes 27 31 Ba 54
Villettes, Les 43 105 Eb 77
Villette-sur-Aube 10 35 Ea 57
Villeurbanne 69 94 Ef 74
Villevallier 89 51 Db 60
Villevaudé 77 33 Cd 55
Villevenard 51 35 De 56
Villevêque 49 61 Zd 63
Villeveyrac 34 143 Dd 88
Villevieux 39 83 Fc 68
Villevocance 07 106 Ed 77
Villevoques 45 50 Cd 60
Villexanton 41 64 Bc 62
Villexavier 17 99 Zd 76
Villey, Le 39 83 Fd 67
Villey-le-Sec 54 38 Ff 57
Villey-Saint-Etienne 54 38 Ff 56
Villey-sur-Tille 21 69 Fa 63
Villez-sur-le-Neubourg 27 31 Af 54
Villié-Morgon 69 94 Ee 72
Villiers 86 76 Aa 66
Villiers 86 76 Aa 68
Villiers 86 76 Ab 68
Villiers-Adam 95 33 Cb 54
Villiers-au-Bouin 37 62 Ab 63
Villiers-aux-Corneilles 51 35 De 57
Villiers-Charlemagne 53 46 Zb 61
Villiers-Couture 17 87 Zf 73
Villiers-en-Bois 79 87 Zd 72
Villiers-en-Désœuvre 27 32 Bc 55
Villiers-en-Lieu 52 36 Ef 56
Villiers-en-Morvan 21 68 Eb 66
Villiers-en-Plaine 79 75 Zc 70
Villiersfaux 41 63 Af 62
Villiers-Fossard 50 13 Yf 54
Villiers-Herbisse 10 35 Ea 57
Villiers-le-Bâcle 91 33 Ca 56
Villiers-le-Bel 95 33 Cc 54
Villiers-le-Bois 10 52 Eb 61
Villiers-le-Duc 21 68 Ee 62
Villiers-le-Mahieu 78 32 Be 55
Villiers-le-Mornier 28 32 Bd 57
Villiers-le-Roux 16 88 Aa 72
Villiers-lès-Aprey 52 69 Fb 62
Villiers-le-Sec 52 53 Fa 60
Villiers-le-Sec 95 33 Cc 54
Villiers-les-Hauts 89 67 Ea 62
Villiers-Louis 89 51 Dc 59
Villiers-Saint-Benoît 89 66 Db 62
Villiers-Saint-Denis 02 34 Db 55
Villiers-Saint-Frédéric 78 32 Bf 56
Villiers-Saint-Georges 77 34 Dc 57
Villiers-Saint-Orien 28 49 Bc 60
Villiers-Semeuse 08 20 Ee 50
Villiers-sous-Grez 77 50 Cd 59
Villiers-sous-Mortagne 61 31 Ad 57
Villiers-sous-Praslin 10 52 Eb 60
Villiers-sur-Chizé 79 87 Ze 72
Villiers-sur-Loir 41 48 Ba 62
Villiers-sur-Marne 94 33 Cd 56
Villiers-sur-Morin 77 34 Cf 55
Villiers-sur-Orge 91 33 Cb 57
Villiers-sur-Seine 77 51 Dc 58
Villiers-sur-Suize 52 54 Fb 61
Villiers-sur-Tholon 89 51 Dc 61
Villiers-sur-Yonne 58 67 Dd 64
Villieu-Loyes-Mollon 01 95 Fb 73
Villing 57 22 Gd 53
Villognon 16 88 Aa 73
Villon 89 52 Eb 61
Villoncourt 88 55 Gd 59
Villons-les-Buissons 14 22 Zd 53
Villorceau 45 64 Bd 62
Villosanges 63 91 Cd 73
Villotran 60 17 Ca 52
Villotte 88 54 Fe 60
Villotte-Saint-Seine 21 68 Ee 64
Villotte-sur-Aire 55 37 Fc 55
Villotte-sur-Ource 21 53 Ee 61
Villours 36 78 Bd 67
Villouxel 88 54 Fd 58
Villuis 77 51 Dc 58
Villy 08 21 Fb 51
Villy 89 52 De 61
Villy-Bocage 14 29 Zc 54
Villy-en-Auxois 21 68 Ed 64
Villy-en-Trodes 10 53 Ec 59
Villy-le-Bas 76 6 Bc 49
Villy-le-Bois 10 52 Ea 60
Villy-le-Bouveret 74 96 Ga 72
Villy-le-Maréchal 10 52 Ea 59
Villy-le-Moutier 21 83 Ef 66
Villy-le-Pelloux 74 96 Ga 73
Villy-lez-Falaise 14 30 Zf 55
Vilone Ornetu = Velone-Orneto 2B 157 Kc 94
Vilory 70 70 Gb 62
Vilosnes-Haraumont 55 21 Fb 52
Vilsberg 57 39 Hb 56
Vimarcé 53 47 Ze 59
Vimenet 12 116 Cf 82
Viménil 88 55 Gd 59
Vimines 73 108 Ff 75
Vimont 14 30 Ze 54
Vimory 45 50 Ce 61
Vimoutiers 61 30 Ab 55
Vimpelles 77 51 Db 58
Vimy 62 8 Ce 46
Vinantes 77 33 Ce 54
Vinassan 11 143 Da 89
Vinax 17 87 Ze 72
Vinay 38 107 Fc 77
Vinay 51 35 Df 54
Vinça 66 154 Cd 93
Vincelles 39 83 Fc 69
Vincelles 51 35 Dd 54
Vincelles 71 83 Fb 69
Vincelles 89 67 Dd 62
Vincelottes 89 67 Dd 62
Vincennes 94 33 Cc 55
Vincent 39 83 Fc 68
Vincey 88 55 Gb 58
Vincly 62 7 Cb 45
Vincy 02 19 Ea 50
Vincy-Manœuvre 77 34 Cf 54
Vindecy 71 93 Ea 70
Vindefontaine 50 12 Yd 52
Vindelle 16 88 Aa 74
Vindey 51 35 De 56
Vindrac-Alayrac 81 127 Bf 84
Vinets 10 35 Eb 57
Vineuil 36 78 Bd 67
Vineuil 41 64 Bb 64
Vineuil 41 64 Bc 63
Vineuil-Saint-Firmin 60 33 Cc 53
Vineuse, La 71 82 Ed 70
Vingrau 66 154 Ce 91
Vingt-Hanaps 61 30 Aa 57
Vinizier 74 97 Gd 70
Vinizieux 07 106 Ee 77
Vinnemerville 76 15 Ad 50
Vinneuf 89 51 Da 58
Vinon 18 66 Ce 65
Vinon-sur-Verdon 83 133 Fe 86
Vinsobres 26 119 Fa 82
Vins-sur-Carami 83 147 Ga 88
Vintrou, Le 81 142 Cc 87
Vinzelles 63 92 Dc 73
Vinzelles 71 94 Ee 71
Vinzulasca, A = Venzolasca 2B 157 Kc 94
Viocourt 88 54 Ff 59
Viodos-Abense-de-Bas 64 137 Za 89
Violaines 62 8 Ce 45
Violay 42 94 Ec 73
Violès 84 131 Ef 83
Viols-le-Fort 34 130 De 86
Vioménil 88 55 Gb 60
Vion 07 106 Ee 78
Vion 72 47 Ze 62
Vions 73 95 Fe 74
Vionville 57 38 Ff 54
Viozan 32 139 Ac 88
Viplaix 03 79 Cc 70
Vira 09 141 Be 90
Vira 66 153 Cc 92
Virac 81 127 Ca 84
Virandeville 50 12 Yb 51
Virargues 15 104 Cf 78
Virazeil 47 112 Ab 81
Vire 14 29 Za 55
Viré 71 82 Ee 70
Vireaux 89 67 Ea 62
Virecourt 54 55 Gb 58
Viré-en-Champagne 72 46 Ze 61
Virelade 33 111 Zd 81
Vire-sur-Lot 46 113 Ba 82
Vireux-Molhain 08 20 Ee 48
Vireux-Wallerand 08 20 Ee 48
Virey 50 28 Yf 57
Virey 71 82 Ef 67
Virey-sous-Bar 10 52 Eb 60
Virginy 51 36 Ee 53
Viriat 01 95 Fb 71
Viricelles 42 106 Ec 75
Virieu-le-Grand 01 95 Fd 73
Virieu-le-Petit 01 95 Fe 73
Virieu-sur-Bourbre 38 107 Fc 76
Virigneux 42 106 Ec 74
Virignin 01 95 Fe 74
Viriville 38 107 Fb 77
Virlet 63 91 Ce 72
Virlet 63 92 Cf 71
Virming 57 39 Ge 55
Viroflay 78 33 Cb 56
Virollet 17 99 Zb 75
Vironchaux 80 7 Be 47
Vironvay 27 16 Bb 53
Virson 17 86 Za 72
Virville 76 14 Ac 51
Viry 02 18 Db 51
Viry 39 95 Fe 71
Viry 71 82 Eb 70
Viry 74 96 Ga 72
Viry-Châtillon 91 33 Cc 56
Visan 84 118 Ee 83
Viscomtat 63 93 De 74
Viscos 65 150 Zf 91
Viscuvatu, U = Vescovato 2B 157 Kc 94
Vis-en-Artois 62 8 Cf 47
Viserny 21 68 Eb 63
Visker 65 138 Aa 90
Vismes 80 7 Be 48
Vissac 43 105 Dd 78
Visseiche 35 45 Ye 61
Viterbe 81 127 Bf 86
Viterne 54 38 Ga 57
Vitot 27 31 Af 54
Vitrac 15 115 Cb 80
Vitrac 24 113 Bb 80
Vitrac 63 92 Cf 73
Vitrac-en-Viadène 12 115 Ce 80
Vitrac-Saint-Vincent 16 88 Ac 74
Vitrac-sur-Montane 19 102 Bf 76
Vitrai-sous-l'Aigle 61 31 Ae 56
Vitray 03 79 Cd 69
Vitray-en-Beauce 28 49 Bc 59
Vitré 35 45 Ye 60
Vitré 79 87 Ze 71
Vitreux 39 69 Fe 65
Vitrey 54 55 Ga 58
Vitrey-sur-Mance 70 70 Fe 62
Vitrimont 54 38 Gc 57
Vitrolles 05 120 Ff 82
Vitrolles 13 146 Fb 88
Vitrolles 84 132 Fd 86
Vitry-aux-Loges 45 50 Cb 61
Vitry-en-Artois 62 8 Cf 47
Vitry-en-Charollais 71 81 Ea 70
Vitry-en-Montagne 52 53 Fa 62
Vitry-en-Perthois 51 36 Ed 56
Vitry-Laché 58 67 Dd 65
Vitry-la-Ville 51 36 Ec 55
Vitry-le-Croisé 10 53 Ed 60
Vitry-le-François 51 36 Ed 56
Vitry-lès-Cluny 71 82 Ed 70
Vitry-lès-Nogent 52 54 Fc 61
Vitry-sur-Loire 71 81 De 68
Vitry-sur-Orne 57 22 Ga 53
Vitry-sur-Seine 94 33 Cc 56
Vittarville 55 21 Fc 52
Vitteaux 21 68 Ed 64
Vittefleur 76 15 Ad 50
Vittel 88 55 Ff 59
Vittersbourg 57 39 Gf 55
Vittoncourt 57 38 Gc 54
Vittonville 54 37 Ga 55
Vitz-sur-Authie 80 7 Ca 47
Viuz-en-Sallaz 74 96 Gc 72
Viuz-la-Chiésaz 74 96 Ga 74
Vivaise 02 18 Dd 51
Vivans 42 93 Df 71
Vivario 2B 159 Kb 95
Vivariu = Vivario 2B 159 Kb 95
Viven 64 138 Zd 88
Viverols 63 105 Df 76
Vivès 66 154 Ce 93
Vivey 52 69 Fa 62
Vivier, le 66 153 Cc 92
Vivier-au-Court 08 20 Ee 50
Vivières 02 18 Da 53
Viviers 07 118 Ee 82
Viviers 57 38 Gc 55
Viviers 89 67 Df 62
Viviers-du-Lac 73 108 Ff 75
Viviers-le-Gras 88 55 Ff 60
Viviers-lès-Lavaur 81 127 Be 87
Viviers-lès-Montagnes 81 141 Cb 87
Viviers-lès-Offroicourt 88 55 Ga 59
Viviers-sur-Artaut 10 53 Ec 60
Viviers-sur-Chiers 54 21 Fd 52
Vivier-sur-Mer, Le 35 28 Yb 57
Viviès 09 141 Be 90
Viviez 12 115 Cb 81
Viville 16 99 Zf 75
Vivoin 72 47 Aa 59
Vivonne 86 76 Ab 70
Vivy 49 62 Zf 65
Vix 21 53 Ed 61
Vix 85 75 Za 70
Vizille 38 107 Fe 78
Vodable 63 104 Da 75
Vœgtlinshofen 68 56 Hb 60
Vœlfing-lès-Bouzonville 57 22 Gd 53
Vœllerdingen 67 39 Ha 55
Vœuil-et-Giget 16 100 Aa 75
Vogelgrun 68 57 Hd 60
Vogüé 07 118 Ec 81
Voharies 02 19 De 50
Void-Vacon 55 37 Fd 56
Voigny 10 53 Ee 59
Voilemont 51 36 Ee 54
Voillans 25 70 Gc 64
Voillecomte 52 53 Ef 57
Voimhaut 57 38 Gc 54
Voinémont 54 38 Gb 57
Voingt 63 91 Cd 74
Voinsles 77 34 Da 56
Voipreux 51 35 Ea 55
Voiron 38 107 Fd 76
Voiscreville 27 15 Ae 53
Voise 28 49 Be 58
Voisenon 77 33 Ce 57
Voisey 52 54 Fe 61
Voisines 52 54 Fb 61
Voisines 89 51 Dc 59
Voisins-le-Bretonneux 78 33 Ca 56
Voissant 38 107 Fe 76
Voissay 17 87 Zb 73
Voiteur 39 83 Fd 68
Voivre, La 70 55 Gd 62
Voivre, La 88 56 Gf 58
Voivres, Les 88 55 Gb 60
Voivres-lès-le-Mans 72 47 Aa 61
Volckerinckhove 59 3 Cb 43
Volesvres 71 81 Ea 70
Volgelsheim 68 57 Hd 60
Volgré 89 51 Db 61
Volkrange 57 22 Ga 52
Volksberg 67 39 Hb 55
Vollore-Montagne 63 93 De 74
Vollore-Ville 63 93 Dd 74
Volmerange-lès-Boulay 57 38 Gc 53
Volmerange-les-Mines 57 22 Ga 52
Volmunster 57 39 Hc 54
Volnay 21 82 Ee 66
Volnay 72 47 Ac 61
Volon 70 69 Fe 63
Volonne 04 133 Ga 84
Volpajola 2B 157 Kc 93
Volstroff 57 22 Gb 53
Volvent 26 119 Fc 81
Volvic 63 92 Da 73
Volx 04 133 Ff 85
Vomécourt 88 55 Gd 59
Vomécourt-sur-Madon 88 55 Gb 58
Voncourt 52 69 Fe 62
Voncq 08 20 Ed 52
Vonges 21 69 Fc 65
Vongy 74 96 Gd 70
Vonnas 01 94 Ef 71
Voray-sur-l'Ognon 70 70 Ga 64
Voreppe 38 107 Fd 77
Vorey 43 105 Df 77
Vorges 02 19 Dd 51
Vorges-les-Pins 25 70 Ff 66
Vorly 18 79 Cc 67
Vornay 18 79 Cd 67
Vosbles 39 95 Fd 70
Vosne-Romanée 21 68 Ef 66
Vosnon 10 52 Df 60
Vou 37 77 Af 66
Vouarces 51 35 Df 57
Voudenay 21 81 Ec 66
Voué 10 52 Ea 58
Vouécourt 52 54 Fa 59
Vougécourt 70 55 Ga 61
Vougeot 21 68 Ef 65
Vouglans 39 95 Fd 70
Vougrey 10 52 Eb 60
Vougy 42 93 Ea 72
Vouharte 16 88 Aa 74
Vouhé 17 87 Zb 72
Vouhenans 70 70 Gc 63
Vouillé 79 87 Zd 71
Vouillé 86 76 Ab 69
Vouillé-les-Marais 85 75 Za 70
Vouillers 51 36 Ef 56
Vouillon 36 78 Bf 68
Vouilly 14 13 Yf 53
Voujeaucourt 25 71 Ge 64
Voulaines-les-Templiers 21 68 Ee 62
Voulangis 77 34 Cf 55
Voulême 86 88 Ab 72
Voulgézac 16 100 Aa 75
Voulpaix 02 19 De 49
Voultegon 79 75 Zc 67
Voulte-sur-Rhône, La 07 118 Ee 80
Voulton 77 34 Dc 57
Voulx 77 51 Cf 59
Vouneuil-sous-Biard 86 76 Ab 69
Vouneuil-sur-Vienne 86 77 Ad 68
Vourlés 69 106 Ee 75
Voussac 03 92 Da 71
Voutenay-sur-Cure 89 67 De 63
Voutezac 19 102 Bc 78
Vouthon 16 88 Ac 74
Vouthon-Bas 55 54 Fd 58
Vouthon-Haut 55 54 Fd 58
Voutré 53 46 Ze 60
Vouvant 85 75 Zb 69
Vouvray 37 63 Ae 64
Vouvray-sur-Huisne 72 48 Ad 60
Vouvray-sur-Loir 72 63 Ac 62
Vouxey 88 54 Fe 58
Vouzailles 86 76 Aa 68
Vouzan 16 100 Ac 75
Vouzeron 18 65 Cb 65
Vouziers 08 20 Ee 52
Vouzon 41 65 Ca 63
Vouzy 51 35 Ea 55
Voves 28 49 Bd 59
Vovray-en-Bornes 74 96 Ga 72
Voyenne 02 19 De 50
Voyennes 80 18 Cf 50
Voyer 57 39 Ha 57
Vraie-Croix, La 56 43 Xc 62
Vraignes-en-Vermandois 80 18 Da 49
Vraignes-lès-Hornoy 80 16 Bf 49
Vraincourt 52 54 Fa 59
Vraiville 27 15 Ba 53
Vraux 51 35 Eb 54
Vrecourt 88 54 Fe 59
Vred 59 8 Db 46
Vregille 70 70 Ff 65
Vregny 02 18 Dc 52
Vrély 80 17 Ce 50
Vrétot, Le 50 12 Yb 52
Vriange 39 69 Fd 65
Vrigne-au-Bois 08 20 Ef 50
Vrigne-Meuse 08 20 Ef 50
Vrigny 45 50 Cb 60
Vrigny 51 19 Df 53
Vrigny 61 30 Zf 56
Vritz 44 61 Yf 63
Vrizy 08 20 Ee 52
Vrocourt 60 16 Bf 51
Vroil 51 36 Ef 55
Vron 80 7 Be 47
Vroncourt 54 55 Ga 58
Vroncourt-la-Côte 52 54 Fd 60
Vroville 88 55 Gb 59
Vry 57 38 Gb 53
Vue 44 59 Ya 65
Vuillafans 25 84 Gb 66
Vuillecin 25 84 Gc 67
Vulaines 10 52 Dd 59
Vulaines-lès-Provins 77 34 Db 57
Vulaines-sur-Seine 77 50 Ce 58
Vulbens 74 96 Ff 72
Vulmont 57 38 Gb 55
Vulpaiola, A = Volpajola 2B 157 Kc 93
Vuttera i Bagni = Guitera-les-Bains 2A 159 Ka 97
Vyans-le-Val 70 71 Ge 63
Vy-le-Ferroux 70 70 Ff 63
Vy-lès-Filain 70 70 Gb 64
Vy-lès-Lure 70 70 Gc 63
Vy-lès-Rupt 70 70 Ff 63
Vyt-lès-Belvoir 25 71 Gd 64

W

Waben 62 6 Bd 46
Wacquemoulin 60 17 Cd 51
Wacquinghen 62 3 Bd 44
Wadelincourt 08 20 Ef 50
Wagnon 08 20 Ec 51
Wahagnies 59 8 Da 46
Wahlbach 68 72 Hc 63
Wahlenheim 67 40 He 56
Wail 62 7 Ca 46
Wailly 62 7 Ca 45
Wailly 62 8 Ce 47
Wailly-Beaucamp 62 7 Be 46
Walbach 68 56 Hb 60
Walbourg 67 40 Hf 55
Walck, La 67 40 Hd 55
Waldersbach 67 56 Hb 58
Waldhambach 67 39 Hb 55
Waldhouse 57 39 Hc 54
Waldighofen 68 72 Hb 63
Waldolwisheim 67 39 Hc 56
Waldweistroff 57 22 Gc 52
Waldwisse 57 22 Gd 52
Walheim 68 71 Hb 63
Walincourt-Selvigny 59 9 Dc 48
Wallers 59 9 Dc 46
Wallers-Trélon 59 10 Eb 48
Wallon-Cappel 59 4 Cc 44
Walschbronn 57 40 Hc 54
Walscheid 57 39 Ha 57
Waltembourg 57 39 Hb 56
Waltenheim 68 72 Hc 63
Waltenheim-sur-Zorn 67 40 Hd 56
Waly 55 36 Fa 54
Wambaix 59 9 Db 48
Wambercourt 62 7 Ca 46
Wambez 60 16 Bf 51
Wambrechies 59 4 Da 44
Wamin 62 7 Ca 46
Wanchy-Capval 76 16 Bc 49
Wancourt 62 8 Cf 47
Wandignies-Hamage 59 9 Db 46
Wangen 67 40 Hc 57
Wangenbourg-Engenthal 67 39 Hb 57
Wannehain 59 8 Db 45
Wanquetin 62 8 Cd 47
Wantzenau, la 67 40 He 57
Warcq 08 20 Ee 50
Wardrecques 62 3 Cc 44
Wargemoulin-Hurlus 51 36 Ee 54
Wargnies 80 7 Cb 48
Wargnies-le-Grand 59 9 De 47
Wargnies-le-Petit 59 9 De 47
Warhem 59 4 Cc 43
Warlaing 59 9 Db 46
Warlencourt-Eaucourt 62 8 Ce 48
Warlincourt-lès-Pas 62 8 Cd 47
Warloy-Baillon 80 8 Cd 48
Warluis 60 17 Ca 52
Warlus 62 8 Ce 47
Warlus 80 7 Bf 49
Warluzel 62 8 Cd 47
Warmeriville 51 19 Eb 52
Warnécourt 08 20 Ed 50
Warsy 80 17 Cd 50
Warvillers 80 17 Ce 50
Wasigny 08 19 Ec 51
Wasnes-au-Bac 59 8 Db 47
Wasquehal 59 4 Da 44
Wasselonne 67 40 Hc 57
Wasserbourg 68 56 Ha 60
Wassigny 02 9 Dd 48
Wassy 52 53 Ef 57
Wast, le 62 3 Be 44
Watigny 02 19 Eb 49
Watronville 55 37 Fd 54
Watten 59 3 Cb 43
Wattignies 59 8 Da 45
Wattignies-la-Victoire 59 9 Ea 47
Wattrelos 59 4 Db 44
Wattwiller 68 56 Hb 61
Wavignies 60 17 Cc 51
Waville 54 38 Ff 54
Wavrans-sur-l'Aa 62 3 Ca 44
Wavrans-sur-Ternoise 62 7 Cb 46
Wavrechain-sous-Denain 59 9 Dc 46
Wavrechain-sous-Faulx 59 9 Db 47
Wavrin 59 8 Cf 45
Waziers 59 8 Da 46
Weckolsheim 68 57 Hd 60
Wegscheid 68 56 Gf 62
Weinbourg 67 39 Hc 55
Weislingen 67 39 Hb 55
Weitbruch 67 40 He 56
Weiterswiller 67 39 Hc 55
Welles-Pérennes 60 17 Cd 51
Wemaers-Cappel 59 3 Cc 44
Wentzwiller 68 72 Hc 63
Werentzhouse 68 72 Hc 63
Wervicq-Sud 59 4 Da 44
West-Cappel 59 4 Cd 43
Westhalten 68 56 Hb 61
Westhoffen 67 39 Hc 57
Westhouse 67 57 Hd 58
Westhouse-Marmoutier 67 39 Hc 56
Westrehem 62 7 Cb 45
Westrehem 62 7 Cc 45
Wettolsheim 68 56 Hb 60
Weyer 67 39 Ha 55
Weyersheim 67 40 He 56
Wickerschwihr 68 57 Hc 60
Wickersheim-Wilshausen 67 40 Hd 56
Wicquinghem 62 3 Bf 44
Wicres 59 8 Cf 45
Widehem 62 7 Bd 45
Widensohlen 68 57 Hc 60
Wiège-Faty 02 19 De 49
Wiencourt-l'Equipée 80 17 Cd 49
Wierre-au-Bois 62 3 Be 45
Wierre-Effroy 62 3 Be 44
Wiesembach 68 56 Ha 59
Wiesviller 57 39 Ha 54
Wignehies 59 9 Ea 48
Wignicourt 08 20 Ed 51
Wihr-au-Val 68 56 Hb 60
Wildenstein 68 56 Gf 61
Willeman 62 7 Ca 46
Willems 59 8 Db 45
Willer 68 72 Hb 63
Willeroncourt 55 37 Fc 56
Willer-sur-Thur 68 56 Ha 61
Willerval 62 8 Cf 46
Willerwald 57 39 Ha 54
Willgottheim 67 40 Hd 56
Williers 08 21 Fb 50
Willies 59 10 Ea 48
Wilwisheim 67 40 Hc 56
Wimereux 62 2 Bd 44
Wimille 62 2 Bd 44
Wimmenau 67 39 Hc 55
Wimy 02 19 Df 49
Windstein 67 40 He 54
Wingen 67 40 He 54
Wingen-sur-Moder 67 39 Hc 55
Wingersheim 67 40 Hd 56
Wingles 62 8 Cf 46
Winkel 68 71 Hb 64
Winnezeele 59 4 Cd 43
Wintersbourg 57 39 Hb 56
Wintershouse 67 40 He 56
Wintzenbach 67 40 Ia 55
Wintzenheim 68 56 Hb 60
Wintzenheim-Kochersberg 67 40 Hd 56
Wirwignes 62 3 Be 44
Wiry-au-Mont 80 7 Bf 49
Wisches 67 39 Hb 57
Wisembach 88 56 Ha 59
Wiseppe 55 21 Fb 52
Wismes 62 3 Ca 44
Wisques 62 3 Cb 44
Wissant 62 3 Bd 43
Wissembourg 67 40 Hf 54
Wissignicourt 02 18 Dc 51
Wissous 91 33 Cb 56
Witry-lès-Reims 51 19 Ea 53
Wittelsheim 68 56 Hb 62
Wittenheim 68 56 Hc 62
Witternesse 62 7 Cc 45
Witternheim 67 57 Hd 59
Wittersdorf 68 71 Hb 63
Wittersheim 67 40 Hd 56
Wittes 62 3 Cc 44
Wittisheim 67 57 Hd 59
Wittring 57 39 Ha 54
Wiwersheim 67 40 Hd 57
Wizernes 62 3 Cb 44
Woël 55 37 Fe 54
Wœlfling-lès-Sarreguemines 57 39 Hb 54
Wœrth 67 40 He 55
Woignarue 80 6 Bc 48
Woimbey 55 37 Fc 55
Woincourt 80 6 Bd 48
Woippy 57 38 Ga 54
Woirel 80 7 Be 49
Wolfersdorf 68 71 Ha 63
Wolfgantzen 68 57 Hc 60
Wolfisheim 67 40 He 57
Wolfskirchen 67 39 Ha 55
Wolschheim 67 39 Hc 56
Wolschwiller 68 72 Hc 64
Wolxheim 67 40 Hc 57
Wormhout 59 4 Cc 43
Woustviller 57 39 Ha 54
Wuenheim 68 56 Hb 61
Wuisse 57 38 Gd 55
Wulverdinghe 59 3 Cb 43
Wy-dit-Joli-Village 95 32 Be 54
Wylder 59 4 Cc 43

X

Xaffévillers 88 55 Gd 58
Xaintrailles 47 125 Ab 83
Xaintray 79 75 Zd 70
Xambes 16 88 Aa 74
Xammes 54 37 Ff 55
Xamontarupt 88 55 Gd 60
Xanrey 57 38 Gd 56
Xanton-Chassenon 85 75 Zb 70
Xaronval 88 55 Gb 58
Xermaménil 54 38 Gc 57
Xertigny 88 55 Gc 60
Xeuilley 54 38 Ga 57
Xirocourt 54 55 Gb 58
Xivray-et-Marvoisin 55 37 Fe 55
Xivry-Circourt 54 21 Fe 52
Xocourt 57 38 Gc 55
Xonrupt-Longemer 88 56 Gf 60
Xonville 54 37 Ff 54
Xouaxange 57 39 Ha 56
Xousse 54 39 Ge 57

Y

Yainville 76 15 Ae 52
Yaucourt 80 7 Bf 48
Ychoux 40 110 Za 83
Ydes 15 103 Cc 76
Yébleron 76 15 Ad 51
Yèbles 77 33 Ce 57
Yenne 73 107 Fe 74
Yermenonville 28 32 Bd 57
Yerres 91 33 Cc 56
Yerville 76 15 Af 50
Yèvre-la-Ville 45 50 Cb 60
Yèvres 28 48 Bb 59
Yèvres-le-Petit 10 53 Ec 58
Yffiniac 22 26 Xc 58
Ygos-Saint-Saturnin 40 123 Zb 85
Ygrande 03 80 Cf 69
Ymare 76 15 Bb 52
Ymeray 28 49 Be 57
Ymonville 28 49 Be 59
Yolet 15 115 Cd 79
Yoncq 08 20 Fa 51
Youx 63 91 Ce 72
Yport 76 14 Ab 50
Ypreville-Biville 76 15 Ad 50
Yquebœuf 76 16 Bb 51
Yquelon 50 28 Yc 55
Yronde-et-Buron 63 104 Db 75
Yrouerre 89 67 Df 62
Yssac-la-Tourette 63 92 Da 73
Yssandon 19 101 Bc 77
Yssingeaux 43 105 Ea 78
Ytrac 15 115 Cc 79
Ytres 62 8 Cf 48
Yutz 57 22 Gb 52
Yvecrique 76 15 Ae 50
Yversay 86 76 Ab 68
Yves 17 86 Yf 72
Yveteaux, les 61 30 Ze 56
Yvetot 76 15 Ae 51
Yvetot-Bocage 50 12 Yd 52
Yvias 22 26 Wf 56
Yviers 16 100 Zf 77
Yvignac 22 44 Xf 58
Yville-sur-Seine 76 15 Af 52
Yvoire 74 96 Gb 70
Yvoy-le-Marron 41 64 Bf 63
Yvrac-et-Malleyrand 16 88 Ac 74
Yvrandes 61 29 Zb 56
Yvré-Evêque 72 47 Ab 60
Yvré-le-Pôlin 72 47 Aa 62
Yvrench 80 7 Bf 47
Yvrencheux 80 7 Bf 47
Yzengremer 80 6 Bd 48
Yzernay 49 75 Zb 66
Yzeron 69 106 Ed 74
Yzeure 03 80 Dc 69
Yzeures-sur-Creuse 37 77 Af 68
Yzeux 80 7 Ca 49
Yzosse 40 123 Yf 86

Z

Zaessingue 68 72 Hc 63
Zalana 2B 159 Kc 95
Zarbeling 57 39 Ge 55
Zegerscappel 59 3 Cc 43
Zehnacker 67 40 Hc 56
Zeinheim 67 40 Hc 56
Zellenberg 68 56 Hb 59
Zellwiller 67 57 Hc 58
Zermezeele 59 3 Cc 44
Zerubia 2A 159 Ka 98
Zetting 57 39 Ha 54
Zévaco 2A 159 Ka 97
Zevacu = Zévaco 2A 159 Ka 97
Zicavo 2A 159 Ka 97
Zicavu = Zicavo 2A 159 Ka 97
Zigliara 2A 159 Ka 97
Zilia 2B 156 If 93
Zilling 57 39 Hb 56
Zillisheim 68 72 Hb 62
Zimmerbach 68 56 Hb 60
Zimmersheim 68 72 Hc 62
Zimming 57 38 Gd 54
Zincourt 88 55 Gc 59
Zinswiller, Oberbronn- 67 40 Hd 55
Zirubia = Zerubia 2A 159 Ka 98
Zittersheim 67 39 Hc 55
Zoebersdorf 67 40 Hd 56
Zommange 57 39 Ge 55
Zonza 2A 159 Kb 98
Zoteux 62 7 Bf 45
Zouafques 62 3 Ca 44
Zoufftgen 57 22 Ga 52
Zoza 2A 159 Ka 98
Zuani 2B 159 Kc 95
Zudausques 62 3 Ca 44
Zutkerque 62 3 Ca 43
Zuytpeene 59 3 Cc 44

© 2001 Mairs Geographischer Verlag/Falk Verlag, 73751 Ostfildern

Printed in Germany

Das Werk einschließlich aller seiner Teile ist urheberrechtlich geschützt. Jede urheberrechtswidrige Verwertung ist ohne Zustimmung des Verlages unzulässig und strafbar. Das gilt insbesondere für Vervielfältigungen, Übersetzungen, Nachahmungen, Mikroverfilmungen und die Einspeicherung und Verarbeitung in elektronischen Systemen.

208 (F) Villetoureix — Zuytpeene

Paris et sa banlieue · Kaart van Parijs en omgeving
Stadtumgebungskarten von Paris · Surrounding of Paris
Légende · Legende · Zeichenerklärung · Legend
1:80.000

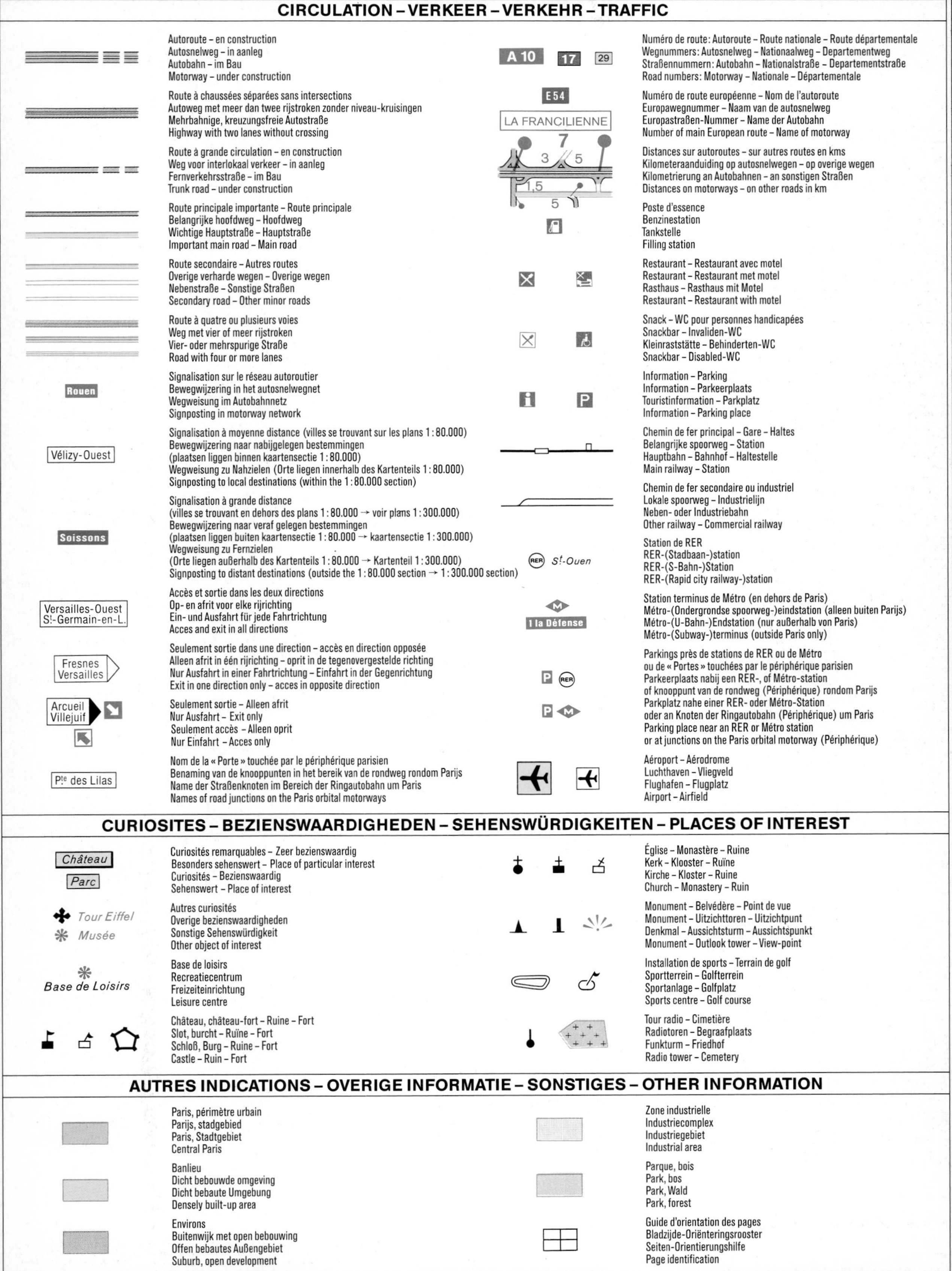

CIRCULATION – VERKEER – VERKEHR – TRAFFIC

Autoroute – en construction
Autosnelweg – in aanleg
Autobahn – im Bau
Motorway – under construction

A 10 **17** **29**
Numéro de route: Autoroute – Route nationale – Route départementale
Wegnummers: Autosnelweg – Nationalweg – Departementweg
Straßennummern: Autobahn – Nationalstraße – Departementstraße
Road numbers: Motorway – Nationale – Départementale

Route à chaussées séparées sans intersections
Autoweg met meer dan twee rijstroken zonder niveau-kruisingen
Mehrbahnige, kreuzungsfreie Autostraße
Highway with two lanes without crossing

E 54
LA FRANCILIENNE
Numéro de route européenne – Nom de l'autoroute
Europawegnummer – Naam van de autosnelweg
Europastraßen-Nummer – Name der Autobahn
Number of main European route – Name of motorway

Route à grande circulation – en construction
Weg voor interlokaal verkeer – in aanleg
Fernverkehrsstraße – im Bau
Trunk road – under construction

7 **3 · 5** **1,5** **5**
Distances sur autoroutes – sur autres routes en kms
Kilometeraanduiding op autosnelwegen – op overige wegen
Kilometrierung an Autobahnen – an sonstigen Straßen
Distances on motorways – on other roads in km

Route principale importante – Route principale
Belangrijke hoofdweg – Hoofdweg
Wichtige Hauptstraße – Hauptstraße
Important main road – Main road

Poste d'essence
Benzinestation
Tankstelle
Filling station

Route secondaire – Autres routes
Overige verharde wegen – Overige wegen
Nebenstraße – Sonstige Straßen
Secondary road – Other minor roads

Restaurant – Restaurant avec motel
Restaurant – Restaurant met motel
Rasthaus – Rasthaus mit Motel
Restaurant – Restaurant with motel

Route à quatre ou plusieurs voies
Weg met vier of meer rijstroken
Vier- oder mehrspurige Straße
Road with four or more lanes

Snack – WC pour personnes handicapées
Snackbar – Invaliden-WC
Kleinraststätte – Behinderten-WC
Snackbar – Disabled-WC

Signalisation sur le réseau autoroutier
Bewegwijzering in het autosnelwegnet
Wegweisung im Autobahnnetz
Signposting in motorway network

Information – Parking
Information – Parkeerplaats
Touristinformation – Parkplatz
Information – Parking place

Rouen

Signalisation à moyenne distance (villes se trouvant sur les plans 1:80.000)
Bewegwijzering naar nabijgelegen bestemmingen
(plaatsen liggen binnen kaartensectie 1:80.000)
Wegweisung zu Nahzielen (Orte liegen innerhalb des Kartenteils 1:80.000)
Signposting to local destinations (within the 1:80.000 section)

Chemin de fer principal – Gare – Haltes
Belangrijke spoorweg – Station
Hauptbahn – Bahnhof – Haltestelle
Main railway – Station

Vélizy-Ouest

Signalisation à grande distance
(villes se trouvant en dehors des plans 1:80.000 → voir plans 1:300.000)
Bewegwijzering naar veraf gelegen bestemmingen
(plaatsen liggen buiten kaartensectie 1:80.000 → kaartensectie 1:300.000)
Wegweisung zu Fernzielen
(Orte liegen außerhalb des Kartenteils 1:80.000 → Kartenteil 1:300.000)
Signposting to distant destinations (outside the 1:80.000 section → 1:300.000 section)

Chemin de fer secondaire ou industriel
Lokale spoorweg – Industrielijn
Neben- oder Industriebahn
Other railway – Commercial railway

Soissons

RER St.-Ouen
Station de RER
RER-(Stadbaan-)station
RER-(S-Bahn-)Station
RER-(Rapid city railway-)station

Accès et sortie dans les deux directions
Op- en afrit voor elke rijrichting
Ein- und Ausfahrt für jede Fahrtrichtung
Acces and exit in all directions

Versailles-Ouest
St-Germain-en-L.

M 1 la Défense
Station terminus de Métro (en dehors de Paris)
Métro-(Ondergrondse spoorweg-)eindstation (alleen buiten Parijs)
Métro-(U-Bahn-)Endstation (nur außerhalb von Paris)
Métro-(Subway-)terminus (outside Paris only)

Seulement sortie dans une direction – accès en direction opposée
Alleen afrit in één rijrichting – oprit in de tegenovergestelde richting
Nur Ausfahrt in einer Fahrtrichtung – Einfahrt in der Gegenrichtung
Exit in one direction only – acces in opposite direction

Fresnes Versailles

P RER
Parkings près de stations de RER ou de Métro
ou de « Portes » touchées par le périphérique parisien
Parkeerplaats nabij een RER-, of Métro-station
of knooppunt van de rondweg (Périphérique) rondom Parijs
Parkplatz nahe einer RER- oder Métro-Station
oder an Knoten der Ringautobahn (Périphérique) um Paris
Parking place near an RER or Métro station
or at junctions on the Paris orbital motorway (Périphérique)

Seulement sortie – Alleen afrit
Nur Ausfahrt – Exit only
Seulement accès – Alleen oprit
Nur Einfahrt – Acces only

Arcueil Villejuif

P M

Nom de la « Porte » touchée par le périphérique parisien
Benaming van de knooppunten in het bereik van de rondweg rondom Parijs
Name der Straßenknoten im Bereich der Ringautobahn um Paris
Names of road junctions on the Paris orbital motorways

Pte des Lilas

Aéroport – Aérodrome
Luchthaven – Vliegveld
Flughafen – Flugplatz
Airport – Airfield

CURIOSITES – BEZIENSWAARDIGHEDEN – SEHENSWÜRDIGKEITEN – PLACES OF INTEREST

Château
Parc
Curiosités remarquables – Zeer bezienswaardig
Besonders sehenswert – Place of particular interest
Curiosités – Bezienswaardig
Sehenswert – Place of interest

Église – Monastère – Ruine
Kerk – Klooster – Ruïne
Kirche – Kloster – Ruine
Church – Monastery – Ruin

✤ Tour Eiffel
✳ Musée
Autres curiosités
Overige bezienswaardigheden
Sonstige Sehenswürdigkeit
Other object of interest

Monument – Belvédère – Point de vue
Monument – Uitzichttoren – Uitzichtpunt
Denkmal – Aussichtsturm – Aussichtspunkt
Monument – Outlook tower – View-point

✳ Base de Loisirs
Base de loisirs
Recreatiecentrum
Freizeiteinrichtung
Leisure centre

Installation de sports – Terrain de golf
Sportterrein – Golfterrein
Sportanlage – Golfplatz
Sports centre – Golf course

Château, château-fort – Ruine – Fort
Slot, burcht – Ruïne – Fort
Schloß, Burg – Ruine – Fort
Castle – Ruin – Fort

Tour radio – Cimetière
Radiotoren – Begraafplaats
Funkturm – Friedhof
Radio tower – Cemetery

AUTRES INDICATIONS – OVERIGE INFORMATIE – SONSTIGES – OTHER INFORMATION

Paris, périmètre urbain
Parijs, stadgebied
Paris, Stadtgebiet
Central Paris

Zone industrielle
Industriecomplex
Industriegebiet
Industrial area

Banlieu
Dicht bebouwde omgeving
Dicht bebaute Umgebung
Densely built-up area

Parque, bois
Park, bos
Park, Wald
Park, forest

Environs
Buitenwijk met open bebouwing
Offen bebautes Außengebiet
Suburb, open development

Guide d'orientation des pages
Bladzijde-Oriënteringsrooster
Seiten-Orientierungshilfe
Page identification

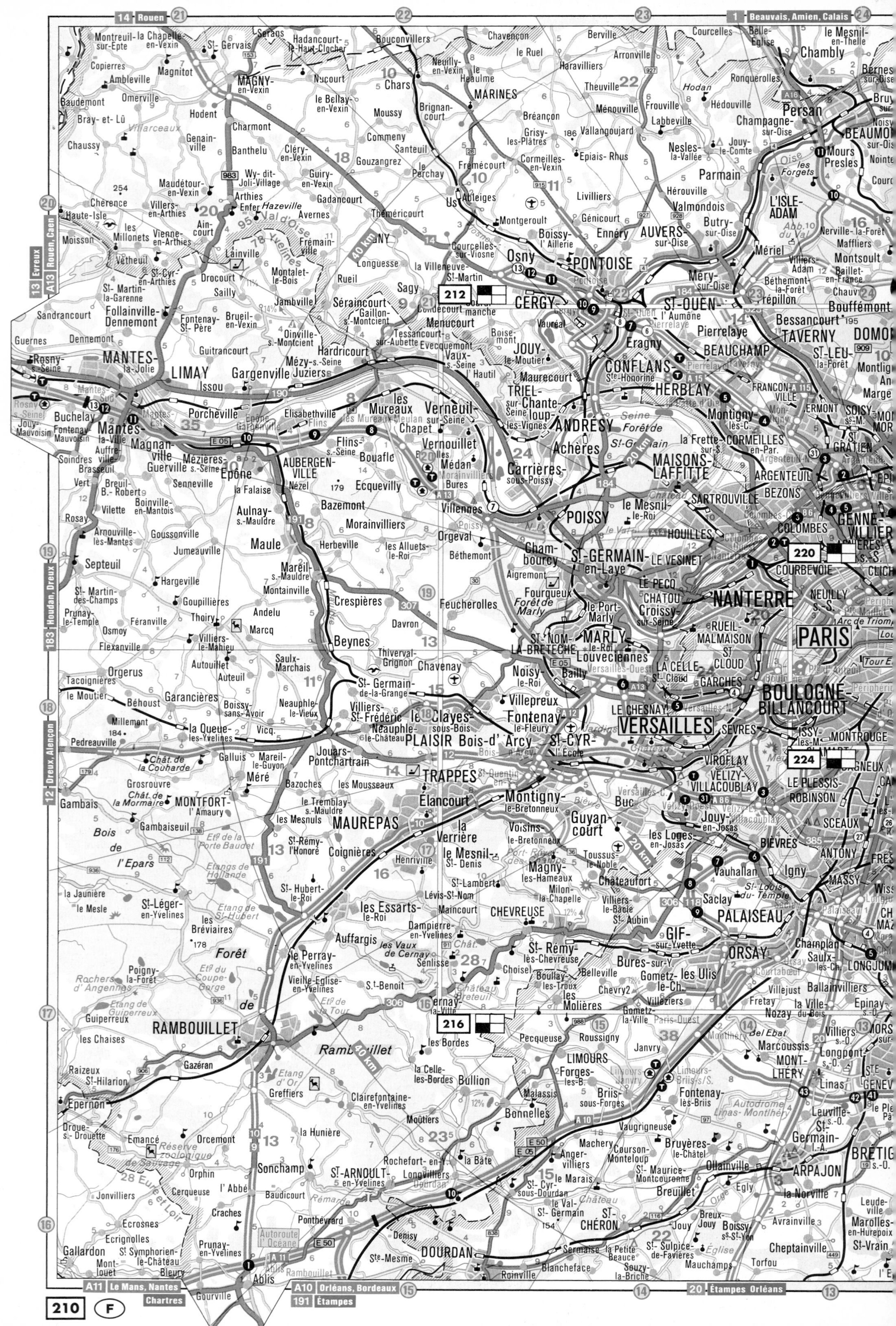

14 Rouen
1 Beauvais, Amien, Calais
13 Evreux
A13 Rouen, Caen
183 Houdan, Dreux
12 Dreux, Alençon
A11 Le Mans, Nantes
Chartres
A10 Orléans, Bordeaux
191 Étampes
20 Étampes Orléans
212
220
224
216
PARIS
VERSAILLES
NANTERRE
BOULOGNE-BILLANCOURT
PONTOISE
CERGY
MANTES-la-Jolie
LIMAY
POISSY
ST-GERMAIN-en-Laye
RAMBOUILLET
TRAPPES
MAUREPAS
CHEVREUSE
ORSAY
PALAISEAU
DOURDAN
ARPAJON

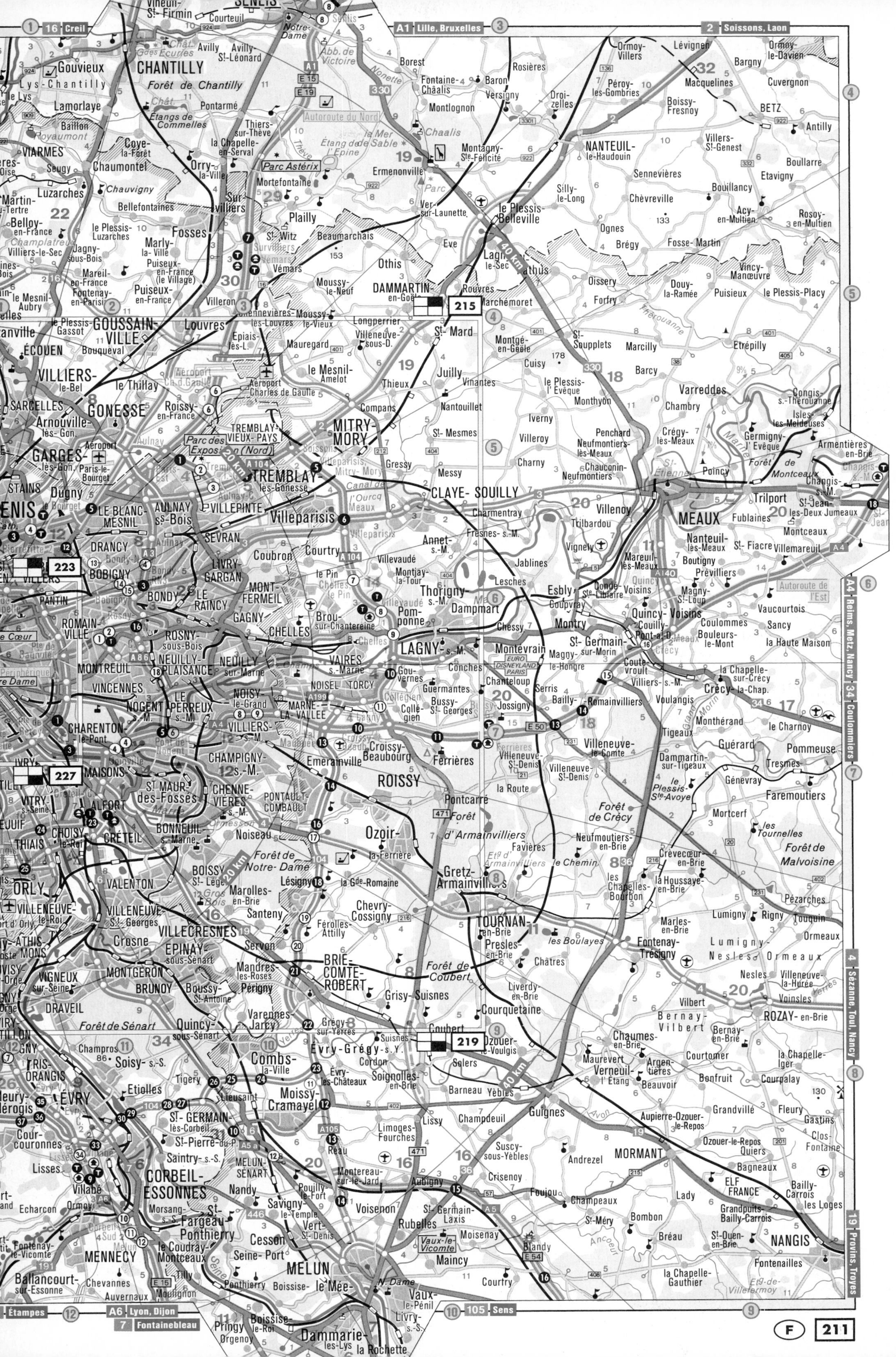

16 Creil
A1 Lille, Bruxelles
2 Soissons, Laon
A4 Reims, Metz, Nancy
34 Coulommiers
4 Sézanne, Toul, Nancy
19 Provins, Troyes
105 Sens
A6 Lyon, Dijon
7 Fontainebleau
Étampes
215
223
227
219
SENLIS
CHANTILLY
Forêt de Chantilly
Gouvieux
Lamorlaye
Coye-la-Forêt
Chaumontel
Luzarches
VIARMES
Orry-la-Ville
la Chapelle-en-Serval
Parc Astérix
Mortefontaine
Plailly
Ermenonville
Fosses
Marly-la-Ville
Survilliers
Vémars
Louvres
GOUSSAINVILLE
ÉCOUEN
VILLIERS-le-Bel
SARCELLES
GONESSE
Roissy-en-France
Aéroport Charles de Gaulle
GARGES-lès-Gon.
STAINS
Dugny
DRANCY
BOBIGNY
PANTIN
ROMAINVILLE
MONTREUIL
VINCENNES
CHARENTON-le-Pont
IVRY
MAISONS-
VITRY
ALFORT
CRÉTEIL
CHOISY-le-Roi
THIAIS
ORLY
VILLENEUVE-le-Roi
ATHIS-MONS
VIGNEUX sur-Seine
DRAVEIL
ÉVRY
Lisses
CORBEIL-ESSONNES
MENNECY
Ballancourt-sur-Essonne
Forêt de Sénart
Soisy-s.-S.
Combs-la-Ville
Moissy-Cramayel
MELUN
Dammarie-les-Lys
Savigny-le-Temple
BRIE-COMTE-ROBERT
Ozoir-la-Ferrière
Pontcarré
ROISSY
Gretz-Armainvilliers
TOURNAN-en-Brie
Coubert
Ozouer-le-Voulgis
Yèbles
Guignes
MORMANT
NANGIS
Fontenay-Trésigny
ROZAY-en-Brie
Forêt de Crécy
Crécy-la-Chap.
Coulommiers
Pommeuse
Faremoutiers
Forêt de Malvoisine
MEAUX
Trilport
Quincy-Voisins
Esbly
Montry
LAGNY-s.-M.
Bussy-St-Georges
Torcy
NOISEL
MARNE-LA-VALLEE
CHELLES
Vaires-s.-Marne
Pomponne
Thorigny-s.-M.
Dampmart
CLAYE-SOUILLY
Villeparisis
MITRY-MORY
TREMBLAY-lès-Gonesse
VILLEPINTE
AULNAY-ss-Bois
SEVRAN
LIVRY-GARGAN
MONTFERMEIL
GAGNY
ROSNY-sous-Bois
NEUILLY-PLAISANCE
NOGENT s.-M.
LE PERREUX s.-M.
NOISY-le-Grand
VILLIERS-s.-M.
CHAMPIGNY-s.-M.
CHENNEVIÈRES s.-M.
ST-MAUR-des-Fossés
BONNEUIL-s.-Marne
Noiseau
BOISSY-St-Léger
VALENTON
VILLENEUVE-St-Georges
VILLECRESNES
Crosne
EPINAY-sous-Sénart
MONTGERON
BRUNOY
Quincy-sous-Sénart
ST-GERMAIN-lès-Corbeil
DAMMARTIN-en-Goële
Juilly
NANTEUIL-le-Haudouin
le Plessis-Belleville
Varreddes
Lizy
Forêt de Coubert
Vaux-le-Vicomte
Maincy
Blandy

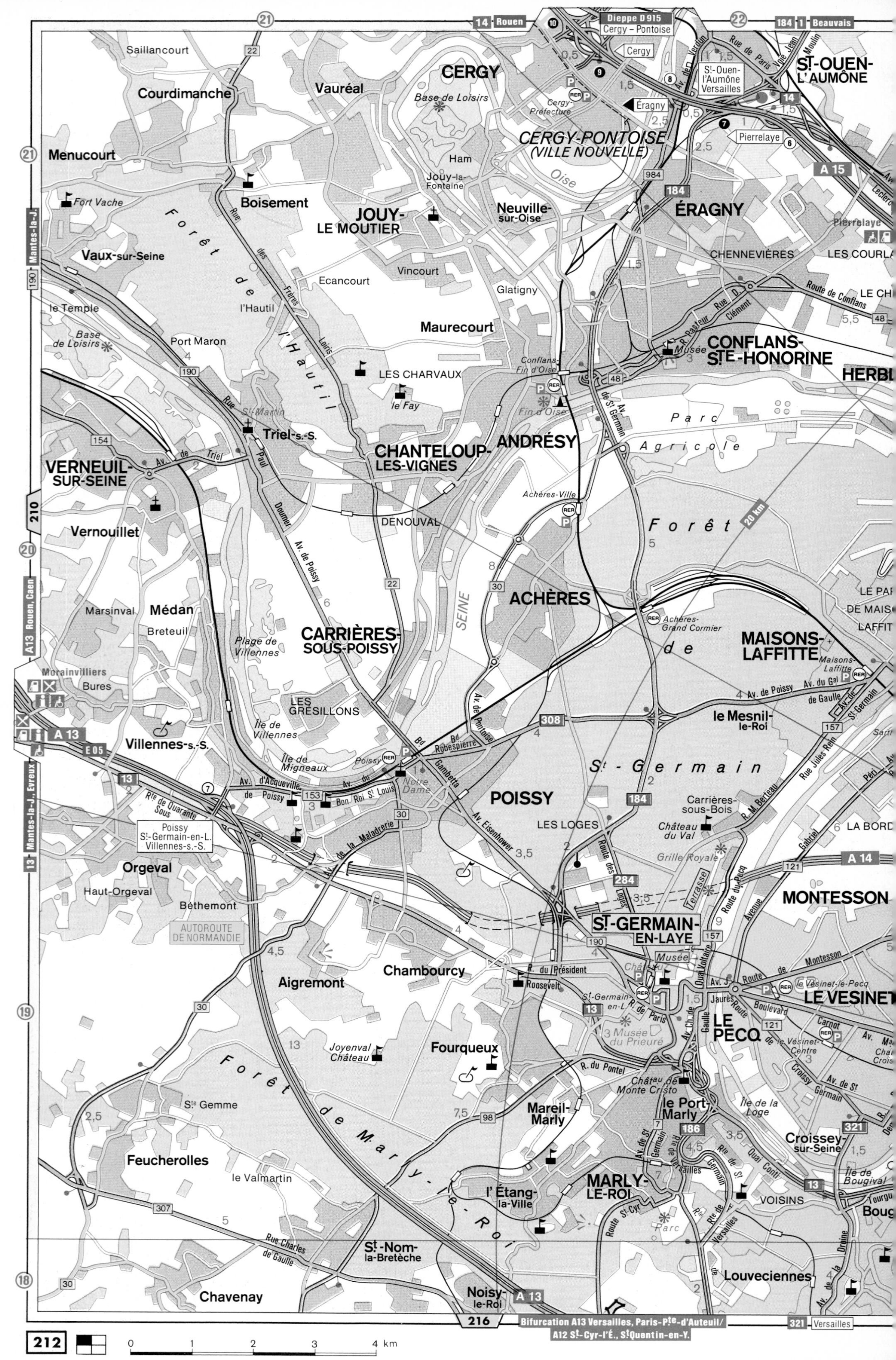

CERGY
CERGY-PONTOISE (VILLE NOUVELLE)
ÉRAGNY
ST-OUEN-L'AUMÔNE
CONFLANS-STE-HONORINE
ANDRÉSY
CHANTELOUP-LES-VIGNES
VERNEUIL-SUR-SEINE
ACHÈRES
CARRIÈRES-SOUS-POISSY
MAISONS-LAFFITTE
POISSY
ST-GERMAIN-EN-LAYE
MONTESSON
LE VESINET
LE PECQ
MARLY-LE-ROI
JOUY-LE MOUTIER
Forêt de l'Hautil
Forêt de St-Germain
Forêt de Mary-le-Roi
Parc Agricole
Courdimanche
Menucourt
Vauréal
Boisement
Vaux-sur-Seine
Triel-s.-S.
Vernouillet
Médan
Villennes-s.-S.
Orgeval
Aigremont
Chambourcy
Fourqueux
Mareil-Marly
Feucherolles
St-Nom-la-Bretèche
Chavenay
Noisy-le-Roi
Louveciennes
Croissey-sur-Seine
le Port-Marly
l'Étang-la-Ville
le Mesnil-le-Roi
Carrières-sous-Bois
Maurecourt
Neuville-sur-Oise
Dieppe D 915
Cergy – Pontoise
Rouen
Beauvais
A 13
A 14
A 15
Bifurcation A13 Versailles, Paris-Pte-d'Auteuil/ A12 St-Cyr-l'É., St-Quentin-en-Y.
Versailles
0 1 2 3 4 km

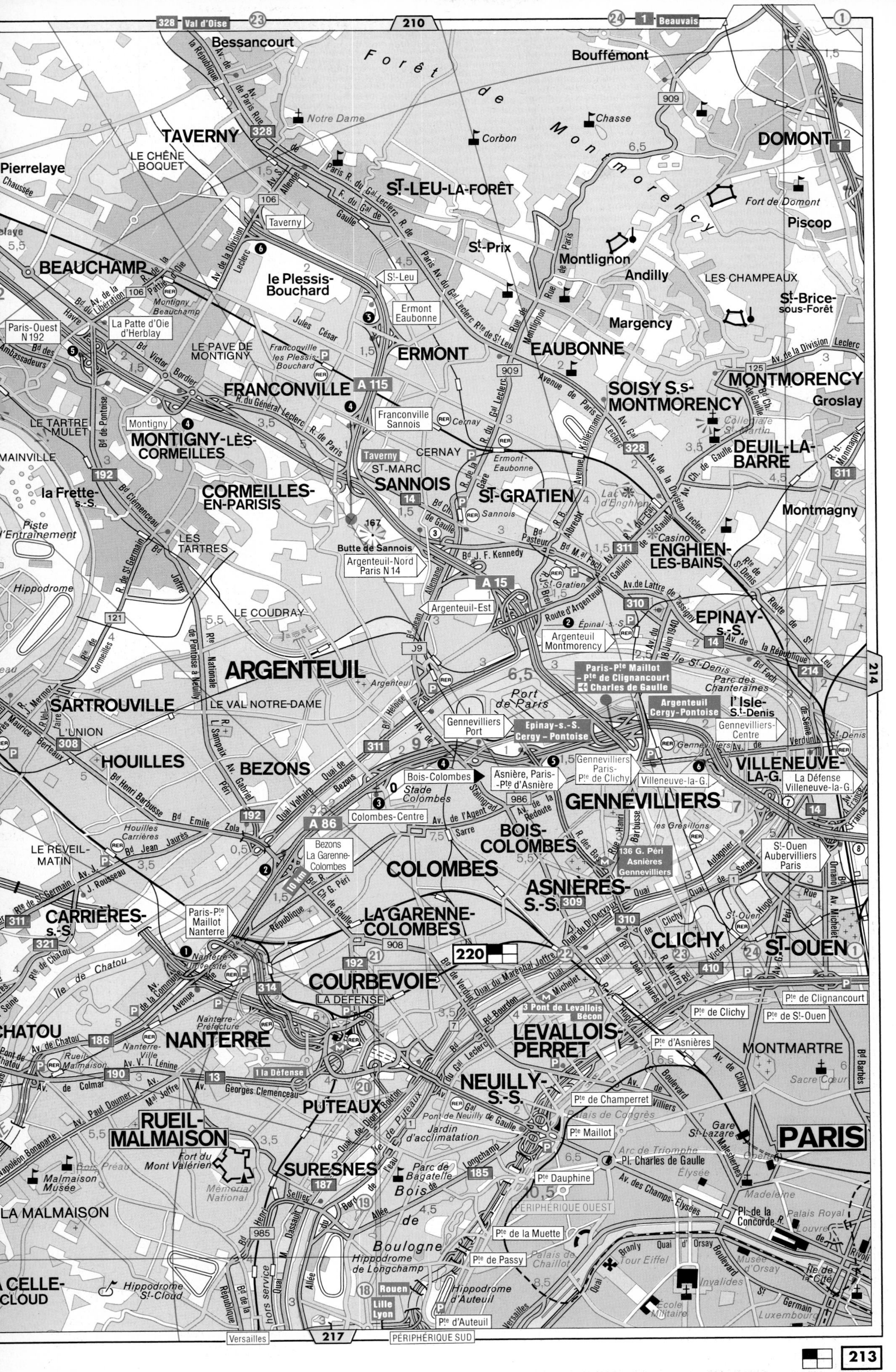

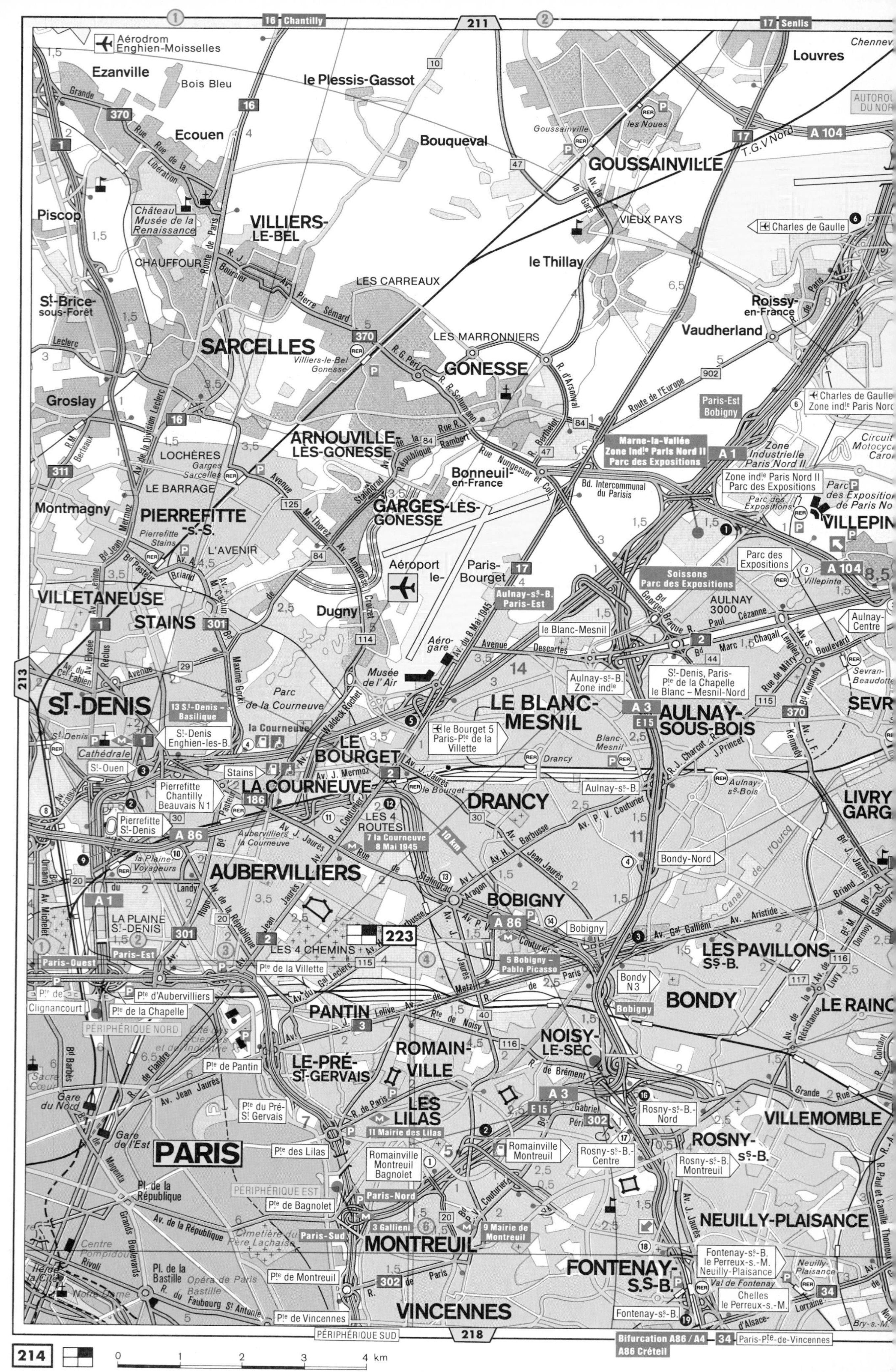

16 Chantilly
211
17 Senlis
Aérodrom Enghien-Moisselles
Ezanville
Bois Bleu
le Plessis-Gassot
Louvres
Chennev
Ecouen
Bouqueval
Goussainville
les Noues
GOUSSAINVILLE
T.G.V Nord
A 104
Piscop
Château Musée de la Renaissance
VILLIERS-LE-BEL
VIEUX PAYS
Charles de Gaulle
CHAUFFOUR
le Thillay
LES CARREAUX
St-Brice-sous-Forêt
Roissy-en-France
Vaudherland
SARCELLES
Villiers-le-Bel Gonesse
LES MARRONNIERS
GONESSE
Route de l'Europe
Groslay
Charles de Gaulle Zone indle Paris Nord
Paris-Est Bobigny
ARNOUVILLE-LÈS-GONESSE
LOCHÈRES
Garges Sarcelles
Marne-la-Vallée Zone indle Paris Nord II Parc des Expositions
A 1
Zone Industrielle Paris Nord II
Bonneuil-en-France
Bd. Intercommunal du Parisis
Zone indle Paris Nord II Parc des Expositions
Circuit Motocyc Caro
Montmagny
LE BARRAGE
PIERREFITTE-S.-S.
Pierrefitte Stains
GARGES-LÈS-GONESSE
L'AVENIR
Parc des Expositions
VILLEPIN
Aéroport le-Bourget
Paris-
Villepinte
VILLETANEUSE
STAINS
Dugny
Soissons Parc des Expositions
Aulnay-ss-B. Paris-Est
AULNAY 3000
Aulnay-Centre
le Blanc-Mesnil
Aérogare
Musée de l'Air
14
Parc de la Courneuve
Aulnay-ss-B. Zone indle
St-Denis, Paris-Pte de la Chapelle le Blanc – Mesnil-Nord
Sevran-Beaudotte
ST-DENIS
13 St-Denis - Basilique
LE BLANC-MESNIL
AULNAY-SOUS-BOIS
SEVR
la Courneuve
le Bourget 5 Paris-Pte de la Villette
St-Denis Enghien-les-B.
Cathédrale
LE BOURGET
Blanc-Mesnil
Drancy
St-Ouen
Stains
LA COURNEUVE
Aulnay-ss-B.
Pierrefitte Chantilly Beauvais N 1
DRANCY
Aulnay-ss-Bois
LIVRY GARG
Pierrefitte St-Denis
A 86
LES 4 ROUTES
Aubervilliers la Courneuve
7 la Courneuve 8 Mai 1945
10 km
11
Bondy-Nord
la Plaine Voyageurs
AUBERVILLIERS
Canal de l'Ourcq
A 1
LA PLAINE ST-DENIS
BOBIGNY
A 86
Bobigny
LES PAVILLONS-SS-B.
Paris-Ouest
Paris-Est
223
LES 4 CHEMINS
Pte de la Villette
5 Bobigny - Pablo Picasso
Pte de Clignancourt
Pte d'Aubervilliers
Pte de la Chapelle
Bondy N3
BONDY
LE RAINC
PÉRIPHÉRIQUE NORD
PANTIN
Cité des Sciences et de l'Industrie
Bobigny
NOISY-LE-SEC
Pte de Pantin
ROMAIN-VILLE
LE-PRÉ-ST-GERVAIS
Sacré Cœur
A 3
Gare du Nord
Pte du Pré-St Gervais
LES LILAS
Rosny-ss-B.-Nord
VILLEMOMBLE
11 Mairie des Lilas
Gare de l'Est
PARIS
Pte des Lilas
Romainville Montreuil
Rosny-ss-B.-Centre
ROSNY-SS-B.
Romainville Montreuil Bagnolet
Rosny-ss-B. Montreuil
Pl. de la République
PÉRIPHÉRIQUE EST
Pte de Bagnolet
Paris-Nord
NEUILLY-PLAISANCE
Centre Pompidou
Paris-Sud
3 Gallieni
9 Mairie de Montreuil
MONTREUIL
Fontenay-ss-B. le Perreux-s.-M. Neuilly-Plaisance
Ile de la Cité
Pl. de la Bastille
Opéra de Paris Bastille
Pte de Montreuil
FONTENAY-S.S-B.
Val de Fontenay
Chelles le Perreux-s.-M.
Notre Dame
Pte de Vincennes
VINCENNES
Fontenay-ss-B.
PÉRIPHÉRIQUE SUD
218
213
Bifurcation A86 / A4
A86 Créteil
Paris-Pte-de-Vincennes
0 1 2 3 4 km

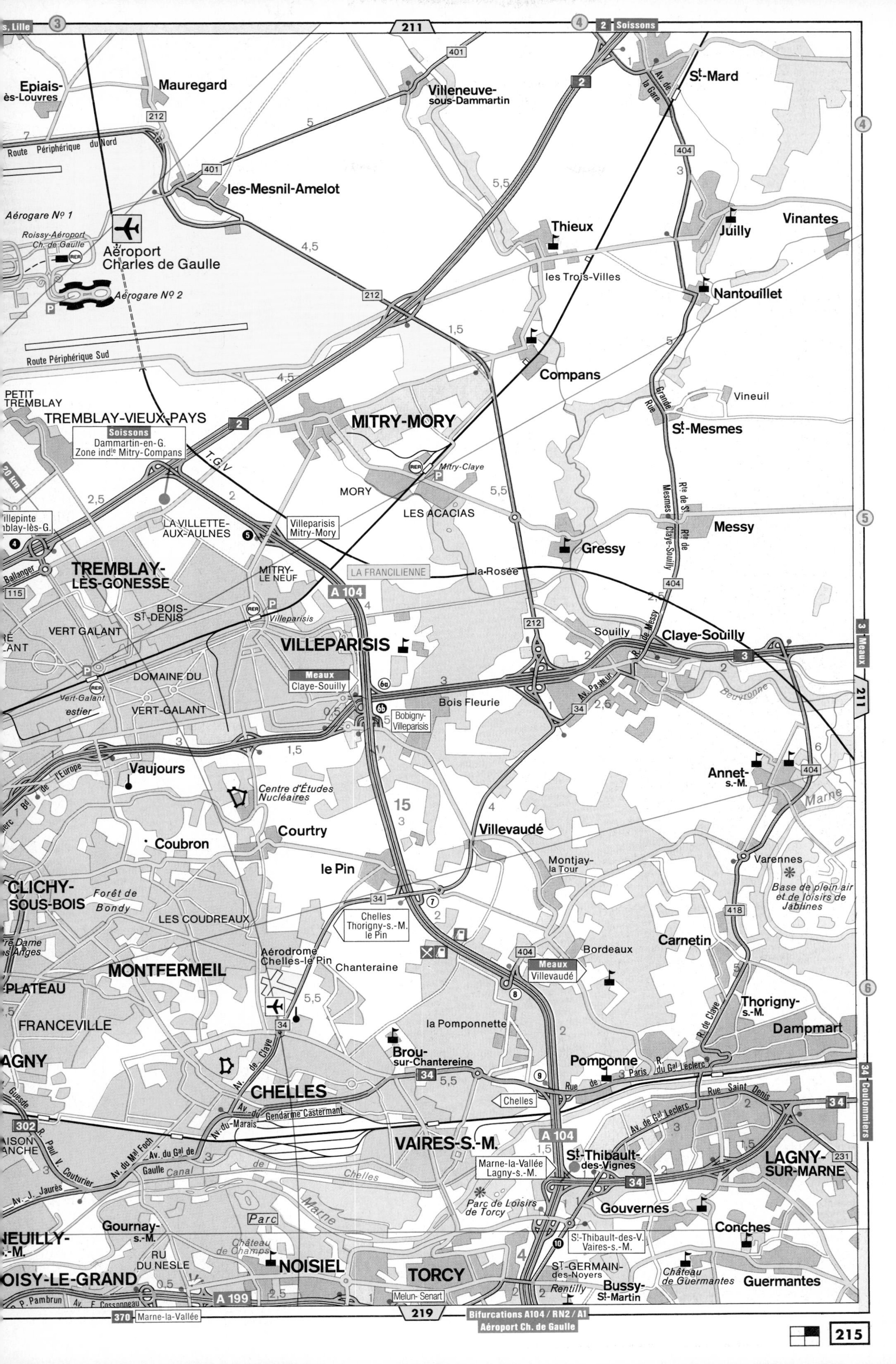

Lille
Soissons
211
Epiais-lès-Louvres
Mauregard
Villeneuve-sous-Dammartin
St-Mard
les-Mesnil-Amelot
Route Périphérique du Nord
Aérogare No 1
Roissy-Aéroport Ch. de Gaulle
Aéroport Charles de Gaulle
Aérogare No 2
Route Périphérique Sud
Thieux
Juilly
Vinantes
les Trois-Villes
Nantouillet
Compans
Vineuil
St-Mesmes
PETIT TREMBLAY
TREMBLAY-VIEUX-PAYS
Soissons
Dammartin-en-G.
Zone indle Mitry-Compans
MITRY-MORY
Mitry-Claye
MORY
LES ACACIAS
T.G.V.
Messy
Villepinte
Tremblay-lès-G.
LA VILLETTE-AUX-AULNES
Villeparisis
Mitry-Mory
Gressy
TREMBLAY-LÈS-GONESSE
MITRY-LE NEUF
LA FRANCILIENNE
la-Rosée
A 104
BOIS-ST-DENIS
VERT GALANT
Villeparisis
VILLEPARISIS
Souilly
Claye-Souilly
Meaux
DOMAINE DU VERT-GALANT
Meaux
Claye-Souilly
Bois Fleurie
Bobigny-Villeparisis
Vert-Galant
Beuvronne
Vaujours
Centre d'Études Nucléaires
Annet-s.-M.
Marne
Courtry
Coubron
Villevaudé
Montjay-la Tour
Varennes
le Pin
CLICHY-SOUS-BOIS
Forêt de Bondy
LES COUDREAUX
Base de plein air et de loisirs de Jablines
Chelles
Thorigny-s.-M.
le Pin
Carnetin
Bordeaux
Aérodrome Chelles-le Pin
Chanteraine
MONTFERMEIL
Meaux
Villevaudé
PLATEAU
Thorigny-s.-M.
FRANCEVILLE
la Pomponnette
Dampmart
Brou-sur-Chantereine
Pomponne
Rue de Paris
R. du Gal Leclerc
Rue Saint Denis
CHELLES
Chelles
Av. de Claye
Av. du Gendarme Castermant
Av. du Marais
A 104
Av. de Gal Leclerc
Coulommiers
VAIRES-S.-M.
St-Thibault-des-Vignes
LAGNY-SUR-MARNE
Marne-la-Vallée
Lagny-s.-M.
Av. du Mal Foch
Av. du Gal de Gaulle
Canal de Chelles
Av. J. Jaurès
R. Paul V. Couturier
Parc de Loisirs de Torcy
Gouvernes
Parc
Marne
Gournay-s.-M.
Conches
NEUILLY-S.-M.
Château de Champs
St-Thibault-des-V.
Vaires-s.-M.
RU DU NESLE
NOISIEL
TORCY
ST-GERMAIN-des-Noyers
Château de Guermantes
Guermantes
Bussy-St-Martin
Rentilly
NOISY-LE-GRAND
A 199
Melun-Senart
Marne-la-Vallée
219
Bifurcations A104 / RN2 / A1
Aéroport Ch. de Gaulle

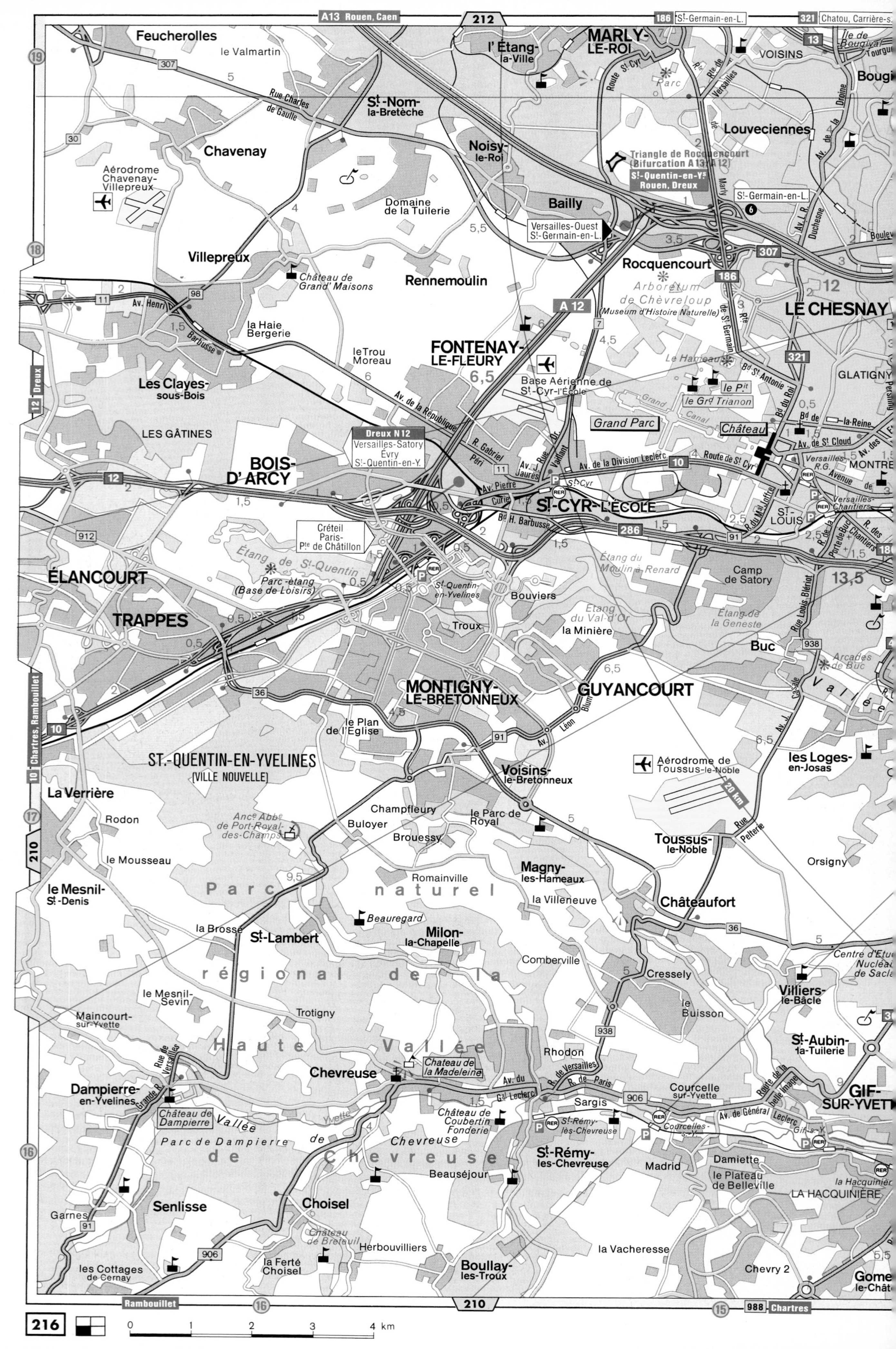

A13 Rouen, Caen
212
186 St-Germain-en-L.
321 Chatou, Carrière-s.
Feucherolles
le Valmartin
l' Étang-la-Ville
MARLY-LE-ROI
VOISINS
Bougi
Rue Charles de Gaulle
St-Nom-la-Bretèche
Parc
Louveciennes
Chavenay
Noisy-le-Roi
Triangle de Rocquencourt (Bifurcation A13/A12)
St-Quentin-en-Ys Rouen, Dreux
Aérodrome Chavenay-Villepreux
Domaine de la Tuilerie
Bailly
St-Germain-en-L.
Versailles-Ouest St-Germain-en-L.
Villepreux
Château de Grand' Maisons
Rennemoulin
Rocquencourt
Arboretum de Chèvreloup (Museum d'Histoire Naturelle)
LE CHESNAY
A 12
la Haie Bergerie
le Trou Moreau
FONTENAY-LE-FLEURY
Le Hameau
GLATIGNY
Les Clayes-sous-Bois
Base Aérienne de St-Cyr-l'École
le Pit
le Grd Trianon
Grand Canal
Grand Parc
Château
LES GÂTINES
Dreux N12
Versailles-Satory
Évry
St-Quentin-en-Y.
Av. de la République
Av. de la Division Leclerc
Route de St Cyr
Av. de St Cloud
MONTRE
BOIS-D'ARCY
Versailles-R.G.
Versailles-Chantiers
ST-LOUIS
ST-CYR-L'ÉCOLE
Créteil
Paris-Pte de Châtillon
Étang de St-Quentin
Parc-étang (Base de Loisirs)
Étang du Moulin à Renard
Camp de Satory
ÉLANCOURT
St-Quentin-en-Yvelines
Bouviers
TRAPPES
Étang du Val-d'Or
Étang de la Geneste
Troux
la Minière
Buc
Arcades de Buc
MONTIGNY-LE-BRETONNEUX
GUYANCOURT
le Plan de l'Eglise
ST.-QUENTIN-EN-YVELINES (VILLE NOUVELLE)
Aérodrome de Toussus-le-Noble
les Loges-en-Josas
La Verrière
Voisins-le-Bretonneux
Rodon
Champfleury
le Parc de Royal
Ancne Abbe de Port-Royal-des-Champs
Buloyer
Brouessy
Toussus-le-Noble
le Mousseau
Orsigny
Romainville
Magny-les-Hameaux
le Mesnil-St-Denis
Parc naturel régional de la Haute Vallée de Chevreuse
la Villeneuve
Châteaufort
la Brosse
St-Lambert
Beauregard
Milon-la-Chapelle
Centre d'Etudes Nucléaires de Saclay
Comberville
Cressely
Villiers-le-Bâcle
le Mesnil-Sevin
le Buisson
Maincourt-sur-Yvette
Trotigny
Rhodon
St-Aubin-la-Tuilerie
Château de la Madeleine
Chevreuse
Dampierre-en-Yvelines
Courcelle sur-Yvette
GIF-SUR-YVETTE
Château de Dampierre
Sargis
Château de Coubertin
Fonderie
St-Rémy-lès-Chevreuse
Courcelles-s-Y.
Gif-s-Y.
Parc de Dampierre
Vallée de Chevreuse
Damiette
St-Rémy-les-Chevreuse
Madrid
le Plateau de Belleville
Beauséjour
LA HACQUINIÈRE
Senlisse
Choisel
Garnes
Château de Breteuil
Herbouvilliers
la Vacheresse
les Cottages de Cernay
la Ferté Choisel
Boullay-les-Troux
Chevry 2
Gome le-Chât
Rambouillet
210
988 Chartres
12 Dreux
10 Chartres, Rambouillet
0 1 2 3 4 km

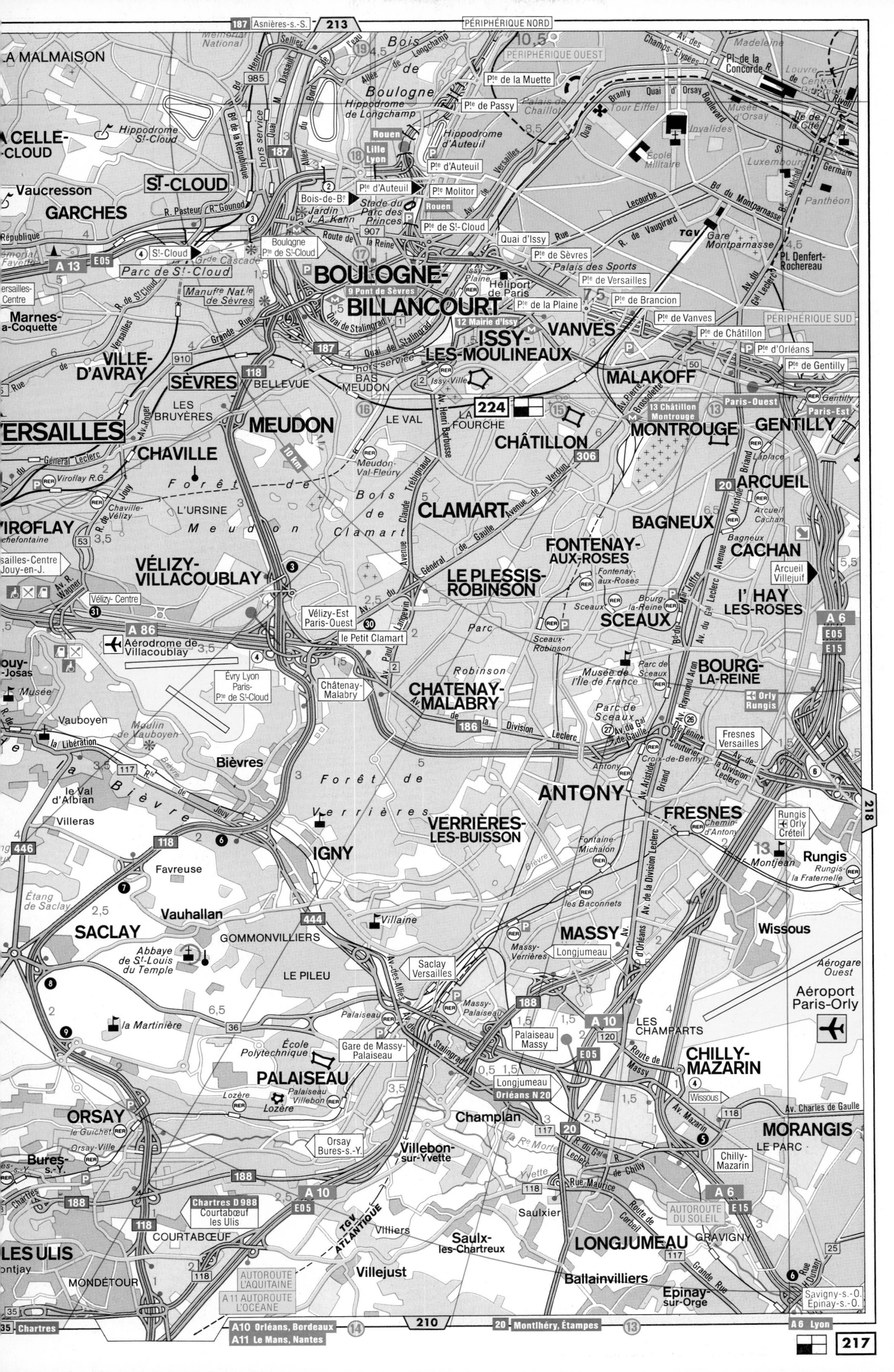

Asnières-s.-S.
213
PÉRIPHÉRIQUE NORD
PÉRIPHÉRIQUE OUEST
PÉRIPHÉRIQUE SUD
Bois de Boulogne
Hippodrome de Longchamp
Hippodrome d'Auteuil
Pl. de la Concorde
Tour Eiffel
Invalides
École Militaire
Luxembourg
Panthéon
Gare Montparnasse
Pl. Denfert-Rochereau
LA MALMAISON
LA CELLE-ST-CLOUD
Hippodrome St-Cloud
Vaucresson
GARCHES
ST-CLOUD
Parc de St-Cloud
Manufre Natle de Sèvres
BOULOGNE-BILLANCOURT
Stade du Parc des Princes
Héliport de Paris
ISSY-LES-MOULINEAUX
VANVES
MALAKOFF
Marnes-la-Coquette
VILLE-D'AVRAY
SÈVRES
BELLEVUE
BAS MEUDON
LES BRUYÈRES
VERSAILLES
MEUDON
LE VAL
LA FOURCHE
CHÂTILLON
MONTROUGE
GENTILLY
CHAVILLE
Forêt de Meudon
L'URSINE
Bois de Clamart
CLAMART
ARCUEIL
BAGNEUX
VIROFLAY
FONTENAY-AUX-ROSES
CACHAN
VÉLIZY-VILLACOUBLAY
LE PLESSIS-ROBINSON
L'HAY-LES-ROSES
SCEAUX
Aérodrome de Villacoublay
Parc de Sceaux
CHATENAY-MALABRY
BOURG-LA-REINE
Vauboyen
Bièvres
Forêt de Verrières
ANTONY
FRESNES
le Val d'Albian
Villeras
VERRIÈRES-LES-BUISSON
IGNY
Rungis
Favreuse
Vauhallan
SACLAY
GOMMONVILLIERS
MASSY
Wissous
Abbaye de St-Louis du Temple
LE PILEU
Aéroport Paris-Orly
la Martinière
École Polytechnique
PALAISEAU
LES CHAMPARTS
CHILLY-MAZARIN
ORSAY
Champlan
Villebon-sur-Yvette
MORANGIS
LE PARC
Bures-s.-Y.
COURTABŒUF
Villiers
Saulxier
Saulx-les-Chartreux
LONGJUMEAU
GRAVIGNY
LES ULIS
MONDÉTOUR
Villejust
Ballainvilliers
Epinay-sur-Orge
AUTOROUTE L'AQUITAINE
A11 AUTOROUTE L'OCÉANE
AUTOROUTE DU SOLEIL
A10 Orléans, Bordeaux
A11 Le Mans, Nantes
210
20 Montlhéry, Étampes
A6 Lyon
35 Chartres
218

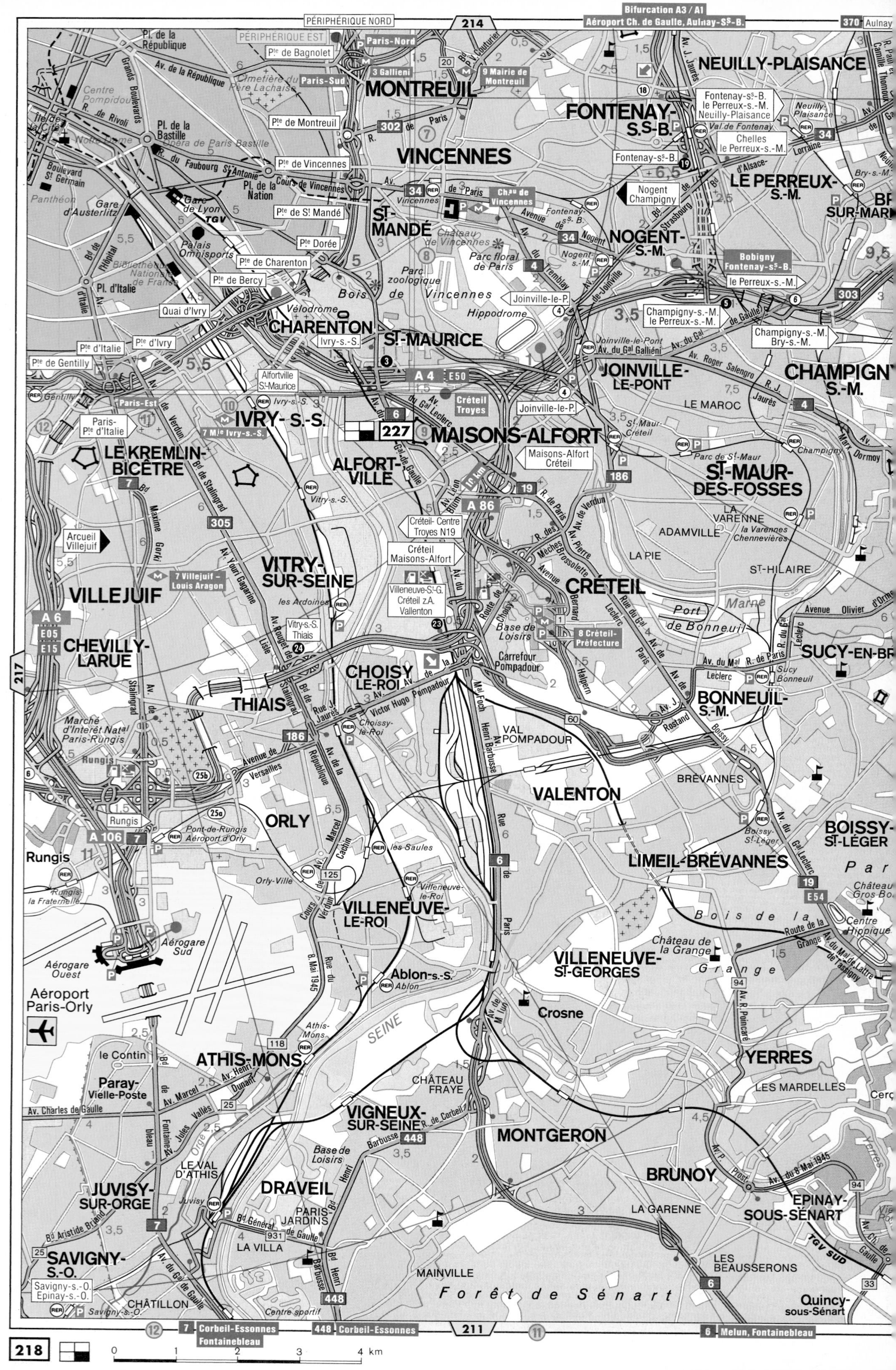
PÉRIPHÉRIQUE NORD
214
Bifurcation A3 / A1
Aéroport Ch. de Gaulle, Aulnay-Ss-B.
370
Aulnay
MONTREUIL
FONTENAY-S.S-B.
NEUILLY-PLAISANCE
VINCENNES
LE PERREUX-S.-M.
ST-MANDÉ
NOGENT-S.-M.
CHARENTON
ST-MAURICE
JOINVILLE-LE-PONT
CHAMPIGNY-S.-M.
IVRY-S.-S.
MAISONS-ALFORT
ALFORT-VILLE
LE KREMLIN-BICÊTRE
ST-MAUR-DES-FOSSES
VITRY-SUR-SEINE
VILLEJUIF
CRÉTEIL
CHEVILLY-LARUE
SUCY-EN-BRIE
CHOISY-LE-ROI
THIAIS
BONNEUIL-S.-M.
VALENTON
ORLY
BOISSY-ST-LÉGER
LIMEIL-BRÉVANNES
VILLENEUVE-LE-ROI
VILLENEUVE-ST-GEORGES
Aéroport Paris-Orly
Crosne
ATHIS-MONS
YERRES
VIGNEUX-SUR-SEINE
MONTGERON
BRUNOY
JUVISY-SUR-ORGE
DRAVEIL
EPINAY-SOUS-SÉNART
SAVIGNY-S.-O.
Forêt de Sénart
217
211
Corbeil-Essonnes Fontainebleau
448 Corbeil-Essonnes
6 Melun, Fontainebleau
0 1 2 3 4 km

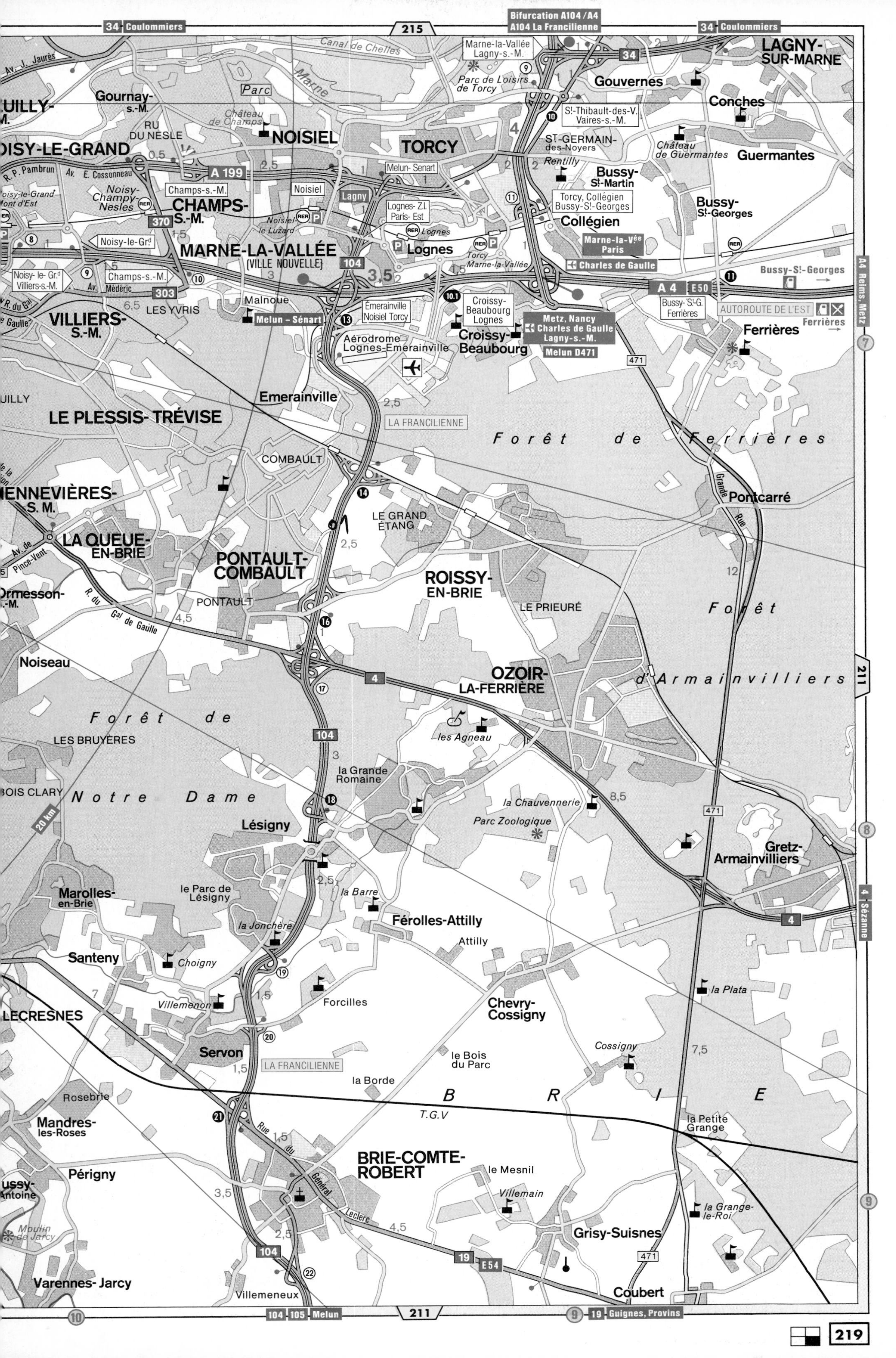

34 Coulommiers
215
Bifurcation A104 / A4
A104 La Francilienne
LAGNY-SUR-MARNE
Gouvernes
Conches
Guermantes
Bussy-St-Martin
Bussy-St-Georges
Collégien
Ferrières
Pontcarré
NOISIEL
TORCY
CHAMPS-S.-M.
MARNE-LA-VALLÉE
(VILLE NOUVELLE)
NOISY-LE-GRAND
Gournay-s.-M.
VILLIERS-S.-M.
LE PLESSIS-TRÉVISE
Emerainville
Lognes
Croissy-Beaubourg
Forêt de Ferrières
LA QUEUE-EN-BRIE
PONTAULT-COMBAULT
ROISSY-EN-BRIE
OZOIR-LA-FERRIÈRE
Forêt d'Armainvilliers
Forêt de Notre Dame
Lésigny
Gretz-Armainvilliers
Férolles-Attilly
Marolles-en-Brie
Santeny
Chevry-Cossigny
Servon
LECRESNES
Mandres-les-Roses
Périgny
BRIE-COMTE-ROBERT
Grisy-Suisnes
Varennes-Jarcy
Coubert
B R I E
T.G.V
104 105 Melun
211
19 Guignes, Provins

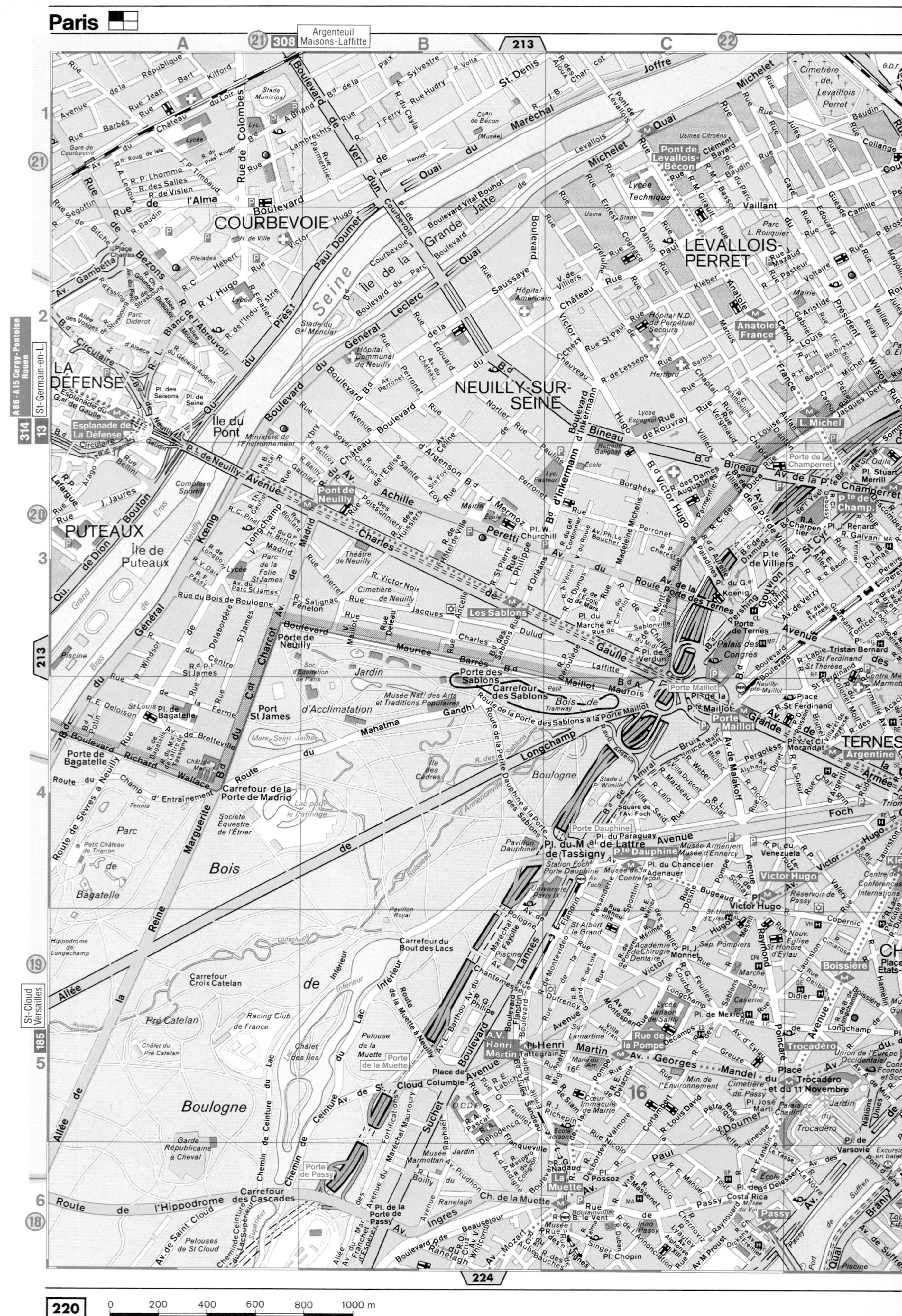

A   B   C

COURBEVOIE

LEVALLOIS-PERRET

LA DÉFENSE

NEUILLY-SUR-SEINE

PUTEAUX

Île de Puteaux

Bois de Boulogne

TERNES

Porte Maillot

Bois

de

Boulogne

Bagatelle

Parc

de

Bagatelle

Pré Catelan

Racing Club de France

Victor Hugo

Trocadéro

16

La Muette

Passy

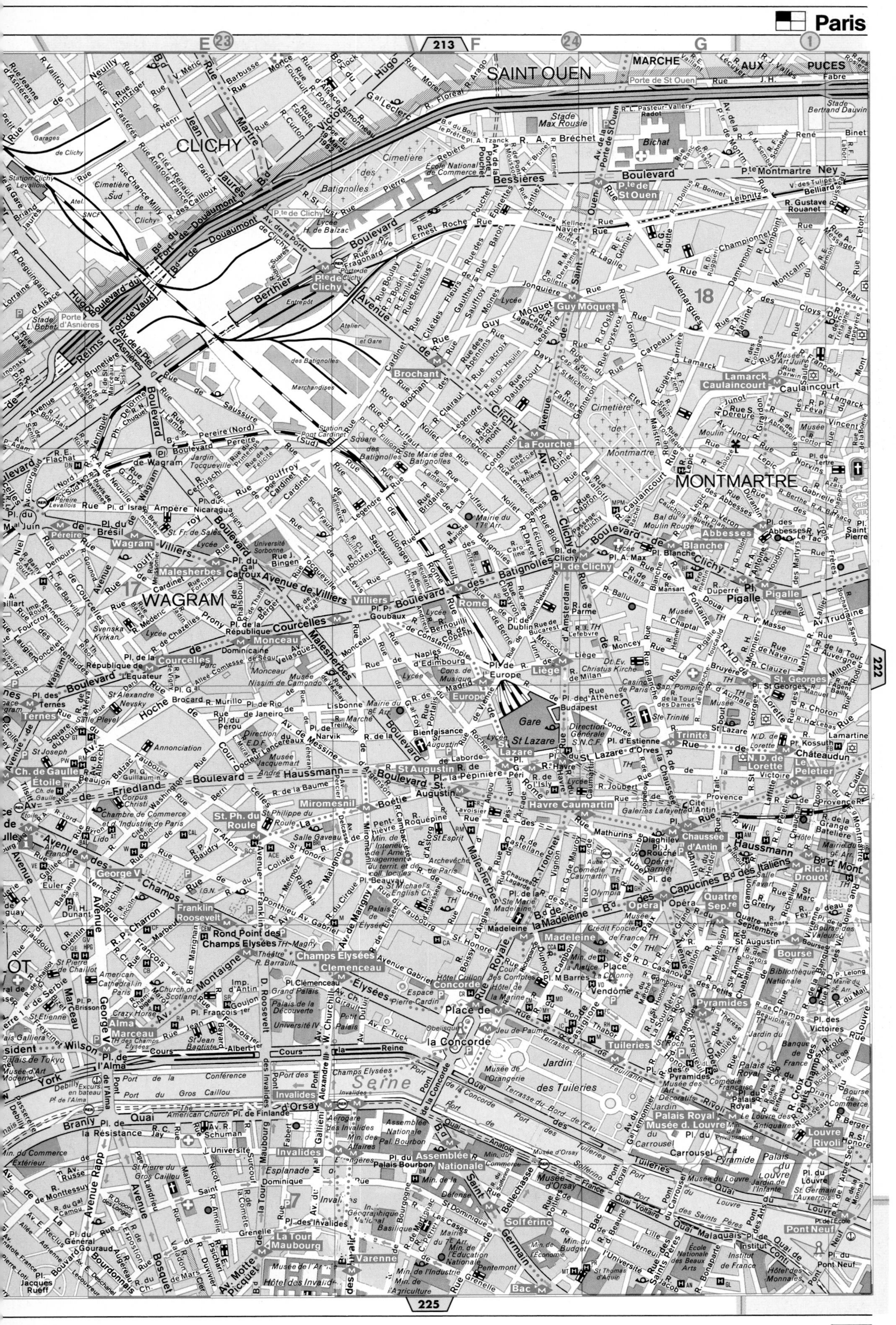

213
E
F
G
23
24
1
SAINT OUEN
MARCHE AUX PUCES
CLICHY
MONTMARTRE
WAGRAM
18
17
8
7
Porte de St Ouen
Stade Max Rousie
Bichat
Stade Bertrand Dauvin
Cimetière des Batignolles
Cimetière de Montmartre
Pte de Clichy
Porte d'Asnières
Brochant
Guy Môquet
La Fourche
Lamarck Caulaincourt
Abbesses
Blanche
Pigalle
Pl. de Clichy
Rome
Villiers
Malesherbes
Wagram
Pereire
Monceau
Courcelles
Ternes
Ch. de Gaulle Étoile
George V
Franklin Roosevelt
Miromesnil
St. Ph. du Roule
St Augustin
Europe
Liège
Gare St Lazare
St Lazare
Havre Caumartin
Trinité
St Georges
N. D. de Lorette
Le Peletier
Chaussée d'Antin
Opéra
Quatre Sep.re
Rich. Drouot
Bourse
Madeleine
Concorde
Champs Elysées Clemenceau
Alma Marceau
Invalides
Assemblée Nationale
Solférino
Tuileries
Pyramides
Palais Royal Musée d. Louvre
Louvre Rivoli
Pont Neuf
La Tour Maubourg
Varenne
Bac
Seine
Jardin des Tuileries
Place de la Concorde
Boulevard Haussmann
Boulevard des Batignolles
Avenue de Villiers
Avenue des Champs Elysées
222
225

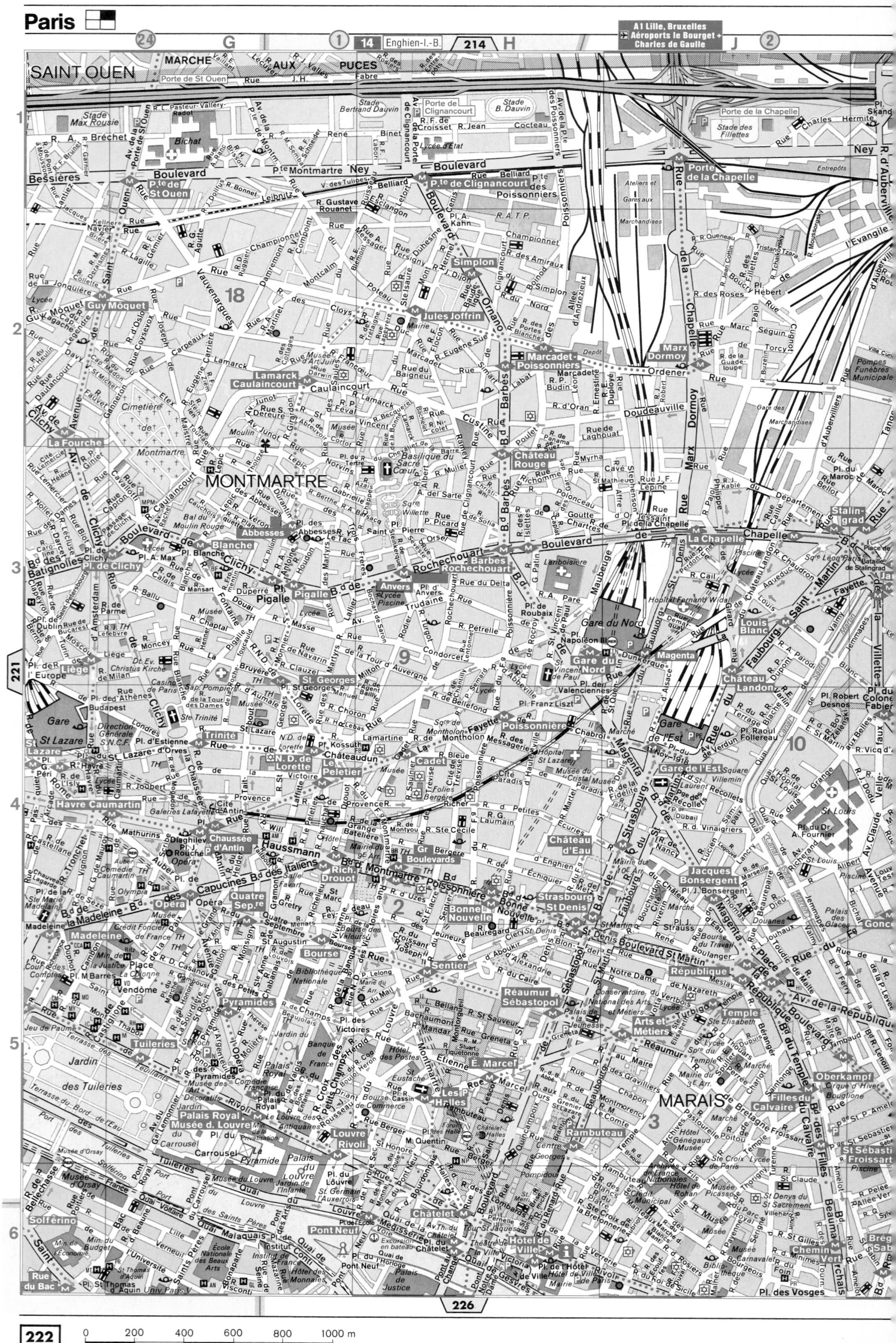
24
G
1
14 Enghien-l.-B.
214
H
A1 Lille, Bruxelles
Aéroports le Bourget + Charles de Gaulle
J
2
SAINT OUEN
MARCHE AUX PUCES
Porte de St Ouen
Stade Bertrand Dauvin
Porte de Clignancourt
Stade B. Dauvin
Porte de la Chapelle
Stade des Fillettes
Stade Max Rousié
Bichat
Lycée d'Etat
Boulevard
Ney
Bessières
P.te de St Ouen
P.te Montmartre
P.te de Clignancourt
Porte de la Chapelle
Entrepôts
Poissonniers
R.A.T.P.
Ateliers et Gares aux Marchandises
Simplon
Guy Môquet
18
Jules Joffrin
Mairie
Marcadet-Poissonniers
Marx Dormoy
Lamarck Caulaincourt
Caulaincourt
Cimetière du Nord
Ordener
Doudeauville
La Fourche
Montmartre
Basilique du Sacré Cœur
Château Rouge
MONTMARTRE
Abbesses
Blanche
Moulin Rouge
Pl. de Clichy
Pigalle
Anvers
Barbès Rochechouart
Boulevard de la Chapelle
La Chapelle
Lariboisière
Gare du Nord
Stalingrad
Liège
Europe
Gare St Lazare
St Lazare
St Georges
9
Poissonnière
Gare de l'Est
Louis Blanc
Château Landon
Magenta
10
Trinité
N. D. de Lorette
Le Peletier
Cadet
Havre Caumartin
Chaussée d'Antin
Haussmann
Galeries Lafayette
Opéra
Rich. Drouot
Gr Boulevards
Château d'Eau
Jacques Bonsergent
St Louis
Madeleine
Quatre Sep.re
Bourse
2
Bonne Nouvelle
Strasbourg St Denis
République
Sentier
Pyramides
Réaumur Sébastopol
Arts et Métiers
Temple
Tuileries
Jardin des Tuileries
Palais Royal
Bibliothèque Nationale
Banque de France
E. Marcel
Oberkampf
Filles du Calvaire
MARAIS
3
Les Halles
Palais Royal Musée d. Louvre
Louvre Rivoli
Rambuteau
Musée d'Orsay
Solférino
Musée du Louvre
Châtelet
St Sébastien Froissart
Pont Neuf
Hôtel de Ville
Chemin Vert
Rue du Bac
Palais de Justice
Pl. des Vosges
221
226
1
2
3
4
5
6

0 200 400 600 800 1000 m

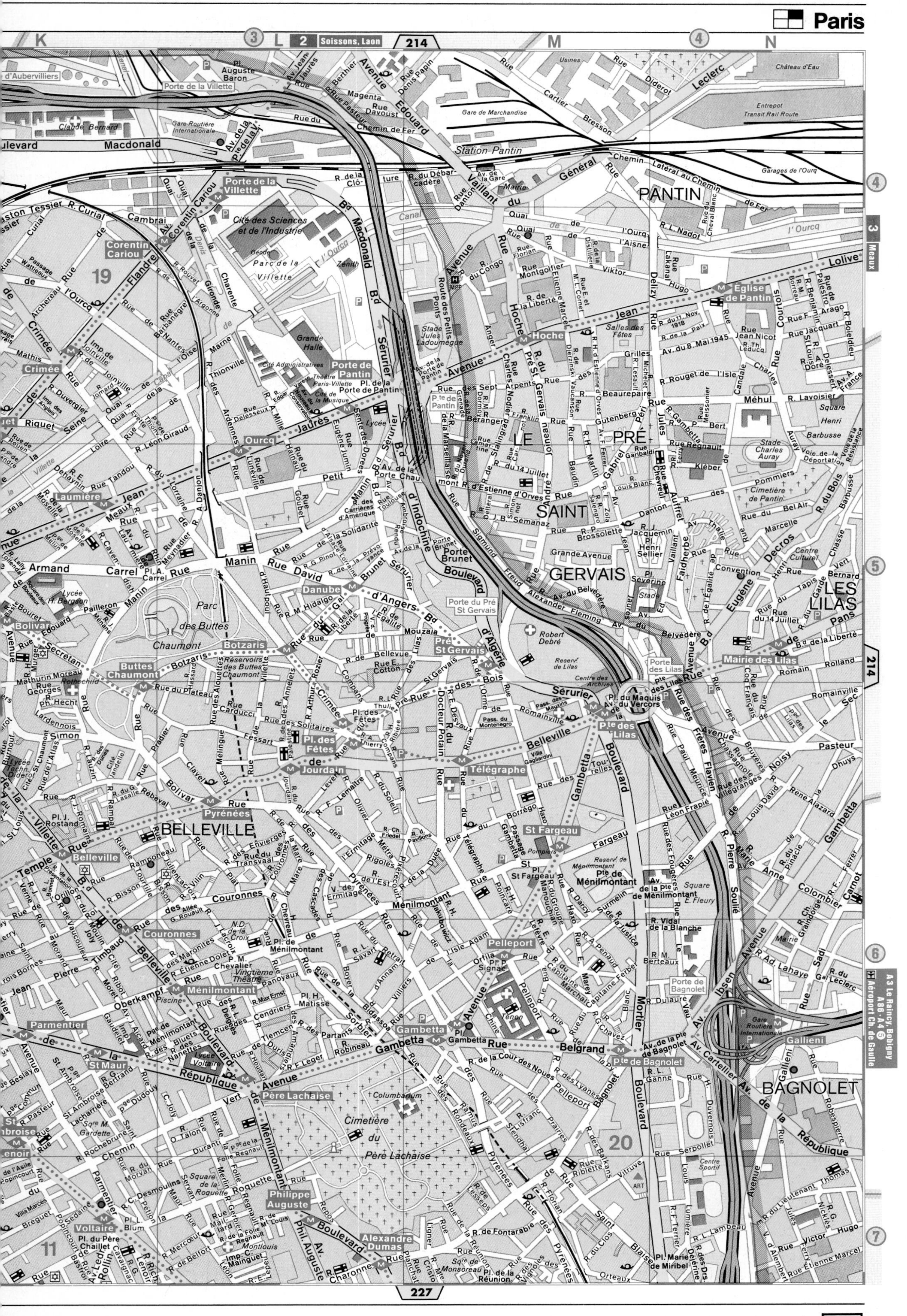
PANTIN
LE PRÉ SAINT GERVAIS
LES LILAS
BELLEVILLE
BAGNOLET
19
20
11
Cité des Sciences et de l'Industrie
Parc de la Villette
Parc des Buttes Chaumont
Cimetière du Père Lachaise
Porte de la Villette
Porte de Pantin
Porte du Pré St Gervais
Porte des Lilas
Porte de Bagnolet
Boulevard Macdonald
Bd Sérurier
Boulevard d'Indochine
Boulevard Mortier
Avenue Jean Jaurès
Rue de Belleville
Rue de Ménilmontant
Avenue Gambetta
Boulevard de Belleville
Boulevard de Ménilmontant
Avenue de la République
Station Pantin
Robert Debré
Tenon
Soissons, Laon
Meaux
A3 Le Raincy, Bobigny A86 · A4 Aéroport Ch. de Gaulle
214
227

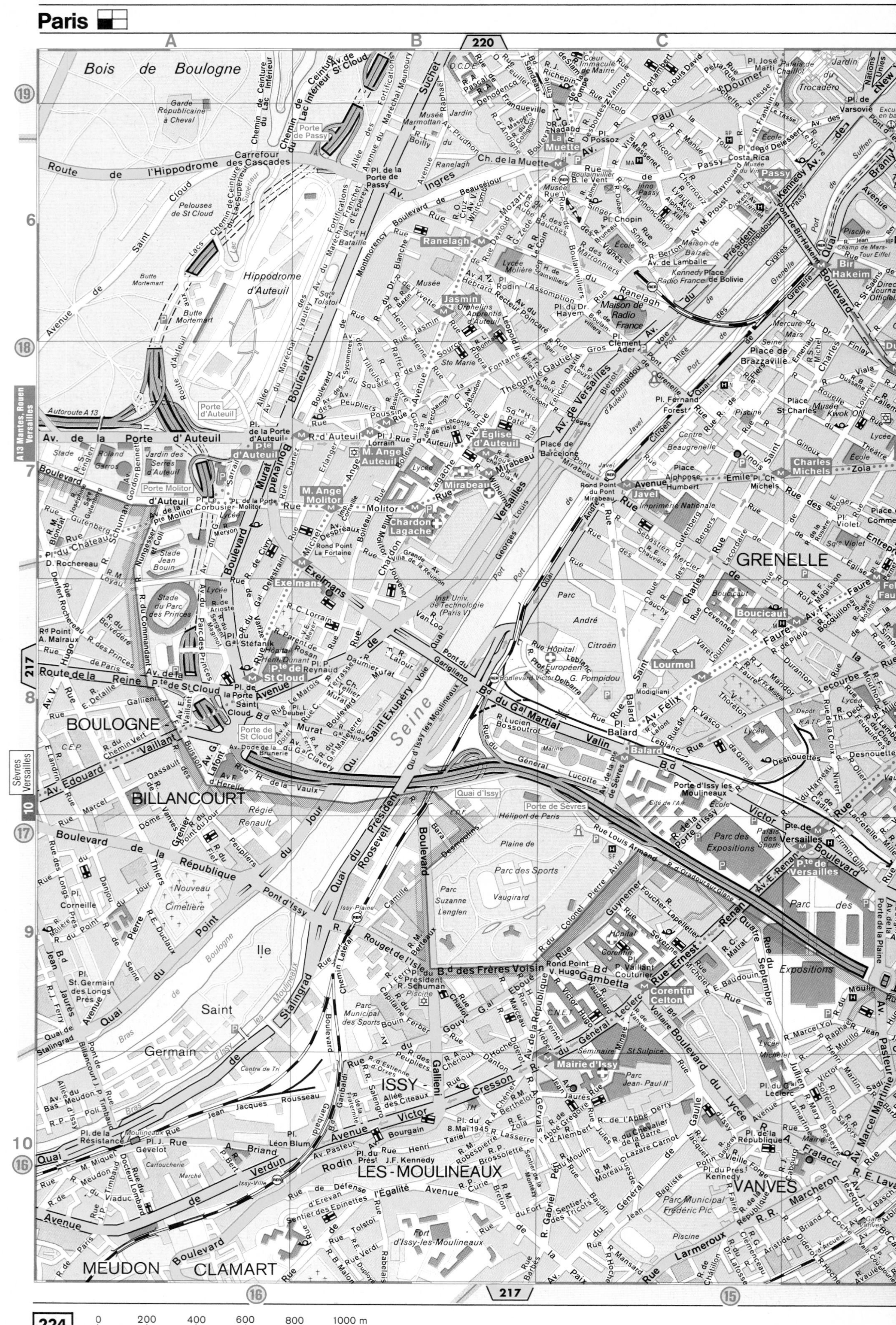
Bois de Boulogne
Hippodrome d'Auteuil
BOULOGNE-BILLANCOURT
GRENELLE
ISSY-LES-MOULINEAUX
VANVES
MEUDON
CLAMART
Seine
Parc des Sports
Parc des Expositions
Ile Saint Germain
Maison de Radio France
Stade du Parc des Princes
Route de l'Hippodrome
Boulevard de la République
Quai du Président Roosevelt
Boulevard Victor
Rue de Vaugirard
Av. de Versailles
Av. de la Porte d'Auteuil
220
217
224
0 200 400 600 800 1000 m

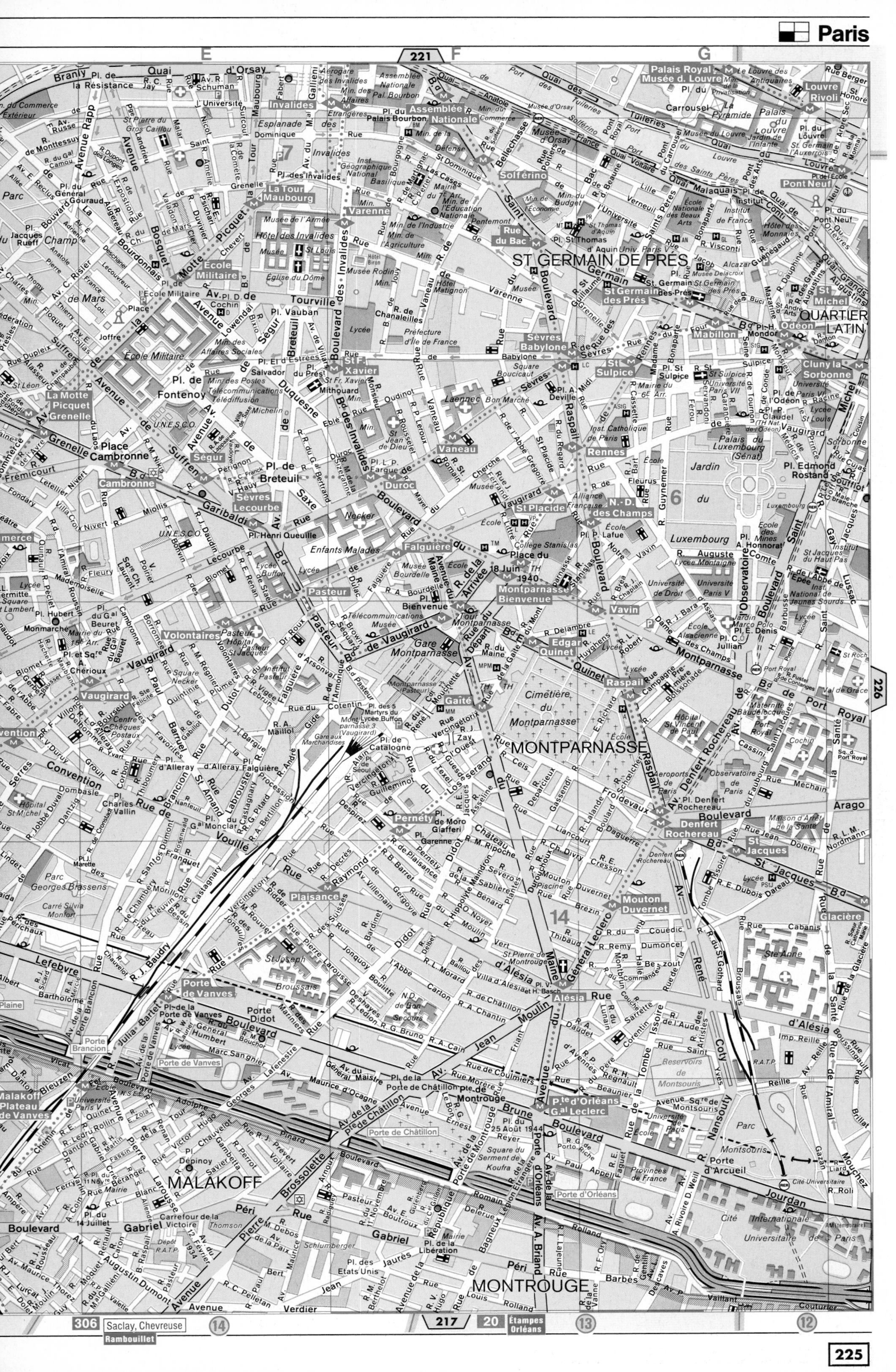
E
221
F
G
Quai d'Orsay
Invalides
Assemblée Nationale
Palais Royal Musée d. Louvre
Louvre Rivoli
Tuileries
Musée d'Orsay
Solférino
La Tour Maubourg
Varenne
Rue du Bac
Pont Neuf
Musée de l'Armée
Hôtel des Invalides
École Militaire
ST GERMAIN DE PRÉS
St Germain des Prés
St Michel
QUARTIER LATIN
Odéon
Mabillon
Sèvres Babylone
St F. Xavier
École Militaire
St Sulpice
Cluny la Sorbonne
La Motte Picquet Grenelle
Place Cambronne
Ségur
Vaneau
Rennes
Cambronne
Duroc
Sèvres Lecourbe
St Placide
N.-D. des Champs
Jardin du Luxembourg
Falguière
Pasteur
Place du 18 Juin 1940
Montparnasse Bienvenue
Vavin
Gare Montparnasse
Volontaires
Edgar Quinet
Raspail
Vaugirard
Gaîté
Cimetière du Montparnasse
MONTPARNASSE
Convention
Port Royal
Denfert Rochereau
Pernety
Plaisance
Mouton Duvernet
St Jacques
Glacière
Parc Georges Brassens
Porte de Vanves
Alésia
Pte d'Orléans G.al Leclerc
Porte de Châtillon
Porte d'Orléans
Porte Brancion
Malakoff Plateau de Vanves
MALAKOFF
MONTROUGE
Réservoirs de Montsouris
Parc Montsouris
Cité Internationale Universitaire de Paris
226
306
Saclay, Chevreuse
Rambouillet
14
217
20
Étampes Orléans
13
12

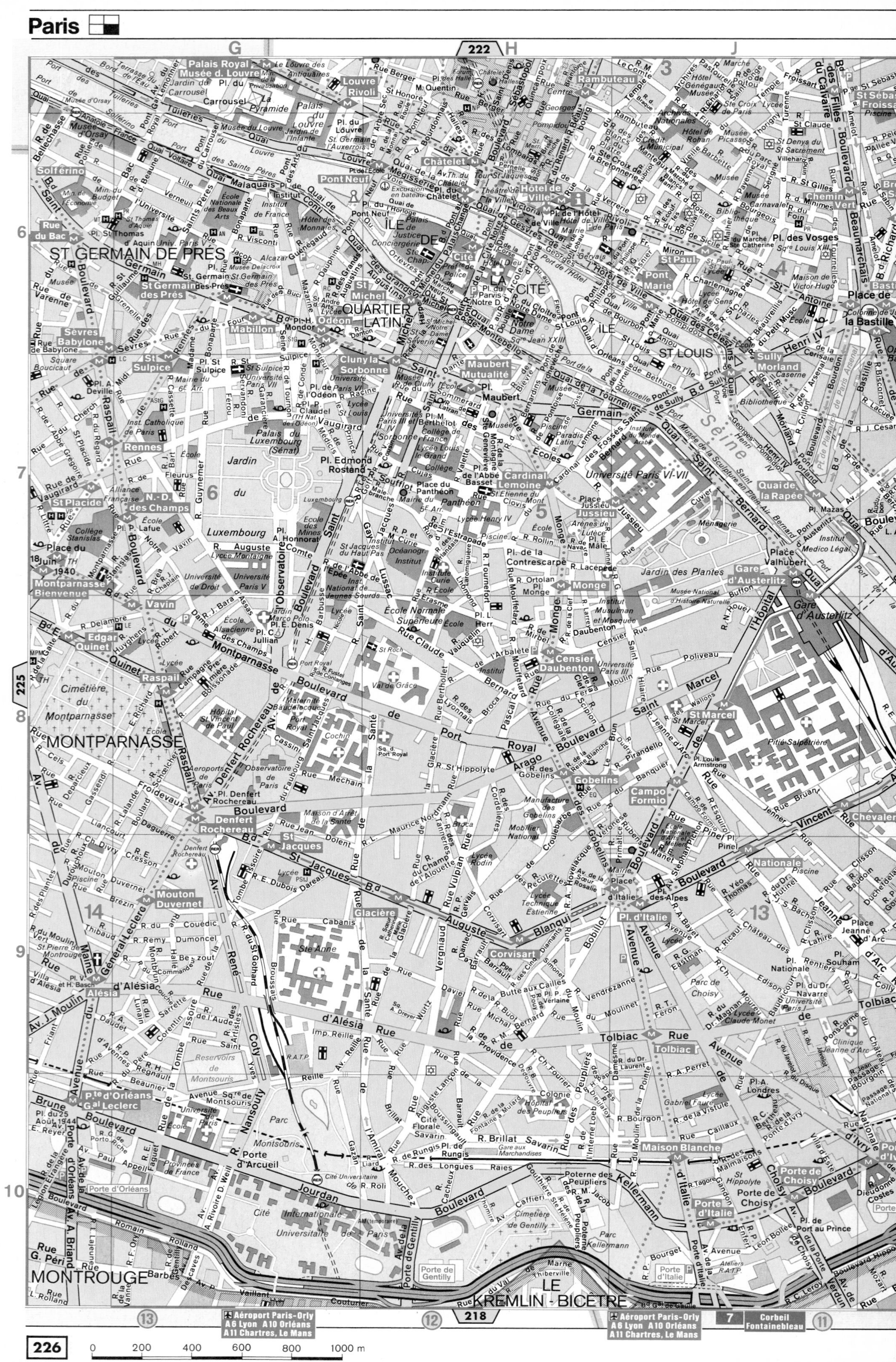
G
H
J
222
225
218
6
7
8
9
10
ST GERMAIN DE PRÉS
QUARTIER LATIN
ÎLE DE LA CITÉ
ÎLE ST LOUIS
MONTPARNASSE
MONTROUGE
LE KREMLIN - BICÊTRE
Seine
Palais Royal Musée d. Louvre
Louvre Rivoli
Rambuteau
Châtelet
Pont Neuf
Hôtel de Ville
St Paul
Pont Marie
Solférino
Rue du Bac
St Germain des Prés
Mabillon
Odéon
St Michel
Cluny la Sorbonne
Maubert Mutualité
Sully Morland
Sèvres Babylone
St Sulpice
Rennes
St Placide
N.-D. des Champs
Montparnasse Bienvenue
Vavin
Edgar Quinet
Raspail
Cardinal Lemoine
Jussieu
Place Monge
Censier Daubenton
Gare d'Austerlitz
Quai de la Rapée
St Marcel
Gobelins
Campo Formio
Denfert Rochereau
St Jacques
Glacière
Corvisart
Pl. d'Italie
Nationale
Tolbiac
Maison Blanche
Porte d'Italie
Porte de Choisy
Mouton Duvernet
Alésia
P.te d'Orléans G.al Leclerc
Chemin Vert
Jardin du Luxembourg
Jardin des Plantes
Cimetière du Montparnasse
Université Paris VI-VII
Parc Montsouris
Cité Internationale Universitaire de Paris
Pitié-Salpêtrière
Aéroport Paris-Orly
A6 Lyon A10 Orléans
A11 Chartres, Le Mans
Corbeil Fontainebleau

0 200 400 600 800 1000 m

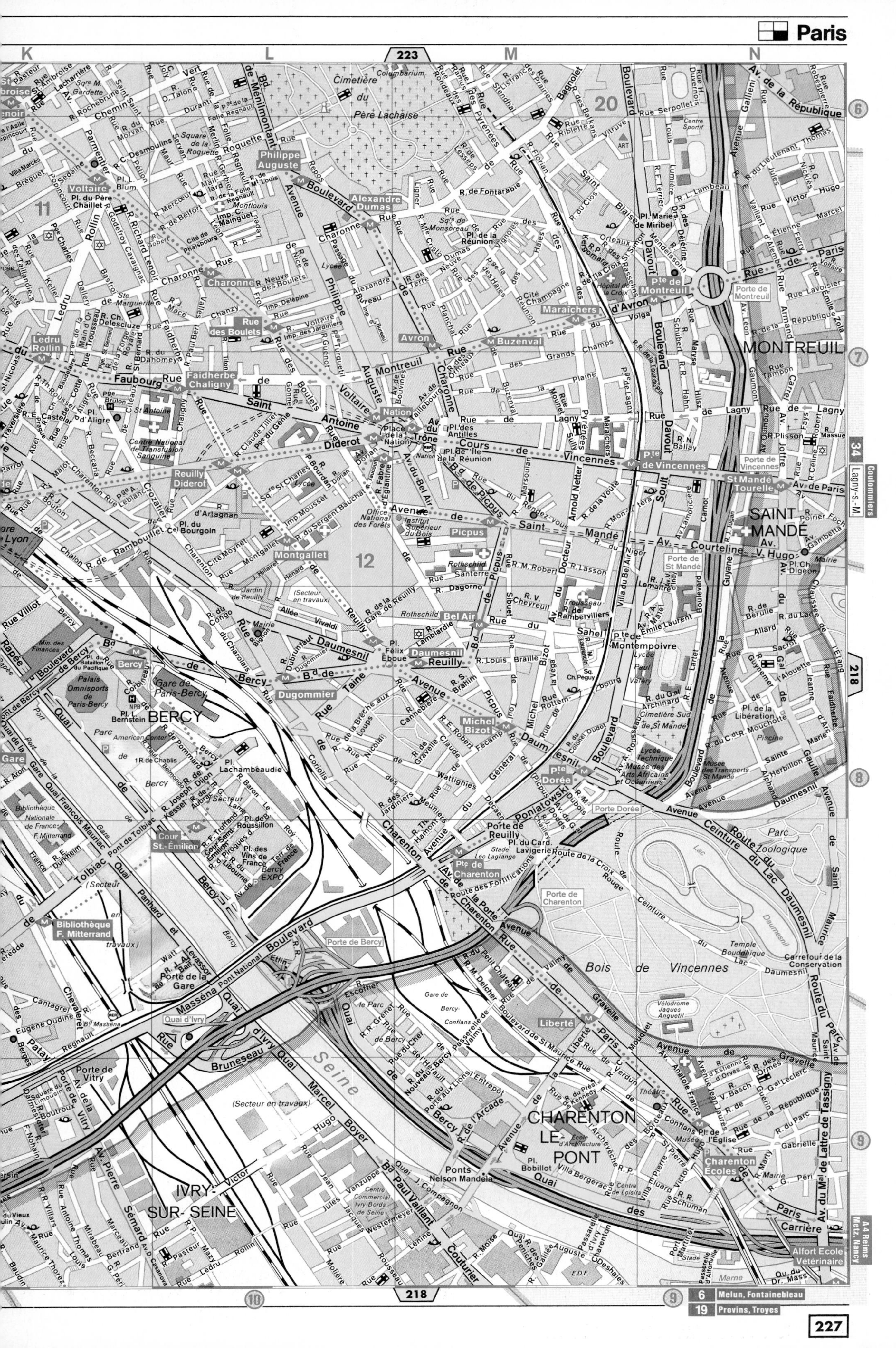
K
L
M
N
223
218
Cimetière du Père Lachaise
20
11
12
MONTREUIL
SAINT MANDÉ
BERCY
CHARENTON LE-PONT
IVRY-SUR-SEINE
Bois de Vincennes
Seine
Marne
Philippe Auguste
Voltaire
Alexandre Dumas
Charonne
Rue des Boulets
Avron
Buzenval
Maraîchers
Pte de Montreuil
Ledru Rollin
Faidherbe Chaligny
Nation
Reuilly Diderot
Pte de Vincennes
St Mandé Tourelle
Picpus
Montgallet
Bel Air
Daumesnil
Michel Bizot
Dugommier
Pte Dorée
Bercy
Cour St.-Émilion
Bibliothèque F. Mitterrand
Pte de Charenton
Liberté
Charenton Écoles
Alfort Ecole Vétérinaire
Gare de Lyon
Gare de Paris-Bercy
Palais Omnisports de Paris-Bercy
Porte de Montreuil
Porte de Vincennes
Porte de St Mandé
Porte Dorée
Porte de Charenton
Porte de Bercy
Porte de Vitry
Porte de Reuilly
Porte de la Gare
Quai d'Ivry
Parc Zoologique
Lac Daumesnil
Temple Bouddhique
Vélodrome Jacques Anquetil
Musée des Arts Africains et Océaniens
Rue de Lagny
Cours de Vincennes
Avenue Daumesnil
Boulevard de Bercy
Boulevard Poniatowski
Rue de Charenton
Rue du Faubourg Saint Antoine
Boulevard Diderot
Avenue de la République
Quai de Bercy
Boulevard Masséna
Rue de Paris
Lagny-s.-M.
34
Coulommiers
A 4 Reims Metz, Nancy
6 Melun, Fontainebleau
19 Provins, Troyes
6
7
8
9
10

Plans de villes · Stadsplattegronden · Piante di città · Planos de ciudades
Citypläne · City maps · Stadskartor · Plany miast
Légende · Legenda · Segni convenzionali · Signos convencionales
Zeichenerklärung · Legend · Teckenförklaring · Objaśnienia znaków
1:20.000

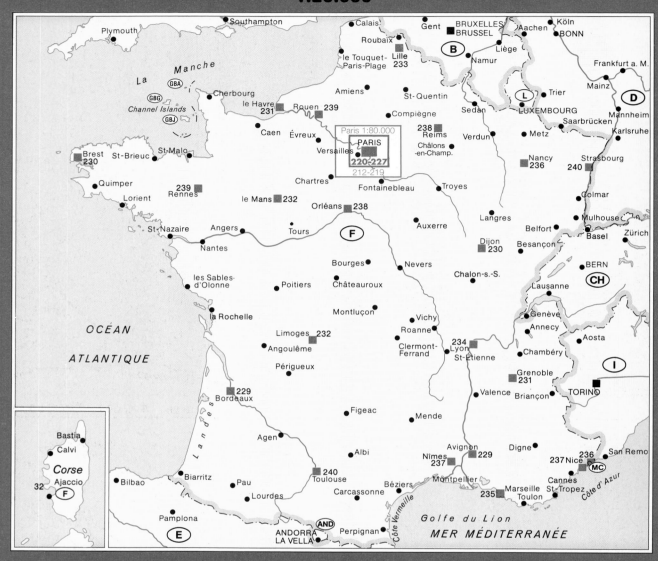

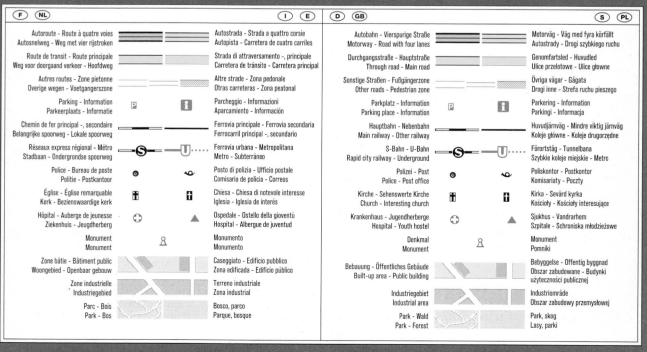

F NL			I E	D GB			S PL
Autoroute - Route à quatre voies			Autostrada - Strada a quattro corsie	Autobahn - Vierspurige Straße			Motorväg - Väg med fyra körfällt
Autosnelweg - Weg met vier rijstroken			Autopista - Carretera de cuatro carriles	Motorway - Road with four lanes			Autostrady - Drogi szybkiego ruchu
Route de transit - Route principale			Strada di attraversamento -, principale	Durchgangsstraße - Hauptstraße			Genomfartsled - Huvudled
Weg voor doorgaand verkeer - Hoofdweg			Carretera de tránsito - Carretera principal	Through road - Main road			Ulice przelotowe - Ulice główne
Autres routes - Zone pietonne			Altre strade - Zona pedonale	Sonstige Straßen - Fußgängerzone			Övriga vägar - Gågata
Overige wegen - Voetgangerszone			Otras carreteras - Zona peatonal	Other roads - Pedestrian zone			Drogi inne - Strefa ruchu pieszego
Parking - Information	P	i	Parcheggio - Informazioni	Parkplatz - Information	P	i	Parkering - Information
Parkeerplaats - Informatie			Aparcamiento - Información	Parking place - Information			Parkingi - Informacja
Chemin de fer principal -, secondaire			Ferrovia principale - Ferrovia secondaria	Hauptbahn - Nebenbahn			Huvudjärnväg - Mindre viktig järnväg
Belangrijke spoorweg - Lokale spoorweg			Ferrocarril principal -, secundario	Main railway - Other railway			Koleje główne - Koleje drugorzędne
Réseaux express régional - Métro	S	U	Ferrovia urbana - Metropolitana	S-Bahn - U-Bahn	S	U	Förortståg - Tunnelbana
Stadbaan - Ondergrondse spoorweg			Metro - Subterráneo	Rapid city railway - Underground			Szybkie koleje miejskie - Metro
Police - Bureau de poste	◉	✉	Posto di polizia - Ufficio postale	Polizei - Post	◉	✉	Poliskontor - Postkontor
Politie - Postkantoor			Comisaria de policia - Correos	Police - Post office			Komisariaty - Poczty
Église - Église remarquable	✠	✝	Chiesa - Chiesa di notevole interesse	Kirche - Sehenswerte Kirche	✠	✝	Kirka - Sevärd kyrka
Kerk - Bezienswaardige kerk			Iglesia - Iglesia de interés	Church - Interesting church			Kościoły - Kościoły interesujące
Hôpital - Auberge de jeunesse	✚	▲	Ospedale - Ostello della gioventù	Krankenhaus - Jugendherberge	✚	▲	Sjukhus - Vandrarhem
Ziekenhuis - Jeugdherberg			Hospital - Albergue de juventud	Hospital - Youth hostel			Szpitale - Schroniska młodzieżowe
Monument	ᛤ		Monumento	Denkmal	ᛤ		Monument
Monument			Monumento	Monument			Pomniki
Zone bâtie - Bâtiment public			Caseggiato - Edificio pubblico	Bebauung - Öffentliches Gebäude			Bebyggelse - Offentlig byggnad
Woongebied - Openbaar gebouw			Zona edificada - Edificio público	Built-up area - Public building			Obszar zabudowane - Budynki użyteczności publicznej
Zone industrielle			Terreno industriale	Industriegebiet			Industriområde
Industriegebied			Zona industrial	Industrial area			Obszar zabudowy przemysłowej
Parc - Bois			Bosco, parco	Park - Wald			Park, skog
Park - Bos			Parque, bosque	Park - Forest			Lasy, parki

84 ☎ 04 F-84000 Avignon

0 250 500M

Nîmes, Alès — A7, Orange

Nîmes, Alès — A7, Orange — A7, Orange

A9, Nîmes

Tarascon, Arles — Tarascon, Arles

33 ☎ 05 F-33000 Bordeaux

0 500 1000 M

D1 Pointe-de-Grave — A 62

D 6 Lacanau-Océan — N 89 Libourne

D 106 Cap Ferret, Aéroport Bordeaux-Mérignac — D 936 Castillon, D 10 Langon

N 250 Arcachon — N 10 Dax — N 113 Langon

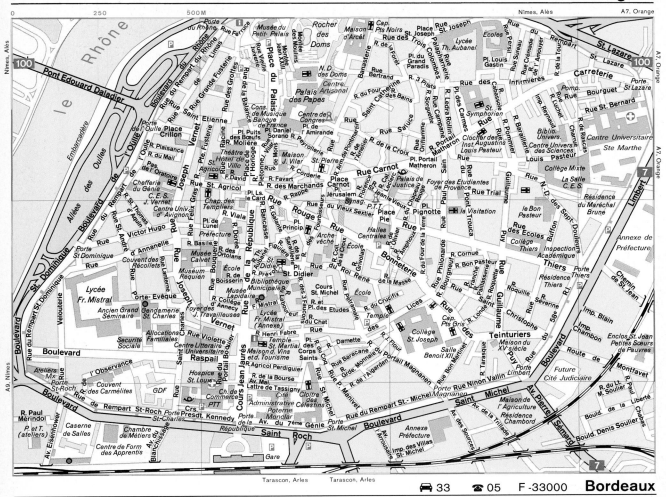

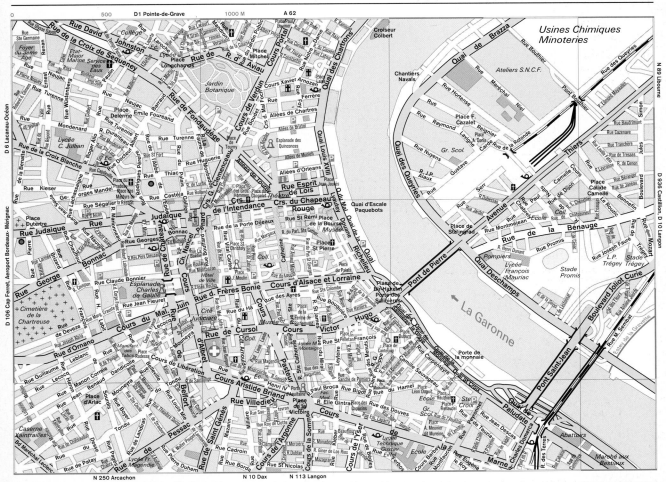

Brest F-29200 ☎02 🚗29

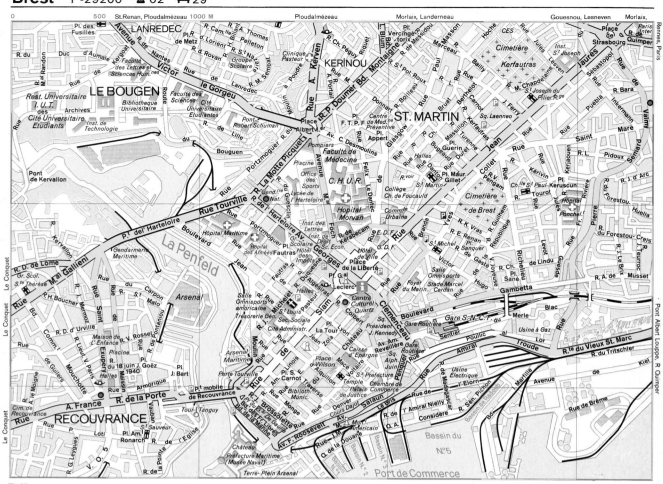

Dijon F-21000 ☎03 🚗21

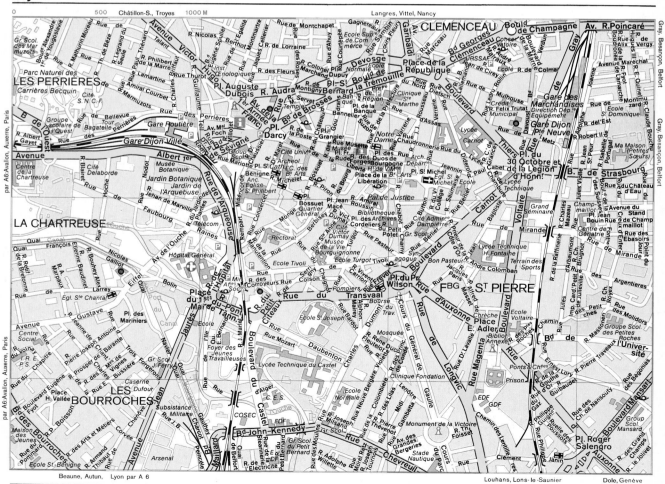

38 04 F-38000 Grenoble

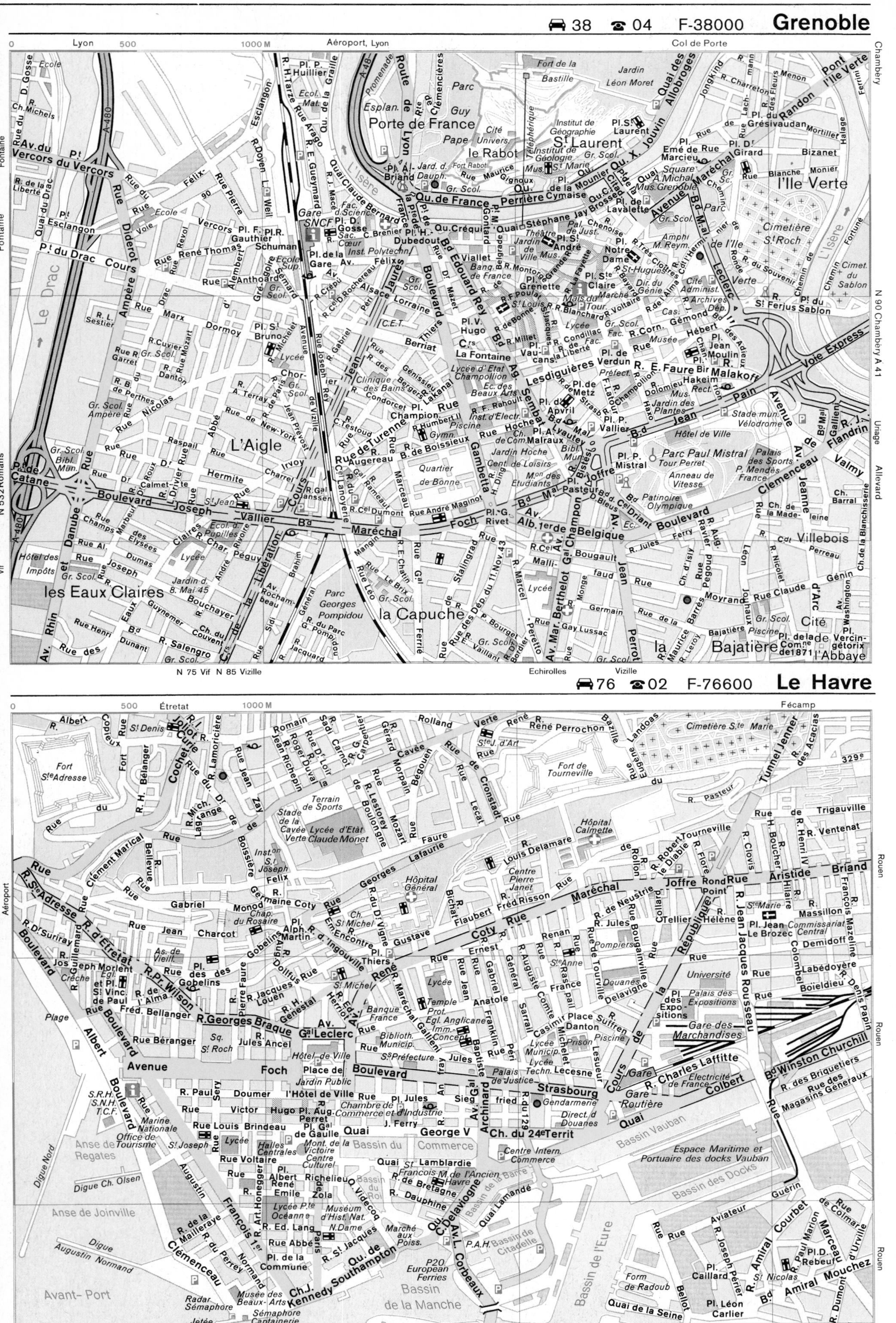

Lyon
Aéroport, Lyon
Col de Porte
Chambéry
Fontaine
N 532 Romans
Vif
N 90 Chambéry A 41
Uriage
Allevard
N 75 Vif N 85 Vizille
Echirolles
Vizille
Porte de France
St Laurent
le Rabot
l'Ile Verte
Fort de la Bastille
Cimetière St Roch
L'Aigle
les Eaux Claires
la Capuche
la Bajatière
Villebois
Cité de l'Abbaye
Le Drac
L'Isère
Gare SNCF
Parc Paul Mistral
Hôtel de Ville
Boulevard Joseph Vallier
Bd Maréchal Foch
Cours Jean Jaurès
Boulevard Edouard Rey
Cours de la Libération
Quai Stéphane Jay
Voie Express
Étretat
Fécamp
Aéroport
Rouen
Fort Ste Adresse
Fort de Tourneville
Cimetière Ste Marie
Tunnel Jenner
Hôpital Général
Hôpital Calmette
Avenue Foch
Boulevard de Strasbourg
Rue Aristide Briand
Bassin du Commerce
Bassin Vauban
Bassin des Docks
Bassin de la Manche
Bassin de l'Eure
Anse de Regates
Anse de Joinville
Avant- Port
Digue Nord
Gare des Marchandises
Gare Routière
Espace Maritime et Portuaire des docks Vauban
Office de Tourisme
Musée des Beaux- Arts

76 02 F-76600 Le Havre

Le Mans F-72000 ☎ 02 🚗 72

0 500 1000 M

Sillé-le-Guillaume Alençon

Mortagne

Laval

Laval, Rennes

Orléans, Chartres

Sablé-s-Sarthe Tours

La Suze-sur-Sarthe

Tours

Limoges F-87000 ☎ 05 🚗 87

0 1000 M

Poitiers, Tours

Chateauroux

Chateauroux, Paris

Angoulême, Niort

Aubusson

Guéret Brive-la-Gaillarde

Perigueux

Perigueux

Tulle, Brive-la-Gaillarde

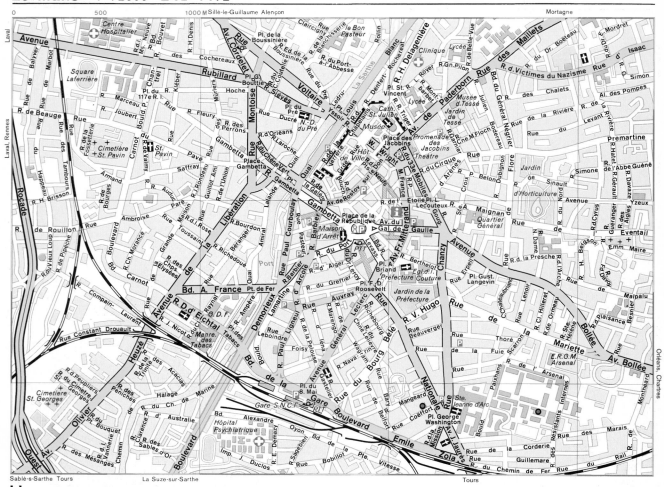

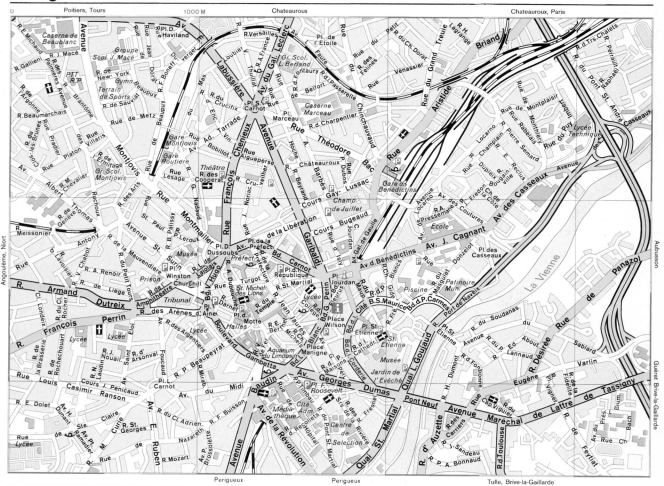

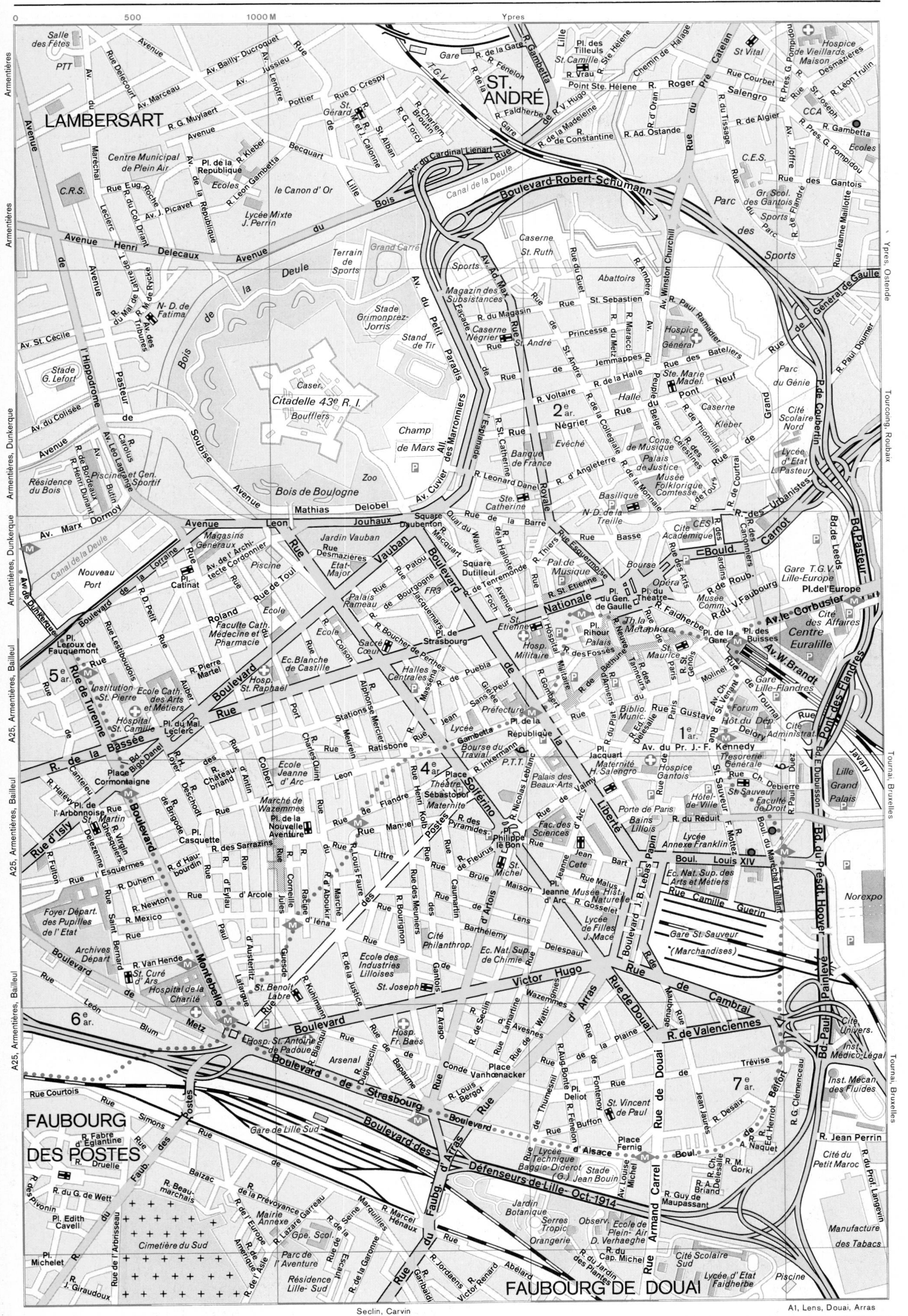
0
500
1000 M
Ypres
Armentières
Ypres, Ostende
Tourcoing, Roubaix
Tournai, Bruxelles
Seclin, Carvin
A1, Lens, Douai, Arras
A25, Armentières, Bailleul
Armentières, Dunkerque
LAMBERSART
ST. ANDRÉ
FAUBOURG DES POSTES
FAUBOURG DE DOUAI
Salle des Fêtes
PTT
C.R.S.
Centre Municipal de Plein Air
Pl. de la République
Ecoles
le Canon d' Or
Lycée Mixte J. Perrin
Avenue Henri Delecaux
Canal de la Deule
Boulevard Robert-Schumann
Av. du Cardinal Lienart
Gare
T.G.V.
Pl. des Tilleuls
St. Camille
Point Ste. Hélene
Chemin de Halage
St Vital
Hospice de Vieillards Maison
CCA
C.E.S.
Gr. Scol. des Gantois
Sports
Parc des Sports
Caserne St. Ruth
Abattoirs
Terrain de Sports
Grand Carré
Stade Grimonprez-Jorris
Stand de Tir
Magazin des Subsistances
Caserne Négrier
Hospice Général
Citadelle 43e R. I.
Caser. Boufflers
Bois de la Deule
Champ de Mars
Zoo
Bois de Boulogne
N-D. de Fatima
Stade G. Lefort
Résidence du Bois
Piscine et Cen. Sportif
Parc du Génie
Cité Scolaire Nord
Lycée d'Etat L. Pasteur
Caserne Kléber
Halle
Evêché
Banque de France
Palais de Justice
Musée Folklorique Comtesse
Basilique N-D. de la Treille
Ste. Catherine
2e ar.
Jardin Vauban
Magasins Généraux
Nouveau Port
Piscine
Etat-Major
Palais Rameau
FR3
Pal. de Musique
Bourse
Opéra
Cité Académique
CES
Musée Comm.
Gare T.G.V. Lille-Europe
Pl. del'Europe
Cité des Affaires
Centre Euralille
Av. le Corbusier
Av. W. Brandt
Gare Lille-Flandres
Forum
Hôt. du Dép.
Cité Administrat.
Lille Grand Palais
Norexpo
Faculte Cath. Médecine et Pharmacie
Ecole
Sacré Cœur
Ec. Blanche de Castille
Hosp. St. Raphaël
Institution St. Pierre
Ecole Cath. des Arts et Métiers
Hôpital St. Camille
5e ar.
Halles Centrales
Préfecture
Pl. de Strasbourg
Hosp. Militaire
Pl. Rihour
Palais
Th. la Métaphore
Pl. du Théatre
Pl. du Gen. de Gaulle
St. Etienne
St. Maurice
Biblio. Munic.
1er ar.
Pl. de la République
Lycée Gambetta
Bourse du Travail
P.T.T.
4e ar.
Place du Théatre Sébastopol
Maternité
Palais des Beaux-Arts
Fac. des Sciences
Hospice Gantois
Trésorerie Générale
St Sauveur
Faculté de Droit
Hôtel-de-Ville
Porte de Paris
Bains Lillois
Lycée Annexe Franklin
Ec. Nat. Sup. des Arts et Métiers
Gare St. Sauveur (Marchandises)
Ecole Jeanne d' Arc
Marché de Wazemmes
Pl. de la Nouvelle Aventure
Place Cormontaigne
Pl. Casquette
Pl. Philippe le Bon
St. Michel
Pl. Jeanne d' Arc
Musée Hist. Naturelle
Lycée de Filles J. Macé
Cité Philanthrop.
Ec. Nat. Sup. de Chimie
Ecole des Industries Lilloises
St. Joseph
St. Benoît Labre
Foyer Départ. des Pupilles de l'Etat
Archives Départ.
St. Curé d'Ars
Hospital de la Charité
6e ar.
Hosp. St. Antoine de Padoue
Hosp. Fr. Baës
Arsenal
Place Vanhœnacker
Pl. Deliot
St. Vincent de Paul
7e ar.
Cité Univers.
Inst. Médico-Légal
Inst. Mécan. des Fluides
Boulevard Victor Hugo
Boulevard de Strasbourg
Boulevard des Défenseurs-de-Lille- Oct-1914
Gare de Lille Sud
Lycée Technique Baggio-Diderot (G.)
Stade Jean Bouin
Place Fernig
Jardin Botanique
Serres Tropic.
Orangerie
Observ.
Ecole de Plein- Air D. Verhaeghe
Cité Scolaire Sud
Lycée d'Etat Faidherbe
Piscine
Cité du Petit Maroc
Manufacture des Tabacs
Cimetière du Sud
Mairie Annexe
Gpe. Scol.
Parc de l'Aventure
Résidence Lille- Sud
Pl. Edith Cavell
Pl. Michelet
Rue Courtois
Rue Nationale
Rue Solférino
Boulevard de la Liberté
Boulevard Montebello
Rue de Douai
Rue Armand Carrel
Rue de Cambrai
R. de Valenciennes
Bd. Paul Painlevé
Bd. du Presdt. Hoover
Bd. Pasteur
Pont des Flandres
Pont de Général de Gaulle
Av. Winston Churchill
Rue du Pré Catelan
Rue Royale
Boulevard Vauban
Boulevard de la Lorraine
Avenue Mathias Delobel
Avenue Leon Jouhaux
Av. Marx Dormoy
Rue d' Isly
Rue de Turenne
R. de la Bassée
Av. du Pr. J.- F. Kennedy
Boul. Louis XIV
Rue Camille Guerin
Rue Gustave Delory
Rue Faubg. d' Arras
R. Jean Perrin

Parc de la Tête d'Or

Université Claude Bernard

Cité Internationale / Palais de Congrès

Musée d'Art Contemporain

Interpol

Grande Roseraie

Vélodrome

Grande Île

Île du Souvenir

Île des Tamaris

Jardin Zoologique

Jardin Botanique

Place du Général Leclerc

Hôpital de la Croix Rousse

Hôpital d'Enfants

Maison de Retraite

Parc Fr. Popy

Place de la Croix Rousse

Hôpital St. Joseph

Clinique

Jardin des Chartreux

Quai Pierre Scize

Basilique de Fourvière

Cathédrale St. Jean

Musée Gallo-Romain

Théâtres Romains

Hôpital Antiquaille

Palais de Justice / de la Bombarde

Place Bellecour

Hôtel des Postes

Musée des Tissus

Place Ampère

Place Carnot

Gare de Perrache

Université Lyon

Institut Pasteur

Place Jean Macé

Gare de la Guillotière

Musée Opéra

Opéra

Hôtel de Ville

Musée des Beaux Arts

Place de la Bourse

Place de la République

Pont Lafayette

Pont Wilson

Hôtel Dieu

Préfecture

Cours Roosevelt

Cours Lafayette

Cours Gambetta

Place Guichart

Auditorium

Bibliothèque

Gare de la Part-Dieu

Maison de la Radio

E.D.F.

Centre Commercial

Université Jean Moulin

Caserne Sergent Blandan

Hôtel de Police

Ancien Cimetière de la Guillotière

Nouveau Cimetière de la Guillotière

Cimetière Israélite

Quartier Général Frère

Marché de Gros

Prisons

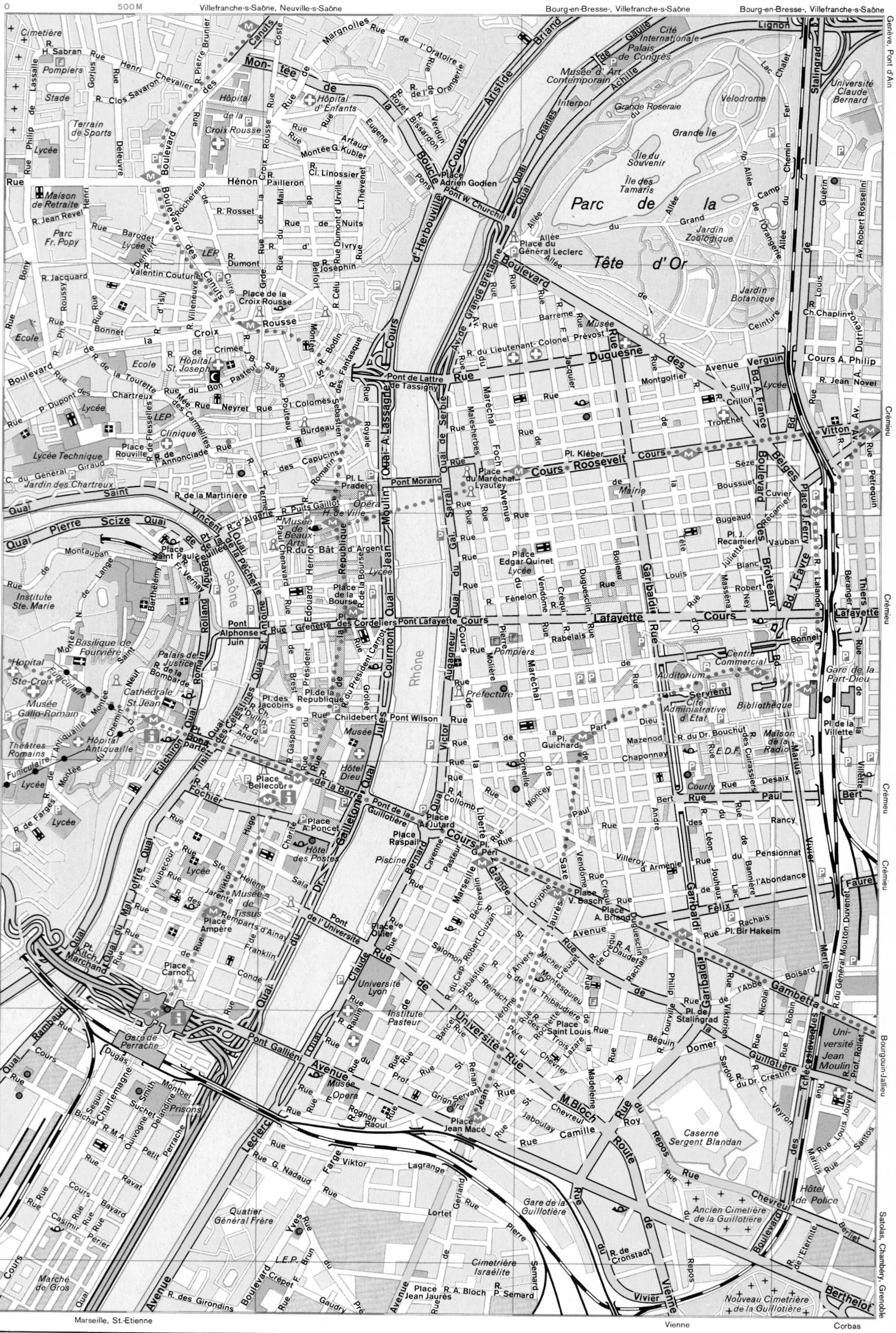

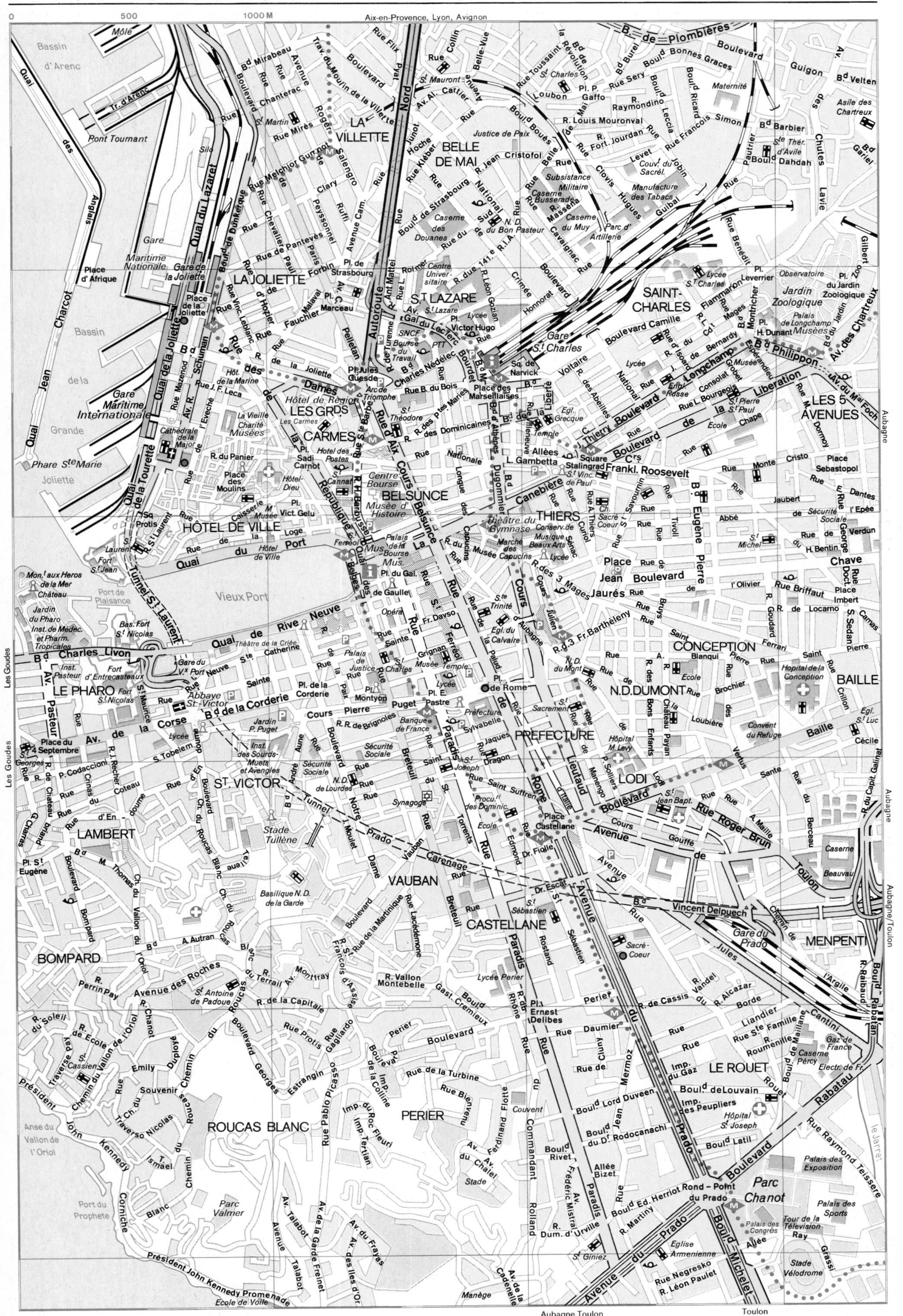
0
500
1000 M
Aix-en-Provence, Lyon, Avignon
LA VILLETTE
BELLE DE MAI
LA JOLIETTE
ST LAZARE
SAINT-CHARLES
LES 5 AVENUES
LES GRDS CARMES
BELSUNCE
THIERS
HÔTEL DE VILLE
Vieux Port
LE PHARO
CONCEPTION
N.D.DUMONT
BAILLE
PREFECTURE
ST. VICTOR
LODI
LAMBERT
VAUBAN
CASTELLANE
BOMPARD
MENPENTI
LE ROUET
PERIER
ROUCAS BLANC
Parc Chanot
Parc Valmer
Stade Vélodrome
Bassin de la Grande Joliette
Quai du Lazaret
Quai de la Joliette
Quai de Rive Neuve
Bd Charles Livon
Canebière
Cours Belsunce
Boulevard de la Libération
Bd Longchamp
Avenue du Prado
Président John Kennedy Promenade
Les Goudes
Aubagne
Aubagne/Toulon
Aubagne,Toulon
Toulon

Monaco MC-98000 ☎ 93

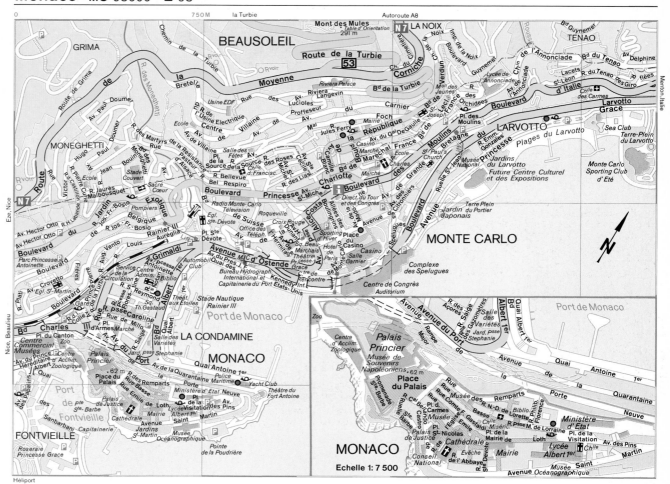

Nancy F-54000 ☎ 03 🚗 54

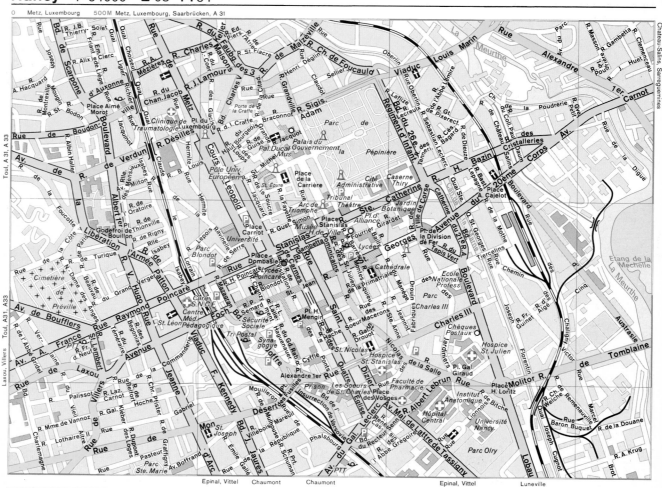

06 ☎ 04 F-06000 Nice

0 · A8 Antibes, Monaco · 1000 M · A8 Sospel · La Turbie

Monaco, Menton

A8 ✈ de Nice - Côte-d'Azur

ST-ROCH · ST ETIENNE · CARABACEL · BAIE DES ANGES

✈ de Nice - Côte-d'Azur

30 ☎ 04 F-30000 Nîmes

0 · Alès · 750 M

Le Vigan · Uzès · Sommières · Autoroute A9, Remoulins, Pont du Gard

Montpellier · Autoroute A9 · Arles · Arles, Aix-en-Provence

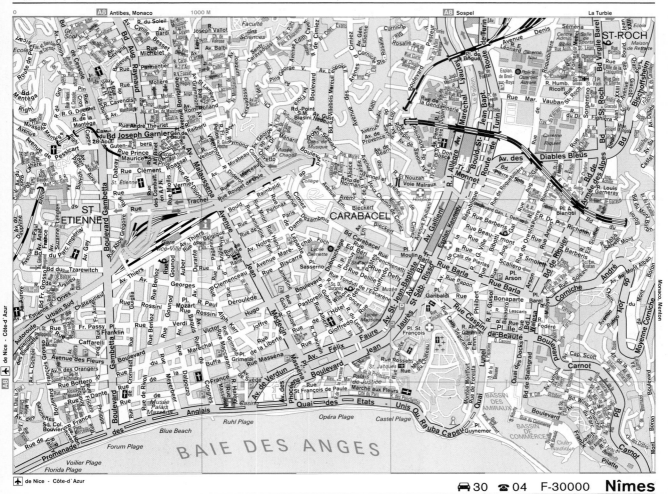

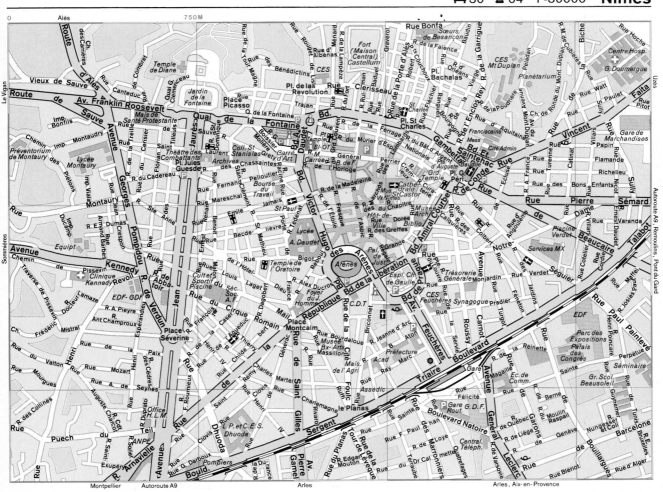

Orléans F-45000 ☎ 02 🚗 45

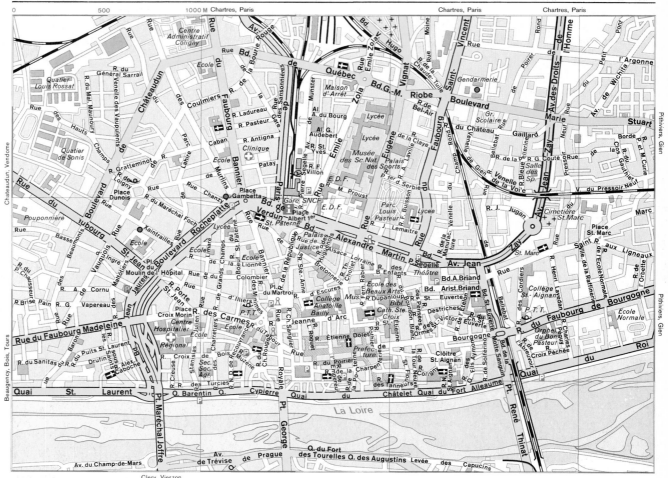

Reims F-51100 ☎ 03 🚗 51

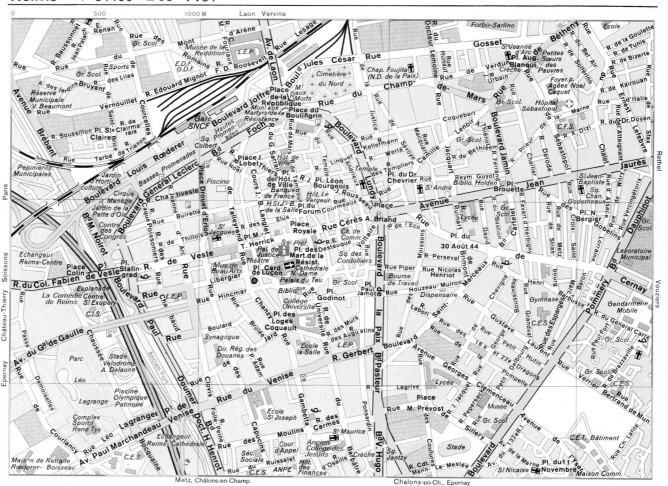

35 ☎ 02 F-35000 Rennes

0 500 1000 M

Dinan St. Malo Dinard

Fougères Alençon Avranches

Vitré Laval Le Mans Paris Blois

Château-Gontier Angers

Angers Châteaubriant

Redon La Baule Nantes

Vannes Ploërmel L. Orient St. Brieuc Brest

76 ☎ 02 F-76000 Rouen

0 Dieppe 500 1000 M

Abbeville

Gournay-en-Bray

Les Andelys

Elbeuf Elbeuf Elbeuf Elbeuf

Barentin

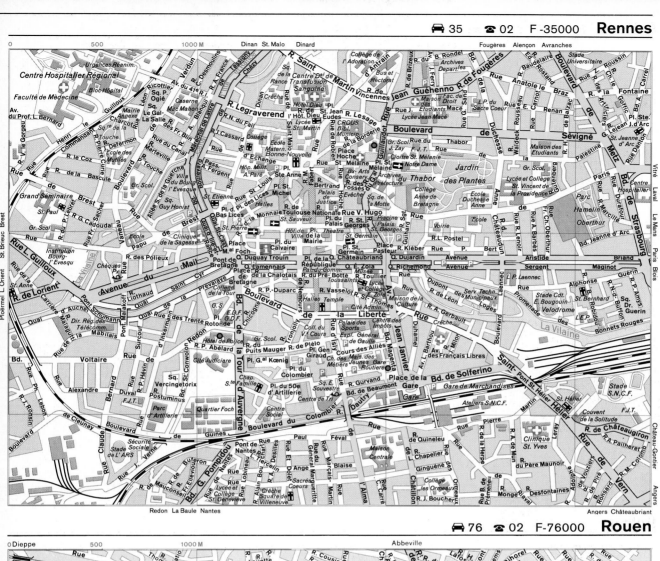

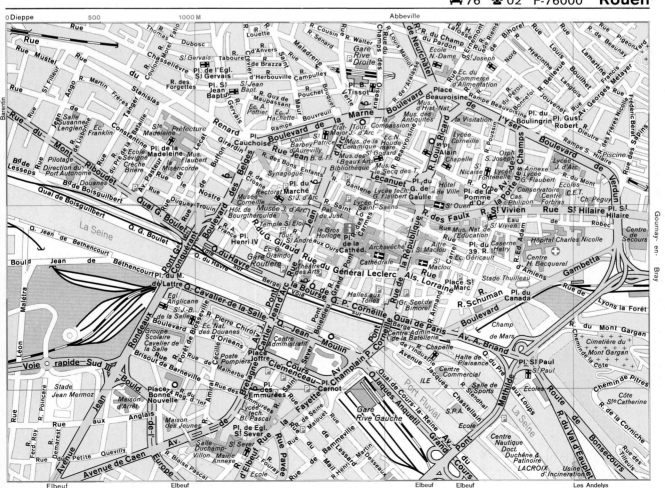

Strasbourg F

0 500 1000 M

Haguenau, Wissembourg · Lauterbourg, Mayence

Savenne · Nancy, Metz, Paris · Nancy, Metz, Paris · STE Odile, Col du Donon

La Robertsau · Kehl

Colmar, Mulhouse, Belford · Kehl, Freudenstadt, Karlsruhe, Freiburg · Kehl, Freudenstadt, Karlsruhe, Freiburg

Toulouse F-31000 ☎ 05 🚗 31

0 1000 M

A62, Montauban · A62, Montauban · A68, Albi, Rodez · Lavaur, Graulhet

A64, Auch · Samatan

Puylaurens, Castres

Pamiers, Foix · Castelnaudary, Carcassonne · Revel · A61, Espagne

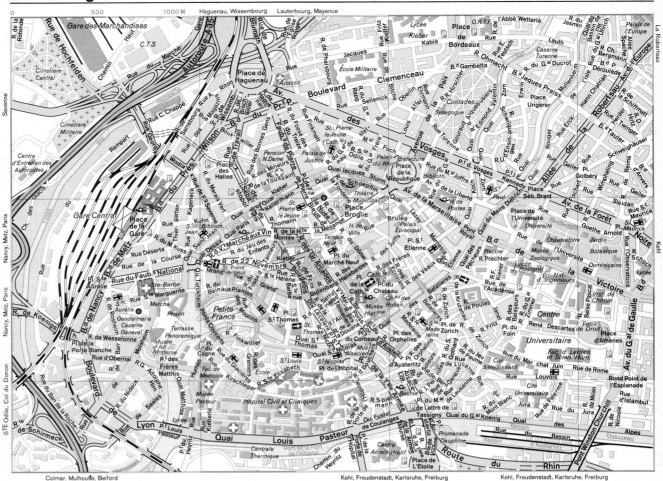

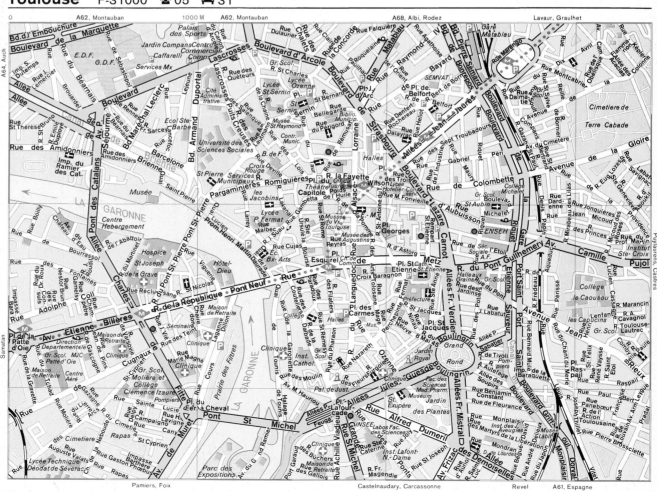

Europa • Europe • Evropa
1:4.500.000

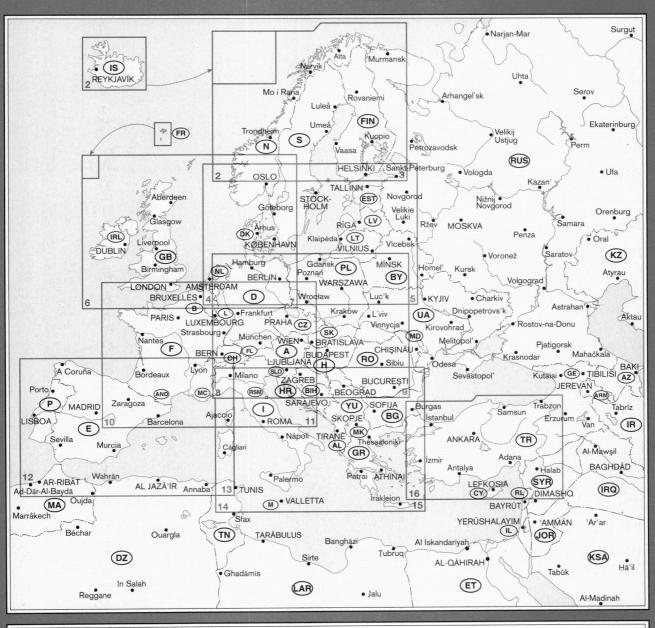

0 50 100 150 200km
0 25 50 75 100 125 statute miles

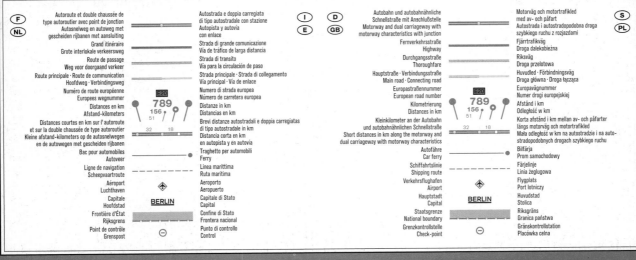

F
NL
Autoroute et double chaussée de type autoroutier avec point de jonction
Autosnelweg en autoweg met gescheiden rijbanen met aansluiting
Grand itinéraire
Grote interlokale verkeersweg
Route de passage
Weg voor doorgaand verkeer
Route principale · Route de communication
Hoofdweg · Verbindingsweg
Numéro de route européenne
Europees wegnummer
Distances en km
Afstand-kilometers
Distances courtes en km sur l' autoroute et sur la double chaussée de type autoroutier
Kleine afstand-kilometers op de autosnelwegen en de autowegen met gescheiden rijbanen
Bac pour automobiles
Autoveer
Ligne de navigation
Scheepvaartroute
Aéroport
Luchthaven
Capitale
Hoofdstad
Frontière d'État
Rijksgrens
Point de contrôle
Grenspost
E20
789
156
51
32
18
BERLIN
I
E
Autostrada e doppia carregiata di tipo autostradale con stazione
Autopista y autovía con enlace
Strada di grande comunicazione
Vía de tráfico de larga distancia
Strada di transito
Vía para la circulación de paso
Strada principale · Strada di collegamento
Vía principal · Vía de enlace
Numero di strada europea
Número de carretera europea
Distanze in km
Distancias en km
Brevi distanze autostradali e doppia carregiatas di tipo autostradale in km
Distancia corta en km en autopista y en autovía
Traghetto per automobili
Ferry
Linea marittima
Ruta maritima
Aeroporto
Aeropuerto
Capitale di Stato
Capital
Confine di Stato
Frontera nacional
Punto di controllo
Control
D
GB
Autobahn und autobahnähnliche Schnellstraße mit Anschlußstelle
Motorway and dual carriageway with motorway characteristics with junction
Fernverkehrsstraße
Highway
Durchgangsstraße
Thoroughfare
Hauptstraße · Verbindungsstraße
Main road · Connecting road
Europastraßennummer
European road number
Kilometrierung
Distances in km
Kleinkilometer an der Autobahn und autobahnähnlichen Schnellstraße
Short distances in km along the motorway and dual carriageway with motorway characteristics
Autofähre
Car ferry
Schiffahrtslinie
Shipping route
Verkehrsflughafen
Airport
Hauptstadt
Capital
Staatsgrenze
National boundary
Grenzkontrollstelle
Check-point
Motorväg och motortrafikled med av- och påfart
Autostrada i autostradopodobna droga szybkiego ruchu z rozjazdami
Fjärrtrafikväg
Droga dalekobieżna
Riksväg
Droga przelotowa
Huvudled · Förbindningsväg
Droga główna · Droga łącząca
Europavägnummer
Numer drogi europejskiej
Afstånd i km
Odległość w km
Korta afstånd i km mellan av- och påfarter längs motorväg och motortrafikled
Mała odległość w km na autostradzie i na autostradopodobnych drogach szybkiego ruchu
Bilfärja
Prom samochodowy
Färjelinje
Linia żeglugowa
Flygplats
Port lotniczy
Huvudstad
Stolica
Riksgräns
Granica państwa
Gränskontrollstation
Placówka celna
S
PL

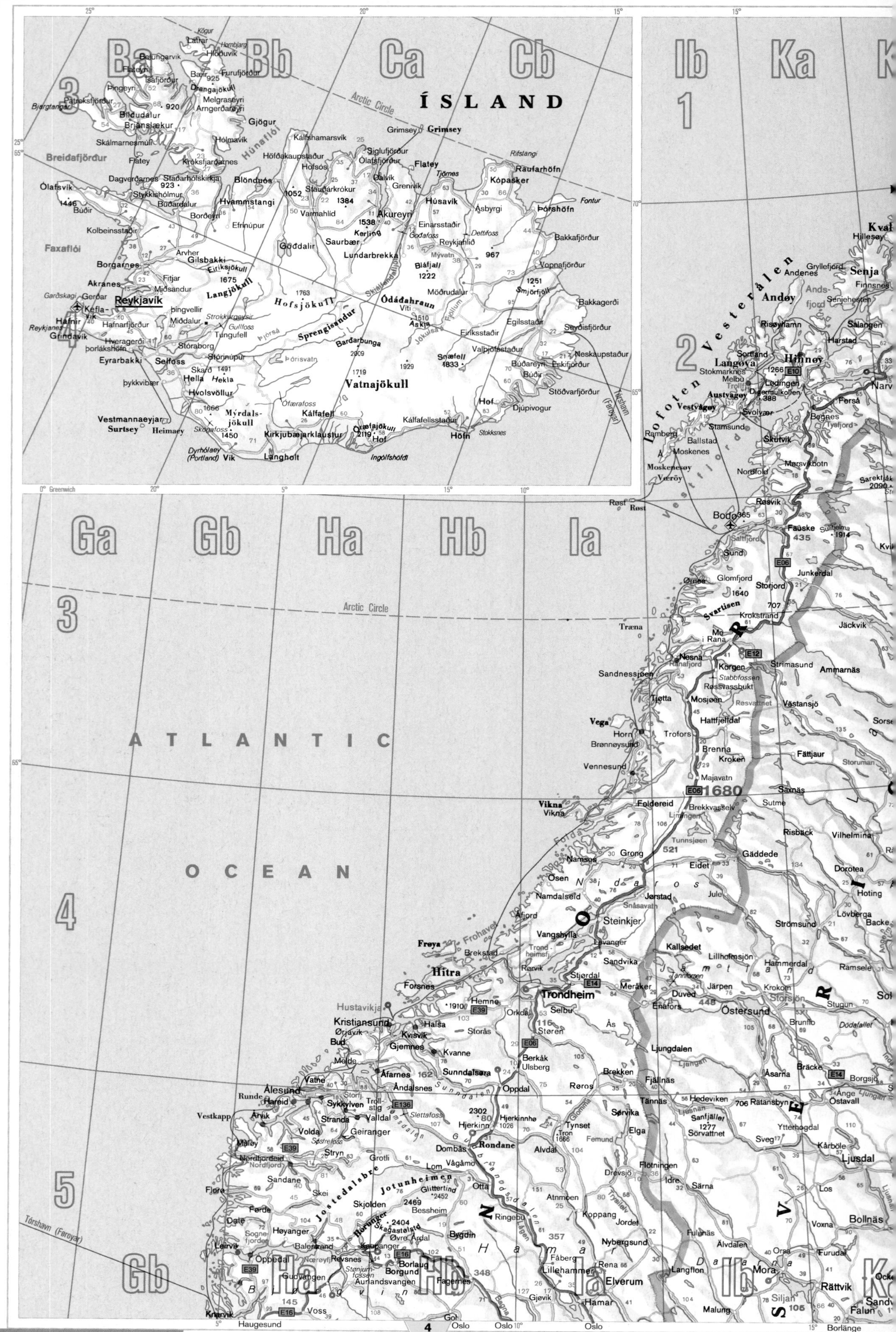

ÍSLAND
Ba
Bb
Ca
Cb
Ib
Ka
Ga
Gb
Ha
Hb
Ia
Arctic Circle
Reykjavík
Akureyri
Vatnajökull
Hofsjökull
Langjökull
Mýrdalsjökull
Sprengisandur
Ódáðahraun
Breiðafjörður
Faxaflói
Húnaflói
Grimsey
Ísafjörður
Patreksfjörður
Húsavík
Egilsstaðir
Seyðisfjörður
Höfn
Vík
Selfoss
Hveragerði
Borgarnes
Akranes
Vestmannaeyjar
Surtsey
Heimaey
Hekla
Blönduós
Sauðárkrókur
Siglufjörður
Ólafsfjörður
Dalvík
Kópasker
Raufarhöfn
Þórshöfn
Vopnafjörður
Neskaupstaður
Eskifjörður
Reyðarfjörður
Djúpivogur
Kirkjubæjarklaustur
Hvolsvöllur
Stykkishólmur
Ólafsvík
Hvammstangi
Grindavík
ATLANTIC
OCEAN
Lofoten
Vesterålen
Vestfjorden
Andøy
Senja
Hinnøy
Langøya
Austvågøy
Vestvågøy
Moskenesøy
Værøy
Røst
Bodø
Fauske
Svartisen
Mo i Rana
Mosjøen
Brønnøysund
Namsos
Steinkjer
Trondheim
Hitra
Frøya
Kristiansund
Molde
Ålesund
Åndalsnes
Oppdal
Røros
Dombås
Jotunheimen
Jostedalsbreen
Lillehammer
Hamar
Elverum
Gjøvik
Florø
Førde
Voss
Haugesund
Oslo
Östersund
Storsjön
Mora
Siljan
Falun
Borlänge
Rättvik
Bollnäs
Ljusdal
Vilhelmina
Storuman
Sorsele
Arvidsjaur
Harstad
Narvik
Svolvær

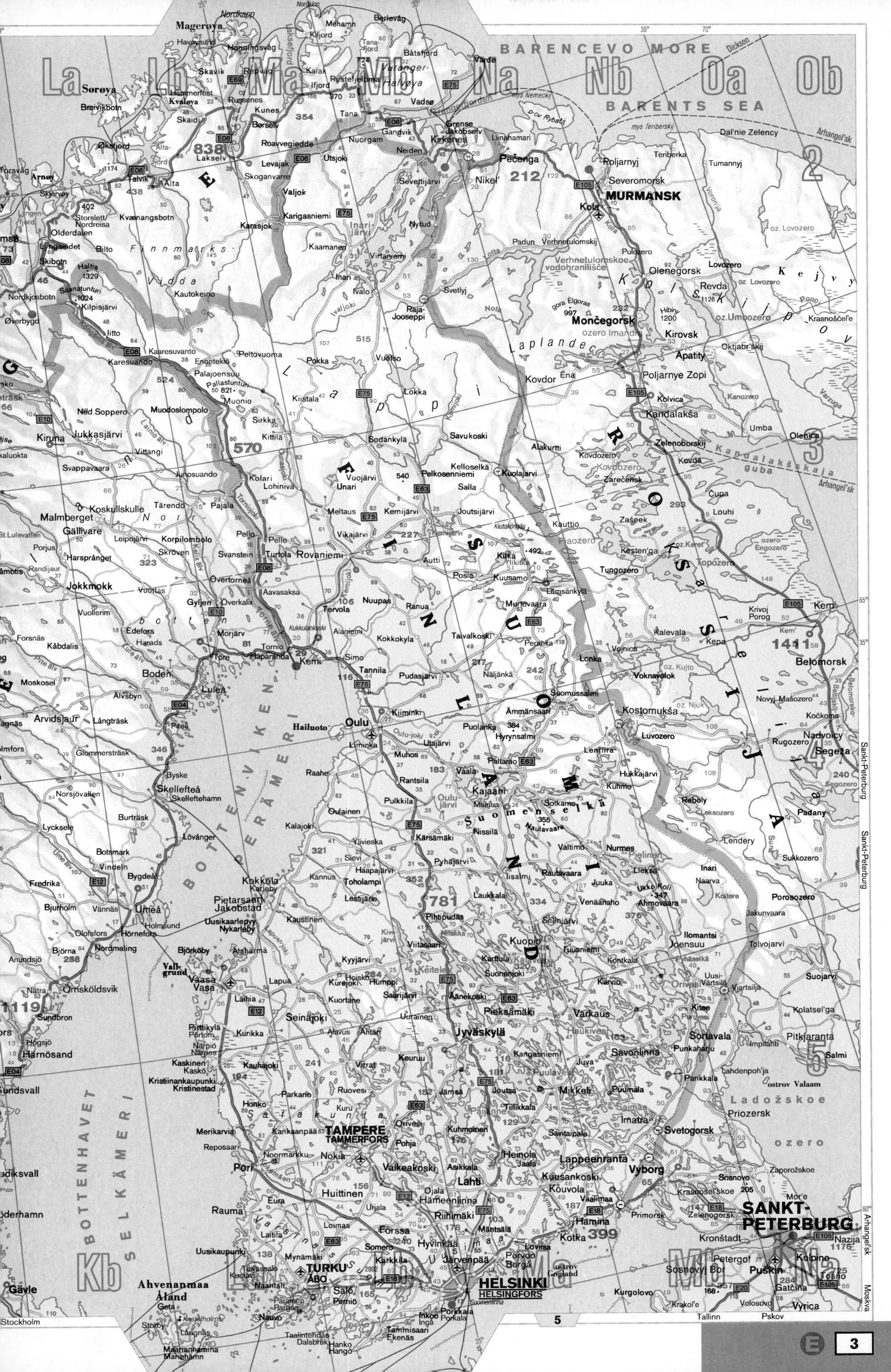

Nordkapp
Magerøya
Honningsvåg
Mehamn
Berlevåg
Kjøllefjord
Båtsfjord
Vardø
Varanger-halvøya
Vadsø
Hammerfest
Kvaløya
Sørøya
Breivikbotn
Skaidi
Kunes
Børselv
Tana
Lakselv
Øksfjord
Alta
Talvik
Roavvegiedde
Nuorgam
Gandvik
Neiden
Grense Jakobselv
Kirkenes
Linahamari
Pečenga
Nikel'
Poljarnyj
Severomorsk
MURMANSK
Kola
Teriberka
Dal'nie Zelency
Tumannyj
BARENCEVO MORE
BARENTS SEA
La
Lb
Ma
Mb
Na
Nb
Oa
Ob
Kb
2
3
4
5
Levajak
Skoganvarre
Utsjoki
Sevettijärvi
Valjok
Karigasniemi
Karasjok
Kvænangsbotn
Storslett/Nordreisa
Olderdalen
Lyngseidet
Skibotn
Bilto
Finnmarksvidda
Kautokeino
Nordkjosbotn
Kilpisjärvi
Øverbygd
Haltia 1329
Saanatunturi 1024
Iitto
Kaaresuvanto
Karesuando
Enontekiö
Palajoensuu
Pallastunturi 821
Muonio
Peltovuoma
Pokka
Vuotso
Kiistala
Lokka
Kaamanen
Inari
Inarijärvi
Ivalo
Nytud
Virtaniemi
Raja-Jooseppi
Svetlyj
Padun
Verhnetulomskij
Verhnetulomskoe vodohranilišče
Pulozero
Olenegorsk
Lovozero
Revda
Mončegorsk
ozero Imandra
Kirovsk
Apatity
Oktjabr'skij
Poljarnye Zopi
Kovdor
Kolvica
Kandalakša
Umba
Olenica
Zelenoborskij
Kovda
Kandalakšskaja guba
Alakurtti
Kovdozero
Zarečensk
Čupa
Louhi
Zašeek
Kestenga
Tungozero
Kem'
Krivoj Porog
Kalevala
Kepa
Belomorsk
Vojnica
Lonka
Voknavolok
Kostomukša
Luvozero
Novyj Mašozero
Kočkoma
Nadvoicy
Segeža
Rugozero
Reboly
Padany
Lendery
Sukkozero
Inari
Naarva
Porosozero
Jakunvaara
Tolvojarvi
Suojarvi
Kolatsel'ga
Pitkjaranta
Salmi
Impilahti
Lahdenpoh'ja
Sortavala
ostrov Valaam
Ladožskoe ozero
Priozersk
Svetogorsk
Vyborg
Zaporožskoe
Sosnovo
Primorsk
Zelenogorsk
Kronštadt
SANKT-PETERBURG
Petergof
Puškin
Kolpino
Tosno
Gatčina
Sosnovyj Bor
Kurgolovo
Krakol'e
Volosovo
Vyrica
Nazija
Mor'e
Tallinn
Pskov
Moskva
Sankt-Peterburg
Arhangel'sk
Kiruna
Jukkasjärvi
Vittangi
Svappavaara
Muodoslompolo
Ned. Soppero
Kolari
Lohiniva
Sodankylä
Savukoski
Kelloselkä
Kuolajarvi
Salla
Pelkosenniemi
Vuojärvi
Unari
Kemijärvi
Meltaus
Joutsijärvi
Kauttio
Pajala
Tärendö
Koskullskulle
Malmberget
Gällivare
Porjus
Harsprånget
Jokkmokk
Korpilombolo
Pello
Turtola
Rovaniemi
Svanstein
Autti
Posio
Kuusamo
Kitka
Övertorneå
Aavasaksa
Överkalix
Gyljen
Tervola
Nuupas
Ranua
Murtovaara
Taivalkoski
Kokkokyla
Alaniemi
Morjärv
Edefors
Harads
Boden
Luleå
Töre
Tornio
Haparanda
Kemi
Simo
Tannila
Pudasjärvi
Näljänkä
Suomussalmi
Ämmänsaari
Hyrynsalmi
Puolanka
Kiiminki
Oulu
Hailuoto
Liminka
Utajärvi
Muhos
Vaala
Paltamo
Kajaani
Lentiira
Hukkajärvi
Kuhmo
Sotkamo
Raahe
Rantsila
Pulkkila
Oulujärvi
Oulainen
Kalajoki
Kärsämäki
Nissilä
Suomenselkä
Naulavaara
Valtimo
Nurmes
Pielinen
Lieksa
Ylivieska
Sievi
Haapajärvi
Pyhäjärvi
Iisalmi
Rautavaara
Juuka
Ukko Koli
Ahmovaara
Kokkola
Karleby
Pietarsaari
Jakobstad
Kannus
Toholampi
Lestijärvi
Laukkala
Vehmersalmi
Kaustinen
Pihtipudas
Siilinjärvi
Kuopio
Tuusniemi
Joensuu
Ilomantsi
Kontkala
Uusi-Värtsilä
Kitee
Karvio
Varkaus
Savonlinna
Punkaharju
Parikkala
Uusikaarlepyy
Nykarleby
Ähtärinmäki
Viitasaari
Keitele
Äänekoski
Suonenjoki
Pieksämäki
Jyväskylä
Kangasniemi
Juva
Mikkeli
Puumala
Imatra
Lappeenranta
Kuusankoski
Kouvola
Vaalimaa
Hamina
Kotka
Loviisa
Porvoo
Borgå
Vaasa
Vasa
Laihia
Seinäjoki
Kuortane
Saarijärvi
Kyyjärvi
Kurejoki
Alavus
Ähtäri
Uurainen
Keuruu
Jämsä
Joutsa
Heinola
Jaala
Lahti
Asikkala
Hämeenlinna
Riihimäki
Hyvinkää
Järvenpää
HELSINKI
HELSINGFORS
Porkkala
Inkoo
Tammisaari
Ekenäs
Hanko
Hangö
Salo
Perniö
Karkkila
Somero
Forssa
Loimaa
TURKU
ÅBO
Naantali
Parainen
Nauvo
Uusikaupunki
Laitila
Rauma
Eura
Huittinen
Valkeakoski
TAMPERE
TAMMERFORS
Nokia
Orivesi
Kuhmoinen
Pohja
Pori
Noormarkku
Merikarvia
Kankaanpää
Reposaari
Honko
Kristiinankaupunki
Kristinestad
Kaskinen
Kaskö
Närpiö
Närpes
Kurikka
Kauhajoki
Ahvenanmaa
Åland
Geta
Kastelholms
Storby
Längnäs
Mariehamn
Maarianhamina
Ruovesi
Kuru
Virrat
Satakunta
Vallgrund
Björköby
Umeå
Holmsund
Hörnefors
Vännäs
Bjurholm
Fredrika
Nordmaling
Örnsköldsvik
Bjurna
Olofsfors
Anundsjö
Nätra
Sundbron
Härnösand
Högsjö
Sundsvall
Gävle
Stockholm
Skellefteå
Skelleftehamn
Byske
Piteå
Arvidsjaur
Långträsk
Älvsbyn
Moskosel
Kåbdalis
Forsnäs
Vuollerim
Glommersträsk
Norsjövallen
Burträsk
Lycksele
Botsmark
Vindeln
Bygdeå
Lövånger
BOTTENVIKEN
PERÄMERI
BOTTENHAVET
SELKÄMERI
SUOMI
FINLAND
ROSSIJA
KOL'SKIJ POLUOSTROV
LAPPI
LAPLANDEC
KARELIJA
E06
E69
E75
E8
E10
E12
E4
E18
E20
E63
E105

5

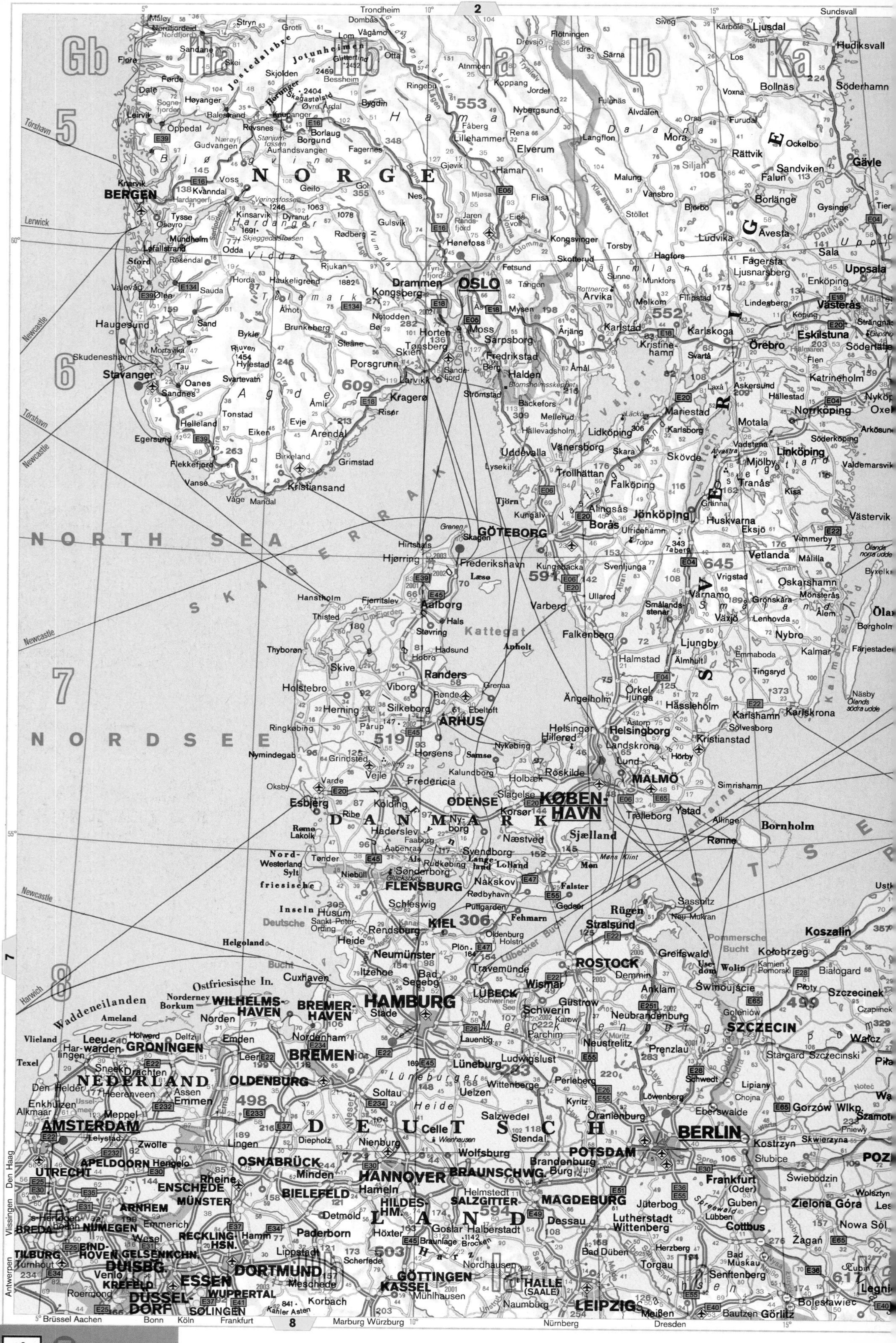
Trondheim
2
Sundsvall
Gb
Ha
Hb
Ia
Ib
Ka
5
6
7
8
NORGE
BERGEN
Stavanger
Haugesund
Kristiansand
Arendal
OSLO
Drammen
Lillehammer
Hamar
Elverum
Fredrikstad
Halden
Jotunheimen
Jostedalsbre
Hardanger
Telemark
Agder
NORTH SEA
NORDSEE
SKAGERRAK
Kattegat
GÖTEBORG
Uddevalla
Trollhättan
Borås
Jönköping
Karlstad
Örebro
Västerås
Uppsala
Gävle
Falun
Borlänge
Mora
Norrköping
Linköping
Eskilstuna
Halmstad
Helsingborg
MALMÖ
Lund
Kristianstad
Karlskrona
Kalmar
Bornholm
Skagen
Frederikshavn
Hjørring
Aalborg
Randers
ÅRHUS
Viborg
Silkeborg
Herning
Vejle
Fredericia
Esbjerg
ODENSE
KØBEN-HAVN
Sjælland
DANMARK
FLENSBURG
KIEL
Neumünster
Lübeck
HAMBURG
Cuxhaven
BREMER-HAVEN
BREMEN
WILHELMS-HAVEN
OLDENBURG
ROSTOCK
Stralsund
Rügen
Schwerin
Wismar
Greifswald
SZCZECIN
Koszalin
BERLIN
POTSDAM
Frankfurt (Oder)
Cottbus
HANNOVER
BRAUNSCHWG.
MAGDEBURG
OSNABRÜCK
BIELEFELD
MÜNSTER
DORTMUND
ESSEN
DUISBG.
DÜSSEL-DORF
WUPPERTAL
SOLINGEN
GÖTTINGEN
KASSEL
HALLE (SAALE)
LEIPZIG
Dresden
DEUTSCHLAND
NEDERLAND
AMSTERDAM
UTRECHT
GRONINGEN
ARNHEM
NIJMEGEN
ENSCHEDE
EIND-HOVEN
TILBURG
BREDA
Nürnberg
Brüssel
Aachen
Bonn
Köln
Frankfurt
Marburg
Würzburg
8

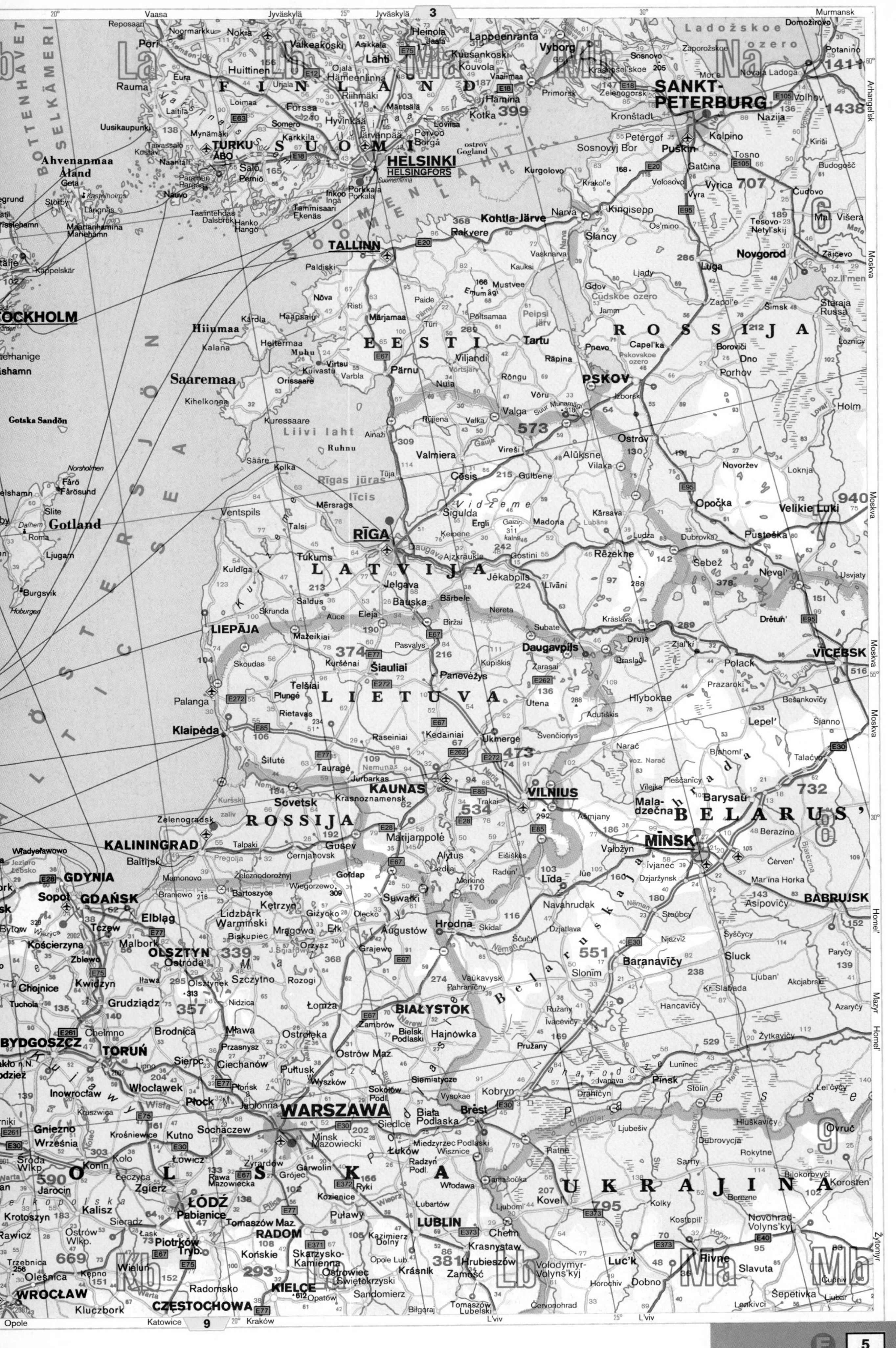

Vaasa
Jyväskylä
3
Murmansk
FINLAND
SUOMI
HELSINKI
HELSINGFORS
Turku
Åbo
Tampere
Lahti
Kouvola
Kotka
Lappeenranta
Vyborg
Ladožskoe ozero
SANKT-PETERBURG
Ahvenanmaa
Åland
Mariehamn
STOCKHOLM
Gotland
Hiiumaa
Saaremaa
TALLINN
EESTI
Tartu
Pärnu
Narva
Kohtla-Järve
Rakvere
Viljandi
Čudskoe ozero
Pskovskoe ozero
PSKOV
Novgorod
ROSSIJA
Rīgas jūras līcis
RĪGA
LATVIJA
Ventspils
Liepāja
Jelgava
Valmiera
Daugavpils
Rēzekne
LIETUVA
Klaipėda
Šiauliai
Panevėžys
KAUNAS
VILNIUS
Palanga
ROSSIJA
KALININGRAD
Zelenogradsk
Sovetsk
BELARUS'
MINSK
Viciebsk
Polack
Hrodna
Brest
Pinsk
Lida
Maladzečna
Barysaŭ
Babrujsk
Baranavičy
Slonim
POLSKA
WARSZAWA
GDAŃSK
GDYNIA
Elbląg
Olsztyn
BYDGOSZCZ
TORUŃ
Płock
ŁÓDŹ
RADOM
LUBLIN
KIELCE
CZĘSTOCHOWA
WROCŁAW
BIAŁYSTOK
Suwałki
Łomża
UKRAJINA
Kovel'
Luc'k
Rivne
Opole
Katowice
9
Kraków
L'viv

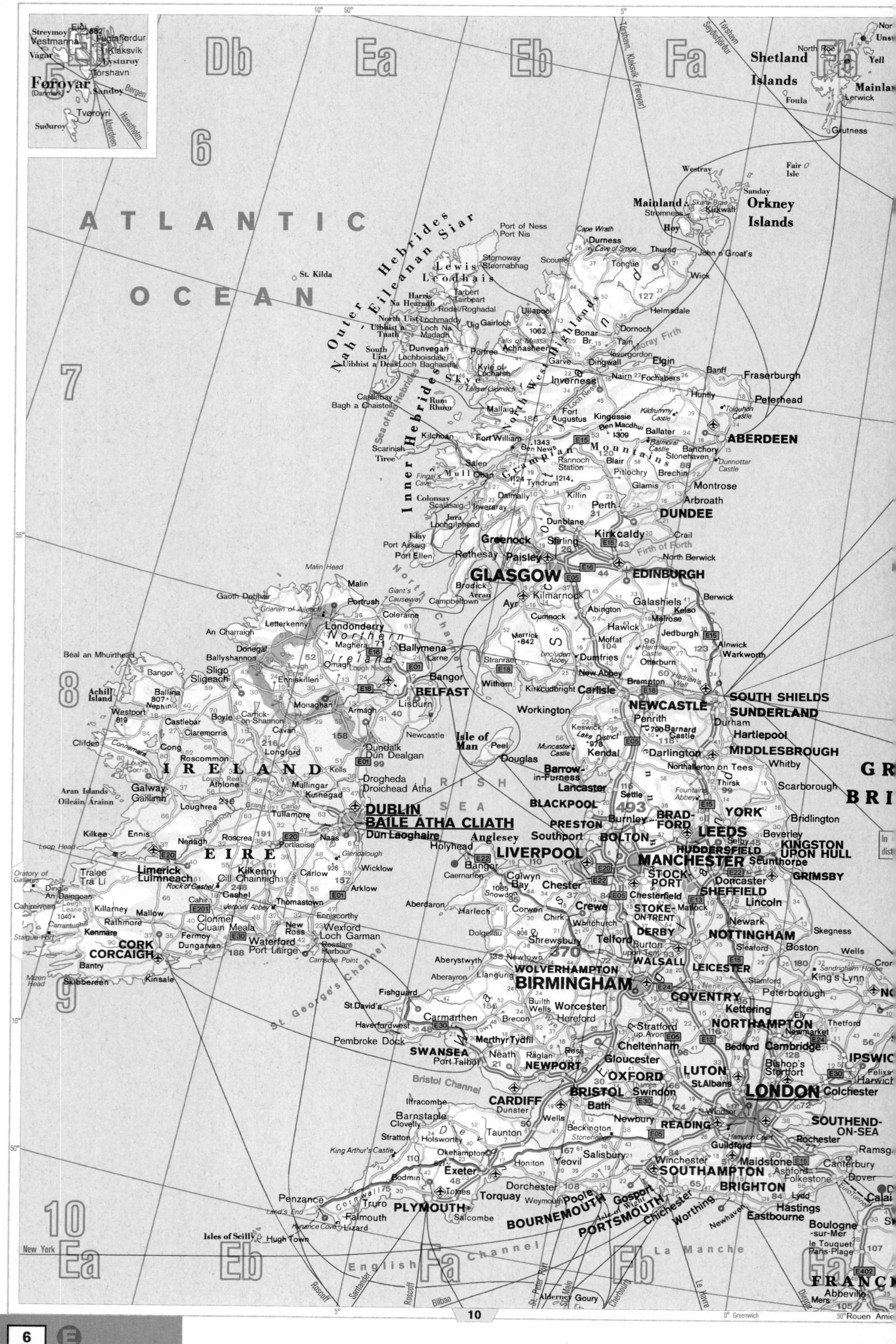

Db
Ea
Eb
Fa
Fb
6
7
8
9
10
Føroyar
(Danmark)
Streymoy
Vestmanna
Vágar
Eysturoy
Tórshavn
Sandoy
Tvøroyri
Suðuroy
Shetland Islands
Foula
Lerwick
Fair Isle
Mainland
Orkney Islands
Kirkwall
Stromness
Hoy
Westray
Sanday
ATLANTIC
OCEAN
St. Kilda
Outer Hebrides
Nah - Eileanan Siar
Lewis
Leodhais
Harris
Na Hearadh
Stornoway
Steornabhag
North Uist
South Uist
Skye
Inner Hebrides
Mull
Islay
Jura
Tiree
Cape Wrath
Durness
Thurso
John o'Groat's
Wick
Ullapool
Tongue
Helmsdale
Dornoch
Tain
Bonar Br.
Dingwall
Elgin
Inverness
Nairn
Fochabers
Banff
Fraserburgh
Peterhead
Huntly
Moray Firth
Mallaig
Fort Augustus
Kingussie
Ben Macdhui
Ballater
ABERDEEN
Fort William
Ben Nevis
Grampian Mountains
Rannoch Station
Blair
Pitlochry
Brechin
Montrose
Arbroath
DUNDEE
Oban
Tyndrum
Killin
Perth
Kirkcaldy
Crail
Firth of Forth
North Berwick
Dalmally
Inveraray
Dunblane
Stirling
Greenock
Rothesay
Paisley
GLASGOW
EDINBURGH
Port Askaig
Port Ellen
Malin Head
Malin
Campbeltown
Brodick
Arran
Ayr
Kilmarnock
Cumnock
Abington
Galashiels
Kelso
Berwick
Hawick
Melrose
Jedburgh
Moffat
Alnwick
Warkworth
Dumfries
New Abbey
Otterburn
Stranraer
Kirkcudbright
Carlisle
Brampton
NEWCASTLE
SOUTH SHIELDS
SUNDERLAND
Durham
Hartlepool
MIDDLESBROUGH
Whitby
Darlington
Penrith
Barnard Castle
Keswick
Lake District
Kendal
Workington
Isle of Man
Peel
Douglas
Barrow-in-Furness
Lancaster
Settle
Northallerton
Thirsk
Scarborough
YORK
Bridlington
Beverley
KINGSTON UPON HULL
BLACKPOOL
PRESTON
Burnley
BRAD-FORD
LEEDS
Selby
Southport
BOLTON
HUDDERSFIELD
Scunthorpe
GRIMSBY
LIVERPOOL
MANCHESTER
STOCK-PORT
Doncaster
SHEFFIELD
Chester
Chesterfield
Matlock
Lincoln
Crewe
STOKE-ON-TRENT
DERBY
Newark
NOTTINGHAM
Skegness
Boston
Whitchurch
Shrewsbury
Telford
Burton upon Trent
WALSALL
Sleaford
WOLVERHAMPTON
BIRMINGHAM
LEICESTER
Stamford
King's Lynn
Peterborough
COVENTRY
Kettering
Worcester
Hereford
Stratford up. Avon
NORTHAMPTON
Thetford
Cheltenham
Gloucester
Bedford
Cambridge
Newmarket
Bishop's Stortford
IPSWICH
Harwich
Colchester
OXFORD
LUTON
St.Albans
LONDON
Windsor
SOUTHEND-ON-SEA
Rochester
Swindon
READING
Guildford
Maidstone
Canterbury
Dover
Folkestone
Ashford
Newbury
Salisbury
Winchester
SOUTHAMPTON
BRIGHTON
Hastings
Eastbourne
Newhaven
Worthing
Chichester
PORTSMOUTH
Gosport
Isle of Wight
BOURNEMOUTH
Poole
Weymouth
Dorchester
Yeovil
Taunton
Bath
BRISTOL
Wells
Beckington
Stonehenge
CARDIFF
NEWPORT
Raglan
Ross
Neath
SWANSEA
Port Talbot
Merthyr Tydfil
Brecon
Builth Wells
Carmarthen
Haverfordwest
Pembroke Dock
Fishguard
St.David's
Aberaeron
Aberystwyth
Llangurig
Newtown
Dolgellau
Harlech
Aberdaron
Corwen
Chirk
Snowdon
Caernarfon
Bangor
Holyhead
Anglesey
Colwyn Bay
Bristol Channel
Ilfracombe
Barnstaple
Clovelly
Stratton
Holsworthy
Okehampton
Exeter
Honiton
Torquay
Totnes
Bodmin
Truro
Falmouth
PLYMOUTH
Salcombe
Penzance
Land's End
Lizard
Isles of Scilly
Hugh Town
King Arthur's Castle
English Channel
La Manche
St. George's Channel
IRISH SEA
North Channel
Northern Ireland
Londonderry
Coleraine
Portrush
Giant's Causeway
Ballymena
Larne
BELFAST
Bangor
Lisburn
Newcastle
Armagh
Omagh
Enniskillen
Monaghan
Letterkenny
Donegal
Ballyshannon
Gaoth Dobhair
An Charraigh
Sligo
Sligeach
Ballina
Nephin
Achill Island
Westport
Castlebar
Claremorris
Boyle
Carrick-on-Shannon
Cavan
Roscommon
Longford
Dundalk
Dún Dealgan
Kells
Drogheda
Droichead Átha
IRELAND
Galway
Gaillimh
Aran Islands
Oileáin Árainn
Athlone
Mullingar
Kinnegad
Tullamore
Loughrea
DUBLIN
BAILE ÁTHA CLIATH
Dún Laoghaire
Naas
Portlaoise
Roscrea
Nenagh
Ennis
Kilkee
EIRE
Limerick
Luimneach
Tralee
Trá Lí
Dingle
An Daingean
Kilkenny
Cill Chainnigh
Carlow
Wicklow
Glendalough
Arklow
Cashel
Rock of Cashel
Cahir
Thomastown
Clonmel
Cluain Meala
Enniscorthy
Wexford
Loch Garman
New Ross
Rosslare Harbour
Waterford
Port Láirge
Dungarvan
Fermoy
Mallow
Killarney
Kenmare
Cahirciveen
Carrantuohill
CORK
CORCAIGH
Kinsale
Bantry
Skibbereen
Mizen Head
Loop Head
Clifden
Connemara
Cong
Béal an Mhuirthead
GREAT BRITAIN
FRANCE
Calais
Boulogne-sur-Mer
Le Touquet Paris-Plage
Abbeville
Dieppe
Le Havre
Cherbourg
St. Malo
Roscoff
Alderney
Goury
Santander
Bilbao
St. Peter Port
Eurotunnel
New York
Bergen
Aberdeen
Hanstholm
0° Greenwich
10

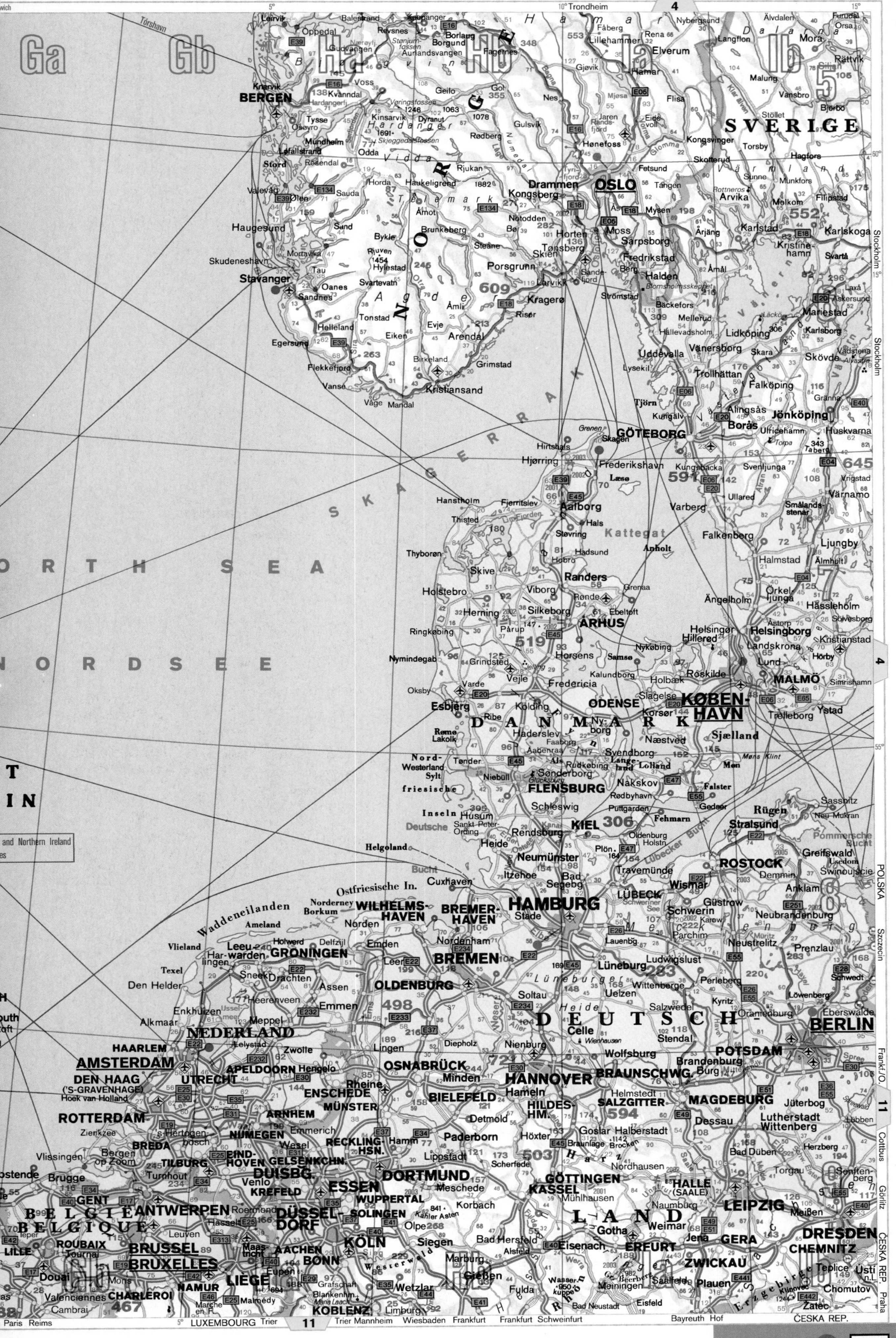

4
Trondheim
Ga
Gb
Ha
Hb
Ia
Ib
5
Tórshavn
BERGEN
Stavanger
Haugesund
Skudeneshavn
Egersund
Flekkefjord
Kristiansand
Mandal
Arendal
Grimstad
Odda
Voss
Geilo
Kongsberg
Drammen
OSLO
Lillehammer
Hamar
Elverum
Gjøvik
Hønefoss
Moss
Sarpsborg
Fredrikstad
Halden
Horten
Tønsberg
Skien
Porsgrunn
Larvik
Kragerø
N O R G E
H a r d a n g e r
V i d d a
T e l e m a r k
A g d e r
S V E R I G E
Mora
Rättvik
Karlstad
Kristinehamn
Karlskoga
Arvika
Uddevalla
Trollhättan
Vänersborg
Lidköping
Skövde
Falköping
Jönköping
Huskvarna
Borås
Alingsås
GÖTEBORG
Kungsbacka
Varberg
Falkenberg
Halmstad
Ängelholm
Helsingborg
Landskrona
Lund
MALMÖ
Trelleborg
Ystad
Kristianstad
Hässleholm
Värnamo
S K A G E R R A K
Kattegat
Skagen
Frederikshavn
Hjørring
Hirtshals
Aalborg
Thisted
Hanstholm
Skive
Viborg
Randers
Holstebro
Herning
Silkeborg
ÅRHUS
Horsens
Vejle
Fredericia
Kolding
Esbjerg
Ribe
ODENSE
KØBENHAVN
Roskilde
Helsingør
Hillerød
Sjælland
Næstved
Slagelse
Korsør
D A N M A R K
Lolland
Falster
Nakskov
Sønderborg
FLENSBURG
Schleswig
KIEL
Rendsburg
Husum
Neumünster
Helgoland
Cuxhaven
Fehmarn
Rügen
Stralsund
Greifswald
ROSTOCK
Wismar
LÜBECK
Schwerin
Neubrandenburg
Neustrelitz
HAMBURG
Stade
Lüneburg
BREMERHAVEN
WILHELMSHAVEN
BREMEN
OLDENBURG
Emden
Leer
GRONINGEN
Leeuwarden
Drachten
Assen
Emmen
Den Helder
Alkmaar
NEDERLAND
HAARLEM
AMSTERDAM
DEN HAAG ('S-GRAVENHAGE)
Hoek van Holland
UTRECHT
APELDOORN
Zwolle
Hengelo
ENSCHEDE
ARNHEM
NIJMEGEN
ROTTERDAM
BREDA
TILBURG
EINDHOVEN
Vlissingen
Venlo
Roermond
Maastricht
BELGIË BELGIQUE
Brugge
GENT
ANTWERPEN
Oostende
BRUSSEL BRUXELLES
LIÈGE
NAMUR
CHARLEROI
Mons
Leuven
Hasselt
Kortrijk
LILLE
ROUBAIX
Tournai
Douai
Valenciennes
Cambrai
Malmédy
AACHEN
KÖLN
BONN
DÜSSELDORF
DUISBG.
KREFELD
ESSEN
GELSENKCHN.
WUPPERTAL
SOLINGEN
DORTMUND
RECKLING-HSN.
Hamm
MÜNSTER
OSNABRÜCK
Rheine
Lingen
BIELEFELD
Minden
Detmold
Paderborn
Lippstadt
Siegen
KOBLENZ
Marburg
Gießen
Fulda
Kassel
GÖTTINGEN
Eisenach
ERFURT
Weimar
Gotha
Jena
GERA
ZWICKAU
CHEMNITZ
Plauen
DRESDEN
Meißen
LEIPZIG
HALLE (SAALE)
Dessau
Lutherstadt Wittenberg
MAGDEBURG
Nordhausen
HANNOVER
Hameln
HILDESHM.
SALZGITTER
BRAUNSCHWG.
Wolfsburg
Celle
Nienburg
Soltau
Uelzen
Stendal
BERLIN
POTSDAM
Brandenburg
Eberswalde
Jüterbog
Cottbus
Görlitz
DEUTSCHLAND
Lüneburger Heide
Harz
Erzgebirge
N O R T H   S E A
N O R D S E E
Ostfriesische In.
Waddeneilanden
Texel
Vlieland
Ameland
POLSKA
Szczecin
Frankf./O.
ČESKA REP.
Praha
Stockholm
Paris Reims
LUXEMBOURG Trier
11
Trier Mannheim
Wiesbaden Frankfurt
Frankfurt Schweinfurt
Bayreuth Hof
ČESKA REP.

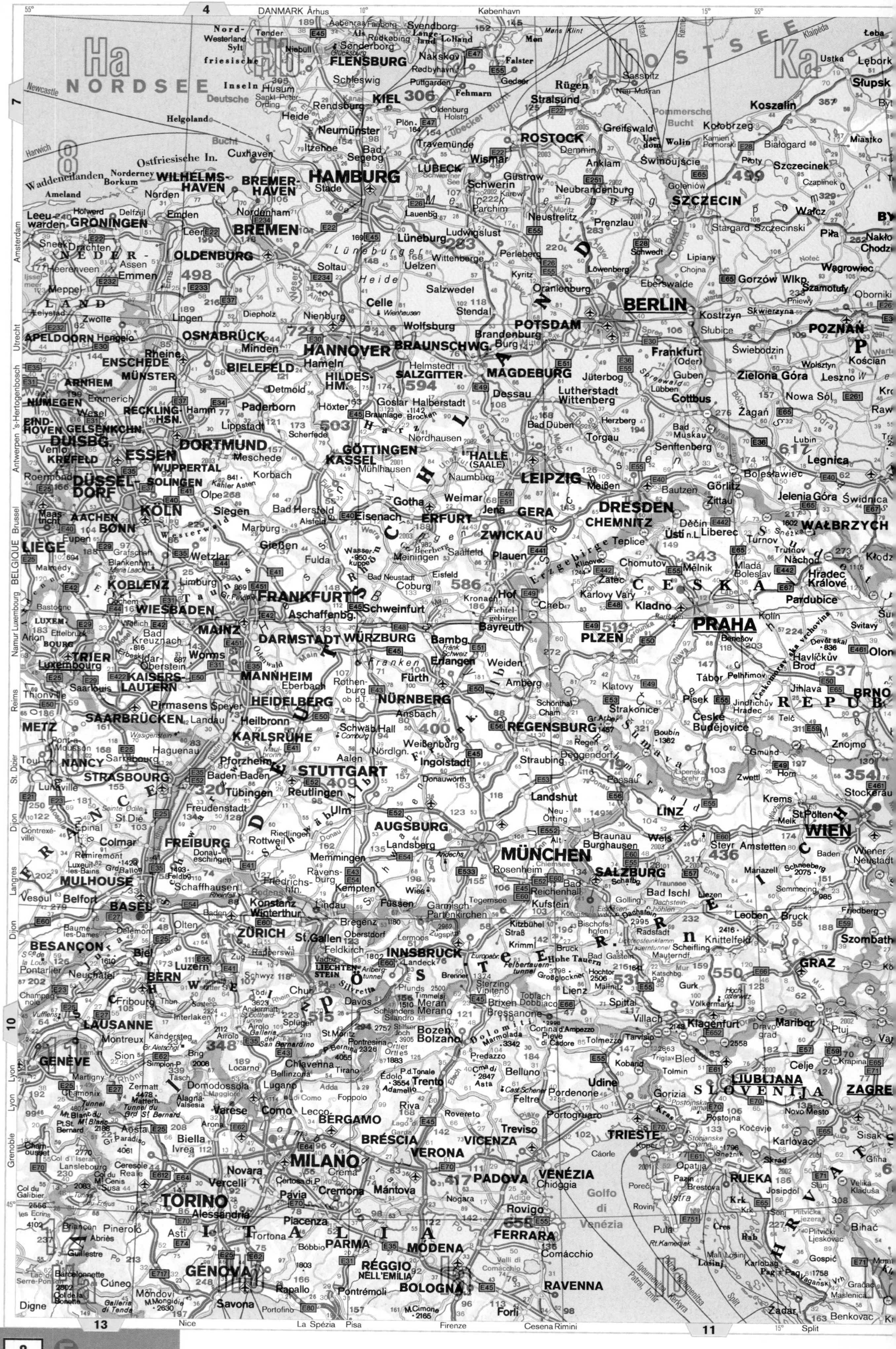

4
DANMARK Århus
København
Ha
Hb
Ia
Ib
Ka
NORDSEE
OSTSEE
7
8
10
13
11
Nordfriesische Inseln
Deutsche Bucht
Ostfriesische In.
Helgoland
Waddeneilanden
Newcastle
Harwich
FLENSBURG
KIEL
HAMBURG
LÜBECK
ROSTOCK
Stralsund
Rügen
Greifswald
SZCZECIN
Koszalin
Słupsk
Kołobrzeg
Szczecinek
BREMERHAVEN
WILHELMSHAVEN
BREMEN
OLDENBURG
GRONINGEN
Emden
Schwerin
Neubrandenburg
Lüneburg
Lüneburger Heide
Celle
Stendal
BERLIN
POTSDAM
Brandenburg
Frankfurt (Oder)
Gorzów Wlkp.
POZNAŃ
Zielona Góra
OSNABRÜCK
HANNOVER
BRAUNSCHWG.
MAGDEBURG
BIELEFELD
HILDESHM.
SALZGITTER
Cottbus
ENSCHEDE
MÜNSTER
ARNHEM
NIJMEGEN
EINDHOVEN
DUISBG.
ESSEN
DORTMUND
GELSENKCHN.
RECKLINGHSN.
DÜSSELDORF
WUPPERTAL
SOLINGEN
KREFELD
KÖLN
BONN
AACHEN
LIEGE
KASSEL
GÖTTINGEN
HALLE (SAALE)
LEIPZIG
DRESDEN
CHEMNITZ
ZWICKAU
GERA
ERFURT
Weimar
Jena
Gotha
Eisenach
Legnica
Wałbrzych
Görlitz
Liberec
KOBLENZ
WIESBADEN
MAINZ
FRANKFURT
DARMSTADT
Aschaffenbg.
WÜRZBURG
Schweinfurt
Bayreuth
Bambg.
Erlangen
Hof
PLZEŇ
PRAHA
ČESKÁ REPUBLIKA
Karlovy Vary
Kladno
Pardubice
Hradec Králové
BRNO
LUXEMBOURG
TRIER
KAISERSLAUTERN
MANNHEIM
HEIDELBERG
SAARBRÜCKEN
NÜRNBERG
Fürth
REGENSBURG
METZ
NANCY
STRASBOURG
KARLSRUHE
Pforzheim
STUTTGART
Reutlingen
Tübingen
Ulm
AUGSBURG
Ingolstadt
Landshut
MÜNCHEN
LINZ
WIEN
St Pölten
FREIBURG
MULHOUSE
BASEL
ZÜRICH
Konstanz
Winterthur
St. Gallen
BESANÇON
BERN
Luzern
INNSBRUCK
SALZBURG
GRAZ
Klagenfurt
Maribor
LAUSANNE
GENÈVE
Bolzano
Trento
Udine
TRIESTE
LJUBLJANA
ZAGREB
SLOVENIJA
RIJEKA
MILANO
BERGAMO
BRESCIA
VERONA
VICENZA
PADOVA
VENEZIA
Treviso
TORINO
Alessandria
GENOVA
PARMA
MODENA
BOLOGNA
FERRARA
RAVENNA
Golfo di Venezia
DEUTSCHLAND
FRANCE
ÖSTERREICH
ITALIA
HRVATSKA
Nice
La Spézia
Pisa
Firenze
Cesena Rimini
Split

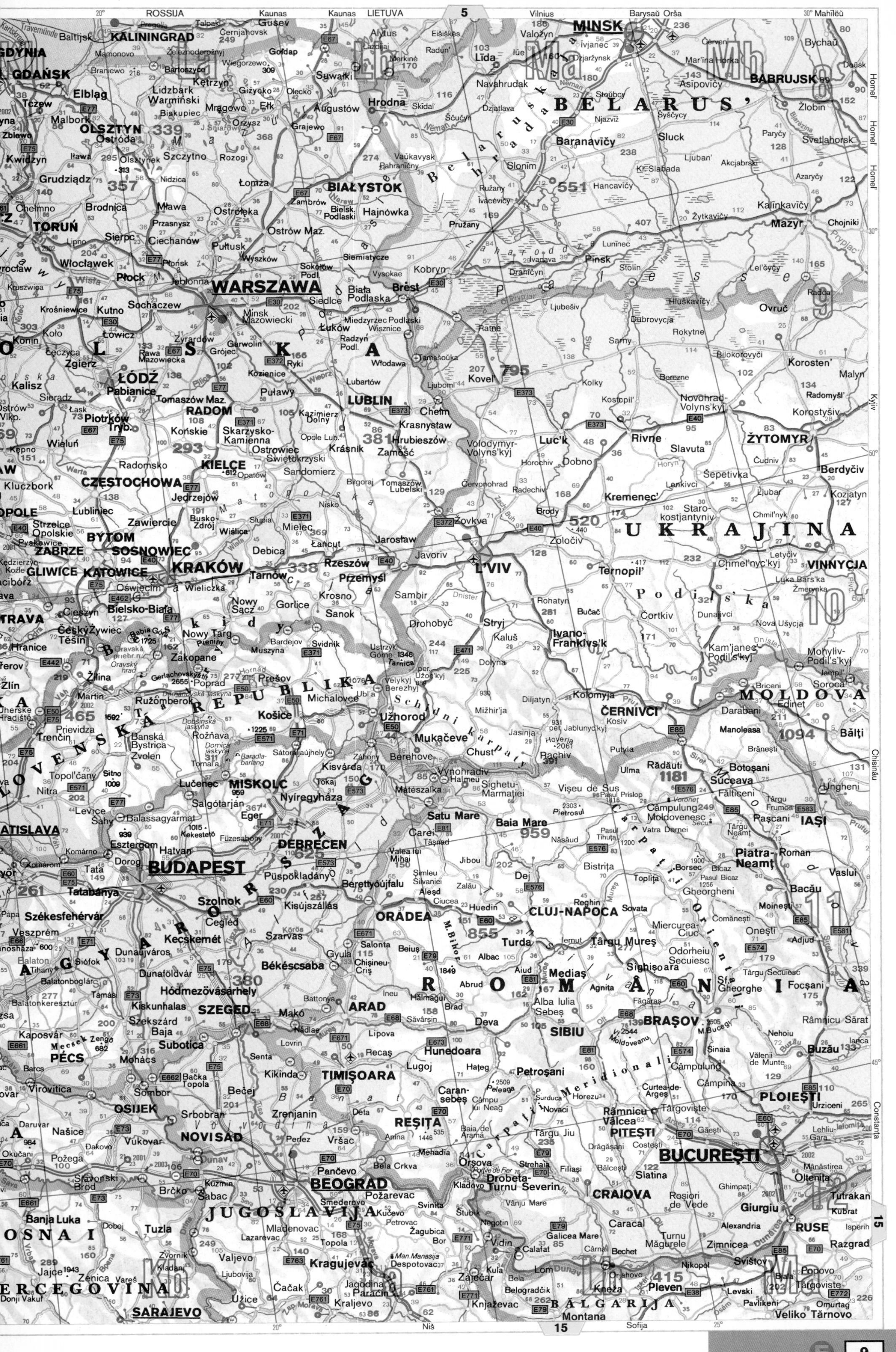

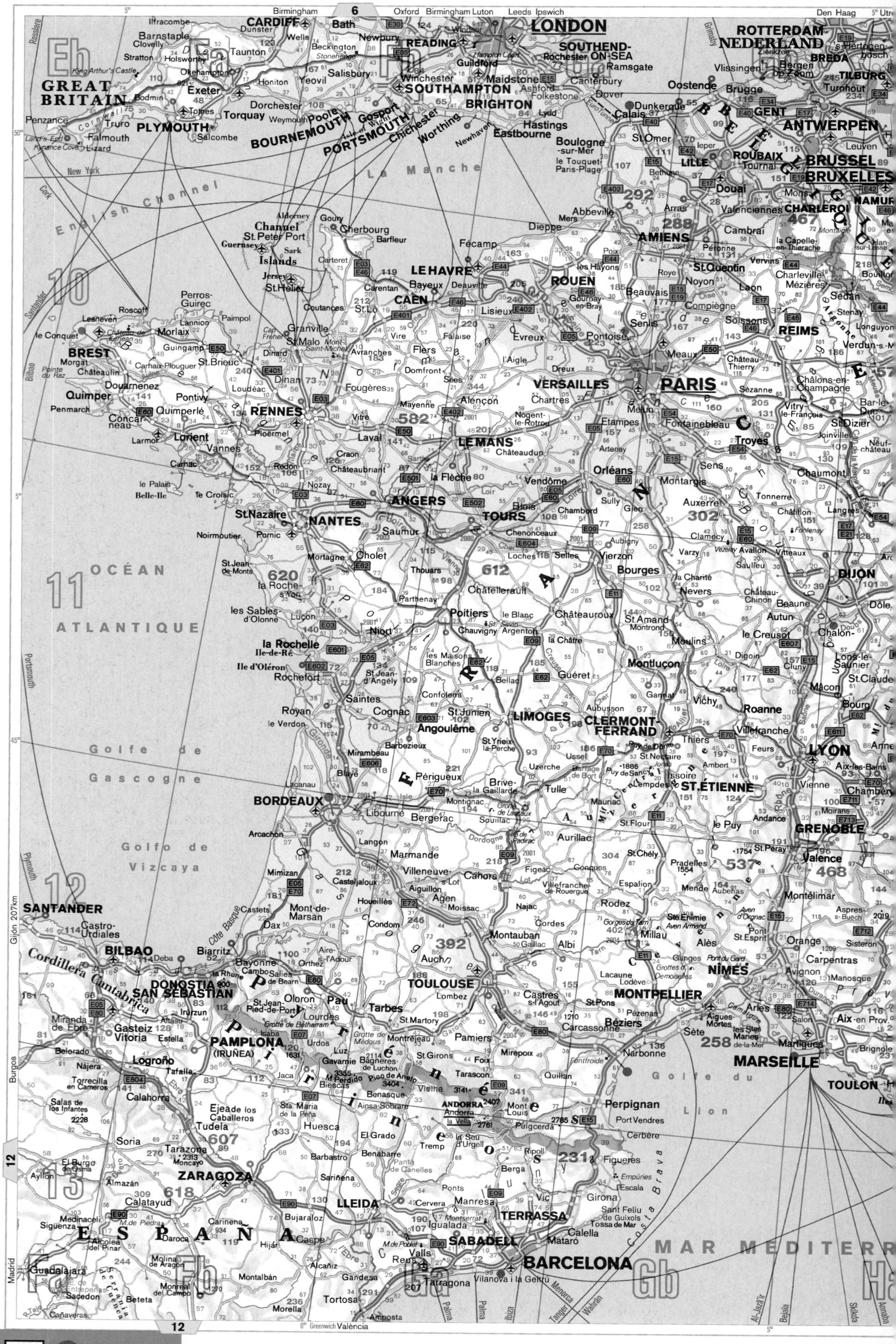
6
12
LONDON
GREAT BRITAIN
NEDERLAND
BELGIQUE
FRANCE
ESPAÑA
English Channel
La Manche
OCÉAN ATLANTIQUE
Golfe de Gascogne
Golfo de Vizcaya
Golfe du Lion
MAR MEDITERR
Channel Islands
Cordillera Cantabrica
Pirineos
PARIS
VERSAILLES
BREST
RENNES
NANTES
ANGERS
TOURS
LE MANS
CAEN
LE HAVRE
ROUEN
AMIENS
LILLE
ROUBAIX
REIMS
DIJON
LYON
ST. ÉTIENNE
CLERMONT-FERRAND
LIMOGES
BORDEAUX
TOULOUSE
MONTPELLIER
NÎMES
MARSEILLE
TOULON
GRENOBLE
PLYMOUTH
SOUTHAMPTON
PORTSMOUTH
BOURNEMOUTH
BRIGHTON
READING
SOUTHEND-ON-SEA
CARDIFF
ROTTERDAM
ANTWERPEN
GENT
BRUSSEL
BRUXELLES
CHARLEROI
NAMUR
BREDA
TILBURG
SANTANDER
BILBAO
DONOSTIA
SAN SEBASTIÁN
PAMPLONA (IRUÑEA)
ZARAGOZA
LLEIDA
BARCELONA
SABADELL
TERRASSA
ANDORRA
Eb
Fa
Fb
10
11
12
13
Ga
Gb
Ha

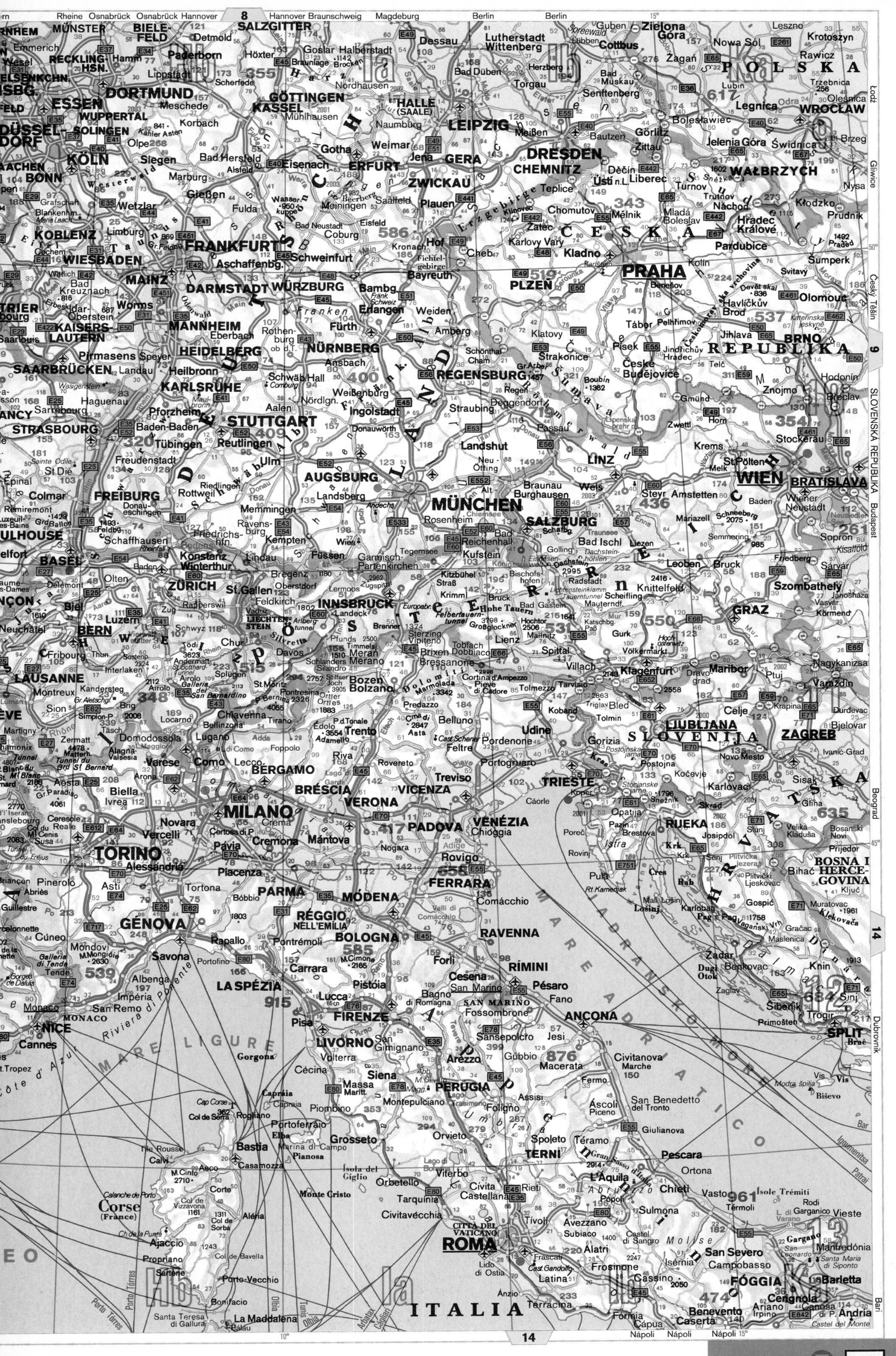

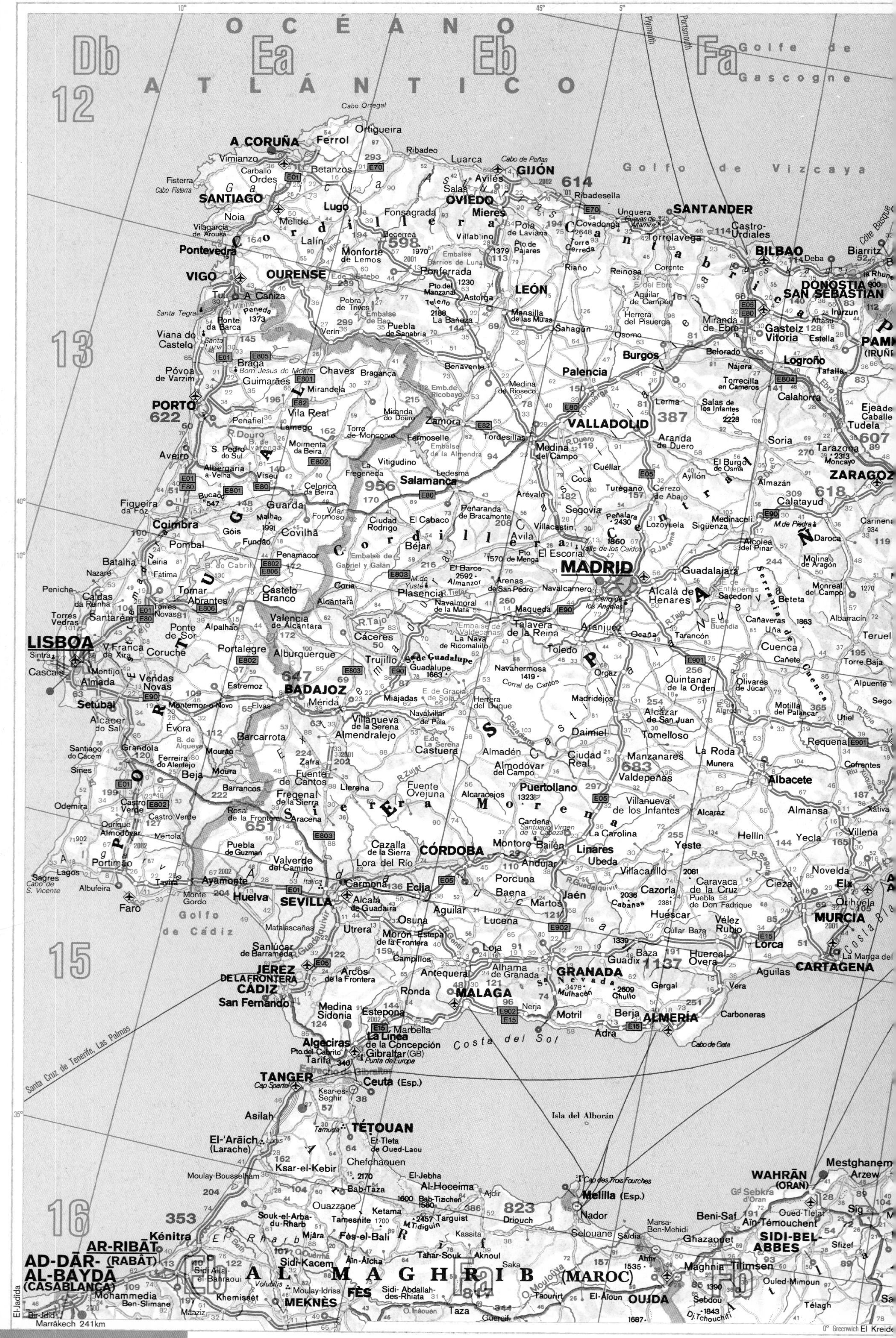

OCÉANO
ATLÁNTICO
Db
Ea
Eb
Fa
12
13
15
16
Golfe de Gascogne
Golfo de Vizcaya
Golfo de Cádiz
Costa del Sol
Cabo Ortegal
A CORUÑA
Ferrol
Ortigueira
Ribadeo
Luarca
GIJÓN
Avilés
OVIEDO
Mieres
SANTIAGO
Lugo
Fonsagrada
Cordillera Cantábrica
Pontevedra
VIGO
OURENSE
Monforte de Lemos
Ponferrada
LEÓN
Astorga
SANTANDER
Torrelavega
BILBAO
DONOSTIA SAN SEBASTIÁN
Gasteiz Vitoria
Logroño
Burgos
Palencia
VALLADOLID
Zamora
Tordesillas
Salamanca
Soria
ZARAGOZA
Calatayud
Segovia
Ávila
MADRID
Guadalajara
Alcalá de Henares
Toledo
Aranjuez
Talavera de la Reina
Cuenca
Teruel
PORTO
Braga
Guimarães
Chaves
Bragança
Vila Real
Viseu
Aveiro
Coimbra
Guarda
Covilhã
Castelo Branco
Leiria
Abrantes
Santarém
LISBOA
Cascais
Setúbal
Évora
Beja
Faro
Portimão
Lagos
PORTUGAL
Plasencia
Cáceres
Trujillo
BADAJOZ
Mérida
Almendralejo
Ciudad Real
Puertollano
Valdepeñas
Albacete
Sierra Morena
CÓRDOBA
Jaén
Linares
Úbeda
Huelva
SEVILLA
Écija
Osuna
JEREZ DE LA FRONTERA
CÁDIZ
San Fernando
Algeciras
La Línea de la Concepción
Gibraltar (GB)
Marbella
MÁLAGA
GRANADA
Sierra Nevada
ALMERÍA
Motril
Lorca
MURCIA
CARTAGENA
Elx
Yecla
Requena
TANGER
Ceuta (Esp.)
TÉTOUAN
Chefchaouen
El-'Araich (Larache)
Ksar-el-Kebir
Al-Hoceima
Melilla (Esp.)
Nador
Kénitra
AR-RIBAT (RABAT)
AD-DAR-AL-BAYDA (CASABLANCA)
Mohammedia
MEKNÈS
FÈS
Taza
OUJDA
Tlimsen
WAHRAN (ORAN)
SIDI-BEL-ABBES
AL MAGHRIB (MAROC)
Isla del Alborán
Santa Cruz de Tenerife, Las Palmas
Marrâkech 241km

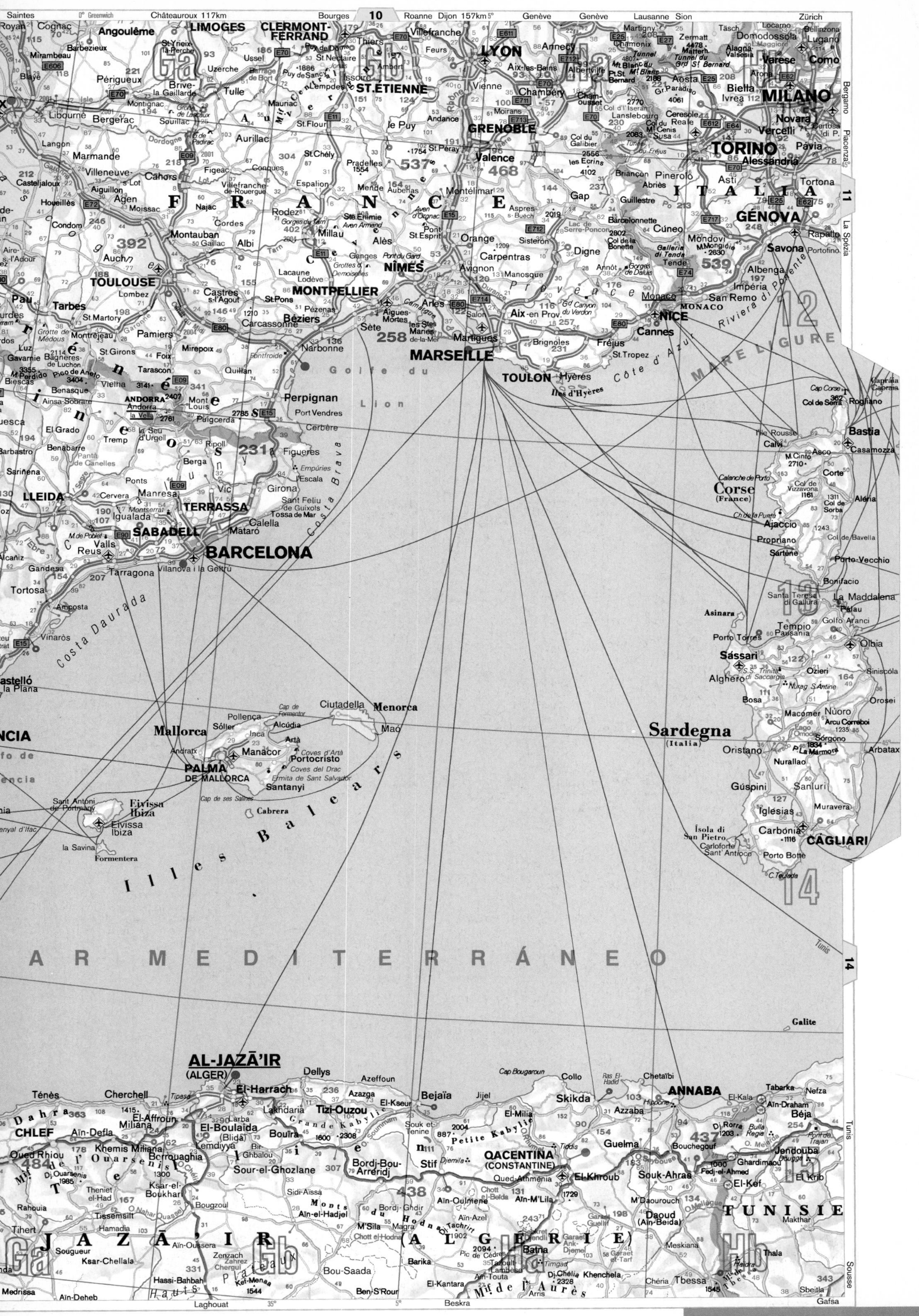
Saintes
Châteauroux 117km
Bourges
10
Roanne Dijon 157km
Genève
Lausanne Sion
Zürich
Angoulême
LIMOGES
CLERMONT-FERRAND
Villefranche
LYON
Annecy
Martigny
Zermatt
Domodossola
Locarno
Bellinzona
Lugano
Chamonix
Aix-les-Bains
Varese
Como
Périgueux
Brive-la Gaillarde
Tulle
Issoire
ST.ETIENNE
Vienne
Chambéry
Aosta
Biella
Ivrea
MILANO
Bergamo
Libourne
Bergerac
St.Flour
le Puy
GRENOBLE
Novara
Vercelli
Aurillac
Valence
TORINO
Pavia
Piacenza
Marmande
Alessandria
Villeneuve-s-Lot
Cahors
Pradelles
Pinerolo
Tortona
Agen
Mende
Montélimar
Gap
GENOVA
FRANCE
ITALIA
Rodez
Millau
Orange
Cúneo
Savona
Rapallo
Montauban
Albi
Alès
Carpentras
Digne
Mondovì
La Spèzia
Auch
NÎMES
Avignon
Tende
Albenga
TOULOUSE
Castres
MONTPELLIER
Arles
Aix-en Prov.
Monaco
San Remo
Tarbes
Béziers
Sète
Salon
NICE
Carcassonne
Narbonne
Marseille
Cannes
Fréjus
St.Tropez
MARSEILLE
TOULON
Hyères
Côte d'Azur
MARE LIGURE
Golfe du Lion
Perpignan
Andorra la Vella
Port Vendres
Cerbère
Puigcerdà
Figueres
Bastia
Calvi
Corse (France)
Ajaccio
Propriano
Porto-Vecchio
Bonifacio
LLEIDA
Girona
Manresa
TERRASSA
SABADELL
BARCELONA
Mataró
Reus
Tarragona
Costa Brava
Costa Daurada
Tortosa
Vinaròs
La Maddalena
Olbia
Sàssari
Alghero
Nùoro
Sardegna (Italia)
Oristano
CAGLIARI
Carbonia
Iglesias
Ciutadella
Menorca
Maó
Mallorca
PALMA DE MALLORCA
Manacor
Eivissa Ibiza
Formentera
Cabrera
Illes Balears
MAR MEDITERRÁNEO
Galite
Tunis
AL-JAZĀ'IR (ALGER)
El-Harrach
Tizi-Ouzou
Béjaïa
Jijel
Skikda
ANNABA
Tabarka
Béja
CHLEF
Blida
QACENTINA (CONSTANTINE)
Guelma
Sétif
Jendouba
El-Kef
TUNISIE
JAZĀ'IR (ALGERIE)
Batna
Tébessa
Laghouat
Beskra
Gafsa
Sousse

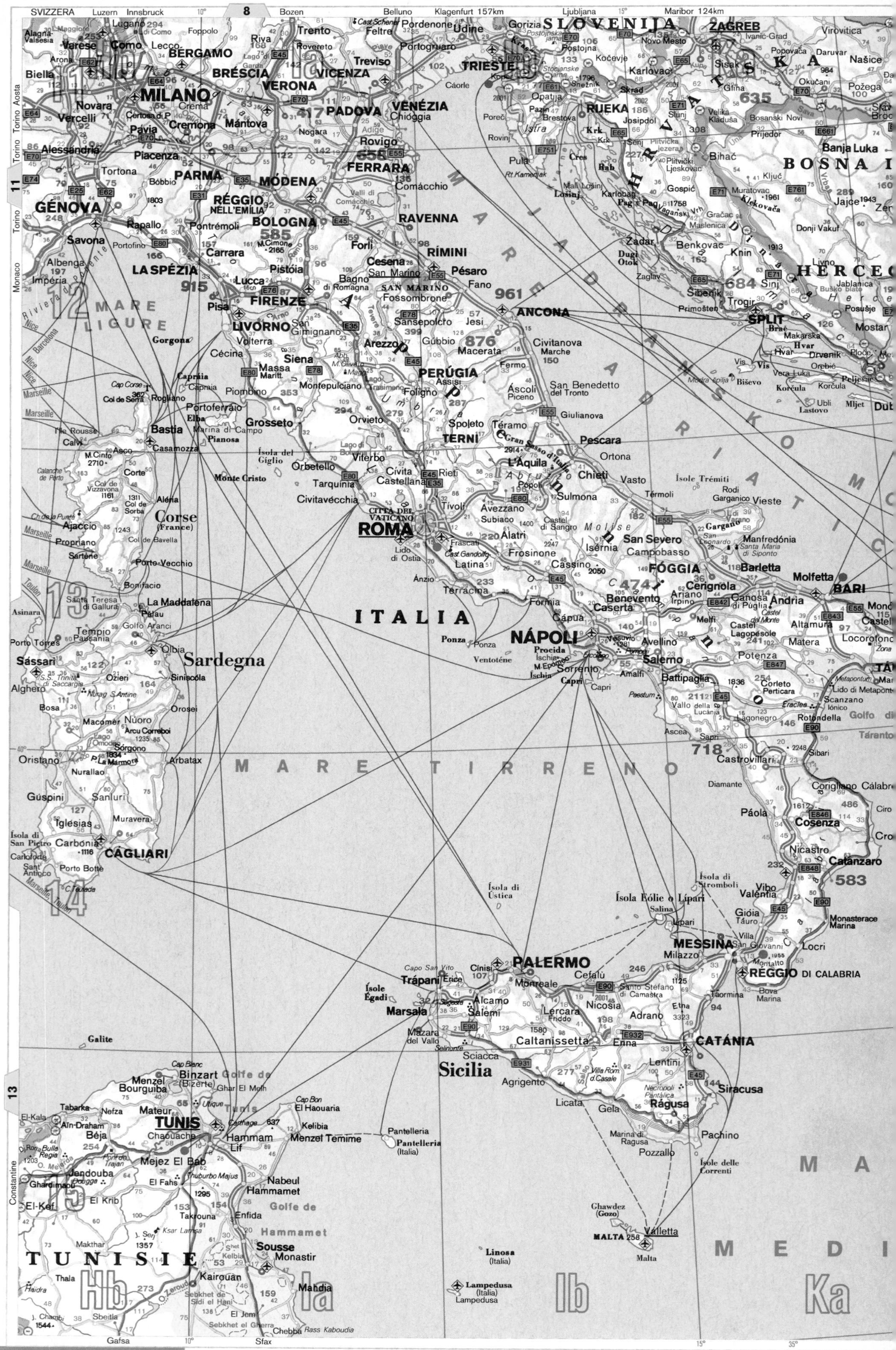

SVIZZERA
Luzern
Innsbruck
8
Bozen
Belluno
Klagenfurt 157km
Ljubljana
Maribor 124km
SLOVENIJA
ZAGREB
HRVATSKA
BOSNA I HERCEG
MILANO
BERGAMO
BRÉSCIA
VERONA
VICENZA
PADOVA
VENÉZIA
TRIESTE
Trento
Treviso
Udine
Varese
Como
Novara
Vercelli
Pavia
Cremona
Mántova
Alessandria
Piacenza
PARMA
MÓDENA
RÉGGIO NELL'EMILIA
BOLOGNA
FERRARA
Rovigo
RAVENNA
GÉNOVA
Savona
LA SPÉZIA
Carrara
Lucca
Pisa
FIRENZE
LIVORNO
Siena
Forlì
RÍMINI
San Marino
Pésaro
ANCONA
PERÚGIA
Arezzo
Grosseto
Terni
Spoleto
Téramo
L'Aquila
Pescara
Chieti
ROMA
CITTÀ DEL VATICANO
Latina
Frosinone
Civitavécchia
Viterbo
MARE LIGURE
MARE ADRIATICO
JADRANSKO MORE
ITALIA
Corse (France)
Bastia
Ajaccio
Sardegna
Sássari
Olbia
Nùoro
Oristano
CÁGLIARI
MARE TIRRENO
NÁPOLI
Caserta
Salerno
Benevento
FÓGGIA
Barletta
BARI
Pótenza
Matera
Cosenza
Catanzaro
PALERMO
Trápani
Marsala
MESSINA
REGGIO DI CALABRIA
CATÁNIA
Siracusa
Ragusa
Agrigento
Caltanissetta
Enna
Sicilia
Ísola Eólie o Lípari
MALTA
Valletta
Lampedusa
Pantelleria
TUNIS
Bizerte
Sousse
Kairouan
Monastir
Mahdia
Nabeul
Hammamet
TUNISIE
Split
Zadar
Rijeka
Šibenik
Gafsa
Sfax